1. 本书是教育部人文社会科学重点研究基地华中师范大学中国农村研究院 2016 年基地重大项目"作为政策和理论依据的深度中国农村调查与研究"（16JJD810004）的成果之一。

2. 本书是华中师范大学中国农村研究院"2015 版中国农村调查"的成果之一。

中国农村调查

（总第35卷·家户类第4卷·中等家户第2卷）

徐勇　邓大才　主编

天津出版传媒集团

天津人民出版社

图书在版编目(CIP)数据

中国农村调查.总第35卷,家户类.第4卷,中等家
户.第2卷 / 徐勇,邓大才主编. -- 天津：天津人民出
版社,2019.9
ISBN 978-7-201-15206-6

Ⅰ.①中… Ⅱ.①徐… ②邓… Ⅲ.①农村调查–研
究报告–中国 Ⅳ.①F32

中国版本图书馆CIP数据核字(2019)第193554号

中国农村调查(总第35卷·家户类第4卷·中等家户第2卷)
ZHONGGUO NONGCUN DIAOCHA

出　　版	天津人民出版社
出 版 人	刘　庆
地　　址	天津市和平区西康路35号康岳大厦
邮政编码	300051
邮购电话	(022)23332469
网　　址	http://www.tjrmcbs.com
电子信箱	reader@tjrmcbs.com
策划编辑	王　玙
责任编辑	王　玙
装帧设计	汤　磊
印　　刷	天津市天办行通数码印刷有限公司
经　　销	新华书店
开　　本	710毫米×1000毫米　1/16
印　　张	41.75
插　　页	2
字　　数	1000千字
版次印次	2019年9月第1版　2019年9月第1次印刷
定　　价	750.00元

总　序

2015年是华中师范大学中国农村研究院历史上的关键一年。在这一年，本院不仅成为完全独立建制的研究机构，更重要的是进一步明确了目标，特别是进行了学术整合，构建了一个全新的调查研究计划。这一计划的内容包括多个方面，其中，中国农村调查是基础性工程。从2015年开始出版的《中国农村调查》便是其主要成果。

学术研究是一个代际接力、不断提升的过程。农村调查是本院的立院之本、兴院之基。本院的农村调查经历了三个阶段。

第一阶段主要是基于项目调查基础上的个案调查（1985—2005年）。

20世纪80年代开启的中国改革开放，起始于农村改革。延续二十多年的人民公社体制废除后，农村的生产功能由家庭所承担，社会管理功能则成为一个新的问题。这一问题引起我院学者的关注。1928年出生的张厚安先生是中国政治学恢复以后较早从事政治学研究的学者之一，他与当时其他政治学学者不同，他比较早地关注农村政治问题，并承担了农村基层政权方面的国家研究课题。与此同时，本校其他学者也承担了有关农村政治研究的课题。1988年，这些学者建立起以张厚安先生为主任的农村基层政权研究中心，由此形成了一个自由结合的学术共同体。

作为一个学术共同体，农村基层政权研究中心有其研究宗旨和方法。在学术共同体建立之初，张厚安先生就提出了"三个面向，理论务农"的宗旨。"三个面向"是指面向社会、面向基层、面向农村，"理论务农"是指立足于农村改革实践、服务于农村改革实践。这一宗旨对于政治学学者是一个全新的使命。政治学研究政治价值、政治制度与政治行为。传统政治学更多研究的是国家制度和国家统治，以文本为主要研究素材。"三个面向"的宗旨，必然要求方法的改变，这就是进行实地调查。自学术共同体形成开始，实地调查便成为我们的主要研究方法。

自20世纪80年代中期，以张厚安先生为领头人的学者就开始进行农村调查。最初是走向农村，进行全国性的广泛调查，主要是面上了解。1995年，在原农村基层政权研究中心的基础上，成立了农村问题研究中心，由张厚安先生担任主任，由1955年出生的中年学者徐勇教授担任常务副主任。新中心的研究重点仍然是基层政权与村民自治，但领域有所扩大，并将研究方法凝练为"实际、实证、实验"，更加强调"实"。这种务实的方法引起了学术界的关注，并注入国际学术界的一些研究理念和方法。我们的农村调查由面上的了解走向个案调查。当时，年届七旬的张厚安先生亲自带领和参与个案村庄调查，其代表作是《中国农村村级治理——22个村的调查与比较》。这一项目在全国东、中、西三个地区选择了6个重点村和18个对照村进行个案调查，参与调查人员数十人，并形成了一个由全国相关人员参与的学术调查研究团队。

第二阶段主要是基于机构调查基础上的全面调查（2005—2015年）。

1999年，国家教育部为推动人文社会科学研究，启动了教育部人文社会科学研究重点基地建设。当年，华中师范大学农村问题研究中心更名为"华中师范大学中国农村问题研究中心"，由徐勇教授担任主任。2000年，中心成为首批教育部人文社会科学重点研究基地。在基地成立之前，以张厚安教授为核心的研究人员是一个没有体制性资源保障、纯因个人兴趣而结合的学术共同体，有人坚持下来，也有人离开。成为教育部研究基地以后，中心仍然坚持调查这一基本方法，并试图体制化。其主要进展是在全国选择了二十多家机构作为调研基地，为全国性调查提供相应的保障，并建立相互合作关系。

作为教育部重点基地，中心是一个有一定资源保障的学术共同体，有固定的编制人员，也有固定的项目经费，条件大为改善，但也产生了新的问题。这就是农村调查根据个人承担的研究项目而开展。这不仅会导致研究人员过分关注项目资源分配，更重要的是易造成调查研究的"碎片化"和"片断化"，难以形成整体性和持续性的调查。同时，研究人员也会因为理念和风格不同而产生分歧，造成体制性的学术共同体动荡。为了改变调查研究项目体制引起的"碎片化"倾向，2005年，徐勇教授重新规划了基地的发展，提出"百村观察计划"，计划在全国选择100多个村进行为期10年、20年、30年以至更长时间的调查和跟踪观察。目标是像建立气象观测点一样，能够及时有效地长期观测农村的基本状况及变化走向。这一计划得到时任华中师范大学社会科学研究处处长石挺先生的鼎力支持。2006年，计划得以试行，主要由刘金海副教授具体负责。最初的试点调查村只有6个，后有所扩展。2008年，在试点基础上，由邓大才教授主持，全面落实计划，调查团队通过严格的抽样，确定了二百多个村和三千多个农户的调查样本。

"百村观察"是一项大规模和持续性的调查工程，需要更多人的参与。同时它又是一项公共性的基础工程，人们对其认识有所不同。因为它要求改变项目体制造成的调查"碎片化"和研究"个体化"的工作模式，为此，学术共同体再次出现了有人退出、有人坚持、有人加入的变化。

2009年正式启动的"百村观察计划"，取得了超出预想的成绩：一是从2009年开始，我们每年都要对样本村和户进行调查，调查内容和形式逐步完善，并形成相对稳定的调查体系。除了暑假定点调查以外，还扩展到寒假专题调查。每年参与调查的人员达五百人左右，并出版《中国农村调查》等系列著作。二是因为是调查的规模大，可以进行充分的分析，并在此基础上形成调查报告，提供给决策部门，由此也形成了"顶天立地"的理念。"顶天"就是为决策部门服务，"立地"就是立足于实地调查。这一收获，使中心得以在教育部第二次基地评估中成为优秀基地，并于2010年更名为华中师范大学中国农村研究院，由徐勇教授担任院长，邓大才教授担任执行院长。三是形成了一支专门的调查队伍并体制化。起初的调查者有相当一部分是没有受到严格专业训练的志愿者。为了提高调查质量，自2012年起，研究院将原来分别归于导师名下指导的研究生进行整合，举办"重点基地班"。基地班以提高学生的调查研究能力为导向，实行开放式教学、阶梯性培养、自主性管理，形成社会大生产培养模式，改变了过往一个老师带三五个学生的小作坊培养方式。至此，农村调查完全由受到专门调查和学术训练的人员承担，走向了专业化道路。四是资料数据库得以建立并大大扩展。过往的调查因为是项目式调查，所以资料难以统一保管和使用。2006年，我们启动了中国农村数据库建设。随着"百村观察计划"的正式实施，大量数据需要录入，并收集到许多第一手资料，资料数据库得以迅速扩展。

第三阶段主要是基于历史使命基础上的深度调查(2015年至今)。

农村调查的深入和相应工作的扩展，势必与以行政方式组织科研的现行大学体制发生碰撞。但是已经有一个良好开端的调查不可停止。适逢中国的智库建设时机，2015年，华中师范大学中国农村研究院成为完全独立建制的研究机构，由 1970 年出生的邓大才教授担任行政负责人。

中国农村研究院独立建制，并不是简单地成为一个独立的研究机构，而是克服体制障碍，进一步改变学术"碎片化"倾向，加强整合，提升调查和研究水平，目标是在高等学校中建设适应国家需要的智库。实现这一目标有五大支撑点：一是大学术，通过以政治学为主，多学科参与，协同研究；二是大服务，继续坚持"顶天立地"的宗旨，全面提高服务决策的能力，争取成为有影响力的决策咨询机构；三是大调查，在原有"百村观察计划"的基础上构建内容更加丰富的农村调查体系，争取成为世界农村调查重镇；四是大数据，收集和扩充农村资料和数据，争取拥有最丰富的农村资料数据库；五是大平台，将全校、全省、全国，乃至全球的农村研究学者吸引并参与到农村研究院的工作中来，争取成为世界性的调查研究平台。这显然是一个完全不同于以往的宏大计划，也标志着中国农村研究院的全新起步。

独立建制后的中国农村研究院仍然将农村调查作为自己的基础性工作，且成为体制性保障的工作。除了"百村观察计划"的持续推进以外，我们重新设计了 2015 版的农村调查体系。这一体系包括"一主三辅"："一主"即以长期延续并重新设计的"中国农村调查"为主体；"三辅"包括"满铁农村调查"翻译、"俄国农村调查"翻译和团队到海外农村进行实地调查的"海外农村调查"，目的是完善农村调查体系，并为中国农村调查研究提供借鉴。

现代化是一个由传统农业社会向现代工业社会转变的过程，这一转变是从农村开始的。农村和农民成为现代化的起点，并规划着现代化的路径。19 世纪后期，处于历史大转变时期的俄国，数千人参与对俄国农村调查，持续时间长达四十多年。20 世纪上半叶，日本在对华扩张中，以南满洲铁道株式会社为依托开展对中国农村的大规模调查，持续时间长达四十多年，形成著名的"满铁调查"。进入 21 世纪，中国作为一个世界农业文明最为发达的大国，正在以超出想象的速度向现代工业文明迈进。中国需要也应有能够超越前人的大规模农村调查。"2015 版的中国农村调查"正是基于这一历史背景设计的。

"2015 版的中国农村调查"超越了以往的项目或者机构调查体制，而具有更为宏大的历史使命：一是政策目的。智库理所当然要出思想，但"思想"除了源自思考以外，更要源自于可供分析的实地调查。过往的调查虽然也是实地调查，但难以对调查进行系统化的分析，并根据调查提出有预见性的结论。在这方面，19 世纪的俄国农村调查有其长处。"2015 版的中国农村调查"将重视实地调查的可分析性和可预测性，以此提高决策服务的成效。二是学术目的。调查主要在于知道"是什么"或者"发生了什么"，是事实的描述。但是这些事实为什么发生？其中存在什么关联？这是过往调查关注比较少的，以至于大量的调查难以进行深度的学术开发，学术研究主要依靠的还是规范方法，实地调查难以为学术研究提供必要的基础，由此会大大制约调查的影响力。"2015 版的中国农村调查"特别重视实地调查的深度学术开发性，调查中包含着学术目的，并可以通过调查提炼学术思想，使其作为一种有实地调查支撑的学术思想也可以间接影响决策。为此，"2015 版的中国农村调查"在设计时，除了关注"是什么"以外，也特别重视"为什么"，试图对中国农村社会的底色及其变迁进行类似于生物学"基因测序"的调查。三是历史传承目的。在现代化进程中，传统农村正在迅速消逝。"留得住乡愁"需要对"乡愁"予以记录和保存。20 世纪以来，中国农村发生了太多的变化，中国农民经历了太多的起伏，农民的历史构成了国家历史不可或缺的部分。"2015 版的中国农村调查"因此特别关注历史的传承。

基于以上三个目的，"2015版的中国农村调查"由四个部分构成：

其一，口述调查。主要是通过当事人的口述，记录20世纪上半期以来农村的变化及其对当事人命运的影响。其主体是农民个人。在历史上，他们是微不足道的，尽管是历史的创造者，但没有哪部历史记载他们的状况与命运。进入20世纪以后，这些微不足道的人物成为"政治人物"，尽管还是"小人物"，但他们是大历史的折射。通过他们自己的讲述，我们可以更加充分地了解历史的真实和细节，也可以更好地"以史为鉴"。口述史调查关注的是大历史下的个人行为。

其二，家户调查。主要是以家户为单位的调查，了解中国农村家户制度的基本特性及其变迁。中国在历史上创造了世界上最为灿烂的农业文明，必然有其基本组织制度为支撑。但长期以来，人们只知道世界上有成型的农村庄园制、部落制和村社制，而没有多少人了解研究中国自己的农村基本组织制度。20世纪以来受革命和现代化思维的影响，人们对传统一味否定，更忽视对中国农村传统制度的科学研究，以至于我们在否定自己传统的同时引进和借鉴的体制并不一定更为高明，使得中国农村变迁还得在一定程度上向传统回归。实际上，中国有自己特有的农村基本组织制度，这就是延续上千年的家户制度。家户调查关注的是家户制度的原型及其变迁，目的是了解和寻求影响中国农业社会变迁的基因和特性。

其三，村庄调查。主要是以村庄为单位的调查，了解不同类型的村庄形态及其变迁实态。农村社会是由一个个村庄构成的。与海洋文明、游牧文明相比，农业文明的社会联系更为丰富，"关系"在中国农村社会形成及其演变中居于重要地位。中国在某种意义上说是一个"关系国家"，但是作为一个历史悠久、人口众多、地域辽阔、文明多样的大国，关系格局在不同的地方有不同的表现，由此形成不同类型的村庄。国家政策要"因地制宜"，必须了解各个"地"的属性和差异。村庄调查以"关系"为核心，注重分区域的类型调查，通过不同区域的村庄形态和变迁的调查，了解和回答在国家"无为而治"的传统条件下，一个超大的农业社会是如何通过自我治理实现持续运转的；了解和回答在国家深度介入的现代条件下，农业社会是如何反应和变化的。

其四，专题调查。主要是以特定的专题为单位的调查，了解选定的专题领域的状况及其变化。如果说前三类调查是基本调查的话，专题调查则是专门性调查，针对某一个专题领域，从不同角度进行广泛深入的调查，以期获得对某一个专门领域的全面认识和把握。

"2015版的中国农村调查"是一项世纪性的大型工程，它是原有基础的延续，也是当下正在从事、未来需要长期接续的事业。这一事业已有数千人参与，特别是有若干人在其中发挥了关键性作用；当下和未来将有更多的人参与。历史将会记录下他们的功绩，他们的名字将与我们的事业同辉！

2016年6月，教育部公布了对人文社会科学重点研究基地的评审结果，我院排名全国第一，并再获优秀。这既是对过往的高度肯定，也是对进一步发展的有力鞭策。为此，本院再次明确自己的目标，这就是建设全球顶级农村调查机构、顶级农村资料数据机构，并在此基础上，形成自己的学术领域和学术风格，而达到这一目标，需要一代又一代人攻坚克难，不懈努力！

徐　勇

2015年7月15日初序

2016年7月15日补记

凡　例

作为教育部人文社会科学重点研究基地，华中师范大学中国农村研究院历来重视农村调查与研究，《中国农村调查·家户类》是基地新版"中国农村调查"项目的重要成果，在付梓之际，特作以下说明：

1. 根据徐勇教授提出的"中国家户制度学说"，家户制度是中国的本源型传统和基础性制度，并在此基础上形成独特的中国农村发展道路。本项目旨在通过传统时期的家户调查揭示和挖掘这一本源型传统和基础性制度。

2. 在家户对象的选取上，本项目以1949年以前的完整家户为调查对象，并根据人口规模进行分类。其中，7口人及以下为小家户，8至13口人为中等家户，14口人及以上为大家户。本项目所调查的家户，分布在全国绝大多数的省份，具有广泛的代表性。每一位调查员在调查之前均受过严格的学术培训，每个家户的调查时间在15天以上。

3. 每一篇家户调查报告分为"家户的由来与特性、经济、社会、文化、治理"五章，重点围绕家户的"特性、特色、关系与层次"开展调查和写作。同时，在每篇报告的后面附有调查员的调查小记、日记等，供读者了解整个调查的进展与历程。

4. 在报告写作中，"市县名、乡镇名、村庄名、家户名、人物名、部门单位"等均为实名。报告中出现的照片、人名、数据等信息，均得到了访谈对象或数据提供者口头或书面授权。另外，写作中引用的档案材料、政府部门提供的资料、历史材料等均标注出处。

5. 本项调查主要通过老人口述获取信息、数据；因而报告中的数据可能不甚精准，其中土地面积、粮食计量单位也实难统一，仅供参考，请各位读者、学者在引用、使用的过程中酌情处理。

6. 在考察家户变迁时，调查有时会涉及土地改革、"文化大革命"等内容，但是调查者均怀揣学术研究之心，从家户的变迁与发展的历史视角去调查和写作，力求客观、真实地反映中国家户形态。

7. 在出版方面，项目组组建了审稿与编辑小组，严格审查、校审每一篇家户调查报告，并从中遴选出优秀的报告，集结成卷出版。

8.《中国农村调查·家户类》的重点在于传统形态的调查，是一项抢救历史的学术工程。由于时间仓促，其中不免有错漏，也希望海内外学术界、读书届提出批评、建议，帮助我们提高这套丛书的质量。

《中国农村调查》编辑组

目　录

24

第一篇

逐流求生：虔信耕户的穷蹇与倾颓
——豫西山后村牛氏家户调查

报告撰写：范静惠[*]
受访对象：牛小么

———————
* 范静惠(1994—)，女，河南三门峡人，华中师范大学中国农村研究院2017级硕士研究生。

导　语

　　河南省三门峡市磁钟乡山后村地处晋、陕、豫三省交界地带。1949 年前，山后村大约有两千人。当地主要有两个大姓即郭姓和牛姓。村中早年按姓氏划分地界，牛姓的家户大多居住在南岭，而郭姓大多居住在观塘。南岭因为地势较高，雨水都流向低处而常遭旱灾；而观塘地势较低，旁边还有一个小型的水塘，雨水大多能积蓄起来，因此相对来讲郭氏比较富裕。

　　在山后村，牛虎掌一家的祖先据说是在明清时期从山西省洪洞县的老槐树底下迁出的，因战乱灾荒一路逃到河南省山后村才定居下来。牛家祖先在此开垦土地，修建房屋最终落户。牛家子孙中牛虎掌的爷爷还曾娶当地大户郭家的女儿郭氏，之后因为战乱天灾等各种原因，到牛虎掌父亲牛长生这一辈，牛家已变成一个小户。牛家在 1939 年分家之前共有 12 口人，家中祖业甚少只有两个大院，一共 5 间窑洞，土地 10 亩。牛家一家对自家的物品有清晰的心理认知，邻居等一般也不会强占豪夺。牛家的整体经济状况在村里算是较为贫穷。

　　1939 年分家之前，牛长生曾生育两男一女，因为家中贫穷无奈给长子牛虎掌娶童养媳井小妞。牛虎掌也曾生育四女一男尚可维持生计。1939 年，牛虎掌的弟弟牛龙虎因结婚提出分家，老人牛长生由牛虎掌赡养，同时由牛虎掌担任牛家家长一职。1940 年，牛龙虎因抓壮丁去世，其妻改嫁；牛虎掌的长女、长子因病夭折，其妻因无法接受半年之内三人去世，一时急疯，两三年后才恢复。1947 年，牛虎掌因后继无人，前去过继、抱养均无果，迫于无奈，于 1948 年为三女牛清莲招入赘女婿蔡氏。同年 8 月，老人牛长生去世。两年之后，家长牛虎掌去世，其妻守寡。牛家一家的整体关系算是较为和睦的；老人牛长生心地善良，教导孩子有方，牛家和外人的关系也算较为亲近。

　　牛家一家因为家中贫穷，所有的孩子都未曾接受过正规的学校教育或私塾教育，均是由家人来教导的。老人牛长生因信仰佛教，常教导子孙要积德行善，家风较严；对于祖先、神灵更是虔敬祭拜。牛家家户一体意识较强，考虑事情以全家人的利益为先。逢年过节以一家一户为单位，平时的娱乐较为简单，主要是串门聊天。

　　牛家一家长尊幼卑，服从家长的支配。常言道："没有规矩，不成方圆"，牛家虽无成文的家规但是家教甚严。家族和村中的公共事务，牛家也会积极参与其中为其贡献绵薄之力。但对于（1949 年之前）国家事务，牛家一家却苦不堪言。赋税沉重，要么忍饥挨饿受鞭打，要么就迫于无奈去借贷。征兵残酷，牛虎掌更是因为抓壮丁一路逃跑过急去世。

　　在那段动荡的岁月中，人生兜兜转转简单得只有生死，牛家身为小门小户、自耕为生，然命运多舛，艰辛地逐流求生，最终却香火断绝。但也正是由于这无情的岁月，牛家的历史才显得厚重而丰富。

第一章　家户的由来与特性

牛虎掌的祖上是在明末战乱时期因灾荒从山西省洪洞县的老槐树底下迁出的，几经辗转最终在山后村开垦土地、修建房屋落户，稳定之后便逐渐发展繁衍。在20世纪三四十年代，由于各种天灾人祸牛家衰败。牛长生当家长时期，牛家四世同堂共12口人，但是老幼和妇女数量居多而成年劳动力数量较少。牛家一家坐落在山后村的村口，家中共有两座大院、5间窑洞和10亩土地。牛家一家以务农为主勉强维持生计，虽为百年老户却未担任任何官职，属于小户人家声望低下。

一、家户的迁徙与定居

（一）原乡洪洞县大槐树，因荒徙豫

牛虎掌其祖上是从山西省洪洞县的老槐树底下迁出的，族谱等相关的历史资料在逃荒过程中散佚，因此定居前的历史主要依靠代际口口相传。

据后期查阅资料，所谓的山西省洪洞县的老槐树，更像是所谓的"原乡"。有相当一部分资料显示，就祖籍这一问题来看，河南、河北及部分山东地区家户在明代左右有迁徙历史的，相当一部分祖籍即"洪洞县老槐树"。其迁徙原因多为明朝的移民政策，即所谓的"解手"，是一种官方的强制性移民政策，时间跨度可达整个明朝时期。

对于迁徙的原因据口口相传，牛虎掌的家族即牛家祖辈在明末战乱时期迁出，与明朝的强制移民政策并没有太大的关系，更主要的原因在于明末农民起义，因为"闯王"李自成在山西大肆杀伐，导致当地血流成河。当年也发生了重大灾荒，人人食不饱腹，饥肠辘辘，甚至出现过食子的情形。由于灾荒和战乱，原本作为重要农业区的山西省大量人口开始重新迁徙，其中相当一部分人迁徙进入原有的移民村，牛虎掌的祖辈也本着逃荒投亲的目的，离开山西省境内前往河南省。

（二）定居落户豫西山后村

牛虎掌祖辈并不是盲目选择豫西地区作为迁徙的目的地，之所以迁到河南，是因为当时传闻李闯王"三返河南"要将河南人杀光才离开，造成了中原地广无人，而且相对较为安全的状况。同时受实际条件的限制，牛家祖辈只得进行较近距离的迁徙，因为豫西与山西接壤且处于陕、晋、豫三省交界，交通还算通达，地理特征和迁出地基本近似，成为牛家祖辈迁徙的理想场所。

牛家祖辈完成从山西到豫西地区的迁徙并不是一蹴而就的，牛家祖辈经历了十余代，其间由于各种天灾人祸一直处于颠沛流离的状态，直到清朝末期，才基本完成定居落户结束流离失所的生活。

牛家祖辈最终迁徙到豫西地区的山后村，最初面对的是一片由于战乱而荒无人烟的土地，牛家祖上在当地开垦土地，修建房屋并落户。之所以选择在山后村落户，主要有两个原因：其一是山后村地理位置较好，地势较高，依山傍水；二是，山后村地广人稀而且土壤较为肥沃，有利于农业生产。牛家祖辈在当地落户无须经过其他人同意，因为他们是这片土地的开辟者。

（三）从稳定到发展繁衍

决定在山后村定居以后，牛家祖辈面临的主要问题就是解决自己的生产和生活区域的问题，因为他们面对的是一片未开垦的荒地，所以主要是建设房屋和开垦耕地这两项工作。最初在建设房屋时是老一辈自己动手，建造了土木结构的窑洞。最初的房屋都在村子的中间位置，各个邻居一般都是相临建设。与中原地区房屋传统的土木结构不同的是整个山后村房屋虽然选择的也是土木结构，但主要建造形式是掘土而建的窑洞。一方面是因为整个山后村的地形地貌仍属于黄土高原，掘土而建的窑洞成本低，而且冬暖夏凉宜于居住；另一方面，由于牛家祖辈本自山西迁徙而出，对于窑洞这种传统的山西民居建筑方式相对较为了解，牛虎掌一家现在居住的房屋结构仍是传统的窑洞民居。与传统的中原地区房屋结构形式不同的是山后村的房屋一般是坐西面东而不是坐北朝南，其中的原理牛家也并不知晓，只是一种代代相传的规则。

与房屋建造同理，用来进行耕作的土地也是牛家祖先自己动用劳力开辟的，田地都在村落周边的山上。这种放射性的村落结构保证了各户从土地到所居住的房屋距离大致相等，便于日常的农业生产，同时又可以保证耕地向周边不断扩展范围，有利于生产的发展。尽管土地的土质还是比较肥沃的，但是由于地形的限制耕地多位于山地上，所以耕种付出的劳动仍然要大于平原地区。

虽然面临着农业生产上一些不利的条件，牛家祖辈仍然选择在山后村定居了下来，结束了颠沛流离的生活并开始了较为稳定的农业生产和发展，一直延续到今天为止。牛家祖辈一直在村里繁衍了12~13代有三门三支，此繁衍情况也是听前人所说。

（四）连年天灾人祸打击家户

在山后村稳定地发展了三代人左右，牛家祖上由最早迁徙而来的一户人逐渐发展成多门多户，牛家祖上经历了不断地分家，在山后村形成了若干的小户人家，并不断地拓展土地，发展得蒸蒸日上，这样的情形一直到20世纪清王朝结束，之后整个中国陷入长达半个世纪的战乱当中。整个20世纪上半叶的动乱，对小小的山后村带来的影响几乎可以说是颠覆性的，而本来蓬勃发展的牛氏分族也遭到了不同程度的打击。

随着新一轮的分家，最初牛家的孙辈牛长生从原有的牛氏一族中分出，成为新的当家人。牛长生在结婚生子以后的一段时间都过着相对舒适的生活，他的妻子给他生育了两男一女并顺利地抚养了三个孩子长大直至结婚，直到长子牛虎掌的长女出生，牛长生一户已经发展成四代同堂、人口两位数的家庭。

但随着20世纪30年代全国战乱的加剧，危机终于蔓延到牛长生一户。1939年牛龙虎结婚，按照习俗次子结婚要进行分家，而且牛长生一户人口较多且四代同堂，于是牛龙虎从牛长生一户分出准备另立门户，这一次分家，牛虎掌担任这一户的新家长。天有不测风云，次年牛龙虎就死于一次抓壮丁，其妻改嫁。同年牛虎掌的长子长女先后因病过世，其妻井小妞受不了如此打击精神失常,数年后才恢复正常;为了冲喜,牛虎掌的妹妹牛艳彩于同年结婚。

由于山后村孤立的地理位置,村庄实际上并未遭战火洗劫,造成危机的主要原因还是战争征兵和天灾疾病导致的人口损失以及席卷全国的贫困。在多灾多难的1940年结束后几年,牛家在牛虎掌的带领下又顽强地坚持并发展了起来。牛虎掌共有四女一子,1940年夭折一女一子,直到1948年尚在家中的还有未嫁的三女牛清莲以及最后生育的小女牛小么。1947年牛虎掌欲抱养牛艳彩的儿子不得,遂于次年为三女牛清莲招上门女婿蔡氏,打算让三女为其养老,同年老人牛长生去世。不料牛清莲遇人不淑,蔡氏意图将牛小么卖给财主未果后,生气之余将牛清莲抢走,数十年后才将其放回;牛虎掌气急害病于1950年去世,家中只余妻儿井小妞和牛小么。牛家在经历天灾人祸后分崩离析,至此断绝。

二、家户基本情况

(一)四世同堂,人口较少

在牛长生作为家长的历史时期内,即牛长生结婚分家自立门户到1939年牛虎掌结婚再次分家,牛长生一户共有四代,总计十二口人;牛虎掌的祖母郭氏一人;牛虎掌的父辈有牛长生及其媳妇贾氏共二人;牛虎掌的同辈有牛虎掌及其妻子井小妞、弟弟牛龙虎和妹妹牛艳彩共计四人;其子辈主要包括小女牛小么在内的四女一男共计五人;以上共计十二人。牛家作为小门小户虽是四世同堂,但是家里经济状况较差,因此家中并无雇工人员。

表1-1 牛家家庭基本情况数据表

家庭基本情况	数据
家庭人口数	12
劳动力数	6
男性劳动力	3
家庭代际数	4
家内夫妻数	2
老人数量	3
儿童数量	5
其他非亲属成员数	0

从人口数量上来看,虽然在1949年前牛家四代同堂,但由于分家和各种天灾人祸牛家的人口在分家后的两三年顿时骤减至个位数。此外牛家家境贫寒,土地稀少只有十亩,在山后村属于典型的小门小户人家。

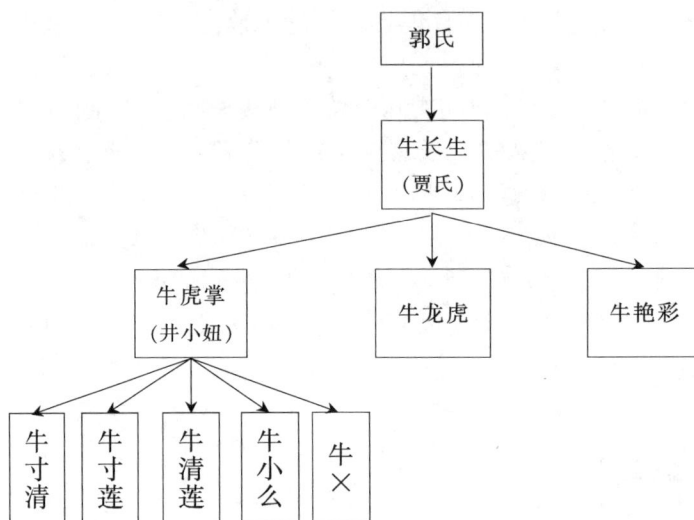

图 1-1 1939 年以前牛家的家户结构图

(二)老幼为主,劳动力缺乏

根据原有的习俗,牛长生一户在牛龙虎完婚后即 1939 年进行了再一次的分家,牛龙虎从牛长生一户分出,而牛长生因为年龄较大便不再担任家长一职改由牛虎掌成为新的家长。

从人口结构中可以看出,牛家在 1939 年分家后处于壮年劳动力严重不足的状态,全家十一口人中五人为没有劳动力的儿童,儿童的结构男女比为1:4,劳动力增长缺乏可持续性,男性劳动力二人,壮年劳动力仅家长牛虎掌一人,可以说整个牛家完全依靠牛虎掌的农业生产劳作勉强维持。

表 1-2 家户成员情况表(以 1939 年分家后为准)

成员序号	姓名	家庭身份	性别	教育情况	婚姻状况	宗教信仰	健康状况	参与社会组织情况
1	郭氏	祖母	女	0 年	已婚	无	优	无
2	牛长生	父亲	男	未知,但识字	已婚	佛教	优	无
3	贾氏	母亲	女	0 年	已婚	无	优	无
4	牛虎掌	家长	男	0 年	已婚	无	中	打更
5	井小妞	妻子	女	0 年	已婚	无	优	无
6	牛艳彩	妹妹	女	0 年	未婚	无	优	无
7	牛寸清	长女	女	0 年	未婚	无	中	无
8	牛寸莲	二女	女	0 年	未婚	无	优	无
9	牛清莲	三女	女	0 年	未婚	无	优	无
10	牛小么	小女	女	0 年	未婚	无	优	无
11	牛氏	长子	男	0 年	未婚	无	很差	无

(三)人口损失不能有效补充

牛家在人口方面面临的不仅仅是结构性问题,因为在分家仅仅一年后,更多灾难对于这一家庭的人口产生的危害远比结构隐患来得严重。1940 年,分家出去的牛龙虎死于抓壮丁,其妻改嫁,这一小户人家血脉中断。牛虎掌的长子长女相继过世,其妻发疯,妹妹牛艳彩出

6

嫁，家中人口不增反减，由于作为家长的牛虎掌较为勤恳且经营有方，人口的损失并没有对本户的主要劳动力产生重大影响，因此在1940年后，牛家的经济状况还有一定的好转，并得二女牛寸莲出嫁。

在此之后，牛虎掌为了增长和保全本户人口，更为了增加劳动力，尝试去宗族过继，然而失败，于1947年尝试将其妹妹牛艳彩的儿子抱养到自己家，亦未果。1948年，牛虎掌在无奈之下招入赘女婿蔡氏进门，不料在买卖小女牛小么的问题上发生重大分歧无法调和，蔡氏怒火中烧，将牛清莲抢走。数年后无力回天的牛长生、牛虎掌相继过世，牛家仅余井小妞和牛小么母女二人相依为命。

（四）两院五窑，位居村口

1949年前牛家居住在村口，这个位置从空间上看，其优点是地势较高并且方便出行，其缺点是离邻居较远。牛家居住的村口其实并不是村内严格的划分形成，主要原因是其房屋旁边有一条大道，周围没有空地、寨河、寨墙等。这条大道是山后村与外界的唯一通路，而在这条大路边牛家是第一家，所以说其居住村口，交通较为便利。这条大道贯穿整个村庄的多数人家直至河边，山后村所有的自然村或是自然聚落就依靠这条路相互联系。

和全村所有家户一样，牛家的田地主要分布在住所周边的山上，离家大约有两里路。每天牛家的成年男性上山耕种直至日落下山回家，其间家中的妻女送饭送水。牛虎掌一家在自家院落的上方种了苹果树，远远望去好像屋顶上长树一般，这也是窑洞民居的一大特点。牛家的房屋主要是土木结构的窑洞，牛家对于院内的空间结构和各种家具农具的摆设并没有太多讲究，一切以方便生产为主，牛家本是庄稼户，没有钱置办什么像样的家具，院中多是农具，屋中稍有一些桌椅等家具，也以实用为主，并不花哨。

牛家一共有两进院落，并不是因为牛家人口繁多，主要是受地形条件的限制，一处黄土垣上没有办法开凿太多的窑洞，否则很容易导致房屋结构不稳，同时因为每洞窑都完全依靠人工开掘，所以面积一般都很小且呈长方形。所谓的院子，与中原地区不同，一般只是窑洞门口的一小块区域，因为黄土垣土地不平整，大面积的院落建设成本很高，所以一般只将窑洞门口的土地平整好一块；几洞窑门口相邻的平整土地构成一个小的院落，这也就解释了尽管在劳动力相对不足的情况下，牛家仍拥有两进院落五洞窑，而同样的体量在相邻的豫北豫中的中原地区的小户就很难建设两个院落、五间大房，可见窑洞建筑的结构是很袖珍的。

牛家的院落、院子和房屋都是坐西面东，没有单独的厨房，厨具摆在房间里。这样的设计主要考虑了两个方面的因素：一方面，尽管窑洞数量多但面积小，实在不足以匀出单独的一洞窑作为厨房；另一方面，这也是传统的窑洞民居巧妙的设计，他们将炉灶设置在每栋窑的窑口处，这样既解决了窑洞半封闭结构不利于烟气排放的问题，又解决了窑洞冬天的供暖问题，可谓一举两得。

牛家的两进院落也颇有特色，厕所坐落在院子的东南角；排水沟临近厕所，也在院的东南方向，因为农村普遍蓄粪作为肥料。牛家的牲口间单独占据一个侧边窑洞，因为当地冬天气候条件恶劣，同时地形上也不方便在室外单独搭建牲口棚，因此专门开辟一洞不住人的窑作为独立的牲口棚便于饲养。同时，牛家人普遍认为，家里的大牲口是和人一样重要的劳动力，部分繁重的体力工作需要使用牲口才能完成；此外，牲口也是肉蛋奶的主要来源，家禽和一些产奶牲畜是牛长生家主要的蛋白质来源。由于牛长生家里经济条件一般，偶尔也需要将家里的牛在集市上卖掉以换钱,因而家中的牲畜专门占有一洞窑。

1939 年分家之前,牛家有两个大院,一个院有三洞窑,另一个院有两洞窑。1939 年,牛龙虎因结婚提出分家,之后就搬到旁边的只有两洞窑的大院里,老人牛长生和牛虎掌一起居住。1939 年分家后,牛虎掌一家的院落相对较大,院落的大门在东北方向,家里有三间窑洞,无正间和偏房的区分,所有的房间朝向规格都是一致的。中间窑洞住着牛长生夫妇和未出嫁的牛艳彩,而左边的窑洞住着牛虎掌及其妻儿,右边的窑洞还是用来喂养牲口。就实际情况来看,尽管牛家在牛龙虎分家出去后人口仍旧很多,但房屋的配给一般是按照一对夫妻一洞窑的原则进行的,孩子成年前一般和父母住在一洞窑当中,每洞窑都可以看作一个独立的主干家庭。

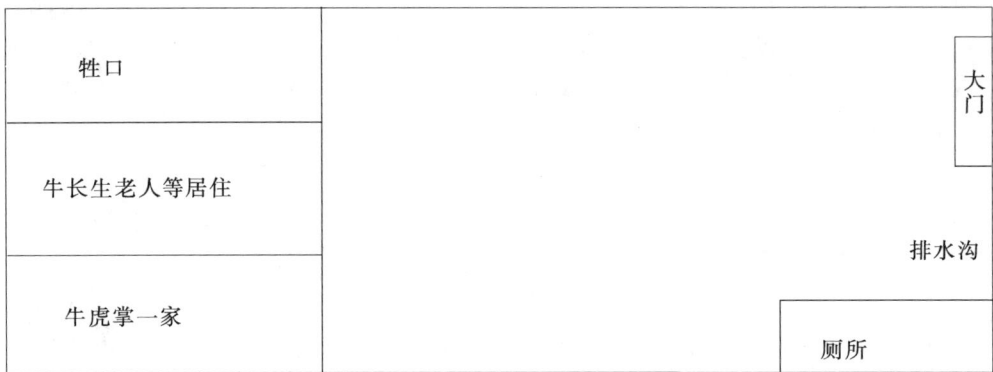

牲口		大门
牛长生老人等居住		排水沟
牛虎掌一家		厕所

图 1-2　牛家房屋平面图

(五)自耕为生,入不敷出

1939 年分家之前,牛家的土地面积为 10 亩,劳动力共 6 人,牲口为 1 头牛,拥有两进大院五洞窑。牛家一户都是老老实实的庄稼人,无租佃、也没有人从事其他职业属于自给自足的自耕农。牛家一家平时以在田间耕作为主要的劳动方式。每年家里的收入因需要缴纳大量赋税而常常处于入不敷出的状况。

1939 年分家之前,牛家共有劳动力 6 人。牛长生身体较好,是家中从事农业劳动的主要支柱;牛虎掌身体一般,主要是因为牛虎掌的腿部有一些残疾行走不便;牛龙虎,体质相对较弱;男性 3 人中只有牛长生的劳动能力还算正常。贾氏和井小妞、牛艳彩 3 人主要在家内织布和做家务,因为女性种地在农村意味着"抛头露面",所以女性在正常情况下不会离开院落,只有在农忙时节才会和家里男性一起下地种田。但 1940 年以后,牛家的劳动力大幅减少,质量也不如之前。因为 1940 年牛龙虎因抓壮丁不幸去世;同年牛虎掌的长子长女也因病夭折,其妻井小妞因一时无法接受半年之内 3 人去世的事实而急疯,两三年之后才恢复,在这段时期井小妞几乎不能下地劳动;为了冲喜,牛虎掌于同年将牛艳彩外嫁。老人牛长生和贾氏也因年龄较大、体力不支,无法再干重活。因此 1940 年之后,牛家的劳动力仅剩牛虎掌一人。

1939 年分家之前,牛家每年收入大约有 1600 斤粮食,但是每年赋税就要交掉 800 斤粮食,牛虎掌一家压力极大,其原因是各级政府所征收的赋税不仅名目繁多且较为严苛,特别是战争时期,农户不但要出人口作为兵员还要缴纳人头税、田税等。牛家在分家前没有被征

8

丁,但牛虎掌和牛龙虎的身体状况都不是很好,打的粮食不如别人多,而当地赋税多按土地面积和人口数量征收,牛家的儿童数量又偏多,所以分家前牛长生一户的粮食经常需要向外借,即使只考虑粮食自给的情况,牛家也是入不敷出的。1939年分家之后,牛家的经济状况和之前相差无几。

表1-3　1949年以前牛家家计状况表

土地占有与经营情况		土地自有面积	10亩	租入土地面积	0亩
		土地耕作面积	10亩	租出土地面积	0亩
生产资料情况		大型农具	犁一个		
		牲畜情况	牛一头		
雇工情况		雇工类型	长工	短工	其他
		雇工人数	无	无	无
收入	农作物收入					其他收入	
	农作物名称	耕作面积	产量	单价	收入金额(折算)	收入来源	收入金额
	麦子	7亩	750斤	0.1元/斤	—	无	无
	玉米	3亩	300斤	0.05元/斤	—		
	油菜	3亩	300斤		—		
	大豆	3亩	250斤		—		
	—	—	1600斤			收入共计	
支出	食物消费	衣服鞋帽	燃料	肥料	租金		
	经常外借	自给自足			无		
	赋税	雇工支出	医疗	其他	支出共计		
	800斤	无	—	—			
结余情况	—		资金借贷	借入金额	—		
				借出金额	—		

注:按土地亩数来算,一亩地要交80斤粮食作为赋税。

(六)普通的农业家庭,声望一般

1949年前,牛家属于小门小户,所有家庭成员作为本分的庄稼人都并未担任过乡长、保甲长、会首等职务,也并无其他民间或官方职位。一方面牛家的劳动力数量很少,勉强能够维持正常的生产生活,因此没有多余的精力参与日常公共事务的管理,特别是在1940年家庭遭遇变故后更是无心参与其他事情。另一方面则是因为牛家的家境较为贫穷,所以在当地的声望一般,社会地位较差,在官府也无特殊关系。特别是在本村,牛长生一户是由大户中分出,即所谓的旁支,在宗族事务上也没有什么发言权。牛虎掌一辈两名男性一个残疾一个身体衰弱,本身的能力和形象也不符合担任职务的要求。牛家对于接受管理一事态度倒也颇为平静。

(七)家户基本特点与特性

1.男主外,女主内

1939年分家之前,牛家共有四代人,其中牛长生是家长,主要负责家中重大事务,而老人郭氏虽为女性,但由于辈分较高便成为牛家的内当家。牛长生一户属于从大户中分离出的第一代,因此家庭的成分和结构都比较简单,不像主族那样复杂。在家中的地位主要看的还是劳动力,牛长生能够在一定时间居于家长地位,其主要原因就是他是家里的主要劳动支柱。牛家的家庭条件较差无能力雇管家,牛家人口较少,除了农业生产外也没有什么家庭事务可言。1939年,牛龙虎因结婚提出分家,牛长生便同其长子牛虎掌居住,此时牛家的当家人换成了牛虎掌。从侧面看,这也是劳动力的更迭换代。自分家和确定新家长后,牛长生便从劳动的第一线上退了下来,而新任的主要劳动力牛虎掌便成为这个家庭新的家长。

2.人少地薄为小户

山后村当地有大户、中户、小户的说法,其区分标准还算严格。大户的人口数量要超过30人,家庭土地拥有数量要在70亩以上。在当地有官位、有钱的家户也算是大户,满足这个条件便可以无视人口和土地的限制,评定大户所看的主要还是经济实力,具体而言就是土地和人口数量。而中户的人口在10~20人左右,土地亩数在30亩左右;而小户人家一般人口数在10人左右,土地亩数少于20亩。中户和小户在山后村是比较常见的两种家户结构,小户的形成多是因为分家,中户人家多是从主族分家比较早的各户。

牛长生一家的人口数在村里算是比较少的,算是小户,人口数量一般决定这家的社会地位以及是否容易遭受他人欺凌。牛家的土地和财产在村里也算是比较少的,在土地和财产上同样算是小户,其土地和财产的数量一般决定这个家庭是否富裕和在村里的社会地位的高低。

3.三等下农,百年老户

总的来看,牛家在村里处于较低水平,因为人口较少,土地和财产也是极少的。牛家在登记保甲册时被分为三等户,土改时被评为下中农。牛家祖辈迁徙到当地有一百多年,从年份上看算是老户,因为整个山后村都是牛氏祖先开辟而来,所以村里都是牛家人并无其他新来的迁徙者。

第二章　家户经济制度

牛家一家虽为小户,但是房产、地产、生产资料、生活资料基本齐全。在经营过程中,一家人勤勤恳恳维持生计,勉强自给自足。各种劳作所带来的收益由家长统筹分配、消费。由于家境贫寒所以节俭很少采购。但天有不测风云,遇到天灾人祸,牛家就需要去财主郭家借贷钱粮。为了保证良好信誉更是自觉还贷。牛家对于自家借贷中的权、责、利有清晰的认知。在进行交换时,牛家十分慎重,遇到不同情形便选择不同场所进行交换。

一、家户产权

(一)家户土地产权

1.继承开垦,据田十亩

1949年前,牛家的土地亩数为10,分为2块土地。一块为白土地,大约有3亩,主要分布在坡地,土质较差,因为离水源(河)极远,且地势较高,灌溉条件也较差;另一块为黄土地,大约有7亩,主要分布在平地,土质一般,因远离沟渠、河流等,其灌溉条件同样较差,但是地势较为平坦。1949年前,牛家的土地情况并未发生变更。10亩土地中3亩白土地是后开垦的,1939年分家的时候分给了牛龙虎。次年,牛龙虎因为抓壮丁一事过世,其妻又选择了改嫁,所以本来分给牛龙虎的3亩白土地就重新被牛虎掌收回,牛家的耕地数量和分家之前一样,土地也没有进行过买卖,一直到1949年以后进行土地改革才有变动。牛家土地7分继承3分开垦,土地亩数为整10亩。

2.男性耕作,家户内部共享

1939年分家之后,牛家的10亩土地平时是由家里的成年男性前去耕种,但是在农忙期间牛家全家老少都要去地里帮忙耕种。牛家的土地是属于全家人所有的,但是外嫁的牛艳彩和已分家的牛龙虎不享有土地产权,因为牛艳彩外嫁已不属于牛家的人,而牛龙虎在分家时已分得自己的那部分。家里土地没有产生和外人共有的情况。家里土地不仅没有属于个人的而且也没有养老地。一般而言,养老是大家庭共同的义务,因此不需要单独留出养老地,牛家老人的养老费用由大家庭共同负担。

牛家认为土地应该属于全家人所有不必将土地分配到每个人,同时认为家长牛虎掌比其他家庭成员在土地产权上更有权力。因为在牛长生的年纪大了以后田间的劳作主要依靠牛虎掌,所有的农活也要牛虎掌来进行安排,牛虎掌作为新的家长和家庭的经济支柱,对于土地产权有着更大的权力。土地属于全家所有的形式是较好的,不仅可以更好地集中力量进行土地方面的生产而且也有利于家庭的团结与和睦。假如将土地分配到个人可能会有一些弊端。首先,在进行土地生产的期间,可能需要借助外力,因为锄地、种植、施肥等是有固定节气的,错过适当的时期会影响来年的收成,比如白露之后要种麦。其次,整个大家庭的关系可能会比之前疏远。最后,遇到一些紧急情况需要大量钱和物的时候,想对土地进行买卖等交易活动可能遇到的阻碍会相对较大。特别是在牛家劳动力数量较少的时候,由于并非每个人都有能力耕作,如果将土地分至个人在很大程度上会产生土地浪费乃至荒废。因此,牛家无个人的土地产权,而是由牛虎掌率领家人进行耕种并管理全家的 10 亩土地。

3.避免纠纷,以树、石为界

牛家土地和四邻的土地是有边界的,以栽种两棵树并在树中间搁置一块大石作为边界。此边界是沿袭当地的习俗,两家相互认可而确定的。四邻不能越过边界进行土地生产,否则两家会因土地所有权而产生重大纠纷进而导致两家关系破裂。在山后村可开垦的土地不多的时候,经常有邻居因为土地所有权打得不可开交,这种情形一般发生在家庭人均土地面积较少的情况下。一旦生产的粮食勉强维持全家人消费和交换,一般的小户人家不会考虑占有更多的耕地,因为劳动力不足况且占地以后需要缴纳沉重的赋税。在山后村只有财主家会倾向占更多的土地,因为他们可以将土地出租以收取地租。

牛家家庭成员对自家所拥有的土地有清晰的心理认同并且知道土地归全家共同所有,同时其家庭成员对自家和别家的土地也可以很好地区分。全家人无法容忍自家的土地被他人侵占,尽管被侵占的情况没有出现过。

牛家的土地只有牛家内部成员可以进行耕作,外人不经同意无法进行耕作或使用。牛家土地的继承权归牛家的家庭成员所有,外人无法干涉。虽是家人但已经分家的话可以进行耕作,因为老人年龄较大无法正常耕作,算是一种义务性质的帮助但是没有继承权,因为分家的时候已经对土地进行过明确分配。在山后村,人们通常会将帮老人耕种、洗漱等行为看作尽孝,因此分家后的牛龙虎在归属牛虎掌的 7 亩土地上进行耕种,无人会将此看作不当行为。

4.家长支配土地

1939 年分家之后,牛家土地经营权虽归全家所有,但种什么、怎么种由家长牛虎掌决定,很少和他人商量,偶尔会询问老人牛长生两句。土地的产出归牛家所有,至于收割时间、收割的步骤以及收割之后的分配均由牛虎掌说了算,外人、宗族、村庄不能干涉,就连分家后的兄弟牛龙虎也无权干涉。一般而言,村中的保甲长等只关心农民是否能按时按量地缴纳赋税,至于每一块土地上种植什么是不会关心的,而外人一般也不会关心别人的家务事。

牛家不曾进行土地买卖、租佃、置换、典当等活动,因为土地是牛家唯一的经济来源,所以在任何情况下都不会轻易处置变卖自己家的土地。1942 年,全村都面临饥荒,即使在全家食不果腹、借钱借粮的情况下,牛虎掌也没有出卖自家的土地,因为土地是牛家生产和生存的根本。灾后,牛家又恢复了生产并把自家的欠钱和欠粮都还清了。山后村的大财主郭家心地比较善良,在灾年也未大肆并购土地,反而主动借粮、施粥,牛家的钱粮多是从财主郭家借的。

5.外界认可,不曾侵占

山后村主要有两大家族即牛氏和郭氏。牛家的祖先从山西省洪洞县迁出,来到山后村开辟土地定居落户,经历了多次繁衍与分家。牛虎掌一户的土地从祖辈继承而来,村里其他农户的土地也和牛家一样大多是继承而来，因此各家各户对自家的土地和他人所有的土地数量和分布的位置都有明确的认知，彼此默认无正当理由不会轻易侵占别人家的土地。

牛家所在宗族、村庄及其官府也都承认牛家土地的所有、耕作、收益的权力，并且知道牛家有哪些土地，不会强取豪夺或以任何形式侵占牛家的土地。如果要对土地进行买卖、租用、置换等必须要与牛家的家长牛虎掌商量，如果家长牛虎掌不同意，就不能够强行进行。

（二）家户房屋产权

1.普通黄土窑，坐西面东

1949 年前牛家宅基地面积大约为 300 平方米，房屋的建筑长度为 10 米，宽为 3 米左右，三间窑洞共占土地面积约为 90 平方米。房屋是农村典型的窑房院，牛家的房屋在村里算是比较差的。过去山后村主要有两种类型的房屋，一种为农民所居住的窑洞，结构较为简单，一般冬暖夏凉，但是易潮湿；另一种为大户人家居住的瓦房，瓦房也具有保温抗热的特点，由于瓦房需要重新垫地基，而且搭梁柱时人力和材料的花费比较多，所以一般的小户人家是没有能力搭建大瓦房的，而是在黄土原下面开挖窑洞居住。

牛家房屋的布局是坐西面东，一共三间。1939 年分家之前，中间的洞窑住着三位老人和未嫁娶的牛龙虎、牛艳彩，左边的洞窑住着牛虎掌及其妻儿，靠右的那间窑洞主要用来喂养牲口。1939 年分家之后，除了牛龙虎搬出，剩下的牛家人员和分家前一样居住。三洞窑都是坐西面东，位置没有讲究，其建筑材料都是土坯。1949 年前，牛家的房屋情况没有发生过任何变更，牛家是小户，所以在房屋的使用规则和次序上没有讲究。

2.四世共居祖屋

牛家的房屋是从父辈继承而来的，是祖屋，1949 年之前居住了 4 代人；祖屋是可以拆除重修的，然而牛家由于劳动力不足，平时种地都很勉强，因此很少有多余的精力和经济实力来修缮住房。

1939 年分家之后，牛家的房屋和土地一样属于全家所有，但是已经嫁出去的牛艳彩因已经算是夫家的人，便不再享有牛家房屋的使用权；而已经分家的牛龙虎也无资格继续享用牛家的房屋，因分家时老人牛长生明确将另一拥有两个窑洞的大院分配给牛龙虎。牛龙虎居住的空间比较宽松，况且结婚以后牛龙虎去当了半年的兵，也没有在家里居住，家里只剩牛龙虎的老婆，一个人住两洞窑。老人牛长生等居住在中间的窑洞，而家长牛虎掌这一小家庭居住在左边的窑洞中，右边的窑洞则留给牛家唯一的牲口。牛家房屋属于全家所有更有利于家庭的团结与和睦。由于住房比较紧张，牛家只能是夫妻和孩子居住在一个窑洞中，没有结婚的孩子要和父母住在一起，所以牛家根本无多余房间分配给个人。

3.搭建共墙，防止逾越

牛家房屋与四邻房屋以共墙为边界，共墙可以很好地隔开两家，避免两家争吵或产生纠纷，共墙由两家共同修建。四邻不能越过牛家房屋的边界修建房屋，因为共墙已经将两家的房屋产权明确化。因为邻里较少且牛家的口碑在村中又非常不错，所以没有出现和邻居因为宅基地和院落而发生矛盾等情况。

牛家家庭成员对自家所拥有的房屋有着清晰的心理认同，承认房屋归全家共同所有。对于自家和别家的房屋产权，家庭成员可以分得清楚。全家人都无法容忍自家的房屋被他人侵占。在当时的社会背景之下，房屋和土地可以称得上是一家最为重要的财产。

4.房屋产权私有未遭侵占

1939年分家之后，牛家房屋归牛家全体家庭成员使用，外人不经家长牛虎掌的同意不可擅自居住使用。牛家房屋由牛虎掌来管理，修缮也由牛虎掌决定，不需要和其他人商量，他人不能干涉牛家对房屋的处置，同时宗族、村庄也无权干涉，就连分家后的兄弟也无权干涉。和土地一样，牛家也没有买卖过自家的房屋。

牛家的宅基地虽然没有在政府登记注册，但是长期居住在此，村里的人们便惯性地认为这是牛家的房屋，牛家拥有对这间房屋的所有权，外人不经牛家同意不可随意侵占。首先，牛氏宗族对整个宗族里每家每户的地理位置、宅基地的所有情况都有很清晰的了解；其次，牛家所在的山后村，村风较为淳朴，村庄的管理者更是对村民的房屋了如指掌，不曾侵占牛家房屋；最后，牛家所在的官府，对于牛家的房屋大多置之不理，也未曾以各种理由侵占牛家的房屋。整个山后村，关于房屋的纠纷一般都是自家内部在分家之时或是老人去世之后因分家不均等原因造成的，外人不曾随意侵占他人房屋。

(三)生产资料产权

1.牲口农具较为齐全

1939年分家之后，牛家比较重要的农具中大型农具只有1个犁；牲口主要是1头牛；无交通工具，但有用以辅助农业生产的小推车等，其他的小农具如锄头和镰刀等，一般家中常备，因为日常的劳作比较消耗工具，用坏了就修理或者换新的，更换得相对频繁一些。

牛家这些生产资料是从父辈继承而来的，上一辈去世将屋里所有的生产资料留给下一辈人，下一辈人可自行处置。牛家有一些小型农具比如锄头等是从集市上购买而来的，购买这些小型农具的钱是织布纺花交易换来的。家里所有的生产资料都是共有的，归全家人所有，家里的生产资料没有和别人共有的情况。同时，在牛家也不存在属于某个个人所有或者小家庭所有的生产资料。

现有的生产资料基本齐全，磨(或碾石)是牛家所没有的，在需要使用的时候，一般是牛虎掌向邻居借用，因为家里贫穷无力购买。通常情况下，磨和碾都是属于公用的农具，在场上各家按照前后顺序来使用。对于其他的农具，牛家如果有能力购买的话会选择购买齐全。因为牛家人普遍觉得借用别人东西总归欠人情，况且工具不趁手也影响农业生产的效率。

牛家家庭成员在生产资料的归属权上，同家里的土地、房屋一样。嫁出去的女儿如同泼出去的水，无法再继承牛家的相关家产，只有儿子、儿媳、入赘的上门女婿有权继承。因为牛家家境贫寒，生产资料有限，无法做到公平公正地分配，同时考虑到使用的便捷程度、家庭的人际关系、家庭的凝聚力等相关因素，牛家认为生产资料属于全家所有更为妥当。

2.家长负责置办、修、借

1939年分家之后，牛家在生产资料的购买、维修、借用等活动中，家长牛虎掌是实际支配者。其他家庭成员无法发挥支配作用，不能擅自决定。老人牛长生因辈分较高且生活经验丰富可以向牛虎掌提出意见，无论是生活中的小事还是遇到一些比较重大紧急的情况。平时的决定基本全由家长牛虎掌做出；当牛虎掌因忙其他事不在家中或无暇顾及之时，老人牛长生便可以做出决定。通常情况下，只要形势不是过于紧急，牛家便会等候家长牛虎掌前来做主。牛家在生产资料的处置过程中，无须提前请示或告知外人、家族、村庄或官府，因为这是牛家内部的一些琐事，外人在不了解的情况下所进行的干预无疑是盲目的。

牛家在生产资料的购买活动中,牛虎掌基本上自行做主,决定何时去买,买何种生产资料以及买的数量。牛虎掌偶尔也会和老人牛长生商量,但是无须告知或请示四邻、家族、保甲长等人,因为这是家户内部的事情,外人无权干涉,同时外人在不了解事实的情形之下,也根本无法做出正确的判断。牛虎掌因为腿部有一些残疾,出行不甚方便,所以一般由老人牛长生出门赶集购买农具;同时,牛长生是牛家的前任家长,对农具比较熟悉,牛虎掌也放心让其前去购买。

对于生产资料的维修,牛虎掌的职责和在生产资料的购买活动中基本一致。因为维修活动一般在牛家内部进行,所以家里其他成员一旦发现农具受损只要是有能力维修就可以不用特意请示家长牛虎掌,私下把问题解决好即可,原则是不耽误家庭使用。维修大多是无须费用的,只是需要耗费劳力同时花费点时间,维修所需材料一般也是一些家中的常用品;少数所产生的费用是由全家共同承担。

山后村的大多家户都是以种植农业为生,生产资料之间的借用已是常事。因为小型农具经常使用且磨损程度较大,牛家的镰刀经常出现损坏无法使用的情况,但是农忙时节日期较赶,恰逢不到赶集会的日子,这时,牛虎掌便前去邻居家借用和邻居说明情况,大多数情况下都可以借到;如果牛虎掌不在家,老人牛长生也可以出面去邻居家借用,效果和家长牛虎掌去借是一样的。

3.资料被侵占,尽量讨还

牛家生产资料出现过被外人侵占的情况。1950年牛虎掌去世,家中只剩寡妻井小妞和四女牛小么,二人经常受到邻居的欺负,因为井小妞是童养媳,在村里的地位比较低下且家中也没有别的男性,所以更容易被人欺负。牛家有棵香椿树,当时邻居向牛家借用的时候表明因为家里的孙子要结婚需要用香椿做香料,表示一旦做好就会归还,因为遇到的是红事,牛家便答应邻居的请求。但是之后等到邻居家的孙子结婚几天之后,邻居也没有表现出一星半点归还原物的意向,而井小妞不愿和邻居争吵,无奈之下只能选择不了了之。

牛家被侵占的多是一些小的生产工具,牲口、田产等重要的生产资料没有被侵占过。当牛家的生产资料产权被侵占的时候,全家人大多会抗争,少数会选择容忍。在家长牛虎掌健在期间,村民借用生产资料比如锄头一般都会归还,即使有些特殊情况,牛虎掌也会承担起家长的责任,亲自去邻居家说明"我家的锄头你家用好了吗?我家现在急用,你用好的话我就拿走了",最终邻居会归还。牛家其他家庭成员对家长牛虎掌这一做法持满意和支持的态度,因为这很好地维护了牛家的利益和尊严。牛虎掌去世之后,邻居借用不还,牛家寡妇和儿女刚开始还会选择抗争,但是多次没有起到理想效果之后,井小妞便会带着四女牛小么选择隐忍。其他村民对此事一般都置之不理,极少有人会站在牛家妻儿的对立面对其进行欺压,保甲长更是对此事漠不关心。

4.外界认可但保护薄弱

生产资料的归属主要通过以下三种方式进行确认,一是购买生产资料时的付钱行为,二是制作生产资料时的劳力付出,三是祖辈或他人的遗留或赠送行为。牛家所有的生产资料几乎全是从祖辈继承而来,个别是在集市上购买而来,因此村民、家族、村庄以及官府均承认牛家对生产资料的产权,无正当理由一般不会随意侵占牛家的生产资料。

牛家所在家族、村庄和官府均认可牛家的生产资料,在未得到牛家的允许,不可对牛家的生产资料进行买卖、借用或者置换等,否则轻者造成一场小的纠纷,重者造成牛家对村里的抵触和防范心理。但是当1944年日本人进村的时候,极少的保丁为了迎合日本人,经常在未征得牛家同意的情形之下强行借用,这种行为一般会受到大家的谴责,但鉴于当时的情况,牛家人最多也就是在背后议论一下,不敢强行出面。

村里对农户之间的"借用不还"之事大都不会插手更提不到保护,除非农户中有自家亲戚。鉴于牛家在村里并无靠山,当牛家的生产资料被侵占,村里选择忽视;当牛家的生产资料被外人侵占,若牛家不去告知官府,官府不会采取任何行动;只有当牛虎掌前去官府告知,官府才会有所动作或私下调解或出面进行保护,可是这种情况非常罕见,一般都是私下调解。由于牛家被侵占的一般是一些小的物件和农具,牛家孤儿寡母因此也不愿意为此而大动干戈。

(四)生活资料产权

1.生活资料,基本齐备

1949年前牛家有晒场,面积大约有85平方米,位于崖顶上;家里没有水井,整个村庄只有一个水井;牛家有犁、锄等,但是没有磨、碾。这类生活资料是从上辈人手里传下来的,家里也有桌椅板凳和油盐酱醋等生活用品,像盐一般都是一个多月置办一次。

牛家的面粉、陈醋、水瓢、食用油是自制的,家里的盐、酱油是购买而来。而牛家的桌椅板凳大多是继承父辈而来。一般而言,除了媳妇嫁过来的时候会陪一些嫁妆外,基本是没什么机会添置新的家具。

2.面粉、陈醋、水瓢自制

一般而言,除了一些特殊的调料食材家中无法制作,其他的东西牛家基本能够自行制作。不管是什么调料食材,所用的工序都比较简单。

牛家的面粉主要是由牛虎掌或家里的老人自行制作,通过用石磨将小麦加工成面粉,将小麦从磨上方的小孔进入到磨的两层中间,沿着磨的纹理向外移动,从而形成粉末,需要4~5个小时。

陈醋一般则是由井小妞和婆婆贾氏制作。在七八月的时候,两人首先把摘下的柿子放进干净的沙缸里,将口封住放置在家里窑洞后面主要是为了避光,等上半年让柿子变软发酵;其次,准备过滤的器具,拿来一个缸,这个缸的底部通常有一个小拇指般粗细的小洞,把洗干净的麦秸秆从这个洞里塞过去,缸外面留一两根秸秆头,秸秆头下方放一个盆,用来接过滤出来的醋液;最后,往柿子酱中加入豆沫开始搅拌直至发热,然后添加整个柿子酱一半左右的水再进行搅拌,放置一夜。第二天早上就可以过滤,醋液会顺着秸秆慢慢滴下来,等第一次的水过滤干净之后再往缸里添柿子酱一半的水,同样放置一夜之后第二天开始过滤;最后,等到过滤四五遍之后将接到的醋液放入坛中进行贮藏,想食用即可打开醋坛舀取一瓶。

至于水瓢的制作过程比较简单而且成本甚微。井小妞首先需将一个长成熟的葫芦摘下来,用菜刀切成两半,将葫芦里面的瓢用勺子掏干净;其次,把两个葫芦外壳用水冲洗干净;最后,把葫芦外壳拿到太阳底下去晒。直到把里面的水分晒干之后便可以当作水瓢使用。家里的食用油是拿大豆之类到坊里进行加工而成的,无须从集市上购买;而盐一般都是用自家鸡蛋换取,有时也会外出购买。一个鸡蛋可以换一斤的盐,购买一袋盐在当时大约需要五分钱。

3.家长支配生活资料

牛家家里所有的生活资料是属于全家人的。在山后村,生活资料一般都是继承而来,几乎人人都有,生活资料大多可以自制,即使购买也花费甚少。最主要的是,生活资料作为一家一户的生活必需品,共用起来是相当麻烦的,因此家户之间共用生活资料的情况甚是罕见。

1939年分家之后,牛家的生活资料全家共用。牛家作为小门小户继承而来的生活资料也是屈指可数的,生活资料属于生活必需品且使用频率高,因此无多余的生活资料归属个人。生活资料归属全家人所有,不仅有利于家庭的团结与和睦而且在使用过程中更为方便快捷,因为无需向个人提前打招呼说明情况。对于生活资料,名义上是家长牛虎掌更有权力处置,但在实际生活中家中老人更有权力使用,其他成员对于生活资料的使用权几乎没有差别。就座椅而言,一般只有家里的老人或者辈分较高的人才可以坐。

1939年分家之后,牛家在生活资料的购买、维修、借用等活动中,家长牛虎掌是实际支配者。除牛虎掌之外,其他人员处于次要的地位,不能擅自做主;家里老人和井小妞在一定程度上可以向牛虎掌提出意见和建议,无论是关于家里琐碎小事,还是遇到重大事件。当牛虎掌不在家的时候,老人牛长生及井小妞可以暂时对事情做出简单处理,但是等牛虎掌回来之后要向其告知相关事宜,不能隐瞒。通常情况下,如果合理的话,牛虎掌是不会表示反对的,同时外人对于牛家生活资料的变更处置等无权进行干涉和指导。

牛家在生活资料的购买中,牛虎掌基本上自行做主,但是一般需要井小妞的提醒和建议,因为家里生活资料的使用情况井小妞更为熟知。好比家里的食盐只能维持几天的生活使用,做饭的井小妞看到之后会及时向牛虎掌提醒:"咱们家的盐快用完了,你过几天去集市上买点。"到集期的时候,如果牛虎掌临时有事离不开,家里的老人也可以上集市购物,很多情况下都是老人牛长生出去置办日用品,因为牛虎掌的腿部残疾走路多有不便。

生活资料的维修大多都是技术活,需要一定的技术能力。牛家除了牛虎掌和牛长生两人比较有经验技巧能够动手维修,其他成员只是帮忙打个下手。在极少数情况下,牛虎掌也无法修缮,便会去集市上找专门人员来维修,因此牛家生活资料的维修大多是无须费用的,所产生的少量费用是由全家人共同承担。牛家家里的锅盖上面的"提把儿"掉落不能使用,井小妞会和牛虎掌商议,一般选择削一个圆柱形状的木柱缠上布条然后塞进锅盖上面的洞里即可。一般而言,所有的生活资料不能轻易报废,都要修理再三,直到完全不能使用为止,因为购买新的东西需要花钱,而牛家本身的经济状况已经很拮据了。

正如老话讲的,"花要叶扶,人要人帮",生活资料之间的借用在牛家是经常发生的,因为牛家同邻居之间的相互借用无须特别正式,既不用前去请示或告知家族、村庄或政府以报备,也不用非得家长牛虎掌出面借还。当家长牛虎掌的客人来访,其妻子井小妞发现碗不够用时,牛虎掌或者井小妞、老人牛长生均可直接去邻居家借用,只要向近邻说明借用理由即可。当牛家遇到红事或者白事时,一些要好的邻居或朋友一旦知道,便会将家里的饭碗送过来以解燃眉之急,但在借用过程中,山后村有一条默认的惯例——"谁借谁还",旨在一定程度上减免误会。

4.反对外界侵占行为

牛家的生活资料曾出现过被外人侵占的情况,一般都是被邻居侵占,借用不还;家族因血缘上的亲近关系,不曾随意侵占牛家的生产资料;村庄和官府只有在进行公共活动时才有可能去牛家借用,如果未征得牛家同意便不会强行侵占使用。1944年日本侵略者进村,极少数的保丁为了自我利益会特别听从日本军官的话,假如日本军官今天需要一些果子之类的,保丁便会在整个村搜刮,有时进了牛家二话不说看见需要的便直接拿走使用,但是日本人没有亲自出面向牛家借过什么东西,都是保丁在当中间人。不只是牛家,村中不管是大户还是小户几乎都受到过保丁的骚扰,被拿走的东西也不敢问保丁要,一般只敢在背后稍微议论。

牛家生活资料被侵占,原因主要有以下三点:第一,牛家家风较好,整个家庭即使贫穷但乐善好施、注重邻里关系,只要不是邻居做得太过分,牛家一般不愿斤斤计较、惹口头纠纷,所以有时候邻居借走什么东西不还,牛家也不怎么追究,有时候甚至不会主动提醒;第二,保丁势力较大,仗着日本侵略者为虎作伥,牛家一个小户多次抗争无效之后会选择隐忍,这种情况在全村都有,大家敢怒不敢言;第三,当牛家家长牛虎掌去世之后,寡妇家庭因势单力薄无人相助,更是容易遭受他人的欺凌。牛家生活资料被侵占最严重的是在牛虎掌去世之后,寡妇家庭无人撑腰无人愿意多管闲事这一时期。随着新中国成立后土改的工作开展,这种情况才大为改善。

当牛家生活资料产权被侵占的时候,全家人有时选择抗争有时选择隐忍。当邻居借用牛家大件生活资料,在之前所答应的日子之后一两天还未归还,牛虎掌会亲自上门去询问情况后将自家东西要回;当邻居借用小件生活资料比如勺子之类的,最后未归还,牛家便也不再追究选择容忍;而当保丁来牛家强取豪夺的时候,牛家在多次抗争无效之后便会选择隐忍或者在听说保丁要来家里之前,全家人便会将家里的重要物件进行储藏避免被发现。

对于牛家生活资料被侵占的事实,其他村民如果恰巧知道事情的来龙去脉,便会站出来说两句公道话,但是大多数村民对此类事件漠不关心,让两家自行解决;家族虽同出一氏但因之后繁衍的代数较多以及不断的分家,家族只有在祭祀祖先时才全体出动,体现出表面上较大的凝聚力,但是当牛虎掌一家生产资料被外人侵占,家族却不曾出面进行调解和保护;村里对农户之间的"借用不还"之事大都不会插手,更不用提及保护,除非农户中有自家亲戚;而官府只有在牛虎掌前去告知之后才会有所动作,或私下调解,或出面进行保护,这是一种典型的"民不告,官不究"现象。

二、家户经营

(一)生产资料
1.男性劳力,勉强维持生产

牛家在1939年分家之后至1949年前共有5个劳动力,他们并非全都参与家庭生产。第一代劳动力主要是牛虎掌的双亲即牛长生及贾氏;第二代主要是牛虎掌本人、妻子井小姐和妹妹牛艳彩;女性中贾氏因为年事已高体力不支,从事地里生产活动的主要是井小姐和牛艳彩,然而牛家三位女性主要是在家做家务活,比如纺花织布、做饭扫地、洗衣缝补等;女性并非一定要参加劳动生产,大多是农忙季节去地里搭把手,农闲时期就在家里待着。冬天家里人可以不用参加劳动生产,未成年的儿童也不用参加家庭生产。山后村的农户大多都抱着"各扫门前雪"的心态,外人不会无缘无故参加牛家的生产劳动。

1949年前,牛家的劳动力基本够用,无人外出找事做,也不会通过其他方式增加家庭的劳动力。当然,牛虎掌也曾想尝试通过过继或者抱养来增加家中男性人口的数量,想要补充一定的劳动力,但最后都失败了,牛家的劳动力还是保持原有数量不变。

2.院墙翻修同邻里换工

1949年前,牛家没有请工,因为牛家经济条件较差无钱请工。同时牛家也无帮工,也无雇工,不仅因为牛家作为小户土地亩数较少,家里也无过多事情需要做,因为牛家家境贫寒。

尽管无力雇工,在面对一些凭借一家之力无法完成的劳动时,山后村的小户间往往选择换工。牛家曾出现过换工现象,因为牛家的院墙需要翻新,维修人手不够需要外人来帮忙修葺,换工一事主要由牛虎掌安排并决定,但要和老人牛长生商量,不用告知家中他人。换工时,在找人的方面上也有先后顺序,牛家通常先找和自家临近的邻居。因为两家是近邻关系,牛家和邻里的关系也比较好,没有什么矛盾,邻里在闲时也愿意帮牛家的忙。因为牛家和邻里的关系,换工的两家相互之间不用支付报酬,但是牛家在换工时中午需要管人家一顿饭。

3.牲畜有时互借

1949年前,牛家自有土地面积10亩左右,这些土地基本够自家耕作。家里因劳动力稀少,一家人可以耕作的土地面积也就在10亩左右,所以家里的土地既无租佃也无出租。这10亩土地基本够维持一家人的生活,经济上来看牛家既无力购置新的耕田同时也没必要去租田种。

1939年分家后至1949年,牛家自有牲口有一头牛,家禽五六只鸡。一般情形之下,牛家也只需要1头牛而仅有的这头牛基本能够满足牛家的耕作需要。牛家三女牛清莲结婚时,家里钱不够,便将自家牛卖出,未购入新牛之前,牛家曾向外人借用过牲口。

借牛一般会找邻居,邻居家也只有1头牛,因两家是近邻,所以邻居的牛在不使用的时候均可外借给牛家。牛家在借用牲口的时候更倾向于在本村内部借用,因老人牛长生社交较广与人为善。对于外村相熟的人家。牛家也表示愿意借用,但因为距离较远,所以相较而言比较麻烦。耕牛借用一次能用半天,半天之后必须还,不用给钱也不用给礼物(借牛的时候,邻居一般也会出人帮忙),因为到时候邻居来借用牛家的牛时,牛家也会出牛出人帮忙。借来之后无须喂牛,还牛的时候也不用带饲料。借牛时,家长牛虎掌会同老人牛长生商量,不一定是牛虎掌亲自去借,老人牛长生去借效果一样,因为在牛家有牛的时候,牛虎掌经常把牛借给有需要的人家,在牛家没牛周转的时候,大家也愿意来还牛家这个人情。

4.农具自制或购买,偶尔借用

牛家自制的农具有犁,犁、磨等农具可以自制,而叉、锄是需要购买的。农具只要能够自制就不会选择购买;而磨这类大型农具如果需要使用,牛家一般会选择去借用。牛家老少秉承的原则是"宁欠人债,不欠人情",因为他们觉得人情难还,所以多选择购买新农具,当然在极少时候,牛家也会选择去邻家借用。

1939年分家之后,牛家在生产的时候偶尔需要借用农具,一般会在正月向邻居借用碾来碾麦,之所以借用他人的是因为牛家的家庭条件较差,无足够能力购买该农具。牛家在借用碾的时候,一般会选择离自家最近的那位农户家。大多由牛虎掌或者老人牛长生出面,其他家庭成员在告知或请示牛虎掌的情形之下也可去邻家借用。借用的时候无须带礼物,不仅在于农户之间来回借用已是常事,还在于农户之间都坚信"远亲不如近邻",关系较为友好。如果牛家借用时邻居家也需要使用,只要向牛家说明拒绝理由,牛家在理解之时便会改向其他家户借用。在借用过程中,向被借用农户请求的先后顺序基本决定农具的使用顺序。在借用的时候,牛家口头会说明借用的时间、用途以及归还时间,如"哎,你家的碾现在用不呀?不用的话,能不能借我用来碾下麦子?我家的麦子较少,估计今天中午就能弄完我就给你送来。"

(二)生产过程

1.农业耕作

1949年前,牛家从事农业生产也饲养家畜,有五六只鸡,但是没有从事副业。鸡主要是蛋鸡,生下鸡蛋用于交换一些自家无法生产的日用品。

牛家仅有的10亩土地全都用来耕种。牛虎掌主要从事农业耕作;1939年分家之后,老人牛长生因年龄偏大身体欠佳,很多田间重活无法进行,但也会去地里干些锄地之类的活,平时在家主要是扫院子。家里的女性主要从事纺织、缝补、洗漱、喂养牲畜等家务劳动,但是在农忙时期,家里的成年女性偶尔也会下地帮忙,主要是锄地和割麦。未成年的儿童无须进行劳动生产,不仅是因为小孩力气较小,更是由于小孩不懂一些种地的方法或具体操作。由于牛家家里条件有限,从未请求或雇用他人帮忙。

种地的种子都是前一年预留的,因为当时没有肥料和农药。每年的收成都会有来波动,影响收成的因素有农户的勤劳程度、土壤、雨水等,鉴于牛家土地主要是白土地和黄土地且土质一般,所以收成好坏和一年的雨水多少成正比。一年的生产过程较为紧凑,农历二三月份种植棉花有2~3亩、四月犁地、五六月份种秋、七八月收秋、九月份白露节气左右种麦有6~7亩、来年五月底收麦,因此牛家耕作一般需经过犁地、耙地、锄草、种秋、收秋、平整晒场、收集粪便等环节。在不同的生产环节中都是牛虎掌做主进行分工与安排,大多会与老人牛长生商量,但是无须告知或请示他人,家里其他成员若知晓均可当面向牛虎掌提出自己的看法。当牛虎掌因有事最近几天不在家,而恰巧赶上农忙时节,这时老人牛长生因地位较高和耕种经验丰富便可对耕作的相关事宜做出决定。若家庭成员对牛虎掌的安排不服从且没有做出合理解释或者直接无视牛虎掌的安排,必会受到牛虎掌的批评教育。犁地、耙地、种麦、平整晒场、收集粪便大多是由牛虎掌来做;锄草时老人牛长生一般会加入;种秋期间,井小妞也会主动参与;在收麦期间,全家人都会积极参与其中,井小妞一般会比其他家庭成员早半个小时回家做饭,这样等到全家人回到家中饭菜已差不多备好。

2.细心饲养家禽

1949年前,牛家只有一头牛,五六只鸡。牲口的喂养无须强劳力,所以一般是家里的妇女用麦秸秆来喂养牛,而将稻谷从玉稻秆上捋下来喂养鸡,老人牛长生偶尔在闲暇时期也会喂养。

牛家不会选择宰杀自家喂养的牛吃是因为老人牛长生信仰佛教。牛家之所以喂养牛是因为农业耕作的需要,比如犁地需要牛在前面拉犁;有时也会用来拉些重物往返运输。1939年分家之后,在某些极端情况下好比无钱缴纳税款,牛虎掌或老人牛长生会选择将牛拉到集市上通过经纪出售给他人,但是牛家因心地善良在买卖过程中会特别强调将自家牛卖给用来喂养而非用来杀吃的家户。牛虎掌将卖牛所得的40~50元当作全家的收入保存,如果是老人牛长生前去出售,回来会将所得交给牛虎掌。在买卖过程中,无须告知或请示四邻、家族、保甲长。牛家是小户所以唯一喂养的牛会特别照料,1944年日本人进村将村里的庄稼全糟踢了,村里其他农户都让牛去自家地里吃麦芽结果牛全都被胀死;而老人牛长生却让家里的妇女去地里将一些杂草带回家,用手将草里的丝拉扯掉并用石头将草打碎,再用水冲洗之后才会选择给牛喂养,其结果就是当时全村只有牛家一户的牛存活了下来。因为牛家不吃荤腥,会在牛将老之际将其卖出,所以牛家并未存在牲口老死或者病死的情况。

牛家同样不会宰杀自家喂养的鸡,其喂养的主要目的是用鸡蛋换取其他生活用品,比如盐之类。牛虎掌会趁鸡老死之前拿到集市上将其售出,因为买卖牲畜并不影响公共事务,家族、村庄、官府都不曾要求牛家前来请示。牛家一般1只鸡可以卖到5~6元,同卖牛一样所得金钱用于全家消费,家长牛虎掌不在家时老人牛长生便可做主安排。

3.巧手做刺绣

1949年前,牛家家中并无人从事手工业与副业,主要是因为家中劳动力太少,除了耕作田地没有多余精力去经营别的产业,况且家中也无剩余资本可用来经营副业。

当时牛家并没有闻名四方、独树一帜的手艺,不过牛家的三女牛清莲因心灵手巧对于刺绣特别拿手,远近的妇女都会前来观赏或者直接请教。三女牛清莲所刺绣出来的动植物都栩栩如生,颜色搭配也极为美观,针脚也颇为齐整、做工细致,所以家里的布料如果需要刺绣都是三女牛清莲来做。每天上门来看牛清莲手工活,或者对于刺绣不太精通前来请教的妇女大有人在,这时牛清莲都会耐心示范、进行指点。牛清莲的手艺算是在井小姐指教的前提之下自己领悟而来的。刺绣的习得,牛家的各个女儿都可以学习,无须请示或告知他人。尽管三女牛清莲的手艺相当不错也受到村里人的夸奖,但牛家并没有把这当成副业,偶有织布和刺绣也都是为了家中日常需要。

牛家无人外出务工,全家人都在家从事农业耕作,仅牛龙虎在分家以后的半年里曾经离开家去国民党的部队里当了一段时间的兵,但后来因部队生活艰苦且看到军中常有人去世便逃回家中。

(三)生产结果

1.看天吃饭,"年成"之时外借

山后村的气候属于温带季风气候,因此一年可以收获一季麦一季秋,麦子大约收10袋,1袋麦子为2~2.5斗,1斗麦子50斤,牛家一年能收获1600斤,一亩地能收100斤左右。土质、水源、天气、肥料、农户的经营能力等都可以影响到庄稼的收成。一年之中,在出苗季节前后可以知晓粮食的收成如何,大约在四月份可以知晓麦子收成,五六月份知晓收秋的情况。牛家在不同年份的收成大致一样,相差不过150斤。

牛家曾经历过灾荒,1942年天旱虫灾极其严重,庄稼收成惨不忍睹,全村人都无法饱腹甚至出现有人逃荒以免饿死的情形。牛家因为家长牛虎掌的身体略有残疾,无法长途跋涉,牛虎掌便和全家老少忍饥挨饿、借贷粮食等艰辛地度过这一年。粮食的收成属于全家共同所有,收成由牛虎掌统一管理和支配,因为农业耕作是牛家唯一的收入来源,所以全家人都会关心收成,而牛虎掌作为一家之长最为关心。

1949年前,牛家的收入勉强能满足家庭的需要,当时的田税为一亩地上交80斤粮食,最终牛家一年只剩200~300斤粮食。1942年是有名的"年成",天旱粮食收成极差,收成难以维持全家的生存。牛虎掌则委托老人牛长生前去财主郭家借粮食,一般都是借1~2斗,来年秋收的时候一次性还清。当时借贷中的规则是"借一斗还两斗半",虽然利息比较高,但为了能够应付田赋和生活开销,牛家有时便不得不去向财主郭家借贷钱粮。

2.养殖家禽用以补贴家用

牛家一年可以饲养五六只鸡,每年饲养的数量基本一致,家里也无多余闲钱去购买更多的鸡苗。牛家饲养家畜家禽主要是用来换取其他生活用品,比如盐之类的。1939年分家之后,牛家用这五六只鸡所诞下的鸡蛋换取而来的生活用品基本可以满足全家的需要。饲养家畜而换来的收益属于全家共同所有,交由牛虎掌统一管理和支配。这些日用品在牛家的日常生活中就被消化掉,通常不会有什么剩余。

牛家不从事手工业和副业,因此没有这两方面的收入。牛家妇女偶有刺绣或织布通常都是供家人使用,一些多余的布匹和花样会拿到集市上换一些生活用品,但牛家并不以此为主业。

三、家户分配

(一)分配主体

1.家长主导,内部分配

牛家在分配时,以家户分配为主,宗族不会干涉农户的分配,所在村庄也无共有村产,因此也不会对农户进行分配。

1939年分家之后,牛家家庭成员在分配中以家户为基本分配单位。分配是在家庭成员内部进行,村里其他农户也是如此,主要是对粮食、制衣进行分配。虽是一家人,但已分家的牛龙虎不参与家户的分配,因为分家时已经清楚地将家户财产进行了分配;分家时,老人牛长生、贾氏以及郭氏均由牛虎掌来赡养,所以三人属于牛家内部家庭成员。牛家因家境贫寒,并无其他的常住人员。

2.其他家庭成员参与建议

1939年分家之后,牛家在进行分配时由家长牛虎掌主持,关于购买的相关事宜也由他来决定和安排;如果牛虎掌不在,家里的事情便会交给老人牛长生和井小妞决定,但是二人事后通常会将这些事件的起因、经过以及所做的决定告知牛虎掌并询问其做法是否妥当合理。但是遇到一些重大事情,牛家其他成员无法决定,只能等到牛虎掌在家时再做决定。

牛家家户进行内部分配时,无须告知或请示四邻、家族、保甲长,这是家户内部事情,外人无权关涉,另外其他农户对不是自家的事情一般选择漠不关心,除非遇到红白喜事。如果家户内部有成员觉得分配不公、心有不满,可以向牛虎掌提出异议,但最终如何分配仍由牛虎掌说了算。牛家人不会向外人诉说家户分配的相关事宜,更不会向外人表达自己的不满情绪,因为牛家比较注重自家形象不喜欢被外人说三道四,所以外人无理由、无渠道干涉牛家的分配。因为家产也不多,所以牛家人也没有在分配上闹过什么别扭,即使是牛家分家,结果牛虎掌和牛龙虎也基本上满意。

3.男主外,女主内

关于制衣、做饭以及做家务主要是由老人郭氏进行安排,同牛虎掌商议后决定分配。牛家每天每顿的饭菜都是由郭氏决定,牛虎掌偶尔也会指明某顿饭菜。在做饭期间,都是郭氏进行指挥,井小妞揉面,牛寸连择菜等。关于分棉花制衣,井小妞在制衣之前需请示郭氏,由郭氏决定给谁制衣、制作几件、何时开始制衣以及衣服类型等,井小妞会按郭氏要求进行缝制。牛家在大家庭分配之余,所在的小家庭不会再进行二次分配。

(二)分配对象

1939 年分家之后,牛家在分配时,家内全体成员属于分配对象。牛家的亲戚、朋友、邻居和其他家户的人都不可享受牛家的分配。

牛家在进行家户分配时,分配物的主要来源是家户农业耕作所得,家户之外即借用而得或亲戚赠送所得的粮食、衣物也可作为收入的来源。亲戚家的小孩刚满两岁,而之前缝制的衣服过小无法继续穿戴,牛家正好有小孩比其小半岁左右,亲戚就会将小孩衣服送给牛家,牛虎掌便会做主让妻子井小妞将其改制成另一件衣物让自家孩子穿。

牛家所有成员不论年龄大小、辈分高低、能力强弱,均可享受到家庭的分配权。但东西分配给每个具体家庭成员的时候,会有一些差异,一般是根据成员自身情况来安排分配的内容。

(三)粮食收入分配为主

牛家的收入分配主要包括粮食、制衣、赋税等方面,因为牛家吃的是大锅饭,所以粮食并没有分配给个人。牛家是小户,既无私房钱的供以分配,也无零花钱的分配,可供分配的是粮食和一些物品,以粮食分配为主、衣物分配为次。

在食物分配过程中,因牛家全家都在一口锅中吃饭,所以牛虎掌在分配食物之时,都是先给老人盛饭,之后是小孩,最后才轮到壮年人。

牛家对于衣物的分配,一般都是在换季的时候实施。每当换季的时候,家里若有多余棉花,则会先给老人缝制两件衣物;然后将小孩的衣裳进行拆洗和重新缝制;因大人穿衣比较仔细,身体健康,相对于老人小孩比较抗热抗冻,因此最后才轮到给家中大人缝制。

牛家的农业收成需要缴纳田税,一多半的粮食都用来纳税,纳税的标准一般为一亩地缴纳 80 斤粮食,偶尔会更多。对于牛家而言,纳税的税额相当高,因为牛家一亩地的收成也就在 110 斤左右。牛家在缴纳赋税之时,由牛虎掌安排做主,很少会和家里其他成员商量,因为税款的缴纳无可避免只能服从,无法推脱或改变税款金额,同时也不用告知或请示四邻、家族、保甲长,保甲长一般会主动前来征税。

牛家家庭成员中没有人从事手工业,所以没有关于手工业的分配,此外也无成员从事副业经营,所以也无关于副业经营的分配。

(四)家长决定分配

牛家没有私房钱地,因此不存在私房钱地的分配;同样,牛家也没有租用他人的田地,因此也无须缴纳租金。牛家作为小户不曾从事手工业以及副业,收入来源单一化即农业耕作,连维持家庭的日常开销都很艰难,更无从谈起零花钱的分配。如果家庭其余成员需要用钱需同牛虎掌商量,牛虎掌根据其所陈述的理由决定是否给予。牛家在衣物、食物、缴纳赋税的分配活动中,牛虎掌是实际的支配者;如果牛虎掌不在,便由老人牛长生决定,不过事后一般会告知牛虎掌。

牛家的衣物分配由老人郭氏安排,牛虎掌在和老人郭氏商议之后做出决定,不用告知或请示四邻、家族、保甲长。全家人都可以享有衣物的分配,分配时有先后顺序,其原则主要是按需分配、老人小孩优先。如果牛虎掌不在,老人牛长生便可做主。例如,牛家家里某年的棉花还有剩余,郭氏便会将儿媳(井小妞)叫到身边,向其交代道:"你看咱小女(牛小么)的衣裳都成啥样了,趁着今年棉花多,把孩子衣裳重新拆洗添点棉花再缝一下。"家里一般在冬季、夏季会添衣服,通常是由郭氏来安排,井小妞来做。棉花是地里种的,由家里统一按需分配;家里的女性亲自纺纱织的,由郭氏决定,无须给家里的每一位成员都添置,没有分到衣服的家庭成员一般也不会有意见,因为家中的经济状况每个人都了解。牛家老人的衣服是由儿媳也就是井小妞来做。如果家中有人衣服破个洞也是由井小妞缝补。至于家中是否有人会因衣服破烂而被责骂,则需要看衣服破损的严重程度,如果破损较轻,一般只会说道两句让其注意;但破损严重就会遭到责备。好比小孩出去玩耍,不小心摔倒将衣服刮破个小洞,回到家后,井小妞会一边缝补一边叮嘱小孩以后玩耍的时候要注意。

牛家在食物分配中也是由郭氏安排,牛虎掌在听取老人郭氏安排之后便做出决定,但大多情形之下牛虎掌会听从郭氏的安排甚少反对。对牛家而言,所谓的分配食物一般也就是指平时决定做什么东西吃。食物分配的相关事宜不用告知或请示四邻、家族、保甲长,保甲长一般只关心牛家能否及时按量上交赋税,对于牛家其他事务的决定则漠不关心。在牛家,全家人都可以享有食物的分配,分配时有先后顺序,其原则是老人小孩优先食用。如果牛虎掌因忙于他事而无法待在家中,老人牛长生便可做主。在牛家,无论大人小孩都没有零花钱。

(五)优先上交赋税

牛家在分配时是以全家人的需要为前提,需要照顾到家里所有人的需要,不会偏心,只不过在同等条件下会优先考虑老人和小孩。

牛家在分配自家产品的时候,"自家消费、地租赋税"的次序是先缴赋税,之后才是用来自家消费。因为牛家的税款必须缴纳无法避免;如果延迟缴纳,牛家的成员包括家长牛虎掌在内都会受到保甲长的鞭打。牛家的粮食即使不够自家食用,还是会缴赋税,不会逃税抗税。每到缴纳田税的时候,牛虎掌便会将税款提前准备好,保甲长来家里要的时候则直接上交。在雨水较少、粮食收成不好的年份,牛家将需要缴纳的税款先单独放置,剩余的粮食全家就会节约食用,原本该吃捞面的时候就会换成汤面或者原本这顿该吃汤面就会替换为喝汤。

牛家在分配自家产品的时候先分配食物后分配衣物,因为"民以食为天",如果自家连吃饭问题都无法解决,便不会购置新衣物。牛家的衣物一般都由家中女性自己做,如果布匹有多余,甚至还会拿到集市上进行交换,换取一些日用品。

牛家的分配原则是统筹考虑、老幼优先,不是平均分配,因为大多数情况下,没有足够多的粮食、衣物用来平均分配。在分配时,老人、孕妇、小孩、病人拥有一定程度上的特权。分配时的特权使用都是在一定期限内,家庭成员对此没有产生过质疑。

在吃饭的时候,特权主要是指早上可以喝点米粥,或盛饭的时候优先。在衣物的分配中,特权是指冬天衣服比他人衣物较厚实、塞的棉花较多。家长牛虎掌在分配时并无特权,吃的、穿的和其他家庭成员一样。在家中经济不太好的时候,甚至都是当家人牛虎掌做出牺牲来供应家中老人和孩子,主动减少自己的分配数量。

在年景不好的时候,牛家主要进行的是对粮食的分配。粮食和赋税的分配照常进行,衣物的分配停止下来。在粮食不够吃的时候,家庭成员中的老人、小孩优先吃饭,因为大人身体较壮比较能抗饿。好比在 1942 年,因为天旱虫灾收成极差,山后村很多农户迫于无奈选择逃荒。牛家为了生存和缴纳赋税,中午让老人和小孩吃点汤面而大人就是白水煮菜,靠着为数不多的粮食硬生生地撑过了这个灾年。

(六)几无剩余,偶有调整

在牛家实际分配过程中,70%~80%用于赋税,剩下的粮食用于食物分配,多余的棉花用于制衣。家里的分配基本是自给自足,偶尔也会向外家借。

对于已有的分配结果,家庭成员没有提出不同意见。每年的分配结果并不一样,偶尔会由家长牛虎掌做出调整,主要依据当时的实际情况和未来的需求。假如前一年井小妞给三女牛清莲缝制了一件衣服而没有多余的布和棉花给四女牛小么缝制,那么这一年就不会再考虑三女牛清莲的衣物分配而优先考虑给四女牛小么缝制。

四、家户消费

(一)家户消费概况

1.粮食消费为主,难以自给

1949 年前牛家一年花销没有固定的数额,因为家中只生产粮食而且大部分都用来缴纳赋税和维持日常生活,通常没有什么现金交易,所以花销没有办法用货币来衡量。不过按照牛家的生活水平而言,牛家在村里属于较差的,通常情况下也就勉强维持,一旦遇上灾年收成不好的时候,牛家的收入就不能够维持消费,一般情况下是差三百多斤粮食,大概是 2 亩地左右的产量。一旦出现粮食维持不了生计的情况,牛家要么节衣缩食要么借钱借粮。平时主要靠节衣缩食,实在难以维持才会去向财主借钱和粮食,因为借贷的利息过高,借钱只有在当月还清不需要还利息,超过 1 个月还需 20%的利息;借粮食一般都是腊月去借,来年收秋的时候还,借 1 斗粮食需还 2.5 斗。在借粮和借钱的时候,一般都是牛家老人牛长生去借,因为财主郭家和牛家算是远亲,郭家是牛虎掌奶奶的娘家,长辈去借比较好说话,财主郭家答应得比较干脆。

牛家几乎每年都难以维持自给,不能维持的主要原因是每年所缴赋税过重和天气原因收成不好。在家庭消费中,全家人需要勤俭节约,一般是通过三顿饭并做两顿来吃,也会选择不吃捞面改吃汤面或者白水煮菜将就一顿,只有丰产的年份,牛家的自给才不会出现问题并有能力将原本的欠账还清。

2.食物消费比重大

牛家在 1949 年以前,每年粮食的消费并没有一个定数,占总体消费的比重约为 75%,有三百多斤的粮食是需要从外借贷。粮食不能够维持消耗,其主要原因是赋税过重和收成不好。

同样 1949 年以前,牛家每年食物的消费也未做具体统计,家里一般一个月需要吃 4~5斗粮食也就是 250 多斤,同时因为老人牛长生信仰佛教,全家人都不吃肉蛋之类,所食用的蔬菜一般来自自家地里生产,外购得很少。一旦察觉家中食物无法维持正常消费,牛家首选节衣缩食并将向外借贷作为备选。

3.衣物房屋,消费较为节俭

牛家在 1949 年以前,每年衣服的消费大多是自给自足,家里的女性亲自纺纱织布并缝制,如果某年家里的棉花还有剩余,还可用来缝制棉衣。牛家老少甚少添置新衣而是不断地拆洗缝补。亲戚家或邻居家小孩的衣服不再穿戴也会赠送给牛家。衣服消费也相当节约,一般都是将破旧的长衣长裤改成短衫、短裤,将破旧的被褥裁剪成一小片改制成衣服。

牛家的房屋勉强能够满足全家人的居住需要,都是在现有的房屋里挤着住,具体情况是牛虎掌一家住在左边的窑洞,老人居住在中间的窑洞。牛家从来不去外人家里居住,如果有客人前来,客人就住在老人的那间窑洞里,而老人则搬到右边的窑洞和牲口一起居住。

4.土方治病,少有医疗消费

1949 年前,牛家每年的医疗消费几乎为零,因为看不起病,通常都是选择硬抗。当时整个山后村没有大夫,一个乡才有一两个大夫。当时去请大夫的时候,农户都要牵着高骡或大马拿着红色的褥子放在鞍上,到大夫家里去请。在大夫上马的时候,农户就要弯腰屈膝让大夫踩着背部上马。平时的小病,牛家都是找村里的熟人寻一些土方子,自己集齐所需的材料来治病;遇到大病,牛家只能无奈放弃等老天怜悯。

5.红白消费必须维持

牛家 1949 年前每年用于人情支出的消费也很少,因为牛虎掌的妻子井小姐是童养媳,当初由老人牛长生在集市上从人贩子手里买来,所以井小姐没有娘家;而且家里老人牛长生也是独生子,所以走亲戚的情况很少。

平时去随礼,牛家送一个馍即可,馍是圆的,寓意较好;红事一般是上礼钱,牛家一般都是出 1 元或者 0.5 元;白事一般是送蒸糕,牛家一般都是带 5 个,但是举办宴席的人家会留 1 个蒸糕给牛家当还礼。牛家对于人情消费的态度是必须维持,哪怕没钱去借也要送礼。

自家遇到红白事,因为条件限制,一般只是请自家的亲戚、牛虎掌和老人牛长生的朋友以及门边的近邻。如果收入不够消费,牛家会选择卖牛换钱。以 1948 年牛家的三女牛清莲结婚为例,因为招的是上门女婿,所以牛家要花钱办宴席,当时家里的钱不够使用,牛虎掌便去财主郭家借钱,最后只能把自家牛卖掉还钱。

6.教育支出为零

1949 年前,牛家没有孩子曾上学读书,所以家中没有教育消费支出。以前山后村只有一个学校,一般只有中户、大户的人家会将自家的孩子送去读书。一般情况下,8 岁才可以去学校上学,男孩女孩都可以去,但通常都是男孩上学。牛家因为家里条件较差,大人从来没有想过将自家的孩子送到学校,因此牛家的孩子在 7 岁以后便开始学习农业生产的相关技能。

7.拜神祭祖消费不可少

1949 年前,牛家还有其他方面的支出,主要是用来祭拜祖先、求神拜佛以及正月里的活动。

牛家在添一个男丁的时候,牛虎掌便在集市上买些鞭炮在村里放响。等到清明的时候,牛虎掌会带着自家蒸馍和在集市上买的肉,在整个牛家家族的陪同下去祖坟祭拜祖先。

牛家不仅祭拜祖先,而且对各路神仙也很崇敬。山后村有两个寺庙,其中一个是娘娘庙,人们前来求子;还有一个寺庙,庙里有各路神仙。牛家主要在正月里前去祭拜。家中小孩在七八岁时经常吵闹着追随井小姐前去庙里拜神,其实牛家小孩想要前去最主要原因是喜欢热闹的气氛,而非祭拜神仙。井小姐前去祭拜神仙一般会事先从家里带一把香、两张裱纸和几个馒头,过几个月还会再去还愿。

每年正月的时候,山后村都会举办一些大型活动以供村里人用来休闲娱乐,一来为了庆祝之前的一年大家都平安顺利地度过,二来也包含着对来年的期盼,因此村庄所有的人都会出钱去买花鼓、舞龙舞狮所用的东西或者出布用来装扮轿子以营造热闹的气氛。正月活动在当地称之为"耍热闹"。

牛家每年的粮食、食物、衣物、医疗、人情等消费中,粮食消费最大。对牛家而言,粮食、食物、人情的消费必须维持;衣物的消费是次要的;医疗消费可以舍弃。

(二)家户消费,内部承担为主

牛家在消费时,主要由自家家户承担,村庄有时也会承担。村庄在正月举办的活动时,前一年筹钱置办的东西一般会交专人保管,所以能用好几年,接下来的几年正月活动就无须再出钱。村庄在牛家的消费中负担较小,家族也没有为牛家负担过任何消费。当家户自身无法负担某些消费时,外力不会介入,牛家会选择卖牛或者借贷。

牛家的粮食、食物、衣物、住房、人情、红白喜事乃至医疗消费都是由家户承担,外人不会介入,因为这些消费算牛家内部的私事,外人不方便多嘴以免落得"长舌妇""大嘴巴"等污名,更无须提及为帮牛家解决这些问题而劳心劳力。

牛家在其他消费时,所支出的费用占日常消费比重很小。村庄只有在举行正月活动时会分担部分,其他方面村庄、家族、官府等都置之不理,由家户自己承担消费支出。

(三)家长做主,男外女内

1.内当家决定粮衣分配

牛家在粮食、衣物消费过程中,一般由郭氏来安排和决定,家长牛虎掌同样具有做主的权力,但通常都是老人郭氏和牛虎掌共同商议之后做出决定。关于此方面的决议,牛家不用告知或请示四邻、家族和保甲长。如果家族、村庄如此事无巨细地了解并决议,那么家户内部就没有一点自主性,同时家族、村庄的事务也未免过于繁重杂乱。牛家每天每顿吃的饭菜都是由郭氏说了算,郭氏吩咐孙媳井小妞去做,规定舀多少面、做何种类型的面条以及何时做好。当然,如果家长牛虎掌偶尔提了一句"咱们中午吃汤面吧",郭氏便会按孙子牛虎掌说的前去安排。

2.家长决定其他消费

在住房、人情、红白喜事和医疗消费中,家长牛虎掌是实际的支配者,无紧急情况都会和老人牛长生商量。当牛虎掌不在家时便会提前委托老人牛长生安排做主。好比村里有人办红事,正好恰逢牛家没有闲钱,这时家长牛虎掌就会和老人牛长生商量,牛家是通过卖棉花换点钱回来或是这次少随点礼金,二人商议之后由家长牛虎掌做决定并前去随礼。

(四)其他家庭成员较少反对

牛家在粮食、食物、衣物、红白喜事等消费中,除牛虎掌之外其他成员均处于受支配的地位,虽然都有权利表达自己的见解但不能擅自决定,如果牛虎掌不在,牛家所有的大小事情均由老人牛长生来决定。牛家在实际消费中,一般都是老人和小孩优先消费;年景不好的时候,更是如此。

牛家在人情消费中,除牛虎掌之外的其他家庭成员很少关心其支出,因为当地的人情消费有一套默认的习俗,随礼的金额大多都是定数,除非自家暂时无多余金钱用于人情消费,家里人才会在牛虎掌的询问之下发表自己的意见,如果牛虎掌不在就由老人牛长生决定。牛家在人情消费中会有一定的顺序,一般都是先亲戚后好友最后是邻居。年景不好的时候,也是如此。

至于教育消费,因为牛家的家庭条件比较艰苦,无多余金钱用于自家孩子上学读书,因此整个牛家对于教育方面的态度保持一致的消极。在医疗消费中,除牛虎掌之外的家庭成员处于服从的地位,虽然有一定的自主性可以去寻找村庄的土方子医治病人,但是如果是请大夫前来则需要征得家长牛虎掌的同意,如果牛虎掌不在就由老人牛长生做主。在实际生活中对于小孩生病,牛家的人会特别上心,积极主动去找邻居询求土方子来医治。

五、家户借贷

(一)灾年贷粮,办宴借钱

1949 年前,牛家找财主既借过钱也借过粮食,主要是因为牛家平日里生产的粮食很紧张,没有余粮。稍微遇上灾年或年景不好,牛家就要想办法去借点粮食来度过饥荒。

1944 年牛家向财主郭家借了两斗左右的粮食是因为那年天旱虫灾严重,收成不好。保甲长前来催赋税的时候,牛家在躲避几日之后迫于无奈向财主郭家借了些许粮食,腊月去借来年收秋之后再还。财主郭家一般愿意将自家粮食借给牛家,不仅是因为两家是远亲更是由于牛家的信誉较好,牛长生在村里是出了名的"老好人",一旦收秋不等财主来催,老人牛长生便会背着粮食亲自去郭家还粮,在还粮的时候也不讨价还价,缺斤少两,因此财主郭家也愿意把粮食借给牛家。1948 年,牛家曾向财主郭家借钱,当时是因为牛清莲结婚。按理是男方家庭举办宴席,但因牛虎掌膝下无子,便决定将牛清莲留在家中为其招上门女婿蔡氏。按当地习俗,女方招入赘的上门女婿需要办宴席请客。家中钱财较少,牛虎掌本打算将自家的牛卖掉来凑钱,但因牛一时半会儿无法成功卖出,举办宴席的日子却无法拖延,牛虎掌便去财主郭家借钱。

在山后村,农户家里遇到红白喜事的时候,向外人借钱较为容易;但是如果说是今天要去集市上买东西需要借钱,前去借大多都以失败告终,被借钱者总会找出一些理由推诿,这是因为当时整个乡镇的人家家境都较为一般,金钱对于家庭生活所起的作用甚是重大。牛家一般是借粮食多一些,因为家中除了嫁娶之类的事务也没有什么需要用到钱的地方。

(二)借贷以大家庭为单元

牛家在借贷过程中牛虎掌是实际支配者,如果牛虎掌不在便由老人牛长生去借。牛家在借贷中经常出现牛虎掌委托家庭成员前去借贷的情况,一般都会委托老人牛长生前去,是因为牛虎掌腿脚不好行走不便,另外老人牛长生辈分较高在借贷过程中比较占优势。

借贷的用途主要是用来全家消费或者缴纳赋税。未经牛虎掌委托,家庭成员不能擅自去借贷。在借贷中,牛家除牛虎掌之外的家庭成员处于服从的地位,虽无法做出决定但是有表达意见的权利,如果牛虎掌不在便由老人牛长生做主。如果牛家需要借钱,牛虎掌便会和老人牛长生共同商量决定,讨论去谁家借钱比较容易不会被拒绝,借多少钱比较合适,考虑偿还能力以及还钱的日期等,但是最终还是由牛虎掌决定此次借贷的相关事宜。

牛家借钱是以一个家庭为单位,主要是用于办红白喜事,由牛虎掌安排、决定要和老人牛长生商量,但是不用告知或请示四邻、家族和保甲长。1939 年分家之前,牛家的小家庭没有借过贷,牛家也没有出现过家庭个人借贷的情况。

(三)家长承担责任

1939年分家之前,大家庭借贷由牛长生承担第一责任,因为借来的粮食和钱都是用于全家消费,所以全家人都有责任还贷,而家庭之外则无责任还贷。牛家并未出现过小家庭借贷的情况。一般情形之下,谁去借钱谁去还贷而且最好还贷的时候那家的当家人在场,这样可以最大限度地减少误会。

借贷之后,尽管家长承担主要责任,但家庭成员都有责任还贷。对借贷责任一般是长辈比晚辈多、男性比女性多、长者比幼者多,因为男性力气较大能干重活,所以承担责任更重;家里的女性一般都是在家做些家务活。1939年分家之后,家长牛虎掌是家中的主要劳动力,因而也就承担了还贷的主要责任。

(四)借贷过程

1.口头约定,不打"欠条"

牛家借钱的时候不曾抵押也未打借条,牛家和财主郭家是远亲,郭氏的娘家便是财主郭家,此外又因为牛家的信誉很好,所以在郭家借粮的时候牛家甚少需要打借条。

除了牛家之外,山后村还有其他人家借钱借粮的情况,当时根据借钱的多少决定是否打借条,当地称呼借条为"欠条",借条主要写的是借款人因何事于何时向何人借贷的金额、利息,以及还贷的日期。借条一般是找村里的文人来写,一式两份,需要写清借款期限,不用手续费也不用签名,但需要按手印,因为这算是日后还账清欠的重要凭据。

2.无中介证人

牛家去财主郭家借粮,一般不找证人,因为牛家的信誉较好同时和财主郭家又是远亲关系,所以在郭家借贷通常是不用证人在场,但其他人家去借粮的时候是需要证人作证,因为关于借贷的经济纠纷时常发生。

除了借粮之外借钱也需要证人,证人通常都是邻居由家长牛虎掌去找,借贷完之后无须摆酒席,通常都是口头简单表达感谢即可。

3.无借贷组织,利息自定

在山后村,借钱一个月内还清便不需要偿还利息即借多少还多少;但是超过一个月,就需要偿还20%的利息,当时流行的俗语就是"借钱不过月,过月不好说"。牛家在借钱的时候基本都是当月还清,借粮食一般是借1斗还2.5斗,粮食大多是在秋收之后才还。关于借贷的期限、利息都是当时默认的惯例。

当时,整个山后村都没有钱会,借贷需要去当地的财主家或者大户人家才有可能借到钱粮,因为其他家户的经济条件都大致相当简单维持一家生计无多余钱粮可以借给他人。

(五)还贷情况

1.以物还物,自觉还贷

在山后村,还贷需要将钱粮送到对方家里,这是默认的规矩。如果是借钱,牛家一般都是当月还,因为借钱是一个月之内不要利息即借多少还多少;超过一个月之后就需要还20%的利息;如果借的是粮食,大多是秋收之后一次性还清。

山后村可以以物还物,如果借的是钱可以还粮食。牛家有时借钱之后会将自家的棉花按当时市场价格折算之后抵钱还给财主,同样如果借的是小麦也可以还玉米,一般都是牛家亲自去财主家里还,因为一旦等财主来家中催收所欠钱粮,就表示事态已发展到有点严重的地步,长此以往会影响牛家的信誉而且容易和财主家造成矛盾导致其今后不容易借钱借粮。

2.劳作或卖牛还贷

牛家并非每次借完金钱之后都能在一个月之内还清。当牛家出现此种情况时,牛虎掌便去向财主郭家说明情况,请求延迟一星期左右。当地也可以用"以工贷补"的方式偿还,当时一人干一天活可以折算 5 升粮食也就是 0.5 斗粮食,而牛家则是通过将牛卖掉来还贷。当时整个山后村都不兴卖地来还贷,大多都是像牛家一样将牲口卖掉来偿还借贷,因为普通农户一旦失去地产就会陷入还不起贷的死循环,而牲口卖掉以后尽管费些人力但还是可以通过劳动的方式攒一些钱以再买新的耕牛。

3.父债子偿,夫债妻偿

山后村"父债子偿、夫债妻偿"的情况比较普遍,因为当地人们普遍坚守"杀人偿命,欠债还钱"的信条,但牛家不曾欠他人债务更不存在上一辈去世将所欠债务遗留给下一代偿还的现象,这主要是由于牛家的家教影响,宁可自己吃苦受累也不愿欠他人情分借钱,除非情不得已。村庄里一般都是上一辈去世之前,会对自己儿子交代"我短了财主郭家多少钱,我死之后,你可记得给人家还"。当然,山后村也不存在欠钱不用偿还的情况,因为对于整个山后村虽然有大户、中户、小户的区分但并未产生重大差距,大户只是在穿衣、吃饭等方面比普通农户稍微好些,因此如果上一辈不在世了,那么所欠债务一般都是由各个儿子均摊。

六、家户交换

(一)大家庭进行交换

1939 年分家之后,牛家进行经济交换时是由牛虎掌安排、决定,一般会与老人牛长生商量,因为此类事情过于烦琐细小,所以不用告知或请示四邻、家族、保甲长。当家人牛虎掌不在便由老人牛长生决定,但小家庭不可以单独开展经济交换活动个人更是不能单独开展。

(二)家长支配交换

牛家在交换活动中牛虎掌是实际支配者,如果牛虎掌不在就由老人牛长生做主,因为当时女性不能随便出门抛头露面。正月里家家户户都需要炸糖角,糖角的制作需要大量白糖,这时牛虎掌便会和郭氏商量需要购置几斤的白糖,但最终是由牛虎掌决定购置白糖的斤数。

在家户中,牛家除牛虎掌之外的其他家庭成员处于服从的地位,然而牛家在进行经济交换活动时可以由家长委托家庭成员交换,一般都是牛虎掌委托老人牛长生。交换所需费用由牛虎掌给,不用记账,剩下的费用牛长生会交还给家长。如果未经牛虎掌委托,家庭成员不能擅自决定从而进行经济交换。对于正月期间炸糖角买糖,牛虎掌因腿脚不好行动不利偶尔便会委托老人牛长生前去购买,牛虎掌只用将钱交给老人牛长生,老人买回之后便会详细说明买了几斤的糖、一共花了多少钱,然后将剩余的钱仍交还牛虎掌。

(三)交换场所

1.集市交换

当时牛家主要去的集市有三个分别在磁钟街、会兴街和唐店街。磁钟街距离山前村有 7 里,走路需要 1 个小时左右,集期为每月一次;会兴街距离山前村有 8 里,走路需要 1 个多小时,集期为 20 天;唐店街距离山前存有 5 里,走路需要多半个小时,集期为 10 天。磁钟街和会兴街相对而言较大,东西更为齐全,并有粮食行,当地称为"粮店"。牛家平时根据自家需要购置的东西决定去哪个集市上购买,大多是去唐店街因为集期较短距离较近。

牛家需要购置物品时都是在集市进行由牛虎掌跟集市打交道,牛家去哪个集市一般也是牛虎掌决定。当时,整个山后村几乎都是步行至集市,牛家也不例外,大多都是八九点去,11点左右从集市返回。牛家知晓产品的价格主要是通过两种方式:一是直接询问店家,二是询问买过的邻居。价格不需要经过计算,因为问的时候卖家说的都是单价。在选集市的时候鉴于自家的家庭条件,牛家更侧重于价格较为优惠的集市之后才考虑距离的远近。牛家主要是牛虎掌同集市打交道,老人牛长生也可以单独作为代表和集市打交道,老人牛长生前去进行经济交换同样是作为牛家的代表,这个身份无须得到牛虎掌的授权,因为老人在1939年分家之前就是牛家的家长并且整个磁钟乡的人口较少,卖主几乎全知晓牛长生这人。

2.不曾和粮食行打交道

山前村没有粮食行但是磁钟街和会兴街有,牛家从来没有和粮食行进行过交换,所食用的粮食都是从自家地里生产,粮食不够家庭消费的时候,牛家便节约使用,改吃汤面或者少吃点饭菜将肚量饿小。如果粮食真的无法满足需要,一般情况下牛家会去远亲财主郭家借贷粮食,来年秋收之后一次性偿还而非选择去街上赊粮。牛家之所以不去粮食行,一是因为家里没有足够金钱购买粮食;二是因为粮食行的人和牛家并不熟悉,牛家无法成功赊账。

3."鸡蛋换盐,两不差钱"

当地有流动商贩,牛家经常与其打交道来交换食物,一般是牛虎掌委托井小妞和商贩打交道。牛家平时都是去集市和固定商贩打交道,因为可以保证商品质量的好坏,而在急需使用物品而又不是集期的时候会前去购买流动商贩的东西,一般都是为了换盐。卖盐的小贩大多是挑一个担子,一边的篮子里放食盐,另一边的篮子里放置换后得来的鸡蛋,为了避免盐的渗漏,在篮子底部铺上厚厚的布料,同样,为了防止鸡蛋被磕碰打碎也在底部铺上一层布。井小妞在得到牛虎掌的允许之后便手捧自家鸡蛋出门前去置换,1个鸡蛋可以换来1斤的盐,这种现象在当地称为"鸡蛋换盐,两不差钱"。

4.没有人力市场,需用劳力靠打听

山后村并没有人力市场。山后村的家户大多都是小门小户,自家耕作维持生计都较为艰难,男性劳动力大多都是一家一户的顶梁柱,家里的大小事情都需要尽心操办,当地老话称之为"穷苦的孩子早当家"。如果家中出去一个劳动力那么该家户的生活将变得艰难许多,一是在种植耕作方面任务繁重所耗时间较长,二是家中人少便容易受到外人的欺凌,三是村里人若需要劳力,第一反应是去找自家亲戚帮忙或者去请帮工。鉴于此,通过出卖劳动力来赚取生活所需的方法并不可取,因此山后村并无人市。当时村里如果有大户需要雇佣长工,大多是该大户告知村里相熟的人一声,让其帮忙留意看看哪家家里条件较差,同时家中孩子较多可以出来一个做长工。当时雇一个长工一年需要支付约10石(1石=10斗=500斤)粮食,但集市上通常会有人贩子贩卖人口,流动性较强。

(四)交换过程

1.货比三家,少找熟人

牛家在买卖过程中会货比三家,主要考虑东西的价格和质量,大多由牛虎掌或老人牛长生来完成这个过程,因为牛家是小门小户收入较少,所以在买卖时最为注重价格,有时为了

便宜几分钱牛家宁愿去距离较远的集市或商铺购买。牛家在进行交换时大多会和熟人交换，熟人的价格相对便宜，而且质量也有一定的保证，因为大家都是乡里乡亲，日常来往较为频繁关系自然亲近。山后村有人在集市上做些小买卖，大多是挑着担子、拎个小板凳在集市的路边上摆个小摊，买卖的物品大多是鸡蛋、蔬菜等。而牛家在购买东西时不会特别优先考虑熟人，感觉欠人情分并且考虑到人家也是小本买卖不容易，牛家便很少前去，如果无意间恰巧走到熟人的摊前，牛虎掌便会停下脚步前去询问两句，感觉价格适中便捎带买下几斤。

2.卖牛找经纪

当地有经纪一行，牛家在卖牛的时候会找经纪人，之所以没有自己前去寻找买主，一是因为自己认识的人有限不一定能寻找到买主；二是自己托人打听时间跨度较长容易耽误正事；三是由于直接和熟人打交道，在价格方面由于情分的讨价还价很难达到心理价位容易亏损。经纪一行由于长期从事此事人脉较广，可以很好地解决牛家的顾虑。经纪人主要负责寻找买家和卖家，找买主一般会从本村开始，本村没有买家的时候才会扩展到外村，在牛家卖牛的过程中主要承担监督交易过程和商量合适价格这两种责任。一旦交易达成，经纪可以从卖家和买家那里各得 5% 的酬劳。牛虎掌和老人牛长生均可以和经纪交易，老人前去交易时需要得到牛虎掌的委托。

3.过斗过秤防受骗

买卖之时，过斗过秤最为常见。于卖家而言，是为了尽量减少后期不必要的财产纠纷；于买家而言，过斗过秤可以防止上当受骗遭受财产损失。牛家在进行交易时也会过斗、过秤，一般都是过卖家的斗或秤因为牛家没有秤。一般不会发现缺斤短两，每当感觉到分量不足时，牛虎掌大多只是在当时询问店家一句"你这秤准吧？"除牛虎掌之外，老人牛长生在交易时也可以过秤，无须得到当家人的授权，过秤是为了减免自家的损失所以无须前去征询牛虎掌的意见。山后村的卖家一般不会缺斤短两，一方面是因为当时几乎每个农户家里都有斗，回到家中可以再次称量，是否缺斤短两一过斗秤便知晓，另一方面是由于大家都在一个乡，如果某家商店被买家发现缺斤短两，人们便会一传十、十传百，那么店铺的名声便遭到严重打击之后的生意便很难继续维持，因为村里人买卖东西时选择店铺主要是看卖家的品质。

4.家穷未曾赊账

买卖时可以赊账，一般都是固定店铺的老板会选择赊账而摆摊的却很少赊账，流动商贩概不赊账。店铺选择赊账，一般都是发生在买家买的东西较多而差钱较少的情形下。家里条件较好或者诚实守信的人家相对而言赊账较为容易，而那些不守信用的人或者家庭条件极差的农户则很难成功赊到账。当时都是口头赊账，三五天之后收账。牛家在集市交易的时候从来不曾赊账，一方面是因为很多店家在自己的店铺里面放着一个醒目的小牌子上面直接标注"小本买卖，概不赊账"，另一方面由于牛家家境贫穷，店铺的买家认为牛家的偿还能力有限也不愿意赊账给牛家。

第三章 家户社会制度

牛家孩子的嫁娶遵从长者优先的原则,都是父母之命媒妁之言,婚配过程严格烦琐,婚配形式复杂多样。牛家生育是为传宗接代,倾向男孩,反对未婚先孕,生育过程较为简单,产婆协助,孕妇安胎一月。小孩出生后,牛家举办满月酒为其庆生,小孩起名也有一定的讲究。1939 年牛龙虎因结婚提出分家,牛家的家产便由牛虎掌和牛龙虎二人继承。牛虎掌因膝下无子,前去宗族过继未果,又去妹妹牛艳彩家中抱养,然而也以失败告终。分家之后老人牛长生等一行人则由牛虎掌一家赡养送终。牛家内部众多关系都较为亲密,家户一体意识较强,而在和外部交往时大多真诚相待,但对保甲长则因惧怕而闪躲,消极对待。

一、家户婚配

(一)家户婚姻概况

1.婚姻状况多样

窑洞是一种私密性很差的居住形式,这种居住形式在子女成年后就多有不便,所以牛虎掌一户基本上是到合适的年纪便安排结婚,婚后重新分配居住的窑洞。整个山后村的情况差不多,农村青年男性成年后一般都抓紧结婚。同时也是为了尽早给家里添丁,增加劳动力。而男性过了适婚年龄还未娶,多是因身体上残疾或有疾病,或者是家中实在过于贫穷,没有能力给出聘礼或盖新房。这两种人在村里要承受很大的舆论压力。家中女性到了适龄的年纪一般也进行婚配,因为女性的劳动力也较差,嫁闺女收取聘礼对于家庭来说是减轻压力的一种方式,而长期嫁不出去的女性在村里会被传闲话。

牛家家庭成员的婚姻状况可以以分家为节点分为两个时期考察。在 1939 年分家之前,除了家长牛长生外,牛虎掌也早已结婚,牛龙虎未婚,主要是因为牛龙虎还没有到适婚的年纪。牛长生是适龄结婚,而牛虎掌因为腿部残疾,正常的媒介婚姻有些困难,所以是牛长生为其买了一个童养媳,从小养到大,才没有耽误成家。1939 年牛龙虎到了结婚年龄,进而说媒结婚、分家,牛长生一户变为牛虎掌一户。1939 年分家之后,牛家的婚姻状况主要是家长牛虎掌外嫁妹妹和女儿。牛艳彩嫁到马坡的马家,距离山后村有 9 里地,马某举目无亲,家境也是贫穷。二女牛寸莲于 17 岁嫁到磁钟乡的贾家,距离山后村有 7 里地,贾家家境一般。在嫁掉妹妹和二女儿后,牛虎掌家中只有三女牛清莲和年纪最小的牛小么,而很快牛清莲也到了适婚年龄,因为牛虎掌没有儿子而又抱养不成,他决定不将牛清莲于 18 岁出嫁,而是为她招个上门女婿蔡氏,以此来补充家里的劳动力,牛清莲对此事表示理解和赞成,蔡家距离山后村有 2 里地,他也是独自一人,家境贫穷。1950 年家长牛虎掌去世,其妻子守寡,小女牛小么直到成人后出嫁。总体来说,牛家中没有光棍,没有离婚,婚嫁情况和整个山后村大多数人家无异。

2.异姓成婚,门当户对

由于户出一支,村中同姓均为同一祖宗,尽管多次分家,但牛家祖辈在山后村繁衍的代际并不算多,各门各旁支的各户血缘关系比较近,考虑到传统的礼法和伦理关系等因素,山后村不允许同姓结婚,但允许同村结婚。由于山后村是一个地理位置有些偏远的农村,交通上也不是很方便,因此通婚一般都是在本乡。

山后村有牛氏和郭氏两个大姓,这两个姓氏是最初迁徙至山后村定居的最初人家,经过几代繁衍形成两大家族,牛家就不允许同姓结婚,牛家子孙很大一部分是同村结婚,与外地通婚的很少,一般都是外嫁女性。

在婚姻的过程中,一般讲究门当户对,牛虎掌一户不管是娶妻还是嫁女,婚嫁双方的经济实力大体相当,一般就是小户对小户。但同村的大户并非一定就和大户结婚,如大户中有孩子身体上略有残疾,会选择和中户、小户通婚。同理,小户也并非只能和小户通婚,但如果是小户的孩子身体不佳,比如牛虎掌和牛龙虎,结婚就不是一件很容易的事,牛虎掌是靠童养媳才解决婚姻问题的。但不管是买孩子还是养童养媳,都是一件成本不小的事。

在山后村,家庭人口规模对于婚姻影响不大。当然人口数也是决定一户人家家庭实力和经济水平的重要条件,因此人口众多的大户在婚嫁上还是比较有优势的。

(二)婚前准备

1.媒婆牵线,家长定夺

中国古代的婚姻讲究父母之命媒妁之言,山后村传统的婚俗也是这样。1939年分家之前,牛家适龄儿子娶媳妇主要是由贾氏提出,由牛长生做主。因为牛虎掌的妻子井小妞属于童养媳,婚俗和正常的婚嫁不太一样,结婚的程序十分简单,而牛龙虎结婚是媒妁之言,按照正常的流程婚配。

对于结婚一事,按照风俗即使儿子本人不同意也不可以,必须听从家长的安排,但事实上除非有特定的爱慕对象,一般适龄的男性青年很少拒绝结婚。结婚的具体事项由家长安排和决定,但要和妻子商量,因为涉及聘礼和婆媳的关系问题,家长不用告知或请示四邻、家族、保甲长,村中各户居住得很分散,分户的时间也早。

1939年分家之前,牛家一旦家中商议好结婚一事,就由贾氏前去找村里的媒人,因为媒人多是女性,家长牛虎掌前往多有不便。贾氏将自家的情况和孩子的情况给媒人简单说明,并将对女方的要求也告知媒人,由媒人前去寻找。媒人寻找到合适的对象后,便会向牛家禀告,一旦两家同意,这门亲事便可定下来。一旦出现儿子离家很远的情况,在需要结婚之时,牛长生就会派人通知,说个日子让儿子赶回来结婚。牛家四世同堂,结婚是由家长牛长生做主。

2.看重身体、名声

1939年分家之前,牛家在给儿子说媳妇时,对女方几乎没有什么要求,因为牛家家境特别贫寒。牛长生给两个儿子说个媳妇都特别不容易,因为牛虎掌残疾,而牛龙虎又体弱多病。牛虎掌的媳妇就是牛长生在外面集市上买来的童养媳,牛家贫寒的家境,没有人家愿意女儿嫁到这里,而且还是嫁给一个残疾人。牛家在给牛龙虎说媳妇时,对女方最为看重的是身体条件即无残疾能够正常生育,免得以后还需花钱送礼抱养他人的孩子。在名声德行方面,牛家也没有什么太多的要求,只要是不被村里人说三道四、甚至唾骂嫌弃的女子即可,并没有要求女方一定要具备某些才能或者贤良淑德在全村都很出名, 实际上这些村中有名的贤惠女子一般都是大户人家的孩子,也不存在和牛长生这种小户人家通婚的可能。在家庭条件方面,因为牛家的家庭条件也很一般,所以对女方家没有多大要求。

1939年分家之后,牛虎掌在给家里的女孩找婆家时,对男方的要求也是相当简单,只要身体壮实,勤劳能干,做人本分就好,对于男方家庭条件没有过多要求。之所以提出这样的要求,是基于后代生养、家庭生产、家庭名声等考虑。就像牛艳彩结婚,男方是马坡村人,没有任何亲人在世,家里的条件更为贫穷。

当时在山后村,普通家户在择偶方面对男女双方的要求基本一致。只要男方老实勤干,不沉溺于吸大烟和打牌赌博,身体无残疾即可,家境一般也不受影响。但与男性不同的是,挑选女性时除身体条件之外还看重年纪,这个年纪主要指的是要求女方的年纪最好要稍大于男方。对于男方和男方家庭而言,在年龄方面都希望娶一个比自家孩子大些的女子,最好能比男方大两三岁。主要是当时的观点认为女孩早熟,如果会做家务和一些农活便能很好地照顾男方和男方家庭;而适婚年龄的男性往往岁数偏小,会被家里认为是小孩心性不定,毛毛躁躁,不够成熟稳重,需要一个年纪稍大一些的女孩来照顾。

整个山后村,多子女家庭和少子女家庭,以及三世同堂、四世同堂的大家庭在择偶标准上差异不大。但是大户相较于小户择偶标准更为严苛一些。因为大户的家里产业丰厚、经济实力和生活条件较好,在不考虑门当户对的情况下,很多中户也都想同其结亲攀关系,因此整体上来说,大户在择偶方面有更多的自主权。大户在择偶方面比小户更加看重女方的年龄,一般会选择比自己孩子大五六岁的女方以方便伺候自家孩子;对于家庭条件,一般情况下会要求门当户对,一些特殊的情况下会和中户通婚,但很少有考虑小户的情况;大户人家也更加在意女方的身体条件,即身体正常没有残疾,如果婚后不能生育,就会对整个婚姻产生重大的影响,一旦出现这种情况,男方家庭要么选择休妻,要么选择再纳妾室,而这对于女方的名誉影响十分巨大。

3.生儿育女,聘礼简单

牛家认为结婚最重要的目的是生儿育女、延续香火,同时认为结婚是为了家庭,个人没有选择的权力。在当时的山后村,无论是大户、小户都没有出现过自由恋爱的情况,这种情况不仅是由于女子一般都裹小脚,大门不出二门不迈,不敢抛头露面;而且也是因为当时村里的社会风气较为传统,家长根本不会让未婚的女儿见其他男子,如果外人一旦发现哪家未婚的女子和其他男子距离过近都会说三道四,不守妇道的女子更会被活活打死。各家的女子日常生活中也很注意,不会违反,以防被村里人说闲话,导致不好出嫁,所以除了农忙时节,女性在家中几乎不出门,而大户人家的女子更不会出门参加任何农业劳动。

牛虎掌的媳妇是牛长生在集市上从人贩子手里买来的童养媳,因此没有什么正式的婚俗和聘礼,适龄以后两人搬入同一洞窑即算完婚。然而牛龙虎结婚时需要下聘礼,因为二人的婚礼是经过说媒通婚的正常程序,所以女方家庭要求了聘礼。相对而言,在结婚仪式上牛龙虎的花费要高一些,但牛虎掌并无意见,主要因为牛虎掌身患残疾,而且童养媳需要花钱购买,买到家中抚养的成本也不低,为解决牛虎掌的婚姻问题牛家已是花费不小,所以牛虎掌也赞成牛长生在给弟弟娶亲时多花费一些聘礼,以此作为平衡。牛龙虎定亲是在媒人同两家说成之后,定亲之后两家没有走动,直到结婚之后才开始相互走动。当时除了山后村内部通婚的情况外,结婚一般都是通过中间人媒婆的撮合,两家一般也都互不相识且距离较为遥远。结婚后两家的走动，一般是牛龙虎从家里带一些豆馅馍、蒸糕作为伴手礼前去，夏天会带点炸的油饼和水果，两家长辈并不怎么交往。牛家没有出现过毁婚的情况，因为牛家本身给儿子娶媳妇已经很不容易，如果毁婚则牛虎掌和牛龙虎则有很大概率成为光棍。

在山后村，过去男方娶妻所下聘礼多少，不仅要看自家的经济状况还和女方家里的要求有关。牛家因为家里贫穷，出一对箱子；而大户在此基础上一般会再添一对柜子。多子女和少子女家庭、三世同堂和四世同堂家庭在这方面并无什么不同。聘礼彩礼一般都是双数，寓意"好事成双"。

由于在村中粮食才是硬通货和消耗品，而现金通常不易得，牛家下礼时较多使用粮食，较少使用现金和金银。特别是小户人家平时几乎不使用现金，一般在交人头税的时候才使用现金。因此，所谓的"聘礼"一般情况下是指两瓶酒，寓意爱情浓郁，一双鞋寓意两个人携手到老。此外两家视经济条件还要准备一些糖果或石榴，寓意两人结婚后多子多孙，通常男方家也会出一些礼金，小户人家一般在百元左右，与聘礼一起送到女方家中。

（三）婚配过程，严格烦琐

1.嫁娶流程按规矩

一般而言，山后村传统的婚配过程主要包括以下步骤，1940年牛龙虎结婚时是严格按照当地习俗进行婚配。

①说媒。牛家觉得牛龙虎已该成家，便让妻子贾氏向村里的媒人说明自家孩子的身体条件、生辰八字以及择偶标准。媒婆之后便去村里、村外寻找合适的姑娘并同女方家里说明情况。这个过程通常不是一蹴而就的，而是双方家庭互相选择的重要过程，一般要多次商谈后才能成功一对。

②问名。女方觉得媒人介绍的男方合适，便把女儿的姓名和生辰八字等交给牛家，由牛长生找先生占卜，根据吉凶决定是否嫁娶。如果合适便定下来，否则再由媒人寻找。这个涉及传统的历法和风俗，一般而言，算命先生倾向于说好话。

③许口。女方答应牛家婚事。到此环节时，说明婚事的准备工作正式开始。

④送日。牛家选择一个良辰吉日然后将日期告诉女方。这个日期主要由当年的历法和男女双方的生辰八字所决定，并且距离正式迎亲之日不会太长时间。

⑤过礼。牛家带着两位自家亲戚，叫上村里的人提着聘礼送到女方家中。聘礼主要依据风俗，具体数目由男女双方家长商议决定。牛家给女方送去一对箱子，并送去礼金80元。

⑥迎亲。牛龙虎与亲人、媒人等一起前往女方家中迎娶新娘。行李长队一路敲锣打鼓，气氛喜庆。当天牛龙虎穿蓝色褂子，头戴一朵完整的花朵，骑着高骥大马，马的脖子上要挂一串铃铛并扎一朵大红花，新娘则穿大红衣服，头戴凤冠，盖着三尺八的红盖头。牛龙虎先到女方院子里行拜见之礼，将自家带的酒当时喝完，女方将绿豆塞进瓶子里送给牛家，等着绿豆在牛家发芽，寓意新娘在牛家"生子扎根"。牛家最后用四人抬的花轿接新娘回家。

2.为"奔个好彩头"，多婚俗

在山后村，即使婚嫁的双方都是小门小户，但婚嫁过程中，特别是迎新进门的当天，为"奔个好彩头"，礼仪隆重之余更是有众多较为讲究的婚俗。当时婚嫁过程中主要有下面这些说法和讲究：

①嫁妆中必须用一个盆里面装满花生、核桃、石榴等，寓意出嫁女"早生贵子""多子

多孙"。

②在迎亲的第一步,新郎需先到女方院子里行拜见之礼,行礼之时要将自家带的酒现场喝完,女方将绿豆塞进被喝空的瓶子里送给婆家,绿豆在婆家发芽,寓意新娘在婆家"生子扎根"。

③新娘在离开娘家的时候,必须由人抱上花轿,据说新娘双脚着地会有厄运降临。新娘离开娘家的时候,姨不能相送,寓意"一个人";过门的时候,男方的姑姑不能迎亲,寓意"孤单"。当时称之为"姑不能迎,姨不能送"。

④新房门口两边都要放草,寓意"站岗",希望门神保佑新人。

⑤新房不让寡妇进去,婚床在结婚前夜需要让小孩压床,寓意"添丁发财",压床是指让未成年的小孩子在婚床上睡一宿。

⑥如果当天要两对结婚的人碰面,新媳妇要从轿子里取出顶针交给娘家人送给另一个新媳妇,寓意"硬碰硬",如果一个新媳妇送顶针,而另一个回针的话,送亲的人当场就会将针折断,因为针寓意"扎人心"。

⑦如果结婚当天遇到有人出殡,迎亲的人就会说"今个日好,遇上宝财",因为棺材谐音为"观财",所以当时的老人常说"要想好,红白搅"。一旦迎亲队伍遇上送葬队伍,在当地婚俗上来说是一件好事情,婚嫁双方会觉得高兴而非晦气。

3.抬席简略,总管操办

1940年之前,在婚配中牛家两个孩子结婚的方案是由牛长生制定并负责安排媒人,当然在这一过程中贾氏也起着很重要的作用,因为挑选的人家是否合适直接决定未来的婆媳关系,所以在选择女方时,贾氏也有一些发言权,当然婚礼的具体流程还是牛长生操办。以前结婚通常不用婚帖,因为在村里找个识字的人不容易,写成请帖也很少有人能看懂。所以为省去麻烦,牛家在操办婚礼时是由牛长生亲自去亲戚家里通知一声,一般也会告知和牛家关系要好的朋友来参加儿子的婚礼。在通知亲戚和朋友的时候,牛长生一般都会简要地说明自家孩子要娶的是哪家姑娘,婚礼宴席将在何时举办,最后会简单地表达一下邀请和感谢之意,而收到邀请的人家一般也会表示自己对牛家孩子的祝福。

除了邀请宾客参加婚礼之外,牛长生还要去找一些人帮忙操持婚礼上的诸多事务。在山后村,一家操办婚事的时候如果当家人不在,家长妻子会选择改日等家长回来再谈,因为这个问题涉及出工钱的事情,对于家境贫寒的小门小户来说,这笔钱必须由家长定夺。牛家婚礼宴席一般只摆七八桌席,简单操办,因为宴请宾客需要耗费大量的粮食和钱财,牛家本来就入不敷出,有时还要依赖借贷,所以没有办法置办太多桌宴席。同样,牛家一户都是普通庄稼汉,社交的范围本身就比较窄,也没有那么多的客人能够邀请。等到孩子结婚那天,牛家便会放鞭炮以示庆祝,这也是村子里的传统习俗。

结婚当天,实际上所有的事情都交由牛长生请来的"大总管"负责,大总管主要负责傧相和司仪,一般是专业人士,同时和村中居民的关系也比较熟络。大总管和媒人一样,在整个婚事中起着重要作用。

在山后村,普通的家户举办婚礼大多是像牛家一般,请亲戚或自家要好的朋友前来,也会邀请邻居前来,宴席一般也都是几桌,放个鞭炮,让新人走一下结婚流程便算完事。只有大户才会像模像样的大肆操办一番,让全村人都沾沾喜气,风光一下。但在山后村,无论大户、小户,家长在孩子的婚配过程中都是起支配作用的。1939年分家之前,在婚礼过程中,牛家除牛长生之外的其他成员处于服从的地位,老人郭氏、贾氏均可以提意见,但是不能擅自做决定。山后村中有关婚嫁一事如果操办的过程中当家人不在,一些事宜可以由家里的老人做主。三世同堂的情况下,如果结婚者的爷爷是当家人,一般情况下应由孩子父母做主,家长只能提些意见。

(四)婚配原则

1.以长幼顺序安排婚配

在山后村,婚配主要是依据年龄顺序进行,从长到幼依次婚配。牛长生当家时期,先是长子牛虎掌结婚,之后才是次子牛龙虎婚配。等到牛虎掌当家时,在女儿出嫁的顺序上,也是遵循长者优先,牛寸清、牛寸莲先嫁,之后才是牛清莲招入赘。在结婚次序上,整个山后村,不论大户、中户、小户,或者多子女、少子女家庭都是长者先嫁娶,幼者后嫁娶。如果顺序有所颠倒,一方面很容易引起外人对孩子身体、智力等方面不好的揣测,另一方面也会导致外人对长者的歧视进而致使长者更难婚配。通常家中不会连续娶亲或嫁女,因为不论是对小户还是大户而言,娶亲要耗费的钱财精力都不小,所以中间会有一段时间的间隔,但不论是娶妻还是嫁女,每个孩子的花费并不完全一致。

2.彩礼宴席依实际情况

婚礼所需花费主要在彩礼和待客两个方面。在山后村,大户人家给的彩礼一般都是100~200元,小户都是80~100元,而婚礼待客的花费主要是由男方家庭负担。

牛家两个儿子结婚花费不同,但两个儿子都没有意见,这主要和牛家当时的家庭条件以及女方家里的要求有关。牛虎掌的结婚对象是牛长生找集市人贩子买的童养媳;而牛龙虎的结婚对象是找媒婆来说,结婚的花费自然要比牛虎掌多。牛虎掌也没有意见,因为当时能娶上媳妇都很不容易。牛虎掌娶的是童养媳,相当于家中多养一个孩子,所以尽管牛虎掌婚礼本身的花费不多,但就解决婚姻这个事情上来看,还是牛虎掌的成本比较高。

在山后村,无论是大户、中户、小户,在婚姻花费上都主要是彩礼和举办宴席两方面支出,只不过大户、中户因家里条件较好,彩礼更加齐全丰厚,宴席相对更加隆重。小户人家结婚,彩礼和宴席基本是定数,在本乡范围内差别不大。

(五)其他婚配,形式多样

1.娶"小老婆"

牛家本身没有人纳过妾室,这主要是因为家境贫寒。在1948年,外人去过牛家想要纳牛小么为妾,但是牛虎掌不同意,最终作罢。在山后村,纳妾一般称为娶"小老婆",山后村的大户出于各种原因,多多少少都出现过纳妾的现象。纳妾一般由长辈提出,即使是当家的纳妾也要和家里的老人商量,但不用请示保甲长。儿子纳妾时通常要与家长商议,主要是看家庭情况是否允许。不同类型的家庭在纳妾的决定上基本一致,由家长做主。

当时山后村有个财主叫郭义贤,他曾纳过妾。当时郭义贤在外面当官,临走前婆婆觉得女子在外抛头露面容易招惹是非,便阻拦儿媳妇跟着自己儿子外出。在外的日子久了,郭义贤便娶了一个小老婆。直到1944年日本人进村的时候,郭义贤才将小老婆带回家里。他的大老婆只生了一个女儿,而小老婆却生了三个儿子,分别起名为泰昌、铁蛋、峦篓。但是小老婆生的孩子不能管亲妈叫妈,只能叫姨,却要对大老婆叫娘。婆婆对两个儿媳都差不多,没有特别偏向,因为这种一夫多妻的结构在大户人家看来还算正常。然而小户乃至不少中户都没有能力纳妾,纳妾需要比结婚更强的经济实力,而小户保障正常娶妻都很困难,更不用提及纳妾。但一般女儿较多的小户家庭,会考虑让女儿出嫁为妾。如果一个农户的女儿较多,媒人前来说媒时,一般也会询问是否愿意将女儿嫁给他人为妾,甚至一些人贩子还会到家中询问是否愿意卖女为妾。

当时有条件纳妾的大多是村中大户或财主,还有乡上的一些士绅和商人。纳妾的原因通常都是妻子生不出男孩,无后延续香火,当然还有年纪较大、长期分居等原因。一般的人家还是羞于休妻,而抱养过继或去人贩子手里买的孩子并非亲生,所以用纳妾的方式来解决。正如俗话所说"不孝有三,无后为大",大户纳妾倒不一定为了个人享受,延续自家的香火是主要目的。像牛虎掌这种小户,因下一代中没有男孩,也无能力再娶,所以沿袭断绝。除了延续香火之外,当然也有上年纪的大户想找个年轻姑娘伺候起居的情况。在外人看来,无后纳妾是正当的,但是上年纪想找人伺候则会惹人非议。纳妾一般都是找比较贫穷但子女较多的家庭,由媒人或者人贩子去商量。一般富人家的闺女不会被纳,因为女儿给人家做小老婆,对于家庭来说也是一件不体面的事情;但是穷人家未出嫁的闺女和面容姣好的女性可以成为妾室。已婚女性成为妾室的一般都是她的婆家不想要她留在家中,便把她卖给他人换钱,有点类似于"改嫁"。

由于纳妾的性质和正常的婚姻不太相同,和人口买卖有点相似,所以纳妾需要写契约,一般是请村里的文人来写,大多是写一份,交由男方家庭保管。当然,如果是媒人介绍的,双方家长一般都是会协商妥当,所需花费比正常嫁娶稍高一些。当时山后村纳妾不需要给对方粮食,一般都是给礼金,正常情况下一百元左右,主要大户人家钱财较多,特别是一些绅士商人本身也不从事农业生产,用现金比较方便。纳妾也需要举办典礼,无论纳的是头回出嫁的闺女还是结过婚的,都要举办典礼,典礼和结婚无太大差别。对于大户人家来说纳妾就是给孩子再结一次婚的过程,所以不论是结婚本身还是婚后,男方家庭对所纳妾室基本一视同仁,不过礼仪称呼上会有一些差别。

2.买童养媳做妻

在山后村有不少童养媳。养童养媳的一般都是家里贫穷,给孩子娶不起媳妇,或者是一些贫困人家的孩子有生理缺陷,担心孩子将来的婚嫁问题。所以才选择给孩子买个童养媳,为的是将来能够有人可娶,延续自家香火。娶童养媳不用请示保长、族长等,只要是正常买卖即可。当地买童养媳的方式也很奇特,当时人贩子将被贩卖的一群女性分别用凉席包住,只把双脚露在外面。这里面有五六岁的小女孩,也有五六十岁的老太太,每一个都有一个价格。外人通过观察露在凉席外面的双脚去挑选,无论挑到哪个都要带回家中。

在1939年分家之前,牛虎掌的妻子井小妞就是童养媳,井小妞当初是由牛长生在会兴街的集市上从人贩子手里买来的,养大准备给长子牛虎掌做妻子。牛家之所以买童养媳是因为家里贫穷并且长子腿部略有残疾,难以给长子说下媳妇,迫于无奈才去集市人贩子手里买。井小妞之前在另一个村子里给别人当童养媳,但经常遭到对方人家的毒打,因受不了被打,便悄悄地又跑到人贩子堆里,最后被牛长生买回来,买回来的时候也就十一二岁。井小妞因年龄太小便被卖作童养媳,不记得自己的娘家。

一般童养媳的家庭条件也很贫穷,正常情况下即使生活还稍微过得去,家长也不会轻易把自己的孩子卖掉。一般童养媳的年纪是五六岁,这个岁数的孩子已经不用单独照顾,多少懂一些事,相对来说比较听话,等到童养媳长到十二三岁便让结婚。牛虎掌娶童养媳是由父亲牛长生安排的,当事人不同意也不行,必须听从安排,事实上因为身患残疾,牛虎掌也无不满。

牛家童养媳因为是从集市人贩子手里买卖而来,所以没写契约。从实际角度考虑,因为有人贩子作为中间人,而被卖出的孩子因年龄太小很难返回家中,同时卖孩子的家庭一般也是自愿,因此正常完成交易即可,不必写文书来保障,况且村里能够识字的人也在极少数。娶童养媳不用给粮食,一般都是给钱,五十元左右,相比较彩礼来看,买童养媳的成本较低,但因为涉及买完还要抚养等原因,花费总体而言还是较高。牛家娶童养媳当时并没有摆酒席,只是在结婚当天响了一串鞭炮,把井小姐的头发简单梳理一下也没有戴凤冠,换一身干净的衣裳穿上,让其跪在一个大方椅子上和牛虎掌一起磕头,婚礼就算完成。娶童养媳的花费是由家长牛长生安排、决定,不用告知或请示四邻、家族、保甲长。娶童养媳时,牛家也没有大摆筵席,完成仪式即回归正常生活。

山后村的大户娶童养媳,大多是因为家里儿子有生理缺陷,但为了图喜庆,还是会摆酒席宴请宾客,尽管谈不上明媒,还是要正娶;小户在娶童养媳的时候,一般都是由于家里贫穷无钱给儿子娶媳妇,在结婚的时候一般都不摆酒席。在养童养媳的做主、选择、契约安排等方面,不同类型的家庭基本一致,都是由家长做主,大户人家会找文人来写契约,但并不是所有的童养媳都有契约。

3.反穿皮衣,"办个寡妇"

山后村中偶尔会有改嫁的现象发生,改嫁在山后村被称为"办个寡妇",因为一般情况下改嫁的人都是寡妇。而娶寡妇的男方,家中大多贫穷。正常情况下,如果一个适龄男子能够凑齐正常娶妻的钱粮,很少愿意娶一个寡妇,特别是结婚不久丈夫便去世的寡妇,村中一般认为这种寡妇命中克夫,因此只有家中极为贫困的男子才会考虑娶寡妇。寡妇在改嫁前,仍然居住在原来的丈夫家。因为一旦嫁出去,便是夫家的人,只有夫家的人能够对她的去留做主,而其他人,哪怕是寡妇的亲生父母,也没有权力干预此事,这种情况在当时被称为"生是夫家的人,死是夫家的鬼"。

牛家也曾出现过改嫁的现象,发生在1939年分家之后。在1940年,牛龙虎因为村里抓壮丁,一路逃跑十几里地,而牛龙虎原本身体就较为柔弱,因逃跑得过急,晚上回到家里就突发疾病去世。当时,刚结婚的牛龙虎和妻子还没有小孩,况且两个人也无深厚感情可言,于是牛龙虎的妻子便向老人牛长生请求改嫁。牛虎掌虽作为现任家长,但对此事并无发言权,一方面是由于分家时间尚短,自己还没有完全当家;另一方面因为他和弟媳属于平辈,在家中尚有老人的情况下也不宜插手此事,于是改由老人牛长生做主。牛长生因为心地善良,鉴于牛龙虎的妻子还很年轻,不忍让其在牛家继续独守空房白白受苦,况且她又不能参与农业劳动,也不能再给牛家添丁,便答应为她重新找一家。牛龙虎的妻子改嫁的男方年龄偏大,家里条件较为贫穷。在改嫁的前一天晚上,一般情况下要进行一定的祭祀仪式来"告慰亡夫",当改嫁的事宜基本办理完毕以后,牛龙虎的妻子便在牛龙虎的牌位之前献上一块肉,然后将肉用刀分成两半,说道"你吃你的肉,我走我的路,我反穿皮衣,今改嫁他人"。寓意今后两人"桥归桥,路归路",再没有任何关系。

和正常的婚配不同,改嫁不属于明媒正娶的范畴,所以不能大办特办,而且改嫁女子的新夫家多贫穷,也无力负担一场正常婚礼的开支,所以改嫁的婚礼程序极为简单,也不会惊动村中各户。在改嫁当天,牛龙虎的妻子仍然穿着平时的衣服,改嫁的新夫家不让新丈夫前来,只是委托村里来两个脚夫,牵着"高脚",将牛龙虎妻子娶走。当天,正好有一群逃荒的人路过山后村,许多乞丐在路上拦着,不让行人通过,情况比较危险和混乱,因为乞丐有可能会抢劫。老人牛长生因为是老公公,按照风俗不能去送儿媳,但又很不放心,于是只好在村里找一个小孩,给小孩买点糖果,让小孩牵着毛驴在前面走,老人牛长生远远地在后面跟着,直到把儿媳送出村口二里地才回来。牛家儿媳的改嫁由儿媳自己提出,由家里的老人牛长生做主,并不用请示保甲长、族长等。当时改嫁需要找媒人,因为改嫁也需要媒人来介绍男方,因此由贾氏前去寻找媒人。

　　山后村里还有一些其他改嫁的情况,主要分为两种情况:一种情况是被休改嫁,女性改嫁前居住在娘家,由娘家家人去找媒人;另一种情况是寡妇改嫁,改嫁前居住在婆家,由婆家家人去找媒人。但是这两种情况都很少见,一方面因为娶媳妇是一件成本很高的事情,即使出现各种情况,一般人家也不愿意休妻;而改嫁寡妇也多发生在小户,一般大户婆家会选择将女性留在自己家里,哪怕是让其当佣人也不愿意让其改嫁。

　　在山后村,按照习俗改嫁不用写契约。牛家的儿媳在改嫁时,男方给牛家大约三十元作为聘礼钱。按照习俗,即使是改嫁也需要举行典礼,改嫁的花费是由男方的家长安排、决定。正常情况下,男方家庭一般比较贫困,所谓典礼也就是一点简单的仪式,并不像正常结婚时那样复杂和隆重,通常不会大摆筵席宴请宾客,比较低调和简朴。

　　当时山后村,相对而言,大户人家的寡妇更少选择改嫁,原因之一是大户不想让自己儿子死后一个人,这个主要从风俗上考虑;其二是大户家里通常有钱有粮,能养得起寡妇;其三是大户的寡妇一般觉得改嫁后的对象不一定条件如何,通常情况下是肯定不如现在的境遇好,便求婆家不要让自己改嫁,所以在山后村也很少出现大户人家改嫁寡妇的情况。

4.招"没儿人"

　　山后村中也存在上门入赘的情况,但相较于纳妾、童养媳和寡妇改嫁的情况更为少见,这种情况下的男方家庭更为贫穷,甚至会达到连寡妇都娶不起的程度,大部分情况都是家中只剩男方自己一个人,身体健全,但没什么收入来源,也没有什么田产地产,也无力盖新房。牛家在后期的一段时间里,考虑到家中无后的情况,曾经考虑两种方法,其中的一种就是选择招上门女婿。

　　1948年3月,牛虎掌的大女牛寸清已经过世,二女牛寸莲也已出嫁,考虑到家中无人继承香火,牛虎掌希望三女牛清莲可以留在家中,通过为其招一个上门女婿来帮助牛家延续香火,同时也便于补充家中的劳动力。牛虎掌与牛清莲商议许久,牛清莲考虑到即使自己出嫁家中问题仍不能解决,况且招赘以后自己的家庭地位要高于男方,而且可以避免被粗暴对待,便选择答应留在家中。没过多久,牛虎掌便做主为她招了上门女婿蔡氏,希望两人生育男孩,为牛家延续香火。蔡氏原本是山前村的人,早年便无父无母了,家中也无任何兄弟姐妹,只有孤身一个,极为贫穷,也无任何田产地产,主要是靠给别人帮闲换得一口饭吃。他住在家中数代的祖屋,风雨飘摇,几乎不能居住。1948年,蔡氏的年纪已过30岁,还是孤身一人混日子,没有娶妻。蔡氏之所以同意入赘,一是因为年龄较大,还未婚娶,按照传统的风俗和礼节,蔡氏同龄人的孩子都应该快到了娶妻生子的地步;二是因为蔡氏的家里实在是无人无钱,没有办法娶媳妇,因为不管是新房、聘礼彩礼和酒席婚宴,蔡氏一项开支也承担不起,所以即使蔡氏的年纪已相当不小,也没有媒人前去蔡氏家中为其说媒,对于蔡氏而言唯一可行的办法就是去做上门女婿。

在当时,牛家条件较为贫穷,但相对来说要好于蔡氏,不但家中有一定的田产,而且人口不多,居住的房间也较大,条件还可以。当时牛虎掌已经50岁,身患残疾,但仍是家中唯一的男性劳动力,要承担辛苦的农业劳动对于牛虎掌来说变得越来越力不从心。但牛虎掌只有四个女儿,没有儿子,也就没有人能接替牛虎掌来进行农业生产。所以家中的经济也随着牛虎掌年纪的增大变得越来越差,农业收入相比较前些年来说也越来越少。牛家各种原因抱养不成,又苦于家中无后,没有能够继承家业和接替牛虎掌劳动的人,因此决定招上门女婿。这在当时来看,是一种无奈和讨巧的办法。招上门女婿其实有不少好处,总结下来主要有以下三点:其一,上门女婿一般也正当壮年,虽然过了适婚的年龄,但一般身体健康,原来也没有什么正经工作,所以一旦招上门,就可以马上补充家庭中的劳动力,而非像抱养要等孩子长大成人。其二,上门女婿和自家女儿所生的孩子,从宗法礼节上来看还是属于女方家,如果生出男孩,就能够解决家中无后的问题,让女方家户能够延续下去,毕竟延续后代对于每一个家庭来说都是很重要的事情。其三,招上门女婿和娶女子的性质差不多,但花费上就要少很多,结婚以后女儿的家庭地位也要比正常的家庭高出许多,所以单纯地从经济上看,招上门女婿要比抱养花费少。但考虑到宗族邻里的关系问题,以及现实中上门女婿的质量,只能说这只是一种抱养的替代方法,差强人意。对于牛家来说,招上门女婿是一种无奈之举。

现实中,上门女婿的社会地位非常低,因为正常的家庭结构中各人的地位顺序是先看长幼,后看男女,而上门女婿的社会地位和家庭地位要低于所娶的女性,这种情况在当时的社会环境下对一个成年男性来说非常羞耻。当时中国的大多数农村,除了部分实行走婚制的少数民族地区,都对上门女婿的看法偏低。因此,牛家的上门女婿蔡氏被山后村很多人看不起,并且根据风俗,祭祖的时候只能由本族的人参与,女性算是外人不得参与祭祖的各种活动,但牛家家族认为上门女婿也属于外人,所以清明时候不让蔡氏去牛家的祖坟进行祭拜,在此足以窥见蔡氏在牛虎掌一家和全村的地位。

招入赘女婿也是婚配行为的一种,所以也是要通过媒人来进行,此时女方家庭占据选择的主动权,一般会对招的上门女婿提出各种要求,而对于上门女婿而言,只能选择接受和不接受,讨价还价的余地很小。当然,牛虎掌一家在招上门女婿的时候,也提出一些条件。当时牛家对入赘男方的要求只要是年龄25岁左右、身体壮实、勤劳能干,没有婚配历史。因为入赘的男性年纪会偏大,为了三女牛清莲婚姻和谐,牛虎掌将年纪规定到25岁;因为要补充家中的劳动力,所以要求女婿的身体条件较好,而且要勤劳吃苦,不能婚后游手好闲,要专心于农业生产。最后要求男性品行端正,没有婚配史,一方面是为了对上门女婿的人品做要求,另一方面是因为牛家是小户,也想尽可能避免增添新的社会关系,避免男性入赘时带来潜在的各种问题,所以牛虎掌作为家长,向媒人提出这些要求,但对其家境、是否有亲人、是否为本村人并没有任何要求。

一般而言,男方都不愿意选择去女方家入赘,入赘的男性一般会被外人讥讽道"没儿人,绝骨头",从此以后不论是在村中还是在原籍,都无法抬头挺胸。入赘的男性一般被称为"上门女婿"，从入赘起便算是女方家里的人，在当时，入赘男性连自己的姓氏都要改为女方的姓氏，生下孩子的姓氏也要跟随女方，这就相当于入赘男性一户彻底断绝，传统礼节上这种行为属于绝后，违背礼教，因此一般被人所不齿。

招赘与正常婚配的情况差不多，一般情况下是由家长决定即可，因为毕竟是自己女儿的婚姻大事，还要考虑到婚后家庭结构的变化。牛家招入赘女婿时，是家长牛虎掌和老人牛长生一起商议、决定，因为牛虎掌在家中属于第二代，而且招赘毕竟不属于正常的婚嫁，所以牛虎掌选择与父亲牛长生商议一下，在征得三女牛清莲的同意后，最终定下招上门女婿的方案。但是牛家关于招上门女婿，无须和家族族长商量，也不用请示保甲长。

按照风俗和传统习惯，招赘需要写契约，主要是因为怕入赘的男性在婚后后悔，不履行婚前的诸多条件，所以一般要靠契约的方式来约束男方的行为。牛家当时招入赘女婿蔡氏的时候就写过契约，因为家中没有人识字，牛虎掌便找村里的一个文人来写，内容主要包括入赘女婿的祖籍姓名、甘愿入赘的原因、入赘后的要求、时间等。契约要署入赘男方蔡氏的姓名、媒人的姓名、证人也就是文人的姓名、女方家长即牛虎掌的姓名。入赘契约必须署名，但只要写一份就可以，这份契约作为蔡氏入赘的凭证，起初由牛虎掌保管，一段时间后他便交给三女牛清莲保管。

根据风俗，入赘到牛家的婚礼应由牛家举办，因为此前已经立过契约文书，就不用另写婚帖，在典礼和仪式即将进行前，由牛虎掌前去亲戚、朋友、邻居家告知和邀请参加宴会，宴会典礼的形式与结婚相仿，规模也相当，对于小户人家的牛家来说，既隆重又耗资甚巨。蔡氏入赘牛家的所有花费都由家长牛虎掌出，办婚礼摆了十多桌酒席，因为牛家当时的经济条件非常不好，几乎没有积蓄可言，但为了能够顺利完成典礼让蔡氏入赘牛家，牛家由牛虎掌做主，向财主借了五十元左右，才最终完成入赘的过程。但这之后蔡氏又出了各种状况，最终牛家也没能够凑出用来还款的钱，心酸之余将自家牛卖掉还钱，非但没有补充到劳动力，家中重要的牲畜也因此丧失，牛家的经济更是雪上加霜。

入赘的婚礼仪式和正常婚配有所不同，因为男方没有家，所以整个迎亲的过程与正常婚配有所差别，男方在女方家中的一些仪式也被取消，但毕竟属于嫁女儿的仪式，所以还是要有一个男方将女方迎进家门的过程。举办仪式当天，牛家将已经打扮好的三女牛清莲送到村外一个地方等候，然后让上门女婿蔡氏骑着高骡大马从牛家出门，一路锣鼓喧天、鞭炮齐鸣地将牛清莲从外面用轿子抬回来。这样一个过程，看起来就像有人将女子从村外娶回牛家，但实际上上门的却是蔡氏。

除了牛家一户，山后村中也有其他人家招赘，但一般是小户，而且多是涉及后代延续问题的小户。山后村的大户通常不会选择招入赘女婿，都是将自家女儿嫁出去；如果大户家里没有儿子，便会直接选择纳妾。因为大户人家的经济实力比较雄厚，而招上门女婿会被村里人鄙视，大户人家脸上也觉得无光，所以几乎不会招上门女婿，宁可多花费一些通过纳妾来解决后代继承的问题。除了大户人家选择纳妾的方式来解决后代问题，一般的中户、小户，孩子多的家庭和三世、四世同堂的大家庭也很少招入赘女婿。这主要是因为这样的家庭人口较多，通常外嫁的女儿也会比较多，家中的一支一旦没有儿子，就会选择去血缘关系较近的亲戚家中过继，花费较少，而且比上门女婿要亲近和安全许多。所以一般招上门女婿的只有小户人家，而且一般是在过继、抱养不成功的情况下。

在入赘花费方面,多是根据女方的家庭条件决定的,入赘要比正常的婚嫁少花费一些聘礼钱,但宴席的花费和结婚差不多,一般视家庭的经济条件和人口规模来决定宴席的规模。在入赘的原因、安排以及契约等方面,不同类型的家庭都相似。

5.长女去世"结鬼亲"

除正常结婚之外,当地还有一种特殊的婚配形式,这种婚俗对双方家庭而言,完全没有经济上的收益可言,理论上只是对双方家庭的一种心理安慰和对未知事物的畏惧,以及对传统习俗的遵守和变相的延续,这种婚俗就是冥婚,在当地称之为"结鬼亲"。在山后村,冥婚作为一种重要的祭祀和仪式,非但不是一个隐秘诡异不可告人的活动,而是作为一种习俗被沿袭和遵守。因为冥婚的主体都不是活人,所以仪式内容颇具象征性。男女双方家庭均有借冥婚的形式告慰亡灵,同时缓解两家丧子丧女的痛苦,所以仪式虽然和正常结婚不同,但仍大力模仿,气氛上而言也比较欢乐。整个仪式中出现尸体的环节也只有女方移棺,因为要完成迎亲的过程,只靠象征性的牌位不行,女方的尸体也要葬在男方的祖坟中。从农民朴素的感情上来讲,也只是希望两个过世的孩子在另一个世界能够生活得更好。

牛虎掌的长子长女虽然都年幼去世,但因为长子去世时年龄只有两岁属于夭折,便不再为长子举办冥婚。然而长女牛寸清因去世时年满7岁已属成人并未婚嫁,所以牛家需要为其举行冥婚,这次冥婚也是牛家唯一的一次冥婚。

在1940年的某一天,牛寸清因为贪玩儿在村里到处乱跑,当时牛寸清已成年,女孩子在村里跑动很不合适,容易被人家说闲话。恰逢牛龙虎过世,牛家正是多事之秋,牛长生的心情也一直不好,牛寸清因此被牛长生狠狠地说了两句。牛寸清当时正值贪玩儿又爱面子的年纪,受不得牛长生如此训斥便一直哭。牛家一家认为是孩子闹别扭,不足为虑,便不再去操心牛寸清。然而牛寸清在哭了整整一天之后,第二天便去世了。牛虎掌很快也很无奈地接受了长女过世的事实,随即着手为牛寸清办理葬礼。但葬礼之前还有一个很重要的步骤,就是冥婚。按照山后村的风俗,成年男女早亡,过世前未曾婚配,家人必须要举行冥婚典礼,否则亡灵不安,一家难以太平。当时牛寸清年满7岁却未嫁,牛虎掌便为其做主,说了另一个已经去世的男子作为其丈夫,在当地称为"结鬼亲"。

通常而言,冥婚仪式多选择在女方去世后立即筹备举办,因为冥婚需要女方进行移棺仪式,已经下葬的人再刨坟开棺,在礼节上有失,女方父母也多半不愿意死去的孩子再受罪,所以多是在女方死后立即进行,因为怕尸体腐败,整个仪式比较简单也比较迅速。牛家在举行冥婚仪式的当天,男方家庭抬着一个花轿过来,花轿里面摆放着男孩的"影像",花轿到达牛家后,牛家将牛寸清的牌位取下,交给男方的娶亲人员放入花轿当中。牛家提前准备好一张桌子,将男孩的牌位放在桌子上一并送出。男孩的牌位走在最前面,花轿紧随其后,最后跟着牛寸清的棺材。花轿回到男方家后,男方家人将牛寸清的牌位和自己孩子的牌位放在一起,用红绳紧紧地绑着。最后由男方家挑选日子将牛寸清的棺材下葬在自家男孩坟的旁边。到此,冥婚才算完成。

在山后村,还有另外一种冥婚,因形式较为特殊,故将这种特殊的婚俗单独摘录。男女双方在"许口"之后,女子不幸去世,而男子健在,这种情况也必须结婚。因为从许口到男方进行婚礼的整个过程,需要留给男方家庭一段时间准备,而在那个兵荒马乱的年月,这期间存在女方过世的可能性,因此也需要举办冥婚。这种情况下的冥婚程序和男女双方都已去世的大致一样。不过有一点不同，因为男方尚且在世，自然不可能用牌位，取而代之的是男方骑着高骡大马，身穿深色衣服，外面还需要披两匹布，一匹白布从右肩过来，一匹红布从左肩过来，简单来说就是男方的衣服半白半红，同时男方头上戴的是半朵花。到女方家后，女方的棺材盖并没有完全盖实，女子鞋上插一朵白花，男方需要将白花取下插在自己的衣服领子上。整场仪式里充满着结婚仪式的喜悦感和葬礼仪式的肃穆悲凉感。原本女方的棺材盖子也是不盖的，因为结婚要有一个掀盖头的仪式，但因为这种仪式在当地人看来过于刺激，最后演变为只露脚，掀盖头的仪式也逐渐演变为摘花的过程。在进行冥婚后，男方可以再娶结婚生子，只是死后需要和冥婚的女子合葬。

（六）婚配终止，休妻守寡
1．"七出"①休妻

牛家作为一个小门小户，当时娶妻已经十分困难，生活更是捉襟见肘，休妻再娶的花费和精力都已超出牛家的承受范围，因此牛家不曾休妻。但是山后村曾有人休妻，七斤以前当过兵，娶了个媳妇屁股有点歪，走路的时候特别难看。七斤嫌弃妻子的长相不好，不待见之后便把她休掉。但牛七斤当时允许他媳妇走的时候可以把嫁妆带走，最后他媳妇竟连顶针都拿走。女方的嫂嫂不知如何知晓小姑子被休，便把人从半路领回来。在当时，男方家中一般有比较强的婚姻主动权，女方多处于弱势地位，因为只有男方能主动结束婚姻。

和结婚的时候不同，一般而言休妻由丈夫提出，另一方面，无论长子与否，结婚后都会经历分家的过程，即结婚后大部分都会成为家长，作为一家之主对自己的事情有主动权。休妻毕竟事关男方婚姻大事，所以公婆也能提，部分休妻背后的原因是家庭矛盾，特别是婆媳矛盾；休妻的决定权一般在儿子本人手中，但在休妻前一般会与父母商量，但是不用告知或请示四邻、家族和保甲长。虽然无后是休妻的主要原因之一，但即使生了儿子也不能保证婚姻关系的绝对存续，女性有儿子也可能出现被休掉的情况，但是一旦儿子成人就不能被休掉。

休妻必须要写休书，因为不能无故休妻，而且休妻涉及两家的关系问题，所以休书是彰示休妻正当性的重要文件，一旦休妻，就必须要写休书来陈述休妻事实和原因。休书是由儿子本人来写，通常情况下，家中的矛盾到了不可调和的地步，儿子也不愿意写休书。休书一般不用请人，因为不论什么样的原因，即使理由再充足，男方的家庭也难免被他人议论；而村中识文断字的先生也不愿参与到这种家长里短的事务中，所以通常是由休妻的人家自己解决。另一方面，休妻的人家多为大户，家中好歹有人能够识字，所以也能较好解决写休书的问题。在婆家休妻的时候，娘家的人不用到场，因为娘家没有权利参与，女子嫁人后即属于夫家。实际生活中，山后村的婆家因为害怕被休掉的女子寻死或女方家庭大闹，所以很少提前通知女方娘家，大多被休掉的女子都是哭着回到娘家后，娘家才知道自家女儿被休了。

山后村的农户，在财产问题上总是纠缠不清，但对于财产的分配，男方具有绝对的主动权。休妻不分财产，因为男方在娶妻的时候已经给过彩礼。休妻也不用给赔偿费。出嫁时的嫁妆归男方所有，嫁妆处置随男方意愿。男方心地善良的话会让人把嫁妆带走，因为嫁妆多是日用品和一些零碎的小工具、有的会有首饰等，还包括女方的各种衣物，所以男方留着一般也没什么用。简而言之，嫁妆的归还与否取决于男方家庭的态度，女方在这件事上无自主权。

---

① 古有七法，妇有七去：不顺父母去、无子去、淫去、妒去、有恶疾去、多言去、窃盗去。

至于休妻的理由，山后村一般遵循传统的习惯，即所谓"七出"。在休妻时，多从这七个理由中攀附。在山后村，除了真的闹出许多难堪，过分招人非议，一般的情况下小户人家都不会选择休妻，因为娶妻的费用高昂，小户人家很难负担给一个孩子娶两次媳妇，所以秉承一种能忍则忍的态度。然而中户和大户人家却经常休妻，因为男方家境比较富裕。

2.夫死守寡

1949 年以前战乱颇多，再加上天灾人祸，经常导致男丁死亡，所以不管是山后村还是其他村镇，守寡的现象很常见。1950 年牛虎掌去世，其妻井小妞守寡。井小妞生育四个女儿一个儿子，但是男孩因病夭折，其他女儿也已婚嫁，家中的孩子只余辈分、年龄最小的牛小么一人。因为井小妞当初是老人牛长生在集市买回来的童养媳，在这其中还经历一个逃跑和转卖的过程，而第一次被卖的时候年纪太小，还不太懂事，对娘家和父母已经完全没有任何印象。

寡妇井小妞并没有受到婆家的欺负，因为当时牛家已经没有人，只剩她和四女牛小么，但是外人却经常欺负寡妇井小妞。在农村，保障家庭社会地位的其一是家庭经济条件，其二是人口数量，特别是男性劳动力的数量。而当时的牛家，一个男性劳动力都没有，不但生产效率低下，而且因为都是女性，社会地位也不高，被欺负也没有什么反抗措施，因此经常受到外人的欺压。有一次邻居来牛家借用香椿，说是孩子结婚要做香，用好就还，但最后都没有还；欺人更甚的是有人来到牛家家里看见啥就直接拿走，寡妇井小妞经常受气，但也没什么办法，一个寡妇在村中活动多有不便，更别说上门去讨要东西。因此牛虎掌去世时，井小妞因担心家族中的各个侄子通过背幡来巧夺牛家财产，只能秘不发丧，等三女牛清莲回家时才下葬。

井小妞守寡后留在夫家，她本人倾向于在婆家生活，因为对自己的娘家记忆极少，并不清楚其地理位置。对于当时的井小妞而言，她已经是牛家的家长，也是最后一代家长。鉴于娘家和父母实在是不可考，况且也没有什么必要在时隔数十年后再去寻亲。当然，井小妞的年纪在当时来看也没有什么改嫁的必要，而家中虽然破败，但好歹田产还有一些，所以生活来源也不怎么成问题，因此她也没有考虑过改嫁的问题。从客观角度来讲，按当地的风俗习惯，生了孩子并将其喂养成人，守寡之后仍需留在夫家。而寡妇井小妞正是如此。

寡妇井小妞分家的时候已经得到一份财产，因为嫁进来的女性算是牛家的人。但是井小妞开始守寡的时候，牛家也仅仅剩她们母女二人，所以牛家的所有财产到最后都归井小妞所有，牛家宗族也没有表示反对。当然，牛家寡妇的情况比较特殊，不具备什么普遍性。在分家和分财产的事情上，在山后村，其他没有孩子的寡妇都不能留在夫家，分家的时候也不能分到一份财产。如果生过孩子，和其他儿媳待遇一样，体现在吃穿住行都和其他儿媳一样。这种情况下，女性的社会地位还要靠孩子来维持，是否生育，特别是是否生育过男孩，是影响寡妇在家中地位的重要因素。没有改嫁的寡妇是可以埋到夫家的祖坟里，而改嫁的不能，也不能埋到娘家的祖坟，这与是否生育无关。因为女子一旦改嫁便不再算原先夫家的人，而属于改嫁后夫家的人。不能埋进娘家的祖坟是因为嫁出去的女儿已经不算是自家人，正如古语"生是夫家的人，死是夫家的鬼"。所以一旦寡妇选择改嫁，可能要面对死后没处下葬的尴尬局面，而一般人家也不太愿意娶改嫁的寡妇，认为这种情况比较晦气。丧夫的妇女可以改嫁，只要征得婆家的同意即可。牛龙虎去世之后，其妻子改嫁正是由牛长生做主的。

山后村中有不少守寡的现象，守寡的原因一般都是丈夫去世，守寡是由婆家安排，因为女性出嫁后就不再和原来家中有什么关系,日常的衣食住行也要靠婆家来安排。在山后村,小户相较于大户而言守寡更难,因为家里条件不好,而女性又没什么劳动力,一旦丈夫去世可能连最基本的生活都保障不了,婆媳关系也很紧张,所以小户人家的寡妇在没有男人依靠的情况下,更愿意选择改嫁;大户因家里条件较好能养得起寡妇,同时也不想让儿子死后孤单,一般不会让寡妇离开,特别是有生育的寡妇,一般而言也不愿意让孩子没有母亲,所以在条件允许的情况下,大户人家还是尽量选择养着寡妇,而大户人家的寡妇也担心改嫁以后生活条件变得糟糕,一般也会主动选择在大户人家守寡。

二、家户生育

(一)生育基本情况

1.人口较少,长子夭折

牛家在 1939 年分家以前,最开始一共有四辈人,祖辈是郭氏,爷爷辈只有牛长生及其妻子贾氏;叔伯辈有二男二女,牛虎掌及其妻子井小妞、牛龙虎、牛艳彩;兄弟辈有四女一男。但是仅仅 1940 年一年内,牛家便有三人不幸去世。在分家前,家里未成年的孩子就有五个,这在同样的小户家庭中儿童算是较多的,主要是因为牛虎掌和妻子井小妞连续四胎生的都是女儿,而牛虎掌想要一个儿子,所以才生了第五胎,终于生育一个小儿子,却因生病最终夭折。在儿子夭折后,井小妞发疯,没有再生育。

牛家的人口在村里来说是比较少的。大户的人口都是 30 多口;中户一般也有近 20 口;小户几乎都是 10 口人左右。以前农村家里人口较多,是因为人们认为子孙数量的多少意味着家里的香火如何,而且当时进行农业耕作需要大量的劳动力,所以每家每户都想要多生男孩来传宗接代、开枝散叶,也好给家里补充一定的劳动力。

2.未婚先孕,"黑牛犁院"

牛家没有出现过未婚先孕的情况,未婚先孕在牛家看来是一件很羞耻、很丢脸的事情。山后村未婚先孕的女子下场都特别惨,如果女子的爸妈心肠较软,便在自家女儿生育之后,三天不开灶火,只喝凉水泡馍,而坐月子的孕妇因身体虚弱,喝三天凉水之后便去世;如果女子的爸妈心狠的话,直接将女儿所生的孩子喂狗,将女儿直接活活打死,并用黑牛将自家院子的土重新犁一遍,去除晦气,在当时用老人的话来说就是"黑牛犁院"。

(二)生育目的与态度

1.传宗接代续香火

在当时的思想观念下,对于广大农民而言,生育目的较为单纯就是传宗接代。特别是对于山后村的小户人家而言,生儿育女对家庭来说是延续香火、开枝散叶的唯一方式。实际上,延续家族血脉对每一户来说都是相当重要的问题。而生育是延续家庭的首要方式,也是主要的方式,只有这种方式出现了问题,家庭才会考虑通过其他的方式来解决这个问题。而且当地人们几乎全部认同养儿防老的观点,希望通过生育来解决老人的赡养问题。

牛家一开始也是想通过生育的方式来延续家族繁衍,所以家长牛虎掌一连生育了五个孩子,就为了能有一个传宗接代的儿子,但随着牛虎掌的小儿因病去世,牛家就再也没有孩子能延续香火,而随着牛长生和牛虎掌的过世,牛家的一脉至此断绝,由此可见生育后代对于家族的延续作用。

在长子牛×夭折以后，牛虎掌也尝试通过生育的办法再添一个儿子，但当时井小妞发疯，从精神状态上来看无法生育，所以只能另想办法。牛虎掌的第一想法是去抱养妹妹牛艳彩的幼儿；在抱养未取得成果之后，牛虎掌无奈之下决定将三女牛清莲留在家里，招入赘的上门女婿。而大户在没有孩子的情况下，一般会选择纳妾继续生养；小户在没有孩子的情况之下，一般第一想法是过继自家的侄子，次选买卖或抱养孩子，最后迫于无奈才会招入赘的上门女婿。当地流行方言称之为"招的女婿买的儿，不贴自家亲侄"。从结果上来看，如果不通过生育的方法而选用其他方式来延续家庭总有一定的风险，也不一定能够成功或奏效，所以在延续家庭这个目的性指引下，不管大户小户对于生育的态度都很坚决。

2.倾向生男，适龄生育

在子女生育的倾向上，山后村的村民是倾向于男孩，当然牛家也是倾向于生育男孩。一方面是因为男孩子可以传宗接代，继承香火，起到壮大家族的作用；另一方面，男孩也是补充家庭劳动力的重要来源，农耕时代一个家庭的经济条件很大程度上取决于男性劳动力的数量和质量。即使各户都积极地传宗接代，但是在道德和现实中却无法接受未婚生育。牛家认为未婚先孕是一件很丢人的事情，外人更是如此认为。外人不仅会对未婚先孕的女子指指点点，背后议论，甚至唾骂嫌弃，而且当时对于未婚生育的女子惩罚也很重，较为出名的是"黑牛犁院"，直到土改之后方才有所收敛。

牛家的孩子几乎都是在15~18岁结婚。牛虎掌的二女牛寸莲于17岁嫁给磁钟乡的贾氏；三女牛清莲于18岁招入赘者山前村的蔡氏；四女牛小么于18岁嫁给范庄村的范氏。在1949年以前，十三四岁结婚很正常。按照当时的风俗，儿童7岁以后就算成人可以结婚，但一般家庭都会在孩子十三四岁左右才开始为其筹备结婚事宜，因为要给男孩攒彩礼，给女孩做嫁妆，这需要一个过程，特别是那些孩子比较多的家庭。一般情况下，婚后马上就开始生育，所以女性初次生育的年龄也比较早。

3."家中有一男，十女都不嫌"

对于生育儿女的具体数量，在经济条件和现实情况允许的前提下，牛家倾向于多生。当时牛家之所以选择多生孩子，一是因为人口越多代表家庭香火越旺；二是因为当时人口多少和家户的地位有直接关系；三是因为家庭人口较多，外人就不敢轻易欺负；四是当时的医疗条件太差，小孩容易因病去世，存活成人的概率太低；五是当时进行农业耕作需要较多的劳动力来养活整个家庭；六是当时不懂避孕的相关措施。所以出生的孩子较多，不仅是一种意愿，也是农耕文明的一种客观情况。

牛家对于生育数量的态度，认为四个比较合理，最好儿女成双，至少也得有一个男孩才满意，用当地的老话来形容就是"家中有一男，十女都不嫌"。牛家一共生了四女一男，但是出现了长子长女早夭的情况，所以从这点来看，牛家为了保证香火延续而选择多生，而四个孩子应该就是牛家所能抚养的上限。

在山后村，儿子多的家庭条件多贫寒，因为儿子多的家庭所缴赋税的金额也相对较高。要是人口过多的话，仅仅靠种地一般不能够维持一家生存，因而儿子的多少不是家庭经济情况的决定性因素。但是儿子多的家庭在村里一般较有地位，不仅是因为当时的观念认为男孩越多说明家里祖辈恩泽深厚，也是因为在现实生活中家里男孩越多，外人便越不敢轻易招惹和欺负。

从生育态度上来看，在自家经济条件可以支撑的范围内，不论是小户、中户、大户还是财主、乡绅,都选择多生,特别是多生男孩,大家的生育目的较为一致。

(三)"接生婆"协助生育

一般而言,结婚以后父母就很少干涉孩子,特别是婚后分家的情况,孩子成为新的家长,在生孩子这个问题上父母都是鼓励多生,但具体的情况也不好过问,只能在言语上暗含期望以起到一定的催促作用。1939年分家之前,牛虎掌夫妇有关生不生、生多少的问题都由夫妻俩自己决定。因为牛虎掌夫妇之前四胎均是女孩,所以在平时的生活中,老人牛长生和妻子贾氏也会不经意间通过言语表露,让其继续生育,直至有个男孩传宗接代,延续牛家香火。

怀孕都是在井小姐显怀或身体出现明显的反应后才能发现,而这个时候往往孩子已经几个月大了。怀孕的井小姐即使显怀,也不能停止劳动,因为对小户人家而言,经济压力较大。但是在劳动过程中,牛家一家人比较注意孕妇的身体状况,不让孕妇井小姐过度劳累,以防止见红流产,大多是让其在家中干些力所能及的事,同时也便于养胎。

井小姐怀孕的最后一个月几乎不用干活,因为那时的肚子较大,弯腰都很不方便,就更不用提干活了,主要就是专心坐在床上安胎,偶尔帮忙打个下手。在这段时间不用过劳,也无须向婆婆贾氏申请,因为家中还有老一辈女性郭氏,而郭氏鉴于井小姐年龄较小便经常照顾她。婆婆贾氏还会主动来承担儿媳井小姐大部分的劳动。井小姐怀孕后都是由婆婆贾氏来照顾,因为贾氏同为女性照顾起来比较方便,而且也有一定的经验。但是在饮食上,孕妇和其他人并无不同,因为牛家经济条件较差,无力给孕妇单独开小灶。

牛家孕妇生产的时候是在家里,因为当时村里没有正规医院和专业医生,即使是大户人家也在自己家生产。在井小姐将要生产时,由婆婆贾氏去请当地的产婆前来接生。通常是在井小姐肚子难受的时候去请产婆,产婆在当地称为"接生婆",一般由妇女专职从事,年纪会相对大一些,对于接生比较有经验,有点类似于赤脚医生。接生的卫生条件很一般,当时的人们也没有什么消毒的观念,最多是把要用的工具煮一下,然后预备一些干净的衣物床褥和大量的热水,接生的准备工作就算完成。

当时,产婆并不是义务接生,因为是专职产婆,生育的人家要给产婆一定的费用作为接生报酬,这是产婆的生活来源。对生育的家庭而言,生育所需的费用主要用在请产婆这一环节上,所有的费用由大家庭承担。在孕妇生完孩子之后,除了事先约定好的费用,还要再给接生婆做一双新鞋,送一条手帕或两条腿带,表达对产婆的谢意,这主要是因为当时难产的情况时有发生,母子能否平安在一定程度上和接生婆的经验和技术有关。

按照风俗,井小姐在完成生产后需要坐月子,正常情况下是坐一个月。坐月子期间井小姐同样还是由婆婆贾氏来照顾,在饮食上尤其注意。井小姐在生下孩子的前三天只能喝米汤,但是米汤里不能有米粒,条件好的家庭偶尔也会添些红糖进去,因为糖类在当时比较珍贵。按照山后村当时的说法,媳妇生完孩子一肚子的血,不能吃黏稠的东西,所以生产完一般只能喝流食。生产三天之后,随着产妇逐渐恢复,饮食中就会慢慢加一些面条、馍之类的面食,但都比较软,较硬的食物不能吃。井小姐在生完孩子的前一个月不用干活,洗碗洗衣这类轻活也都交给婆婆贾氏,因为牛家怕井小姐受凉落下病根,反而影响长期劳动。

(四)庆祝降生办满月酒

山后村所谓的生育仪式比较简单,最常办的生育仪式是满月酒。按照风俗,孩子生育一个月之后要办满月酒,来庆祝孩子的顺利降生。在山后村,不论大户小户,家中的头一个孩子生长满一个月都要办满月酒。之后牛家所生育的孩子满月的时候就只是简单响个鞭炮，因为满月仪式涉及宴请和礼金的问题，牛家家境贫寒，只能通过放鞭炮来图个吉利。小户人家通常会像牛家一样，只办一次满月酒，以示完成生子育女，传宗接代的任务；只有具备经济实力的中户和大户可能会多次办满月酒会。满月酒按孩子出生的先后顺序办，而不看孩子的性别，通常，无论第一胎是男是女，都要为其办满月酒。不过孩子的性别不同，举办满月酒的时间会稍有差别，男孩过满月是在出生后的第29天，女孩过满月是在出生后的第30天，因为在办满月酒时要收取礼金，所以生了女孩的人家想要拖一天，让可能的未来亲家给孩子多上点礼钱。

在山后村，满月酒本身也是个不输给婚礼的热闹活动，有各种各样的仪式和典礼，还有不少的风俗习惯。虽然牛寸清是女性，但作为牛虎掌的第一个孩子，牛家为其举办了满月酒。在牛寸清过满月的前一天，牛虎掌要给婴儿牛寸清剃头发，称作"理胎发"，这一般是婴儿人生中第一次理发，之所以提前一天理发，是想让孩子休息一晚之后第二天精神能好点，以免第二天哭闹或者瞌睡，影响整个典礼的进行，让前来做客的亲朋好友看笑话。而剪下来的胎毛还有一定的占卜和纪念意义，因为当地有一个说法，将小孩的头发攒成一个团，如果总有几束头发攒不进去，就表明孩子母亲的下一胎是个男孩，所以大家都乐得占卜一下，图个热闹和喜气。在牛寸清过满月的时候，其中一个环节就是祭拜家中的祖先和神明，这也是典礼的重要内容之一。

在牛寸清过满月的当天，牛家的诸位亲戚过来送礼，这其中大部分送给了孩子牛寸清。按照风俗，孩子母亲的娘家要给婴儿送衣服、帽子、铜锁、手镯等，叫作"头尾"，大户人家在孩子周岁的时候还会再送一遍，而一般的小户人家就只是在孩子满月的时候送一遍。除了娘家要给孩子送礼物外，其他的亲戚朋友也要给孩子送上有象征意义的礼物，一般是未出嫁的孩子姑姑要用红线扎一个袋子，里面装上钱币或银圆，将袋子系在婴儿的脖子上，称之为"绑项绳"。因为亲戚朋友人数也不少，而孩子不可能把所有的袋子都系在脖子上，所以后来逐渐演变为亲朋将礼金用红纸红布包好，交给孩子父母，象征性地完成这个仪式。

不管是大户还是小户，在办满月的时候都要宴请宾客，如同结婚一样。不仅要请自家的亲戚、邻居，家长关系较好的朋友也会邀请，大家也愿意参加这种活动，既为了人情世故、礼尚往来，也为了来沾沾喜气、讨个彩头。除了亲朋好友，产婆和族长也一定要邀请。在上门邀请的时候，牛虎掌不用带礼物，一般情况下被邀请的人家也不会拒绝前来，而牛艳彩作为孩子的姑姑不用请就会自动前来。被邀请的亲朋好友在来吃酒席的时候，除了要准备一些礼金之外，一般情况下还需要带些小礼物。在山后村，农民之间的礼物都比较朴实，一般都是带10个馒头前来。牛家在诸位宾客走的时候也需要回礼，按照山后村的习俗，回礼一般是回6个馒头，因为牛家收到最多的就是馒头，而馒头又很容易坏掉。

对山后村的村民来说，生育时办满月酒的首要目的是庆祝孩子渡过难关，祝愿新生儿健康成长。其次，还有一定的祭祀意味，因为满月酒的仪式上都有祭拜祖先这一环节，而且一般情况下，族长也会到场祝贺。和举办婚礼一样，孩子的满月酒也需要大摆筵席，因为要宴请来祝贺的族长和各位宾客，所以会有一些花费。牛家举办生育仪式是在1939年分家之前，所以仪式的费用由整个大家庭负担，所收的份子钱也由牛长生管理。因为牛家所有人都同吃同财，没有必要将礼钱交给牛虎掌夫妇管理。而在其他家户中，所收份子钱交由孩子父母管理，因为父母是养育孩子的主要力量，这些份子钱大部分都要花到抚养孩子乃至解决孩子将来的教育问题和婚姻问题上。

与婚礼类似，满月酒的规模主要受到家庭经济实力的影响，家庭实力越雄厚，孩子的满月酒就越热闹。在山后村的生育仪式上，村中的大户、中户可能会给自己家中所有的孩子都办满月，而非只给头胎举办满月；大户人家在给孩子送头尾的时候，一般会送两次，孩子周岁的时候也会送衣服、手镯、脚镯、鞋袜、银圆等，其中给孩子的部分饰品还有可能是金饰银饰，价格比较昂贵，而小户人家一般只在满月当天送一次，所送的饰品也多是价格比较便宜的铜饰和铁饰。

（五）起名"泛字"，谐音有寓意

在牛家，孩子的名字都是父亲来起，没有在孩子出生前就为其起名的习惯，都是生了孩子之后再起。在起名字的时候，需要按辈分。家族起名的时候有可能会出现"泛字"的情况，即同族同辈的孩子名字中都有相同的一个字。牛家之前也有这样的一套体系，但因为分家和不识字等原因，牛长生和牛虎掌也没严格按照这个规则来为孩子起名。牛虎掌一辈，应该泛"虎"字，所以牛虎掌、牛龙虎两兄弟的名字中都有一个虎字。牛虎掌的子辈，应该是泛"寸"字，所以牛虎掌的大女儿和二女儿名字中也都有"寸"字。牛虎掌的四个女儿分别叫牛寸清、牛寸莲、牛清莲、牛小么。因为连续三个都是女孩，而牛虎掌本身也没有什么文化，所以名字中就不再使用"寸"字，而是起前两个女儿名字的最后一个字作为三女儿牛清莲的名字。而直到第四胎还是女儿，一心想要男孩的牛虎掌便不再按正常程序为四女起名，而是为其起名牛小么。牛小么的名字有特殊的意义，因为"么"同"磨"谐音，牛虎掌希望磨着让时间过去，让生女孩的命运过去，家里能添个男丁。

一般而言，孩子都有两个名字，一个大名一个小名。大名也就是本名，有名有姓，一般只在正式的情况下使用，对于农村人而言，一生也没有几次机会能使用。当时人们多不识字，本名不会写的情况也屡见不鲜。大家平时互相称呼的一般都是乳名，也就是小名，叫起来比较亲切方便。牛虎掌就有小名，被称为"小老虎"。

在给孩子起名的时候，有自己起名和找人起名两种方式，大户一般会找个算命先生根据孩子的生辰八字来起名或者找当地的文人、乡绅来起名，这样起的名字比较合生辰八字而且一般比较文雅有内涵，光从名字上就能看出大户人家的底蕴；而普通的农户百姓，家中多贫困，不会为了给孩子起个好听的名字花钱去找文人或者算命先生，一般都是随便起的名字，小户人家给孩子起的名字大概分为以下三种：一是根据孩子出生的那一天起的名字，比如伏秋，是因为他出生当天正好入伏；二是根据孩子出生的斤两来起名字，比如七斤，是因为他当时出生的时候体重为七斤；三是根据属相来起名字，比如狗蛋，是因为在狗年出生。其中第三类名字最常见，因为当时孩子容易夭折，大人比较迷信，据说阎王点名收人只点人名，而牛蛋、狗蛋等不是人，所以阎王不收。当地的老话称之为"贱名长寿"。

有关给孩子起个贱名的习俗，不止局限在小户人家当中，因为起贱名的本意在于好养活，所以有的大户和财主也会给孩子取个类似猫猫狗狗的贱名或者取一个类似"栓柱""留住"之类的名字，求的是孩子顺利长大成人，特别是来之不易的宝贝儿子。然而取贱名的多数是男孩，女孩的名字很多时候就是排行加上"妞"或者"妮"，名字取起来更为随意，因为一旦女孩出嫁，姓氏和名字几乎都用不到，结婚以后基本上和丈夫名字挂钩，被称为"某某媳妇"，另外她们中大多数人都未曾接受过教育、不会写字。

三、家户分家与继承

（一）分家概况

1.次子结婚分家

牛家在 1939 年分家之前,是一个四世同堂的大家庭,第一代是老人郭氏;第二代有家长牛长生及其妻子贾氏;第三代是牛虎掌及其妻子井小妞、牛龙虎、牛艳彩;第四代主要是牛虎掌生育的四女一男,分别为牛寸清、牛寸莲、牛清莲、牛小么和长子牛×,一共 12 口人,虽然家庭的代际较多,但人口数量并不算多。

1939 年牛龙虎结婚娶妻,一家人一起生活了数月,牛龙虎和妻子一方面觉得家里人口过多,居住生活多有不便,比如做饭的时候,通常要做一整个大家庭的饭菜;另一方面,因为经常闹矛盾,整个牛家家庭不和,便向牛长生提出分家。所谓矛盾,主要指的是牛虎掌和牛龙虎两家媳妇在日常生活中的一些小矛盾和摩擦,二人经常因为琐事拌嘴,总是闹得家庭里鸡飞狗跳,而两家的丈夫是亲兄弟,平日里也不好相互指责埋怨,所以只能无视。老人牛长生心地善良,鉴于家庭不和的状况,也不忍因为此事让两个儿子之间产生隔阂,便赞同二儿子分家的想法,同时山后村也有次子结婚后分家的习俗,所以分家也不显得突兀。但因为分家毕竟涉及财产的分割,一般是家中每个人的财产都要重新分配,所以即使是家长做主分家,牛长生也得和牛虎掌说明次子分家的原因,长子牛虎掌也觉得自家的小家庭确实人口过多,日常生活中多有各种不便的地方,造成了各种摩擦和家庭矛盾,便很爽快地答应分家。决定分家之后,牛虎掌和牛龙虎便开始分配家里的东西,这是分家的主要内容,不管是田产地产还是日常生活的各种零碎物件,都要在分家的过程中仔仔细细地分好,分东西一般按照每人一份来分,但有一些其他的规矩。在分好东西后,分家的过程就算完成,由于分家也是家中的大事,所以要进行一个小的仪式,具体来说就是在分完东西的第二天早上由家里的女性做一顿萝卜馅的饺子,中午大家和和气气地吃完饺子便各回各家,在当地称为“散伙饭”。吃过散伙饭以后,两家就是新的家庭,分家的过程也就算是基本完成了。

2.舅家参与分家事务

1939 年,牛家的分家由次子牛龙虎提出,由家长牛长生决定,并且得到牛虎掌的同意。在山后村,只有儿子可以提出分家,儿媳妇不可以提出分家,因为儿媳妇提出分家属于多言,希望家庭分散,在当时此种行为属于不孝,即使家庭中再不和睦,儿媳妇也绝不可以擅自提出分家,这在大户人家中还有可能导致休妻。儿媳妇即使有分家的念头,也只能偶尔向其丈夫抱怨两句,由丈夫提出分家的要求,并同家长和其他人商量决议,儿媳妇一般不出面参与此事。

在牛家,分家是要和牛长生商量,如果牛长生不答应,那么这个家便不能分。当然牛龙虎提出分家,如果牛虎掌不同意,那么整个牛家也不能分。不过因为家中的男人也受够了吵吵闹闹与日常的各种摩擦,所以整个分家的事大家都表示赞同,并没有人提出反对的意见。家庭外部成员对牛家分家的影响较小,因为分家涉及财产分割问题,不管是大户还是小户,分家都属于内部事务,外人不方便插手干预,但如果在财产问题上大家有争议,那么亲戚对牛家的分家还是有一定的影响。牛家的舅家人在一定程度上也加快了牛家分家的步伐;舅家见牛家经常吵架不和,便前来劝牛长生让其做主分家,免得让外人看牛家笑话。但是家族、保甲长对牛家的分家并无影响,在山后村,除了关系较近的亲戚,别人也不怎么关心其他人家的情况,最多在背后稍有议论。

3.妯娌不和致分家

牛家分家的主要原因是妯娌不和。村里的惯例是新媳妇进门头一年需要做全家的饭,而且需要承担全部家务活。而牛龙虎的妻子因为是新媳妇,所以牛家的所有家务活都需要她一个人完成。由于牛家人口众多,家务活纷繁复杂,牛虎掌的妻子觉得力不从心,同时又看到嫂子井小姐的劳作较少,比较之下便心生不满,日常生活中便总出现二人拌嘴的情况。长此以往,牛龙虎的妻子便时不时在私下对丈夫提起分家一事,牛龙虎鉴于此,便和家长牛长生提出分家的请求。家长牛长生也认为两个孩子都已成家,两个小家庭经常闹矛盾造成平日里的各种不便,便同意分家。当时村里人对于牛家的分家不曾提出半点质疑,因为村里的人对于不是自家的事情一般选择漠不关心或者袖手旁观,之所以如此一方面是因为自己作为外人,不好插手牛家的内部事务;另一方面,次子结婚后提出分家在村里人看来也并无不妥,因此村里人不太会注意类似的事情。

大户、中户相较于小户更不愿分家,因为一旦分家,家里的势力、地位便会加速下滑,其声望会受到很大影响,特别是对大户而言,一旦分家只会变成一堆分散的小户,所以基本都是抱团,除非情况特殊才考虑分家。除了大户之外,一般三世同堂、四世同堂的大家庭也不愿分家,因为在当时人们以四世同堂为荣耀、五世同堂为祥瑞,而且在村里相较于其他小家庭更有面子和地位。

4.家庭内部成员均分家产

牛家在分家的时候,是按家里人口数均分家产。牛虎掌一家因为人口较多,一共7口人,所以家长牛长生将7亩的黄土地分给牛虎掌一家;而牛龙虎一家只有2人,所以牛长生将近3亩的白土地,其中有1亩左右是牛家祖坟,分给牛龙虎一家。因为分家之后牛长生及其妻子贾氏等老人由长子牛虎掌一家赡养,所以牛长生便将有三洞窑的大院分给牛虎掌一家,而将只有两洞窑的大院分给牛龙虎一家。从家产分割结果上来看,牛龙虎作为分出的一户,在房产上的分配获得了一定的优势,但有关田产、地产的分割,还是严格按照人数来均分,因为牛家两户的收入来源都是土地,人的口粮也需要依赖土地,所以即使是牛龙虎从家中分出,田产也没有多得一点,都是按人头均分的。

牛家的家产只有牛家的内部成员有资格分得,而牛家以外的成员无资格分得家产。在山后村,分家通常是家里人口平均分配家产,但是在具体分配祖业的时候大多是采取抓阄决定或是由老大先挑一间祖房然后几兄弟错开分得祖房,不允许连着的两个窑洞归属一人。但牛家因为人口较少,分家也是因为大家庭一起生活导致各种矛盾不断,所以牛家分家时没有采用这种随机的方式,而是干脆将两洞窑的小院分给牛龙虎一家,这样两家人在生活上就彻底分开,避免再闹出新的矛盾。同时两家的地产也基本上分开,两家生产都不在一起,但因为老人牛长生还在世,两兄弟的感情也还可以,所以刚分完家的一段时间里两家还彼此频繁走动,牛龙虎也经常来牛虎掌家看望老人牛长生等,直到1940年牛龙虎急病去世,其妻改嫁为止。

牛家家庭成员中,拥有分家资格的成员是儿子、儿媳、未出嫁的孙子孙女,牛艳彩未出嫁也没资格分得家产。在山后村,不同家庭类型在分家的资格上一样:儿子有资格,未成家的儿子因为家长没有给其娶妻通常会多分点家产,不在家的儿子和其他儿子一样平均分得家产,未出嫁的女儿不能分得家产,亡父的儿子可以分得其父亲的那部分家产,过继来的儿子、干儿子、妾生的儿子、改嫁带来的儿子都有资格分得家产。总体上而言,分家主要看两个标准,从年龄上来看,主要分为成年人和未成年人,成年人分家产的时候,一般以未来是否留在家中为考量,如果未来要出嫁的,一般没有家产,而已经属于家庭一员的,不论男女,一般都会分得一份家产。未成年的小孩子因为年纪幼小,还不能养活自己,所以一般不论男孩女孩,都能分一小块家产,以此来保障孩子能顺利长大,当然这份家产主要还是由照顾孩子的父母来代管。

5.舅家见证,公平分家

牛家在分家的时候,牛长生亲自请来自家的舅家人作为见证人,为了公平公正地分家,不让两个儿子有意见或不满,更是为了避免以后因为分家可能出现的矛盾而矛盾无法得到调解和公平处理。

分家要请见证人,通常是请村里比较有权威的文人或舅家人,因为请见证人可以保证分家的时候大家都同意财产划分的方案,日后再有什么纠纷都要以分家的时候所说定的内容为依据,避免无人监督日后出现矛盾时不知如何妥当处理。见证人主要是起一个监督分家过程公平公正的作用,分完家见证人几乎无责任,除非牛家的两兄弟日后对分家产生异议。山后村的小户人家因分家的时候也没有什么家产要分割,所以总是找亲戚来见证,而分家之前各小家已经对财产分割达成一致,所以很少会发生分家后两个小家庭再因家产不公而闹矛盾的情况。

除了家长之外的其他家庭成员不能安排见证人,因为避免各个小家日后对见证人是否做到公平公正有所怀疑。况且分家也属于家庭内部事务,所以通常情况下不愿意让太多的外人参与进来。分家之前尽管财产已经大体分配妥当,但是因为分家的仪式还没有进行,文书也没有签订和见证,所以通常还是由家长掌管各项事务,这其中自然包括处理分家时的财产划分和寻找见证人,其他人对于家长做主并不会感到不妥。家庭外部成员比如近亲能担任见证人,见证人能够发挥一定的作用,但只限于起见证作用,对于分家的具体事务,见证人不能也不愿意多嘴,免得造成误会和矛盾。

在分家见证人的人选上,在山后村,大户都会请保甲长前来做见证人,因为保甲长在村里说话比较有权威;或是前去请那些比较有文化的同时又经常担任分家见证人一职的人,因为他们比较熟悉流程和规则,在写分家契约的时候能够写清楚所包含的相关内容。小户因为家境贫穷,一般都是去请家长的舅家人前来作为见证人,因为关系亲近日后能够及时公平公正处理分家后的相关事宜。但不管是大户还是小户,寻找分家见证人这个环节必不可少。

牛家分家的时候是由家长牛长生做主,决定如何分配家产。除了牛长生外,分家的时候也征求了牛虎掌的意见,牛家的舅家人作为外人也参与到牛家的分家过程中,并担任见证人。分家时是由牛长生做主,决定采取何种形式及按何种原则分配家产,其他家庭成员都要服从。因为在没有分家的时候,牛长生作为一名男性,是家里辈分较高的老人,其地位和权威也是牛家最高的。分家时牛虎掌也能做主,决定如何分配。因为在山后村,分家之后原有大家庭的家长一般会将家长一职传递给家中的长子,对于未来的新家长而言,长子有必要也有资格参与到分家的具体过程中来。家庭外部成员能参与分家,一般都是舅家担任分家时的见证人。对于见证人来说,即使不发表意见,为了见证的公平性,对于家产的具体划分也要了解。在分家时,大户通常会让家族的族长或者保甲长参与到分配过程中,让其担任分家的见证人，而小户会找自家的舅家人前来。

6.惧怕"分"字藏刀，口头约定

所谓的分单，是分家单的简称，是分家的重要甚至是唯一的标示性文件，通常情况下，只有写下分单，一户分家的过程才算彻底完成。然而牛家在分家的时候并未写分家单，因为牛家人认为"分"字底下有一把刀，怕这把刀会伤害到提出分家的人，所以当时只是口头决定分家的相关事宜。况且牛家两兄弟间的关系还算和睦，摩擦主要出现在两家媳妇身上，所以在分割家产上，牛虎掌分得大头，但牛龙虎的人均家产较多，所以两家对于财产的划分基本没有什么争议，分家的过程较为平和，分家后两家的关系也相对不错，仍然互相往来，就没有再写分家单，只是事实上的分配完毕。

尽管牛家在分家的时候没有写分家单，但是在山后村，大多家户分家时都写分家单。分家单在当地称为"分单"。一般都是请村里的文人前来写分家单。内容主要是关于以下方面，分家理由、分家的方案、分家后的相关事宜、分家的见证人、分家的时间等，大致的意思和格式如下：

> 今日立下分单是因为何事，特请来见证人某某某，家长将自己的祖业土地房屋等按照何种原则进行分配，某某某分得窑洞几间分别在哪个位置第几间，土地几亩以及相应的地名，自从立下分单起，各家管理各家，因恐口说无凭特立下分单为证。

分家单需要签署见证人、中人、分家的各个儿子的名字，不署名是不可以的。家长和儿子有资格签订分家单，因为分家后，各个儿子将成为新的家长，这分家单是新家成立的重要依据。家中有几个儿子就要写几份分家单，签好后分别由各个儿子保管，这样做是因为家长怕日后自己去世，各个儿子因为分家闹矛盾不和没有凭证。家庭外部成员可以建议家长如何进行分家，一般都是舅家人或村里比较有权威的、说话大家都听从的人，但是不能代替家长做决定。在生活中，对分家提出建议的多是舅家人，因为有亲戚关系，有些话说起来比较方便，而外人通常不愿意过多地参与。只有分家过程中出现的矛盾比较大，或者要划分的家产比较多且混乱的情况下，家长才会让村中比较权威的人来做主和建议。在山后村，大户分家会立下分家的契约；小户都是口头分家。无论大户、中户、小户，在分家的时候都会将分家的细节说得详细、明白，因为经常有分家后觉得不公平的情况，有了分家时的见证才能在今后闹矛盾的时候有据可依。

牛家分家之后，家族在进行集体活动的时候会请新家长牛虎掌前来；村里收税也是按分家后执行；分家之后户籍也发生变更。因为牛龙虎也是分家的新家长，所以再有活动的时候，就是牛虎掌和牛龙虎作为两家代表一起参加。变更户籍通常在分家的时候就完成，之后各家纳各家的税。因为当时的赋税主要是按照人口和土地面积收税，而分家后实际上土地面积和人口总数没有发生什么变化，只是户籍有所变更，赋税从总量上变化不大，只是交税的主体变成新家的家长。

7.外界认可分家

在山后村，只要是分家的理由正当、分家的过程规矩、家产分割妥当合理、分家单正常签署并有人见证，分家就会受到村中各方的认可。

家族对牛家的分家认可，主要是通过前家长牛长生前去家族解释，因为分家的理由过程都没有什么问题，牛家的族长也就认可了牛长生一家分家，之后在进行宗族祭祖时以分家后的家庭为单位参加仪式，这就算两个新家庭取得了宗族的认可。村庄对牛家的分家也没异议，一方面是因为次子结婚提出分家在村庄很是常见，另一方面牛家的分家理由合情合理、仪式也很是规规矩矩。村里各户在日常生活中通过观察到的细节也可以得知牛家家长更替，以后在进行交往的时候会以新分各家为准，因此牛家的分家也就算得到村庄的认可。分家以后，官府征税是分两个小家庭进行，这样看来牛家的分家算是得到官方的认可。

（二）财产继承概况

1."儿分财产女吃饭"

牛家在分家时，只要是牛家的儿子就可以分得一部分家产。女儿无法分得家产，老话称之为"嫁出去的女儿，泼出去的水"。牛艳彩分家之后和老人一起吃饭，但在分家的时候，没有资格分得家产，在当地称为"儿分财产女吃饭"。在分家产的时候，一般有老人和女儿的那一小户会被适当照顾一些，因为他们也会适量的占用一部分家产。后来，牛家因膝下无子招上门女婿蔡氏，虽然蔡氏已经签订契约，属于牛家的一分子，但是继承权却归其妻牛清莲所有。

除了家户内部继承之外，在山后村，一些外人也有资格分得家产。主要针对一种情况，即拥有家产的老人无后代的情况。如老人无子孙，"老人百年"之后，外人谁将老人下葬，老人的祖业便归谁所有。1950年，牛虎掌去世时，牛家只剩井小妞和四女牛小么，井小妞却秘不发丧，直到三女牛清莲回家之后才下葬，就是因为害怕各个侄子抢着来背幡，失去自己所居住的房子。

2.田产地产，依序平等继承

1939年分家的时候，牛家家庭成员中，拥有继承资格的成员是牛虎掌兄弟两个及各自家庭。在山后村，入赘别人家的儿子、被抱养的儿子没有资格分得家产；但是未成家的儿子、不在家的儿子、被逐出家门的但后来改邪归正的儿子拥有同样的继承权。女儿只有留到家里，其丈夫是被招入赘的，才拥有继承权。亡父的儿子可以分得其父亲的那部分家产，过继来的儿子、干儿子、妾生的儿子、改嫁来的儿子都可以分得家产。不同的继承人在继承家产时有一定的顺序，在有儿子的情况下，女儿、侄子均无继承权；没有儿子时，侄子优先；没有侄子时，才轮到女儿。家庭外部成员并不能完全影响到一家在分家时所做出的决定，族长、保甲长等一般也不愿意介入村庄各户家庭的事务中。

对于牛家而言，继承主要是对祖屋、土地的继承，因为牛家只进行农业耕作并不从事副业，因此也就只有一些田地和房产，其他财产均无。继承权的确立由家长做主，家里其他成员并无反对意见。牛龙虎在婚后第二年去世，其妻改嫁，又因二人并无生育小孩，所以牛龙虎的遗产由牛家继承。1948年，牛长生去世时后代仅剩牛虎掌一人，故家产由牛虎掌一家继承。

四、家户过继与抱养

（一）过继

1."招的女婿买的儿，不贴自己亲侄"

牛虎掌生育四女一男，长子牛×于1938年出生，在1940年因得麻疹无钱医治最终夭折。牛虎掌膝下无儿便决定从宗族中找人过继一个，这样孩子依旧姓牛，两家关系还较为亲近，但宗族之中无人愿意。

在山后村，只有在膝下无儿的情况下，家人才会选择过继以延续香火。生男孩便不会再过继，生女儿则会选择过继，因为女儿长大便嫁给他人，不再属于家里的内部成员。当然，孩子早夭也属于无后的一种情况，如果无力再继续生育男孩，一般的情况下，大户人家会选择纳妾，而村里的中户和小户会选择过继的方式来解决继承人的问题。

出继家庭之所以选择过继，一是因为两家是近亲，过继之后还可以经常看见孩子；二是因为自家的男孩较多，出继一个孩子对自家的香火继承、传宗接代影响不大；三是因为自家贫穷，养活不起孩子。兄弟之间、堂兄弟之间、本家之间都可以过继。如果兄弟没有儿子，其他兄弟、堂兄弟、本家不必非得选择出继，根据自己意愿决定是否将孩子过继过去。通常情况下，因为生男孩也并不容易，尤其是在一个"家中有一男，十女都不嫌"的氛围下，所以一般的人家也不太愿意出继，面对前来过继孩子的家庭也会百般挑剔，只有在家中男孩较多，抚养起来比较吃力的情况下，家庭才有可能出现愿意过继的情况。

过继家庭一般都是为了延续香火和赡养老人。牛家对于过继是理解和支持的，因为觉得过继来的侄子更亲近，而抱养来的孩子有很大概率是完全陌生的。牛家曾言"招的女婿买的儿，不贴自己亲侄"。所以牛虎掌在解决后代和继承人的问题上，优先选择去宗族过继。

2."过幼不过长"，家长定夺

过继同继承一样也有顺序，会优先过继自己亲兄弟的儿子。如果亲兄弟没有或只有一个儿子便会放弃，重新考虑过继同族的近亲。在山后村，过继并非完全按照先后顺序，有特殊情况存在，自己明明有亲侄子，最后却过继别家的儿子，因为自家兄弟不愿意出继，多次争取也没有取得成功，只能退而求其次。对于出继的家庭而言，如果有多个儿子，出继时也有一定次序和规则，即"过幼不过长"。因为即使家中的男孩较多，一般而言长子继承家业，所以不会轻易过继长子，而是选择过继幼子，防止出继家庭的血脉延续出现问题。过继时，是由出继者所在家庭的家长决定是否出继，但要与孩子的双方父母商量，不用请示家族族长，也不用向村庄管理者打报告，双方家庭就具体的事宜商量妥当即可，无须其他的手续。

在山后村，过继有完全过继和过继一半两种形式。出继的具体形式由所在的家庭家长决定，出继不用请示家族族长，也无需向村庄管理者打报告。

在山后村，段狗女因为自家没有孩子，便把自己的侄子孟轩过继到自己身边。几年之后，孟轩娶妻，段狗女因为嫌弃孟轩的老婆做事拖拉，又胖又傻，甚至连村里的人都给孟轩老婆取外号为"小奶奶"，而孟轩也是老老实实种地，没有什么大本事。后来，段狗女便放弃过继，又将自己的另一个侄子华生过继到自己身边，当时华生在村里做过会计，华生老婆干活也相当利索。之后，段狗女便一直和华生夫妇生活在一起直到去世。段狗女去世之后，由华生埋葬，段狗女的三洞窑便归华生所有。

出继时，入继家庭通常不用给钱，但一般会过去帮忙。因为两家多是亲戚，所以不能直接给钱，这样就变成买卖孩子。但因为过继别人家的男孩，等于少了未来的劳动力，所以入继家庭一般选择替出继家庭干一些农活作为经济补偿。

在过继时，按照规矩还需要一些流程，一般过继时要写契约，当地称之为"要儿文书"。这个文书一般由请来的文人书写，大体内容是把过继的意愿明确表达出来，作为日后的凭证。

过继时需要有人介绍，一般都是自家亲戚。过继必须找介绍人，因为没有中间人在，两家很难说成；在山后村，过继需要找中人，中人和介绍人是同一个人，一般都是由家长前去邀请;过继同样也需要证人,证人、中人、介绍人一般都为一人。中人、证人一般是起见证的作用。家长去请中人的时候需要带礼物,一般都是割一块猪肉。过继时是需要考虑出继者的意愿,如果出继者本人不同意,只要出继者所在家庭的家长同意还是要出继,事实上,出继者本人大多年龄幼小,说话在家中并无分量。在山后村,特别是小户,如果家长不在家,长子也可以决定是否出继。

(二)抱养

1.延续家户谋抱养

1943 年,牛虎掌膝下无儿,去宗族过继不成,便决定去妹夫家中协商抱养妹妹牛艳彩的幼子,当时幼子只有八九个月大,鉴于孩子太小,牛虎掌让牛艳彩再养活三四年,牛艳彩表示同意。等到 1947 年,牛虎掌前来领孩子的时候,牛艳彩心有不舍,担心哥哥牛虎掌一家无法将孩子养活成人便婉言拒绝,牛虎掌也没强迫,最终抱养失败。所以对牛家而言,之所以想抱养是因为牛虎掌膝下无儿。在当地,选择抱养的一般都是家里无男孩,抱养孩子时只选择男性。

在 1943 年,妹妹牛艳彩之所以答应将孩子抱养给牛虎掌,一是自家男孩较多,二是两人是兄妹关系,三是体谅牛家无后人来继承香火。牛艳彩的家庭条件和牛虎掌一家无差,因为当时嫁给了马坡的马氏,马氏既无父母也无兄弟姐妹,家境很贫寒。牛虎掌之所以想抱养妹妹牛艳彩的孩子,是为了继承牛家的香火,同时也希望自己老了之后有个孩子可以赡养自己。

2.抱养家妹幼儿

牛艳彩家庭贫穷,有四个孩子。在 1943 年时,牛艳彩同意将排行最小的八九个月大的幼儿给牛虎掌一家。一方面,因为牛虎掌家中无后,而父亲牛长生和大哥牛虎掌的年纪也不小了,尽管已经出嫁,但牛艳彩还是决定为家中分担一些。另一方面,牛艳彩的夫家也比较贫困,在婚后非但没有什么积蓄,反而一连生了四个孩子,抚养孩子的压力很大,因此也有将孩子送出的打算。牛虎掌一家的家庭条件也比较贫穷,在 1943 的时候,家长牛虎掌已经 45 岁,当时只有三个女儿,土地 10 亩。但牛家拥有自己的房产和土地,所以多养活一个孩子并非特别困难。因为牛龙虎没有孩子,牛虎掌决定抱养的时候,第一想法是去抱养妹妹牛艳彩的孩子。父亲牛长生出面同牛艳彩商量。村里其他家庭在选择抱养的时候,一般会优先选择自家亲戚,两家关系亲近,以后孩子可以和两家走动;之后会选择自家邻居街坊,最后才会去外村抱养。抱养的孩子一般都是 1 岁左右,这时候比较好养活,同时孩子因年龄较小没有过多记忆,不会过于抗拒,从而减少抱养的难度。一般都是被抱养者家庭条件更为艰苦,同时家中男孩较多不介意。抱养需要一个介绍人,介绍人在中间说明情况。抱养之后孩子将不再是被抱养者家庭的成员,而是归属新家庭。孩子带回之后,新家庭一般都会给孩子改名换姓,将他和自家孩子一视同仁,所以抱养来的孩子拥有同等的继承权。

3.顾虑重重,抱养失败

1943 年,牛家在决定抱养孩子时由牛虎掌和牛长生共同商议决定,牛虎掌也同妻子井小姐说明自己的打算,但是并没有请示家族族长,也无同村庄管理者打报告。抱养的具体形式由孩子的父母牛艳彩和马氏决定,同样不用请示家族族长和村庄管理者,因为抱养属于两个家庭之间内部的事务,两家自行商议决定即可,家族和村庄都无反对意见,一般也不会主动管理和参与此事。

1943 年,牛艳彩答应把孩子给哥哥牛虎掌抱养,但当时孩子年纪太小,还需要母亲的照顾,所以便约定等到孩子长大至三四岁的时候再给牛虎掌,因此牛虎掌在 1943—1947 年期间,经常去妹妹牛艳彩家里帮忙种地犁地,当成对妹妹夫家的经济补偿,并且在 1947 年的时候,牛虎掌因看见妹妹牛艳彩的幼儿会牵牛,便高兴地给牛艳彩一家买了一头牛,这头牛便归妹妹一家所有。

当时牛虎掌因为和牛艳彩是亲兄妹,便只是口头约定,而没写契约。在山后村,抱养孩子大多要写契约,一般都是找当地的文人前来写,署名之后还要按手印。因为没有契约,所以这次抱养到最后以失败告终,牛虎掌因无凭据,也不好再追究,一段时间后此事也就不了了之。

牛家在 1943 年前去找牛艳彩抱养的时候,是由二人的父亲牛长生前去介绍说明,因为有父女这层关系在,牛家觉得抱养成功的概率会更大一些。牛长生去女儿牛艳彩家的时候,带了一些礼物,都是一些粮食和日用品,也不算十分贵重。牛家在同牛艳彩商量抱养的时候,牛虎掌是打算抱养妹妹牛艳彩排行最小的幼儿。在 1943 年,两家商量抱养的时候,孩子才八九个月大,还没有主意,因此决定抱养的时候也没有征询孩子的意见,只是两家大人的决定。

1947 年,妹妹牛艳彩因担心自家孩子在牛家无法长大成人,便向牛虎掌婉言拒绝道:"哥,我前两天去寺庙拜神的时候算了一卦,上面说小孩待在我这便能健康长大,在你跟前恐怕难以成活。"因为牛长生信佛,而牛虎掌也比较信命,鉴于自己的长子长女过早夭折,这个说法也不是空穴来风,因此牛虎掌便放弃抱养。当然,之前的一些劳作和经济补偿也并没有要回,牛虎掌也就没有再追究此事。

(三)买卖孩子

1.买女做童养媳

关于买卖孩子的问题,牛家在 1939 年分家之前曾买过孩子。当时,家长牛长生因为家里贫穷无钱给自家的长子牛虎掌娶妻,况且牛虎掌本身还有一些残疾,也不太好找媳妇,迫于无奈便去集市上从人贩子手里买了一个 12 岁的女孩井小妞,将其作为牛虎掌的童养媳。当时牛家家里条件较差,土地只有 10 亩,用来买孩子的钱也是攒很久才凑出来。牛家在买童养媳的时候,是由家长牛长生决定,当时大约花了 50 元左右。买卖过程中,无须请示家族族长,也不用向村庄管理者征求意见。因为童养媳井小妞是从人贩子手中买卖过来的,所以不用写契约,整个过程在当时来看合理合法。

1948 年,当地的一位财主找了一个中人前来牛家,说是有人想买牛家的四女牛小么作为小老婆,经过一番商议,两家并没有谈妥,最后牛虎掌表示不同意,财主也只能放弃。中人和牛家只是单纯的认识关系,只是简单了解牛家的人口和经济情况,上门商议买卖孩子很多时候也是碰运气,除了经济条件极差,村里人家也不会有人主动找到中人表示要卖孩子。在山后村,买卖孩子的情况经常发生,一般都是财主想买个女孩来伺候家人洗漱等,当然,童养媳也是买卖孩子的一种形式,所以买卖孩子这件事不仅仅局限于村中的大户。

2.穷苦人家卖女儿

将自家女儿卖给财主的家庭多是因为自家女孩太多,家里过于贫穷养活不起,为了换取一定的金钱,也为了让家里的女孩不至于饿死。当地买孩子的通常是财主想纳个小老婆或者上了年纪想买个女孩来伺候洗漱,也有小户人家男孩残疾,买个童养媳来完成婚姻。

在山后村,一般都是那种家里特别贫穷无法将孩子养活长大的会选择卖孩子,家里土地大都是在 10 亩以下,女孩子比较多,大概有三四个,才会将孩子卖出。当地买孩子的一般都是大户,年龄四五十岁的男性,家中条件富裕。

3."慢儿"买卖多规矩

买卖孩子过程中,并无先后顺序,主要看哪家的孩子比较符合买家的要求。买家在买卖孩子的时候,总是优先挑选身体健康、长相上没有太大缺陷的女孩。买卖孩子的过程中,由家长说了算,但会和孩子的母亲商量,不用考虑孩子的意愿,通常孩子只是被动接受。买孩子的时候,如果女孩年龄不满一岁,只会挑一件布衣给对方;如果孩子年龄较大,一般要给钱,同时要给孩子做一身新衣直接穿着领走。

买卖孩子,同样是根据孩子的年龄大小决定是否写契约。如果孩子年龄小,一般都不写,直接口头说定,因为不太可能出现孩子逃走导致经济纠纷的情况;但如果孩子年龄较大,会写契约,以免日后发生矛盾。契约找村里的文人来写,写完之后要署名和按手印,只用写一份,由买家来保存。

买卖孩子需要有人介绍,介绍人是村里亲近的人,通常是由买家的家长来请。中人、证人、介绍人一般都是同一人。中人主要负责介绍说明买卖两家的情况想法,同时要承担将报酬给卖家的任务。买卖孩子的时候不能买卖长子,这是当地默认的准则,因为长子是继承香火和赡养老人的主要人选。而在山后村,买卖男孩的现象很少发生,即使家中养活不起,也会选择将男孩过继出去,被卖的一般都是女孩,年龄都不大。买卖孩子的过程中,不需要考虑孩子的意愿,只要家长同意便可进行买卖。

买卖过来的孩子通常情况下要跟买家的姓氏,买家家族也认可。村里对买来的孩子也认可,但是买来的孩子会被他人瞧不起,称为"慢儿"。政府对买来的孩子一样认可,在缴纳人头税的时候也是算在家户总人口数里。

五、家户赡养

(一)以户为主,长子赡养

赡养老人为牛家家户内部事务,家户外的旁人偶尔干涉,主要是通过向牛虎掌提建议的方式来干涉。牛家在 1939 年分家的时候,老人跟随牛虎掌一家生活。在 1940 年,牛龙虎因为村里前来抓壮丁,在逃跑的时候因跑得过急晚上回家便去世了,牛龙虎的媳妇也在同一年改嫁。而老人的长女牛艳彩因家里不到半年便去世三人,而且年龄适嫁,便也在 1940 年外嫁他人。因此,牛长生等老人的赡养责任便全部落在长子牛虎掌一家身上。最终,老人牛长生于1948 年去世,送终也是由牛虎掌一家承担。而牛虎掌在 1950 年当时正值 52 岁时去世,其下葬是由三女牛清莲赶回家中操办。

牛家虽然有两个儿子,但是由于牛龙虎过早去世,赡养牛长生及其妻子的责任便交由牛虎掌负责。按照山后村风俗规矩,长子有赡养老人的义务,在分家的时候一般也都把老人的一部分财产分给长子,作为赡养老人的凭据,在老人去世后,也是由长子来继承老人的遗产和祖产,外人也不会干涉此事。

(二)同吃同住

牛家的赡养形式主要是老人和长子牛虎掌同吃同住,这也是小户人家赡养老人的主要形式。牛家并没有养老地或养老粮。牛家的赡养方式由老人牛长生决定,和长子牛虎掌商量,不用告知或请示四邻、家族、保甲长等。在赡养中,除家长之外的其他家庭成员处于服从的地位。

在山后村,大户通常都会给老人专门留出一片养老地,由各个孩子轮流赡养几个月。大户人家赡养老人是各分户共同的责任,而对老人的赡养很有可能决定老人过世后各个孩子对于财产的继承情况;而小户没有养老地和养老粮,大多都是跟着长子同吃同住,主要由长子来赡养老人。

牛家作为小户,没有养老地和养老粮,但因为老人数量只有三个,并且老人尚可自食其力,所以在赡养老人的花费上,牛家姑且还算承担得起。

(三)治病送终

老人牛长生及其妻子的养老、送终都是交由长子牛虎掌一家。1949 年前,牛家给老人看病的情况寥寥无几,因为看不起病。当时整个山后村没有一个大夫,整个磁钟乡才一两个大夫。当时去请大夫的时候,都要牵着大高骡大马,拿着红色的褥子放在鞍上,到大夫家里去请。请到大夫之后,请的人将自家拿的小板凳放在地上或弯腰屈膝,让大夫踩着上马。简言之,去请大夫是一件花销甚重、礼仪较为烦琐的事情。因此平时的小病,牛家都是找村里的熟人寻一些土方子,自己集齐所需的材料来治病。遇到大病,牛家只能无奈放弃,等老天怜悯。在老人生病的期间,一般都是媳妇井小姐来照顾,伺候吃穿洗漱等。因为老人的长女牛艳彩在分家的时候并没有分到任何家产,所以其没有赡养责任,不过在老人生病的时候,牛艳彩也会经常回牛家看看老父亲。

老人去世后丧葬的花费也是由牛虎掌一家承担。当时办丧事有很多程序,山后村更是有很多讲究。因为当时牛家人和村里其他人一样,相信人死之后还有灵魂,死人还能投胎转世;死人入土为安等等,所以牛家老人去世都是下葬埋在地里,称为祖坟。

牛家老人丧葬的过程极其讲究主要如下:

送终。当老人牛长生快去世的时候,牛虎掌一家要跪在老人的床边,守护在其身边,直到老人去世。老人咽气之后,家长牛虎掌出门放响鞭炮,向邻居报丧。

报丧。老人去世后,家长牛虎掌登门向自家的亲戚告知老人去世的情形,以及告诉何时下葬出殡。

入殓。牛虎掌及其妻子井小姐给老人擦洗全身,并将之前就缝制好的"老衣"给老人换上。然后找村里邻居将老人的尸体移入棺材当中,老人的口里必须含一枚铜钱,当地称之为"口含钱"。入殓好后,将棺木置于家中,暂时不下葬。

守灵。老人牛长生死后,牛虎掌一家要睡在老人的棺材旁边,称之为"守灵",按照传统的习俗,守灵要一直守到老人下葬为止。

停棺。牛虎掌前去请村里的先生,来算老人下葬的时间、要埋在哪里比较合适,因此棺材要在家里停留七天,这属于传统的葬仪,当地称之为"头七"或者"回魂"。

吊唁。老人牛长生的亲属、朋友等一路哭着前来,在老人灵前跪拜上香。一般而言,吊唁的时候各户也要准备一些礼品,不能空手前来,而治丧的一家人不但要招待前来吊唁的人,通常还要根据各户的礼金来进行回礼。吊唁主要在停棺的七天内完成,这七天也是治理丧事的主要时间。

出殡。出殡前,牛虎掌前去请先生来看,挑选一个吉地吉日。根据先生的提议,将老人的棺材在出殡当天从家中抬出,一路吹吹打打直到坟地。通常而言,长子一定要给老人抬棺,称之为"扶柩",抬棺的人通常为男性。出殡当天,牛家全家要戴孝披麻,即身穿白色麻布,整个出殡的过程要持续一天,通常也有老人的亲友参与。棺椁送至坟地后,要按照先生的指示来挖坑埋葬妥当,然后就要平坟、建圈、立碑、上供,这个过程都完成后,整个出殡过程就算完成,整个丧仪也就结束了。

六、家户内部交往

(一)父子融洽和谐

在牛家,老人牛长生只有两个儿子,长子牛虎掌、次子牛龙虎。牛家父子关系较为融洽、和谐,一是由于老人牛长生虔诚信仰佛教,性格脾气很和善;二是由于牛虎掌作为长子,从小就有一定的责任意识,孝敬父母,对老人的话语大多服从;三是由于老人的两个儿子身体状况都不是很好,牛虎掌腿部残疾走路不便,牛龙虎体质较弱,所以老人对两个儿子较为宽容。在两个儿子 7 岁之后,牛长生便教两个儿子种地耕作。在 1939 年分家之前,牛长生便已经为牛虎掌买来童养媳井小妞,同时也负责为牛龙虎娶妻。在 1940 年,牛龙虎因恐被抓去当壮丁,便一路逃跑,回到家后随即去世,老人牛长生甚是心疼;而牛虎掌是个瘸子,腿部在行走时极为不便,所以日常中很多事情尤其是外出集市进行买卖的活动,牛长生便前去购置。因为牛虎掌好吸旱烟,而牛长生因为信佛不能吸烟,所以非常看不惯牛虎掌吸烟,经常为此教训牛虎掌两句。对于父亲牛长生的话,儿子牛虎掌不一定非要听从,只要和父亲说明白就好。父子关系还算融洽,除了因为吸旱烟之外几乎没其他矛盾。1939 年分家之后,老人牛长生的赡养便交给牛虎掌一家负担,牛虎掌为老人送终。

在山后村,好父亲就是体谅儿子的难处,如果儿子没钱的话,给儿子点粮食,多帮衬儿子;而好儿子就是听父亲的话,和平处理婆媳关系,这点上,全村的看法都差不多。一般而言,大户人家的家教较为严格,儿子通常比较怕父亲,而小户人家家教较松,父子关系较为融洽。

(二)婆媳摩擦,孙媳和睦

因为井小妞是童养媳,12 岁的时候被买来,很多事情并不知道如何做才为妥当适宜,所以经常受到婆婆贾氏的欺负。通常而言,媳妇在家中要承担家务,特别是在小户人家,几乎所有的家务都要靠媳妇和女儿来承担。在牛家,家里的馍是媳妇井小妞来蒸,家里的衣服也是井小妞来洗,几乎所有的家务都是媳妇井小妞来做,一旦家务做得不好,井小妞就容易遭到婆婆贾氏的打骂,但是在牛家,老人郭氏会特别护着孙媳妇井小妞,经常说道:"我孙都这么大了,娶不起媳妇,好不容易有个媳妇,你就不要老欺负人家了"。牛虎掌的媳妇井小妞比较胖,婆婆贾氏缝的衣服比较窄,媳妇井小妞不小心将裤子给撑破个口子,婆婆贾氏看见之后嫌弃媳妇身上肉多,便直接在井小妞腿上拧了一下,井小妞便哭了起来。老人郭氏听见之后便来到孙媳妇井小妞身边,将孙媳妇的裤子脱了之后直接扔在贾氏面前说道:"她肉多,那裤给你;你肉少,你去穿。"从此之后便将孙媳妇井小妞护在身边,此后婆媳关系才算正常,婆婆贾氏不再欺负孙媳妇井小妞。

在山后村,好婆婆的标准就是把媳妇当女儿看,不打不骂;好媳妇就是听婆婆的话,不顶嘴。一般而言,在大户中婆媳关系通常不太好,容易休妻;小户人家因为家穷,婆媳妇比较不容易,都将媳妇看得比较高,不会恶意对待媳妇。山后村多子女的家庭婆媳关系一般化,因为人口比较多,日常生活中难免会产生各种摩擦;少子女的家庭容易买媳妇,婆媳关系不太好,因为不是明媒正娶。

(三)夫妻相互扶持

1949 年之前,由于婚嫁都是父母之命、媒妁之言,所以夫妻双方在结婚前很难相识,也无感情基础。但是一旦喜结连理,夫妻二人便同心同德、相互扶持,力争把自家日子过得红红火火。1939 年分家之前,家长牛长生和妻子贾氏关系较为融洽,因为丈夫牛长生信仰佛教不兴打骂,而且牛长生在村里是出了名的"老好人",包容心极强,对于自己妻子的行为都能理解和容忍。即使有些事情双方意见不一致,牛长生也不会和妻子争吵,而是默默地听着。1939年分家之后,牛虎掌的妻子井小姐因为是童养媳很多事情都不懂,所以牛虎掌比妻子井小姐大十几岁,所以经常受到丈夫牛虎掌的批评和责备。在井小姐年纪稍大之后,井小姐做事比较熟练,二人关系才慢慢转好,有些事情两人也会商量着来做。

在牛家,夫妻二人各司其职。丈夫由于身体健壮、声望较大等原因,主要负责家里的重大事务决策。而妻子主要是生养孩子,照顾家庭的起居,打理家庭。当然,夫妻二人也会在精神上为彼此支持。生活当中,夫妻二人难免为柴米油盐酱醋茶等琐碎小事拌两句嘴,但很少出手打架。在山后村,好丈夫的标准是不打骂媳妇,能够理解媳妇;而好妻子是不跟丈夫吵架,凡事多忍耐、多包容,支持丈夫的各种想法和决定。

在大户中,夫妻关系明显呈现男尊女卑,很容易休妻,而且有纳妾的现象,夫妻关系都是相对的;在小户中,因为结婚特别不容易,所以即使是夫妻打架,平静之后两人还是继续友爱地过日子。在多子女的家庭中,夫妻有了矛盾,家长都会出面解决。

(四)姐妹感情深厚

牛虎掌的三个女儿关系较好,二女儿牛寸莲主要在家里和母亲井小姐一起做家务。三女儿牛清莲和四女儿牛小么二人平时经常一起去地里耕种。两人不到 10 岁的时候,有一天,牛清莲和牛小么一起去抬水,牛清莲因嫌弃牛小么走路太慢,便生气地提议道:"咱俩一人提一节弯路",然后一个人提着水桶便走了一节大的弯路,之后轮到牛小么提水,因为牛小么没有力气,提水的时候总是磕到地上,牛清莲气急之下轻轻地拍了四妹两下,二人便抬着水回去了。之后又有一天,二人在下坡路上抬粪,牛小么走在前面,牛清莲走在后面,便推了四妹一下让其快点走,却不小心将牛小么推趴到地上,牛虎掌在后面看见便要前去打牛清莲,牛小么便一把将父亲的腿抱着不让其过去打三姐牛清莲,从此姐妹二人的关系更胜之前。

在牛家,因为牛虎掌的孩童较多,大人整天忙着地里或家里的事务,很少能抽出时间或精力去教育关爱小孩,所以照顾妹妹的责任一般都落在年长的姐姐身上。姐姐不仅要保护妹妹的安全,更要教导妹妹做事做人。虽然姐姐年龄较大,但是也不能因此欺负年幼的妹妹。一般而言,好姐姐就是凡事多为妹妹考虑,而好妹妹就是听从姐姐的话,凡事多商量、多包容。大户人家和小户人家的姐妹关系基本一样,都较为和睦。

(五)兄弟手足情深

牛长生一共有两个儿子,即牛虎掌和牛龙虎,两兄弟之间的感情一直很和睦,几乎没有过什么摩擦。在年纪较小的时候,牛长生经常带两兄弟去田间耕作,因为牛虎掌的腿脚不便,所以总是牛龙虎来搀扶照顾他。牛龙虎的身子弱,在干农活的时候牛虎掌总是尽可能多承担一些,不让弟弟太过劳累。村中小孩子淘气,有时候会来取笑牛虎掌腿脚不便,牛龙虎也会出来主动维护哥哥。

两人成年娶妻后，两家的媳妇因为日常生活的小事产生了矛盾和摩擦，为了维护两兄弟的关系，牛龙虎主动提出分家的事情，而牛虎掌在分家的过程中也对弟弟多有照顾，多分了一些东西给牛龙虎。分家后的一段时间两兄弟仍然来往不断，气氛很是和睦，两家之间也没有什么隔阂。次年，牛龙虎急病去世，牛虎掌为此伤心了很长一段时间。

牛家两个儿子之间关系深厚，哥哥牛虎掌主动承担起自己的责任，关心照顾弟弟。弟弟也懂得体贴哥哥的难处，维护哥哥的颜面。兄弟二人手足情深，团结互助。在涉及分家产的时候，两人更是公平、友好，分家之后关系如初。在山后村，经常有兄弟二人因为分家，闹得不可开交、沸沸扬扬，不仅失体面，而且感情受到严重影响，以致老死不相往来。一般而言，好哥哥就是凡事站在弟弟一方思考问题，在生活中更是帮衬照顾；好弟弟就是理解哥哥的不易，对于哥哥所做的决定多体谅，遇事多沟通而非吵架。

七、家户外部交往

（一）远亲不如近邻

过去在一个村子里，邻里街坊平时走动较多，遇到红白喜事都会主动前来帮忙。平时相互借用个东西也比较顺利方便，毕竟"远亲不如近邻"。牛家老人牛长生在村里是出了名的"老好人"，村里人需要帮忙的时候从不婉言推辞。当时，农户之间关系比较单纯，你对我好，我就会对你更好，所以牛家和村人的关系算较为和睦。老人牛长生上年纪以后，平时除了打扫自家院子之外，便经常到村里溜达，看见村中有两人吵架，便赶紧过去询问缘由，在清楚事情的来龙去脉之后，做主评理，使两人可以心平气和地解决问题，因此老人牛长生被村中称为"和事佬"。

牛家一家在老人牛长生的教育和潜移默化的影响下，心地较为善良。当近邻有事前来牛家求帮助时，牛家人总是热情地"搭把手"。邻居有时在干完一天农活回来，荆棘总会不小心扎到手上，其根部如果长时间留在肉里，会发炎流脓。因为牛家贾氏的眼神较好，所以邻居总是来牛家找贾氏帮忙用针尖把荆棘从肉里挑出来。贾氏听到这种情况，便会放下手中的"活计"，拉着邻居到亮处帮忙把刺挑出。总的来说，牛家和邻居间的走动较为频繁，与邻居的关系也很和睦，很少和他人有什么摩擦矛盾，邻居和村里人也对牛家家风评甚佳。

（二）亲戚之间，互帮互助

1939年分家之后，牛家的亲戚主要是郭氏的娘家和牛艳彩的婆家两家。因为井小姐是在年龄较小、记忆甚少的情形之下以童养媳的身份来到牛家的，因此牛家的亲戚当中并无井小姐的娘家人。牛家和亲戚间的相处，一般形同一家。尤其是在遇到困难需要帮助的时候，牛家亲戚更会出力帮助。

牛家的土地亩数一共只有10亩，每年所收获的粮食有限，一旦缴完赋税，所剩的粮食更是紧缺。如果遇到哪年雨水不好，牛家就需要靠借粮来度日。这时，牛虎掌便和牛长生商量去郭氏娘家即财主郭家借粮。牛家向郭家借粮，鉴于两家是亲戚关系，所以借粮程序较为简单，既无须找中间人担保，也无须"打欠条"。虽然借完粮食仍需归还，那是因为牛家一直坚持"亲兄弟，明算账"的原则。郭家在向牛家借出粮食的时候，更是不会因为牛家经济条件贫穷，归还粮食无保障而婉言推辞。

因为牛艳彩的婆家马家只有马氏一人，所以日常生活难免会遇到不便之处。老人牛长生有时会牵挂女儿牛艳彩，便让妻子贾氏时不时前去探望、帮忙。1943 年，牛虎掌因为膝下无子，便决定去抱养妹妹牛艳彩的幼儿。在 1943 年到 1947 年期间，牛虎掌经常帮妹妹一家耕种。虽然最终未抱养成功，但是鉴于两家的亲戚关系，牛虎掌也不再计较这四年的付出，对于自己送出去的耕牛也不再要求妹妹牛艳彩一家退还。

牛家和亲戚之间的往来虽然不是很频繁，但是在遇到重大事件之时，牛家的第一反应是寻求亲戚的帮助。牛家和亲戚之间的关系更为紧密，对于一些小事不会斤斤计较，但是在有关金钱方面则是秉持"亲兄弟，明算账"的原则，以此有利于亲戚之间关系的正常发展。总而言之，牛家和亲戚之间地位平等、亲如一家。

（三）朋友间真诚相待

牛家在寻找交往的朋友时，首先要求人品高尚、心地善良，其次要求朋友勤劳能干、踏实友好。牛家在同朋友交往的时候，不会看重其经济条件，两人之间地位平等。在相处的过程中，牛家更是真心相待，因为老人牛长生觉得以自家的经济条件和生活状况能够交到朋友实属不易。

老人牛长生在不当家之后，因为年事已高，平时无须太多劳作，因此总是去朋友家或者让朋友来自家聊天、解闷。有时两位老人聊天聊得兴起，不知不觉便到了晚上，这时老人牛长生便让朋友留在自家吃饭、住宿。1948 年老人牛长生去世，老人的朋友知道消息之后，不等牛家人前来通知，便自动带些饭碗前来帮忙、招呼事情，不会因为牛家有人去世觉得晦气而不来。

虽然牛家同朋友之间的走动较少，但每一次走动都会让牛家人觉得心情愉悦。尤其是在牛家遇到困难时，朋友之间的力量便突显出来。牛家不用特意前去请求支援、恳求帮忙，朋友便会主动自觉前来。简而言之，牛家同朋友之间的关系，可谓亲密真诚、友好相待。

（四）消极对待保甲长

牛家同村庄管理者尤其是保甲长之间的交往，是建立在不平等的关系之上的。因为保甲长手中有权力，并且处理事情完全是依据保甲长的决定，牛家在保甲长面前，要么是逃避处罚，要么就是被动服从。

1939 年分家之前，每年征兵抓丁时，牛家都心惊胆战。因为牛家有两个成年男性，而牛龙虎身体无残疾，有很大概率会被抓丁去做苦力。每年一听到保甲长要前来抓壮丁的消息，牛长生便快速带领全家人逃出家门，在田间躲好。这是由于当地保甲长对于抓壮丁一事较为随心所欲，在路上看见谁合适便二话不说直接带走。如果有人反抗，逃跑未成功被捕，保甲长则要将该人倒吊在树上狠狠鞭打。因此 1940 年时，当牛龙虎从部队悄悄溜回之后，听到保甲长前来抓壮丁，便急忙逃跑整整一个白天，晚上回到家中便不幸去世。

牛家同保甲长的交往，几乎全是保甲长前来牛家通知消息或征收赋税，很少有牛家请求保甲长前来解决矛盾争端，一是因为牛家作为小门小户没太多机会接触保甲长等比较有身份地位的人；二是因为牛家心地善良，不愿意将事情闹大，喜欢用"大事化小、小事化了"的方式来解决矛盾；三是因为村庄管理者对此类事情多采取漠不关心、冷淡处理的方式，让牛家放弃了寻求村庄管理者帮助的念头。保甲长等前来安排劳役时，牛虎掌作为一家之长，也只能服从命令，无法提出质疑。

牛家对保甲长等人大多采取消极的态度。只要不牵涉重大问题，牛家一家都被动接受命令,但是如果遇到有关生命或重大财产问题,牛家一家则选择逃避或躲藏以期待问题的拖延或解决。

(五)外村交往,频率较低

牛家的交往范围比较小,日常的交往一般也仅限亲朋好友之间,除了村里,牛长生偶尔会去镇上置办东西;但牛虎掌的腿脚不是很好,所以通常很少走出家门,乃至村里。牛长生身为一家之长时,和外村的交往比较频繁,因为老人牛长生性情豁达,同时也是因为识字的缘故,所以老人在外村也很吃得开。牛虎掌当家后,牛长生因为年纪较大,体力精力都不支,因此就很少出门了。

外村距离山后村较远,如果没有特殊的事情需要在外村处理,老人牛长生一般也不会去。牛家一家同外村人交往大多是在集会期间或者庙会期间,因为大家都是一个乡里的人,所以在集市相遇的时候一般都是简单地打个招呼或者闲聊两句家常。对于牛虎掌夫妇而言,前去外村一般也是去自家女儿的婆家。总而言之。牛家除了老人牛长生之外,很少同外村人打交道,其主要原因是受距离所限。

第四章 家户文化制度

牛家因家庭条件所限,家中小孩都未曾上学。但是牛家家风甚严,不曾忽视孩子的教育问题,以家户为单位,注重培养孩子的劳动技能和善良人格。牛家家户一体意识较强,内部成员相互依靠扶持,每个成员都以家户的整体利益为制高点,努力奋斗期冀家庭和和美美。牛家一家心地善良,常常行善积德以期福泽子孙。在庆祝当地习俗之时,牛家以家户为单位,严格遵守当地习俗走完流程。在信仰方面,老人牛长生虔诚信佛,祭拜祖先求拜神明。牛家两任家长都爱好交友,偶尔串门聊天,逛逛庙会看公演,在正月期间参与到集体娱乐活动中以图休闲放松。

一、家户教育

(一)家庭教育概况

1949 年前,牛家除了牛长生能够识字并经常看书之外,其他成员都未上过学,原因是家里贫穷,无钱供孩子上学。牛长生信仰佛教,虽然没有接受过教育,但通过阅读佛经,认识了不少字。牛虎掌腿脚不便,牛龙虎身体不好,牛虎掌膝下也没有男孩,因此牛家自然也没有人曾上过学。这种情况在山后村很常见,特别是女孩几乎没有接受过教育。许多小户家中经济条件很差,有时甚至需要通过借贷来维持生活,难以负担孩子上学识字的费用。

(二)学校教育

牛家以前没有人被送去学校读书,主要是经济条件不允许,并且牛家认为自家的正业是经营田地,念书识字的意义不大,况且牛虎掌当家之后家中也没有男孩。

山后村的学校离牛家较近,走路过去约为 10 分钟,虽是学校但和传统意义上的私塾没有什么区别,主要是教育孩子识字和启蒙。学校的教育内容主要是《三字经》。牛小么讲:"我曾跑到学校,爬到窗户旁边去看别人家孩子读书。等到小孩放学后,一起玩耍的时候,经常听到别人家小孩说自己今天学的是《三字经》。"但牛小么去学校玩主要是因为那里同龄的孩子比较多,玩起来比较开心;对于学习知识本身而言,牛小么不太能理解,也无热情和兴趣。

1949 年前,在山后村只有大户或者中户才将自家的男孩送到学校让其接受教育,一是由于自家的财力富裕能够承担起相关费用;二是因为读书识字在山后村是一件光荣的事情,能够增加自家的荣耀;三是由于读书识字的文人在村里声望较高,能够得到大家的尊敬,也在一定程度上象征着身份和地位。而穷苦的小户,心心念念的是生产生活,没有多余的钱供孩子读书。

(三)祖辈侧人品,父辈重技能

尽管山后村的许多人家都无力供养孩子去学校读书识字,但是对于孩子的人格教育和劳动技能的培养却不曾放松懈怠。牛家小孩子的教育主要是来自家庭,爷爷奶奶主要教做人做事的道理,比如"饱给一斗,不如饿给一口",通过讲故事和举例子的方式来教育孙辈要与人为善,很少直接讲述一些大道理,教育的方式让孩子们相对容易接受。

1939年分家之后的牛家,祖辈还有能力进行一些其他方面的教育。因为牛长生多少能够识字读书,所以偶尔也会教孙辈《三字经》等传统知识,但并无什么系统可言,都是想起一些便传授一些。在家中,牛虎掌则主要教女儿一些种地的方法和技巧,母亲井小妞主要教三个女儿一些纺织、缝补等手工活。不同辈分的人对孩子的教育侧重点有所不同,爷爷奶奶侧重人格教育,父亲母亲侧重劳动技能。其他亲戚、邻居、同龄人一般不会教小孩一些知识,因为教育孩子一般被视为家庭的内部事务,外人管教孩子会被视为对孩子父母的冒犯,所以一般情况下外人也不会刻意地教育牛家小孩,偶然会有指导和劝说但次数极少,防止引起两家的矛盾。

按照山后村的风俗习惯,牛家和其他家户一样,只有等到孩子长大到7岁才能被认为长大成人,可以为家里的家务、农业耕作尽一份力。一般人家的孩子,不论男女到7岁就要参与到自家生产生活中。

(四)重家风,培养品质

牛家虽是小户,而且家庭成员普遍没有受过正规的教育,但牛家特别重视家教,对孩子品格的养成也非常关心。牛长生因为信仰佛教,比较重视平时的习惯和戒律,规定家人平时说话的时候不许讲脏字,因此牛家一家说话都比较文明。一旦发现孩子说话不文明、不礼貌,牛长生都要严厉批评。

1939年分家之后,牛虎掌因家里贫穷和腿部残疾,有些许自卑心理;井小妞又是童养媳,村里的人对童养媳的评价极差,常被讽刺道:"童养媳妇熬成人,一口一个人"。而且牛家第四代中女孩的数量较多,在和外人玩耍的时候容易受到欺负,所以牛虎掌一般都不愿意让孩子们去人群堆里凑热闹,牛家小孩渐渐地就比较内向,只与自家姐妹一起玩耍。

牛家的孩子关于做人做事的道理都是从父母、家人那里学习得来的,孩子一旦犯错牛虎掌便会及时指出。牛小么平常和一群小孩玩耍,玩完之后将别人家的东西拿到自己家,这时候牛虎掌作为父亲就会批评道:"吃人家的嘴软,拿人家的手短",以此来教育孩子不要轻易受人恩惠,之后便领牛小么去人家家中归还东西。一来二去,牛小么也觉得羞耻,便不再把别人的东西带回自家。这种事情在牛家时有发生,教育孩子时牛虎掌偶尔也会打骂。

牛家孩子,从小所学到的风俗习惯也都是源自家人,过年过节看着大人们怎么做便学着,一来二去便也模仿得差不多。有的时候,牛家的小孩也会跑到牛虎掌面前去询问这些风俗的由来,牛虎掌清楚的话,就会以故事的形式讲给孩子听;如果牛虎掌也不是很清楚,一般就让孩子有样学样,不许多嘴和发问。

牛家信奉"勤劳致富",老人牛长生和牛虎掌从小就教育孩子要勤劳干活。当地老话中对懒人的评价是:"冻死懒人,饿死馋人。"同时,牛家也认为:"家和万事兴,家衰口不停。"在1939年分家前,牛龙虎的媳妇因嫌家里人多,天天争吵,老人牛长生看见家里不和,便同意牛龙虎的要求进行分家,希望两兄弟此后和和睦睦。正如老人牛长生所希望的,分家以后兄弟两家的关系就缓和了不少。

牛家一家虽然在短时期内分崩离析,家庭成员在遇到困难的时候,并没有得到来自于家庭的有力支持,但是牛家成员仍然认为家庭对自己的成长至关重要,无法离开家庭的依托。

(五)男习耕种女织布

牛家从小就会教小孩子学习一些劳动技能,男孩从小就会从父母那里习得有关种地的知识和方法,比如"清明时节,种地种豆"。女孩主要跟母亲,奶奶学习纺织、缝补、做衣等技能。一般七八岁时便开始择菜、洗衣等,参与到家庭的劳动当中。

牛家通常是在孩子懂一些事情后教导其一些必要的农业知识,即使小孩没有能力马上参与生产。1939年分家之前,有关下地耕种的种种农业知识和技巧,一般都是牛长生亲自教,通常会选择一边示范一边讲解的方式,有时也会安排牛虎掌来教牛龙虎以提高效率。牛家的男孩一般八九岁便下地学习耕作,一方面是为了给家里人搭把手,另一方面也是为了日后谋生活,通常12岁左右就是非常出色的劳动力。1939年分家之后,在家中贾氏和井小妞主要来教女孩各种家务活和手工。女孩子的家务劳动是在家里学习,主要跟着井小妞学习纺织、缝补、做衣等技能,一般七八岁便开始择菜、洗衣等。女儿在出嫁前一定要会纺织、做衣、做饭等,如果不会或者做得不好,会被认为是愚笨和不贤惠,到婆家便会被嫌弃,娘家人也会觉得丢脸。而牛虎掌的二女牛寸莲从小便跟着奶奶、母亲学做饭,纺织等。家里农忙的时候,牛家一家人都去地里耕作,牛寸莲便留在家里给全家人做饭。而三女牛清莲,更是做的一手好手工,村里的其他人家都前来请教。在村里,如果有哪家女孩的手工比较好是一件非常光荣的事,因此牛虎掌在招入赘时会优先考虑将牛清莲留在家中。

如果村里有小孩不好好学习相应的劳动技能,便会被长辈批评也会被外人笑话:"你看看某某家的某某某,天天不好好学干活,就像放羊一样"。在山后村,因为一般的人家都是靠种地为生,所以孩子不好好学习劳动技能,会被认为是游手好闲,不够孝顺。大户和财主家的孩子尽管可以不用下田耕种,但要么是选择好好读书,要么是了解和帮忙家中的产业,这也算是学习劳动技能的一种形式。

牛家作为一户普通的人家,不管是牛长生还是牛虎掌、牛龙虎都不会什么特殊的手艺,只有牛清莲的手工活还算可以,不过一般这种活计都是妇女之间相互交流,谈不上拜师学艺和靠此发家致富。

二、家户意识

(一)自家人意识较强

在牛家看来,自家人主要是指在一起居住生活的人员,虽然1939年分家之后,牛龙虎搬出去住,但是牛家还将其看作为自家人。牛虎掌将牛清莲留在家中,招入赘的蔡氏也被牛家看作自家人。但是出嫁的牛艳彩及其丈夫不算是牛家人,按照风俗和规矩,女性出嫁以后就算夫家的人,与原来的家庭没有什么瓜葛。牛家一般不把亲戚看成自家人,但是相较于其他人家而言关系稍近,没有血缘亲戚关系的人便只能算是外人。

自家人在牛家的心目中算是一个依靠和支柱,是生命中最重要的人,遇到困难可以向其寻求帮助;而对于外人,牛家一般只愿意将其无关痛痒的一面表现出来。在跟自家人交往的时候,牛家表现得更为随意和坦诚,生活上更是互帮互助,遇事也是无所保留,大家一起想法子提建议,好比借钱也是首先向自家人借钱;在同外人交往的时候,牛家大多客气,聊天当中有所保留,毕竟牛家人认为"家丑不可外扬",而且牛家一般不愿说他人的闲话,只是客观地听着而已,牛家的孩子也多内向,一般也不怎么和村里的小孩子交流。

牛家的内部事务只能牛家一家做主、决定,外人可以提出意见,但是不能替牛家人做主。通常情况下,也是由关系较近的亲戚来提出意见,这样不显得突兀,而外人大多不好插手牛家的事务,害怕引起矛盾和误会。1939年分家的时候,因为牛龙虎的妻子觉得牛家人口过多,在一起居住多为不便,好比做饭要做一大家子的饭对于她来说这个工作量较大,因此总感觉相当劳累,从而不愿意和大家庭居住在一起。1939年分家前的那段时间,牛龙虎的妻子和婆婆贾氏、井小妞等经常不和,总闹矛盾。牛长生的舅家人看见牛家家庭不和,便向牛长生提议分家,最后由牛长生决定分家的相关事宜。但是更多情况下,外人不会介入牛家的内部事务,并且牛家也不愿意让外人知晓。对于外人的事情,牛家大多不会介入,只有老人牛长生有时候出来劝架当"和事佬"。因为牛长生信佛,而且多少识字,在村里人看来属于忠厚长者,所以一般牛长生来劝架,大家不会觉得别扭和多管闲事,比较容易接受,但由于牛家整体内向,所以一般不会主动参与到村庄公共事务中。

(二)家户一体,和和美美

1939年分家之前,因为牛长生性格忠厚老实,又不愿意与人起冲突,所以总体而言,牛家内部的交往还算和和美美,没有什么大的矛盾。牛长生的两个儿子在生产生活中更是互帮互助。因为弟弟牛龙虎的身体较为柔弱,所以地里的很多重活尤其是搬庄稼等都是由力气大的哥哥牛虎掌来完成。牛龙虎对此也没有表示什么不满,兄弟关系也较为和谐。牛家的家户一体意识特别强。前一天牛虎掌和牛龙虎二人还在吵架,第二天邻居来向牛龙虎发难,牛虎掌便直接站出来为弟弟说话,对邻居说道:"我家的人我可以欺负,但是外人欺负绝对不行。"

牛家在1939年分家的时候,老人牛长生跟着牛虎掌一家居住,不仅是因为牛虎掌是长子;更是因为牛虎掌本人腿部有残疾,其媳妇井小妞是童养媳,容易被外人欺负,所以牛长生便将牛虎掌一家留在自己身边照顾。1939年分家之后,牛龙虎曾答应村里卖兵,去国民党的部队里待了半年左右。在牛龙虎离开家里的半年,老人牛长生经常派自己的妻子贾氏前去照看儿媳。那个时候的牛长生年纪还不算很大,有一定的劳动能力,因此还是会对牛龙虎一家照顾一些,尽管牛龙虎已从家中分立出去。

牛家全家人的目标与愿望就是,"家家户户人人和和美美,子子孙孙代代风风光光"。牛家的每一个人都会为了整个牛家的发达致富而努力,家里所有的事务都需要每一个人为其尽一份自己的力量。家里的男性主要在地里进行耕作,而女性则主要在家内进行纺织、做衣、做饭等,简而言之,里里外外都要照顾到。家里的每一个人都希望牛家一年的日子可以胜过一年。

牛家因为对外交往较少,又因为牛长生是个老好人,所以在村中没有和别人起过较大的冲突。牛家就是普通的耕农,觉得家中无病无灾即可,对孩子也没有太多的要求,因为那个年代战乱频发,家中轻易也不敢让孩子离开家免得出现意外。牛家每次在祭拜祖先或求神拜佛的时候,都会祈求祖先或神仙来保佑全家人平平安安,团结和睦。

(三)"没有家就没有个人"

在山后村,每户都对家庭比较重视,因为家人的生存和生产都牢牢地依附于家庭这个基本的单位。牛家一家全都赞同"没有家就没有个人"的观点,全家在家庭生产生活中更是恪守这一原则。牛家一家都是农民,每天最大的任务就是想着如何让自家的土地多点收成,全家人都能吃饱穿暖,而非只想着如何让自己吃好喝好。农忙的时候,牛家不仅成年男性要去下地收割,家里的女性也会前去帮忙,就连小孩也会去地里帮大人搭把手,而牛寸莲更是一个人在家做全家人的午饭。

在1940,牛虎掌的长子因得麻疹不幸夭折,牛家无男孩继承香火。1948年3月,牛虎掌和老人牛长生一致决定将牛清莲留在家中为其招入赘女婿。因为家中确实没有人来照顾,牛清莲便答应牛虎掌的说法,不再考虑外嫁的问题。

牛家的小孩如果只想到自己的利益,牛虎掌和老人牛长生都会严厉批评。当时,牛家的石榴已经成熟,牛小么一直嚷着喊着要吃石榴,迫于无奈,牛长生为其摘了一个。过了一会儿,牛小么又喊着要再吃一个,这时牛虎掌出来严厉地将牛小么批评了一顿,说道:"家里那么多人都还没吃,你就光顾着你自己呀。"

1939年分家之前,家长牛长生考虑事情以全家人的利益为最高点。之前,牛虎掌到了婚嫁的年龄,牛长生没有因为家里缺钱便不给儿子娶妻,而是无奈之下为其娶了一个童养媳,因为童养媳在村中的社会地位非常低下,一般人家也不愿意娶童养媳。牛虎掌对牛长生表示理解,便娶了牛长生为他买的童养媳井小妞。牛家的经济条件一直不太好,1939年分家之后牛虎掌及井小妞觉得自己年轻身体较好,便将家里的多余棉花先用来给老人和小孩缝制衣服。家里吃饭更是先给老人和小孩盛饭,而牛虎掌和井小妞就随意用白水煮一些萝卜、青菜将就一下,为的是能够更好地照顾老人和孩子。

1948年,牛虎掌决定将三女牛清莲留在家里,不仅因为家里没有男孩继承香火,还包含着日后牛清莲及其丈夫蔡氏可以赡养自己的希望。牛清莲听从牛虎掌的话留在家中。1950年,牛虎掌去世,井小妞因担心牛家的各个侄子知道牛家家长去世一个个争着前来背灵幡,便隐瞒牛虎掌去世的消息,直到三女牛清莲回来才出殡下葬。因为当地的风俗是谁给去世的老人背灵幡,老人的祖业房屋都要留给谁,所以后来牛家的家产还是留给了牛清莲,牛清莲因此还要赡养母亲井小妞。

(四)积德行善"老好人"

在1939年分家前,牛长生信仰佛教不但心地善良还会主动去做好事,以此来为自己和家庭积德。而家中不管是牛虎掌、牛龙虎还是孙辈的小孩都受到牛长生的影响,主动去做一些好事。老人牛长生始终有行善积德、造福子孙的意识,平时就算家里有乞丐上门,如果家里有饭,牛长生便会给乞丐舀上满满一碗;如果家里没有现成的吃的,牛长生也会给乞丐一个馒头。因为老人牛长生识字,经常看书,所以每当村里赶庙会的时候,因寺庙的前面都会挂着一些横幅,老人牛长生便会主动给村里人讲解条幅上面文字的意思。识字在村里人看来是文人的象征,所以通常大家都比较尊重牛长生。

牛长生的很多行为在自家人眼里是"爱管闲事",而在外人看来却是一个"老好人"。特别是牛长生上了年纪以后,村里只要有两家在吵架,如果方便的话牛长生便会前去劝和。周边邻居提起老人牛长生都是各种赞誉,就连外村人都知道老人牛长生。这对于牛家来说,是很难得的一件好事,尤其是当牛家遇到一些难事时,好多人都会前来帮忙,牛家一家便感受到老人牛长生积极交友、善待朋友的优势。

因为牛长生信仰佛教,相信善有善报、恶有恶报,讲究六道轮回,所以从小教育孙子、孙女不要口吐脏言,不许偷窃等。老人牛长生也认为自己做的好事,以后取得的回报会降临到自己的儿子以及后辈人身上,即使村里有少许人提起牛家经常说"你看牛家,人好却儿女不全;你再看看其他人,人差却子孙都在",并且牛家在一段时间里多灾多难,但老人牛长生还是坚持多做好事,因为他相信自己的虔诚和信仰最后都会得到回报,哪怕回报是在去世之后。

牛家也常去祭拜祖先或求神拜佛以期下一辈人的平安健康,同时老人牛长生认为德行要靠平时积累起来,因此在日常的生活中老人也非常注意行善积德。牛家家中无人升官发财、学有所成很有出息,但因为牛家本来就是普通的庄稼户,所以也不是很在意发家是否与自己行善有关,老人牛长生总是劝家里人不要追求现世现报,平时积德也会福泽来生。

牛家一家赞成"老人积德,福泽子孙"的观点。因为老人牛长生十分相信因果报应的理论,认为万物之中自有神灵存在,坏人做事,"不是不报,时候未到"。牛家对于无德的人一般都远离,平时不打交道,在整个山后村基本都是这种情况,大家都十分讨厌德行欠缺的人。

三、家户习俗

(一)节庆习俗概况

1.辞旧迎新多习俗

根据我国的传统民俗,每年最重要的节日就是辞旧迎新的春节,特别是靠土地吃饭的农民,时节的变化一般标志着新生活的开始。对于山后村来说,春节从大年初一那天开始算起。当然,春节前需要做些准备,而且准备的时间也比较长,各种准备较为齐全而正式。春节的准备一般从一年的最后一个星期开始,牛家在腊月二十三就需要开始置办年货,二十四需要大扫除,当地的老话为"二十三糖瓜粘,二十四扫房子"。一般年货都是蒸一些枣糕、馒头;去集市上买两三斤萝卜,两三捆大葱。在大年三十那天贴春联。当地过年并非家家户户都要贴春联,不贴春联的一般都是家里有老人去世。当地如果某家户中有老人去世,第一年则要贴白联,第二年要贴黄联,第三年要贴绿联。牛家过年是自家一家人在一起过年,外人不会前来过年,过年的时候除非是游子归乡,否则不会有外人一起前来过年,因为各家各户在过年时都讲究团团圆圆。

1939年分家之后,牛家在过年时需要祭祖,一般都是两兄弟陪同老人牛长生一起祭祖,主要的形式是在家门口烧纸。祭祖是由老人牛长生来主持,因为牛长生辈分最高,女性不能参加。牛家祭拜祖先用的桌子是方桌,就是将家里平时吃饭的桌子单独抬出来当成供桌使用。大年初一祭拜祖先之后不能立即收拾桌子直到初五才能撤下。按照当地的风俗,一般都是谁祭拜祖先谁收拾桌子。祭祖之后各自回到小家吃饭。

春节期间牛家主要是走亲戚,要到亲戚家拜年,一般先去本家、嫡亲的家里,后去表亲的家里。拜年的时候牛家主要带的是一些自家蒸的枣糕馍。走亲戚的时候,一般都是牛家人一起过去。一般只要亲戚来了牛家,牛家便也会去亲戚家中拜年。整年的人际交往,一小半都在春节期间,平时不经常走动的亲戚,牛家可借春节期间的机会去看看联络一下感情。

过年的年夜饭是牛家人一起吃,外人不能参加,牛家很少有人吃年夜饭的时候还不回家,因为这是过年的一项重要的礼节和仪式。春节拜年的时候,牛虎掌夫妇会带着自家小孩先去给老人牛长生等拜年,之后去给叔伯拜年,最后去给牛龙虎、牛艳彩一家拜年。牛家的媳妇们一般都是正月初一前来拜年,而女婿则是正月初二来拜年。

春节的时候山后村一般会举办活动,当地称之为"耍热闹",主要是踩高跷、打锣鼓、舞龙狮等。活动一般是从正月十五开始,全村谁都可以前去参加。因为村中有牛氏和郭氏两个大的家族,所以在过年期间以家族为单位,也会举行一些祭祀活动,牛家通常是和家族中其他人一起前去祭拜祖先。

在山后村,春节还有一些小的习俗,如大年三十夜,家家户户门前都要放一根木棒,寓意"挡财神",不让自家财神去别人家。同时还有一句老话"过了初四五,少肉没豆腐",寓意过了初五,就不能再走亲戚。一般的习俗或者是小的忌讳,牛家为了明年能讨个好的彩头大多都会遵守。

2.红事习俗

除了春节等各大节日,一般村中最热闹的事就是有人结婚办酒席,在村中,结婚的仪式和酒席一般被称为红喜事。牛家在娶媳妇时也较为严苛地遵守当地的习俗。

虽然当地有哭嫁的说法,但是只有无父无母的女子才会哭嫁,一般就是走个形式,对于无依无靠的女子来说,出嫁是一件好事。但是牛寸莲在出嫁的时候却无须哭嫁,因为双亲健在。新郎贾氏在结婚那天穿着深蓝色的外袍,头上的帽子戴着一朵红花,骑着高骡大马,身后随着来行亲的大部队,敲锣打鼓地一路走到牛家,场面看起来颇为喜气洋洋。到了牛家之后,贾氏先到牛家院子里行拜见之礼,将自家带的酒当场喝完,牛家随后将绿豆塞进瓶子里送给贾家,因为绿豆在婆家发芽,寓意新娘在婆家可以"生子扎根"。牛寸莲在出嫁时,是由父亲牛虎掌抱上的花轿,因为当地习俗认为新娘双脚不能沾地,否则会带来厄运。在牛寸莲准备离开牛家前往贾家时,牛寸莲的姨辈却不允许送亲,同时贾氏家中的姑姑们也不允许出去迎接新娘子牛寸莲,这是因为当地认为姑姑寓意"孤单",姨寓意"一个人",这对于刚结婚的人而言是一种不吉利,当地的老话为"姨不能送,姑不能迎"。牛寸莲出嫁时所带的嫁妆中,有大量的瓜果,特别是花生、石榴、核桃等。因为这些瓜果寓意"早生贵子""多子多孙"。中午时刻,新娘牛寸莲等一行人便来到贾家,在贾家行叩拜大礼。新房门口两边都放着一束草,看起来就像是有人站岗,以起到门神作用,保佑这对新人的作用。牛寸莲的新房子寡妇无法进入,因为当地认为寡妇命不好,而婚床在结婚前夜却让一个小孩子睡觉压床,这样做是为了添丁发财。结婚后第二天,牛寸莲便要帮婆婆做饺子,需要向公公、婆婆磕头请安,但是无需向哥哥、嫂嫂请安。在山后村,新媳妇第二天请安的时候一般还有一道特殊的程序,婆婆会在桌子上放三个碗,里面分别扣着鸡蛋、馒头和筷子,让新媳妇前来挑一个翻开。如果新媳妇头一次翻开看到的是鸡蛋,就意味着生下来的孩子要做官;如果新媳妇第一次挑中的是馒头,意味着新媳妇生下来的孩子饭量很大;如果新媳妇第一次挑中的是筷子,意味着生下来的孩子是个放牛郎,这个仪式有点像传统的抓周仪式。

当地在结婚期间,还有一些其他的风俗习惯。如果当天有两对结婚的人碰面,新媳妇要从轿子里取出顶针交给娘家人送给另一个新媳妇,寓意"硬碰硬",如果一个新媳妇送顶针,而另一个回针的话,送亲的人当场就会将针折断,因为针寓意"扎人心"。如果结婚当天遇到有人出殡,迎亲的人就会说"今个日好,遇上宝财",因为棺材谐音为"观财",所以当时的老人常说"要想好,红白搅"。

3.白事习俗

除了结婚的红喜事,一般还有一种白喜事,即老人过世,出殡送葬的过程,通常也比较热闹。1948 年,老人牛长生因病去世。老人殡葬和祭祀的时间节点一般是烧七、烧百天、烧周年、烧三周年、圆坟、寒食节。前去报丧的牛虎掌必须穿戴孝服孝帽,不能进别人家门。如果牛家小孩进别人家的院子里,牛虎掌必须给其买鞭炮并在院子里放响。老人牛长生下葬的时候,必须要"头枕山,脚蹬水"。具体坟地风水的选择,牛虎掌前去请专门的风水师来看,当地称之为先生。葬地风水一般讲究藏风聚水,村里普遍认为,老人下葬的风水会对子孙后代产生重要的影响。老人牛长生的墓里面放了一个盛醉面的瓦罐,瓦罐中插着大葱,寓意牛家子孙可以"聪慧发财"。老人牛长生去世不过五七,牛家一家人不能洗衣服,并且牛虎掌一家在百天之内不能理发。

在山后村,若家庭成员非正常死亡,同辈人很少前去,因为寓意"大凶",这种情况葬仪一般也比较简单,但对于风水的选择更为慎重,也不能称之为喜事。在山后村,7岁以下小孩子死亡,一般只要打好墓地便下葬,并且是要在早上,而老人下葬是在中午12点。

(二)自家过节团圆

牛家在过年过节的时候,是以家庭为单元,在家中过。在1939年分家之前,整个牛家聚在一起过年过节。分家之后,便自己家过自己家的。1939年分家之后在节日期间,牛虎掌和牛龙虎两家会有走动,但过节期间的各种仪式一般就是各家独自准备进行。

过年过节的时候牛家都是在自己家里过,嫁出去的女儿不可以回娘家过年,因为一旦出嫁就算是夫家的人,要和夫家一起过年,但过年期间两家一般会互相拜访。即使是牛家的亲戚们,也不可以在牛家过年,当然牛家在过年的时候,也不会去别人家过年。然而也不一定所有人都在自己的家中过年,在山后村,如果有的人没有家,他便会去自己的夫家或娘家过年,图个团圆和热闹。

牛家家中的孩子无论平时如何游荡漂泊,在过年过节的时候都必须回家,聚在一起吃团圆饭。在1939年分家之前,牛家过年过节时要聚在一起吃饭;分家之后,便是小家团聚。但是在过年的那几天,牛家和牛家的亲戚会轮流吃饭,特别要好的朋友也可前来,大家通常都互送礼物并表示祝福。

四、家户信仰

(一)虔诚信仰佛教

牛家的信仰和宗教情况比较简单,主要是家中的老人牛长生信仰佛教,相对而言比较虔诚。1949年前,老人牛长生信仰佛教,但是没有要求全家人必须跟着信仰佛教,但是在忌口方面,老人不吃荤腥,全家人便也不能吃。除了肉食外,还有一些素菜因为按照佛教的规矩,也算是荤菜,所以也不能吃,这些通常指的是五荤,老人常和子孙说道"葱是狗肠,蒜是狗爪,韭菜是狗筋,芫荽是狗毛",不让家里人吃这些大荤的菜。除了在饮食上有所忌讳外,牛长生在家中通常也会进行一些宗教仪式。拿着一个黄色的坐垫,跪在上面,手里拿着一串佛珠,嘴里一直念念有词,经常一跪就到半夜。就连老人牛长生去世之前,也要求牛虎掌一家盘腿坐在那。

老人牛长生信仰佛教,无须征得家庭内部成员同意,一般家里人都会尊重老人意愿。自家信仰佛教,家族、邻居、村里、官府都不会干预。老人牛长生信仰佛教最大的好处就是家里孩子的教养特别好,因为会重视对于孩子的家教,家里的规矩通常也会比平常人家多一些,包括不口吐脏字等。同时,老人牛长生心地善良,自家的很多事情都帮忙打个圆场,一家人生活得较为和睦。牛家除了老人信仰佛教之外，其他人均不信教。虽然 1939 年分家之前，老人牛长生是牛家的家长并信仰佛教，但是其他人可以不必追随家长信教。另外当地也没有大的宗教场所，所以大家信仰都比较随意，能否坚持主要看个人的自觉。

（二）信仰家神，男性祭祀

除了佛教外，牛家最常祭祀的就是中国传统文化中的各种神明，全村人大多都会信奉和祭拜。1949 年前，牛家都供奉财神、门神、灶神、土地神。财神主要放在桌子的侧边，门神主要是贴在门扇上，灶神也是贴在案板的正上方，土地神一般是在门外祭拜。

1939 年分家之后，牛家的男性可以祭拜神明，平时拜神和过年并不完全一样。过年以及每月的初一、十五是要一天拜三次，一次需供奉三把香；平时都是一天祭拜一次。在祭拜家神时需要烧纸、上香，一般都是牛虎掌和老人牛长生前去烧纸、上香，同样也是需要上供，一般都是牛虎掌前来献上一个馒头，当然祭祀结束以后，祭品仍旧可以食用。牛家在遇上红白喜事的时候，也会祭拜神明。如果遇到急事来不及祭拜便不祭拜。过年的时候拜神比平时要隆重一些，平时都是一天一拜，过年是一天三拜，还要烧纸、焚香、放鞭炮。牛家在祭拜神明的时候，是由牛虎掌来主持，女性不可以主持祭拜。老人牛长生可以教小孩祭拜神明的规矩，主要是教自家的男孩子而不会教女孩子。通常而言，祭祀的事务都是男性来操持，女性参与祭祀属于不合礼制。

牛家之所以供奉这些神明，是因为相信其可以保佑全家平安。信奉财神是为了祈求家里财源滚滚，信奉门神主要是为了保护家庭平安，信奉灶神是为保全家老小平安吉祥，信奉土地神是为保家宅平安、五谷丰登。牛家信封家神是抱着"宁可信其有，不可信其无"的心态，认为冥冥之中自有天意。

（三）祭祖先，不忘本

牛家的祖先是从山西省洪洞县的大槐树下搬迁而来的。祖先对牛家来说意味着一家之本，在当地有"不能忘本"一说，祭拜祖先是不忘本的重要体现。牛家会去祭拜祖先，祖先在牛家一家心目中无比神圣。牛家一家认为祭拜祖先可以增加祖先的福分，祖先福分增加，后人便得庇护恩佑，同时祭拜祖先也是表达对祖先的缅怀和尊敬之情。在当地，不祭拜祖先便意味着不孝。

牛家家中有堂屋，摆放着老人的牌位。辈分最高的放在桌子最后面，辈分小的放在前面，依次论推。但是同一辈人要放在同一排，同一排中，辈分高的放在最中间，左边比右边的辈分较高。夫妻两人是两个牌位，但用的是一个底座妻子的牌位只能写姓氏不能写名。按照代际，左昭右穆排列，不能乱了辈分，祭祀的时候要按辈分依次祭祀。

牛家有一处占地面积 1 亩左右的祖坟，位于山后村内。因为牛姓在村中也算是大姓，所以另有一处祖坟将各支各户的祖坟都安置在一起便于牛家祭祀。

牛家很重视孝道，正所谓"百善孝为先"。牛家对于老人的孝顺，具体体现在吃饭时晚辈要双手给长辈递饭；制衣时先考虑老人的需求等。牛家将对祖先的孝与对在世老人的孝结合在一起，认为如果连活着的人都不孝顺就更不用提对去世祖先的孝顺。牛家祭拜祖先既是为了表达对家庭里逝去的人的缅怀，也是为了祈求过世的祖先保佑活着的人们平安健康，事事如意。牛家在过年、清明节、十月一烧寒衣等会祭拜祖先，祭拜的时候祈求祖先保佑全家平安健康，牛虎掌会供上饺子、鸡蛋、馒头等。一般而言，家长在祭拜祖先的活动中占据支配地位，要前去准备祭祀所用的物品。女儿不可以祭拜家里的祖先，儿媳妇可以祭拜，也可以进夫家的祖坟。小孩子们在祭祀祖先的时候一般什么都不用做，只是看看。

（四）娘娘神庙，双花占卜

1949年前，山后村主要有两个庙宇供全村人前去祭祀，村里的家户并没有修建自己的家庙。山后村的两个庙宇中有一个是娘娘庙，保佑生子。娘娘庙离牛家的距离，大约步行20分钟可到。牛家逢年过节便会前去庙宇求拜众神来保佑全家平安。

牛小么生前去过娘娘庙看他人祭拜娘娘，娘娘庙宇正中摆放着一座神像，神像前面有一个花瓶，里面插着一束红花、一束白花。在他人祭拜的时候，据说娘娘会显神迹从而让花摆动。这时就会有道长前来说"花动了，花动了"，然后将那朵微动的花取下来，在花束上绑着一根红绳，让祭拜的人拿回家中别在炕上。据说，红花微动寓意着这胎是女孩，而白花微动意味着这胎生的是男孩。

1939年分家之后，牛家一家人都可以前去庙里祭拜，一般都是跟着牛虎掌前去。牛家祭拜主要是以家户为单位，通常是老人牛长生、牛虎掌和井小姐前去，一般祭祀的时候通常不带小孩，因为怕小孩子顽皮，破坏了祭祀的规矩。牛家在拜神时，一般都是和邻居结伴前去，两家都是走着过去，各自拿着祭拜所用的物品。牛家去寺庙祭拜的时候一般都带些香，馒头之类。祭拜所用的香一般都是从自家拿，偶尔也会在集市上购买。在当时，农村的人家一般都会自己做供香，只有在进行重要的祭祀时，才会使用从镇上买的质量较好的香。

五、家户娱乐

（一）结交朋友

在山后村，牛家的娱乐活动很少，和朋友聊天算是一种主要的娱乐方式。牛家并非每一个家庭成员都有自己的朋友，主要是牛虎掌和老人牛长生会交一些朋友。牛家人交朋友的标准是心地善良、老实勤干。因为牛家人也是按这八个字严格要求自己的，家里对于作恶的人极其厌恶。家里老人牛长生的朋友比较多，村内、村外均有，因为老人牛长生是个"老好人"，无论外人遇到什么事，牛长生都要去帮个忙，并且家中很多事情也是牛长生来出面解决，因为老人心疼牛虎掌的腿无法行走，久而久之老人的朋友就越来越多。

1939年分家之前，牛虎掌和牛龙虎结交朋友无须得到当家人牛长生的同意，因为老人觉得结交朋友是一件好事，况且长子牛虎掌腿脚不便，交友比较少，能有朋友不容易。牛家结交的朋友大多都是农民，因为牛家本身也是农民。老人牛长生的朋友和牛家家境条件相差不多，主要收入来源也是农业耕作。牛家和朋友之间关系亲近，无论哪方遇到难事，都会互相帮助。牛虎掌的朋友如果要在家里留宿，要与家长牛长生商量。村里的人一般都不会选择在别人家留宿，无论多晚，都要回自己家。偶尔不能回去也就只是借宿一晚，晚上睡觉的时候和老人牛长生睡中窑。因为朋友在牛家看来算是贵客，身份较高。

牛家结交普通朋友不需要仪式，但是如果要拜把子的话就需要先征得父母的同意之后才能跪拜立誓。朋友之间一般都称对方为哥或者兄弟，并且要称对方父母为父母。牛家老人的朋友会经常来牛家串门，牛家遇到红白喜事都会不请自来，如果是红事，朋友一般上1元，白事的话一般都是送馒头，朋友之间通常也要讲究礼尚往来。

(二)"摸牌耍钱"

打牌在山后村被称为"摸牌",在村里人看来,打牌属于不务正业。牛家一家人都不打牌,打牌一般都是村里的老头闲着没事干的时候偶尔玩玩,当时打牌是以"耍钱"为主,称之为"小赌怡情",但是村人却不赞成。当时山后村有一个老头打牌最后输钱太多,无钱还其他玩家。老头最后便决定让赢家当自己女儿的媒人,把自己女儿说给他人的时候,赢家将聘礼拿走,就这样才把钱给还清,因此经常被村里人讥笑道:"过了二十五,裤烂没人补;要想有人补,还得二十五。"牛家家风比较严谨,同时牛长生又信仰佛教,不但不参与赌博,还对赌博一事比较厌恶,瞧不起那些赌博的人。

(三)串门唠嗑

1949 年前,牛家较少去别人家串门,因为牛家住在村口,离邻居的距离有点远。家里人都可以去邻居家串门,农闲时期一般都是白天去邻居家串门,老人牛长生会经常找村庄里面的其他老头。牛虎掌一般都是有正事去邻居家商量一下,因为行走不便。而家里的女性去邻居家聊天的主要内容也是关于家长里短,例如孩子的婚姻问题等。农忙时期,牛家人就很少出去串门,因为一天农活干下来比较劳累。牛家在去别人家串门的时候不曾在别人家吃饭,因为各家的粮食都很紧张,串门的时候还要吃饭,会被他人议论。村里人也会来牛家串门,一般都是邻居和朋友前来找牛虎掌和老人牛长生聊天。对于来到牛家串门的客人,牛家都会端茶送水。牛家秉持的观点是"上门即是客"。

在山后村串门时有一些不成文的准则和忌讳,过年的时候,男性如果是光头,去邻居家串门就必须戴帽子。坐月子的孕妇不过 40 天不能出去串门,要不就得给邻居家买鞭炮在院子里放响。戴孝的孝子不能串门。

(四)逛庙会,看"公演"

1949 年前,山后村并不举行庙会,但是唐店街会有庙会。牛家一家跟着老人牛长生或牛虎掌前去庙会。唐店街的庙会一年只举办一次,大多都是在二月,一次只持续一天。牛家一家只要没有特殊情况都会前去,不仅因为牛家距离唐店较近,走路差不多需要半个小时就能到,而且因为一年之中只有一次这样热闹的机会,牛家人都不愿意错过,所以通常早早地前去逛庙会。

牛家在逛庙会的时候,一般都会去祭拜神明和看戏。在庙宇之中,一群老老少少去看"公演"的唱戏,老人牛长生便是众多捧客之一,因为山后村是个小村落,几乎没有什么戏班子来演出,所以要看戏的话就只能等每年庙会的这次机会。

在赶庙会的那一天,路边摆满的全是小商小贩的各式小摊。牛家也会前去赶集,看看是否有自己需要的物品。通常牛家会在庙会上置办一些小物件,带小孩子逛庙会,通常给买一些便宜的小玩具或者是零食。

(五)过年"耍热闹"

山后村在过年的时候会举办公共娱乐活动"耍热闹",村里的人共同筹钱买所需的物品。"耍热闹"主要是指舞龙舞狮、踩高跷、打锣鼓等相关活动。一般都是村里谁爱好这类活动谁便会参与其中,牛家一般只是观赏,而不参与表演。对于村里的过年活动,牛家一家人都可前去观赏,一般去的时候都会约着邻居一起,家里小孩前去的时候需要和家长牛虎掌打声招呼,有时牛虎掌不愿意让自家小孩前去,如果人多的话,牛虎掌也会妥协。一般而言,过年的时候气氛比较热闹,牛虎掌也不愿意特别约束自己的孩子。

第五章　家户治理制度

牛家都是男性当家,老人牛长生因年事已高辞去家长一职,便由长子牛虎掌接替。家长作为家庭的支柱,手握大权并负责全家大小事务的决策。当遭遇各种天灾人祸,家庭作为避风港为其成员提供庇护和情感支持。俗话说:"没有规矩,不成方圆",牛家虽无成文家规,但有较为齐备的一套默认的家规奖罚分明,通过代际传递下来,全家遵守。对于家族的公共事务,牛家积极参与其中。村庄修路打井,摊派劳役,牛家从不推辞,为村中的繁荣发展与稳定贡献绵薄之力。然而面对国家事务,牛家一家却苦不堪言,赋税沉重使得一家生活艰辛,征兵抓丁却让牛家白发人送黑发人,保甲任命更是无视牛家意愿。

一、家长当家

(一)"掌柜"的确定

1939 年分家之前,牛长生是牛家的家长,因为在牛家所有男性当中辈分最高。1939 年分家之后,因为老人牛长生年事已高,便让长子牛虎掌来接替家长一职。

家长,在山后村被称为"掌柜",在牛家,家长和家中具体管事的人是同一个人。家庭内部成员按辈分称呼家长,外人则直接称为"牛家掌柜"或按辈分称呼。一般而言,只有男性能当家,女性不能,家中没有男性时,女性只能代为管理家庭事务,但对外不具有家长的地位。

家庭成员对牛虎掌非常信任,也会尊重牛虎掌的抉择,牛虎掌在家中有较高的权威性。牛虎掌担任家长的时候通常会告知四邻和朋友,在山后村,家长更替一般是在分家和葬礼上,这时候不但方便告知亲友四邻,也能够昭示继承家长的合法性。

(二)家长掌权负责任

牛虎掌作为一家之主的权力由牛家所有的家庭成员给予,并且被整个家庭成员所承认,一旦担任家长,大家就要对他言听计从。牛虎掌管理的范围是整个家庭方方面面的事务,所管理的成员也囊括整个家庭成员。家长能够管到最远的人便是孙辈,但孙子嫁娶等方面的事情家长便不会再管,而由孙子的父母来决定,一般而言,在孙辈嫁娶时,家长通常年事已高,精力不再多余,这时会选择将家长的位置交给下一辈人来继承。好比牛虎掌的女儿出嫁,就是由牛虎掌做主而非老人牛长生做主。牛虎掌遇到大事会与家庭其他成员商量,例如遇到红事,一般会同家里的老人牛长生、妻子井小姐商量。但一般情况下,牛虎掌具有最后的决定权,家人对这种权力表示尊重和理解。以 1948 年为例,牛虎掌因无人继承香火,便和老人牛长生一起商量最终决定将三女牛清莲留在家中,为其招入赘女婿蔡氏。

牛家的收入主要来自农业耕作,牛家的财产是以牛虎掌的名义全家共有。牛虎掌有管理全家财产的权力,能对家庭财产进行分配。家庭成员并没有私房钱,因为主要的经济来源就是种田，又没有副业，所以除了卖粮食很难挣到其他的钱，而卖粮食不能由家庭成员私自做主。牛家的贵重物品，如地契、分家单、现金等贵重物品均是由牛虎掌来掌管，放在箱子中并上锁，唯一的一把钥匙由牛虎掌保管。牛家家境贫寒，一般不给家庭成员零花钱，要置办什么东西，一般是要告知牛虎掌，由牛虎掌做主来出钱购买。1941年前，牛虎掌及其弟弟牛龙虎、妹妹牛艳彩的结婚全由牛长生做主，聘礼、彩礼都是由牛长生来决定，牛龙虎的媳妇进家门之后所带来的嫁妆归她本人所有，由她自主支配，但是在处理的时候需要同丈夫牛龙虎知会。然而在分家的时候，为了确保公平，嫁妆要参与分配。

牛家是自耕农。土地的数量也不是很多，因此没有发生过买卖土地的情况，因为土地的数量尚且够用，所以没有去财主家租赁土地，更没有把地租给别人耕种，因此在土地的问题上，牛家除了分家一次外并没有集中的商量。牛家的粮食统一供全家人一起吃，由郭氏来安排每天吃什么，同时家里的粮食放在郭氏居住的那间洞窑。家庭成员不能私自售卖粮食。牛家也不曾买卖房屋。牛家制衣时都是老人郭氏将自家剩余的棉花进行分配，根据观察家里成员的穿衣情况，决定缝制对象。牛家每年剩余的棉花并不足够多，所以并不能保证家中每一个人都添新衣，一般都是先给小孩、老人缝制。1939年分家后，牛家的衣服，除了未成家的儿子的衣服是由婆婆来做，其余人的衣服都是由井小妞来做。

1939年分家之后，牛家共有11口人。家里的主要劳动力就5人。老人郭氏则主要管家内事务。老人牛长生因年事已高体力不支，只能干一些较轻的农活，而平时大多赋闲在家，没事就扫扫院子。因为牛家男性劳动力太少，并且牛虎掌的腿部还有残疾，行路极其不便，所以老人牛长生经常去地里帮忙。牛虎掌作为牛家唯一的壮劳力，则是所有的农活都要亲自去干。家中的三位女性平时则主要在家纺纱织布、做饭制衣、照顾老人小孩等。然而在农忙的时候，全家老少都会去地里帮忙秋收。家中的小孩在七八岁就开始陆陆续续地参与劳动生产中来帮家里人打下手。年龄较小的孩子也需要做一些农活，例如牛虎掌的小女牛小么就经常和三女牛清莲一起抬水、抬粪等。

当时，整个山后村孩子的嫁娶都是父母之命媒妁之言。1939年分家之前，牛家的两个儿子的婚配由当时的家长牛长生安排和决定；1939年分家之后到1949年，牛艳彩的婚嫁由老人牛长生做主，而牛虎掌两个女儿的婚嫁是由牛虎掌和老人牛长生共同商议，最后由牛虎掌做主决定。当时，山后村并无离婚的说法，只有休妻。对于牛家而言，因为娶媳妇已经很困难，所以牛家也没有出现过休妻的情况，贾氏对儿媳井小妞如果有所不满意，只会骂两句，但不会让儿子牛虎掌休妻。因为牛家家贫，老人给牛虎掌娶的妻子还是从集市人贩子手中买来的童养媳。如果将儿媳井小妞休掉，则牛虎掌将有很大概率成为一个光棍。

1939年分家之后，家庭的祭祀是由牛虎掌作为全家代表进行，同样，家庭的大型活动如清明上坟等也是由牛虎掌来组织。牛家无立遗嘱的情况，在牛虎掌去世以后，因为没有遗嘱，井小妞为了防止牛家的财产被侄子继承，所以秘不发丧，直到牛清莲回到家中主持丧事，继承遗产为止。

在对外关系中，牛虎掌可以代表整个家庭。牛家在向财主借粮的时候，牛虎掌会委托老人牛长生前去借贷，牛长生代表整个牛家借粮，在还粮的时候，也是以整个牛家的名义去还贷。

在村庄、家族或国家的公共事务中，家长牛虎掌是第一负责人。保甲长都是将消息通知给各家各户的家长，在牛家，则是告知牛虎掌，并由牛虎掌将一些重要的通知或消息传达给家里。村里需要有人打更巡逻以维护村庄的治安,这个任务一般是由各家轮流进行,这时保甲长便会找牛虎掌来安排牛家人去打更。

作为一家之长,牛虎掌通常要管理家庭内外的众多事务,所以必须要做到认真负责。一般而言,家庭的事务以时间为节点可以分为农忙时期和农闲时期。在农忙时期,牛虎掌主要负责地里的事务,一般要决定每块土地种植什么,什么时间种植。当然,在劳动中,牛虎掌也是劳动的主力,同时还要安排家庭成员轮流帮忙,有的时候还要教育自家的小孩关于种地的知识。除了种地外,和农业生产有关的一些事,比如牲畜和农具,也需要牛虎掌来统一管理。在农闲时期,牛虎掌主要是负责日常生活的开销问题,比如安排制衣、祭祀等事务,在冬天通常还要考虑粮食的囤积和使用问题,还有越冬时要准备的柴草燃料,即使是农闲时期,牛虎掌一般也不得休息。

在山后村,好家长的标准就是对父母孝顺,对儿女关爱,有责任心,照顾一大家子的吃穿住行等,最主要的是不能抽大烟、沉溺于赌博,要积极地主持农业生产。

(三)长子当"掌柜"

牛家一家都是农民,家中尚有土地,因此无人出远门务工,所有成员都在家中。1939年分家之前,牛长生作为牛家的家长,如果生病无心思或能力照顾家庭时,一般会让长子牛虎掌来代为当家,管理家内的具体事务。当然,老人郭氏因为辈分较高,也可以对家中的事务提出自己的看法。家事由牛虎掌和老人郭氏在商议之后做出最终决定。

牛家在1939年分家之后,老人牛长生等和长子牛虎掌分到一起,并由其承担赡养老人的职责。同时牛长生也将家长一职交给牛虎掌,让其管理家中的事务。

牛家家长的更替是因为分家之后,老人牛长生年事已高,无精力再管家中事务,便交由长子牛虎掌代替。牛家当家人更换之后,牛长生便将家里的重要物品如地契、分家单等交由牛虎掌保管。分家之后,家长的更换,牛家并不用刻意去告知邻居。邻居会根据自己所看到的情形判断当家人。当然,在分家的仪式上,因有邻居和见证人,这些人可以知晓牛家分家的事情,其他人只需在日常生活中向邻居简单解释就行,通常大家对这种事能够表示理解。有了新的当家人之后,外人一般按辈分称呼老人牛长生,而要称呼新的家长即牛虎掌为"牛家掌柜"。

二、家长不当家

牛家并未出现过家长不当家的情况,当然这个情况在山后村中曾有过。一般的情况是作为家长的老人年纪比较大,对家中的事务已经无力操心,而家中长子又偏软弱,或者是家中诸多兄弟之间有矛盾,因此便由这个家庭中的长者来担任家长维持一家正常生活,不至于使家庭分散。但是老人已经无力管理具体的事务,家中各小户自行管理各户的事务,一般遇上家中的公共事务才会找家长商量一下。当然这种情况多发生在大户人家,牛家并无这种情况。1939年分家之前,在长子牛虎掌和次子牛龙虎都能独当一面之时,牛长生就主持了分家事务,将家长的权力和地位传递给下一代人牛虎掌,因此牛家并不存在过家长不当家的情况。

三、家户决策

(一)家长做主,全家服从

1939年分家之后,牛家的大小事情基本全是由家长牛虎掌做主。在对外关系中,比如借贷、买卖置换等,也是由牛虎掌做主。家里人可以提出自己的想法,但是在没有得到牛虎掌的允许之前不能私自做主。关于自家内部事务,像做饭、制衣等,均是由老人郭氏安排,并小妞要听从郭氏吩咐。

牛虎掌如果因事临时外出,家里的大小事就交由老人牛长生来管理,一是因为老人牛长生的辈分较高,二是老人牛长生曾经也是家长,对家内事务可以做出更好的决策。牛虎掌所做的任何决定家庭成员都要服从,如果觉得不合理,可以向牛虎掌提出建议,但是如果牛虎掌还是坚持己见,家庭成员就必须服从。然而牛家很少出现这种情况,一是因为牛家女性成员较多,而女性通常不会质疑家长的决定;二是因为牛虎掌在做决定的时候通常会向家人解释清楚。

(二)钱粮婚事,全家共同商议

1939 年分家之后,牛家遇到一些红白喜事或者借粮借钱的事情时,家长牛虎掌会在和全家人共同商量之后做出决策。牛家一家商量的主要形式是大家坐在一起开会,每一个参与的成员都可以提意见。比如 1948 年,牛虎掌打算将牛清莲留在家中招入赘女婿,就同老人牛长生、妻子井小妞和三女牛清莲一起商量。牛清莲在听了牛虎掌的想法之后便同意留在家中。牛虎掌在给其他女儿安排婚事的时候,会征求她们的意见,也会问问她们的想法,以此作为寻找夫家的标准。

(三)个人私事自理

1939 年分家之后,牛家关于同外人打交道的事务必须由牛虎掌做主,好比借钱借粮等;而家庭成员的私事可以不用牛虎掌做主,自己判断即可。因为牛虎掌要操心整个家庭内外事务,平时还是种地的主力,所以一般对其他琐碎事务不是很关心,所以家中个人的私事都是个人来操心。有些事情在行动之前或之后告知一下牛虎掌即可,牛虎掌通常也不会表示异议,更多的情况下都是家庭成员自行解决,不必特意向牛虎掌说明。

四、家户保护

(一)家长协调,解决纠纷

在 1939 年分家之前,老人牛长生是当家人的时候,如果家里孙女与其他小孩发生矛盾,牛长生不用前去而是由孩子的父亲牛虎掌前去协调。牛小么小时候将其他小孩的玩具拿回家中,邻居家的家长还未前来质疑,父亲牛虎掌便领着牛小么前去别人家道歉。当然,因为是小孩子间的纠纷,各家各户也表示理解。老人牛长生是出了名的老好人,同各家的关系都比较好,长辈之间也未发生过重大矛盾。

1939 年分家之后,牛家的孩子在外面遇到危难或困难的时候,都会向家里人寻求帮助,牛家自然会出面帮助调解,一方面是为自家孩子讨回公道,另一方面是为了给家庭成员提供一种安慰,同时也让外人看到,牛家虽然是小户,但牛家的人并不是可以随意欺凌的。牛家更多的时候是在理的,如果自家确实有错,牛家会前去道歉;同时牛家的一体意识也较强,虽然前一天牛虎掌和牛龙虎还在争吵,但是第二天外人来欺负牛龙虎,牛虎掌便会站在弟弟这方一起抵御外人。

如果家里的小孩犯错,牛虎掌会带着孩子一起前去道歉。但牛家小孩犯错,只能由牛家人进行处罚或管教。外人可以来牛家找牛虎掌评理,但是不能私自处罚牛家的小孩。一般而言,外人管教牛家小孩,是一种非常不礼貌的行为,因为这一行为会被视作挑衅整个家庭,所以外人轻易也不愿意管,在更多情况下是找牛虎掌夫妇二人理论,由其亲自教育和管理。如果家人被欺负,对于牛家而言整个家庭都受到了侮辱,感觉一家人都被欺负,所以牛虎掌一定会前去讨回公道,避免自家人再次遭受欺负。牛家小孩犯错,一般都是牛虎掌夫妇教育,无须告诉家里老人牛长生。

在山后村,几乎所有的家户都赞成"家丑不可外扬"的观点。好比对于女子未婚怀孕,女方父母会觉得特别丢人,轻者三天不开灶火让自家女儿喝凉水去世;重者直接将所生孩子喂狗,将自家女儿活埋。

(二)重大变故共扶持

牛家一家对于家庭比较眷恋,遇到无法解决的事情都会一家人坐下来想办法解决。在1940年牛虎掌的长子夭折之后,1943年牛虎掌和老人牛长生鉴于牛家无后,便一致决定去抱养牛艳彩的幼儿,可惜最终被拒绝。迫于无奈,牛虎掌便和三女牛清莲商量,将其留在家中为其招入赘女婿,牛清莲便答应父亲的请求。在家中遇上大事的时候,通常都是全家共同来商议和讨论,互相安慰,给予家庭成员情感上的各种支持。

(三)借粮度天灾

1942年,南京国民政府焦土抗战,早年炸开黄河花园口,造成河南千里黄泛区。1942年汤恩伯对日作战失利,河南大半沦陷,又赶上天旱虫灾极其严重,民间称"水旱蝗汤",庄稼收成惨不忍睹,到处都是溃兵和逃难的难民。在山后村,全村人都无法饱腹,甚至有人逃荒以免饿死,牛虎掌因为身体略有残疾,无法进行长途跋涉,便和全家老少忍饥挨饿、借钱借粮艰辛地度过这一年。

牛家因为是小户,家里只有10亩土地,由于每年的赋税沉重,牛家每年都是勉强度日,从未留有口粮以应对灾害,所以经常会去财主郭家借贷粮食。发生旱灾时,整个山后村的人都集中起来在学校前面摆张桌子献上贡品,进行求神活动,大家都听从组织者的指示上香磕头,祈求下雨。而财主郭家在这一年还曾让自家的下人在家门口摆个小摊煮粥,穷人都可以前来舀取,防止村里的人因为没有粮食而饿死,因此现在牛小么提起财主郭氏还称赞其为善人。

牛家在没有粮食的时候,通常会选择借粮,即使在困难的1942年,牛家也没有变卖自己家的土地房屋和人口。在发生灾害时,牛家一家都听从家长牛虎掌和老人牛长生的安排,全家齐心协力在节衣缩食、借钱借粮,度过艰辛的一年。在牛家全体的努力下,困难的1942年算是平安度过,尽管借了一些粮食,但土地和祖产都还在,也没有人饿死。

(四)轮流守夜防匪

1949年前,山后村因为风气较好,很少有土匪出没,偶尔只有两三个小偷。他们一般都是去偷盗或抢劫村里中户的家庭,家里有点小钱,但是居住的还是土窑,因为没有门楼,防卫相对而言较弱。土匪或小偷一般都是劫财,偶尔也会绑票,让其家人拿钱来赎。村里会安排家户轮流守夜,遇到危急时刻便敲锣。牛家因为家境贫寒,并未遭受土匪抢劫,也未遭人绑架,因为无贵重东西可供抢劫或者勒索。

山后村的邻村范庄村曾发生过绑架并被撕票的事件,不过不是强盗所为,而是两家亲戚之间产生矛盾所致。据说范小龙因和媳妇置气,媳妇气急之下便喝药自杀,娘家因接受不了闺女去世便一直找范小龙的麻烦。之后,范小龙媳妇的亲弟弟要结婚,范小龙便要前去随礼,当时范小龙的三爹一直劝阻范小龙不要前去,但是范小龙一意孤行。等范小龙来到媳妇娘家的时候,便被小舅子绑架,向其家人索要赎金。范小龙的亲爹当时已经去世,其三爹无奈之下便将范小龙的亲妹妹嫁给他人,将彩礼钱送去赎人。范小龙被释放回去的时候,不经意间看到是自己的小舅子绑架自己,出门前说了一句"原来是你这几个",范小龙的小舅子听到此话之后便将其杀害。

(五)"鬼子"过兵,老人遭殃

1944年,日本人进山后村时并未在村庄烧杀抢掠。山后村好多人家已于1942年出去逃荒,1944年日本人进村的时候,又有大批人家逃离村庄。日本人最后找到牛家老人牛长生前去引路,日本人因嫌弃老人牛长生步行速度太慢,便让牛长生坐在车上。在过洞的时候,由于洞太低,老人牛长生便蜷缩起来,再加上对日本人的恐惧,老人牛长生的身体被挤压,小便失禁。最后还是保甲长派人前来通知牛虎掌,牛虎掌便和妻子井小妞推着借来的小车,从会兴街将老人推回家中。

1944年,日本的甲等部队都被调往太平洋战场作战,中国战场主力部队为乙等部队,而驻地部队已经是刚从日本本土征召的丙等部队,丙等部队在晋冀鲁豫四省内,不敢与共产党的部队展开大规模的作战,一般就是龟缩防守,与当地的农民也不敢起大规模的冲突,害怕招来共产党军队的报复性打击,1945年日本战败投降,山后村中便没有再出现日本人的部队。

五、家规家法

(一)家规约定俗成

牛家并没有成文的家规、家训,所谓的规矩都是约定俗成的,好比家长具有最终的决定权,在家庭事务当中处于支配性的地位等规矩。家里人员无论做何种事情都需要向家长告知或请示,只有得到允许之后才能行动。家里分工明确,男人主要进行农业耕作,女性则主要在家内做一些家务活动。婚姻过程更是遵循父母之命、媒妁之言。分家之后儿子继承财产,老人由长子赡养。对内要团结和睦,对外要与人为善。

(二)默认家规

牛家虽然没有成文的家规,但是默认的规矩很多。俗话说:"没有规矩,不成方圆",牛家作为一个家庭也有相应的规矩来约束家里成员的行为,以便牛家更好地生产生活。牛家的规矩都是依据上辈人的做法延续而来,大家都依此行事。牛家的家规并没有特定的制订者,默认家规的约束范围是牛家所有的成员。家长在平时也要依据默认家规做事,在发现家人有违反的情况会及时提醒改正,家长更是以身作则。小孩对于家规的习得一方面是耳濡目染知道家里的规则,另一方面是家人在日常生活中的提醒。家里人都可以来教小孩学习规矩。家里小孩习得规矩,可以在很大程度上避免尴尬。好比1939年分家之后,牛家老人郭氏去世,穿戴孝服孝帽的孝子便不能前去别人家中,如果牛家小孩不懂规矩进入,牛虎掌不仅要道歉,还要为其买鞭炮放响驱邪。

1.做饭吃饭,女不上桌

1939年分家之后,平时家里的饭菜由井小妞来做,老人郭氏安排饭菜。家里做的每顿饭菜都是由内当家人郭氏安排,家长牛虎掌或老人牛长生如果某顿想吃特定的饭菜,提出之后,郭氏就会安排井小姐去前去准备。做饭所需的菜品几乎全都来自自家地里,很少出去购买,只有过年的时候会去集市上购买一些。牛家一家吃饭的时候可以在桌上,也可以在炕上,但妇女不能上桌吃饭。冬天取暖的时候,老人优先靠近火炉取暖。吃饭的时候必须要把所盛的饭菜吃完,不能剩饭。每个家庭成员吃的饭菜都一模一样,因为牛家吃的是大锅饭。孕妇在坐月子的前三天里只能喝米汤,而且不带米粒,据说是孕妇肚里都是血,不能吃黏稠的食物。老人、病人可以吃得稍微好一点,早上会喝点面汤。

吃饭的时候,井小姐负责给家里人盛饭,盛饭时要先给长辈盛一碗。等到第二碗的时候,就不再有先后顺序。井小姐在给老人盛饭的时候必须双手递到老人面前,以示尊重。动筷吃饭的时候不能来回搅拌饭菜,挑肥拣瘦。一旦小孩子不懂事在饭菜中挑挑拣拣,牛虎掌就会严厉地教育孩子。

农忙时期不用送饭,因为在农忙时期全家人都要去地里帮忙,家中不会单独留人做饭,一般都是井小姐提前回去半个小时做饭。吃完饭之后也由井小姐来统一洗涮。

牛家在吃饭的时候有以下忌讳:

①不能将筷子插在盛着饭菜的碗里,特别是家里有老人的情况下,因为筷子插在碗里一般是祭祀时上供所用。

②开饭之前不能用筷子敲打饭碗,否则会被训斥为"要饭的",因为当时要饭的通常都是用筷子敲空碗,有的时候还要唱莲花落,一旦被施舍了饭,就不再敲敲打打。

③吃饭时不能吧唧嘴,喝汤时不能出声音,否则会被训斥为"猪吃食",吃饭时发出声音被视为非常不礼貌的行为。

④吃饭时不能闲聊热闹,当地称为"食不言"。

⑤一碟菜,如果老人没动筷,晚辈便不能动筷吃这道菜,以显示对老人的尊重。

⑥动筷吃饭的时候不能来回搅拌饭菜,挑肥拣瘦。

2.座位主次,分长幼、男女

牛家并没有太平椅可坐。村里其他家户有太平椅的平时都是家里老人来坐,男性坐左边,女性坐右边,左边的位置为上座。家里老人在世的时候,晚辈不能坐太平椅的。

在山后村,宴请餐桌中座位也有主次之分,一般以正对屋门的位置为上座。在山后村,当客人主要为本家亲戚时,按辈分排座位;当客人中有奶奶的娘家、母亲的娘家、姐妹的婆家时,奶奶的娘家排在上座、母亲的娘家次之,最后才轮到姐妹的婆家。当客人主要为街坊邻居时,则以街坊邻居的辈分来排座位。牛家因家境贫寒,不曾与财主、保甲长等人常联络,因此不曾邀请财主、保甲长等人作为客人。

当自家举行大型宴请活动时,如结婚办喜酒等类似红白喜事时,如果本村财主、保甲长等干部、乡贤绅士、本家亲戚、姥姥家亲戚、舅家亲戚、关系好的朋友或者邻居都参加,一般都是本村财主、本家亲戚和姥姥家亲戚可以坐主桌。座位顺序主要由招待客人的"大总管"来安排。

3.男女搭配,请示家长

(1)生产生活中的请示

1939年分家之后,对于土地的经营管理,牛家由牛虎掌说了算。全年农业生产与种植计划,都是牛虎掌和老人牛长生商量着决定。家里的男女都有较为明确的分工,农业生产的各个环节,牛虎掌都会参与其中;老人牛长生因为年事已高,体力不支,偶尔帮忙干些轻松的农活比如锄地等;家里女性一般都是在家中纺织、洗漱、做饭等;但是在农忙的时候,全家老少都会去地里收割麦子或进行秋收。牛家的生产工具基本齐全,偶尔需要借用磨或者碾,是由牛虎掌前去,如果牛虎掌因有事无法前去,则由老人牛长生前去借用。牛家只有 1 头牛,一般是由井小妞来喂养,有时谁闲在家中也会去喂养牲口。牛家作为一个小户,土地只有 10 亩,无钱也无须去请雇工帮忙。牛家除了农业耕作并无其他副业或者手工业。老人牛长生年纪较大,更多时候是闲在家里扫院子,但是牛虎掌每天干活回家之后,一般也会向老人牛长生简单地说一下地里的情况,征求一下老人的意见。

(2)家庭生活中的请示

关于做饭吃饭的请示。1939 年分家之后,牛家的饭菜主要是井小妞来做,牛家每天每餐饭菜井小妞都要请示一下老人郭氏和婆婆贾氏。大多情况下由老人郭氏来做决定,偶尔家长牛虎掌和老人牛长生哪顿有特别想吃的饭菜也会提出来,老人郭氏一般都应允,然后吩咐井小妞去做。家里如果有老人、小孩生病,井小妞不用向老人郭氏特意声明,老人郭氏就会留意到,让孙媳井小妞为其早上煮点面汤。

关于做衣洗衣的请示。牛家分家之后的衣服也是由井小妞来做,婆婆贾氏眼睛好的时候也会帮忙制衣。牛家的衣服几乎全是自家纺纱织布、改制旧衣而成。家里制衣的多少需要根据上一年剩下的棉花数量来决定。家里制衣时井小妞要请示老人郭氏,由老人郭氏根据家里成员穿衣的实际情况决定分配,一般都是老人、小孩的衣服优先缝制。家里衣服的缝补,井小妞则无须请示老人郭氏,见了破洞便可缝制。至于洗衣,除了未成家儿子的衣服由其母亲来洗,其余衣服是由井小妞统一来洗,但是收衣的时候,一般是分开来收。

关于购买物资的请示。1939 年分家之后,家里的生活用品快使用完的时候,井小妞或者老人郭氏便会提醒家长牛虎掌一句,由牛虎掌决定何时何地去购买。牛虎掌不在家的时候,便由老人牛长生前去置办,只需回家之后向牛虎掌说明一下即同。对于家里的生活用品的置换,因为一般是卖家担着箱子在村里齐齐过一遍,所以通常情况下是牛虎掌让妻子井小妞前去置换,井小妞置换完之后,需要将置换的详细情形告知牛虎掌。

(3)外界交往中的请示

外出请示。1939 年分家之后,牛家在逢年过节的时候,家里的小孩由于爱热闹一般会请求牛虎掌,让爷爷牛长生或者母亲井小妞带着一起上街赶集或到庙宇烧香拜佛。牛家的女性很少去赶集,去之前一定会向牛虎掌说明想去的理由、回家的大致时间等。牛家去庙宇烧香拜佛的时候,牛虎掌或老人牛长生会主动要求家里的女性前去庙宇烧香时祈求全家平安。

借粮借钱的请示,1940 年牛龙虎去世之后,名下的 3 亩土地便转给牛虎掌,因此牛家土地还是 10 亩,由于每年赋税沉重,家里的粮食经常难以度日,牛家一家省吃俭用仍经常出现两三个月无粮可吃的状况。这时牛虎掌和老人牛长生会坐下一起商量借粮的相关事宜,最终由牛虎掌决定借粮的斤数、谁去借粮等。因为牛家的老人郭氏与财主郭义贤家是远亲,牛虎掌一般会让老人牛长生前去借粮,一是因为牛长生作为长辈说话比较有分量,二是因为老人牛长生在村里的信誉较好,三是因为牛虎掌自己的腿行走不便。

(4)请示的形式

牛家的汇报形式只有口头汇报和大家共同商量决定两种。1939 年分家之后,牛家的一些小事,比如置换生活用品、借用生产工具等,一般都是家里的人员向牛虎掌简单说明一下自家的情况,得到牛虎掌的允许之后便可采取行动。但是如果是关于自家的红白喜事、借粮借钱等大事,一般都是家里人一起坐下商量,最后由牛虎掌做出决定。

1939年分家之前,家里的大事小事都由老人牛长生做主。如果一件事情在请示老人牛长生之后得到的答案是否定的,家人可以和老人牛长生进一步商量或讨价还价,如果最终老人还是持否定的态度,那么家里成员就不能违抗或违背长辈的意志,只能选择放弃,因为违背老人的意志,在当时也属于不孝的行为。1939年分家之后,家长一职便轮到牛虎掌身上。牛家遇到问题时会向年轻一辈的新当家人牛虎掌请示,由牛虎掌做出最终决定。家里内部事务,如做饭、制衣等一般都不用请示家长,而向老人郭氏请示,由老人郭氏安排。其他事情均由牛虎掌做主。牛虎掌和老人郭氏大多互不干涉。

4.宴请宾客讲规矩

(1)生产活动中的请客类型

当时山后村,只有大户、中户会经常因为请工、土地交易、修建房屋等宴请客人。而牛家作为小户,家中贫寒,很少宴请待客。如果有家户进行土地交易,一般都是买家宴请中人、文书等。同样,如果有农户的家中修房开工与上梁封顶,一般也会宴请木匠瓦匠等,如果其中有自家邻居前来义务帮忙,那么本家需要招呼邻居在自家吃午饭;如果是花钱雇邻居来帮忙,就不需要招待午饭。一般是一家的家长代表家庭前来邀请。

(2)生活中的请客类型

在当地,大户人家家中定亲、结婚、生孩子、孩子满月、老人祝寿等一般都会宴请宾客。而牛家因为家境贫寒,一般只在结婚、孩子满月的时候摆几桌酒席。牛家有白事需要宴请。牛家作为小户,很少和财主、保甲长等有联系,所以在宴请的时候只是简单地宴请一下自家的亲戚、要好的朋友和邻居等,当然孩子结婚的时候需要邀请媒人前来。发生争执矛盾请人前来调解,调解之后理亏的一方需要宴请当事人和调解人的,以此赔礼道歉。

(3)宴请规矩

宴请中,同一次宴请不同的群体,饭菜的多少和质量并无差别。在山后村,宴请时有主次之分,主桌的饭菜和其他桌的饭菜一样,不过一般会放在待客旁边。分家之后,牛家在宴请时大多是八大碗。宴请一般会请专门的人来掌勺做菜。红白喜事宴请一般都是在牛家自家院里用餐。牛家红白喜事宴请所需的厨具炊具大多是租来的,所需花费是牛虎掌将自家牛卖掉得来的钱。宴请中需要饮酒,饮酒之时也会有酒令。山后村的酒令一般是虎棒鸡虫令。

(4)陪客规矩

牛家宴请时由专门招待宴请的"大总管"来安排客人,会有专门一张桌子摆在待客旁边用来招待主客,主客一般坐首席。自家宴请需要请人陪客,一般都是请亲戚邻居,陪客的人一定要能说会道。陪客的人需要给客人倒酒。客人中有男有女,一般都是男主人陪男客,女主人陪女客。主人一般只找一个陪客。在当地,如果自家儿女结婚,一般都是舅家人带着肉前来陪客,当地的老话就是"舅舅一头肉,大锅煮小锅馏"。牛家在宴请时有"把客人陪好了"这种观念,只要大家在席间吃得和和气气,不闹出任何纠纷就算"陪好了客"。

（5）开席与散席

1939 年分家之后，牛家在宴请时，贾氏的婆家也就是当地老话中"老娘舅"开始动筷子便算作开席。但在一般情况下，凉菜上齐便算作开席。开席之前一般是"大总管"发言致辞让大家吃好喝好，主人不需发言。等到主客吃好放下碗筷之后便意味着散席，这时同桌其他人便也放下筷子离席。

（6）贵客

当地有"贵客"的概念，一般将奶奶的婆家，也就是老娘舅看作贵客。牛家因为和财主、村庄管理者保甲长等并不相熟，一般不会请他们前来。招待贵客的饭菜和其他桌一样，不过会先上饭菜，只有家长才能代表一家前去招待贵客。

5.房屋进出，男女有别

牛家的三间窑洞都是坐西朝东，两间用来住人，一间用来饲养牲口。窗户也是朝向东面。1939 年分家之后，老人牛长生及其妻子等居住在中间的窑洞里面，牛虎掌一家居住在靠左的那间窑洞。来的客人前来和老人牛长生居住在中间的窑洞里。牛家房屋前有一片院子，大约有 0.5 亩，只栽种了两棵树，一棵香椿树，一棵花椒树。

牛家睡觉的时候没有明确的规矩，早上一般都是家里的女性先起床做饭，然后家长、其他大人都开始纷纷起床，小孩可以晚起会儿。农忙的时候，一般都是六月份收麦子，这时正值炎热的夏季，牛家人会选择早些，趁着凉快去地里干农活，一般都是凌晨 4 点左右起床，晚上8 点左右睡觉。冬天农闲时期，牛家人一般会晚些起床，大约 7 点；因为冬天天黑得早，牛家在晚上 6 点多都各回各屋睡觉。

牛家的居住状况为，老人住在中间的一间房屋，哥南弟北。牛家有人结婚需要用新房时，老人牛长生会把窑洞拿白土重新粉刷一遍，兄弟之间无须轮住，老人会选择和牲口住一间窑洞，将就一下。

牛家进出居室也有相应的规矩，大家不能随意进出别人的房间。结婚后儿子媳妇比如井小妞能进公公婆婆的门，但是不能进小叔子牛龙虎的门。如果有事需要商量，只能在门外先喊叫一声，让小叔子牛龙虎出来才能商量。公公牛长生不能进儿媳妇的屋，当然小叔子牛龙虎也不能进。同样，需要商议事情的话，可以走出屋门商量。因为男女有别，一旦乱进房间，不但会造成家庭矛盾，还容易遭到外人的非议。

6.制衣洗衣，妇女为主

牛家在牛龙虎未结婚之前，衣服是由井小妞来做，已婚的牛虎掌的衣服由其妻子井小妞来做，牛龙虎未婚时的衣服由其母亲贾氏来做，未出嫁牛艳彩的衣服也是由母亲贾氏来做。老人牛长生等的衣服一般由儿媳井小妞来做。

牛家的衣服除了未成家的牛龙虎的衣服由其母亲贾氏来洗外，其余的衣服均由井小妞来洗，一般放在村里的水塘边上来洗，因为当时家里水少，连吃水都很困难。洗衣时用的是皂角，井小妞用从集市上买的棒槌来敲打衣服使其变得更干净。洗衣服所用的盆子是洗脸盆，井小妞洗完衣服直接拿回自家院子里统一晾，在两棵树中间绑一根绳子，将衣服搭在绳子上来晾，但是在收衣服的时候，却是自己收自己的。

(三)家庭禁忌，全家遵守

1.种田忌毁庄稼

牛家在农业生产时最大的忌讳就是损坏庄稼，为此当地形成很多的老古话和顺口溜，具体如下：

(1)"十月种麦不害羞,过年你收我也收",意为十月的时候种麦也来得及。

(2)"早种一天,早收十天;迟种一天,迟收十天",意在说明种玉米需要赶时令。

(3)"清明前后,种瓜种豆",即指在清明节左右要种秋。

(4)"头伏萝卜二伏菜三伏种白菜",说明三伏天时应该种哪些蔬菜。

(5)"种地不上粪,等于瞎胡混",强调想要有所收成,就必须给土地上粪。

(6)"地没赖地,戏没赖戏;地在人种,戏在人唱",意指种地需要勤快。

(7)"旱不死的葱,饿不死的兵",点明种葱不需浇水。

(8)"桃三年,杏四年,要吃核桃十五年,不伤主人活神仙",强调桃、杏、核桃的成熟期一般较长。

2.结婚生子忌讳多

当地在婚姻上的忌讳较为繁多,主要是为了图个吉利。

新娘在离开娘家的时候,必须由人抱上花轿。据说新娘双脚着地会有厄运降临。新娘离开娘家的时候,姨辈不能相送,寓意为"一个人";过门的时候,男方的姑姑不能迎亲,寓意为"孤单",当时称之为"姑不能迎,姨不能送"。当地流行"结婚三天路不空"的说法,是指新媳妇第一天被迎亲至男方家庭,第二天要回娘家,第三天要赶回婆家,并且这三天必须走原路。媳妇娶到家第一年,夏天时丈夫要领妻子回娘家看望丈母娘,当地将此称为"夏天到,要瞧下";而且刚结婚的新媳妇,必须在娘家过端午,据说是"癞蛤蟆,躲端午"。新婚百天之内,新人不能参加红白喜事。当地还流行一些老说法,比如"好女不嫁二男","新媳妇吃豆芽,过年抱过小胖娃","新媳妇到门前,还得一个老牛牵"。

当地孕妇在生下孩子的前三天,只能喝米粥,不能吃黏稠物。孕妇在生下孩子40天内不能去别人家串门。

牛家老人牛长生因为信仰佛教,不能吃葱蒜、荤腥。老人牛长生经常教育子孙"葱是狗肠,蒜是狗爪,韭菜是狗筋,芫荽是狗毛"。

牛家在丧葬上也遵守一些忌讳,穿戴孝服孝帽的孝子不能进别人家的门,如果不懂事的小孩闯进别人家院子里,牛家就要给其买鞭炮在其院子里放响以驱邪。不过五七,不能洗衣服。孝子一百天不能剃头。如果不遵守,外人会说三道四,甚至嫌弃唾骂"这家人太不懂事了。"

逢年过节时,牛家在大年三十夜,门前要放根木棒,寓意"挡财神",避免自家的财运跑到别人家中;初一不能倒垃圾,据说正月初一是扫帚生日,动扫帚,否则会将自家的财运扫走;初一不能动剪刀,怕一不小心剪错纹路,将自家的财路剪断;"过了初四五,少肉没豆腐",寓意过了初五便不能再走亲戚。

3.违背禁忌,家长教育

如果家庭成员有违背禁忌的情况,比如小孩在吃饭的时候喜欢敲打碗边,这时家长便会斥责小孩,让其停止此行为。如果有些事情说了三四遍之后小孩还是不听,这时家长便会轻拍孩子让其长点记性以免再次犯错。一般而言,都是小孩子不懂事才容易触犯这些禁忌,家中很少有大人触犯各种禁忌,大家做事的时候都严格遵守规矩。当然,触犯禁忌的情况通常都比较特殊,日常的生活中也没有太多的忌讳。

六、奖励惩罚

(一)家长口头表扬

牛家一家因经济条件的限制，对家里表现较好的成员，家长没有多余金钱发放以示鼓励，大多是通过口头表扬的形式来实施奖励，一般是针对家中小孩实施奖励，因为大人们心性较为成熟，一般无须通过奖励来刺激其辛苦劳作。

1939年分家之后，牛虎掌作为牛家的家长，可以对家里成员的行为进行点评。因为下一代中女孩较多，所以牛虎掌对其评价的依据主要是做家务活能力的大小和听话与否。在农忙期间，牛家一家老少都去地里帮忙耕作。牛寸莲做饭利索，饭菜也烧得比较好吃，如果某天不想去田间劳累，便请求牛虎掌让其待在家中做饭，牛虎掌一般会应允女儿的请求。同时，牛虎掌还借此机会教育其他女儿好好学习做饭："你们看看寸莲，人家做的饭菜就是比你们好，你们要多学着点儿。"

牛家在对小孩实施奖励之时，并非只能是家长牛虎掌一人，凡是辈分较高的人都可以。牛家的小孩比较多，为了公平起见，不让小孩心里委屈，老人牛长生一般都是将东西平分给各个孙女。但是偶尔为了让孩子以后能够认真听话，老人牛长生也会通过多分配一些瓜果或零食作为奖励。最为幼小的牛小么较为听话，因此经常能比其他人多吃一些瓜果。

牛家孩子如果表现得特别优秀，不仅可以得到自家的表扬，甚至可以得到村里人的称赞。牛清莲因为心灵手巧，做的一手好手工，其刺绣的手艺在村里得到一致承认。村里其他人见到牛家人，都会忍不住提一句，"你家清莲的手工活真是好啊，要是我有这本事该多好啊"。牛虎掌一家听到此类赞扬也甚是欣慰，为自家女儿感到骄傲。

(二)惩罚小辈，原则明确

牛家家里凡是辈分较高的人都可以对辈分较低的成员实施惩罚，无须征求家长的同意。牛家在对家里人实施惩罚的时候，外人一般不愿介入，除非是惩罚太过严厉，介入其中的一般都是牛家的亲戚或近邻。同样，牛家也不会对其他外人实施惩罚，如果确实有损自家利益，则由家长出面去找对方家长理论。牛家在对成员实施惩罚的时候，一般根据家里成员所犯错误的严重程度，采取不同的措施，轻者责备两句，重者则是打骂。

牛寸清小时候比较淘气，经常爱出去玩耍，有时候回到家中都已经天黑。老人牛长生比较担心孩子的安全，同时又因为牛寸清是个女孩，天天在外面玩耍，容易招人非议。老人牛长生便轻轻责备了两句，牛寸清当初也已经有自己的想法，比较爱面子，忍受不了老人的责备便一直哭泣，最终去世。老人因此一直内疚，总觉得是自己的过错，此后对其他孙女一直呵护有加，就算是犯错，老人牛长生也是能忍则忍，细心教育。媳妇井小妞因是童养媳，年龄较小，在做家务的时候总是不够利索，婆婆贾氏便看不惯井小妞，因此平常总是时不时地责备两句。家里一切的家务活几乎全由井小妞一人来做。有时，婆婆贾氏实在气急便会动手打骂，一般都是在井小妞的胳膊上掐一下以泄愤。

七、家族公共事务

1949年前，牛家在山后村是大家族，牛家祖先自落户以来，在山后村繁衍了十几代，村中大半的人都姓牛。因为繁衍代数较多，并且经过不断地分家，随着血缘关系的淡漠，牛家整个大家族只在表面上具有强大的凝聚力和权威性，在很多事务上不再统一操办管理在清明节举行大型祭祀活动之外。

牛家参与家族事务也只有清明上坟一项。上坟的时候，牛家只有成年男性可以前去，家里的妇女不被允许参加。上门女婿蔡氏，按道理应该算是牛家人，但是却不被家族认可，不准其上坟祭拜牛氏祖先。据说不是一家人，所持的气运不同，如果前去上坟，可能会造成气场的紊乱，从而引起不协调导致霉运不断。清明节当天，牛家家族的每个人都从自家拿一些食物、纸钱以及打扫坟地的工具等。1939年之后，在清明扫墓时，牛虎掌作为一家之长代表全家前去参与。在动身之前，牛虎掌一般都不吃食物或是只吃素食。到了坟地之后，听从家族族长的命令进行上坟。因为上坟时，都是自家从家里拿所需物品，很少产生花费，偶尔产生的一些花费则由家族共同分担。

因为代际关系较多，牛家家族对于族人所做出的保护也很少。家族里如果有一户的孩子需要花钱读书，家族对此不承担任何费用，这算是家户内部的事务。不过在外人面前提起仍以此为荣。同样，如果族人中有生活条件较差，难以维持生计，牛家家族也很少出面为其提供帮助。总而言之，牛家家族的管理较为松散，对族人的约束较少。

八、村庄公共事务

(一)村庄会议

1939年分家之后，村里组织开展村务会议时，牛家是由牛虎掌前参加；如果牛虎掌不在家，一般都是老人牛长生前去开会，开完会议之后，通常会向牛虎掌说明一下会议的相关内容。牛虎掌可以代表自己的家庭对于村庄的一些公共事务提出自己的建议，好比打井，虽然说是村庄的公共事务，但因工作量较小，无须让每个家户每天都来参加，大家可以轮流。这样既不耽误打井，也不耽误农户忙碌自家的事情，可谓一举两得。如果村中觉得牛虎掌说得很有道理，便采纳实施。

村里召开征税会议，首先需要通知各家家长。去参加征税会议的人都是家里有土地的农户，没有土地的家户便不用前去。因为山后村的征税，是按名义之下所拥有的土地亩数来计算的。分家之后，牛虎掌一家仍有自己的耕地，所以在村庄开征税会议时，牛虎掌代表牛家便会积极主动地前去倾听，因为对于牛家这样的小户而言，征税的税额对于家庭的影响较大，直接影响到牛家一家的生活劳累程度。

村庄里也曾开过佃农会议，因为牛家没有租佃他人的土地，所以无须前去。1939年之后，牛虎掌作为牛家的家长对村庄的某些事务比较上心，大多关注和自家利益相关的会议，同时也会在会议中提出自己的一些看法，回到家中也会和自家人一起讨论商量。村庄会议的结果按照少数服从多数的原则得来，即使有些农户对结果并不满意，也要服从。

(二)修整道路

山后村最初没有道路，都是走的人多了便慢慢形成小路，到后来村中人口多了起来，才有了修路的需求。村里修路都是保甲长等前来找各家家长，以一家一户为单位来提供人力。山后村修路的时候，牛家还是牛长生当家。牛长生在听到保甲长的命令之后，便让牛虎掌和牛龙虎二人轮流前去。村中其他家户也是由家长决定派出一位男性青壮年，如果家中无合适的青壮年,便由家长自己前去修路。山后村没有出现一个家庭出多个劳动力的现象,除非两家关系较好,今天这家有事便让另一家多出一位劳动力帮忙,明天自家出两位来换工。

1939年前村里修路的时候,牛家为了公平起见,安排两个儿子轮流前去修路。当地修路时,如果一家之中没有壮实的男性青年,便会由家中老人前去修路。当时山后村农户的家庭条件都是很一般,无钱到别人家雇一个人工,实在有事不能前来修路,便会从娘家请一个亲戚前来帮忙。

修路时,山后村不让女性前来干活,一是因为女性不宜干重活,二是当时的女性都是三寸金莲,无法长时间走动。

(三)打井淘井

山后村在1939年前组织过打井淘井的活动,村庄打井是全村人一起来打井。保甲长前来通知各家家长,同样是以家庭为单位,一家只需出一个劳动力,由各家家长安排。因为村里打井需要的人少,大家可以轮流前去,不用像修路一般每天都必须前去。家长派出的人员必须服从家长的安排。牛家在打井期间,老人牛长生作为一家之主,便安排次子牛龙虎前去打井。一是因为打井任务并不繁重;二是因为牛虎掌的小家人口较多,需要牛虎掌在家帮忙照应;三是因为牛虎掌的腿脚不好,怕在打井过程中出现意外。牛龙虎对于打井一事,并无不满,因为牛家两兄弟的关系较为和睦。

村里淘井一般都是由于雨水冲刷将地面的杂质等冲到井里面,导致从水井汲取出来的井水越来越浑浊,而且夹杂着一股泥腥味。这时村里的人便会号召大家前来淘井,一般都是找一些有经验的老手下去淘井,因为在淘井过程中容易出现窒息死亡。牛家一家无人会淘井,因此村里需要淘井的时候,牛家只是前去帮忙打个下手。

(四)集体娱乐活动

村庄每年过年的时候,都会开展一些集体性的娱乐活动,当地称之为"耍热闹",主要内容就是打锣鼓、耍花鼓、踩高跷、舞龙舞狮等。1939年分家之后,村里开展此类活动一般都是甲长前来通知牛虎掌。如果牛家有人爱好此类活动,便可向家长牛虎掌说明一下,得到牛虎掌的允许之后便可参加。过年时,牛家家里一般也无农活需要去干,牛龙虎大多都会支持。牛家一家除了老人牛长生以外都不太爱好热闹,也不经常去人群中闲聊。而老人牛长生因为年龄较大,之后也不再经常参与到村庄的过年活动当中。

牛家偶尔也会提前从邻居口中得知村庄将要开展集体活动。虽然牛家一家人不会参与表演,但是都会前去观赏,家里的女性、小孩只需向牛虎掌说明即可前去,牛虎掌大多也会陪同前去观赏。毕竟牛家在忙碌一年之后,也需要借此机会放松一下,图个好心情。

(五)轮流打更

1939年分家之后,当村庄发生战乱或偷盗事件之后,会号召大家一起维护村庄治安,由保甲长前来安排每家每户轮流打更。牛家由家长牛虎掌前去打更,因为老人牛长生年龄已大,身体较弱,已经不能再通宵熬夜打更。村里同样会安排各家各户前去巡视,巡视的责任也是由各家各户的家长承担或安排,牛家因为家中无其他青壮年男丁,只能由牛虎掌前去。如果遇到危险或察觉情况不对,牛虎掌就会用力敲响手中的锣,让农户能听见,争取时间做好防御措施,减少金钱人力等损失。

九、国家事务

(一)纳税

1.税种复杂,赋税严苛

山后村是以家户为单位来缴纳税款,按照土地面积计税,一亩地要交80斤粮食。每年在6月份左右缴税,一年交一次,因为牛家土地一共10亩,所以每年需要缴纳粮食800斤。

1939年分家之后,牛家缴过田税、壮丁费、人头费三种税款。田税就是一亩地要交80斤粮食;壮丁费是因为村里一起买兵所承担的费用,是按家里的男性数量来计算,一个男子需交100元;人头费是按家里的人口计算,每人30元,冬夏各一次。这些赋税对当时的牛家而言是一笔不小的负担。刚分家的牛龙虎交不上壮丁费,因此只能自己去当兵。

2.保甲长统一征收

1939年分家之后,每年收税时保甲长直接来牛家征收税款,直接找家长牛虎掌,让其缴纳税款。如果牛虎掌不在家,保甲长便会告知老人牛长生需要纳税,老人牛长生也有权利直接去缴税。在山后村,如果保甲长前来征税时牛家却无粮缴纳,保甲长便会直接鞭打牛家的人。过几日之后便会再次上门来征收税款。所以牛家一听到需要缴纳赋税的消息,如果无粮缴纳,牛虎掌凌晨便会带着全家人去田地间躲藏,直到晚上才敢回家。如果离缴纳税款的数目差距过大,牛虎掌便会前去财主郭家借贷。这种情形在山后村十分常见,因为小户人家经常凑不齐赋税,所以遇上这种情况只能选择躲藏。

3.勉强纳税,压力很大

1939年分家之后,牛家只有在雨水较为充足的年份,才能收获较多的粮食,以保证按时纳税。牛家在更多的年份中都会延迟一星期左右缴纳赋税。山后村不曾出现过减免税款的情况,牛家更是没有出现过不用缴纳赋税的情况。无论一年收成如何,牛家最先考虑的是赋税,其次才是一家人的吃喝问题。

牛家推迟时间纳税,主要是由于当时没有足够的粮食。村里首先会找家长牛虎掌催债。牛家经常出现缴不起赋税的情形,这时牛虎掌会先交一部分粮食,向保甲长求情延长时间缴税,保甲长一般会同意延迟几天,但不会帮牛家垫付。在延迟的期间,牛虎掌便积极和老人牛长生商量去财主郭家借贷粮食。如果过了拖延期间,牛家仍无法按时缴纳,牛虎掌白天便带领全家人一起躲到田地当中,晚上才敢回家以免受皮肉之苦。这是因为在山后村,如果缴不起税款,保甲长便会前来抓人不分男女老少,一旦被抓到,轻则遭受皮肉之苦,重者残疾,一般都是被倒吊到树上鞭打。

(二)强制征兵,随机抓丁

牛家曾被国民党征兵,征兵是保甲长前来对村里说明,征兵人数每次都是三五人。牛虎掌因为腿部残疾,行走不便,保甲长便不曾要求牛虎掌前去当兵。牛龙虎在1939年分家之后,没有多余金钱来缴纳壮丁费,而且当时听说部队待遇较好,自身又偏懒散,便打定主意要进部队。当时山后村的保甲长应南京国民政府要求前来征兵,山后村的农户都不愿意让自家儿子前去,于是全村人联合起来买兵。牛龙虎欣然答应去部队,将村人买兵的钱财留给妻子便自愿跟随部队离开。牛龙虎到部队之后,发现当兵的条件比想象中艰苦,经常无法吃饱穿暖,而且容易在战斗中伤亡,因为当时正值抗日战争时期,在河南、山西地区国民党的军队减员严重,他在部队待了半年左右就偷偷地溜回家中。因为这种情况经常发生，保甲长看见牛龙虎回来也不介意，没有去找牛家的麻烦。牛龙虎在家中静静地躲了几个月之后才敢出门见人。

当时保甲长前来征兵，并没有遵守独子家庭不能征兵的规定，而是看见适龄的身体壮实的男青年便直接抓走。当时山后村的农户都不愿意自家男性去当兵。一是因为如果家里壮年男性前去当兵，家里的劳动力就大为减少，生产生活会产生极大的不便；二是因为男性当兵，家里只余妻儿寡母，容易遭受外人欺负；三是因为当兵风险较大，容易一去不复返。因此村人便打定主意联合起来买兵。买兵所交的壮丁费是以每个家户适龄男性的数量为基础，每个男性需要缴纳 100 元。山后村愿意卖兵的家庭一般都是家里的孩子数量较多，并且没有足够的钱粮来养活一大家子人，迫于现实只能选择卖兵。

山后村抓壮丁主要是根据青壮年男性的身体健康程度。保甲长前来抓壮丁不会顾及太多，而是抓到谁便是谁，所以农户一听到抓壮丁的风声，大家便纷纷躲藏起来，如果被发现，便一路逃跑。当时如果逃跑没成功被逮，便会被保甲长等一行人狠狠地鞭打；如果逃跑成功，便不再追究此事。牛龙虎从部队刚刚溜回没几个月，保甲长又前来抓壮丁，牛龙虎担心再次被抓去，便一路急速逃跑，跑了整整一个白天，晚上回到家中便一直喘，没过多久便去世了。

当地也曾强制征购过军粮，一家一户均摊粮食，不给农户分文报酬。牛家所在的地区是国统区，没有共产党的基层政权，因而也没有共产党的部队征丁。1944 年以后，日本占领了山后村，但次年旋即投降，因而山后村没人自愿当兵，也没有人参加抗日武装和抗日组织。

（三）均摊劳役

山后村摊派劳役是按照家户数量来计算。在修路的时候，牛家按保甲长要求出过劳力，当地对出劳力的叫法是"干活人"。山后村出劳力是以家户为单位，每家需派出一名劳力，等到吃饭的时候，各个劳力便回各自家里吃饭。牛虎掌在修路时，一到中午便与邻居一道回家吃饭。当地出劳力是没有工钱作为报酬的。

村里需要派遣劳役的时候，保甲长首先会找各家的家长，再由家长安排家里的其他成员去出工。1939 年分家之前，牛家老人牛长生在接到村里通知的时候，因为两个儿子的年龄相差不大，身体素质也相差无几，为了公平起见，便轮流安排牛虎掌和牛龙虎前去。被派前去干活的两人都听从家长牛长生的意见和安排，无人觉得不公或不满。

当地摊派过壮丁费和人头费两种费用。壮丁费是村里一起买兵所需承担的费用，费用是按各户的男性数量来计算，一个男子需交 100 元；人头费是按家里的人口数量计算，每人 30 元，冬夏各一次。当地摊派费用，每家每户都必须上交，未曾出现免交的情形。如果家中实在无钱上交，牛长生作为家长便出去外借，或者以工贷补。

（四）上级任命保甲长

山后村的保甲长等村庄管理者都是上级任命。当时，大多数村民是乐于接受这种上级政府任命的行为，只要保甲长等的所作所为不是过分严重，村里人都选择睁一只眼闭一只眼，得过且过。村庄也没有主动进行过选举，这在整个乡镇都是非常常见的情况。而牛家作为普通小户，最为关心的事情也是以家庭为中心而展开，好比儿子女儿的嫁娶、粮食的收成等。至于村庄管理者的任命，牛家觉得无论是谁都差别不大，因此在日常生活中也不会特意留意其管理者的一举一动，对于所做决定偏向于逆来顺受。

附　录

牛家大事记录表
【注：成员身份以分家之后身份为准】

	年份	事件	缘由
1	1939 年	牛虎掌的弟弟牛龙虎结婚,提出分家	人口过多
2	1940 年	牛龙虎去世,其妻改嫁	牛龙虎因村里抓壮丁逃跑过急,回家之后便去世
3	1940 年	牛虎掌的长女牛寸清去世	因被爷爷牛长生说了两句,便哭了一天一夜,之后去世
4	1940 年	牛虎掌的长子夭折,其妻井小妞一时急疯,两三年才恢复	长子因得天花,病死 井小妞受不了半年死了三个人,一时着急气疯
5	1940 年	牛虎掌妹妹牛艳彩结婚	冲喜
6	1947 年	牛长生和牛虎掌决定抱养牛艳彩的小儿,但最终没成功	牛虎掌膝下无儿 牛艳彩担心幼儿在牛家难以健康长大成人
7	1948 年 3 月	牛虎掌的三女牛清莲结婚,招上门女婿蔡氏	牛虎掌因抱养孩子不成,决定将三女牛清莲留在家里
8	1948 年 8 月	牛长生去世	年事已高
9	1948 年 12 月	蔡氏将牛清莲抢走	某人来牛家想买牛小么做妾,蔡氏强烈愿意,但牛虎掌不答应,最终蔡氏生气
10	1950 年	牛虎掌去世,妻子井小妞守寡	病死

调查小记

"越努力就越幸运"，这也许就是我在开展家户制度调查过程中和在写作完善过程中的最大感想。每一次遇到困难的时候，总是默默地告诉自己，再坚持一会，或许下一秒就能见到曙光。事实也是如此，一路走来，在家人、老师、师兄师姐以及村里其他老人的帮助下，不仅完成了自己的任务，更学到了很多知识。

2017年7月，河南省三门峡市正值40℃高温，烈日炎炎之下，一路漫无目的地走着，见到个老人就想上去询问一下，"爷爷或奶奶，请问你今年多大了？你家1949年以前同居同财有几口人啊？"等等，就这样一无所获，满心焦虑地过了一个星期左右。看着微信里家户制度调查群中其他小伙伴们你一言我一语和老师在讨论着寻找的家户是否合格，我的内心更是焦急。连着几日的寻寻觅觅，兜兜转转了好久最终才发现，原来身边最亲近的奶奶或许就是我要找的那个人。晚上8点吃晚饭后，便对我奶奶牛小么开始试调研，找到家户提纲里的一些细节问了几个，感觉奶奶的问答还比较清晰，于是我便将奶奶的基本信息告诉了邓老师，在得到邓老师的应允之后，那一瞬间真的觉得特别幸福，终于赶上了小伙伴们的脚步，终于可以开始我的调查了。我的家户报告也在老师的悉心指导下经历了三次修改，每一次修改都稍带痛苦，尤其是第一次修改的时候，因为叙述角度的错误，文章几乎是重写的，好在其他细小错误修改起来较为简单，历经五个多月，我的报告也一步步地趋于完善，终于有种要见到曙光的感觉。

家庭是人类社会的最基本单位，是人类进行生产生活实践的基础性依托结构，也是人类经济政治乃至社会关系中占据基础性作用的关联性单位。虽然某一具体家庭的实际情况具有个体性与特殊性，但总的来说一定程度上反映了特定历史时期的共性特征，而对于家户乃至家户制度的考察，实际上是微观地考察了人类社会乃至其组织行为原则，具有以小见大、见微知著的学术及现实意义。

家户制度调查是中农院最前沿的调查，其调研、写作难度不亚于学院博士生必做的村庄调查。通过家户制度的调查，我真的切实了解了1949年前的那段历史，以及当时相关的经济、政治、文化、治理等制度。

在此，我非常感谢中国农村研究院给予家户调查的机会以及相关经费上的补助，感谢尊敬的徐勇、邓大才两位教授以及黄振华老师认真细心的谆谆教导，同时也感谢我的奶奶牛小么。

奶奶牛小么生于1932年，没有接受过教育，一生以务农为主，是村里普通的百姓，一生勤恳务实，安分守己，因为是女性在村里并未担任过任何职务。年轻时，因为是家里最小的孩子，出嫁较晚，所以对娘家的事情较为了解。奶奶2018年因为其配偶去世，现在居住在三女

95

儿家中。因为身体较弱,平时也无须干其他农活,主要赋闲在家养身体。奶奶从 2017 年开始,不到半年便住了三次医院。因为身体的原因,所以一天下来也只是录了两个小时左右。虽然时间很短,但是我感受到了奶奶的坚持和配合,这令我着实感动。每一位老人都令人尊敬,他们在高龄、身体不适的情况下不厌其烦地为我们讲述他们所处的年代、历史。希望老人们长寿,希望他们的历史记忆可以为更多人所知晓。

第二篇

节衣缩食:劳弱积贫户的艰难度日经
——川中矮桥村张氏家户调查

报告撰写:许　英[*]
受访对象:张礼仁

---

* 许英(1995—),女,四川简阳人,华中师范大学中国农村研究院2017级硕士研究生。

导　语

　　矮桥村,位于四川盆地中部偏西边缘的四川省简阳市宏缘乡,全村境内山丘起伏,平均海拔418~491米,属亚热带湿润气候区,气候温和,适宜多种农作物的种植。作为传统的农业区,一家一户的小农经营模式,在这片土地上已有非常悠久的历史。张礼仁一家所在的矮桥村11组,1949年以前,在行政区属方面叫作七保。早年间,张家的祖先们随着湖广填四川的潮流,从广东地区迁入四川地区,在矮桥村占了一片土地,修建房屋,大兴种植业,并逐渐开始张氏①一族在此地的繁衍与生活。

　　1949年以前,张家所在的村一共居住着张氏八房人,张礼仁一家是村里典型的下等人家。由于家境贫寒,且男性人口少,在家族中完全没有话语权,经常受到其他几个房支的欺负,不仅分到的土地最差,没有选举保长、甲长等基层管理者的资格,而且,经常在派粮派款方面受到不公平待遇,土地面积与需要上交的公粮数量,二者之间没有恒定的比率。

　　张家一共有13口人,靠务农为生,只在农闲时候,男性劳动力会出去打零工,例如,依靠人力帮人转运货物,赚些零花钱贴补家用。除此以外,张家没有其他的生计。由于张家的爷爷张有亮和父亲张昆全相继在而立之年去世,所以在很长一段时间内,张家实际上处于劳弱②的境地,就靠妇女和未成年的小孩子支撑,生活只能勉强继续。

　　1949年以前,张家共有30亩土地,虽然土地面积不少,但大部分都很贫瘠,且地理位置偏僻,种庄稼很难高产,每年上缴各种公粮杂税之后,家里的细粮都无法满足全家人的需求,只能靠多吃小菜和红薯等粗粮维持。在某些时节,张家为了节约粮食,维持生计,一天只吃两顿饭的情况也十分常见。总体而言,人口中户、经济下户的张家,在1949年以前一直过着简朴贫寒的生活。

---

① 正文中,"张氏"区分于"张家","张家"指代本次家户制度受访家庭,"张氏"笼统指代本村张姓的几门房支。
② 劳弱:即劳动力不足,在劳动力方面处于弱势。

第一章 家户的由来与特性

明末清初,张家祖上随着"湖广填四川"的潮流,从广东迁入四川地区,至今已繁衍七代人。张家世代以务农为生,张家的爷爷张有亮在世的时候,张家还算得上中户,财富、声望在村里都不差。爷爷张有亮过世时,张家的父辈张昆全、张习全还没有成年,无法承担过重的农活,家庭严重缺乏男性劳动力,几乎全靠裹脚的妇女支撑,逐渐地,张家的经济状况越来越差。无独有偶,1940 年,张家的父亲张昆全,也因为患病医治无效去世,时年 39 岁,张家再次陷入劳弱的境地。由于两位男性劳动力相继去世,张家的当家人也经历了多次更替。

一、家户迁徙与定居

(一)祖籍广东

张礼仁一家在矮桥村已经繁衍了很多代人,却并不是"正宗的四川人"。大约是在明末清初,随着湖广填四川的迁移潮流,张家祖上从广东地区迁入四川地区。当时,四川地区的土地十分便宜,张家的祖先们就在矮桥村占了一块地盘,从此兴建房屋,大搞种植业,开始张氏家族在此地的繁衍与生活,并逐步融入四川地区的语言环境和地理环境。

(二)八房支家境大不同

1949 年以前,张氏家族共有八房人,历史上,张礼仁的老祖父有四个兄弟,老祖母那边也是四个兄弟,两边的兄弟们都生活在同一个村,延续下来,一共就有八房人。但是八房人的家庭经济状况却大不相同,张礼仁一家所在的房支,最兴盛的时候也只能算中户,其他几个房支,土地改革时期都被划成了地主。

(三)务农为生的本分人家

到目前为止,张礼仁所在的房支,一共有七代人,世代都是老实本分的农民,没有做过其他的营生。同时,自张礼仁的父亲张昆全一代开始,张家由于男性劳动力不足,在整个家族里的经济状况越来越差,也愈加没有话语权,经常受到其他几门房支的欺负。

二、家户基本情况

(一)男劳力严重不足

1949 年以前,张礼仁一家是典型的三世同堂家庭,三代一共有 13 口人,分别为张礼仁的爷爷奶奶(张有亮和张付氏),张礼仁的父亲母亲(张昆全和陈顺道),张礼仁的二爸二妈①(张习全和陈昌林),张礼仁的兄长和嫂子(张杰仁和彭仕学),张礼仁和妻子罗云珍,另外,还

---

① 二爸二妈:即父亲的二弟和二弟媳妇。

有张礼仁的一个姐姐、两个妹妹,分别叫张杰群、张秀云、张秀英,张杰群大约在1947年外嫁,张秀云和张秀英均在1949年以后外嫁。

1949年以前,张家的爷爷张有亮和父亲张昆全先后都在而立之年去世,在好几年之内,张家的男劳力,就只剩下因长期吸食鸦片损坏了身体的张习全,以及未成年不能承担重活的张杰仁、张礼仁兄弟俩。1949年以前,地里面的农活主要靠男劳力,被小脚束缚的妇女劳力几乎不怎么出门,妇女劳力常年都待在家里从事家务劳动以及管理家禽家畜。因此,缺乏男劳力的张礼仁一家,度过了一段非常艰难的时期,家里粮食缺口大,实在不够吃的时候,还会去亲戚家里借用粮食弥补缺口,勉强捱过去。

表 2-1　1949 年以前张家家庭基本情况表

家庭基本情况	数据
家庭人口数	13
劳动力数	13
男性劳动力	5
家庭代际数	3
家内夫妻数	5
老人数量	2
儿童数量	0
其他非亲属成员数	0

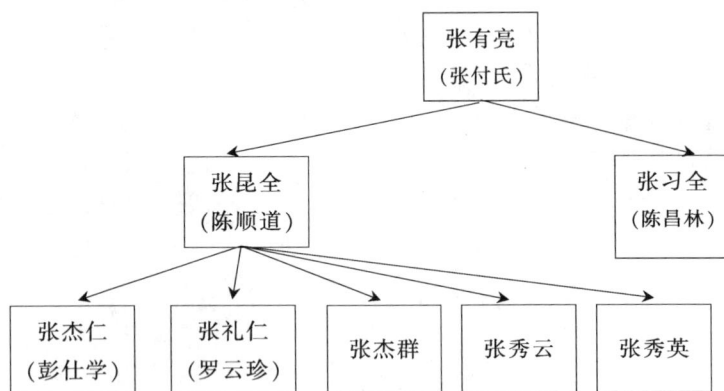

图 2-1　1949 年以前张家家户结构图

(二)教育乃穷家小户奢侈品

就张家的情况而言,几代人的文化水平普遍偏低,只有兄长张杰仁勉强读了几年书,张礼仁甚直连一年学都没上满,自从父亲张昆全去世以后,张礼仁就没上过学。父亲张昆全那代人书就读得更少了,1949年以前,想上学的小孩,必须给老师带大米去交学费,就张家的条件而言,连平时吃饭都很少能吃上大米,更不要提有剩余大米拿去交学费。

表 2-2　1949 年以前张家家庭成员情况表

成员序号	姓名	家庭身份	性别	生卒年份	婚姻状况	健康状况
1	张有亮	爷爷	男	未知	已婚	35 岁去世
2	张付氏	奶奶	女	？—1946	已婚	良好
3	张昆全	父亲	男	1901—1940	已婚	39 岁去世
4	陈顺道	母亲	女	？—1960	已婚	良好
5	张习全	二爸	男	？—1983	已婚	一般
6	陈昌林	二妈	女	？—1994	已婚	一般
7	张杰仁	大哥	男	1928—	1947 结婚	良好
8	彭仕学	大嫂	女	1926—2012	1947 结婚	良好
9	张礼仁	受访者	男	1930—	1949 结婚	良好
10	罗云珍	受访者之妻	女	1933—2011	1949 结婚	良好
11	张杰群	大姐	女	1926—2009	1947 结婚	良好
12	张秀云	妹妹	女	1932—	1949 以后	良好
13	张秀英	小妹	女	1934—	1949 以后	良好

注:传统时期部分女性没有书名,只有姓氏,故张家奶奶张付氏的名字不详。

(三)蜗居"湾湾"①

1949 年以前,张家几代人一直都住在湾湾里面,但是湾湾的土地相当贫瘠,根本比不上临近的湾湾。交通也十分不方便,整个湾湾比较偏僻,而且,湾湾里面基本上就只住张家一户人。张礼仁一家与张习全分家之后,张习全把自己的那份土地租了一部分出去,租地的佃客为了离土地更近,耕种方便,才在张习全家里住下,除此以外,湾湾里没有其他人家。

对于贫苦人家来说,建筑材料都很简陋,房屋结构更是简单,张礼仁家就是如此,房子是泥巴墙,屋顶也都是用草来搭建。就连厕所也是把竹条夹起来做成的,有个遮挡物就行,主要是考虑到女性如厕的遮羞问题,男性则可以直接在空旷地带上厕所,对于男性而言,实体厕所不是必需的。

院墙的设置也简单,同样是用竹条树枝编起来,有个遮拦就行,主要是为了防止家里的小副业②,例如鸡鸭鹅等乱跑,把它们关在院子里面便于管理。至于人住的房子,结构也很简单,没有正间、偏房的区分,只要"扯得开"③,家里人口将就住得下就行,根本没有条件讲究那么多细节。

(四)夹缝中求生存

1.粮食产量低下

张家的父亲张昆全与二爸张习全的小家庭分家之前,张家一共有 30 亩土地,以旱地为主,只有很少一部分水田。虽然有 30 亩土地,但是绝大部分都十分贫瘠,水源条件差,位置还多在山坡上,加之粮食品种不好,产量也低,一亩水田也就产 300~500 斤稻谷,四个劳动力很

---

① 湾湾:指代相对封闭的村落,村落三面环山,只有一个出口。
② 副业:当地一般指代鸡鸭等家禽。
③ 扯得开:此处指将就住得下。

快就可以收割完两亩水稻。

1949年以前,张家一般用油枯①,或者麻豌豆打碎了撒在田里当作肥料,但实际上,这些农家肥的效果并不尽如人意。因此,即使张家有30亩土地,辛苦耕作一年,粮食也只能勉强够一家人吃。加之,每年要拿出很大一部分粮食缴纳公粮、杂税,公粮、杂税都是稻谷,张家一共30亩土地,每年要交差不多3担②稻谷,完成公粮、杂税任务之后,全年收获的稻谷已经所剩无几,张家人大多时候只能吃红薯等粗粮。

大约是在1945年,张家二爸张习全的小家从大家庭当中分离出去,张习全一家分到了15亩土地,张礼仁一家也分到了15亩土地。张习全夫妻一辈子无儿无女,加之张习全本人常年吸食鸦片,二人根本种不了15亩土地,所以张习全夫妻出租了很大一部分土地出去,只剩下几亩土地自己耕种。自张礼仁记事以来,张家在村里面的情况一直比较差,家里的农具也很简单,只有一些最基本的农具,例如锄头、粪桶,另外还有一架水车。

张家种植的农作物分为大春和小春,小春就是麦子、豌豆、胡豆、油菜、马尾菜等,大春就是玉米、谷子、红薯、花生等,以玉米为例,张家人一般不会单独种玉米,而是和红苕③一起进行套种④,一排玉米,一排红苕……玉米产量本来就低,亩产也就三百斤左右,自己家人吃些,还有一部分用于喂养鸡鸭猪等副业,一年到头几乎没有富余的玉米。

表2-3 1949年以前张家家计状况表格

土地占有与经营情况	土地自有面积	30	租入土地面积	0
	土地耕作面积	30	租出土地面积	10
生产资料情况	大型农具	犁头、耙子、水车(早期有)		
	牲畜情况	耕牛一头(早期有)		
雇工情况	雇工类型	长工	短工	其他( )
	雇工人数	0	0	0

		农作物收入				其他收入	
收入	农作物名称	耕作面积	产量	单价	收入金额(折算)	收入来源	收入金额
	玉米	—	亩产300斤	—	—	担脚⑤	几块钱
	水稻	—	亩产350斤	—	—	饲养家禽家畜	几十块钱
	红薯	—	亩产200斤	—	—	—	—
	小麦	—	—	—	—	收入共计	
	油菜	—	—	—	—	—	
	花生	—	—	—	—		

---

① 油枯:指菜籽榨油之后,剩余的渣滓。
② 担:当地10斗为1担,10升为1斗,3斤米为1升,30斤米为1斗。
③ 红苕:即红薯。
④ 套种:此处是指在同一块地里面,间行种植玉米和红薯,一行玉米、一行红薯。
⑤ 担脚:指靠人力帮人担东西。

支 出	食物消费	衣服鞋帽	燃料	肥料	租金	
	—	无	无		很少	
	赋税	雇工支出	医疗	其他	支出共计	
	—	无	几乎为0		—	
结余 情况		资金 借贷	借入金额		最多几百元	
			借出金额			

注:租出土地是张昆全与张习全两个小家分家以后才有的情况,两个小家庭大约1945年分家,张习全家大约租了7亩土地出去,张昆全家大约租了3亩土地出去。

2.生活全靠节俭

1949年以前,张家人的衣服几乎全靠手工制作,先用自家种植的土棉花进行纺织,纺好了再请裁缝编织成衣服,给裁缝工钱。有时也去集市买一些土布回来,为了省下请裁缝的工钱,张家的妇女自己缝制衣服。

张家人的日子不好过,每年的粮食产量本来就低,还有很大一部分用于缴纳公粮和杂款,张家每年都要交固定的三担多粮食,或者说一千斤左右的粮食,用于完成国家的公粮任务。除了国家的公粮任务,还有保长、甲长派下来的各种杂款,缴纳杂款和公粮一样,原则是交粮不交钱,各家自己用箩筐将粮食担到街上的固定地点去交,其他的杂款由保长、甲长带保安队到各家各户征收。

由于甲长、保长掌握着给农民们派粮派款的权力,有时候,他们把国家派下来的公粮任务,以及打算装进个人腰包的那份一起派给农民,然后自己私吞一些粮食。除了国家的公粮,还需要缴纳壮丁款,国民党时期,实行三丁抽一制度,也就是说,参军是强制性的,如果不希望家里人去当兵,就要单独缴纳壮丁款。这笔壮丁款可不少,一般是一担多粮食,也就是三百多斤粮食,对于张家这样的普通农民家庭,这是一笔很大的支出。

(五)没有话语权的小农家庭

张礼仁一家是最普通的农民,1949年以前,家里没有任何人担任过甲长、保长等官职,在官府也没有任何势要[①],因此,张家从来都只有听从政府安排的份,让交粮食就交粮食,让交多少就交多少,根本没有商量的余地,交完公粮赋税以后,哪怕家里只能勉强度日,也只有忍气吞声。不仅如此,有时候,张家还要受到村里面其他人家的欺负,因为家里穷,也没有权势人物撑腰,连讨公道的能力都没有,只能是惹不起躲得起,尽量避免与对方打交道。

(六)劳弱家户的艰难度日经

1.频繁更换当家人

1949年以前,张家一共有三代人,共13口人,张家的爷爷张有亮和父亲张昆全都过世早,爷爷张有亮过世以后,张家由奶奶张付氏当家,同时,爷爷的兄弟辅佐张付氏担任外当家。奶奶去世后,由张家的父亲张昆全当家,张礼仁的父亲后来也因为生病,医治无效早早去世,张家就由母亲陈顺道当家,同时,张礼仁的舅舅辅佐陈顺道担任外当家。张礼仁的兄长张杰仁16岁左右时,张家就由张杰仁当家,张杰仁当家一直持续到1950年,因为张杰仁当家

---

① 势要:权力、财力、背景等的统称,没有势要的家庭,在当地往往没有话语权。

有私心,导致兄弟不和,最后,张杰仁和张礼仁的两个小家庭在母亲陈顺道的建议下分家。

2.大户、中户、小户的标准

1949年以前,七保内部各户贫富差距很大,大户人家家里钱多一些,有钱买土地扩大生产规模,或者用来经营生意。这些大户人家人均起码有10亩土地,如此多的土地,一般都需要请长工帮忙耕种,家里也养得起耕牛,自然就要轻松得多。而张家这种穷人家庭,在种庄稼的时候,要么就是自己辛苦耕作,用锄头一点点挖,偶尔忙不过来才请人帮忙耕作,要么就是和别人换工,互相解决劳力短缺问题。稍微比张家好一些的,就是那些自己家里有耕牛、农具也齐全的,他们耕作效率高一些,每年粮食也有部分剩余,这些人家可以算作中户。

3.中等人口水平的贫寒老户

大约在明末清初,张家祖上从广东地区搬迁至四川,此后就一直居住在矮桥村,绝对称得上是村里的老户,虽然村里的自然条件不怎么好,但张家一直没有大范围搬迁过,宅基地的位置只在小范围内变动过。

就人口情况而言,1949年以前,人口最多的时候,张家三代一共有十三口人,但在村里只能算中等水平。村里其他人口大户,三代总共二十几口人的都有。1949年之前,大家普遍认为家庭人口越多越好,家庭人口多,尤其是男性人口多,劳动力也越丰富,家里的农业生产也就搞得越好,日子也就会好过得多。

总的来看,1949年以前,张家在经济方面处于绝对的下等水平,常年一天只吃两顿饭,也就是俗话说的搞"二五八"①的情况很多。张家是典型的劳弱家户,家里的爷爷和父亲都去世早,男性劳动力不足,妇女又无法承担过重农活,加之,张家土地虽然不少,但贫瘠的土地占据绝大多数,且地理位置偏僻,灌溉条件不便,庄稼种得不好,粮食收成也低,自然就成了村里的穷户。

---

① "二五八":原本是指当地逢农历日期"二""五""八"在某一个集市赶集,此处取开头的"二"指代张家一天只吃两顿饭。

第二章　家户经济制度

张习全的小家庭与张昆全的小家庭分家之前,张家一共有30亩土地,土地虽然不少,但大部分都很贫瘠,并没有给张家带来丰厚的粮食收入。虽然贫寒,有福同享,有难同当,始终是张家不变的相处之道。生活资料、生产资料等皆是归全家人所有,只在所有权变更的时候,区分过所有权。在家户分配、消费、借贷、交换活动当中,由当家人起主导和支配作用,当家人不仅要保证家庭的分配活动公平有序进行,还要全权负责对外的交换、借贷、消费等活动,也即是说,当家人代表张家对外进行买卖活动,同时,在张家需要借贷的时候,也由当家人出面进行协商和处理,当家人始终是家庭借贷活动的第一责任人。

一、家户产权

(一)家户土地产权

1.土地不少却大多贫瘠

1949年以前,张家大家庭的土地虽然有30亩,但是都算不上优质。用后来的标准讲,土地改革时期,政府给土地"打等级",依据土地肥沃程度、水源条件等,土地从好至坏,被划分成了甲乙丙丁戊几个等级。张家的30亩土地当中,丁、戊等级的占据多数,起码有二十多亩,大部分都是贫瘠而且地理位置不好的一类土地,在高山坡上的土地类型居多,就连丙等级的土地都很少,甲乙等级的土地就更是少之又少。也就是说,土地面积虽然不少,土地块数也很多,但是绝大部分土地的土质、地理位置都很差。

之所以如此,是因为张礼仁家所属的房支,家里爷爷死得早,男人少,经济状况差,说话没有底气,好土地就被其他几个房支占了去,分给张家的土地都是些偏远贫瘠的土地。实际上,当地三合小学旧址那一带的土地条件很好,地势平坦、水源条件优越,种庄稼不费力而且还高产,可惜全被其他几房人占了去,根本没有张礼仁房支的份。

从张礼仁记事起到1949年新中国成立,张家的土地情况几乎没有大的变更,既没有增多,也没有变少,只能勉强耕种下来,维持一家人的生计。直到1949年新中国成立之后,矮桥村转了农业社,将土地重新分配,张家的土地情况才慢慢好些。

2.继承为主开荒为辅

1949年以前,张家的30亩土地,绝大部分都是从祖上继承下来,只有两三亩是张家人后期开荒出来,除此以外,张家再没有其他的土地来源。就开垦土地的情况而言,张家人多是将山坡开垦出来种地,但是,这部分开垦出来的土地,土质也很差,灌溉条件更不要提。在土地条件差、肥料不足、粮食产量低的情况下,张家人只能尽量多种一些土地,以维持一家人的生活。

3.土地全家人都有份

1949年以前,张家虽然是由当家人在操持主要事务,但家里的土地却是属于全家人所有,全家人都有份。具体来讲,张家的土地每个人都有份,不论男性还是女性,但是张家的女孩子,例如姐姐张杰群、妹妹张秀云、张秀英,她们嫁出去以后,张家的土地就没有她们的份,她们的土地相应就在她们的夫家那边,和她们的夫家共有一份土地。在张家的日常生活中,男性劳动力负责地里面的农活,妇女劳动力则主要负责在家做家务、养副业、照顾小孩子等,各司其职,一家人的生活就这样有条不紊地进行。

如果大家庭分家,土地就会继续分给小家庭,例如,张礼仁与兄长张杰仁1950年分家,张家原有的土地就继续被分成两部分,张礼仁的小家庭占有一份,张杰仁的小家庭占有一份,各占15亩。分家的时候,土地被平均分成两个部分,土质、灌溉条件等也均衡搭配,写在两个小纸团上,通过抓阄进行分配。这样一来,因为是在双方共同协商下对两份土地进行均衡搭配的,两个家庭对抓阄的结果自然没有什么异议。分家之后,两个家庭再对各自的土地进行生产安排,各自维持一家人的生活。

1949年以前,当地村民们务生的方式都差不多,以在家务农为主,偶尔出去给人打天天工①,帮人家种庄稼,晚上都会回家,在这种情况下,土地的家户属性很强,土地就是属于这一家人所有。

因此,1949年以前,当地的土地实际上并不属于某一个家庭成员,当然也没有必要属于某一位家庭成员,因为全家人都一起生活,劳动所得也是全家人共同享受。当家人虽然安排着家里的主要大事,也是家庭对外代表,但是当家人的权力也仅仅如此,他的权力并没有大到家里的物品产权都属于他一个人,这不可能,也是不现实的。按照人口分配土地,当地只有张军仁和张有仁两兄弟是这样操作的,当然,那都是特殊情况,因为两兄弟家里的人口数量悬殊实在太大,按照人口分配土地也是无奈之举。

4.界石为线,互不侵犯

1949年以前,当地各家各户的土地都有明确界限,界碑通常就是一块小石头,平时,耕种土地谁也不能越过这个界碑,各家都必须遵守这个界限,这样才能区分好各家土地的边界,在各自的土地范围内进行耕种。当然,如果经得土地主人的同意,就可以越过界限,在对方的土地上进行农业生产。除此以外,谁也不能随便越过界限在别人的土地范围进行耕种。

通常情况下,各家各户的土地,只有这个家庭的成员可以使用,外人未经同意不能耕作和使用,土地的继承权也是归自己的儿子辈,外人不能享有,外人只能拿钱来租种土地。除此以外,哪怕是分了家的兄弟,也应各自耕种自的那一份土地,不能随便对其他兄弟家里的土地进行耕作和使用。土地的边界问题,不仅在实际操作方面有很强的家户主权属性,在各自的心理方面,也有十分清晰的认同意识,对于自家和别家的土地,大家都分得很清楚,绝对不能容忍自家的土地被他人侵占,不能轻易接受这种冤枉。

因此,1949年以前,张家土地的经营权属于张家成员所有,具体种植什么,怎么种,一方面,有一个清晰的季节循环,小春和大春的种植,是根据季节来交替的;另一方面,怎么种、种什么,就要根据当家人的安排来进行。一般而言,家户的当家人会进行总体安排,其他家庭成

---

① 按天劳动,获取报酬的务工形式。

员有意见可以提意见,没意见负责贯彻落实即可。到粮食收割的季节,如何收割也是当家人进行安排,收割的粮食归家户成员共有,全家人都是一个锅吃饭,做饭的妇女根据情况安排即可。

除非一个大家族分家,但是分了家的情况是,土地也被分成了几份,各个小家庭又有一套运行模式,小家庭也和大家庭一样会有一个当家人,负责安排家里的农业生产。粮食收割以后,粮食也归小家庭的成员所有,和其他外人没有关系,哪怕是分家后的父母和兄弟也不会无端干涉,宗族、村庄就更不要提。

5.家长支配土地所有权变更

一般情况下,张家的土地进行买卖、租佃、置换、典当等,都是当家人做决定。并且,多数情况下,当家人都是家里的父亲,或者爷爷。如果爷爷去世,就是奶奶当家,需要说明的是,奶奶当家的情况仅仅是内当家,对外会安排一名男性当家,例如家门的舅舅或者兄弟。女性对外当家的情况几乎没有,当然也不现实,因为社会治安条件混乱,妇女根本不敢单独出门,加之妇女裹脚,小脚的妇女根本没有办法走远路,更不要提负重出远门。也就是说,1949年以前,张家往往是家里的年长男性当家,负责家里的买卖、农业生产安排、对外交往等,除非家里的年长男性去世,儿子还没有长大成人,才有可能是女性当家。

在大型的土地买卖活动中,当家人安排之后,需要请家门的几个男性近亲,以及保长、甲长进行见证,起一个中人的作用,见证买卖双方签订契约的过程。契约写明所买卖土地的地理位置、左右边界以及土地面积等重要的信息,所有证人都需要在契约上面签字,以防日后有什么问题,彼时证人可以做证明,避免双方做一些无效的扯皮。

在土地的买卖过程当中,保长、甲长虽然会到场进行见证,但是,保长、甲长也仅仅是起一个中人的作用,对于双方是否进行土地买卖,保长、甲长则没有任何决定权,因为,土地是一家一户的私有财产,保长、甲长无权过问。土地具体要卖给谁,价格多少,都是买卖双方私自协商,和其他的人没有任何关系,保长、甲长也无权干涉。

不仅土地的买卖活动是这样,土地的租佃、置换、典当等过程也是如此,土地为家户所有,土地的任何交易活动都由家户的当家人说了算。张礼仁的二爸二妈,张习全、陈昌林夫妻既没有儿子也没有女儿,张习全本人还要吸食鸦片,他把自家的一半土地都租出去,也没有谁管他,因为土地纯粹是他们的私有财产,张习全、陈昌林夫妻拥有对自家土地的绝对支配权。

6.家庭成员无法做主

在张家土地所有权的变更过程中,除了当家人可以做决定以外,其他家庭成员不能做主,换句话说,在土地的买卖、租佃、置换、典当过程中,除了当家人以外,其他的家庭成员不能对家庭的土地进行任何形式的处置。如果男性当家人的妻子没有经过当家人的同意,私自将家里的土地拿去买卖,根本不能作数。家里的大事情必须经过一家人的商量,家庭成员可以提意见,甚至可以明确指出当家人做得不对的地方,但是最后拿主意的,还得是当家人。例如,家里的肥猪可以售卖的时候,除了当家人以外,其他的家庭成员根本卖不掉肥猪,买方也不敢买肥猪,因为大家都清楚,这类大事只有家里的当家人才能做主。

7.土地侵占偶有发生

大多数情况下,村民对于各自土地的边界都很清楚,也不会随意侵占别人的土地,但是,仍然有极少数个性强、巧取豪夺的人。例如,张家分家之后,张习全家里的土地就被外人占了一些,当时,张习全家的土地和张柳全家的土地挨着,张柳全家耍霸道,强行移了土地的界碑,起码占了张习全家里一亩多土地。张柳全家里人口多,人多势众,而张礼仁的二爸张习全无儿无女,只有他和妻子两个人,加之张习全常年吸食鸦片,败坏了身体,自然没有讨要公道的能力,只能选择忍气吞声,任由别人把自家土地占了去。

实际上,当地侵占土地的形式也很简单,主要就是悄悄地把土地之间的界碑稍微进行移位,让自家的土地更加宽阔,假如想要大动界碑,全部侵占一块土地基本不可能。而且,土地侵占一般发生在两户人口、气势强弱对比明显的情况,气势弱的一方,土地被人侵占了去,也只能选择忍气吞声。1949年以前,若是自家的土地被人侵占了去,哪怕找甲长、保长进行评理、裁断,也没有多大作用,因为甲长、保长并不是真正意义上公平的审判者,他们很容易受双方势力、财产对比的影响,而故意进行错误的审判。

在这种情况下,土地被人侵占了去,虽然心里觉得委屈,也有不甘心,但是也只有忍气吞声的份,无钱无权根本斗不过别人,只能吃点亏。其他村民也不可能对此打抱不平,大家最多劝被侵占土地的一方,吃点亏了事,谁也不愿意惹祸上身,仅此而已。

8.外界不干涉家户土地产权

矮桥村是典型的农耕区,各家各户以务农为生,大部分村民都安安分分遵守着各自的土地界限,在自家的土地范围内进行耕种,土地的家户属性很强。耕种别人的土地需要经得别人的同意,或者支付租金,租别人的土地进行耕种。只有极少数个性强,又很霸道的人,家里有钱又有势要,就会想方设法侵占别人的土地,妄图不费一分一毫,将别人家的土地据为己有,一般老百姓不敢惹也惹不起这种人,只能白白吃哑巴亏。

而村庄的管理者——保长、甲长等,一般情况下不会管理这些琐事,在百姓眼里,保长、甲长只知道根据每家每户的土地面积进行派粮、派款。保长、甲长掌握着派粮、派款的权力,他们私自给百姓增加赋税,从而自己少交赋税的情况也很常见。张家都吃过这样的亏,有时候,明明张家的土地面积和别人家一样,但张家需要上交的公粮却比别人家多出几斗来,明知不合理,迫于形势,张家人却没有办法为自家讨回公道。

除了派粮、派款,对于老百姓的事情,保长、甲长一般不会管,更不要提他们知道各家各户有哪些土地。但是,如果家户的土地和保长、甲长的土地挨着,普通家户就容易吃亏,保长、甲长要是对土地的界碑进行移位,侵占普通百姓的土地,普通百姓也不能奈何他们。县乡政府更不会管理村庄的这些不公平现象,俗话讲"天高皇帝远",官府和平常百姓之间,可以说没有任何交集,一级管一级,主要体现在派粮、派款上,除此以外,没有任何联系。

(二)家户房屋产权

1.建筑材料和布局简单

1949年以前,张家宅基地的占地面积起码有一亩多,但是,因为贫穷,房顶就是很简单的"草蓬蓬",墙也是土墙——泥巴墙,房屋结构更是简单,正排有几间房,包括堂屋和几间卧室,再就是两边的横房子,一边修作猪圈,一边修作灶房,再往外就是"楼门子",俗称院墙。那些人口众多、又有钱的家户,一般是三同堂的房屋结构,正排就会有几排房子,要经过三道门才能进到堂屋。张家的房屋结构,相对来讲就是最简单的,只有上排的几间房子加下排的楼门子,另外还有两边的横房子,包括灶房和猪圈。

张家房子的墙体建筑材料以泥土为主,修房子需要请泥工帮忙舂墙,一些有钱的家户,房顶就是用瓦覆盖,当然,张家这种贫苦人家就是用稻谷草、麦草搭建屋顶,或者说,有钱人家是瓦房子,穷人家就是草房子。在张礼仁一家与二爸张习全的小家庭分家之前,张家横排有5间房子,竖排两边各有3间房子,下排就是院墙。老人住靠近堂屋的卧室,儿子媳妇住靠近院墙一侧的房子。分家的时候,张习全与张昆全的两个小家庭,各占一边的房屋,一户在左,一户在右。

房间的类型方面,主要分为堂屋、卧室、灶房和猪圈,其他的倒是没有怎么区分,如果家里来了客人,就在堂屋进行招待,平时张家全家人吃饭,也是在堂屋里面。房屋的朝向倒是很讲究,有的坐北朝南,有的坐东向西,包括院门的朝向,都是有原因的,必须请算命先生结合家户当家人的生辰八字进行测算,张家的房屋属于坐南朝北。另外,当地普遍讲究一点,那就是"修房子要修在'湾湾'里面,埋人要埋在山坡口;三煞不开门,否则煞死人"。所以坐北朝南的家庭,十户有九户都是开的侧门。

自从张礼仁记事以来,张家的房屋情况基本没有什么大的变化,直到1949年新中国成立以后,张礼仁与哥哥张杰仁分家,张礼仁的小家庭从老房子搬了出来,不久,张杰仁一家也从老房子搬了出来,两兄弟的房子又重新挨在一起。从总体上看,1949年之前,当地各家户的房屋,虽然在建筑材料和房屋结构上,随着家户经济状况不同呈现出一定差异性,但是差别不大,房屋的修建同样需要看风水、选朝向,家户内部,不同家庭成员会根据辈分,被安排在不同位置的卧室,老人的卧室位置往往优于家里其他成员。

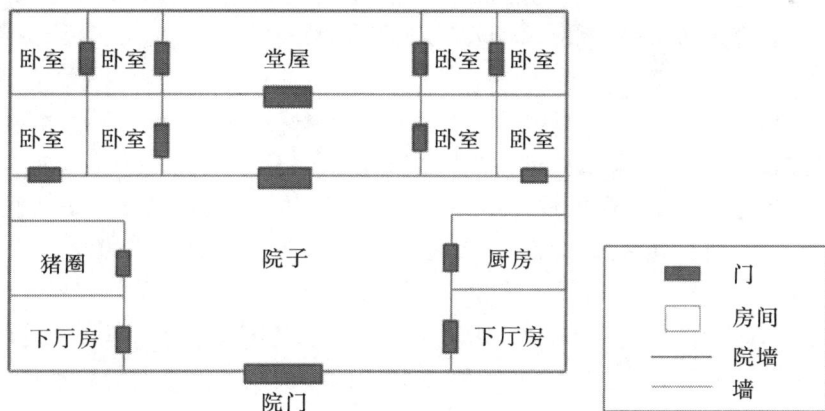

图2-2 1949年以前张家宅基地分布图

注:1949年以前的张家宅基地,是当地典型的两同堂、长五间房屋结构。

2.保留老一辈的房产

1949年以前,张家人住的房子是张礼仁的爷爷辈修建的,基本没有重新修过房子,当地有一种说法,老辈人的东西要尽可能地保留,继承遗产,不能损坏,如果卖了老辈人留下的东西就是败家子,是要遭人耻笑的。因此,张家一直保留着老房子的布局和位置,只是偶尔会因为家里增添新的人口,房子住不下而扩建几间房屋,或者对房屋的某些损坏部分进行修补,因为房子多是泥舂的,容易因为年久损坏和倒塌,屋顶是谷草和麦草搭建的,也容易因为时间过久而漏雨,需要定期对屋顶进行翻修。

3.分家再论主权

房子用于全家人居住,自然就是属于全家人所有,因此,张家的房子每个人都有份,当家人有对房屋的支配权而已。在张家,堂屋、灶房、猪圈是全家成员共有,各自的卧室倒是归属很明显,虽然没有明确说,但是谁也不会随便进出别人的房间。

一般情况下,当地都是一户一座房子,房屋共有的情况比较少见,张礼仁一家和二爸张习全的小家庭分家以后,张习全把属于他家的那份土地出租了将近一半,这样一来,租他家土地的佃客为了距离土地更近,进行农业生产方便,干脆就住到了张习全家里。但是,佃客和张习全之间也签订了契约,佃客只能住指定的几间房子,佃客住张习全家里的房子,需要支付给张习全一定的费用。

张家老一辈留下的房子,一般情况下只有儿子有份,也就是说,张家的房子平均分给几个儿子,嫁出去的女儿绝对没有份。但是,女儿出嫁之前,在家里有一间房用于居住,由父母和家里的兄弟商量留哪一间给未出嫁的姐妹住。或者,因为身体有残疾,导致终身不能嫁的姐妹,要永久居住在家里,这个姐妹居住的房间也由父母和兄弟商量决定。另外,娶进来的儿媳妇和家里的儿子一起,拥有一份房子,不会单独给儿媳妇分一份房子。

1949年以前,张家的房子按照儿子的数量平均分成几份,家庭有几个儿子,房子就被分成几份,儿子组成的小家庭共同占有一份房屋,之所以按照儿子的数量平均分配房产,而不是按照家庭人口数量平均分配房产,也有一些现实因素的考量。一般而言,家里的大儿子往往先于小儿子娶妻生子,大儿子家里的人口必然要多于小儿子的家庭人口,如果按照人口数量来分房产,可能会造成不公,因此,按照儿子数量平均分配家庭房产,实际上是相对合理的操作方法。

总的来看,1949年以前,当地家户的房屋都平均分配给几个儿子,几个儿子的小家庭分别占有一份房屋,而不是按照家庭人口具体分配给个人,这种分配方法既有重男轻女思想的影响,也有现实因素的考量,这也是当地百姓普遍认同的一种房屋分配方式,平均将房屋分给几个儿子的方式,可以避免几个儿子的小家庭之间相互扯皮,对于维护整个家庭的和睦也有一定的作用。

另外,在一个家庭内部,不管家庭的规模大还是小,当家人都是家里做决定的人,比其他家庭成员在处理房屋产权上更有权力,一般家庭成员无权私自对家庭房屋进行处理,当家人拥有最终的支配权力。

4.一家一户的私有财产

1949年以前,张家的房子都有院墙,院墙以内就是张家的宅基地范围,各家各户都是如此,各家拥有对自家宅基地的支配权力,外人不能随便侵占。外人即使需要入住家庭房屋,也需要与房屋主人进行协商。例如,佃客为了距离土地更近,往往会选择整体搬迁至土地主人的房屋进行居住,这时候,租佃双方就需要进行协商,佃客支付一定的费用给土地主人。

在房屋的继承权方面,也只有家庭的儿子才有,其他任何外人不能享受家庭房屋的继承权,各家各户都是这样操作。当然,大家一般都有房子居住,加之,1949年以前的房屋,质量都很差,普遍都是泥巴墙,没有什么好稀罕的,相互之间很少产生侵占房屋的情况。

在平时的房屋管理过程当中,买卖、修缮等都是由家庭成员自己解决,自己做主,其他任何外人无权干涉,也没有理由干涉,房屋就是很简单、很基本的私有财产,外人没有理由也没有必要干涉。

5.家长支配房屋所有权变更

1949 年以前,张家房屋的买卖、典当、建造、出租等活动,都是当家人做决定,如果当家人有些决定不合理,家庭成员有资格提建议,当家人是实质意义上的家庭管理者,但并不是一个权力无法无天的专制者。

分家之前,如果大家庭成员出现变动,例如某个小家庭出现新生儿,家庭房屋也不可能发生变动,因为房屋的分配只有一个原则,那就是平均分配给几个儿子,每个儿子或者说每个儿子的小家庭拥有一份房产,至于每个小家庭出现人员变动,则不属于大家庭房屋重新调配的考虑范围。分家之后,专属于小家庭所有的房间,原来的大家庭当家人就没有权力进行支配,这样一来,房间只能由小家庭的当家人进行支配,这就是家户财产的私有性,外人无权干涉。

一般而言,房屋买卖时,往往会货比三家,例如在卖房子时候,谁出的价钱最高,就会选择把房子卖给谁。还有一类情况是,出于亲戚关系等人情考虑,买卖对象会优先考虑亲戚和近邻,这种情况也是存在的。张家没有买卖过房屋,只有张习全与张昆全的小家庭分家之后,张习全将属于他的那间房子出租了一部分给种地的佃客。一般来讲,农村的房屋质量都不好,而且,各家各户都有住的地方,能够住得下就行,房屋买卖的情况实际上也很少。

1949 年之前,如果需要买卖房屋,一般都要惊动保长、甲长等官员,由当家人邀请他们到场见证买卖过程,因为他们是有头有脸的人物,可以起一个有力的见证作用,见证双方签订契约的过程,一旦买卖双方日后有扯皮的地方,他们也可以从中相互协调。但是,保长、甲长在这个过程当中,也仅仅是起一个见证人的作用,对于家户是否买卖房屋,具体卖给谁,保长、甲长则无权过问,并且,买卖房屋的时候,请保长、甲长当见证人的同时,还需要支付给保长、甲长一定的费用,所以保长、甲长往往很乐意充当中人。

1949 年以前,当地有人将房屋进行典当的情况,一般是因为在外面打牌欠了钱,还不起债,将房屋用作抵债,不仅要典当房屋,还要把家里的土地、家具也拿去典当,但是,这种不顾家庭经济条件,豪赌、滥赌的人毕竟也是少数,绝大多数人都能掌握好打牌的分寸。

张家有修房子的情况,随着家里人口的增加,房屋居住不开,就需要对房屋进行扩建,当家人在考量了实际情况之后,就会安排家庭成员扩建房子,扩建房子是一家一户的私事,既不用惊动家族,也不用告知保长、甲长,家户自己做决定并进行扩建就可以。

6.其他家庭成员无权操纵

就张家的情况而言,在房屋的买卖、典当、修建活动当中,最终拿定主意的都是当家人,其他家庭成员可以提意见和建议,进行辅助决定,但是其他家庭成员不可能起支配作用。

当家人有权力为家庭做决定拿主意,如果当家人不争气,私自败坏家产,其他家庭成员则可以考虑更换当家人。因为当家人的职责是让一家人过得更好,合理有序地安排家里的各项事务,反之,如果当家人不成行①,没有尽好当家人的责任,则没有继续担任当家人的

---

① 不成行就是不争气的意思,此处指没有承担好当家人的角色。

资格。

7.鲜有房屋侵占现象

张家的房屋没有出现被人侵占的情况,张家人是老实本分的农民,不敢赌债,也没有欠过烂账。那些房屋被人侵占拿去还债的情况,是因为家庭成员在外面打牌赌钱,后来还不起债,就只能拿家里的房屋和土地去还债。另外一种情况是,1949年以前,社会治安比较混乱,那些家里人口少、说不上话、没有话语权的家庭,比如,孤儿寡母的家庭,房屋就容易被人侵占了去,并且连带着土地也被侵占,同时,还会把家里的妇女撵出去改嫁,获取礼金收入,形成买卖婚姻。但是气势稍微强一些的寡母,娘家有娘舅等亲戚撑腰,她就不怕,就不容易被人撵了出去。

当然,这些都是极少数情况,一般而言,侵占房屋的情况很少见,因为农村的房子都是泥墙,不见得有多稀奇,各家各户都有自己的房子,能够住得下就行,没有理由强力侵占别人的房屋。

8.房屋产权与外界无关

1949年以前,外界对于家户房屋产权的认可与尊重非常明显,虽然农村的房子质量不好,但是家户的房屋都有房产证,叫作"管业证",上面写明了家户房屋的地理位置和宅基地面积。家户拥有对自家房屋的唯一支配权力,外人无权干涉与过问,如果外界需要买卖、租用家户的房屋,就需要同家户的当家人进行协商处理,强买强卖的情况很少见。农村房屋买卖、租用情况本来就很少,因为农村的房屋质量不好,对于大多数人而言,没有什么稀奇,加之交通等条件也不好,集市地段买卖、租用房屋的情况倒是很常见。

家族、村庄一般也不会随意侵占家户的房屋,保长、甲长家里的房屋本来就比一般农民的好得多,他们根本看不上普通农民的房屋,甲长、保长剥削农民,主要是在派粮派款方面做文章,想方设法给农民增加赋税种类,或者暗自给农民增加公粮任务。

县乡一级政府更不会过问农村家户的房屋问题,尤其是张家这种生活在偏远乡村的家户。可以说,普通老百姓甚至连接触县乡政府官员的机会都没有。县乡政府即使需要房屋,也会把目光投向集市地段,因为那里的房屋质量往往比农村好很多,而且交通也发达。

(三)生产资料产权

1.生产资料简陋单一

1949年以前,张家拥有的算得上大型农具的,只有一架水车、一套犁头和耙子,犁头和耙子都是爷爷张有亮当家时期才有,那时候家里养了一头牛,自然就有一套犁头和耙子。后来,在父亲张昆全接手管理家庭事务,担任当家人的时候,家里面唯一的一头牛,以及配套的犁头、耙子就被棒客①抢劫了,也因为家里的经济状况不容乐观,再没有置办过犁头、耙子等大型农具,此后,张家就只有一架水车算得上大型农具。

2.大型农具靠代际继承

1949年以前,尤其是爷爷张有亮还在世的时候,张家的情况还算发展得不错,耕牛都是张有亮夫妻自己出钱购买的,犁头、耙子等大型农具也是他们置办的,到父亲张昆全当家时期,就顺理成章地从父辈手里继承下了这些农具。

---

① 指代土匪,"棒客"是当地的土话。

犁头、耙子等都是张家人请木匠制作,木材备好以后,犁头花一个工①就可以做好,耙子花两三个工也就制作好了。由于棒客的抢劫,张家自从父亲张昆全当家开始,再也没有过犁头、耙子等大型农具,唯一算得上大型农具的,就是一架水车。因此,对于张家而言,大型农具相当匮乏,只有锄头、箩筐、粪桶等小型农具,进行农业生产活动大多数时候也只有靠人力解决,效率自然也低。

张家偶尔会去借别人家的大型农具来使用,如果是关系好一些的,可以不用给钱,关系一般的,还需要支付一定费用。当时也是受条件限制,要是自己有能力购买大型农具,张家人宁愿自己把所有生产资料备齐,既方便也不用低声下气去借别人的农具,况且去借别人的农具,有些人家还不一定愿意借出来。

3.家户内不区分归属主体

1949 年以前,在家庭内部,张家的生产资料实际上并没非常明确的归属主体,反正一家人都是一个锅吃饭,家里的开支也是统一进行预算,因此,只要是这个家的家庭成员,就可以随便使用生产资料,只要不是过分行为,例如偷偷拿去售卖等。家里的农具、牲畜等,都属于家户所有成员,没有区分过到底是谁的,反正都是一家人,吃饭、耕作也都是为了一家人的生计,需要用农具、牲畜的时候,随便拿就可以,家户以外的人需要使用,则需要经过家户成员的允许,经得同意之后方能使用。

大多数情况下,农具都是家户私有。农具共有的情况如,大家庭有一头耕牛和一套犁头、耙子,等到大家庭的两个兄弟长大、结婚、分家,只有一套农具,实在没有办法实现合理分配,这时候,耕牛和犁头、耙子就会形成两个小家庭共有的情况,这一套两个小家庭共有的农具,如果出现损坏,就由两个小家庭共同出资维修,除此以外,几乎不可能存在农具共有的情况。

在张家,未分家之前的所有生产资料都是大家庭所有成员共有,分家之后,才会有小家庭所有的生产资料。也就是说,生产资料是家里所有成员都有份,需要说明的是,俗话讲"嫁出去的女儿泼出去的水",嫁出去的女儿就不算家里的成员,家里的生产资料就没有她的份,相对应,娶进来的儿媳妇就成了家里的成员,娶进来的儿媳妇相应有一份家里的生产资料。

总体而言,生产资料属于家户成员共有,如果是分了家的两个兄弟,就是两个小家庭各自拥有小家的生产资料,因为他们已经是明确意义上的两个家庭,虽然拥有血缘关系,但已经不是严格意义上的一家人。

4.家长主导生产资料所有权

张家在生产资料的购买、维修、借用等活动当中,都是由当家人做决定,当家人根据家里的实际情况进行适当安排,当家人如果有做得不合理、不正确的地方,其他家庭成员可以提出意见和建议。一般而言,如果当家人当得好,家户就发展得好。当家人当得不好,家户的情况就不乐观。另外,家户在进行生产资料的购买、维修、借用活动的时候,无须告知任何外人,包括保长、甲长、家族等,生产资料的购买、维修等活动完全属于一家一户的私事,外人没有必要更没有资格插手。家户需要进行生产资料的维修、购买等活动,都是家户内部自己安排,尤其是家户的当家人,为了家户的农业生产发展需要进行合理安排。

---

① 一个工:指一天的工作量。

5.家庭成员的非支配性地位

张家需要进行生产资料的购买、维修、借用等活动,都是由当家人进行决定和安排,其他家庭成员可以在这个过程当中提意见,或者根据当家人的安排,负责贯彻和落实某一个环节。

张家的男性当家人不仅要负责决定和安排上述重大活动,对于需要对外进行交涉的活动,通常也是由男性当家人出面进行;如果当家的年长男性去世,例如爷爷去世,从而奶奶当家的情况,奶奶往往只能是内当家,虽然是实质意义上的当家人,奶奶对家里的大事小情进行安排和决定。但是,需要对外交涉的时候,往往是由家里的其他男性或者近亲男性,例如奶奶的娘舅出面,一方面,因为在1949年以前,受到重男轻女思想的影响,女性单独出门容易受人欺负;另一方面,1949年以前妇女普遍裹脚,小脚女人连路都走不稳,根本不适合出门。

6.生产资料侵占现象少有发生

大多数情况下,当地各家各户都有自己的农具,各家各户安分地占有和使用自家的农具,但是确实有生产资料被外人侵占的情况出现,有少数人手脚不干净,家里没有某些农具,就想方设法偷别人的农具;或者,某些人借了别人的农具,很久都不归还,时间久到甚至连农具的主人都忘了,久而久之,就成了他家的农具,这种情况也是有的。

例如,张家的犁头就被村里面的一户人拿了去,借去用了就一直没还,过了十多年,当地转农业社,各家各户上交农具给合作社并登记,明明就是张家的犁头,却被登记成了别人家的。当时,张家也没过多理会,毕竟耕牛都没有了,光有犁头也没多大用处,而且张家爷爷和父亲都死得早,在村里说不上话,也就没有过多追究这个事情,被人拿去就算了,自家吃点亏了事。

一般,即使发生了村民之间相互侵占生产资料的情况,甲长、保长也不会管,根本不可能站出来主持公道,在村庄管理中,保长和甲长就只负责派粮派款,其他事情一概不理会,根本不可能指望保长、甲长出面为村民主持公道。

7.外界认可生产资料所有权

农具属于各家各户所有,相互之间如果要买卖、借用,需要进行商量。如果发生了村民之间相互侵占生产资料的情况,并且两户村民之间势要对比明显,肯定是势要弱的一方吃亏,即使自家的生产资料被人侵占也斗不过人家,只能忍气吞声了事。家族、村庄、政府对于家户的生产资料产权问题,没有任何干预措施,矮桥村是典型的小农经济,一家一户的属性很明显。遇到问题的时候,家里有钱有势要又说得上话的农户,就可以少吃亏或者避免吃亏,没钱没势要的农户,往往只能选择忍气吞声吃哑巴亏。

(四)生活资料产权

1.勉强维持基本生活资料

1949年以前,张家没有属于自家的晒场,用于晒粮食的只有一个晒田,有一丈多长,八尺左右宽,晒田用竹条编织而成,需要晒粮食的时候就把晒田铺在地上,收粮食的时候再把晒田的四个角抓住往中间收。只有有钱人家里才有晒场,张家是穷苦人家,根本没有晒场。

张家有一口水井,从张礼仁的爷爷辈继承而来,是张家的爷爷张有亮当家时期,请"蛮子"①打的井,张家平时饮水就用水桶去井里面打水。张家还有一个小磨子,也是张有亮当家时期置办的,家里需要推粉的时候,磨子就派上了用场。

1949年以前,张家的桌子、板凳等家具是请木匠手工制作的,自己准备竹子和木材,给木匠工钱负责制作,虽算不上豪华美观,但却结实耐用。

盐巴②倒是需要去集市购买,盐巴都是"坨坨盐",呈整块的固体状,买两斤就敲两斤下来,买一斤就敲一斤下来,买回来以后,自己再用工具敲碎用于食用。

2.自制为主,购买为辅

1949年以前,集市的成品生活资料非常少,对张家而言,桌子板凳等生活资料,要么花钱请木匠、竹匠等手工制作,要么就自己动手制作,一些简单的生活用品基本都靠自己制作,当然,也有一部分生活资料是从上一辈那里继承而来。

3.公共生活资料和私人生活资料

在张家,生活资料例如桌子、板凳、锅碗瓢盆等,属于全家人所有,毕竟全家人都在一起吃饭,这些物件也没有必要区分你我,个人所有的生活资料,只有各自身上穿的衣服、鞋子等。因此,一般情况下,生活资料都是属于家户所有成员共有的,全家人都有份。一般认为,一家人的生活资料,没有必要区分你我,都是一家人,如果还要区分得那么清楚,就不算一家人,就和外人没什么区别了。因此,生活资料属于全家人所有,实际上也是一个家庭整体的标志。如果生活资料区分了你我,说明已经分家,相互之间也不再是一个家庭。对于一个家庭而言,生活资料属于全部成员所有,更加有利于家庭的团结与和睦。

4.家长负责添置生活资料

平时,张家生活资料的购买、维修、借用等活动,当家人都是实际的支配者,一般情况下,当家人是家里的年长男性,购买、维修生活资料等,也是由男性当家人出面。张家的爷爷张有亮死得早,此后奶奶张付氏当家,张付氏当家也仅仅是内当家,也就是说,家里面的事情实际由张付氏做主,但是,对外赶场③购买东西,或者其他需要与外人交涉的活动,就是由奶奶的娘舅出面代理,等张昆全成熟懂事了,安排张昆全进行对外交涉,然后逐渐安排张昆全当家。

之所以如此,是因为1949年以前,妇女出门很少见,更不要提独当一面对外进行交涉,因此,虽然妇女可以是实质意义上的当家人,但是,名义上当家人还得是一名男性。如果当家人临时外出不在家,家里面的大事情则会相对缓一缓再进行处理,因为当家人才是实质意义上能够做决定的人。

5.家庭成员安心生活

在张家,普通家庭成员在家庭生活资料的购买、维修、借用等活动当中,基本处于不管不顾的状态,因为这些都是当家人安排、管理的范围,普通家庭成员最多起一个提醒、贯彻决定的作用。比如,张家的父亲张昆全当家的时候,母亲陈顺道常年负责在厨房做饭,家里面的盐巴、酱油快用完了,陈顺道就应该提醒当家人张昆全,记得在上街的时候,及时为家庭购买盐巴、酱油。

---

① 当地对少数民族的统称。
② 就是食用盐,当地土话叫做"盐巴"。
③ 含义等同于"赶集",是当地方言。

6.弱势家户易被侵占生活资料

张家的生活资料被外人侵占的情况偶有发生,典型的就是周围邻居借了东西不还。但是都是些小型东西,张家倒是没有发生过大型东西被侵占的情况。一旦发生侵占生活资料的情况,如果双方势要对比悬殊,弱的一方就会吃亏。张家是典型的穷苦人家,家里男人少,在村里面也没有话语权。有些霸道的人想要张家的某件东西,有时甚至直接让张家人交出来,拿去就不会再还回来。

也就是说,家户生活资料被人侵占的情况,是外人借了不还,或者因为某一户人家里穷,无钱无势没有话语权,也容易受人欺负,被人将生活资料霸占了去。寡妇家庭则需要分两种情况讨论:能力强、娘家有人撑腰的寡妇,一般不容易受人欺负,生活资料也不容易被人侵占;气势弱一些,娘家又没有亲戚撑腰的寡妇,则容易被人欺负,而且,这样的寡妇家庭往往会被人逼得举家外迁,这样一来,家里的房屋、土地等就被那些霸道、无理的人轻易侵占了去。

对于普通农户而言,当生活资料被人侵占以后,一般会在心里衡量一下自家和对方的势要,如果对方家庭和自家差不多,则会选择据理力争,拿回属于自家的生活资料。反之,当双方势要悬殊,势要弱的一方即使被人侵占了生活资料,也只能选择忍气吞声,了事一场。

1949年以前,当某一户的生活资料被侵占,其他村民要么选择视而不见,事不关己、漠不关心,要么就是为虎作伥,反而帮着势要强的一方说理,哪怕势要强的一方是过错方,这样一来,最终吃亏的一方还是说不起话的穷苦人家。

7.生活资料缺乏外部保护措施

绝大多数情况下,各家的生活资料都被外界基本认可与尊重,各自保留着对自家生活资料的支配权力,外人需要借用家庭生活资料时,往往需要经得家庭内部成员的同意。但是,也不排除有些个性强、有势要的霸道农户,想方设法侵占别人家的生活资料,当侵占生活资料的现象发生以后,说不起话的穷苦人家往往只能选择隐忍,因为自家说不起话,斗不过对方,也没有谁可以为自家主持公道,只能吃了哑巴亏。

二、家户经营

(一)生产资料

1.全员参与劳动

1949年以前,自从张礼仁记事以来,张家的男性劳动力主要就是张礼仁和兄长张杰仁,爷爷张有亮和父亲张昆全都去世早,张昆全去世的时候,时年三十九岁,张礼仁当时也不过只有十岁,张家的二爸张习全还长期吸食鸦片,既没有儿子也没有女儿,劳动能力相对较弱。除此以外,就是几个妇女劳力,包括张礼仁的奶奶和母亲,还有张礼仁的二妈陈昌林,当然,没出嫁的三个姐妹有时也可以帮忙干一些地里面的轻活。

张家生活穷苦,家里的人都要参加劳动,尤其是张礼仁的两个妹妹,几岁的时候就开始去地里面扯杂草,小孩子都不轻松,张家实在生活穷苦,不干活就没有饭吃。除非是大户人家,家里面有钱,地里面的农活有长工帮忙,家里面的小孩子就不用参加劳动,大户人家的男孩子一般就在家上学,请专门的教书匠来家里教学,大户人家的女孩子则从几岁开始就要学着绣花,以及其他各种针织活。

对于普通农户而言，为了糊口，家里所有人都要干活，遇到农忙的时候，家里面实在忙不过来，就可以和周围的邻居商量换工，一般是一个牛工换三个人工，一个技术工（例如木匠）可以换两个普通人工，或者，相互交换使用家里的男性劳动力，换工无法换平衡的时候，就需要拿钱或者粮食给对方。遇到心肠善良的人，不那么斤斤计较，就可以不用算得那么仔细，相互之间换工有一些不均衡也是可以的，就当是互相扶持帮助，毕竟谁家都不容易。

1949年以前，张家的劳动力根本不够用，尤其是张家的父亲张昆全去世以后，张家的劳弱问题就更加明显。实在忙不过来的时候，张家母亲陈顺道的娘舅也会过来帮着干一些农活，帮着分担一些家里面的重活，张家的舅舅实在也没时间过来帮忙的时候，张家就只能花钱或者粮食，请周围的邻居帮忙干活，谁有空就请谁帮忙。但是，毕竟请工帮忙干活是少数时候，绝大多数时候还是只有靠自己，因为请工干活不是一件轻松的事情，请工不仅要供人家伙食，还要供人家烟酒，说来伙食倒是简单，就是麻豌豆当下酒菜，但是给人家工钱可是一笔不小的开支。请工干活，怎么给工钱也是有规矩的，例如，天天工就是每天给一升米或者半升米，具体要看干的农活的种类。财主家里的那些长膘子长工①，也就是负责给财主当家安排生产的长工，每年都有两担四斗米的工钱，其他一般长工，每年的工钱就要比长膘子长工少好几斗米。

2.勉强种下30亩土地

1949年以前，在与二爸张习全分家之前，张家一共有三十亩土地，张家家族一共有八房人，每房人都是三十亩土地。总体而言，张礼仁家因为男性劳力少，完全种下三十亩土地还是有些困难，张家所有人都得忙活起来。

对于家里土地不够自家耕种的农户，往往需要租别人的土地来耕种，租别人的土地需要和对方协商，双方签订租约，租土地的一方需要支付给土地主人一定的典钱和押租。典钱相当于土地的租金，押租相当于租户的信用金，典钱归土地主人所有，押租在双方结束租佃关系之后，土地主人就需要将押租全部退还给租户，租佃关系结束之时，一旦土地主人无法将押租如数退还给租户，那么，土地就归租户所有。尤其是1949年新中国成立之后，新中国大搞减租退押，很多土地主人就因为退不起押租，只能拿一些家里面的家具来抵。

1949年以前，贫苦人家多，需要租用别人土地、搞农业生产为生的人家也很多，虽然住在张习全家里的租户只有一户人，但实际上，租用张习全家土地的租户有好几户，佃客有离得近的，也有离得远的，离得近的往往不需要租住土地主人的房屋，反之，则需要租用土地主人的房屋。

一般而言，佃客在租种土地的时候，需要支付给土地主人两类资金——典钱和押租，也就是说，佃客需要给张家的二爸张习全支付典钱和押租，典钱直接归张习全所有。至于押租，相当于佃客的信用金，结束租佃关系的时候就要退给佃客，一旦到期不将押租退给佃客，佃客就可能将张习全的土地拿了去。

总体而言，租佃土地还是很容易，只要年年能够支付租金，土地租佃关系就很稳定。土地租佃的地域范围可以是本村，也可以是几里路以外，对于那些租佃土地离自家远的租户，往往选择举家搬迁至土地主人家里居住，这样一来，距离土地更近，也方便平时的农业生产。租

---

① 长工：也叫作管事长工，负责为雇主家庭安排农业生产，并安排其他长工干活。

佃双方平时一般不会有什么走动，但是逢年过节的时候，有些租户会买酒买肉送给土地主人，给土地主人拜年，维持与佃主的和谐关系，以便来年继续租用其土地，租户一般也不愿意重新租土地，毕竟搬家的过程很麻烦。

就张家的情况而言，1949 年以前，张家一共有三十亩土地，加之男性劳动力不足，如此多的土地耕种起来就有些困难，全家所有人都要行动起来，包括家里面还没有成年的小孩子。张家大家庭没有出租过土地，只有张昆全和张习全的小家庭分家之后，张家二爸张习全将他的十五亩土地租了将近一半出去，张昆全的小家庭只在非常困难的时期，租了很少一部分土地出去。

张家二爸张习全出租土地的时候，邀请了保长、甲长到场见证双方签订土地租用契约的过程，张习全不仅请保长、甲长吃了一顿饭，还支付给保长、甲长见证的工钱。之所以当时张习全要请保长、甲长来进行见证，主要是为了避免日后土地租佃双方扯皮，保长、甲长作为村里有头有脸的人物，可以起一个有效的协调作用。

3.主要依靠人工挖地

1949 年以前，张家自从遭遇棒客偷盗之后，家里就再没有耕牛，也再没有购买过耕牛。张家人平时搞农业生产，需要耕牛的时候，就去外面花钱请人带耕牛来帮自己犁地。一般而言，请人带耕牛犁地一天，需要支付给对方三升米，或者补偿对方三个人工，也就是帮对方干三天活。

村里有耕牛的人家挺多，需要请人犁地的时候，张家随便请谁都可以，反正都是一样需要给钱。一般，张家需要借人家耕牛进行犁地的时候，都是当家人出面与对方协商，当家人出面说的话才算数。

借别人家的耕牛犁地，对方的犁牛匠、放牛匠也会一起过来，一般不可能单独借人家的耕牛来自己犁地，要是单独借人家的牛来犁地，就怕牛暴病死去，普通农户根本赔不起人家的耕牛，普遍都会考虑到这个问题。犁牛匠、放牛匠带耕牛过来犁地，一天的犁地结束之后，犁牛匠、放牛匠就会带上耕牛、犁头等工具离开，这也就是为什么一个耕牛犁地一天可以换三个人工，因为耕牛犁地一天本来就包含了三个人工，犁牛匠算一个人工、放牛匠算一个人工、牛工也算一个人工，这样一来就是三个人工。犁牛匠前来负责犁地，放牛匠随同负责找草喂牛，也就是说，请人犁地的农户只需要按时准备伙食、烟酒、支付工钱就可以，其他的事情都不用操心。

1949 年以前，购买耕牛可不是一件简单的事情，一头耕牛需要有一套配套的犁头、耙子，具体是一架田犁，一架土犁，一架平耙，一架凿耙，必须有这四种农具。一般农户根本支付不起这个费用，所以有的农户就会选择与亲戚、邻居伙养耕牛。例如，购买一头耕牛需要一千元钱，那就双方各出五百元，当然，伙养耕牛的农户一般都是请放牛匠饲养耕牛，而不是几家亲自轮流饲养，伙养的两家平摊需要支付给放牛匠的工钱。这也是为了避免双方扯皮，因为，如果双方亲自轮流饲养，一旦耕牛在某一家出现病状，这个责任非常难界定，如果是放牛匠饲养，耕牛一旦出现病状，那就双方平摊治疗耕牛的费用。

一般情况下，伙养耕牛的农户，相互之间土地面积大致均衡，这样一来，伙养的耕牛就可以轮流使用，避免双方做无效扯皮。农忙紧工的时候，伙养的耕牛就严格轮流使用，例如，张家用两天，李家用两天，这样有序进行，总之，大家都算得特别精细，毕竟谁也不愿意自家吃亏。

伙养的耕牛,如果出租给外人犁地,因此取得的收入双方平摊享有;另外,伙养的耕牛如果生了小牛,将小牛售卖获得的收入也由双方均分享有,共同享受。此外,在伙养耕牛的过程当中,因为耕牛生病、被偷带来的损失,自然也是由双方共同承担。

4.小型农具保够,大型农具缺乏

1949 年以前,张家穷困,家里的农具也少,基本只有锄头、粪桶、箩筐、背篓这几类简单的小型农具,背篓和箩筐可以自己制作,粪桶需要请木匠制作,主要是因为集市上卖农具的商户非常少,自己可以制作的小型农具就自己制作,自己不会制作的就请木匠、竹匠制作。

张家虽然没有什么大型农具,小型农具倒是十分齐全,完全够一家人平时干农活使用。犁头、耙子这些大型农具不是家家都有,只有家里养了耕牛的农户才有犁头、耙子。农忙时候,张家农具实在不够用就可以去向邻居借用,在借用农具的过程当中,锄头、粪桶这些小型农具一般不需要给钱,请人犁地,需要借用别人的犁头、耙子的时候,就需要给钱。

借别人家的农具,家里面的成员都可以出面,并不一定非得是当家人。借了人家的农具要及时归还,老话说得好"有借有还,再借不难。"就是这个道理,如果借用对方的农具给人家弄坏了,则需要赔偿,还得自觉给人家赔偿,不赔偿就不合理。

(二)生产过程

1.根据季节安排农业生产

1949 年以前,张家常年从事农业耕作,并且以务农为生。另外,家里还养几只鸡鸭,喂一两头猪和羊,张家人没有文化也没有势要,只能老老实实以务农为生,此外几乎没有其他的出路。在具体的生产过程当中,张家会有一个基本的安排和分工,妇女一般做些轻松的手脚活,小孩子则做一些力所能及的轻松活,男性劳动力则必须要承担重活。总而言之,1949 年以前,当地各家户农作物的耕作,由当家人进行组织和安排,在具体耕作过程中,基本上以男性为主,妇女几乎只有丢种①和摘菜才出门。因为1949 年之前的妇女普遍裹脚,行动困难,因此,妇女基本上就在家做一些手脚活,例如做饭、洗衣服、照看小孩子等。

换句话说,在不同的生产环节,根据不同家庭成员能力所及,都会有一个基本的安排,总的原则——男主外,女主内,能够干得了哪样活就干哪样活。妇女、小孩不能干的重活,一般就是男劳力的责任范围,例如,在菜籽收割的季节,割油菜秆是男女都可以胜任的农活,男女都参加,而担油菜秆是女性无法胜任的重活,那就由男性自觉主动承担。

张家在农业生产安排方面,没有什么具体的死规定或者指令,都是庄稼人根据常年的农业耕作经验,自然而然形成的家庭成员的分工与安排,并不像军事化的指令一样,必须是谁干哪一样农活。在这个过程当中,更多的是家庭成员在常年务农过程当中,形成的天然的分工与安排,无须多说,只需去做就好。

1949 年以前,当地的农业生产,总体而言是一年种植两季粮食,即大春和小春。小春种豌豆、胡豆、油菜之类的作物;大春就是棉花、玉米、红苕、花生之类的作物。小春一般是头年的十月份左右开始种植,到第二年的三四月收割完成一轮的种植;小春收割完以后,同年五

---

① 丢种:即播种,将种子放进提前打好,用作种植的小坑里面。

六月左右开始大春的种植，直到同年的八九月完成大春的收割，然后继续下一轮小春的种植，周而复始。

不同农作物的种植面积，张家的当家人会在种植之前做一个总体的安排和分配，其他家庭成员就根据当家人的安排进行农作物种植。例如，当家人打算今年种植三分土地的花生，分别种植土地 A 和土地 B，那么全家人就根据这个安排，有条不紊地开展农业生产。

当地的耕作习惯是将玉米和红苕进行套种，也就是说，不会单独将一整块土地用作耕种玉米或者红苕，而是两者兼而有之，一行玉米，一行红苕。在决定种植什么，怎么种植的过程当中，平时全家人坐在一个桌子上吃饭的时候，就可以商量讨论，或者平时一起闲聊的时候，也可以顺带说几句。因此，张家的农业耕作虽然是有规划、有秩序地进行，但在耕作过程当中，更多是依靠全家人在长期的生产活动当中积累起来的默契与娴熟。

家户的农业耕作过程是一家一户的个体行为，无需同其他任何外人进行商量，更不会与保长、甲长有什么关系。在农作物的具体耕作环节当中，以水稻耕种为例，第一步就是犁田、耙田，没有耕牛的家庭，一般会选择用锄头挖田，然后人工将田里面的土推平，接下来，洒稻谷种子育苗，大约一个月之后开始插秧。1949 年以前，当地流行插夏秧，也就是说，立了夏就要插秧。值得一提的是，当地流行吃插秧酒，在准备插秧酒的过程中，各家的妇女劳力提前很多天就要开始忙活，她们需要提前在家用磨子推豌豆粉做凉粉，还要弄红苕粉①和包蛋②，切腊肉……准备十分丰富的食物。

插秧结束之后，就是后续的管理工作，尤其是要管理好农田里面的水源问题，因为稻谷的生长全靠恰到好处的水分滋养。一般而言，秧苗插下去一段时间后，需要人工将每一颗秧苗周围的泥土进行打圈踩踏，避免天干的时候秧苗周围的泥土产生裂缝，从而影响稻谷的生长。

每年农历七月半的时候，稻谷顶上的那一片就已经基本成熟，用手勒一部分回来晒好，就可以品尝新稻谷。需要说明的是，当地有这样一个习俗，敬奉老祖先必须用当年新产的稻米做成干饭，表示对老祖先的尊敬和怀念。另外，当地新产的谷米还需要先拿来喂狗，狗先于人品尝当年的新稻谷，据传说"湖广填四川"之前，四川遭了大水，大面积的农田被淹没，最后连一粒谷种都没剩下，狗从外地的稻田里面跑过，粘了一身的谷子在身上，趟着水过河回到四川，最终带回来了极少数谷种，四川才又有了稻谷这种作物。因此，当地为表示对狗这一功勋的表彰，每年的稻谷产出来，都要先做饭拿给狗吃。

但是，1949 年以前，当地的粮食产量基本上不高，这跟粮食的品种有很大关系，也与种植方式有很大的关系。同样以水稻种植过程为例，1949 年以前，当地百姓种植水稻多是直接将谷种洒在稻田里面，分两类洒法，一类是洒"浑水秧"，另外一类是洒"清水秧"。"浑水秧"就是将田平整好以后，紧接着就洒，就跟看着雨点落下一样，不停往田里面洒，因为这时田里面的水还是浑浊的，所以，这种情况下洒谷种也只能凭着经验和感觉来进行；另外一类是洒"清水秧"，就是将田平整好以后，等到第二天早上，田里面的水也变得清澈了，这时候再洒谷种，这样就可以清晰地看见谷种与谷种之间的间距，从而更好地控制谷种的间距，使谷

---

① 红苕粉就是芡粉。
② "包蛋"此处为名词，等同于"皮蛋"。

种更加均匀。

2.妇女负责家畜饲养

张家饲养的家畜主要就是羊和猪,养羊的时候就用一条绳子拴着,早上把它牵出去放在山上,中途给它换两个地方吃草,晚上再牵回来就行养猪也是大同小异的情况,关在猪圈里面,按时给它喂吃食即可,养猪是妇女劳力的任务,一般给猪喂食玉米、红苕、猪草,猪草用铡刀直接铡了扔给猪就行,另外,家里面的洗碗水也会用来喂猪。

张家的男劳力一般不会管理喂猪的事情,因为男劳力要出门下地干活,妇女劳力主要负责操持家里面的杂事。对于张家这种穷苦人家,养猪和养羊的目的一样,都是为了等它们长大以后拿去售卖,取得收入,维持家庭生活,一般不舍得自己宰杀食用,有钱的大户人家,养的猪和羊才会宰杀食用。

张家贫穷,种地几乎单纯依靠人工,耕牛、大型机械都没有,只是偶尔会去请人带耕牛来帮自己犁地。1949 年以前,在没有机械助力的情况下,牛就是最好的牲畜,牛可以帮着犁地,从而将人工从繁重的挖地劳动当中解放出来,当地饲养的牛主要就是用来耕地,没有什么其他的用途。

当地没有驴和骡等牲畜,就连马都很少见,而且只有小马的品种,不会像北方的马那么高大,同时,一般只有大户人家才有马,当地没有车,马就是大户人家出门的交通工具,上街可以骑着马出行,因此,当地的马主要用于供有钱人家骑着玩,不会用于耕作和货运。

值得一提的是,1949 年以前,物质条件差,加之普遍卫生防疫观念很低,老死或者病死的耕牛,大家往往不会选择直接掩埋处理,而是将牛皮刮下来以后,直接将牛肉拿去售卖取得收入,根本不管是否会对食用者的健康造成威胁。

3.艰难困苦中练就的讨生本领

对张家而言,1949 年以前,每天都没有休闲的时间,每天都有活儿干,地里面的农活稍微告一段落以后,家里面的男性劳动力,就会出去帮人担油枯挣点油盐钱,或者出去帮人打天天工挣点闲钱。每月逢农历"三、六、九"①就去宏缘街上担油枯,逢"一、四、七"又将油枯转运到三星街上去,挣一些劳力钱。

1949 年以前,当地没有车,运输主要靠人力,大家也在这种社会条件之下,练就了一身的吃饭本领。举个例子,帮人转运一升大米,奸猾一些的人就会中途偷偷从里面拿一小部分米出来自家食用,然后再往米里面掺水,使米膨胀起来,这样一来,膨胀之后的大米,从体积来看还是有一升,因为没有秤,东西都用斗和升量,量的都是货物的体积而不是重量,这样一来,即使实际重量有所减少,只要斗和升量起来体积没有变少,就不会被发现作假。

再例如,帮人转运带壳花生,有些狡猾的人中途就将花生壳轻轻地掰开一半,从花生壳里面取出一粒花生米,然后再轻轻地把花生壳合上去,看上去就跟没有被动过一样,这样一来,到了目的地,因为检验花生重量的工具是升和斗,并不是秤,然而,升和斗只能量出花生壳的体积,并不能真正量出带壳花生的全部重量,因而虽然体积没变,但是真正的质量往往已经少了接近一半。

---

① 指农历日期以三、六、九结尾的日子。

4.没有手艺活的小农家庭

张家是非常普通的农民家庭,只会挖地种地,除此以外,什么手艺都没有。1949 年以前,当地的手艺人大致分为木匠、竹匠、盖房子的泥瓦匠,还有裁缝,这些手艺一般都是针对男性而言,适用于女性的手艺很少,就连裁缝都是男性。手艺人在传习手艺的过程当中,可以招收学徒,也可以传给家里的儿子,学徒或者儿子跟着一起去,师父顺带着讲一些,当然,主要还是依靠学者自己看,自己观察,脑筋活络、手工灵巧的人容易学会,反之就很难学会。

总之,手艺的传习过程,并非只能传给手艺人的大儿子或者自家人,也可以传给其他外人,外人学习手艺需要交给师父一定的学费。等年轻人学成以后,一般还需要跟着师父工作一段时间,才能顺利出师,这样做,一方面是为了让学徒更加熟练,另一方面,学徒可以更好地积累名气,以后更好地揽活。

5.极少外出的家庭妇女

1949 年以前,张家置办家庭用品等,主要由家里的男性当家人负责,就连下地干活,也是以男性劳动力为主,妇女很少下地干活,也很少出门。当然,轮到走亲戚、回娘家的时候,妇女是可以参加的。因为妇女普遍裹脚,行动不便,有钱一些的家庭,妇女就坐滑竿①被人抬着出门,像张家这种穷人家里的妇女,当然只能自己走路,小脚走不快就只能慢慢走,别无他法。

总的来讲,1949 年以前,妇女是很少出门的,街上赶场的人群当中,几乎看不到妇女的身影。小孩子也很少出门,小孩子都由家里的妈妈和奶奶带着,一般不会允许小孩子随意出门,就连玩耍也不行。

(三)生产结果

1.农业生产普遍低产

1949 年以前,当地一年可以收获两季粮食——大春和小春,但是粮食产量普遍偏低,例如,稻谷亩产也就三四百斤左右,亩产收获四五百斤稻谷,算是非常不错的情况。红薯的产量低,很小一个,红薯有两个种类:本山红苕和贵州红苕,但这两类红苕的品种都不好,都很难高产。总之,1949 年以前,当地几乎没有好品种的粮食,更不能指望产量能有多高。

一般而言,影响粮食作物收成的因素有很多,肥料、农药、品种、自然条件等,1949 年以前,当地既没有农药也没有化肥,基本上农作物播种下去就不会再管,庄稼遭病也无可奈何,没有什么补救方法,加之有时候还要遭遇干旱、水灾等不可预估的天灾,这样一来,因为农作物本身的抗灾能力很弱,在种种不利因素作用之下,粮食的产量自然上不去。

长期种植庄稼的张家人,对于庄稼的收成好坏有一些基本评估手段,例如稻谷,基本上,稻谷的谷粒长成以后,一年的收成就基本定型;同样,玉米挂须以后,如果没有被风吹断,那说明本季玉米的收成也算不错。

因为不同年份的天气条件有差异,庄稼的产量也会有一些波动,但是总的来讲,1949 年以前,粮食的收成变动不大,产量基本都比较低。张礼仁印象当中,收成比较好的一年,当属1953 年。张礼仁与张杰仁 1950 年分家,之后的两年,张礼仁就努力干活,1953 年就有非常不错的起色,当时,张家的哥哥张杰仁还担任生产小组组长,就是他把张礼仁划分成了"新式地主",寓意说张礼仁翻了身,超过了中农水平,那年,张礼仁家种的鸡爪连棉花,特别大一朵,

---

① 滑竿:一种竹制的轿椅,由四个人或两个人分别抬着轿椅的四个脚前行。

收益尤其好。然而,张礼仁认为自家在 1952 年是倒了大霉的,当时家里没有肥料,一亩多地只收获了一百多斤麦子,棉花也几乎没有收获,玉米的情况更是一塌糊涂。

1949 年以前,粮食收成是为了一家人的生活,因此,对于粮食收成,张家所有人都非常关心,只有小孩子不懂事,才会对粮食收成情况不管不问。但是,对粮食收成情况、生长情况牵挂最多的,当属当家人。粮食收成以后,属于全家人所有,由当家人统一保管,张家的粮食,如果缴纳赋税之后还有剩余,同时家里基本口粮也足够,就会把多余的粮食拿去售卖,卖了钱供一家人开支,给家人买新衣服穿,在 1949 年以前,对于张家人而言,要是哪一年有闲钱给家里人买了新衣服穿,相当于那一年翻了大身,绝大多数情况下,张家人的衣服都要反复穿几十年。

1949 年以前,张家的粮食收成基本满足不了全家人的需要,只能是一家人吃得差一些,不至于饿死人就算万幸,根本不可能吃得有多好。张家真正的生活改观,是在 1949 年以后。1949 年以前,张家把上级规定的公粮任务完成以后,上半年的吃食以麦子糊为主,下半年的吃食就以红薯为主,有机会用面粉做馍馍①的情况少之又少。

2.舍不得自己食用家禽家畜

1949 年以前,张家每年饲养鸡鸭、猪羊的数量,是根据那一年的运气来定的,运气好的话,一年可以喂两头肥猪,运气不好,那一年家里面的猪发瘟、生病,就可能只剩一头肥猪甚至一头都没有,鸡鸭鹅等也是这种情况,一般每窝鸡可以孵出十几只,接近二十只小鸡,但是,真正能够养大的可能有十几只,也有可能只有几只,就看那一年的运气怎么样。

如果家禽家畜养得好,那一年张家人就会觉得特别开心,例如,鸡养得好的年份,过年就把鸡分别送一些给亲家、舅舅等近亲,自家也可以杀一些鸡来进行庆祝。一般而言,在饲养家禽家畜方面,每年的管理方法、粮食喂养是否得当,都会影响那一年家畜的产量,但是各家各户普遍粮食都少,若是某一年家里面的家禽家畜饲养得好,都会认为是那一年运气好,交了大运。

1949 年以前,到了年关,当地各家户最后成活的鸡鸭普遍都不多,要是哪一家到了年关还有十几只鸡,那是非常不容易的事情。张家饲养家禽家畜最好的一年,大概有四五只鸡,三四只鸭子。1949 年以前,张家平时吃鸡蛋的时候非常少,只有家里有人过生②等节庆日才有鸡蛋吃,平时根本舍不得将鸡蛋拿来自己食用。

因此,1949 年以前,张家饲养的家畜不是优先满足家庭需要,而是用于售卖取得收入,家里面的鸡鸭哪怕只下了两三个蛋,放在衣服兜里面装着,都要拿到街上去卖了,鸡鸭下的蛋,包括鸡鸭长大以后,拿去售卖取得的收入,以及卖肥猪和羊得到的收入,都由当家人保管,当家人会将收入进行合理安排,用作一家人的开支。将鸡蛋存起来,等女儿女婿回到娘家,烧些开水,敲两个鸡蛋在里面煮,再下点面,就是非常不错的招待女儿女婿的食物,家里面没有鸡蛋的时候,女儿女婿回来,借也要借两个鸡蛋回来,煮面招待女儿女婿。

3.务农为主,打零工为辅

张家历来以务农为主,没有从事过手工业,农闲的时候,张家的男性劳动力会出门打零

---

① 指面饼,"馍馍"是当地的土话。
② 即过生日。

工，例如去街上帮人转运货物，通过出卖劳动力，赚取些许的油盐钱，以贴补家用。副业就是养鸡鸭、猪羊，此外再没有搞过其他副业。年景好的情况，鸡鸭成活率高，勉强可以指望鸡鸭卖点钱，年景差的情况，根本不要指望鸡鸭卖钱。即使可以卖钱的情况，也卖不了多少钱，卖一次鸡鸭的钱，女人家用来买点布匹，基本上就所剩无几，根本不敢指望副业能有多少收入。

之所以如此，是因为1949年以前，张家连人吃的粮食都不够，没有多余的粮食拿来饲养鸡鸭。因此，鸡鸭的饲养，很大程度上是看"运气"，光景好的年份，粮食充足一些，鸡鸭发瘟生病的少，成活率就高，反之，光景不好的年份，粮食收入低，连人都不够吃，没有多余粮食用于饲养鸡鸭，自然鸡鸭就长得不好。

三、家户分配

（一）分配主体

1.家户是唯一分配主体

1949年以前，张家唯一的分配主体是家户，全靠当家人安排一家人的吃穿用度，宗族层面，只有一年一度的清明会，除此以外，没有其他的集体活动，宗族内部，相互之间只承认是一个老祖宗的后代，对于平时的生产、生活，宗族内部的各个家户说没有任何交集。村庄也仅仅是一个地域范围，或者说，村庄的意义就是一个管辖单位，每年，保长、甲长会按时给各家各户进行派粮派款。此外，村庄没有集体活动，更不要提有任何形式的分配活动。

张家由当家人对家里的生活进行统筹，具体而言，家庭的钱财和粮食由当家人统一保管，其他家庭成员的吃穿住等，由当家人负责安排。儿子长大成人、结婚以后，就会分家出去，儿子和儿媳妇包括未来的孙子、孙女组建成新的小家庭。分家以后，儿子不会再参与父母辈家的分配活动，分了家的几个兄弟，也成为几个独立小家的成员，分属于几个不同的家户分配主体。当然，中国自古以来倡导百善孝为先，分了家的儿子，依然需要对父母尽孝，尤其是在父母丧失劳动能力以后，分了家的儿子在进行家户分配活动的时候，需要将父母的生活需要纳进统一考虑。除此以外，分了家的兄弟姐妹、父母子女都不会存在于同一个分配主体里面，否则，就失去了分家的意义。

2.家长主导家户分配活动

张家在进行分配活动的时候，由当家人主导，张家的爷爷张有亮去世早，当家人先后经历了奶奶张付氏（同时由爷爷张有亮的弟弟担任名义外当家），父亲张昆全，母亲陈顺道（同时由陈顺道的娘舅担任名义外当家），还有兄长张杰仁，张杰仁当家持续到1950年，最后，张礼仁和兄长张杰仁因为矛盾分家。

不管谁是当家人，都需要担负对全家人的责任，对家庭开支进行合理安排吃什么、用什么、买什么，都由当家人根据家庭的财力情况进行恰当安排。当家人的职责就是在家庭物资条件有限的情况下，合理分配家庭资源，有序安排家庭农业生产，从而让一家人的生活更好。

张家其他家庭成员的吃穿用度都靠当家人安排，当家人就是家户的管理者，当家人能够长期当家，安排家庭事务，是出于家庭成员对他(她)能力和资格的认可，因此如果当家人不称职，或者不成器，不仅不能合理安排家庭生活，而且还败坏家庭财产，其他家庭成员是绝对有权利更换当家人。获得家庭成员认可的当家人，在平时的决定和安排当中，除了有时需要征求其他家庭成员的意见之外,几乎不用与任何外人协商,无须告知宗族成员,更无须专门通知村庄的管理者。

3.家长难得出远门

张家的当家人如果临时不在,就由资历相对较老的家庭成员替补,充当临时当家人,对全家的生产和生活进行安排。但在现实生活中,由于当家人外出,导致需要临时当家人的情况非常少见,1949年以前,当地交通落后,治安混乱,进城务工的现象几乎不存在,即使打工也是在村里面,或者附近村庄。帮人耕种庄稼,晚上一般都会回到家里面,同时,1949年以前,当地农村地区土匪猖獗,百姓根本不敢单独外出远走,另外,男性单独外出很容易被抓壮丁,因此,几乎不存在,当家人出远门不在家的情况。

4.家庭成员具有发言权

在张家的分配过程中,家庭成员都有发言权,尤其是老一辈在给几个儿子分家的时候,对于怎样搭配几份家产,怎样操作进行分家活动,家庭成员尤其是几个儿子都有发言权;同时,分家活动进行的时候,往往家门的舅舅、姑爷、老辈子[1]都在场,也都有发言权。因此,实际上,家庭虽然是由当家人做主安排日常生活,但是,当家人绝不是封建时期专制的皇帝角色,当家人是管理者,是可以听取其他家庭成员意见和建议的管理者,当家人的角色设置是为了更好地促进家庭的发展,为了家庭成员更好的生活。

5.小家庭的分配内部做主

未分家之前,张家在大家庭分配之余,小家庭的分配活动也是存在的,例如,给兄长张杰仁的女儿添置新衣服,为张礼仁的房间制作一张床。只不过,这种类型的分配活动,多是单独由小家庭的当家人进行安排,不需要征求小家庭以外任何人的意见,也无须小家庭以外的任何人到场进行见证和协商,小家庭的当家人进行决定和安排就可以,小家庭的成员可以自由使用自己攒下的私房钱。

6.家户分配与外界无关

张家是穷苦人家,家小业小,家户内部在进行分配的时候,无须告知四邻、家族和保长、甲长。需要说明的是,一般而言,大户人家进行分配,也无须告知和惊动四邻、保长、甲长等人,因为分配活动完全是一家一户的私事,与家户以外的人没有任何关系。但是,某些家大业大的家庭,在特殊情况下,需要在进行分配活动的时候,邀请保长、甲长当见证人,则不在此种讨论范围之内。

(二)分配对象

1.外人无权享受家户分配

1949年以前,张家在进行分配活动的时候,分配对象只能是本家户内部的成员,通俗地讲,当家人只会考虑本家户内部成员的吃穿用问题,而不会"吃饱了撑的",为家户以外的其他人担心衣食住行问题。以老人给几个儿子分家为例,分配对象只能是几个儿子的小家庭。同时,为了操作简便和公平起见,分家的时候,老人会把要分配的家产,按照儿子的数,分为平均的几份,分家的那天,几个儿子通过抓阄的方式,决定自己最终得到哪一份家产。

---

① 老辈子:指代父亲的亲兄弟。

2.分配物为家庭所有财物

张家进行分配的时候,分配物都是家里的物品。同样以几个儿子分家为例,分配物一般是家里的土地、房子、桌椅、床、锅碗瓢盆、锄头、箩筐等,这些东西会按照儿子的数量,均衡地被分为几个部分,供几个儿子抓阄进行选择,成为几个儿子的小家庭日后基本的生活物资。

3.自家人享用家产

在平时的分配活动中,张家所有成员都有份,例如,基本口粮的分配,衣服鞋子的添置等,当家人会把家庭所有成员都考虑在内。但是分家的时候,包括分家产的时候,则只能由家里的几个儿子享受,女儿不能享受。大家普遍认为,嫁出去的女儿泼出去的水,分家和分家产都没有女儿的份,只会按照儿子的数量,将家产平均分为几份,由几个儿子的小家庭单独享用。

(三)分配类型

1.优先保证税款

1949年以前,张家的农业收成,一般只包括地里的粮食收入。张家人耕种的全部是自家的土地,因此,不需要缴纳土地地租,但是张家每年都需要缴纳国家的农税和保长、甲长派下来的各类杂款,农税和杂款都是粮食形态,因而张家需要分别交给国家、甲长、保长一定量的粮食。

1949年之前,当地将土地租金称为典钱,典钱不算高,押租则相对较高。押租相当于佃户的信用金,租佃关系结束时,土地主人如果无法将作为信用金的押租如数退给佃户,那么,土地就理所应当归佃户所有。遇到灾荒年景,地租一般也不可能发生减免,佃户支付给土地主人的租金也是粮食形态,佃户自己主动将粮食担到土地主人家里去,如果土地主人觉得佃户担来的粮食没有处理好,有杂质、不纯净,会要求佃户担回去进行二次处理。

一般而言,要是自家没有土地,租人家的土地来种,实际上相当不容易。每到粮食收成以后,不管粮食产量如何,佃户都必须将粮食收成优先用来缴纳地租,把土地主人的那份交够以后,才能有自家吃的份,为的就是给土地主人留下一个好印象,来年续约,继续耕种对方的土地。一旦交不起地租,土地主人就会无情地将佃户赶走,不允许佃户来年继续耕种他的土地,佃户也就不得不搬家,举家搬迁是一件非常不容易的事情。因此,佃户总会想方设法优先缴纳地租,维持与土地主人的良好租佃关系。

另外,1949年以前,百姓搞农业生产需要缴纳农税,对于张家而言,每年得有两三亩的稻谷产量用于缴纳各种税款,用于纳税的稻谷数量,至少要占总产量的一半。因此,对于张家人而言,纳税的税额相当高,但是谁也不敢公开反抗,更不敢说一句"不"字。即使遇到灾荒年景,粮食减产,纳税额也不会因此降低,只能靠自家人勒紧裤腰带过日子。

每到纳税交粮的时候,张家人就要担粮食去街上交税,具体交多少粮食,一般是根据家庭土地面积计算。但是保长、甲长并没有严格按照土地面积进行公粮任务分配,甲长、保长为了减轻自家的公粮负担,或者给自己增加收入,往往会私自给普通农户增加公粮任务。如果农户没有及时缴纳他们派下来的粮食任务,甲长、保长就会带上保安队的部下找那户人家的麻烦。

一般正式的税收每年只有一次,但是,各家户陆续还要交给保长、甲长各种杂税。为了家庭的安宁,张家的粮食收成都会优先用于缴纳各类赋税,交够了公粮和各类赋税,才有自家食用的份儿,大多数情况下,往往完成公粮和各种杂税任务以后,张家全年的水稻收成已经所剩无几,为了一家人的生计,只能吃差一些,勉强维持生活而已。

在交税的时候,都是当家人进行安排。张家交公粮的时候,往往需要连续两天都往街上跑,才能把规定的公粮任务交齐,因为一天根本拿不了那么多粮食,必须分两次拿到街上去交,张家的男性都要出力运粮食到街上去。国家公粮以外的其他杂款,由保长、甲长亲自到各家各户征收。

2.副业收入杯水车薪

张家几代人都没有经营过手工业,因为家境贫穷,没有多余的钱学手艺,勉强度日,有口饭吃就算万幸。1949年以前,在普遍观念中,有项手艺活是非常不容易的事,往往手艺人的收入也不错。就张家的情况而言,根本不敢有这样的奢望,只能老老实实以务农为生,兼养几只鸡鸭、一两头猪和羊。

张家养副业也只能是小打小闹,根本不敢指望能带来多么丰厚的收入,因为张家的粮食连人都不够吃,更没有多余的拿来喂养鸡鸭。鸡鸭卖了一点钱往往也舍不得花,大部分都会由当家人保管起来,留作日后家里的大事之用。不仅张家如此,当地百姓普遍节俭,总想着存钱给家里的儿子结婚用。

张家的小孩子几乎没有零花钱,只有过年才有很少的一点零花钱。妇女单独花钱的机会也几乎没有,妇女一般不怎么出门,更不要提花钱购买什么东西,妇女做衣服需要的麻布、棉花,都是男性当家人赶集带回来的,即使妇女回娘家需要带"礼行"①,也是由男性当家人办好以后,妇女直接提着去。

3.分家是最大规模分配活动

儿子长大结婚,分家的时候,提留了老一辈要用的物品和开支以后,家里的钱财、粮食、家具等都要按照儿子的数量进行平均分配。分家的时候,不可能有女儿的份,只有儿子才有资格享受家里的各项财物分配。

因此,对于穷苦人家而言,在家户的收入分配活动中,几乎只有分家那一次,才是真正意义上的分配活动,平时都由家户当家人统一调控,安排全家人的吃穿用等,很少有专门的零花钱分配活动。当然,在大家庭里,各自攒私房钱的情况倒是很多,尤其是大家庭有几个儿子的情况,狡猾精明的儿子就会偷偷攒私房钱,供自己额外开销。

(四)家长在分配中的地位
1.家长支配家户分配

在张家的家庭分配活动中,作为家庭长辈的当家人,一般都是分配活动的实际支配者,整个分配活动由当家人主导,根据家庭物资情况和人口情况进行分配。这里有三种情况:如果当家人是男性并且是家庭的长辈,那么分配活动必然由当家人进行主导和安排;如果当家人为女性且是家庭的长辈,那么,分配活动尤其是分家活动,是在当家人的主导下以及家门的舅舅、姑爷、老辈子等亲戚的共同参与和见证之下进行;如果是儿子当家,同时,父母依然健在的情况,作为当家人的儿子,有必要在家庭的重大分配活动进行之前,同父母进行商量,力求实现合理公平的分配。

---

① 礼行:指走亲戚需要带的礼品。

2.私房钱靠个体自己攒

一般情况下,张家不会进行私房钱的分配,私房钱都是家庭成员自己单独存。1949 年以前,普通农户连吃饭都成困难,哪里还有多余的闲钱进行私房钱的分配。私房钱都靠个人自己存,例如儿媳妇回娘家,娘家父母给女儿的零花钱,就可以是儿媳妇自己保管的私房钱。另外,家里的农活忙完以后,儿子自己出去打零工挣的钱,也是儿子的私房钱。需要说明的是,私房钱是私人所有的钱财,是家庭成员个人所属财物,供私人根据各自的需要进行花销,家长不会进行干预。另外,未出嫁的闺女也可以自己攒私房钱,未出嫁闺女攒的私房钱,可以用于购买棉花和布匹制作衣服等。总的来讲,1949 年以前,张家整体允许家庭成员拥有私房钱,并且家庭成员的私房钱可以用于个人自由开支,张家的当家人以及其他家庭成员不会干涉。

3.新衣添置一视同仁

1949 年以前,张家成员需要添置新衣服的时候,由当家人进行统一预算和安排,花销纳入家庭统一开支。一般情况下,添置新衣服的时候,张家所有成员都是平等的,当家人会为所有家庭成员统一添置新衣服。特殊情况下,例如女儿出嫁,需要添置几套新衣服,本次就优先为女儿添置新衣服。

张家每年人均添置一套衣服,家庭成员利用各自的私房钱为自己添置衣服的情况,不在这种讨论范围之内。1949 年以前,张家添置新衣服,由家庭准备棉花和布匹,棉花是自己耕种的土棉花,布匹是自己用土棉花纺出线来,布匹织好以后,就拿到街上对布匹进行染色,染成自己需要的颜色,然后请裁缝来家里手工缝制,如果自家舍不得花钱请裁缝,也可以由家里的妇女手工缝制。

1949 年以前,当地男女婚嫁的时候,女性的嫁妆中都有一套针线,用小型的竹制箩筐装着。平时,家里人的衣服若有破损,女性由自己本人缝补,男性由自己的妻子缝补,未成家的儿子则由母亲缝补,小孩子的衣服也由各自的母亲进行缝补。

4.有福同享没有二样

张家所有成员平时的吃食都是一起的,即"同锅同灶",不会区别对待。食物充足的时候,全家人都可以吃得好一些。而食物有限,不够吃的情况下,全家人都只能勒紧裤腰带节省着吃。在食物非常匮乏的情况下,张家会优先照顾老人和小孩子这两类弱势群体,除此以外的其他家庭成员都是平等的,不会单独为某一个人开小灶,也不会刻意虐待某一个家庭成员。

5.穷家没有零花钱分配

1949 年以前,张家这种穷苦人家庭,家庭收入极其有限,几乎没有进行过零花钱分配,零花钱主要靠家庭成员自己攒,例如出嫁的妇女回娘家探亲,娘家父母给的零花钱,再或者,成年的儿子在完成家庭生产任务以后,自己单独出门打零工挣的钱。

(五)服从者、建议者

在张家所有分配活动中,当家人以外的其他家庭成员,都是服从者或建议者,当然,这里的服从并非指当家人特别专制,而是由于家庭成员对当家人身份和能力的认可、信任和尊重。当家人在进行安排的时候,家庭成员可以根据实际情况提出适当意见。当家人既然承担了家庭管理者的角色,就有义务将家里的一切打点好,如果当家人无法承担好一个优秀管理者的角色,甚至有私心或者败坏家庭财产,其他家庭成员可以考虑重新更换当家人。

（六）分配统筹

1.以全家人的需求为导向

家庭内部在进行各项分配活动的时候，一位公正廉明的当家人必然是以全家人的需要为前提，照顾全家人的生活需要，并且公平地考虑每一位家庭成员的需要。但现实生活中，当家人也难免会出现偏心和分配不公的情况。例如，因为分配不公，相互之间赌气，互相在背后说闲言碎语，或者家庭分家的时候分配不公，导致兄弟反目成仇的情况也是存在的。分家的直接原因，就是因为家庭成员之间觉得利益分配不公，自己吃亏，没有必要继续大家庭的生活，宁愿分家自己搞单干，也不愿意继续在大家庭里生活。

张礼仁与哥哥张杰仁分家的直接原因，就是张杰仁作为当家人，对个人的小家庭有私心，总是利用大家庭的劳动收入，为自己的小家庭谋福利，导致兄弟之间的小家庭产生嫌隙，最后不得不以分家收场，分开生活，避免继续相互扯皮。

2.先国家再小家

1949年以前，国民党统治时期，张家在进行自家农产品的分配活动时，会优先考虑交齐公粮和各类杂税，交够公粮和各类杂税以后，即使自家的粮食不够吃，也只能忍气吞声勉强维持生计。之所以如此，是因为像张家这种穷苦人家，根本没有话语权，没有讨价还价的余地，不像有头有脸的大财主和保长、甲长等人，尤其是保长和甲长等人，利用手中的公权，私自增加普通农户的公粮任务，从而让自己少交公粮的情况屡见不鲜。

反之，作为普通农户的张家，一旦没有按期缴纳公粮和各类杂税，保长、甲长就会派自卫队的部下天天来催粮，搅得全家不得安宁，不仅如此，自卫队那些催债的部下来了，还不能让他们白跑一趟，需要欠粮农户支付劳务费。

更有甚者，没有按期缴纳公粮和杂税的家户当家人，会被官府抓起来，交不齐公粮和杂税，官府就不放人回家。这样一来，几乎没有哪个农户敢欠公粮和杂税，只能早点交齐了事，免得自家被那些喽啰搅得鸡犬不宁。

完成公粮和杂税任务以后，张家内部进行分配的时候，余粮只能勉强够一家人吃饭，而且，吃食还必须以粗粮为主。家庭的零花钱、私房钱分配活动根本没有，在新衣服添置方面，人均每年只有一套衣服，情况再差些的时候，家里面实在周转不过来，没有多余的钱买衣服，就只能全家人一起克服困难，将衣服进行反复缝补、穿着。除此以外，张家人不敢指望生活能有多么宽裕，全家人能够平安、健康地活着就是最大的欣慰。

总体而言，1949年以前，只有社会的上等人才有资格抗税，当然他们也并不是严格意义上的抗税，而是把纳税任务下移给无权无势的穷苦人家，让普通百姓忍受繁重的赋税任务，他们却轻松度日。因此，最无助的就是社会的中等人和下等人，只能被欺负、被安排、被通知。

3.公平公正的分配原则

张家在进行各项物资分配的时候，都是当家人按照公平原则实行平均分配，家里所有成员都被同样对待，没有谁有特权，一旦某人有特权，其他的家庭成员就会闹意见。当家人虽然承担着家庭管理的责任，但是当家人在家庭物资的分配方面，也不能有特权，至少，在表面上当家人不能有任何特权。当然，因为当家人掌握着家庭的财产和粮食等，当家人究竟有没有私心，有没有单独为自己谋福利，只有当家人自己心里清楚。当家人只有凭自己的良心做事，才不会遭到其他家庭成员的反对,家庭也才能够长久地和睦下去,更好地发展下去。

年景不好的时候,张家人只能想方设法找吃的,牛皮菜[①]、野菜都可以用来当作家庭的吃食,在家庭基本吃食都难以满足的情况下,衣物添置不会再有,只能是反复将坏掉的旧衣物进行缝补,全家人努力度过艰难岁月。

另外,张家所有成员同锅同灶,所以,张家成员都吃一样的饭菜,没有谁有特权可以单独享用更好的美食。但是,对于家里的小孩和老人,会有一定程度的照顾,中国自古以来倡导尊老爱幼,这一点,也融化在了张家人的观念里,小孩子吃饱了才不会哭,老人吃好了才能更好地活下去,因此,老人和小孩,可以说是有一定优先权,此外则是同等对待其他家庭成员。

(七)分配结果

1.公粮杂税几近家庭收入一半

张家每年的实际分配活动中,用于缴纳公粮和杂税的货物比例,几乎可以达到家庭总收入的40%,自家的食物消费占50%,另外10%用于家里的各项杂物开支,例如购买衣服、添置生产工具等。张家的各项分配物品,绝大部分是自给自足,只有极少数需要外购,虽然日子艰苦了些,但好在农村遍地是宝,不能说吃得有多好,至少吃食总是有的,对于维持全家人的基本生活是没有问题的,只是,除此以外就没有闲钱可谈。

2.分配不公导致家庭矛盾

在进行分配活动的时候,如果分配得公平,家庭成员是不会有意见的,反之,如果分配得不公平,家庭成员就会提出反对意见,就会出现问题,尤其妇女最喜欢比较,一旦发现不平衡就容易闹矛盾。例如,张家的哥哥张杰仁当家的时候,有一年,张杰仁明目张胆为自己小家的成员多添置了两套衣服,引起了张礼仁夫妻的不满,张礼仁的妻子罗云珍甚至明确表达过对张杰仁当家不公的不满意见。然而张杰仁作为当家人,即使知道弟媳妇闹意见,也装作没有听见,对此不管不问。这之后的第二年,张礼仁与张杰仁就协商分家。一般情况下,不管一个家庭人口有多少,如果家庭分配公平,家庭和睦,是不会出现分家情况的,只有家庭分配不公平,发生了矛盾才会闹分家。

3.分配结果根据年景变化

1949年以前,张家每年的家庭收入波动不大,因此,家庭每年的分配结果也相差不大。在吃饭方面,全家人同锅同灶,有福同享,有难同当;在新衣服的添置方面,家庭成员人均每年一套,光景好一些的年份,就是人均两套或者三套衣服,由当家人根据当年的家庭收入,进行合理预算和安排。

四、家户消费

(一)家户消费及其自足程度

1.艰难度日的穷人家庭

张家没有具体计算过家庭的开支,虽然不算富有,但还勉强吃得起饭,尤其在完成公粮和各类杂税任务以后,家里吃不上米饭的时候,就吃得差一些,红苕、牛皮菜都是张家人经常的吃食。家庭的花销方面,除了偶尔有人伤风病痛需要就医,其他方面几乎没有什么开

---

① 一种植物菜类,现在当地一般将牛皮菜用于喂猪,人很少食用。

支：一方面,因为农村家庭自给自足程度高,很少需要外购;另一方面,在物资匮乏的年代,集市供给人们买卖的物品很少,就连衣服都是农户自己种植棉花并纺成布匹,请裁缝来家里面缝制的。

即使如此,张家却没有存款可言,只能年复一年勉强维持家庭生活。遇到哪年家里面的人都健健康康,没有因为病痛花钱,钱财也有剩余的情况,那就过年的时候,多买几斤猪肉庆祝,或者多准备一些其他的年货。反之,生活困难、入不敷出的年份,张家人就连过年都没有多少肉吃,一大家子过年时有一两斤猪肉就不错了。

张家的经济条件,在村里面算特别差的,尤其在父亲张昆全过世以后,张家成了典型的劳弱户,条件就更差了。在好几年的时间内,张家成员除了长期吸食鸦片败坏了身体的二爸张习全,就是老人、妇女和小孩,农业生产搞不上去,又没有其他的经济来源,家庭情况越来越糟糕,三五个月能够吃上一回肉都算不错。这种情况一直持续了五六年左右,直到张礼仁和哥哥张杰仁长大成人,大约也就是1945年,当时张礼仁16岁,张杰仁18岁左右,张家的情况才逐渐好转一些,那时候,张家的庄稼也种得好些了。

再极端一些的情况,就是出去当乞丐要粮食,那些实在没有粮食吃的困难家庭,被逼无奈就会到处去讨要粮食。当然,张家倒是没有经历过出去要饭的情况,为了维持一大家人的生活,张家多是靠少吃米饭,多吃小菜,或者将稀饭少掺米勉强度日。张家人单纯吃红薯过顿,或者单独吃小菜过顿的情况很多,反倒是吃米饭过顿的情况成了极少数。

总而言之,1949年以前,张家的生活就是这样勉强维持,有吃的能够填饱肚子,不至于饿死也就了事,不敢再有什么其他的奢求。冬天的时候,张家人吃些地里的小菜度日,春天的时候,甚至连山上的青草都吃过。在普遍贫穷的年代,只能全家人节衣缩食,勉勉强强维持生计。家里粮食实在不够吃,去外借的情况也有,但那是极少数情况,毕竟借了人家的粮食早晚都是要还的。同时,借粮食的对象还必须是关系好一些的亲戚,否则外人也不愿意把粮食借给张家这种穷得叮当响的人家,毕竟,谁都担心张家没有偿还能力。当然,张家人自己也识趣,很少外借粮食,就连向亲戚借粮食的情况都很少,尽量自己咬紧牙关,吃得差一些维持基本生活。

2.粮食消费完全自给自足

1949年以前,当地各家户的粮食消费靠自给自足,不会去外面买粮食食用;即使粮食不够吃,有缺口的情况,也是通过多吃五谷杂粮的方式来解决,例如多吃红苕、牛皮菜、小菜、野菜等粗粮。张家几乎每年都没有结余的粮食,因为公粮和赋税任务繁重,除去这部分粮食以后,对张家这种穷苦人家而言,家里的情况就不容乐观。如果某一年张家粮食产量高一些,那一年张家的吃食就好些;反之,粮食产量低,那就吃得差一些,同时,吃小菜和红薯度日的情况就多些。

3.食物消费具有较大弹性

民以食为天,自古以来皆如此,在吃食方面是没有底线的,条件好些的就吃食丰富一些,条件差的就吃食简单些。就张家而言,粮食多一些,稀饭就做得浓稠一些;粮食少一些,稀饭就少掺米;或者,根本吃不上米饭的时候,就吃红薯和小菜充饥。家禽产的鸡蛋、鸭蛋等,张家人往往舍不得吃,会存起来拿去售卖,换取一点微薄的收入。张家根本不会外购鸡蛋进行食用吃肉的情况更是少见,毫不夸张地说,一年能够吃肉的机会屈指可数。

4.土布衣服"打头阵"

张家在衣物消费方面，情况也非常糟糕，只穿得起下等衣服——也就是土布做成的衣服。土布是一种非常粗糙、非常厚的布，都是百姓自己用棉花纺的线，织出来的布十分粗糙，上面的棉花颗粒都还在，很大颗的，穿在身上特别硌得慌，身上痒了就在衣服上面蹭，由于布料粗糙，止痒倒也十分管用。

稍微好些的料子衣服，张家人平时根本不舍得穿，只会走亲戚的时候拿来穿，走完亲戚以后，就会马上洗了放在柜子里，一件料子衣服往往要经历几代人的穿着。不仅衣服，被子也是这样的情况，一床被子至少要供两代人使用才会更换。

5.简陋但勉强够住

在房屋方面，张家的房子基本够住，虽然住宿条件不好，但是也不至于在外面风餐露宿。当家人的几个儿子组建的小家庭会各自拥有一个房间，也就是说，一个小家庭（一对夫妻和孩子）享有一个房间。张家房子实在不够住的时候，就会想办法进行简易地扩展，利用木头和竹子，在宅基地四周搭建成简易房屋，供家庭成员居住。此外，农村小家庭的房屋如果有部分剩余，会用作堆积粮食和杂物，而不会出租。一来，农村的房屋材质差，在大家看来不值得稀罕；二来，农村地区交通不便，没有人愿意租农村地区的房子，除非是集市的房子或者靠近集市的房子，才会有人愿意出钱租购。

6.简易的疾病应对模式

1949 年之前，当地普遍医疗条件差，加之，很多人即使生病也不愿意去就医，因为医疗费用高，大家不愿意因为治病而拖累家庭，使本来就困难的生活更加艰难。所以，大家往往会在农村地区找些草药进行自我治疗，或者自己进行刮痧、放痧治疗，能治就治，不能治就只能病死。另外，1949 年之前，当地还没有西药，只有中药，中药见效慢，难以直达病根，导致很多疾病都被耽误或拖延，许多人因为一些小病去世。

7.人情消费存在于近亲之间

1949 年以前，张家的人情消费只会花在非常近的亲戚之间，不论是结婚还是庆贺生日，都只有近亲才会参与。参加丧事活动会带些纸钱过去，并附上一定的礼金；参加婚宴的情况有些特殊，送礼以家族为单位进行，家族内部的几房人提前将钱凑好，由家族的代表统一将礼钱送到对方家里，由于送礼的礼金很少，办酒席的花销一般都是入不敷出。因此，张家这种穷人家庭，根本不敢大肆摆酒席庆贺生日、结婚等，不管是多少岁生日，都只会平淡处之，在张家人看来，非要逞能摆酒席，反倒是一种不明智的行为。

平时，亲戚家里办酒席的时候，张家送礼的礼行很简单，就是两把面，一个片菜①，装在篮子里面，用布盖着，给对方提过去。走亲戚带去的礼行，收到礼的主人会将片菜割一半下来，面也只留一把，其余的再让客人带回去食用，这是物质贫乏时期亲戚之间的特殊关照。

8.婚事操办简单便捷

1949 年以前，张家办理红白喜事的时候，只把最亲的亲戚请到场。就连婚庆过程也很简单，婚姻大事往往都是"亲攀亲""邻攀邻"，通俗地讲，男女的结婚对象都在邻居和亲戚范围之内，不可能有多远，或者是双方家庭早就定好了娃娃亲，到了合适的年纪就举办结婚仪式。

---

① 片菜就是两斤左右一块的猪肉。

在婚姻大事方面，婚配男女在同房之前，几乎都见不到对方的面，双方家庭说好以后，就靠媒人两边跑，拿着男女的生辰八字进行合算，八字合得上就可以张罗定亲，到期拜堂结婚，反之，如果双方八字不合，就会退婚，退婚讲究"男退八百，女退一千"。极端一些的情况，男方是跛子、瘸子，在拜堂的时候就会找人打样[①]，代替本人进行拜堂，等到真正同房的时候，新娘才发现自己真正嫁的是一个残疾人，可惜已经没有后悔的余地。

张家所在村的河对面，有个女孩的婚事，简直可以用仓促二字形容，当时，新中国已经快要成立，有人造谣说，家里面养有成年女子的要交税，那家人就吓得赶紧找人给女儿说媒。最后，通过亲戚找到一户人家的男孩子，男孩子家里特别穷，房子是用芦苇秆支起来的。而且，那个男孩子本人也根本不知道有人给自己说了亲，男孩子本人还在外面打工——帮人打石头，结果婚事就被家人张罗好了，直到女孩子被人用滑竿抬到他家里去，男孩子都还没回家。等男孩子回家以后，也就自然而然接受了这门婚事。总体而言，1949年之前，当地所有人的婚事都靠父母之命、媒妁之言，就听父母和介绍人一句话，个人完全没有发言权。

9.穷人的教育极易中断

读书这件事情，只有大户人家的孩子才有份，穷人家的孩子根本读不起书，大户人家请先生给他的孩子教学，大户人家附近的普通人家，倒是可以考虑将孩子送到那里和大户人家的孩子一起学习，但是每年需要支付给教书先生1~2斗米，支付不起的家庭就不能读书，张家人普遍文化程度低，就是因为根本上不起学。张家的女孩子更是没有上过学，而且，当地就连大户人家的女孩子都没有上过学。一直持续到1949年新中国成立之后，这种情况才得到改善。

张礼仁只在父亲张昆全在世的时候，上了半年学，自从父亲张昆全过世以后，张礼仁就再没有上过学。因为，张昆全过世以后，张家的经济情况就越来越差，根本拿不出两斗米给先生，也就只能选择退学。因此，1949年以前，当地只有大户人家才会出现文化程度高的人，穷人家庭的孩子很难保证中途不会因为家庭经济状况而辍学，或者，某些穷人家庭的孩子从来没有上过学。

10.勉强保齐基础消费

1949年以前，张家除了基本的衣食住行，以及可能的看病需要，几乎没有其他的开销，而且，张家人几乎全年365天都被固定在庄稼地上，既没有其他的经济来源，也没有更多的娱乐方式。平时的生活用品，除了盐巴、酱油等需要外购，其他的生活用品，一概依靠家庭实现自给自足。一方面，因为时代的物产有限，集市供给人们进行交易的物品种类非常有限，更重要的原因是，穷家小户的家庭预算十分有限，就连基本吃食都很简单化，更不要指望有多余的钱用于其他的开销。

在张家的食物、衣物、医疗、教育、人情等消费中，比例最大的是食物消费，民以食为天，没有饭吃就不能生存下去，因此，食物消费也是不可或缺的家庭大头消费。此外，衣物的消费方面，张家一般是人均每年一套新衣服，差一些的年份，保证不了人均每年一套新衣服的情况下，就只能穿往年的旧衣服，或者反复将坏掉的旧衣服进行缝补，然后穿着。

至于教育，不是张家人的必需品，穷人家的孩子没有上学是非常普遍的事情，甚至可以说，教育是贫寒人家的奢侈品，只有富裕家庭的孩子，才能保证一直有学上，穷人家的男孩子

---

① 打样：此处指伪装，即让一个正常人代替身体有残疾的人进行拜堂。

很小就要学会分担家庭农业负担。

（二）家户消费全靠内部负担

1949年以前，张家的各项消费开支，全部由家户自己承担，外人不可能对家户的消费进行分担，只能依靠家户自力更生。一般情况下，即使是某一家户死了人，没有钱办丧事，也只能自己简单化处理，例如，用一床席子将尸体裹起来，再用锄头挖坑掩埋。尤其对于穷苦人家，可以说，人命和狗命没有多大区别，死了就死了，根本没有条件风风光光办理丧事送行。

平时的衣食住行也是一样的道理，全部依靠家户个体，要想过得好一点、吃得好一点，只能自己好好种庄稼，好好搞副业。老话说得好，"自己动手丰衣足食"，不要妄图指望任何人，只有依靠家庭成员努力，才有改善家庭生活的可能。家户各种类型的消费，都是由家户内部自己承担，平时，各家各户根据自家的经济状况进行合理的预算和开支。

总而言之，家户是自身任何费用的绝对承担者，家户以外的任何主体都不会为此进行买单，不仅穷人家庭，有钱的大户人家也是这样。需要说明的是，大户人家经常与保长、甲长等有权的人联合起来，利用公权私自给普通农民增加公粮和赋税任务，转嫁公粮和赋税负担，以减轻自己家庭的公粮和赋税负担，这是很普遍的事情。穷人往往因为无权无势，没有话语权，只能忍气吞声吃哑巴亏。

（三）家长为家计绞尽脑汁

在张家，食物消费、衣物消费、住房消费、人情消费、红白喜事消费、教育消费、医疗消费等各种消费，总体来讲都是由当家人进行预算和安排。张家分内当家和外当家，外当家一般是男性，负责对家庭的宏观事务进行安排和预算，对外的交往和买卖也由外当家进行；内当家就是在家里面负责管理晚辈、操持副业和做饭的妇女。外当家和内当家多为夫妻组合，内当家和外当家相辅相成，二人共同安排好家庭内部和外部的各种事务。

具体而言，外当家负责平衡好家庭的各项开支，量入为出，使得家庭生活能够长久地维持下去；内当家负责打理好家庭内部的各项事物，将家庭饲养的鸡鸭等副业管理好，并且，内当家还要根据家里的粮食储备情况，合理安排家庭成员每天的吃食。内当家与外当家遇到事情经常会一起讨论。

在贫穷的年代，为了全家人的生计问题，张家的当家人每天都需要绞尽脑汁。既没有存款也没有其他固定资产的穷家小户，往往对于天灾人祸的抵御能力很低，只能日复一日地过着千篇一律的穷苦日子，对于未来，不敢也没有办法进行规划，这种情况，直到1949年新中国成立之后，才得到一些改善。

（四）接受家长统一安排

在张家的各项消费当中，例如食物消费、衣物消费、住房消费、人情消费、红白喜事消费、教育消费、医疗消费等，当家人以外的其他人都不能起决定作用，普通家庭成员只需要在当家人的安排下进行劳动。反过来，一名优秀的当家人需要均衡考虑每一位家庭成员的生活需要，公平处理每一位家庭成员的诉求。

一般而言，张家人的需要也很简单，当家人统一安排即可。首先，家庭成员的吃食是全家人同锅同灶，没有区别对待，大家都吃得好，或者大家都吃得差。其次，在衣物的添置方面，一般是人均每年一套衣服，当家人统一安排好，请裁缝到家里进行缝制即可。此外，张家人几乎没有什么其他的必需消费，教育消费是完全可以省略掉的，很多穷苦人家的孩子都没有上过学。

五、家户借贷

（一）借贷单位

1.有借有还的小额借款

1949年以前,张家实在周转不过来的时候,也会找别人借钱,但是,借钱的数量一般都很少,等有钱的时候就会立即还给对方。而且与对方关系好才能借到钱,关系不好是没有办法借到钱的,尤其对于张家这种穷苦人家,谁都担心其没有偿还能力,自然不愿意将钱借给他们。借贷者必须得到对方信任,证明其有偿还能力,对方才会放心将钱借出来,毕竟,谁也不愿意肉包子打狗有去无回,且不说赚钱,至少谁也不愿意做亏本的生意。

大多数情况下,张家因为家里实在周转不过来,一点存款都没有,确实走投无路,才会开口向别人借钱。而实际上,就张家的情况而言,外借粮食的情况要比外借钱财的情况多得多,尤其每年在缴纳公粮和杂税以后,更是难以为继,有时候被逼无奈,也只有向家门的近亲借粮食,维持家庭成员的基本生活,彼时,保命成了张家人最迫切的需求。

2.家户是基本借贷单位

找人借钱的时候,一般只有当家人出面开口才能作数,当家人出面并且以家庭的名义借钱,对方才会放心地将钱借出来,关系好些的无须写借条,关系一般的就需要写借条。还有一种情况是,有些私人专门负责放高利贷,他们也会面向广大老百姓进行放贷,借高利贷不仅要写借条,还需要有担保人。当地宏缘街上就有好几个放高利贷的人,有一个比较出名的放高利贷的女性,就是付四娘。他们有的放场场贷款①,有的放月月贷款②,利息都不一样,场场贷款需要在约定的那一场赶集日期进行偿还,月月贷款就需要在约定的月份到期之后进行偿还,到期之后,如果借贷者没有办法连本带利进行偿还,就会被对方催着先还利息,本金继续滚利,总之,早晚都必须还,晚还的后果是利息会越滚越多。

3.有节有度的小额借款

张家借钱的数量比较小,一般都是找亲戚借钱,临时周转一下,等可以周转开来,就会立即还给对方,不会找放高利贷的人借钱。

1949年以前,借钱可以家庭的名义,也可以私人的名义,以家庭的名义借钱,往往是全家人经过商量以后,根据家庭需要借钱,具体过程由当家人出面进行交涉,所借的钱由家户整体进行偿还,全家人通过努力将钱凑齐,按时按量归还给对方。以私人名义借钱,尤其是那些背着家庭成员,单独借钱用于赌博的人,就必须个人偿还。同时,那些借钱用于赌博的人,往往只有借高利贷这一条路,普通人家知道他是这种情况,根本不会把钱借给他。

用于家庭开支的借钱活动,往往是由当家人主导和安排,当家人不在家又需用钱的情况,只能缓一缓,等到当家人回来再开展借钱活动。当然,这并不是因为当家人以外的其他家庭成员不会借钱或者不敢借钱,而是因为大家普遍知道,只有当家人说的话才能作数,当家人出面借的钱,以后才能找这个家庭整体进行偿还。普通家庭成员的话语没有效力,根本得不到外人认可,对方也担心私人借钱没有能力偿还。要么,就是得到当家人授权以后,由家庭

---

① 场场贷款:按照赶集次数计算利息的贷款形式,如果三天赶一次集,贷款利息可以三天计算一次。
② 月月贷款:与场场贷款相对应的贷款形式,按照月计算贷款利息。

成员前往进行借钱,这种情况下的借钱活动,往往对方需要反复确认真伪,弄清楚来者是得到当家人的授权以后来借钱,才敢放心地将钱借给对方。

4.个人借贷者多为赌徒

1949年以前,个人借贷的情况也广泛存在,但是个人借贷往往只能个人自己偿还。一般而言,借贷都是以家户为单位进行,用作家庭整体的开支。以个人名义借钱的人,多是些喜欢赌钱的赌徒,借钱进行赌博妄图翻身。张家从来没有这类赌徒,张家只在确实困难的时候,以家庭名义对外借过钱。

(二)借贷主体

1.家长代表家庭对外借款

大多数情况下,张家的当家人都是借钱活动的主导者和支配者,不仅借钱由当家人出面进行交涉,借到钱以后,财物的保管、预算和开支,也是由当家人安排,其他家庭成员只需要在当家人的安排下进行劳动。如前所述,如果当家人临时不在,家里面又需借钱的时候,那就只能缓一缓,等当家人回来以后,再做借钱安排,在这期间,家庭成员只能想办法对危机进行处理和应对,当然,这种情况几乎不存在。

2.委托借贷需确认资格

在借贷活动中,经得当家人的授权以后,其他家庭成员可以家庭的名义,出面进行借钱活动,对方在确认来者的借钱资格以后,才会放心将钱借给这个家庭成员。这种情况的借贷活动,借条上虽然写的是这位家庭成员的名字,但是,后面需要备注"代"字,以证明该家庭成员的借钱活动是经得当家人同意,以家庭为单位进行。反之,如果没有经得当家人的委托,家庭成员私自借钱:一来,对方很可能不愿意借钱;二来,所借的钱只能由该家庭成员自己偿还,家庭其他成员没有责任对此进行偿还。以个人名义借钱的人,往往用于赌博和其他不正当方面,贷款方会对借款方的偿还能力进行简单快速地评估,大家一般不愿意将钱借给这类人。

3.根据家长安排做事即可

张家整体开支需要的借贷活动,一般都是当家人出面进行交涉,其他家庭成员几乎不用操心任何环节,当家人作为家庭的管理者,会为了家庭成员的共同需要,对外进行借贷。

妇女当家的情况,借贷活动一般会由另外一名男性当家人出面进行交涉,唤作"外当家",妇女只能是"内当家",外当家有可能是妇女当家人的儿子,也有可能是妇女当家人的娘家亲兄弟。实际上,因为妇女裹小脚,出门行动不便,而且,妇女单独出门容易被人欺负,因此,1949年以前,妇女单独出门操持家事的情况很少见。1949年以前,妇女在丧夫的情况下,可以充当家庭实际当家人,但是,对外一定会有一名名义上的男性当家人,男性当家人负责家庭的买卖、对外交涉等活动。

(三)借贷责任

1.当家人是第一责任人

欠债还钱天经地义,家庭以外的任何人都没有义务为家庭借贷负责,家族、村庄在这个过程中也没有任何牵连与责任,更没有任何家庭以外的人会主动为家庭的借贷责任买单,因此,家庭借贷只能由家庭内部努力还清。

大家庭的借贷活动,主要责任由当家人承担,当家人管理着整个家庭的钱物,其他家庭成员在还贷责任中的角色,更多地体现为服从当家人的安排,努力搞好家里的农业生产,尽快地为家庭增加财富积累,以便能够尽快还清借款。

小家庭的借贷活动也是一样的道理,借贷责任由小家庭内部承担,小家庭的当家人相应就成了第一责任人,小家庭的当家人有责任努力安排好家庭农业生产和副业生产,尽可能地为小家庭增加收入,从而尽快还清借贷。

当然,如果是个人名义的借贷活动,还贷责任相应就由个人自己承担,需要说明的是,个人名义的借贷,一般都是赌徒为了满足赌博需要,现实当中,很少出现个人名义的借贷活动,因为大多是以家庭整体名义借款。

2.借贷始终由当家人主导

张家的当家人出门不在家的情况很少,当家人不在家而需要借钱的情况也很少见。一方面,1949年以前,百姓普遍以在家务农为生,农闲时候出去帮人打工的地点也很近,一两天或者几天就会回到家里,几乎不可能出现当家人不在家,而又急需外出借钱的情况。另一方面,当家人出门之前,会对家庭的生产和生活进行基本的安排,即使遇到一定的危机,这种安排也可以帮助家庭尽快度过危机。对于家庭成员实在处理不了的情况,一般等到当家人回来再进行处理。

另外一种极端的情况是,当家人因病或者其他原因去世,这时候,家庭内部会根据年龄、资历、能力等综合因素的考虑,再选一名当家人出来,由新的当家人承担起家庭管理者的责任。这时候,新的当家人完全接替已经过世的上任当家人的角色,自然,家庭的借贷责任也主要由新的当家人承担。

3.为还款全家齐努力

借贷之后,家庭所有成员都有责任为还贷努力,只不过,这种责任在普通家庭成员身上体现得不那么明显,主要是因为当家人掌管着家庭财产,对家里的事情进行统一安排。其他家庭成员只需根据当家人的安排,尽可能地努力劳动,为家庭增加收入,尽快还清家庭借贷。

至于家庭内部成员对借贷责任的分担,实际上,这种责任的区别不太明显,只有普通家庭成员与当家人之间的区别比较明显,当家人显然是最为借贷责任操心、忧心的人,其他家庭成员在借贷方面的责任,几乎没有什么高下之分。只是,大家都清楚,有一个共同的目标,那就是尽快还清对外的借贷。另外,小孩子就更谈不上什么责任,他们可能根本不知道怎么一回事,或者懂事一点的小孩子会尽可能地帮着长辈干活,仅此而已。

(四)借贷过程

1.家长署名有效

一般情况下的借贷活动不需要抵押物品,只有借款数量特别大的时候,才需要抵押,例如家里有人去世,实在没有钱办理丧事,有的家庭就会借钱处理丧事,借钱的抵押物一般是土地,没有土地抵押就借不到钱。

一般情况下的借贷活动也不需要写借条,与抵押物品相对应,只有借钱数量特别大的时候,才需要写借条。例如家里有人去世,或者遇到其他什么天灾人祸,家里实在周转不下去,就需要外借钱财,弥补家庭资金的缺口,借条的内容倒是简单明了:"今借到某某×××元,约定××年××月××日还,过期不还增加××元。"最后,还需要写上借款的日期,借款人同时进行署名,与借款必须是当家人出面进行交涉一样,署名也必须是当家人本人署名。

同时,这种借款数量巨大,需要抵押物和写借条的时候,往往需要一个中间的担保人,对双方的借贷行为进行担保和见证,一旦借款的人还不上钱,担保人就必须履行责任,对借出钱的人进行赔偿。

2.大额借款需邀请证人

张家借钱的数量一般比较小,自然也不需要请担保人和写借条,只有借款数量巨大的时候,才必须请担保人进行见证,担保人必须是在当地有信用、有资金偿还能力的人,这样才能让双方信任,担任好担保人的角色。

担保人一般由需要借钱的债务方进行安排,担保人必须是比债务方家庭宽裕的当家人,并且在当地有一定的信用。当然,债务方请的担保人必须得到债权方的认可,担保人才能作数。也就是说,担保人虽然是由债务方进行安排,但是必须得到债权方的信任才可以。

借贷双方在写完手续、署好名字之后,借贷活动就算完成。不管是穷人之间的借贷活动,还是富人之间的借贷活动,借贷完成以后,都不会摆酒席进行庆祝,普遍认为,借贷就是为了应急,摆酒席没有任何必要。

3.有无利息看双方关系程度

在借贷活动中,关系好一些的人之间不需要利息,关系一般的就需要利息。同时,在街上放高利贷的人那里进行借贷,毋庸置疑需要担保人和利息,高利贷的利息是根据借钱的日期来定的,一般情况下,利息的计算方法都有一个规矩,有"场场利""月月利"等。

具体而言,如果借贷双方约定好实行"场场利",当地是三天赶一次集,也就是说,借贷者本次赶集借了人家的钱,那么,在下一次赶集的时候,借贷者必须将所借本金和利息全部还给放贷者。具体的时间节点,就以打更匠的锣声为准,在约定好还钱的那天,在打更匠敲响晚上亥时的锣声之前,借贷者还齐借款都可以,反之,如果超过了这个时间点,那么,利息就要另行计算。

利息多少都是由借款人(出面代表家庭借款的一般都是当家人)和放贷者提前约定好,到期之后,借贷者必须一次性连本带利偿还给放贷者,如果借贷者无法偿还贷款,就会被放贷者催着先还利息,本金继续滚利。因此,借高利贷弥补家庭经济缺口,实际上也相当不容易,普通的贫穷人家宁愿吃得差一些,过得差一些,也不愿意借高利贷。需要说明的是,1949年以前,当地的借贷活动只存在于私人之间,以国家、企业为主体的借贷活动根本不存在。

(五)还贷情况

1.当家人"有借有还"

还钱的时候,一般是一次性还清,当家人在最初借钱的时候,会根据家庭的农业生产情况、开支情况进行基本的预算,并以此计算需要借钱的期限。大多数情况下,借款活动都会一次性还清,以减少后期不必要的麻烦和扯皮。以在宏缘街上的借贷活动为例,在街上私人的店铺里借钱,还钱的时候也需要借贷者将钱送到街上店铺去,如果超过约定期限没有将利息和本金送到对方手里,就会按照规矩继续滚利。

在某些情况下,用粮食还债也可以,总之,都要经过双方的协商,按照粮食的市价或者其他私人之间的约定进行处理。具体的过程,借款方的当家人会进行安排和协商,当家人是借贷活动的主要责任者,最初的出面交涉和最后的还款活动都由当家人出面进行。如果当家人没有及时给对方还清借款,对方见状会前往家里来催债。总之,大多数情况下,都是当家人到期主动还清借款,特殊情况下,到期没有还清的时候,要么继续滚利,要么就是放贷者来家里面要。欠债还钱、天经地义,放贷者不可能让自己吃亏。

2.放贷者追债方式多样化

1949 年以前,借贷者借贷之后还不上的情况也有,由最开始双方认定的担保人承担责任,担保人负责还清放贷者欠款,这是借贷双方认定的担保人需要应对的不时之需,当然,这是极少数情况。

到期无法偿还的时候,借贷者也可以用"以工补贷"的方式进行还债,用自己的劳力抵债,一般而言,按照规矩,打工者每天有工资,"天天工"的工资有一个基本规矩,打工一个月就有一个月的工资,打工一年就有一年的工资,就按照这种规矩进行劳力换算。

借贷者实在没有办法还清借款,双方也不愿意在"以工补贷"方面达成协议,放贷者还可以用借贷者家里的东西进行抵押,鸡、鸭、猪、羊、土地等都可以进行抵押,等借贷者还清贷款以后,再将这些物件还给他们。

3."父债子偿""夫债妻偿"

大多数情况下,以家庭为单位的借贷活动都是由当家人出面进行借款和还款,在一些特殊情况下,例如,当家人在借贷期间去世,那么欠款就理所应当由当家人的儿子和妻子进行承担,这就是所谓的"父债子偿""夫债妻偿"。需要说明的是,父亲当家,儿子单独出去借钱的情况,父亲可以不用管贷款偿还。

家长去世之后,遗留下的债务由几个儿子共同偿还,实在没有儿子,也没有女儿的情况,就是由借贷者的老婆偿还。一般,妇女出嫁可以收到一笔礼金,放贷者哪怕逼着借贷者的妻子改嫁,也要拿回属于自己的欠款。总之,放贷者一定会找到借贷者的家人还清。

大家庭中,如果几个兄弟之间已经分家,那么某一个兄弟的债务没有理由让其他兄弟进行偿还。分家之后,几个兄弟的债务都由几个兄弟的小家庭分别偿还,其他几个兄弟没有义务和责任为欠债的兄弟还债。反之,几个兄弟分家之前,全部生活在一起,大哥当家并出面为家庭整体而借的欠款,则应该由几个兄弟共同偿还,这是基本的规矩,大家普遍也是按照这个规矩办事。

因此,绝大多数情况下,借钱都必须还,无论以何种方式进行还款,最终都要还清放贷者的欠款。只有极少数情况下,借钱数量不那么大,借贷双方又是亲戚关系,在借贷方家庭发生重大变故以后,放贷者可以允许借贷者不用偿还借款,这是亲情和人情作用的结果,当然,这绝对是极少数情况。

六、家户交换

(一)交换单位

1.当家人主导交换活动

张家在进行经济交换,例如家户之间的交换和集市交换的时候,都是由当家人进行安排,当家人根据家庭的实际需要安排交换活动,当家人全权负责,没有必要同家庭以外的任何人进行商量,家族、保长、甲长都不必告知,当然,保甲长也没有闲工夫管理普通百姓的这些琐碎事情,当家人只需根据家庭的实际需要,适时适当安排交换活动,维持家户的生活即可。

如果当家人外出,家庭的交换活动就会暂时停止,等到当家人回来再进行。当然,因为当家人临时外出从而影响到家庭交换活动的情况,实际上几乎不存在。一方面,1949年以前,当家人外出的时间绝对不会很长,最多一两天就会回到家里;另一方面,当家人在外出之前,会尽可能地将家里面的一切安排好,这种安排足够一般家庭成员应对可能发生的困难和危机。

如果当家人去世,那就是另外一种情况,当家人去世以后,张家会根据年龄、能力等综合因素的考虑,再选出一位当家人来,由新的当家人担起管理家庭的责任,全权接手一个当家人应该承担的家庭事务,当然,也包括代表家庭对外进行各种交换活动。如果是男性当家人去世,家里的儿子还没有长大成人,因而妇女当家的情况,那么,虽然妇女是家庭实际意义的当家人,但是,交换活动等需要对外交涉的活动,一般情况都是由男性外当家出面,这位男性外当家可以是妇女的兄弟,也可以是已故男性当家人的兄弟。例如,张家的父亲张昆全去世时,张礼仁兄弟俩还没有长大成人,张家由母亲陈顺道当家,同时,陈顺道的娘舅辅佐担任外当家。总之,1949年以前,妇女可以是内当家,或者家庭实际意义上的当家人,但是,妇女一般不会充当外当家,负责家庭对外交往的外当家多是男性。

2.小家所得收入上交大家

大家庭内部的各个小家庭可以单独开展家庭交换活动,但是,这种单独开展的家庭交换活动,所得收入必须如数拿回来,交给大家庭的当家人保管,用作大家庭的统一开支。不可能某一个兄弟在家勤勤恳恳务农,供一大家人吃饭,另外一个兄弟在外面做生意单独挣钱,回来还白吃白喝。当然,做生意的兄弟单独藏私房钱,不把所得收入全部上交给当家人的情况,必须做得足够隐蔽,一旦被其他成员发现,就容易引发家庭矛盾。

因此,家庭成员可以有不同的行当,但是在未分家之前,需要将所得收入上交给当家人,由当家人统一安排,用作家庭统一开支。分家之后,小家庭单独开展经济活动的所得收入,就理所应当全部归小家庭所有,可以看到,一家一户的区别非常明显,财产的归属范围与家户的界限也十分清晰。

3.个人所得纳入家庭统一收入

未分家之前,大家庭的个人开展经济活动,所得收入必须上交给大家庭当家人,若是不上交给大家庭,家庭内部就会闹矛盾,闹矛盾的直接后果就是分家,一般认为,既然不同心协力,那就各自为营,自力更生,没有必要继续在一个家庭内部继续扯皮。例如,两兄弟的小家庭没有分家,由哥哥当家,并且哥哥的小家庭以在家务农为主,弟弟是木匠,主要依靠在外面给人做木工活挣钱获取收入,那么,弟弟在外面做木工的所得收入必须上交给哥哥保管,哥哥通过统一安排,用作家庭开支,弟弟要是不把钱拿回来,兄弟之间就要闹矛盾,实在解决不了就分家,各过各的。因此,大家庭生活是有规矩的,没有规矩根本解决不了众多家庭人口的生活问题,而一旦谁破坏了规矩,就会受到相应的惩罚。

(二)交换主体

1.当家人交换

在张家,家庭整体的开支都是由当家人主导和安排,当家人负责家庭的买卖,往往有一个专门的账本,专门记录家庭的收支情况。而且,账本一般是必需的,要是没有账本,日后一旦家庭闹矛盾扯皮的时候，什么都是口说无凭。因此，当家人会把家庭的收支情况详细地记录下来，例如，某年某月某日卖肥猪收入了多少钱，某年某月某日买油盐酱醋又花掉了多少钱，都会有一个清晰的记录。用毛笔写在本子上，一笔一笔写得清清楚楚、明明白白。

2.当家人委托交换

一般而言，张家成员将家内物品进行交换时，没有得到当家人授权根本吃不通，一方面，没有当家人的授权和下放交换费用，家庭成员没有资金进行购买活动，当然，家庭成员用自己合法的私房钱进行购买活动，则不在这种讨论的范围之内。另一方面，未经当家人同意，私自将家里面的物品拿去售卖就是"败家子"的行为，会受到全家人的责骂批评。

在当家人的安排和委托下，张家家庭经济活动的开展，可以由其他家庭成员进行，受委托人一般是家里的成年男性，不会是女性，1949年以前的妇女几乎不怎么出门，更不可能代表家庭进行交换活动。受委托的男性家庭成员，得到当家人给予的交换费用，并进行经济交换活动，交换活动所得收入必须及时拿回来，全部交给当家人保管，一五一十向当家人报账，当家人再将交换所得收入记录在家庭账本上。

3.其他家庭成员交换

既然是一个家庭，并且没有分家，那家庭的所有成员，就应该听从和服从当家人的安排，在当家人的安排之下，进行各种交换活动，或者，经得当家人的许可之后再进行交换活动，这是一个家庭能够长久维持下去而不分家的充分必要条件。因为只有家庭成员普遍尊重、认可当家人的管理工作，并且当家人没有私心，一心为了整个家庭，这个家庭才能维持成员之间的和谐关系。家庭和谐没有矛盾，自然就不会闹分家。

（三）交换客体

1.集市是男人们的领地

张家需要购置物品的时候，都是在集市进行，由当家人出面进行购买活动，如果其他家庭成员为家庭购买了物品，可以回来告诉当家人记录，由当家人报账。或者，当家人提前将预算资金交由家庭成员，家庭成员完成购买活动以后，回来找当家人进行核算，多退少补，彼时，当家人同样需要将开销记录在家庭账本上。这中间有一套不成文的规章制度，以维持家庭的正常运转。

1949年以前，张家人赶集一般都是去宏缘街上，其实，当地有好几个集市，只是，张家距离宏缘的集市最近，去宏缘赶集的次数也最多。张家人去集市只能依靠腿走路，往返都只能步行，每次赶集，光是单程就需要花一个小时左右。

1949年以前，当地还不流行使用公历计算日期，一般都是用农历计算，宏缘街逢赶集是农历日期当中带有二、五、八的时候，三星镇那个集市是农历日期当中带有一、四、七的时候，五凤镇那个集市就是农历日期当中带有三、六、九的时候，总的来讲，一个集市10天以内可以有三次赶集活动。

1949年以前，张家没有钟表，赶集都是估摸着时间去，估计着天亮以后就出发，有时候，在集市卖了东西没有及时拿到货款，等到下午三四点钟才回家的情况也有。不仅如此，在集市卖粮食，因为没有及时拿到货款，甚至等到晚上天黑的情况都有。有一年冬天，张礼仁去宏缘街上卖麦子，等到下午五点多，对方才把钱送到张礼仁手里。

大体而言，赶集有去的早的人，也有去得晚的人，就看各家各户的具体安排，有的人希望早点去早点回来赶中午饭，有的人就觉得无所谓。集市各种物品的交换价格，一般大家都是知道的，无须多么费力，只需要在集市随便走一圈，大概问一问就知道行情。新中国快成立的时候，也就是大约1947年、1948年，当地的纸币就不值钱了，大家普遍更希望用粮食来进行交换，比如一升豌豆可以换一斤盐巴。因为，粮食可以用来做家庭基本口粮，可是纸币贬值却没有底线，谁也不愿意吃这种没有名堂的亏。1949年以前，当地流行过好几种纸币，这种票子用不出去，张家人就用那种票子，那种票子用不出去只能再换一种钱。

总的来讲，1949年以前，绝大多数情况下，代表张家前往集市进行交换活动的都是男性当家人，普通家庭成员很少上街赶集，而且，当地几乎没有女性出门赶集，只有那些死了丈夫的单身寡妇，才会被逼无奈，只身前往集市进行经济交换活动。另外，小孩子上街的也很少见。有男性当家人的家庭，去集市的都只会是男性，根本不可能有女性。

2.贱买贵卖的"存户"

1949年以前，当地的存户在粮食价格低的时候，低价买进粮食进行囤货，等到粮食价格回升的时候，再将粮食高价卖出去，以赚取差价，宏缘街上至少有两三个这样的存户。张家很少和这类存户有什么交集，但是，有时候家里面实在缺钱，同时，粮食又卖不出去的情况，就只能低价卖给这类存户，以换取收入供家庭开支。或者，张家粮食不够吃，出现缺口的情况，也会在存户那里买粮食，贴补家庭粮食开支。

买卖粮食由当家人安排，其他家庭成员在获得当家人授权的情况下，可以作为家庭的代表前往集市进行交易活动，没有得到当家人的授权和委托，家庭成员一般不会主动承担家庭买卖责任。张家不管是卖粮食还是买粮食，都只能依靠人力，要么用背篓背，要么用箩筐担，除此以外，没有其他的任何办法。买得多或者卖得多，就用箩筐担，买得少或者卖得少，就用背篓背。

3.避免与流动商贩打交道

1949年以前，流动商贩在当地也普遍存在，但是相对去集市购买物品而言，张家人不愿意在流动商贩那里购买东西。一来，流动商贩售卖的东西，价格往往比集市高，价格方面划不来；二来，流动商贩不具有固定性，一旦购买流动商贩的物品不满意，或是出现质量问题，找人理论都找不到，连讨公道都没有门道，因此张家人很少在流动商贩那里购买东西。而且，百姓与流动商贩打交道的情况很少，普遍觉得，宁愿走远一点去集市购买，放心有保障，也不愿意图一时的方便，高价购买流动商贩送上门的物品。

4.对保安队避之唯恐不及

1949年以前，当地的集市有市场管理部门——保安队，街上的铺子、人员他们都要管理，街上发生治安问题，他们会出面进行处理和协调。保安队的几十个保安队员都由本乡的老百姓供着，老百姓辛苦种粮食给他们发工资。

张家这种普通人家，实际上很少有机会跟保安队的人有接触，当然张家也不愿意跟保安队的人打交道，保安队也不是什么善茬，普通老百姓跟他们打交道只有吃亏的份，往往都觉得距离他们越远越好。

5.买卖自由的"人市"

1949年之前，当地买卖劳动力的"人市"就在三星镇的街口，谁家需要购买劳动力，都会前往"人市"进行挑选。与此相对应，希望出去给别人常年帮工，或者希望给人打"天天工"换取收入的人,都会主动来到这里。需要找活的人会搭一条汗帕子①在头上,拿一包衣服,衣服用围裙裹起来,站在"人市"里面等待被挑选。需要请人的雇主就会主动过来搭讪,双方协商好干活的报酬以后,打工者就背上衣服跟着雇主回家。

规模比较大的"人市",一般出现在正月里。并且,正月里找活儿的人,一般都是寻长年工的差事。平时,需要找活儿的人只需蹲在街上的茶馆门口,等待需要帮工的雇主前来挑选即可,平常时节的劳动力,一般是自家农活忙完以后,出来寻找短工活挣些小钱贴补家用。

1949年以前,张家人口少,男劳力更是稀缺,加之土地面积又广,倒是很少出去给人帮工,一年到头都在家种庄稼,偶尔有空闲时间,就去街上当临时的搬运工,挣些小钱贴补家用。1949年以后,因为家里面土地变少,土地不够耕种,农闲时间又多,张礼仁才出去给人当过帮工。

(四)交换过程

1.货比三家满意再交换

1949年以前,张家人买东西会经过"货比三家"这个过程。毕竟,谁都希望可以买到物美价廉的物品,当家人是经济交换活动的主导者和代表者,自然,货比三家的过程,也是由当家人来完成。实际上,货比三家的购物前准备行为与钱货交换的买卖活动,往往只是一个过程的两个环节,因此,既然是由当家人进行交换活动,毋庸置疑,自然也由当家人进行货比三家的购物前准备活动。

其他家庭成员代表家庭进行货比三家,一般需要得到当家人许可和授权,当家人认为,可以交易,才能进行到下一环节的钱货交易过程。但是这不是死板的流程和规定,家庭是一个有人情、有弹性的共同体。因此,货比三家行为并不是当家人的专属权利,普通家庭成员也可以自由进行货比三家。

2.熟人交换不一定优惠

张家人进行交换活动的时候,也存在熟人之间互相优惠的情况,毕竟人情永远是抹不开的一个话题。因此,熟人之间的买卖,往往没有生人之间的买卖那么强烈的利益追求性,相互方便以维持往后的交往关系,往往是熟人交换活动中的重要内涵。

但是相互之间也应该有一个度,需要买东西的一方,不能总是希望从熟人那里以特别低的价格买进物品,毕竟,对方做买卖也是为了获取尽可能多的收入,总是期望低价从熟人那里买进物品,反倒是自私的表现。

另一方面,无商不奸。有些生意人就是看准熟人之间好说话,不用大费力气讨价还价,熟人卖给熟人的价格,甚至高于市场均价的情况也是有的,因此有些买主反而不愿意从熟人那里购买物品。总体来看,虽然熟人相互之间比较熟悉,却并不一定是优先考虑的买卖对象,由于人性的复杂性,这当中还有许多值得商榷和回旋的内容。

3.一手交钱一手交货

1949年前,当地进行买卖活动的时候,没有经纪或者中介,买卖都是双方直接进行协商和交易,无须经过任何中间人,双方明码标价,愿意买就买,不愿意买就不买,都是非常直接的交易行为。买卖双方在集市当面进行协商,一手交钱一手交货,买卖活动是一体的。具体而

---

① 帕子:毛巾。

143

言,在一个自由市场,作为买方的张家人可以自由寻找自己需要的物品,并可以货比三家,最终选出自己需要的物品。卖方则可以根据对方的出价,以及自己的意愿决定是否进行买卖,双方达成一致意见之后,一手交钱、一手交货即完成交易。

4.买卖过秤需用"公平秤"

在交易过程中,遇到需要过斗、过秤的时候,由市场当中的公秤、公斗进行称重,既不用买方的斗和秤,也不用卖方的斗和秤,提供公秤、公斗的人,相当于买卖的公道人,用他们的秤和斗为买卖双方进行称重计量。

用了市场当中的斗和秤,买卖双方都需要给秤和斗的主人支付一定的费用。之所以不用买卖双方的秤,一来是因为秤和斗很少,只有有钱的大老板才有,二来是因为买卖双方的斗和秤都有造假,而可能使自己获利。因此,买卖双方干脆就约定使用市场的公秤,这样一来,谁也没有办法造假。

买卖双方在公秤、公斗那里称了重量以后,双方就都认可,之后也不会发生缺斤短两的扯皮现象。一方面,因为普通百姓家里没有斗和秤,根本无法核验重量;另一方面,大家既然都用第三方的秤,即使后面发现缺斤短两,也没有必要相互扯皮,钱款当面点清、过后不负,就是这个道理。

5.信任是顺利赊账前提

1949 年以前,张家人进行买卖活动的时候,赊账的情况也有,但必须相互信任才能实现赊账,例如,去集市赊账买肉,必须是卖肉的商户足够信任张家人,才会允许张家人赊账拿走肉品。

一般,商户会有一个专门的记账本,对每一笔赊账的钱款和日期都记录得清清楚楚,等买方将钱款送来,再进行销账。还账的日期一般会在赊账的时候约定好,若买方到期没有还清钱款,买方的信用就会受到影响。张家有时也在外面赊账,如果出门钱没带够,又想尽快将物品购买回来,就只能进行赊账。赊账在买卖的时候进行,正如买卖活动由当家人进行一样,一般都是家庭的当家人对外进行赊账,当家人到期再将钱款送到对方那里即可。

第三章　家户社会制度

张家的男女皆有归宿,且都在 20 岁左右完成婚姻大事。就结婚的对象来看,门当户对是一大基本原则,"父母之命,媒妁之言"体现得十分充分。在婚姻中,除了夫妻一方去世,不会出现再娶和再嫁的情况,基本可以用"婚配即定终身"来概括。结婚最重要的目的,就是传宗接代、后继有人,不至于让家庭在某一代断了香火。在生育子女方面,和大多数人家一样,张家也普遍倾向于男孩,正是由于这种普遍性的观念,张家在分家和继承家产的时候,只有儿子才能享受家产的分配,按照儿子的数量,家产被平均分成几份,供儿子们享受。对于没有儿子的家庭来讲,过继、抱养,乃至买卖儿子,就成了家庭必需的大事。

一、家户婚配

(一)男女皆有归宿

1."亲攀亲""邻攀邻"

张礼仁总共五个兄妹,哥哥张杰仁大约是 1947 年结婚,张杰仁比张礼仁大两岁,也比张礼仁早两年结婚,张家没有光棍,男女都有归宿,而且也没有离婚的情况。张家的父亲张昆全也有四个兄妹,全都在 20 岁左右完成婚姻大事。

结婚对象一般都是"亲攀亲""邻攀邻",即是通过亲戚和邻居互相介绍,因此,婚嫁的距离一般都不会太远。但是有一点——绝对不允许同姓结婚,一旦同姓结婚,家族举办清明会时,双方家庭会受到惩罚,同姓结婚是没有家教的表现,同村异姓的男女可以互相通婚。总的来讲,1949 年以前,通婚的范围普遍很小,最远的就是临镇,30 里路就是张礼仁听过的最远通婚距离。

就结婚对象的家庭条件来看,门当户对是一大基本原则,穷人一般只能与穷人通婚,富人一般与富人通婚。但在这个范围之内,就没有什么讲究了,结婚全靠媒人的一句话。媒人拿着男女双方的八字,如果合得上,就将男女双方的八字放在各自家庭的堂屋,三天之内,如果两个家庭都没有发生什么灾难、变故,说明八字是吉利的,就可以张罗定亲,到期再举行拜堂仪式,男女双方在结婚之前根本没有见过面。所以有的女孩子直到同房才发现男方是一个瘸子,或者根本就是与自己年龄相差很大的老头子,后悔已经来不及,而且没有后悔的余地,拜堂过后就算夫妻。

绝大多数情况下,大户、小户、中户之间不会相互通婚,只会是穷人与穷人通婚,富人与富人通婚。但有一种特殊情况,那就是有钱人家娶小老婆,小老婆就可以是穷人出身,除此以外,穷人与富人之间不可能相互通婚。

2.普遍偏爱男孩

1949年以前,当地讲究家庭人口规模越大越好,这是家庭财力和势力的象征。只有家庭人口众多,尤其是儿子数量众多,为家庭创造财富和势力的可能性才越大,反过来,只有家庭人丁兴旺、财力丰厚,才养得起众多人口,两者相辅相成,共同充实着家庭的实力。这也是大户人家之所以成为大户人家的原因所在。

当地百姓普遍认为,养女孩子早晚要嫁到别人家里去,嫁出去的女儿,泼出去的水,就跟没有养这个孩子一样,而且,养女孩子还要置办嫁妆,这是一笔不小的开支。反之,男孩子可以娶媳妇进家门,充实家庭人口,还可以壮大家庭劳动力。因此,对于很多人家来讲,妻子生了男孩子就欢喜,生了女孩子,有的人家会直接将女婴溺死或者直接扔了,张礼仁有两个刚出生的妹妹都被父亲张昆全溺死。

(二)婚前准备

1.父母之命,媒妁之言

张家适龄儿子的婚事是由当家人提出,并找媒人说合,婚姻大事全靠父母之命、媒妁之言,不可能出现男方看不上女方的情况,也不可能出现女方看不上男方的情况,张礼仁本人结婚就是这样,全靠母亲和媒人安排,自己根本没有过问。在这种情况下,哪怕女方是个瞎子,或者男方是个瘸子,都不会影响婚事的照常进行,当然,前提是媒人将男女双方的八字合得上。

结婚的时候,只会告知家门的近亲,家门的近亲到场进行见证和庆祝即可,此外,不会告知任何人,村庄的管理者例如保长、甲长等人都不会被通知。另外,三世同堂、四世同堂的大家庭,适龄儿子的婚事,一般也是由当家人提出和安排媒人说亲,当家人对家庭晚辈的婚事有责任和义务进行安排。

2.八字相合是婚配成功关键

1949年以前,张家的男女对于结婚对象的标准都没有任何发言权,全靠当家人说了算,当家人对于女婿和媳妇也没有任何要求,全靠媒人在中间牵线搭桥,媒人说合并合上双方的八字就作数。一般情况下,八个字合得上六个字的情况,就算是好的八字,就可以结婚。反之,如果双方八字合不上六个字,那就只有退婚,另外再找媒人说亲。

在拜堂之前,男女双方的家庭成员,都不会见到对方男孩子或者女孩子,其中主要靠媒人牵线搭桥,因此,不管是男孩子还是女孩子,都对结婚对象没有充分足够的了解,结婚之后就会顺理成章在一起生活。

虽然大户人家一般只会和同样财力雄厚的大户人家通婚,但是大户人家孩子的婚姻大事,同样只能依靠父母之命、媒妁之言,男孩子和女孩子都不能自己做主。大户人家的择偶标准往往会比普通百姓家庭高一些,对亲家的经济实力会更有要求。另外,大户人家的女孩子基本没有出过门,始终待在自家的花园里面绣花、绣鞋子,做一些手工活,直到出嫁。

3.传宗接代后继有人

不管男性女性,到了适婚年龄就该安排婚事,结婚最重要的目的就是为了传宗接代、后继有人,不至于让自己的家庭在某一代断了香火。每一代人都完成结婚生子的责任,家族才能继续发展下去。而对于每一代人来讲,生儿育女,尤其是生儿子并安排好儿子的婚事,自己一辈子也就算完成任务,儿子充当下一代接班人,继续延续家族的香火。

大户之间通婚,往往还有扩大本家族势力的考虑,有钱的大户人家,通过子女通婚,实现强强联合,不断扩大本家族在该地区的势力范围,从而使本家族在当地更有话语权。少子女的家庭当然也希望通过通婚实现传宗接代,从而让自家的香火延续下去,但是这种意图并不是特别明显,更多体现为父母希望家庭的儿女长大成人以后,能有自己的归宿,这样,父母生儿育女一辈子,也就算对得起子女,完成了基本任务。

对于三世同堂、四世同堂的大家庭而言,当然是希望通过晚辈的婚姻实现传宗接代,继续本家族在人口方面的优势,书写属于本家族的代际神话,让本家族在不断扩大势力的同时,在当地家户中间更有发言权。

4.自由恋爱有伤风化

1949年以前,张家根本不存在自由恋爱的情况,当然也是不允许自由恋爱的,张家人的婚姻是典型的父母包办式婚姻。张家的男女一旦被发现自由恋爱,在家族清明会的时候,会受到整个家族的惩罚,自由恋爱的男女,被活埋的可能性都存在。1949年以前,未出嫁的姑娘,根本不允许跟家庭以外的其他男子讲话,跟其他男子讲话是没有德行、没有羞耻心的行为,会受到别人耻笑,当然,更不允许与男子自由恋爱。

总体而言,不管是大户人家还是小户人家,也不管是有钱人家还是没钱人家,都严格禁止自由恋爱,整个时代的风气就是如此,男女的婚姻都只能是父母之命、媒妁之言,个人只有顺从的份,不能有任何的意见。

5.聘礼与嫁妆皆由父母做主

媒人将男女双方的八字一合就算定亲,八字合好以后,要放在男女家里三天。三天之内,如果男女家里的鸡鸭等牲畜都没有发瘟死掉,人也都是平平安安的,说明八字没有问题,双方就可以张罗后续的婚期和拜堂事宜;反之,八字不合的情况,媒人就会将八字退给两方。除此以外,不可能出现无故悔婚的情况。

1949年以前,张家人结婚的聘礼一般是各类家具,例如床、柜子、桌子等。不同儿子的聘礼不一样:一来是因为不同儿子的岁数有差异,不同的结婚年份物价有区别,自然聘礼也就可能不一样;二来要看儿媳妇娘家出的嫁妆有多少,如果女方家里嫁妆出得少,相应男方家里就要多出一点补上;反过来,如果女方家庭的嫁妆很多,并且女方家庭比较洒脱,不要求男方出多少聘礼,那么,男方家庭就可以少出一些。因此,聘礼的数量具有灵活性,虽然大体就那些种类,但具体的物件和种类可以相应调整。

相对应,同一个家庭的几个女儿之间,结婚的陪嫁也可能不一样,都会受到不同年份家庭经济状况、市场物价的影响而相应发生变化。嫁妆不一样的女儿之间,也不会因此产生意见和矛盾,这并不是一件不可理解的事情,属于可以理解和让步的范围。

嫁妆多少与聘礼多少之间,没有必然的联系,都可以根据实际情况进行处理。而且,由于聘礼是直接由当家人出面送到女方家庭,所以,男方家庭的几个儿子,很可能根本就不知道自己与另外的兄弟之间聘礼不一样,而且,就算知道不一样,一般也不会对此进行过多追究,聘礼的置办就跟婚姻大事一样,全靠父母之命,没有什么意见可以提。了却儿女的婚姻大事,父母就算完成任务,而对于子女,结婚大事是人生必须经历的阶段和任务。

聘礼由男方家庭当家人置办好,直接拿到女方家庭,后面再由女方家庭抬到男方家庭来,聘礼和女方的嫁妆一起被送到男方家庭,新婚夫妻的小房间里面,一般有床、柜子、桌子、板凳等。大家庭的几个儿子分家的时候,当初各自的嫁妆、聘礼,就理所应当分别属于几对夫妻,而不会作为家庭财产进行分配。

在聘礼方面,有钱人家往往会更加重视聘礼的数量,聘礼的数量往往象征着家庭的实力和面子,因此,有钱人家会认为聘礼越多越好。而对于穷人家庭,想方设法完成儿女的婚姻大事就算交差,不敢再有什么其他的奢求。

(三)婚配过程

1.家长安排子女婚姻大事

张家人的婚配活动,整个过程由当家人主导和操办,在最初的找人说媒环节,当家人是主要的安排者和决定者,婚事定下来以后,请风水先生看日期定婚期,也是当家人的任务。结婚仪式相当简单,既不用扯结婚证,也不用在婚宴的时候发请帖,婚期那天,邀请一些家门的近亲来见证,媒人将女方家庭送过来的新娘牵出花轿进行拜堂仪式,礼成之后就算真正意义上的夫妻。

总体而言,大户、中户、小户家庭的子女婚配,都是由当家人进行主导和安排,结婚子女只需要在当家人的安排之下,完成各项流程即可。当家人作为家庭的管理者和实际支配者,往往对于家户的财务支出和成员安排,都负有非常重大的责任和义务。

2.出力辅助家庭婚礼过程

在家庭成员的婚配活动当中,当家人具有至高无上的支配权力和管理权力,家庭成员最初既然选择和认可当家人的当家身份,就应该听从和贯彻当家人对家庭事务的安排。与当家人的管理和支配作用相对应,普通家庭成员的任务就是根据当家人的安排,努力帮忙操持婚事活动,进行各项准备活动,整个家庭团结奋进、各司其职,家庭才会发展得越来越好。同时,不仅仅家户内部成员要帮着努力准备,在婚姻大事面前,家门的亲戚也需要出面帮着操持,这种帮忙操持没有任何酬劳和报酬,是亲戚之间亲情作用的结果。

对于三世同堂、四世同堂的大家庭,结婚者的爷爷奶奶很可能已经退居二线,没有继续担任当家人,而是由结婚者的父亲担任当家人,这种情况下,爷爷奶奶很可能出于对孙子的疼爱,希望孙子尽快结婚成家,结婚者的爷爷奶奶具有建议权。而实际上,结婚者的婚事仍然是由当家人进行安排和操持,当家人对于家庭事务的主导和管理,在这里已经体现得很明显。

(四)婚配原则

1.结婚次序依据年龄

一般情况下,或者说95%的情况下,家庭成员的结婚顺序是根据年龄进行。特殊情况下,例如哥哥是精神异常者,或者患有十分严重的疾病,根本没有办法像正常人一样生活,这种情况下,就可以跳过哥哥,弟弟到了婚配年龄,先为弟弟准备婚姻大事。除此以外,婚配顺序都是按照年龄进行的。

也就是说,一般情况下,哥哥或者姐姐没有结婚,弟弟或者妹妹就不能结婚,之所以如此,是因为大家在这方面存在普遍的认识误区和偏见,觉得外人会认为,连弟弟(妹妹)都结婚了,哥哥(姐姐)的年龄该有多大!并且,外人可能会想,为什么会跳过哥哥姐姐,先安排弟弟妹妹的婚事,难道是因为哥哥或者姐姐有什么身体方面的残疾和病痛。这样一来,外人就会对哥哥姐姐的婚配能力产生怀疑,从而耽误哥哥姐姐的婚姻大事,最终导致哥哥姐姐难娶难嫁。

一般而言,一个家庭在一年之内不能进行两次婚娶行为,也就是说,哥哥今年结婚,弟弟至少要明年才能结婚。因为举行结婚仪式的时候需要在堂屋拜香火,然而,普遍认为,一年之内不能两次拜香火,家里两个兄弟的婚期,甚至可以一个安排在头年的腊月,另外一个安排在第二年的正月,就是不能在同一年进行婚配活动和拜香火仪式。另外,家里面如果有老人过世,例如爷爷或奶奶去世,结婚活动必须在 120 天以后才可以进行,这是规矩。当地村里有一户人,家里儿子结婚的婚期都定好了,但家里的爷爷突然去世,导致儿子的婚期不得不被延后,另外又找算命先生看期①,重新定婚期。

多子女的家庭,包括有钱的大户人家,也是一样的情况。家庭子女的婚配活动,都是按照长幼顺序进行,这样操作是为了子女的名誉,避免外人说子女的闲话,从而更好地安排所有家庭成员的婚事,尽可能地为每一位适婚子女找到合适的归宿。

2.结婚花费负担不算重

1949 年以前,张家婚礼的主要花费在聘礼和酒席方面,过礼的数量和种类都有规矩。总体而言,婚礼花费一般很小,因为操办比较简单,只会邀请近亲前来参加和见证。毋庸置疑,大户人家的有钱人,婚姻大事的花费肯定要比穷人多,大户人家讲究气派和排场,自然,在婚姻大事面前更是不能输了面子,一定要风风光光地嫁娶子女。

家户分家的时候,如果还有儿子未结婚,那么,只把已经结婚的儿子的小家庭分出去,未结婚的儿子继续跟着父母一起生活,未结婚儿子的那份家产先和父母一起享有。等到这个儿子的婚事安顿下来以后,再继续分家,属于他的小家庭的家产才会被分出去,成为他的小家庭所有财产。

(五)其他婚配形式

1.有钱人娶"小婆子"

1949 年之前,当地纳妾的家庭,只会是有钱的大户人家,一般将妻和妾分别称为"大婆子""小婆子",大户人家最多也就娶两个媳妇,两个就是上限,不会更多。张家这种普通的贫苦人家,男性只娶一个妻子。大户人家娶小媳妇,或者说娶"小婆子",多是因为大老婆没有生儿子,指望再娶一个媳妇,为家里生男孩子,为家族争光。例如,猫儿咀②有一户财主,大老婆一直没有生出儿子来,财主就娶了个小老婆,结果第二年,大老婆、小老婆都生了一个儿子,那个财主简直乐得合不拢嘴。

1949 年之前,结婚不需要写契约,娶大老婆的时候不需要写契约,娶小老婆的时候也不需要写契约,双方家庭协商好,拜堂礼成之后就作数。大户人家纳妾的花费同样由当家人支出,纳妾也需要给女方家庭一定的聘礼,但是,纳妾的聘礼绝对不会超过娶妻的聘礼。

另外需要说明的是,大户人家在娶妻的时候,往往还比较注重门当户对,但在纳妾的时候,往往女方的门第就要相对差一些,毕竟有钱的大户人家也不愿意自家的女儿嫁过去给人家当妾。因此,大户人家纳妾是为数不多的穷人与富人之间通婚的情况。

2."小媳妇"往往家境贫寒

张礼仁的大嫂彭仕学就是童养媳,当地管童养媳也叫"小媳妇",娶小媳妇也要经过合八

---

① 看期:此处指算命先生选定结婚黄道吉日的过程。
② 猫儿咀:当地的一个地名。

字、看期等过程,张礼仁的大嫂彭仕学,因为娘家贫穷,尤其彭仕学的父亲还生了重病,实在无力供养,就通过中间人介绍,将彭仕学送到张家来当童养媳,她大约10岁的时候就被送到张家来了,刚来到张家的时候,根据年龄,她比张礼仁的大姐小一些,张礼仁就管她叫二姐,等彭仕学与哥哥张杰仁拜堂结婚以后,张礼仁才改口叫的嫂嫂。

童养媳一般从小就被送到男方家里进行供养,七八岁的童养媳都有,18岁左右再举行结婚仪式,婚礼的前几天将小媳妇送回娘家,婚礼当天,男方再用轿子正式迎娶过来,完成拜堂仪式,就是正式的夫妻。有些比较洒脱、不那么讲究的女方家庭,举行婚礼之前,童养媳也不用回娘家,一直待在男方家庭,在婚礼当天完成拜堂仪式即可。

娶童养媳同样是由当家人进行安排,娶童养媳是一家一户的私事,不用告诉家族,也不用告知保甲长等人。娶童养媳不需要任何手续,双方协商好,合好八字就可以。另外,娶童养媳并不是一件麻烦的事情,双方家庭协商好以后,男方家庭简单给些礼行即可,因为童养媳的娘家本来就是因为无力供养女儿,才将女儿送出来给别人当童养媳,对方愿意接纳自己的女儿,童养媳的娘家实际上怀着一颗感恩之心。

一般而言,有钱人家不会养童养媳,有钱人家只会养丫鬟,用来照顾自己平时的生活起居,毕竟有钱人家的婚姻讲究门当户对,愿意把自己女儿送出来当童养媳的一般都是穷苦人家。

3.改嫁是少有的事情

有些妇女死了男人,改嫁也是可以的,男人死了老婆也可以再娶。或者,有些情况下,家里面哥哥去世,嫂子守寡,弟弟还没有结婚,叔嫂结合过日子的情况也是有的,这种婚配形式叫作"转房"。

总体而言,1949年以前,当地妇女改嫁的情况很少,老话说得好,嫁鸡随鸡、嫁狗随狗,嫁人之后就不能随便改嫁。有些家教严厉的婆家,即使家里男人死了,也不允许妇女改嫁,尤其是那些已经生儿育女的家庭,很有可能不会允许妇女改嫁。张礼仁的奶奶张付氏,三十几岁开始就一直守寡,直到快80岁去世,也没有改嫁过。张礼仁的母亲陈顺道也是一样的情况,自从父亲张昆全去世以后就没有改嫁。当地把妇女守寡也叫"守节",意思就是妇女要留在家里将家业守好,将儿女养大成人,并且将公婆侍奉好,尽好妇道。

4.家境极好的无子家庭"招郎"

1949年以前,招上门女婿也叫作"招郎",这种情况极其少见,绝大多数情况都是女孩子嫁到男方家,除非女孩子家庭条件特别好,并且家里没有儿子;相对应,男孩子家里儿子数量众多,又特别穷,才有可能选择入赘。入赘女婿跟其他形式的结婚一样,不需要写任何契约,进堂屋拜堂之后就算礼成,招赘女婿的费用主要由女方家庭的当家人承担。

招赘的女婿不会出现被别人看不起的情况:一来,都是单家单户过自己的日子,各家吃各家的饭,农闲时候也是各家待在各家,相互之间很少串门,很少聚集在一起聊天;二来,大家很少议论周围是非,各家管理各家的事情,外人的事情与自己无关,看见也就看见,仅此而已。

(六)婚配终止

1.结婚定终身

1949年之前,张家没有休妻的情况,哪怕对方是瘌子也会将就。大家的见识非常有限,常年都待在家里面,出门赶集等外交活动都由当家人进行,妇女甚至连门都没有出过,就在家里面做饭、管理小孩子、养鸡鸭等,这样一来,很少有比较,自然也不会有那么多的要求。

因此,大家对于婚配对象的要求一般不会很高,婚配对象的范围也不会特别远,经过媒人介绍、当家人做主,婚事就算定下来。结婚者不会有任何的意见,即使有不满意的情况也会主动将就,而不会发生休妻的情况,遇到对方去世的情况可以考虑再娶和再嫁。

2.守寡妇女倍受婆家珍重

张家的爷爷和爸爸都去世早,奶奶和妈妈都是守寡几十年的人。1949年以前,对于已经生儿育女的妇女,男人死了以后,愿意继续留在婆家守寡,照顾老人孩子,会被公婆认为是非常有情有义的做法,公婆对于守寡的妇女往往也十分珍重和欣赏。

年轻妇女守寡,有时候很容易受到其他男人欺负,例如,张家的父亲张昆全过世后,张家的二爸张习全就开始来骚扰张礼仁的母亲陈顺道,当然,张礼仁的母亲也没有白白受欺负,随即张家人就将张礼仁的大舅舅、四老爷、大姑爷等人请过来,逼得张习全跪在地上说好话认错才算了事。张礼仁的奶奶就更厉害了,奶奶张付氏娘家男性多,撑腰的人多,根本没有谁敢欺负张礼仁的奶奶。当地还有一个非常出名的李寡母,男人死了以后,开糖房、修炮楼,家业搞得比有些男性还好,当地有些财主伙同"棒老二"①半夜出去抢东西,炮楼可以很好地避免这些贼人的强盗行为。

一般来讲,实际上守寡的妇女也很少与娘家有来往。俗话讲,嫁出去的女儿泼出去的水,嫁到婆家来就是婆家的人,因此,即使是守寡的妇女,也只会在过生日或者正月时节回到娘家,除此以外,已婚妇女很少回娘家。

对于留在婆家守寡的妇女,分家产的时候,一般也有一份财产,毕竟,守寡妇女代表的是一房人,也应该和其他几个儿子组成的小家庭一样,占有一份家产。因此,只要守寡妇女还留在这个家里,分家产的时候就有她的一份。除非死了男人的妇女改嫁,那么,她就没有理由回来要家产。一般情况下,男人死了以后,妇女改嫁可以由自己做主,当然,公婆也可以帮忙操持和安排媒人,这个过程并没有那么严格的讲究和规矩。

二、家户生育

(一)生育基本情况

1.喜男恶女的生育观念

张家的爷爷张有亮一共有四个兄弟、一个姐妹,爷爷张有亮占老三的位置,父亲张昆全一共有两个兄弟、两个姐妹,张礼仁这一辈,有两个兄弟三个姐妹。张家的人口水平在村里只能算是一般水平,各家户普遍生得多,讲究家庭人口越多越好,家庭人口尤其是儿子越多,往往在村子里更有势要,更说得上话。一对夫妻生七个儿子的情况都有。另外,由于普遍重男轻女,生了女儿直接将其溺亡的情况有,张礼仁的父亲就亲手溺亡过两个女孩子。

1949年以前,当地不管是大户人家还是小户人家,普遍都希望孩子越多越好,尤其希望男孩子越多越好。但是毕竟人类的生育是有规律的,男女到一定年龄之后,就不再具有生育能力,因此也就只能止步。

---

① 棒老二:和"棒客"是一个意思,指土匪、强盗。

151

2.禁止非婚生育

1949 年以前,张家没有出现过婚前生育的成员,谁要是敢乱来,败坏家风,就会在家族清明会的时候,被家族其他成员拉去活埋,这属于基本的礼义廉耻,绝对不允许僭越,因此绝对不敢有人乱来。

(二)生育目的和态度

1.添丁与延续香火

生育最重要的目的,当然是使家庭后继有人,也就是为了传香火,不至于让自己成为孤人,俗话说"有女无儿半边孤,有儿无女半边孤"。尤其是儿子更加重要,儿子是老人去世以后捧灵牌子①的人,是给老人送终的人,因此普遍认为,有儿有女才是最圆满的,即使没有女儿,也一定要有儿子。张礼仁年轻的时候,妻子生的儿子总是夭折,只养了几个女儿,村里面就有人开玩笑,说张礼仁是"半边孤",直到 1970 年,张礼仁的妻子才生了一个儿子,这才避免了继续被人嘲笑为"半边孤"。

2.养女儿吃亏,养儿子有面

在生育子女方面,张家人普遍倾向于"男孩",也就是重男轻女,认为养女儿是祸水,不仅平时不能帮忙干重活,嫁人的时候还要花一大笔钱置办嫁妆,嫁出去的女儿泼出去的水,辛苦养大的女儿,嫁人之后就成了别人家里的人,这样一来,钱也花了人也没了。反过来,生育儿子,儿子成人以后可以帮忙干重活,结婚娶媳妇还可以带进来一个人口,养儿子就是活儿也干了,人也赚了,因此普遍认为养男孩子比养女孩子好,儿子多的家庭,往往在当地也更有话语权。

3.非婚生育伤风败俗

1949 年以前,女性没有结婚就生育小孩,是严重败坏家风的行为,同一个姓的家门成员,一旦发现,就有权拿去活埋处理。因此,绝对不允许出现婚前生育的行为。当地百姓尤其讲究男女有别,没有结婚的闺女,完全不被允许跟外面的男性说话,并且即使是已婚妇女,在外面看电影、吃酒席的时候,男女也不能坐同一条板凳,必须分开坐,男人们坐在堂屋里面吃饭,妇女们就在灶房里面吃饭,严格禁止非婚男女接触。

4."交税谣言"与百姓嫁女

张家成员结婚的年龄不一致,最小的是十六七岁,一般就是 20 岁左右,当然,超过 20 岁结婚的情况也存在。十六七岁结婚的家庭成员,是因为解放前夕,社会上有人造谣,说家里的大女孩子要交"人税",因此,张家吓得赶紧将家里的女孩子安排嫁人,后面才知道,原来是虚惊一场。也就是说,大多数情况之下,张家成员都是 20 岁左右完成婚姻大事,20 岁左右是普遍认可的适婚年龄,普遍都在这个年龄上下波动。

5.儿子数量多多益善

1949 年以前,可以说,每家每户都希望多生几个儿子,对于多和少的数量没有一个具体的标准,反正都想尽可能地多生儿子。在生育方面,张家的生育观念也和同时代的大多数家庭一样,生多了女儿就不行,生再多男孩子都很高兴。之所以普遍想要儿子,是因为儿子多就意味着家庭力量充足,人强马壮,家庭就容易兴旺起来。家里面儿子多,在村子里也直得起腰

---

① 灵牌子:即灵位牌。

杆,不容易受人欺负。因此,不管是有钱人家还是穷人家庭,普遍希望儿子越多越好,不管养得起养不起,反正先把儿子生出来再说,这是时代普遍的风气。

但由于人体的规律,不可能无限地生育下去,普遍认为,妇女要一直生育到48岁,俗话讲"48生儿顶呱呱,49生儿吹鼓手"。过了这个年龄段,妇女的生育能力就会下降,基本也就不会再生儿育女。

1949年以前,当地不同阶层、不同类型的家庭对于生育、生育性别期待、非婚生育、早婚早育、多生多育等方面的态度和看法,基本上保持着一致的观念,普遍都希望多生儿子、少生女儿。唯一的区别在于,有钱人家可以让出生的子女过更好的生活,享受更好的社会资源,例如教育和人脉。同时,有钱人家的子女更加容易出人头地,反之,穷人家的子女只能跟着父母过贫寒的生活,在接触不到社会优秀资源的同时,人生轨迹往往也只能复制自己的父母辈,这就是为什么穷人始终没有办法翻身,富人却可以发展得越来越好。

(三)生育过程

1.丈夫主导生育数量

不仅是张家,可以说,很多家庭都是如此,生不生、生多少都是由男方做主,是典型的父系社会,这种以夫为纲的社会伦理观念,也自然而然地渗透到了每一个家庭,每一个家庭内部,生育的数量和性别都是由男性主导。在某些情况下,例如父亲当家,儿子和父亲没有分家的情况,父亲也会要求儿子尽可能地多生男孩,以充实家庭力量,光耀门楣,增强自家的劳动力和家户在当地的话语权。

2.婆婆照顾孕期儿媳妇

1949年之前,张家的妇女几乎不怎么出门干活,妇女都是裹脚的小脚女人,行动非常不方便,多在家里操持家务、管理小孩子和家禽家畜。张家怀孕的妇女,需要干的活就会相应减少,由同样常年待在家里的婆婆或者没有怀孕的妯娌帮着照顾,尽可能地让孕妇少干重活。大户人家的怀孕妇女,就更加娇贵,往往会多安排丫鬟进行贴身照顾,在饮食方面也更加讲究,因此大户人家的妇女怀孕,受到的优待往往比贫苦人家多得多。

3.简单粗暴的接生过程

1949年以前,张家妇女生产的时候,都靠自己的婆婆或者丈夫接生和剪脐带,剪完脐带以后,用棉絮裹起来就了事,没有产婆或者接生员辅助。由于生产方法非常不科学,所以,当地有的产妇会死在月子里,死在月子里的妇女,家人会请道士来开天窗,以便让妇女的魂魄出去。但是总的来讲,因为生产死掉的毕竟是少数,绝大多数妇女都能够平安生产,并且妇女往往一生要生育很多次,而每一次的生产方法都是如此。

4.家户自费生育费用

1949年以前,张家由于妇女的生产方式简单,所以,生育其实花不了多少费用。生育小孩过后,孩子的抚养和照顾费用自然是由家庭承担,由当家人进行统一的生活安排。当家人会根据情况安排产妇的伙食,保证产妇能有更好的奶水喂养小孩子。

5.产后坐月时间极短

妇女产后需要坐月子,但对于贫苦的张家人而言,由于生活贫困,根本不允许妇女那么娇贵,妇女产后坐月子的时间也会相应缩短,生产以后的第4天,可以下地之后,就由妇女自己做饭吃。大家庭里面,当家人对每一个妇女孕期的食物,都有一个基本的安排,例如,分配多少肉、多少鸡蛋给孕妇,让妇女自己煮来吃,其余的还靠妇女的娘家给予支持。有的妇女,在坐月子期间,大家庭当家人分给她的鸡鸭、肉蛋等食物,都舍不得自己吃,会拿去售卖获取私房钱,这种私房钱的来源被大家庭许可。

总体而言,1949年之前,当地妇女坐月子的时间普遍很短,生产后的三天之内,由婆婆或者丈夫照顾,三天以后,妇女就下地自己做饭、做家务,也就是说,生产妇女经过简单的休整,就要继续投入到家庭的生产生活当中。

6.有钱家庭孕妇更幸福

在生育过程方面,大户人家和小户人家都是差不多的,大户人家同样也没有请过接生员。况且,1949年之前,当地根本没有接生员这种职业,但是大户人家的妇女在孕期和坐月子期间,受到的照顾往往要比普通人家的妇女好得多。有钱的大户人家钱财充足,可以请丫鬟照顾怀孕妇女,也有厨师专门做饭给怀孕妇女吃,因而大户人家的孕妇往往要比贫苦人家的孕妇幸福得多。

(四)不讲究生育仪式

1949年以前,不管妇女生的男孩还是女孩,张家都不会举办庆祝仪式,或者说,99%的家庭都不会为新生儿举办任何庆祝仪式,尤其对于贫苦人家,根本没有资金举办什么庆祝仪式,如果有亲戚主动来家里祝贺,那就煮点酒心蛋给亲戚吃,就算招待了亲戚。

只有极少数的有钱人家,会为新生儿举办庆祝仪式,请亲戚到场吃酒席进行见证和庆祝。亲戚来的时候,一般会带上一些肉蛋、活鸡活鸭等富有营养的食品,往往不会有份子钱之类的现金礼品。那些会因为家庭添了新生儿举办庆祝仪式的有钱人家庭,费用自然也由他们的当家人承担,当家人掌握着家庭的财物情况,家庭的开支都由当家人进行安排和处理。

(五)男孩须依照辈分起名

张家小孩子的名字一般由孩子的父母起,出现孩子父母起名不合理的情况,就要受到孩子爷爷奶奶的指教和建议。小孩子尤其是男孩子的名字都不能随便起,必须按照班辈①来起名字,每一代人的班辈都不一样。张家有三代人的班辈都体现在名字的最后一个字上面,例如"张杰仁"和"张礼仁",每一代人的班辈都是由家谱规定好的,起名的时候,根据家族的家谱来进行即可。

张氏家族的家谱,对于每一代人的班辈都规定得清清楚楚,班辈一般五个字一轮,五个字轮完以后,就要重新排班辈。说起来,排班辈还需要一定的水平,一般人没有这个能力。另外,张氏家谱上还记录了家族每一代男孩子的名字,但是张家女孩子和儿媳妇不会被记录在家谱上,每家每户生了男孩子,或者说添丁以后,就要抱到续写家谱的人那里进行登记。说来张家有些遗憾,自从"仁"字辈之后,家谱上再没有张家人的名字。

张家的小孩起名多在出生以后,看具体是男孩还是女孩,男孩子严格根据班辈起名,女孩子则不一定依照班辈起名,一般而言,女孩子起名也有一些固定的字,例如"群""艳""芳""花"。男孩子必须依照班辈进行起名,因为男孩子要延续家庭香火,家庭的每一代接班人都依照班辈起名,整个家族才能分清楚相互之间的长幼关系、伦际关系,而不至于相互之间见面的时候,因为分不清长辈晚辈,乱了规矩,失了分寸。至于女孩子,因为长大以后是要嫁出

---

① 班辈:即辈分。

去的,嫁出去的女儿,泼出去的水,自然就成了别家的人,和本家就没有多大关系。因此,对于女孩的起名,没有那么严格的班辈要求。

张家的小孩子都有小名,张礼仁的小名叫"金林",哥哥张杰仁小名叫作"金山","张礼仁"是教书先生根据张家的班辈为他起的学名,张礼仁回来以后告诉父亲张昆全,张昆全说这个名字可以,张礼仁的名字就这样定下来了。张礼仁的两个妹妹小名分别叫作"花枝"和"花群",两个妹妹的学名也是长大以后才起的,分别叫作"张秀云""张秀英"。再往前面推一些年份,女孩子是根本没有学名的,只有一个姓氏,例如女孩娘家姓李,女孩长大以后嫁到王姓人家里,就被唤作"王李氏",张家的奶奶张付氏就是如此。

总的来讲,张家的男孩子起学名:一方面,根据家谱上面规定的班辈,另一方面,就是根据孩子的性别,在男孩名字的常规字里选取一个字,常规字和班辈一起组成男孩的名字。不仅张家,大户人家、小户人家都是如此。大户人家在依照班辈起名方面,会更加严苛。只有某些佃客,因为租种别人的土地,为了生产方便,搬得很远,导致没有机会接触到家谱,从而分不清班辈的情况,才不会依照班辈起名字,这种情况是因为确实没有办法根据班辈起名。

三、家户分家与继承

(一)分家

1.家庭矛盾导致分家

张家一共分了两次家,一次是父辈张昆全的小家庭与张习全的小家庭分家,另外一次是张礼仁的小家庭与哥哥张杰仁的小家庭分家。分家这件事,一般只能长辈提出,平辈之间,例如两兄弟之间也可以提出分家,但是儿媳妇断然不能在长辈面前公然提分家,这是忤逆不孝的行为。

分家的时候,不需要告知和请示任何外人,家庭内部自己决定就可以,但在分家的当天,一般会请家门的舅舅、老辈子、姑爷等近亲到场进行见证,以防分家的时候发生矛盾,亲戚到场可以起劝解和协调的作用。因此,家庭外部的人无法影响张家的分家活动,一旦有人故意对别人的家庭挑拨是非,造成家户分家,被人发现就会受到惩罚,整个家族在当年的清明会,会对其进行严厉的制裁。另外,村里其他人也不会对外人家庭的分家活动有任何议论,各家管各家,外人的事情和自家没有关系,各家把自家的生活安排好即可。

就张家的情况而言,张礼仁与哥哥张杰仁分家,主要是因为两个小家庭之间产生了矛盾,谁也不愿意继续和对方一起生活。当时,哥哥张杰仁作为当家人不成行,有私心,个性又强,过场还多①,吃饭嘴巴特别挑,在家里面乱来,把家庭收入放进自己腰包,导致家里闹得乌烟瘴气。张家的母亲陈顺道就把张礼仁叫到一边说:"如今我实在奈何不了这个大家庭了,你们分家吧。"张礼仁当即就表示:"那就分嘞,我没有意见。"

在家户分家的原因方面,普遍是因为家庭内部产生矛盾,但是矛盾的形式却是多种多样的,有的因为兄弟不和,有的因为前后家②不合,也有的因为各自的小孩子产生矛盾,总之,导致不同家庭分家的矛盾是多种多样的。反过来,对于那些家庭和睦、没有矛盾的家户,即使三

---

① 过场多:此处为瞎折腾之意。
② 当地把妯娌之间也叫做前后家。

代同堂、四代同堂也不会分家。

2.儿子享有分家资格

张家分家的时候，只有儿子组成的小家庭能够分到家产，女儿不能参与家产分配。在分家产的时候，按照儿子的数量进行均衡分配，几个儿子的小家庭分别享有一份家产。家长在世的情况，家长要生存下去，就仍然需要生产资料和生活资料，家长会对部分生产和生活资料进行提留，继续使用这部分生产和生活资料。同时，家长会提前规划好自己去世之后，这部分生产资料和生活资料的去处。

举个例子，家里有两个儿子的情况，若是大儿子和大儿媳妇不成行，和家长发生矛盾，这个大家庭就会分家，将大儿子组建的小家庭分出去。此时，没有成家的小儿子还不会跟父母分家，而是跟着父母继续生活，成了家的大儿子先分出去，小儿子则等到结婚成家之后再分出去，此时，小儿子不管是否听话，都会在结婚之后被分出去，这样做是为了避免落人口实，说家长偏心，只分了大儿子出去，不分小儿子出去。与此相对应，作为家里的女孩子，不管是否出嫁，都没有资格分得家产，女孩子在出嫁之前，可以享用家里的生产资料和生活资料，但是出嫁之后，绝对带不走家产。

那些自家没有儿子，或者嫌儿子少，进而过继儿子的家庭，分家的时候，过继进来的儿子也和亲生儿子一样享受家产分配，和亲生儿子一起平分家产；若是家里只有一个过继进来的儿子，以及几个嫁出去的女儿，那么，家产依然全部由过继进来的儿子享有，总之，家产只会分给儿子，不会分给女儿，过继进来的儿子和亲生的儿子地位一样。

但是，干儿子没有资格分得家庭财产，严格意义上说，干儿子实际上并不算儿子，只是称呼上的儿子而已。另外，对于娶两个老婆的大户人家，妾生的儿子也有资格分得家产，妾生的儿子同样是家长的儿子，和妻生的儿子是一样的地位。

有一种特殊情况，需要分情况讨论，那就是妇女改嫁带来的儿子，改嫁带来的儿子要看"上子不上子"："上子"的情况，也就是带来的孩子改为夫家姓氏的情况，就可以分得家产，因为这样一来，这个孩子已经算是夫家的儿子；反之，"不上子"的情况，妇女改嫁带来的孩子就仍然是别人家的孩子，那这个孩子就不能分得这个家里的家产，属于这个男孩的家产就在妇女的前夫家庭，或者说在这个男孩的亲生父亲家庭。

1949年以前，当地大户、小户、中户的分家活动都是这样进行和操作的，没有什么实质意义上的区别，唯一的区别在于，大户人家的经济来源广，家产要比普通人家多得多，家庭成员得到的家产也多得多。

3.男性近亲见证分家过程

1949年以前，张家分家的见证人有家门的舅舅、姑爷、老辈子，他们到场：一方面是见证分家的过程，以防日后家庭内部因为分家产生矛盾，可以根据分家的实际情况进行劝解；另一方面，分家活动进行过程中，一旦家庭内部因为家产分配发生矛盾，这几个家门的近亲可以临时发挥劝解和协调的作用。

分家的见证人一般由当家人安排，其他家庭成员没有权利安排见证人，当家人提前根据分家的时间，告知家门的舅舅、姑爷、老辈子等人，邀请他们届时参加自家的分家活动。不仅普通家庭成员没有权利安排分家见证人，无论是哪个家庭外部成员也都没有资格安排家庭分家活动的见证人，此等越俎代庖之事，不仅会受到这个家庭的厌恶和反感，而且会受到家族清明会的惩罚。

在分家的见证人方面，不同类型的家庭，大体都是这样安排，家门的舅舅、姑爷、老辈子是必须到场进行见证的人选，尤其是老辈子，之所以要邀请家门的老辈子进行分家活动的见证，是因为老辈子也是本家族内部的成员，一旦日后分家家庭的成员出现忤逆、败坏家风等情况，老辈子就会及时上报给家族，以便家族在清明会时对这部分成员进行处罚。

分家活动结束以后，如果家庭内部后续没有为此发生矛盾，家庭也十分和睦，那么，见证人后续就没有任何责任。反之，如果分家以后，家庭内部的孩子不听话，忤逆父母，那么，以上几位家门近亲，有权力出面对晚辈进行教育甚至殴打。舅舅、姑爷、老辈子也解决不了、奈何不了晚辈的情况，就只有交给家族处理，家族在一年一度的清明会当中，对这个晚辈进行教育和惩罚。清明会在每年清明节之前举办，由本家族内各家户集体出资，养儿子的家庭带一只公鸡去参加清明会，养女儿的家庭带一坨豆腐去参加清明会，这些都是规矩。凡是家族内部忤逆父母、败坏家风、做些鸡鸣狗盗等不符合礼俗和伦理道德之事的人，都会在清明会时受到家族成员的惩罚。

4.当家人做主分家活动

张家分家时，由当家人主导和主持进行，但是，这并不意味着其他家庭成员没有建议权，其他家庭成员对于家产的分配方式、处置方式，同样具有建议权。相互协商好以后，将家产按照几个儿子均衡地分为几份，并写在几张纸团上面，将纸团揉好以后放在一个瓶口很小的瓶子里面，让参与分家的几个儿子分别将筷子伸进瓶子进行挑选。之所以要选择瓶口很小、只能用筷子伸进去选择的瓶子，是为避免用手挑选，尤其是防止成员作弊，将纸团打开进行挑选。另外，几个儿子用筷子挑选分家纸团的时候，必须跪在堂屋的香火面前进行挑选，也就是对着家庭的祖先赌咒进行挑选，由祖先进行见证，如此一来，挑选之后，谁也没有理由进行抱怨。

张家分家的时候，家庭外部成员没有资格享受家产分配，只有大家庭内的小家庭才有资格享受家产的分配，并且严格意义上讲，只有儿子才有资格享受家产的分配，儿子得到的那份家产，由儿子的小家庭共同享有。家庭外部成员例如舅舅、姑爷、老辈子等人，只能参与见证分家，但是并不能分得家产。

在分家活动方面，不论大户人家、中户人家、小户人家都是这样操作，分家由当家人进行主导和安排，同时邀请家门的舅舅、姑爷、老辈子等人到场进行见证，分家活动结束以后，见证人一般不会再有什么责任，除非分家家庭内部再次发生矛盾，或者有家庭成员做了败坏家风、有悖伦理的事情，家门的舅舅、姑爷、老辈子则有资格对这位家庭成员进行教育，老辈子甚至可以将这位家庭成员上报给家族，在清明会时对这位家庭成员进行教育和惩罚。

5.分家单各执一份

张家分家的时候，需要写分家单，叫作分管活动，家产分为几份，就有几张分家单，各自保管的分家单上面，写明自己占有那份家产的范围和数量。分家单由张家的亲戚当中相对较有文化，能写会算的人负责书写，书写好之后，各自确定无误，就要署名签字。到场进行见证的证人、参与分家的家庭成员都要署名，但是，签字的都是男性，女性家庭成员不需要在分家单上面签字，妇女只有在厨房老实做饭的份，在分家活动方面，妇女连建议权都没有。分家单一般用毛笔书写，字迹几十年都不会毁坏。成员们各自保管好属于自己的那一份分家单，日后家庭内部一旦因为当初的分家活动再起争执，当时参与分家的证人和家庭成员就可以依据分家单进行协商和处理。

1949 年以前，在分家单的签订过程中，不同类型的家庭都是如此，大户、中户、小户都是在家门舅舅、姑爷、老辈子的见证下进行分家。不同之处在于，有钱的大户人家由于家产众多，在分家的时候更容易发生扯皮现象，因此，各项分家过程更加需要严格按照步骤来，使得每一个环节都能服众、公平公正，才不会激起家庭成员的反对和意见。

6.外部与家户分家没有联系

(1)家族不过问家户分家事宜

张家大家庭分家以后，分离出来的各个小家庭就各自过各自的生活，各个小家庭的生活由小家庭新的当家人进行安排，家族举办清明会的时候，分离出来的各个小家庭分别派代表参加。一年一度的清明会由会首组织，所需资金一方面由各家各户筹集。另外一方面，张氏家族在最初分土地给几房人的时候，提留了一部分出来，用作家族公共的土地，每年出租给佃客租种并收取土地租金，租金就用做每年家族清明会的开支。

举办清明会的目的有几个，一来，趁举办清明会的时候，家族所有人聚在一起，相互认识介绍，了解长辈、晚辈分别有哪些人，名字有哪些，不至于一个家族的人以后见了面连名字都不知道，或者相互之间分不清长辈和晚辈，导致无法正确称呼对方。二来，认识家族内部的人以后，有困难可以互相帮衬，例如，家族内部的某一个家户发生了十分巨大的天灾人祸，导致家庭生活无以为继，这时候，家族的成员就可以相互筹资帮衬对方渡过难关。再者，清明会可以发挥家族集体的力量，惩治不守伦理、败坏家风的家族成员，或者惩罚家族外部试图欺压家族内部成员的个体和群体。总之，清明会一年一次，既提供了家族成员相互认识的平台和空间，又可以发挥集体的力量，惩罚教育家族内部的失德个体，通过家族的力量维护家族整体的尊严和名誉。

(2)村庄和政府不插手家户分家

村庄的保甲长与家户的分家活动没有任何联系。对于公粮和赋税任务的摊派，保甲长一般会直接派给家户的大家庭，分了家的大家庭内部协商进行公粮和赋税任务的摊派。对于普通百姓的家庭事务，他们一概不会理会。

县乡政府对于家户的分家活动，更是八竿子打不着关系，俗话说得好，"天高皇帝远"，县乡政府更加不会管理这些事情。加之 1949 年之前，政府对人口和家户管理松散，县乡政府对于家户分家这一块的认可，可以说几乎空白。县乡政府需要派粮派款的时候，就一级一级往下传达。

(二)继承

1.继承的资格

(1)家庭成员具有继承资格

在张家，拥有继承家产资格的，只有家庭内部成员，家庭以外的其他任何成员，都没有资格继承张家财产。一般而言，这里的家庭内部成员，有着非常丰富的内涵，家庭成员包括亲生的儿子，也包括过继的儿子，更包括妇女改嫁到家庭之后，将和前夫所生的儿子带过来，通过"上子"成为家庭成员的儿子。

(2)儿子享有继承权利

拥有继承产资格的只有家庭成员，而从严格意义上讲，家庭内部成员当中，只有儿子才有资格继承家产。抱养给别人的儿子,以及不管是否抱养给别人的女儿,都没有资格继承家产,只要是家庭内部的儿子,不管是否成年,也不管是否婚娶,都有资格分得家产。家庭内部的儿子,包括亲生的儿子,也包括过继的儿子、抱养的儿子、妾生的儿子,以及妇女改嫁带过来并经过"上子"的儿子。

此外,干儿子、妇女改嫁带过来但未"上子"的儿子,没有资格分得家产。需要说明的是,干儿子实际并不是真正意义上的儿子,在农村地区,如果小孩子小时候经常生病,身体不好,普遍认为,是因为这个小孩与自己的亲生父母八字不合,需要在外面找一对与小孩子八字相合的夫妻,认作干爹干妈,这个过程叫作"拜保保",仅仅是一个仪式。两个家庭之间可以经常走动,但是,互相都算不上是家庭成员。

总体而言,拥有家产继承权的只能是家庭的儿子,没有生儿子的家庭很早就要想办法抱养儿子进行抚养,等儿子长大以后,再把家产传给儿子,并由儿子负责父母的养老。几个儿子可以分得的家产数量一样,在继承方面的权利均等。要是几个儿子分得的家产数量不一样,就说明父母"一碗水没有端平",心有不公,这样反而是当父母的做得不对。

(3)家外成员无权继承家产

家庭外部成员绝对没有继承资格,无论在任何情况之下,家庭外部成员都没有资格享受家产,这是家内和家外的区别。1949年之前,各家户几乎不可能存在无儿无女的情况,即使一对夫妻只生了女儿,没有生儿子,这对夫妻一定会想方设法从外面抱养一个男孩回来进行抚养,等男孩长大以后,再将家产传给这个抱养的儿子,而儿子长大以后需要对父母进行赡养。

2.继承的条件

(1)儿子继承家产天经地义

一般而言,在家产的继承方面,只要是儿子,就一定可以继承家产,哪怕不孝顺的儿子也有一份家产。传统时期的农村地区,重男轻女思想严重,对于儿子非常看中,因此,即使儿子不孝顺,也会分一份家产给儿子。至于儿子后续是否很快将家产败光,父母则对此无可奈何。但至少父母可以批评和教育儿子,或者将不成行的儿子交由家族的清明会,进行教育和纠正,由家族督促不成行的儿子进行改正并签写保证书。总之,对于儿子,父母会表现出极大的宽容和耐心,"人非圣贤孰能无过""知错能改善莫大焉"就是父母宽容儿子的重要理由。

总体而言,当地百姓普遍认为,由儿子享受家产分配是一件天经地义的事情,并没有值得回旋和讨论的余地。只需要在适当的时候,由当家人主持,并由家门的舅舅、姑爷、老辈子等人到场,见证家产的分配过程即可。

(2)其他家庭成员无法影响继承资格

当家人以外的其他家庭成员,没有资格决定继承条件,家产的分配原则只有一个,那就是按照儿子的数量进行平均分配,家产分配的具体过程由当家人主导和安排,其他家庭成员尤其是妇女家庭成员,没有任何发言权。

(3)家户外部成员无法影响继承条件

家户外部成员更没有办法影响继承条件,如果有外人居心叵测、故意插手、影响家户的家产分配,会在清明会时受到来自家族的惩罚。就连家族的族长,都没有资格插手某一个家户的家产分配活动。实际上,1949年以前,在当地,家族对于家户生活的影响是微乎其微,家族的统一活动只有每年一次的清明会,家谱的修缮由家族当中比较有文化的个体负责。此外,家族与家户几乎没有什么联系,更不要提长影响家户家产分配过程。村庄的保甲长等更是不会介入家户的家产分配活动,保甲长与普通家户的联系,只有派粮派款以及征收壮丁,此外,保甲长与普通家户没有任何交集。

3.继承内容固定且简单

1949 年之前,张氏家族一年一度的清明会活动,由会首安排家族成员操办各项事务,张家的父亲张昆全就是负责清明会吃食的厨师。清明会会首等职务并不能继承,会首由大家推选。会首只在一年一度的清明会发挥作用,若是今年某人担任会首,但家族成员普遍对他在此次清明会中的表现不满意,那么下一年的清明会,大家就可以重新推选会首。因此,会首的人选具有相当大的灵活性。族长一般是由家族内部辈分最高的人担任,老族长过世以后,家族就会重新推选辈分高、有能力的人担任族长,并不能由他的儿子直接继任。

就张家而言,家产继承的内容主要是家里的房子、土地、钱财、家具等,儿子作为继承人,可以享有以上的财物。除了这些以外,基本上没有其他的继承内容,张家是典型的贫穷小户,家产也就只有这些。

4.继承人为儿子没有争议

在家产继承权的确立方面,没有太大的争议性,非常明确,拥有继承权的只能是儿子,当地的风俗就是家产只能由儿子继承,家长在传承遗产的时候,毋庸置疑,会将自己的全部遗产传给自己的儿子。家产只能由儿子继承,这是当地家户在家产继承方面一个基本不变的法则,在继承权方面,一般也不会因此产生纠纷与矛盾,大家普遍都认可家产只传儿子的做法,并且,各家各户在践行家产分配活动的时候,也都是按照这个原则进行。

5.大户小户家产皆传儿子

在继承的资格、条件方面,不同类型的家庭几乎没有差异。由于重男轻女思想,大户、中户、小户在传承家户财产的时候,都只会将家产传给自己的儿子,儿子以外的任何人都没有资格享受家产的分配,当地百姓在这方面没有任何争议。

四、家户过继与抱养

(一)过继的原因和目的

1.过继儿子为家庭添丁

1949 年以前,当地那些自己没有生儿子的夫妻,会选择从外面过继儿子进来,若是自家有儿子,一般不会从外面过继儿子。当然,家里只生了女儿的,也会选择从外面过继儿子,老话讲"有女无儿半边孤",女儿早晚要嫁到别人家里,只有儿子才会留在家里给自己养老送终,因此,没有儿子的家庭必然会想办法从外面过继儿子。

过继儿子一般是从最亲的兄弟开始考虑,亲兄弟如果有可以过继的儿子,就会优先考虑过继亲兄弟的儿子,亲兄弟没有可以过继的儿子,就会继续考虑其他关系稍近的亲戚,若是亲戚家里也没有可以过继的儿子,就会继续往外推进,考虑从非亲家庭过继儿子。张礼仁的二爸张习全无儿无女,本来打算将张礼仁过继给他当儿子,但是,张礼仁的妈妈和奶奶考虑到张习全不成行,常年吸食鸦片,不努力为家庭赚取收入,反而败坏家产,担心将张礼仁过继给他以后,跟着他吃苦,因此最终没有过继成功。

总体而言,家户过继儿子,是为了能够后继有人,不至于老了以后没人给自己养老送终,加之,大家普遍认为"有女无儿半边孤",对养老问题的现实考虑,以及社会普遍观念的影响,使没有儿子的夫妻选择从外面过继儿子,以便等自己百年以后,有人给自己送终和安排后事。

2."由近及远"的过继顺序

对于需要过继儿子的家庭,过继有一个先后顺序,概括地讲,这种先后顺序就是"由近及远"——优先考虑过继亲兄弟的儿子,如果亲兄弟没有儿子或者只有一个儿子,再考虑过继近亲当中其他人家的儿子,如果近亲当中都没有可以过继的儿子,那就会考虑从亲戚以外的家庭过继儿子。

找到可以过继儿子的家庭以后,如果对方家庭有多个儿子,会通过双方的协商,决定到底过继哪一个儿子。一般是由出继的家庭决定到底过继哪一个儿子,需要过继儿子的家庭,在这方面的发言权相对来讲要弱一些。

对于有多个儿子的出继家庭,一般会将年龄稍大并且资质相对较好的儿子留下来,过继出去的,就是年龄相对较小甚至资质差一些的儿子。对于出继的家庭来讲,留年龄稍大并且资质好一些的儿子, 相对来讲可以少供几年孩子就成人,资质好一些也更有利于家庭的发展。但从需要过继儿子的家庭来讲,能够过继到儿子就算幸运,并且过继年纪偏小一些的儿子,有利于更好地抚养,因为孩子年纪小,对于原生家庭的记忆不那么深刻,会更有利于过继家庭对孩子的教育和抚养。

3.家长支配出继过程

(1)家庭共同决定是否出继孩子

过继孩子的时候,出继家庭和过继家庭双方家庭的成员都要进行商量。尤其对于出继家庭,孩子的爷爷奶奶、爸爸妈妈都要发表意见,大家要综合评估对方家庭的条件和水平,考虑对方能否养得起孩子,能否给孩子一个好的生活环境,毕竟谁也不愿意自己的孩子过继到对方家庭吃苦。张礼仁的奶奶和妈妈就坚决反对将其过继给二爸张习全,奶奶张付氏对张习全常年吸食鸦片、败坏家产的行为非常厌恶,生怕将张礼仁过继给他以后,跟着他吃苦,也担心张礼仁跟着张习全染上不良习惯。因此,虽然张习全提出了过继张礼仁给他当儿子的想法,但是张礼仁的奶奶和妈妈都没有答应,最后也没有过继成功。

(2)"完全过继"与"过继一半"

过继分为"完全过继"和"过继一半","过继一半"的情况,就是过继的儿子将来长大以后,需要对出继家庭和过继家庭的父母同时尽孝道,相当于是两家人共同的儿子。"完全过继"的情况,就是孩子过继以后,完全属于过继家庭,与出继家庭再没有什么联系,将来出继家庭的父母老了以后,也不需要对出继家庭父母尽孝道,过继的儿子只需要对过继家庭的父母尽孝道。具体采用"完全过继"还是"过继一半"的形式,则需要双方家庭共同协商,其中出继家庭的意见发挥主导作用。

(3)支付出继家庭一定费用

过继孩子的时候,过继家庭需要支付出继家庭一定的钱物,给的钱物的量由双方共同协商。举个例子,一般情况下,如果出继家庭更富有,过继家庭一般就支付得少。反之,如果过继家庭更富有,那么需要支付给出继家庭的钱物就相对多一些。因此,过继孩子给多少钱物,没有具体的标准和数量,双方根据经济条件、家庭实力共同协商决定。

（4）签订"抱约"

过继孩子需要双方签订"抱约"，具体采用哪种过继形式，过继的日期，"抱约"都写得清清楚楚，"抱约"的书写由家门当中比较有文化、能写会算的人负责。"抱约"写好以后，需要双方家庭的当家人和见证人署名。"抱约"一式两份，过继家庭和出继家庭分别保管一份。今后一旦因为过继发生矛盾，就可以将"抱约"拿出来进行对证。

（5）中人见证"抱约"签订

过继不一定需要人介绍，可以自己寻找出继家庭，但双方协商好以后，在过继孩子签订"抱约"的时候，绝对需要中人或者说见证人，以防日后出继家庭不遵守当初的约定，将孩子抱回去。为防止这种事情发生，就必须邀请见证人见证整个过程，日后一旦出继家庭和过继家庭因为孩子的事情发生纠纷，见证人也可及时出面从中协调。在过继孩子的时候，见证人或者说中人的主体与见证分家的主体一致，都是家门的舅舅、姑爷、老辈子等男性近亲。

（6）出继孩子"年幼无知"

出继孩子的时候，需要得到出继家庭孩子父母的同意，还需要过继家庭看得起这个孩子，喜欢这个孩子，双方达成一致，出继活动才能成功。出继者的意愿，在这个过程当中体现得并不是那么明显，因为出继者一般年龄很小，基本上可以用不谙世事来形容，因此出继者的意愿一般不强烈，毕竟只要大人用零食哄，小孩子就可以避免哭闹。

（7）全家做主出继大事

在过继孩子时，如果出继家庭的家长临时不在家，出继家庭的其他家庭成员不能做主，出继孩子这种大事情，必须征得出继者爸爸妈妈、爷爷奶奶的共同同意，不能由某一个人单方面做主。当然，家长去世的情况另当别论，例如，孩子的爸爸去世以后，出继孩子自然是由孩子的爷爷奶奶和妈妈共同做决定。因此，当家人在出继孩子方面的支配性，体现得并不是那么明显，孩子作为家庭的血脉，全家人都有权利和资格决定孩子的出继问题。

4.协商回继

（1）当家人主导回继过程

过继孩子以后，也有出现回继的情况，大多数是因为入继家庭没有办法继续好好抚养孩子，例如，入继家庭生活困难、孩子生病实在没有办法医治，或者入继家庭待孩子不好等等。出继者的父母看到这些情况非常不忍心，双方就会协商将孩子回继到原生家庭，将孩子继续交由亲生父母进行抚养。回继孩子的过程与过继孩子的过程大致相同，都需要请证人到场进行见证，由双方的当家人进行主导和安排。

（2）其他家庭成员建言献策

回继孩子是由家庭成员共同讨论的结果，实际的安排过程由当家人主导，其他家庭成员一般不会主动管这些事，因为大家普遍默认，这是非常典型的当家人的责任。家庭和睦的前提，就是其他家庭成员服从并贯彻当家人对家庭事务的安排，与此相对应，当家人主动承担责任，安排好家庭内部的大小事情，为家庭成员共同的目标和期待而努力。

（3）出继入继家庭共同安排回继事宜

由于涉及的是出继和入继两个家庭，安排回继孩子也主要是这两个家庭的事情，尤其当出继家庭看到自己的孩子在对方家里过得不好的时候，从人情方面来讲，出继家庭有权利和资格抱回孩子，或者出继家庭看到自己的孩子因为生病拖垮对方家庭非常过意不去，往往会主动提出回继孩子。

5.大同小异的社会过继规则

在过继的资格、条件、次序等方面,不同类型的家庭几乎没有差异,都按照上述礼数和规则进行过继。不同之处在于,大户人家过继孩子的情况实际上要少得多,因为大户人家男性一般会娶两个老婆,没有生儿子的情况非常少见。另外,大户人家由于财富底蕴丰厚,生活条件优越,对于入继的孩子可以照顾得更好,往往过继之后,出现回继的情况要比普通百姓家庭少得多。

6.外界对家户过继的认可问题

（1）家族为入继者入谱

家族对于家户过继的认可,主要体现在家谱的修缮,家族会将过继进来的孩子作为入继家庭的后代,记录在家谱上面。如果入继的孩子不听话,家族在召开清明会的时候,同样有资格对这个孩子进行教育和惩罚。除此以外,家族与家户过继没有什么更深层面的联系,这是一件家户内部的事情。

（2）家户过继与村庄和政府无关

村庄对于家户过继的认可,实际上非常不明显,保甲长的主要差事就是对每家每户进行派粮派款,除此以外,对于各家各户的事情,他们绝对不会单独过问。平时,保甲长不仅不会为百姓的利益出谋划策,反而会想尽办法攫取百姓的劳动成果,想方设法增加公粮任务和赋税种类。

与乡村管理者保甲长的角色相类似,县乡政府对于家户过继的认可也不明显,几乎可用"不管不问"来形容,政府的派粮派款任务也是一级一级往下传达,除此以外,普通百姓与政府之间再没有任何联系。

（二）抱养孩子

抱养孩子和过继孩子的情况几乎一样,都是没有儿子的家庭,才会考虑从外面抱养儿子回来,延续自家的香火,为自己养老送终,老话说得好:"养儿防老,嫁夫防欺",就是这个道理。

一般情况下,抱养儿子从近亲那里才能实现,毕竟,1949年以前,各家各户都很看重儿子,认为儿子越多越好,因此,愿意把自己的儿子抱养出去,一般都是看在亲戚关系上,为了亲戚家里也能够后继有人,不至于成为"孤人"。或者自家的经济条件差一些,希望将自己的儿子抱养给亲戚家里过上好日子。但是,如果家里只养了一个儿子,那么,这个家庭无论如何都不会将唯一的儿子抱养给别人,毕竟这涉及家户的香火延续问题。

近亲家里实在没有儿子可以抱养,就会考虑从外人家庭进行抱养,总之,一定要保证家庭有一个儿子,从外人家庭抱养儿子的时候,当然会更加注重"抱约"的签署,以及抱养过程的规范性——邀请见证人到场进行见证。日后一旦出现孩子长大以后不认养父母、不孝顺养父母、不给养父母养老送终的情况,就可以拿着当初抱养孩子时签订的"抱约",对儿子进行控诉,经过"抱约"的签订,抱养的儿子就跟亲生的儿子一样,必须尽儿子的责任和义务,对养父母尽孝。

抱养儿子需要征求对方家庭的同意,对方愿意将自己的儿子抱养出去才可以达成一致,实现抱养活动。还有一种特殊情况是,有些家庭家境贫寒,但是儿子众多,同时,另外一户家业兴旺且没有儿子,这种情况下,家境贫寒的家庭往往希望将自己的儿子抱养出去,占有对方家庭的家产。更有甚者,儿子都已经长大成人并结婚成家,还给其他人家当儿子,就是为了占有对方的家产。

小孩子被抱养的时候,年龄大多都很小,一般只有四五岁就被抱养出去,对于亲生父母的记忆并不是很清晰。小孩子被抱养到新的家庭,如果哭闹,养父母就会对其进行安抚和照顾,毕竟小孩的哭闹很正常,时间久点也就好了。因此,抱养孩子的家庭一般可以很好地处理孩子哭闹的问题。

抱养别人的孩子,同过继别人的孩子是一样的情况,也需要支付给对方家庭一定费用,毕竟生母十月怀胎生下孩子也不容易,于情于理都应该给予孩子的生父母一定费用。但对于不同的家庭,因为经济条件有差异,抱养孩子需要给的费用,多少不一定。一般而言,支付粮食和现金都可以,粮食也可以被折算成现金,二者没有多大区别。

(三)买卖孩子

1949年以前,那些自己家庭没有儿子,并且抱养和过继儿子都没有成功的家庭,就会考虑从外面买儿子,还是那句话——保证自家有儿子,延续香火,将来为自己养老送终。反过来,会卖孩子的家庭一般都是因为家境贫寒,实在无法供养孩子,被逼无奈才会考虑将自己的儿子卖出去。需要说明的是,即使无法供养孩子,导致需要卖孩子的家庭,至少都有两个儿子,绝对不可能将家庭唯一的儿子都拿去出卖。

相对于过继儿子和抱养儿子,买儿子需要花的钱多得多,一般,孩子还小的时候就会被卖出去。当然,对于买进孩子的家庭,当然也是越小买进来越好,因为孩子越小越好调教,而且,将来孩子也会更亲近养父母。

同样,买儿子也需要双方签订契约,签订契约的时候,需要证人在场进行见证,契约一式两份,买卖双方家庭各执一份。契约由双方家庭当家人和在场的男性见证人共同署名生效,后续一旦出现卖方家庭收了钱又不给儿子,或者买进的儿子不孝顺养父母的情况,买孩子的家庭就可以契约为依据,对卖孩子家庭或者买进来的儿子进行控诉。在买儿子签订契约的见证人选方面,家门的男性近亲例如舅舅、姑爷、老辈子是必需的,同时,也可以邀请当地有头有脸的人物到场,例如保长、甲长、大财主等人。

一般来讲,孩子买进来以后,几乎不可能出现反悔的情况,当初买卖双方签订契约,给了钱以后,孩子就彻底算买进家庭的成员。买进的孩子名字也可以写进这家的家谱,算这家人的后代。买进来的孩子和家族内部其他亲生的孩子地位一样,不会受到任何人的差别对待。

政府对于买卖孩子的行为,几乎是不管不问,政府在买卖孩子方面也没有任何规定。1949年以前,对于张家这样的普通百姓而言,政府存在的唯一意义就是派粮、派款,除此以外,对于政府的存在,老百姓没有其他印象。

五、家户赡养

(一)赡养单位

1.家户内部承担赡养责任

赡养老人属于一家一户的私事,家户以外的人,一般不会主动承担对家户内部老人的赡养责任。但是如果家户内部的儿子没有尽孝,对待老人不够孝顺,甚至还忤逆、虐待老人,那么家户以外的人,例如家门的舅舅、姑爷、老辈子等人,绝对有权利对不孝顺的儿子进行教育和惩罚,遇到家门的几位近亲也奈何不了的情况,就可以直接交由家族的清明会进行处罚,在家族成员的共同见证下,教育和惩罚不孝顺的孩子。

2.养儿防老

张家成员当中,需要承担赡养责任的主体非常明确——就是儿子,普遍重男轻女也是这个原因。女儿早晚要嫁出去,嫁出去的女儿泼出去的水,只有儿子才能够娶媳妇儿进家门,延续后代,为自己养老送终。因此,女儿对父母一般没有赡养责任,或者说赡养责任很少,女儿偶尔拿一些礼品回来看望父母,就会被认为是孝顺的表现,但对于儿子,则有完全的责任和义务——负担老人的基本生活以及为老人安排身后事。

对于不孝顺的女儿,家门和家族一般不会过多地追究责任,但是,对于不孝顺的儿子,家门的近亲例如舅舅、姑爷、老辈子等人,则有足够的权利对儿子进行教训,如果舅舅、姑爷、老辈子等人都无法约束这个晚辈的不孝顺行为,就会将其交给家族的清明会进行处置和教育,由家族成员共同敦促其改正,教育他孝顺父母、尊敬长辈。

(二)赡养主体

1.完全承担赡养责任

对于独子家庭,家产全部由这个唯一的儿子享有,自然也是由儿子单独赡养老人,其他外人没有责任和义务负担老人的养老责任。这个唯一的儿子在独享家产的同时,需要对父母尽忠、尽孝,保证父母晚年的基本生活,并在父母百年以后,妥善为父母处理后事。

2.分摊赡养责任

多子家庭当中,老人的养老问题自然是由几个儿子共同承担,这种赡养责任几乎是由几个儿子平均分配,例如,老人在几个儿子的小家庭轮流居住,由几个儿子的小家庭轮流负责照顾老人日常生活。或者,老人还有自理能力并且愿意单独居住,可以由几个儿子共同筹资、筹粮供养老人的生活。

3."孤人"自力更生

1949年以前,在绝大多数情况下,不可能出现哪一户人没有儿子的情况,自己没有生儿子,会考虑从外面抱养或者过继儿子进来,实在不行就买儿子进来,保证家户至少有一个儿子,为父母养老送终。

极少数情况下,例如,张礼仁的二爸张习全,就是无儿无女,后来,张习全夫妻从外面抱养了一个女儿,结果女儿长大嫁出去以后,就没有再管张习全夫妇。这种情况下,就只有靠老人自力更生,或者有的老人有土地,老了以后可以靠出租土地,收取租金度日,实在没有来源的老人就只有自己过得差一些。

(三)赡养形式

1.养老粮

1949年以前,张家赡养老人以按期提供养老粮食的形式展开,老人自己有自理能力,晚辈主要负责按期将口粮称给老人。养老粮食的形式是当地为老人养老的普遍形式,具体每个月拿多少粮食给老人,由家门的近亲,例如舅舅、姑爷、老辈子共同协商决定,并督促晚辈按时按量给予老人养老粮食。

2.赡养形式固定

在赡养形式方面,养老粮的形式是最普遍的做法,大部分人在承担为老人养老的过程当中也是这样贯彻。因此,在赡养方式方面,几乎没有商量的余地,无须告知和请示四邻、保甲长等人,只需要请家门的男性近亲例如舅舅、姑爷、老辈子到场,进行见证和督促,由几个儿子将养老粮按时按量支付给老人。

3.其他家庭成员无权做主

在赡养活动当中,除了当家人以外的其他家庭成员是不会过多发表意见和参与的,儿子作为自己小家庭的当家人,和其他的兄弟一起,按时按量将养老粮支付给父母就可以。况且,在支付给老人养老粮这件事上,本身就没有多少讨论余地,儿子给父母养老送终是天经地义的事情。

4.不同家庭赡养形式多样

在家户赡养的具体形式上,不同类型的家庭有一定差异,有钱的大户人家可以雇佣丫鬟对老人的生活起居进行照顾,也可以雇佣厨师为老人专门定制可口的食物,可以说,有钱的大户人家在赡养老人方面做得比较好。而对于贫苦的普通人家,老人一般只有自力更生,拿到儿子支付的养老粮以后,自己开灶做饭,自己照顾自己的饮食起居。

(四)养老钱粮
1.保证老人基本口粮

养老粮的多少由近亲男性进行安排,例如老辈子、姑爷、舅舅等,作为晚辈,儿子只需要按时按量将粮食拿给老人,养老粮一般一年给两次,也就是两季,大春收获以后,就给老人稻谷,小春收获以后,就给老人小麦,一般就这么两种粮食。几个儿子承担老人养老粮的时候,责任平均分配,当然,家庭条件好一些的儿女,可以考虑适当多给老人一些养老物资,总之,必须能够保证老人每年的基本口粮。

2.其他家庭成员没有争议

在承担养老钱粮的过程中,由家门的近亲例如舅舅、姑爷、老辈子等人进行监督,老人的儿子出面按时按量将粮食拿给老人就可以,家庭的其他成员没有多少意见可以提,养儿防老天经地义。

3.有钱人家养老钱粮丰富

在养老钱粮上,不同类型的家庭会有一定差异,大户人家的养老钱粮普遍要丰富一些,不仅是养老物资的品种多一些,养老物资的数量也要多一些。对于普通的百姓人家,一般就只有大米和小麦两种养老粮,除此以外,再没有其他的养老粮和物资。

(五)治病与送终

张家的老人如果生病吃药,医药费用也是由几个儿子的小家庭共同承担。如果有儿子不出钱,就会被家门的亲戚进行教育,告知他"屋檐水点点滴",意思是,父母的行为对下一代有潜移默化的影响,父辈现在没有照顾好自己父母,将来老了也别指望自己的儿子会照顾自己。因此,受到教育的儿子在家门舆论及担心报应的压力之下,一般就会主动承担照顾老人的责任。

出嫁的女儿在照顾老人方面的责任,则没有儿子那么重大。传统时期,当地普遍认为,只有儿子必须承担照顾父母的责任,女儿则可以凭自己的良心决定是否要回来看望父母,女儿不孝顺老人的行为,不会受到家门亲戚的教育和惩罚。

　　没有分家的大家庭,当家人就是照顾家庭老人的主要责任者,当家人掌管着家庭的粮食和资金,赡养老人的资金和粮食支出自然也是由当家人进行统一安排,赡养老人的资金和粮食纳入家庭支出,由当家人进行统筹。

　　如果老人生病需要照顾,自然也是由几个儿子的小家庭轮流承担,除了当家人以外的其他家庭成员,根据当家人的安排照顾老人就好,其他家庭成员不用管老人治病的花费,但可以对照顾老人的方式提出建议,其他家庭成员在老人的治病过程当中,是贯彻和服从当家人安排的角色,可以适当提意见。

　　老人去世以后,丧葬的花费也是由几个儿子平摊,共同出资为老人处理好后事。绝大多数情况下,长子与其余儿子平均承担责任,没有多少本质上的区别,但在某些特殊情况下,例如,其中一个儿子身体残疾还未成家,或者其中一个儿子虽然成家,但是家庭经济状况很糟糕,这时候几个儿子就可以根据情况,适当调整相互之间的责任分配。

　　至于出嫁的女儿,则不必承担老人的治病与丧事花费,出嫁的女儿根据自己的良心和心意,出资对生病父母进行慰问,或者支付葬礼的礼金就可以。当初分家产时,只能由儿子享受,为老人治病和送终的责任也主要由儿子承担,养儿防老的含义也主要体现在这些方面。

(六)外界对家户赡养的认可

　　张家家族整体对于家族内各家户的赡养活动有一定监督作用,家族内部哪一户人的儿子,若是没有尽到孝顺父母或赡养父母的责任,就会在清明会时受到家族的教育和惩罚,家族有权利对不孝顺子孙进行精神层面的教育,以及身体方面的惩罚。

　　村庄和政府与家户赡养没有任何联系,村庄的保长和甲长只负责派粮、派款及抓壮丁,政府则负责往下面一级管理主体下达任务,村庄和政府在家户赡养方面,既没有成文的法律规定,也没有专人对家户赡养问题进行监督和管理。

六、家户内部交往

(一)父子关系

1.父子间的权利义务关系

　　1949 年以前,当地普遍认为,父亲对于儿子有天然的责任,父亲必须抚养儿子长大成人,还要在儿子的成长过程当中,教会儿子农业耕作技能,并且要在儿子的婚配年龄,为他安家娶媳妇儿,等这几件事情都完成,作为一个父亲的责任也就基本尽到。如果父亲没有为儿子娶到媳妇儿,儿子可以一直跟着父母生活,父母去世以后,儿子就不得不自力更生,父母也就算仁至义尽。同时,父亲也有责任为儿子留家业,例如土地、房产等,儿子长大成人以后,就可以继续依托这些家产进行生活,并为父母养老送终。

　　在儿子的成长过程中,如果儿子不听话、忤逆父母,父亲有权利对自己的儿子进行打骂和教育, 父亲教育儿子也被认为是天经地义的事情。如果父亲实在没有办法管教和约束儿子,可以告诉家门的近亲,例如舅舅、姑爷、老辈子等人,对自己的儿子进行教育,连家门的近亲都奈何不了儿子的情况,可以将儿子交由家族处理,在清明会的时候由家族对儿子进行教育和惩罚,以督促儿子改正从良,更有甚者,由家族出面直接将忤逆的儿子进行活埋,当地王家沟就有一个被活埋的后生。

父亲说的话,儿子就该听,但是父亲如果说的不对,儿子自然可以指出父亲的错误,并委婉地告诉父亲自己不能服从,明智的父亲在认识到自己的错误之后,自然会改变决定。另外,如果父亲做了错事,儿子也可以对父亲提出批评,当然,小问题可以在家庭内部改正,但如果父亲做了偷鸡摸狗、男盗女娼之事,并且拒不悔改,进而影响家庭生活,儿子也可以告诉家门的舅舅、姑爷、老辈子等人,对父亲进行教育,事态严重者,儿子也可以直接将父亲控诉到家族,由家族在清明会的时候对父亲进行教育和处罚。

因此,总的来讲,父亲有权利对儿子进行教育,但这种教育也是建立在正确的基础之上,否则,儿子也有权利对父亲提出批评,父子之间虽然父亲要比儿子辈分大,父亲是长辈,但是父亲对儿子的权利并没有大到无法无天的地步,一切都有度,要用道理来服人,没有绝对的权威。

一个好父亲的标准就是品行端正,为人忠厚善良,把家庭内部安排得很好,儿女也被教育和培养得懂事、能干,这样的父亲就会被认为是好父亲。与此相对应,为人正直善良,耐心听从父母善意、正确的批评和教育,追求上进,不断充实自身本领,就会被认为是好儿子。

在权利和义务关系上,不同类型和人口规模家庭的父子关系都是如此,没有本质的区别和差异。不同之处在于,大户人家尤其是有钱人家,有更多的资本,可以在儿子幼时,为儿子安排家庭教师进行教学,让儿子在读书识字方面更有成就,更有文化水平。而对于贫穷的百姓家庭,读书是一件可望而不可即的奢侈品,绝大部分贫苦人家的孩子都没有机会接受教育,因而,贫苦人家的孩子目不识丁,是一件不值得稀奇的事情。

2.父子之间不可逾越礼数

张家父子之间的关系比较融洽,融洽的前提是,父子双方都做好自己该做的事情,各自承担好自己应该承担的责任和义务。父子可以坐在一起喝酒聊天,但是聊天的方式方法一定要恰当,儿子是儿子,父亲是父亲,儿子不能随便和父亲开玩笑。因为,父亲的辈分比儿子高一等,儿子开玩笑的对象最好是自己的同辈人,例如和亲兄弟、堂兄弟开玩笑,不能越过辈分去和比自己辈分大的人开玩笑,这会被认为是没有长幼观念、没有礼数和规矩的行为。而且,哪怕是和同辈人开玩笑,也要注意自己与对方的年龄差距,相互之间大两岁、小两岁都不能随便开玩笑,弟弟不能随便开哥哥的玩笑,玩笑开过了,被人认定为没有规矩和礼数,会在清明会上受到来自家族的惩罚。

这些都是基本的礼数,张家人坐在一起吃饭,座次是有讲究的,一般父亲坐上座,哥哥坐下座,作为弟弟只能坐左右两边,哪怕是左右两边都有高下之分,一般认为,右边要比左边高一等。大家特别讲究这些礼数和规矩,相互之间谁也不能随便破坏这些规矩,否则就会被认为是没有礼节。

因而,儿子对于父亲,存有一种敬畏之心,父亲对儿子说话,儿子只能认真听着,最好不要随便反抗,一旦父亲决定将儿子转送给家族处理,那儿子就彻底输了。虽然如此,却并不影响儿子正常地对父亲表达自己的利益诉求和愿望,只要要求合理,父亲会允许儿子提出请求和愿望。如果儿子经得父亲的同意,去外面做生意,父亲会经常过问儿子的发展情况,一旦发现儿子在外面乱整,败坏家产,那么儿子必然会受到来自父亲的责骂,教育拒不悔改者,直接交由家族在清明会时进行严肃处理。

在日常交往关系当中,不同类型和人口规模家庭的父子关系都是如此,这是社会大环境以及中国传统社会长幼观念作用的结果。需要说明的是，大户人家在父子关系方面，可能会比普通百姓家庭更加讲究礼数和规矩，大户人家的规矩和家教往往更为条理化、细致化，有的大户人家甚至将这类家规、家教视为一种文化。

3.父子冲突和调适

在社会整体的观念和文化影响下，儿子对于父亲普遍比较顺从和尊敬，张家父子之间发生矛盾、冲突的情况非常少见。有时候，儿子因为醉酒在父亲面前说了一些大逆不道的言语，等儿子醒酒以后，发现自己的不端行为，都会及时跪在父亲面前认错。有时，因为父亲将儿子管得太紧，也会发生矛盾，这时候，儿子要是能够讲得清楚道理，能够说服父亲，那么矛盾也就此为止，要是儿子说不清楚道理，就该受到父亲的教育和批评，所谓"没有规矩不成方圆"，在家庭当中也是如此。

父子发生冲突以后，家庭成员一般会站在父亲一方，因为绝大多数情况下，父亲作为家庭当家人，做法和决定不会发生偏差，否则大家也不会推选他担任当家人。因而在父子矛盾冲突当中，错误的一方的确多为儿子。当家庭内部发生冲突以后，家庭内部自己无法解决的，家门的男性近亲，例如舅舅、姑爷、老辈子等人就会出面协调，根据双方矛盾的特点和性质，以及双方的正确与错误，做出适当的处理。如果家庭的父亲和当家人不是同一人，比如爷爷当家的情况，假如儿子和孙子之间发生了矛盾，那么，爷爷作为家庭的长辈以及当家人，一定会介入到矛盾的处理当中，儿子犯错就批评儿子，孙子做错就教育孙子。

在冲突关系上，不同类型和人口规模家庭的父子关系都是如此，三世同堂、四世同堂的大家庭是如此，家业兴旺的大户人家也是如此，矛盾的解决过程都是这个步骤，即家庭内部先自己解决，解决不了的就邀请家门的男性近亲到场协调。这样也解决不了的情况，再交由家族处理，家族在一年一度的清明会中对犯错成员进行教育和惩罚。

(二)婆媳关系

1.婆媳间的权利义务关系

在张家，婆媳之间也有一定责任，婆婆要负责照顾儿媳妇坐月子，指导儿媳妇教育后辈，还要教会儿媳妇做家务，教会儿媳妇勤俭持家。反过来，当婆婆生病的时候，儿媳妇就应该主动承担起照顾婆婆的责任，哪怕熬更守夜，儿媳妇也应该照顾好婆婆。如果婆婆在儿媳妇坐月子期间没有好好照顾，那绝对是婆婆不对，谁都会站在儿媳妇一方。习俗和观念就是如此，公公不能进出儿媳妇的房间，丈夫又要承担家庭的农业生产活动，因而家里面只有婆婆是照顾儿媳妇的最佳人选，要是哪个婆婆在儿媳妇坐月子期间没有进行好好照顾，会遭到外人议论狠心。

婆婆有权力教育儿媳妇，但是婆婆不能随便打骂儿媳妇，婆婆教育儿媳妇不听的，可以告诉儿媳妇的娘家，儿媳妇的娘家自己就会派人过来，对自家的女儿进行教育，或者由儿媳妇娘家人将其领回去进行教育。

婆婆要是敢没有道理随便打骂儿媳妇，儿媳妇可以回去告诉自己的娘家人，娘家就会派好几个"婆婆客"①过来，拿着做针线的钻子钻恶婆婆，具体而言，就是把钻子用布裹起来，只留一点针尖出来，在恶婆婆身上到处钻，那种钻子钻得不会出现人命，但是又很疼，伤皮但不

---

① 婆婆客：笼统指代已婚妇女。

169

会伤心,可以起到教训的作用。说起来,因为霸道强势而挨钻子的恶婆婆还不少。因此,婆婆教育儿媳妇,必须要耐心,不能随便使用暴力,妇女不怎么出门,常年都在家里面,因而婆婆有充分的时间对儿媳妇进行耐心教育。

但基本的规矩还是在的,对于婆婆说的话,儿媳妇应该耐心听从和服从,如果婆婆说得不对,儿媳妇用耳朵听着就可以,不能公然顶撞婆婆,或者可以委婉告诉婆婆。婆婆过分的时候,儿媳妇可以请娘家人做主,由娘家派人对婆婆进行教育和批评,换句话说,婆婆需要在儿媳妇的娘家人面前解释清楚,做错的地方还需要当着儿媳妇娘家人的面,向儿媳妇道歉。

按照当地的标准,耐心指教儿媳妇学习家务劳动、教育孩子,在儿媳妇坐月子的时候尽心照顾儿媳妇,就是好婆婆;反过来,对待长辈有礼貌,认真听从公公婆婆的指教,并且勤俭持家,努力相夫教子,就是好儿媳妇的标准。

在权利义务关系上,不同类型和人口规模家庭的婆媳关系都是如此,只有儿媳认真听从公婆的指教,勤俭持家,并且婆婆用心对待儿媳妇,耐心指教儿媳妇,家里面才会和谐,男人们才可以安心在外面从事农业生产和其他经济活动。家内家外都和谐有序运转,家庭成员各司其职,整个家庭才会发展得越来越好。

2.婆媳相处讲究礼节

张家婆媳之间的关系比较融洽,但婆媳之间不可能开玩笑,毕竟两人辈分不同,儿媳妇若是随便开婆婆的玩笑,就是没有家教的行为,婆婆作为长辈也不能随便开媳妇的玩笑,否则就是为老不尊。因而,婆媳之间的相处遵循着礼数进行,婆媳各自站好自己的立场,做好该做的事情,婆媳关系才会收获进一步的和谐与融洽。具体地说,女性不怎么出门下地,男人也不能做家务,因而家务就全靠常年在家的婆媳操持,儿媳在婆婆的安排之下,努力将家里面打扫得干干净净,好好教育孩子,相互之间才会更加和谐。

儿媳妇对于婆婆存有一定敬畏之心,毕竟婆婆是长辈。儿媳妇有诉求的时候,可以自由地向婆婆表达,但是并不是所有的诉求都可以获得婆婆的许可,婆婆也会根据情况,评估儿媳妇的诉求是否合理,只有婆婆认为合理的诉求才可以得到许可。婆婆作为长辈,媳妇将要经历的怀孕、教子等,婆婆大部分都已经经历过,因而婆婆就有评估儿媳妇诉求的标尺。或者有些善良、心细的婆婆,在儿媳妇提出诉求之前,就会主动询问儿媳妇,是否需要什么,这就是一个好婆婆。

在日常交往关系上,不同类型和人口规模家庭的婆媳关系类似,但是有钱的大户人家,婆婆为儿媳妇安排吃穿用的质量和数量方面,会比贫苦的穷人家庭好得多, 礼节也会更周到。同时,有钱的大户人家财富底蕴丰厚,有足够的资本让家庭成员过上更好的生活。

3.婆媳冲突关系及调适

张家婆媳之间发生矛盾的时候占少数,张家的当家人平时也会努力从中协调,尽量避免婆媳之间发生矛盾。一般来讲,婆媳发生矛盾的类型也简单,最多就是相互拌嘴,或者相互冷战在背后说对方的坏话。例如,大家庭里面有几个儿子的情况,几个儿媳妇觉得婆婆心有不公,偏心某一个儿子的小家庭,首先就会是几个儿媳妇之间发生不愉快,再演变为婆媳之间的矛盾。

当家庭发生婆媳矛盾以后,当家人发现了就会及时介入解决,当家人会根据具体情况,评估冲突双方的正误，其他家庭成员不一定会站在婆婆那边，而是会看谁有理，大部分家庭成员都会选择"帮理不帮亲"，当家人从中进行调解，对错误的一方进行批评和教育。

需要说明的是，当家庭发生婆媳矛盾以后，首先自己家庭内部就会进行解决，尽量不会让外人知道，更不会让外人介入，毕竟"家丑不可外扬"，传出去就会很丢人，家庭不愿意让这类矛盾传出去，因而，婆媳矛盾往往发生于家庭内部，也止于家庭内部。

总的来讲，在日常交往关系上，不论是大户人家、中户人家、还是小户人家，也不论三世同堂、四世同堂的大家庭还是一般的小家庭，这些不同类型和人口规模家庭的婆媳关系都大同小异。稍微有些不同的地方在于，人口众多的大户人家，矛盾的类型可能会更多，毕竟人口众多，利益诉求也会更多，在利益平衡方面更加容易出现不公平的情况。反之，人口一般的小家庭，矛盾类型就会相对少一些。但是，大家都不会愿意让家庭内部的矛盾传出去，老话说得好"兄弟不和邻居欺，夫妻不和儿女欺"。家庭内部发生矛盾就容易让外人钻了空子、欺压家庭内部，而且对家户的名声也不好。

（三）夫妻关系

1.夫妻间的权利义务关系

丈夫对于妻子有一定责任，丈夫应该关心妻子、照顾妻子，主动承担家庭的重活，尤其是在妻子生病的时候，丈夫应该尽好做丈夫的责任，耐心照顾妻子的饮食起居。但是丈夫不能随便打骂妻子，一旦丈夫随便打骂妻子，妻子的娘家人可以出面主持公道，质询丈夫为什么打骂妻子，丈夫要是说不出能够说服妻子娘家人的理由，那么，丈夫一定会受到来自妻子娘家人的教训。因而，夫妻之间发生矛盾也应该有理说理，尽量用和平手段解决问题，不会经常使用暴力手段解决矛盾。

一般情况下，丈夫都是家庭的当家人，丈夫对家庭事务的安排和管理，妻子必须服从和认可，毕竟丈夫对于家内事务的安排，出发点都是为了家庭的有序运转和更好的发展。特殊情况下，丈夫作为家庭当家人却不成行、瞎指挥、败坏家产，这时候，妻子就不会继续听从丈夫的指挥和安排。如果丈夫做得不对，妻子可以光明正大地指出来，绝大多数丈夫也会虚心接受妻子的批评，1949年之前，虽然可以说是父系社会，但是男性的这种主导权利，主要体现在对家庭责任的承担，以及家庭事务的安排上面，并不等同于丈夫就是天，丈夫说的话妻子就要无条件服从，这样理解传统时期丈夫的权利是有偏差的。

因而，主动承担家庭责任，安排家庭事务合理有序，在外进行农业生产耕作有方法有成效，不赌博不乱花钱，在内对待妻子、孩子有耐心有责任，就算是好丈夫。反过来，勤俭持家，将家里整理得井井有条，孩子也教育得懂事有礼貌，就算是好妻子。一句话，各司其职，做好自己该做的事情，就是优秀的丈夫（妻子）。

在权利义务关系上，不同类型和人口规模家庭的夫妻大致都是如此，普遍都是实行"男主外，女主内"的家庭分工制度，各自做好自己该做的事情才能夫妻和睦，家庭幸福。

2.相敬如宾是理想相处状态

在张家，大多数情况下，夫妻之间的关系都比较融洽，但夫妻之间也不怎么开玩笑，相敬如宾就是最好的相处状态，相处讲究礼貌和尊重。而且，当地尤其讲究男女有别，男性和女性连同一条板凳都不能坐，特别是在外面吃酒席的时候，男性和男性坐一起，女性和女性坐一起，谁都不会打破这个规矩。在家庭内部，男女的衣服也分开洗、分开晾，先洗男性的衣服，后洗女性的衣服,绝对不会出现男女衣服混在一起洗、一起晾的情况,妇女的内衣内裤,包括夏装,都不能随便晾在外面。

普遍来讲,妻子对于丈夫有一定惧怕心理,毕竟整个社会的大环境就是重男轻女,女性的地位始终要比男性低一等,这种重男轻女的观念已经渗透到了社会生活的方方面面,在各个小家庭内部自然也有一定体现。

在日常交往方面,不同类型和人口规模的家庭,夫妻关系都是如此,夫妻之间和谐融洽,但丈夫始终是家庭的主导与核心,丈夫担任当家人,以及承担家庭事务的安排,这种权力是普遍默认的。

3.夫妻冲突关系与调适

张家的夫妻之间很少发生矛盾,而且就整个社会的环境来讲,夫妻之间发生矛盾和冲突也必然是少数情况。即使发生矛盾,多是因为男女中的某一方对待家庭没有责任心,或者有二心,例如,有的男性在外面吃喝嫖赌,不管家里妻女的死活,或者妇女偷偷将家里的粮食拿出去售卖藏私房钱,男女任何一方出现这些不忠于家庭的行为,都会成为引发夫妻矛盾的导火索。反之,若是夫妻双方都忠于家庭,承担好属于自己的那一份家庭责任,就不可能出现夫妻矛盾。

夫妻之间发生矛盾,冲突的类型主要就是拌嘴,实在吵架吵得厉害,就会打架。聪明一点的夫妻,会选择将家庭矛盾平息在家庭内部,而不愿意将家庭矛盾传出去,毕竟"家丑不可外扬",自己内部解决不了的,就由公婆、家门的舅舅、姑爷、老辈子等人进行处理。外人参与夫妻矛盾的解决,也会首先评估双方的对错,谁错就批评教育谁,并不会因为社会整体"重男轻女",而故意偏袒丈夫一方,外人进行矛盾调解的目的,就是为了能够让错误的一方改正,从而恢复夫妻之间的和谐关系。连公婆和家门的几位男性近亲都解决不了的情况,丈夫犯错就将丈夫交由家族,在清明会的时候进行处理,妻子犯错就将妻子交由其娘家进行教育和处置。

(四)兄弟关系

1.兄弟间的权利义务关系

一般情况下,兄长对于弟弟的责任很清晰,主要就是照顾好弟弟,谦让弟弟,体现一个兄长的责任和担当。父亲去世的情况,兄长对于弟弟的责任就另当别论,俗话说"长兄如父",父亲如果不在世,当家人的责任一般会提前交给兄长承担,兄长的责任也会更重大。例如,张家的父亲张昆全去世早,张家的兄长张杰仁十六岁左右就开始承担家户当家人的责任。

父亲过世以后,兄长应该承担好抚养弟弟的责任。好一些的兄长还会在弟弟的适婚年龄,帮弟弟安排娶媳妇,并为弟弟置办一定的家业。兄长对弟弟有管教的权力,但是兄长不能随便打骂弟弟,即使打骂弟弟,必须说出一定的道理来,否则,无缘无故打骂弟弟,或者随便将弟弟作为出气筒,家门的舅舅、姑爷、老辈子要来找兄长麻烦。

在平时的家庭生活当中,兄长的话,弟弟应该听,"长兄如父,长嫂如母",就是这个道理,但如果哥哥说得不对,弟弟可以不服从,弟弟如果觉得哥哥说得不对或做得不对,可以告知家门的舅舅、老辈子、姑爷,由他们来为自己做主。

普遍认为,谦让弟弟、爱护弟弟,或者在父母过世以后,好好抚养弟弟长大成人,并为弟弟安排好婚姻大事,这就是好哥哥。反过来,尊敬哥哥,耐心听从哥哥的指教,并且爱护哥哥的孩子，就是好弟弟。

2.兄弟之间相互扶持

张家兄弟之间的关系还算融洽，但是，兄弟之间聊天要说正事，也不能相互之间开玩笑，尤其弟弟不能随便开哥哥的玩笑。兄弟之间一起喝酒，座次也有讲究，哥哥坐上方位，弟弟坐下方位，并且将酒水倒好以后，哥哥先喝一口，弟弟才能喝，哥哥没有喝，弟弟不能先喝。第一轮顺序轮完，以后的每一口酒，就按照最初的顺序依次喝，谁也不能乱了规矩。

对于哥哥，弟弟也有一定敬畏之心，毕竟哥哥是长辈，弟弟辈分要小一些，弟弟对于兄长，应该表现出足够的尊重，不能随便顶撞哥哥。在日常交往关系当中，不同类型和人口规模家庭的兄弟关系都是如此，尤其是在父亲过世以后，兄弟之间遵循着"长兄如父"的交往规则。

3.兄弟间的冲突关系和调适

张家兄弟之间发生矛盾是少数情况，一般而言，兄弟发生矛盾的主要原因也是两方都有，从哥哥的层面讲，如果哥哥当家有私心，没有公平处理好家庭内部成员的利益分配，或者哥哥在外面败坏家产。从弟弟的层面讲，例如，弟弟好吃懒做、不尊敬嫂子、欺负嫂子，都有可能引发兄弟之间的冲突。

发生冲突以后，兄弟之间自己无法解决，并且父母已经过世的情况，就只有找家门的舅舅、姑爷、老辈子等人进行协调和处理，亲戚们分析兄弟双方的对错，再对过错方进行批评和教育，主要还是劝导兄弟和睦，告诉兄弟俩，当哥哥的要有哥哥的样子和气度，当弟弟的要耐心听从哥哥的教导和安排，兄弟齐心，共同将家庭生活过好。

(五)"前后家"关系

1."前后家"间的权利义务关系

1949 年之前，当地管嫂子与弟媳之间叫作"前后家"，婆婆已经过世并且没有分家的情况下，嫂子就应该像婆婆一样，耐心教育弟媳妇。同时，在弟媳妇坐月子的时候，嫂子应该好好照顾弟媳妇坐月子，主动多承担一些家务劳动，或者在弟媳妇生病的时候，尽心照顾弟媳妇。反过来，嫂子坐月子的时候，弟媳妇也应该尽心照顾嫂子，在嫂子生病的时候好好照顾嫂子，因而，妯娌之间的这种责任是相互的。但是，分家以后，嫂子和弟媳妇之间就没有什么责任，分家以后各家管各家，妯娌之间的责任也因此可以停止。

嫂子对弟媳妇绝对不能随便打骂，只能耐心地教育、指导，反过来，弟媳妇就应该耐心听从嫂子的指教，努力学习应该掌握的技能。嫂子如果说得不对，弟媳妇可以用委婉的方式表达自己的意见，嫂子如果实在过分，弟媳妇可以寻求自己娘家人的帮助，对嫂子进行教育和批评。

按照当地普遍认可的标准，在婆婆过世以后，两个兄弟没有分家的情况下，耐心指导弟媳做家务、教育孩子，在弟媳妇坐月子和生病的时候尽心照顾弟媳妇，就被认为是好的嫂子。与此相对应，虚心接受嫂子的指教，在大嫂需要照顾的时候，主动承担照顾大嫂的责任，就被认为是好的弟媳妇。

在权利义务关系上，不同类型和人口规模家庭的妯娌关系大致都是如此，需要说明的是，妯娌之间的这种权利义务关系，仅仅是在大家庭没有分家之前才存在，分家之后，妯娌之间的权利义务关系往往也会因此减弱，更有甚者，如果分家的原因是两兄弟之间的小家庭不合，那么，妯娌之间的权利义务关系，往往会随着分家而消失。

2.“前后家”相互帮助

在张家,前后家之间的关系,一般比较融洽,当然,如果前后家关系不融洽甚至发生矛盾,问题严重的就会引发分家。在平时的相处过程当中,前后家之间也不会随便开玩笑,相互之间说一就是一,说二就是二。

弟媳妇与嫂子之间的关系是和谐平等的,但是,家里父母去世,哥哥又当家的情况,这时候,“长兄如父,长嫂如母”就体现得十分明显,弟媳妇对于嫂子心怀敬畏,弟媳妇会把嫂子当成婆婆一样的长辈。

因此,嫂子与弟媳妇之间的关系需要分情况讨论,分水岭就看二者所在的小家庭是否分家。分家之后,相互之间分灶分食,保持着基本的礼貌,就算和谐的妯娌关系;分家之前,由于小家庭之间同灶同食,花销也是一起纳入家庭开支,相互之间打交道的情况就会更多,所以,分家之前的妯娌关系要比分家之后的妯娌关系更复杂。

在日常交往关系当中,不同类型和人口规模的妯娌关系有一定差异,人口多的家庭,由于兄弟众多,妯娌也多,俗话讲“三个女人一台戏”,在一起生活的女人多,就难免经常发生各种各样的矛盾,因而人口多的家庭往往妯娌关系会更加复杂。

3.“前后家”冲突关系与调适

总的来讲,张家妯娌之间发生冲突的次数是很少的,其实,1949年之前,大家普遍见识少,人也要相对老实得多,同时,骂人的方式和方法也很简单,相互之间吵架骂人都会脸红,诅咒对方的话语也比较单一。

要说闹矛盾,其实,兄弟之间闹矛盾的情况要比前后家更多,前后家最多也就相互在背后议论一下而已,很少将矛盾公开化。前后家如果发生矛盾,一般是因为家庭内部财物分配不公平,或因为相互的小孩子吵闹打架,各自偏袒了自家的小孩子……前后家产生矛盾,兄弟就会从中协调,各自劝解好自己的妻子,俗话说“桌边教子,枕边教妻,晚上就在耳边吹枕头风”。相互之间实在协调不了,那就分家解决,从此以后两个小家庭分开过。前后家不合,往往也是导致兄弟分家的常见原因。

总的来讲,在冲突关系上,不同类型和人口规模家庭的妯娌关系都是如此,妯娌矛盾先靠家长和各自的丈夫从中协调,实在协调不了的就分家,几个兄弟的小家庭分开过,从今往后谁也不需要再和对方扯皮。

(六)理想关系都在礼数范围内

1949年之前,在姐妹关系、兄妹关系、叔嫂关系等关系中,相互之间都负有一种责任和义务,这种责任和义务靠亲情纽带维系起来,大家普遍老实惠厚,因而大家很少产生大的矛盾,绝大多数情况下,相互之间的相处都比较和谐。在平时的相处过程中,礼貌和礼数是重要的交往法则,晚辈一定要尊敬长辈,长辈对于晚辈要爱护,小叔子不能进出嫂子的卧室,小叔子和嫂子之间的交流要掌握分寸等等,只要相互之间都遵守好这些基本的交往法则,矛盾就无从产生。

七、家户外部交往

(一)对外权利义务关系

邻居之间没有什么权利义务关系,但是大家出于对友好邻居关系的维护,遇到邻居家的红白喜事，一般会主动提出帮忙，或者当邻居遇到困难的时候，会主动伸出援手。老话说得好，"远水救不了近火，远亲不如近邻"，就是这个道理。

亲戚之间要互相支持，需要对方的时候，双方都应该及时挺身而出，如前面所说，如果家里的后辈不听话，就可以邀请家门的舅舅、老辈子、姑爷等人出面对后辈进行教育，另外，亲戚家庭有红白喜事的时候，亲戚之间也应该主动前去帮忙操持。

朋友之间也应该互相帮助，但是，朋友间的责任没有亲戚间的责任大，而且，需要看朋友之间交往的深度，以及相互之间友谊的深度，友谊深厚且互相信任，自然为对方帮忙的时候要多一些、主动一些。反之，关系一般的朋友可能就不会尽心尽力地为对方提供帮助。

土地租佃关系中，主佃双方应该认真履行租佃关系，主要体现在佃客按期支付给土地主人租金。除此以外，租佃双方没有更多的责任和义务，租佃双方是非常清晰的买卖双方，都遵守诚信交易的准则即可。

1949 年以前，张家人的交往范围一般限定在家族、邻居以及亲戚之间，与外村人之间几乎没有任何交集，当然更谈不上对外村人的责任和义务。总体而言，在权利义务关系上，不同类型和人口规模家庭之间的交往关系没有本质区别，主要的交往范围都只有几类，并且，相互之间的责任和义务关系也具有同质性。稍微有些不同的地方在于，有钱的大户人家由于生意往来，会有更多生意当中的伙伴，结识的人也相对多一些，因而外部交往的范围会相应广一些。

（二）对外日常交往关系

张家与邻居之间的关系比较和睦，但是，由于普遍贫穷，办酒席的情况很少，因而邻居之间相互走动的情况也非常少，邻居之间主要是因为红白喜事走动。但如果邻居贴了小纸条在门口的树上，说自己不准备为了某事办酒席，也就是"推掉了请客，主要邀请家门的近亲"。那么邻居看见后也就不会参加。绝大多数情况下，邻居之间是平等的，互相尊重的。但如果相互之间财力、人口非常不均衡，很有可能出现一方看不起另一方、一方欺压另一方的情况。

张家与亲戚之间的关系也比较融洽，亲戚也是因为相互之间家庭矛盾、红白喜事走动最多的。尤其是双方家庭出现内部矛盾，或者出了忤逆不孝、败坏家风的成员，家门的男性近亲例如舅舅、姑爷、老辈子，一定会出面为对方家庭进行协调。另外，在土地租佃、家庭分家活动的见证人选当中，也主要是家门的男性近亲。亲戚之间是平等的，相互之间没有高下之分，只是亲戚之间有辈分的高低，相互之间见了面要根据辈分称呼对方，不能直呼对方名字，根据辈分称呼对方是亲戚之间基本的交往礼貌。

张家人与朋友之间相处得较为和谐，毕竟"物以类聚，人以群分"，如果双方价值观不一致，也不可能成为朋友，朋友之间一般也是有事情才走动，主要是因为，大家平时普遍被束缚在土地上，偶有闲暇时间，会去外面打零工挣点闲钱，因而朋友之间的交往主要以需要为导向，很少专门会面。

在当地，大部分主佃之间的关系也比较融洽，关系不融洽的主佃关系持续一两年也就结束了，关系融洽的主佃关系持续十几年都有可能。平时，主佃双方很少走动，最多就是土地主人过生日办酒席的时候，佃客会送礼祝贺，但是这种参与并不是必需的，要看佃客的心意，毕竟主佃双方签订契约，完成租金的缴纳就算完事，相互之间是你情我愿的正规买卖关系，双方是平等的，佃客没有必要故意讨好土地主人，佃客为土地主人干活同样需要对方支付工资。

(三)对外冲突及调试

1.对外冲突是极少数情况

1949年之前,张家人与外部发生矛盾是少数情况,当张家人与外部发生矛盾,张家的当家人就是解决矛盾的主要责任人,当家人会代表张家对外进行交涉,如果是自家占理,就会努力为自家讨说法,如果是外人占理,就会及时向别人道歉。如果双方的当家人无法自己解决矛盾,可以求助当地有头有脸的人物从中协调,例如当地的保甲长。

2.用道理说话

在张家人与外部矛盾的处理中,"用道理说话"是最普遍的矛盾解决办法,并非不管自家是否占理一定要维护自家的赢家地位。双方发生了矛盾,就讲事实、摆道理,谁有错就主动承认错误,向对方道歉。但确实有少数个性强、有势要的家庭,认定了对方在当地没有势力,没有话语权,可以吃定对方,胡搅蛮缠不讲道理,即使自家不占理,也要极力维护自家的赢家地位。这时候,气势较弱的一方就只有吃点儿亏认输,毕竟凭自家的实力惹不起对方,俗话讲"惹不起躲得起",以后尽量少与对方打交道即可。

3.家长代表家庭处理对外矛盾

总体而言,张家与邻居、亲戚、朋友之间很少发生冲突,一旦发生冲突,就由家庭的当家人出面,进行协调和处理,其他家庭成员在当家人的安排下,该向对方认错就认错,该向对方道歉就道歉,一切"用道理说话"。

4.个人冲突衍生为家户冲突

一般而言,在邻居、亲戚、朋友、主佃关系中,最容易发生冲突的就是邻居之间,邻居之间发生矛盾的原因有很多,例如,相互之间侵占土地、偷砍林木,或者邻居之间的小孩子发生打闹等等,不论是个人冲突还是家庭利益冲突,都会演变成更大的家户间的冲突,家庭成员的个人利益在外面受到侵犯的时候,就等同于家庭成员共同的利益受到了侵犯,是家庭整体的耻辱,两家人可能因为某一个矛盾,相互之间谁也不再理会谁。

5.家户冲突首先双方消化

当邻居、主佃之间发生矛盾后,首先是两个家庭自己解决,双方解决不了的情况,就会邀请家门的男性近亲进行协助处理,或者邀请当地有头有脸的人物,例如保甲长等人进行协调处理。矛盾发生以后,如果两个家庭可以自己解决矛盾,就不会请外人介入,反之,就需要邀请外人介入进行辅助解决,以求尽快平息矛盾。

第四章　家户文化制度

张家人的受教育水平普遍偏低,只有部分男孩子在私塾勉强读了几年书,女孩子根本没有读过书。在家内家外的区分方面,一起生活的血缘亲人就是自家人,其他人就算是外人,自家人有责任和义务进行相互帮助、扶持,外人则没有任何必需的责任与义务,这是自家人与外人最大的区别。在节庆习俗方面,春节是张家过得最隆重的节日,春节一般从正月初一开始算起,一直持续到正月十五。过年以家户为单位,外人尤其不能参与本家户的过年活动,外人参与本家户过年,会被认为是"岔年",对这家人来年的运势极为不利。

一、家户教育

(一)家户教育概况

1.受教育水平普遍偏低

1949 年以前,张家人的受教育水平普遍偏低,只有哥哥张杰仁和父亲张昆全勉强读了几年书,张礼仁只上了半年的学,就因为父亲去世、家庭困难而终止上学。1949 年之后,张礼仁担任村里的跑腿财务,主要负责为集体买卖物资,交易之后再到会计那里记账。张礼仁本身不怎么识字,文化水平也不高,主要就是跑腿快,记性好,脑筋活络,才得以胜任财务一职。

张家的女人更是没有上过学,可以说,女人是一天学都没有上过。当然,也不仅是张家的女孩子没有上过学,1949 年之前,当地的女孩子几乎都没有上过学,只有男孩子才能上学。男孩子一般是从七八岁开始上学。但是张家的情况比较特殊,张礼仁的哥哥张杰仁启蒙较早,从五岁左右开始上学,张礼仁却是从十岁才开始上学,结果上学的第二年,父亲张昆全就因病去世,张家的经济条件也越来越差,张礼仁兄弟俩不得不就此辍学。

2.贫富差距与教育机会

因为张礼仁比哥哥张杰仁上学晚得多,张昆全还在世的时候,张家的舅舅还因此指责过张昆全,批评张昆全作为父亲,应该一碗水端平,不能只让大儿子上学,小儿子年龄那么大还没有上学。父亲张昆全好不容易让张礼仁也上学,结果,才上了半年学,张昆全就因为患病医治无效过世,张礼仁也就被迫辍学,出去帮人放牛。当时,张礼仁只有十来岁,没有气力担水和做其他的事情,张礼仁就只能单纯地帮人放牛。一年勉强有一斗多米作为报酬。

大户人家的放牛匠要干很多事情,例如,帮着推磨子、端饭菜、挑水等,因为大户人家的长工不能进厨房,放牛匠就要进厨房帮着端菜。如果厨房里面有女人在做饭,例如雇主家的女儿和老婆在厨房里面,放牛匠即使帮忙端菜也不能进入厨房,只能在厨房门口接菜。

由于贫富差距大,有钱家庭的孩子十七八岁才开始干活,更有甚者,即使到十八九岁也没有下地干过活,因为他们家里有长工,根本不需要自己下地干活。反之,穷苦家庭的孩子,哪怕只有七八岁也要下地帮着干农活。因此,小孩子干活的年龄没有具体的标准,主要看家庭条件。

3.男孩子享受上学机会

1949年之前,当地没有公立学校,只有私塾,适龄儿童在私塾接受教育。如果一个家户有几个孩子,在上学方面:首先,女孩子绝对没有上学的机会,男孩子才有上学的机会;其次,家里面有几个儿子的情况,一般,几个儿子到了上学年龄,就都有机会上学,如果家里实在无力支付学费,就全部都辍学,当家人一般会公平对待几个儿子的上学问题,若是几个儿子在升学途中,有些因为没考上而不能继续学业,则另当别论。

如果一个大家庭的当家人是爷爷,且当家人的儿子们都育有小孩,当家人会安排孙子们都上学,公平地给予每个孙子上学的机会。其实,在现实情况中,三世同堂而没有分家的,一般都是有钱人家庭,而有钱人家庭往往会更加重视子孙后代的教育问题,因而会安排先生在家里进行教学。

如果当家人是儿子,老父亲还健在但是并不当家,这种情况下,男孩子的上学问题就由作为当家人的儿子安排,不需要同老父亲商量:一方面,儿子作为当家人有做主、拿主意的资格;另一方面,家庭的男孩子到了上学年龄,为他们安排入学是正面积极的事情,只要家庭经济状况允许,没有谁会反对。作为当家人的儿子,掌握着家庭的资金,根据情况为男孩子们安排入学就可以。

4.富人家庭更看重教育

俗话讲"有钱人供书,穷人养猪"。1949年以前,有机会读书的穷人毕竟是少数,有钱人家的孩子才能享受正常的上学待遇,穷人劳其一生不过是为了维持家庭生活,读书并不是一件必需的事情。对于有钱人家庭,送孩子上学则是为了孩子能够长本事,将来做大事,光宗耀祖。同时,女孩子绝对不可能上学,女孩子只能在家做家务、绣花,几乎不怎么出门,就连有钱的大户人家,也不会允许女儿上学。私塾先生基本全是男性,当地尤其讲究男女有别,绝对不可能让女孩子跟着男先生学习。

(二)私塾教育

1.男孩子上私学

1949年以前,当地只有私学[①],没有学校,私学的办学模式就是有钱人家庭请先生为自家的孩子教学,附近其他人家的孩子,在支付一定量的粮食以后,也可以跟着一起学习,1949年以前,张家的男孩子都是在私学上学。

具体而言,张家的男孩子上学,都是当家人拿着粮食送到先生那里去,上学需要支付的粮食纳入家庭支出,由全家人共同承担。一般,每年交一斗米给先生作为学费,除此以外,开学的时候,还需要给先生送干盘子菜,例如香肠、腊肉、包蛋、酒水等等,端午节要送肉食作为水礼,中秋节要给先生送月饼。各种礼物加上学费,就是一笔不小的开支,因而,没有多少家庭上得起学,有钱人家才能一直负担得起这些开支。私学距离家,有远一些的,也有近一些的,因为先生都在私人家里,距离那家人近,自然也就距离私学近,距离那家人远,自然也就距离私学远。

---

① 私学:与"私塾"意同。

2.私学独特的办学模式

私学的办学模式很独特,具体而言,例如,张三家庭有多余的房间,家庭经济状况也允许,张三就会将教书先生请到自己家里为孩子们进行教学,张三家庭再负责对外招生。如果刚刚招够 20 个学生,就由每位学生的家庭支付一斗米给教师;如果张三没有招够 20 个学生,那么,张三就要自己凑够两担米交给教师;如果张三招生超过 20 个学生,那么由学生家庭交来的多出两担米的部分,就归张三家庭所有,这样,张三也就相当于从办私学当中获利。总之,不管是谁交的粮食,必须保证教书先生一年有两担米的报酬,学生家庭上交多于两担米或少于两担米的情况,由办私学的张三家庭获利或者负担。另外,学生平时上课期间待在张三家里,上厕所产生的屎尿等农家粪肥,归张三家庭所有,张三家庭可以用来施肥,这也是张三家庭额外的收入。

需要说明的是,上述是比较简单的情况,是在假设张三自己家庭没有孩子需要上学的情况下进行阐述的。但现实当中,一般是因为张三家庭本身有好几个孩子需要上学,才会承办私学,并且能够招到的学生一般只有十几个,不会超过 20 个。张三家庭自己有几个孩子需要上学的情况,张三家庭需要支付给先生的学费就要多一些,因为张三家庭的孩子就在自家上学,不用走远路。而且,因为教书先生住在张三家里,张三家庭的孩子还可以享受额外辅导,自然开办私学的张三家庭要多摊派一些。

1949 年之前,孩子上学都是由当家人亲自送到私学去,当家人掌握着家庭粮食的分配权力,当家人将孩子送到私学,并支付给教师粮食,这才是有效的报名过程。一般,每年五月端午节的时候,办学家庭会将打算送孩子上学的家庭当家人召集在一起吃饭,同时商量各家各户出多少粮食支付给教师。

3.私学学习内容渐进

私学学习的内容,有一个渐进的过程,根据学习的时间长短,学习的内容也有所变化。最开始入学学习的是《三字经》:"人之初,性本善,性相近,习相远……"随着学习进程的推进,慢慢开始接触四书五经、千字文、弟子规等,学习到《大学》就算止步。每位学生具体能够学习多少内容,要看学生个体的学习能力。

在私学学习,一般中午 11:30 放学回家吃饭,上午、下午的学习时间都不能少于 4 个小时,每天要保证八九个小时的学习时间是肯定的,因为,每天必须要写多少篇字,还要背诵多少篇课文,都是有任务的,读了多少书就要背诵多少内容,读完一本书就要背诵完一本书,俗话讲"背瘟书",也就是死背一本书,完不成任务就会受到私学先生的打骂,先生用竹条使劲抽打,督促孩子们学习。

4.向私学教师送礼

过年的时候,上学孩子家庭的当家人还要给私学的教书先生拜年,一般会带上公鸡或者猪肉前去,私学老师不会拒绝这些礼品,反而不送礼品的家庭会引起私学先生的不满。平时,上学孩子的家庭也会请私学先生吃饭,尤其是每年的插秧酒,肯定会请私学先,私学先生跟当家人会面的时候,会与当家人交流孩子在私学的学习情况。

(三)学校教育

1949 年以前,当地没有公办学校,只有私学,新中国快要成立的时候,小孩子们就在庙里上学,教书先生也在庙里上课。1949 年之后,政府把当地的糖房改成了学校,叫作农顺小学,张礼仁的孩子们就是在农顺小学上学,但是,张礼仁这一代人没有进过学校学习,都是在私学上学。

1949年之后,张家小孩子进入学校学习的学费,同样由家庭共同承担,当家人出面与学校进行交涉并缴纳费用。1949年之后,当地虽然有了学校,但是上学对于贫苦人家的孩子来讲,仍然是可望而不可即的奢侈品,贫苦人家的孩子没有不想上学的,可真正有机会上学的孩子,都出自有钱人家庭。

一般而言,家庭内部,孩子的上学问题,由全家人共同协商决定,孩子的爷爷奶奶、爸爸妈妈都会发表意见,最后由当家人出面,进行学费的缴纳和入学手续的办理。家长们让孩子去学校上学,目的是为了让孩子多学知识长本事,将来做大事,"为祖坟增光"。具体来讲,对于穷人家庭,小孩子读书是家庭将来翻身的唯一机会,对于富人家庭,小孩子读书是为能有更大的本事实现光宗耀祖。

(四)教育的家户单元

1.幼时侧重礼貌与安全教育

张家孩子幼时的教育主要来自家庭,爷爷奶奶会教小孩子懂事、听大人的话,教小孩子玩耍的时候要小心,不要磕磕绊绊将自己弄伤。在家庭教育方面,爷爷奶奶对孙子孙女都是一样的教法,但由于重男轻女思想,爷爷奶奶心底普遍更偏爱孙子,对孙子的关心也会更多一些。父亲母亲同样也会教小孩子不要调皮,要听大人的话,不要到处乱跑,防止摔跤将身体弄伤,农村地区有水的坑洼地方多,路又窄,小孩子到处乱跑容易出现危险。

2.少年时期侧重劳动技能教育

等孩子稍微懂事一些之后,张家人就会根据孩子的性别进行专门教育,例如,父亲和爷爷教男孩子学习农业生产,学习农业耕作经验,奶奶和母亲教女孩子学会纺纱织布、做家务等手工活。一般,小孩到15岁左右,就被家长认为是长大了,有钱的大户人家,男孩子有机会继续上学,穷苦人家的男孩子就可以跟着父亲和爷爷下地当劳动力。

因此,在孩子幼时,张家对于男孩女孩的教育都一样,侧重教育孩子懂事和注意安全,等孩子大一些,懂事之后,就会根据孩子的性别进行教育,侧重教会他们男性和女性在农业社会当中需要承担的责任,增长他们生存的本领。需要说明的是,在孩子幼时,教育孩子懂事和注意安全的主体是奶奶和母亲,因为传统农业时期,"男主外,女主内",父亲和爷爷经常在外面从事农业生产或者其他对外交涉活动,家里的事情主要由奶奶和母亲负责,小孩子幼时一直待在家里,自然是由奶奶和母亲教育的时候多一些。

1949年以前,张家小孩子普遍很少出门玩耍,基本整天都待在家里面,小孩子的主要教育来自家庭,邻居、亲戚都不会对外人的孩子进行教育,各家的孩子各家家长管教,是时代突出的特点。同时,由于孩子们很少出门与同龄人玩耍,来自同龄人的影响非常小。

(五)家教与人格形成

在张家,孩子幼时的教育主体是家庭,因而家庭中父母及其他家人的思维方式和性格,对于孩子性格和思维习惯的养成,影响非常大。家庭中的相处模式以及平时的生活氛围,都会对孩子的性格产生影响。一般来讲,父母和谐,家庭幸福,孩子的性格会比较温和,对于家庭的责任感也相对更强。

家庭中,父母关于做人做事的方法和原则,在耳听眼观中,会对孩子产生潜移默化的影响,家长的行为就是对孩子的教育。父母在管教孩子的过程当中,会教育孩子懂事、听话、不要闯祸,孩子犯错,父母会进行批评教育,帮助孩子树立和父母一致的价值观。因此,家长的价值观和行为,不管好与坏,都是孩子幼时学习的"榜样"。

平时生活中的风俗习惯,也经由父辈一代一代传承下来,尤其过年的习俗比较多。例如:腊月三十那天,带上酒肉、纸钱去上坟,引着家庭的男性晚辈去给祖先"压岁"[①];腊月三十晚上睡觉不熄灯,预防年兽;正月初一不能劳动,只能放松玩耍等风俗习惯,都是从上一辈人的做法当中传承下来的,晚辈看了长辈的做法以后,在心中形成记忆,并逐步融入自己的行为模式当中。

"家和万事兴""勤劳致富",在这两个问题上,几乎所有家庭都是一致的观念,没有什么大的区别。大家普遍希望通过劳动让家庭成员过上更好的生活,希望家庭和谐幸福,这也是大家普遍认可的家庭圆满的标准。

因此,家庭是张家成员成长过程中最重要的影响主体。不仅如此,不论何时,家庭都是个人最坚强的后盾,个人遇到困难需要帮助的时候,家庭都是最主要的支持者,个体与家庭之间有亲情纽带维系的责任和义务,这种天然的责任与义务,绝对不会轻易消失。父母对于孩子有抚养和教育的责任,孩子对于父母有养老送终的责任和义务,任何一方没有尽到自己应尽的责任,都会受到社会舆论的批评,以及家门近亲的教育,甚至家族整体的惩罚。因此,上有老下有小的个体完全离不开家庭。

(六)家教与劳动技能

1.根据性别传授劳动技能

张家的男孩子和女孩子,到了一定年龄,都必须进行劳动技能的学习,劳动技能的学习有性别之分,"男主外,女主内"。奶奶和母亲在家里负责教女孩进行家务劳动,学习纺纱织布;爷爷和父亲负责带着男孩子下地,学习农业耕作方法。一代传承一代,农业耕作知识、纺纱织布知识都是这样传承下来,还有一部分农业耕作知识和纺纱织布知识,就是从各自的实践当中不断总结出来,或者看到周围人的操作之后自己学习得来,例如,相互的土地挨在一起,看别人粮食耕种得好,就可以从别人的耕作当中进行观摩学习。

2.穷人的孩子"早当家"

一般来讲,男孩子跟着父辈到地里参加农业劳动的年龄不一致,要看各自的家庭条件如何,俗话讲"穷人的孩子早当家",穷苦人家的孩子,从几岁开始就要跟着父辈下地干活,有钱人家的孩子即使到二十岁,也可能没有下地干过活,有钱人家庭的农活有长工承担。贫苦人家的孩子下地干活,学习农业生产,一方面,父辈通过言语教学,另一方面则靠孩子自己观察,主要还是靠孩子自己体会摸索。因而悟性好一些的男孩子可以快速有效掌握农业生产知识。

女孩子学习家务劳动的年龄也不一致,主要也看家庭条件,穷苦人家的孩子从小就要帮着母亲和奶奶做一些力所能及的事情,等懂事一些之后,就要跟着奶奶和母亲进行家务劳动和针织活儿学习,还要帮助母亲照顾弟弟、妹妹,女孩子一般不需要下地进行农业生产。

---

① 压岁:此处语境指为逝去的先人烧纸钱。

3.婚嫁之前掌握劳动技能

张家女孩出嫁之前,必须要学会基本的家务劳动以及针线活,衣服坏了要能够自己缝补。另外,女孩出嫁之前还必须学会哭嫁,按照当地婚俗,女孩子出嫁需要唱歌。一般而言,女孩子出嫁之前,在家跟着奶奶和母亲学习了十多年,肯定学会了一些家务活,如果女孩子出嫁还没有掌握某些家务活,嫁入夫家之后,婆婆有责任继续教儿媳妇学习家务劳动。

小孩子如果"扯把子"①,不学习或者没有好好学习相应的劳动技能,就会受到长辈的批评和教育,但是家长一般也明白,小孩调皮是很常见的事情,既要进行批评教育,还要有耐心,不能指望一蹴而就。绝大多数情况下,男孩女孩在成家之前,都可以掌握相应的劳动技能,足够在新的家庭当中,承担起属于自己的那部分责任。

(七)学手艺

张家几代人中没有手艺人,全是老实巴交的农民,常年靠务农为生。一般而言,手艺人以男性为主,木匠、铁匠、瓦匠、竹匠,甚至连裁缝都是男性。手艺人可以将手艺传给家里的小孩子,也可招收徒弟教给外人。当然,不论传给谁,都要看徒弟的悟性如何,悟性好就容易教会,悟性差就很难出师,难以真正精通。

学徒跟着手艺人进行学习不用交学费,但同时也没有报酬,就跟着师傅打下手②,进行手艺的学习。到后期,学徒掌握了一定技能,也能很好地为师傅帮忙时,师傅会拿一些报酬给学徒。等学徒真正学成,完成谢师仪式后,就可以自立门户开始赚钱。小孩子学手艺,直接目的就是为了将来有一条谋生之路,或者说,能够在农业生产之外,多一种谋生的方法。

家传的手艺一般都会传给男孩子,没有女孩子学手艺,女孩子要裹脚,几乎不怎么出门,更不要提出门做手艺。如果手艺人有几个儿子,手艺人当然是希望几个儿子都能够掌握手艺,以后长大谋生挣钱,但具体哪个儿子能够掌握手艺,就要看儿子们的才智和悟性。

做手艺的人长期在外面帮人干活,挣了钱以后,必须将收入拿回来上交给家庭当家人,作为家庭整体收入。其他家庭成员在家辛苦进行农业生产,手艺人不仅回来吃饭,还将手艺收入单独放进自己的腰包,这是绝对不允许的。但是,手艺人的小家庭从大家庭分家出来以后,则另当别论,分家以后,手艺人出来干活所得收入,仅仅归手艺人小家庭所有。

(八)教化功能

1949年以前,张家成员受到的教化,皆来自于家庭内部。小孩子从小就要被爷爷奶奶、爸爸妈妈教育:听父母长辈的话,不能做偷鸡摸狗的事,要做一个正直善良的人,依靠自己的双手创造财富。长辈之所以要这样教育小孩子,是为了小孩子能够堂堂正正地在社会上立足,将来不会因为偷鸡摸狗被人耻笑。张家小孩犯了错,会受到其父母的惩罚和批评,一般而言,父母是第一责任人,父母理应对小孩子进行管教,以防下次犯错误。成年家庭成员犯了错,会受到当家人的批评,当家人如果无法约束犯错家庭成员,可以邀请家门近亲对其进行批评和惩罚,更有甚者,犯错家庭成员会在一年一度的清明会上,受到来自家族的严酷惩罚。

---

① 扯把子:指调皮、不听话。
② 打下手:此处指学徒给师傅帮忙,听师傅指挥做事。

二、家户意识

(一)自家人意识

1.自家人的范畴

在自家人的范围方面,以小家庭成员为主,当然,没有分家的大家庭成员也算自家人。分了家的几个小家庭之间,就算外人。因而,分了家的兄弟就不算自家人,嫁出去的女儿也不算自家人,嫁出去的女儿只能算亲戚,沾亲带故而已,亲戚绝对不能算自家人。

另外,虽然是亲戚,但是居住得比较远、平时联系也少,这样的人不是自家人;如果不是亲戚但平时相互帮助,比较靠得住,这样的人也不算自家人。自家人的含义非常明确——由血缘关系维系起来的家庭成员,没有分家且常年一起生活,除此以外的任何人,都不能算是自家人。

按照以上标准,也就是说,日常寄宿在自家的人、雇佣的长工都不算自家人。但过继进来的孩子、招上门的女婿都算自家人。如果一个男人娶了几房妻妾,妾算自己的家人,妾所生的孩子也算自家人。但是,如果某个家庭成员不听家长的安排,被大家痛恨到了极点,被当家人赶出去或者分出去,这样的人,即使与家庭有直接的血缘关系,家庭成员也不愿意承认他为自家人,这是比较特殊的情况。当然,如果有血缘关系的犯错家庭成员改正错误,重新被家庭成员所认可,同时没有分家,这个家庭成员仍然算是自家人。同理,对于一个没有分家的大家庭来说,底下有几个小家庭,住在一起并且同锅同灶,大家庭的所有成员也算自家人。

2.自家人是最重要的相处主体

在张家人心里,自家人是最重要的人,自家人是一个整体,有福同享、有难同当,在应对危机的时候,可以发挥集体的力量,共同面对挫折,面对外人的欺压。自家人的力量也是与外人对抗的重要因素,自家人势力大、人丁兴旺,外人自然也就不敢随便欺负,反之,家庭力量小,就很容易受到外人的欺压。

一般,家庭事务由各家自己管理,各家管理各家内部的事情,外人不会随便插手别人的家庭事务。但是,当家庭内部发生矛盾并且内部无法解决的时候,可以邀请家门的男性近亲,例如舅舅、姑爷、老辈子前往进行协调解决。或者:家庭内部有一些大事,需要见证人的时候,也可以邀请家门的男性近亲前往帮忙,除此以外,即使是亲戚,也不会插手对方的家庭事务。

与此相对应,张家人也不会随便介入别人的家事,只有邻居需要帮忙的时候,才会出面帮忙,与邻居之间的交往也仅仅如此。在亲戚方面,在对方需要自家进行协调和见证的时候才会出面,也不会无缘无故插手对方的家事。需要说明的是,相对于邻居,亲戚之间的责任要更多一些,例如,看到亲戚家里的外甥不听话、忤逆父母,孩子的舅舅可以主动出面,对侄儿进行批评和教育。

3.家内家外交往遵循不同逻辑

与自家人交往,跟和外人交往有非常明显的区别。与外人交往,若打一次交道之后,发现对方品德不端或者有其他的问题,可以选择终止与对方的交往。但自家人之间,相互有不满意的地方,大多数情况就靠忍让和宽容,夫妻之间发生矛盾靠自己消化,兄弟之间发生矛盾,实在无法忍受对方就通过分家处理。因此,与自家人交往跟与外人交往,在相处的方式上是有所不同的,发生矛盾之后,矛盾处理的逻辑也有根本区别。

(二)家户一体意识

1.家人的相互扶持

张家大家庭未分家的时候,大家庭的所有成员都是一家人,几个兄弟会在生产生活方面相互协作、相互帮助,妯娌之间也互相关心、互相支持。如果家庭的某一个成员被外人欺负了,小事情可以无所谓,一旦触及底线、尊严和利益的时候,全家人会同仇敌忾,联合去讨要公道,依托整个家庭的力量对抗外部世界。

通常分家的时候,几个兄弟中的某个小家庭条件不好,例如有人患重病、丧失劳动力等等,在分家的时候,由当家人和家里的长辈提出,并发挥家门近亲例如舅舅、姑爷、老辈子的力量,对其他几个兄弟进行说服,劝其他几个兄弟实施人文关怀,并且征得其他几个兄弟同意,可以对条件不好的小家庭实施倾斜,例如,多分一些家产给那个小家庭,或者安排其他几个兄弟的小家庭,对其进行轮流扶持和照顾,这些都可以根据实际情况商量。

分家之后,如果几个兄弟小家庭之间的经济状况严重不平衡,某些条件优越的小家庭会自愿扶持较弱的小家庭。扶持的方式和途径是多种多样的,可以资金扶持,可以供粮扶持,也可以承担对患病主体的日常起居照顾。具体是否扶持,怎么扶持,没有恒定的标准,要看当事人自己的态度和想法。

2.家户的共同目标

对于张家人,自力更生、勤快致富就是家庭共同的希望。但有少数家庭,却总想一夜暴富,干些偷鸡摸狗、鸡鸣狗盗的事情。社会普遍认可的价值观当然是通过正规渠道,在不损害其他个体利益的基础上获取财富。同时,家庭的每一个成员都应该为此努力,家里某一个人发达致富,就会带动整个家庭发达致富,全家人都会为此高兴。家庭富裕,不愁吃穿,有足够的资金可以支付家庭的各项开支,是全家人共同的愿望。值得一提的是,1949年之前,当地百姓普遍贫穷,总想着有钱了多买土地为家庭争光。

家庭成员依靠双手,努力发家致富,成为有头有脸的人物,会被认为是"光耀门楣"的事情,小孩子幼时就会被教育,努力学习、勤劳做事,多长本事,将来做大事为家庭争光。对于穷人家庭,世代以务农为生,父母还会教育孩子不要拿别人一针一线,正经做事,不要偷鸡摸狗。

张家共同的生活目标就是各司其职,男主外,女主内,共同将家内家外的事情操持好,实现农业大丰收,家畜兴旺,人丁繁盛,不愁吃穿,并且有一定的积蓄,在需要用钱的时候能够自由支配,不用到处求人。一般而言,这种美好的家庭共同生活目标,会寄托在每一次祭祖祈福的愿望中,家庭每一次祈福祭祖的时候,都会带上家里的男性成员,介绍给祖先认识,希望祖先神灵保佑家庭成员身体健康,粮食丰收,家畜兴旺。

(三)家户至上意识

1.优先考虑家庭

先有家庭再有个人,没有家就没有个人,在生命的延续方面是如此,在家庭生活的开展方面也是如此。尤其对当家人而言,考虑事情的时候应该先想家庭整体而不是个人,应该为家庭成员共同的利益和需要着想,为家庭整体的发展做打算。一个当家人若是没有这样的公心,凡事只以自己为中心,只考虑个人的得失问题,就不是合格的当家人,其他家庭成员可以考虑更换当家人。

一个男人，不顾妻儿与父母，私自在外面花天酒地，败坏家产，就会受到家门亲戚的批评与教育；一个女人，不管丈夫孩子，不孝公婆，在外面乱搞男女关系，也会受到家庭成员的唾弃。因此，无论男女，都应该以家庭为中心，为家庭整体的利益和需要做考虑。

2.家庭利益优先

当家庭利益与个人利益发生冲突时，普遍认为，应该优先考虑家庭利益，若是为了个人利益牺牲家庭利益就是错误的。尤其是在大家庭中，若是某一个成员有私心，进而损坏到了家庭其他成员的利益，就会引发家庭矛盾，进而导致大家庭分家。在小家庭当中，某一个成员因为个人利益对家庭利益不管不顾，也会造成家庭矛盾，严重者更会导致妻离子散。如果家庭成员凡事只以自己的利益为中心，当家人发现后会对其进行批评教育，乃至体罚，这种自私行为会影响到家庭内部的团结，作为当家人，绝对不会助长这种歪风邪气在家庭共同体中长久存在。

在家庭内部，当家人理应主动挑起家庭重担，管理好家里的事情，考虑事情时，也应优先顾及家庭整体的利益；对其他家庭成员而言，也应以家庭整体利益为中心考虑问题。当然，这些都是理想状况，现实生活中，其实很难保证家庭内每个成员都没有私心，只能是尽量以家庭利益为重；反之，如果每个人都很自私，只从自己的角度出发思考问题，共同的家庭生活实际上也很难继续下去。

家庭生活要想和谐有序地进行下去，当家人要有能力、有公心，在考虑问题的时候从家庭整体出发，能够公平协调每一位家庭成员的利益；其他家庭成员则要服从当家人对于生产生活的各项安排，服从家庭整体的利益安排。只有家庭成员都把劲儿往一处使，把力量往一处聚，共同体的家庭生活才能够长久地维持下去。那些三世同堂、四世同堂的大家庭得以长久存在而不分家，就是这个原因。反之，若家庭成员都自私自利，各怀鬼胎，只考虑个人的利益和愿望，将家庭整体的利益置之不理，毋庸置疑，家庭共同体维系不了多久，不是分家就是家破人亡、妻离子散。

3.因为家庭放弃读书机会

在普遍贫穷的年代，读书对于穷人家庭的孩子是件特别难得的事，因为家庭贫穷上不起学或因为家庭贫穷辍学的孩子是绝大多数，有钱人家才有足够的钱供孩子读书，穷人家的孩子，他们心里也非常明白，家庭生活困难，连吃饭都成问题，个人也就没有理由为了上学继续拖累家庭。张家的父亲张昆全过世早，张昆全过世以后，张家的经济状况就越来越差，也实在没有多余的资金供儿子们读书。因此，张礼仁实际上只读了半年书就辍学，虽然心有不甘，但家庭条件实在不允许也没办法，辍学以后，张礼仁就出去帮人放牛挣钱，贴补家庭生活，供家庭开销。

4.工作和家庭并不冲突

一般来讲，家庭成员在外地打工，既能通过正规手段挣钱谋生，也按时按期将所得收入上交给当家人，当家人不会无缘无故叫其回来。除非家里面农忙，人手不够，或者家里面有其他事情，必须打工者回来处理，当家人可以和打工者协商，通知打工者回来。如果打工者在外地，但家里老人需要他的照顾和赡养，打工者一般会主动回家对老人进行照料，等老人身体情况好些后，打工者可以继续外出打工，毕竟家庭生活的继续也需要资金，尽孝和生存都是非常重要的事情。打工者外出打工的地点一般很近，打工时间也很短，绝大多数情况下，不超过十天就会返家,当地百姓以农业生产为主,打零工为辅。还有一个原因是,1949年以前,当地的男性年轻人根本不敢乱走,很可能一不小心就被保甲长拉壮丁,加之路上土匪强盗也多,几乎没有人敢出远门。

5.父母之命的包办式婚姻

1949年之前,张家成员的婚姻全靠父母之命、媒妁之言,属于包办婚姻,一切以父母的意愿和安排为准。结婚者在结婚之前,根本见不到结婚对象。讲究嫁鸡随鸡、嫁狗随狗,结了婚就没有离婚这一说,当然,其中一方去世,另外一方再娶或再嫁是可以的。

(四)家户积德意识

1.信奉善恶有报

张家人心底有一种行善积德、造福子孙的意识,只是由于贫穷且迫于生计,大家普遍将这种情怀压抑在了心里,很少外化在行动中。老人心底这种行善积德的意识,往往会比年轻人更加强烈,但老人的这种意识也很少外化在行动中,老人并不是"爱管闲事"的一类群体,老人的行善积德意识,多体现为告诫自己的子孙后代,不做恶事,多做好事。但实际上,不做坏事很容易做到,多做好事的标准就很模糊,或许,大家普遍认为不作恶就是行善。

百姓普遍相信善有善报,恶有恶报。一方面,因为现实中有人作恶,欺压百姓,民众自我安慰,希望冥冥中有一股力量可以惩罚这些不良势力;另一方面,百姓相信鬼神论,十分惧怕这类奇异力量会报应到自己身上。这种观念尤其为老年群体深信。例如,老人自己生活困苦希望改变现状,或者希望子孙后代更加昌盛,就会通过规范自己多做善事,例如不杀生、不吃荤等,祈求将来能够有好的回报落到自己或者子孙后代身上。

2.祭拜神明祈福

张家的奶奶张付氏会定期到祠堂、庙宇烧香祈福,每年农历的二月十九、六月十九、九月十九,这三个时间点必须去庙宇祭拜,其他时间也可以去祈求家业兴旺、家庭成员及子孙后代平安健康。在菩萨面前许愿,一般是有约定在先的,例如,祈求菩萨保佑自家平安健康,家业兴旺,而来年自己带五斤重的猪尾巴去孝敬菩萨。等这一年过去,家里一切也都平平安安、顺顺利利,下一年许愿人就会如约带上五斤重的猪尾巴去菩萨那里还愿。

一般而言,如果家里有人升官发财,出人头地,会将一部分功劳归于祖上。普遍认为,个人成功来自三方面的因素:一是本人生辰八字好,二是家庭宅基地位置好,三是祖坟的方位好,祖先发挥了大的作用,真正保佑了后辈。

"老人积德,福泽子孙;老人缺德,一家遭殃"普遍是一句咒人骂人的话,是对为老不尊、做了恶事老人的一句咒语,但实际上,老人犯错,连其子孙后辈一起诅咒,是没有道理的。另外,大家对缺德、无德的人比较厌恶和鄙视,如果自家有无德的人,家庭会教育这个人改正,如果外人缺德,大家会选择尽量离他远一点,不和他打交道。

三、家户习俗

(一)节庆习俗概况

1.春节

(1)置办年货准备过年

春节算是张家最隆重的节日,春节从正月初一开始算起,一直持续到正月十五。大扫除一般安排在腊月三十,即在一年的最后一天进行扫除,可以将过去一年的晦气和霉运扫走。正月初一再开门迎接新的福气降临,但是,正月初一绝对不能进行扫除活动,必须要将好运气留在家里。张家准备年货比较早,过了冬至就要开始准备。对贫穷的张家人而言,准备的过年物品一般比较简单,基本上就只杀鸡、买肉,差些的年份可能连肉都买不起,灌香肠都是以豆腐为主,猪肉为辅。对于有钱的大户人家,不仅要杀猪杀羊准备年货,还要购买许多其他东西准备过年,各类蔬菜、小吃更是十分齐全。因此,在年货置办方面,即使是一年一度的新春佳节,不同家庭的差距也非常大。

(2)贴春联

一般是腊月二十八、腊月二十九贴春联,1949 年之前,当地有机会贴春联的绝对是少数人家,起码有百分之六十的家庭,过年都没有贴春联,因为春联全靠手写,街上根本没有人卖对联,穷人家庭连学都没有上过,根本不会写字,更不要提有多余的钱请人写对联。需要说明的是,当地百姓特别讲究,各家各户供奉的香火——即"祖德流芳",中间有一个"福"字的字样,必须花钱请人写,还必须是由没有结婚的童子书写。

(3)以家户为单位过年

过年以家庭为基本单元,一家子坐在一起吃年夜饭,座次按照家庭成员的辈分进行安排,吃年夜饭的时候,大家可以随便交流,但是,相互之间说话要注意分寸,不能乱讲话,筷子也不能落地,妇女要将自己的孩子管好,不要让孩子哭闹。家庭以外的任何人都不能参与家庭的过年活动,即使是嫁出去的女儿也不能回来过年,这是忌讳,外人参与家庭的过年,就会"岔年",对家庭来年的运势不利。借钱、还钱的人也不能在这个时期出现在对方家里,"正月忌头,腊月忌尾。"就是这个道理。到了腊月时节,都不好借东西,要是家户在团圆,有人跑到家里借东西,那户人可能嘴上不会说,但心里肯定特别厌恶对方。当然,大家都有家庭,也都懂习俗规矩,因此在过年时节,大家一般都各自待在自己家里,不会随便跑到别人家里去。

(4)年关祭祖与拜菩萨

张家人过年的时候还需要祭祖,一般先将各类食物用于祭祖后,才能煮来自己吃。祭祖是一家一户的集体行动,由张家的家长聚集好家里的男性,带上贡品到坟边祭拜,女性一般不能参加祭祖活动。需要说明的是,分家之前,大家庭一起祭祖,分家之后就是小家庭分别祭祖。吃过年夜饭,晚上八九点左右,妇女就在家里收拾碗筷,男性还要去祭拜家族当中已经去世的"孤人",也就是家族中已经过世的、没有后代的孤寡人士,在路上为他们进行祭拜,为每位逝者分别插上一根香,再烧一些纸钱,就是对他们的祭拜。

张家祭祖物品的摆放有一个专门的容器,香也是插在香炉里面,香炉平时就摆放在堂屋,香炉中用于插香的底座部分,是用柏树枝桠烧成灰制作的,取"百年、长久"之意,其他的灰都不行,柏树枝桠必须是干净的。毫不夸张地说,这个灰可不简单,在烧制过程中还需保证上不沾天,下不沾地,因而平时做饭烧柴产生的灰烬绝对不行。

除了祭祖,过年时,张家人还要祭拜天地菩萨、灶王爷、观音菩萨等,天地菩萨一般被供奉在堂屋的右边。1949 年之前,当地讲究"男子大如天",因此,家里男性去世,棺材的摆放位置也必须是在堂屋的右边。另外,正月初一,天还没有亮,张家人就要打着灯笼去庙里上香,灯笼用竹子制作,有些灯笼甚至有半人高。大户人家尤其看重正月初一的烧香活动,普遍希望自己能烧上头炷香,祈求自家今年运势发达,家业兴旺,一切顺利。

187

（5）正月走亲戚

春节的时候，张家还要走亲戚，一般从正月初二开始走亲戚，正月初二主要是嫁出去的女儿带着女婿和外孙回娘家。其他的亲戚，就根据各家的请客时间依次走动，当地的风俗习惯是，走亲戚要从正月初二一直走到正月十五。正月时节走亲戚，家庭成员都可以参加，包括家里面的女性。春节期间，亲戚之间相互拜年是必需的，具体哪一天向谁拜年，和走亲戚的安排一样，谁家哪天请客，就哪天去向某家拜年。普通百姓一般不会给保甲长拜年，但有些故意讨好保甲长，在他们面前卖乖，或者有求于他们的人，就会给他们拜年。将来保甲长在派粮、派款的时候，会少派一些给这些人家，或者在抓壮丁的时候，有意放过这些人家的年轻男子。

2.其他节日活动

当地没有全村性的节日活动，只有全族性的清明会活动。端午节的时候，上半年刚结婚的女儿女婿会回到娘家来，为父母"送节"，女儿女婿为父母买扇子，父母就为女儿女婿买伞，实在买不起伞，就买两顶草帽；中秋节倒是没有什么特别的习俗，最多就是女儿女婿为娘家父母送月饼，以表孝道。

3.红白喜事的习俗

张家娶媳妇要用花轿抬，嫁妆有箩筐、针线筐等，嫁妆在迎娶女方当天和花轿一起抬到张家，花轿没有顶篷，是两个人出力抬的滑竿，迎亲路上还有婚庆的喇叭手，一路吹着喇叭到张家。需要说明的是，嫁女儿和娶媳妇实际上是一样的过程，只不过是从两个角度来讲。张家贫穷，资金有限，婚礼一般只会邀请近亲参与，不会告知其他人。当然，有钱一些的家庭可以选择将请客的范围扩大，请客的范围也会广一些，但是红白喜事一般都不会邀请邻居和外姓人。

一般而言，女孩在出嫁之前必须学会"哭嫁"。婚礼当天，大清早，还没有天亮就要开始"哭嫁"，来一个客人就要哭一场，"哭嫁"并不是真正意义上的哭，其实是出嫁的女儿用一条帕子掩面，做出哭状唱歌，"哭嫁"即假哭着唱歌，是当地一种特殊的婚庆习俗。

婚礼第二天，张家的新媳妇必须要去灶房做事，哪怕是去做样子，也必须去一趟厨房，打扫一下卫生或者做点简单的饭食。婚礼第二天，新媳妇还要给公婆送茶水，对于哥哥嫂子、小姑子、小叔子等人则没有什么规矩。相比较而言，有钱人家庭规矩要多一些，对哥哥嫂子、小姑子、小叔子等人也会有一些表示和礼节，穷人家庭就没那么多讲究，简化了好些礼数。另外，结婚第二天，新媳妇还要带着女婿回娘家，在娘家吃午饭，午饭过后，女儿女婿又回婆家去。娘家人为出嫁女儿"打露水"是在结婚之后第七天，"打露水"必须带个小男孩一起去，且必须是小男孩而不能是小女孩。

老年人的葬礼需要"哭灵"，有句俗语叫作"号丧哭嫁"，为过世老人"哭灵"可不简单，不同于"哭嫁"，"哭灵"都是真哭，一边哭一边唱歌，对老人过世表达哀伤与不舍，另外，还要请道士为逝去的老人开路，有钱一些的家庭，还可以请丧乐队在葬礼现场奏乐。总体而言，家庭成员非正常死亡，在埋葬方面的习俗，和正常过世的老人葬礼一样。实在没钱的穷人家庭，没有钱办葬礼，就拿一床凉席将尸体裹起来埋了了事。十六岁以下的小孩子死亡，一般是不会有葬礼的，而是直接用棺材将尸体装起来下土安葬，穷一些的家庭，会直接将小孩子的尸体用箩筐装出去掩埋了事。

(二)家户习俗单元

1.以家户为单位过节

张家过年过节都是以家庭为基本单位,尤其排斥外人参与家庭过年,外人参与家庭过年就算是"岔年",是十分不吉利的征兆。因此,大家都熟知这种习俗,在过年时节不会相互串门,只会待在自己家里,和自己的家人一起过年。那些没有家的孤寡人士,会选择自己单独简单庆祝,不会跑到别人家里去,以免造成别人家庭不高兴。一般没有分家的大家庭,肯定会聚在一起过年,包括平时的吃食都是一起的。分家以后,即使住在同一个院落里,也是各家过各家的,不一定会聚在一起过年。

2.外人参与过年会"岔年"

过年过节以家庭为单位,过春节更是如此,嫁出去的女儿绝对不能回娘家过年,嫁出去的女儿泼出去的水,嫁出去的女儿就算是外人,回来过年同样会"岔年",也非常不吉利。出嫁的女儿只能在正月里走亲戚时,回来给娘家人拜年。亲戚就更不能在自己家过年了,任何亲戚都不能在自己家过年,过年时节,什么事情都会往后顺延,不会贸然跑到别人家里去"岔年",毕竟大家都懂习俗,亲戚之间互相尊重,也是相互之间的责任和义务。没有家的孤人也不会去别人家里过年,没有谁会欢迎一个外人到自己家里来过年,更不愿意一个外人来自己家里,影响了自家来年的运势。

3.团圆饭是过年必备

过年的时候,张家全家人都要聚在一起吃团圆饭,享受阖家团聚的欢乐时刻。春节阖家团圆的圆满性,是张家每位成员共同的追求,哪怕距离再远,也会赶回来和家人一起吃上一顿团圆饭。一般来讲,一个大家庭没有分家,过年时节所有人会聚在一起吃饭;分家之后,即使住在同一个院落,也是各家过各家的年,当然,如果相互之间关系好,大家庭一起过大年三十,也是可以的。正月里,亲戚之间会互相请客,各自根据对方请客的时间,轮流到对方家里去拜年。同一个家族内的非亲家庭,正月时节一般不会相互请客吃饭,舅舅、姨妈、亲家等是相互之间走动最频繁的亲戚。

(三)各类节日风俗

过春节主要就是祭祖、吃团圆饭、走亲戚拜年,各项活动由张家的当家人主导和安排,其他家庭成员根据安排进行就可以,张家的妇女主要负责节庆活动的食物准备,以及家庭大扫除。

元宵节不怎么流行,张家人聚在一起吃顿汤圆就算过节,但是有钱人家庭相对会更加看重元宵节,在元宵节的庆祝方面会准备得特别充分和隆重。

清明节一方面是对逝去的先辈进行祭奠,另一方面是家族举办一年一度的清明会,各家各户根据会首的安排,在约定的日期带上应该准备的东西参加清明会,生男孩的家庭,就带只公鸡过去,生女孩的家庭,就带坨豆腐过去。

过端午节时,各家各户要插菖蒲和艾叶在门户上,还需要在宅基地四周撒雄黄酒,防止蛇类前来惊扰家庭,吓坏小孩子。另外,新出嫁的女儿需要带着女婿回来为父母"送节"。

七月半只有祭奠先祖这一项活动,从田里将快要成熟的稻谷收获一小部分回来,煮好以后用于祭祖,祭祖由当家人带着家里的男性前去,女性一般不能一起去。七月半祭祖有三天时间,分别为七月十二、七月十三、七月十四,七月十四是祭祖的最后期限,七月十四以后祖先的魂灵就要离开。

中秋节主要就是祭拜月亮菩萨,晚饭过后,全家人带着月饼去祭拜。另外,中秋节的时候,嫁出去的女儿要带着女婿回来为娘家父母送月饼。

四、家户信仰

(一)没有宗教信仰者

1949年以前,张家没有人信宗教,当地也根本不流行信宗教,只有个别人"吃长素"和念经。"吃长素"的一般都是妇女,因为算命先生测出她们的生辰八字不好,命里克夫,一辈子都不能嫁人,避免对别人造成伤害、连累他人,这样的妇女一辈子都只能待在娘家,而且一辈子都要吃素念经,祈求自己下辈子能八字好一些,转换命运,有一个圆满的结局。

(二)"吃长素"

需要说明的是,"吃长素"是命格不好的妇女的自愿行为,这类妇女自愿此生不沾荤腥,以求换取下辈子的夫妻和睦、家庭幸福。与家长没有任何关系,"吃长素"完全不同于信仰宗教,因为"吃长素"的妇女没有信仰的神灵,只是通过吃素念经弥补自己的命格缺陷,换取下辈子的生辰八字吉利,过上幸福的夫妻生活、家庭生活。

(三)家户信仰及祭祀

1.供奉神明为家庭祈福

1949年以前,张家主要供奉灶王菩萨、门神、天地菩萨、财神,还有祖先的灵位。祖先的灵位供奉在堂屋进门就可以看见的正墙上,财神供奉在堂屋的左边墙上,天地菩萨一般供奉在堂屋的右边墙上。之所以是这样的供奉位置,是因为"以右为大"的普遍认知,天地菩萨比财神大一个等级,天地菩萨统领着财神,因而天地菩萨被供奉在右边而财神被供奉在左边。

平时,供奉在家里的神明和祖先,张家的成员都可以祭拜,不论老人、当家人、儿媳妇、已成家或未成家的儿子,还是未出嫁的闺女、小孩子都可以祭拜。但是清明祭祖、过年祭祖等祭拜活动,只有男性可以参加,女性不能参加。过年拜神和平时拜神不一样,平时拜神一般没有祭品,磕头作揖、心怀诚意就可以,过年拜神必须要有祭品。

张家正式的祭拜家神活动,一般一年只有一次,就是在过年的时候。祭拜家神也需要烧纸、上香,烧纸、上香由男性当家人主导和安排,其他男性家庭成员参与并听从安排。贡品会根据不同的家神相应地发生变化,例如,灶王菩萨只吃素,灶王菩萨的祭品就只有豆腐,天地菩萨和观音菩萨的祭品就有雄鸡、猪尾巴、酒水等。

2.祈求家人健康平安

张家供奉各类神明,是从上一代人延续下来的风俗习惯,大家将对美好生活的期待寄托在各类神明那里。例如,祭拜灶王菩萨,就是希望灶王爷保佑做出来的饭食美味可口,希望家人身体健康。在祭拜灶王爷的时候,还要告诉灶王爷,对家庭妇女在平时做饭过程中,对待灶台无理的"粗暴行为"实施宽恕。

普遍认为,每年的农历腊月二十三左右,灶王爷就要上天汇报情况,平时妇女用刷锅的竹扫把在灶台上面拍,会被灶王爷认为是在用千斤顶打他,灶王爷会上天告状,让玉皇大帝来年惩罚这家人。因此,大家在祭拜灶王爷的时候:一方面,请他保佑自家平平安安、顺顺利利,希望做出来的饭菜美味可口;另一方面,还会请灶王爷宽恕家庭妇女平时的"粗暴行为",

向灶王爷解释都是无心之过,请灶王爷不要怪罪。

张家祭拜观音菩萨,是为了感谢观音菩萨将儿女送给自己,并祈求观音菩萨保佑自己的儿女,希望儿女不要有任何病痛,健健康康、平平安安。祭拜财神的寓意很明显,希望财神保佑自家财源广进,从事各种职业的家庭成员都能够顺顺利利,发大财、交好运,人旺财旺。但实际上,大家都明白,祭拜这些神明并没有什么实质作用,只是一种风俗习惯,是人们的一种美好希望,更是中国人长久以往形成的对鬼神"敬而远之"的处世态度。

3.七月半和年关祭拜为主

张家人祭拜神明,比较正式和隆重的祭拜时间是七月半和过年时节,当然,平时也可以向神明许愿祭拜。祭拜各类神明都以家户为单位,各家各户自己祭拜,但有一种情况,几个兄弟的小家庭分了家,但用于供奉祖先和各类神明的堂屋没有分断,属于几个小家庭共同所有,几个小家庭就可以一起祭拜。

4.神明祭拜仪式由家长主持

张家祭拜神明的时候,由男性当家人主持祭拜仪式,只有张家的男性家长去世以后,才可以由女性家长主持仪式。小孩子从小就要学会祭拜神明的规矩,由小孩的父母指导实施跪拜、磕头等仪式,小孩子大一些以后,就可以根据自己以往的祭拜经验,慢慢熟练对神明的祭拜。小孩子祭拜神明没有性别之分,父亲母亲都可以教,男孩女孩也都可以学,祭拜神明、尊敬神明是一种礼俗、礼节。

(四)祖先信仰及祭祀

1.怀着虔诚之心祭祖

(1)定期祭祖

对于祖先是谁,从哪里来,张礼仁只知道,祖上是湖广填四川时,从广东地区迁到四川来的,张家的先辈们最开始来占了一块地盘,然后开始在此地繁衍发展。实际上,张家的老祖父传给爷爷张有亮辈的家产,包括各类生产资料和生活资料,是很丰富的,但到父亲张昆全一辈,张家就开始没落,再到张礼仁这一辈,张家就更困难了,经济条件在村里就算下等水平。

1949年以前,各家各户的房屋设计都有堂屋,堂屋用于待客、吃饭,供奉香火和神明,张家比较穷,没有摆放老人的牌位和遗像,况且,1949年以前当地没有照相的技术,几乎没有多少家庭供奉过老人的遗像,各家各户都只笼统地供奉"香火"——即正方形的红纸,上面写有"祖德流芳"和"福"的纸样,就算是对祖先的供奉。过年过节,张家人都会祭拜祖先,祭拜祖先是表示对祖先的尊敬和纪念,另一方面,是希望祖先能够"显灵",保佑子孙后代身体健康,平平安安,家业兴旺,让张家家族威名远扬,成为有头有脸的家族。

(2)机缘巧合祠堂未兴

张氏家族没有修祠堂,1949年之前,本来张氏的老祖先已经打算承头修建张家祠,但还没有开始动工,老祖先就驾鹤西去了,张氏家族祠堂的修建工作也就此暂停,此后,再没有人组织修建张氏祠堂,一家一户也没有能力单独修建祠堂。因此,到现在,张氏也没有祠堂。

一般而言,祠堂对于家族成员来讲是"神圣不可侵犯的",如果有人故意破坏祠堂,家族的成员是绝对不会允许的,家族整体就会出面对破坏者进行惩罚,该教育就教育,该赔偿就赔偿。祠堂的主要作用是供奉家族先辈们的灵位,让后人知道家族的先人有哪些,定期对祖先们进行祭拜,吃水不忘挖井人,铭记先辈的开拓之恩。但是,祠堂与家相比,实际上还是家更重要,祠堂用于供奉先辈的灵位,家才是现世的生活港湾。

张家的祖坟倒是不少,虽然距离不远,但是都很分散,张家会在过年和七月半的时候去祖坟祭拜。农村地区的祖坟一般都在山坡上,张家的后代很少对祖坟进行修缮和维护,最多就是在上坟的时候,稍微处理下四周的杂草。只有有钱人家会将祖坟修缮得比较整洁气派,普通百姓家庭没有条件讲究那么多。

（3）十年更新一次的家谱

张家的家谱已经修了很多年,但是,家谱上没有张礼仁和张杰仁的名字,家谱中关于张礼仁一家的记录,从张昆全一辈往后就终止了。张家的家谱一般十年修缮一次,但是,刚轮到张礼仁这一辈人的时候,恰逢新中国成立。1949年新中国成立之后,大家普遍就不那么重视家谱的修缮,张礼仁兄弟俩也没有主动去找修缮家谱的人,进行名字的更新。妇女的姓名不能上家谱,妇女要出朳①到别人家里,嫁出去的女儿不算家族的人,而且由于普遍重男轻女,只有生了男孩才能算作"添丁",因此,妇女的姓名不会上家谱。总体而言,1949年之前,张家的家谱十年更新一次,由家族中有头有脸的人负责保管和修缮。家谱的主要作用是记录家族代际的发展,同时,区分好家族内部成员的长幼关系,不至于一个家族的人相互见了面还不知道怎样称呼。

（4）屋檐水点点滴

张家人十分重视孝道,老话讲"屋檐水点点滴",上梁不正下梁歪,父母对待老人的做法,会直接影响到将来孩子对待自己的方式,因此不仅是张家人,各家各户普遍都很重视孝道,这也是为了代际之间养老送终责任的有序传承。对于大逆不道的子孙,严重者可直接交由家族进行严肃处理,1949年之前,当地王家沟就有一个大逆不道、偷鸡摸狗、屡教不改的人,被家族直接挖坑活埋处理。张家人对祖先的孝顺与对在世老人的孝顺是结合在一起的,但在现实生活中,对祖先的孝顺,更多地表现为精神上的尊敬,以及过年过节时候的虔诚祭拜。对在世老人的孝顺,则更多表现为尊敬老人、关心关爱老人的生活,为老人养老送终,让老人尽享天伦之乐。

2.祭拜祖先为纪念与祈福

祭拜祖先主要有两方面的作用,一方面是为了求祖先保佑活着的人们平安、健康、顺利,另一方面是为了表达对逝者的怀念。但最主要的还是希望保佑活着的后人平安健康,1949年之前,当地医疗水平低,很多人即使患了小病也会因此丢了命,因此大家对祖先的祭拜,有十分强烈的求平安、求顺利的愿望在里面。祭拜祖先一般是在过年时节,以及七月半的时候,当然,逝者生日的时候也会进行祭拜,七月半是最主要的祭拜时节。祭拜的时候,会告诉祖先自己的愿望,当然,一般是笼统地表达家庭成员的愿望,例如,希望祖先保佑全家人顺顺利利、平平安安、多挣大钱,挣了钱以后会买更多的贡品来看望祖先……

3.家长组织祭祖活动

张家祭祖活动中,当家人占据着主导和支配地位,当家人需要提前购买好祭祖需要的香蜡纸钱,还要在祭祖的当天,领着家里的男性晚辈、后生们去祖先的坟前,向祖先介绍家庭的

---

① 出朳:等同于出嫁。

192

成员,好让祖先知道,家里现在又添了哪些新人,并祈求祖先保佑全家人平安、健康、顺利。

4.女性一般不参与祭祖

女性实际上也可以祭拜祖先,但往往认为家里还需要有人照看,尤其是过年过节,家里还需要妇女准备食物,加之,由于封建迷信,妇女几乎不怎么出门,小脚的妇女常年都待在家里。因此,妇女一般不会参与祭拜祖先,仅仅派男性作为代表,表达对祖先的尊敬,以及表达希望全家平安的愿望就可以。

小孩子由家长带上一起去祭祖,在大人的指导下为祖先烧纸钱、磕头作揖,大人会告知祖先家里新增的小成员,并希望祖先保佑小孩子身体健康,将来有出息做大事。带小孩子尤其是小男孩去祭祖,还有一个目的是希望男孩记住祖坟的位置,将对祖坟的祭拜习俗传承下去。

(五)庙宇信仰及祭祀

1.公共庙宇参加祭拜

1949年以前,村里有两个庙子[①],就是龙洞子和兰家庙,庙子里供奉很多菩萨,供大家祭拜许愿。这两个庙子距离张家都很近,张家经常去祭拜神灵。尤其是正月初一,张家人很早就要赶去庙子,希望自己能烧上头炷香,祈求自家来年的顺利和平安。另外,还有三个特别的日期要去庙子祭拜,二月十九、六月十九、九月十九,这三个日期是观音会,观音会主要是老太婆群体去烧香。当然,庙子里供奉的也不仅是观音菩萨,还有天地菩萨、雷公菩萨、文殊菩萨等神明。祭拜不同的神仙,其实说的话都差不多,都是表达希望家庭成员身体健康、平安顺利,家里财源广进的期盼。需要说明的是,当地的庙都是公共的,没有家庙,大家都可以从附近赶到公共的庙宇进行祭拜。

2.当家人代表家庭拜庙神

一般,去庙里祭拜的都是各家各户的男性当家人,当家人单独去祭拜并表达全家人的愿望就可以。当家男性去世以后,女性家长也可以前去拜神。但是,没有出嫁的闺女很少去庙子拜神,女性裹脚行动不便,加之社会治安条件混乱,年轻女孩子根本不敢出门。也就是说,每个家庭派代表去拜神就可以了,这个代表就是家庭当家人,当家人去庙子向菩萨表达希望家庭平安、幸福、圆满的愿望,拜神许愿完成就会立即返回,一般不会在庙宇过久停留。

当家人去庙子拜神,一般会和邻居、亲戚结伴而行,绝对不可能单独前往庙子,因为路上土匪、强盗特别多,还有抓壮丁的,普通百姓根本不敢乱走,单独走太不安全。大家虽然结伴去庙子拜神,但是贡品都是各家自己准备,不会出现共用贡品的情况,共用贡品会被认为是心不诚的表现。贡品一般有饼子、杂糖和酒水,去不同的寺庙带的贡品大同小异,都是在集市统一购买。

五、家户娱乐

(一)当家人结交朋友

张家成员中,只有当家人才有自己的朋友和结拜兄弟,因为当家人经常外出,上街购置家庭生活资料和生产资料,或者在街上喝茶聊天,因而当家人有更多机会去结交朋友。普通

---

① 庙子:与"庙宇"同义,是当地的土话。

家庭成员几乎整天待在家里干农活,或者说,就在地里和家里两边跑,是没有时间和空间去结识朋友的。妇女就更不要提什么朋友,妇女连门都不会出,最多就是在农忙的时候,帮忙下地丢种,其余的绝大部分时间妇女都待在家里做家务、管教小孩子,或者做针织活。另外,妇女不能随意和家外的非亲戚男性说话,有事情就说事情,简单明了,绝对不能长久的聊天,若是久久聊天,态度暧昧,会被认为是有伤风化的事情。小孩子也没有朋友可言,小孩根本不怎么出门玩耍,小时候就待在家里,由妈妈和奶奶照看,长大一些之后,男孩跟着爷爷和爸爸下地干活,女孩跟着奶奶和妈妈学习家务活和针织活。

总的来讲,对于普通百姓,其实没有什么朋友可言,最多就是关系好一些的亲戚、邻居。相互之间也很少走动,一般都是有事情、有需要才会走动。对于有钱人,有钱有闲,才有时间和资本结交朋友。有钱人结交朋友,一方面是相互生意往来需要,另一方面就是壮大自己的人势。

老话讲"物以类聚,人以群分",朋友一般都是和自己社会等级、家庭条件、价值观念相差不大的个体,有钱人一般看不起穷人,穷人当然也没有机会结交有钱人,有钱人和穷人之间一般只会出现雇佣关系,不会再往深层面发展。朋友之间,若是亲戚关系,就根据相互的辈分直接称呼,若是非亲,就根据各自的年龄和辈分互相称呼为哥哥、弟弟、表叔、侄子。朋友之间一般不会随便串门,只在相互之间有事情,并受到邀请之后,才会前往对方家里。

(二)小赌怡情

张家的男性会在农闲时分或者过年过节时候,打点小牌放松娱乐,在街上或者家里都可以打牌。女人一般不会打牌,尤其是张家这种贫苦人家的女人,就待在家里做家务或针线活。但是,也有打牌的妇女,财主家庭的妇女常年无事,有闲有钱,有些就会接触打牌,而且,财主家庭的妇女们还可以相约一起打牌。

打牌要分年龄段,老人和老人打牌,年轻人和年轻人打牌,年轻人和老人的牌路一般不一样,打的大小也不一样,当然,有些家庭中,孝顺的儿子、媳妇等会陪着老年人打牌,和老人一起切磋娱乐。张家人打牌的牌友,一般是和自己家庭条件差不多的人,赢钱少,输钱也少,打牌重在娱乐不在输赢。不像有钱人,打牌打得很大,输一场就够平常百姓人家好几天的伙食费。另外,有钱人和穷人之间根本不可能一起打牌,穷人没有资本陪有钱人玩,有钱人也根本不会允许穷人和他们一起打牌。

张礼仁算是比较爱打牌的,从五十岁左右开始打牌,到八十岁才收手。父亲张昆全倒是不太爱打牌,只有逢年过节才会和亲戚聚在一起打牌。对于男性打牌这件事,家庭成员尤其是妻子一般都会制止,担心输钱多了影响家庭,或者会劝解打牌者不要打大了,穷人家庭经不起这样的折腾。总体而言,张家这种穷人家庭很少打牌,只有逢年过节,亲戚聚在一起的时候才会打牌,打牌一般是在自家,或者亲戚家里,尤其是正月里走亲戚拜年的时候,哪天哪家亲戚请客,就在哪个亲戚家里打牌,过年打牌实际上是走亲戚拜年、茶余饭后的休闲娱乐方式,众多亲戚聚在一起,一边打牌一边聊天更有乐趣。

当地有些赌徒常年在街上赌钱,妄想一夜暴富,赌徒在街上赌钱,伙食就直接在街上的饭馆里解决,有些赌徒输得没有了资本,就回家偷东西出来卖,更有甚者,将老婆的衣服裤子都偷出来卖换钱。因此,打牌的目的要分群体讨论,绝大部分人群都是以娱乐为主,少数群体痴迷赌钱,妄想一夜暴富,为了赌钱可以对家庭妻女置之不顾,赌得倾家荡产也不知悔改,这种人就是大家普遍所说的"烂龙"①"二杆子"②。

正经人家打牌一般都会掌握好打牌的分寸,在娱乐的同时不能影响家庭生活,不能败坏家庭财产。如果当家人特别爱打牌,而且输了很多钱,就会导致家庭矛盾,尤其是几个兄弟组成的大家庭,要是当家人痴迷打牌败坏家产,绝对会引发家庭矛盾,进而导致分家,毕竟谁都不想受拖累,将辛辛苦苦赚取的家庭收入用于个人赌博。小家庭当中,当家人的过分赌博行为,更会造成夫妻不和,影响家庭正常生活。

那些痴迷赌博的赌徒,输了之后都会妄想翻本,借钱翻本者有之,变卖家产翻本者亦有之,因为赌钱发生纠纷的也不在少数,因此闹出人命的都有。同时,因为赌钱欠债,欠债需要写借条,后面还不上,又拿家里的土地去抵债的也大有人在。村里的张松全因为赌博,在追债的人赶来以后,情急之下竟然跳进了粪池。

普遍认为,打牌要适可而止,"大赌伤身,小赌怡情"。千万不能超过这个度,更不能因此影响家庭,那是非常不值得的。在明白人看来,安安稳稳、平平安安、顺顺利利的一家人多好。张家没有成文的家规,没有关于防止家人赌牌的家法、家规、家训,但张家也没有赌徒,偶尔打些小牌,没有出现过豪赌、豪欠的家庭成员。

(三)难得串门

1949 年以前,张家人平时几乎不会去串门,邻居家里有红白喜事,或者其他要办酒席的庆祝活动,邀请张家人前往,张家人才会去别人家里,平时不管农忙还是农闲,都不会去串门。尤其快要解放的时候,当地的物价随时都在变动,为了让自家不受物价变动影响,全家人都死死地将粮食保住,一旦现金发挥不了作用,还有存粮可以糊口,以防出现天灾人祸难以为继。

实际上,1949 年之前,邻居之间很少串门,大家要么忙地里的农活,要么就待在自己家里,除非相互之间有事情并且邀请了对方,才会有走动。1949 年之前,各家的看家狗多为散养,屎尿都排在外面山上,平时,待在家里要是嫌无聊,就可以上山捡狗粪回来,扔在粪池里当肥料。另外,要是哪一个人频繁串门,隔三差五到家里来,反而会引起人的猜忌,此人是不是有什么不好的企图,会不会是小偷提前来踩点儿?总之,相互之间很少串门。

(四)烧香拜神

1949 年以前,当地没有庙会,就连兰家庙那么热闹的庙宇都没有办过庙会,张家人前往庙宇拜神,烧香完成以后就会立即离开,庙里一般有个管理庙子的和尚,有人去烧香就敲几下大磬,铛铛铛……

(五)"鬼棒棒戏"和"围鼓"

1949 年以前,天干出现旱灾的时候,村里就会有一个承头人③组织求雨,求雨需要专门的人组织仪式,并不是谁都会组织求雨仪式。求雨活动完成后,大家就会凑钱唱"签签戏",也就是大家普遍称的"鬼棒棒戏"——竹棒子上面顶个纸做的小人儿,人在幕布后面操作竹棒子,随着竹棒子的舞动,小人儿也跟着舞动起来,做出各种姿势和动作。求雨活动和"签签戏"每

---

① 烂龙:相当于"混混",指不务正业之人。
② 二杆子:与"烂龙"意相近,指不务正业之人。
③ 承头人:此处指求雨活动的组织者、发起者。

年都有,只是根据每年干旱的时段不同,稍微有所提前和推后。求雨和"签签戏"活动一般只有男性和老年妇女参与,年轻妇女以及未出嫁的闺女,根本不敢参加这些活动,因为当地社会治安混乱,年轻女性出门非常容易遭到调戏和欺负,因此,年轻女性根本不敢出门参加这些公共娱乐活动。

除此以外,当地没有其他的公共娱乐活动,平时大家也很少会聚集在一起。但是若村里的有钱人家里娶媳妇,请街上的戏子们来唱戏,称为"围鼓",以显示自家的财力和势力,村民就可以聚在有钱人家里看戏,而且是免费观看。

第五章　家户治理制度

张家的当家人一般是家里的年长男性，年长男性去世后，在儿子没有长大成人的情况下，由年长女性当家。当家人管理家庭事务的权力和资格，与他的年龄和资历相关，这种权力从一代又一代人当中延续下来，是家庭生活得以继续必需的内容，当家人既对其他家庭成员的行为起着约束和控制作用，又对家庭事务的发展和走向起着决定和安排作用。但是，这并不意味着其他家庭成员没有发言权，其他家庭成员也可以针对具体事情提出自己的意见。张家没有成文的家规、家训，只有代代相传的一些规矩和礼数，主要用于教育小孩子，对待犯错的家庭成员，也会用这类口头家规对其进行批评和教育。

一、家长当家

（一）家长的选择

1.年长男性当家

张家的当家人一般是家里的年长男性，年长男性去世以后，就是年长女性当家，一般的家庭也是根据这个原则进行当家人的更替，当然，还有个别情况是，家长因为年龄大了，将当家人安排为自己的儿子，或者当家人不争气，败坏家产而且自私自利，家庭成员就会考虑中途更换当家人。

张家最早是爷爷张有亮当家，张有亮过世以后，就是奶奶张付氏当家，父亲张昆全长大以后，就是张昆全当家，张昆全去世以后，就是张礼仁的母亲陈顺道当家。陈顺道年龄大了之后，由张礼仁的哥哥张杰仁当家。张杰仁当家一段时间之后，私心膨胀，利用大家庭的财产保管权为自己谋私利，引起了家庭成员的不满。1950年，张礼仁和哥哥张杰仁分家，张礼仁从此担任自己小家的当家人。

2.女性当家的情况

需要说明的是张家女性当家的情况，女性一般是内当家和实际上的外当家，但是名义上的外当家还是男性，因为1949年之前妇女根本不敢出门，妇女出门非常容易受到男性的调戏和欺负。因此，虽然张家有一段时间是由母亲陈顺道当家，但是对外需要购买和添置家庭物品，或者其他需要对外交涉的活动，都是陈顺道的娘舅出面打理。

3.内当家与外当家

张家有内当家和外当家之分，外当家和内当家一般是夫妻，实行"男主外，女主内"的分工合作制度，二者相辅相成，共同打理好家内家外的事情。具体而言，外当家负责管理家庭的财产，以及对外的交涉活动，内当家负责安排好家庭每天的吃食，管理好家里的家禽家畜，以及家务方面的规整。外当家安排家庭开支有节有序，不挥霍、不乱来，内当家安排家庭粮食合理有序,不浪费、不抛洒①,家内家外协调有序,整个家庭才有好日子过。

另外,当地还将男性外当家称为"虾扒",女性内当家称为"巴拢","虾扒"是一种捕捞鱼类的工具,"巴拢"就是装盛鱼类的容器,对于渔者来讲,只有"虾扒"多捕捞一些鱼类,并且"巴拢"牢牢的装着鱼类不让鱼类随便跳出去,渔者才有收获。对于一个家庭而言也是如此,外当家努力为家庭创造财富,内当家合理有序安排家庭的粮食开支,形成"开源节流"的科学收支格局,二者共同往一个方向使劲,整个家庭才会越来越好。

4.当家人须获得家人信任

张家的当家人需要更替时,根据年龄和性别自动接替,上一个当家人过世以后,或者已有的当家人不成器,败坏家产,中饱私囊,不是合格的当家人,就会更换家庭的当家人,由另外一个男性年长者接替,成为家庭新的当家人。当然,前提是这个新的当家人是大家都认可的。新的当家人确定以后,普通家庭成员在以后的生活中,应该尊重和信任当家人对于家庭的各项安排,各自做好自己分内的事情,使得家庭的农业和副业都能够兴旺发展。

(二)家长的权力

1.权力的来源与范围

家长管理家庭事务的权力和资格,与他的年龄和资历相关,这种权力在一代又一代人当中延续下来,是家庭生活得以继续的内容。家庭当中需要有一个领导者和管理者,这个领导者和管理者既对其他家庭成员的行为起约束和控制作用,又对家庭事务的发展和走向起决定和安排作用。有责任、有担当,将家庭内外安排得井然有序的当家人,他的权力才会得到所有家庭成员承认。

男性年长者就是家庭的外当家,女性年长者就是家庭的内当家,外当家和内当家各自管理好自己范围内的事情,主要表现为外当家合理安排家庭农业生产,科学规划家庭对外支出;内当家恰当有序安排家庭每顿吃食的粮食,管理好家里的鸡鸭猪羊等家禽家畜,照看和管教好小孩子。内当家和外当家协调起来,共同将家内家外的事情操持好,让整个家庭有序运转起来。

家里遇到大事情,如果是人口少的家庭,例如只有父母和未婚子女的家庭,那么,只需要外当家和内当家商量即可。如果是人口众多的家庭,例如几世同堂、兄弟众多并且都已经成家的情况,家里在遇到大事的时候,往往需要召开家庭会议,通知家里的成员,共同讨论决定。如果家长私自决定,并造成了对其他家庭成员利益的损害,就很容易引起其他家庭成员的不满。家庭会议一般没有特别的时间和场所,也没有什么特别的仪式,趁吃饭大家聚在一起的时间,传达问题和事情的内容即可。

2.财产管理权

张家的收入主要来源于种植粮食,另外,还可以将家里饲养的鸡鸭等拿去售卖换点钱,或者农闲的时候男性劳力去街上帮人"担脚"换取劳动收入。张家的收入由当家人统一保管和掌握,大家庭生产生活的开销,以及其他家庭成员的个人花销,都由当家人统一调配。具体而言,张家的粮食、财物等家庭共同的贵重物品,由当家人统一保管,一般会放在上锁的柜子里,大户人家则是放在粮仓里,柜子和粮仓锁的钥匙只能由当家人一个人保管,其他家庭成

---

① 不抛洒:此指做饭的妇女安排家里粮食有节有度,不大手大脚浪费粮食。

员不能保管,其他家庭成员更不能因为觊觎家庭财产实施偷盗行为,实施偷盗行为者,轻者会受到家庭当家人的批评和教育,重者会受到来自家族的严厉惩罚。需要说明的是,1949年之前,存钱的家庭普遍很少,因为当地没有银行,且物价经常发生变动,因而普遍以存货为主,存货一般是存粮食、存白糖,需要用钱的时候,就将粮食或者白糖拿去售卖换取现金。家庭当中,衣服、鞋子等物品,一般是由各自的主人保管,也就是说,各自的衣服各自保管。当家人有时也会给家庭成员一些零花钱,但是零花钱的数量一般很少,零花钱按照几个儿子的小家庭公平分配,统一拿给儿子,供儿子的小家庭进行自主花销。

家庭成员出去打工挣钱,回家以后,必须将所挣的钱交给当家人保管,算作家庭收入,如果家庭成员不将所得收入上交给当家人,就会引发家庭矛盾。同时,家庭成员出去打工所得收入,必须全部交给当家人,不能自己藏私房钱,当家人会根据各种工种的工价,评估打工者上交收入是否完整,有没有藏私房钱。一般情况下,家庭成员是不被允许藏私房钱的,但是,打工者在工钱以外获得的额外奖励,就可以由打工者自己保管,存为自己的私房钱。例如,张礼仁获得过雇主的这种额外奖励,因为张礼仁帮财主放牛,不仅将牛饲养得好,还帮忙照看财主的孩子,在放牛的时候把财主的孩子背在背上,哄小孩玩耍,晚上收工了还帮着财主家里收碗筷、洗碗、打扫卫生,财主看张礼仁表现好,就给了张礼仁一些额外的奖励,张礼仁可以将这部分钱存为自己的私房钱。

家庭成员在完成了当家人安排的活儿以后,在家庭劳动时间以外,利用自己空闲时间获得的收入,也可以作为家庭成员的私房钱,当家人即使知道也不会过问,前提是家庭成员不能在家庭劳动时间内去赚取个人的私房钱,收入的来源也不能是偷鸡摸狗、偷挪家庭财产等不正当途径。

张家嫁娶的聘礼、彩礼由当家人决定,并由当家人统一采购。儿媳妇婚娶带来的嫁妆,不管多少,都归儿媳妇个人所有,或者说归儿子儿媳的小家庭所有,大家庭的当家人不能支配和动用。

在土地买卖、租佃等重大事情上,张家的当家人会与家庭成员协商讨论,毕竟,出发点是为了家庭整体的发展,当然希望能够得到更好的方案和办法。与家中成员商量一般就是在饭桌上,大家聚在一起吃饭的时候,相互表达意见。需要说明的是,在土地、房屋的买卖、租佃或典当活动当中,写各种单据的时候,落款人只能写当家人的名字,并且只有当家人签署才有效。其他家庭成员根本做不了主,交易的对方在进行买卖、租佃活动的时候,一般都会直接找到家庭的当家人商量,而不会找其他人。

张家大家庭分家之前,家里的粮食统一供全家人一起吃,即"同锅同灶",每天的食物由内当家安排,内当家根据家庭粮食的存量情况,以及时令粮食蔬菜的出产情况,合理安排每天的吃食。张家这种穷人家庭的吃食,基本以素食为主。在当地,每月的初一和十五,能够有机会按时"打牙祭"的家庭,就算是社会的上等家庭,穷人家庭甚至一个月都吃不上一次肉。张家就是典型的穷人家庭,差些的年份,一个月都没有机会吃上一次肉。

3.制衣分配权

张家成员的新衣服添置,是由当家人邀请裁缝来家里,为家庭成员统一缝制的,或者由当家人统一购买布匹,平均分给几个儿子的小家庭,由小家庭的女性自己缝制属于小家庭的衣服。给小家分配的棉花和布匹,如果有剩余,这些剩余的棉花和布匹就归小家庭所有,当家人不会收回,但是绝大多数情况下,分到的布匹都没有多余的,短缺倒成了普遍的情况,而且,好些人家都是将坏掉的衣服不断进行缝补,反复穿着。

家长的衣服由自己的妻子缝制,也可以由婆婆安排儿媳妇缝制,已婚年轻男性的衣服就是由自己的妻子缝制,小孩子的衣服由自己的母亲缝制。女性缝衣服一般是在白天的空闲时间和晚上,总之,不能因为缝制衣服耽误了家庭的家务劳动和做饭。1949年之前,当地没有电,晚上的灯是用清油①作为燃料,稻草作为灯芯点起来的,燃起来的灯火就跟鬼火一样,灯火随着微风晃,妇女就在这种昏暗的灯光下做针线活。有钱一些并且不愿意自己缝衣服的家庭,可以请裁缝到家里来缝制,裁缝的针脚普遍比自己做得好些。

4.劳动分配权

张家成员的劳动分配原则,总的来讲就是"男主外,女主内",男性负责农业生产,女性负责家务劳动,男性的劳动分配由外当家根据实际情况进行安排,女性的劳动由内当家根据现实任务统一调控。女性很少出门下地干活,最多就是农忙的时候,去地里帮着丢种子,其余时间,妇女都在家里做家务、做针线、饲养副业、管理小孩。

年纪大些的老人一般也有自己的劳动任务,做些力所能及的事情。需要说明的是,1949年之前,当地医疗条件落后,能够活到六十岁都算高龄,好多人都因为小病去世。年纪稍微大一些的老太婆就在家里纺棉花,当然,实在没有劳动能力,只能卧床休养的老人,则不在这种讨论范围之内。

小孩子也会在大人的指导下做些力所能及的事情,择菜、烧火、扫地等等。大一些之后,男孩子就跟着爷爷和爸爸下地干活,学习农作物种植经验和制度,女孩子就在家里跟着妈妈和奶奶学习家务劳动和针线活。小孩子开始参加劳动的年龄有阶层差异,有长工的大户人家,子女到20岁可能都没参加过劳动。

5.婚丧嫁娶管理权

张家在娶媳妇、嫁女儿方面,孩子们都必须听从当家人的安排,是典型的包办婚姻,讲究父母之命、媒妁之言,婚姻大事由媒人说合、父母做主就算数。对结婚对象的要求普遍不高,媒人在中间两边跑,男女双方的八字能够合上,就可以定亲。结婚对象的范围也很狭窄,"亲攀亲、邻攀邻"是最主要的结合特点。男女之间结了婚就没有离婚一说,嫁鸡随鸡、嫁狗随狗,即使对方是瞎子、瘸子也只能将就,不可能出现离婚、再嫁再娶的情况,除非男女双方其中一方去世,那么,另外一方可以考虑再嫁和再娶。

张家的祭祀活动也是由当家人主导和安排,其他家庭成员参与。若是当家人过世之前,把想做但在生前没有做成功的事情立了遗嘱,后辈人必须帮助老人完成遗愿,如果后辈人没有努力去完成老人的遗愿,会被认为是不忠不孝。

6.对外交往权

张家对外交往的所有关系中,都是由当家人作为代表出面进行交涉。如果出于家庭需要对外借钱,由当家人出面进行协商。村里面需要开会、投票的时候,也是当家人出席,当家人更是家户交粮纳税的主要责任人,一旦家庭没有交够粮食,保长、甲长下来追问的时候,会首先找当家人进行问责。

---

① 清油:指菜籽榨的油。

家里有人打算出去打工，必须提前告知当家人并征得同意，所挣的钱全部都要拿回来交给当家人，不能自己存私房钱，当家人会根据工种的工价，对打工者上交的钱物进行评估，不会允许打工者将打工收入用来存私房钱。儿子出门打工，把儿媳妇也带出去的情况非常少见，1949年之前，打工行业对女性的需求很少，几乎没有适合女性的工种，因此一般都是男性单独外出务工，妻子留在家里操持家务、管教小孩子。

7.家长权力的约束

如果当家人不成行、败坏家产、中饱私囊，损害家庭其他成员的利益，能协商就协商，不能协商就会导致大家庭分家，或者委婉一点的处理方式——更换当家人。如果是小家庭的当家人不成行，败坏家产，这个小家庭夫妻之间必然会产生矛盾，导致妻离子散的情况都是有的。

具体而言，如果当家人做不到对所有家庭成员一视同仁，对某一个儿子有偏爱，绝对会引起儿子们的不满，儿子们会请舅舅、老辈子等人来评理，舅舅、老辈子等人也劝解不好的情况，大家庭就会分家，分解为几个儿子的小家庭，几个小家庭从此分开生活。如果当家人吸食鸦片成性，或者沉迷赌博，导致家产败光，家庭衰败，这样的人绝对不可能长久担任大家庭的当家人，家庭成员一定会想办法替换掉他。如果小家庭的当家人如此，那么这个小家庭必然会风雨飘摇，严重者会发展成妻离子散、家破人亡。

如果当家人私自跟外界借债长期不还，用于自己的私事，而不是用于家庭公共事务，家庭成员一旦发现之后就会进行规劝，规劝无果可以请家门的近亲来教育批评，实在不行就更换当家人或者分家。当家人欠钱一般由家庭共同承担，当家人去世之后，由儿子们均摊父亲遗留下来的债务，"父债子偿"就是这个道理。如果当家人瞒着家里人做了不该做的事情，并且当家人的意见与其他家庭成员的意见有分歧，且明显是当家人做错的情况，当家人不仅会受到来自家门的男性近亲，例如舅舅、姑爷、老辈子等人的批评教育，严重者还会失去家庭成员的信任，被取消他的当家人资格。

张家的当家人总体而言都比较"成行"①，虽然家庭生活不够富裕，却也很少有矛盾，当家人也尽到了应尽的责任。只有张杰仁当家的时候，作为当家人的张杰仁自私自利，在大家庭搞个人特权，将家庭公共财产用于自己小家庭享受。没过几年，1950年，张礼仁就与母亲陈顺道商量，与哥哥张杰仁分家，两兄弟的小家庭从此各过各。

因此，总的来讲，虽然当家人有管理家庭、支配家产的权力，但是这种权力并不是至高无上的，更不是无法无天、为所欲为的，当家人的这种权力要想持久下去，必须要能够"服众"，要有对大家庭的责任心，公平心，在获得大家的认可与支持以后，才能继续下去，同时，当家人的权力并不是用于个人享受的私权，而是为家庭整体服务的公权。

8.家长权力的代理

如果家庭的男性家长过世，后辈全是女儿，就由女性家长担任当家人，女性家长是内当家和家庭实际意义上的外当家，但是名义上的外当家往往是女性家长娘家的兄弟。女性几乎不出门，外出上街买东西、卖粮食全靠男性。舅舅作为家里的名义外当家，或者说代理当家人，要负责家庭的一切买卖活动和对外交涉活动，家里的事情则由家庭本身的女性当家人管理。也就是说，女性当家人不仅要和代理当家人交换对外事务的意见，还要管理好家里的具

---

① 成行：此处笼统指当家人当家当得好，认真负责。

体事务。

1949 年之前，男性们穿的都是长衫，手是用衣服袖子盖着的，在街上买东西，需要"摸手"，比如买方出价两百元钱，买方就用手抓卖方的两个手指，表示两百元。之所以要靠"摸手"来协商价格，是因为社会治安混乱，街上很多扒手，甚至还有很多明目张胆的"棒客"，要是大张旗鼓地说钱，被人听见就危险了。为了安全考虑，买卖双方都必须秘密交易。当地尤其讲究"男女有别"，女性连话都不能和男性讲，根本不可能由女性上街办理买卖事务，更不用说和对方"摸手"来协商价格，加之不论是街上还是路上，都有很多土匪和强盗，女性出门非常不安全，女性非常有可能被劫财劫色。

如果家长年纪大了，已经无力管理家庭事务，家长可以将当家权力交给自己的儿子，自己继续担任名义上的当家人，让儿子负责具体事务的操办。当然，也可以将当家人的名号和具体责任一并交给儿子。

（三）家长的责任

1.掌控家庭收支平衡

一般而言，作为家庭的当家人，外当家需要承担家里所有买卖活动和红白喜事的操办，对外交往的代表也是外当家。如果一家人没有粮食吃，外当家就有责任，外当家应该更加努力为家庭创造粮食，但是若要追究责任，内当家的责任也免不了，因为"男主外，女主内"，内当家平时负责安排家庭的吃食，如果粮食没有了，也说明内当家的失职，内当家应该有计划地安排家庭粮食，例如，全家人平时一顿饭吃一斤米，在困难的时候，内当家可以根据情况，将每天的粮食调整为八两米，在粥里面多掺一些水，多加一点菜。内当家不应该让家庭出现吃不上饭的情况。因为家里实在贫穷，粮食不够吃，外当家就会作为家庭代表，去外面借粮食。1949 年以前，张家贫穷，生活困难的时候占据多数，每顿的食物只有短缺，几乎没有剩饭剩菜。

外当家掌握着家庭的统一收入，要管理家庭成员的吃穿住行，外当家在掌握家庭统一财权的基础上，还要能够保持家庭收支平衡，在宏观层面要能够"开源节流"。另外，当家人作为家庭的家长，更要保证家庭成员和谐相处，要能够及时发现家庭成员间的矛盾，并及时解决矛盾，营造和谐融洽的家庭氛围。

1949 年之前，当地的房子分布得分散，邻里之间的房屋距离不算近，加之社会风气如此，村里面的小孩根本不会随便串门玩耍，都待在家里和自己的妈妈和奶奶一起，最多就是本家几兄弟的小孩一起玩耍，因此，小孩子不可能跑远。当本家的几个小孩子发生了矛盾，几个兄弟就会作为各自家庭的代表，出面进行协调，各自管教好自己的孩子。

2.保证内外和谐

作为家庭的当家人，对内要做到"一碗水端平"，公平对待家庭的每一个成员，保证家庭不出矛盾，和谐融洽。对外必须做到有节有序、合理安排家庭支出，保证家庭收支平衡，这样的当家人，就算是好的当家人。

3.家长的更替条件

当家人若是不成行，败坏家庭财产，在外面吃喝嫖赌，就很容易失去家庭成员的信任，家庭成员就会怀疑其当家的资格和能力，并考虑替换当家人。或者，当家人在家内有私心，没有公平对待大家庭的每一个成员，甚至始终只考虑在大家庭内，为自己和自己的小家庭谋福利,这种情况一定会导致大家庭分家,或者大家庭的当家人被替换。另外一种情况,家里的父亲之前一直担任当家人,并且大家也很认可他的能力与资格,后面因为父亲年龄大了,无力再担任当家人管理家庭事务,父亲主动提出"让权",将他的职务交给年轻一代,父亲可以从当家人的位置上退下来,完全将当家的责任交给其他人。

4.双重家长制

一个家庭往往有两个家长——内当家和外当家,内当家主内,外当家主外,但是最终还是要听外当家的。外当家一般是家庭的年长男性,因此,普遍所说的当家人都是指外当家,女性的内当家地位一般不怎么被提起,只有在非常具体地说明家庭责任范围的时候,才会指出妇女的内当家地位,一般意义上的当家人都是指作为外当家的男性。

(四)家长的更替

1.更替的情况及人员

当家人的更替一般有几种情况:第一,当家人不成行,败坏家庭财产,引起家庭矛盾,其他家庭成员明显不认可他的当家人资格。第二,当家人因为生病或者其他身体原因无法照料家庭,当家人就会根据自己的实际情况进行"交权"。第三,当家人因为年老、生病或者其他原因过世,导致家庭当家人位子空缺的情况。在这三类情况中,因为当家人不成行而更换当家人的情况是极少数。除了这三种情况,当家人不可能发生更替,当家人几乎常年待在家里面,根本不敢远走进行务工和经商,因为社会治安条件相当混乱,路上土匪、强盗横行,加之还有在路上拉壮丁的保长和甲长,一旦被他们撞上,要是有钱有势、有话语权的人家还好,普通人家的男性只有认命地份儿,白白被拉了壮丁去,根本没有讨价还价的余地。

2.更替的顺序

在大家庭中,当家人的更替逻辑一般如下,如果当家人去世,并且当家人几个兄弟之间也没有分家,会首先从同辈亲兄弟当中选择接替人,此时,当家人的更替会根据年龄的长幼,由年长者接任。如果家庭过世的当家人有妻有妾,且妻妾都有儿子,一般是由妻子的儿子接替当家人。若是妻子没有儿子,妾有儿子,就由妾的儿子担任当家人。

在只有一对父母和子女的家庭,当家人去世以后,就是母亲搭档儿子共同担任当家人,儿子遇到大事情,需要同母亲进行商量,如果此时儿子还未成年,无法担任当家人,那么就由母亲担任当家人,同时请母亲的兄弟担任名义上的外当家,娘舅辅佐家庭进行对外交涉活动。

总的来讲,当家人尤其是外当家只能是男性,自家若是没有生儿子,哪怕是抱养和过继,也一定会从外面抱一个儿子回来,父亲过世以后,由儿子接替当家人的位子。招上门女婿的家庭很少很少,可能100户家庭中,只有1户家庭会招上门女婿。例如,财主家庭家大业大,且只有女儿没有儿子,财主会考虑为自己的女儿招亲戚家里的男孩子作为上门女婿。

3.更替的表现

张家更换当家人以后,家里的钥匙也会随着当家权力的交接发生转移,地契也会交给新的当家人保管。需要说明的是,家庭成员与家庭成员之间的称呼,按照血缘关系基础上的辈分进行,长辈当然可以直接称呼晚辈的名字,对于当家人,大家不会直接称呼其为"当家人",而是按照辈分关系进行称呼。家里有了新的当家人之后,不需要特意告知外面的人,大家看见家户新的当家人在对外的买卖活动中,作为家庭代表出面进行交涉,就知道家户的当家人发生变化了,以后在买卖土地等活动中,也会与新的当家人进行交涉。需要说明的是,老人还在世,提前将当家人身份传给儿子的情况,儿子在遇到大事时,往往会与父亲进行商量,毕竟当家人当家做主是为让家庭发展得更好,遇到大事与上任当家人商量,一方面是对父亲的尊重,另一方面是从父亲那里听取建议和学习经验,父亲作为家庭的上任当家人,必然积累了一定的经验,可供儿子接任当家人以后学习。

二、家长不当家

(一)家长不当家:兄弟当家

家长不当家而由兄弟当家的情况,一般是因为家长去世,家长的儿子又没有长大,无法接任家庭当家人,才会由家长的兄弟当家。张家的爷爷张有亮三十多岁就过世了,之后就是张有亮的四弟来为张家当家,也就是张礼仁的四老爷来当家。四老爷给张家当家可不容易,每一笔买卖活动都要记账,记得清清楚楚的,张礼仁的四老爷将账本交到奶奶张付氏手上的时候,账本都有好厚一摞,四老爷就是张家的代理当家人。张礼仁的四老爷为张家当家,负责张家所有的对外买卖活动,家里面就由奶奶张付氏操持,财产管理权依然在张付氏手上,张家需要买卖、租佃土地的时候,由张礼仁的四老爷出面进行交涉,但在签订契约的时候,往往不会写四老爷的名字,而是写张付氏的名字,即使写四老爷的名字,也会在后面备注"代管",张礼仁的四老爷只是张家的名义外当家。

像这种因为家长过世,需要兄弟当家,同时家长的兄弟又很多的情况,往往会优先考虑能力问题,让能力强的兄弟来为自家当家,能力弱是坚决不行的,毕竟寻找代理当家人是为了让家庭的生产和生活更好地继续下去。

(二)家长不当家:妻子当家

家长不当家而由妻子当家的情况,也是因为家长过世,家里面的儿子还没有长大成人,家长的妻子不得不挑起管理家庭的重担。需要说明一点,妻子当家的情况,妻子是内当家和实质意义上的外当家,名义上的外当家必然是一名近亲的男性,例如前面所述张礼仁的四老爷为张家担任外当家的情况。

妇女之所以不能是名义上的外当家,有如下三点原因:第一,社会重男轻女,一般只能由男性作为家庭的代表对外进行买卖活动。第二,从妇女自身的生理特点考虑,女性更加适合"主内"操持家务,同时,妇女裹脚,小脚的妇女根本无法远走,更不要提负重远走,小脚的妇女更适合待在家里。第三,1949年之前,当地社会治安混乱,强盗、土匪盛行,女性出门不仅容易遭遇抢劫,更容易被调戏和劫色。因此,家庭的外当家普遍是男性,为家庭大事做主的也是男性,女性即使担任外当家,也只能是实质意义上的,名义上的外当家还得是一名男性。

家长去世,导致女性当家的情况,女性不仅要扮演好"内当家"的角色,操持好家内的家务活动,管理好家庭的家禽家畜,还要承担一部分"外当家"的责任,外面的买卖活动虽然是由名义外当家进行,但是名义外当家交易所得还要拿回来交给女性当家人,女性当家人保管着家里的粮食、钱财等贵重物品。

如果家长临时出远门,家里就会临时交由妻子管理,小事情由妻子做决定,大事情还是得等到男性当家人回来以后才能做决定,例如家里的土地买卖、租佃等,都必须等到男性当家人回来才能下决定。实际上,男性当家人长期出远门,这在1949年以前根本不可能,一来是在路上有危险,不仅强盗肆虐,还有拉壮丁的;二来家里长期没有管事的成年男性,也容易出事,根本不敢放心远走。除非是有钱有势的大户人家,家里管家、长年工都很多,在当地也说得上话,强盗、土匪等人轻易不敢欺压,保甲长也和家庭有交情,明显不会来家里拉壮丁,男性当家人才敢放心外出。

(三)家长不当家:长子当家

张礼仁的父亲张昆全过世以后,张家先是母亲陈顺道当家,同时,陈顺道的娘舅担任名义外当家。过了几年,张礼仁的哥哥张杰仁大约有 16 岁的时候,就由张杰仁全权担任张家的当家人,张杰仁当家也只有两三年的时间,之所以只当了两三年的家,是因为张杰仁作为当家人有私心,自私自利,总想着利用大家庭的劳动成果,为自己的小家庭谋福利,例如,在添置新衣服的时候,家庭成员普遍都只有一套,张杰仁夫妻却每人有两套衣服。另外,张杰仁还总是只顾自己,大家庭的吃食总是要以他个人的口味为原则,在与母亲陈顺道商量以后,1950 年,张礼仁的小家庭与哥哥张杰仁的小家庭分家。

因此,长子当家是完全可以的,只要长子能够凡事从所有家庭成员的角度考虑问题,为大家谋福利,维护好家庭成员共同的利益,并一视同仁,不搞个人特权,同样会得到其他家庭成员的尊重和认可,其他家庭成员也会听从他的安排,整个家庭就会和谐融洽,井井有条地运转下去。

需要说明的是,长子当家的情况,长子虽然保管着家里的钱财和货物,并代表家庭负责对外的买卖活动,但长子遇到大事的时候,还是要同家长商量,例如,张杰仁当家的时候,在大事面前仍然需要和母亲陈顺道商量,目的是为家庭做出更好的决定。另外,如果某个家庭的家长年纪大,无法当家,需要在几个儿子中选一个人当家,同时家里面特别穷,弟兄们谁也不愿意接手这个烂摊子,谁也不愿意当家,这种情况就只有分家处理,几个兄弟各过各的。

(四)家长不当家:其他人当家

一般来讲,家长不当家,由其他人当家的情况非常少见。大家庭当中,若是家长去世,可以由家长的兄弟接任当家人,家长没有兄弟,儿子们也未成年的情况,由家长的妻子担任当家人,同时由妻子的娘舅担任名义外当家。小家庭当中若是家长去世,儿子们未成年的情况,也是由家长的妻子担任当家人,同时由妻子的娘舅担任名义外当家。另外,因为家长不争气,败坏家产,失去家庭成员信任的情况,当家人的更替也和上述情况一致。只是,大家庭里面如果当家人不争气,败坏家产,或者有私心,大家庭的生活很难继续,很可能会导致大家庭分家。

总之,当家人一般只能是家内的男性长辈,女性长辈当家,是因为男性长辈去世并且儿子未成年。家庭以外的其他人一般不会担任家庭的当家人,除非家庭发生变故,导致缺乏男性当家人,受邀担任家庭的名义当家人,担任名义外当家的一般都是家庭的男性近亲,例如女性家长的娘舅、小叔子。

三、家户决策

(一)决策的主体

1.家长说了算

张家的事情都由当家人说了算,具体表现为外当家管理和做主家外的事情,内当家管理和做主家内的食物安排、家务劳动等,但是这并不意味着其他家庭成员没有发言权,其他家庭成员也可以针对具体事情提出自己的意见,当家人是家庭开明的管理者,其他家庭成员同样拥有建议权。

当家人能够放心出远门的,都是在当地有势要、有话语权的大家户,如前所述,穷苦的百姓人家根本不敢出远门。当家人出远门的家庭,都会安排一位临时当家人,管理家里面的大小事情,例如财主家的管家,管家还必须是信得过的人,一般都是亲戚。反之,穷苦家庭的人根本不敢出门做生意、打工等,穷苦家庭的人,因为没有势要,没有话语权,出门走不了多远,就可能遭遇打劫和拉壮丁,家里也会遭到外人骚扰。

2.服从家长正确的决定

在张家,家长做的决定,家庭成员一般都会服从,但是并不是所有的决定都要服从,如果家长的决定不对,家庭成员也可以提出反对意见,等家长修正决定之后,家庭成员再贯彻执行。

3.指正家长错误的决定

家庭成员服从家长的前提,是家长的决定和安排都是为了家庭整体的利益,不能损害家庭成员个体的利益。尤其是在大家庭里面,如果家庭成员觉得家长的决策不正确,可以提出反对意见,能协商的就尽量协商,不能协商的就会引发家庭矛盾,更有甚者会导致分家。

(二)决策的事务

绝大多数情况下,张家的事情都是由当家人做主,其他家庭成员也没有什么意见可提,这种做主不是专制,更多地等同于当家人主动承担起家庭的责任,对家庭的事情有宏观的把控和安排,其他家庭成员只需安心做好自己该做的事情,整个家庭就能和谐有序地运转。

四、家户庇护

(一)社会庇护

1.家长出面平息对外矛盾

张家人在生产、生活上与别家人发生矛盾,由当家人出面进行调解。其他人调解的效果可能不会那么好,毕竟家户的代表是当家人,当家人说的话才能作数。如果爷爷是当家人,孙子与别人家小孩发生矛盾,依然是当家人前去协调,各自的当家人协调管教好各家的孩子,不让孩子之间再次发生矛盾。

当自家家庭成员与别人家发生矛盾的时候,为了更好地解决矛盾,当家人会首先评判双方的对错,确认是自家成员的错误,就会主动向对方道歉,尽快平息矛盾的事态,如果是对方的错误,当家人就会据理力争,努力为自家成员讨要一个说法和公道。对方实在蛮横不讲理,拒不认错,且明显是在故意欺负自家成员,当家人会提前评估一下自家是否有实力与对方抗衡,以及自身利益损害的程度,斗不过对方的就吃点亏忍让算了,下次避免与对方打交道,惹不起躲得起,毕竟事情要是闹大了,自家也只有吃亏,还要惹得周围邻居看笑话。

因此,当家庭内部成员与外面发生矛盾的时候,都是当家人出面与对方进行协调,当家人作为家庭的管理者和对外的家庭代表,说的话、做的事才有效力。女性担任当家人,作为家庭代表处理对外矛盾的情况很少,一般都是男性当家人对外处理矛盾,保护家庭成员的利益,充当调解仲裁的中间人。

2.教育和惩罚犯错家庭成员

张家如果有人犯错,当家人发现了都会进行批评和纠正,而不会不闻不问,继续助长家庭成员的不良风气,尤其是小孩子犯错,当家人更是会及时进行教育,错了就是错了,不能助长小孩不良的行为习惯,以防将来酿成更大的错误。

如果孩子犯大错被村里的负责人知道了,当家人会去找村里的人求情,保证自己以后好好教育家里的孩子,希望负责人放过自家的孩子,或者通过一些途径与对方进行私了。总之,先把孩子领回家再说,免得在外面受欺负,也免得在外面丢人现眼让人看笑话。

3.家丑不可外扬

俗话讲"家丑不可外扬",家里不好的事情都不希望往外传,被外人知道,人家就会笑话家里,说家里人没用。更有甚者,利用家庭矛盾、家庭变故,趁机欺压家庭。因此,当张家内部发生了矛盾,或者有什么不好的事情,都希望能够尽快在家庭内部消化解决,不要使事情扩大化,更不要使事情传得人尽皆知,名誉是花钱买不到的。

(二)情感支持

1.家是永远的港湾

张家成员在外面受了委屈,被欺负了,就会回家告诉家里人,一方面家里人会对受欺负的家庭成员进行安慰,另一方面,当家人会出面为家庭成员讨要说法,当家人在弄清事情的来龙去脉以后,如果确定是自家成员受了委屈,就会努力为家庭成员讨回公道,不会让家庭成员白白吃了亏。

出嫁的女儿若在婆家受到不公平待遇,张家人就会派人过去讨要说法,尤其是女儿在婆家受到婆婆的虐待和欺负,张家就会派人前去质询女儿的婆婆,如果婆婆没有办法给出合理的解释,张家人就会对婆婆实施惩罚,最典型的就是一群婆婆客用做针线的钻子,在女儿的婆婆身上到处钻,虽然不会要了人命,但是足以让婆婆承受皮肉之苦,表示对婆婆无理欺负儿媳妇的惩罚。

张家成员如果在外面过得不开心,或者在外面做事情遇到了挫折和困难,往往会更加思念家庭,渴望家庭带来的温暖和幸福,出嫁的妇女如果在婆家受气,也会更加思念娘家亲人,回娘家向父母兄妹倾诉自己心情的愿望会更加强烈。一般情况下,出嫁妇女若在娘家受气或者在外面受欺负,是一定会回到娘家向父母倾诉的,娘家人会积极出面为女儿撑腰、讨要公道,娘家人绝对不会允许自家的女儿在外面无缘无故受欺负。

2.不以成就论亲情

当地各家各户都对儿子有很高的期望,尤其是有钱人家庭,培养儿子读书就是为了儿子将来能够有出息、做大事、光宗耀祖。对于普通人家,虽然没有钱供儿子读书,但是也希望儿子能够有出息,能够将家里的农业生产搞好,多挣钱,努力让家庭翻身。但是,不管儿子有没有出人头地,家永远都是他们温馨的归宿。因此,无论如何,以血缘为纽带的家庭,作为生产生活的基本单元,都是家庭成员最重要的精神港湾,是家庭成员永远的庇护所和精神家园。

(三)防备天灾

1."棒客偷一半,火烧烧精光"

1949年之前,张家的房子都是用稻草、麦草搭建的屋顶,很容易引发火灾。另外,旱灾也时有发生,天干的年份,粮食收成尤其低。在天灾方面,令张家损失最惨重的就是火灾,俗话讲"棒客偷一半，火烧烧精光"。一旦遭遇火灾，政府又不会管，只有百姓自己承担所有损失。张家发生火灾那年，家里的生活非常拮据，就指望着地里面的粮食维持基本生活。

一般而言，百姓家庭普遍害怕火灾，因为，基本都是草房子，对火灾根本没有任何抵御能力。除了火灾，干旱、蝗灾等也是让张家人头疼的天灾，1949 年之前，当地没有农药，即使庄稼遭遇蝗灾等病虫害，也只能任其发展，没有任何解决办法。发生灾荒的时候，灾荒带来的后果由全家人共同承担，全家人在当家人的指挥之下，共同为家庭创造新的财富，共同为家庭的改变做努力。

天灾之外，张家还遭遇过好几次"人祸"，附近的棒客经常晚上结伙偷盗，家里的粮食、鸡鸭、农具等值钱的都要偷完，一旦棒客来了家里，就没有空着手离开的。要是遭贼还好一点，至少可以出面对付，偷盗的东西也不多，棒客来了家里抢劫，就算清楚地知道，也要假装不知道，任由棒客抢劫。那些棒客白天一个个都是正常人，生活在附近，到晚上就开始不安分。

1949 年之前，张家的庄稼普遍产量低，张家每年除口粮以外的剩余粮食都很少，偶有剩余就算是比较不错的年份，一般不会专门为应对灾害储备口粮。由于灾荒，没有粮食吃的时候，就只有多找野菜吃，或者少吃粮食多吃蔬菜渡过难关。在灾荒面前，张家的粮食会优先让老人和小孩吃，小孩若是没有吃的就会哭闹，老人身体弱，没有吃好也不行，在照顾老人和小孩的基础上，其他家庭成员就吃得少一些、差一些，共同渡过难关。

2.旱灾时节集体求雨

发生天灾的时候，尤其是发生旱灾的时候，村里面就会有一个承头人组织大家举办求雨活动，各家各户在承头人的组织下出钱出力。灾害期间，家里没有粮食，生活困苦，张家人就吃得差一些，慢慢混日子，慢慢熬。或者，当家人可以考虑去外面借粮食，总之，想尽一切办法使家庭度过困难时期。

需要说明的是，任何灾害发生以后，都只能靠家庭内部自己解决，国家、村庄、富裕人家等都不要指望，对于普通百姓而言，国家存在的标志，就是每年繁重的公粮和赋税任务，以及利用公权以各种名义给百姓增加赋税任务的基层管理者，尤其是保长和甲长。国家对于百姓的生活状况几乎可以用"不闻不问"来概括。1949 年以后，尤其是土地改革之后，当地百姓都有了自己的土地，百姓对国家的看法才慢慢改观。

3.家人同舟共济

在灾荒面前，张家就靠所有成员节衣缩食解决，平时能够吃上细粮，灾荒的时候就吃粗粮，粗粮就是苞谷，还有红苕等，一升细米可以换两升苞谷。在灾荒面前，张家人多数时候是吃不饱的，没有办法，只要能保命活下来就足够，好日子后面再慢慢争取。说到底，也不仅灾荒时候多吃粗粮，像张家这样的普通百姓人家，即使是在平常年份，吃食也是以粗粮和各类小菜为主。一方面，因为庄稼产量低，每年根本产不了多少细粮（大米）；另一方面，每年保长、甲长下达给百姓家庭的公粮任务和各类赋税任务都很繁重，公粮任务和赋税任务都是粮食形态，明确地说就是稻谷，张家将公粮和赋税任务完成以后，往往家里所剩的稻谷就很少了，想每顿吃米饭根本不可能。

4.逃荒并非应对之策

张家遇到灾荒的时候，会优先保护老人和小孩，让老人和小孩先填饱肚子，青年人和中年人就吃点亏,坚持一下,努力度过灾荒年景。张家人不会选择逃荒,一般就是吃得差一些,多吃小菜,少吃粮食勉强度日。在当地都没有外出逃荒,甚至举家逃荒等情况。只有少数的"讨口子",或者说叫花子,家里面实在没有吃的,就会出来讨要粮食,"讨口子"一般都是男性,并且都是残疾人。心地善良的人家,会施舍一些红苕、小菜给他们,"讨口子"几乎不可能讨到大米,因为大米对于普通人家本身就是非常紧缺的粮食。"讨口子"一般都是附近地方的人,距离不会太远,讨到粮食以后就会回家做饭。

(四)防备强盗

1.猖獗棒客防不胜防

1949 年以前,当地土匪异常猖獗,张礼仁一家遭遇过好几次土匪抢劫,农村地区往往把土匪叫作"棒客",这些棒客其实就是附近的人,他们白天老老实实就跟正常人一样,到了晚上就不安分,经常结伙到附近村庄抢劫。棒客群体打劫的规模很大,每次结伙出来的强盗,起码都有几十个人,分工合作也十分明确,有专门搬东西的,有专门担东西的,还有专门负责耍枪弄刀威胁被抢家庭成员的。在这种情况下,被抢家庭往往只能眼睁睁看着自家的东西一件件被搬走。

棒客们晚上实施抢劫,白天有专人负责踩点。举个例子,白天的时候,就有棒客装作叫花子去百姓家里要饭,这类人叫作"钩钩儿",在要饭的同时,顺道摸清家户的粮食情况、家禽家畜情况。晚上,棒客们就有目的性地进行抢盗,若是踩点的"钩钩儿"提供的情报不够准确,棒客们到了之后发现没有所说的那些财物,踩点的这个人就会被棒客团伙枪毙处理。

普通家庭没有钱修炮楼,对于棒客们的强盗行为,几乎没有任何抵御能力。棒客们在附近为所欲为,欺压百姓,他们白天有时也在路上抢过路的行人,例如,看见一个挑着白糖的过路行人,棒客们就问他"你的白糖是为谁挑的?"要是过路行人所说的老板在附近吃得开,有势要,棒客们就不敢实施抢盗,若是过路行人所说的老板在当地没有势要,只是普通百姓,那么过路行人手里的白糖必然会被棒客们抢了去。

棒客们一旦去了某家,就不可能空手离开,粮食、鸡鸭、猪羊、衣服、被子、蚊帐等他们都会拿走,尤其是鸡鸭、猪羊等一定会全部拿走。抢劫的当天晚上,棒客们就要将鸡鸭等杀来吃掉,那些负责担东西的跑腿棒客们,吃了那一顿之后就算了事。有些附近的棒客,与被抢人家熟识,在实施抢劫的时候往往会故意将脸上弄花,或者用一块布将脸遮起来,只留出两个眼睛来,被抢人家即使看到棒客的强盗行为,也不能反抗,否则就可能连命都丢了。1949 年之前,当地没有白炽灯,也没有手电筒,棒客晚上实施抢劫的时候,往往会弄一个帕子顶在头上,还有一个油纸眼子,利用清油做燃料,火光就从油纸眼子明晃晃地亮起来,等抢劫完成,出了被抢人家的门,就将油纸眼子扔了。

棒客一般会选择"二好二好"①的家庭进行抢劫和偷盗,真正有钱的大户人家,他们根本不敢偷盗。一方面,大户人家普遍修建了非常高大的炮楼预防棒客进来,大门的门柱也非常结实,大门后面还有多根门闩。另一方面,棒客经常和大户人家的财主勾结在一起,狼狈为奸,有些棒客抢了东西,还要拿一部分去给大财主进贡。更为严重的是,棒客往往和保甲长等

---

① 二好:此处指家里有一定财物且无权无势的人家,区别于特别富裕的人家和家徒四壁的穷人。

人也是一伙的,棒客抢了东西也要拿一些给保甲长,反过来,保甲长对于棒客们的强盗行为就会视而不见,任由棒客们鱼肉百姓,他们却暗地里从中获利。新中国成立前夕,当地的大队长唐文跃就是棒客的头目,棒客们偷了东西还要向他进贡。

对张家人而言,遭遇小偷的情况倒还不算糟,小偷一般就是一两个人,偷的东西也很少,把他们骂一顿、打一顿撵走,或者交到保甲长那里进行教育,也就了事一场。遇到棒客就不得了,棒客们规模很大,而且手里还有枪,被抢人家根本不敢反抗,哪怕棒客们偷的东西再多,被抢人家也只能眼睁睁地看着,自认倒霉。而且,棒客们往往和官府也有勾结,即使被抢也报官无门,无法指望官府出面主持公道。这一点,百姓都是心知肚明的。

因此,张家这种普通人家,对于棒客几乎没有任何抵御能力,一方面,南方地区没有办法像北方地区一样修建地下室,因为南方地区普遍潮湿,粮食等财物放地底下容易发霉变坏,普通人家更没有钱像大户人家一样修建高大的炮楼,防止棒客抢劫。另一方面,棒客团伙有专门的“钩钩儿”,专门负责在白天进行踩点,踩点的人会通过各种手段,打探清楚家庭的财产情况、存放位置,这对于普通家庭来讲,根本就是防不胜防。

2.多次遭遇棒客抢劫

张家遭遇的最严重的天灾人祸,就是火灾和棒客抢劫,说起来,张家一共遭遇了三次棒客的抢劫。棒客来抢劫的时候,首先会将家里的男性捆绑起来,让家里有反抗能力的成员失去反抗能力,然后要枪的人就负责拿枪指着张家成员,让张家人不敢大喊大叫,还有的棒客就负责搬东西、担东西,棒客每次来打劫的时候,最多一两个小时,就可以把家里所有值钱的东西搬空,动作非常麻利。一般而言,棒客用于捆绑家庭成员的绳索都是被抢人家的绳索,棒客们抢完东西走的时候,根本不会理会还有人被捆着,被捆的人只有等棒客走远以后,才敢让家庭成员为自己松绑。

张家的粮食、农具、牛、衣服、鸡鸭等,都让棒客给拿走过,棒客来的时候,房子里被棒客头上的火光照得红彤彤的,根本不敢有人反抗。张家被棒客打劫了一次以后,奶奶张付氏还组织修了夹墙,将粮食等贵重物品放在夹墙的柜子里面,结果还是被棒客们发现了。当时,棒客们将墙打坏以后,墙上出现了一个洞,夹墙里面的东西就被发现了,奶奶张付氏的陪嫁物品,包括银簪子、银手镯等,全部被棒客抢走,当时把张付氏气得半死。可以看到,即使修了夹墙,也防不住棒客们的强盗行为,张家这种普通人家,对棒客完全没有抵御能力,只有大户人家才有钱修建炮楼、加固大门,还安排人守夜,从而有效预防棒客的偷盗行为。

村子里倒是有巡逻队,在村子里巡逻守夜,结果万万没想到,巡逻队的队长唐文跃就是个棒客,还是棒客的头目,他们名义上是保一方平安,晚上为附近村民执勤守夜,实际上是趁巡逻的机会,伺机观察各家各户的财物情况,看准目标以后,就在某个夜晚组织一群棒客实施大规模抢劫。直到1950年“清匪剿霸”活动实施以后,当地棒客猖獗的抢劫行为,才慢慢少些。

3.有钱人遭遇“拉肥猪”

1949年之前,除了抢劫财物,当地还有棒客抢人,也就是俗称的“拉肥猪”,棒客们绑了人之后,会通过一定方式告诉他的家人,带上具体数量的钱财去取人。那些家里有钱的人,最容易被棒客绑了去,然后借机勒索他的家庭,让他的家人带上多少钱或者粮食、白糖去取人,要是不拿钱去换人,就要将被绑架的人卖去当壮丁,逼得被绑者的家人赶紧凑钱凑粮去换人。这些棒客和官府的人往往是串通在一起的,因此被绑家庭即使报官,也不会得到有效受理。

被绑者的家人必须在约定的日期和时间,带着一定数量的财物,到达棒客所说的交易地点,在被绑者家人与棒客的交涉过程中,被绑者听不见也看不见,被绑者的眼睛被布蒙起来,耳朵里面也被棒客们残忍地滴上黄蜡的蜡油,蜡油在耳朵里面凝聚成一团,根本什么也听不见,被束缚住手脚的被绑者,根本没有办法弄掉蜡油,只有等到家人将自己解救出去以后,由家人为自己清理耳朵。

村里张渊仁的父亲就遭遇过"拉肥猪",他们家的经济条件就算不错。还有一种遭遇"拉肥猪"的情况是,棒客们耍霸道,明目张胆地让那些相对富裕的家庭拿东西出来,若是那些人不拿出来,也就是土话所说的"狗得很"①,那户人的家庭成员后面就会被棒客们绑了去,棒客再对其家人实施要挟。

有些时候,棒客们也会出现"绑错人"的情况,绑了人以后发现被绑者家庭并不富裕,这样一来就算白绑了,毕竟穷苦家庭确实没什么钱财,这一点棒客们也十分清楚,关了几天之后,还是将被绑者放了回去。发现绑错了人,行动失败过后,棒客团伙会追究踩点的"钩钩儿"的责任,质问他为何情报不准确,致使绑错了人,结果负责踩点的"钩钩儿"也是一脸无奈,目标地址是对的,就是靠近河边的那一户人,结果是负责实施绑架的棒客弄错了位置,绑架了河边的另外一户穷苦人家。

(五)大快人心的"清匪剿霸"

当地属于和平解放,因而没有发生过战乱,只有1950年农历三月初一那天发生过暴动,也就是著名的"三月初一大暴动","三月初一大暴动"是当地的土匪反对共产党的行动,表现为土匪们结伙抵制解放军的进入,武力对抗解放军,因为解放军进入就是为了当地的"清匪剿霸"。然而,财主、棒客、当地官员等长期相互勾结在一起,肆意鱼肉百姓,这些既得利益主体,根本不可能轻易让解放军坏了自己的好事。

这些棒客团伙,就在1950年农历三月初一,相约在三星街的区公所武力抵制解放军,当时,解放军也被打死了好多人,那些棒客们佯装成寻常百姓,手里挎一个篮子,上面装着面,并用帕子盖着,结果篮子下面就放着手枪,趁解放军不注意,就将手枪掏出来枪杀解放军。暴动持续了两天,三月初一在三星街上,三月初二在红沙街上,最终棒客们还是没能打过解放军。

解放军制服土匪也有一定策略,解放军也佯装成寻常百姓,穿着百姓们经常穿的粗布衣服,慢慢靠近土匪,并在土匪们面前大吼"下面的解放军快要完蛋了,解放军奈何不了了"。之后,上当的土匪们就一窝蜂追到佯装成百姓的解放军所说的地点,妄图一举歼灭那里的解放军。等棒客们到了指定地点,进了解放军的埋伏以后,解放军发现机会,就用机枪大规模扫射土匪,在红沙街上,被机枪杀死的土匪起码有一百多号人。剩余的土匪见形势不妙赶紧跑,边跑边扔手里的枪。后来,共产党将暴动当天跑掉的土匪聚集起来,学习了整整三天,对于那些确实因为家里贫穷才出来当土匪的,共产党还会发补助金,劝解他们从良。这样的好事,慢慢在土匪当中传开来,渐渐地,大家都愿意拿共产党的补助金,也就顺势将土匪的组织结构、核

---

① 狗得很:吝啬之意。

211

心成员以及土匪头目供了出来,共产党掌握了这些情况之后,就开始有计划、有目的地开展剿匪行动。

"清匪剿霸"活动一直持续到 1952 年,1952 年以后,慢慢地,村子里面就清净了,长期遭受匪患的贫穷百姓,对于共产党的剿匪行动十分支持,对于共产党也是感恩戴德。因此,共产党实施土地改革的时候,百姓们都非常积极,上级通知开会,开会地点再远,哪怕不吃饭也要赶去开会,共产党倡导男女平等,女性也要参与开会,共产党时期的开会,张家大部分成员都要去参加。

(六)缺乏有效政府保护

张家是村里典型的下等人家,家里人口不多,经济条件也十分有限,根本没有天天吃米饭的机会,平时吃食以小菜和粗粮为主。但乞丐若是来张家乞讨,张家都会施舍一些粮食给乞丐,张家的奶奶张付氏和母亲陈顺道都是非常善良的人,对于乞丐,她们从来都不会拒之门外。乞丐一般都是附近的人,没有多远,若是不认识的乞丐,大家一般警惕性都很高,大家会担心这些人是棒客团伙伪装而成的乞丐,是进行踩点的"钩钩儿"。所以对待乞丐,一般分两种情况,若确定是附近的贫苦人家,张家人就会放心施舍粮食给他;若是不认识的面孔,就要多点心眼,见状不妙,还会在乞丐进门之前,提前将大门关上。

当地其实有自卫队,但并不是为百姓服务,自卫队以保为单位安排,全都是保长的狗腿子,自卫队有十几个成员。一般人还根本参与不了自卫队,必须是和自卫队队长关系好的人,才能成为自卫队队员。有钱人家庭娶媳妇的时候,自卫队就会去站队,为有钱人家庭撑排场;或者村里拉壮丁的时候,由队长指挥自卫队出动壮势;平时村里面派粮派款的时候,哪户人家若是交不起粮食,自卫队也会带枪出面进行恐吓。一般而言,普通百姓对于自卫队非常恐惧,要是不及时交粮交款,自卫队就天天来家里折腾,还要负责自卫队的伙食,因而谁也不愿意招惹这些祸端,即使自家后面没有粮食吃,也要赶紧交齐派粮派款。

1949 年以前,倒是没有人来张家借过粮食,毕竟大家都知道,张家是下等人家,没有多余的粮食。反而是张家,有时会向亲戚家借粮食进来,尤其在发生灾害的年景,家里实在无以为继的时候,张家人就会对外借粮食糊口,等自家的粮食产出以后,再及时还给亲戚家庭。

(七)家户扶弱功能

张家成员中,只有二爸张习全的妻子陈昌林是残疾人,陈昌林是瘸子,行动不那么方便,但好在陈昌林具备自理能力,基本不需要其他家庭成员照顾。平时在家里,其他成员相对会更加照顾陈昌林一些,给她分配轻松的家务活。1949 年以前,国民党政府对于残疾人没有照顾和优抚,因此陈昌林的生活只能依靠大家庭。张习全与张昆全的小家庭分家以后,陈昌林的生活就靠自己的小家庭,张习全可以下地干活。另外,张习全陈昌林夫妇还将自己名下的 15 亩土地,出租了将近一半,可以获取土地租金,作为家庭收入,维持生活。

五、家规家法

(一)没有成文家规

张家没有成文的家规、家训,只有代代相传的一些规矩和礼数,其实,当地就连大户人家都没有过成文的家规、家法,在张礼仁的印象中,就没有听说过哪户人家有成文的家规、家法。

(二)默认家规及主要内容

1.口口相传的家规

张家只有一些口头的家规,主要用于教育小孩子,比如教育小孩子要勤快努力、要做一个正直善良的人、要对老人尽忠尽孝等等。对待犯错的家庭成员,也会用这类口头家规对其进行批评教育。需要大家共同遵守这些默认的家规,整个家庭才能和睦有序。若是某位家庭成员犯了错,触犯了这些家规、家法,就会受到家庭当家人的教育,家庭内部无法有效纠正犯错成员的时候,可以直接交由家族惩罚,在一年一度的清明会上,在家族成员的共同见证下进行教育和处罚。

2.做饭及吃饭规矩

(1)妇女负责做饭

平时,张家都是由妇女做饭,男性几乎不会参与做饭,未分家的大家庭,由婆婆安排几个儿媳妇轮流做饭。一般而言,有儿媳妇同时又没有分家的大家庭,就是由婆婆安排儿媳妇做饭,婆婆作为长辈不用做饭。

具体吃什么由内当家安排,没有分家的大家庭,由婆婆安排儿媳煮饭,婆婆还要提前告知儿媳妇怎么做饭,例如每顿饭预计用多少粮食。其他家庭成员一般没有什么意见可提,毕竟在物质贫穷的年代,饭食的种类就那么一两种,没有更多可供选择的菜品,负责做饭的妇女根据实际情况安排就可以,没有多大的变动,最多就是农忙的时候,男性在地里劳动量大,身体消耗能量多,妇女可以将粥做得浓稠些,这样,劳动强度大的男性才更加经得住饿,干农活才能有劲儿。

(2)男女分开吃饭

到了吃饭的点,张家就聚在木制的方桌子面前吃饭,座次按照长幼顺序安排,最上方由辈分最大的父亲或者爷爷入座,下方位次之,右边再次,左边就是辈分最低的人入座。需要说明的是,平常只有男性才会在桌子上吃饭,妇女就在灶房吃饭,或者男性一张桌子吃饭,女性一张桌子吃饭。只有过年的时候,全家人才会一起聚在桌子上吃饭。

(3)穷人天天赶"二五八"

吃饭的时候,张家人讲究吃多少舀多少,不能浪费,小孩子盛了饭吃不下的,由其母亲将剩下的饭吃完,因为贫穷,所以张家人将粮食看得特别珍贵。一般情况下,张家每个成员吃的饭都一样,都是一锅做出来的,但坐月子的妇女和怀孕的妇女可以吃得好一些,让婴儿有更好的奶水和营养。

张家人在农忙时候会比农闲时候吃得好一些,尤其冬天农闲的时候,张家人赶"二五八"——一天只吃两顿饭的情况很多,即只吃早饭和中午饭,晚上不吃饭以节约粮食。需要说明的是,"二五八"的说法是当地百姓在生活困苦条件下,将赶集的日期与家庭的吃饭顿数结合起来的一种自嘲方式。农历每月逢二五八在一个地点赶集,逢三六九在一个地点赶集,逢一四七又在另外一个地点赶集,因此,大家就用"二五八"比喻一天吃两顿饭,"三六九"比喻一天吃三顿饭,"一四七"比喻一天只吃一顿饭。

(4)盛饭讲究自助、节约

张家人平时吃饭的时候,一般是成员自己盛饭,吃多少盛多少,有行动能力的老人也是自己盛饭,当然,也可以由儿媳妇为老年人盛饭表示孝心,张家人平时在这方面也比较随便没有特别严格的规矩。另外,平时家里吃饭,动筷子也没有先后顺序,大家都是尽快吃了饭就去忙自己的事情,男性继续下地干活,女性就收拾碗筷、整理家务,没有那么多讲究。一般而言,饭后由婆婆安排儿媳妇进行碗筷的收拾,并将锅碗清洗干净。但是过年、来客人或者参与酒席的时候,动筷子的顺序就很讲究,这是必需的礼数和规矩。

张家人吃饭的时候很少说话,尤其是在农忙的时候,男性们都赶紧吃完饭就继续下地干活,根本不会在饭桌上多说话。只有农闲时节或者过年的时候,大家吃饭的速度会放缓,还会喝酒聊天。农忙的时候,一般不需要安排家庭成员送饭,妇女在家做好饭以后,就会出门叫地里的男性回来吃饭,大家就放下手里的活儿,聚在一起吃饭。1949 年之前,当地百姓往往特别勤快,大清早起床还要先下地劳动一会儿,再回来吃早饭。所以做好饭以后,早上和中午,做饭的妇女都需要去地里叫干活的男性回来吃饭,只有晚上不用专门去地里叫吃饭。

（5）长工们的"楼门子"聚餐

雇佣长工的大户人家,长工不会和本家一起吃饭,长工一般都聚集在固定的地点吃饭,也就是"楼门子"[①],长工吃的饭由大户人家的伙房安排,没有请伙房的家庭,就是由大户人家的妇女自己做饭,伙房或者大户人家的妇女做好饭以后,大户人家请的放牛娃就兼职跑腿,将饭菜端到长工们面前,长工们吃的饭菜要比大户人家成员差一些。农忙时候,普通百姓家庭雇佣短工干活,短工一般和本家男性一起吃饭,饭菜由本家的妇女安排。对于大户人家,一般只会在农忙的时候雇佣短工,因为农忙时候地里忙不过来,大户人家会将短工和家里的长工安排在一起吃饭。外人一般称呼雇主或者主人为"老摇",作为被雇佣的长工和短工,就根据情况,将雇主家里的人称呼为"老爷""少爷""夫人"等。

3.入席及座次规矩

张家是小家庭,人又少,平时不讲究那么多座次规矩,总体而言比较随便,但是晚辈是绝对不敢去坐上方位的。家里来客人的时候,座次会相对讲究一些,来客同样会根据辈分被安排在合适的位子上,一般以上方位为上座,也就是正对堂屋屋门的座位为上座。

当客人主要为本家亲戚的时候,严格按照辈分安排座位。当客人有奶奶的娘家、母亲的娘家、姐妹的婆家、自己儿女的亲家等亲戚时,主人一般会将奶奶的娘家安排在最尊贵的位置。但实际情况中,谁也不愿意主动坐上座,大家都比较谦逊,比较尊重其他人,大家心里都是有规矩和礼数的,不会莽撞地摆老大姿态,否则是非常没有规矩和礼数的行为。当客人主要是邻居的时候,同样依据辈分和岁数来安排。但是,邀请当地财主、保长、甲长等人的时候,为他们安排座位主要根据对方的官衔进行安排,官衔最大的人坐上座,其他人依据官衔次之。若亲戚和官府的人同时来做客,主人一般会将当官的群体安排在主桌,亲戚稍微次之。

4.请示与告知规矩

张家农业生产的进行,都是当家人根据季节适当安排,其他男性家庭成员听从当家人的安排,和当家人一起,主动承担农业生产的具体活动。

每餐的吃食由内当家安排,内当家根据家庭粮食储备情况进行适当安排,但新衣服的添置、家庭生活必需品的购买,以及购置田业等,则是由当家人(外当家)统一安排,当家人掌握

---

① 楼门子:指下厅房,下厅房是当地房屋布局中的一类房间类型。

着家庭的财权,这些需要支出资金的事情,由当家人安排和付钱。另外,小孩上学也是由当家人带去找先生,并支付给先生粮食。

张家成员的外出活动,例如去庙宇烧香,也需要提前告知当家人,当家人就会在上街的时候,提前购买好烧香需要用的香蜡纸钱。男性老当家人过世以后,老奶奶还在世的情况,家中成员遇到问题,一般是向新当家人请示,并由新的当家人做决定。如果家庭成员觉得新的当家人做事情不公道、不合理,就可以向家中的老奶奶请示,由老奶奶依据自己的经验和资历,对年轻一辈的当家人进行劝解,帮助年轻的当家人做出正确的决定。

总的来讲,张家成员向当家人请示的时候,都比较简便和口头化,起一个告知的作用,家庭成员一般不会提出过分无礼的要求,当然,当家人也不会许可。遇到比较重大的事情,当家人会召开家庭会议,听取家庭成员的意见,征求家庭成员的同意,力求做出最好的决策。

5.请客和待客规矩

生产活动中的请客活动很少,即使是有钱人家庭请了长工,也不会特意安排上工酒、下工酒,借用别家生产工具或者牲畜也不会安排请客。一般只有家庭发生土地交易活动才会请客,也就是说,买进土地或者租出去土地都要安排请客,因为土地交易活动需要邀请见证人,见证人负责见证土地交易双方契约的签订,土地买卖双方为了对见证人表示感谢,自然会安排请客。

张家一般只有红白喜事才会请客,请客都只会邀请亲戚,很少会邀请邻居等外人,老年人祝寿是非常少见的事情,同时,老年人祝寿也只会告知亲戚,不会邀请邻居。另外,定亲、生孩子、孩子满月都不会专门请客,在贫穷的年代,大家基本上不讲究这些。而且,不论哪种类型的宴请活动,都不会下帖子,就一个原则——万事从简。

一般而言,举行宴请活动时,无需邀请村里的财主、村长、保甲长等村庄管理者,就连本家家族的其他人都不会邀请。邀请保甲长等村庄管理者的情况很少,例如,从不太熟悉的人那里买进土地,需要邀请保甲长当见证人,见证契约的签订过程。因为从不太熟悉的人那里买进土地,最怕双方以后因为土地问题发生纠纷,保险起见,买进土地的一方就会邀请当地有头有脸的保甲长为自己做见证,见证土地契约的制定和签署过程,日后一旦双方因为土地问题产生纠纷,保甲长可以从中协调,并就当初签订的契约进行裁决。

张家请客的时候,尤其是办理红白喜事的时候,会请专业的厨师团队帮忙操办,酒席需要用的厨具例如碗筷、勺子等,都由厨师团队一并带来。亲戚也会跟着一起操办,厨师团队的酒席餐具一般不那么齐全,有时还需要从邻居家里借桌子、板凳。张家请客一般就几桌人,最多 10 桌人,大财主家庭的酒席可以达到 20 桌,甚至更多,大财主家庭社会关系丰富,很多人都会前去捧场。兴办酒席的时候,有钱人家庭还会专门安排陪客师陪客,尤其是娶媳妇的时候,有钱人家庭会安排陪客师陪贵客,不仅有陪客师,还有支客师,支客师负责安排客人正确入座。陪客师主要负责接待客人,并根据实际情况为客人添饭倒酒。陪客师一般是家里辈分较高、能说会道的人。贵客会被安排在堂屋的主桌,以娶媳妇的酒席为例,一般将送亲的人和媒人看作贵客,贵客由主人家安排陪客师接待,主人家对待贵客往往会更加上心。财主、保甲长等人在百姓心里算不上贵客,最多就是因为他们的职务,对他们比较尊重而已。

开席与散席倒是没有什么讲究,酒席菜品一般比较少,只有十几个碗,九斗碗就只有九个菜,加上汤品一共才十个碗。嫁女儿和办丧事一般只有九个碗,娶媳妇就是十二至十四个碗,娶媳妇的第二天早上,当地还流行花开酒,宾客们吃了花开酒就慢慢散去。宴席当中,将大部分的菜上了以后,就会发筷子,然后每桌就可以开始动筷子吃饭了,一般开席之前主人家会作简单的发言和致辞,对大家的到来表示感谢和欢迎。此后,宾客们根据自己的情况,吃得差不多就可以准备退席,这个过程没有什么讲究。

6.房屋建构及进出居室规矩

(1)房屋朝向大有学问

张家的房屋坐南向北,房屋的朝向是根据当家人的生辰八字,请阴阳先生看期之后决定的,房屋的朝向必须要与当家人的生辰八字相顺,才有利于自家的平安和顺利。有一年,张家的卧室门开错了方向,结果那一年张礼仁的大女儿就生病了,还差点没了命,张礼仁赶紧找到阴阳先生,阴阳先生去张家看了以后,发现张家的卧室门开在了煞方,对家庭不利,张礼仁回去以后,赶紧用砖将那道门堵了,并根据阴阳先生的指示,重新开了一道门,慢慢地,张礼仁的大女儿才好起来。房屋朝向包括门的朝向,都非常有讲究,千万不能开在煞方,否则家里要出大灾难。

房屋的修建和布局都需要看风水,也就是请阴阳先生看开工的日期和朝向,请阴阳先生看风水需要支付费用,费用多为粮食。需要说明的是,修建新房必须请阴阳先生看风水,否则,没有规矩地乱修房子,触动了煞方,家里要出人命。另外,每年的腊月十六"倒牙",倒牙之后,如果需要对房屋进行局部的调整和修补,就不用请阴阳先生看风水了,因为普遍认为倒牙之后,煞气就不存在,对房屋进行局部调整和修补也不会触犯了煞气。

(2)两同堂的房屋结构

1949年之前,张家的房屋起码有十间,分为好几类,有堂屋、卧室、灶房、猪圈、下厅房,下厅房就是前排靠近大门的房子。待客一般在堂屋进行,平时家里吃饭也是在堂屋。需要说明的是,堂屋一般有两类,一类叫作正堂屋,一类叫作侧堂屋,举个例子,家里办理红白喜事的时候,男性主客在正堂屋入座,女性主客就在侧堂屋入座。

卧室的分配没有什么特别的讲究,但是,男女有别,未结婚的子女,都是男孩子和男孩子一起住,女孩子和女孩子一起住。张家的卧室一般和堂屋在同一排,中间是堂屋,两边是卧室,"长五间""长七间",就是堂屋两边各有两间卧室和三间卧室的情况。虽然堂屋两边各有几间卧室,但相邻的两间卧室往往并不相通,靠近堂屋的卧室可以直接从堂屋进入,但是最里面的卧室不能由靠近堂屋的卧室穿过去,最里面卧室的门,往往是从外面开的,若是"长五间"、"长七间"的卧室没有多余,被父母和兄嫂住了,未出嫁的年轻子女会被安排到下厅房居住。家里面的房间,除了自己的卧室,其他地方都是公共的空间,大家都可以进出公共空间,私人空间例如个人的卧室,其他人一般不会也不能随便进出。

有长工的大户人家,长工一般也是居住在下厅房,有钱人家的房子都是三同堂、四同堂,也就是有几排房子的房屋结构,整个外面还有一个大门。张家就是两同堂的房屋结构,下厅房靠近路边的那堵墙,就是院墙,院子里是泥地,遇到下雨的天气,地上就很泥泞,走路都不方便。院子里放一些小农具,圈养一些小家禽,此外没有其他的东西。

1949年之前,当地百姓普遍很勤快,晚上吃过饭还要找些事情做,睡觉一般很晚,尤其是妇女,在晚饭过后会纺棉花,缝补衣服,男性相对而言要睡得早一些,当然,男性早上起床也早。1949年之前,当地没有时钟,一般公鸡早上第一次打鸣,大概是天蒙蒙亮的时候,大家就会起床,起床以后,男性先去地里干活,妇女就在家做饭,等饭做好以后,妇女再将男性叫回来吃饭。

(3)家长调控家庭房屋

如果有家庭成员结婚需要使用新房,当家人会进行安排和布置,家里儿子的房间一般从小就定好了,等儿子结婚的时候,再将他的卧室稍微进行布置就可以。在家庭房屋的居住方面,张家没有什么特别的规矩。但是进出居室有一定规矩,尤其是公公不能进入儿媳妇的房间,公公进儿媳妇的房间是败坏风俗的事情,哥哥也不能进入弟媳妇的房间。反过来,儿媳妇也不能进入公公和大哥的房间。张家讨论事情,一般是在吃饭的饭桌上进行,也就是在堂屋里进行,空闲时间,大家都待在各自的卧室里,不会随便进出他人的房间。

7.制衣洗衣的规矩

张家人的衣服由家里妇女缝制,具体而言,已婚男子的衣服由自己的妻子缝制,未婚男子的衣服可以由嫂子或者母亲缝制,未出嫁的女儿若是还小,就由母亲或者嫂子缝制衣服,等大一些学会针织活以后,就为自己缝制衣服。当然,有钱一些的家庭,可以请裁缝制作。

男性老人的衣服一般由老人的妻子和女儿洗,若是女儿出嫁、妻子过世的情况,老人的衣服就由儿媳妇洗。未成家儿子的衣服,若是自己忙得过来,就由自己洗,若是农忙时节忙不过来,可以由母亲洗,张礼仁成家之前,衣服都是自己洗的。需要说明的是,在当地男性也可以洗衣服,但总的来讲,虽然男性也会洗衣服,但只有女性为男性洗衣服的情况,没有男性为女性洗衣服的情况。

因为距离河水相对比较远,同时,附近水塘的水源又比较好,因此张家人一般都是在水塘边洗衣服。洗衣服用皂角或者油骡子,豌豆秆烧成灰以后,用来洗衣服也是好东西。张家人的衣服大多都是由粗布制作而成,粗布就是纺得很粗糙的厚布。总体而言,用豌豆秆烧成的灰洗衣服,效果比皂角和油骡子好得多,因为豌豆秆烧成的灰特别吸汗,洗衣服的效果就特别好。

洗衣服还要用棒槌敲,或者用刷子刷,棒槌是自己砍树枝做成的,刷子则需要上街购买,1949年之前,洗衣服用的刷子都是竹刷子,上面是鬃毛。洗衣服一般用木桶,很少用盆洗衣服。洗衣服的木桶就是平时用于洗脸的木桶,有钱人家庭买得起铜盆,就是用铜盆洗脸。洗完衣服的水可以倒在水塘里,也可以倒在水塘外边,没有什么特别的讲究。洗完衣服后,由洗衣服的人顺便将衣服晾起来,因为没有衣架,衣服就直接晾在竹竿上。需要说明的是,男性的衣服和女性的衣服要分开晒,不仅要分开晒,男性和女性的衣服还不能晒在同一条竹竿上。同时,女性的内衣内裤要在家里面晾晒,不能晒在外面路人可以看见的地方。

总的来讲,男性和女性的衣服不仅要分开浸泡、分开洗,还要分开晾晒,一旦妇女坏了规矩,婆婆就会进行批评教育。洗完衣服,将男性和女性的衣服一起提回来的时候,女性的衣服只能放在下面,男性的衣服才可以放在上面。

(三)家规家法的制定者

张家没有成文的家规家法,只有口头传承的一些家规家法,这些家规家法从上一代人那里传下来,通过长辈教育晚辈的形式,一代一代传承下来,并用于规范家庭成员的言行。

(四)家规家法的执行者

当家人作为家庭的管理者,更加应该将家规家法遵守好,以身作则,俗话讲"上梁不正下梁歪,中梁不正倒下来",若是长辈都不遵守家规家法,晚辈就会跟着学坏,整个家里就会乱套。家庭成员若是违反了家规家法,做出大逆不道、伤风败俗、偷鸡摸狗的事情,就会受到当家人的批评和教育,情况严重者会被交由家族处理,由家族在清明会的时候进行严厉处罚和教育。因此,张家成员在平时的生活中,必须谨记家规家训,努力做一个堂堂正正的人,不能触犯这些家规家法,否则就会受到不同程度的批评和惩罚。

(五)家规家法的影响力

张家成员通过代际之间口口相传将家规家法传承下来,并将家规家法作为家庭成员为人处世的原则和方法。小孩子主要由其父母来教家规,爷爷奶奶可以对小孩父母的教育方式提出建议。家庭成员触犯家规之后,会受到一定的教育和惩罚。家规家训涉及的方面有很多,主要用于教育家庭成员,学会堂堂正正做人,不能偷鸡摸狗,不能大逆不孝,不能伤风败俗,获取财富要通过正规合法的途径和手段,用自己的勤劳换取财富。总之,家规家法就是教育家庭成员,合情合理合法地追求幸福生活。

(六)家庭禁忌

1.生产上的禁忌

在农业生产方面,当地没有什么顺口溜和老话,主要就是按照节气进行农作物的轮种。也就是说,必须按照节气(自然规律)安排农业生产的进度,不能违反自然条件进行农作物的耕种。

2.生活上的禁忌

在婚姻方面,新娶进来的媳妇,正月初七不能做饭,要让新媳妇在这一天休息,若是儿媳妇在这一天进了厨房,就非常不吉利。另外,新娶进来的儿媳妇,在第二年的正月回娘家拜年以后,那个月都不能再回娘家,必须过了正月,进入二月才能再次回娘家。

吃长素的妇女,因为被算命先生测算为八字不好、命里克夫、不能嫁人,一辈子只能待在娘家。这样的妇女,为了下辈子有一个好的八字,能过上正常的夫妻生活,享受家庭幸福,会通过常年吃素念经来弥补自己此生的罪过,她们希望通过余生不沾荤腥,为下辈子积攒福报,过上幸福的生活。

在丧葬方面,家里若是有老人去世,在老人出殡之前,家庭成员只能吃清油炒制的菜,不能吃猪油炒制的荤菜,也不能吃其他的荤菜,同时,家庭所有成员吃饭时必须站着,不能坐板凳。而且,家庭成员在这期间不能洗脸,妇女不能梳头。另外,家里若有丧事,家中在一百二十天之内都不能再办喜事。

过年和春节期间,正月初一不能用针,也不能扫地,腊月三十晚上睡觉不能关灯,这些习俗和禁忌都是从上一辈那里传下来的。

3.违背禁忌的后果

从上一辈那里传下来的禁忌和规矩,张家人都会主动遵守,没有谁会主动去冒犯,只有小孩子不懂事,偶尔会违背这些禁忌。小孩子违背禁忌以后,家里长辈及时进行批评和教育,督促他们改正即可。

(七)族规族法

在家族层面,张家家族没有族规和族法,而且,对于张家成员而言,家族的主要活动就是一年一度的清明会,以及定期的家谱修订活动。除此以外,家族层面再没有其他集体活动和成文规定。

六、奖励惩罚

(一)口头表扬

一般而言,在张家的生产生活中,对于表现优异的家庭成员,家长会提出口头表扬,物质性的奖励是没有的,一来,经济条件有限,没有足够的资金支持奖励行为,二来,没有对家庭成员的优异表现实施物质奖励的先例,普遍认为全家人一起努力,踏踏实实把日子过好就行。

(二)对家庭成员的惩罚

1.惩罚主体

张家的当家人作为家庭的管理者,有权力对犯错成员进行教育和批评。一般而言,家庭内部在惩罚小孩的时候,亲戚、邻居、熟人等家庭外部人员不会介入,父母管教不听话的孩子那是天经地义,若是外人随意介入,反倒有些越俎代庖的意思。儿子若是好吃懒做、偷鸡摸狗,绝对会遭到当家人的教育和批评。若是儿媳妇们在生活上犯错,例如洗衣服的时候,将男性和女性的衣服混在了一起,婆婆就会对儿媳进行批评,告诉儿媳妇下次不要再犯同样的错误。

家里的小孩子如果做错事,例如偷了别人家的东西,或者打了别人,爷爷当家的情况,依然由小孩子的父亲代表孩子去给别人道歉,作为孩子的父亲,没有管教好自己的孩子,理应出面向对方家庭道歉。若孩子的父亲过世,就由孩子的母亲承担事情的主要责任,该道歉就道歉,该赔钱就赔钱。

2.惩罚对象

张家的惩罚办法只针对家庭内部成员,对于家庭外部成员,家户之间是没有权力和资格进行惩罚。即使对方家庭成员触犯了自家成员的利益,也必须告知对方家庭,由对方家庭对犯错成员进行惩罚,更重要的是,要尽力和对方家庭协商如何弥补自家的损失。在张家,家庭成员往往比较害怕当家人,具体表现为儿子害怕父亲、妻子害怕丈夫,当家人就是家庭的"大法官",他会对家庭成员的行为进行评估和"定罪",并根据具体情况进行批评和惩罚。

3.惩罚的具体形式

张家惩罚犯错成员的常见形式是批评和打骂,对于犯错的家庭成员,批评是肯定少不了的,是否打骂,则要根据实际情况来定。总体而言,张家解决问题的方式比较温和,很少采用打骂的形式,通常以批评教育、纠正错误为主。

七、家族公共事务

(一)男性代表家庭参与

张家家族的公共活动只有一类,那就是一年一度的清明会。张家的全部男性都要参加清明会,但女性一般不能参与清明会;没有儿子且丈夫已经去世的寡妇家庭不参加清明会活动。另外,过继进来的儿子可以参与家族的清明会活动。

(二)清明会最是隆重

张家家族没有举办过大型的祭祀活动,家族层面最隆重的活动是一年一度的清明会,举办清明会的主要目的,是让家族成员相互认识,在以后的某个场合,家族内部的成员,见了面才能根据辈分进行恰当称呼,不至于分不清长辈和晚辈,乱了分寸。

举办清明会的资金主要来源于家族公共土地租佃得来的土地租金,这部分公共的土地是张家家族的老祖先提留出来的,就是解决为了家族公共开展活动的资金问题。若是家族公共土地的租金不够举办清明会活动,各家各户还可以筹集一部分资金,或者干脆不筹集资金,大家就吃得差一些,趁清明会的时候聚一下,相互认识即可。但有一类食物是各家各户必须贡献的,那就是生了儿子的家庭,要带一只公鸡参与清明会,生了女儿的家庭,要带一坨豆腐参与清明会。

家族筹款的情况还有一类,那就是家族修建家庙或者祠堂,各家各户不仅要出钱,还要出木材。需要说明的是,出资金和出劳动力都是按照自愿原则,各家各户可以根据自家的情况决定具体贡献多少。若是家族内部各个家庭凑到的钱不够修建家庙或者祠堂,家族当中就会有承头人去外面化缘,借助社会力量凑齐修建家庙的资金。除了举办清明会和修建家庙祠堂,家族会集体筹资以外,其他情况都不会筹资。对于家族内部生活条件困难的家庭和个人,以及学习成绩优异但家庭经济条件困难的个人,家族一般也不会筹资进行资助,这些情况属于家户的私事,家族不会进行统一管理。

八、家户纵向关系

(一)家户与会社

1949年以前的矮桥村,没有任何会社组织,一家一户的属性很明晰。对于张家人而言,集体活动只有一年一度的清明会,除此以外,再没有其他形式的集体活动。同时,张家这样的普通家庭,男性几乎终年被束缚在土地上,女性则常年在家操持家务,负责做饭、管理小孩子以及饲养鸡鸭等家禽。

(二)家户与保甲

1949年以前,张家所属的行政单位叫七保,保是按照地域范围划分的,张家所在的七保一共生活着张氏八房人。每一年的公粮任务摊派,也是由保甲长,根据一个保需要缴纳的公粮,分摊给张氏八房人,但是保甲长的这种分摊公粮行为,具有很大的不确定性,他们往往会利用公权,给普通百姓多分摊公粮,为自家和有权势的人家少分摊公粮。

张家就遭遇过这样的不公平待遇,但无权无势更没有话语权的张家,只能白白吃了哑巴亏。每年的粮食收成,张家人都会首先用于缴纳各种公粮农税,然后才能有自家食用的份儿,一旦没有及时缴齐公粮农税,保长甲长就会派出保安队对欠粮农户进行催粮,搅得家户鸡犬不宁,而且,欠粮农户还要单独支付保安队出动的工钱,这在1949年以前的矮桥村是再常见不过的事情。所以各家各户无论如何都会想办法,首先交够各类公粮赋税。

除了缴纳公粮农税,保甲长还会利用公权乱拉壮丁,没有任何原则可言:一方面,为了完成上级下达的征兵任务,他们会瞄准普通农户家庭的男性;另一方面,又故意为权势人家的男性躲避壮丁任务。有时候,保甲长还会借拉壮丁的名义骗取百姓的"壮丁款",普通百姓家庭不明就里,为了帮助家人躲避被拉壮丁,只能老老实实交出所谓的"壮丁款"。

在保甲长这种利用公权为非作歹的情况下,普通百姓对于保甲长一般避之唯恐不及,平时几乎不会与保长甲长有任何的接触与交涉。家境贫穷、没有话语权的张家就是如此,平日里,张家人都是夹着尾巴做人,一点不敢得罪权势人家和官府人员。但在土地买卖中,一般需要邀请保甲长,见证土地买卖双方签署协议,买卖双方日后一旦发生纠纷,保长甲长作为当地有头有脸的人物,可以从中协调,并根据当初签订的买卖协议,对双方的行为进行定性,从而解决矛盾。张礼仁一家与二爸张习全的小家庭分家以后,张习全夫妇出租了名下近一半土地,出租土地时,张习全夫妇邀请了保长甲长进行见证。

(三)家户与县乡

张家家境贫寒,社会关系简单,与县乡一级的政府官员几乎没有任何交集,也没有因为一些纠纷打过官司,与外部发生矛盾的时候,多是靠自家解决,或者实在斗不过对方,自家吃点亏也就了事一场。对于张家而言,打官司几乎是不可行的选择,保甲长已经让张家人失去信心,他们根本不是公正的裁判者。

九、村庄公共事务

(一)参与主体

1.派粮派款会议

1949年以前,张家所属的七保村庄会议很少,只有上级派粮派款的时候才开会。村庄会议由各家各户的男性当家人参加,如果是女性当家的家庭,参与开会的人一般不会是女性。如前所述,女性当家的家庭,一般会有一个名义外当家,村里开会也是由名义外当家参与。说到底,开会根本不叫开会,就是被通知各家各户交多少粮食,交多少钱款。数额都是保甲长安排好的,普通老百姓根本没有提意见的份,被告知多少就是多少,没有一点协商的余地。

2.税务分类缴纳

国家下发的公粮任务,在保甲长召集大家开完会以后,各家各户就自己拿粮食到街上的办事处进行缴纳。国家公粮任务以外,保甲长私自给各家各户安排的款项,例如保甲长的工钱和壮丁款,就是保甲长亲自到各家各户征集,要是百姓没有及时缴纳这些款项,保长甲长就会派自卫队带步枪进行恐吓,同时,被恐吓的家户还要额外支付工钱给自卫队。国家的公粮任务还有一张票据,保甲长安排的款项,缴纳之后连票据都没有,就白白地跑进保甲长的腰包。

总体而言,在张家人看来,国民党时期的会议很少,大多数时候,百姓们都是被通知的状态。共产党时期的会议就多了,老话讲"国民党款多,共产党会多"就是这个道理。

3.会议频次极低

除了派粮派款会召集大家开会进行摊派,其他时候,当地没有任何类型的会议,百姓的生活状况与官府也没有更多的联系。一旦保甲长通知需要缴纳公粮或者杂税,百姓们就会想尽一切办法完成任务,为的就是不给自家惹麻烦,能够安安稳稳过日子,不受保安队的骚扰。

4.修桥修庙自愿筹资

1949年以前,张家所在的七保没有修过公路,全是泥路。庙宇的修建过程中,出钱、出力都靠各家各户自愿，不做强制性要求，包括修桥也是如此，基本全靠自愿出资、出力，但出力的只会是男性，女性从来不会参与。筹集到的资金若是不够，就会有一个承头人组织安排化缘。例如，修新桥的时候，是这样一种筹资方式：大户人家多出一些钱，穷人就根据自家情况少出一些钱，中等家庭就没得选择了，承头人会为中等家庭指定一个标准，中等家庭必须交够那个金额，但这个金额是中等家庭可以承受的。这样一来，三个等级的百姓家庭就都贡献了自己的力量，并可以将修桥的资金有效筹集起来。

从实际情况来看，当地百姓对修桥的热情普遍很高，毕竟，如果没有桥的话，大家都无法过河，要知道，没有桥之前，因为过河被淹死的人不在少数，大家也十分清楚这一点。另外，有钱人家庭往往会主动多出一些钱，因为有钱人家庭生意往来比较多，运输的时候也比较多，需要过河的情况相对更加多一些，修桥的愿望就会更加强烈，自然会更加积极。

需要说明的是，修桥的承头人一般不是官府的人，官府根本不会管理这些事。大多是有钱的大户人家承头，组织百姓修桥，大户人家为了自家的生意往来、运输物资方便，就会主动承头修桥，其他村民为了自己过桥安全、方便，也会主动参与进来出资出力。在修建庙宇方面，大家也比较积极，百姓对于神明和菩萨普遍有种敬畏之心，承头人号召大家筹资修庙宇，大家就会主动出资、出力。

5.家户自主打井

饮水方面，当地每家每户都有一口水井，没有集体的水井。各家各户为了方便，就会自家出力安排打井。1949年之前，当地房屋密度小，房屋之间普遍距离较远，若是自家没有水井，就要走很远去别人家的水井挑水，非常不方便，因而各家各户都有水井，水井大多从祖辈手里一代代传下来。

6.百姓自发的集体活动

1949年以前，张家所在的七保，没有官府组织过集体娱乐活动，偶尔的集体娱乐活动都是民间自己组织，例如求雨活动之后的"鬼棒棒戏"。百姓平时的生活相对比较单一，没有丰富的娱乐生活。

7.当家人负责税款缴纳

缴纳各类款项时，张家都由当家人负责，其他家庭成员做不了主，说的话也做不了数，当家人为了家里的安宁，往往会按时按量将各类款项交齐，否则保甲长就会派自卫队对家户进行恐吓，没有商量的余地。与保长甲长串通在一起的财主家庭可以少交公粮，他们少交的部分实际是转移到了普通百姓家庭，因而最终吃亏受苦的还是贫苦、没有话语权的广大老百姓。

8.灾害自主治理

在天灾人祸面前，各家各户全靠自己解决，自己想办法度过困难，村庄和家族都不会为家庭解决困难，谁家发生了天灾人祸，谁家就自己咬牙坚持，等下一季度的庄稼收成以后，生活才会好过一些。遇到天灾人祸，家里实在没有口粮的时候，张家人就会找亲戚借粮食。

9.保安队形同虚设

当地没有过战乱，只有匪患，村里的保安队只是挂名，保安队名义上是为了维护一方平安，实际上却是助纣为虐，对于严重的匪患根本不管，反而只知道吓唬老百姓。保安队队员穿着黄色的制服，手里扛着步枪，拉壮丁的时候、催百姓交公粮公款的时候，就开始狐假虎威，吓唬老百姓，夸张一点讲，普通老百姓看了保安队的队员，魂都要被吓掉。

晚上的巡逻组更是形同虚设,一旦哪家哪户遭遇棒客的抢劫,也只有自认倒霉,根本报官无门。即使报官,官府也不会真正受理,甚至有些官府的人就是棒客团伙的头目。这样看来,百姓根本没有更多的出路,一旦被棒客打劫,也只能依靠自家渡过难关。

(二)自发筹资

村里需要筹资的时候,全靠各家各户自愿,因为筹资的目的都是对大家真正有用的,例如修桥、修庙宇等,因而大家也都比较积极。根据自家的经济情况做出贡献,有钱人家多出点,穷苦人家就少出点,各家各户的当家人将自家能够拿得出的资金,交给组织筹资的承头人就可以了,承头人会安排具体动工事宜。

(三)自愿筹劳

筹劳和筹资是一样的道理,也是各家各户按照自愿原则进行,愿意出劳力的就出劳力,没有强制性的要求。但实际上,1949年以前,需要筹资、筹劳的时候很少,修一次桥可以用好多年,加之筹资、筹劳都是由百姓自己承头的活动,目的也是为了大家方便,因而大家普遍比较积极,就连雇佣的修路工人,也会主动提出少算一些工钱。

十、国家事务

(一)纳税

1.以家户为单位纳税

1949年以前,纳税以家户为单位进行,以国家的公粮任务为例:国家的公粮任务大概是按照土地面积进行摊派的,但实际操作中,保甲长为了减轻自己的公粮负担,往往会故意转嫁公粮任务,让自己少交一些公粮,百姓多交一些公粮。每年收税的时候,保甲长就会告知各家各户,缴纳公粮农税在街上进行,缴纳其他各类杂款,就是在各家各户进行,例如,缴纳保长、甲长款、壮丁款的时候,保长甲长就会到各家各户门前喊叫,出来应门的不管是男性还是女性,只要将他们需要的税款交齐就可以。

张家所在的七保一共有八房人,都是张氏家族的人,国家公粮任务下派的时候,直接分摊给八房人。以张礼仁这一房支为例:该房支一共有三十亩土地,公粮任务就是按照三十亩土地来分配,大家庭内部如果分了家,大家庭内的各个小家庭再根据各自土地占有情况进行分摊,二爸张习全与张礼仁一家分家以后,就是两个小家庭各自承担十五亩土地的公粮任务。

每年纳税的量不一样:一方面,因为国家每年下达的公粮任务不一样,百姓需要缴纳的量也不一样;另一方面,因为保甲长会利用公权,私自调整各家各户的公粮任务,根本没个准。另外,每年纳税的种类也很多,没有具体的纳税时间,一个月缴纳三次税款的情况都有,每年缴纳各类税款,少则四五次,多则十几次,壮丁款、保甲款、农税……根本没个准信,官府想什么时候派款就什么时候派款。

公粮和杂款都是粮食形态,国民党时期的钱票有很多种,一会儿这种钱流通,一会儿那种钱流通,搞得大家人心惶惶。新中国成立前,大家已经不敢再存钱了,集市上开始了物物交换,一斤麻豌豆换一斤盐巴,用粮食进行交换,做生意的也只敢存货,不敢存钱,即使存钱也是存银圆,而不是纸币,纸币随时都在贬值,随时都可能无法流通,根本不敢存纸币。

2.二次催款需交"溜子钱"

收到纳税通知以后,张家每次都会按时交税,哪怕缴纳税款之后自家吃得差一些,也不愿意因为交不起税款,让保安队来自家搅得鸡犬不宁。不仅搅得鸡犬不宁,保安队出动进行催款,被催款的家庭还要单独支付给保安队工钱,叫作"溜子钱",说是保安队的人不能白跑腿,他们出动的工钱由被催款家庭负担。具体而言,保甲长第一次来收税款的时候,不用交"溜子钱",第二次、第三次带保安队来催款,就要交"溜子钱"。

税款都是粮食形态,家里面实在拿不出粮食,无法缴纳税款的时候,张家就会向亲戚借粮食,并向保甲长保证自家什么时候能够交齐税款,根本不敢有所拖延。更有甚者,交不起税款,也交不起"溜子钱",就会被保安队抓到人民公社去关起来,什么时候交齐税款,什么时候放人,被抓的人在公社待了还要单独缴纳工钱,连监狱都不会让百姓白蹲。

一般而言,因为交不起税款,举家逃跑也不现实,路上抢劫的棒客很多,加之拉壮丁的也很多,乱跑的男性很容易就被拉了壮丁,而且跑出去以后,没有土地根本就更加没有活路,反而因为举家逃跑遗留下来的土地会被其他人占了去。因此,普通百姓宁愿过得差一些,吃得差一些,也要及时交齐税款。

(二)征兵

1.强制性征兵

1949年以前,当地没有征兵一说,只有强制性的拉壮丁,原则上是三丁抽一,四丁抽二,意思是,家里面有三个男性就要出一个男性去当兵,家里面有四个男性就要出两个男性去当兵。但绝大多数时候,保甲长不会管这些,没有话语权家庭的男性,出门被抓壮丁的保甲长撞上了就跑不掉。张礼仁的父亲张昆全就遭遇过抓壮丁,奶奶张付氏拿钱到保长甲长那里,才将人领回来的。

1949年之前,当地流行壮丁款,男子被抓之后不去当兵,就要交壮丁款才能将人领回来,相当于出钱为国家买兵,免去自己当兵。另一方面,有钱人家和官府的人串通起来,即使他们家里有好几个儿子,官府也不会去他们家拉壮丁。好多贫穷家庭的男性被抓了壮丁,因为没有钱缴纳壮丁款,或者缴纳壮丁款的时间晚了(被抓者已经被送走),导致家里妻子守活寡、缺乏劳动力、家庭生活穷困潦倒。因此,百姓对于拉壮丁深恶痛绝。

听到抓壮丁的风声以后,普通百姓家庭的男性都会提前跑出去躲壮丁,张礼仁兄弟俩都经历过,有一次,保甲长深更半夜去张家拉壮丁,张礼仁兄弟俩听见了狗叫声,借助月光早早看清了来者,保长甲长带了十几个人来抓壮丁,幸好当时张家的后墙垮了,露出了一个大洞,张礼仁兄弟俩就提前从房子后墙的洞跑了,跑到了石王庙去躲着,结果那天晚上保长甲长带的人没找到,等抓壮丁的风声过了以后,张礼仁兄弟俩再跑回来。没想到,张礼仁兄弟俩跑回家的第二天,官府就把张家的肥猪牵走了,并留下话给张家的母亲陈顺道,"让你的儿子来取卖肥猪的钱。"其实张家人心里明白,张礼仁兄弟俩若是去了,明摆着会被抓壮丁,因此,只能任由家里辛辛苦苦养大的肥猪被官府贪污了去。

被拉了壮丁的家庭,也不会受到国家和官府的任何照顾和优抚,百姓家庭无不因此恐慌,而且被拉了壮丁的人从此就再也没有音讯。据说,在部队也没有好结局,连鞋子都没有,吃不好、穿不好,就是白白去给政府挡子弹。官府强制性拉壮丁造成的恐慌,是1949年之前百姓不敢出远门的重要原因之一。

1949年以前,虽然国家的政策是三丁抽一,四丁抽二,独子家庭的男性不用参军,但是,这种明文规定并没有得到基层官府的严格执行,保甲长为了完成上级下达的征兵任务,一般是强制性拉壮丁，根本不会理会那些政策，没钱没话语权的独子家庭也会被拉壮丁。反之，有钱有话语权的财主家庭，即使有好几个儿子也不会被抓壮丁，完全没有规则和人情可言。或者有时候，保甲长为了骗取百姓的壮丁款，会故意去百姓家里拉壮丁，这样一来，百姓家庭为了将被抓者解救出来，就会筹钱交给保甲长壮丁款。

有些运气好的男性，被拉了壮丁以后，又找机会跑回来，或者有的人在战场上大难不死，历尽千辛万苦回到家里来，这种就算运气极好的，官府不会再管跑回来的人，但在实际情况中，被拉了壮丁能再跑回来的人寥寥无几。因此，1949年以前，年轻小伙子根本不敢单独出门，更不要提出远门打工或者做生意，只有钱人家庭，并且是和官府有串通、有联系的家庭，男性才敢出门做生意，普通百姓家庭的男性只敢待在家里，常年以务农为主，即使吃得差一些，也不敢外出打工挣钱，尤其不能单独出远门。

1949年之前，当地百姓普遍不愿意参军，主要是因为官府一开始就没有营造出自愿参军的氛围，全靠基层的官府强制性拉壮丁，加之在部队吃得差、穿得差，虽然每年百姓们都有公粮任务，说是交上去支援前线部队，可实际上，收起来的粮食经过层层克扣，到达部队军人的手里，已经是少之又少，百姓对于参军的第一反应就是送命，除了恐惧再没有其他的想法。

2.抓壮丁乃百姓噩梦

在保甲长那里，抓壮丁的对象没有明确的要求，只要不是身体有残疾，不是病在床上的男性就可以，官府就是为了完成上级任务，草草凑齐人数了事，有时，他们还会借拉壮丁的名义，故意抓走平常百姓，骗取百姓家庭的壮丁款，让被拉壮丁的家庭拿粮食去换人。

百姓家里若有人被抓了壮丁，用粮食或者钱去把家人买回来，需要的钱和粮食数量是不一定的，找有势要有话语权的人出面进行交涉，就可以少花一些钱和粮食，或者和官府的人关系好一些的，也可以少交些粮食和钱。最可怜的就是没有背景没有钱的贫苦人家，要么需要缴纳很多粮食和钱才能将家人娶回来，要么因为凑齐粮食和钱的时间过久，家人已经被国民党部队的车送到了县里，这时候即使有再多钱和粮食都没有用。

3.自愿参军比例极小

1949年以前，张家没有自愿参军的人，而且，整个当地都没有人自愿加入国民党的部队，大家都极度憎恨官府的拉壮丁行为，听见拉壮丁的风声都会提前跑出去避风头。有钱的大户人家子女，因为有机会读书，而且文化水平高，有条件在县城或者其他更大的城市读书。

（三）摊派杂款

1949年以前，在七保，官府摊派劳役的情况几乎没有，只摊派各项杂款，由官府出面请工。官府的人非常清楚，摊派劳役的名声不好听，而且百姓们还有可能不积极，因而官府多以国家的名义向百姓征收各类杂款，由于百姓们没有知情权，也无法辨别款项的真伪，加之即使知道款项有问题，也不敢轻易与官府对抗，官府的保安队就是镇压百姓的走狗，百姓们只能老老实实地根据官府的安排，缴纳名目繁多的各种税款。

（四）选举有名无实

1949年以前，张家所在的村庄，保甲长都由保和甲里面的有钱人公认，穷人根本连知情权都没有，更不要提有选举权。有钱人公认出来的保甲长都是与自己关系要好的，因而，平时村里的派粮派款，保甲长往往都会和有钱人串通起来，共同享受各种税款，就连拉壮丁，保甲长都会故意绕过那部分有钱人家里，或者提前给他们透露风声，让他们避免被抓壮丁。

张家所在的七保,保长张山仁,就主要由保里面的三户有钱人决定。唐文跃就是其中的一户人,唐文跃本人担任着大队长一职,还是棒客团伙的头目。这几户人就这样相互串通,互相为对方壮势。在张礼仁看来,张山仁根本没有能力和资格担任保长。

调查小记

其实，在暑假调研培训之前，我就听说今年暑假的调研任务从往年的合作化口述史访谈，改成了家户制度访谈，而且，还从亲师姐那里得知这是一项超级磨人的调研任务——不仅访谈时间长，对老人的语言能力、身体素质都要求较高。最痛苦的是，访谈结束之后，还要写出一篇十几万字的调研报告出来，当时真的觉得中国农村研究院太"变态"，怎么能发掘出这么恐怖的调研任务呢！

真正开始家户访谈，是在 2017 年 6 月底，当时，我和另外一位小伙伴徐会刚结束了半个月之久的外省"漂泊"生涯，完成了对湖南四个村庄的"百村"问卷调查。由于之前跟我的爷爷奶奶打过招呼，让他们帮我寻找适合访谈的老人，所以回到家，几乎没怎么费力，就确定了访谈对象，当时别提多开心，感觉爷爷奶奶太给力了，不愧是几十年的"老江湖"了。

实际上，这位让我如此欣喜的访谈对象，不是别人，正是 2016 年寒假接受过我"合作化"访谈的邻村老人——张礼仁。我对这位老人印象尤其深刻，87 岁的高龄，身体非常硬朗，说话口齿清晰，逻辑清楚，从不拖泥带水，在访谈过程中，老人提到自己年轻时候担任过村里的"跑腿财务"，新中国成立之后，由于家里生产搞得好，还被人夸过"新式地主"。言谈之间，我仿佛还能看到老人当年的精干模样，那份不辞辛劳、愿意为美好生活不懈努力的精神，还是那么确切而坚定！

而真正与老人深入交谈才知道，老人这辈子真的不容易，老人的爷爷和父亲都去世早，老人早早地就承担起了照顾家里的责任。而且由于父亲去世早，家里实在难以为继，老人张礼仁只上了半年学，就被迫辍学，开始为大户人家放牛带孩子了，要知道，当时张礼仁也才不过 10 岁。后来，老人成婚之后，妻子生的孩子总是夭折，这也是为什么土改时期，老人家里只有七亩土地，却被划分成了中农成分，当时，政府主要按照人均土地占有量来划分成分，老人和妻子没有孩子，夫妻两个人一共七亩土地，就被划分成了中农成分，而老人的哥哥张杰仁由于有孩子，人均土地占有量相对少，就被划分成了贫农成分。

2011 年，张礼仁的老伴罗云珍去世，目前，老人一共有三个女儿、一个儿子，几个女儿早已经远嫁，唯一的儿子也已经和儿媳妇离婚，儿子常年在外打工，留下张礼仁独自一人在家务农，并照顾两个孙子和一个孙女。老人家里几乎可以用家徒四壁来形容，唯一的一台电视，款式非常老旧，而且屏幕还不停闪动，根本没有办法舒适观剧。在访谈的第四天中午，恰逢天气变化，雷阵雨扫过了整个村庄，善良的老人以为我不会再去找他了，正打算出门来找我，结果刚走出门不远就看见我背着书包，踩着雨鞋往他家走去，老人欣喜若狂，像个孩子一样，说还以为我不去了，就等着我陪他聊天呢。当时我内心哽咽了好一会儿，才发现，原来人老了这么希望有人能听自己倾诉。走进老人家的堂屋，坐下以后，发现由于刚下过雨，老人家里到处都在漏雨,到处都放着接雨水的盆和桶,还没等我开口说什么,老人就先占了话锋,关切地说到"我家里比较破烂,希望你不要介意"。我赶紧回复老人说没事,由于楼板之间有缝隙,下雨天漏雨很正常。

由于访谈是在 6 月底和 7 月初进行,天气难免闷热难耐,每次去老人家里,老人都会先问我热不热,是否需要开风扇,还让他的孙女送来西瓜解渴,渐渐地,我也习惯了与老人的访谈。听老人讲 1949 年以前,当地的保甲长和有权势的财主等人勾结起来,乱派公粮杂税任务,鱼肉贫苦百姓,我会跟着在心里对他们恨得牙痒痒;听老人讲 1950 年的时候,解放军进驻,利用巧妙机智的策略实现对地方的"清匪剿霸",恢复一方太平,我会忍不住在心里鼓掌,甚至还突发奇想,希望将来有机会拍一部电视剧,就叫《川中剿匪记》。总体而言,我和老人的访谈过程,就是在这样轻松愉快的氛围中结束的。

结束访谈以后,在家闭关了快两个月,每天对着电脑敲字,内心几近崩溃,才写出了这篇 16 万余字的家户报告,但是心里还是很有成就感的。而且我特别希望能够用自己的文字,将老人平凡而不平庸的一生,用这样的方式记录下来,如果能够出版最好,可以让老人的故事永远地保存下来!老人现在已经 87 岁高龄,生活主要靠自己务农以及国家的低保资金扶持,所幸老人的身体还算硬朗,精神状态也十分不错,衷心希望老人能够身体健康,福泽绵长。

最后,感谢中国农村研究院提供的这次调研机会,感谢徐勇、邓大才老师教授的调研方法和调研精神,虽然调研过程和写作过程都异常艰辛,十分考验人的耐心和定力,但是我可以毫不犹豫地说,我很荣幸有这样的调研机会,能够和老人们面对面,听他们讲讲以前的事,了解历史,思考历史,反思自己的生活和学习,不断提升自己。

第三篇

贫户求生：农副相依的家户存续

——鄂东北漂河村潜氏家户调查

报告撰写：潜　环[*]

受访对象：王世英

* 潜环(1993—)，女，湖北随州人，华中师范大学人文社会科学高等研究院2016级硕士研究生。

导　语

　　潜家祖籍本是浙江人,曾是官宦之家,后因朝廷动乱,家族迁徙逃亡。在几番迁徙逃亡中,最终定居漂河村。随州市随县安居镇属于江汉平原地段,涢水河和漻水河经流此地,水源充足,漂河村位于安居镇西南涢水河东北岸,1949 年之前,涢水河历史上是随南通往汉口的水上交通要塞,过往商船有在涢水胡家湾这段漂停息宿的习惯,"漂河村"由此而得名。因其良好的商业交通环境,为潜家副业的发展打下良好的基础。

　　漂河村潜家湾原是潜姓人迁徙至此,在这里生存并繁衍子嗣而得名。村里的绝大部分人以种地为生,在生产力水平比较落后的时代,这里的土地较为贫瘠,粮食产量较低。据当地老人介绍,整个潜家湾没有一个财主,村里仅有一个富农,还是一个勉强能填饱肚子的富农,在生产条件的限制下,大部分家户在儿子结婚后各自成家,所以当地的大家户极少。

　　1949 年以前,潜家一大家人共同生活,家庭人口共有 10 人。在家里年纪最大,辈分最大的是父亲潜义伦,潜义伦育有三个儿子、三个女儿,后两个女儿出嫁,三个儿子结婚后同小女儿一起共同生活。在传统农村,有"树大分枝,子大分家"的说法,儿子在结婚后一般会独立出大家庭之外,而潜家因家境贫寒,并未分家,在大家长潜义伦的管理下,形成三世同堂的家户。潜家世代少地,1949 年之前,潜家没有自己的耕地,只能租种村里富农麻八爷的土地。潜义伦虽是一大家子人,但家里的劳动力有限,只租种麻八爷的 8 斗田①。新中国成立后潜家才分得土地,共有十亩地。

　　潜家整体的经济状况在村庄中属于较为贫穷的,但在整个潜家湾,都以种地为生,普遍较为贫穷。为了养活一大家子人,家长潜义伦有时不得不外出做些小生意维持一家人的生活。农业种植主要以粮食为主,自给自足,家中其他物品便主要靠副业支撑。家长潜义伦在农闲的时候经常在外地贩卖盐、酒水。中年的时候,潜义伦也学会在家熬糖售卖。因漂河村距离集市较近,沿途的商业较为发达,经常会有沿途叫卖的商贩。在安居镇,还有集中的大集市,逢年过节集市中人满为患。潜义伦有时会沿途叫卖,遇到好日子,也会上街到集市中售卖盐酒等生活品,以此维持一家人的生活。

　　潜家的内当家是潜义伦的妻子张氏,张氏在家中具有较高的权威,对各方面的管理较为严格,家里的生活在张氏的安排下有条不紊地进行着。潜义伦夫妇辛勤地管理整个大家庭,带领着一家人勤劳耕作,在艰难中养活着一家人,并促使潜家的血脉不断延续。

---

　　① 1 斗地约为半亩地,此处 8 斗地约为 4 亩地。

第一章　家户的由来和特征

潜家是在清朝的时候因移民开荒搬迁的一支队伍，其中部分是原来逃荒的潜氏家族遗存的人。潜家祖先本是书香门第，曾在朝廷为官，但因遭遇奸人陷害，家族濒临灭亡，在逃难中迁徙并最终在漂河村定居繁衍。潜家只是定居在漂河村后潜氏家族繁衍的一个支系。与家族的命运相同，潜家作为一个三世同堂的小家族，在1949年之前经历了重重磨难。家长潜义伦年幼便父母双亡，在艰难生活中结婚生子，其间变卖自家荒地，在外四处求助亲戚。之后搬回潜家湾，便靠着租种麻八爷的土地、寄宿在别人家勉强维持一家人的生活，经过潜家老一辈人的辛勤耕种，潜家子孙兴旺，香火相传。

一、家户的迁徙与定居

(一)祖居于浙江,家族世代当官

潜氏家族相传祖居浙江。据潜氏家谱记载，"潜"姓源于地名，出自五代时期后梁大臣钱佶，属于避难改姓为氏。潜佶出生于彭城，即今江苏徐州铜山。村民一千一百多年来一直在立庙祭祀梁朝尚书潜佶，这便是瑶云潜姓的始祖。自梁朝尚书潜佶在下潜经历了十余代的繁衍生息，之后潜氏遭遇宋王朝的灭族，凡潜姓聚居的村庄，大火连烧三天三夜，无人敢救。潜氏族人纷纷逃亡各地，隐姓埋名，现知四川、江西、福建、山西、湖北、北京及浙江本地的绍兴、上虞、宁波、金华、建德各地的零星散居潜姓，可能就是二世潜进(五代梁朝)四川为官时，遗留的后代；也许是十二世潜广、潜隆、潜湘、潜彪、潜鼎、潜竹、潜释等七人的后代，这七人均在各地为官，因瑶云发生灭族事件而失去联系，旧宗谱上也没有其后代的记录。经过南宋末年的灭族大屠杀，截至1997年，存世不足六千人的潜姓后代，实为稀贵。目前在随州氏随县安居镇老潜家湾是聚居人口较多、比较完整的潜氏后代生活之地。

(二)家族败落,在逃难迁徙中求生

1275年(南宋末年)，潜家在受到宋王朝的追杀后，纷纷迁徙逃至各地，逃亡中潜家大户分散开来。其中逃入江西的一部分潜家人在江西落户，潜义伦家便是其中的一支，这是潜家的第一次迁徙逃亡。潜家第二次搬迁主要是进行"移民开荒"。明朝末年，国家为推行移民开荒政策，因江西省人口较多，湖北东北部相对人烟稀少，因经济发展及统治的需要，所以一大批潜氏子孙从江西等地迁徙至随县安居垦荒生存，居住在现安居镇街道口。潜家第三次搬迁是因家里田亩数较少，为求生存，一起迁徙过来的潜家人抱团迁徙，在向北迁徙的途中发现了水源，便是现在的涢水河畔。因生产和生存的需要，老一辈的潜家人凭借自己勤劳在此处开荒搭房，最终在现在的漂河村定居下来，开启了安居乐业的生活。安居漂河村老潜家湾是老潜氏家主要的集聚地，其中王世英便是潜氏第十四世潜明会的妻子。

潜家老屋位于本村,潜义伦因家境贫寒四处迁徙,他卖田搬迁、借宿亲戚、种田养家。作为这一代的潜家人,他们走出老屋,在外漂泊,最终因生活困难辗转回归老屋。

1949年之前,潜家家境也较差。在潜家长子潜明会结婚之前,为了生存,潜家举家搬迁较为频繁。潜家湾是潜义伦祖先的主要居住地,定居漂河村后,潜家的祖先辛勤劳作,并有了一定的积蓄,因潜家湾人口密集,潜家一家人直接在隔壁的村庄(现刘家湾)空地上,买了一小块地并修建起了房屋,虽然种地在潜家湾,但居住在以前的刘家湾。20世纪初,潜义伦父母双双离世,家里的主要劳动力丧失,家庭生活面临着严重的危机。几年的时间,潜义伦在哥哥嫂子的抚养下结婚生子,但生活依旧艰难,特别是在长子潜明会出生后,生活更加艰难,经过几番思索,潜义伦被迫卖掉旧宅,举家搬至七棵树村投靠远方的表舅。表舅家里正好有闲置的房屋,可以解决潜义伦一家三口的居住问题。因没有田地耕作,亲戚家也没有耕地,几乎无生活来源,为了减轻家里的负担,潜义伦偶尔也会外出做些小生意。到20世纪30年代,在生育第二个孩子潜明生后,又搬回潜家老屋,回村后都是潜姓人,多多少少有点家族关系,最后落户在老宅,之后潜家子孙兴旺,潜家最多的家户人数是五世同堂。

(三)定居于漂河,以农耕为生

1.家族几番迁徙最终定居漂河村

潜家人世代以种田为生,这里土地较为肥沃,村落大部分以姓氏为主聚居在一起,潜氏家族大部分房屋靠近河流,在漂河村潜家湾村头,有一条河流穿过。1949年之前土匪强盗横行,潜家湾在河流旁边建有寨门,寨门一般在白天开放,晚上定时关闭,每天会有专门的人员看守,保障村里的居民生命财产安全。潜义伦家是潜家其中的一个分支,潜义伦是漂河村潜氏家族第十二世,其祖上世代居住于此,但并无田产,主要以租种别人的田亩为生。

潜家世代以种田为生,到潜义伦这代为了生存,举家搬迁较为频繁,回归潜家老屋后,没有自家的田地,潜义伦租种了麻八爷的8斗田,从此开始了比较稳定的生活。

2.自家耕地埋祖坟,荒山作为公共墓地

按照当地习俗,祖坟只能设置在自己家的土地上。目前潜义伦家在漂河村已经生存有五代人,繁衍了几十口人,潜家人世代居住在漂河村,且世代以租种土地为生,因为没有自家的土地,所以潜家并没有祖坟,潜家人去世后都是埋葬在本村的公共墓地,那是村头的一片荒山地,因为地势不平不适宜种植庄稼,故村里没有土地的人家都大部分将亲人安葬于此,因此无地农民一般没有祖坟。1949年之前荒山因为无人管理,村民都是按照风水先生的说法,在这块地附近找一块风水相对较好的空地,作为自家亲人的墓地,大部分是先占有先得到,所以潜家人去世后很多并不能和自家人葬在一起,当亲人去世后,潜家会在自家坟墓前种树、立碑,作为识别标记,一般到了清明节的时候,便会寻着坟前树和墓碑来祭祀亲人。之后荒山开垦出来,改造成为良田,土堆夷为平地,很多祖先的坟冢无处可寻,每年到了祭祀的日子,潜家人便会根据自己的记忆,选择埋葬先人的大概位置在旁边烧点纸。

(四)子孙昌盛,三世同堂

潜姓人大部分按照家族辈分起名,其辈分的主要排序是"纯正大光明述训必开仕化焕文章、道德仁义长继世诗书易礼永传家、宗支兰桂腾芳治国安邦万代荣昌"。随州潜氏家族是潜万锦的后代,其中一世:潜××(不详)、何氏;二世:潜万锦、何氏,潜隆化、杨徐氏,潜隆腾、汪氏,潜隆太、周曾氏,潜隆翟、肖氏,潜隆圣、徐氏,潜隆、曾氏;三世:潜允中、张氏,潜子荣、杨

232

氏、潜子舟、汪氏、潜子太、何氏、潜爱川、罗氏、潜管甫、李氏；四世：潜敞后、张氏、潜敞鹤、刘汪氏、潜敞华、王氏、潜敞兰、张氏、潜敞云、王氏；五世：潜养洪、王氏；六世：潜秀林、胡氏；七世：潜修溪、曾氏；八世：潜绍华、胡氏，潜绍恢、吴氏；九世：潜京兰、胡氏，潜京略、孙氏，潜京敖、兰氏，潜京朝、孙氏，潜京约、孙氏；十世：纯字辈潜纯富、胡氏，潜纯贵、潜纯福、加氏，潜纯寿、孙氏，潜纯贞、裴氏，潜纯耀、张氏，潜纯洪、徐氏，潜纯宽、潜纯容、潜纯本、范氏；十一世：正字辈潜正春，潜正明，潜正元，潜正保、氏嫁，潜正元、曾氏，文童，潜德显，潜德颂、宋氏，潜德行、刘兰氏；十二世：仁字辈潜树仁；十三世：义字辈潜义新、庞炳氏，潜义伦、张地英，潜义财；十四世：明字辈潜明会、王世英，潜明生、陈尚菊，潜明成、张秀芳，潜明芹，潜明兰，潜明芝；十五世：继字辈潜继国、彭厚芝，潜卫忠，十六世：世子辈潜世旭、肖爱芹，潜玲艳，潜巧玲；十七世：潜必毅,后续家族以直系家族为主列出。

目前潜义伦家在漂河村已经生存十几代人,繁衍了上百人,潜明会是潜义伦的长子,属于潜家第十四世代人,潜家自潜万锦开始共繁衍了七十余人,其中以潜义伦为直系亲属的家族繁衍后代达到三十余人,1949 年之前潜义伦是潜家的当家人,潜家子孙兴旺,1949 年之前潜家是三世同堂,后期家庭人口越来越多,代际不断延续,共养育子女三十多人。潜家一直到1949 年之后才分家,是潜家湾人口相对比较多的家户。

长媳王世英出生于 1925 年,在其十几岁的时候便嫁入潜家,潜家娶第一个儿媳妇时,家里的人口较少,随着后代的繁衍,人口最多的时候是在 1949 年之后,家里五世同堂,人口达到几十人。

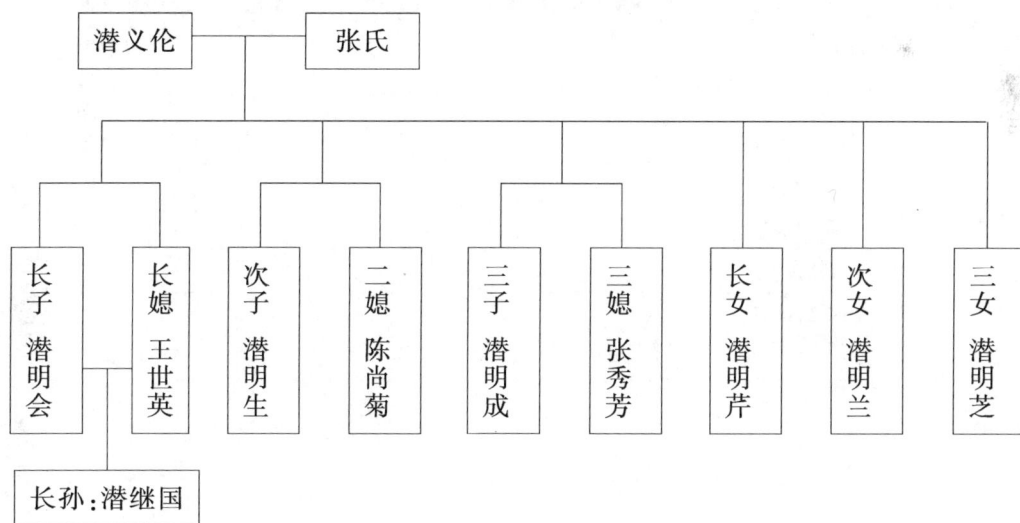

图 3-1　1949 年以前潜家主要家庭成员关系图

(五)牢记祖训,潜家以种地艰难生存

潜氏祖先为官政绩突出,最终难免被杀害的噩运,潜氏的祖训是:只愿子孙种田,不愿子孙做官。继祖先潜佶为官之后,潜氏少有位居高官的情况,以此延续后代平安生存。随州市安居镇漂河村潜家湾也是世代以种田为生。

潜家世代以耕种为生,在潜家的历史上生活较为艰苦,经过祖先们几代人的辛勤劳作,到潜义伦父辈的手中仅留存 6 斗贫瘠田,同时修建了一间简陋的房子,一家人能勉强维持生存。在潜义伦十来岁的时候父母便双双去世,父母的离世给潜家以重重的打击,潜家丧失了主要的劳动力,一家人的生活更加艰难,之后年幼的潜义伦跟着哥哥嫂嫂一起生活,哥嫂对潜义伦态度恶劣,让潜义伦下地干重活,有时还不给饭吃,潜义伦从小忍受着父母离世和哥嫂欺负的双重折磨,在十几岁的时候便娶妻并与哥嫂分家。

二、家户的基本情况

(一)子女众多,生活较为艰苦

1949 年以前,潜家是三世同堂的家庭,一共有 10 个人。在 1949 年之前,祖辈的人主要是潜义伦夫妻两个人。潜义伦在家里排行老三,潜义伦父母在其只有十几岁的时候因病双亡,自己由哥嫂带大,随后分家并与张氏结为夫妻,同时生育了 3 个儿子和 3 个女儿,子辈的主要是家里的三兄弟和三个姐妹,但是家里的几个兄弟姐妹尚年幼。潜义伦长子潜明会1923 年出生,为了躲避抓夫的命运,婆婆张氏在王世英 15 岁的时候便把媳妇要过来,两人在1940 年结婚,结婚时生育了一个儿子潜继国。

潜义伦的妻子张氏是范家岗村人,距离漂河村有 6 里地,张氏也是个孤儿,在哥嫂的抚养下长大成人,在其只有十二三岁的时候,哥嫂便托人将张氏嫁出去,以减轻家里的负担。王世英是王家楼的人,王家楼是一个小集市,距离漂河村大约有三里地,是商业交易相对繁荣的地带,王家衰落后,经亲戚介绍,王世英在 15 岁便嫁入潜家。1949 年之前,附近几个村的联姻较为普遍,主要是农村普遍较为贫穷,各家都寄希望于嫁出去的女儿能生活好,同时两家人之间相互也能有照应。

表 3-1　1949 年前家户的基本情况

家庭基本情况	数据
家庭人口数	10
劳动力数	4
男性劳动力	2
家庭代际数	3
家内夫妻数	2
老人数量	0
儿童数量	5
其他非家属成员数	0

(二)家中劳力不足,子女教育压力大

在 1949 年之前,潜明会的几个弟弟和妹妹年纪还比较小,不能在家干农活。家里的劳动力主要是潜义伦和潜明会父子。

每年到农忙时候,大家都排着队忙着在田里割稻谷,捆稻子,打谷子……别人家的田地一般会有四五个劳力,接力式的劳作,潜家的孩子因年龄小,在别人看来是不能肩挑背驮的"娃娃班",家里所有的重担只能压在潜义伦和潜明会头上。虽然家里生活较为困难,但是潜明会也深知教育对一个人的影响,拼命在外挣钱,希望能供养弟弟和妹妹读书,家里孩子到了七八岁的时候便会被送进学校,教育也是家里的一笔重要开支。

潜明会的妻子王世英在 1949 年之前嫁到潜家,一直和大家一起居住,未分家之前有三代人。在潜家主要是公公潜义伦和婆婆张氏当家,潜义伦夫妇生育了 3 个儿子,长子潜明会,二子潜明生和三子潜明成,还有 3 个女儿分别是潜明芹、潜明兰、潜明芝三姐妹。长子潜明会结婚后给潜家添了一个孙子。

在整个村庄中潜姓的家庭占据全村 3/4 的人口,其中大部分潜姓家族到子女成家后便分家。潜义伦家中虽然是大家族,但几乎没有土地,1949 年之前仅靠租种别人的土地养活一家人。家境贫寒,孩子受教育程度也有限,潜义伦和妻子张氏从小爹妈死得早,张氏由哥嫂养大,十几岁的时候便嫁到潜家,没有上过一天的学。潜义伦弟兄三人,在家中排行老三,家里经济困难,父母在其十几岁便去世,潜义伦仅读了一年书就回家种田了。潜明会作为潜义伦的长子,父母疼爱有加,且教育开销较小,潜明会在上学的年龄读了几年书,一直到小学毕业,为以后的干部经历打下坚实的基础。二儿子明生和三儿子明成因无心读书,仅读了一两年就辍学回家了,潜明芹、潜明兰、潜明芝三姐妹读书较为用心,在潜义伦夫妇的支持下顺利读完小学。潜家的父母对儿女受教育的观念较为开明,觉得孩子到了读书的年龄就该读念书,认识几个字,以后也能出远门。潜明会也竭力支持几个弟弟妹妹读书的开支,一同维持家庭的正常运转。

家里已结婚的人主要是父辈潜义伦和张氏夫妇,子辈主要是潜明会和王世英夫妇。潜明会和两个兄弟三个姐妹居住在一起。1949 年的时候,孙辈潜继国即潜明会的长子出生,形成三代人同居一堂。

表 3-2　潜家家庭成员的情况

序号	姓名	家庭身份	性别	年龄	婚姻状况	宗教信仰	健康状况	参与社会组织情况
1	潜义伦	父亲	男	47	已婚	无	中	无
2	张地英	母亲	女	46	已婚	无	中	无
3	潜明会	长子	男	26	已婚	无	优	无
4	王世英	长媳	女	24	已婚	无	优	无
5	潜明生	次子	男	16	未婚	无	良	无
6	潜明成	三子	男	13	未婚	无	优	无
7	潜明芹	长女	女	12	未婚	无	优	无
8	潜明兰	次女	女	11	未婚	无	优	无
9	潜明芝	三女	女	9	未婚	无	优	无
10	潜继国	长孙	男	5	未婚	无	优	无

(三)寄宿在八爷家,直到土改后分房

潜义伦定居潜家湾后,先后经历几次搬迁,最终定居在潜家湾。1949 年之前,潜义伦刚从外地搬回潜家湾,家里已经没有房屋了,只能借宿在别人家。1949 年之前,潜氏家族大部分有一定的血亲关系,作为潜姓人的潜义伦,先后住在麻八爷的偏房(闲置的空房子)里。麻八爷的房屋朝东,一出门便是道路,道路走过便是堰塘,平时用水挑水比较方便。北面是一个小巷道,西面是麻刘爷家。潜义伦家是贫农,没有耕地,一家人口众多,自搬出刘家湾后,潜义伦家便没有了房屋,直到土改的时候潜家才分了房子和土地,潜家自此才拥有自己的房子。

潜义伦家在土改的时候分了财主李海云家的房屋,一大家人口搬进大宅居住,大宅因年久失修,里面的设备比较陈旧,李海云只是占地购房,并没有在此居住。房屋的占地面积比较大,因此满足了一大家人居住的空间。大宅分正堂屋和两间侧房,堂屋面积比较大,隔开了可当作一个厨房,潜义伦和妻子张氏住上房,房屋里有两张床,一个大人带着几个孩子睡一张床,潜明会和王世英住下房,有一张床。

(四)家户经济条件和能力

1.以租佃为主,勉强维持生活

潜义伦长子潜明会下面有两个兄弟和三个妹妹,潜明会成为家中的顶梁柱,为了躲避抓夫的命运,婆婆张氏在王世英 15 岁的时候便把媳妇要过来,随后长子潜明会便长期在丈母娘家生活。1949 年前的王家是当地有名望的商家,喂养了很多牲口,潜明会在丈母娘家主要是给王家喂牲口,因此在一段时间内躲避了被抓夫的噩运,直到 1946 年回家开始种田。潜义伦家并没有祖传下来的土地,一直以来都是依靠租种地主的土地为生。潜家共租种了麻八爷八斗田,共 4 亩地,都是比较肥沃的地,麻八爷是中农户,在 1949 年前的潜家湾算是条件比较好的人家。分家在潜家湾比较普遍,田地种植大多是小规模的,分家后田块都分散开来,全村 90%以上都是贫农户,租种麻八爷的土地也需要缴一定的地租,地租主要是缴粮食,按照收成的多少上交,具体的上交比例王世英已经记不清楚了。

随州地区地处湖北北面,每年稻谷、麦子两季收,稻谷收完后便会播种麦子,麦子收割完,在五六月份又开始插秧,这里的粮食作物主要是稻谷,上交的粮食也是稻谷,每年上交完租子后只能勉强维持一家人的生存,为了保障一家人的生活,长媳王世英要承担起潜家一家老小吃饱饭的重担,为此王世英经常外出挖野菜供养一家人的生活,粮食不够就多吃菜,菜不够就吃家里的大豆,有时遇到青黄不接的时候,就会用磨子将大豆推成面粉做饼一家人吃,尽量不让一家子人饿着。在婆婆张氏的教导下,王世英用心经营,一大家子的温饱勉强解决,遇到大丰收年,也能有余粮,这时潜义伦会挑些粮食上街卖掉换点其他的东西回来。

长子潜明会常年在外,1949 年之前当上保丁,只有农忙的时候会回家帮忙,家里的家务和农活全部落在妻子王世英头上。"庄稼好不好,全靠肥当家",为了多收点粮食,解决一家的温饱问题。家里几个孩子放学回家后会在外面捡粪,用来肥田。在三几年的时候,潜家比较穷,种田基本的农具很难配齐,更没有耕牛了,实际上整个潜家湾就麻八爷家有一头耕牛。一般农忙需要用耕牛就会找麻八爷借,可以通过人工换牛工的方式作弥补,一个牛工换两个人工。这之前潜义伦没有房子居住,更没有多余钱财建房,只能借宿在其他家,麻八爷家正好有间空房,见其一家可怜,也是同村人,便收留潜义伦一家。家长潜义伦苦心经营着一家人的生活,长媳王世英挑起家内各种杂活,每天不知疲倦地做家务、干农活,回家还要照看一屋子孩子,同时服侍婆婆,烧火做饭。有时一家人还要靠长子潜明会的救济,生活开支需要用钱的地方主要是家长潜义伦和长子潜明会在外奔波采购,比如过年时买衣服、买肉等。潜家虽然日子很艰苦,有时还要受到婆婆的打骂,儿媳妇王世英从不抱怨。在她来潜家后,即使生活很艰苦,也很少向外借钱养家。

2. 以副业为辅,补贴家中日常开支

1949 年之前,家中的消费水平比较低,农村地区特别是无地农民收入很有限。每年上交完租子后,家里剩余的粮食也不多了,为了养活一家人,潜家的大人们都会动员起来,在外谋些生计,改善生活。在种地之余,潜义伦会外出做生意,贴补家用。漂河村在 1949 年以前是一座城郊村,离隔壁安居镇仅有 3 千米,出行较为便利。潜义伦便会在三里岗那边挑回酒和盐,沿途贩卖,赚点钱贴补家用。潜义伦妻子张氏是个小脚女人,几乎不能外出干活,平时大部分时间是在家纺线,顺便照看几个孩子。每次家里经济周转不过来的时候,妻子张氏都会让潜义伦上街卖掉一部分线,换点其他的生活用品回家。

为了能给家里几个兄弟和妹妹更好的生活,潜家长子潜明会很早便外出奔波,在外给别人打打小工,潜明会因在家年纪较长,对家庭具有较强的责任感,每次挣回的钱都是补贴家用,自己从不舍得乱花一分。长媳王世英白天干活,晚上加班纺线织布,纺完布便让潜义伦买到集市上去,换回的钱贴补家用。

表 3-3 1949 年潜家家计状况表

<table>
<tr><td rowspan="2">土地占有与经济情况</td><td>土地自有面积</td><td>0</td><td>租入土地面积</td><td>4</td></tr>
<tr><td>土地耕作面积</td><td>4</td><td>租出土地面积</td><td>0</td></tr>
<tr><td rowspan="2">生产资料情况</td><td>大型农具</td><td colspan="3">无</td></tr>
<tr><td>牲畜情况</td><td colspan="3">无</td></tr>
<tr><td rowspan="2">雇工情况</td><td>雇工类型</td><td>长工</td><td>短工</td><td>其他</td></tr>
<tr><td>雇工人数</td><td>0</td><td>0</td><td>—</td></tr>
<tr><td rowspan="8">收入</td><td colspan="5">农作物收入</td><td>其他收入</td><td>30</td></tr>
<tr><td>农作物名称</td><td>耕作面积</td><td>产量</td><td>单价</td><td>收入金额(折算)</td><td>收入来源</td><td>收入金额</td></tr>
<tr><td>稻谷</td><td>4</td><td>800</td><td>0.3</td><td>240</td><td>卖盐</td><td>不详</td></tr>
<tr><td>小麦</td><td>3</td><td>500</td><td>0.2</td><td>100</td><td>—</td><td>—</td></tr>
<tr><td>玉米</td><td>1</td><td>150</td><td>0.15</td><td>22.5</td><td>—</td><td>—</td></tr>
<tr><td>大豆</td><td>0.5</td><td>50</td><td>0.2</td><td>10</td><td>—</td><td>—</td></tr>
<tr><td>—</td><td>—</td><td>—</td><td>—</td><td>—</td><td colspan="2">收入共计</td></tr>
<tr><td>—</td><td>—</td><td>—</td><td>—</td><td>—</td><td colspan="2">400</td></tr>
<tr><td rowspan="4">支出</td><td>食物消费</td><td>衣服鞋帽</td><td>燃料</td><td>肥料</td><td colspan="3">租金</td></tr>
<tr><td>250</td><td>10</td><td>0</td><td>0</td><td colspan="3">120</td></tr>
<tr><td>赋税</td><td>雇工支出</td><td>医疗</td><td>其他</td><td colspan="3">支出共计</td></tr>
<tr><td>不详</td><td>0</td><td>15</td><td>20</td><td colspan="3"></td></tr>
<tr><td rowspan="2">结余情况</td><td rowspan="2" colspan="2">几乎无结余</td><td colspan="2">资金借贷</td><td colspan="2">借入资金</td><td>30</td></tr>
<tr><td colspan="2">—</td><td colspan="2">借出资金</td><td>0</td></tr>
</table>

(五)家户社会与政治状况

潜家世代为贫农,读书的人甚少,在潜义伦这一代以前从未在村中担任过保甲长等一官半职。到子辈潜明会这一代开始读书且受教育时间较长。潜明会读书一直到小学毕业,也算一个识字的人,潜明会也不负家里的期待,在外能说会道,特别会为人处事,交际圈甚广,这为他几次躲避灾难和以后的干部之路打下坚实的基础。1949 年之前抓夫比较多,特别是家里兄弟比较多的农户,被抓夫的概率会更高。潜义伦共有 3 个儿子,按照常理应该会有儿子被抓做壮丁。长子潜明会虽然在妻子王世英娘家躲了几年兵,但最终没有逃过被抓的命运。

潜义伦在验兵抓阄中第一个抽到潜明会,无奈潜明会被迫回来参军。没过多久,通过自己的交际能力,潜明会顺利当上保丁,负责国民党一些日常管理活动。和漂河村的大多数农民一样,潜家人主要还是当地老老实实的庄稼人,每天早出晚归,整日在田间忙碌,潜家人为人老实,待人诚恳。

(六)家户基本特点与特征

1.三世同堂,家教较为严苛

1949年以前潜家总共有三代10口人生活在一起,其中外当家是父亲潜义伦,内当家是母亲张氏。潜义伦负责与村里村外的人打交道,出门购买柴米油盐等,母亲张氏主要就是洗衣做饭,照看孩子。长子潜明会结婚后,内当家还是母亲张氏,在家庭内部具有绝对的权威,调教媳妇,协调媳妇与儿子的关系,安排媳妇干活等。自从娶了媳妇,母亲张氏手里的工作逐渐转移到儿媳妇王世英手里。王世英除了照看自己年幼的孩子以外,还要照看婆婆的生活起居,每天天还没亮,就要起床帮婆婆端尿盆倒到厕所(以前农村的厕所都建在屋子外面,隔家有段距离,晚上女性起床上厕所不太方便,便会在家里放置一个尿桶),之后冲洗好后又放回婆婆房间,接着打扫房屋,先打扫婆婆家的房屋,然后再收拾整个屋子。冬天里还要帮婆婆把衣服烘暖和再让她起床,之后生火做饭,王世英盘点计算着家里的粮食消费,合理地安排每顿的使用量以便粮食能支撑到下一年丰收之前。在日常做饭的过程中,王世英会掺和各种杂粮和野菜,保障一大家人能填饱肚子。除了安排好一家人的基本饮食以外,王世英还会维持家庭的和睦。因潜明会结婚时年龄尚小,家里的当家人依然是父亲潜义伦,直到父亲年老,丧失劳动能力后,当家人的权力开始逐渐转移到长子潜明会这里。

2.人口多,收入低,家庭管理有序

由于潜家人丁兴旺,在婆婆张氏的严格管理下,家里各个成员关系和谐,家庭收入能够维持家户正常运行,所以一直没有分家,因此潜家在漂河村算是一个人口大户。但是由于潜家并没有自家田产,所以称不上真正意义上的大户。在1949年以前确实有大户这样的叫法,大户一般是形容家里的人口比较多,而且家里比较有钱的人家,一般是地主和富农成分,他们有经济能力养活一大家人。而在潜家湾很少有富裕农户,方圆几十里很难找出一家大户,一个村庄中最多的还是贫农,也就是无地农民,中农也只占了一小部分,潜家湾有三百多人,每人平均占有耕地为9升,还不足一斗田。稍微富裕的是中农户,潜姓人比较贫穷,一大家子特别是孩子多是很难养活的,所以分家现象比较普遍。

潜家在漂河村的经济地位处于低等水平。潜家人虽然勤劳肯干,其中长子潜明会在外工作能挣钱养家,但潜家家庭人口众多,且劳动力不足,租种别人的田亩每年还需要上缴一定的租金,家庭的收入捉襟见肘,生活压力较大,因此整体生活水平较低。实际上,潜家生活贫困也是成为人口众多的大家户的原因之一。潜义伦在1949年之前搬迁较为频繁,经常居无定所,因无房且无经济实力建房,最初是租住在别人家中,全家人挤在一起住,共同生活了很久,直到1940年长子潜明会结婚后才正式在潜家湾定居下来。潜家人丁兴旺且孩子都健康成长起来,即使寄宿别人篱下,在一家人的勤劳创造下也能勉强生活,村里人也不会另眼相看。

第二章 家户经济制度

1949年之前,当潜义伦搬回潜家湾后,潜家从此便以租种别人的土地为生。因家里的劳动力较少,生活较为艰难,潜家分外珍惜租种的土地,每天勤恳耕作。为了养活一大家子人,家长潜义伦有时会外出做些生意,家里的女人们也会纺线织布,以满足一家人的日常生活开销。潜家的消费以大家庭为单位,家里的所有食物由大家共同享用,各个小家庭不参与分配,在潜义伦夫妇的细心经营下,潜家开始独自置办各种农具,生活物品渐丰,生活条件慢慢有所改善。

一、家户产权

潜家在未分家之前,以耕种为生。潜家世代较为贫穷,祖辈辛勤积攒的几分土地在潜义伦父母双双去世后化为乌有,因此潜家在1949年之前主要就靠租种别人的土地。潜义伦主要是租种麻八爷的土地,土地产权归八爷所有,潜家只有使用权。每年稻谷麦子收割完之后,潜义伦会上缴一部分粮食给八爷,作为租金,剩余的粮食归潜家个人所有。虽是租种别人的土地,但潜家的基本劳动工具,如锄头、镰刀、铲子都是自家置办,这些工具归潜家全体所有。其他的大型的农具,如犁、耙、牛等,因家庭生活水平较低,并不具备,到农忙需要使用时一般都会借用八爷家的。家里的消费一般是由大家长负担,大家长在家户生产消费中起主导作用。长媳王世英在婆婆张氏的教导下勤俭持家,将一大家人的生活照顾得很好,因此家中并没有发生过外出借贷的情况。

(一)家户土地产权

1.土地稀少,世代靠租赁

潜家世代以耕种为生,生活较为艰苦,在祖辈的辛勤生产中虽积累了几分地,但土地较为贫瘠,产量较低。这些土地对于养活一大家子人口来说是杯水车薪,潜家人还得依靠租赁一部分土地养活一家人,最初潜家在刘家湾那边还有6斗较为贫瘠土地,这些土地大多为石子地。

这是老祖宗留下来的一点地。到潜义伦这辈,因其父母在其幼年时双双去世,潜义伦结婚后孩子较多,生活困难,而土地较为贫瘠,田地的收成较低,自己无心经营。于是潜义伦便将土地变卖投靠远方亲戚。之后潜家便没有自己的土地,只能靠租种别人的土地为生。

潜家在定居漂河村后便租种八爷的土地,八爷也是当地人,是村中较为富裕的农户,当时八爷的田地土质较好,很多无地农户争先租种他家土地,每年到看课收课的时节都会请八爷上家里吃顿饭,以表示今年收成还不错,期待八爷来年的续租。潜家因劳动力不足,每年租种土地的田亩数差异不大,潜义伦也会根据自己经营的能力进行租种。

2.租赁土地,劳力不足

1949 年之前,潜家租种村里八爷家的土地,八爷是村中较为富裕的农户,在生活上一直节衣缩食,醉心于攒钱买地。潜义伦虽是一大家子人,但家里的劳动力有限,家里的几个孩子年龄尚小,大部分还在读书,生活负担较重,只能租种八爷的 8 斗田。考虑到潜家的孩子多,生活较为艰难,八爷对潜家较为照顾,在耕作过程中,如果潜家缺少耕牛、犁耙等大型工具,八爷都会主动借给潜家使用。

潜义伦租种的土地隔家不远,且靠近堰塘,平时灌溉用水及耕作都较为方便,其中三亩地在堰塘东边,是一块平摊的好土地,只要肥料供给得充足,来年收成都很好,堰塘西面的土地靠近道路,虽不像堰塘旁那块地那样优质方便,但地面也较为平坦,所以不同的地段,收租的标准也会有所差异。八爷收地租只要稻谷,如果种的是小麦,便会将小麦地租核算成稻谷。潜义伦家主要种水稻,当然也是由于种植水稻的产量高,经济效益好一些。每逢交租时节,潜义伦负责请八爷在家里吃饭,这是一年中收获的季节,也是关系到来年种地的重要环节,长媳王世英每到这个时节便会拿出一家人一年储备的酸菜、萝卜,同时提前上街买些肉,架起蒸笼,准备盛情招待八爷,宴席一共准备八个菜,当地称"八个碗",是用来招待比较贵重的宾客。这种盛情的招待,一方面是感谢八爷一年来租种给潜家土地,另一方面也向八爷展示当年的好收成以及给家里生活带来的改善。如果八爷感觉满意,来年不仅会继续让你租田,而且会减轻课税,如果种得不好,就要更换种田人,也叫"辞田"。在平时的农业生产中,八爷也会随时看课。八爷看课的时候,不仅会到自家的田地里看庄稼的长势,而且可以根据收成判断这家人种田是否勤劳。比如在收棉花的时候,如果棉花上沾有泥巴,说明家田里的草除得好,棉花直接掉土上肯定会沾点泥巴,如果棉花掉在地上都没有沾泥巴,则判断棉花是掉在杂草上,那么这家田里的草一定没有除好,以此判断租种人是否用心种田。潜家长媳王世英吃苦耐劳,将田里的活干得井井有条,农忙的时候长子潜明会也会回家帮忙干活,平时主要是王世英在田里忙来忙去。潜家直到土改后才分得土地。

3.土地归家户,家长谋经营

1949 年以前,土地的所有与管理均是以家户为单位。潜家虽然无自家土地,但是租种别人的土地也是以家户为单位,租种土地首先由当家人提出,潜家的当家人是潜义伦,潜家湾是一个大宗族,也是典型的熟人社会,大家心里都明白当家人是谁,家里土地管理权应该归谁,如果不是当家人提出,其余的人提出租种要求会受到怀疑,也往往招致失败。潜义伦向八爷提出租种土地,并办理手续。潜家租种土地的契约手续都在当家人潜义伦手中,但土地是属于整个家户,当家人主要拥有的是管理权。每当播种的时候潜义伦总会和儿子商量着田里该种些什么庄稼,作物能获得好的收成。一般会留一点土地种植蔬菜,满足一家人平时的生活。长媳王世英一般不参与讨论。在农村的种地传统中,种地也是按照习惯,若没有特殊情况,今年种什么作物,来年还是种同样的作物,该种什么就种什么,潜家未分家之前,土地归全家人共同所有,家里有劳动力的人都会帮忙干农活。

4.土地以田埂为界,各家自主经营

1949 年之前的土地在祖先的经营下世代传承,各家各户都对自家的土地的位置和大小相当熟悉,其中也包括耕种土地的范围,粮食的产量,租金的多少。小农经济中,农民总是精打细算地安排好自己一年的农业生产,期望在年终的时候有结余,也就是老百姓常盼的"年年有余"。

1949 年之前潜家湾的土地以田埂作为界限，田埂是用泥土围起来的一条细长的小道，小道两边长满杂草，田埂一般要高于田块，田埂一方面作为界限，划定土地的权属；另一方面可以形成一个小型的交通通道，为农业生产提供便利。农民种地提供灌溉上的便利，例如到夏季，农民需要挑秧苗到水田，中途可以沿着田埂走，而不需要从别人田间经过。田亩的大小面积和质量不等，最小的地块有三分地，最大的地块也有三四亩地。因地块的差异，土地的肥沃程度不一，收成各有差异。潜家湾这边水源充足，大部分以种植水稻为主，每年最重要的工作之一便是车水灌溉，到了插秧的季节，需要放水到田里。中途可能要经过别人家的水田，通过别人田里的水漫到自家田中，这时一般需要在田埂两边开一个口，即挖一部分田埂以便让水流进自家田中，待田里水满后再用泥巴堵住田埂。为了减少不必要的麻烦，田埂一般较为笔直，田埂纵横交错在田间。潜义伦对于自家的田地十分清楚，即使晚上也能清楚地找到自家地。在一个熟人社会的村落中，村里人大部分十分老实，大家都在心里十分准确地清楚这是谁的地边，不会随意侵占别人的田地招致不必要的麻烦。

5.家长出面租赁，没有土地置换

关于租赁土地方面，潜义伦和八爷关系比较好，1949 年之前，潜义伦一直租种八爷的土地。最先确立租佃关系的是潜义伦，潜义伦首先考虑到自家的耕种能力确定租种的田亩数，双方商量交多少租子。大家常年居住在一个村中，熟人的相互信任度较高，也不会担心哪一天不种地逃跑，所以潜义伦与八爷的租田协议大部分是口头协议，没有书面文字，到了交租的时候自己主动去交。在这种代际传承中，本村乡亲也知道谁种谁的田，不会随意侵占别人的田地，潜家租佃的土地从未和租主八爷发生过纠纷，一家人都按照传统播种、收割，维持一年的生活所需。

潜家的田亩都是租种的，距自己所住地方也不远，平时耕作比较方便，没有土地置换的情况。一般而言，租种别人的土地就不能随意置换，不管田好田坏，田远田近都是如此，1949 年之前整个潜家湾都没有置换土地的现象。

6.产权归家户，外人不容占

潜家湾以农业为主，世代以种田为生，大家对土地的认同感较深，就传统而言：土地就是农民的"命根子"。各家对自家的土地都有较为清晰的认识，包括田地质量的好坏，田块的位置，田块的四界，自己不会随意侵占别人的土地，也不允许别人侵占自家土地。和潜家相邻的一块地是一家李姓人的田，李姓人为了能够多种庄稼，直接拆了田埂，将田埂变成秧田，两家人因此事发生极大的冲突。潜家的长子潜明会专门到李家去理论："这是公共的田埂，你这样拆了占为私用，以后收谷子的时候都分不清……"潜明会知道若当时不解决这个问题，日后到丰收的时候矛盾会更多。但因李家人家境好，为人较为霸道，潜家无论怎样解释李家人都不理会，三弟潜明成因愤怒还跟李家人大打了一架，闹得全村人都知道了，只好找村中有威望的人调解。最后李家人重新修建田埂，事情才得以解决，但自此以后潜义伦家与李家结成世仇，平时见面互不讲话，至今如此。

(二)家户房屋产权

1.居无定所，土改分房

潜家在 1949 年之前一直居无定所，潜家祖先最早落户在潜家湾，随着时间的推移，几代人搬迁频繁，到潜义伦这代人，潜家老屋已经不复存在。20世纪30年代的时候，潜义伦和哥哥嫂嫂住在刘家湾（潜家湾的隔壁村落），之后哥哥去世后，嫂嫂改嫁，家里的生活异常困难。为了养家糊口，潜义伦卖掉刘家湾的老屋和几亩荒田，转而投靠妻子张氏的娘家亲戚。在张氏的娘家七棵树村生活不到一年，潜家因没有耕田潜义伦，仅靠做小生意难以维持生活，转而又回到潜家老屋。潜家刚开始搬回潜家老屋时，因无力修建房屋，只能借宿在八爷家。八爷因膝下无子，房屋面积比较大，有几间偏房还空着，他见潜家一家人可怜，便留他们居住下来了。1940年长子潜明会结婚，一家人刚落户潜家湾，婚礼便是在八爷家举办的。潜家没有土地，又因家里人口众多，土改划成分为贫农，土改之后分得地主李海云的房屋。

2. 寄宿在别家，之后建房

潜义伦在1949年之前搬到潜家湾的时候没有房屋，寄宿在潜家湾八爷家中。潜义伦居住的地方是一间偏房，有一个堂屋，从堂屋两侧隔开，形成两间房，上房就是潜义伦夫妇和几个孩子居住，下房便是长子潜明会和妻子王氏居住，屋子外侧有间茅草屋，之后潜家收拾好后当作厨房。随着潜家孩子的渐渐长大，以前的小房子完全容纳不了这么一大家子人，之后在政府划定的土地上开始修建房屋。新修的房屋是南方普通的居民格局，房屋朝东而建，其中一个堂屋在正中心，两边分别隔开，作为房屋。因家里的人口比较多，潜义伦在房屋两侧共修建了四个房屋。其中，上方位右面的房屋是潜义伦夫妇居住，上方位左面的房屋是长子潜明会夫妇及子女居住，随着潜家子女渐渐长大，房间里加到两张床。下方位左边的房屋是次子潜明成夫妇居住，下方位右侧是三子潜明成夫妇居住，堂屋主要是用来待客吃饭的地方。因室内空间有限，在室外又搭建起一个厨房，厨房东侧有一个大灶台，西面有一个简易的小柜子，用来放置菜橱和碗柜。潜家经济条件有限，搭建的是土砖房，上面盖的是黑瓦片，房屋总共的建筑面积是150平方米。

3. 堂屋可共用，房屋是私间

1949年之前，潜家寄宿在八爷家，家户的所有权自然归八爷所有。潜义伦决定搬回潜家后，家里比较穷，八爷看着这一家老小，没有一个落脚地十分可怜，便好心收留了他们一家人，而且没有向他们要一分钱。之后，潜家经济逐渐好转，便开始自己修建新房。潜家的新房子是属于家户全体所有，家中的每一个成员都有份，但是房子的管理权和处置权在家长潜义伦手中。房子在使用和建造方面都是由潜义伦来安排。潜家几兄弟成家后，各人都分得一间房屋，平时自家的房屋一般丈夫妻子会进去，公公一般不让进，婆婆偶尔也会进去。总的来说，堂屋厨房是大家共同活动的地方，各个房间较为私人化。

潜家的几兄弟分家的时候也是按房间进行划分的。除了长子潜明会，其他几兄弟每人分一间现住的房屋。可以看出，潜家人虽然处于一个大家庭中，但也有明显的界限划分。按照村庄传统惯例，女儿在出嫁前居住在娘家，但没有房屋的所有权，出嫁后也不会继承家里的房屋。从严格意义上说，只有潜家的3个儿子拥有所建房子的所有权，下一代的孙子就不完全拥有所有权，潜家的3个儿子是潜家房屋的直接继承者，在潜义伦年迈体弱无力主持家务的时候可将房子平分给3个儿子，然后由3个儿子负担潜义伦夫妇的养老。其他的人都是这几个人的附属，不具有房屋的直接所有权。嫁进来的媳妇可以依附丈夫一起继承房屋，但如果是因改嫁等其他原因离开本家的则不享有房屋继承权。

4.房屋有边界,互相侵占

以间风道为界:潜家的房子右面是一条马路,左侧与邻居隔着一道墙。起初是潜义伦家修建起的院墙,院墙与邻居间的院墙仅隔一个人的距离。修房的时候一方面是考虑到房屋侧面的修建方便,也为了减少不必要的麻烦,长子潜明会在修建时,特意在自己范围内的宅基地上空出一人宽的小道,这个小道在农村叫"间风道"。按照农村的习俗,建房院墙也有讲究,如果两家关系特别好,可以商量共同修建一个院墙,作为公共院墙,隔开两家人,这样可以减少一部分建房开支,修建的公共院墙的费用由两家人共同承担。如果两家的关系一般或者说是比较差的情况下,便在各自的宅基地范围内修建院墙。潜家为了减少矛盾,在修建房屋的时候便建起了院墙。

以屋檐滴水为界:潜家湾房屋建筑属于典型的南方建筑,每家的房屋上都会有上瓦,屋檐上的瓦片一般会比屋脊长出一尺,如果邻近房屋的一面没有邻居,便是以屋檐作为房屋界限。在农村,侵占别人房屋最严重的便是挖墙脚,这个墙脚一般是属于屋檐内部的土地。挖墙脚一方面是对别人房屋的侵占,另一方面也让别人感觉挖墙脚动了自家的房基,惊动了守护房屋周边的祖先,是家里的大忌。在潜家的历史上从未发生此类事情,潜家右侧的房屋是以屋檐滴水为界,内侧属于潜家的宅基地,外侧作为村庄的公共用地。潜家房屋前面便是一个堰塘,经常有人在这里挑水,为了方便村民用水,潜家在修建房屋的时候空出了一块地,作为公共道路,方便村民行走,也为自己用水提供方便。

儿子具有房屋继承权,女儿及亲戚只有使用权:潜家的房屋,家庭成员都可以使用。在日常生活中,长子潜明会在外交际频繁,朋友甚多,也有朋友经常到潜家吃饭。对于家离得比较远的朋友,也会留宿在潜家,不过亲戚朋友一般只是短时间的留宿,在一定的条件下家里的亲戚朋友也可短暂地居住。若朋友需要借用房子使用,潜家也会竭力帮助。不过潜家人口比较多,人均居住面积相对较小,一般只有直系的男性家属才有继承权,外嫁的女儿在结婚前只有使用权却不具有继承权。在潜家实际的继承权只有潜家的三兄弟潜明会、潜明生和潜明成,他们在分家后可以均分房屋。

各家房屋为私屋,外人不得随意进入:潜家的每一个家庭成员对自家所拥有的房屋有比较清晰的心理认同,对外称是自己的家。一般家里的孩子可以随便进出各个房间,只是大人在心理上都有明显的界限。长子潜明会和长媳王世英也不会随意进其他几弟兄的房屋,不过内当家婆婆偶尔会进出儿子、儿媳的房间。潜家对自家房屋有较高的认同感,不允许别人侵占自己的房屋,当然自家的人也不会随意侵占别人的房屋,除非是经过正常手续买卖的房屋,在潜家的历史上没有发生过类似侵占房屋的情况。

家长管理房屋修建,费用全家共担:长子潜明会成家后,因年龄尚小,家里的主要事情还是由潜义伦夫妇打理。家里的房屋是由家长潜义伦来找人修理,房契、地契也都在潜义伦夫妇手里,平时的房屋修缮都是由潜义伦负责安排,至于费用,一般会由几兄弟商量平摊。长子潜明会的经济来源稍微多些,经济状况也会好些,一般会多出点钱,其他两兄弟多出点力,大家也不会因为出钱多少发生争执。

5.家长在房屋所有权中具有支配地位

在潜家,除了家长以外,其他人对房屋几乎没有支配权,关于房屋的处置一般需要经过家长的同意,家长对住房的安排、房屋的修建都具有绝对的主动权,家长在做出决定之后,其他成员通常只能听从。

在传统的农村社会中,从严格意义上说,儿子具有房屋等财产的继承权,而女儿没有,随着女儿嫁到婆家,便与娘家不再有房屋等财产上的纠纷。涉及房屋问题在历代农村中都是比较重要的事情,关于房屋问题,潜家都是一家人商量讨论,最后由家长潜义伦做决定。之后随着潜义伦年龄逐渐大了,家长潜义伦便将家里的大部分事情交给长子潜明会掌管。潜家在1949年之前没有自己土地,也没有完全属于自己的房屋,之后慢慢地积累,细心地经营生活才慢慢好转并开始修建房子。潜家修建房子后一家人一起生活了很长时间,直到潜义伦夫妇去世,几兄弟分家后,潜明会将自家的老房子卖给了邻居,自己搬到镇里居住。

6.家庭成员参与讨论房屋边界及修建

潜家的其他家庭成员对房屋没有直接的支配权,但作为家里的一分子,可以参与家庭问题的讨论,虽然房屋问题上的决定权是在大家长手中,但已成家的几个儿子在房屋问题上都有提意见的权利。一般在关于房屋问题上,潜义伦也会召集家里的三兄弟一起讨论,以维持一家人的和谐,不过家里的女性一般很少参与房屋问题的谈论。在潜家,房屋问题等类似的大问题都是由家里的男人做决定。

潜家在左右邻居的心目中是比较和善的一户人家,平时都是与人为善、与邻为善,很少和街坊四邻发生冲突。潜家能明确自家的房屋边界,同时对周围邻居的房屋产权给予认可和尊重。在房屋问题上,大家相互独立,互不干扰。在村子里面,家庭人口数量少、自我保护能力弱的人家这种情况才会比较容易受到别人的侵占。当村民的房屋受到侵占的时候,一家人都会站出来自我保护,如果自己家解决不了的话,就会寻求左右邻居还有当街里比较有威望的人来进行调解。

7.房屋以地契作为凭据,他人不能随意侵占

按照房屋管理的规则,潜家的房屋都有颁发的房契和地契文书,这些文书是保障房屋不受其他人侵犯的凭证。三兄弟在分家的时候也明确划分了各自房屋的界限,并以书面的形式确定下来,无论是对外还是对内,大家都互不侵犯。家里的房产证都由潜义伦保管。对于外村移居过来的人,可通过政府划割土地或者是自行购买别人的土地,潜家在1949年之前家里的人口较多,考虑到潜家三个儿子成家后需要占用房屋,而自家居住房屋面积有限,没有多余的房屋出卖。潜家人以种田为生,是村里的老实人,从不爱在外惹是生非,不侵占别人家的房屋,但也不允许别人侵占自家的房屋。

8.村里人对房屋的认同

潜家祖先早已落户潜家湾,之后潜义伦顺利搬回潜家,并幸运地寄宿在八爷家中,也是基于对潜姓人的身份认同。大家对此比较熟悉,在熟悉的乡土社会中形成的熟人关系,支撑着潜家湾世代的发展。在关于房屋产权方面,大家都清楚谁的房屋,在习惯的约束下,也能分清各自的界限,不会随意侵占别人的房屋而引起不必要的纠纷。若确实遇到相关方面的纠纷,一方面会受到村里人的鄙视,另一方面当家人出面与当事人协商解决,万一解决不了便会请保甲长来协调。

(三)生产资料产权

1.小农具渐置,大农具靠借

1949 年之前,潜家的经济水平在全村还比较低,一大家人无房无地,生活比较艰苦。潜义伦搬回潜家湾后,起初家里没有任何农具,祖上也没有可继承的东西,所有的农具都是长子潜明会成家后慢慢置办的。最开始租种八爷家的土地,家里的农具都是借用八爷家的。潜义伦作为一个庄稼人,知道农具对农民的基础性作用,这是每个种地人必不可少的工具。在种地过程中,一家人辛勤耕耘,积攒着一部分钱用于购置基本的农具,比如撬、铲子、镰刀、锄头等。这些农具在潜家人眼中分外珍贵,潜家在使用的时候也会分外爱惜,每次使用完镰刀,长媳王世英首先会清洗干净,为了防止镰刀生锈,每次使用后,王世英都会细心地打磨镰刀,保持好镰刀的锋利度。1949 年之前家里还有一个磨子,用来推米或者磨面,潜家没有牲口,平时也会找村里的人借着用,之后喂牲口点草吃,并将牲口送回去。

对于较为大型的农具,比如犁耙、耕牛因费用较高,远远超出了潜家全家的生活预算,为此,潜家每次都会找租主八爷借用这些农具。1949 年之前,牛是农业中最为重要的生产工具,各家对自家的耕牛如视珍宝。一般借用耕牛需要提前跟别人商量好,借用耕牛时一般是用人工换牛工的方式。潜义伦每到需要用耕牛的时候便会上八爷家中借,借耕牛之前需要提前割好几捆草,将牛喂饱后才会让它下地干活。待牛犁完地后,把牛牵到河边,让牛洗完澡,顺便准备好一捆草,让牛吃完草,喝完水之后才会送归到八爷家中。因八爷跟潜义伦家关系较好,潜义伦在用牛的过程中也较为爱护耕牛,八爷一般不会让潜义伦另外帮自家干活,如果家里实在忙不过来的时候,潜义伦会主动去帮忙。

2.合伙买耕牛,轮流来使用

耕牛是农业生产中必不可少的工具,但一头耕牛得花几百块,一个普通的农家难以支付这么高昂的费用。潜义伦搬回潜家湾后,随着儿子的成家,生活逐渐安定下来。潜家孩子逐渐长大成人,家里的劳动力越来越多,生活的状况有了很大的改善,生活也渐渐富足起来。以前借用别人的耕牛,需要用人工换牛工,借用有时也不太方便,经过几年的节衣缩食,潜家便跟邻居商量合伙买了一头牛。家里的农具比如锄头、犁头、耙子等一些田间必要的农具,也都渐渐配齐了。潜家最贵重的工具便是家里的那头牛,全家人也比较心疼牛,不管多忙,潜义伦都会让儿媳妇王世英每天回家割一堆草喂牛,家里能干活的孩子放学后也会在外放牛。潜家和邻居家的关系较好,一般两家人轮换着使用耕牛,也是轮流着喂养耕牛,在农忙的时候,潜义伦会提前跟邻居家商量好使用耕牛的顺序。

自从有了耕牛,潜家如获至宝,搭建专门的牛棚养牛,冬天如果没有足够的草粮,潜家还会出钱购买稻草喂牛。有了耕牛,家里的生产方便了很多。牛可以用来耕田和犁田,平时也有人找潜家借用耕牛,潜家一般会慷慨地借给别人使用,之后就不需要换工,借了牛只需要准备好一天的青草,让牛吃饱就行,这也是长期以来村里人借牛的规矩。村里借东西比较频繁,你今天帮我,我明天帮你,潜家与邻里之间的关系也较为和谐。

3.生产资料归家户,全家具有使用权

潜家所有的生产工具都是属于潜家家户整体所有,家户中的每一个成员都有生产资料的使用权。凡是进行劳动生产的家庭成员,在需要的时候都可以随意使用家中的任何生产工具,只有比较贵重或者大件农具由家里的男人使用,一方面是因为大农具需要一定的体力才

能操作,另一方面是大农具和牲口是家里重要的一笔财产,具有十分重要的地位,对农具牲口的使用体现一个人在家里的身份和地位。

在潜家湾,潜家属于一个人口多的家庭,每个小家庭的劳动力都有所区别,并不是每个人都从事农业劳动,在潜家人看来,农具的重复利用更能凸显农具的价值,同时提高农业生产效率。每年农忙的时候,家长潜义伦会安排好家里农具的使用顺序,比如割稻子的时候,一般会让动作较快的王世英先去割完稻谷,然后由二子潜明生到河边割草喂牛。一把镰刀交替使用,既不耽误农业生产,也能保障家里牲畜生活所需。如果农具用坏了,一般会由家长潜义伦上街维修。各个小家庭不会单独去维修农具,只有在潜义伦要求儿子维修时,儿子才会去维修的费用由全家人共同负担。

4.农具家户所有,家长实际支配

对于潜家的生产资料的维修、借用和购买,潜义伦在比较年富力强的时候是实际的支配者,后来潜义伦年迈之后,视力急剧下降,农具管理就交给长子潜明会来管理。一开始购买和维修农具都是潜义伦独自上街去办,对于农具的使用与维修,潜家人提倡节俭,能自己维修的决不上街,能修理的绝不购买,即使农具坏了,还可以借用邻居的农具撑一段时间。对于一些铁质农具,因自家缺乏专门的工具只能到街上的铁匠铺子维修。对于一些日常使用率比较高的农具,比如锄头、铲子,在用坏后都需要马上购置,而对于一些不常用的农具,特别是一些季节性的农具,比如扁竹(一种可以分离豆子的工具)、千担(用来挑稻谷的工具)等一般会找邻居借用。潜家湾的社会风气整体还比较和谐,大家平时相互帮助,借用农具较为频繁。比如别人家没有耕牛的一般会上潜家借,上门借东西的人一般是家里的当家人,有一定的权威性,借用东西也需要经过家长的同意,如果家长不在,家里的儿子也可以做决定。

5.家户生产资料侵占的类型

村里对家户生产资料的侵占主要是偷盗、强占生产资料的情况。在日常生活中对于侵占生产资料的情况,如果是小农具,各家一般不会过多计较,而对于大型农具,比如耕牛或者犁耙等会竭力追究责任。

潜家人丁兴旺,在潜家湾的口碑也比较好。在村里,大家普遍较为贫困,各家相互借用农具等生产资料的情况较为普遍。潜家在生产上经常借给村民工具,在使用的过程中,工具也有磨损的情况,如果用坏了,各家自己负责维修,潜家也不会要求赔偿。在潜家湾,有一个单身汉家里较为贫困,也租种八爷的几亩地。因家里贫困没有能力购买农具,经常找村里的人借用农具。对于一些小农具,借用后便不再归回,这时借主的当家人便会上单身汉家中索要,若索要无果,便会在村中传说单身汉的恶行,从此村里的人再也不会轻易借东西给单身汉。潜家湾村中偷盗事件较少发生,主要是村中的农民较为贫困,没有过多值钱的东西值得偷盗,对于一些小偷小摸,一般被抓之后只是口头警告,很少有告知保甲长的情况。

6.村里的舆论保护生产资料

潜家湾是一个典型的熟人社会,大部分潜姓人共同生活、共同生产,大家彼此较为熟悉。对于村中"手脚不干净"或者容易耍无赖的人,村里的人都会通过舆论进行谴责。在日常生产生活中,都会另眼相待,时刻提防此类人的不正当行为。对于经常偷盗或者耍赖的人,村里的人也会告知保甲长来处理。

潜家湾中大部分都是老实的庄稼人,大家都是通过勤恳的劳动,以正当的途径谋取正当的利益,对于通过不正当手段获取的不义之财的人嗤之以鼻。村里的每一个人都安分地守护着自己的一亩三分田,在长期的劳动生产中,大家讲究善良与宽容,对自家的东西和别人家地东西都有明显的界限。潜家从小便教育子女勤劳诚实,不能随意破坏别人田间的作物,不能偷拿别家的物品。在农村有句土话"从小偷针,长大偷金",大人对于小孩子的家庭教育较为重视,若发现孩子有此类不好的习惯,家长会竭力遏制,轻则打骂,重则罚跪一天不许吃饭,在这种严苛教育的影响下,村里的孩子很少有此种恶习。潜家也教育子女严守规矩,不随意侵占别人的东西,不占小便宜。从孩子到大人,村里的人在日常生活中相互监督,共同保护各家劳动所得的生产资料。

(四)生活资料产权

1.集体打谷在稻场

打谷子。1949 年以前,整个潜家湾里都是土路,大部分是瓦房,自家没有可以晒粮食的地方。在潜家堰塘边上有几块大型且十分平坦的地块,作为公共的稻场,村民们都集中在公共稻场上打谷子。稻场一共分成六大块,一般是由几家人共同使用一个稻场,共用稻场的几家人一般会商量好打谷子,晒谷子的顺序,轮流使用。1949 年之前,收割技术比较传统,都是人工操作,从收割到打谷再到扬场①全靠劳力,农村最热闹的时候当属收获的季节。每年到打谷子的时节,潜家一家老少围着稻田转,小孩看热闹,大人忙不停。打完稻谷后,稻草直接堆放在稻场四周,每家各占一小块地,一般按照先占先得的方式堆放,一旦选定堆放的地块,便不能再更换,也不能随意侵占别人的地块。为了节省空间,各家户都尽可能地把稻草堆得高高的,每年大家可以通过稻草的高度判断这家一年的收成,一般是稻草堆得越高,收成越好。潜家孩子众多、劳动力不足,每年的收成不高,家里的几个孩子一下子便能爬上稻草堆。

晒谷子。谷子打完之后,为了稻谷能存放更久,农家人会趁着天气好的时候,到稻场上晒谷子。晒谷子的时候,潜家的大人在划定的稻场上铺好谷子,为了尽可能使稻谷接受暴晒,每过半个小时便会去翻弄稻谷,潜家的小孩一般会坐在旁边的树荫下,看守着自家的稻谷,如果发现有人弄散谷子或者侵占了自家的谷子,便会回家告知大人。傍晚的时候,大人们都会回到各自的稻场,将自家的稻谷装袋,由家里的男人扛回家。

2.吃水打水在堰塘

1949 年之前,村里还没有挖水井,整个潜家湾有个大堰塘,堰塘是封闭式的,积水主要来自降雨,堰塘被一条路隔断,分为东、西堰塘。东堰塘便在潜义伦家门口,平时整个村里的生活用水都来源于堰塘。潜家平时一出门便能取水,生活用水较为方便。

潜家虽是穷苦人家,但在贫苦的日子中也尽可能把日子过得精致起来。比如潜家在吃水方面有较多讲究。村里的绝大多数人会直接从堰塘挑水后回家直接使用,当地人们称"吃生水"。而在潜家,无论是长子潜明会还是长媳王世英每次挑水回家后都会把水烧开后再使用。除此之外,每逢春季的时候,潜家在忙着播种之余,内当家张氏也会让王世英抽空到山上去采些春茶,晒干后做茶叶,平时家里来客人或者自家饮水时也会泡上几杯茶叶水喝,这一习惯一直延续到1949 年之后。

---

① 扬场:指将稻渣子与谷子分离开来。

3.外出学艺,自置桌柜

村中的大部分家具都是木制的,木匠活也是个技术活,很多人也靠当木匠养家活口。对于有钱人家,家里的家具都是统一购置的,像潜家这种贫苦家庭,没钱购置家具,家里最早的家具是一个木箱子,是潜义伦砍了木头请别人帮忙制作的。潜义伦长子潜明会在十几岁的时候跟随一个木匠师傅学过木工,家里的几把椅子都是潜明会在外学木匠的时候制作的,潜明会结婚的时候,给家里增添了几件家具,一个大柜子和一张木床。之后的家具都是潜明会结婚后家里慢慢攒钱陆陆续续置办的。

4.柴米油盐,基本自足

对于基本的生活资料比如柴米油盐,潜家一般是以能满足的便自家置办,对于自家难以供应的才会购买。

柴火。传统的农村,生火做饭时每天家里必备的就是柴火,潜家平时的生活燃料主要是木柴。在潜家湾四五千米外便有座大山,潜家湾的人平时都在这座大山里打柴。每到下雨天或者农闲的时候,潜义伦或者长子潜明会便会拿起扁担,进山砍柴,潜家的小孩在几岁的时候便会跟着父母上山打柴,小孩子只能捡一些较轻的木棍,潜家的柴火基本上能满足一家人的生活,每年过年之前会提前囤积更多的柴以方面过冬使用。

粮食。潜家虽世代租赁别人的土地,但在一家人的细心经营下,每年都能勉强维持一大家子人的生活,年份好的时候,潜家的粮食还会有结余,这时家长潜义伦便会挑部分粮食上街卖掉换取其他的物品。

配菜。潜家在租种土地后,每年都会在田间套种点大豆,之后在自家门口开垦一小块地来种菜。在农村,冬季的萝卜和白菜的产量相对较高,潜家一家人每到冬季都会有余留的菜,内当家张氏便会让长媳王世英将多余的萝卜白菜腌制在坛子中,来年开春的时候,当作家中的下饭菜。

盐。1949年之前,盐是家里主要的调味料,也是生活中必不可少的生活资料。食盐是家庭不能自制的,只能通过购买获得,集市上有专门的盐铺,村里的人可以用钱购买,但在潜家从不会缺盐用。潜义伦在年轻的时候便是盐贩子,他经常会从十几千米外的三里岗挑一担子盐,沿途叫卖,余下没卖完的盐便会拿回家里使用。

油菜、棉花。潜家湾位于鄂北,属于长江流域,这里主要种植的经济作物是棉花和油菜。1949年之前,生活水平较为低下,大部分农家以种植水稻养活一家人,潜家也是如此。潜家刚搬到潜家湾的时候并没有种植经济作物,随着家里的条件日益改善,潜家也空出一点田亩种植少量的棉花和油菜,主要满足一家人的生活所需。

5.生产资料家户所有,成员共同使用

家户所有,小家庭权属不清。在潜义伦看来,潜家是一个整体,大家在一起吃饭,在一个屋檐下生活,虽然日子艰苦些,但是一家人都勤劳踏实,和睦相处,不会过多地计较生产资料的归属权问题。如果家里生产资料不够,潜义伦便会与妻子张氏商量购买。在潜家,潜义伦的长子潜明会因年长于家中的几个孩子,往往承担着更多压力,对家庭有更重的责任感。长媳王世英也能顾全大局,觉得自己辛苦点,一家老小过得好就行,有时王世英熬夜纺线赚来的钱都会给家里的弟弟妹妹买本子读书写字。家里大大小小的事情一般由家长潜义伦安排,对于家长的安排,潜家的其他人一般比较尊重,不会有过多的意见。

家庭成员有使用权。在潜家,无论是日常使用的锅碗瓢盆、柴米油盐和桌椅板凳,还是一些大型的生活资料比如石磨、橱柜都是属于整个家户共有的,家户里的每一个成员可以无偿使用。潜家的家户成员包括潜义伦夫妇,潜明会夫妇,以及成家的二弟、三弟及其妻子,还有家里未出嫁的几个妹妹。不过按照村里的惯例,外嫁的女儿不再是本家的人了,也不再算家户的成员。在家里的女儿未出嫁之前,女儿享有家中生产资料的使用权,比如一些日常用品;出嫁后,家中的衣箱、柜子便会留给家里的儿子。潜家的女儿出嫁当天主要从家里带走了些衣物。

6.婆婆管内务,勤俭为原则

在潜家,潜义伦主外,妻子张氏主内,因此张氏负责生活资料的支配、管理,张氏有时也会与潜义伦商量着添置家庭生活资料。潜家的内当家是婆婆张氏,虽然主要是长媳王世英负责家里的日常事务,但家里的内部权力实际掌握在婆婆手中,家里的柴米油盐都是婆婆来监管。如果这些生活资料短缺时候,张氏便会让潜义伦上街购买。潜家一向生活节俭,为了养活一大家子人,在张氏的监督下,不会随意添置其他的生活资料。1949年之前潜家平时生活比较艰苦,一家人经常没有足够的粮食吃,收成不好的时候只能喝粥、吃野菜。潜家每年都会养一头猪,在过年的时候会宰一头猪,能够吃点肉,换换胃口,有时家里的开支比较大,当家人潜义伦也会把猪肉卖到集市上换点钱,供家里的其他开销。

7.其他家庭成员在生活资料所有权中的地位和作用

潜家在1949年之前日子过得较为艰难,为了一大家人的生存,各个家庭成员各自用尽自己的力量保障一家人的生活,孩子读书,平时基本生活开支,只要能挣点钱都会交给家里的婆婆张氏来管理,任何人没有私房钱。大媳妇王世英夜晚加班纺线织布,之后卖了钱也会如数交给婆婆张氏。后来,潜家生活状况有了好转,几个儿子也娶了媳妇,潜家人丁增添了不少,弟兄几个孩子比较多,有时顾不了整个大家庭,几个儿子儿媳妇会在外挣点钱,上交一部分满足家里的基本开支,其余的作为私房钱满足自家孩子的日常开支。三儿子在外给别人开拖拉机能挣点钱,三媳妇跟着大嫂学纺线织布,然后自己偷偷上街卖布,有时也会在野外挖草药到街上去卖,这样各个小家逐渐富裕起来,可以给自己或者小家庭的孩子买几件衣服。

8.熟人互助多,侵占物品少

1949年之前,潜家湾民风比较淳朴,大家普遍比较贫穷,也总是相互帮助,这家的米不够可以先借一碗米救济一下,这家的待客少了一个鸡蛋可以找另一家借个鸡蛋。潜家生活节俭,衣服都是破了又缝、缝了又破。有一次潜义伦的三媳妇准备回娘家,家里没有一件像样的衣服,衣服裤子都缝满了补丁,三媳妇找隔壁家罗四嫂子借了一件衣服去娘家,回来的时候洗干净再还给她。三媳妇一直记着罗四嫂子对自己的帮助,待自己生活渐渐富裕后还专门给罗四嫂子买了几件衣服。农村里借东西一般不会大量的借,都是缺一点小东西找别人借一下,有的东西借了没过多久就还了。对于一些不讲道理,借了东西不愿归还,潜家人一般只能自认倒霉,不会过多地追究,只是在下次借东西时候会直接拒绝。村里的人大部分比较朴实,也知恩图报,农村人常说:"有借有还,再借不难。"潜家的生活资料很少被侵占。

9.外界对生活资料的认可与尊重

1949年以前,政府工作几乎不涉及对农户的生活资料产权的保护,农民与政府很少打交道,村民在乡村按照约定俗成的规则维持着社会秩序的正常运行。村中大部分人提倡以勤恳的劳动获取正当的收获,尊重别人的劳动成果,对于自家正当所得与别家的东西在长期的社会生活中形成明显得界限。村民们都各自守护着自己的东西,一般也不会随意侵犯别人的东西。潜家是老实的庄稼人,自从搬回潜家湾后,便通过全家人的辛勤劳动,渐渐积累家产。潜义伦觉得这种方式虽然很辛苦,但一家人心里都踏实。潜义伦也从小教育子女,要老老实实做事,端端正正为人,不破坏他人劳动成果。在各家的家风影响下,潜家湾也形成了这种舆论监督的氛围,对于侵占他人物品的人,村中的人会在背后议论,由此形成一种舆论压力。

二、家户经营

(一)生产资料

1.子女年少,劳力不足

在 1949 年之前,潜家的劳动力还比较少,主要是父辈潜义伦夫妇和子辈潜明会夫妇,弟弟妹妹们年龄尚小,都在上学读书,只能放学回家帮家里干些简单农活,比如割草、看谷场。潜义伦的妻子张氏因裹了小脚,不便参与农业生产,主要是照看家里的孩子。潜家的土地较少,田里的重活如耕田、挑谷子,这些都是男人干的事,女人一般是割麦子、捆麦子和插秧,农忙的时候大家都会参与进来帮忙。其中有一年农忙,长媳王世英的手指头因插秧多都烂掉了,疼痛难忍,几乎难以干活,想在家休息一天,不料却被家长潜义伦拿着棒子赶出去干活了。1949 年之前,即使是妇女怀孕了也会下地干活,在播种收获的季节,大家总会怀着满腔的干劲,天天忙着干活,很少休息,即使身体不舒服,在农忙的时候也要顶着病痛去干活。农忙时节,从收割、碾磨、扬场,到最后的装袋收归,慢一步都可能影响别人家的进度。因为当时稻场是几家人合伙用一个,农忙时都会提前安排好哪家先用稻场,同时规定使用的时间,有的人田地多的还得加班加点地赶工。

潜家有三儿子,大儿子潜明会成家后成为家里的顶梁柱,负责家里大大小小的事情。平时潜明会外出时间比较多,农忙的时候会回家帮忙,潜家租赁的有 4 亩地,家里有妻子和父亲潜义伦忙活田里的生产,劳动力差不多够用了。潜家在种地一事上没有请过外面的工人帮忙,很少与别人家换过工。偶尔家里换工也主要是潜义伦出面与别人换工。潜家湾大部分人是潜姓人,换工一般选择邻居家进行换工,1949 年之前换工都属各家私事,不需要经过保长甲长商量。

2.租赁土地,生活艰苦

1949 年之前,潜家没有自己的土地,潜家租种了八爷的 4 亩地。这种租赁关系一直沿袭到 1949 年。1949 年之前的 4 亩地都是良田,如果不发生天灾,收成基本上可以满足一家人的吃喝,八爷也是潜姓人,跟潜义伦家的关系较好。1949 年之前,八爷留宿潜家一大家子人,考虑到一家老小,生活不易,在租金上也会根据他们家的实际收成,适当地减免部分租金。潜家人也时刻铭记八爷的恩情,每年收割完成后都会给八爷准备一次大宴款待八爷,潜家最幸福的时刻便是将粮食收回仓里,存进家里的扁桶中。土地的租赁是以年为单位进行计算的,潜家湾的大部分无地的农民都是租种八爷的土地,八爷膝下无子,土地面积较多,自己也种不过来,除了一部分自己的雇工以外,八爷将土地大部分出租给别人耕种了。每年秋冬季节开始租赁,到第二年秋季交租,完成一个周期的租赁,这时八爷将会到各家去看课收课。如果感觉这家田种得好,收成好,就会续租,反之则会辞田。潜义伦一家勤劳肯干,尤其是长媳王世英吃苦耐劳,将田里的活打理得很好,每天天还没亮,长媳王世英就要出门到田间拔草。

3.借用耕牛,农具自给

1949 年以前潜家家境贫寒,无力购买牲口,潜家刚搬回潜家湾时,整个潜家湾都比较贫穷,整个村里就只有八爷家里有一头牛,其他农户根本买不起牛。田间播种前也需要耕地犁地,村里的人一般找八爷家借牛,按照人工换牛工的方式来满足各家的耕作需要,按照规定,一个牛工换两个人工。用完牛需要将牛喂饱后再返还给八爷家,1949 年前没有牛饲料,主要是用草喂牛,借用牛的农户在借用之前都会提前割几捆草皮,在其耕作前先喂牛吃一遍草,之后耕完田再将牛喂饱后归还给主人。潜家 1949 年之前因家里孩子多,生活压力大,无力添置牲口,家里的磨子都得靠人工推磨。一直到 1949 年前夕,潜家的生活条件渐渐宽裕才跟邻居合伙买了一头小牛。

1949 年之前,种田的人都会备齐相关的农具,一些简单的农具如锄头、撬头、铲子、镰刀等使用比较频繁的农具家家都会有,潜家自从租种别人的田地开始,也逐渐开始置办家里的农具,农具大部分都是铁制的,潜家没有铁匠,铁制农具都是自己在集市购买的。家里大儿子潜明会和二儿子潜明生都是个木匠,二儿子潜明生学木工的时候还给家里添置里几件家当。一次购买农具一般可以长期使用,中途若有损坏就自己进行修补,自己修补不了了就会拿到集市上专门的修理铺修补。自家农具如果不够用,也会去借用别人的农具,借用别人的东西虽然是无偿的,但借用别人的农具一般用完后会立即归还。如果长时间不还,潜家人就会以需要使用农具为理由要求归还,这种情况一般很少发生。

(二)生产过程

1.男女分工,生产紧凑

1949 年以前潜家主要以农业耕作为生,家里的男女老少都参加到农业耕作的劳动当中,男人主要负责重活,女人负责比较轻的农活,各自分工,配合生产,家中年长点的孩子如果没有读书都会到田间去参加农业劳动。在农忙的时候一家人都会行动起来,学校也会给读书的孩子放几天假,让孩子在家里帮帮忙,为家里分担农活。农忙季节主要是夏季,天气燥热,大部分孩子可以给家里的家长送送水,女孩子会在家准备好饭菜。潜义伦夫妇年老后,也渐渐退出家里的农业劳作,家里的生产生活主要由三个儿子和媳妇负责。三个媳妇除了干自家的农活以外,还需要照看好家里的生活,家里生火做饭也是三个媳妇轮流干。潜义伦偶尔会上街卖布,妻子张氏主要是照看家里的小孩。1949 年之前,潜家寄宿在八爷家,居住空间有限,没有多余的空间饲养家畜。家里的分工比较灵活,一般男人干重活,女人干轻活,不过男人干活人手不够的时候,也会让女的来帮忙,到插秧的季节,需要家里的男人去车水,几家男人合伙车水灌溉,如果家里的男人不在家,也会找几个女人去替代。

潜家 1949 年之前仅靠租种 4 亩地养活一家人,农业生产安排得很紧凑,一年种植两季,通常是在农历的九月,也就是秋收之后播种麦子,到农历的五月份开始插秧,再到来年农历的七八月份就可以收割。农历的九月,在秋收之后开始播种麦子,等到来年的五月收获,完成一年的收获播种同期。传统农业的精耕细作,远不仅仅是种植和收获这一简单的程序,就以插秧为例,从犁田、平田、插秧、灌溉、除草、施肥、一直到收割等中间可能经历十几个工序。为了充分利用耕地,在种麦子的间隙也会在两边种植生长周期稍微较短的大豆,潜家也专门空出一小块地种植蔬菜和其他的杂粮如黄豆、玉米、花生等来满足一家人平时生活所需。全年的种植安排都是各家自己商量，不需要告知甲长和四邻。按照农村种养的习惯，大部分种植的作物都会参照往年的种植方式，土壤、土质、灌溉条件，在某种程度上决定了作物的种植。

2.家畜三两只，过年一起宰

1949年前夕潜家才开始喂养一头小牛，主要是长媳王世英负责喂养，有时潜义伦也会去割草喂牛。潜家生活渐渐丰裕后，家里每年都会喂一头猪和几只鸡，过年的时候满足一家人吃肉的需求。家里喂养牲口主要是女人干的活，家里几个儿媳妇每天轮流喂养。猪在一年的末尾成为大家共同期盼的事物，村里人在刚进腊月的时候宰了作为过年上好吃食。"一年盼到头，就盼猪一头"。在潜家湾，如果牲口是病死的就直接掩埋了，这种动物肉是不能吃，也不能在市场上卖。在所有的牲口中，牛是最贵重的牲畜，它在南方的水田种植中发挥了较大的作用，因此牛的价格也很贵，很多农村人家无力单独负担一头牛，只能与别人合伙购买。

3.手工业与副业的相互补充

潜家主要以种地为生，另外也会做些其他的生意补贴家用。1949年之前，潜义伦常常将玉米芽熬成糖，然后上街卖糖。1949年之前糖是比较贵重的东西，当时是两斤谷子换一斤糖。除了熬糖卖，潜义伦在农闲的时候还经常外出到三里岗贩卖盐和酒，三里岗是个大市场，物资较为丰富，从那边运来酒和盐，沿途叫卖，可以赚点小钱贴补家用。二儿子潜明生自小跟着别人学过木匠，也会跟着师傅制作柜子、椅子，每个月也会带点钱回家。三儿子潜明成学开拖拉机，每天帮别人托运货物和粮食，也能缓解家里拮据的状况。家里的几个媳妇主要是在家织布纺线，家里的女人们会做一些衣服鞋子，这些都不外卖，只供自己家人使用，过了农忙季节，农村妇女白天都会在家做鞋、纳鞋底，晚上一般会纺线织布，织布积累到一定的数量就会让潜义伦上街卖掉。

4.男人识字较多，常年奔波在外

潜义伦的长子潜明会在潜义伦年老后成为家中的顶梁柱。潜明会能说会道，也有一点文化，作为长子，他也是家里的经济支柱。潜明会常年在外给别人帮工，四处奔波，只是在农忙的时候才会回家帮忙，如果家里缺钱用或者需要买点东西，潜明会的妻子王世英都会上街告知潜明会。妻子王世英勤俭持家，潜明会很信任妻子，一般不会过问钱的用途，只要妻子提出潜明会便会欣然答应。每次到张氏生日的时候，王世英都会提醒丈夫潜明会回家的时候带点鸡蛋和豆腐。到婆婆张氏生日当天，王世英都会煮好豆腐，打上两个鸡蛋，端给婆婆吃以表达自己的孝心。妻子王世英不仅能照料好潜家一家人，也能照顾好丈夫的日常生活，除了洗衣做饭，王世英心疼丈夫常年奔波。只要农闲的时候，王世英都会纳鞋底，每年总会给潜明会做几双新鞋。潜明会外出的时候，一般不会带上妻子王世英，只有在外出时间很长的情况下才会带上妻子。

(三)生产结果

1.农业收成勉强活口

在南方，一年有两个粮食收获的季节，一个是农历九月份的稻熟，一个是农历五月份麦熟，潜家也是一样。另外，潜家种植的蔬菜和玉米大部分在夏季成熟，白菜和萝卜在冬季成熟。1949年前由于缺乏肥料，仅仅靠一点农家肥庄稼长势不太好，收成十分有限，一亩地在收成好的时候只能产四五百斤稻谷和三四百斤麦子。在收成不好的时候就会更少一些,收二三百斤稻谷和麦子,交完租金,一家人的生活便比较窘迫了。有时到了青黄不接的时候还要到集市上去买粮食吃。收获的粮食归全家共同所有,主要由婆婆张氏统一保管,每年收获的季节,潜义伦夫妇最关心粮食的收成情况,回家后都会亲自称下粮食的斤数,安排好一年的生活。种田人最在乎的是一年的收成,平时操劳的长媳王世英也比较关心产量。每次都是长子潜明会从母亲张氏那听一年收成情况,回来之后告诉妻子王世英。一般地,只要收成比上一年高些,一家人便会觉得一年的辛劳是值得的,同时也有十足的干劲准备下一年的播种。

2.家畜饲养主要供自家消费

潜家刚搬回潜家湾的几年中生活较为艰苦,潜家居住条件和经济条件有限,自家的人口有时都难以养活,全家根本没有条件喂养牲畜。经过一家人的辛勤劳作,在生活条件渐渐宽裕后,潜家才渐渐开始喂养牲畜。在农村,喂养牲畜主要是改善家里的生活条件,同时在一定程度上节约一家人的生活开支。安居漂河村这边大部分处于丘陵地带,很少有养羊的情况,这边主要是以喂养鸡和猪为主。潜家每年会根据自家的实际情况决定家里的家禽及牲畜的喂养量,其中一年喂养最多的是喂养了一头猪和五只鸡。一般每年家里的牲畜和家禽都只能供自家消费,偶尔某一年家里的猪喂得肥,家长潜义伦也会上街卖点猪肉换点其他的东西。家里的宰猪宰鸡大部分是在腊月间,宰杀后都是由张氏统一管理,在平时生活消费中,长媳王世英便会从婆婆那取出肉来,供全家人享用。

3.手工业和副业的收益

潜家全家的副业收入归全家共同享有,由内当家张氏统一支配。潜家的手工业和副业的收入都是不固定的,一年中分农忙季和农闲季,农忙季手工活会减少很多,农闲的时候做手工活还比较多。在潜家,家里的手工活主要是张氏和长媳王世英来承担,其中长媳王世英是主力。长媳王世英是潜家湾出名的好媳妇,吃苦耐劳,勤劳苦干,每天熬夜纺线,从没有私房钱,具体能挣多少钱都没有一定的数额,每次王世英织完布都会由潜义伦上街卖布,收入归张氏保管,具体金额潜义伦不会多说,王世英也不会过问。

大家长潜义伦为了改善一大家子人的生活,在农闲的时候也会外出做些小生意的,比如熬制糖、贩卖盐和酒。因白天要挑着担子在外奔波,晚上回家要守在灶台前熬糖,家长潜义伦也较为辛苦,常年的劳累致使潜义伦在中年的时候患重病。每次在外做小生意赚回来的钱,潜义伦回家后也会如数交给妻子张氏保管,潜家一年赚的大部分钱也都换了粮食。

三、家户分配

(一)分配的主体

1.家户为主体,宗族无分配

漂河村村落大部分以姓氏为主形成自然村,一个村小组中同一姓氏人聚居在一起,潜家湾便主要居住的是潜姓人,很多村民都有一定的血缘关系,潜家湾以姓氏聚居。1949年之前,潜家曾修建了一个祠堂,但祠堂只是在清明的时候让大家聚集到一起共同祭祀祖先,宗族每年只会对族内较为贫困的家庭进行救济,但潜家从没有接受过宗族的救济,也未能享受到宗族内分配的任何东西。

村里主要以家户为单位,每个家户都是独立的个体,家户与家户之间没有过多的联系。

1949 年之前,家户与村庄之间联系也并不紧密。每个家户自成一个独立的系统,自主自足,独立运行,而村庄的管理也只限于基本户籍信息统计和税务的征收,家户才是最为核心的分配主体。潜家也不例外,他们独立地经营着一家人的生活,几乎没有接受外部的分配成果。在具体分配中,家长潜义伦掌握着潜家日常生产生活资料的分配,对于财产、食物、房屋等分多少,分给谁也主要由潜义伦来决定。

2.家户为单位,家长占主导

在潜家内部,粮食和钱款大多数都集中在内当家人婆婆张氏手中,由张氏统一供给一家人的日常口粮。涉及家户劳动工具的维修与购买一般是由潜义伦负责。潜家很少产生分配,大家一般共同分享收益,没有具体的分配细则。只是在每年冬季来临的时候,婆婆会给每个儿媳妇分点棉花,棉花按照每年收成的多少平均分配给三个儿子家,要求媳妇在过年的时候给孩子做件棉袄,各小家如果分得的棉花不够用需要自行上街购买。每年张氏也会在年底的时候给每家分五斤豆子,作为各家孩子过年的零食。

潜家的内当家是婆婆张氏,家里大大小小的分配主要由她负责。张氏管理一大家人口,经常以自己的强势和威严压倒一家人,家里的媳妇都比较顺从张氏。在分配过程中,张氏也尽量保证公平和公正。不过潜家,因二儿子潜明生从小身体差,长大后患上羊癫疯的病,有时不能下地干活,张氏比较心疼二儿子,在分配的时候也会私下多照顾点。有一年的分配中,张氏另外多分十来个鸡蛋给二儿子潜明生一家,一家人都能理解张氏的用心,也不会闹意见。潜家子孙众多,3 个儿子共生育 10 个孩子,为了保证公平和公正,张氏在孩子的分配中公平对待,每个孩子每年分到的衣物和零食都是一样的,家里人没有人提出过任何异议,因此一直以来都是内当家张氏安排分配。

3.大家分配为主,小家分配较少

潜家主要居住的是三代人,父母亲和三个儿子居住在一起,潜家是一个包括潜家老小的大家庭,各个儿子家自成家室构成一个个小家庭。潜家在平时的生活中很少发生明显的分配活动,大家共同居住在一起,衣食住行都是共同享用,没有明显的界线划分。比如平时吃的大米和面粉都由婆婆张氏统一储存,需要用时大家共享,没有具体的量的划分。除了每年的布匹,很少有分到各个小家的东西。每年快到年底的时候,张氏就会拿出全家的积蓄给自己的丈夫潜义伦,让丈夫在集市上买点布匹分给各家做新衣服。不论多么贫穷的人家,到过年的时候必然会给孩子换件新衣服。潜义伦买回布匹后,张氏按照每个小家人口的多少分配,每一家人均布匹的数量都是一样的。1949 年以前,政府和村庄从来不会参与或者是干涉家户的分配,家户分配只是个人私事。潜家所在的村子也没有进行过以家户为单位的分配,只有在政府纳税或者征兵的时候会以家户为单位。

(二)分配的对象

1.男女有别,儿子为主

潜家的主要分配对象就是以潜家三个儿子为单位组成的三个小家庭,每次分配基本以三个小家庭为单位进行分配。家里虽然还有三个女儿,但是女儿的分配和儿子的分配大不一样。在潜家人的观念里,女儿最终都是要嫁出去的人,不是自家人,在女儿未出嫁之前,她们只是和潜家人一同吃住,但不参与其他物品的分配,只是在出嫁的时候会根据家里的条件,陪一部分嫁妆。

这种嫁妆主要是家长结合家里的实际条件象征性地给予，实际上，这部分财产占整个家庭财产的比例较少。

2.农业与副业相互补充，维持一家人生活

家户中分配的来源也都是来自家户内部，主要是家里的种植收益或者副业所得。在分配中，农业生产上的分配主要是满足日常的生活所需，为家庭提供粮食，但是对于潜家这个拥有众多人口的大家庭而言，仅靠粮食的收入，显然不能满足一家人其他的生活所需。这时副业收入对潜家至关重要，副业收入主要用以购买家中的生活必需品，比如食盐、农具等一些自家无法制作的物品。潜家是典型的以农业和副业相结合的家庭，因家中劳动力有限，租种的田地只能勉强维持一家人生活，如果遇上灾年，全家人面临着饿肚子的命运。作为当家人的潜义伦总会想尽办法在外谋生，有时贩卖些盐或者酒水，有时熬制糖到街上售卖。每年家里的男人在外做生意所得的收入都会统一交给张氏，由张氏统一安排分配。如果以小家为单位，家里的分配权主要集中在儿子身上，女儿和媳妇很少参与分配。孙辈的人也只是在年底的时候分得一点豆子和米子糖，作为小零食。

（三）分配的类型

1.农业收入只能勉强维生

解放以前潜家一年农业收成分别是一季的麦子和稻谷，下半年还能收点大豆和蔬菜瓜果之类的。每年九月份收获的稻谷有一部分上交八爷那作为一年的租金，虽没有明文的契约规定，但大家都会按时按量上交谷物。潜家也不例外，八爷定的租金比较合理，还不算高，但具体交租金已记不清楚。每年交完租金剩余的粮食只能基本维持一家的生活，很多时候还需要以其他的野菜来做补充。如果遇到天灾，粮食减产，八爷也会根据每家的收成适当地减少租金。但潜家人口多，家里整体的开销大，每年的粮食交完租子后只能勉强维持一家的生活。

2.手工业收入可自由支配

潜家没有人进行大量的手工业生产，主要是家里的儿媳妇们平时会织布纺线，制作衣服和鞋子，在早先的时候家家户户的女人都会这门手艺，很少有人需要买成衣，因此潜家女人们会凭借手艺也为孩子和自家的男人制作衣服。做鞋子、做衣服一般只满足自家消费，织布有时会供自家使用，多余的布料也会到街上去卖赚点钱。手工业的收入属于家庭内部收入，当地政府不会介入。潜家刚搬回潜家湾时，生活较为艰难，婆婆张氏对家里的财务管理较为严格，家庭成员不允许有私房钱，家里媳妇织布卖的所有钱都需要如数交给婆婆张氏管理。后来随着婆婆张氏年龄渐长，家庭生活条件好转后，对各个小家的财务收入管理便不再那么严苛，各家都相对自由了，婆婆对媳妇纺线没有那么严格的管理标准，各小家可自己织布，赚钱供小家消费，婆婆张氏不会严格控制。其中三媳妇年轻力壮，不仅织布，而且外出挖草药卖，额外的收入会更高些，这些收入都作为自己的私房钱。如果家里的生活比较困难，三媳妇也会主动拿出钱供一家人使用，潜家一家老小，尤其是孩子比较多，大人在一定程度上心疼孩子，满足一家人的生活所需，有利于维持一家人的团结。

3.家庭副业收入改善一家生活

潜家以家户为单位从事日常消费品的副业经营，潜家一大家子十几个人，农业生产远不能满足一家人的生活所需。潜义伦早年的时候经常外出卖盐、卖酒和卖糖，生意好的时候，一个月可以挣四五块钱。三儿子潜明成在外开拖拉机，每个月能补贴家用，家里经营所得虽然

金额不多,但都会统一交给婆婆张氏管理。

潜家人会精心计划出来的家庭副业收入的消费,估计着一年需要交多少租金,一年大概吃多少粮食,一亩地能产多少量,种的粮食只要够地租和全家人一年口粮就可以。潜义伦也会安排怎样使用这些钱,满足家里日常开支,如购买食盐等,偶尔也会买点菜改善一家人的伙食。潜家所在的村子距离集镇非常近,只有三四里路,因为离集镇近,考虑到城镇对物品的需求比较大,潜义伦经常会跑到集镇做生意,做生意的这部分收入是潜家的纯粹收入,不需要缴纳额外的税款,潜家除了定额的种田地租外,不再向国家缴纳税款,这些赋税都由租主负责缴纳。

(四)家长在分配中的地位

1.家长是家户分配的实际支配者

潜家的家户分配主要由婆婆张氏支配,潜义伦虽是家里的当家人,但因常年在外,家里主要由妻子张氏负责,对于家中的日常分配一般是婆婆张氏做主,在张氏安排分配时如果潜义伦提出意见,一般会听取潜义伦的意见。

2.从家长不允许有私房钱到各家自由支配私房钱

同舟共济,私房钱补贴家用。潜家在搬回潜家湾的时候,生活比较艰难,为了集中力量办事情,大家挣的钱都会统一上交,供整个家庭消费,个人并没有私房钱。婆婆对生活的监管比较严,每天媳妇王世英出门前都要跟婆婆说明今天的工作,一般没有多余的时间干其他的事情。晚上织布纺线都是由公公出去卖,自己不能单独出去卖布,卖出去的布钱,公公都会上交给婆婆张氏管理。长子潜明会在外挣钱需要一分不少地交给张氏保管。潜家比较团结,有时家里经济困难,媳妇王世英也会回娘家拿些零钱,直接在街上买些豆腐、谷子带回家供一家人吃用。

收入多元,私房钱各家支配。三个小家庭各自有了孩子,而且收入的来源更加多元化,婆婆张氏无心顾及各家的私房钱。成家之后的潜家,每个小家庭都攒有自己的私房钱,这些私房钱主要是家里的女人在干农活之外的劳动所得,各小家女人可以凭借自己的劳力织布、挖草药、采茶叶等来获取额外的收入,攒下的私房钱就用来给小家庭成员置办衣物。

作为大家庭的家户只负责供给几户成员的吃和住,各小家成员的穿衣和铺盖等生活用品都由各小家负责,当然家户也会在年底的时候给各个小家庭分一些棉花和布匹,在女儿出嫁的时候会提前给女儿准备好几床棉被作为嫁妆。如果是嫁进来的媳妇,一般会给家里的儿媳妇置办几件新衣服,三媳妇秀方嫁进潜家的时候,婆婆张氏给他她做了一条花裤子。

3.家长分棉花,小家中的女人自制衣服

在 1949 年之前,潜家在年底的时候会给各个小家分配一些衣物。之后,家长便不参与家庭成员衣物的分配,这时家户成员的衣物都由小家庭用自己的私房钱解决。只是在每年下半年棉花收获后,会给各个小家分配点棉花做几件棉袄。分配的棉花小家庭可以自由处置,家里的女主人可以用来做衣服,也可以选择用来纺线或者添置棉被,家里的婆婆一般不会干涉。

4.内当家负责整个家庭的食物分配

粮食是潜家一家人基本生活的中心,整个家户一年工作的重心都是围绕家里的几亩地,以求挣够一家人一年的食物。涉及家里的食物分配,总是由婆婆张氏严格把关。一年到头,每

天吃什么、用多少粮食都要和婆婆张氏商量,如果感觉粮食不够吃,张氏便会让儿媳妇王世英到外面去挖点野菜拌饭吃。每年到青黄不接的时候,如果家里的粮食不够吃,张氏也会跟丈夫潜义伦商量买点粮食,这一切都在婆婆张氏精打细算的计划之中,"不当家不知柴米油盐贵",在婆婆张氏的管理下,一家人的温饱基本能解决。

每年过年是全村最热闹的时候,也是村民最开心的时刻,这时婆婆张氏也会拿出积蓄,备足食物,犒劳一家人一年的辛苦付出,改善家里的伙食。潜义伦会上街准备食材,买豆腐、买点肉,同时也会给家里的孩子带点糖。潜家家庭人口众多,过年的时候显得格外热闹,每逢过年的时候,大家其乐融融地聚在一起吃团年饭,饭桌上最受关注的是鸡肉,在婆婆张氏的分配下,饭桌上的鸡翅会优先分配给家里的女孩,而鸡腿则会分给家里的男孩,按照老一辈的说法,女孩吃鸡翅长大后就会梳头发,另一种说法是吃鸡翅可以飞得更高,男孩吃鸡腿,说是跑起来有力气,长大干起活更有劲。在潜家的分配中,孩子是特殊的群体,享受着更多的关爱。

5.生活困苦,家长不分配零花钱

潜家没有自己的土地,常年靠租种八爷家的土地为生,一家人的日常温饱有时就很难维持。家里平时日常开销比较少,在潜家,几乎没有零花钱的分配,各个小家给孩子的零花钱也都是自己的私房钱。

(五)家庭成员在分配中的地位

1.其他家庭成员在分配中的支配作用

潜家作为一个大家户,每年能够分配的东西很少,家里的分配基本都听从家长的安排,其他家庭成员一般在分配中很少发表意见,婆婆张氏在家里的传统权威,大家都比较服从,即使偶尔有不公平的现象发生,潜家的家庭成员也会从大局出发,在大家的意识中都觉得"大家都是一家人"。在同一个屋檐下生活和居住本应该相互理解、相互帮助,维护一家人的和谐。其中有一年长媳王世英和家里二媳妇晚上一起熬夜织布纺线,潜家的二媳妇肚子饿了实在是撑不住了,就偷偷拿了家里腌制的酸萝卜菜吃,最后被婆婆张氏发现后狠狠骂了一顿。在张氏眼中,家里的酸萝卜菜作为家里的公共食物应该是全家人共同享有,家庭成员不能独自享用。

2.各个小家独自支配私房钱

潜家在允许各家有自己的私房钱之后,各个小家可以自由支配这部分钱,一般是由家里的女主人给家里的孩子买点衣服。在使用零花钱之前,妻子一般会跟丈夫商量好购买的东西,然后决定由谁去购买比较合适。潜家的儿媳妇勤俭持家,一般不会随意消费。在生活开销方面,潜家几兄弟对自己的妻子具有较高的信任度。有一年,长媳王世英看自家小儿子的衣服破旧不堪,前后缝了几个补丁,为了给儿子买件新衣服,王世英连续熬夜两个月,每晚纺线织布,最后卖出了十块钱,让丈夫潜明会在街上买了几尺布回来给儿子做了一件新衣服。

3.小家中的女人负责家庭的中衣物分配

潜家各个小家的衣物除了年底会在婆婆的统一管理下分配到一些棉花,置办衣物一般是各小家自己解决,每年到过年的时候都会给家里的孩子准备好衣物。在长子潜明会的小家庭中主要是由长媳王世英负责。有一年到腊月二十八了潜明会还未归家,快过年了家里孩子的衣服还没买,家中没有多余的钱财为孩子置办衣服,妻子王世英十分焦急。腊月二十九的时候潜明会终于回家了,第二天一大早起来的第一件事便是带着家里的三个孩子去街上买布,几个孩子在商铺里排排站,一个个量好尺寸,没多久就定制好带回家了,这时的王世英才放心做其他事。"大人可以不换新,小孩子还是得换个新,这才叫过年",潜家人都能吃苦耐劳,宁可自己苦一点,都会满足孩子的基本需求。

4.长子对食物的分配

潜家是传统的农村家庭,家长在分配中的主体地位较为明确,但是因长子潜明会跟家中其他的孩子之间有年龄的差别,在很多方面扮演着父亲的角色。长子潜明会在成家之前很疼爱家里的弟弟妹妹,有时在外工作回来都会给弟弟妹妹带些小零食,比如花生和米子糖,按照长幼顺序,由潜明会给家里兄弟姐妹来分配食物,考虑到家里孩子不同年龄,一般会给年龄较小的五妹和六妹多分配些食物,潜家有爱护幼小的家风,家里年龄较小的孩子在食物方面会有更多的优先权。

(六)分配统筹

1.考虑:全家需要,收支平衡

1949年之前物资普遍匮乏,潜家除了日常生产外,还要分出一部分粮食交地租,1949年之前,解决温饱问题成为潜家的首要任务。在进行分配的时候婆婆张氏首先考虑的是家户内部的收支平衡问题,在保证按时按质上交地租和家户内部每年的口粮的前提下,家户也没有多余的东西进行分配。

2.次序:食物分配为先

在潜家的传统意识里便是勤俭节约,不喜欢拖欠别人东西。在潜家的教育中,潜义伦也会教育几个儿子,不要欠别人钱,尤其到了年底,更不会拖欠别人东西,农村有句老话:"今年的账不能拖到来年还。"1949年之前的潜家虽然生活很艰苦,但在内当家张氏的统一安排下很少欠别人的债。每年到秋收的季节,潜义伦总会安排好生产,交地租是头等大事,无论当年收成怎么样,潜家人都会想尽办法一次性把一年的地租交齐。每年在稻谷收获的第一时间潜家就会首先把当年需要交的地租上交,这样才能心安理得地安排下半年的生产。潜家每逢青黄不接时就会出现粮食不够的情况,一般这个时候家里的大媳妇王世英都会在外地挖点野菜掺和着吃。

潜家在日常吃饭的时候也存在分配规则。潜家平时很少吃纯粹的白米饭,一般都是野菜稀饭或者和着玉米面的饭,只有到过年的时候才舍得吃上香喷喷的白米饭。吃饭时长媳王世英负责盛饭,王世英一般会给公公婆婆先盛上,并让自家的小孩子端上桌,然后给家中的男人盛饭,小孩子的饭最后盛。王世英一般会根据孩子吃饭量的大小适量地给大家盛饭,如果遇上米饭不够吃的,家里的女人会尽量少吃点,余下多的留给家中干体力活的男人吃。

3.数量:公平分配

潜家在分配的过程中遵循的规则具有灵活性,大体是要遵循公平的原则,但是对于家中的特殊群体也会给予照顾。家庭是以血缘关系组成的集合体,家庭成员之间的关爱会体现在细微之处,过年的时候一般会优先给你家里的小孩子留点零食,其他如棉花和布料都是按照平均分配的原则。家里如果有生病的人,会优先满足家里病人的生活需求,二儿子潜明生经常生病,很长一段时间都不能下地干活,母亲张氏经常会另外留出一份米饭给儿子吃。

(七)分配结果

潜家在整年的家庭收入的分配中大致可以分为两部分:一部分是地租,一部分是全家人基本的口粮。1949年之前,物资较为匮乏,一年到头开销很少,大家最大的追求便是满足日常的温饱问题。地租大约占总收入的三分之一,余下的粮食只能勉强维持一家人的生活。在粮食方面,潜家每个人都同吃同住,没有多余的粮食进行分配。家里其他的分配资源比较有限,在分配过程中主要是由婆婆张氏来管理,其他人一般不会有什么意见。

四、家户消费

(一)家户的消费及自足情况

1.粮食消费自给自足

1949年之前潜家每年稻谷有1/3交出作为地租,其余的2/3剩做口粮,小麦的收成可以直接作为家里的产出,一年能产800斤小麦,剩余不足900斤的稻谷。南方主要以稻谷为主,虽然潜家所在的地区,雨水充沛,土质较好,但因农药和化肥的使用有限,有时会面临蝗虫病,粮食也会减产,肥料不足的良田小麦和水稻的产量也较为有限,正常年份中水稻的产量也不超过四百斤。1949年之前潜家一大家子人的吃喝有时面临很大的问题,潜家一年的粮食消费基本没有剩余,有时还需要其他食物的补充。家里的二儿子个子高,饭量也大。在每年产粮的初期,全家人都比较辛苦,内当家张氏总是尽量让每个人吃饱;到下一季的产出之前总会面临青黄不接的时刻,一般在每年春天的一两个月,潜家有时会用平时家里攒的钱买点粮食,再让媳妇王世英在外挖点野菜勉强度日。1949年之后,潜家的日子越来越好,分得十来亩土地,可以自己耕种,也不用上交地租,粮食也渐渐地都够一家人吃喝了。

潜家一年到头最主要的消费就是粮食消费,其他的消费都涉及得很少,偶尔的也都是些零星的消费。一年消费稍微多的就集中在过年的时候,为庆祝佳节,每年都会买春联、买衣服,还有瓜子和糖果,用来招待过年时家里的客人,每年过年潜家必不可少的便是买豆腐,有的人家自己种黄豆,可以到豆腐坊自行打豆腐。潜家家里没有种黄豆,每年都会上街买点现成的豆腐,在物质生活匮乏的年代,人们都希望能富裕起来,所谓的"豆腐"就是"豆富",是一种盼望家里早日摆脱贫困,尽早富裕起来的意思。

家里的粮食消费作为家户的基本消费,主要由大家户来承担,作为家户的共同消费,每年收归的粮食除了上交一部分作为地租以外,其余的都是作为家户内部的消费,潜家是一大家人同吃同住,粮食是大家共同消费的主要物品,统一由婆婆张氏保管,平时不会私下分粮食到小家户中。

2.女人制作衣物,在年底换新

衣物消费作为家户日常消费的一部分,1949年之前对衣物的消费比较少,衣服总是缝了又破,破了又缝,只有过年的时候一般会添加一件衣物,家里的二媳妇和三媳妇干完活回家,坐在家门口,互相数衣服上的补丁数,冬天的长布衫到夏天的时候就是直接把下面的部分缝起来做短布衫穿。孩子过年的衣服都是小家庭负担,家户会给各个家庭分一些棉花做棉衣。

衣物消费大部分由每个小家庭独自承担,各个小家都有私房钱,每个小家的家庭情况不一样。长子潜明会常年在外工作,工资除了一部分交给张氏保管,还有一部分留下来作为自家的私房钱。妻子王世英平时也能织布纺线,一年也能存点私房钱。相比长子,其他两个弟弟的生活条件相对较差些。二子潜明生身体不好,不能常年在外干活,家里大大小小的事都由妻子管理,妻子精力有限,家里的生活一直比较拮据。三子潜明成有时在外给别人开车,自己生活不愁,但家里的生活还是较为艰苦。二子潜明生和三子潜明成家每年基本靠分配的棉花自己制作衣物,很少外购,只需要购买少量的针线和颜料。长子潜明会家的家境稍微好点,每年还有一定的收入,通常可以通过购布料之后在家自己制作衣物。1949 年之前消费水平不高,每次购买布料大概花费几块钱,家里的生活压力相对较小。

3.几经搬迁,修房落户

随着潜家人口的逐渐增多,家里的人均空间一度压缩。最开始居住潜家湾八爷家的两间房不能满足一家人的居住所需,只能换房。在四处寻房中,村里明龙因妻子去世,家里只剩下明龙一个人,索性搬到丈母娘家居住了。明龙家是一个两层楼的房屋,未成家的儿子和女儿住在二楼,张氏夫妇和潜明会夫妇住在一楼。之后随着潜家三个儿子陆续成家,并各自生育孩子,考虑到后来孙子一辈的人娶媳妇没有房屋可居住,潜义伦便开始修建新房,新房的占地面积一百六十多平方米,共修建了四套房子可以满足一家人的基本居住,新房修建后潜家从此不用借宿在别人家。

4.医疗消费:土方治大病

1949 年之前,贫苦的人家很少有看病的意识,村里大部分比较贫穷的孩子在出生前没多久就因生病夭折了。1949 年之前的乡村医疗水平很不健全,村里没有专门设置的医疗诊所,只有在生孩子的时候,会请村里的接生婆到家里来接生,其余的情况很少找医生。一些小病小痛的潜家都会自己解决,不会去找医生帮忙。医疗水平不发达,大家对生病吃药这种治疗意识认知还不够深入,传说有很多土方法治疗各种病症。

念咒语,贴符字。1949 年之前村里的小孩经常被一个小野兽侵袭,村里人叫"九精狸"。这种野兽体型较小,只有正常小狗的大小,长相极似猫,爪子坚硬有力,能在短时间内迅速挖洞潜逃,大大的眼睛,最厉害的是鼻子上两根长长的胡须。王世英说:"这个九精狸正是通过将两根胡须伸入婴儿的鼻孔中,倒吸婴儿脑髓,最快的是在短短几分钟让婴儿身体发黑发紫,不久就会死亡,村里很多小孩都是死于九精狸的手里,一旦受到它的侵袭,很少能有活下来的小孩。"潜家孙辈的人也曾遭遇袭击,差点遇害。九精狸一般是半夜出动,它来的时候,首先让家里的一切灯光都暗下来,大人们意识虽然都很清醒,但都不能动弹,这种小野兽身体较为灵活,大人很难抓到,被九精狸抓过的婴儿大部分生命垂危。潜家长孙潜继国正跟母亲王世英一起睡,每天夜里孩子都会哭闹一会儿,王世英习惯性地半夜起来看看孩子。有一次已是半夜,因是阴雨天气,外面没有月亮,王世英顺手摸了下孩子发现不对劲,赶紧坐起来,叫醒了孩子的父亲,此时孩子已经呼吸困难。整个潜家湾只有庞书记的妻子张氏能治愈这种疾病,一旦发现孩子被侵袭,就会找上门,王世英天还未亮便把孩子抱到张老太太家中。张老太太就会冲一杯糖水,在里面划一张符,一边念咒语,一边划符,最后喂孩子喝下一碗水就慢慢恢复了。

张老太太的土偏方治疗了村里很多人的疾病,在潜家湾较有名气,还有一次是潜家二儿子潜明生刚生下不久,肚子就肿得厉害,无处求医,就找村里的张老太太看,张老太太同样划了一张符,念了几句咒语,孩子就慢慢好起来了。

用鸡蛋叫魂。潜家的三儿子潜明成有一次在外受到惊吓,眉毛都竖起来了,睡着的时候一惊一乍的,醒的时候就一直哭闹。母亲张氏就拿着鸡蛋跪在灶门口一边喊:"是哪方的鬼神把我家孩子吓到了,我给你点钱用,你赶紧走吧",喊着喊着手里的鸡蛋一下子竖起来,同时一下子滚在地上摔破了,这时家里的孩子也正好从床上摔下来。按照村里人的说法,一般喊到是哪边的鬼神,鸡蛋就会自动竖起来,第二天会把鸡蛋煮了,给孩子吃病就可以慢慢恢复了。

治感冒。另一种就是村里比较普遍的疾病,1949年之前的农村环境比较恶劣,患感冒的也很多,没有专门的药物治疗,农村人一般会用烧七个稻草把,烧下的灰用开水冲开,最后将毛巾渗到开水中,将热毛巾敷胸口,这个土方法是用来治理感冒。像潜家这种家境穷苦的人家很少有会去看病,一般都是用一些土方法或者通过烧香拜佛来祈求平安。之后家里的生活水平提高了,家里治病观念增强,如果家里有生重病了,家长也会要求去县城看病。

(二)家户消费主体与单元

1.家户承担家庭消费

家户的消费都由家户自身来承担,潜家消费的主体主要可以分为两个部分,一个是大家庭负担,一个是小家庭负担,其中小家庭的负担主要是各个小家庭衣物消费和人情消费。在日常生活中粮食消费、过年过节的食物、家里孩子的教育以及家里人生大病的医疗支出都是由家户中的大家庭负担。潜家没有严格意义上的宗族,虽然潜家湾同姓人比较多,但同家族的人一代代都分家了,各自建立起自己的家庭,潜家也没有建立公共的祠堂,因此宗族不负担潜家的消费。大家户是潜家湾的活动单位,所有消费由家户独立承担,村庄不会介入村庄的家户消费中,村庄内部只负责维持村内无收入能力的家户人口。唯一一次村庄活动是修建观音庙,观音庙在每年过年过节的时候全村的人都会去烧香求平安,在潜家湾眼中,大家比较敬重观音庙,遇事总会祈求,大部分人觉得这个有灵气。有一年观音庙倒塌,潜家的另一户人家潜长顺号召大家修建观音庙,而大部分农户家境困难,筹钱比较困难,大家有钱出钱,有粮食出粮食,有力出力。潜家孩子众多,生活困难,潜义伦只交了一碗米,最后在整个潜家湾挨家挨户地收了几十斤粮食,收齐了粮食直接上挑上街卖了换钱修建了观音庙。

2.大家小家各自负担人情消费

人情消费主要作为家庭内部消费,在潜家内部会有明显的划分。父辈的人情消费中是全家人共同负担,家里的钱财掌握在潜家内当家张氏手中,潜家父辈的人情开支会从公共开支里面扣除,若是各个小家的支出,如儿媳妇娘家那边的人情支出,则主要是各个小家各自负担。

大家庭的人情消费。1949年以前,家里的人情消费比较有限,一方面,村里人经常忙于农活,很少外出交流,只是每年在端午节的时候娘家人的父亲一般会到婆家这边接女儿回家玩几天,有"端午节,回娘家"的习俗。每年的人情消费主要是走亲戚的人情消费,潜家亲戚娶媳妇或者嫁女儿这些都是大人情,亲戚家有人去世或者家里生孩子增添了人丁都会待客。1949年之前,人们的生活水平都很低,人情消费也比较有限,人情有用金钱的形式展现,但大部分都是以物品呈现,譬如嫁女儿,就会选择送一件新衣服或者送一包糖,送点米等,如果是娶媳妇一般会给予金钱。潜家最大的人情支出便是亲戚家娶媳妇的支出,关系好的不仅要送上两三块钱,还会带几斤糖和米。在村里人情消费中,五块钱的人情算是比较大的人情,像潜家这种穷苦家庭一般是一两块钱。

小家庭的人情消费。潜家各个媳妇的娘家人亲戚由各个小家庭独自负担,主要是用各个小家的私房钱,每年给媳妇走亲戚所送的礼品都由各个小家庭自己准备。潜家的大媳妇王世英都会留点私房钱,每到端午节的时候就会专门的到街上买点糖提前准备好送到娘家去。再者就是每逢过年的时候,村里有亲戚关系的赶上谁家办事,家长就会准备礼品去走动,然后让当家人去吃一顿饭。同样地,潜家办事,乡亲们也会带礼品来。花费最多的一项人情消费是家中孩子结婚庆祝的花费,需要宴请的人很多,婆家和娘家两边的亲戚以及自己的亲戚朋友都会参与其中,因为开销大,很多家庭可能很难负担。

3.崇尚节俭的消费观

大家庭日常消费崇尚节俭。在潜家,潜义伦夫妇都是经历过苦日子的人,在生活中总不忘教育孩子要勤俭节约。在衣物消费方面,潜家兄弟姐妹较多,兄弟姐妹间共用的衣物是常有之事,因二子潜明生跟三子潜明成的年龄相近,两兄弟经常共用衣物,长子潜明会穿过的衣服也不会随意丢弃,一般会在穿旧后,由母亲张氏简单缝补下,留给二子潜明生和三子潜明成继续穿用。在孩子消费教育方面,潜义伦夫妇从小教育孩子要勤俭,能吃苦耐劳。在吃饭的时候能吃多少就盛多少,家里的每个孩子都不允许有剩饭的情况,如果家里孩子有剩饭情况,一般会受到各家父母的责骂,严重的时候还会挨打。

在大家庭的日常消费上,潜家1949年前的生活水平较低,自家消费中有时一年到头都舍不得吃上一次肉,只有在家里有重要客人的时候,潜义伦才会上街买点肉招待客人,买肉的时候尽量多买肥肉。一方面是肥肉稍微便宜些,另一方面,肥肉的油水大,做菜的时候不仅可以减少家中油料的使用,而且可以顶饱,这对于常年从事重体力劳动的人来说相当重要。在饭桌上,自家人很少吃肉,像肉这类贵重的食物都是尽可能地留给客人吃,有时吃剩下的肉,潜义伦也不会随意丢弃。为了尽可能保障以后的每一顿都有点肉解馋,同时确保肉不变质,内当家张氏便会让儿媳妇王世英将剩下的肉挑选出来,用根针线将肉串起来,专门挂在张氏房屋的一口大缸里,大缸里装满里凉水,在一定程度上能降低周围的温度,从而尽可能地保证肉的新鲜度。每次做饭的时候,张氏都会小心翼翼地取出几小块肉做菜,以改善大家庭的生活。

4.自家红白喜事消费

1949年之前的潜家,生活较为艰苦,办理红白喜事都会根据自家的经济实际来决定。王世英嫁进门的时候,潜家的开销最大,潜家刚搬回潜家湾不久,生活还没安定下来,各种生活资料的购置还有几个孩子需要养活,压力很大。为了办好大儿子的婚礼,家长潜义伦除了拿出自己在外发展副业攒的全部钱外,还找别人借了一部分钱办理长子婚宴。潜家办了两桌酒席,虽然菜肴不丰富,但也不失热闹,这对新人喝了一杯糖水,宴席便开始了,桌子摆放着花生、米子糖、米酒。潜家宴席和彩礼各项支出一共花了约一百块,这其中的费用都是潜家在日后的积攒中慢慢还清的。在潜义伦眼中,办一场红喜事不容易,潜家也因此增加了不少负债。

5.重视教育,鼓励读书

潜家的教育是由家户整体负责,在1949年之前潜家孩子众多,虽然家境艰苦,但家长潜义伦对家里孩子的教育较为重视。潜家的长子潜明会作为潜家第一个读书的榜样,在小学毕业后,有了初步的文化知识,最后当上村里的干部。在潜义伦的眼里,读书识字是首要目标,也是外出与外面的人打交道的基本前提,读书是一条改变命运的道路,最起码他不用每天忙于农活,而能通过自己的知识和能力来挣钱,潜义伦竭力供养家中的几个孩子上学。1949年之前,读书的花费比较低,大部分是穷苦人家的孩子,老师收费也不会太高,每个孩子每年就几块钱的学费,一般的家庭基本上是能负担的。如果有特别贫困的家庭孩子希望读书,也可以跟老师商量,晚一些时间即等到粮食收割,卖了粮食之后再上交学费,这也是允许的。潜家孩子众多,已经成年长子潜明会和长媳王世英也对家中几个孩子的教育给予充分的重视,王世英曾熬夜半个月纺线织布,卖了布换了钱,便直接在街上买了一大捆草纸本子,回来分给家里几个读书的孩子。上学期间,孩子每天中午放学回家吃午饭,中午在家休息,下午继续上课。上课的基本内容是三字经和算数,但潜家的二子潜明生和三子潜明成读书不上心,小学还未毕业,就无心上学,辍学回家了,只有家中几个妹妹上学比较多,在小学毕业后才回家的。1949年之前潜家湾很少有孩子上初中,大家都觉得稍微有点文化,能认识几个字就行。

教育是潜家人比较重视的事情,家里无论是男孩还是女孩在教育方面都是同等待遇,教育作为各家管理的私事,其消费主要由大家户来负担。作为家户的公共开支,教育消费在家户消费中占有一定比例,但潜家人基本上能负担起家里孩子的读书需求,一般没有出现因教育向外借钱或者拖欠老师学费的情况。

(三)家长在消费中的地位

1.家庭为单位,家长管消费

大家庭作为潜家的生活供给来源,潜家的日常消费都需要依靠大家庭。在潜家,潜义伦是大家长,但在传统社会中"男主外、女主内"的色彩较为分明。涉及家里的内部消费,一般是作为内当家张氏来负责。张氏会对家里的消费物品十分了解,在关于家庭大的消费,如购置劳动工具、家具等方面,张氏一般会跟潜义伦商量决定。在所有的消费活动中,家庭作为消费单元,村庄不会干涉家庭消费。

粮食消费。作为全家基本食物的消费,在一家人的生活消费中占有重要的地位,每年秋收之后粮食都会统一收归粮仓。张氏的房间会存放着一个专门放粮食的扁桶,粮食统一由张氏保管,一天吃多少米,张氏都会统一规定好,媳妇王世英做饭的时候都会按量做好每日的饭食。每年到了收小麦的季节,张氏都会负责收拾干净家里的粮仓,等待小麦的入仓。

食物消费。潜家涉及的食物消费很少,食物分配也主要是家里的内当家张氏来安排。潜家租种别人的土地生活艰难,为了一家人的生活,张氏会让媳妇王世英在田埂周边种点蔬菜,比如黄豆,豇豆等。生活渐渐改善后,潜家每年会腾出一小块地种植蔬菜,满足一家人的基本食物消费。为了保障一家人的生活,张氏每年冬季的时候便会让媳妇将吃不完的蔬菜比如白菜、萝卜腌制存坛,来年的蔬菜不能满足一家人所需的时候,张氏会拿出腌制的萝卜菜供大家吃。平时没有经过张氏的允许,个人不能私自吃腌菜。潜家的二媳妇和三媳妇夜晚纺线的时候饿得顶不住,偷吃了家里酸萝卜菜,被婆婆张氏发现后,当着儿子的面狠狠地批评了两个媳妇,并当着全家人的面,指责两个媳妇的"恶行"。从此再没有人敢私自偷吃家里的食物了。

教育消费。长子潜明会作为潜家第一个读书并当干部的人,对家里的教育比较关心,潜义伦在教育问题上对长子比较信任,家里教育方面的安排潜义伦都会与长子潜明会商量决定,比如孩子几岁上学,上交学费的安排,关于上学多长时间等,潜义伦也会尊重各个小家的意见,教育消费也是作为家里的内部消费,其他的四邻和保甲长均不参与其中。

2.大家小家各有分工

衣物的消费。衣物消费是潜家消费中的一项,潜家每年到年底的时候都会分配衣物。在大家庭的分配中主要以分配棉花为主,其余的关于布匹都是各个小家纺线织布所得,内当家张氏来安排每个小家庭的分配数量。有关衣服制作的款式和数量都由各个小家自行决定,小家中衣服的分配主要是由各家的女主人来决定,她们一般会负责衣物的制作,但在制作之前一般会跟家里男主人商量,在长子潜明会家中,长媳王世英每年给孩子做衣服之前都会跟丈夫潜明会商量,如果制作几件衣服,如果布料不够怎么办等。一般商量后,各个小家里的女主人才会开始给孩子们准备衣物。

人情消费。人情消费是潜家每年必须的消费项目。父辈的人情消费主要是婆婆张氏来安排,其他的小家庭人情消费比如媳妇这边的亲戚主要是各个小家庭里的男主人来安排。家长潜义伦年老后,长子潜明会便成为家里的顶梁柱,潜明会在外交际比较广,朋友较多,所以潜明会家的人情开支较大。大家庭中的人情支出主要是潜明会来安排,各个小家的人情支出由各个小家的男主人安排,大家庭也不会参与其中。

3.消费有次序,长幼有区别

在潜家,婆婆张氏管理着家里的大部分钱财,虽然家户当中的消费大部分听取当家人的安排,但是其他家庭成员在家户的消费中可以提出自己的不同意见。例如在安排事情的时候,当家人的决定有明显的错误,感觉会浪费人力和钱财,这时家里的几个儿子也可以提出自己的意见,一般情况下张氏也会听取意见。

在潜家也有一些不成文的消费次序,在粮食消费中,潜家在传统的家庭教育中,便让孩子逐渐养成尊老爱幼的品格。潜义伦有消费粮食的权力,如果家里有上了年纪或者身体不好的成员需要补充营养,张氏也会安排让其多吃点米饭或其他食物。在家庭内部的消费中,年龄稍微大一点的孩子就会多留出食物给家里年纪尚小的孩子吃,这种礼貌和谦让在潜家人中已形成普遍的共识。

在教育消费中,对于低年级的教育,潜家都会公平对待,要求家里的孩子都要接受初级教育,至少能识字,但在高年级的教育中,对女孩受教育有所限制,一般女孩在完成初级教育后直接回家做家务活,或者做针线活。在医疗消费方面,潜家的消费也有明显得差别,受传统观念的影响,重男轻女的思想还很严重,一般家里的男孩生病通常比女孩生病引起更多的重视,特别是二儿子潜明生因小时候多病,家里的公共支出较大一部分花费在儿子的治病吃药上,而对于女儿的小病一般都是自己扛过去。在衣物消费上,家里的女孩子会有优先的选择权,潜家小家庭积攒的私房钱会优先给女孩买布料做衣服,男孩子只要穿得干净整齐就够了。

五、家户信贷

(一)崇尚节俭,借贷较少

潜家在传统上崇尚节俭。1949年之前的潜家曾借宿在别人家,没有土地,生活极度贫困,潜家的人吃过草根,也咽下黑面馍,挨过饿,也受过累,衣服是"新三年、旧三年、缝缝补补又三年"这些都是1949年之前潜家人生活的日常写照。潜家虽然比较贫穷,但是在外借贷的情况还是比较少。实际上,1949年之前整个潜家湾都比较穷,粮食不够吃是比较普遍的现象。在农村就数红白喜事的开销最大,大部分家庭只能靠借钱才能顺利办完一场事,潜家在1949年之前大儿子结婚之前没有较大的开销,在长子结婚的时候,便找亲戚东拼西凑借了几十块钱,借着点家里的积蓄,勉强办了一个婚礼。"没钱就简单办,有钱就好好办",勤俭的潜家人在艰苦的岁月中完成了三个儿子的婚礼。

(二)家长是主体,家户为单位

在潜家,如果家里确实需要借债维持开销,一般会由家里的家长外出借钱,如果潜义伦外出做生意不在家,便会由长子潜明会外出借钱。农村虽是一个熟人社会,但大家对于借钱还是存有戒备心,特别是对于一些家庭条件不好的人,他们外出借款失败的可能性往往比较高,这主要是因为别人担心他们还不起债,而自己又不好意思去要债,让这些债成为死账呆账。为了增加借贷的信用度,借贷一般是由家里比较有威望或有能力的家长外出借贷。非当家人的个体一般不会外出借贷。非家庭成员可以对借贷发表自己的看法和建议,但当家人一般作为大家庭实际的借贷人。

外出借贷都是以家庭为单位的。在潜家湾,大部分家庭到青黄不接的时候都会因少粮或者平时没有安排好粮食的使用都会没吃的,这时村里人借粮食的会比较多,等到稻谷收仓后再还给他人。潜家虽然人口众多,但在张氏和大媳妇王世英的精心安排下,每年勉勉强强还能糊口,还没有出现找别人借粮食的情况。小家的借贷一般是找媳妇的娘家人进行的借贷,他们单独作为一个整体主要是家里的孩子生病亟须医治,在此之前小家庭中的女主人一般会跟家里的男主人商量好借多少钱,借钱的用途和怎样归还等。这种情况一般只会存在于小家庭,在大家庭中面临的问题一般是由当家人外出以家庭的名义去借钱。家庭借贷属于家庭内部事务,一般只是家里成员之间商量即可,宗族和保甲长都不参与其中。

(三)父辈债务家户担,子辈债务各自担

在借贷方面,借贷的用途和借贷的主体是借贷责任的重要因素。如果大家庭的当家人去借贷而且借贷的主要目的是满足整个大家庭的消费,那么这个责任主体便是整个大家庭,每个成员都有偿还贷款的义务。婆婆张氏病重,前后辗转多家医院,最后在一个军事医院得到救治,医疗费也给家里带来不小的经济负担,三子潜明成情急之下向朋友借钱给母亲看病,事后告知家里的成员,由家里的成员一起凑钱才还了朋友这笔债。如果小家庭的借债以维持小家庭的开支,那么这个信贷主体便是小家庭独自承担,例如每年到年底,家里的棉布或者需要购买的小家庭的必需物品无能力购买,家里的几个媳妇都会回娘家借一点,等自己稍微丰裕了再还给娘家,这个借贷都属于小家庭的私自消费,由各个小家庭自己承担,大家庭成员便没有义务帮忙偿还。关于大家庭借贷偿还债款的情况,按照潜家的习俗,除了每个月儿子媳妇定期上交的金额以外,如果哪家经济条件稍好需多交一部分,以便提前偿还贷款。

在村中也存在"父债子偿",这主要源于年老的父亲没有偿还债务的能力,大家庭中的债务由家里的儿子共同承担,但如果是分了家,而且父亲因不良爱好,如赌博等借债,子孙可以不负责偿还。至于"夫债妻偿",在潜家确实有这种说法。成了家,作为一家人理应相互扶持,一般小家庭借债后,夫妻二人会一起还债,潜家的几个儿子长大后,经济能力较为独立,没有在外留下过多债务的情况。潜家在分家的时候父亲也并未留下债务,分家后各自的债务便由各家独自承担。

(四)借钱靠信任,还钱讲情义

在熟人社会中借钱借物品一般没有利息,大家都是基于信任关系才开展的信贷。农村人比较重情义,在借贷过程中一般不会让别人吃亏,以借粮食为例,譬如借 5 斤粮食,一般的人家就会还 5 斤半或者 6 斤,都会稍微多还一点点作为一种情义。潜家很少找别人借粮食,只是在几个孩子结婚的时候外出借了点钱。1949 年之前,市场中金钱的使用并不十分广泛,如果是借钱,那么归还的时候也会按照借钱的数额如实的归还,一般不会多一分也不会少一分,只是在还钱的时候一般会额外送点物品,比如带着鸡蛋、油条、花生作为感谢。潜家还钱给亲戚的时候便会带上鸡蛋或者买几根油条以表示感谢。农村人借钱一般涉及的数额不是很大,亲戚邻居家的借些钱也不会写借条。

在还贷方面,一般是由借钱的人当面去还钱,并表达谢意。潜家人世代为人诚实和善,向来不喜欢拖欠别人东西,每次外出借钱都会清楚表达大致归还日期,并如期的归还。借的是何种东西便归还同样的东西,比如借的是粮食,归还的时候只需要归还粮食,如果借的是钱,那么每年到秋收的时候,卖出一部分粮食后,换了钱,再归还给债主。万一家里出状况,还不上,也会提前告知债主,村里的人一般都知根知底,大部分人都能理解。

六、家户交换

(一)家户为交换单位,交换形式多样

1949 年之前的物资较为匮乏,潜家的主体交换单位是家户整体,以家户整体为交换单位的交换主要包括两种:一种是到集市上的交换,一种是在村庄内部各个家户之间或者在家户内部的交换。这两种交换大多是以粮食为主体的交换,潜家粮食短缺的时候便会拿大豆去换小麦,也会拿小麦换黄豆。集市上的交易,大家是相互商量来确定交换的价格,最后在协商中成交。一般拿粮食如稻谷和小麦去交换的情况比较普遍,粮食本作为生活消费的基本来源,大家对其需求较大。如果家里亟须某种东西的使用,潜义伦都会挑点粮食去集镇上交换;或者是打听到村里有哪些人某一物资比较多,而自家正好欠缺的,直接在村庄内部实现交换。

随着家里几个儿子和女儿陆续成家,家户与小家庭之间的界限划分越来越明确,在小家庭内部也会进行交换,生活中比较短缺的物资,如果能在家户内实现交换,那便是最方便和快捷的。经常到过年的时候,潜家二媳妇经常忙于照看丈夫潜明生,一年到头很少有织布纺线的时间,即使每年分些布匹和棉花,但依然满足不了一家人的生活所需,二媳妇经常用自家腌制的酸菜到三媳妇家中换取一匹布。在生活中缺任何东西都可以进行交换,交换的形式也比较灵活。今天这家缺点线,明天这家缺双鞋,大家都相互帮忙,这种家户内部的交换不一定是严格的等价交换,但都以解决实际需要为目的。

(二)家长负责大家的交换,女人负责小家的交换

以家户为单位的交换大部分都是由当家人出面协商和交换。在潜义伦身体还算硬朗的时候,包括寻找交换对象,到集市上询价,称量互换都是由潜义伦一人承担,一般只需要提前跟家里的张氏商量一下。后来潜义伦年迈,体力有限,家里的交换活动都交给家里的大儿子潜明会处理,寻找交换对象和商议价格以及到市场上询问粮食价格和最后称量换粮,搬运回家都由儿子潜明会独自安排。

在小家庭交换中,一般是家里的女主人负责。在潜家,小家庭之间的交换大多是生活物

品的交换,交换的物品一般不是很贵重,由各家的女主人自行决定,无须跟男主人商量。潜家的女人们也会与家户以外的小家庭进行交换,平时夏天乘凉的时候,每个女人手中都会拿着鞋底和针线在树荫下做鞋,村里的人经常聚在村头的大槐树下,大家聊天的时候如果发现能交换的物品,通过口头的商量便会达成交换协议,与家庭内部交换不同,潜家人在与家户以外的人的交换会追求一个基本的等价交换原则。

(三)男人在集市交易,而女人在村头商贩交易

集市上的活动一般由当家人作为交换的主体。潜家需要购置物品的时候,一般是到集市上去,潜义伦是去集市上购置东西的代表,一般购买的是农用工具和家里基本生活用品如油、食盐等。1949年之前,对女人的约束比较多,女性还未彻底解放,很少有女人会上集镇,集镇上交易的主体主要是男性,潜义伦经常到安居街上的各个地方去转悠,一方面是询问各个地方的粮食及价格,另一方面是为家里购买一些必需的用品。潜义伦比较具有商业头脑,有时看到市场上销售得比较好的物品,会外出很远的地方进货,一趟赶集最远得花一个星期,进货之后直接沿途叫卖回家。

1949年之前,村里的小卖部物资比较少,主要卖香烟和白酒。村内有很多小商贩走街串巷的卖东西,一般会有卖豆腐、卖花布还有卖针线,一边叫卖,一边敲着小锣,不同的人到村里叫卖的锣声都不同,大家也可以通过锣声判断卖东西的种类。潜家每个小家庭攒下的私房钱可用于这些流动的小商贩。1949年之前,潜家虽然会做些小生意,但都是走街串巷的小生意或者直接挑到集市上卖,这些流动性的摊位不需要和市场部门打交道,小商贩做生意政府也不会介入其中。

(四)了解行情,公平交易

交换在1949年之前十分普遍,作为当家人潜义伦也经常会上街进行物资交换,他经常会四处转悠,寻求价格比较公正的交换者。如果是熟人之间的交换,一般会给予适当的优惠,交换的时候也会特意找熟人进行交换,在建立一定的信任关系之后,还会存在赊账的情况。赊账一般是当家人出面赊账,家里的其他成员一般不会在外赊账。在交易的过程中尤其是粮食交易的过程中也需要"过称",确保交易的公平。如果发现缺斤少两的,情况严重便会取消交易,情况较轻的便会要求补偿差额,交换的议价必须由当家人出面,交换的双方一般会先到集市上了解待交换的两种粮食的价格,然后再按照一点过的比例相互交换。每次潜义伦准备去集市交换时,一般会安排家里长子潜明会一同前去,议好价格、过完秤便由长子潜明会将交换的物品搬运回家。

267

第三章　家户社会制度

　　潜家在潜义伦这一辈，共育有三儿三女。因潜家家境贫寒，潜家的孩子便早早成家，其中长子潜明会在其十七岁的时候便成家。虽然生活条件艰苦，潜家儿女在潜义伦夫妇的辛勤培育下都顺利结婚生子。三个儿子成家后，潜家一大家子还在一起生活过一段时间，但因潜家各个小家庭里又增添人丁，生活压力较大，最终分家。潜家子辈成员在张氏的严厉管教下，都能坚守本分，勤劳苦干，尊老爱老，家庭关系较为和谐。分家后潜义伦夫妇独居，主要由三个儿子承担赡养责任，潜义伦夫妇年老的时候，三个小家庭成员轮流照看二老。

一、家户婚配

（一）家户婚姻情况

　　1949 年之前，潜家共有三代人，父辈的第一代人是潜义伦夫妇，子辈的第二代人是潜义伦三个儿子和三个女儿，孙辈的是长子潜明会的大儿子潜继国。1949 年之前，潜家的孩子大部分不到适婚年龄，子辈长子潜明会与王氏结婚，之后不久，两个儿子相继结婚，同时为潜家增添了不少人口，潜家慢慢发展成为一个大家庭。本村同姓人很少有结婚的现象，但对婚姻的规定只是姨表亲戚之间不能通婚，其他关系都允许通婚。在潜家，娶的媳妇都是不是本村人，结婚也有门当户对这一说法，决定权在于媒人，媒人觉得两家的孩子合适对亲，就会找双方父母说媒，在农村有种说法是"龙配龙、凤配凤，眨巴眼的人配弄怂"。还有一种不需要媒人介绍，称为"指腹为婚"，孩子还没出生的时候就约定好，出生后只要是一男一女，不管孩子情况如何，生病或是残疾，都要结成夫妻关系。

（二）婚前准备

1.父母之命，媒妁之言

　　1949 年以前，潜家是一个三世同堂的家户，潜家几个儿子的婚事都是由潜义伦夫妇来决定。在 1949 年之前，子女不能自由做主自己的婚姻。到孙辈孩子的婚姻一般还是由父母辈来决定，所谓"父母之命，媒妁之言"，结婚不需要经过本人的同意，一般是媒人与双方父母联系，向双方家长介绍双方的家庭情况和孩子的情况，如果双方父母觉得可以，便可以确定孩子的婚事。父母决定后便不再更改，"说到肥地一棵菜，说到瘦地一株草，落在哪家就是哪家了"。在结婚之前，女孩绝对不能见男方，甚至不允许见男方的父母。据王世英说："我们定亲都是父母说了算，我一个表哥是媒人，说好亲事后我一点都不知道，他们到我家来的时候，我就躲在房间里，直到他们离开我才敢出门。"对亲的时候王世英才 13 岁，婆婆张氏为了让儿子能顺利躲避被抓夫的命运，在王世英 15 岁的时候便将其接到潜家来，之后长子潜明会时常在王世英娘家躲夫。双方确定开亲后，婆家那边会把男方的生辰八字写在一张红纸上，同时打一对饼子由媒人送到女方家中,这个便称作"做媒成功"。

2.婆家人看品行,娘家人看能力

潜家在选定亲事的时候最主要的是看中女方是否善良老实。对于女方的长相和家庭条件没有什么要求。其次关注的就是女方是否勤劳,能不能干活,比如洗衣做饭以及做针线活。潜家是土生土长的农村人,对日常生活中的基本技能有所要求,也希望娶进门的媳妇能具备这些基本技能。对于1949年之前的谈婚论嫁,是"只选人,不选家"。后来,大家阶级观念还比较强,财主、富农家的孩子结婚还是比较困难。潜家条件比较艰苦,潜义伦的三儿子潜明成到了结婚的年龄还没有结婚的对象,最后在一个亲戚的介绍下,定了一个远方的亲戚,这个媳妇实际上是母亲张氏的表侄女。因她们家是地主成分,土改后父母都双双去世,只留下这个女儿,还有个哥哥,张氏见其可怜,在亲戚的介绍嫁到潜家。潜家一开始并不看好这门婚事,结婚后婆婆张氏对三媳妇管教更为严厉,儿子一开始几乎不跟三媳妇同居,嫌弃她是地主的子女,成分不好,因此两人经常吵架。

在1949年之前,对于男女的年龄也有较多的限制,男女双方一般在20岁左右都已经结婚,王世英在15岁出嫁,算是比较早的年龄。结婚对男女的年龄也有严格的限制,即要求男方的年龄一般比女方大,农村有句土话叫:"能许男的大一春,不准女的大一龄",在结婚对象的选择中,一般不会找比自家儿子年龄大的女孩作为结婚对象。潜家在王世英15岁将其娶回潜家,结婚的第二天在婆婆张氏的安排下,王世英便开始做饭、洗衣服。因年龄小,手上没多大力气,大件的衣服都洗不动,也会经常受到婆婆的责骂。

潜家为闺女选婆家的时候最看重的是男方的基本能力,是否有基本的技能可以养活一家人,如果男方人好,那其他的一切都好办。其次关注男方家里的条件,媒人在说亲的时候会特意强调男方家庭经济状况,父母的为人,例如那家不错,家里住的是什么房子,家里有几亩地。在潜家眼里,只要有间房子、有点地,至少就有吃有住的了,这样女儿嫁过去也不会挨饿。媒人在说亲的时候也会充分考虑两边的情况,一般会为家庭条件相当的两家说亲。

3.婚姻目的,繁衍子嗣

按照潜家的传统,家里的孩子到了一定的年龄就会结婚,就像田里的稻谷到了一定的季节就要收割一样,都是自然而然的事情。没有多少人会思考结婚到底是为了什么。成年的孩子到了一定的年纪,在父母的安排下定了亲,就顺从父母的意思结婚。对于潜家人来说,结婚的重要目的还是繁衍后代,为潜家增加劳动力。长子潜明会结婚之后,母亲张氏一直期盼着两个人能给家里添一个孙子,潜义伦的第一个孙子出生后,满家欢喜。此外,在传统习俗的影响下,如果某家儿子或者女儿结婚晚,在村里会被认为是孩子无能的表现,往往受到村里人的嘲笑。因此,父母一般早早安排好儿女的婚事,也是完成做父母的责任。

4.男女有别,不曾恋爱

1949年以前,没有自由恋爱这个说法,婚姻都是父母安排好,个人只需要按照父母要求做就行,结婚是成家的过程,在这一过程中自己只需要走个程序就行,1949年以前自由恋爱在农村是不被允许的。潜家人到王家来提亲的时候,王世英一个人躲在房间,不敢出门,直到父亲把潜家人送走才敢出门。

1949年之前,成年的男孩和女孩不能在一起玩耍,甚至看电影的时候都不能坐在一起,更谈不上说话了。如果有男生主动找女孩说话,女孩都会羞涩地跑开。实际上,1949年之前对女孩的约束比较多，潜家长媳王世英在未出嫁之前一般待在家跟着母亲学织布纺线或者干些简单的家务，为其以后进入婆家打好基础。在传统的家庭教育中，王世英的母亲也会明确告知她长大了就不能跟男孩多接触，免得外人说闲话，女孩即使外出也都跟着家里的大人在一起。

5.重聘礼，轻嫁妆

1949 年以前，对于婚礼嫁妆各家因家境的差异会有所不同。家境贫寒的小门小户之间通婚嫁妆和聘礼都比较简单，富裕的大门大户人家婚礼比较热闹，聘礼也会很多。1949 年之前，潜家虽算是寒门，但按照当地传统的聘礼嫁妆规格给家里的大儿子潜明会办了一场像样的婚礼。结婚的前一天，潜义伦准备好了八斤肉还有两斤猪肚送到王世英家中，作为家里待客的准备物。结婚当天潜家专门租了花轿接送新娘，婆婆张氏按照传统的习俗，给大媳妇准备了一件花外褂。结婚当天，潜家的亲戚都到潜家来祝贺，村里的左右邻居也过来帮忙准备宴席，潜家湾的大人小孩都上潜家来看热闹。此外，在结婚后三天回娘家的时候，潜家又准备了三斤肉带回王世英的娘家。长子结婚是潜家最大的开销，也因此在外欠了债。

潜家在嫁女儿的时候，也会按照传统规定，给予女儿一定的嫁妆。但相比儿子结婚时的聘礼，女儿出嫁时的嫁妆要轻很多。女儿的嫁妆一般根据家里的实际情况来安排，大女儿出嫁的时候，由二子潜明生做了两个装衣服的箱子，母亲张氏做了两件新衣服和两床棉被，嫁女儿的时候不需要待客，只是在女儿回门的时候会邀请几位至亲做客，潜家其他的几个女儿大致如此。

（三）婚配过程

1.看日期，定婚期

儿女结婚之事是潜家的大事，一般都由家长一手操办，结婚前有一项重要的准备就是合八字，同时选定结婚的良辰吉日。选定好日子是关键，选日子在当地也叫"看日期"，会请专门懂点风水或者算命的人先算一下哪个日期比较好，适合结婚，这些都是由家长潜义伦来负责的。潜家长子潜明会结婚的时候，潜义伦提前一个月带着两人的生辰八字，专门到街上请人看日期，确定好日期之后，潜义伦便会准备好后续聘礼通知各位亲朋好友。一般娶媳妇会要安排很多事，不仅是酒席的安排、迎亲、看日期还要考虑后期的回娘家准备聘礼，相比之下，嫁女儿要轻松很多，只需要准备好嫁妆，等待男方的迎接就行。

潜家在操持婚姻大事的时候都是家长做决定，大儿子潜明会结婚的时候，潜义伦夫妇还比较年轻，他们一起筹办大儿子的婚礼。到二儿子和三儿子结婚的时候，潜义伦夫妇年纪渐大，家里几兄弟婚事的筹办工作大都交给长子潜明会负责。二儿子潜明生结婚的时候，潜义伦夫妇拿出家里的全部积蓄，长媳王世英还给未过门的潜家二媳妇做了一件衣服。1949 年以后，潜家的孙辈人也长大了，到了适婚年龄便由自己父母操办婚礼，长孙潜继国的婚礼都是在父母潜明会夫妇的安排下进行的，之后祖辈的潜义伦夫妇不再参与任何事情。

2.有先后：从大到小

潜家孩子众多，在涉及孩子婚嫁的问题上，潜家始终严格遵循自古以来的家户成婚长幼有序的传统。潜家子辈有 3 个儿子、3 个女儿，前 3 个生的是儿子，后面 3 个是女儿，他们成婚的次序都是从大到小的顺序。农村中关于结婚次序问题流行一种说法"就像割麦子一样，总不会大麦不割完就割小麦"，传统的婚嫁比较讲规矩。因潜家各个时期的经济状况不一样，对于每个孩子的婚礼筹备也都不一样,特别是儿子的婚礼。三儿子结婚的时候,因三媳妇是地主成分,并且在结婚之前,潜家遭遇一场洪涝灾害,家里经济每况愈下,所以三儿子明成几乎没有办婚礼,是直接将媳妇娶进门的。在婚礼筹备上,潜家不曾想偏袒哪个儿子或女儿,都是在充分考虑到家里经济状况的情况下尽量保证每个孩子都能风风光光地娶媳妇或出嫁。

(四)其他婚配形式

1.纳妾

潜家虽然人丁兴旺,但也属于小门小户,正常的娶媳妇有时都很难进行,更谈不上纳妾了。能纳妾的家族一般是家庭经济基础比较好的大户人家。长媳王世英娘家的五爹娶了一个小老婆。1949年前,王世英娘家那边世代是做生意养家的,王家几兄弟除了王世英的父亲以外家境都比较好,在当地的影响力比较大。家里的大五妈因鼻子被虫吃空了,后在医院治疗没有效果,王世英的五爹经常在外做生意,生意场上人也爱面子,王世英的五爹因嫌弃大五妈的长相太难看,便与王世英的爷爷(王家的大家长)商量再娶个媳妇,王世英的爷爷考虑到实际情况便同意五儿子再娶一个老婆。王家是生意场上的人,也较为重感情,五爹在娶了小五妈后,便给大五妈单独建了一个房子,同时分了七担二斗田给大五妈,让两个妹妹跟着大五妈一起居住,自己和小五妈居住在原来的房子里。王家虽是大户人家,但大家长对儿子纳妾是坚决禁止的,认为那是败坏家风的事情,而五儿子纳妾只是因五媳妇身体上的缺陷;同时王家的大家长考虑到儿子还年轻,所以破例允许其纳妾。王家五儿子娶小老婆的时候不需要送礼,只是在双方家长都同意的条件下直接将女人接到王家这边来即可,王家家境富裕,几个儿子也能吃苦耐劳,在娶媳妇方面没有太多困难,纳妾的女人虽也是明媒正娶的媳妇,但在当地也叫“小老婆”,小老婆嫁到王家后又给王家生了两个女儿和一个儿子。

2.童养媳

童养媳一般是在女孩出生后不久,家中父母双亡,家里没有人照顾,自己也无力养活自己,便由亲戚或者爷爷奶奶送到男方家中作为童养媳,童养媳在当地也称为“抱小媳妇”。潜家没有抱养过童养媳,潜家老一辈的人比较贫穷,张氏父母双亡,虽然在十二三岁的时候就嫁到潜家来,但这还不算童养媳。1949年前,女人一般在十几岁便已经结婚,而童养媳一般在婆家养到十几岁的时候便会办一个简单的婚礼仪式,正式成为家中的儿媳妇。

童养媳的待遇很差,在婆家一般都会受人欺负,特别是家里的婆婆。按照当地的习俗,在双方未结婚之前,童养媳是不能睡在床上的,只能在床边支一个窄窄的木板子当床铺,家里的剩饭剩菜都是童养媳吃。童养媳一般年龄很小, 嫁过来的时候大多不会干农活或者家务活,因此也少不了会受到家里人的打骂。

潜家湾有一户尚姓人家,家里十分贫寒,一共有五个儿子。按照这种情况,家中的儿子很难娶到媳妇,而当家人很早便意识到这个问题,于是早早收养了邻村一个女孩。女孩姓范,家境也较为贫寒,不久生了一个女儿,但农村有严重的重男轻女的观念,一家人都不愿养活这个女孩,于是尚家家长直接到范家跟其家长商量抱养作为童养媳的事情,尚家也较为愉快地答应了。尚家在女孩一岁多的时候便将其抱回家中抚养,直到十四岁的时候与尚家的三儿子结婚。童养媳结婚的时候不用办酒席,童养媳到婆家这边来了,就基本上与家里的人脱离了关系,即使结婚的时候也不用邀请娘家人,只需要在婆家简单办理一个结婚仪式即可,条件好的家庭便会给童养媳做件衣服。

3.改嫁

1949年以前农村里存在改嫁的情况,一般是在丈夫去世或者丈夫无力养家糊口的情况下,女性选择改嫁。但改嫁的情况不多,农村的女人一般比较重视贞洁,很多农村妇女宁愿守寡也不愿改嫁。这主要是要顾及婆家和娘家的脸面,即使生活艰难也会将儿女养大。长媳王世英在开始嫁到潜家的时候,因年纪尚小,还有很多事情做不好,经常受到婆婆张氏的打骂,回娘家后经常与母亲哭诉着要回娘家,不想待在潜家。王世英的母亲担心王世英会因受到婆家的嫌弃走上被婆家人抛弃甚至改嫁的道路,经常严厉地教导王世英,并告诉她要好好孝敬公婆,任何时候都要听公公婆婆的话。

(五)婚配终止

1.休妻

在传统的农村,休妻一般是妻子犯了很严重的错误,譬如不孝敬长辈或者出现婚外情的情况,这些都是不可原谅的错误,只能以休妻作为对女人的惩罚。离婚的女人很难找到合适的对象,被休的女人为了顾及娘家的脸面也不会轻易回娘家,一般只能孤独度过一生。1949年以前没有女人主动提出离婚,对于女人来说"嫁鸡随鸡,嫁狗随狗",嫁给谁就跟着谁一辈子。潜家的儿媳妇都比较勤俭持家,踏实肯干,没有发生过休妻的事件。长媳王世英在回忆的时候时常提到,家里的婆婆比较凶,几个儿媳妇都不敢得罪她,有一次因三媳妇做错了一件小事,婆婆用手指指着三媳妇的头骂,还动手打,三媳妇觉得有点委屈,就轻轻推了一下,没想到把婆婆推倒在地,这下惹怒了婆婆,回家后吵着闹着让三儿子写休书休了这个儿媳妇。虽然有过吵闹,但最终在家里人的劝说和媳妇的赔礼道歉中做了了结,婆婆也没有再提过写休书的事情。

2.守寡

在农村如果有丧夫的人便称为"寡妇",寡妇在村里一般属于弱势群体,在重大喜庆活动中,比如村里有人嫁女儿或者娶媳妇是不能参与其中的,否则会被认为给另一家带来晦气。对于年轻丧夫的寡妇而言,不仅需要忍受孤独和别人异样的眼光而且还要独自承担养育子女和料理家务的任务。

潜家有两个丧夫之人,一个是潜家的大儿媳,另一个是潜家的三媳妇。潜家大儿子潜明会在中年的时候因患高血压,最后因一个偶然的事情情绪失控引发了高血压不治身亡。大儿子去世的时候大儿媳已经生育了两个儿子三个女儿,所幸家里的几个孩子已经长大成人了。潜明会去世之前,潜家已经分家,大儿媳守寡后一直在潜家湾生活,在丈夫潜明会的名下还有一部分耕田,自己有时会下地干活,潜家的另外几个儿媳对大嫂也十分的恭敬。另一个是三媳妇,丈夫潜明成在其六十多岁的时候去世,当时潜家已经分家,各个小家庭相互独立,三媳妇独自照看瘫痪在床的丈夫,之前生育的五个儿子在潜明成去世之前早已长大成人。

二、家户生育

(一)生育基本情况

1.子孙众多,健康成人

1949年以前,潜家是三世同堂的大家庭,第一代人是潜义伦夫妇,潜义伦结婚后与两个哥哥已分家,潜义伦夫妇共生育了儿女6个,其中前三胎是儿子后三胎是女儿。1949年之前大儿子潜明会已经成家,之后几兄弟陆续成家,并生育子孙。其中,大儿子潜明会夫妇生育了2男3女,二儿子潜明生夫妇生育了二男二女,三儿子潜明成夫妇生育了5个儿子,所幸,生育的孩子都养大成人。在潜家的子孙中,潜明生还收养了一个妹妹家的孩子,妹妹丈夫出轨,妹妹情绪失控,从此患上精神病,无力照看孩子,只有将孩子送给潜家照看。潜明生家的孩子还比较少,也想多要个儿子,从此妹妹家的孩子便在潜家抚养长大。潜家没有溺婴的情况,在整个潜家湾都没有溺婴的情况。如果感觉家里很困难,自己养不活孩子,可以送给别人抚养,如果是女孩就可以从小给别人家做童养媳。

2.严守规矩,老实本分

1949年之前农村的社会风气,对女性的约束比较多。此外,潜家对孩子的家教很严格,母亲张氏从小便开始教育家里的孩子要守规矩、有德行。因此潜家的儿女都是老实本分之人,没有人违背当时的伦理道德。潜家的女儿都是适龄而婚的,结婚之后才生育儿女,儿子也没有出轨的行为。

在潜家湾村里,对男女关系都羞于言谈,对男女性行为更是闭口不谈。如果有非婚生育的子女更会受到别人的歧视, 在当地一般有这种情况的人会为了躲避村里人的指责而选择躲到外地,女人便会在外偷偷生下孩子后直接将孩子溺死,因为这种孩子是不受人喜爱的。潜家没有非婚生育孩子的情况,对于这种现象,潜家也和村里人的想法一样,比较厌恶这种情况,觉得有伤女人的脸面,是整个家族不光彩的事情。

(二)生育目的与态度

1.延续香火的家族生育观

在农村,自古以来生育是家族香火延续的需要,正所谓“不孝有三,无后为大”。延续后代不仅是自己的义务,更是对祖先和家族的责任,是一种“孝”的体现。在潜家湾,生育子女,特别是生育男孩,是这个家庭的福气。对于家里的儿子,父母一般寄予很高的期望,希望下一辈能出人头地,为潜家争光,也是对祖先的一种告慰。潜义伦虽是穷苦人家,但当长子潜明会出生的时候,对其投入较多的关怀。为了孩子能有更多的文化和生活技能,潜义伦宁可自己生活过得苦点也会送潜明会去读书、学手艺。在潜义伦的教导下,长子潜明会没有辜负父亲的期望,十二三岁便独自外出谋生,养家糊口,是同龄人中的佼佼者。直到潜明会结婚后生育了一个儿子,潜义伦这才松了一口气,感觉在一定阶段上完成作为一个当家人为家族延续香火的责任,这才觉得自己肩上的担子减轻了些。

在潜家湾,人口虽不多,但大家对延续香火有很强的意识。对于没有后代或者家中没有男孩继承家业的家庭,都会认为是命苦的家庭。大家普遍认为这一辈子辛苦干活,没有下一辈的人继承家业,那就是白干了。因此,对村里人最大的惩罚莫过于不能生育孩子,延续香火。对于生育观念,村中两家人在互相争吵的过程中,最恶毒的话语便是骂对方“断子绝孙”,这将成为一个家庭永远的伤痛。

2.重男轻女的生育观

在潜家人的意识中, 女儿养大后理所当然要出嫁, 嫁到别人家做媳妇就是别人家的人了。养了儿子会给儿子娶媳妇,娶来的媳妇自然成为自家人,儿子养大后可以作为家里强壮的劳力,娶回来的媳妇可以帮忙料理家务,分担家里的劳动,不仅增加一个劳动力,还能担负赡养老人的义务,所谓养儿防老,最重要的便是儿子能给父母养老送终。因此在生育观方面,潜家人普遍有重男轻女思想。

在整个潜家湾，大部分家庭较为贫困，家中的儿子都会早早娶媳妇，潜家长子潜明会结婚的时候，一方面考虑到当时躲抓夫，另一方面也是为潜家增加一个劳动力。潜家孩子众多，主要劳动力是潜义伦夫妇，长媳王世英嫁到潜家后，为潜家分担了不少农活和家务。在这种重男轻女观念的影响下，张氏在生育下第一个儿子潜明会的时候，对长子疼爱有加，虽然刚结婚不久的潜义伦居无定所，但竭力支持长子读书，从未动手打过长子。一般家里的婆婆对生育男孩的媳妇宠爱有加，潜家前几个孩子都是男孩。因此，在生育孩子方面，张氏没有区别对待。

3.家境贫寒便会早早成家

养育子女也是家庭中的一项重要开支，对于家境贫寒的人家而言，都希望儿女能早早成家。女儿出嫁娘家会收到一定的礼金，也会省出一个人的口粮，儿子娶妻则可以增加家庭的劳动力。潜家因家境不好，早婚的情况比较普遍，潜家的儿女一般不到 17 岁就开始结婚。家长潜义伦这一辈的人中结婚就更早了，潜义伦夫妇因早年父母双亡，在其只有十四岁的时候便结成夫妻，20 岁的时候生育了第一个孩子。子辈潜明会也属于早婚，结婚的时候，长子潜明会只有 17 岁，而妻子王世英仅 15 岁，两人在结婚前几年就定了亲。在王世英 15 岁那年，国民党抓夫比较严重，潜家有 3 个儿子，按常理大儿子必定会被拉去当兵。那几年出去当兵的大部分都战死，很少有回到家乡的，潜义伦的妻子张氏担心儿子被抓走，便催着王家尽早把女儿嫁过来，以方便儿子到王家那边躲避抓夫的命运，结婚四年之后潜明会夫妇才生育了第一个孩子。

4.多子多福气

1949 年以前，人们对于生育子女的观念还是希望能多子多孙，最直接的影响便是给家里增添劳动力。在农村，一个家庭中有两个儿子、两个女儿便是孩子数比较合适的家庭，女儿一般比较细心，能照看好家庭，儿子能养育父母，传宗接代。如果孩子较多，便会增加家里的经济负担，特别是养育儿子，父母会操更多的心。而在农村，越是家境贫寒的人越是渴望多生育孩子，特别是男孩，父母一辈的人总将更多的希望寄托在下一辈人的身上，希望下一辈的子孙能有所作为，带领家庭走上富裕之路。潜义伦夫妇共生育 3 个儿子，3 个女儿，一大家生活在一起，较为热闹。在潜家的观念中，多个儿子，多个照应，家里人丁也兴旺些。在长子潜明会结婚之后，母亲张氏还生育了一个小小儿。1949 年前的潜家是典型的"娃娃帮"，每年农忙的时候，孩子一个接一个地排队送饭送水，看守晒谷场，都说人多力量大，日子虽然艰苦，但潜义伦夫妇终究把几个孩子拉扯大了，直至结婚生子，这是老一辈的成就，也是老一辈的福气。

子女众多除了在劳动力方面有优势以外，在家族中的影响也会有所差别。对于只有一两个孩子的小门小户，在外经常会受到别人的欺负。潜家在整个村，算是子女较多的人家，虽然家庭不富裕，潜义伦以租种土地为生，艰苦的生活养活了一大家子人，这在整个潜家湾还是让人佩服的。尤其到了过年的时候，潜家上上下下忙个不停，虽没啥吃的，但大家在一起热热闹闹的，这也让村里的人十分羡慕，村里人对潜家较为敬重，很少会欺负潜家人。

(三)生育过程

1.媳妇生育之后享受特殊照顾

1949 年之前，人们对于生育没有充分的认识，结婚以后怀孩子是顺其自然的事情。对于女人来说,嫁到另一个家庭,生孩子是第一件大事,尤其是在第一胎生儿子的媳妇会感觉在婆婆和丈夫面前更能抬得起头来。潜家大媳妇在结婚后几年都没能生育孩子,在生育第一个儿子的时候,内当家张氏给予很多照顾。生孩子之前,日常家务活都是儿媳妇王世英一个人负责,做饭、洗衣服、打扫卫生、干农活都是王世英一个人包揽,有时干不好还要受到婆婆张氏的打骂。但在生育第一个儿子的时候,一般家里的儿媳妇会受到特殊的照顾。长媳王世英在生育第一个孩子的时候过了一段享福的日子,丈夫潜明会专门回家照看,在家帮助妻子洗衣服、端茶送水,照看她。丈夫潜明会较为体贴,平时会从街上买点肉回家给王世英补身体。坐月子期间,婆婆张氏也不让儿媳妇王世英做饭了,家里每日三餐都由婆婆张氏来负担。三媳妇秀芳在生育第一个孩子前经常跟丈夫闹矛盾,丈夫也经常在外不归家,三媳妇在家跟婆婆相处得也不好。在生育第一个孩子后,丈夫潜明成专门从外地赶回来,照看妻子,夫妻关系在第一个孩子诞生时缓和了不少,张氏的态度也因三儿子态度的转变而改变。后来潜家生育的孙子和孙女越来越多,潜义伦夫妇便不再插手儿女们生育的问题,对于家里的生育问题都是顺其自然。

在潜家,第一次怀孕的儿媳妇一般受到家里人的特殊照顾,在儿媳妇第一次怀孕的时候,张氏会多分担下她们平时的任务,尽量不会安排她们干重活,但在坐月子一个星期后,便恢复正常了。在饮食方面,一般家里有人坐月子,由小家庭里的丈夫上街买点补品,如猪肉、豆腐、鱼、鸡蛋等给家里加餐,顺便让妻子补补身子。家里的媳妇坐月子的时候都会改善伙食,有时适当地开个小灶,蒸个鸡蛋以保证孩子有足够的奶水吃。

2.请产婆到家中接生

1949 年之前没有什么避孕的措施,一旦妇女怀孕之后就直接生下来。1949 年前,因医疗水平有限,社会环境也较为恶劣,随时可能面临各种天灾人祸,孩子的成活率相对较低。潜家也希望通过多生育孩子保证孩子更高的成活率,孩子毕竟是潜家未来生活的保障。因村中没有专门接生孩子的医务室,接生之事都是在各家进行的。潜家孩子出生的时候都会请专门的接生婆到家中来,婆婆张氏会算好生育的大概时间,在临盆的时候,会提前请村里的接生婆到家,请产婆一般是婆婆张氏去邀请。农村物资贫乏,请接生婆一般不需要另外花钱,只需要在接生成功后请接生婆吃一顿饭即可,这个宴请的费用由大家庭来负担。

(四)生育仪式

1.生孩子做"三朝满"

按照农村的传统习俗在孩子出生三天的时候办酒席。1949 年之前,因人们的生育观念还比较落后,出生的孩子存活率不高,出生没多久就夭折了,所以在人们的观念中,孩子出生后的前三天是关键期,如果挺过前三天,后面就会顺利很多。在农村"三"是一个比较吉利的数字,寓意是孩子过了三天,便会顺利度过以后的日子。一方面是给刚出生的孩子庆生,另一方面包含着大人对孩子的祝愿,希望孩子能挺过前几天生长的危险期,在以后的日子里能健康成长。给孩子"做三朝"是当地的传统习俗,也是人情往来的必要仪式。潜家增添人口会按照常理摆下酒宴请亲戚朋友来吃酒,庆祝自家增添人丁。其他家庭"做三朝"也会宴请潜家人去喝酒,潜家人也会带着礼品或一些礼金前去祝贺。

在潜家,一个小家庭一般生育第一个孩子的时候都会"做三朝",不管是男孩还是女孩,都会办酒席。潜家第一个孙辈人潜继国出生的时候便宴请了儿媳妇娘家的人和自家亲戚朋友到家来。一般"做三朝"的时候只需要邀请关系比较亲近的人来做客,其中娘家人是最重要的客人，娘家的舅舅一般要坐上席，正式吃饭之前必须等到娘家那边的亲戚到齐后才能开席。按照当地的习俗，娘家那边的母亲一般会送些鸡蛋、油条和土鸡到婆家这边来祝贺，同时给女儿补补身子。

2.家长起名字，大名按辈分

在潜家给孩子起名字一般都是当家人给起的，潜家给孩子起名字有大名和小名之分，大名是在外使用，特别是读书的时候需要用到的名字，大名一般都会按照族谱的辈分来起名字，如潜家的几个儿子是"明"字辈，三兄弟分别起名为明会、明生和明成，三姐妹分别叫明芹、明兰和明芝。到孙辈的人便是"继"字辈的人，如潜明会的孩子起名继国、继芹、继萍，潜明生的儿子叫继斌、继江，潜明成的儿子叫继军、继运、继勇、继刚和继波。孩子刚出生的时候是没有大名，到读书的年龄才有大名。在家里或者熟人面前一般都会称呼小名，潜家的大部分孩子都有个小名，小名一般也是由家长起的，小名一般有特殊的含义，寄托了父母的某种期望，在潜家家庭内部大家之间相互称呼小名。

3.名字中寄托希望

潜家长子潜明会的小名叫"心成"，张氏第一胎生了一个儿子，一家人盼了很久才生下一个儿子，全家甚是欢喜，心疼得不得了，于是起名叫"心成"，也算是如了潜义伦的愿。接着第二个孩子出生，也是一个男孩，潜义伦起名叫"绑成"，一方面希望孩子能顺利的养活，同时还希望能以第二个孩子为纽带，再绑住生下第三个儿子，最后没有辜负，第三胎果然又生了一个儿子，潜义伦觉得这真的是运气，所以第三个孩子叫"运成"。到了子辈起名字一般是由家里的父亲来完成这一任务，潜明会的大儿子潜继国出生的时候，作为家里的第一个儿子，潜明会非常高兴，希望妻子王世英能再生一个孩子，于是起名叫"再生"，便是希望能再生一个孩子。

三、家户分家与继承

(一)分家

1.生活穷苦，三儿子提出分家

随着潜家人口的繁衍，规模越来越大，而此时潜义伦夫妇已经年老，家里的经济来源主要依靠三个儿子，在家里的身份地位有所下降，家庭成员之间的矛盾日益加剧。但潜家分家的主要原因是家里太贫穷，生活难以维系。

在潜家随着孙辈的人相继出生，家里共有十多个孩子需要养活，各个小家的孩子人数不一样，各个小家庭的生活水平也有所差异，但最后由大家庭共同承担，这使得每个成员都显得比较穷苦，生活压力比较大。潜家建了新房，各个成家的儿子媳妇都有地方居住，分家是由家里的三儿子提出的，三儿子作为家里最小的儿子，从小在父母眼中是最调皮的一个，三儿子成家后，在外奔波的时候比较多，特别是小家里几个儿子相继出生，作为父亲的潜明成压力较大。

潜家三儿子潜明成在外工作，有比较稳定的收入来源，但因家里人口众多，孩子经常吃不饱饭。"分家的那年日子比较艰苦，一大家人吃饭经常缺米，每天中午干活回家都会熬一大锅稀饭，盛到碗里的粥都可以照出人影来，在田里干体力活的大人们一般都吃不饱"。三媳妇的一件花布衫，破了又补，补了又破，最后实在穿不了了，但家里又没有多余的钱买衣服，潜家的三儿子潜明成就找母亲张氏说："男人没有衣服可以不穿，这女人没衣服穿总不能光着身子出门,还是早点把家分了吧!"迫于当时的生活压力,潜家的三儿子潜明成勇敢地向母亲张氏提出分家。母亲张氏一开始并不太同意,觉得儿子长大了,翅膀就变硬了,不愿意养活一家老小了。最后征求了几个小家庭的意见,家里的几个儿子也觉得是时候该分家了,一方面是潜义伦夫妇年老已经无力管理整个大家庭了,另一方面是一家人住在一起生活压力确实很大,只能通过分家各想办法,各自为生。最终家里成员一致支持分家,母亲张氏也没有其他意见。

家户的分家属于其内部的事情,与家户外部的人没有关系,也不会有外部的人参与进来。另外,家户内部的人参与分家的意见也有一定的次序。在潜家,母亲张氏具有绝对的权威,家里的儿媳妇都比较敬畏张氏。关于分家问题,家里的儿媳妇是没有资格提出来,即使她们心里有这个想法,也不敢提出。一般是家里的家长和家中的儿子才有提出分家的资格。潜家的几个儿子都想要分家,但都不敢提,最后以家里的妻子没有衣服穿为理由,三儿子潜明成勇敢地向母亲提出了分家。

2.以小家庭为单位,分男不分女

潜家在分家的时候以小家庭为单位进行,所谓的小家庭就是以儿子的家庭为单位,潜家有三个儿子,每个儿子结婚后组建自己的小家庭,潜家的三个女儿在分家的那一年已经嫁出去了,没有参与家产的分配。实际上,根据农村分家的传统,即使女儿在家也没有资格参与财产的分配,女儿只是在出嫁的时候,娘家会象征性地为其准备嫁妆。隔壁的老罗家共有两儿两女,老罗在分家的时候两个女儿还未出嫁,家里共三间房屋,其中两个儿子各分一间,两个女儿便会跟随父母住一间屋子,女儿也不参与其他财产的分配。

潜家在分家的过程中,每个小家庭能得到一份财产,家户的分配只是以小家户为单位,至于小家户中的儿子便不再参与家户整体的分配,只能从自己的父亲那分得一份财产。

3.相互礼让,和平分家

潜家在分家的时候,家中的条件比较艰苦,实际上家里也没有什么财产可以分割的,家里的几个儿子一心想着分家,各自生活,对于分得的东西都没啥意见,觉得有间房子住就行,其他的东西在以后自家的劳动中可以慢慢置办。在具体的分家过程中,潜义伦首先把家中可用来分配的物品列举出来,按照尽量公平的原则进行分配。其中二儿子潜明生家,因明生生病,家里的劳力较弱,在分配的时候,三子明成尽可能将更多的物品留给明生,其中本应该归明成所得的一个坛子和两个盆都留给了明生。因为在分配的时候,大儿子潜明会不在家中,母亲张氏将家里的扁桶和大柜子都留给了大儿子,其他的几个儿子就分得一床蚊帐和几个碗盆。分家的时候母亲张氏把家里的所有的财产和债务如实地告诉了儿子们,家里的债务不多,清算后由三个儿子平摊。在具体分摊过程中,潜家大儿子明会和小儿子明成也是主动承担大部分的债务。

潜家分家最主要是对房产进行分割,家里的房屋在原有的基础上不变动,为了顺应大家长期以来的居住习惯,潜家商议还是按照原来的房屋居住进行分家,不再另外分房子。考虑到潜义伦夫妇年老体弱,无力修建新房,家里的小厨房留给潜义伦夫妇,三个儿子在自家的房间中隔开建立小厨房,房屋的分配大致如此。

4.儿子商量,母亲做主

潜家分家的时候潜义伦年纪已经很大了,潜义伦因早年熬糖的时候日夜加班,年近老年的时候双目失明,分家内部事情一般都由妻子张氏来做主。随着妻子张氏年龄渐大,也无力管理整个家庭,在分家问题上,家里大大小小的事情都是母亲张氏和三个儿子商量着决定。张氏只是告知潜家的主要财产,具体的分配事项都是几个儿子商量决定,为了避免不必要的矛盾,家里的儿媳妇不参与家产分配的讨论。在讨论过程中,张氏主要起监督作用,在大儿子分配的财产上偶尔发表自己的意见,几个儿子比较尊重母亲,想着都是一家人,没必要在这些小事上计较,一家人的和气最重要。

潜家在分家后没有成文的契约,在分家的时候,大家对于分家的结果没有意见,实际上各家除了房子其他的东西分得都很少,分家的结果最后都以口头的形式确定下来。

分家属于家庭内部事务,村庄不会干预。负责管理户籍的政府部门会进一步确认户籍情况,一般分家后不会立马变更户籍,分开居住几年后才会变更户籍。

(二)继承

1.继承的资格

按照当地的习俗,具有继承资格的主要是家户中的儿子,女儿一般只会准备好出嫁的嫁妆,不享有对房屋及其他财产的继承权。在潜家亦是如此。只是在潜家女儿出嫁的时候,潜义伦夫妇会为其准备好嫁妆。未出嫁的女儿只享有对潜家公共财产如房屋、土地收益等的使用权,一旦女儿出嫁,便与潜家的财产脱离了关系。

在潜家湾,如果家里没有儿子,可直接由侄子继承家里的财产。如果是入赘的情况,那么女儿也会享有直接的继承权,这种情况在潜家湾是被普遍认可的。村中一家刘姓人因家中没有生育儿子,随着父母年龄逐渐变大,经过父亲的同意,便以招赘的形式,让二女儿留在家中养老,刘家的财产如房屋、土地等都由二女儿直接继承,日后由二女儿和二女婿共同为二老养老。刘家女儿较为孝顺,在父母生病后细心照看,成为村中孝女的典范。因此,在部分村里人的眼中,女儿养得好也跟儿子差不多。

在潜家,家户内部的房屋土地以及其他的一些以家户整体为单位的财产只有儿子有继承权,儿子们对家户内财产的继承都是在分家的时候体现出来的,另外各家的私人物品不参与家户整体的分配。

2.家产:传男不传女

按照传统习俗,一般家里的儿子具有第一继承权,如果没有儿子且女儿已经出嫁,那么家里的侄子也有继承权。在潜家,按照传统的习俗,三个儿子具有直接的继承权,其他成员如女儿或者儿媳妇都不具有直接的继承权。在1949年以前,潜家生活较为艰苦,家中的财产主要以土地、房屋、生产生活用具为主,很少有现金,因此潜家几个儿子在继承过程中没有涉及现金分配的情况。而对于女儿出嫁,也没有更多的彩礼要求,因自家的家境也决定了不能对别家有过高的要求,潜家的女儿也没有想过继承父母的财物作为嫁妆。

为了减少家庭矛盾,潜家三兄弟在继承家庭财产方面主要按照"平均分配"的原则,在实际的分配中也会充分考虑各个小家庭的实际以及对大家庭所做的贡献进行分配,以维持兄弟间的和睦。关于家产继承,都属家户内部事务,潜家在尊崇传统习俗的基础上,结合家户内的实际情况划分财产,家户外部成员不会干涉和介入。在潜家湾,若在分家的过程中遇到矛盾难以调解时,一般会请村中较有威信的人来评理,保证分配的公平性,而这种事情在潜家没有发生过。

3.以继承房屋为主

在潜家湾,有关分家的继承主要体现在房屋和土地的继承权上,家产包括房屋、土地、耕牛、农用工具、家具等。潜家家境比较困难,分家所得主要是房屋和一小块土地,房屋每个儿子一间。分家中,潜家几兄弟最看重的便是分得个人的房屋,用王世英的话说:"只要有个地方住,其他一切东西都可以慢慢置办。"因在分家前,潜家人共同居住在一个大院子中,除此之外,没有多余的建设用地。在长期的生活中,各个小家庭都有自己的居住习惯,当家人按照各自的居住习惯,在保持原有住房房屋不变的情况下适当进行调整。在潜家,以前公用的房屋主要是厨房和厕所,分家意味着要"分灶",即各个家庭都要另起炉灶。潜家几兄弟商量,将公共的厨房先留给父母,各个小家庭自己想办法再修建灶台。至于厕所,全家人还是共同使用。分家的另一重要方面,便是土地的划分。分家时,当家人将家里的土地平均分成三份,每个儿子各占一份,因潜家的田块较为集中,分家的时候对土地的划分也较为方便,分家之后,潜义伦夫妇便不再种地。除此之外,各家分得一个小柜子,可以用来装衣服,其他的物品都是日后慢慢置办的。潜家几兄弟间较为和睦,对于分配的财产虽有所差异,但都差别不大,当时的家中私人物品几乎没有多少,潜家一般按照张氏的意愿来继承,大家对此也没有多大意见,穷苦的年代,一家人节俭点大家勉勉强强都能过得去。

四、家户过继与抱养

(一)过继

1.过继的几种基本情况

在村中,因生育观念的限制,大家对于男孩普遍较为重视,对于没有男孩的家庭,便会考虑过继。第一种类型是家中未生育男孩;第二种情况是家中的男孩英年早逝;第三种类型是家中的男孩较多,难以养活,便会选择过继给其他人家喂养。潜家的一个孩子便是典型的第三种情况,当时次子潜明生一个远方兄弟家的孩子比较多,前后共生育了五个儿子和三个女儿,后来这个兄弟在外出轨了,嫂子因伤心过度从此患上精神病,无力照顾刚出生的五儿子,于是将这个孩子过继给潜家的二儿子潜明生。过继主要是以男孩为主,过继之后便会跟随继父的姓。

2.过继的目的

在农村,过继主要是为了传宗接代,延续香火。潜家几个儿子结婚都比较早,但生育孩子比较晚,一般都是在结婚后两三年才生育子女。当时二儿子潜明生和三儿子潜明成相继结婚,但很长一段时间都没有孩子,母亲张氏十分焦急,经常骂两个媳妇"油住了",意思是好东西吃多了,生不出孩子了,以此讽刺媳妇生不了孩子。潜义伦担心潜家香火不兴旺,便过继一个儿子到潜家。潜家过继儿子,其一是考虑都姓潜,儿子不过继到外姓人,这是最关键的;其二,潜家二儿子和三儿子都结婚但还未生育子女,正好可以给他家做儿子,这个孩子起名叫"再春",家长寄希望通过这个孩子能给家里带来更多孩子的好运;其三,潜家人口众多,潜家哥哥嫂嫂还有几个未出嫁的女儿都在家,有这么多的人也有精力去照看这个孩子。过继这个孩子最主要是想借这个孩子使潜家子孙兴旺起来。

3.过继的决定

过继孩子不是随意之事,必须得到长辈的认可,一般首先要获得祖辈人的认可,其次是父辈人的同意。过继的人最好是同姓的人，如果不是同姓的人，那么过继之后，便会跟随继父所姓，在族谱中也会列出继子的名字。潜家在过继孩子的时候，最先提出过继的是孩子的生父，因孩子的母亲已经患上精神疾病，其他几个孩子渐渐长大，只有这个孩子刚出生，对社会事物没有清晰的认识，自己也无力养活这么多孩子，于是将孩子送到弟弟家养活。双方协商后，便将孩子抱回潜家。过继孩子没有特殊的仪式，只要双方商量好便可直接将孩子抱过去就行了，过继不需要给钱和物品，过继的孩子还是按照潜家的辈分起名，起名为潜继斌。

（二）抱养

1.抱养的目的

在潜家湾，抱养孩子的情况比较常见。一种情况是对于生育子女较少或者没有生育的家庭，便会选择抱养孩子；另一种情况便是因家里较为贫寒，选择抱养女儿作为童养媳，养大后解决家中儿子的婚姻问题。潜继斌刚生下没多久就过继给了潜家，按照风俗，刚出生没多久的孩子被送到另一家也叫"抱养"。从这个角度讲，潜继斌也算是抱养的孩子，他自小在潜家湾长大，从未回到生父母身边。在潜家的传统中，"养为大，生其次"，过去养个孩子不容易，要花费大量的心血，养父母大于天，长大后，儿子只负担养父母的养老。潜家当初抱养孩子也主要是想为潜家延续香火。潜继斌在潜家生活没几年潜家陆续地生育了几个儿子，其中潜明生家中生育了三个儿子一个女儿，家里的孩子逐渐长大。

2.抱养的决定

相比于过继孩子，抱养孩子要简单随意些，只需要经过双方父母商谈即可，在抱养前会问清楚孩子的年龄、健康等问题，抱养时无须经过过多的金钱交换，抱养孩子的时候也没有签订正式的抱养契约。在潜家，家族中对抱养的孩子也较为认可。一方面抱养双方都是潜姓人，另一方面孩子也是潜家这边的父母一手抚养长大。在潜氏族谱中，潜继斌还是列入潜明生儿子之列。

3.对抱养的态度

当初抱养孩子也是潜家善意之举，潜家想起孩子的生母就觉得孩子比较可怜，自家如果能养活这个孩子也是为祖上积德。潜家对家里的孩子都比较公平，在穷苦的年代，对待大家也都一样，潜继斌从小比较懂事，对自己养父养母较为孝顺。在村里，人们不会认为潜继斌是抱养的孩子而歧视他，恰恰相反，村里人因他孝顺懂事，更加羡慕潜家，都觉得潜家养了这个儿子是福气。

（三）买卖孩子

1.生活所迫，出卖孩子

1949年之前买卖孩子的情况比较常见，大部分是因为家庭变故，成为鳏寡家庭，难以独自养活孩子，便将其出卖。卖出孩子一方面可以保存孩子性命，另一方面可以减轻家里的负担。而对于买孩子的家庭，一般是比较富裕的家庭，如果他们没能生育儿子来继承自己的财产，同时也为自己养老送终，便会买孩子来养活。双方交易卖出孩子，一般会象征性地给予一些物品或者钱财，这主要取决于买方的家境。家境较好的人家会给部分钱，如果条件一般的家庭便会给几斤米或者十来个鸡蛋。而在潜家湾，大部分不会选择去买卖孩子，对于没有子嗣的家庭，他们一般会选择近亲家的孩子比如侄子来过继。在他们的观念中，同宗同姓的人不是外人,有一定的血脉联系,列入族谱也是可以被认同。

2.卖儿不卖女,卖幼不卖长

卖的孩子大部分是男孩,因受传统"重男轻女"思想的影响,很多家庭渴望生育男孩,而对于未能生育男孩的家庭而言,在买卖孩子的市场中,男孩的需求较大。在1949年前,几乎没有卖女孩的情况,对于穷苦人家生育了女孩,而又无力养活的情况下,便会在其出生后不久送给别人做小媳妇,也叫"童养媳"。送女儿到别家做小媳妇不需要给予物品,卖方只是委托买家将其喂养长大,所以在市场上,大部分都是出卖男孩。

在农村中,大部分人家提倡多子多福,养儿防老,一般的家庭不会随意出卖儿子,除非是生活所迫。在村里,买卖孩子不是一件光彩的事情,迫于生活的压力,有的人也能理解和同情。在出卖儿子的过程中,当家人一般不会选择出卖长子,因为在家庭中,长子年长,肩负着传宗接代、家庭重担的责任。此外,从孩子的个人感情考虑,长子在家生活的时间最长,对家庭的情感依附会更大些,卖出后,返回原生家庭的可能性较大,一般卖主也不愿这种情况发生。因此,家长在选择出卖孩子的过程中,一般不会选择年长的孩子,大部分会选择幼子。

五、家户赡养

(一)赡养单位

根据村里的传统,在分家以前赡养老人的任务是由家户整体来负担,即家户的全体成员承担赡养家中老人的义务。潜家的两个老人是潜义伦夫妇,其中潜义伦年老时双目近乎失明,平时主要是妻子张氏照料,家里内部事务都是由妻子张氏一个人管理。张氏是个小脚女人,平时行动不便,年长后,几年的光阴,张氏的身体已经大不如从前,两个老人也无力创收。

老人的赡养在分家前后有明显的区别,在分家前,潜义伦夫妇的赡养是由家户整体共同负担,包括治病的医疗费用,日常的生活消费,家里的未出嫁的女儿和媳妇轮流照看。分家之后,潜义伦夫妇在生活自理的条件下都是自己照顾自己,妻子张氏负责日常做饭、洗衣服,家里的三个儿子只需要定期给其提供充足的生活资料就行。直到二老不能完全自理的情况下,便由三个家庭轮流照看,一般是一个儿子家一个月,轮到哪家便由哪家提供一日三餐,同时还要为老人清洗衣物。

(二)分家后独居,儿女共同养老

潜家子女众多,共三儿三女,赡养两位老人不是一件特别难的事情,当然家里赡养老人的主体是儿子。1949年之前,女儿没有赡养父母的义务,有孝心的女儿会经常回娘家偷偷塞给老人钱或带些吃的,在传统农村主要承担赡养义务的是儿子。

潜家是一个多子家庭,在分家前赡养的主体是家户,在分家后赡养的主体就是分家后的每个小家庭。分家后,潜义伦夫妇独自居住在以前的小屋里,因身体较差,不再外出干活,张氏也不再纺线织布了,二老在生活上相互照看。三个儿子每个月负责给老人一定的粮食和柴火,大儿子家一般会准备半年的柴火送到潜义伦家中,待柴火快用完时潜义伦会直接告诉儿子们。在潜义伦夫妇生活还能自理之前,做饭洗衣都由张氏来承担,之后便分别由三个儿媳妇来承担,长媳王世英每次做完饭,盛出两碗端到潜义伦的屋子中。外嫁的女儿在农闲的时候经常会回娘家,回家的时候会给潜义伦夫妇买点糖或其他的生活必需品,潜家父母年老的时候女儿也会轮流回来照看。

(三)严守家训,孝敬老人

孝敬父母、尊重长辈,从小在潜家子女心中生根发芽。1949年前,在潜家湾,对于孝顺父母的教育有三重防线。第一重防线是祖训的制约。赡养老人是潜家祖训的重要内容,潜家曾在祠堂中严惩家族中不孝顺父母的子孙,祖训中赡养父母是子孙应尽的责任,如果有打骂父母等虐待行为,将会受到家法的惩罚。第二重防线来自村里人的监督。家户之外的人也会对各家子女对待父母的行为起着监督的作用。比如有家庭子女不孝顺,一般在村中会受到别人舆论的谴责,村里另一个潜姓人家,有四兄弟,儿子间因分家问题闹矛盾,最后索性不承担赡养父母的责任,村里的人在背后总会议论这些儿子不懂事。第三重防线便是家庭教育。赡养老人是潜家家户内部成员应尽的责任,也是孝道的体现。潜家的父母从小便教育子女尊敬长辈,从小教孩子学做家务为父母分担压力,同时家里的哥哥姐姐也会起到一定的表率作用。对于子女顶撞父母的行为,家长潜义伦一般会严厉地责骂。家庭教育对潜家孩子的影响最大,也就此塑造了潜家孩子良好的品行,在整个潜家湾,潜家的子女也是全村夸赞的对象。

(四)轮流养老

在家里的女儿未出嫁之前,潜义伦夫妇的日常生活主要由三个女儿轮流照看,日常吃饭是一大家人一起,之后偶尔会给卧床的父亲或者母亲开开小灶、补补身体,家里的主要收入来源于潜家三个儿子的劳动收入。女儿出嫁之后,这时家里照顾老人的责任便落到三个小家庭身上,潜家三兄弟商量好,每个儿子养一个月,轮流赡养,二老平时生活就由家里的三个儿媳妇轮流照看,一日三餐由家里的三个儿媳妇轮流做饭。最初赡养第一个月是大儿子家,第二个月轮到二儿子家,以此类推,每个月月初的时候,二老便会转交到另一个儿子家照看。每次轮到王世英家中的时候,王世英会提前到公婆家将换洗的衣物收回家中,统一清洗并晒干。公婆的一日三餐也由媳妇负责,每天快到饭点的时候,王世英都会提前回家,准备好家里饭菜,送至公婆家中,之后才会回来准备自家的饭菜。

(五)养老保障

潜义伦夫妇年老后主要依靠儿子养老,分家后则是三个儿子轮流养老。在当地农村,尤其是大户人家,有的老人担心儿子们在其丧失劳动力后不孝顺,不承担养老,在分家之前一般会给自己留下一部分养老的土地和钱款,等到自己不能劳动时,哪个儿子负担养老,老人死后田地和钱款就会归哪个儿子所有。潜义伦相信儿子们会尽到给自己养老的义务,因此就没有给自己留下养老田地。

1.养老房

潜家在分家的时候,按照分家前的居住习惯,让二老在以前的房子中居住,考虑到父母没有充足的劳动力,几兄弟在分家的时候,将家里的公用厨房留出来给潜义伦夫妇,各个小家庭日后再修建厨房。因此潜义伦夫妇一共分得两间房作为自己的养老房。

2.养老粮

张氏在分家的过程中,考虑到自己和老伴无较多经济收入,自己和丈夫潜义伦再无劳动能力,因此在分家的过程中,给自己多留出了几斤粮食,分家后,随着三个儿子繁衍后代,劳动力越来越充足,生活水平渐渐提高,几个儿子能保障自家有充足的粮食吃。

（六）治病与送终

1.治病

治病费用兄弟共摊。在分家以前,家户中老人治病的钱都是由家户整体负担,张氏会结合家中的实际预留一部分治病的钱,因这部分钱金额很少,潜家的生活本来拮据,所以潜家人生病一般不会选择去医院治疗,最常见的便是利用土方治病,实在治不好才会请村里的流动医生治疗。1949 年之前,村中的医疗条件较差,整个潜家湾没有一个流动医生,每次请医生还需要去外地。在治病条件中,费用门槛最高的便是去医院,一般穷人宁愿死也不会进医院,他们不想增加家中的负担。

潜家在分家之后,家里老人治病的开支由三个儿子共同负担。潜家三个儿子较为孝顺,对于父母生病治疗看得更为重要。有一年,母亲张氏年老因眼疾住院,三个儿子觉得这病不轻,不能拖延治疗,于是三儿子潜明成想办法将母亲送进一家军事医院进行治疗。这次看病的花费不小, 三兄弟商量整个费用开销由三个家庭来负担,考虑到二哥潜明生家庭条件差些,在具体分摊的过程中潜明成和潜明会便会主动多承担一些,如果各个家庭凑不出钱,便只能找外面借钱。出嫁的女儿在父母生病时,一般会买些东西给父母补补身子,有时也会回家照顾父母几天,以尽孝心,但她们不会负担父母的医疗费用。

病中三家轮流照看。潜家在分家之前,潜义伦夫妇身体较好,夫妻生病一般相互照看。分家之后,潜义伦夫妇渐渐年老,身体也大不如以前,照看二老的重任便由子女来承担。分家后,张氏生病由家中的媳妇来照看,媳妇比较细心,除了做饭调养身子外还会给张氏清洗衣物。而在具体的生活照料中,主要是由三个家庭中的女人轮流照看,按照赡养的顺序,轮到哪家就归哪家照看,偶尔女儿也会回家照看几天。

2.送终

丧葬费由家中的儿子负担。在农村,家中老人去世,一般是由家中的儿子承担所有的丧葬费用。对于多兄弟的家庭,便由几兄弟平摊;对于没有儿子的家庭,一般是由近亲简单地举办一个葬礼,在丧葬费用方面,出嫁的女儿一般不会承担丧葬费用,只是在父母离世的时候,会回家祭拜、送葬以表其孝心。丧葬的具体事宜,一般由男人操办。

潜义伦夫妇是在潜家分家之后去世的, 家里丧葬事宜的所有开支都是弟兄三人商量着办理,丧葬总支出也主要是三兄弟平摊。母亲张氏去世时在 1949 年之后,正是遇到自然灾害的困难时期,潜家湾这边饥荒严重,闹饥荒饿死了很多老人和孩子,张氏也在饥荒中去世,张氏去世的时候只办了简单的丧事,因为各家都没有粮食,丧事是由三个儿子一起凑钱办的。

长子在丧葬中负主要责任。在农村,丧葬是子女,特别是儿子对父母最后行孝的表现。即使家中较为贫寒,村里的人也较为重视丧葬礼仪。在丧葬过程中,家中的儿子是主事者,其他的亲人会帮忙协调,其中,长子负有大部分责任,在父母死后。首先,家中的长子需要报丧,邀请亲戚参加葬礼。其次,长子需要安排"抬丧"队伍,最后安排埋葬的时间和地点。对于整个丧葬过程中重要的事情,长子都要亲力亲为,以体现对父母的孝顺以及对家庭的责任。

（七）外界对家户赡养的认可与保护

潜家湾的人对赡养老人具有较高的认同度。村中"三道防线"教育规范了潜家湾子孙的品行。家户之外的村里人以及潜氏宗族的人对村中"孝文化"的尊重,营造了良好的氛围,对于村中不孝的子孙有专门的族规族法进行规制，同时如果家里的儿子没有尽到养老的义务，也会受到村里人的舆论谴责。外界的监督与规制对家户赡养形成一种隐形制约。在潜家，家长也会通过言传身教教育子女孝顺父母，维护一家人的和谐，所谓"家和万事兴"，在村里人看来，家庭和睦、子女孝顺便是家中最大的福气。

六、家户内部交往

(一)父子关系

1.权利义务平等

在潜家，父亲在子女教育中起着关键的作用，特别是对于儿子的教育。1949年之前，对父子之间的关系要求比较严苛，各自负担各自的职责，做父亲的要有做父亲的样子，父亲一般是家里的大家长，在家庭中要建立自己的威严，管理好整个家庭，同时要管理子女的衣食住行等等各个方面，包括抚养、教育、婚配。儿子当好儿子，做好儿子该做的事情，孝敬父母，尊重长辈，为父母养老送终，任何情况下都不能打骂父亲，挑战父亲的权威。能管理好整个家庭，让整个家庭和睦的父亲便是好父亲，而能好好劳动、挣钱养家、孝顺父母的儿子就是公认的好儿子。

2.父子日常交往

潜义伦生性温和，跟家里的几个儿子相处得比较融洽。都说"棍棒底下出孝子"，但潜义伦很少打骂家里的孩子，家里的孩子大部分比较敬重他。潜义伦平时不会跟家里的儿子开玩笑，不过偶尔会一起喝点酒、聊聊天。在潜家，长子潜明会显得更加沉稳可靠，潜义伦经常和长子潜明会讨论家庭事务，对长子具有较高的信任度。相比之下，潜家的三儿子潜明成显得更加聪明好动，对于家里的事情，潜明成参与较少，在潜义伦和大哥潜明会眼中，潜明成更为冒失。潜义伦在教育三子的过程中花了不少工夫，早年三子潜明成因调皮旷课，与老师顶嘴，被送出校门，作为父亲的潜义伦也只是对其进行说服教育，从不打骂孩子。之后潜义伦为了让潜明成懂点手艺，便将其送到外地去学开车，在外面的磨炼中，潜明成的性情稍有缓解。在日后的交往中，潜家三个儿子和父亲几乎没有发生过较大的冲突，父亲觉得儿子有做得不对的地方也会当场指出来，家里的三个儿子一般也会听着，不会随意顶撞父亲，始终保持着长幼秩序的状态。

(二)婆媳关系

1.婆婆严厉，媳妇孝顺

1949年之前，当儿媳妇的总是对自己的婆婆多几分敬畏，家里的婆婆负责管教自己的儿媳妇，儿媳妇只能顺从婆婆，不能顶撞婆婆，在潜家也是如此。在潜家，婆婆张氏的家教十分严厉，也是整个村中公认的严婆婆，潜家的儿媳妇稍微做得不好便会受到张氏的责骂。大媳妇王世英是传统的好媳妇，也是整个潜家湾公认的好媳妇，无论张氏怎样打骂，王世英从不记恨婆婆，在家孝敬公婆，服侍好丈夫，能照顾好家里的小孩。家里打扫卫生、洗衣服的事情都是媳妇在还未出嫁前已经学会的，张氏无需刻意指导。

王世英最先嫁到潜家，承担的家务更重些，平时王世英要早起帮婆婆张氏端尿桶，打扫婆婆房间卫生，之后就要清洗全家换洗的衣物，这一系列完成后才会去做早饭，一年四季每天都是如此。只有儿媳妇在坐月子的时候，张氏会主动做饭和洗衣服，其余的时候则由家里的的媳妇轮流进行。王世英嫁到潜家时才十五岁,年龄比较小,对于婆婆的安排都会无条件的完成,有时完成得不好还会受到婆婆的打骂,有一年,婆婆让她去种豆子,她带着三弟一起去,王世英负责挖地,三弟潜明成负责丢豆子,一块地还未种完,豆子种就用完了,王世英回去找婆婆张氏取豆种,受到婆婆严厉的打骂,婆婆骂她太笨了,不该一下子丢那么多豆子,导致豆子种不够用,婆婆气不过,竟拿起锄头就往王世英身上打,回家后还气冲冲地让大儿子休了这个媳妇,王世英最后含着泪种完田,天黑回到家中才发现身上被婆婆打青了很大一块,第二天,王世英还是跟往常一样,早早起床收拾屋子,准备早饭。张氏是传统农村中婆婆的典型,一般认为好婆婆是能管理好家庭内务,处理好婆媳之间的关系,爱护媳妇同时帮助儿子照看家庭的就是好婆婆。张氏虽然在管教儿媳妇方面十分严厉,但从管理家庭内务上看可以称为好婆婆。

2.日常交往关系

在潜家,张氏作为内当家,在家里的威望有时会远远大于潜义伦。张氏是潜家湾有名气的婆婆,潜家湾有三个脾气不好、喜欢打骂的婆婆,张氏便是其中一个。儿媳妇一开始进入潜家的时候都比较顺从婆婆,久而久之对其脾气有时较难忍受,偶尔也会与婆婆张氏发生些小冲突,特别是二媳妇和三媳妇,这两个媳妇较有个性。总体而言,潜家婆媳关系一般,张氏对媳妇比较严肃,平时婆媳之间不会随意开玩笑。潜家的媳妇大部分比较怕张氏,尽量避免与她闹矛盾。

3.冲突关系及调适

在潜家,婆媳之间闹点矛盾是家常便饭,婆婆张氏的气度比较小,一般和儿媳妇吵架后都会到儿子那去告状,甚至因生气而不吃饭,直到儿媳妇亲自到她跟前认错才行。婆婆张氏在潜家比较有地位,在发生冲突的时候,儿子知道母亲的脾气,一般是站在母亲张氏这边,同时劝说妻子道歉。有一次三媳妇因跟张氏在冲突中有了争执,张氏正准备挥手打人,不料三媳妇躲开了,正好打到柱子上,张氏气急败坏,一定要教训下三媳妇,三媳妇知道自己惹祸了,若是被张氏捉住,免不了一顿暴打,索性就直接跑走了。张氏因是个小脚,跑不过三媳妇,只能回家向三儿子潜明成告状,并扬言让三儿子休了这个不孝的儿媳妇。三媳妇回家后受到丈夫潜明成的严厉责骂,并在丈夫的要求下,专门到婆婆房间磕头赔罪,这才缓解了张氏的情绪。

家庭内部冲突是潜家内部的事务,所谓"家丑不可外扬",一般婆媳之间的矛盾都存在于家庭内部,外人一般不会参与也不会干涉,儿子儿媳也不会将家里的事情对外讲。

(三)夫妻关系

1.权利义务关系

1949年以前,丈夫与妻子各自负担自己的职责。丈夫是这个小家庭的顶梁柱,负责对外交往和挣钱养家,而妻子便服侍丈夫,为家里生儿育女,同时照看好孩子。作为潜家的儿媳妇,一方面要听从大家庭中婆婆的安排,做好大家庭的事情;另一方面还需要照看好小家庭,养育孩子,洗衣做饭等等。妻子在小家庭里一般不会管理私房钱,家里的钱财一般是由丈夫管理,如果妻子需要花钱的时候只能找丈夫要,比如买针线或者其他的生活必需品。潜家的妻子比较勤俭持家,一般找丈夫要钱丈夫也不会多问,他们比较信赖自己的妻子。在潜家,各个小家庭的妻子对丈夫较为服从,不过丈夫一般有大事也会与妻子商量。在村里,不在外嫖赌,能一心劳动养家的丈夫便是好丈夫,而能照顾好丈夫和家里的孩子,勤劳、不随意跟家里人吵架的妻子便是好妻子。

2.日常交往关系

在潜家,夫妻之间的关系较为和睦,但也很少会开玩笑。妻子经常也会与丈夫聊些家常,妻子比较尊敬丈夫,但不会惧怕丈夫,夫妻之间的关系是平等的关系。在长媳王世英眼中,丈夫潜明会是个好丈夫,虽然他常年在外奔波,但总体上还是比较顾家的,每年不管家里的收益如何,潜明会都会给家里的孩子准备好衣物,有时也会买点小零食分给家里的孩子吃。考虑到妻子王世英在家照看一家老小比较辛苦,潜明会也尽可能地在物质生活上满足妻子的需求,家里需要添置物品,只要妻子王世英开口,潜明会都会竭力去购置,潜明会对妻子王世英有较高的信任度。

3.冲突关系及调适

在潜家,妻子和丈夫之间的关系总体而言较为融洽,很少发生冲突。只是当三媳妇开始嫁到潜家后,三儿子潜明成经常与妻子闹矛盾。结婚之后,潜明成经常在外工作,很少回家,也不愿回家,只留下三媳妇自己在家照看一家子,有时还要受到婆婆的欺负。三媳妇也有脾气,看着不顺眼也会与丈夫争吵几句,所以三子潜明成在结婚之后经常不给妻子好脸色,对她爱答不理。夫妻两个人一旦闹矛盾了,潜明成就会外出几天,不理会妻子。但在妻子生育第一个孩子之后,夫妻的关系明显好转,丈夫潜明成专门从外赶回来,亲自照看自己的妻子,有时还帮妻子洗衣服,夫妻关系慢慢缓和过来。潜家的其他两个儿子和自己的妻子都相对比较和睦,丈夫很少有打骂妻子或者是夫妻大吵大嚷的情况,但是夫妻之间拌嘴吵架是难免的事情,作为家长的潜义伦一般不会插手,只有在情况十分严重的时候才会上前劝说。

(四)兄弟关系

1.权利义务关系

潜家弟兄三人,其中长子潜明会年龄远远大于其他两个兄弟,当潜明会开始赚钱养家的时候,三子潜明成还在读书,作为长子的潜明会很早便开始负担弟弟的学费。弟弟辍学后,通过层层关系,长子潜明会介绍两个弟弟分别去学手艺,二弟学木匠,三弟学开车。家里的两个弟弟因此很敬重潜明会。家里兄弟娶媳妇都是由潜义伦夫妇安排的,潜明会只是在两兄弟结婚的时候给家里凑了点钱办酒席。潜义伦夫妇年老之后,长兄对整个家户需要承担更大的责任,家里遇到困难都是大哥潜明会先出头解决。在日常的生活当中,当弟弟的一般比较尊重兄长的意见,也会听从兄长的安排,作为兄长也有当兄长的做派,这样才能赢得兄弟的尊重。

2.日常交往关系

潜家几兄弟之间关系比较融洽,有时在一起也会开开玩笑,尤其是二弟和三弟之间,因他们年龄相近,在一起共同生活的时间比较长,交往比较频繁。两个弟弟在内心深处对哥哥还充满敬畏感,生活中对哥哥的依赖比较多,哥哥潜明会看起来比较严肃,尤其是在弟弟面前更是如此。成年之后,兄弟间的情义更为明显,因三兄弟之间的生活差异较大,二弟明生的家境明显较差,大哥潜明会和三弟潜明成常年在外,除了种地之外还有额外的经济来源,大哥和三弟经常会给潜明生以物质上的帮助,特别是在赡养父母的开支上,大哥潜明会也会主动承担,以减少二弟家的经济压力。

3.冲突关系及调适

在大户人家中,长兄的地位会更加明显,弟弟会更加服从兄长,兄弟关系相对疏远,各兄弟之间也不会随便开玩笑。潜家三兄弟在日常交往中比较融洽,大哥潜明会在外工作的时间比较长,平时很少回家,其他两兄弟间感情甚好,也会经常在一起聊天、喝酒。三弟对二哥心存尊敬但并不畏惧,兄弟之间有什么事情也会直接说出来。三弟年纪小,平时两个哥哥对其照顾比较多。兄弟之间很少会发生冲突,偶尔出现吵架拌嘴的情况,也是因为家庭内部管理的意见不一致,一般会请大哥作为中间人来劝说,同时提出解决的方案来,潜家几兄弟比较通情理,兄弟之间再大的矛盾都没有隔夜的,每个人都退一步,问题就解决了。

(五)妯娌关系

1.权利义务关系

相比于兄弟之间的交往,妯娌之间的交往要更加频繁些。潜家几个媳妇嫁进门一开始都是由婆婆张氏来管教的。妯娌之间只是平时话话家常,因为嫂子嫁入潜家的时间比较长,对家庭的方方面面都比较了解,弟媳妇一般都会虚心地跟着嫂子学习在这个家庭的做人和做事,嫂子会给几个弟媳妇说明平时家里做家务需要注意的问题。家务活全部由三个儿媳妇来负担,采用轮流的形式,每个儿媳妇干一天的家务。作为嫂子王世英首先要帮助弟妹熟悉家里的规矩,特别是家里婆婆的脾气,弟媳妇的义务就是尊重嫂子,不能随意顶撞嫂子,认真做好家务活,处理好婆媳之间的关系。

2.日常交往关系

平时潜家妯娌之间交往比较频繁,相处十分和睦,在日常相处中每个人都各自承担好各自的事情,从未发生较大的矛盾。潜家儿媳妇都很老实,特别是大媳妇王世英,吃苦耐劳,不争不抢,细心地维护一家人的团结友爱关系。潜家二儿子潜明生因年轻患病,家里的生活负担较重,嫂子和弟媳对二媳妇照顾比较多,从不跟她计较。还未分家的时候,潜家生活比较艰苦,二媳妇个头高,饭量比较大,而潜家人口众多,平均下来每个人吃不了多少米饭,饿肚子是常有之事。有一天轮到二媳妇做饭,因担心小家庭里的人挨饿,自己在做饭的时候就偷偷盛了一碗米饭藏在枕头边上,吃完午饭就上山砍柴了,回来的时候被家里的婆婆张氏发现了,在家里公开二媳妇偷饭吃的事实,嫂子和弟媳都知道二媳妇劳动强度大,饭量大,吃不饱饭。虽然二媳妇受到婆婆张氏的严厉批评,但是妯娌之间还是比较理解她的,事后两个妯娌还跟丈夫沟通,让他们跟公公婆婆沟通下,别一直责骂她。农闲的时候妯娌之间经常在一起做针线活、纳鞋底或者一起熬夜纺线,妯娌之间也会相互帮助,哪家缺针短线其他家庭便会给予帮助,大家相处比较和睦。

3.冲突关系及调适

潜家几个儿媳妇都能吃苦耐劳,平时相处比较和谐,偶尔的小矛盾首先会由大嫂去调解,女人之间的事情,妻子很少跟丈夫沟通,一般都是在几个妯娌内部解决,家长也不会介入其中。

(六)其他关系

叔嫂关系是潜家较为普遍的关系,嫂子对小叔子照顾比较多,农村常说"长嫂如母",这在潜家表现得尤为明显。王世英嫁到潜家的时候仅有十五岁,两个小叔子的年龄就更小了,王世英嫁到潜家包揽了潜家的众多家务,照看两个小叔子是其中之一。王世英一般下地干活的时候会带上二弟和三弟,二弟会在旁边帮帮忙,种豆子的时候会帮忙丢豆子,三弟年纪小,一般会在一旁看着,或者在田边玩耍。王世英很有耐心,在家里帮婆婆照看孩子,有时会给小叔子做衣服、喂饭。冬天的时候每天都会早起,升好暖炉,将小叔子的衣服烤暖和之后再送过去给他们穿。王世英从未动手打过两个小叔子,在自己忙于生产的各种事情中,总不忘耐心地教两个孩子种地,小叔子长大后对大嫂一直很尊敬。

七、家户外部交往

(一)对外权利义务关系

1.邻里之间,互帮互助

在潜家湾,大部分都是潜姓人,很多都有亲属关系,俗话说"远亲不如近邻",大家长期在一个村庄居住,在物资贫乏的年代,今天张家缺这个,李家缺那个的,大家相互帮忙也比较多。潜家门前有个大堰塘,村里的人都在这里挑水吃,平时大家挑水的时候都会互相搭把手,尤其是村里年老体弱的人。这种顺手为邻居提供便利的行为让潜家人在他人眼中有了友善的形象。以后潜家如果有需要帮助时,比如借用农具,邻居也会欣然答应。如潜家在建房子的时候,便请了左右邻居来帮忙,先是找隔壁家借了50块钱修房,建房子因家里的劳动力不够,大多也没有建房子的经验,就请了同村里另一个潜姓兄弟三人帮忙打墙基,其中一个叫潜长启的经常帮别人建房,对于房屋建设比较有经验,潜明会就请他们家的三兄弟帮忙建房子,潜家每天提供兄弟几人的伙食。村里人交往较为频繁的是红白喜事的帮忙,潜家长子潜明会是村里的文化人,因在外工作的时间长、为人好、办事能力强,村里有红白喜事也会专门请潜明会到家中做管事的人,统筹安排各种事务,之后当家人便会给潜家送一盒烟和几个鸡蛋作为感谢。

潜家和没有亲戚关系的外村人没有什么来往,也没有给外村人帮过忙,不过在困难年份会有外村人到潜家湾讨饭,路过潜家门口的时候,张氏也会施舍点粮食。

2.亲戚不多,往来较少

潜家亲戚不多,平时的来往相对较少。潜家亲戚一般是以种地为生,平时都忙着种地,没有过多的闲暇时间。只有在过年的时候,亲戚间的走动十分频繁。按照农村习俗,过年走亲戚、送祝福是必要的,如果过年的时候都不相互拜年,那么这两家的亲戚关系便会越来越淡,最终成为陌生人。相比于邻里之间,亲戚之间帮助相对会少些,一般只在家庭极度贫困的时候,需要借用大量的钱财和物品,这时才会找亲戚救济。亲戚之间也分远近亲疏,一般儿媳妇的娘家属于比较亲近的亲戚,平时来往比较多,家里如遇到严重的经济问题,媳妇也会回娘家请求娘家人的帮助。有一年遇到自然灾害,家里粮食都吃完了,整个潜家湾温饱都是问题,潜家一家人等着救济,潜家的三媳妇便回到娘家,找娘家哥哥借了10斤米回家,才暂时解决了潜家一段时间的吃饭问题。

3.朋友之间,礼尚往来

1949年以前村里的人很少外出,结交的朋友也很少,一般只是村里经常走动的几家人互相帮助,长期以来形成这种朋友关系,尤其在红白喜事的时候会相互帮忙,也会互送礼金或者物品。潜家除了种地以外,在外做生意较为频繁,特别是长子潜明会,因其在外面工作时间比较长,交际比较广,也结交了不少朋友,经常会有外面的朋友到潜家吃饭,他们之间的交往主要是潜明会与他们之间的交往,平时的帮忙也主要是工作上的帮助。潜明会在外交友甚广,与朋友之间的往来较为频繁,朋友之间如有红白喜事都会互相邀请,富裕点的朋友会上份子钱。俗话说"在家靠父母,在外靠朋友",长子潜明会在外期间得益于朋友的帮助,有一年潜明会遭到国民党的绑架,差点被杀害,朋友四处联系人,花了重金,托关系才将其保出来。

4.主佃之间,界限分明

潜家租种的是麻八爷家的土地,潜家和佃主八爷之间的主要联系是每年收租的时候,潜家人负责交租,麻八爷负责收租子,只需要按时按质地上交完租子,两家人便互不亏欠。丰年的时候会请八爷到家里做客,以表示感谢,其余的时候没有过多的往来,过年的时候也不需要给佃主送东西,也不需要刻意去给八爷拜年。

(二)对外日常交往关系

对外日常交往方面,邻里之间关系都还比较融洽,平时相互帮助比较多,特别是红白喜事,大家都相互帮忙,这种交往在家户层面都是平等的。在对外交往中,虽然都是以家户为整体的交往关系,但在实际的交往中都是由家里的儿子或者父亲作为家户的代表。在潜家,朋友的交往中,大部分是以长子潜明会为代表与各个朋友进行交往,若有朋友做客,也主要是潜明会一个人作陪,妻子和孩子一般不会上桌子吃饭。家里的红白喜事的安排有专门陪喝酒的人,若有人宴请潜家人吃酒,一般是派当家人潜义伦参加,若潜义伦不在家,长子潜明会也可以作为代表参加宴席。潜家在1949年之前虽然是租赁别人的土地,但在他们看来,只要家里人认真种田,按时上交地租就行,潜家和佃主日常交往也是平等的,在日常交往中也不会觉得低人一等。

(三)对外冲突与调适

在和邻居的日常交往中,潜家和邻居间很少有冲突,偶尔的冲突也抱着"大事化小,小事化了"的态度,潜家人和罗姓家人是几十年的老邻居,罗姓人性情温和,自搬到潜家湾来之后很少与别人闹过矛盾。有一次是在分家之后,有一块地的权属不明,最后潜家的三儿子建房的时候私自占用了这块地,两家人因此闹出点小矛盾,之后长子潜明会出面调解,潜家出一部分钱购买了这块土地,至此两家达成和解,在之后的交往中还如平常一样,没有过多的隔阂。

第四章　家户文化制度

潜家因家境贫寒,潜义伦这辈的人几乎没有受过学校教育,但潜义伦在早年做生意的时候深知读书的重要性,较为重视教育,家中无论男孩还是女孩都竭力供养其上学。在家庭教育方面,潜家虽没有成文的家法,但潜义伦夫妇通过言传身教,引导潜家孩子养成良好的品行,因此潜家的孩子对潜义伦夫妇十分敬重。在潜家,家长便是潜家的主心骨,无论是家里办红白喜事还是节日祭祀活动都是由家长潜义伦夫妇操持,各家庭成员只需要按照家长的安排各自做好各自的事情。

一、家户教育

(一)潜家子孙都上过学

潜义伦和张氏从小爹娘双双去世,家境贫寒,两个人没有上过一天学,也都不识字。但后来潜义伦开始做些小生意的时候,会一些简单的算数,能都理清一次贩卖的盈亏。潜义伦每次回家,都会将赚的钱如数交给妻子,妻子张氏虽不能达到每天记账的水平,但对家里的日常开支都心里有数。潜义伦从外做生意的经历中深刻认识到读书识字的重要性,在对大儿子潜明会的培养中,竭力供养他读书,虽然家境不太好,潜义伦还是通过辛勤劳作供长子潜明会读完了小学。1949 年之前,小学水平已是比较高的学历了,最起码能读书认字了,这在老一辈的人看来即使外出也能找回家了。而与之对应,像长媳王世英这样没有文化的妇女是很少出门的,最远也只是在隔家最近的集镇里。潜家的第二代人多多少少都读过一些书,次子潜明生和三子潜明成都是读了三年书便辍学回家了,两个孩子对读书没有兴趣,经常逃课,在上课学习的时候,因学习不认真也经常受到老师的惩罚。1949 年前的教育是私塾式的,由先生专门办学堂,三子潜明成读书的时候最调皮,附近几个私塾老师都不愿意再收潜明成当学生,潜义伦正好有个远方亲戚在当私塾的老师,于是将潜明成送到这里来,为了让几个儿子能读书,潜义伦动用了各种关系。

潜家在教育方面没有重男轻女,在小学的基础教育方面,潜义伦都是竭力让家里的孩子读点书、识点字。在小学里的发展主要是遵循孩子的意见,如果孩子万一学不进,作为家长的潜义伦也不会勉强,对于想读书的孩子也会尽力帮助完成学业。在潜家,三子潜明成上三年级的时候,因上课不认真被老师罚站,在学校门口头顶着椅子,潜明成不满老师的惩罚,扔下椅子跑回家,从此下决心再也不上学了,因此潜明成小学未毕业就回家学手艺了,而潜家三个女儿的成绩都很好,读书也很认真,都顺利地拿到了毕业证。在毕业之时,考虑家里条件艰苦,种地也需要劳动力,三个女儿自愿放弃读书的机会,回家帮助父母分担家务和农活。

潜家到了第三代,孩子渐渐增多,包括抱养的孩子一共有 15 个孩子,之后潜家也渐渐分家,孩子的教育开始由各个小家庭负责,一般由家里的父亲来承担,每个家长都希望孩子能读点书,特别是潜明会这样通过读书当了干部的人,更是为潜家树立了好榜样。

(二)私塾教育

1949 年之前的私塾由村里的人私人开办,主要是针对儿童的教育,相当于现在的幼儿园,儿童教育的时间一般是一年,之后就直接进入小学了。私塾的老师都是读过书参加过考试的先生,这些人是以教书为生,不会下地干活,私塾教学内容主要是背课文和学习写字,课文主要是《三字经》《孟子》之类的内容,除此之外,先生还会教孩子学写字,字的书写都是繁体的格式。潜家的孩子都是到十岁左右才开始上学,按照年纪就直接上小学了,小学虽然也是私人办学,在管理和学费的收取方面较为宽松,小学的私人老师为了生存都希望能有更多的孩子来读书上学,而农村普遍较为贫穷,因此小学收费不是很高,一年最多是三元钱,如果没有钱也可以交粮食。有的家庭当年经济比较紧张,也可以推迟上交,待粮食丰收后再上交学费,这种宽松的收费方式也给孩子的教育提供了众多的方便之处。

在小学的教育中,私塾先生有专门教学的地方,同学们都是在先生家中的一个老房子里上课,上完课中午回家吃完饭又继续回学校去,晚上放学回家休息,不管学生家住得多远晚上都会回家,没有寄宿学校。学校每个星期周六周天是放假时间,农忙的时候也会放假三天,让孩子们帮父母分担家务,同时体会劳动的快乐。在学校上学,先生具有威严,他只负责教授知识,很少跟学生沟通,学生是被动的知识接受者。先生还是用以前的教育规则,对于不听话的孩子,不仅要罚站还要挨打。逢年过节的时候,如端午、中秋、春节,学生家长会根据自家的经济条件自愿"送封子"①,送封子的人家一般是比较有钱的人家,像潜家这种家境贫寒的家庭便从未给老师送过礼。

(三)学校教育

潜家后代的孩子都有机会进入学校学习。小学时设在乡里,一般距村里还有三四千米的距离,冬天天还没亮,农村上学的孩子就要提前出发上学去。在潜家只要是适龄的孩子不论男女都有机会上学,家里几个兄弟姐妹上学都是潜义伦送去上学的。学费是由家里的大家庭来承担,到孙子辈的上学一般是由各个小家的父亲负责,在未分家之前,学费是由大家庭共同负担,分家后由各个小家庭负担。潜家读书的孩子比较多,每次潜义伦给孩子们准备作业本都是自己上街一捆一捆地买回来分给大家。潜义伦虽没读过书,也不识字,但对孩子的教育问题还是比较看重,觉得只要好好读书以后肯定会有出息。长媳王世英也十分支持丈夫在外学习及工作,长子潜明会在当干部前到外地培训学习八个月,家里的经济较为困难,长媳王世英为支持丈夫外出学习,不仅把家里照顾好,有时还承担起丈夫的工作,家里挑水挑粪都是王世英一个人包揽,粮食不够就把豆子推成粉面子,做成干饼子,到傍晚的时候外出挖野菜煮粥喝。家人的支持为长子潜明会的教育和以后的干部生涯提供了坚实的后盾。

在潜家人看来,读书的首要目的是让孩子认字,在此基础上,如果能继续深造,读更多的书,特别是家里的男孩,在村里人看来以后可能会当大官,村里但凡能当官的人都是识字有文化的人,如果书读得好,以后当官的可能性就会大很多,这也是很多农村家庭所期盼的。

---

① 封子:用红纸包的饼子、白糖或麻圆。

(四)教育的家户单元

1.小家庭主要负责孩子教育

在潜家,家庭教育还是一个非常模糊的概念,对孩子的教育界限也十分模糊,家户里的成员没有刻意地去教孩子学习东西,大人在日常生活中都可以对本家户内的孩子进行教育,主要的是每个小家庭负责管自己家的孩子,小家庭对孩子的管教比较全面,包括生活和人格的各个方面。

2.大家长的言传身教

潜义伦夫妇都没有读过书,也不识字,因此也不会教孩子学习书本知识。但在家庭教育中,潜义伦夫妇还是通过言传身教影响和教育家里的几个孩子。在日常生活中,会随时借着一些事情教育孩子学会做人,如在外不能随便破坏别人的物品,不能随意跟别的孩子打架;在家户内部兄弟姐妹之间学会谦让,尤其是哥哥姐姐要尽量迁就弟弟妹妹;在家里姐姐一般会教妹妹针线活,也会教妹妹干些日常的家务比如洗衣做饭。相比较而言,儿子的教育较为模糊,小的时候只要不打闹即可,潜家的几个孩子都是潜义伦夫妇进行管教,夫妇在家庭教育中也有明显的分工,一般母亲负责对女儿的教育,从小教女儿纺线织布干家务,而父亲偏重对儿子的教育。

(五)家教与人格形成

1.潜家子孙家教底色

潜家从潜义伦开始就教育孩子懂规矩、学做人。潜家人生于农村长于农村,作为庄稼人,就应本着农村人老实本分的做事风格,也影响着孩子的成长。潜义伦夫妇是地地道道的农村人,在村里也是比较通情达理,潜家的孩子没有一个是不学无术、混社会的坏孩子。潜义伦夫妇俩靠种地为生,从小教育孩子要勤劳苦干、待人和善、学会谦让,这种家庭观念影响着潜家的每一代人。俗话说"白天不做亏心事,半夜不怕鬼敲门",潜家一大家子在生活上虽然艰苦,但老实的为人总让潜家生活踏实自在。

在潜家对女孩子的要求十分的严格,1949年之前,女人一般不能上桌跟男人一起吃饭,家里成年的女孩不能外出跟男孩一起玩,女孩在很小的时候就要承受裹脚这种身体上的煎熬。小脚在1949年之前是女人富贵的标志,女人裹了脚便不能干重活,只能在家纺线织布做些简单的家务。在潜家,婆婆张氏是标准的小脚,村里人经常开玩笑说:"板块布能做两双鞋,现在做一双鞋子要顶上那时做好几双鞋子。"长媳王世英小时候也裹了三年的脚,不过长大后又放开了,小脚女人洗脚只能躲在门后面洗脚,不能让别人看见自己的脚。

2.婆婆对媳妇的再教育

在潜家,潜义伦妻子张氏在村里是出名的人物,对儿媳妇的管教较为严格,儿媳不仅要分担家务,照看整个家庭还不能惹出事端来。无论是多么倔强的儿媳妇,张氏从不将她们放在眼中,都是同等的管教。在这种严格的管控方式下,潜家的儿媳妇相比其他的家的儿媳妇要承受更多艰苦,村里的人都会以潜家的儿媳妇为榜样,无论在说话还是做事方面,婆婆张氏对她们的训练和管教最多,这种管教方式也让贫苦的一家人紧紧地团结在一起,风险共担,荣辱与共。

家庭成员在遇到困难的时候一般都会寻求家人的帮助,在长媳王世英看来,重要事情都要告知公公婆婆,由他们来定夺。当家里遇到困难需要用钱的时候,王世英自己又不敢向婆婆要钱,每次都是在丈夫潜明会那要拿钱。自己虽然在家里干了很多家务活,但家里生活困难,婆婆要求也高,经常也会受到打骂,好在丈夫潜明会能挣钱养家,也能体会妻子王世英的不容易,一般都待自家的妻子比较好,也比较信赖妻子王世英,在这种家庭环境下,王世英虽然感觉有时会很累,但也很知足。

3.潜家日常规则教育

在传统的农村家户中还会有一些默认的日常交往礼仪和规矩。母亲一般在孩子很小的时候便会教导说"坐有坐相,站有站相",在饭桌吃饭的时候要遵守饭桌的规矩,尊重长辈,将上位留给长辈坐,盛饭的时候应该先给长辈盛饭,如果有客人在,更应注意礼貌,家里的女孩要帮忙父母做饭,准备好碗筷,男孩不能随意打闹。尤其到过年过节的时候,家里的孩子往往比较新奇,比如七月半的时候要放水灯,家里的孩子会提前准备好纸船,插上蜡烛,到七月十五的晚上跟着母亲到河边放纸船。

(六)家教与劳动技能

家里基本的劳动技能是潜家每个孩子必备的学习内容。家里的女孩子一般会学习做家务和做针线活的技能,而男孩子则学习干农活的技能。这些基本技能家长一般不会刻意去教授,只是大人在平时干活的时候,小孩子在一旁看,而在孩子试着去干活的时候,大人只在旁边指点。

潜家的男孩子们一般十几岁就会跟着大人下地干活,一般放学回家都会先到地里看看有没有自己可以干的农活,到地里以后大人们会根据自己的劳动需求适时地安排孩子干农活,或者现场教孩子们基本的干活技巧。比如在除草的时候锄头怎么放,手应该拿在杆子的哪个部位会比较省力。在给棉花施肥的时候,需要先挖个小坑,再放入肥料,最后为了避免雨水将肥料冲走,需要用土掩埋肥料,每一棵棉花挖坑的间距要适度,保证每棵棉花都有肥力。潜家的女孩一般很少学干农活,大部分都会在家里干些家务活。

在潜家,女孩一般还不到 10 岁的时候就开始学习做家务了,长媳王世英几岁的时候便开始学习纺线了,母亲便对王世英讲:"在娘家如果不学会纺线织布,在婆家会被人笑话的。"潜家女孩十几岁的时候也开始学习纺线织布了,同时学习简单的针线活,如绣花,这些技巧都是母亲先教女儿学基础,稍微熟悉一些后会跟着家里的大嫂一起刺绣,再慢慢学习。除此之外,潜家的女孩还要学会洗衣服,潜家的几个女儿在开始的时候学洗衣服都是由大嫂王世英带着洗,一开始是先蹲在旁边洗自己的小衣服,再大一点就给小家庭的一家人洗衣服,洗衣服都是帮家里人分担家务。

(七)学手艺

潜家人世代种田,没有其他独门的手艺。潜家的次子和三子潜明成辍学后,为了他们以后的发展,潜义伦安排他们去学手艺。其中二儿子对木匠比较感兴趣,潜家正好有个远方亲戚张木匠带过一些徒弟,潜义伦便把二儿子送到亲戚家学木匠,学做柜子和箱子,最后潜家几个妹妹出嫁时的嫁妆就是潜明生做的柜子。三子潜明成性格比较倔强,他从小对开车比较感兴趣。1949 年之前学开车的人很少,找人教也不方便,潜明成自己在外跟着师傅学开车,无偿地给别人帮忙,几年时间便学会了开车。找别人学手艺一般不需要给钱,只是在学成之后给别人送点东西,比如几斤酒或者一大块肉。潜家几兄弟的手艺在之后并没有传授给下一代,之后,潜家分得更多的土地,家里的劳力被紧紧地束缚在土地上,为了一家人的生存,一家人忙着干农活。在潜家湾有一句俗语:"子承父业,生生不息。"一般村里学手艺特别精通的人会将自己的手艺传给下一代,以作为一种谋生的手段。在潜家湾,另一个潜姓的老爷是村里的秀才,最后学医免费为村里的人看病,在村里的名声较高,在老人年老的时候将自己的手艺传给了家里的长子,长子继承老人的医术,并延续了老人一生治病救人的品格,这在整个潜家湾都家喻户晓。

二、家户意识

(一)自家人意识
1.家户整体一家人

家户作为整体,是直接基于血缘关系形成。在潜家三代同居的生活中,直接血缘关系的是十几个人。一大家人都彼此认同,家里的人居住在同一屋檐下,同一个灶房生火做饭,共同劳动,共同生活,在长期的日常交往中已形成内部的归属和认同。在对外的交往中也会称这些人为自家人,原因有三:一是在以当家人为代表形成的情感认同。比如潜家若有孩子在外打闹,当别人问起是哪家的孩子,都会直接指是潜义伦家的孩子;如果是潜家孩子办喜事,大家问是谁家这么热闹,也会直接说是潜义伦家,潜义伦是潜家的代表人,以潜义伦为代表联结起整个家庭。二是以共同生活为基础的日常交往。潜家一大家子人长期居住在一起,大家共用一个灶台,几个儿媳妇负责每日三餐,潜家人口众多,炒菜都是几大盆菜摆在桌上,吃饭的时候都是一大家人围着一个大桌子吃,这种密切的日常生活中形成彼此之间对亲密关系的认同感。三是一家人之间的经济界限不明。在一个大家庭中,大部分消费都是由大家户整体来承担,家户中的成员不会过分计较对家户贡献的多少。婆婆张氏患眼疾四处求医,耗费潜家大部分积蓄,而潜家三儿子负责找关系让自己的母亲能及时得到治疗,大儿子拿出积蓄为母亲治病,一家人有难同担,不分你我。在潜家,各个小家庭之间对于一些少量的金钱和物品往来也不会太过计较,今天二媳妇在三媳妇家拿了几根线,明天三媳妇在二儿媳妇家取了几个鸡蛋,这些都是常有的事情,大家也不会太在意,也不需要归还。

2.内外有别

家户内部具有一定的排外性和封闭性。在潜家,家户内外的人区分较明显,每个成员都明白自家人的定义,自家人通过小农式的生产方式和家户内部的自由交换关系形成一个自给自足的共同体,与外部交往区别开来。一方面,在对外交往中会以更加尊重和客气的方式进行,潜家在极度贫困的时候借了隔壁的三碗米,待田里稻谷丰收的时候,一般会多还一些米作为对外人的补偿。婆婆张氏在家庭内部对儿媳妇的管教虽然较为严格,但在对外交往方面张氏为人和善,平时有外村人讨饭到潜家门口,即使潜家生活艰辛,张氏也会端出一碗米给别人。另一方面,在潜家,所谓的自家人便会有自家人的秘密,这些只会在家庭内部和家庭成员之间交流,很少会在外面提起。如今年粮食的收成几家庭收入多少、消费情况以及以后的生活安排,这些都是家户内部的事情,特别是家户内部发生的丑事,所谓"家丑不可外扬",自家觉得不光彩的事情是绝对不会在外面谈起的。

家户虽然有一定的封闭性,但当遇到困难超出家户内部解决的范围时,家户也会寻求外部的支持。在潜家,亲戚关系和邻居关系都是对外交往中重点维护的关系。在亲戚关系上,自家人的概念较为模糊,1949 年之前,亲戚间的往来较少,特别在涉及血缘关系的亲属上,比如儿女婚事方面,自家人的角色较为清晰,王世英嫁到潜家来,潜家和王家除了互送彩礼以外,王家还为潜明会提供避难场所。在王家,潜明会和王家的兄弟同吃同住,而且还给其安排工作,王世英的父亲把潜明会当做自己的亲儿子看待,两家人关系甚好。随着日后家庭生活的负担加重,王世英嫁到潜家后每年很少会回娘家,娘家和婆家的界限较为分明,在长期的生活中,长媳王世英也能体会到自己已是潜家的人。娘家也经常告诫王世英在婆家好好对待自己的婆婆和丈夫:"嫁出去的女儿就是泼出去的水,成为别人家的人了。"潜家与邻居间的关系甚好,但和邻居之间共事只是平时生活中的相互帮助和你来我往,但家户内部出现矛盾时,邻居一般很少参与其中。

"亲戚间的交往也有差别,一表三千里",在家户遇到外部危机的时候,大家会团结在一起一致对外,但在家庭内部的交往中,也有相对的亲疏之分,在潜家小家庭内部的归属感会相对更强一些。以王世英的小家庭为例,王世英在遇到困难的时候一般不会直接找婆婆或者妯娌帮忙,最先是跑到街上找丈夫潜明会商量,家里孩子没有衣服穿,或者孩子在外调皮捣蛋,王世英觉得自己不能解决的事情,都会首先求助于丈夫潜明会。王世英的大儿子潜继国,也是家里的长孙,在大家庭中和小家庭中的兄弟姐妹直接的关系最亲近,有东西吃也是先跟小家庭弟弟妹妹分享,其次才是自己的父亲母亲,再次是爷爷奶奶,最后才是叔叔婶婶、伯伯大娘和堂兄弟姐妹。长大后潜继国会给小家置办物品,偶尔也会给爷爷奶奶买点糖吃,但很少给自家的叔叔婶婶买东西,只是过年的时候会相互走动下。

(二)家户一体意识

1.共居一家,相互扶持

在分家之前,潜家共同居住在一起,成员之间相互帮助比较多。潜家的吃住由家户整体来负担,但小家庭之间还是有所差距,潜明会在外工作的时候每个月会有一定数额的工资,三儿子潜明成经常在外给别人开车,也能挣点外快。小家庭中二儿子家的条件较为困难,因其年轻时有一次放牛,被牛角撞到头部,从此患上癫痫病,时而病情发作,不能经常在外干活,小家庭里主要是妻子尚菊负责,生活来源相对较少。张氏也很心疼二儿子明生,经常在吃喝的方面会多给一点二儿子。长媳王世英在生活中也会给儿媳妇尚菊多一点照顾,平时家里有多余的针线或者衣物也会留给尚菊。潜明生家庭生活较为困难,自己无力挣钱养家,更谈不上看病,每次看病的钱也是潜家家户整体来负担的,大哥潜明会和三弟明成也都能体会明生的不易,不会格外计较在他身上的花费。

2.家户的共同目标

1949年以前,潜家一直徘徊在温饱的边缘,一家人最大的心愿便是能填饱肚子。每年到收获的季节,潜家都希望除了上交租税外,能剩余更多的粮食。潜家人不怕辛苦,能吃苦耐劳、简简单单地生活,只是希望一大家子人能平平安安、健健康康的生活便是一家人的福气,潜义伦开始供几个孩子读书,也寄希望于孩子中能有几个有出息的人。一家人相信,只要勤劳肯干,生活总不会太差,潜家的孩子从小接受这种思想教育。之后长子潜明会顺利当上干部,在村里很受人敬仰,这在潜家的历史上算是光宗耀祖的事情。潜家到第三代人,明生的长子继斌顺利应征入伍,当了几年兵回来接着当干部,这都是潜家值得骄傲的事情。

（三）家户至上意识

在潜家家户内部,各个成员都依附于家庭。家庭是远远大于单个个人,潜家也深信"家和万事兴",一家人的和睦是家庭兴旺的关键,婆婆张氏经常在家也会教育家里的儿子媳妇,一家人就要有一家人的样子,作为儿子媳妇就要尊敬老人、爱护孩子。从一家人对公公婆婆这个大家长的态度可以看出,家长的威严体现了家户的至上性。

家户维护一家人统一和谐,家里子孙众多,是家庭兴旺的表现。家里一般会有一个大家长负责调节各种关系,维护一家人的和谐。在潜家湾很少有像潜义伦家这种大家族共同居住在一起的情况,村里人分家的比较多,所谓"数大分枝,儿大分家"。虽然在某种程度上儿子成家后分家是人之常情,但在实际中,大部分农村人都明白,一般大家庭都是在一起相处不好的时候才会分家。1949年前,村庄中的大家庭一般很少,凡是大家庭生活,其一必有一个比较具有威严的大家长,其二便是有一定的经济基础。当时另一个村庄有个万元户,家里有几十人,是当地出名的富人,万元户家中也是婆婆当管家,家里几个儿媳妇买衣服都要经过婆婆的同意,如果是私自买衣服,即使买回衣服都要被婆婆收去烧毁。在潜家,婆婆张氏是个大管家,家里大大小小的事情都要经过张氏的同意,家里的孩子都比较听张氏的话。

（四）家户积德意识

潜家是世世代代的老实人,农村流行着一种善恶报应观,即"善有善报,恶有恶报,不是不报,时候未到"。潜家从小教育子孙,不能在外偷盗、占别人便宜。家里的老年人尤其会注意这些,会在自己年老的时候为子孙后代积德。一般在过年过节的时候会烧香拜佛祈求家里平安,子孙兴旺。在日常的生活中,如果有人上潜家来乞讨,张氏看着别人可怜没饭吃,会端出米或者面粉来救济别人,一是为了让外人觉得这个村子的人仁义,二是行善积德也能造福子孙。在潜家村,名声不好、偷盗别人东西的人一般也会受到惩罚,潜家人以老实稳重的作风,村里修公共水渠的时候主动去为村民服务。

三、家户习俗

（一）节庆习俗

1.重大节日

（1）春节

春节准备。春节从每年的腊月中旬基本就开始了,过年的时候也是潜家人较为忙碌的时刻。每逢腊月中旬,潜家的儿媳妇们便开始忙着打扫屋子、清洗衣服被子、准备过年的食材。家里的小孩会在大人的指导下帮忙干些简单的活,女孩帮忙扫地,男孩合伙搬桌椅到院中,以便统一清洗。过年前打扫房屋卫生,意思是除去一年的坏运气,迎接新的一年,让家里焕然一新。

过年前最热闹的时刻当属宰年猪。在潜家湾腊月初的时候就开始宰猪,潜家收成好的时候每年都会喂一头猪,腊月的时候宰杀。宰猪也是潜家过年重要的时刻,杀猪要赶早,清晨天才刚刚亮,潜义伦便会将猪从猪圈里赶出来,家里的小孩会早早起床看热闹,宰猪时村里的大人小孩都会来围观。之后各家都会互相问问哪家猪宰杀了多少斤,一年辛苦将猪喂肥,到年尾的时候宰杀,人人都期盼多吃点肉。宰猪的当天,潜家上上下下都会忙碌起来,在潜家人眼中这种忙碌的氛围才最具有年味。宰猪只是过年的其中一环,过年的热闹还有很多其他的方面,比如,每年必备的豆腐,大年三十的餐桌上除了肉,最不可少的便是豆腐。"豆腐","腐"通"富"的谐音,农村家庭都渴望能早日摆脱贫困,走上致富的道路。大年三十的饭桌上,张氏一般会先给家里的几个儿子一人夹一块豆腐,以激励他们勤劳干活,早日让家里走上富裕之路。另外,大年三十的前两天各家买好红纸,请村里字写得好的人帮忙写几副对联,大年三十的下午,再一次清扫房屋,之后一直到初三都不能再动扫帚,打扫完后便会贴上大红的对联,意味着新的一年红红火火。贴春联一般是家里男人们的事情,家里的孩子们一般也会去帮帮忙或者凑个热闹。

吃年饭。年夜饭是全家人最期盼的时刻,在潜家湾,年夜饭是在大年三十的早上开始的,过年最隆重的餐饮是在早上。凌晨刚过,大家便会起床准备吃年夜饭,大家都争着起来放爆竹,爆竹放得越响预示着来年的运气越好。小孩子听见爆竹声会立即起床,张氏负责烧香敬家神菩萨,在潜家敬家神、菩萨是比较庄严的事情,家里最贵重的物品都用来祭祀家神。用一个大盆装猪头和猪尾巴,上面插上一只筷子,作为祭品,同时准备三碟米饭和三碟菜。三个儿媳妇负责张罗着一桌年饭,大媳妇是主厨,负责做饭做菜,二媳妇负责生火,三媳妇负责准备碗筷以及张氏祭祖需要用的香和黄纸。准备好饭菜,放完鞭炮,全家人便可以聚在一起吃团圆饭了。潜家在分家之前是大家庭一起过春节。分家之后,潜义伦夫妇在春节便不用自家生火做饭了,春节的时候会在三个儿子家中轮流过年,如果今年大家一起到大哥家中过春节,那么明年便会到二哥家过年。

拜天神。大年三十的晚上农村会"出天方",表示天神出来,各家集聚在一起敬天神,祈求天神的保佑。过年的时候"出天方"也是各家隆重的事情,腊月三十的晚上十二点刚过,一家人会打着灯笼聚集在院子,烧香敬天神,"出天方"主要是敬奉天神。1949年之前的农村大部分都是靠农业种植为生,农业主要是靠天吃饭,哪一年风调雨顺作物的收成就会好,哪一年大涝或者大旱作物收成较少,农民就会饿肚子。"出天方"是通过敬天神,祈求天神保佑来年风调雨顺。在潜家,一般张氏负责烧完纸、插上香,潜义伦放爆竹,通过爆竹的响声唤醒天神菩萨,之后潜家的大人小孩按照长幼顺序挨个给天神磕三个头。"出天方"的时候是绝对不能出声,老人们说这是与神对话,出声了所祈求的事物就不灵验了。"出天方"之后,潜家一大家子又会坐在一起吃东西。

拜新年。在农村,拜新年有讲究。首先是给自家的亲人拜年,其次是村里的左右邻居以及长辈,最后外出走亲戚拜年,在外出走亲戚的过程中,最先去的便是孩子的舅舅家,也就是媳妇娘家。大年初一是新一年的第一天,天还未亮,小孩便会穿上新衣服,首先在各家爷爷奶奶、父亲母亲的跟前磕头拜年,之后,整个村的大人小孩都会出门给村里的长辈拜年。潜家的孩子都会早早起床,梳洗完毕后到潜义伦夫妇跟前磕头拜年。一般的,潜义伦会提前准备好几个小红包,在孩子磕完头后,每个孩子分发一个小红包,红包里钱不多,只是家长的一份心意,在新的一年,图个喜庆和热闹。之后,各个小家庭的孩子便会由自家父母带着外出给村里的长辈拜年,长辈一般会给孩子们准备好炸面团和一些冰糖,小孩拜年的方式是对着长辈双膝跪地磕头,大人之间只需要问声好,祝福家里来年兴旺发达,村里人之间的拜年是不需要带礼物,走其他亲戚之间多多少少会带包糖或者其他的东西。在潜家湾,按照习俗,大年初一初二一般是在村里拜完年初三开始走亲戚,走亲戚最先去的是舅舅家。娘家拜年一般是由小家庭中的丈夫和妻子带着自家孩子去拜年。王世英没有哥哥,每年初三,王世英都会早早收拾好,买好一包糖,带上孩子,跟着丈夫回娘家给父母拜年。

送门神。初三是大年中重要的一天,家里的媳妇回娘家拜年了,潜义伦夫妇便会在家准备另一项祭祀活动:烧门神纸,也叫送门神。过年不仅是一大家子人的活动,家里的各类祖先神灵都会回来过年,在老一辈的眼中,每年初三,大年便已经过去,需要用一种仪式欢送走门神。神灵在家过年的时候,家里会有很多禁忌,潜家人不能在家乱说话,从初一开始不能洗衣服、晒衣服,也不能动农具和针线,如果动了就会一年到头都会很操劳,直到在初三送走门神之后才能开始正常的劳作。

（2）元宵节

元宵节是一个举家团圆的节日。元宵节这一天,跟过年一样热闹。潜家一家人会在凌晨的时候起床准备食材、放爆竹,吃完早饭潜义伦便会带着孩子上街看耍狮子,有时在街上给孩子们买点零食,到晚上还可以看龙灯。元宵节也是以家庭为单位过节的,在这一天,出嫁的女儿是不能回娘家过十五,规定出嫁的女儿不能看娘家的灯,如果看了,娘家一年会走霉运。正月十五的晚上,潜家的一家老小聚在一起吃点小零食,如瓜子、花生,其中主要是嗑瓜子,按照当地的说法是"嗑走虱子",小孩子吃了一年身上都不会长虱子。

（3）清明节

"清明节"最初源于中国农历二十四节气中清明这一节气。每年清明是在春分之后,在这一时节,冬天刚刚过去,正是春意盎然、万物复苏的季节。在这样的时刻,大家共同上坟纪念祖先,也叫"踏青"。1949年之前,潜家有一个祠堂,是老潜家一个秀才出资修建,祠堂占地三百多平方米,里面供奉着潜家世代的先祖灵位,村里有公共的祠田,祠堂的各项开支都是以祠田的收益为基础的,每逢清明的时候,潜姓人都会到祠堂祭祀,祠堂会专门安排架起蒸笼,准备好全村人一天的伙食。各家带上黄纸和香在祖先的灵位上跪拜,细心的人还会擦拭下已逝亲人的灵位。1949年前不久,国民党军队扫荡潜家湾,祠堂无力经营,遂变卖给私人做房屋,潜家祠堂不复存在。之后的清明节都是各家在自己祖坟埋葬的位置上纪念先人,一般是带点酒水和黄纸,在坟前烧。祭祀是比较严肃的事情,每次都是由家长潜义伦带着儿子去祭祀,在祭祀之前,先要清理坟墓周边的杂草,在墓碑前扫出一块干净的地然后再开始祭祀。潜义伦会提醒家里的小孩子不能在坟前嬉戏打闹,更不能大声喧哗,祭祀完成后小孩子要挨个给已故的亲人磕头。同时为了保持坟前常青,每年都会带上铲子给坟上添新土,也会在坟上插几个新枝桠。每逢清明这天,潜义伦和儿子去祭祀了,家里的三个媳妇便会在家准备好一天的伙食。

（4）端午节

每年农历五月初五是端午节,这也是棉花开花的时候,即在南方的插秧前后。在农村,端午节有很多习俗,农村有句古话:"棉花开黄花,姑娘走人家。"每逢端午,王世英的父亲便会将王世英接回娘家去玩几天,长媳王世英会提前将攒好的私房钱买点油条带回家给母亲吃。玩几天之后,丈夫潜明会再上门把妻子接回去。姑娘出嫁后的第一个端午节,娘家的母亲还要给女儿准备梳子、红雨伞等物品,以此祝愿女儿在婆家好运。

端午节前后比较潮湿,各种病虫传播比较快,各家都会准备好艾草插在自家的门窗上,一方面是驱赶蚊虫,另一方面也有避邪的作用。在此之前,潜家的大媳妇和二媳妇都会提前到山上去砍一捆艾草回家,潜义伦会在各家的门口插上艾草。端午节的传统是吃粽子和咸鸭蛋。端午节的前一天,三媳妇会到河边去采些芦苇叶子,泡好糯米,准备包粽子,包粽子的时候,家里的孩子一般会围在一起看着大人包粽子。在农村,端午节还有一个习俗便是吃咸鸭蛋,鸭蛋从春季的时候开始用黄泥巴和着盐水腌制,到端午节的时候正好可以吃,端午的时候,一家人忙着插秧播种,劳动强度比较大,有时忙着也会没时间做饭,咸鸭蛋一方面作为蛋类可以改善下伙食,另一方面也可以直接当菜吃,也省时省力,端午节当天,婆婆张氏也会让丈夫潜义伦到街上买点肉,改善下家里的伙食。

(5)七月半

七月半是在每年农历的七月十五,俗称"鬼节",这一天是鬼魂的节日,各家各户会在公路边和堰塘边用火灰画一个圈,在圈内烧纸。划定这个圈,意思是给自家已故的游魂烧纸,给钱让他们用,如果在圈外,就会给其他的游魂用。潜家的几个孩子会专门制作水灯,临近傍晚的时候,大人会带着家里的小孩在堰塘边祭鬼神,大人负责烧纸,小孩子们则在旁边放水灯。村里有个说法,说是给被水淹死的鬼魂送钱烧,孩子点燃水灯放在堰塘里,让鬼魂能趁着光亮捡到钱用,只要鬼魂有钱用,高兴了就不会再拖着其他人下水了。鬼神的节日一般是在晚上过,所以在七月十五的晚上,鬼神们都会出来过节,所有的大人小孩都不能外出,以免被鬼神抓住。潜义伦每次外出烧纸时一般不会携带家中较小的孩子,家里的孩子夜晚外出时都要在额头上摸三下,以便有神灵保佑,免遭鬼魂侵袭。七月半的晚上,大家都会早早准备好晚饭,烧完纸就回家睡觉了。

2.红喜事

(1)说亲

1949 年之前,说亲都是媒人的事情,没有自由恋爱,结婚成家的事情都是父母和媒人之间的事情。潜家长子潜明会结婚的事便是通过媒人介绍的。媒人介绍之后,双方父母见面,潜义伦拿到了两个人的生辰八字,请算命先生看过后,觉得还合适便定亲了。通过"定亲"仪式确定双方婚姻关系,一旦定亲,两家在名义上已经结为亲家,若没有特殊情况,双方都不能退亲。长子潜明会定亲的时候男方会提前定制一对套饼,送到女方家中,同时用一个红盒子装上男方和女方的生辰八字。男方开始准备彩礼,女方这边也开始准备嫁妆。定亲后不到 2 年,潜家人考虑到儿子可能会被抓夫的风险便催促着双方早日结婚。

(2)定亲

在确定婚姻前,潜义伦提前找人看好日期,挑选一个良辰吉日娶亲。王世英结婚的时候,潜家按照当初双方商定好的日期,无论是娘家还是婆家备的礼品都是双数,意味着"双双对对",有白头到老的意思。结婚时新娘子坐花轿,有钱人家都是有八个狮子头的大花轿,需要有八个人抬起,轿子里面会同坐着一男一女两个小孩,也叫金童玉女。潜家作为普通人家,就坐了比较一般的花轿,花轿前面会系上一朵大红花,新娘子身上会带一面镜子,进门的时候照鬼神。清晨迎亲的队伍一到达王家,便放起爆竹,迎亲的人抬好女方准备的嫁妆准备回去。因为是长子娶媳妇,家长潜义伦格外重视。潜义伦安排了迎亲队伍,并请专门的人吹喇叭打鼓,迎亲到达的时候,喇叭响起,鞭炮放燃,热热闹闹地让新娘进门。新娘子下轿的时候,会请专门的人牵引新娘子,当地称其为"牵引娘子","牵引娘子"最好是家里多子多孙的年轻妇人,寡妇和怀孕的人不能牵新娘。长子结婚是家长潜义伦引以为傲的事情。

（3）婚礼

结婚当天当家人会请专门的人来主持婚礼,安排婚礼的座次,宣布婚礼的流程,家里的亲戚都会前来祝贺,有的亲戚会送一些礼钱,也叫"份子钱",有的便会随一些礼品,在到来的时候都要做好登记,潜家会安排专门的管事会计,管账的人便会做好记录,以方便别家做事的时候还别人的份子钱。尤其在新娘新郎拜天地的时候,主持婚礼的人引导这对新人跪拜:一拜天地,是正对着门口;二拜父母,正对着爹娘;三是夫妻对拜,之后由新郎掀开面纱,陪新娘喝完交杯酒,最后送入洞房。潜家在娶王世英进门的时候,全家人都尽可能地换上干净的衣服,潜义伦和妻子张氏在此之前专门做了一件新衣服,精神抖擞,长子潜明会在拜天地的时候是在潜家正堂屋举行的,潜义伦夫妇在喝完媳妇王世英敬的茶水之后,便正式确立两人的婚姻关系,也代表潜家正式承认这个儿媳妇。拜完天地就要开宴席,在宴席中新媳妇的娘家的人会坐在重要的席位上,一般在摆设席位的时候,娘家人都会放在正堂屋。如果娘家人未到齐,不会开席,正式开席的时候,潜明会带着新娘王世英向各位亲戚逐个地敬酒,顺便熟悉潜家的亲戚。

按照农村的习俗,结婚当天不能让床铺空着,甚至结婚一百天以内床铺都不能空着,这样会显得家里的人丁不兴旺。潜家在之后娶媳妇的过程中,结婚后,还没满一百天,媳妇要回娘家,家里的婆婆就到媳妇家的床上睡了一夜。

（4）回门

按照传统,在完婚三日后,新郎便会陪同新娘回娘家,俗称"回门"。在农村一般是三天回门,有的人家也会提前看好日期,准备挑选一个吉利的日子回娘家,第三天如果不是好日子,便会隔月回门,也就是完婚一个月后回门。在此之前,潜义伦已经看好日期,确定在长子结婚后第三日是一个吉日,因此在第三天的时候,王世英在长子潜明会陪同下一起回了娘家,回门的时候,潜家给王世英娘家准备了一些礼品如饼子和油。"回门"的新人不能在娘家那边过夜,必须在当天赶回婆家。在农村,已婚夫妇不能同住在娘家,即使要待在娘家,一般也不能在一起睡,否则会给娘家带来晦气。走之前,潜义伦便叮嘱儿子潜明会,让其吃完饭早点回家,不要在外逗留。王世英的婆家和娘家的距离不是很远,当天王世英的母亲早早准备了晚饭,潜明会夫妇吃完后便立即回家了。

3.白喜事

在潜家湾的传统里,祖祖辈辈的人死后都是进行土葬,有种说法是"入土为安,落叶归根"。潜家也不例外,农村对丧事比较看重,葬礼办得越隆重,表明子孙越孝顺,对死者越敬重。在潜家湾还有一句古话:"父重婚,子重葬。"作为父亲,办好儿子的婚礼,让婚礼热热闹闹的,这是当父亲的责任;而作为儿子,则应孝顺父母,同时也有义务办好父母的葬礼,这是孝的表现。

（1）送终

1949年之前,对于养育子女特别是儿子的看法,最重要的是年老后有人送终,所以有"不孝有三,无后为大"。临终前,老人都希望有子女在身边,听取老人的遗言,为老人尽孝到最后。在老人将要去世的时候,会通过各种渠道,召子女回家送父母最后一程,在床前不断召唤死者的名字;如果不能送父母,将是孩子的不孝,也会成为孩子终身的遗憾。潜义伦快去世时,长子潜明会和三子潜明成纷纷从外面赶回家,全家子孙都会跪在床前大声哭喊死者,表示对亲人离世的悲痛。据说去世的人最好是死在正堂屋,这样会有神灵保佑,在亲人快断气的时候一般会准备好一些稻草,铺在地上,先将亡者放在稻草上。

（2）停尸

确定人死亡后,便会由家里人给已故亲人洗澡,再由村里有经验的人为死者穿上寿衣,有的人家在年老还有余力的时候便提前会给自己准备好寿衣。在潜家,张氏在年老的时候已经早早为自己和老伴各准备了一套寿服。穿好寿衣后,便会放响鞭炮,正式将死者装入棺材中。按照传统,不同年龄的人棺材是不一样的,对于小孩病逝,只需要用几块木板钉一个小匣子就行,对于未成年的孩子死亡,也是钉一个稍微大的木箱子,只有上了年纪的人死亡,才会准备去订制木棺材。潜义伦死的时候订制的棺材是几个儿子凑钱买的棺木,棺木要放在正堂屋,以显示死者的尊贵地位。

（3）报丧

亲人去世后,一般是由家里的长子登门报告丧事消息以及一些丧事安排,无论是村外村内只要是亲戚关系的人都要亲自上门报丧。潜义伦去世的时候,是由长子潜明会负责到亲戚家报丧的,因亲戚家距离较远,潜明会连夜赶路报丧,跑遍各位亲戚的家中。在报丧的同时还要请抬丧的人,抬丧的人一般是八个人,是由二子潜明生负责邀请,请丧的人进门后先磕头,经过协商后可以确定的帮忙抬丧的人,抬丧的人一般称为"大班子",在丧礼结束后还要专门请吃一顿饭。

（4）吊孝

死者在出殡前的一个晚上,村里的人都会前来祭拜,在死者的灵位前跪拜,大人会给死者上香,小孩子会给死者磕个头。村里人前来祭拜的时候,长子和次子需跪在棺材两旁回礼,大人们祭拜完之后,将由两位孝子搀扶起来。已经怀孕的人或者患病的小孩都不能去吊孝,死者的孙辈人,一般会跪在一旁烧纸钱,祈祷死者一路走好。

（5）开棺

死者在死后不久先入棺,同时摆上灵位,灵位用一块白布幛盖着。在出殡前一天晚上,会再次开棺材,将故者生前喜好的东西摆在里面,自家孝子孝女便会围着棺材转三圈,这是自己的亲人看死者最后一眼。开棺一般是在出殡前一天的零点,看完之后将进行封棺,用黄纸沾上糨糊封好棺材口,最后会用几个棒子敲打一下棺口,确定棺材已经封好。按照农村的传统,一般会停尸三天,出殡的日子也会提前请人算好日期,确定哪天出殡比较好。

（6）出殡

出殡就是将死者送往墓地,出殡的时候一般会选择清晨空气较好的时候,在农村也叫"上山去"。在清晨上山也是图吉利。出殡的时候会邀请村里的亲朋好友,主要是一些青壮年前来抬棺。潜义伦去世的时候,长子潜明会端着亡者的灵位走在前面,潜明会前面的便是道士,送亡者归山需要请专门的道士前来开路,道士一边开路,一边念经超度亡灵。村里人认为通过超度亡灵,可以使死者免受地狱之苦,同时能降福子孙,亲人戴着孝哭诉着送走死者,在送葬的过程中,每走一段路程,孝子贤孙都要下跪行礼。送葬归来后,亲人不能回头看,显得不吉利。

（7）下葬

下葬的时候一般不会让家里的女人跟着一起去,只有帮忙抬棺材的人和孝子可以进入墓地,参与埋葬死者。下葬时,燃放鞭炮,奏响哀乐,亲人痛哭看着埋葬亡者。下葬归来,孝子们会请帮忙抬丧的人在正屋吃饭。晚上会准备好丰盛的食物祭奠已故亲人,叫唤亲人记得回家吃饭。三天之后,亲人会再次到达墓地进行祭拜,也称为"圆坟"。

（8）烧七

以死者去世之日算起,亲人在每一个第七日都要在灵位前烧香祭拜,同时摆上贡品,纪念已故亲人,一直到第五个七日为止,也叫"做五七","做五七"的时候,亲朋好友会再次聚集在一起,共同祭奠死者。过去是以死者为大,亲人去世后第一年春节,所有的亲戚都在正月初一的早上前来祭拜,这一天全家人都会摆好流水席,接待各方的亲朋好友。孝子需为亲人守孝三年,三年内不能大吃大喝,不能娶妻,待三年孝满后,才可将灵位焚烧,以后便只需在清明时祭拜亲人。

（二）家户习俗单元

在潜家分家前过年过节的时候都是以家户整体为单位的,过春节的时候家里的每一个人都会从外面赶回家里过年。分家之后,虽然各家过各家的生活,但每逢过年的时候,一大家子人便聚在一起过年,年夜饭是一大家最热闹的时刻。在清明节的时候,几个小家会约在一起去祭拜祖先,其他的节日如重阳和端午节都是各家在自家过,端午的时候会吃粽子和咸鸭蛋。

1949年之前,村里人过年过节比较讲究,一般都是在自家进行。潜家一家人平时省吃俭用,过节的时候会给家里加餐,所以一般到过节的时候家里会额外买点肉和菜,改善家里的伙食。特别是在过年的时候,一家人都会团聚在一起,农村过年图个热闹,也图个团圆。按照农村习俗,不准已出嫁的女儿回家过年。潜家也不例外,嫁出去的女儿一般不会回娘家过年。

（三）节庆仪式及家长的支配地位

春节是潜家最隆重的节日,一般会提前很久做准备,春节是一年的结束,也是新一年的开始,家里的当家人会提前准备好酒肉和黄纸、爆竹,敬奉老祖先。大年三十的早上婆婆张氏会早起烧香敬菩萨,零点的时候一家人会打着灯笼,准备各种食物,在院子里烧香祈福,保佑来年风调雨顺,五谷丰登。婆婆张氏负责烧纸烧香,潜义伦负责放爆竹,放完爆竹在张氏的安排下家里的孩子挨个给天神磕三个头便可以围在一起吃各种食物。正月初一和正月十五的晚上会点灶灯,这些一般是婆婆张氏负责,张氏年老后有时也会让大媳妇王世英来负责。

每年过年是禁忌最多的时候,特别是对于孩子,不能乱说不吉利的话。譬如在饭桌上不能说"不吃了"或者喝水的时候不能说"不喝（活）了",过年的时候应该多说"有了""余下",以祈祷来年会有更加丰盛的美食。婆婆张氏为了避免家里的孩子乱说话,一般会提前用尿布擦下每个孩子的嘴巴,意思是小孩子是屎嘴,说的话都不会灵验。

四、家户信仰

（一）宗教信仰基本概括

潜家在未分家之前是没有宗教信仰的人,但在家里会供奉家神、灶王爷,在每年初一和十五的时候会到村里的土地庙烧香、点蜡烛,为全家人祈祷。

在潜家没有宗教信仰的人,在整个潜家湾都没有宗教信仰的人,大家共同祭拜的神是村子北面的土地庙。1949年之前,富裕的家庭里会供养观音菩萨的尊像,像潜家这种穷苦人家无力供养,只是在逢年过节的时候去土地庙烧烧香。

(二)祭祖求平安

潜家有供奉祖先的传统,在整个潜家湾对祖宗的崇拜比较多,逢年过节的时候都会祭拜祖先。一方面是提醒家里人不能忘本,时刻铭记自己的先人,保持对先人的一种崇敬,也是一种孝道的彰显;另一方面是农村人对神灵的信奉,觉得祖先虽已经去世,但只要诚心祈祷,祖先在天之灵会保佑一家人平平安安、健健康康。祭祀祖先特别是过年的时候,一定会最先祭拜祖先,而且会用最贵重的贡品祭奠祖先,如猪头,鸡肉、鱼等。潜家在传统上便比较重视祭祀祖先,从老一辈的人一直到潜义伦这辈人,沿袭下来一直如此。潜家堂屋的正对门有一个柜子,农村人一般叫"神柜",主要是这个柜子上放有祖先的灵位,堂屋的正中心也是家神的存放地。

在祭祀祖先的时候,一般都是由家里的当家人来主持,以前清明时节在祠堂祭祀的时候一般是潜义伦作为代表带上香和黄纸去祭祀。祠堂拆毁后,潜家的祭祀都是张氏一个人负责的,特别是在每年过年祭拜祖先的时候,张氏会早早起床,准备好祭祀物品,如果品、肉食、香纸,也会提前告知家里的人不能做哪些事情,如在烧香祭祀的时候不能说话,面对神灵的时候要多行跪拜,一般要磕三个头。

家里祭祀祖先事宜一般是由当家人决定。在潜家,婆婆张氏年老后,家里祭祀的事情便会交给大媳妇王世英,涉及烧香烧纸的事情一般是女性来做,都是老一辈的人负责,年轻人不管,只是在烧纸烧香完成后会去磕个头。

(三)在土地庙祭祀

潜家湾有个旧土地庙,之后又翻修新建了一个土地庙。以前的土地庙是在村的南面,后听风水先生说这个庙的位置不太好,于是将庙宇拆毁。潜家湾是属于南北走向的村落,村民沿着河流两边居住,风水先生说,这个村形似一条青龙,而土地庙供奉一方神灵,正好在南面,压住了龙的尾巴,这是不吉利的,所以土地庙在1949年之前被拆毁。之后村中一位老人当年正在修房子,正月初一的晚上老人梦见土地公和土地婆给老人报梦,说是两老没有地方居住,能否请其帮忙修个庙。第二年房子修好后,在正月初一的晚上,老人又梦见土地公和土地婆给自己报梦,还是说没地方住,在野外飘着,很孤独。老人将这个事情告诉家里人,家里正好有建房用剩下的砖瓦,全家人一致同意修建一个土地庙。土地庙正是建在村子的西头,正是老人做梦梦见的位置上,占地两个平方米,老人全家出资出力修建了这个土地庙,修建完成后,需要供奉两个菩萨,听风水先生说,需要集全村的力量请回的菩萨才会灵验,老人一家在全村的多数农户家中讨一点米,收集了全村人的米之后挑到街上卖掉,换了钱到街上去买了一对已经开过光的菩萨,这对菩萨就是土地公和土地婆。土地庙修建后不久,旁边便出现了一条小沟渠,村里的人称"沁水沟"。沟渠的水清凉干净,冬暖夏凉,甘甜可口,农民们每次干完活经过这里的时候都会在"沁水沟"里捧口水喝。村里的人认为这是土地公和土地婆给潜家湾的恩赐,每逢初一、十五,全村的人都会到土地庙前来祭拜。修建土地庙的潜姓人家庭较为兴旺,每年过年的时候,儿子回家后总会带着母亲去土地庙,老母亲会细心地擦拭菩萨,顺便打扫土地庙周边的环境,儿子每年过来都会放爆竹烟花,祝愿村内人家兴旺,家人平安。在土地庙祭拜的时候一般是大人们前去祭拜,小孩子一般只在家里给祖先磕头。

(四)家神信仰及祭祀

1949 年以前,潜家供奉各种神灵,比如家神、灶王爷、门神,这是家庭的三大神。这些都是在各自家里进行祭拜,其中家神是最大的神,每年过年过节的时候都会祭拜。门神是每年过年的时候,潜义伦都会在自家的大门贴两张门神画,作为门神,每年正月初三的早上都会烧门神纸,在家里的每个门前烧纸,保佑家庭兴旺。

灶王爷是在每年的正月初一的晚上,家里的当家人会在灶门口点着灶灯。传说这天灶王爷要上天庭向玉皇大帝汇报一年的民情,农民们都会准备好糖,点燃灶灯,祭拜灶王爷,让灶王爷多吃点糖,以便上天庭能跟玉皇大帝多说好话,从而降福于人间。每逢正月初一的晚上,张氏都会让媳妇早早地准备好晚饭,大家吃完饭休息的时候,自己便会专门在灶门口点灶灯。

家神是保佑一家人平安的大神,一般会在堂屋的最中央贴上一张家神画,上面写着"天地国亲师位",是家里菩萨的所在地,农民认为先有天地四方神灵才有国家,而有国才有家,家神是保佑小家平安的象征。在家里的神柜上会摆放各种香炉和贡品。每逢过年过节的时候,张氏都会忙着准备各种物品的摆放,同时许愿保佑一家人平安。

(五)其他迷信

在传统的农村具有很浓烈的封建迷信,即使在 1949 年以后,大部分农村人依然抱着"宁可信其有,不可信其无"的心态,特别是一些穷苦的人家,在家里遇到灾难的时候,或者家里有人生病的时候寄希望于封建迷信的治疗办法,潜家更是如此。

在潜家湾,村里大部分人对土地庙较为敬重,很多人都觉得这个庙很灵验,村东面的一个姓肖的年轻人经常做牛生意,有一年买了很多牛,到第二年的时候死了几头牛,剩下的几头还卖不出去,那一年的经济损失较大,自家还欠了很多外债,于是他就买了香和纸到庙里来求菩萨保佑,之后的一年,牛生意出现了转机,这件事情在村里广为流传。在土地庙附近的人不能说脏话,不能随地大小便,否则会受到神灵的惩罚,一般父母带着小孩经过这里的时候,会对家里的小孩进行格外的教育。一次潜家长子潜明会干活经过土地庙,站在庙门口,手里拿着撬,看了看里面的菩萨,稍带怀疑的眼光说:"都说这菩萨灵性,我来看看到底有多灵。"一边说一边用撬遁地。回到家不久,就发现自己的屁股好像被谁打了一样,一阵疼痛,让隔壁的人一看,屁股上有五个"黑爪印",妻子王世英问其缘由,方知是在土地庙前乱说话所致,王世英赶紧准备好香和纸,到土地庙赔礼道歉,说明自己的丈夫是无心乱说话的,求菩萨保佑其平安,之后"黑爪印"才慢慢消退。在科技落后、教育水平较低的时期,人们对一些巧合有了超自然的解释。

家里如果有难以治愈的病,比如感冒很久不见好,村里人把这些都认为是被鬼神缠住了,这是需要烧香祭拜下鬼神,通过慢慢地叫唤指示鬼魂离开。

五、家户娱乐

1949 年以前,在农村物质条件极为匮乏,生活比较单一,农民常年劳作,很少有休闲的时间,即使在农闲的时候,男人还要上山打柴,女人则会在家里纳鞋底。在整个潜家湾,很少有娱乐活动,即使娱乐也是在过年的时候,大人会带着小孩去街上看舞龙舞狮,或者在乡间看戏,如皮影戏、花鼓子戏。

(一)结交朋友

1949年以前在外结交朋友的人一般都是男性,女性很少会出门,上街的时候就更少了。在潜家,潜义伦的几个儿子除了二儿子明生生病很少外出外,其他的两个儿子经常在外奔波,结识的人比较多。尤其是潜明会在当干部的时候,结交的朋友更多了,潜明会也会经常带朋友到家里来吃饭,这时家里的大媳妇王世英便会负责做饭招待客人,家里待客的生活开支还是由这个大家庭来负担。男人之间的交往一般涉及工作,三儿子潜明成在外给别人开车,需要有人给他介绍更多的活,由此结交了很多生意上的朋友,每逢过年过节的时候会有些往来,平时两家若有红白喜事的也会来送些礼品或者份子钱。

1949年之前,女性一般忙于农业生产或者自家家务,很少出门,也很少会交朋友。女孩在还未成年的时候可以在外跟村里的小伙伴出去玩,有时也会出去放牛。但成年以后,家里的父母对女儿教育将更为严格,不会让女儿随意出门,更不能跟男孩一起玩,男女之间的界限较为明显,为了防止女孩跟男孩的往来,父母会教女儿学纺线织布,在很小的时候也开始裹小脚,从此女儿不能随意外出,即使是同性之间的往来也比较少。在潜家,张氏对家里的儿媳妇管教较为严格,媳妇平时几乎不能随意外出,更谈不上交朋友。女人之间偶尔的闲聊也只是在洗衣服的时候,在堰塘边说上几句话,然后各回各家。

(二)打牌

1949年之前,打牌在当地属于赌博,在农村是不受大部分人欢迎的一种娱乐方式,是一种不务正业的活动,而且打牌一般是有钱人家的娱乐活动,对于大部分穷苦人来说,打牌不仅会浪费时间,更会浪费金钱,所以打牌这件事离他们还很遥远。男人们农闲的时候会上山打柴,女人农闲的时候会在家纺线织布或者纳鞋底。像潜家这样的穷苦家庭更是如此,偶尔的休闲也只是在过年走人家的时候。婆婆张氏对家里的几个媳妇管理比较严格,大媳妇王世英即使在过年回娘家的时候都要提着一个装线的大袋子,在娘家继续纺线织布,家里的女人一年忙到头。

在外打牌的家庭没有几家能兴旺的,王世英的父亲因赌博败了家,村里很多人都是男人因赌博最后输了全家家产,最后上吊死了,赌博的行为也是对家户不负责的表现,所以潜家规定家里的人员谁都不能在外打牌。

(三)串门聊天

串门聊天是农村里常有的事情,一般左右邻居之间吃饭的时候会到大路边平坦的院里坐着,一边吃饭一边聊天,有时会聊聊村里的新鲜事,男人之间串门的比较多,一般是在邻近的几家走走,互相聊聊天,主要是关于农业生产的事情,聊天一般不会在别人家吃饭,若是看见别家在吃饭了,就会自行离开,或者是到了吃饭的点也会主动回家吃饭,即使别家的主人客气地留吃饭,也会委婉拒绝。女人还是很少串门聊天,女人的家务负担比较重,在家照看孩子,一家人吃饭,洗衣等这些家务活一般将女人束缚在家庭中。1949年之前对女人的要求表现在方方面面。即使在夏季乘凉的时候,如果女人外出到大树底下乘凉,必须穿着得体,不能披头散发。像潜家这样人口众多的大家庭,家里的日常开销较大,家里的男人很少有闲下来的时候,在农闲的时候,家里的男人要外出打柴,打柴要去很远的山坡上,一般公鸡一叫,打柴的人便要出门,为了防止半路睡着,一边走嘴里还一边唱着歌:"走路像个戏子,山坡像个兔子,砍柴像个猴子,吃饭像个狗子,喝水像个驴子,压得像个九子(一种驼背的牲口)。"歌谣的意思是没睡醒的人去打柴,走路便会左摆右晃,像个唱戏的人,等走到山坡的时候,天就亮了,人的精神也好了,年轻的男人们会像兔子一样爬山,砍柴的时候弯着腰杆,灵活地在树间穿梭,像一只猴子;外出打柴的人到下午很晚才能回家,所以提前会用一个布袋子带点米饭,饿的时候便会掏出布袋子,从布袋子中舔饭吃,所以这个样子很像狗;山上没有水井,打柴的人如果渴了,会在下山的时候找一个下水沟,头伸在水沟里喝水,这个样子很像驴子在饮水;回来的时候背着重重的柴火,压弯了腰,更像九子。艰苦的日子,打柴的人以这种方式来调侃生活,作为一种娱乐的方式。

潜家的女人除了外出干农活,其余的时间外出就更少了,如果女人出门一般会受到婆婆张氏的责骂,因担心家外是非多,怕自家媳妇惹上是非,在外影响整个家庭的名声,婆婆张氏一般不会让媳妇外出。家里有客人来串门,家里的儿媳妇也要负责端茶倒水,只是偶尔会出来说几句话。

相比大人之间的交流,孩子之间的交流会单纯很多,也没有过多的禁忌。孩子一般可以外出找同龄人玩耍,只要在出门的时候告知大人,在饭点的时候按时归来即可。

(四)逛庙会

潜家湾这边没有庙会这一说法,在农村,一般是说上街赶集,潜家湾距集镇较近,上街较为方便。每逢过年的时候,街上是最热闹的。过年是大人和小孩共同期盼的事情,最热闹的莫过于观看耍龙灯,过年从正月初一到正月十五,安居老街上人山人海,附近几个村庄的人都会集聚在这里看舞龙舞狮。王世英回忆,在集市上有多种多样的舞狮团队,有对狮、麒麟、排灯、竹马……其中对狮是四人团的,每个狮子是两个人玩,一共有两个狮子,麒麟是两人团的,竹马是小孩子玩的木具,小孩子可以骑在木马上玩耍。每逢过年的时候,潜义伦便会早早起床吃饭,带着家里的几个孩子去看龙灯,如果是晚上去还可以看见龙身上点亮的灯光,一闪而过,孩子们都很兴奋,过年的时候都图个高兴,潜义伦很少给孩子买零食吃,过年的时候带孩子出门,在逛集市的时候,偶尔也会给孩子买几块糖吃。龙灯一般会表演到正月十五,到正月十五也是人最多的时候,如果去得晚,根本就挤不进去,有时甚至连个龙影子都看不到。出门看龙灯一般是男人去,女人们一般会在家烧香,祈求菩萨保佑,王世英会去附近的观音庙烧香。

(五)其他娱乐活动

1949年之前的农村,村里的娱乐活动较为有限,最常见的娱乐活动就是看戏,村里唱戏是比较稀奇的事情,请戏班子是比较昂贵的事情,只有有钱人家,如地主、富农才会有能力请戏班子,有消息称在山头那边的一个村有地主请戏班子了,消息一传出,各个村里的人都三个一群,五个一伙地相约去看戏。长媳王世英对看戏比较痴迷,只要听说有唱戏的搭台,不管多远都会尽力赶去看戏,每次看戏归来都是第二天凌晨一两点,第二天起床后照常干活。唱戏是在晚上七点左右,到晚上十点多才会结束。因潜家湾离山头村比较远,需要提前两三个小时出发,王世英早早吃完饭,约上村里的几个人,一起去看戏,有时顾不上吃饭便会饿着肚子去看戏,中途还要过河,如果去得晚只能站在后排,但年轻的王世英丝毫没有畏惧。难得有看戏的场地,观众看戏都是免费,只是在看戏的时候坐在专门的观戏台喝茶需要收取一定的茶水费,像王世英这样的穷苦人,每次都是站在旁边看完整场戏才会回家,一站便是两三个小时。

1949 年以后,农村的文化生活相对较多些。王世英回忆,1949 年以后村里专门请外地人来唱戏,有专门的戏班子到村里搭台,村里的人共同摊钱,看戏几乎成为村里唯一的娱乐活动,村里的人都比较乐意看戏,也愿意出点钱请戏班子。看戏的时候,家里的男女老少都会出动,大人们早早地干完农活,到戏台子前等候,来玩的人一般会站在最后面,带着自家的板凳,有时也会将孩子扛在肩上看戏。在潜家,家里的几个儿媳妇一般家务比较重,只能偶尔出去看看戏,出门前必须要告知当家人。到饭点的时候还要提前赶回来做饭。在村里看戏,为了避免别人说闲话,男人和女人一般都是分开,各站一边。

第五章　家户治理制度

按照农村传统,家长是家户的治理主体。家长管理着大家庭的事务,具有重大事情的决定权。在潜家,父亲潜义伦便是大家庭的家长,这是遵循农村的传统习俗。实际上,在潜家这个大家庭中,分内当家和外当家,家长潜义伦便是外当家,负责处理外部事务,而妻子张氏便是内当家,主要负责料理家务。在潜义伦夫妇的管理下,潜家人勤恳劳作,团结友爱,在遭遇水灾时共同渡过难关、在战乱中共同逃难。

一、家长当家

(一)家长的选择

1.沿袭传统,男子当家

1949 年之前,潜家的大家长是父亲潜义伦,当家人也是潜义伦夫妇。在实际的生活中,潜义伦是外当家,在外面也作为潜家的当家人,而妻子张氏则作为内当家。潜义伦夫妇是潜家辈分最长的人,按照农村生活传统,家里的当家人一般是年长的男性。1949 年之前,潜家的大儿子潜明会已经成家,家里还有几个妹妹和弟弟没有成家,潜义伦夫妇的身上还担负着养育几个孩子的重任,家里大大小小的事情还得由潜义伦来操持,后来家里的几个孩子成家后也没有分家,一大家子还是把潜义伦当作大家长,这也是村子里沿袭多年的老传统和老规矩。在潜家湾,家长会有特殊的称呼,即"掌柜的",一般外人不会直接问你们家当家人是否在家,而是问你们家掌柜的在家吗?

2.男主外,女主内

1949 年之前,妇女的地位很低。如果掌柜的不在家,家里只有女人在家,那么即使有人在,也会告诉外面说家里没人。在潜家,女人们一般很少抛头露面,但作为家长的婆婆张氏在家里的地位较高。虽然潜义伦是对外家长,但家里实际管事的人是婆婆张氏,潜义伦每次在外做生意赚的钱都要如数地交给妻子张氏,家里日常的生活安排也都是张氏一个人负责,比如添置碗筷、家里来客人买菜、买衣服、柴米油盐等张氏都要精打细算地安排下来。只有在涉及重大事情的决策上,如孩子读书、房屋修建、农业种植这些都是由大家长潜义伦负责。潜义伦夫妇内外当家,维持着潜家一家人的日常生活,后来潜义伦夫妇逐渐年老后,家里的一些事情也会交给大儿子潜明会负责。

在潜家,嫁进门的王世英管婆婆叫"妈",管公公叫"爹",实际上,长媳王世英在潜家也将二老当作自己的亲爹亲娘来对待。外人称呼潜家一般也是称"义伦家",是以当家人作为家庭的代表,潜家的大孙子出生,家里正在办出生酒席,很热闹,村里的人会议论起这是谁家在办喜事,邻居会回答说:"这是义伦家添了一个孙子。"当家人在家庭中具有绝对的权威,在潜家尤其如此,当家人做出决定一般儿子媳妇不会再多说,长媳王世英从未直接顶撞过婆婆,即使婆婆有做得不对的地方,儿媳们都不能批评或顶撞。潜家儿女对家里的长辈较为敬重,潜义伦当家都是按照老一辈子的传统。成为家长,没有特殊的仪式,一般家中的父亲有能力管理整个家庭时候便理所应当地由父亲担任,家中父亲因一系列原因不能担任家长时,一般会由家中的母亲或者长子担任。在潜家,父亲潜义伦年老之后,便无力管理整个家庭大大小小的事务,家中的对外事务便由家中的长子潜明会来负担。

(二)家长的权力

1.权力的来源与范围

家长的权力是传统习俗赋予的,世代沿袭下来都是如此。在一个家庭中需要一个大家长,这个大家长便是家里的当家人,家里的各个成员要听从家长的安排,在潜家世世代代都是按照这种规则生活的,家庭教育中,在孩子小时候便会灌输尊重长辈,顺从父母这种思想观念。

潜义伦作为潜家的大家长,家里涉及的各种大事情,如儿女婚事、家庭生产、交租交息等方面的事情都是潜义伦负责。作为内当家的张氏,家里的财务由张氏统一保管,在家庭平时的开销上,如农具的置办,布匹的购买都要经过张氏。其中,儿女的婚事是潜家的大事,潜义伦夫妇每年辛苦劳作也祈求能给儿女准备像样的彩礼和嫁妆,女儿长大后,潜家每年都会种植一些棉花,每年都会存一点棉花方便以后做棉被给女儿当嫁妆。潜家几个儿女成家都是潜义伦夫妇一手操办,到孙子辈结婚时,潜义伦已经年老,孙辈的婚姻都是儿子辈的人来操办的。有人想给大孙子潜继国说亲,是直接找其父潜明会商量,父辈对子辈负有直接责任。孙子长大之后,婚姻大事潜义伦夫妇便不会再插手。家里在遇到重要事情的时候,比如修建房等潜义伦也会找家里的几个儿子商量,为了一个大家庭的和睦,潜义伦一般都充分考虑到每个儿子的意见和建议,商量修建多大的房屋,房屋如何布局,修建房屋的开销等。在家里财产的分配问题上,潜义伦也会根据每个小家庭的实际情况,尽量公平进行分配。

2.财产管理权

农业收入。潜家主要以种田为生,每年家里的收入也主要是农业的收入,潜义伦偶尔也会外出做些小生意补贴家用。之后,家里儿子都成家立业,在外也会有些收入。未分家之前,家里的大部分收入每个月都会如数地交给当家人张氏进行保管,家里农业生产所得都是全部上交给张氏,张氏会用专门的钱袋子来保管这些钱财。在潜家,钱袋子会专门地存放在潜义伦夫妇房间的一个木箱子中,木箱子里存放着涉及一些财产的重要凭证,比如地契,张氏每次开完箱子后都会细心地用一把小锁锁好,钥匙是由张氏保管,因为张氏是小脚女人,一年之内几乎很少出门,家里取钱用钱较为方便。另一方面,张氏会对家里的每一笔开支进行估算,对于没有必要的开支,张氏会坚决杜绝。作家庭开支的把关者,以保障家里钱财的节约高效利用,丈夫潜义伦对妻子张氏也十分信任,潜义伦在外做生意所得的钱也会上交给张氏。每年到年底,家里的开支都是由潜义伦夫妇共同商量决定。

零花钱。像潜家这种穷苦家庭,在1949年之前维持一家人的生活就很困难,家庭成员不会专门分配零花钱。只是在过年的时候,潜义伦带着家里的孩子上街,偶尔会给孩子买几块糖作为零食,孩子便会很知足。在潜家,一大家子吃住都在一起,粮食都会统一放在粮仓里,粮仓设置在张氏的房间内部,小家庭不会再分配粮食,王世英嫁过来后,家里做饭都是由王世英负责。如果哪一年粮食产得多,潜义伦夫妇也会商量着卖一些粮食换些其他的东西。潜家在租赁八爷土地的时候,直接找八爷商量,潜义伦是潜家对外的代表,每年交租的时候,八爷也会直接找潜义伦。

私房钱。1949年之前,潜家每个小家庭的私有财产比较有限,只是在儿媳妇娶进门的时候,儿媳妇从娘家带过来的嫁妆是归小家庭共同所有。各家很少有私房钱,家里的婆婆管得严,各个小家所挣的钱都会定时交给婆婆张氏。王世英每个月都能织几块布,布匹都是由潜义伦统一拿到街上卖,卖的钱都会直接交给妻子张氏,家里的各项生活开支需要用钱,也会找张氏取。只是到了1949年后不久,各个小家庭的人在外打短工的收入可以不上交给张氏,作为小家庭内部的消费。每年到年底的时候,王世英家里都能余出十几块钱,会给家里的几个孩子置办比较好一点的衣服。

3.制衣分配权

1949年之前,物质生活较为贫乏,以种田为生的人只要能满足自己的日常生活便很知足,只有过年的时候会额外买几件衣服。为了尽可能地减少家里的开支,潜义伦每年会安排种些棉花,每年到年底的时候,张氏都会将家里的棉花拿出一部分分配给几个小家庭,每年都会根据棉花的产量,平均分配给各个家庭。潜家各个小家庭平均分配大约八斤棉花,各个家庭根据分配的棉花制作棉衣,如果小家庭棉花不够,便需要自己购买。潜家的各个小家庭孩子众多,每年分配的棉花大部分不够家里人使用。

家里的所有衣服都是由各个小家庭的媳妇来制作,王世英心灵手巧,每次按照张氏分配的棉花数量,给家里的孩子做棉袄,有剩余的棉花也会给丈夫潜明会做衣裳。潜家的男人的衣服都是由家中的妻子来承担,潜义伦夫妇年老之时,二老的衣服便交给大儿媳王世英制作,在分配棉花的时候,张氏也会留出自己和丈夫的棉花数交给大儿媳,王世英很孝顺,每次都会从自己所得的棉花中多分一部分棉花给公公婆婆。

4.劳动分配权

在潜家劳动都有明确的分工。1949年之前是"男主外,女主内",家里日常家务如洗衣做饭都是由婆婆和媳妇负责,王世英嫁到潜家后,婆婆张氏家里的大部分家务都交给王世英一个人,洗衣、做饭、打扫家内卫生、照顾孩子。长媳王世英嫁到潜家的时候,脚已经放开了,摆脱了裹小脚的命运,有时也会被婆婆安排到地里除草、种菜。家里农忙时候的劳动安排是由潜义伦统一安排的。每天晚上吃饭的时候,潜义伦都提醒家里的成员第二天要早起,安排好各自负责的事情和干活的具体时间,家里的成员都会习惯性地遵守。在农忙的时候家里的小孩子也会被潜义伦夫妇动员起来。1949年之前,潜义伦三个女儿年纪较小,到农忙的时候,也会跟着父亲潜义伦在田间抱麦秆,在田间和家里来回奔波着送饭送水。家里的男人是农业生产的主力军,耕田、车水、挑麦子、打谷子这些重活都是家里男人的事情,农忙的时候,家里的女人(除了婆婆张氏以外)也会下田插秧。在农闲的时候,男人负责在山上打柴,女人则会在家织布纺线或者纳鞋底。

5.婚丧嫁娶管理权

1949年之前孩子的婚嫁都是父母说了算。"父母之命,媒妁之言",潜家儿女的婚嫁都是由潜义伦夫妇做主。到了潜家第三代的时候,孩子的婚事一般是由自己的父母操心,潜义伦不再参与其中,只是偶尔会提提建议。大儿子结婚说亲的时候先是由媒人跟潜义伦说,之后潜义伦回家跟妻子张氏商量下,听说要给儿子说亲,潜义伦觉得自家条件一般,只要女方勤劳肯干就可以,潜家和王家父母双方见面都觉得合适便定了亲,回家后直接告诉潜明会,说给他找了个媳妇,潜明会没有多问便接受了。按照农村的规矩,父母之间说定的婚事,儿女是不会拒绝的,潜家的几个儿女都是如此。嫁到潜家的媳妇都勤劳肯干,即使偶尔婆婆发脾气要求儿子休妻,但最后都是在潜义伦的调解下平息下来。

6.对外交往,男性为主

在村里,对外交往的人主要是当家人,当家人代表着整个家庭。在潜家,潜义伦便是潜家的代表。家里借债的单位也是以家户为主体。在 1949 年之前的困难时期,潜义伦家也曾在左右隔壁家借米借面,但一般情况下都是潜义伦亲自去借,这样会更具有权威性,成功的可能性也会更大些。在参加别家的红白喜事的时候一般是潜义伦作为代表参加,如果潜义伦不在家,妻子张氏才会参加。每年家里来客吃饭,潜家只有几个儿子和潜义伦夫妇能上桌吃饭,潜家几个儿媳不会上桌吃饭。在餐桌上主要是潜义伦负责陪客喝酒聊天。

潜义伦虽然是当家人,但在家庭大事方面一般也会听取家里人或者外人的建议。有一年大旱,田里颗粒无收,生活较为困难。潜义伦召集家庭成员商量着到哪里可以借些粮食,大儿子提出,村里的粮食肯定不好借,整个潜家湾的粮食产量都很低,大部分人粮食都不能支持到下一季收获的时候。几个儿媳妇提出回娘家借点粮食,每个儿媳妇根据娘家的实际情况,尽可能多借点粮食,大媳妇王世英提出,娘家还剩下一些玉米,可以磨成面支撑家里的生活,三媳妇在外面挖野菜可以支持家里一段时间,几个儿子提出可以找街上的朋友借借看。最后潜义伦决定还是由家里的男人外出找朋友借点,媳妇挖点野菜伴着自家剩余的粮食再凑合吃点。在困难的时候,全家人一起商量,共同出力,尽量达到每个人都比较满意的结果。家庭借债以家户整体为单位的借贷,即使以当家人潜义伦的名义去借钱借物,在农村也是父债子偿,父亲无力偿还债务的时候,家里的儿子需要共同担负债务。如果一个家庭的父亲能力不行或者有不良嗜好比如赌博、吸鸦片,在家庭里是不受人尊敬的,也会取消其当家人的资格,由母亲或者家里的长子担任当家人。在潜家湾,一个袁姓的人搬迁至此,家庭十分贫穷,父亲爱好吸烟、喝酒和打牌,家里的生产生活主要是由妻子来承担,每次妻子纺线织布挣的钱都被丈夫拿出去赌博了,袁家还有四个孩子需要养活,生活压力很大,家人商量以后家里的钱财都由母亲来支配,不再交给父亲了,家里大大小小的事情都会跟母亲商量,母亲便成为袁家实际的当家人。

7.父母年老,长子代理

潜义伦夫妇一直为整个家庭操劳着,几个儿子成家以后,潜义伦夫妇也进入了老年,对家里的管理有时会力不从心,虽然潜义伦夫妇是名义上的当家人,但具体事情大部分还会交给长子潜明会处理,家里的家务活还是由三个媳妇操办,关于田里的生产,潜义伦到了一定的时节会提醒儿子浇水、种菜,自己不再下地干活,只是偶尔在村口坐坐,跟同龄人聊聊天。

(三)家长的责任

当家人肩负着一家发展的希望,作为家长首先要保证一家人基本的生活需求。在 1949 年之前,首先解决一家人的温饱问题。简言之:便是家里成员人人有饭吃,人人有衣穿,人人有事做。家长需要带动一家人为家人的生存和更好的生活而努力。其次是维持一家人的和睦,通过家庭教育和学校教育,同时借助传统社会家长的威严,教育子女尊敬长辈、团结兄妹、勤劳苦干。最后便是养育子女,延续香火,成家立业。养育孩子是作为家长的责任,也是家族的一种使命感,像潜家这样的大家族,对于家族的使命感更强。潜义伦年轻的时候努力干活,希望家里的孩子更多地接受教育,以寄希望通过教育能让孩子走出农村,成为有文化的人,以后能获得一官半职,能光宗耀祖,在外也能被别人瞧得起。同时,家里儿女婚嫁也是家长的重要责任,潜义伦夫妇辛辛苦苦、省吃俭用将六个孩子拉扯养大,直到最后一个小女儿出嫁的时候,潜义伦夫妇才松了一口气,觉得当父母的责任算是尽到了,剩下的日子就要靠孩子自己奋斗。

(四)家长的更替

到中年的时候,家长潜义伦的身体越来越差,尤其是眼睛因年轻时熬夜制糖导致视力衰退,四处寻医无果,最后大部分时间只能在家待着,生活都需要张氏的照顾,家里大大小小的事情都是妻子张氏来管理。每个月家里大致的开销和收入,张氏总会在固定的时间跟潜义伦汇报。

一般情况下,当家人去世之后就会进行更替,由家里的另一个长辈当家,如果另一个长辈的能力不够,则会由家里的长子来担任,也可以在各个小家之间进行协商分家,由几个小家庭各自为家,成为小家的当家人,而由几个小家庭共同养育单亲长辈。潜义伦去世后,张氏成为名义上的当家人,更替当家人不需要什么特殊的仪式,这些都是沿袭下来的老传统。

在未分家之前,小家庭也有自己的当家人,例如潜会明是其小家庭的主要是潜明会当家,但潜明会大部分时间在外工作,偶尔会回家看看,家里各类事情都是由王世英一个人负责,孩子的衣物、上学报名,都由妻子王世英负责,只是在家里需要花钱的时候,王世英会找潜明会拿钱。潜明会每次出门的时候也会特别嘱咐家里的几个孩子听母亲的话,回家的时候,潜明会偶尔也会给孩子买点油条或者几小块糖。

二、家长不当家

(一)家长不当家:兄弟当家

潜义伦这一辈人一共有三个兄弟,潜义伦的父母亲在其年幼的时候便双双去世了,潜义伦年幼的时候便跟着哥哥嫂嫂一起居住,家里大小事情都是由大哥决定,一家人的吃喝,穿衣都是由哥哥来安排,家里的钱财由哥哥一人掌管,哥嫂只管义伦的基本生活,不会额外地给他钱花。潜义伦很小的时候便跟着哥哥到田间干农活,父母去世后,潜家的生活更加艰难,潜义伦长大后,哥哥嫂嫂给了义伦一块地和一间小房屋,自己单独在一旁居住,直到结婚。结婚之后,这一代的兄弟已经分家,几兄弟虽然在一个村,但都有自己的家室,各家的负担比较重,平时往来比较少,只是在有红白喜事的时候往来帮忙比较多。分家之后,忙着照看各家的家庭,也不会干预其他家庭。

(二)家长不当家:妻子当家

在家潜义伦是名义上对外的当家人,而妻子张氏则是潜家的内当家,有时潜义伦外出做生意,几天内不能回家,家里的大小事务便全交给妻子张氏负责。潜义伦对妻子张氏比较信任,即使自己外出四五天,张氏在家也能将家打理好。家里内务张氏都会分配给几个媳妇做,至于外部事务,比如其他家庭婚丧嫁娶需要送礼的,张氏也会根据以前的经验安排好,如果潜义伦不在家,张氏便会安排长子作为家里的当家人参加酒席。对于家中重要的生活资料借入和借出,妻子张氏不敢擅作主张。潜义伦不在家,张氏从不会外出借钱借粮。有一年冬季,下了很大一场雪,潜义伦外出上山打柴,被困在山上好几天,家里没有了粮。大儿子陪着大媳妇回了娘家,几个孩子饿得直哭,张氏都没有出门借粮食,最后还是隔壁罗四姐听见孩子的哭声,到义伦家看了才知道没有粮食了,赶紧从家里拿了一碗高粱米,张氏才煮给几个孩子吃。

(三)家长不当家:长子当家

潜义伦夫妇在年老的时候,因身体逐渐变弱,张氏还要照看失明的潜义伦,再无力照看整个家庭,家里的大大小小的事务大部分交给长子潜明会来管理,潜明会作为长子,在家庭里说话也较有分量,家里的兄弟姐妹对哥哥潜明会都比较敬重,田里每年收割安排都是由潜明会外出跟别人商量,回家后会根据实际情况分派农活。哪几个人收割谷子,哪一天晒谷子,什么时间段轮到家里扬场,家里生活安排等。潜明会开始当家后,都是以自己的名义外出借钱,一般别人比较信赖他的能力和人品,只要有钱,也会放心地借给他。

(四)家长不当家:其他人当家

在潜家,潜义伦夫妇和三个儿子儿媳居住在一起,在大家庭中,能当家的主要是潜义伦夫妇和长子潜明会。但因长子潜明会经常外出不在家中,潜明生和潜明成长大后,对于家中较为重要的事情,两兄弟也会相互商量着共同做决定。有一次潜明会外出一段时间,这时正值家中播种时节,前一年粮食因干旱减产,而有农户家种植玉米得以丰收,此时,潜义伦夫妇已经衰老,无力估计家中的生产安排,按照以往都是由大哥潜明会决定,但潜明会这次外出时间比较长,于是兄弟俩商量将以前的旱作物改为玉米种植,直到潜明会回家后才得知。在潜家,儿媳妇几乎没有当家的权力,用媳妇王世英的话说:有一个厉害的婆婆,媳妇在家也没啥地位。

三、家长决策

(一)决策的主体

在潜家,潜义伦夫妇是家里的长辈,也是潜家的当家人,家里大小的事情都是由当家人潜义伦夫妇决定,妻子张氏是内当家,潜义伦作为外当家,家里的成员都很敬重两位老人,只要大的方向没错误,家里的人也都会遵从二老的意见。家里如果有重大事情,一般都是潜义伦夫妇商量决定,偶尔也会叫几个儿子一起商量。

(二)决策的事务

在潜家像建房、修房,作物种植以及儿女的婚嫁都属于大事,一般是由潜义伦做主,大部分是潜义伦夫妇商量的结果,每年种植作物大部分是按照惯例,偶尔需要调整,潜义伦也会告知家里的人,妻子张氏从不过问田间地头的事情。对于农事的安排和决策,潜义伦一般不会专门地将家里的孩子召集起来商讨,一般只是在晚上干活回家后,大家在一起吃晚饭的时候,潜义伦会告知几个儿子今年农业生产的安排,同时也会听听儿子们的建议。长子潜明会一般跟父亲潜义伦的讨论较多,对于一家人的生计安排,长子在家也有较多的发言权,有时跟父亲聊得较为尽兴,晚上也会跟父亲喝上一杯酒,以延长商量的时间。

对于儿女的婚事,潜义伦一般作为代表跟媒人了解基本情况,回来之后会跟妻子张氏商量下即可。妻子张氏,主要管理家庭内部事务,洗衣、做饭、织布、纺线、分配棉花。每年到年底的时候,张氏都会负责统计好整年的产棉量,按照每个家庭平均分配棉花,潜义伦一般不会过问,张氏可以自己做决定。

四、家户保护

(一)社会庇护

1949年之前家庭是个人的社会保护伞,传统社会人多力量大,尤其在一些地主富农家庭,人丁众多,在外不怕受人欺负,在当地的影响力也较大。一般而言,家里的人如果在外受到很大的欺负,一般会去讨个说法。

1.孩子被打讨说法

小孩之间的小打小闹家长一般不会正式找上门,在熟人社会关系里,一般大家户不会因孩子之间小问题影响两个家庭之间的关系,只是回家后会先给自家的孩子教育一顿,教育他以后少跟这家的孩子来往,如果是情节严重的或者经常性地被打,那么家里的当家人便会带着孩子到别家去讨说法,要求别家管教好自家的孩子。潜家的孩子大部分性情温和,家教很严,也很少外出,没有跟外面的孩子闹过大矛盾的。

如果是自家的家庭成员在外做了错事,别人找上门来,一般是找家长说,要求家长给说法,别人不会私自惩罚,因为任何一个家庭成员背后都有一个家庭做支撑,特别是像潜家这种人口较多的家户。遇到这种情况,家长一般会当面严厉批评教育自家做错事的人,有的甚至会棒棍相加,当面严厉地教育足以使别家人解气,日后也不会过多地追究。家庭内部的小孩子犯了错误,当家长的老一辈的人也会出于对孩子的宠爱,帮孩子隐瞒错误,避免惩罚的情况,对于在外冒失犯的错,如果没有人找上门来,家长也会帮忙隐瞒。

2.大人之间的矛盾

针对大人之间的矛盾,情况会有所不同,潜家一向主张温和待人,和谐处事,对于没有过多侵犯自身利益的情况,能容忍便会容忍过去,不过对自家财产过度侵犯,潜家一定会跟别人讨回公道。有一次三儿子家与别家闹了一次矛盾,三儿子家的一块地与老王家的一块地紧挨着,王家为了能够多插秧,将田埂挖开种上自家的秧苗,最后被潜明成发现了,他直接找到王家要求他拔掉秧苗,还原田埂。王家不予理睬,潜明成愤怒地回家告诉家人,并在父亲的允许下拔掉了占地的秧苗,事后王家十分愤怒,上门撕烂了潜明成的衣服,并扬言要杀了他,三媳妇回家听说后,决定要为丈夫出口气,直接站到王家的门口,挑衅王家人,直接说:"我人在这儿,有本事你来杀,我脖子伸着,你来呀!"两家的矛盾越来越尖锐,闹得不可开交,还是请村里比较有权威的人来调解,做了一个公正的评判,最后王家自主建起了田埂,但两家隔阂一直存在着。家里的成员在外受欺负,一般是小家庭里最亲密的人会出面讨回公道,以小家庭为核心的,为了避免村里人说潜家人多欺负人,家里其他亲属都会站在家庭成员一边,不到必要时刻不会直接与别家较量。

常言道"家丑不可外扬",对于家庭内部发生的不光彩的事情,家里的人从不会在外提起,大人也会教育小孩子不能在外随便说起。作为家里的成员,每个人都有责任维护家族的和谐,不能让外人抓住自家的短处,让这个家庭陷入被动的局面。在潜家亦是如此,每个成员都具有家族荣誉感。

（二）情感支持

家庭是一个人的情感归宿，在1949年之前农村也是这样，不论生活多么艰苦，总觉得成了家便会有所依靠。王世英的娘家家道中落，王世英的父亲因赌博输光了家里的财产，变得穷困潦倒，到最后都没有居住地，为了让女儿王世英尽早地找到一个值得依靠的对象，于是父亲在王世英很小的时候便将其嫁到潜家来，到潜家，在家长的管理下，家庭成员间相互扶持，维持着一家人的和睦。

夫妻在困难中相互扶持。1949年之前的潜家生活较为穷迫，潜义伦为了满足一大家子人的生活，不仅租种了八爷家的田地，偶尔也会在外做些小生意。一开始因缺少生意经验，也不识字，经常在一些简单的算数中算错账，或者进货比较贵，亏本比较多，每次回家张氏都会问问做生意一天的收获，潜义伦也会跟妻子解释。在长期的沟通中，他和妻子不断摸索，从最初在别人那进货卖盐卖酒，到自己制糖，以后做生意的收入也越来越多，家里生活渐渐变好了。

家庭在艰难时全家出力。三媳妇秀芳嫁到潜家的时候，就一件衣服。有一年潜家湾遭遇大旱，田里颗粒无收，一家人等着吃饭，三媳妇从隔壁家借了一件干净的衣服，准备回娘家找哥哥要点粮食，到了娘家，二婶子看着消瘦的秀芳，赶紧给她煮了一碗面条，打了两个鸡蛋。说明来意后，哥哥从自家的米缸里拿出一小袋米递给秀芳，临走的时候二婶子又塞了几个鸡蛋到秀芳手中，秀芳舍不得吃，都带回家分给家里人吃了，每次想到这里，秀芳心中感觉很温暖。

婆媳关系中的忍耐。刚来潜家的时候，王世英的婆婆对其管教十分严厉，有时稍微有事情做得张氏不满意的，张氏就会打骂王世英，王世英腿上经常青一块紫一块的。在潜家，张氏具有较大的权威。丈夫一开始也不愿理睬王世英，觉得她对自己的母亲不孝顺，王世英自己也不知道找谁诉说，偶尔农闲的时候会找个借口回娘家，每次回娘家，母亲都会给她准备比较丰盛的饭菜，一年到头在潜家都吃不到一块肉，到了娘家母亲不仅会给自己准备点肉，也会拿出家里存放的鸡蛋，王世英回娘家后有时会跟母亲提起自己在婆家的遭遇，母亲也会耐心地劝说，教会王世英处事的方式，同时让她慢慢学会如何去照顾别人，嫁出去的女儿如果被退回来那便是娘家的耻辱，无论如何王世英的母亲都要求王世英要学会忍耐，勤劳苦干，孝顺婆家那边的爹娘。

家人之间的相互照料。潜家一共有三个儿子，二儿子明生和三儿子明成辍学回家后便开始学手艺，但是潜明生学木匠，跟着师傅学了几年后可以开始做柜子了，本应该在外一直干木活的，但因一次事故患上了癫痫病，不能在外干活，在家里也不能干农活。母亲张氏要求儿子留在家中，自己也方便照顾，自从儿子患病后，家里的农活都分摊到家里其他成员的身上，自己在生活上也会多给二儿子一点关怀，即使在分家后，张氏还会经常叫二儿子到家里来吃饭。

（三）遭遇水灾

天灾在1949年之前的农村是常有之事，农业生产靠天吃饭，过去没有农药，各种病虫害众多，虫灾在农村是常事。在王世英的记忆中，最大的一次天灾是一次水灾，那次冲垮了自家的房屋，在整个潜家湾，也淹死了很多人，每次想到那次洪水，王世英都心有余悸。

首先救出家长孩子。那是在一个夏季，大雨连续下了几天，丈夫潜明会被大雨困在外面，几天还没有回来，是在凌晨四点多，全家都还在熟睡中，王世英被外面的暴雨声惊醒，起床一看，发现情况不对，雨下得快漫进屋子里，外面已经有人走出家门，准备躲雨了。王世英赶紧起床，叫醒旁边熟睡的儿子，接着到公婆房间中叫醒了公婆，让他们赶紧起床，转过身叫醒了家里的其他几个孩子，因公公潜义伦眼睛看不见，婆婆张氏是个小脚女人，行动不便。王世英让二弟和三弟赶紧跑到潜义伦房间去，让他们负责将父亲母亲带出来，王世英负责将家里几个年龄小的孩子带出来，王世英担心自己的土房子经不起暴雨的冲刷可能会倒塌，情急之下的王世英左手挽着一个鞋篓子，里面是自己给丈夫做的鞋子，右手牵着几个孩子直接往外奔，王世英领着孩子出来的时候，此时大水已经漫进屋子，一会儿的工夫已经有三厘米深了。不一会儿，全家人都顺利地站在离家不远的一块空地上。

危险中抢救耕牛。暴雨中王世英突然想起牛圈里的牛还用绳子拴着，如果房子倒了，牛也会被砸死，想到这，王世英又冒着雨冲回老屋子。潜义伦看着自家的土房子一点点被淹，立马叫住王世英，让她别回去，家里很危险，王世英顾不上潜义伦的叫喊，径直地冲向牛圈，摸索着解开牛绳子，使劲地将牛往出拽，出房屋的时候大水已经到了王世英的腰部，王世英心里十分着急，一边拽一边念着："老牛呀，老牛呀，赶紧跟我出来呀，再不出来，我们俩都要死在这里了。"王世英刚牵着牛踏出房屋门，潜家的房子轰然倒塌了。王世英事后回忆那场面还十分激动："幸亏自己机灵，将牛拉出来了，不然大雨过后，家里都没有工具去耕地了，耕牛是农民的命根子呀！"潜义伦看着王世英冒着危险将家里的牛牵出来了，心疼地说："可怜我的世英了，还把我的牛给放出来了。"潜家在这次水灾中团结一致，除了房屋倒塌，无一人伤亡。

灾害之后一家人相互依偎。洪水之后，田里的粮食全部淹没了，颗粒无收。王世英回忆道，村里也有救济粮食，按照家里的人口分了一些救济粮食，但还是无法满足一家人的生活所需。家里的大部分东西被洪水冲走，潜家还算幸运，家里一口大缸被卡住了，没有被大水冲走，缸里还剩下半缸蚕豆。为了保证一家人正常的生活，王世英将蚕豆磨成面粉，做成饼子给家里的大人吃，那样会比较饱肚子些，小孩子就会借着救济粮煮点稀粥喝，而实际上大家都吃不饱。在艰难的时刻，潜家人几个儿子会尽量少吃，多留给父母吃，而家里的女人便会省出粮食给丈夫或自家孩子吃。王世英心疼自家的小儿子，经常饿着肚子，省出一点饼留给小儿子吃，自己一天只吃两顿饭，在干农活的时候肚子经常饿得呱呱叫，却只能用水充饥。洪水过后，潜家又开始排水、翻地，一开始种点周期较短的蔬菜勉强维持一家人的生活，经过大半年后才开始种植粮食作物，恢复正常的农业生产。

那一场大雨过后，村庄里大部分房屋被冲垮，家里的家具、农具都被大水冲走，田里的农作物被水覆盖着，几天后才慢慢消退，整个村庄损失严重。大家普遍将那场雨描述为"怪雨"，来势汹涌，破坏之大，在潜家湾是史无前例的。灾难之后，也有部分人去观音庙求神保佑，但潜家并没有去。

（四）穷山出土匪

1949年之前土匪很多，国民党虽然有剿匪司令部，但盗匪依然层出不穷。潜家湾整个村都十分贫穷，每年过年的时候都会受到其他村子的嘲笑，说整个潜家湾总共还宰不了三头猪。1949年之前，潜家湾出了几个有名的土匪，潜大潮和潜大高是两兄弟，是潜家湾有名的土匪,哥哥大潮早年靠偷盗为生,弟弟大高见哥哥每天都有饭吃、有钱花,自己家里什么都没有,于是问哥哥是怎么做到的,哥哥大潮告诉了他偷盗的经历,大高从此走上当土匪的道路,大高身手灵活,多次逃过国民党剿匪团的追捕,偷盗物品较多,还组成自己的土匪团。从一个人当土匪,一直发展到一千多人的土匪窝,在最鼎盛的时候,专门建立起土匪寨子,寨子在方圆十里内无人居住,大高主要以偷盗、绑架和打劫为主,土匪大部分是晚上出门,一般带上七八个人,拿着马刀和棍子,蒙着面,只露出一双眼睛,就跑到人家家里,赶走牲畜顺便拿些值钱的东西。村里人晚上睡觉都会用一个大杠子抵住门,听见土匪来了便要起床逃跑。一般偷盗像地主家庭的这种有钱人家,大高绑架了一个地主家的儿子,要求直接拿 500 块大洋做赎金,否则就撕票。抢劫这种有钱人家,主要是收益较高。潜家家境贫寒,本无偷盗的东西,则没有遭过抢劫。

(五)防备战乱和盗匪

防战乱。1949 年之前潜家湾这个地方在国民党和共产党的包围下,国民党在东边放炮,共产党在西面打枪,整个潜家湾的人都躲在家里不敢出门。国民党正式进入村子里打仗的时候,全村的人都会集中到村里的两个大院子里,潜义伦也会带着一家人到院子里集中。

在抗日战争的时候,潜家湾也有日本人的踪迹,日本人分为正式兵和前卫兵,前卫兵不是真正的日本人,是汉奸负责给日本人带路,熟悉作战环境。当地人称他们为"小日本人"。小日本人相当凶狠,一到村里来便带着枪和刀,到农户家四处搜东西、搞破坏,家里的妇女有长得稍微漂亮点的都会受到侵害。小日本人到潜家湾,见猪杀猪、见牛杀牛,将农民的棉被拿出来铺在路上当地毯,无恶不作,村里只要有一个小日本人,全村的人都会躲起来,有的躲在河边的草丛里,有的跑到山上去,有的躲在自家较为隐蔽的地方。

潜义伦一家也跟着村里的人一起躲过日本人,家里的孩子还比较小,每次出门时,潜义伦夫妇总会抱着一个、牵着几个孩子,长子潜明会和长媳王世英便会简单地带上几件衣服和背着一小袋米出逃。潜家出逃大部分都会躲到对面的山上去,因山上较为隐蔽,还可以顺利地找到柴火,等三五天过后,带的粮食吃完了,也就可以下山了。

防土匪。1949 年之前,村里治安较差,潜家湾在 1949 年之前也曾遭遇土匪抢劫,管理村庄治安的主要是甲长。为了防范盗匪,村四周修建的有寨门和寨墙,潜家湾共有东、南、北三个寨门,每个寨门都有几个看守人。国民党的人每天都会派人在那监守,晚上的时候会关闭寨门,防止强盗进入村子内。为此每天保长甲长要组织村里的人巡逻,巡逻时每个家庭派一个成年的男性,一般是家里的家长,每天晚上凌晨的时候,守更的人便会带着被子、拿着粗棍子到村头的稻草堆集合。到达地方后,各个村角都会有人把守,守夜的人要经常四处走动,如果发现有土匪,便会发出吼叫声以吸引更多的守夜人来对抗。

(六)其他保护

解放以前,农村普遍较为贫穷,经常有人唱着曲子到村里挨家挨户地讨饭。每天傍晚,趁着大部分人刚干完农活回家的时候,讨饭的人便会家家户户地唱曲,村里的人也都理解这些人,一般听到曲子声音便会端一小碗米出来,有的家庭会觉得很烦,便会一直锁着门不让别人进。潜义伦夫妇以前在外流浪的时候深知生活的不易,讨饭的人家每次到达潜义伦家门口,潜义伦或者妻子张氏都会拿出一点米或者面粉给人家,感觉自己做点好事,也是为子孙积福。

五、家规家法

(一)成文的家规及主要内容

潜家世代种地为生,生活较为艰苦,大部分没有读过书,也没啥文化,潜家属于小门小户,在家户的管理中,没有固定的家规家法,平时家长对家庭成员的管教主要是以口头上的说教为主,如不能偷盗抢劫别人东西,为人要老实、勤劳;孝敬长辈,不能顶撞公婆,女人要守节操,不能随意在外逗留;对于家里的男人,不能在外赌博、结伙干偷鸡摸狗的事情。潜家的家庭教育比较严格,如果触犯了轻则受到责骂,重则受到打骂。潜义伦夫妇作为家里的大家长,对家里的孩子给予较多的教育。在潜家,家长是家里成员行为的榜样,潜家的一些不成文的规定只能适应于潜家内部,对于家户外部的人没有任何影响力。

潜家的大部分家规都是沿袭村里的传统,是长期习惯使然,这些规矩一般是关于伦理道德的规矩,例如没结婚的姑娘不能随便与男人来往,子女要孝敬父母等。

(二)默认家规及主要内容

1.习惯成规矩

在一个大家庭中,要保障家庭的正常运转,必要的家规是必不可少的。家规是在长期的习惯中形成的,有些规矩也是老祖宗沿袭下来,如家里的妇女要守节,晚辈要孝敬长辈,儿媳妇要主动给婆婆分担家务等。在当地有一句古话:"媳妇娶进门,婆婆便可丢掉搅火棍。"①王世英嫁到潜家的第二天,婆婆张氏便安排她生火做饭,从此家里的做饭、洗衣之事便全权交给儿媳妇王世英负责,直到家里的二媳妇和三媳妇嫁到潜家来,王世英的家务活才稍微轻松一点。儿媳妇承担家务活这是农村的传统,任何人不会轻易打破。

2.轮班做饭,各自吃饭

潜家是家里的三个媳妇轮流做饭,每个人做一天,包括准备菜和粮食、饭后打扫卫生,以及洗碗都由一个人操办。每天轮到哪个儿媳妇做饭,谁都会提前一个小时回家准备好饭菜。在潜家,如果是家里没有客人,一家子吃饭比较随意,都是各人盛个人的饭,长媳王世英平时做事比较用心,每次按照家庭人口,盛好饭,放在灶台上,大家吃饭都是各自端各自的饭,需要添饭也是自己去厨房加饭。潜家世代种地,知道粮食的珍贵,所以潜家无论男女老少谁都不允许有剩饭剩菜的情况。家里的成员也可以根据自己的食量盛饭。家里成员吃饭没有严格的规定数量,也不会在意谁吃得多,谁吃得少。王世英每次做饭都会按着大家的食量来,尽量保障每个人都能吃饱。家里如果有坐月子或者生病的人,偶尔也会开开小灶,改善下伙食。按照农村传统的习俗,坐月子的女人要吃鸡,潜家因生活贫穷,长媳王世英坐月子的时候并没有这样的待遇。

3.平时随意,客前讲究

在潜家,平时吃饭比较随意,不太注重男女老少之间的差异,无论在饭菜的水平上还是在吃饭的先后顺序上都没有过多的讲究,但在一些特殊的时刻比如过年或者有客人在场的时候,各种礼节比较多。

以待客为例,如果家里有客人,一般会多做几盘菜,不会像自家吃饭就一盆菜那么简单。

---

① 搅火棍:指农村在灶火里做饭时需要生火,每次会用一个粗棍子扒开柴火,使灶里的柴烧得更旺的工具。

家的媳妇不仅要忙着做饭,而且不能上桌子吃饭,女人尤其是指在家做饭的女人要等客人吃完后,回来收碗筷,自己在厨房吃剩饭剩菜。潜家的媳妇都比较简朴,如果盘子里有剩下的一点的肉和鱼,都会细心地挑拣出来,留着以后待客用,自己只是吃一点平常菜。有客人吃饭,客人要坐上席,来客了一般家长潜义伦会作陪,如果是女客,一般是母亲张氏作陪。潜家来客人后,一般家里的女人和小孩都不会上桌吃饭。小孩子之间也不能打闹,一般会由母亲帮忙盛点饭,让大人帮忙夹点菜到旁边吃。

4.贵客做上席,主人要陪同

(1)长幼有别,座次分开

在潜家日常吃饭的座次没有过多的讲究,一家人可以随便坐座位,只是在过年的时候会格外讲究,家里的当家人一般会坐上席,1949年之前的农村都是八仙桌,有四个角,端正地排在堂屋最中心的位置上,上席(最靠近神柜的一边为上席)一般是家长坐,在潜家便是潜义伦夫妇,正对着上席的是下席,下席一般是二当家,便是长子和长媳潜明会夫妇。

(2)客尊主陪,舅姑为大

有客人到访的时候,客人坐上席,潜义伦作为陪客。传统的农村社会,以左边为尊,陪客一般会坐在客人的右边,其次是下席,坐在桌子左右两边的是比较一般的客人。在所有的客人中,舅舅和姑父是最尊贵的客人,是肯定会坐上席的人。尤其在红白喜事的时候,舅舅和姑父一般分别坐两桌的上席位置,家长会专门安排人陪酒。

(3)房屋上梁,瓦匠进堂

1949年之前,农村建房子很有讲究,在整个房屋的建设过程中,最重要的环节便是上梁。房屋建设的关键是横梁,农村的横梁大部分是从外面偷回来的,建房子的人在上梁的前两天会在晚上的时候,拿着锯弓,到外面选择粗壮的树干,据倒后,砍树人会在旁边放一些钱,作为喜钱。树削皮做成梁后再搬运回家,第二天早上还会对着梁柱烧完香再送上屋顶做横梁。农村关于建房搭梁有句俗语:"上梁上梁,包子滚堂。"潜家在修房子的时候也是如此,当主体房屋修建完成,横梁安好后,家里的儿媳妇提前和好面,蒸一锅包子,泥瓦匠站在屋脊上从西往东扔包子,"包子滚堂"预示着潜家以后会有吃的,会兴旺发财,过路的村民会在路边捡包子吃,图个喜气。在这一天当家人潜义伦便请帮忙建房子的人一起来家里吃饭,其中泥瓦匠要坐上席,潜义伦专门作陪,家里的几个媳妇一起忙活着准备一大桌子饭。

5.请式规矩

在潜家,田里的生产安排以及土地的租赁都是由当家人决定,每年到收获的时候,潜义伦就会计划下一季的种植。家里生产秩序的安排,耕田、打场等都是潜义伦跟别家沟通确定自家农活安排,到年老的时候,尤其是眼睛失明后,潜义伦便无力管理田里的生产,家里农业生产部分转交给了长子潜明会。

家里的人外出之前一般会跟潜义伦夫妇提前说一声,免得家里的长辈为自己担忧,这是个人对家户的责任,王世英每次准备去娘家的时候都要得到婆婆张氏的允许。在此之前王世英都会做完一天之内的家务,将家里安顿好才会去娘家。

6.尊客重礼

在农村请客吃饭有较多的礼节:首先,请客吃饭需要提前通知。若是家里平常的宴请,这样一方面显得更有诚意,另一方面给别人留下时间安排自家的事情。如在家给自己帮过忙的人,提前一天去请即可,如果是红白喜事,至少要提前两天请客,给客人通知到位,尤其是家住得比较远的亲戚,有时甚至要提前半个月邀请。请客一般是家长直接上门邀请。其次,重大宴请,菜品丰盛。在传统农村,资源较为匮乏,饮食比较单一,一年吃萝卜、南瓜的比较多,当地流传一句俗语:"南瓜面,萝卜甜,想吃白饭就要盼着过年,过了正月三,有了胡萝卜熬稀饭。"普通的家庭也只有过年的时候,能好好地吃几顿白米饭。但是每年的红白喜事是重大的宴请,菜品比较丰富,在农村讲究十个碗,八个碟。十个碗是重点,第一个碗一般是上面条、第二碗上红烧肉、第三碗上鸡子、第四碗上汤水、第五碗上豆子丸子、第六碗是羊肉、第七碗是猪心肺、第八碗是猪肚、第九碗是鲤鱼、第十碗是炒白菜。再次是客尊主陪,座次有序。在宴请中,如果是客人比较少,家里的当家人会作为贵客坐在客人旁边,如果是客人比较多,有多个席位,那么家长一般会在每个席位上安排专门的人陪客。在客人入席中,座次较有讲究,一般贵客会坐在上席,在所有的亲戚中,舅舅和姑父是最尊贵的客人,每次宴席舅舅和姑父必须坐上席,如果遇到红喜事,有送亲的队伍来了,那么送亲的人会安排在上席坐。倒酒的顺序也是根据客人的尊卑确定先后顺序。最后,主请客随,主起散席。开席的时候主人都会先请客人吃菜,客人先下筷子,这便是农村待客中常道的"主不请,客不饮",吃完饭后,主人会先起身,预示着宴席的结束。在宴席上,只要新上一盘菜,主人都会邀请客人先尝,之后才会动筷子吃饭,喝酒也重礼,主人会先向客人敬酒,然后一干而尽,以表自己的诚意,在席间,主人也会主动给客人奉菜,奉菜一般会挑选桌子上比较好的菜品,如鱼肉和红烧肉等,奉菜会用一双公共的筷子夹菜,如果没有公用的筷子,便会将自己的筷子倒过头来给客人夹菜,也称"倒箸",这样做是以免自己的口水沾到菜。客人吃完后会将筷子头朝前,跟主人说一声"我吃好了,你们慢点吃"。主人一般会等客人吃完后才会放下碗筷,如果确实有提前吃完的,也需要坐在椅子上等客人吃完后才能散席。

7.建房讲究,住房实用

在农村盖房子之前一般会请风水先生看看家里的风水,农村的传统建房中,房后一般会比房前高一些,也有依山建房,村里人觉得房子后面有靠山,这样的房子才能长久,家里的人也会兴旺。潜家修房子的时候专门选好一块地段,正好后面高,前面是堰塘,地势低平,关于房屋的朝向问题,潜义伦还专门请人帮忙看房屋朝哪边比较吉利,在农村,房屋大门一般不会朝北,家里的灶门也不能朝北,"灶门朝西,猪肉煮鸡;灶门朝北,越煮越没得",所以农村房子的大门和灶门一般不会朝北面。最后确定房屋朝东。

另外,所建的房子不能在路的末端,也就是指大路不能直对着家门。还有一种说法是"前塘对后塘,家败人亡",房屋不能建在两个河塘中间,这样是不吉利的表现。潜家建房布局较为简单,主要是一个正堂,再加几间房屋,关键是讲究实用,为了节省占地空间,潜家的猪圈和厕所建在房外,单独设立。

8.洗衣有先后,次序要分明

1949年之前的农村,制衣洗衣一般是家里女人家的事情,在物资贫乏的年代,每年只有到过年的时候才能换一件新衣服,而大部分人家有时好几年都没条件换一件新衣服,衣服缝了又补,补了又缝。在潜家,小孩子每年都会换一件新衣服,新衣服一般是由各小家的母亲置办。长媳王世英嫁到潜家后,家里的衣物都是由王世英负责,洗衣服有很多讲究,男人的衣服最先洗,洗完男人的衣服才能洗女人的衣服。洗完衣服会拿着棒槌在河里捶干净,然后回去晒。在晒衣服的时候也是如此,男人的衣服要晒在前面,女人的衣服放在后面,这些规矩王世英在出嫁前已经受到父母的教育,到潜家自然不用张氏过多指导。潜家几个兄弟都成家以后,小家庭里的衣服都是由各个小家庭里的女人负责。

(三)家规家法的影响力

虽然潜家没有特定的家规,但当家人潜义伦夫妇在家里具有较大的权威,在家里的成员做错事情的时候,他们的呵斥和责骂对家庭成员形成很大的威慑力。有一次家里的二媳妇因饥饿偷吃了家里的酸菜,被张氏发现后,当着全家的面责骂二媳妇,甚至扬言:这种媳妇不要也罢了。二媳妇受到惊吓,从此再也不敢偷吃家里的东西,潜家人在家长的管理下都踏踏实实地过日子。王世英刚来潜家的时候,经常因一些事情受到婆婆的呵责,到最后慢慢地改过来,也成为村里的好媳妇,村里的人对王世英的评价较高。

(四)家庭禁忌

传统的农村,禁忌较多,尤其是在过年,吃饭的时候禁忌会更多,从正月初一到正月初三,小孩子不能乱说话,饭桌上吃饭,要说一些表示多和好的话语,比如饭吃完的时候要说"吃好了"不能说"吃完了"或者"不吃了",给你夹菜也不能直接说"不要"而应该说"有了"。当地流传着这样一个故事,请了一个放牛娃,大年三十的时候去抱柴火,在柴火旁边放了一个棺材,放牛娃看见棺材有点害怕,抱回柴就跟家里掌柜的讲:"有(棺)材",当家人听成了"有财",那一年这家果然很兴旺,第二年,隔壁家也觉得这个很有灵气,于是在腊月三十也让放牛娃去搬柴,放牛娃抱柴回来的时候不小心踩了一坨屎,这个放牛娃有点夹舌,回家就跟当家人讲:"我踩了一坨屎(si),不知道是人屎(si),还是牛屎(si)。"当家人一听到"人死""牛死"气坏了。通过这个故事大家对过年说话禁忌比较严谨。初一到初三不能扫地、洗衣服,也不能动针线,一直到初三烧了门神纸以后才能正常劳作。

出嫁的姑娘,正月十五不能在娘家看灯,这会给娘家带来霉运。孝子在父母去世的时候要先剃头,一直到烧"五七",这期间不能再剃头,这样体现对死者的尊敬,潜家人一般都会谨记这些禁忌并严格遵守,在潜义伦去世后,家里的三个儿子都剃了头。

(五)族规族法

"国有国法,族有族规",在整个潜氏大家族中也有成文的族规,统一贴在祠堂里面,这些族规都是由族长制定的,如果有人触犯族规,也会受到族长的惩罚,如果女人或者男人在外与其他人发生不正当的关系,女人一般会自己淹死,而男人将会接受族长的鞭法。在潜家湾,如果家里有不孝顺的子孙,会被直接拉到祠堂,接受族法的惩罚,族长可以直接越过家庭惩戒潜氏子孙。国民党统治后期,祠堂便拆毁了,这些族规便不复存在。

六、奖励惩罚

(一)对家庭成员的奖励

在潜家,对于家庭成员的奖励没有明确的规定。一大家子人一起生活,吃住都是由大家庭来负责的。大家拼命干活就是为了到收获的季节能多产点粮食,保证一家人的温饱,如果一年风调雨顺,大家也辛苦干活,那一年的粮食产量就会高些,若有多余的粮食,张氏也会跟丈夫潜义伦商量着卖出一部分换些钱,买点其他的菜,改善家里的生活。奖励一般是当家人做出的,劳动是大家共同劳动的,在潜家,大家都是一家人,也不会过分介意谁干得多,谁干得少,二儿子潜明生下地干活的时候比较少,但在奖励改善伙食的时候,大家都是共同享有的。在潜家,不论劳动力的强弱,也不会对任何人有特殊的奖励。

(二)对家庭成员的惩罚

通常情况下,家里的当家人有惩罚家庭成员的权力,家里的孩子如果在外犯了错误,家长会进行惩罚,大部分是责骂,严重的情况下是打骂。对家庭成员的惩罚主要有两个主体,一个是当家的人,一个是小家庭内部成员。对于孩子一般是小家庭里的父母。当家人可以惩罚第二代甚至是第三代人,但仅限于对家庭内部成员的惩罚,在实际生活中,对于第三代人的教育一般是以自己的父母为主。

在潜家,内当家张氏的地位很高,张氏经常会惩罚儿媳妇,平时长媳王世英因一些小事没做好,张氏便会当场责骂,严重的时候还会动手打人。有一次婆婆要求帮她洗被子,因年纪小,力气不够,自己也洗不动被子,便随意揉了几下,回来的时候婆婆发现被子上还有脏东西没洗干净,便责骂王世英:"连个被子都不会洗,要你有啥用,晚饭也不用吃了。"王世英只能委屈地饿着肚子重新洗。

如果是家长犯错了,一般不会有人批评,最多只是外面的人会评论几句话,家里的成员不会过多的议论,一家人都相信偶尔的错误是可以理解的,家长也一定会认识到自己的不足,然后加以改正。

七、家族公共事务

(一)参与主体

潜义伦年轻的时候,潜氏祠堂还保留较好,每逢清明节的时候,祠堂便是最热闹的时刻,潜姓人都会带上香和黄纸,到祠堂祭拜祖先。祠堂祭祀是属于村庄的公共事务,拜祖先活动一般是由家中的家长为代表,参与村庄祭祀活动。潜氏家族所有参加祭祀都可以到祠堂吃饭,族长会专门地安排一班人架起蒸笼做几十桌饭,清明节当天上香的人络绎不绝,流水席一直摆到傍晚,非常热闹。清明节早上会有很多小孩子到祠堂门口看热闹,但不能进入祠堂内。祭祀活动主要由族长来主持,各家将各自带的黄纸和冥钱在祠堂正前端进行焚烧,在焚烧的过程中会念叨着这是谁家烧的钱,祖先在天之灵好好享受,同时保佑自家子孙兴旺,生活富裕等等。因人数众多,空间有限,每个家庭只能派一个人到祠堂上香吃饭。每年到清明的时候,潜义伦都会拿着妻子张氏准备好的香和纸,一大早赶到祠堂,为了图吉利,潜义伦一般天刚亮就去祠堂,能赶在前面拜祖先是一种吉利。早早给祖先上完香,烧完纸钱,便会坐在桌子旁跟村里人喝茶聊天。

(二)事务类型

潜氏家族的祭祀活动便是每年的清明节,祠堂有专门的公田,用于维持祠堂平日的开销。清明节物品的准备,祠堂的日常管理费用都会从公田的收益中提取,每年由族长将公田租给别人种植,定期上交一定数量的粮食或者直接给钱,这些收益作为族内的公共开支,如果当年的收支不够,便会分摊在每户人的头上。具体的分摊标准主要是看各家的经济条件,田多经济条件好的家庭便会多分摊一些。潜义伦家田少,家里孩子多,在村里的条件较差,家族历来举办清明祭祀活动中没有直接向潜义伦家收取钱财。

清明时节,潜姓人共同到祠堂来祭拜祖先,缅怀先人,之后大家聚在一起吃饭、喝酒,每年这个时刻是整个潜家湾最热闹的时刻。祠堂是潜家的几个秀才共同出资修建的,潜长启的爷爷辈的人一共出了7个秀才,学成归家后开始兴建祠堂,之后祠堂的修缮都是用公田的收益补充。在修建祠堂的过程中,整个村庄有钱的出钱,有力的出力,像潜义伦这种穷苦家庭主要为祠堂修建提供劳力。

八、村庄公共事务

(一)参与主体

1949年之前,村里开会是由各组的甲长统一通知,每家的当家人作为代表参加会议,家里的女人不能作为开会的代表,如果当家人不在,便会由长子代表去开会。一般潜义伦外出做生意,长子潜明会便会参加会议,这在潜家已经形成了惯例,如果父子俩都不在家,那么将会缺席会议,事后由村里人转达重要消息。会议上一般性的问题,便直接由当家人提出,潜家人是村里的老实人,在与村里保长甲长打交道时,抱着"多一事不如少一事"的态度,对于保长的要求一般不会反对。在会议中,若有特别重要的事情,潜义伦也会回来跟家里的人商量。关于土地征税的会议,一般是先通知各家的当家人,对于没有土地的家户,一般不用参加征税会议,潜家也没有参加土地征税相关的会议。

(二)筹资

1949年之前村里没有大规模的修路和修桥,只是各家户内部,如果有需要修整的道路,会各自出劳力修屋前的道路。村里在1949年之前修土地庙主要是找村里的几个比较专业的泥瓦匠,他们自愿出劳力,买砖头,和泥巴修建起了土地庙。当时修建土地庙需要请菩萨,按照村里的说法,只有大家合力请的菩萨才会灵验,于是各家各户多多少少都捐了一些粮食或者大豆,潜家也捐了一碗米来请菩萨。

1949年之前,各地盗匪较多,潜家湾经常遭遇隔壁村落盗匪的抢劫,为了预防土匪进村偷盗,在整个潜家湾集体筹资修建了三个寨门,分别是东门、南门和北门。修建寨门需要耗费大量的人力、物力和财力,为了修建起寨墙,村里的人集体筹资,村里有个专门管事的人,当地人叫"老管"负责这个寨墙的修建,筹资以及人员安排,老管挨家挨户筹米筹钱,各家根据自己的家庭情况,条件好的人家会多交点粮食,条件差的人家会少交点。

在国民党统治时期,因战乱较多,军费比较紧张,为了筹集更多的军费,国民党要求村民购买枪支,防范危险。1949年之前枪支是很昂贵的,最后整个村里一共有三把枪,其中两把都是几家人合伙买的。八爷是村里的富农,单独买了一把枪,像潜义伦这种穷苦家庭是没有经济实力购买枪支的,这种以卖枪的方式变相地向老百姓筹资的情况时有发生。

村里筹资一般是以家户为单位进行收费,收费一般是由甲长挨家挨户进行征收,甲长一般会找家里的当家人收费,如果当家人不在家,便会问好时间,下次再上门收费。在潜家,张氏虽然管理家庭财务,但在对外交费方面主要有家长潜义伦决定,如果潜义伦外出,张氏不能当家擅自交费,只会告诉甲长当家人大致回家时间,等当家人回家后再上门征收。

(三)筹劳

1949年之前,村里修建寨门以防御盗匪,需要筹集劳力。村里几个管事的商量着,以家庭为单位,要求每个家庭派出一个劳力,轮流来挖壕沟、打寨墙,7个人打一块墙,整个村子的劳力轮流转,安排到哪一家,哪一家必须得出一个人力。轮到潜家的时候,都会有人提前通知,潜义伦当天便不会外出做生意。

修建完成后,寨门附近建有高楼,专门观望盗匪的行踪,潜家湾每天需要安排守夜的人,4个人守一个寨门,每晚老管会安排12个人。守夜的人必须是青壮年,在潜家当时家长潜义伦年轻有力,家里的孩子还比较小,每次都是自己亲自去守夜。

九、国家事务

(一)征税

在1949年之前,国民党政府的税费很多,征税的条目也很多,村里老百姓的压力很大。征税一般是由甲长来负责,每到要征税的时候,甲长会专门列一个单子,上面注明需要缴纳税费的种类和金额,送到家长手中,家长需要按时上交赋税,对于不按时上交的人,便会被直接抓起来。税收以一家一户为单位,一般是根据田亩的面积,按照一定的比例征税。潜家是穷苦人家,在1949年之前是租种八爷的土地,每年在稻谷收获的季节,潜义伦会按时上交租子,国民党征税主要是征收有土地的人的田亩税。租种土地虽不用缴纳田亩税,但还是免不了要交其他的费用,有时家里经济紧张,上交税款后一家老小便要挨饿。有一年,潜家因收入减产,生活困难不能按时上交税费,长子潜明会找了很多人托关系,向上级解释家里的生活困难,希望能免除此次税费,辗转几个地方,最后上面考虑到潜家孩子较多,决定免除那一部分税费。

(二)抓壮丁

三几年的时候,国民党抓壮丁比较多,凡是家里有几个儿子的,一定会有一个孩子被拉去当壮丁,当壮丁没有过多的年龄限制,有的十一二岁便会被拉出去当壮丁。当壮丁的待遇很差,被抓走的壮丁像犯人一样,大部分都吃不饱,穿不暖,不仅如此,这些壮丁经常挨打、挨饿,生活条件比较艰苦,很多人身上经常长满虱子,一旦打仗便不知道生死祸福。当兵时,如果发现有逃兵,一旦被逮住,被国民党发现便会直接枪毙。家长都不愿自家孩子被抓去做壮丁,被抓壮丁便意味着去送死,因此1949年前躲兵的情况比较普遍。1949年之前,潜家已经有三个儿子,按照常理,至少有一个儿子会被抓去当壮丁,最可能的是长子潜明会,母亲张氏担心自己的儿子会被抓去做壮丁,于是在潜明会很小的时候便要求其与王世英结婚,之后一段时间便一直在丈母娘家躲兵,潜明会便在王世英家中喂马。躲兵不到一年的时候,潜家生活压力较大,缺少劳动力,潜义伦便让潜明会回家来帮忙了。然而回家不到一个月,国民党的保丁便到潜家来抓壮丁,潜义伦知道这次是躲不过了,潜明会被抓壮丁后几个月,因在所抓的壮丁中能说会道,成功当选为保丁,还管理了一部分士兵。

(三)摊派劳役

1949年之前,为了修建和加固寨门、寨墙。潜家湾每家每户需要摊派部分财物或者劳力。摊派任务之前,先是由每家的家长去村头开会,去了之后便会给各家划定任务,让大家交钱。各种款子的种类很多,比如枪税、营业税等,任务分给保长,由保长分给甲长,最后再由甲长分到各家各户。出款的多少是根据各家的实际情况决定的,田多的家庭便会多摊一点,没有能力交出钱的便会出劳力。潜家因孩子较多,无能力交出钱财,每次划任务都是会多分配一个劳动力参与其中。

(四)选举

　　1949 年之前各家老百姓都只关心自家的劳动生产,对于政治生活从不关心,村里人尽量保障按时上交各种费用,然后安分守己地过自家的生活,对于谁当保长,谁当甲长与自家的关系不太大,潜家人也一样。1949 年前能养活一家子人便是潜家最重要的事情,对于上面政策说干啥自己便干啥,全村的人都没有参与选举,村里的保长甲长都是由上级任命的。

调查小记

　　受访者王世英,女,生于 1925 年 7 月,随州市随县安居镇王家楼村人,因从小家庭变故,在王世英 15 岁时便嫁入潜家,是潜家第十二代潜树仁的孙媳妇,是潜家第十四代潜明会的妻子。

　　王世英娘家早先是大户人家,世代以做生意为生,住在现在的安居镇王家楼,王家楼依旧是集市。以做船生意为主,通过船上交易买卖粮食,同时贩卖盐巴,王家楼是集市中心,物资人流交换频繁,借助在本地的声望,王家开了马站和赌场,负责中途转运物资供给和当地有钱人家的娱乐消遣,王家五个兄弟在当地影响较大,他们作为当时的大资本家,积累了大量的财富,其中部分用来买地。传统思想中"不孝有三,无后为大,王世英的父亲未能如愿生育儿子,家产后继无人,由此消极度日,在长时间的消极生活中染上赌博的恶习,没过多久就败尽家财,瞬间沦为穷人。王世英作为大女儿开始实现人生的大逆转,跟着父亲母亲搬至一个小屋居住,从此过上穷苦的生活,为了缓解家里的压力,在本家表兄的介绍下,在 8 岁的时候就定亲,15 岁正式嫁入潜家。

　　王世英一生没有上过学,作为一个农民长期在农村务农。王世英一生吃苦耐劳,勤劳苦干,十五岁嫁到潜家,在家孝敬公婆,是村里典型的好媳妇。王世英现在和自己的大儿子、儿媳妇住在一起,年老之时,一家人搬到镇里居住,便不再种地。王世英身体较好,能自己洗衣做饭。王世英的妯娌今年接近八十岁了,现在还居住在农村老家,精神状态非常好,自己还经营着自家的一亩三分地,因彼此的老伴去世得较早,两个妯娌在平时也会串门聊天吃饭。

第四篇

工农商兼业：秩序井然的耕读之家

——浙东南石曲村章氏家户调查

报告撰写：余蔚凌[*]

受访对象：章含华

---

* 余蔚凌（1994— ），女，浙江台州人，华中师范大学中国农村研究院2016级硕士研究生。

导 语

　　章家是浙东南地区一个比较有特色的家户,一方面它有着以当家人为核心、家户至上的大家户普遍特性,另一方面由于耕读传家、工农兼业的家庭特色,章家形成了一种游刃有余、宽以待人的生活态度。

　　章家定居于浙江省台州市路桥区,旧称浙江省黄岩县路桥镇。这片地区是被山地包围的一块平原,土壤肥沃,水源充足,十分适合农业发展,称得上是"鱼米之乡"。一条运河穿过路桥镇中心,带动沿岸经济发展,路桥镇因此成为附近一个比较大的集市点,周围居民多经商。

　　章家就定居于这样得天独厚的环境中。章家人依靠着这样的地理位置,在工商业领域谋得了各自的职业,再用工商业收入来反哺农业。他们的农业产出主要用于出售,日常生活需求则主要依靠在集市上进行经济交换。但章家又不是脱离土地的非农业家庭,章家人重视土地和农业生产,农忙的时候章家全员都要参与到农业生产中,密切地关注着年景和收成。从这一方面来说,章家又是一个完全的农业家庭。

　　文化上,章家祖上是福建莆田的大族,是典型的耕读传家的宗族,虽然在战乱中章氏宗族因迁移而分散,但诗书耕读的文化传统没有因此而消失,传至章九芝这一代,子孙也依然保留着必须读书识字有文化的理念。这使得章家特别有文化底蕴,而这种素养也使得章家人格外地宽厚和善。对内,章家家庭内部十分和谐,家庭成员之间互相礼让,秩序井然,每个成员都拥戴当家人,而当家人也从生活的方方面面照顾着家人,整个家庭保持着和谐的氛围。对外,章家与人为善,与邻居、亲戚、朋友、熟人、佃农都保持着良好的关系,很少与人争吵,也很少参与纷争,在村里章家信誉和名声都很不错。此外,章家还信奉善恶有报,会尽力去做善事,帮助一些需要帮助的人。

　　这两方面的同时作用使得这个家庭在整个家庭内外营造出了一种秩序井然的氛围,也使得这个家庭更具时代特征。

第一章　家户的由来与特性

　　章家自明末清初之际开始定居于浙江台州路桥地区,至 1949 年前,章家共三代十三口人,当家人为章九芝,居住于路桥镇石曲村四透里大宅第四透,房屋加空地面积达一亩,属于当地居住条件中上的人家。章家有田地 14 亩,多数出租给佃农租种,章家的成年男性都有各自的其他职业,家庭收入在当地属较高水平。章家人文化水平比较高,家庭成员都读过书,在当地声望较高,社会地位较高。总体来说,是当地比较有特色、生活条件比较殷实的中上户。

一、家户迁徙与定居

　　章氏家族原聚居于福建莆田一带,是传统的耕读之家,族中子弟多好读书,学而优者入朝做官,学力不足者或经商或耕作,士农工商共同发展,家族较为兴盛。然而明末清初福建沿海频繁遭受倭寇侵扰,战乱频发,章氏家族世代居住地位于沿海地区,生产生活遭受了严重影响,无奈之下举族北迁至浙江境内。迁徙途中,章氏其中一支选择在浙江省乐清县大荆地区安顿下来,而另一支则迁徙到了台州市黄岩路桥一带,并分散开来形成多支小宗族。章九芝所在的章家这一支就定居在了现路桥区路桥街道章苑社区一带,原属于黄岩县路桥镇石曲村。这片地区是山区包围中的一片平原,外围的广阔山区隔绝了外界的战争和混乱,肥沃的平原和充足的水源则造就了一处富庶的鱼米之乡,而这也给章氏家族带来了稳定和发展。章氏在路桥地区落脚的时期,正值朝代交替,地方管理混乱,章氏落户之时也不必经过官府同意,只需向当地居民买田买地或自行开垦荒地,拥有了房屋和土地便可以定居下来,开始休养生息、耕读传家的世代繁衍。

　　章家人对自己家族的了解主要来源于祖辈的口口相传,关于家族传承更多的内容则记录于家谱之上,20 世纪五六十年代家谱遗失毁坏,关于家族传承的内容也就不得而知,只有一些大概的情况保留在了老人们的记忆之中。

二、家户基本情况

(一)三代十三口人

　　1949 年以前,章家共 13 口人,三代同堂。第一代有当家人章九芝并妻王怀馨二人,第二代共兄弟三人皆已结婚生子:长房章正文并妻叶梅芳,育有一女;二房章正明是次子,妻子马爱珠,育有一儿两女;三房则是三子章正化并妻方香莲,育有一儿。

表4-1 家庭基本情况数据表

家庭基本情况	数据
家庭人口数	13
劳动力数	8
男性劳动力	4
家庭代际数	3
家内夫妻数	4
老人数量	2
儿童数量	5
其他非亲属成员数	0

注:以1949年当年情况为准。

章家耕读传家,男性成员都读过书,受教育时间长,有较高的文化水平,当家人章九芝是当地比较有名望的士绅。章九芝与正妻王怀馨生育的长子长至九岁夭折,当时正妻年龄已经较大,夫妻俩担心再难生育子嗣,无人继承香火,于是经人介绍从上海娶了一个小妾。妾生长子章正文,之后王怀馨生次子章正明,三子章正化则也是妾所生。章正文1949年以前生育一女,1949年以后又有一子。章正化1949年以前育有一子,1949年以后又有两儿两女。而章正明1949年以前育有两儿两女,其中一子由于抗日战争时期缺医少药,因肺炎夭折,1949年之后又育有两女。章正明之妻马爱珠出身家庭较好,父母皆为西医,自身曾就读于宁波的新式中学,文化水平较高,信仰基督教,其子女也随她信仰基督教。章正文和章正化之妻亦有或高或低的文化水平。三房都有男丁,家中劳动力充足,没有过继和抱养的情况,家中生产生活能够自给自足,也没有管家、保姆、丫鬟、长工等非亲属成员,仅在农忙时会请短工帮忙。

表4-2 1949年时家庭成员情况表

序号	姓名	家庭身份	年龄	性别	婚姻状况	宗教信仰	健康状况
1	章九芝	当家人	83岁	男	已婚	佛教	优
2	王怀馨	妻子	79岁	女	已婚	佛教	优
3	章正文	长子	40岁	男	已婚	佛教	优
4	章正明	次子	38岁	男	已婚	佛教	优
5	章正化	三子	36岁	男	已婚	佛教	优
6	叶梅芳	长媳	38岁	女	已婚	佛教	优
7	马爱珠	次媳	36岁	女	已婚	基督教	优
8	方香莲	三媳	36岁	女	已婚	佛教	优
9	章高翔	三房长子	11岁	男	未婚	佛教	优
10	章高矞(章含华)	二房长子(受访者)	11岁	男	未婚	基督教	优
11	章棣华	二房长女	14岁	女	未婚	基督教	优
12	章尊华	二房次女	12岁	女	未婚	基督教	优
13	章英华	长房长女	12岁	女	未婚	佛教	优

注:1.此表为1949年当年情况。章九芝之妾已于1947年去世,因此表中没有其信息。

2.当地佛教道教不分,不会刻意区分佛道,也不会互相排斥。受访者称家人信仰佛教,但实际上他们既去道教的本保庙拜神,也去佛教的佛寺拜神。本文中涉及宗教信仰的地方都沿用受访者的说法依然称为佛教,但已经不是完全意义上的佛教,特此说明。

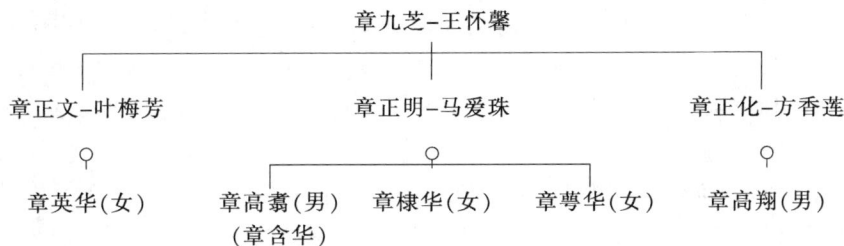

图 4-1　1949 年章家的家户结构图

(二)家户空间结构

1949 年以前,章家居住的房屋位于一座四进的大宅院之中,当地称为"四透里"。"透"字意思同"进",指这处住宅共四进,当地称"四透"。四透里位于路桥东南方向的石曲村,坐东朝西,大门外就是路桥镇中心街道的延长线石曲街,这条街沿老运河南官河而建,由青石板铺成,路宽三至四米,沿河侧有石板条铺就的河埠头,船舶可在此停靠装卸货物,附近的人家也可在此洗涤、取水。大宅左右是沿街排开的店面宅院,有同四透里类似的大宅院,有小门小户的小楼房,也有前店后宅的商铺,黑瓦飞檐,错落有致。大宅背后则为大片农田。

四透里宅院原为一户蔡姓人家所有,该蔡姓人家曾是当地的大户人家。大宅门口左右两边各立一根旗杆,这是旧时有功名的荣誉象征,代表着这户人家曾出过举人,旗杆以两块对称的大青石为基座,称为"甲午石","甲"谐音"夹",是天干首位,"午"是地支中的中央数,"甲午"是天干地支中的历数,意思是夹在中央,"甲午石"[①]就是将旗杆夹在中央的石头。大宅主体呈传统的四合院样式,共四进,都是两层楼的木石结构房屋,一进和三进两侧又各有一处四合院,称为"凤翼"。蔡姓人家落败之后,逐步将家中的房屋卖出去,章家祖上迁居此地时就购买了第四进中的一部分房屋,并代代传承下来。

传至祖父章九芝手中的住宅是四透里第四透南面一排和东面半排房间,占地 230 平方米,东面空地建有一排自己搭建的一层小屋,作为厨房、厕所和猪圈,外围另有一圈空地作为院子和菜园。所有建筑加之周围一圈空地,共占地 1 亩左右。

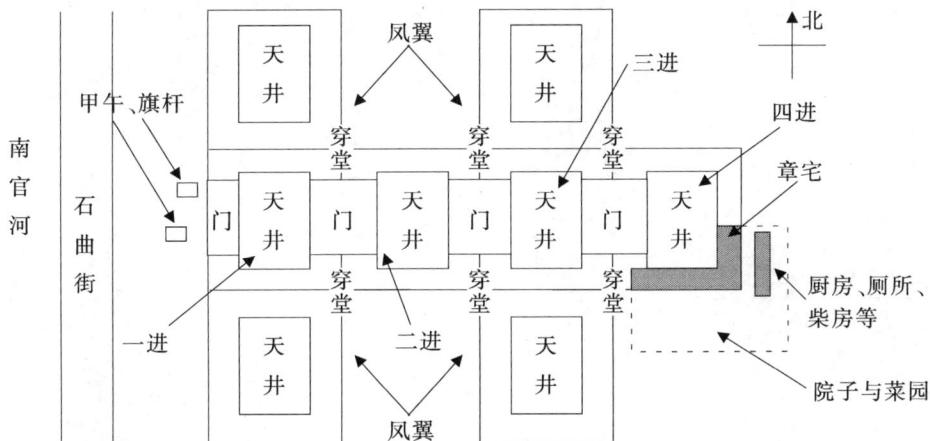

图 4-2　四透里及章宅示意图

---

① 参见百度百科"甲午岩"词条,https://baike.baidu.com/item/%E7%94%B2%E5%8D%88%E5%B2%A9/11013597。

331

四透里的住宅都为二层小楼,屋顶为"人"字型,楼前开窗楼后不开窗,俗称"畚斗楼"。四透里第四透共居住了三户人家,分别为章、王、於三姓。其中章家所有房屋为南面一整排和东侧靠南与南侧厢房相接的半排。南面正中的房间为正房,多为中堂或长辈居所,中堂就是会客室。章家的正房是一间中堂,背后隔出一小间作为自家小祠堂摆放过世老人的牌位,正房左右的各个厢房作为家中成员的卧室,称为"睡房",面积越大条件越好的房间多留给家中辈分较高者。另有单独一间书房,名为"小书斋",由郑板桥题写匾额。一楼共计8个房间。二楼的房间由于楼后不开窗的特点,大多不适合居住,多作为储藏室使用。章家的二楼主要划分为藏书室、谷仓、箱间、杂物间等,章家作为书香门第,藏书数量可观,藏书室也有较大的规模。此外,章家在东面空地另行搭建了一排小屋作为厨房、厕所、猪圈,柴垛垒于门外空地,没有专门的柴房。空地在当地称"道地",既为可供行走的道路,也是家户的院子和晒谷场,"道地"用竹篱围起,为章家私有财产,部分"道地"被开辟为菜园,产出蔬菜用于自家食用,不外售。

(三)经济条件好

1949年以前章家共有土地34亩,其中20亩为二儿媳马爱珠的陪嫁,属于其个人所有,不算在家庭公共资产中,因此,实际上章家集体所有土地为14亩,都为水田。其中13亩租给佃农耕作,仅留一亩自家耕种,农忙时会请短工帮忙耕作,不曾雇佣长工。章家1949年以前共有劳动力8人,4男4女。男性都有各自的职业和工作,兼职务农。当家人章九芝自己经营了几家店铺,还是台州轮船的股东;长子章正文是钢笔厂的工人;次子章正明是海上无线电通信员;只有三子章正化以务农为生。农忙时,家中的男性劳动力都会回家参与劳作。而女性劳动力则分担了家中的家务,从买菜、做饭、洗碗到洗衣、打扫、缝补,还承担了编织草帽、草席等副业,四人绰绰有余,不需要再请丫鬟、保姆等。

章家的收入主要包括男性劳动力主职收入、土地租佃租金、手工业收入和少量的农业产出。支出中最主要的是食物消费,此外还包括衣物消费、雇工消费、教育消费等。总体来看,每年都是略有结余,家庭条件较为富足。

表4-3 1949年以前本户家计状况表

土地占有与经营情况	土地自有面积	14亩	租入土地面积	0亩
	土地耕作面积	14亩	租出土地面积	13亩
生产资料情况	大型农具	无		
	牲畜情况	无		
雇工情况	雇工类型	长工	短工	其他( )
	雇工人数	0	1~3人	0
收入	农作物收入				
	农作物名称	耕作面积	产量	单价	收入金额(折算)
	水稻	1亩	400斤/亩	0.09元/斤	36元
	其他收入				
	收入来源		收入金额		
	工资		50元/年		
	店铺		60元/年		

收入	地租			110元/年	
	分红			不明	
支出	食物消费	衣服鞋帽	燃料	肥料	租金
	不明	不明	0	0	0
	赋税	雇工支出	医疗	其他	支出共计
	不明	不明	0	不明	不明
结余情况	略有结余，金额不明		资金借贷	借入金额	0
				借出金额	不明

(四)社会地位高

1949年以前，章家没有人担任过乡长、保甲长、会首等民间或官方职位。当地居民大多不愿意与官方打交道，章家也是其中之一，他们不太谈论政治，参与政治的积极性也不是太高，更不会主动出任相关职位，在官府中也没有什么特殊的关系。但章家由于文化水平高，在当地的声望比较高，社会地位也比较高，比较受当地居民尊重。在宗族中，虽然章家没有担任族长，但章九芝在族内也属于比较有名望的族老，曾负责替宗族保管族谱。

(五)各方面都是中上户

章家迁移到本地约有二三百年，始于明末清初时期，几百年的发展壮大，章家的语言、习惯、风俗都已经与当地环境融合，在路桥当地应已属于老户。在当地没有明显的老户新户之分，当周围的居民都习惯了新搬来的某一户人家的存在，而这户人家也与当地人有着一样的语言、习惯、风俗并且默认自己是本地人的时候，这户人家就可以被认为是老户。

1949年以前，章家家中共三代人，家户内部没有内外当家之分，家长是当之无愧的当家人，也是内外事务的决策者。分家之前章家当家人为章九芝，分家后章家分为四个小家庭，章九芝夫妻为一户，当家人章九芝；长房家一户，当家人为章正文；二房家为一户，当家人为章正明；三房家为一户，当家人为章正化。

当地虽然存在大户、中户、小户的看法，但划分并没有明确的标准，官方也没有详细的等级划分，大中小的区分多在村民口头交流中使用，巨富之家为大户，殷实之家为中户，温饱乃至达不到温饱的则为小户。通常来讲，三代以上不分家，家中人口众多，超出十五口或者二十口的，且资产足以供养家中所有人的，大约可称为大户。人口相对少，两代或者三代未分家，人口在十人上下的为中户。两代人三口之家自然为小户。章家认为自家在当地应是中户，人口数量也好，土地和财产也好，都是中上水平。

第二章 家户经济制度

章家的土地、房屋、生产生活资料等的产权都归家庭所有,基本都继承于上一代长辈,由当家人实际支配,家庭成员听从当家人安排进行生产生活劳动。章家将大多数土地出租给佃农租种,仅留一亩土地自己耕作,农忙时所有男性成员都要参与生产,还要另外雇佣短工。但章家没有养牛,要用牛的时候会向出租牛的人家租借。此外,章家成年男性另有稳定的职业,收入可观。而章家的女性成员除了负责章家的家务劳动之外,还可以自己做手工业。而章家的家户分配则由当家人主导,但分配的东西有限,大部分东西都是共用。消费则主要以食物消费为主,但章家不是自给自足的家户,日常消费需要依靠经济交换。整体上看,章家的收入多样,基本可以维持消费,略有结余,需要依靠工商业收入补贴农业生产。

一、家户产权

(一)家户土地产权

1.土地数量中上,好田多

1949年以前章家共有土地14亩,都是水田,大部分都是好田。在当地,最好的田地是河流边上的田地,因为水源充足,方便取水,称为"泾坎",意为"河边",靠近河流的田地则称为"挂泾坎",意为"靠近河边",也是很好的田地。章家的14亩土地中,三分之一为"泾坎"或"挂泾坎",大部分都是好地。1946年前后,章家分家,章九芝的三个儿子分了家中原有的14亩土地,而章九芝本人则从自己收入中出钱购买了10亩土地用于养老,这10亩土地的所有人是章九芝,并不属于整个章家。

2.土地源于代代继承

章家的土地大部分继承自父辈,祖父从曾祖父手中继承,父辈则从祖父手中继承。每一代先人如果积累下了财富就会购买土地,一有钱就买地几乎成了一种传统习惯。通过代代积累和分家分散,最后传到章九芝手中的土地14亩左右。这些土地分散在路桥附近,不仅仅在石曲村村内有土地,还在附近几个村有一部分土地。

路桥所在的温黄平原是鱼米之乡,气候环境极其优渥,也因此,这片平原上大多数的土地都比较肥沃,且基本都已经有主,极少有荒地,更无处开荒。到章九芝这代,当地人们土地的增减主要源自买卖,极少有开荒的现象,章家也没有参与过开荒。

3.集体土地归"堂众"①,私房土地归个人

在章家人眼中,家中的土地是"堂众"所有,不是家里某一个人的,也不可以分割成一人

---

① 堂众:当地人将家庭共有的、所有权属于家庭的物品或财产称为"堂众"所有。

一块,当家人所拥有的仅仅是土地的经营权处置权,虽然实际上土地的交易买卖都由当家人决定,但当家人是代表整个家庭行使的处分权,因此也不能说土地是当家人个人所有。土地是属于整个家庭的,是属于"堂众"的。而在家户中,凡是属于"堂众"的东西都是公共的,所有被认定为这个家户的成员的人对其共同享有所有权。这个家户成员包括目前同吃同住的所有直系血亲,包括父母、未分家的儿子、嫁进来的媳妇、未出嫁的女儿、过继或抱养的儿童、入赘的女婿等。但不包括已分家的儿子、出嫁的女儿以及管家、保姆、丫鬟、借住的亲戚等常住家中的非直系血亲。而"堂众"所有的东西,只有当家人有支配权。

但这不代表家户中没有个人所有的东西,家户允许体己地的存在,这种体己地主要是指嫁妆田。二儿媳马爱珠就有 20 亩这样的嫁妆田。马爱珠的娘家家境优越,马爱珠的父母都是西医,在下里村经营一家西医诊所,马家的孩子都受到了很好的教育,马爱珠本人曾就读宁波的新式中学,接受过西式教育,而马爱珠的兄弟大多有大学学历,甚至留学海外。马爱珠嫁到章家时,父母为其准备了 20 亩水田的陪嫁带到章家。这 20 亩田地就由其个人所有,地契上所写的是其本人的名字,如何经营如何管理也由马爱珠自己决定,自负盈亏,章家所有人不得擅自动用或干涉。即使家中面临经济困难,章家也不可占有这些土地,除非马爱珠本人自愿将这些土地转让给章家。

在章家看来,这样的土地家户所有制是有其存在价值的,这种制度是约定俗成、大家都自觉遵守的,如果谁都能做主、谁都有权利,那秩序也就荡然无存,更别提发展了。当家人有做主的权利也就承担了相应的责任,这样的责任十分重大。而当权利和责任系于一身,其他的家庭成员也就少了矛盾纠纷,这更有利于家庭的团结和和睦。

4.普遍以田埂分界

当地总体来说存在三种土地分界方法,田埂分界、路石分界、至界石分界。田埂分界的应用范围最广,即以田埂的中间线为界,当地的田地大多使用这种分界方法。但有些人会为了多占一些土地而把田埂挖成难以通行的窄窄的一条,这就容易产生纠纷,因此当地还有一种约定俗成的分界方法,也就是如果接壤的双方对分界有纠纷,可以选择在田埂上铺设路石,路石是统一大小的方石板,长宽都是约定俗成的固定数值,铺设之后,田埂的宽度就被固定了,双方谁也不能再挖掘田埂,也就杜绝了纠纷。铺设路石之后,田地则以路石中间线为界。除此之外,当地还存在另一种分界方法,也就是在分界处两端各立一块至界石,两块至界石的连接线即为土地分界线,这种方法由于要置办至界石,比较麻烦,所以用得比较少。章家的田地大多是使用得比较普遍的田埂分界。

当地农民对土地的边界都心知肚明,一般情况下是不允许侵占别人家的土地,也不允许越过土地边界到别家土地上进行生产劳作的,这种不允许侵犯没有明确的法律条文或村规民约规定,但却是每个农民心中的准则。

自家的土地也只能由自家人处置,如果家户没有将土地出租或请人帮助耕作,那么也就只有自家家庭成员才能耕作,外人不可随意侵犯、占用,如果外人不经同意就在自家土地上耕作,就会被视为侵犯他人财产。每一个家庭成员都对自家土地的位置、范围、边界十分清楚,这似乎可以称为一种与生俱来的认识,守护自家土地不受侵犯是每个家庭成员都要承担的义务。

土地经营权是属于当家人的,自家的土地种什么、怎么种、何时种、何时收、是否要出租、是否需要请工等都由当家人章九芝决定，当家人有着天然的权威，不需要同任何人商议，任何人也无法干涉，包括村庄和宗族，家庭成员只需要听从当家人的安排。土地的产出则也归整个家户所有，产出的农作物也由当家人决定如何使用和分配，即使是分家后的父母兄弟也无法干涉。如果当家人长期外出，这些事务则由代理当家人负责，不然家庭内部就要乱套。

5.家长实际支配土地所有权

土地的买卖、租佃、置换、典当等活动都是由当家人实际支配，只有当家人说的话和签的字才具有效力，不管当家人是男是女，是长辈还是晚辈，只要是当家人，就有这个权限，就算当家人不在家，也要等当家人回来再办，不能由家中其他人代办。但如果是私房地或体己地，当家人则没有权力动用，这些地的所有权是归个人或小家庭所有，支配权也不在当家人手中，不经允许随意动用是不可以的。以章家为例，二儿媳马爱珠的20亩陪嫁地所有权和支配权都在她自己手中，由她自己决定买卖、租佃、置换、典当等事务，在签订契约时，只有她本人的签字能够生效，章家其他人（包括当家人）的签字都没有效力。章家人没有资格干涉，除非她自愿把支配权转让给章家人。

在土地买卖中，当家人来决定是否买卖、买卖给何人、以什么样的价格买卖，其他人无权干涉，如果当家人愿意的话可以与家人或长辈商量，但多数情况下都是由当家人自己做主，不需要知会任何人，家人只需要听从当家人的指示。在当地，土地买卖没有优先次序，谁愿意买就卖给谁，谁出价高就卖给谁。土地买卖需要先找中人，由中人为买卖双方重新书写地契，称"写契"，这份契约上须有当家人的签字和手印，签字也称"花字"，这种签字一般是自己设计的签名样式，别人难以仿冒，具有防伪作用。写契后，要到官府印契，也就是在写好的契约上加盖官府的印章，使其具有法律效力，同时官府也会据此完成相关档案的修改。到官府印契要给一定的手续费。章九芝在分家后购买的10亩土地就是由他自己独立决定，也由他一手操办，他不需要与任何人商量。

在土地租佃中，是否租佃、租佃给谁、租金多少、租多久，这些也由当家人自行决定，不需要与任何人商议，也不需要经过任何人的同意。在当地，租佃不需要中间人，也没有明确的优先顺序。需要租佃的土地主人和佃农双方都会互相打听，比如有心租种更多土地的佃农就会留意自己看中的地，然后去问这是谁家的地，需不需要人种，打听好了之后会亲自上门求租。如果土地主人有租佃的想法，那么双方就可以坐下来谈具体的事项。相反，土地主人如果有心出租自己的土地，也会到处打听有没有想租种土地的佃户。大多数情况下都是佃农主动来问。土地租佃的决策主体必须是双方的当家人，非当家人没有决定是否租佃的权力，他们的决定也不具有效力。因此，必须是双方的当家人才能达成租佃协议，如果是当家人长期不在家，那么代理当家人也可以达成租佃协议，因为当家人将权限赋予了代理当家人。土地租佃一般不写契约，大部分都是口头约定，双方当家人坐在一起，协商租多少亩地、租金多少、租多长时间、有没有其他附加条款等内容，双方协商达成一致后，租佃关系就可以形成。

在土地置换中，同样是由当家人决定是否置换、如何置换、以什么样的条件置换，不需要经过其他人的同意。置换的手续与土地买卖基本一样，需要双方当家人同意，需要请中人写契，而后到官府交手续费印契。只要土地所有权变动，就要执行这套程序。

在土地典当中，也是由当家人自己决定是否典当、典当给谁、以什么价格典当，不需要经过任何人同意，也不需要告知任何人。典当没有明确的顺序，谁愿意接受典当，就典当给谁。

而典当需要请有名望的中人来作保,中人需要承担一定的责任和风险。

6.其他家庭成员作用很小

在土地买卖、租佃、置换、典当等活动中,当家人以外的家庭成员发挥的作用很小,不管是妻子、长子还是其他家庭成员,都没有替当家人做决定的权力。因为涉及土地的事情都是家中的大事,就算当家人不在家,也要等到当家人回来再说,因此,在章家牵涉到土地的事情都由章九芝一手决定。章家的其他家庭成员虽然也可以发表自己的意见,但主要的决定权还是在当家人身上。如果分歧较大,就要看当家人有没有权威,如果当家人比较有权威,其他家庭成员的意见就会被压下去;如果权威不够,那这户人家可能就会吵架。这一点对"堂众"的财产都是一样的,私人财产则另当别论。在章家,章九芝作为当家人是很有权威的,家中的其他家庭成员也很信服他,觉得他做的决定都是对的,基本不会当面反对章九芝的决定,事实上章九芝作为当家人对土地相关的事务了解比较多,做决定也很慎重,在家中很有威信。如果当家人长期不在家,那么这些事务可以由代理当家人代为执行,但涉及签字的事务则还是要由当家人回来进行。比如章家分家后,二房的当家人章正明由于工作原因经常外出,二房实际事务都由他的妻子马爱珠管理,马爱珠就是代理当家人,她能够自己处理诸如土地租佃之类的事务,但土地买卖、置换、典当则要由章正明回来处理,因为这些事务需要当家人出面,只有当家人的签字能够代表这个家庭。

7.侵占情况很少

章家没有遇到过土地被侵占的情况,这种情况在山区那种资源贫乏的地区比较多见,章家所在的地区位于平原,资源较多,被侵占的现象比较少见,即使出现也一般是个人的纠纷,很少涉及村与村之间。侵占的形式大多都是边界纠纷,也有少数所有权的侵占。

侵占者大多是品行不好、好吃懒做、横行乡里的人,而被侵占者则主要是力量弱、好欺负的人家,比如寡妇家庭、老弱家庭等。

而当土地被侵占时,大多数家庭都不会忍气吞声,一般都会找能主持公道的人来帮忙,比如当地有名望的人、家族的族长族老等。如果被侵占土地的人家在村里人缘好,那么村民们都会来帮他们;如果人缘不好,大家也就冷眼旁观。但如果侵占者势力很强,大家都得罪不起,那么这户人家也就只能忍下来吃暗亏。

8.村民互相承认土地所有权

石曲村的村民都承认他人土地的所有权,这是每个村民都清楚的,哪里到哪里是这家的,哪里到哪里是那家的,每个村民心里都有谱,不会随便越界。如果要买卖、租佃、置换都会主动上门来找土地主人商量,商量不成也不会强求。章氏家族也认可族人的土地,不会随意侵占族人的土地,当族人土地被外人侵占的时候,有能力、势力强的家族就会出手帮忙,为族人提供保护,实力弱的家族也没有能力再帮忙别人。章氏不算势力很强的宗族,但如果真的遇上这种情况,族里也会尽力帮助受害的族人。保甲长对村里土地的所有权知道得很清楚,承认每家每户对自身土地的所有权,不能随意侵占村民的土地。如果村里要买卖、租用、置换村民的土地,需要与村民商议,不同意就不能强行侵占。但个人的土地被外人侵占的时候,村里不会管,这属于私人纠纷,保甲长不会出面。当地官府也承认农民的土地所有权,只要有加盖了官印的地契,那么这块地就属于这个农民,即使是官府也不能随意侵占,地契有着很高的法律效力,对持有地契的农民提供了很强的保护力度,如果土地被侵占,纠纷双方到官府申请裁决,官府就会保护持有地契的一方,为其主持公道,但如果没有到官府去,那么官府也不会管。官府也很少会买卖、租用、置换农民的土地。

(二)家户房屋产权

1.房屋条件较好

1949 年以前,章家的房屋地基占地面积 230 平方米,加上院子和空地,共达一亩,房屋为两层,建筑面积总计 460 平方米。房屋是四合院布局,但章家只占了其中一部分房屋,没有拥有整个四合院。章家的房屋在村里不管是面积、建筑质量和居住环境都是属于比较好的。

章家住宅共上下两层,一层有八间房,正中朝北的房间为中堂,作为会客间使用,其他房间分别作为家人的睡房和书房使用;二楼的房间由于单面开窗,通风性较差,不适合居住,因此作为储藏室使用,按储藏的东西不同分为谷仓、藏书室、箱间、桶间、杂物间等。在整体住宅之外,还有一排搭建的简易平房,分别为厨房、厕所、猪圈等。

整个四透里都为木结构建筑,坐东朝西,在当地很少有朝向正南的建筑,因为只有寺庙才是正南朝向。当地大多房屋都朝西,而不管是什么朝向的房子都不会朝得很正,会偏转一些角度。特别是不得不朝南的房子一定会稍微偏转一点角度,不会修成正南方向。

1944 年章九芝因其妾信佛并净素饮食,专择了一块地建了并排的五间平房,周围一圈修了个环境清幽的小园子,命名为"觉园",与妾共同居住,妾去世之后,无人料理家务,妻子王怀馨也住到了觉园与章九芝同住,二人在此养老。

二儿媳马爱珠在其父母过世后继承了二老的房子,那是一栋二层木石结构的房子,地基和墙为石制,内部隔墙和地板为木质,房屋朝向西南,背后有一个小院子,每层有五间房间。一楼原作为二老的诊所,二楼才是住宅。院子里搭建平房作为厕所和厨房。该房屋所有权为马爱珠所有,直到其子章含华继承这处房屋。

2.房屋源于继承或修建

章家的房屋主要都是祖传的,代代继承而来,四透里大宅的修建时间已不可考,先祖购入时花费几何也已不可考,只知道到章九芝一代,由章九芝继承了四透里的祖宅,而下一代则由章九芝的三个儿子分别继承。而马家的诊所则是继承而来,马爱珠的兄弟都不在当地,二老就决定百年之后将房屋留给女儿,房屋所有权属于马爱珠,并通过继承转给了章含华。

但章家也有自行修建的房屋,比如章九芝修建的"觉园"是章九芝自己出钱修建,因此所有权属于章九芝。

3.集体房屋归"堂众"

在章家,未分家的房屋是属于"堂众"所有的,分家后的房屋则是"户中"的,以小家庭的父亲为代表人。这个"堂众"所有是不能拆分的,不能认为每个家庭成员都有一份,而是家庭成员共同拥有。而家中的房屋小家庭的睡房是小家庭专属的,其他的房间则是全家人共用。理论上所有的房间都应是共有的,但由于使用性质不同,睡房之类的房间有一定的隐私性,其他家庭成员一般不会随意进入和使用,因此可以被认为是小家庭所有。

"堂众"所有的房屋是整个家庭共同拥有的,不能拆分成某个人的,也不能分成好几份,而应是所有家庭成员共同拥有。这个所有家庭成员是指同吃同住的有直系血缘关系的亲人及其婚姻对象,包括未成年的儿童、未出嫁的女儿、未分家的儿子、嫁进来的媳妇、入赘的女婿等。分家的儿子被视为单独一户,而不再是原生家庭的一分子,而出嫁的女儿则被视为婆家人,而不是娘家人。常住家中的其他非家庭成员,比如管家、保姆、长工、丫鬟、房客等,则不被视为家庭成员,因为他们与主人家不具有直系亲属关系,也不与家庭成员共同拥有房屋的所有权。

在章家人看来,这种房屋所有制是有其道理的,家庭的人口总数较多,如果每个人都能对房屋做主,那么就容易发生混乱,必须要有一个人来代表这个家庭,这个人就是当家人,但这些房屋并不是完全属于当家人,房屋的所有权属于整个家庭,当家人只是代为行使支配权,这种制度有效地保证了家庭的和睦和团结,减少了纠纷,要好于划分到个人。

同时,章家也允许家庭成员拥有自己的私人房屋,这种房屋来源于个人自行购买、修建和继承,比如章九芝修建"觉园"时的花费来自于他自己的个人收入,因此"觉园"的所有权是章九芝个人的,而不属于整个章家所有,分家时也不需要分给儿子。又比如,马爱珠从父母处继承来的下里村的房子也属于马爱珠个人,而不属于章家。但由家庭出钱修建的房屋就属于家庭,属于"堂众"。

4.以柱中、墙中、道中为界

在当地,与四邻房屋边界有着约定俗成的默认说法。如果屋前有柱子,则房屋边界以柱子中心线的延长线为界。如果两户人家墙壁无缝连接,则房屋边界以墙壁的中间线为界。如果两户人家房屋之间有路,则以道路的中间线为分界。院子则以房屋边界的延长线为界。这是大家都默认的边界,每个村民都天然地认可这种分界,章家也是按照这样的原则与邻居分界。邻居不能随便越过边界。如果邻里关系好,那么偶尔借用或占用一下邻居的院子或过道是可以的,比如晒谷的时候,如果邻居不晒,那可以借他的院子晒一下,但不能长期霸占,如果长期霸占就会产生纠纷。

5.当家人支配"堂众"房屋

当家人是家中房屋买卖、典当、出租、建造等活动的实际支配者。如果家庭人员有变动,当家人可以对房屋空间使用进行重新调配,也可以购买或加盖新的房屋。只有当家人可以决定如何处置房屋,其他家庭成员说了不算,就算当家人不在,也要等当家人回来再说,代理当家人只能对现有房屋进行简单调整,比如重新调配家人的房间,或简单地维修家里的房子,而房屋的买卖、典当、建造等事务还是要由当家人决策,代理当家人无权进行。而所有权归个人或小家庭的房屋,当家人则无法支配。如二儿媳马爱珠继承自父母的房子,章家人就无权支配。

章家居住的四透里的房子就是祖屋,祖屋在章家没有特殊的地位,分给哪户子孙,哪户的当家人就有权支配祖屋,分出去的家庭没有权力干涉。房屋有房契,也有房屋所占地面的地契,房屋出售转让,转让的就是房屋以及那块地皮。房屋买卖也有中间人,需要买卖双方当家人共同请中间人帮忙写契,然后到官府出钱请官府在新契上盖印,并改变官方档案。房屋买卖不需要告知或请示任何人,包括四邻、家族、保甲长等,这是一个家户的内部事务,不需要外人插手干涉,只要买卖双方当家人达成一致,买卖就可以成功,房屋买卖一般会优先自家亲戚。非当家人无法对自家的房屋做主,也无法决定是否买卖房屋。章家没有买卖过房屋。

家中房屋是否出租也由当家人决定,出租不需要请中间人,也不需要写契约,只要双方达成一致就可以出租,不需要别人同意。出租没有先后顺序,亲戚或者熟人大部分都有自己的房屋,很少会租别人的房子。章家没有出租过自己家的房屋。

典当房屋也是由当家人做主。典当同买卖一样,也需要请中间人写契,然后到官府印契。典当房屋不需要请示任何人,只需要双方当家人达成一致即可。典当没有先后顺序,价高者得。

家庭建造房屋也由当家人决定,修房子的钱也要从家庭财产中支出。但个人自己花钱建房子不用当家人同意,只要自己有钱就能建,这种情况下房屋是属于个人的。章九芝在当家后期另择一地修建了"觉园"作为自己的居所,建房的费用就从章九芝个人的收入中支出,因此这处房产的所有权属于章九芝。更何况,在没分家前,当家人章九芝完全能够自行决定是否要修建房屋,儿子和其他家庭成员都无权干涉。

6.其他家庭成员只用听从安排

在房屋的买卖、典当、修建等活动中,只有当家人章九芝能够决策,其他家庭成员只能听从当家人的安排,如果家庭成员对章九芝的决策有意见的话,也可以对章九芝提出来,但接不接受就要看章九芝的想法,如果章九芝不愿意接受的话,那家庭成员也必须按照章九芝的原安排去做,章九芝在家庭中是绝对的权威。事实上,章家的家庭成员也不会对章九芝的决定提出异议,因为他们天然地就觉得应该听从章九芝的安排,章九芝作为当家人有能力做出对家庭来说最好的决定,这是由章九芝当家人的身份和他本身的能力威信决定的,这也是章家人对他的信任。其他家庭成员不能擅自决定家庭房屋的买卖、典当、修建等,其他家庭成员做出的决定也不具有效力。

比如章家要修缮住房的话,修缮的决定要由当家人章九芝做,他的几个儿子都没有资格干涉,其他家人也是如此。此外,儿子们还要听从章九芝的安排负责相关事宜,比如安排谁去请工匠,谁去采购建筑材料,谁去现场监督等,这些事宜章九芝会安排给儿子们,根据几个儿子的能力和时间安排好各自做什么,儿子们可以对章九芝的安排提出看法,比如说觉得这样做更好,或希望做那件事,但决策权仍然在章九芝,如果章九芝同意他们的意见,那么就可以修改自己的安排,然后儿子们再去做,但如果章九芝不同意,那么儿子们也只能按照章九芝的安排去做,而不能按自己的想法做。

7.侵占多源于自家分配不均

章家的房屋没有被人侵占过。当地也很少出现外人侵占别人财产的情况,更多见的是自家人的房屋侵占,比如分家的时候小家庭之间有分家不均的情况,互相之间有矛盾摩擦,这时候就会出现互相侵占的情况,这时候的侵占多出于不公平的心理,认为对方的房屋应该是属于自己的,而导致的后果就是双方发生争执。这时家中的其他人就会来调解,特别是长辈,都会来调解,而其他的邻居熟人村民大多会根据人缘和哪方有道理来决定是否拉架,如果当事人人缘好村民们就会来帮,人缘不好就没人会来管,如果没道理的话也很少有人会帮忙;而保甲长是不会管这些事的。章家同辈的兄弟之间关系都很好,互相之间都比较礼让,不会占彼此的便宜,也没有因此引发过矛盾。在章家分家的时候,当家人章九芝尽量保证了诸子之间的公平,几个儿子由于关系好,都会根据各自的家庭环境推让,会多让一些东西给条件不好或人口多的家庭,而被让的一方也会推辞,在这样有来有往的协商中达成各方都接受的结果,而不会打破头争夺一些蝇头小利。分家后章家三个小家庭虽然分了房子,但依然住在一起,很少发生侵占房屋的事。

8.外界对房屋产权完全承认

其他村民对别人家房屋的所有、买卖、租用、换置完全承认,他们对房屋的所有权有着明确的区分,不会随便侵占别人家的房屋。如果想买卖、租用、换置别人家的房屋,需要由当家人出面与对方当家人协商,如果对方当家人不同意的话是不能强行买卖、租用、换置的。章家的邻居对章家的房屋边界也是十分明确的,不会随意过界,如果想借用章家的房屋或空地,都会提前与当家人章九芝打招呼,经过同意才会借用,不会出现侵占的情况。

村庄、家族、官府对村民的房屋产权也完全认可,宗族和村庄不能随意侵占族人的房屋,如果要买卖、租用、置换族人的房屋,也要与对应家庭的当家人协商,达成一致后才能进行。官府是会保护百姓的房屋所有权的,如果有人侵占房屋,主人去官府告官的时候官府会保护他的房屋所有权。但如果不去告官,官府就不会管。章家没有遇到过村庄、家族、官府侵占村民房屋的事情。

(三)生产资料产权

1.大型农具全靠租借

章家没有大型农具。章家的田地在农忙时会请短工帮忙,水车、犁、耙等大型农具都由短工自带,不用章家出,而平时章家需要用到水车、犁、耙等大农具的时候比较少,如果需要的话,章家可以向邻居或亲戚借用一下,这种借用不需要支付租金。章家没有耕牛,需要耕牛的时候则主要是靠租赁。附近山区地带由于气候环境不同,农作物的耕种周期也不同,因此山区的人们会错开用牛的时间,在平原地区的人们需要用牛的时候把牛租赁给他们。章家就是这种需要租用耕牛的人家。对章家来说,一方面他们只有一亩地需要耕作,另一方面平时家庭成员都有自己的工作或副业,单独养一只牛耗时耗力比较麻烦,而与山区的人们伙养耕牛或直接租借他们的耕牛就很方便,这种方式也更受他们欢迎。当地很多人家都会选择这样的方式用牛。章家选择的是租赁耕牛,也就是与山区的一户人家谈好,每年章家农忙的时候他们就牵牛过来交给章家使用,章家会支付一定的报酬,等章家忙完了他们再把牛牵回去。平时的时候耕牛由山区的那户人家喂养。耕牛的所有权属于山区的那户人家,章家与该人家之间的关系是租赁关系。

而小型农具等其他生产资料,比如锄头镰刀之类的,章家就比较齐全,这些小农具都是家中常备的,如果出现了损坏或丢失,就去集市上再买。当需要使用那些自家没有的农具的时候,章家一般都是向邻居或者亲戚借用,这种借用是出于感情的借用,不需要付租金,但会与农具主人错开使用时间,尽量不影响主人家的劳动效率。

2.生产资料全家所有,陪嫁个人所有

章家的生产资料基本都是全家所有,并不是属于某个人,如果分家分到个人了,那才会属于个人。这个全家所有是家庭整体所有,而不能细分到哪一个人,这是不可分割的。但家庭中也存在个人所有的生产资料,这种一般都是女性嫁进来的陪嫁,同陪嫁田一样,这种生产资料的陪嫁是个人所有,不会归为家庭财产。

章家认为,生产资料的所有要与家庭的生产情况相符,如果不分家,那家庭生产就是集体劳动,那么对应的生产资料也应该归家庭共有,而不能分给某个个人。既然吃"堂众"的,用"堂众"的,那么这些东西当然也归"堂众"所有。

3.有借有还不侵占

章家的生产资料没有遇到过被侵占的情况,大多数村民对自己的东西和别人的东西有着很明确的界定,不会随意侵占,如果要借用,一定会先与主人打招呼。借用是比较常见的事,谁家都有一时缺少点东西的时候,但很少有不还的情况,因为大家都信奉"有借有还,再借不难"的道理,如果经常借了不还,那就不会再有人愿意借东西给他了,而这个人或这户家庭在附近的名声也会变差,是很丢面子的事。但偶尔也会有一些借了忘还的情况,但章家不是很计较的人家,不还的话时间长了也就忘了,因为这一般都不是故意为之,所以不会很在意,章家比较讲究与人为善,不会在这种小事上与别人计较太多。

另一方面,侵占这种事宗族、村庄和官府都不会管,这都算是个人纠纷,一般都是自行解决,很少会闹到由宗族、村庄、官府干涉的地步,村民们也不愿意别人干涉,因为一件事如果闹到宗族、村庄、官府都来干涉,那说明是很大的事,对于村民来说也是很丢面子的。但宗族、村庄和官府都承认家庭对生产资料的所有权,他们不会随意侵占家庭的生产资料,如果要占用的话,会与家庭商量,经过家庭同意再进行。章家没有发生过因生产资料侵占而产生的纠纷,也没有被宗族、村庄、官府侵占生产资料。

(四)生活资料产权

1.生活资料基本齐全

章家的生活资料基本齐全,桌椅板凳、油盐酱醋等章家都很齐全,这些东西很常见,也很容易买到,在当地有对应的工厂和商店,价格也不会太高,没有了随时可以去买。章家虽然没有晒场,但当地晒谷时多是使用家中的"道地"①,章家有很大一块"道地",足以晒谷。章家也没有水井,当地水源充足,河塘很多,不需要打井。因为当地很少使用磨、碾之类的东西,所以章家没有大型的磨、碾、碓,只有一个小的手推磨,仅有脸盆大小,用来磨芝麻、黄豆之类的东西,给稻谷去壳多是用稻臼,章家也备有一套稻臼。

这些生活资料基本都是买的,很少自制,虽然自制的质量要好点,但去买要更方便些。比如油,油分猪油和菜籽油两种,猪油一般是自制的,每年杀猪的时候都会熬很多猪油,够用很久,而菜籽油一般就是去买,这个东西自己做很麻烦。章家一般不自制这些东西,大多是到集市上买,一方面是去买更方便,不用耗费太多人力和时间,另一方面章家经济基础比较好,能够买得起。

2.生活资料"堂众"所有

对章家来说,全家人一口灶一起吃饭的时候,生产资料就是属于"堂众"的,也就是公有的,家里人都有份,但住在家里的非家庭成员是没有份的,因为他们不属于家里人,不能随意使用,要用需要向当家人申请。

如果家里缺什么、少什么,那就要由当家人章九芝决定是不是要买新的、去哪里买新的、花多少钱买新的、买什么样的,然后由家庭出钱去集市上买。买的工作可以由其他家庭成员代劳,比如章九芝可以让自己的妻子去买或者派一个儿子去买,这就看章九芝自己的决定,但花费不会让小家庭承担。而如果小家庭自己出钱买了这些东西也只会偷偷自己用,不会拿给"堂众",因为这是他们个人或小家庭的财产,拿到"堂众"就相当于拿自己的私房钱补贴

---

① 道地:屋前屋后的空地,也可以认为是院子。

"堂众",自己就会吃亏。而如果分了家,这些东西就归分出去的小家庭所有,缺少什么就由小家庭自己买,大家庭不会再管。章家认为,这种所有方式有利于家庭团结与和睦,比分到每个人个人手里要好,因为分给个人了,他就只想到自己,而家庭所有是全家收益全家出力,对家庭更好。

3.当家人是生活资料的支配者

在生活资料的购买、维修、借用等活动中,当家人是实际支配者,只有当家人能够对这些行为做主。更何况,这些活动需要的资金由家庭承担,而要从家庭中支取钱财就必须要经过当家人,当家人的经济地位决定了他是生活资料的实际支配者,其他家庭成员的决定是无效的。但当家人可以派遣一位或几位家庭成员代表他去执行这一行为。当家人做决定不需要与任何人商量,家庭外部成员也不能干涉,因为这是一个家庭的内部事务。而家庭内部的成员也不能干涉当家人的决定,因为当家人的决定在家庭中有着最高的效力,家庭成员可以提出意见和建议,但是否接受就要看当家人的意思,当家人不接受,那么家庭成员就要照办,不能再反对,实际上章家人也不会对此提出意见,没有什么必要。当家人不在时,这些事务可以由代理当家人决定,因为生活资料是日常生活不可或缺的,当家人有一段时间不在的话,不可能因为缺少生活资料家庭就不过日子了,因此代理当家人有这个处理的权限,尤其是油盐酱醋这些东西,日常生活中的购买和借用都有例可循,照之前的办就可以,不会太难,也不会超出常规太多,因此可以由代理当家人看着办。这种时候,章家一般会由章九芝的妻子代理当家,因为生活资料的这些事务妻子都比较清楚,知道以前是怎么办的,有能力代章九芝管家,而1944年章九芝搬去觉园之后,章家的这些事务实际上都由妻子王怀馨管。

4.生活资料不可侵占

章家的生活资料没有被外人侵占过。生活资料虽然包括了很多细小的东西,比如油盐酱醋、柴火、稻秆甚至粪便,但这些东西再小也是一个家庭的财产,是有明确的所有权的,所有的村民对此都是认可的,因为每一户都有这些东西,也都不愿意让别人随便拿,因此所有人都保持着同样的概念:这些生活资料是不能随意侵占的,因为这些不是无主的,是有主的,如果侵占那就是偷盗,是一种很不好的行为。如果想借用,那么就要与物主沟通协商,经过对方家庭的当家人同意之后,才能取用,如果不同意,那就不能强行借用。买卖、租用、置换同理。宗族、村庄和官府对生活资料的产权都是认可的,理论上他们也不能随意侵占别人的家庭生活资料。

二、家户经营

(一)生产资料

1.劳力四人,需要请工

1949年以前,章家有四个完全劳动力,分别是当家人章九芝、长子章正文、次子章正明、三子章正化。这四人的妻子也有劳动能力,但由于女性不下田劳动,只负责家庭内的劳动,因此只能算半劳动力,而不能算全劳动力。四名男性劳动力都要参与家庭生产,但他们的参与方式并不一样,章九芝和长子次子平时都有各自的工作,农忙时期才会回来参与田里的生产,章九芝是生意人,自己有开店铺,平时会去店里看看;长子章正文是钢笔厂的工人;次子章正明是船上的无线电通信员,时不时会出海;三子章正化并没有其他职业,负责平时看顾家中的田地。章家的小孩子不用参加生产劳动。

章家没有劳动力外出当长短工的情况,农忙的时候章家的四个男性劳动力并不太够用,有时候需要另外再请工。章家主要都是请短工,也就是农忙这段时间请,忙完之后就不再请工。请工的决定是由当家人章九芝做出的,章九芝会根据这段时间的劳动量和家庭劳动力情况来决定是否需要请工、要请几个工、出多少钱请工等情况,这一决定不需要同任何人商量,属于家庭内部事务,外人不能干涉,而家庭成员则习惯听从当家人的决定,不会对此提出意见。请工的对象主要是亲戚或宗族中关系比较好、家庭条件不太好、劳动力多、有打工意向的人家,报酬是以现金的形式支付,找到做工的人之后章家会先支付约定好的报酬,然后再请工人开工。打工期间,章家会包工人的午饭,伙食与章家人吃的一样。由于请的工人都是附近的人,离得不远,所以不需要包住宿。劳动工具则由工人自带,章家不提供。

章家也有换工的情况,一般都是粗工换细工,也就是干重体力活的劳动力和有技术的专业工种之间的调换,有时候章家会遇到一些比较难的技术工种,他们自己做不了,就会与别人家换工,他们去帮别人做搬运之类的体力活,请别人来帮他们做技术活,或者他们需要干粗活的劳动力,就与劳动力多但缺技术工的家庭换工,章家帮他们干技术工,他们帮章家干体力活。换工由双方家庭的当家人决定,双方协商一致就可以开工,不用请示别人也不用与别人商量。换工的对象一般都是有对应需要的家庭,而且都是附近的家庭,不会太远,没有其他顺序要求,也不需要支付报酬。

章家没有帮工,因为家庭内部的事务由家中的女性处理就足够了,不需要再添加人手。

2.土地大多租佃

1949年之前,章家自有土地面积有14亩,但对于章家四个劳动力来说,土地数量太多,完全无法看顾过来,因此大部分土地都是租佃出去由佃农耕种,章家仅留了一亩多点的土地自己耕种。

土地租佃一般是就近租佃,不会租给住得远的佃农。当地要租土地的佃农比较多,相对来说比较好找。在当地,佃农和土地主人双方都会互相打听,土地主人会打听哪些佃农想租入田地,佃农会打听自己看好的土地主人是谁,是否需要出租。由于佃农数量多于土地主人,所以大多时候是佃农自己找上门,与土地主人协商,在章家就是由章九芝与对方家庭的当家人协商,双方就出租土地的面积、价格、时间等达成一致之后,就完成了租佃,在约定好的时间范围内,这块土地就会由这个佃农耕种。租佃一般不需要契约,因此双方也要考虑对方的品行名声,如果品行名声好,就比较好租,品行不好可能就会拒绝。但一般来说章家很少会遇到品行不好的佃农,因此选择佃农的时候也就会遵循先来后到的顺序,谁第一个来租就租给谁。实际上一些佃农租种章家土地的时间长了,双方都比较了解,这种租佃关系就会发展成长期固定的合作关系。虽然租佃契约是一年一约,但实际上并不会每年更换租佃对象,只是每年到期的时候会续一次约定,看有没有不想继续租的。

当地的主佃关系是一种完全的经济关系,只有约定出租和收租金的时候双方才会往来,平时的时候则没有附加的依附关系,佃农不需要给土地主人干其他活,也不需要特地在过年过节的时候去拜访,更不需要给土地主人送礼。土地主人也不会干涉佃农的耕种,也不需要请佃农吃饭,只要能够按时收到地租即可。章家不会苛待佃农,因为他们与佃农是一种经济关系,一切都按开始的约定来办,不能随便加码或毁约。甚至租佃的时间长了,佃农和章家也能保持着不远不近的熟人关系。有时候，佃农遇到困难，需要借钱借粮，也会来找章家借。章家大多会借，不需要写书面的借据，全靠佃农的信誉，到期自动偿还，如果实在还不上章家也不会太多计较，这是因为双方因为租佃而认识并形成了熟人关系，章家奉行与人为善的原则，有能力帮助别人就会帮，他们也会体谅佃农的难处，信任佃农的人品，如果确实还不上也不可能逼人家还。

3.耕牛用时租赁

1949年以前，章家没有养牛，当地不养马、驴、骡子。耕作需要用到耕牛的时候，章家一般会选择租赁。当地山区地带由于生产周期不同，用牛的时间也不同，平原地区农忙的时候，山区可能还没到农忙季节或者已经过了农忙季节，于是有些人家会专门养牛租借给平原地区的人家。怎么租牛完全由当家人决定，外人不能干涉。快到农忙季节的时候，养牛的和用牛的都会出来打听，有些是养牛的来自荐，有些就是用牛的找上门要租，找到合适的对象之后，双方当家人就坐在一起商量详细的东西，包括租金多少、什么时候要、做多久、先给定金还是干完了活一起结钱等，双方协商一致后就算达成协议，这种租借也不需要书面契约，全靠口头约定。到了约好的时间，养牛的就会牵着牛来找用牛的人家。有些人家只借耕牛，那就把牛养在用牛的人家一段时间，直到干完农活再还回去，这段时间牛的饲料是由用牛的人家负责。也有些人家会连着牛主人一起租，不仅借牛，还雇养牛的当短工，那么这段时间耕牛也是由用牛的人家喂养，而养牛的就作为短工，按短工的要求协商好待遇就可以。章家一般都是选择前者。章九芝作为当家人要负责找到合适的对象，并与对方洽谈，达成协议。由于章家每年都需要租牛，所以实际上是有长期合作的租牛对象的，每年都会找同一户租牛的人家租借耕牛，因为合作过，双方都互相信得过，也比较方便。

4.农具以购买为主

章家的农具一般都不自制，风车、镰刀、锄头以及其他小农具都是买的。章家所在的位置靠近集市，经济发达，形形色色的物品都能很买到，农具自然也不在话下。章家如果缺了什么农具就会到集市上去买，很方便。价格上，除了水车的价格比较贵，其他农具价格都比较便宜，对于章家来说不难负担，因此章家习惯于购买农具，而不是自制农具。另外有些农具，比如水车，由于价格比较高，就不是家家都有，有些会几家共用或互相借用，章家用水车大多是借用。这种借用一般都是跟邻居借，邻居一般也不会拒绝。如果是大型农具，那么就要同主人家商量好借用的时间，与主人家的使用时间错开，你家用了他家用，轮换着来。如果没有协商好，不及时还，可能会误了农事，因此会比较谨慎。而其他小农具各个家庭都不止一两件，借一下也不会耽误大事，所以比较随便，借了记得还就可以，就算忘了还，也不会太过计较。

(二)生产过程

1.农业耕作由男性进行

1949年以前，章家也从事农业工作，自家耕种土地一亩多。章家的男性主要承担农业生产工作，而女性则承担饲养家畜和手工业生产，老人和小孩也要参加对应的生产活动，根据体能的强弱参与劳动。

当地主要种植水稻，一年种两季，分别是春天种的早稻和秋天种的晚稻，当地都是这么种的，所以章家也是这样的，但理论上来说，种什么农作物都由当家人决定，不需要向任何人请示，也不需要其他人的干涉。家庭成员只需要服从当家人的决定。但实际上章家不会更换耕作的农作物,每年都是种水稻。

章家的耕作过程需要经过很多道工序,首先是锄草,除去上个周期在空着的田地里种的紫云英和苜蓿,这两种草料专门在冬天田地的空窗期专门种植。第二步是沤肥,也就是准备肥料。第三步是做秧田,也就是育秧,育秧需要专门的田地来进行。第四步是犁田。第五步是插秧,插秧的劳动量比较大,章家的劳动力有限,这一步就需要请工人帮忙。第六步是摸田,也就是除草,这个步骤需要进行多次,但这个工作也比较简单,全家老小都可以来帮忙做。第七步是继晚,也就是在早稻生长的同时间种一部分晚稻。第八步就是收获了,收获也是需要大量劳动力的时候,这一步章家也需要请工。第九步是打稻,也就是把稻穗上的稻谷打到稻桶里去。第十步是整理晚稻的秧,让晚稻更好地生长。第十一步是处理收获的早稻,稻谷要拿去晒,而稻秆则拿去铺猪栏,多余的可以沤肥。第十二步是扇谷,将晒好的稻谷放进风车里扇,剔除瘪的、不饱满的稻谷。到这里,早稻的生产流程全部完成,这些稻谷会被储存到谷仓里。第十三步是晚稻成熟之后的放水,把水田中的水放掉。第十四步是敲田。第十五步就是收获晚稻了,晚稻的收获处理过程与早稻基本一致,不过晚稻的稻秆比早稻的稻秆坚硬,因此晚稻的稻秆一般会作为柴火。到冬天的时候再进行开沟,准备下一季的耕作。然后就进入了冬天的空窗期,这个时候田里没法耕作农作物,就在田里种上对环境要求不那么高的草料植物,也就是紫云英和苜蓿,这两种草料不需要太多关照,种下去之后让它自己长就可以了,春耕之前收获这些草料,这些草料可以做成肥料。

这个流程中,大部分劳动由家中的成年劳动力进行,其中摸田和割稻是比较轻松的活,老人小孩都可以参与。具体的劳动安排则由当家人章九芝安排,一般农业生产都会安排男性进行,很少让女人下田,除非家中没有男性劳动力。其他家庭成员只需要听从当家人的安排。一般来说,章九芝会安排三个儿子去干农活,根据每个儿子的体力和能力,每人分配一定量的劳动,三个儿子就听从章九芝的安排各自劳动,不会提出反对意见,也不会互相计较谁做得多谁做得少。

2.家畜饲养由妇女进行

章家也饲养家畜,每年养一头猪、几只鸡。饲养家畜的工作一般都是家中的女性来做,饲养的流程比较简单,以猪为例,主要就是去集市上挑合适的小猪买下来,给猪铺好猪栏,然后每天给猪喂饲料,喂食的饲料主要是糠和番薯藤。猪产生的粪便可以成为肥料。章家养猪更多的是为了得到肥料,而不是为了养肥吃肉,因为章家经济条件好,离集市近,吃肉完全可以靠买,不需要自己养。猪养大之后,章家就会请屠夫来杀猪,内脏自己留着吃,肉就拿到市场去卖。而章家养鸡则主要是为了得到鸡蛋,养鸡一般是挑小鸡或者从鸡蛋里孵小鸡出来,然后把小鸡喂养大,留下母鸡,卖掉或杀掉公鸡,母鸡每天都会生蛋,生下的蛋先供家里吃,多余的就会卖出去。母鸡老了之后会杀了吃肉或者杀了卖掉。章家不养耕牛,一般来说耕牛是被官府管制的牲畜,普通人不能杀耕牛,私杀耕牛是要坐牢的,如果耕牛老死了或者病死了,那么要向官府报告,官府和保甲长看过之后同意了,才能宰了吃肉或者卖牛肉。

3.女性进行手工业,男性从事工商业

章家还会从事手工业生产,主要包括织草帽、草鞋、蒲扇、草席、织布等,主要都是家中女性在家务之余进行,做出的产品主要是拿到市场去卖。在章家,手工业主要是由女性成员负责,但这并不是每个人必须做的,家庭也不会对家庭成员有安排,都是自己看着做,有时间愿意的话就可以自己做,不会有定量。

但章家的男性除了三子章正化没有其他职业,其他男性都有,章九芝是生意人,开了几家店铺,并且是台州轮船公司的股东,而长子章正文是钢笔厂的工人,次子章正明是船上的无线电通信员。这些职业都是专职,只不过农忙的时候会请假回家帮忙。章家人的工作一般是当家人章九芝找的,去不去做、谁去做都由当家人决定,如果儿子们自己找了工作,要与章九芝汇报,经过章九芝同意才能去,但并不需要请示其他人,也不用告知四邻、家族和保甲长。

4.没有手艺传承

章家没有手艺人,也没有家传的手艺。一般来说,都是家庭条件比较差的家庭才会送孩子去学手艺,家庭条件比较好的则会送孩子去读书或者学做生意。是否送儿子去学手艺是由当家人决定的,学什么、拜谁为师这些都由当家人决定,在穷苦人家看来学手艺是一条比较好的出路,比一辈子种地要好得多。比较常见的会送孩子去学的手艺是铁匠、木匠、石匠、泥瓦匠和篾匠,这些手艺比较常见,而且用到的地方也比较多,学成之后也更容易挣钱。学手艺拜师要给师傅送礼,学徒期就跟着师傅,出师之后要给师傅免费做几年,那之后就可以自立门户独当一面。学手艺只有男孩才能学,女孩则不能,但如果是家传的一些传女不传儿的手艺也有传给女儿的。章家由于家庭条件比较好,读书传统浓郁,所以孩子都会去读书,而不会去学手艺。但章含华的妻子就出身手艺人家庭,父亲是木匠,长兄也是木匠,而其他兄弟则送去学其他手艺。

5.次子经常外出工作

章家的家庭成员中,次子章正明是船上的无线电通信员,跟船的时候会外出,而且经常不在家。章正明外出的时候是不带妻子的,因为是去工作,不太适合带妻子。分家前,章正明外出工作需要告知当家人去向和时长,以免家人担心,虽然理论上外出需要当家人同意,但实际上章正明外出是为了工作,当家人也不可能不同意他外出。分家后,在章正明外出期间,小家庭的日常事务就由他的妻子马爱珠代为管理。这种外出不需要告知或请示邻居、家族和保甲长。当地也有很多到外地做生意的人,比较常见的是担帮。担帮就是一些人担着当地的土产到宁波等大城市去卖,卖的土产主要是橘子和草席,是当地有名的特产。章家没有当担帮的人。

(三)生产结果

1.一年收获四五百斤稻谷

章家的田地一般一年的收成是每亩 400 到 500 斤稻谷, 早稻收成比较少, 只有一百来斤,收成主要靠晚稻。这是在风调雨顺的时候,如果遇到干旱或暴雨,就收不到这么多。对于章家人来说,收成好坏是能感觉到的,只要在水稻生产过程中遇到了干旱或暴雨,那么基本就会有今年的收成不会太好的预知。在章家,收成属于家庭所有,稻谷由家庭统一管理和支配,是自己吃还是卖都由当家人章九芝决定,章家会把稻谷都存放在谷仓里,需要的时候随时取用,其他家庭成员不能随意拿去做别的事。收成好不好是受全家关注的事,因为收成好不好很大程度决定了家庭收入。章家的收成满足不了家庭生活需要,所以章九芝会在收获的时候衡量还差多少粮食,然后到市场上去买粮食补齐,全部囤到谷仓里作为章家全家未来一年的口粮。

2.饲养家畜用于出售

章家一年可以饲养一到两头猪，五到六只鸡，一两只鸭子，每年的数量差不多都是这样，变动不会太大。章家饲养的家畜主要是为了拿出去卖，很少留着自己吃，因为大家都比较勤俭，不太追求过得多精致，有条件就想多攒一些钱以备不时之需。出售家畜得到的收益属于家庭所有，由当家人管理和支配。

3.其他职业收入较多

章家的手工业收入很一般，并不太高，因为原料都是很便宜的东西，而且当地做这些手工的人很多，总体的价格也就不会太高。手工业的收入也是属于全家的，但当家人章九芝会看情况决定留一部分给做手工的人作为私房钱。

而章家人从事的其他职业收入比较高，章九芝的店铺收益虽然不稳定但总体还是比较高的，章正文和章正明的工资都是比较稳定而且比较高的，此外章九芝在台州轮船公司的股份每年也能分到不少分红，因此章家实际上要靠其他职业收入来补贴农业生产和家庭开销。这些职业收入都属于家庭，儿子们的工资都要交给章九芝，由当家人统一管理和支配。

三、家户分配

(一)分配主体

章家家庭内部会进行分配，分配内容主要是衣服和食物，过年做年糕、米花糖的时候也会给每个家人分配一定的数量。宗族有时候也会进行分配，比如祭祀之后用"堂众"的钱办酒席，做出的馒头方糕①会分配给宗族成员，族中的每户人家都可以分到一份。村庄则不会进行分配。

家庭分配时需要由当家人主导，用什么、买什么都由当家人决定，在章家就由章九芝来决定，一般来说章九芝的分配都很平均、很公平，每人都能分到一份，不会偏袒哪一个家庭成员。如果家庭成员需要额外的分配，需要向章九芝申请，经过章九芝同意才可以，但一般大家都很少说，因为需要的东西家里基本都会提供，章九芝作为当家人做事很全面，到了分配的时候就会开始分配，不需要其他人督促，而且分配得很平均，大家也没有太多要求，都有就行了，很少有其他意见。如果章九芝不在，那就等他回来再说，章九芝作为当家人承担着照顾整个家庭的职责，所以不会离开太远，就算外出也会很快回来，分配可以等他回来再进行，日常的分配按平日的惯例来就行，可以由他的妻子作为代理当家人代劳。其他家庭成员在分配上只能服从当家人章九芝的安排，如果有意见可以提出来，但接不接受就是当家人的事了，如果章九芝不接受，那么其他家人也没有办法。章家的其他家庭成员，不管是儿子还是媳妇都很少提出意见。另一方面，如果当家人分配不公，虽然家庭成员不能改变当家人的决策，但会导致家庭内部矛盾，一般情况下当家人会尽量保证分配的公平性，章家就很少有分配不公的情况。家庭内部的分配不用告知或请示四邻、家族和保甲长，他们也不会介入家庭内部的分配。

(二)分配对象

在家庭的分配中，只有自家人可以参与分配，分家后的家庭成员和其他住在家中的非家

---

① 方糕：当地一种大米做的类似馒头的食物，形状是正方形的，所以称为"方糕"。

庭成员不能参与家庭的分配,因为分配是家庭内部事务,外人不能干涉也不能参与。分配时的分配物来源主要是家庭收入,包括农业、手工业和其他职业的收入。在章家,不论男女老幼都可以享受分配权,分配权不以家庭成员的贡献度为标准,每个成员都得到等量的份额。

(三)分配类型

1.农业收入需要纳税

章家的农业收入不需要缴纳地租,因为章家是租出土地的,没有租入土地,所以章家只会收入地租。章家的地租是分成租,地租一般不高,都是按当地的平均水平收取,不会太苛待佃农。如果遇到荒年,佃农可以与章家当家人协商减免地租的情况,章家大多会同意,不过当地也很少有收成很差的时候。地租一般是交的粮食,一年交一次,在秋天收获的时候交。佃农家庭的收入会优先交足地租,剩余的才会自己留下,大多情况下剩余的会远远多于地租。如果交不上地租,那也可以先欠着,等有了再交,但如果长期不交,这个佃农的信誉就会变差,明年土地主人就要把田收回去,不给他种了,为了避免这种情况,佃农一般不会随便拖欠地租。

章家的农业收入需要纳税,佃农的田地也会由章家来交税,也就是说,除了自己耕作的一亩土地,章家出租的十三亩土地也要由章家负责交税,因为出租的土地的所有权也属于章家,地契上写的是章家的名字,所以收租时章家当家人是交税的主要责任人,佃户则不负责交税。税款一年一交,农业税税额很低,每年都是差不多,不会有很大的变动,算是遇到灾荒也不会减免。纳税开始前,保甲长会挨家挨户通知需要缴税的家庭,然后纳税家庭的当家人在规定的期限内到指定位置交税。不交税官府就会抓人,因此不管家庭条件怎么样,税一定要交上。章家不会拖欠税款,保甲长通知之后,章九芝就会在规定的时间带着钱粮去交税。

2.手工业收入属于家庭

章家的女性会从事手工业,主要是编草帽、草鞋、蒲扇、草席、织布等,这些手工业都是闲着的时候做的,原料都很便宜,可以自己去买,收入也很一般,不会太高。但家庭也不会限制家庭成员做手工业,手工业的收入属于家庭收入,需要交给当家人章九芝,章九芝一般不会苛刻地要求全部上交,也会留一部分给本人作为私房钱。但是手工业收入不需要交给外人,除非在别人门口摆摊卖,那就要给别人一点租金,否则不需要把收入交给别人。如果自己偷偷把赚的钱藏起来也可以,只要不被当家人知道就行,但章家人很少这么做,因为没必要,当家人本来就会留一部分给本人,而且瞒也瞒不住,家里人都能看得见做了什么、做了多少。

3.其他职业收入属于家庭

章家的男性大多有其他职业,收入都十分可观,但他们每年的收入都需要上交给当家人章九芝,章九芝很清楚他们的工资水平,儿子们也不敢私自扣下一些当私房钱,每到发工资的时候,儿子们都会把发下来的工资上交给章九芝,章九芝会看情况决定给不给儿子们留一点私房钱,留不留、留多少都是他说了算,儿子们不能置喙,也不能有意见。这个是家庭内部事务,不需要外人干涉。其他职业的收入也不需要交给外人,外人也不会干涉。

(四)家长完全支配分配

章家在衣物、食物、零花钱、纳税等分配活动中,当家人章九芝是实际支配者,如果当家人不在就等当家人回来再分配。

章家不会给家庭成员分配私房钱地。私房钱都是家庭成员自己偷偷攒的,当家人不会管,或者家庭成员自己挣了钱,大部分上交家庭,当家人会把小部分留给他当私房钱。而私房地一般都是女方嫁进来的时候带来的,这是属于女方个人的财产,不是家庭财产,家庭没有权力管,只由个人自己支配。比如马爱珠的二十亩嫁妆地就是这种私房地,不属于章家分配的财产。

章家的衣物分配由当家人章九芝一手安排,不需要和任何人商量,不用告知或请示四邻、家族、保甲长。分配时没有顺序,都是很平均的一人一份,只要是家庭成员,不论男女老幼都有一份。章家添新衣服一年有两次,分别在过年和端午的时候,到时章九芝就会开始安排相关的事情,不需要家庭成员操心,这是当家人的责任。做衣服的布由章九芝或由章九芝委托妻子带人去集市或布店买,然后找裁缝师傅来家里给每位成员量体裁衣,买布和请裁缝的钱由大家庭出。如果衣服破了,那就自己修补,如果有妻子,那就让妻子补,如果还是小孩子,就由母亲来补。家庭不会管缝补衣服的事,缝补需要的针头线脑也自己想办法解决。

章家吃饭都是同锅同桌,吃一样的饭菜,每顿做的饭菜分量可以保证每个人都吃饱,碗里饭不够吃可以自己去继续添饭,吃饱为止,不需要经过当家人的同意。吃饭没有分配顺序和原则,因为章家家庭条件比较好,完全可以满足所有家庭成员的需求,没吃饱就可以继续添,做饭的人会根据吃饭的情况酌情增减饭量,以保证全家人都能吃饱。

章家家庭成员没有零花钱,章家也不需要分配零花钱,所有消费都是由家庭支出。

章家的分配主要以满足全家人的需要为前提,同时保证公平、不偏不倚,确保每一个家庭成员都有一份。偏心的话就会导致家庭不和,章家的当家人会极力避免这种情况。因此章家的分配都是平均分配,病人和孕妇会根据其具体情况由当家人决定是否给予优待,特别是食物上,如果当家人觉得病人或孕妇需要补充营养的话,可以决定给他们开小灶做些别的食物,但如果当家人觉得没有必要,那就不会有特权。当家人本身也没有特权,与家庭成员都是一样的待遇。

所有的分配都是由当家人章九芝决定,其他家庭成员只需要服从当家人的安排,如果章九芝忙忘了,其他家庭成员可以提醒当家人,但不能代替当家人做决定。一般来说,章九芝的妻子会辅助章九芝管家,如果章九芝太忙的话,他的妻子会帮他留意家里的情况,适当地提醒他分配的事,但具体的决定就要由章九芝来做,如果章九芝自己比较忙没空去做的话,就委托妻子代为进行。因为夫妻是一体的,就算丈夫是当家人也不可能完全避开妻子,妻子通常也都会站在丈夫的角度帮助丈夫管家,妻子提出的建议丈夫也会适当考虑,毕竟妻子在家中的时间更长,对家庭内部事务的了解更多。而儿子们和儿媳们一般就不会插嘴,因为父母是"大人",相对而言儿子儿媳们还是"小孩",家庭的事务都是"大人"说了算,"小孩"不需要在这些事上花心思,"小孩"说的话也不起什么作用。

理论上来说如果当家人的决定不合理或者不公平,家庭成员都可以提意见,但不能随意更改当家人的决定,如果当家人不接纳意见不更改决定,那么家庭成员还是要按照当家人说的做。但章家很少有这种情况,因为章九芝是一个很有能力的当家人,能把家庭事务安排得井井有条,在分配方面,章九芝的安排及时而且公平,家人都很信服,很少会提出意见。如果当家人不在家,那么就等当家人回来。如果当家人不在家,那么就由代理当家人代为决定,章家一般默认由章九芝的妻子在章九芝不在的时候代理当家,因为她平时就在协助章九芝管家,也对章九芝的做事方法比较了解,知道怎么处理事务。

章家每年的收入基本维持在一个稳定的水平上,市场物价波动也不大,因此章家的分配每年都差不多,不需要太大的调整,如果需要调整,那么也会由当家人章九芝决定是否调整和怎么调整。

四、家户消费

(一)消费大,外购频繁

章家1949年之前每年的花销在村里属于中上水平,收入基本能维持消费,会有少量节余,没有遇到过不能维持的情况。章家消费主要包括粮食、衣物、油盐酱醋、笔墨纸砚、人情消费等。

1.食物消费比重最高

章家的粮食消费在所有消费中占比最高。章家的粮食大部分是向外购买的,自家土地产出基本不够用。章九芝会在每年粮食收获的时候衡量缺多少粮,然后派家中的青壮年去集市上买粮,一次买够一年的分量,全部屯在谷仓里,需要时取用。集市上米价只要九分半一斤,相对还是比较便宜,章家完全能够负担。

在食物消费中,章家日常吃的蔬菜都是自己在菜园里种的,鸡蛋是自家的母鸡生的,都不需要向外购买,而肉、油盐酱醋和咸鱼之类的就需要去集市购买,这些东西集市上经常有人出售而且价格也不会太高,对于章家来说能够轻易负担,没有遇到维持不起的情况,如果家里年景不好就少吃几回肉。

2.衣物消费一年两次

衣物上的消费主要包括买布料和请裁缝师傅的花费。章家全家一年做两次衣服,对应两季,一次在过年,一次在端午。制衣时家中每人都能制得一套,不以贡献度区分制衣数量,平均地每人都能分到一套。章九芝决定需要制衣之后,妻子会帮助他统计全家需要的布料数量,章九芝会派妻子或儿子去集市上或者布店购买布料,由家庭出钱,市面上的布料都是差不多的,没有太多的花样,章家一般会选择质量比较好、穿着比较舒适的布料。买到布料后章家就会请裁缝师傅来家里给家人量体裁衣,衣服样式也都差不多,大家也不会在衣服的花样上花太多心思,全由裁缝师傅决定。请裁缝师傅需要支付报酬,这个钱就由家庭出。章家每个家人的衣物都能满足他们的个人需求,由于每年都做两季衣服,实际上每个人都有好几套衣服,穿旧了穿破了还可以缝缝补补再接着穿。而小孩子也可以穿哥哥姐姐穿过的衣服,不用担心个子长太快穿不了。制衣消费对章家来说也都负担得起,不会有维持不了的情况。

3.房屋完全满足需求

章家的房屋也完全可以满足家庭的需求,章家房子的房间很多,足够让家人住下,甚至还多出很多房间可以分门别类存放物品。按当地的话讲就是"有屋住千间,没屋住一间",就是说有房子的话多大也能住得下,没房子的话一间也能挤进去,富有富的活法,穷有穷的过法,不管什么条件总是能想办法解决的。多出的房子章家是不出租的,当地也很少有需要租房的人。章家一般会将空置的房间都摆上东西,不会让他们空置,比如将储藏室分门别类,一个房间用于专门放箱子,称为箱间;另一个专门用于放桶,就称为桶间,诸如此类把空房间都放满。

4.基本没有医疗消费支出

章家基本没有医疗消费支出，一方面是章家人都比较健康，没什么大病；另一方面因为马爱珠的父母是当地的西医，章家与马家既是熟人又是亲家，所以章家人生病都是请马家看病，马家也不会收钱，吃药也不用给钱。除了西医之外，当地也有中医，中医的医和药是分开的，请大夫出诊要付诊金，然后拿着大夫开的方子自己去药铺抓药。章家大部分都是看西医，这方面的花销很低。

5.人情消费比较高

1949 年以前，章家的人情消费比较高，大大小小的亲戚家的喜事都要送人情。如果是参加婚礼，那么章家一般是送首饰。如果是参加生子的满月酒，那就送鸡蛋、面、香菇等八到十二件喜庆的补营养的实物。如果是参加白事，那就送钱。如果是参加"移故屋"①，也就是搬家的酒席，章家就送馒头、方糕。一般来说，送人情都是送实物比较多，如果不想送实物也可以送钱，所有的场合都可以选择送钱。东西的价值也没有统一规定，都是按自家条件来，有钱就多送些，没钱就少送些，但多多少少都要送，这是礼节，空手去面子上也过不去。虽然送人情的比重较大，但还是在章家的能力范围内，基本都能维持每年的人情往来。人情往来是每个家庭都有的消费，不管多穷的家庭也要维持人情往来，因为这是相互的，是维系亲戚关系的一种方式，也是亲戚之间互相帮助的体现。

6.红白喜事消费能够维持

1949 年以前，章家办红事的花销主要包括聘礼或嫁妆、酒席置办、请轿夫等。在当地，红事也有不同的规格，穷人就只办一场，有条件的就会办三场，称为"三场齐"。章家一般都办三场，办三场就要准备三天酒席的酒菜，花销还是比较大，但章家条件比较好，基本都能维持消费，再说红白喜事都不是每年都办，就算花销大些也能接受。

白事的花费则在于准备寿材、请棺材头②和办酒席上。请棺材头的费用比较高，但也是不可避免的，当地的白事一般都是请棺材头抬棺，很少有自己家人来抬棺的。而酒席则是有钱就办好点，没钱就办普通一点，席面至少也要有"八碗"③。章家基本能维持，白事很多年才会遇到一两次，不是什么很难办的事。

7.教育消费不高

章家的教育花费主要是学费和笔墨纸砚。如果是读私塾的话，就要给先生交束脩，交多少没有定额，全看家庭条件，愿意多交就多交。章九芝自己和几个儿子小时候就是在私塾读的书。而新式小学则是每年向学校交固定金额的学费，不需要单独向老师送礼。小学的学费不太高，大部分人家都负担得起，可以交现金，也可以交粮食抵学费。课本也要向学校买，需要与学费一起交课本费，交了之后学校就给发课本。章家第三代的孩子都是就读的新式小学。而不管是读什么学校，笔墨纸砚都是家里自己买，由于章家是书香门第，这些东西都是常备的，不够了就买新的，价格也不会很贵，章家完全消费得起。

---

① 移故屋：即搬家，对当地人来说搬家是一个比较讲究的事，搬到新家的时候要挑黄道吉日，搬家当天还要摆酒席请客，那之后才能入住新家。移故屋请客多是请亲戚参加，而来参加酒席的客人就要送人情。

② 棺材头：当地专门在葬礼上负责抬棺的组织人，需要办白事的家庭会出钱请棺材头，出殡的时候棺材头就会带一批人来抬棺。

③ 八碗：当地酒席的最低档次，一般是指特定的八样菜色，比较简单，花费较低。

以上提到的所有消费都是章家必需的花销，没有一样可以舍弃，而且以章家的条件完全可以消费得起。

（二）消费主体是家户

章家的消费主要由家户负担，宗族不会负担，村庄不会负担，家户外的其他主体也不会负担。这些消费都是家庭内部事务，外人不能干涉，也没有理由干涉，就算家庭自己消费不起，那也可以通过向别人借贷来维持自家消费，但不会让外人帮自己家负担消费。只有一种情况下会由其他家庭分担一部分消费，那就是诸子分家之后，老父母去世，那么所有的儿子都有为父母送终的义务，这个时候可以由几个儿子的家庭联合起来为父母举行葬礼，花费就由几个家庭平均分摊。

（三）当家人是消费的主要支配者

在章家的所有消费中，当家人是唯一的支配者，一切消费事宜都要由当家人章九芝决定并安排，他不需要与任何人商量，不需要告知或请示四邻、家族、保甲长。章九芝完全可以独立地做出决定，不被任何人影响，其他家庭成员只需要服从当家人的安排。如果章九芝忙忘了，那其他家庭成员可以提醒当家人，但不能代替当家人做决定。一般都是由章九芝的妻子来提醒他，儿子和儿媳是不会开口的，因为儿子儿媳不管家，他们也不清楚父亲是不是另有安排，贸然提出意见可能会引父亲不快，所以一般都不会开口。如果确实推迟了很久，他们也只会旁敲侧击问一下母亲，而不会直接向父亲开口，章家的家庭成员都很注重维护当家人的权威。

如果其他家庭成员觉得章九芝的决定不合理或者不公平，理论上他们也可以提意见，但不能随意更改章九芝的决定，也不能私自去做违反章九芝决定的事，如果章九芝不接纳意见、不更改决定，那么家庭成员还是要按照他说的做。章家的家庭成员很少对章九芝的决定有意见，因为章家人都清楚，当家人的权威一定要维护好，不可以随便顶撞当家人。但章九芝的妻子可以私下同章九芝沟通，因为夫妻关系很亲密，夫妻之间的交流也很常见，章九芝也会适当考虑妻子的意见，如果章九芝依然维持原来的意见也会同妻子解释原因，妻子也会尊重他的意见，不会反对他，而且还会帮他向儿子和儿媳传递信息，维持家庭和睦。如果需要做决定的时候章九芝不在家，那么大事就等他回来再做决定，小事就由代理当家人代为决定，章家的代理当家人一般都是章九芝的妻子，妻子可以参考往常的情况做出决定，只要决定不是太离谱，妻子都有拍板的权限。

如果家庭成员有其他消费需求，要么用自己的私房钱去购买，要么就要向章九芝请示，经过章九芝同意才能购买，前者就是个人出钱，后者则是家庭出钱。章家人很少向章九芝提出要购买什么东西，因为家里的东西都比较齐全，少数要买的东西就自己用私房钱想办法解决，不会让家庭负担，因为这些需求可能不是每个成员都需要，这个需要那个不需要，当家人就不好维持公平，那么干脆就全都自己解决。在实际消费中，章家所有家庭成员都是平等的，章九芝会根据家庭成员的数量确定消费数量，确保每人都有一份。章家把公平维持得很好，家庭环境也就很和谐。

五、家户借贷

(一)借贷多以家庭名义

1949 年以前,章家没有向别人借过钱,但有时候会把钱借给别人。有些家庭条件一般的人家一时周转不过来就会向认识的有钱人家借钱,章家经济实力比较强,也比较和善,好说话,周围的亲戚朋友熟人周转不了的时候就会找章家借钱或者借粮,章家大多都会愿意借给他们,而且不会收太高的利息。

借贷是以家庭为单位,债主也是一个家庭而不是个人。当地很少有个人名义的借贷,因为个人的信用度不如一个家庭,特别是这个人不是某个家庭的当家人的时候。个人借贷多见于赌徒借高利贷的时候,如果他不是当家人,那么他就只能以个人名义去借高利贷,以个人名义借就要以个人名义还。当地还有一种几个家庭共同借贷的特殊形式,当地称"做会"。

(二)当家人是借贷的第一责任人

在借贷关系中,家庭的当家人是实际支配者,如果当家人不在家,那要等当家人回来再说,其他家庭成员没有资格代替当家人成为借贷的主要责任人。当家人也不会委托家庭成员去借贷,大多都是自己亲自去,因为这是一件很正式的事,必须由当家人出面。当家人对借贷的决定不需要任何人的同意,家庭成员可以提意见,但不能左右当家人的决定,也不能违背当家人的决定。章家经济条件好,没有向别人借过钱。

借贷之后,第一责任人是当家人,而不是所有家庭成员。如果当家人去世,那么父债要由儿子来还,就算儿子们已经分家,儿子们依然有责任分担债务。家族不需要为家庭借贷承担责任。如果是个人借贷,那么第一责任人就是个人,还债要由他自己负责,家庭不会为他承担借贷责任,如果他死了,那么他的儿子要负责还债。小家庭借贷也是同理,小家庭有责任还债,而大家庭没有,小家庭的儿子要在父亲死后负责继续还债。

而对于借出钱粮的一方也同样是以当家人为主体。如果有人来章家借钱,那么必须向章家当家人章九芝提出,章九芝会代表整个章家进行决策,如果章九芝同意,那么就可以借钱给对方;如果他不同意,那么其他家庭成员,不管是妻子还是儿子,都不能擅自同意,也不能提出反对意见,更不能擅自动用家庭财产借给别人。章家的佃户有时候青黄不接,就会向章家借钱借粮周转,需要借贷的佃户家庭当家人需要亲自上门找章家当家人章九芝商量,如果章九芝觉得对方信誉较好,自家又确实有余粮余财,就会借给他,佃户就会与他口头订立契约,约定还债时限和利息,然后带走要借的钱粮。个人只能以个人名义借出钱财,家庭不会干涉,但也不允许动用家庭名义,也不会从家庭的账上出钱。比如长子章正文的朋友向章正文提出借钱,那么章正文只能从自己私房钱里出钱借给他,而不能不经当家人章九芝同意私自动用家庭财产借给他。其他家庭成员都同理,只能以个人名义借钱,只有当家人能够以家庭名义借钱。

(三)借贷过程

1.抵押借贷:当铺

抵押借贷在当地主要是向当铺借贷,当铺不会白借钱,必须要有东西抵给当铺才能借到钱。抵给当铺的东西一般都是金银首饰古董之类的奢侈品,比如黄金、白银、玉石、珍珠、戒指等。抵押时当铺的人会给东西评估一个价格,这个价格一般都会被压得很低,如果典当的人觉得可以,就可以跟当铺定契约,契约称为"当票",票上会写明抵押物、抵押时间和赎金,如果到期不来赎,那么这个抵押物就归当铺所有,不能再赎回。除了当铺之外,也可以选择抵给普通的人家,普通人家不会像当铺那样压价,价格会稍微高一点,但大多数人家都不愿意要抵押,要么就直接买卖,要么就不抵押进行普通借贷,所以抵押借贷还是在当铺比较常见。章家没有向当铺抵押借贷过。

2.普通借贷:借钱和借粮

普通借贷就是普通的人与人之间的借贷关系,包括借粮和借钱。借粮一般都在青黄不接的时候,穷人家周转不过来,就会先向有存粮的人家借一点粮,粮食收获之后再还上。这种借粮利息不高,并且不需要立字据,因为借粮的穷人家大多不识字,而且借出粮食的人家也都相熟,双方的信誉都比较好才会借,很少会有不还的情况。章家遇到这种情况比较多,多是章家的佃户来向章家借钱借粮,周转过来之后就还回来。

借钱则分大钱还是小钱,如果只借一点零散钱的话,那就不用写字据,还钱的期限也全看双方约定,口头形成约定即可,不用专门写字据,因为这种借钱基本也是在熟人之间借,大家都认识也就不必那么麻烦。至于利息也全看关系,如果关系好,那可能就不会收利息,或者象征性收一点,如果关系一般,那多少都会收一点,但也不会太高。如果是借款数额大那就不一样,借大钱需要请一位中人来写字据,称为"写票",同时也帮借贷双方做见证,字据上要写明借款双方、借款数额、利息和还款时间,这些都要由借贷双方协商达成一致后才能落到纸面上,借贷双方和中人都要在字据上签字。利息的计算方式一般是按月算,具体多少数额就要由双方协商。借贷完成后,借款方要请中人和债主吃酒以示感谢。会进行这种借贷的大多都是要做生意的人,一般人不会借那么大的金额。

当地也有专门的高利贷,高利贷没有门槛,谁都可以借,但会收很高的利息,还不上就要拿他的家产抵,一般人都不会去借高利贷,除非走投无路或者是好赌成性的赌徒。

3.借贷组织:做会

当地还存在一种集体借贷形式,称为"做会"。做会的组织者也就是需要用钱的人称为会头,参与者都是会头的亲戚朋友熟人,都是关系好、信得过的人,称为"会友"。会头一开始会确定自己要借多少钱,从而确定这个会要做几节,也就是借款数额要拆分成多少份,然后做几节就拉几个人来参加。以借10000元做十节为例,会头甲需要拉十个人参加。第一轮开始的时候,十个会友一人出1000元,交给会头甲,让会头甲应急。一个月之后,这十一个人又聚到一起,通过摇骰子在十个会友中决定一个新会头,摇骰子点数最大的那个就成了这个月的会头,为了区分,此处称他为会头乙。上个月的会头甲在这个月里则成了会友。然后十个会友再每个人拿出1000元给会头乙。一个月之后,再摇骰子在没有当过会头的人里确定第三个会头,每个会友又每人出1000元,给了会头丙。循环往复,直到每个人都当过会头借到过钱,这次做会才算结束。由于排序越往后的人等得就越久,所以为了公平起见,每一个当过会头的人在之后每轮出1000元的时候都要多出一点钱,称为"回利",这个回利一般比外面借贷的利息要低,具体多少也会提前协商好,比如10000元的借款,假设回利是10元,那么从第二个月开始,上一个月的会头拿钱的时候就要拿1010元给这个月的会头。如此一来,排序越往后的会头拿到手的钱会更多,以此来保证做会的公平性和会友的参与性。

表 4-4　做会流程表(单位:元)

参与者	第一轮	第二轮	第三轮	第四轮	第五轮	第六轮	第七轮	第八轮	第九轮	第十轮	第十一轮	每人总支出
甲	会头	1010	1010	1010	1010	1010	1010	1010	1010	1010	1010	10100
乙	1000	会头	1010	1010	1010	1010	1010	1010	1010	1010	1010	10090
丙	1000	1000	会头	1010	1010	1010	1010	1010	1010	1010	1010	10080
丁	1000	1000	1000	会头	1010	1010	1010	1010	1010	1010	1010	10070
戊	1000	1000	1000	1000	会头	1010	1010	1010	1010	1010	1010	10060
己	1000	1000	1000	1000	1000	会头	1010	1010	1010	1010	1010	10050
庚	1000	1000	1000	1000	1000	1000	会头	1010	1010	1010	1010	10040
辛	1000	1000	1000	1000	1000	1000	1000	会头	1010	1010	1010	10030
壬	1000	1000	1000	1000	1000	1000	1000	1000	会头	1010	1010	10020
癸	1000	1000	1000	1000	1000	1000	1000	1000	1000	会头	1010	10010
子	1000	1000	1000	1000	1000	1000	1000	1000	1000	1000	会头	10000
会头到手的钱	10000	10010	10020	10030	10040	10050	10060	10070	10080	10090	10100	

做会不需要写契约,全靠信誉和关系,如果中间有一节的成员不愿意继续或者没有能力继续,那这个会就做不下去了,所有参与的人都要受到损失,因此这种借贷形式多在亲戚之间进行。能参与做会的只有家庭的当家人,非当家人不能参与。章家参与做会的较少。

(四)当家人是还贷的主要负责人

还贷的主要负责人是借债家庭的当家人,因此当家人要负责还清债务,一般还债要由欠债方的当家人送上门,如果是借的钱,那就要还现金,如果是借的粮,那么还的一般也是粮,如果借的是粮食还的时候却想还现金,那就要和债主商量,债主同意就可以用其他形式还。一般都是一次性还,如果条件所限,希望可以分批还,那也可以同债主商量,债主同意就可以,一般来说一次性还的更常见,因为当地借贷大多是因为青黄不接,等土地收获的时候就有了收入,不管是还钱还是还粮都能还上。

如果还款期限到了又还不上钱,那也可以同债主协商延期一段时间。债主大多也会同意。章家借钱给别人时候大多都是这样,要求比较宽松,还不上想延期章家也都会同意,不会太苛求。但如果是借的高利贷,那可能债主就要上门来抢东西,拿家里值钱的东西去抵债。

如果是父亲欠了债,那么他的儿子和妻子都有责任帮他还款,如果是家庭的当家人欠了债,那么整个家庭都要受到牵连。如果父亲去世,那么债务要由他的儿子继承,每一个儿子都要分担一部分。如果无儿无女,那么债主就可以用他的房屋和地产抵债。如果父亲去世时,儿子们已经分家,那么债务也要平均分给儿子们。

六、家户交换

(一)交换单位:家户、小家庭和个人

在章家,家户的经济交换由当家人章九芝决定、安排,不需要请示和告知任何人,也不需要同家庭成员商量。章九芝会根据家庭的情况决定是否需要经济交换,要交换什么东西,而资金则由家户支出。

章家的小家庭也可以单独开展经济交易,但他们不能使用大家庭的钱财进行交易,只能从自己小家庭的私房钱里出资进行经济交易。小家庭的经济交易一般是由小家庭中辈分最高的男性做主,不需要向当家人章九芝请示。但大多情况下,小家庭不会自己购买什么东西,因为大家户中什么都有,不需要自己再购买。而分家后,新的小家庭就以新当家人为主进行经济交换,由新当家人决定具体事宜。

章家的个人也可以单独进行经济交易,一般交易的东西都是他们个人需要的东西,这个钱也必须从他们自己的私房钱里出,不可以动用家庭的钱财。用私房钱买东西不需要请示章九芝,但个人也不会经常买东西,因为大家庭中分配给每个人的东西都比较全,章家人对另外的东西没有太大的需求。

(二)当家人是实际支配者

章家的交换活动中,当家人章九芝是实际支配者。章九芝不在的时候,遇到小宗的交换,可以由代理当家人代替当家人决定,章家的代理当家人一般都是章九芝的妻子王怀馨,妻子在平时就是章九芝的助手,临时代替章九芝进行交换也是游刃有余,这个时候儿子、儿媳和孙辈都要听从章九芝妻子的安排。而如果遇到大宗交换则必须等章九芝回来才能进行,因为大的决定必须由当家人来做,另一方面如果需要签订契约也需要当家人的签名才能生效,代理当家人则没有这个权限。具体开展交换活动的时候,章九芝可以自己亲自去交换,也可以委托某些家庭成员去进行交换,比如让妻子或者儿子去。交换所需的费用由家庭支出,如果没花完,剩余的费用也要带回来还给家庭。如果是委托家庭成员进行交换,那么去之前,章九芝要把现金给他,交换回来之后,他要向章九芝汇报交换情况,并且把剩下的钱交还章九芝。未经章九芝委托,家庭成员不能代表家庭进行交换,只能以他们个人的名义交换,家庭也不会提供费用。家庭成员只能听从当家人的安排。

(三)交换客体

1.集市:五日一市,家人都能去

章家购置物品一般都是在集市上,当地是五日一市,附近的五个地区轮流集市,比如逢一逢六的日子在甲地集市,逢二逢七的日子在乙地集市,以此类推。路桥集市是逢三逢八的日子集市,也就是每个月初三、初八、十三、十八、二十三、二十八是路桥集市的赶集日。当地一般是就近赶集,章家居住的位置离路桥集市最近,走路仅几分钟,所以也最常去路桥集市。赶集大多是走路去,如果有买大件物品的需要就带着手拉车①去。集市并不是只有当家人能去,小宗交易章九芝一般都会派家人去,比如买菜就都是由家里的妇女去,如果是买比较重的东西,就会叫力气大的儿子去。如果是大型物件的购买就要由章九芝出面购买,当家人的话才有分量。如果家庭成员自己想去的话也可以去,个人可以去逛集市,不需要与当家人申请,只需要告知家人去向,也可以用自己的私房钱在集市上买东西,只不过家庭不会拿钱给他们买东西而已。

集市上一般都有分类,这一片是卖这个的,那一片是卖那个的,同样的东西都会集中起来卖,这是在市场演变中慢慢形成的自然规律,大家都会遵循。购物的人们可以很方便地货比三家选择最便宜或最好的东西。

---

① 手拉车:指人力驱动的板车,多用于载货。

章家赶集一般都是赶早去,早上起来了就可以去,尤其是买菜,去得早才能买到好东西,买完了就可以回来。相对而言,有些东西在远一点的集市可能会便宜些,章家有时候为了买便宜点的东西也会去别的集市买,比如饲料之类的东西就属于这一种。去其他集市买东西一般是一日来回,尽量在中午赶回来,如果感觉中午回不来,就带上饭团在路上吃,一般不会在外面吃饭。

当地集市没有管理者,所有的规矩都是约定俗成的,大家都自觉遵照着这套的规矩办事,如果产生了纠纷,那么就要由集市所在地的保甲长出面调解。集市里也有地痞,如果没有闹出什么大事,也没人会管,大家都会绕着他们走,但如果闹出了纠纷,保甲长就会介入,但也只能教训地痞两句,实际上也拿他们没什么办法。

但集市中有另一种特殊人,称为"拿秤人",他们每人手里有一杆公平秤,如果买东西的人觉得卖方的斤两不对,就可以请拿秤人帮忙称一下斤两,称过之后要给拿秤人一点报酬。拿秤人是有区域范围的,一片区域里只有一个拿秤人,互不干涉互不侵犯,不可以随便乱串。

2.米行:由当家人打交道

当地的集市是分类集市,同一片区域都卖同一种东西,这种区域就称为"行",卖米的区域就称为米行,卖鸡蛋的区域就称为鸡蛋行。来摆摊的人都有数,知道该往哪里去,来买东西的人也知道往哪里去能买到自己想要的东西。摆摊人一般不会串到其他区域去,因为串到别的地方去,可能就没人会买他的东西,因为来这片的人想买的是这片的东西,而不是他卖的那类东西。

章家跟米行打交道比较多,章家自己种的粮食不够全家的开销,每年都要向外再购买一批粮食,这个时候就要去米行买。什么时候买、买多少、在哪家店买,这些都由当家人章九芝决定。章九芝会带着家里体力好、力气大的人去,因为要把米带回来,因此一般都是带儿子们去,根据情况看是不带工具还是挑着担去或者是推着手拉车去,怎么做全由章九芝决定,儿子们只需要听安排。米行跟章九芝谈好价钱,就会把他需要的米准备好,让他过目,清点清楚之后钱货两讫,交易就算完成,章九芝怎么把粮食带走就跟米行无关。这个时候章九芝就会指挥儿子们或扛或挑或推把米弄回家去。其他家庭成员一般是不能代表家庭跟米行打交道的,因为除了当家人之外,其他人都不能动用家庭的财产,而买米通常都是大宗交易。

3.流动商贩:家人都能买

当地也有很多流动商贩,这些流动商贩挑着担走街串巷从人们家门口走过,如果人们觉得有需求,就可以叫他们停下来买一点。根据他们卖的东西不同被称为某某担,比如卖针头线脑小杂货的就被称为"杂货担",卖糖的就被称为"卖糖担",卖糕的就称为"卖糕担",补碗补锅的就被称为"小铜担"等。每一类商贩都有各自的吆喝,会把自己卖的东西喊出来,吸引人们来买。向这些流动商贩买东西不需要当家人出面,甚至不需要当家人同意。如果是给自己买东西,那就自己出面用自己的私房钱买,如果是为家庭买东西,那么就需要跟章九芝请示,经过章九芝同意并且拿到章九芝给的钱再去买。章家人一般都是自己出钱买,多是买些针头线脑,或是给孩子买糖,很少请示章九芝给家庭买东西。但章九芝的妻子可以根据家里的情况给家里补充一些东西,她可以跟章九芝商量一下,比如家里缺什么,章九芝一般都会同意她买,因为流动商贩卖的东西一般都不贵,都是小物件,妻子有时候也可以自己做决定。比如小铜担路过的时候,如果家里有要补的锅碗,妻子就可以喊他来补,不一定要刻板地去请示。

4."人市":当家人出面请工

当地有劳动力市场,称为"人市"。人市最热闹的时候就是农忙季节,一些没有田或者早早结束了自家田地劳动的壮年劳动力就会在这里等雇主,一些劳动力不足的人家也会来这里找散工。人市实际上就是这些等活的劳动力固定聚集的地方,没有管理者,时间久了附近的人们都知道在这里能找到干活的人,就会来这里找散工,而新的想找活的人知道雇主会来这里,就也到这里等雇主,久而久之就成了人市。到人市请散工需要家庭当家人出面,因为请散工实际上就是雇用了散工,而这种雇佣只有当家人有资格代表家庭拍板,其他家庭成员是没有资格的,工人们也不会相信非当家人的话。章家很少到人市上找散工,章家农忙的时候如果需要雇佣一些短工,章家会优先合作过或附近熟人家的工人,如果这些人不够用,而附近的熟人里也没有想做工的,章家才会到人市去找工人,但这种情况很少见。

(四)交换过程

章家交易的时候也会货比三家、讨价还价,章家人都比较节俭,虽然经济条件好,但能买价廉物美的就不会买价高的。在章家,一般都是谁买东西谁就负责货比三家,没有固定的人,也不需要章九芝同意,这是一个需要随机应变的事,不需要机械地请示。就算不比价其实也没什么关系,只要能控制在家庭给的资金金额之内就行,具体都看个人习惯,买到价廉物美的大家都会比较高兴,家里也会觉得这个人会买东西。

如果交易时遇上了熟人,章家也会跟熟人交易,大多情况下熟人会给一个相对低的友情价。不过也有些人心眼比较坏,给熟人反而会抬价,别人也抹不下面子不买。实际上全看对方人品。

当地也有经纪,如果是大宗交易,会请经纪来当中介人,经纪会帮忙找到合适的卖家,然后帮忙谈价。请经纪就需要给经纪中介费,经纪要负责帮买主找到合适的卖家,帮他们谈成交易,交易达成之后他才能拿到报酬。因为是大宗交易,所以要由当家人出面。章家很少进行这种大宗的交易。

一般的交易多由卖方过称,如果买方觉得卖方的称不准,就可以请行里的拿秤人来帮忙过称,如果缺斤短两,卖方就要补偿买方。不过很少会有缺斤短两的情况,因为这种行为会影响卖方的声誉,也会影响他的生意,得不偿失。是否需要过称一般是谁买东西谁决定,不一定是当家人,但由于请拿秤人需要支付一些报酬,所以如果不是当家人、又没有明显的缺斤少两的话,买东西的家人也不会多事。

集市上大部分商铺和摆摊的都不能赊账,不过有时候熟人想赊账的话就要看赊账者的信誉,如果信誉比较好的话可能可以赊账,都看具体情况,不能一概而论,总的来说,赊账很少见。但很多饭馆允许赊账,对一些经常在店里来往的熟客,饭店会允许他们赊账。饭店柜台上有一块小黑板,称为"水牌",如果客人要赊账,那么店家就把他的名字和赊了多少账写到水牌上,等他还上了就擦掉。水牌就挂在柜台上,大家都可以看到,变相地成了一种催款方式。章家一般不会赊账也不会欠账,都是钱货两讫。

第三章 家户社会制度

　　章家家庭成员都是正常结婚,有纳妾的,也有守寡的,没有入赘、改嫁、童养媳和休妻的情况,没有过继、抱养过孩子。婚姻上,章家的家庭成员结婚都由当家人做主,遵循先长后幼的原则。生育观念上,章家人认同多子多福的观念,每一代的生育人口都比较多。孩子出生后不分男女都要办满月酒,孩子的名字由当家人取,男孩按字辈取。章家在1946年前后分家,原因是家庭太大不方便生活,家产诸子均分,由娘舅见证。而继承的顺序是优先遗嘱,没有遗嘱的情况下按儿子、女儿、侄子、其他近亲、宗族的顺序继承。章家家庭内部有着严格的上下关系,但同时也维持着很好的感情关系,整体保持着家庭的秩序与和睦。对外则与邻居、亲戚、朋友保持着比较友好的关系。

一、家户婚配

(一)家庭成员全都正常结婚

　　章家的子嗣都结了婚,女儿都出嫁了,没有打光棍的,也没有离婚的,但鳏夫守寡的情况挺多,不过都是年纪大了之后,一方先去世的多。比如二房章正明去世的早,马爱珠晚年都是自己一个人过的。

　　在当地,虽然没有同姓不许结婚的说法,但是要求双方必须五代之内没有血缘关系,也就是所谓的"出五服",当地人认为五服之内的算是亲戚,亲戚之间不能通婚。血缘关系是唯一的条款,没有五服内血缘关系的同姓可以通婚,同村的人可以联姻,没有不允许通婚的姓氏和地区。章家也遵循着这样的原则,不会与未出五服的亲戚通婚。

　　除了血缘的基本条款之外,当地结婚一般会比较讲究门当户对,因为一般家庭条件差不多才有共同的需求和条件,比如大户人家娶媳妇会想要找能够持家管家,能够陪同丈夫出席交际场合的女性,那么小户人家就很难培养出这样的女性,而小户人家娶媳妇就会想找劳动力强,能够帮家里干活的女性,大户人家的女儿也很难适应这样的要求,而像章家这样的书香门第娶媳妇就会更倾向有一点文化水平的女性, 这样双方才更谈得来, 对子女的教育也好。另一方面,门当户对的家庭经济条件大多也差不多,聘礼、嫁妆、婚礼酒席等经济上的要求也差不多,不会相差太悬殊。所以在当地一般都是大户和大户、中户和中户、小户和小户之间通婚,大户、中户、小户之间虽然没有明确地规定不允许通婚,但不同层次的家庭之间本就不是一个圈子,沟通交流也比较少,所以很少出现不同层次的家庭的通婚。章家的姻亲也都是家庭条件比较好的人家。

　　在章家人看来,家庭人口规模对婚姻没有什么太大的影响,子女多少、几代同堂对婚姻也没有太大的影响,婚姻主要还是看双方家庭的经济条件。

(二)婚前准备：父母做主

章家人结婚一般不由儿女自己做主，都是章九芝夫妻做主。章九芝夫妻看儿女到了年纪，就会开始给儿女找婚姻对象，不需要儿女本人同意，也不用知会任何人，因为儿女结婚是家庭内部事务，不需要外人参与。如果是孙辈到了结婚的年纪，也是由章九芝夫妻给孙子孙女找婚姻对象，孙辈的父母也可以参与进来提出意见和看法，章九芝夫妻会适当考虑他们的意见，但决定还是要由章九芝来做，要由章九芝拍板。而孙子孙女本人则没有话语权。

1949年以前，章家相看人家首先要考虑对方的家庭条件，整体上要门当户对。如果是儿子结婚，那一般都是要求女方比男方年纪小一点，女方身体要健康，名声德行也不能差，能力上会持家会做家务是最起码的条件，长相上则至少要端正，具体长相只要让男方父母看了觉得不错即可，没有太明确的要求，有时候男方家长也会关注女方的发育情况，父母会更喜欢发育得比较好的女性，也就是所谓的"屁股大好生养"。除了跟女方家庭见面，章家还会到处去打听女方的家庭和女方本人的人品。女方家庭经济条件是可以看出来的，但家庭的名声就要靠打听，名声好不好也是章家人重点考察的内容，章家认为什么样的人家养什么样的孩子，子女的品德好不好从家庭环境也能看出来，更何况，婚姻把两个家庭联系到了一起，不管是谁都不愿意自家有糟糕的姻亲。

找女婿也是同理，首先要看对方的家庭条件是不是门当户对，然后年纪上男方要比女方大一点，男方本身要勤劳能干，要么是种田的好手，要么是手艺人，总之有安身立命的能力，长相上起码要端正，然后章家也会去打听男方的家庭和男方本人的人品。

当地普遍认为结婚最重要的目的就是生儿育女、传宗接代，也就是俗话说的"不孝有三，无后为大"。而大户人家之间的联姻也会考虑扩大势力范围的因素，但中户或小户人家就很少会考虑这方面。章家就认为结婚就是为了生儿育女传宗接代，是自然而然的事，没有什么深刻的目的。

当地也有自由恋爱的情况，男女双方自行认识互相喜欢之后，如果觉得谈得来打算结婚，那么就要告诉父母，父母会考察对方条件和家庭情况，看双方合不合适，如果父母觉得各方面都合适的话，就请媒人去找对方家下定。但如果父母觉得不合适，那就双方就不可能结婚。如果父母不同意的情况下，两个人就在一起，那就是无媒而合，是一件很严重的事情，会被社会舆论谴责。1949年以前，章家没有自由恋爱的情况，基本都是父母做主安排婚姻，更没有出过无媒而合的事。

两户人家结亲，男方要给聘礼，女方则要出嫁妆。聘礼出多少主要是看男方家庭条件，家庭条件好，就多出点聘礼，家庭条件差，就少出点，并没有固定的标准。如果是一户人家，不同儿子结婚的聘礼一般都是一样的水平，都是一碗水端平，端不平的话家里自然要吵架闹事。而女方的嫁妆一般同男方给的聘礼保持同一水平，加上自家条件，综合来看具体数量，一般来讲嫁妆给多少全看父母的意思，父母疼女儿的也会多给点，不太在意的也就是给一点意思一下。一般同一户人家的不同女儿，嫁妆也是差不多水平。章家整体条件好，儿女结婚的聘礼和嫁妆都给得很足，至少在当地平均水平以上，而且儿子和儿子之间，女儿和女儿之间基本都保持着差不多的水准，不会厚此薄彼。

如果男女双方家里都商量好了，那么就可以定亲。定亲分两次，称"小定"和"大定"。小定就是双方初步确定意向，小定之后男女双方才与对方见面。大定就是正式的定亲，大定以后两户人家就正式地成了姻亲关系,开始有正常的亲戚往来,逢年过节双方都要走动,有人情往来,平时的走动就要看情况。定亲以后就很少有悔婚的情况,除非出现重大变故,比如一方重病之类的,否则是不会悔婚的。

(三)婚配过程:双方协商决定

定亲之后就要开始准备结婚,结婚的方案一般是双方家庭共同商定,从黄历上挑一个双方都觉得好的日子,然后通知亲朋好友。具体请哪些人参加婚礼都是当家人说了算,一般来说跟自家有来往的亲戚都要请,一些关系好的朋友也要请,但保甲长、官府中人、有权势的人、大户人家等这些人则并不一定要请,一般都是有亲戚朋友关系的那就请,没亲戚关系就不请,对于佃农来说,租入土地的土地主人也属于这类看有没有亲戚关系来决定请不请的情况。章家一般只会请亲戚朋友,而不会请保甲长、官府中人和佃农等人。由于办酒是男方女方分开办的,因此男方女方的家庭可以各自决定请哪些人来参加,不需要双方达成一致。一般来说男方通知亲朋好友要写请帖,而女方一般都是口头通知不写请帖,请帖上抬头写受邀请的人家当家人的名字,落款写结婚的人家当家人的名字。谁当家就写谁的名字,而不是写新郎父母的名字,也不写新郎新娘的名字。比如分家前,章九芝的儿子结婚,请帖的落款就写章九芝的名字,而不写章九芝儿子的名字,如果是章九芝的孙子结婚,请帖的落款也会写章九芝的名字,而不写孙子或者儿子的名字。

婚礼当天,亲近些的亲戚都要来帮忙,酒席一般都是自家准备,如果自家做不了,那就可以请专门的厨官①来掌勺,章家一般不请厨官,都是自己准备。条件好的要办三天三场,叫"三场齐":结婚前一天办一场酒,叫"暖房夜",类似于预热;结婚当天是正式的婚礼,男方女方都在自家摆酒,中午女方办酒席,下午女方出嫁男方接亲,晚上男方办酒席,男方的酒席一般要比女方办得隆重一点,请得客人也要多一些。办酒席的场面也有讲究,有钱的就有酒有肉把场面做足,没钱的就办个普通的"八碗",比八碗还少是不行的;结婚后一天也要办一场场面小一点的酒席,让来参加婚礼的亲戚吃饱喝足再把他们送走。条件不好的人家就只办结婚当天的正式酒席。章家一般会选择办"三场齐",因为章家经济条件好,能承担这样的开支。

婚后第三天是女方回门的日子,也叫"走三日",女婿这一天也要去拜见岳父岳母。这一天女方家也要办酒席,只不过范围小,不用请太多人,只是自家亲戚一起吃一下,认识一下新女婿。

结婚过程中,一切重大决策都由当家人做主。在章家,当家人章九芝可以决定结婚的日子,决定如何办婚礼,办多大场面,决定请哪些亲友,婚帖上也会写章九芝的名字。家中其他成员都听从他的安排,章九芝让干什么就干什么。其他家庭成员都是具体事项的操作者,可以给章九芝适当地提建议,但最终的决策还是由章九芝来决定,不过一般家庭成员也不会提意见,儿子们也没有办喜事的经验,没法提出意见。而妻子王怀馨会协助章九芝办喜事。一般来说,章九芝负责统筹前面的席面,他要负责安排桌椅板凳,安排儿子们和其他来帮忙的亲戚布置婚礼现场,安排迎亲事宜,开席前还要带儿子们迎来送往,安置客人,席间要陪客等。而后厨的事宜则会由章九芝的妻子统管,章九芝的妻子会安排儿媳们和其他来帮忙的亲戚负责洗菜切菜炒菜,还要负责上菜洗碗,散席后还要收拾残局等。儿子和儿媳遇到任何事情

---

① 厨官:即厨师。

都要去询问章九芝夫妻,不能擅自做决定,他们主要还是按照章九芝夫妻的安排做事。

(四)婚配原则:先长后幼

章家的婚配一般遵循先长后幼的原则,如果年长的兄弟还没有结婚,那么年幼的兄弟一般也不会越过兄长先结婚。除非年幼的兄弟在外面成家立业,家里管不到他,那也没有先后之分,但只要兄弟都在本地,都在父母眼前,那么就不能先幼后长。但兄弟有没有结婚不影响姐妹,兄长没有结婚,妹妹也可以先嫁人,不会有影响。这种原则在不同层次的家庭中都通用,不因大户、中户、小户的区别而产生区别,章家也遵循着这样的原则。

章家在结婚上的花费主要是酒席,具体花费多少则看酒席的菜色和桌数,包括买菜、租借桌椅碗碟、是否请厨官等。当地婚礼花费的多少主要由家庭条件决定,有条件的都愿意办大场面,办热闹些,因此大户人家在结婚上的花费自然要大些。章家一般会选择办"三场齐",但菜色和桌数都保持着够用就好的中等水平,不会太奢靡浪费。这些花费都由家庭承担,还没分家时由大家庭承担,分家后则由小家庭自行承担。如果分家时还有儿子还没结婚,那么这个儿子就跟着父母继续生活,不分出去单独成户,这个儿子以后结婚的花费要由父母承担,不必由他自己承担,也不需要已经分家分出去的儿子承担。章家不同儿子结婚的花费都是差不多的,不会厚此薄彼,如果厚此薄彼那么家中必然要闹矛盾,章九芝会竭力避免这种情况出现。

(五)其他婚配形式

1.纳妾较常见

1949年以前,纳妾在当地是一件很普遍的事情,没有人会议论或者指责,但一般只有家庭条件比较好的人家才会纳妾,因为条件不好的人家养不起更多的人。章家就有纳妾的情况。当家人章九芝与正妻王怀馨生育的长子九岁时夭折,这个时候王怀馨的年纪太大,夫妻俩感觉很难再生育子嗣,于是决定纳一房小妾,经人介绍,章九芝从上海娶了一个小妾。次子章正明也有小妾,是在外面工作的时候别人介绍给他的。[①]当妾的女方家庭条件好差都有,男方也不会在意女方是不是二婚或寡妇,主要看缘分,男方觉得合适就纳了。也有像章正明一样,工作场面上朋友或同事介绍纳妾的情况。

章家人纳妾一般都是男方自己决定,不用和谁商量,自己纳的妾自己养就行。如果没分家的儿子纳了妾,并且想把小妾领回家,那就要跟当家人章九芝商量,经过章九芝同意才能将妾带回来住,因为领回家意味着要跟自家人同吃同住,甚至被纳入自家人的范畴,这必须由当家人认可。如果章九芝不同意,那就只能养在外面,自己出钱供养。但当家人或者其他任何人都不能阻止他纳妾,因为这是他自己的事,别人可以劝阻但没理由干涉。章正明的妾在未分家前就养在外面,分家后才到章正明家住,地位与章正明的妻子基本平等,住在一起也比较和睦。

纳妾的流程基本跟结婚一样,也要办婚礼办酒席,男方也要给女方聘礼。由于结婚没有婚书契约,因此纳妾也没有婚书契约。这些不因女方的身份条件而改变,不会因为女方是二婚或者寡妇就不这样做。婚礼的场面完全由男方决定,有钱就办好点,没钱就办简单一点。至于办婚礼的钱,如果纳妾是当家人同意的,并且当家人愿意出钱,那么就从整个家户里出,如

---

① 章正明在1950年《中华人民共和国婚姻法》颁行后,因法律规定不能重婚而与其妾离婚。

果当家人不同意或不愿意出钱,那就男方自己想办法解决。聘礼也是同样。

章九芝的妾①开始是养在外面的,1944年的时候章九芝将她接回来,由于其信佛并吃素,章九芝专为其造了"觉园"与之同住,而正妻王怀馨和儿孙仍然住在四透里,家人不会因为她是妾,就歧视她,她在家中的地位与正妻基本相似,儿孙要敬重她,她也要对儿孙慈爱,孙辈们称呼她为"小祖母",时常去"觉园"玩。

2.改嫁名声不好

改嫁在当地也叫二婚,当地有改嫁的情况,但章家没有改嫁的。改嫁又分两种,一是离婚后改嫁,离婚的女性不会再在婆家居住,要么回到娘家,要么自己单独居住。这种一般都不太好再嫁出去,因为离婚的女性在当时名声都不太好,人们普遍认为只有有污点的女性才会离婚。第二种是寡妇改嫁,这种比前者要好一点,不会有太多人诟病,只有一些比较古板的老辈人会讲闲话,但不会对寡妇再嫁有实质性的阻拦。寡妇在丈夫去世之后一般会继续住在婆家,也有些会自己单独成一户自己住(如果丈夫死前已分家)。

改嫁要请媒人,如果这个女性居住在娘家,那么就由娘家当家人对其再嫁做主,由娘家当家人决定是否让她再嫁,也由娘家当家人替她请媒人,决定婚姻对象,如果女性自己找了新的婚姻对象,也要通过娘家当家人出面请媒人。但如果她自己自成一户的话,那就由她自己做主,自己出面。寡妇的话一般也是自己做主。

改嫁大多也会办酒席,场面大小看新婆家的条件和想法,如果新婆家有钱又愿意办酒席,那就会办得隆重一点,如果新婆家条件一般或对女方不是很重视,就可能办得简单一点,甚至不办。一般来说,改嫁的仪式都不会如头婚一般隆重,整个婚姻流程比较简单,聘礼和嫁妆没有明确的要求,一般都是看男方的意思,如果男方希望简单点,那可能就请媒人说合然后就结婚进门,其他步骤都可以省略。

3.招进赘

入赘在当地也叫"招进赘",入赘的男性一般都是出身经济条件比较困难,儿子又比较多的家庭。而招赘的女方一般都是只有女儿没有儿子的人家,如果有多个女儿的话,会选择其中一个留在家里招赘,其他的女儿也是如普通人家的女孩一样嫁出去。招赘跟过继抱养一样都是没有儿子的人家传宗接代的一种方式。选择过继、抱养还是招赘一般都由家户当家人决定,看当家人的偏好,有些人会觉得过继比较麻烦,毕竟过继来的小孩有原生家庭,原生家庭也关注着小孩的生活,不能对小孩不好,而且还会担心以后小孩会不会更亲近原生家庭,又觉得抱养的小孩养不熟。那就会选择招赘,招赘生育的孩子也有自家的血脉,不仅能传宗接代,家里还能多个劳动力。有些比较强大的宗族势力可能会干涉招赘,但这种干涉很少见,一般宗族不会干涉这种家庭事务。

招赘的女方对男方的要求跟普通的结婚对象基本一样,要身体健康,劳动能力强或者有一门手艺,长相端正,年龄比女方略大,个人和家庭名声比较好。对男方家庭条件的要求一般不会太高,包括经济条件、兄弟情况、父母情况等,因为家庭条件好的男性一般不会愿意入赘。入赘并不是只限本村的男性,外村人也可以,实际上本村也很少能找到愿意入赘的男性。如果男方结过婚,就要考察一下他是为什么离婚,如果是女方有问题或者女方去世,那没关

---

① 受访者章含华是章九芝的孙辈,不清楚"小祖母"的姓名,只知道其卒于1947年前后,享年约73岁。

系,依然可以考虑让他入赘,如果是男方道德、健康等问题,那就要慎重考虑一下。

招入赘也是双方家庭当家人商量决定,不会征求新郎新娘的意见,但如果当家人不是新郎新娘的父母,那么新郎新娘的父母可以提一定的意见,听不听意见就是当家人的事。这件事也不需要跟兄弟、宗族、保甲长商量,这是一件纯粹的家庭事务,只与两个家庭有关。

招赘的流程跟普通的结婚也基本一样,只不过男方和女方的地位颠倒,原先以男方为主的婚姻流程转为以女方为主,婚礼在女方家办,女方家要发请帖,请帖上落款写女方当家人的名字,婚礼的花费由女方家庭出。婚礼的过程跟普通婚姻一样,只不过"三场"都会在女方办,男方只有正场中午在自家办一场。

婚礼之后,入赘的男方就到女方家中生活,以后生下的孩子要跟女方的姓,家户的当家人是女方的家长,当女方的家长去世后,新的当家人则看夫妻双方的能力,谁能力强谁当,但子孙后代的姓氏不能改。也就是说,如果入赘的男性能力强,他也可以成为家庭的当家人,但他的子孙后代都要姓女方的姓氏,不能再改回来。入赘的男性如果没有什么能力、没什么本事,那就可能被村里人看不起,但如果他能力很强,在家里很有话语权,在外也很有本事,那也没人敢说什么。

章家没有招入赘的情况,实际上当地也很少有招入赘的情况,大部分人家还是会多生几个孩子,生出男孩来继承家业,或者过继抱养,章家的熟人里也没有招赘的。

4.换亲和典妻

当地没有童养媳。但当地比较穷的山区有换亲和典妻的事。换亲就是两户人家比较穷,找不到儿媳和女婿,就互相约定这家的女儿嫁给那家的儿子,那家的女儿再嫁给这家的儿子。这样就省了聘礼和嫁妆的费用,也避免了因为太穷找不到对象的情况。而典妻也叫"借肚皮",就是穷人把自己的妻子租借给娶不起媳妇的光棍或者生不出孩子的家庭若干年,等媳妇帮对方生下孩子了再回到原家庭。典妻者要给原家庭一定的钱粮,生下孩子之前女性就住在典妻者家里,由典妻者供养,直到替典妻者生下孩子,生下的孩子就由典妻者来养,给典妻者传宗接代养老送终。这个孩子与他的母亲没有任何关系,这个女性依然是原先那户人家的妻子,与典妻者和他儿子都没有任何关系。章家没有发生过换亲和典妻的事。

(六)婚配终止

1.休妻很少见

章家没有过休妻的事。1949年以前,休妻很少见,俗语说"宁拆一座庙,不破一桩婚",如果男方要休妻,那么亲戚朋友都会来劝说,尽量挽回。社会上对离了婚的女人比较歧视。

休妻的原因一般都是女方作风不好,比如出轨、害人、品行不端,其他的理由一般不会严重到休妻的地步。休妻一般由男方提出,需要当家人支持,并且要有正当理由,无缘无故的休妻也是不可以的,作风不端、害人等理由也需要有充足的证据,没有证据也不能随便休妻。

休妻要写休书,男方自己写就可以,不需要见证人,也不需要请娘家人到场,对于女方来说,被休弃是一件很丢人的事,如果被休弃已经无法挽回,那么女方都是拿了休书就走,不会闹大让别人围观。被休弃的女性是被扫地出门,分不到婆家的财产,没有赔偿费,孩子也归男方养。但有了孩子的家庭很少休妻,因为影响不好。

2.守寡和招夫养子

守寡在当地是比较常见的事。章家也有丧夫守寡的女性,不过都是年纪大了以后丈夫先一步去世的情况,这种情况下儿子都已经长成,守寡的女性就由儿子供养,不会再嫁。

在当地,比较年轻的寡妇可以选择再嫁,也可以选择在婆家守寡,也可以招赘,称为"招夫养子"。

再嫁的多是没有生育儿女的寡妇,也有一些守寡后无法维持生活,带着小孩一起转嫁的寡妇,这些小孩被称为"拖油瓶"。寡妇改嫁一般都是由本人做主,不返回娘家就不需要娘家帮忙做主。

如果丈夫去世前还没有与父母分家,那选择为亡夫守寡的寡妇可以继续居住在婆家。如果寡妇有儿子的话,儿子可以继承丈夫的东西,未来分家时也可以分得一份家产。寡妇不改嫁,那就一直是这户人家的一员,分家时也能分到家产,就算没有儿子多少也会分到一点,分多分少就看当家人的意思。如果丈夫去世前就已经与父母分家,自成一户,那么寡妇在丈夫去世后就依然住在丈夫生前的房子里,如果儿子还没长大成人,那么寡妇就顶替死去的丈夫成了这一户的当家人,如果儿子已经长大,那么当家人的位置则由儿子继承。

只要寡妇没有改嫁,她死后就能与亡夫合葬,如果亡夫葬在祖坟,那寡妇死后也能葬进祖坟,与是否生育儿子无关。但如果改嫁了,那么她死后就应当与最后一个缔结婚约的男性合葬,而不与前夫合葬。

还有一种叫作"招夫养子",就是独居的寡妇招身无长物的男人入赘,养育前夫的孩子,这种一般都是孩子比较小,家中没有劳动力,生活比较难的寡妇才会选择,主要为了多个劳动力。在赘婿进门之前会与寡妇商量好前夫的财产继承和对孩子的责任义务等,前夫的财产都是属于与前夫生的孩子,新的丈夫不能对前夫的孩子不好,也不能侵占前夫的孩子的财产和权力。婚后,夫妻双方可以生育自己的孩子,但这个孩子不能继承前夫的财产,只能继承婚后赘婿自己打拼出来的财产。至于后生育的孩子的姓氏可以商量着来,可以跟女方的姓也可以跟赘婿的姓,但前夫的孩子必须跟前夫的姓,不能改姓。孩子长大后,前夫的孩子承续前夫家的香火,后生育的孩子则承续女方或赘婿家的香火。寡妇死后则可以与赘婿葬在一起。章家的熟人朋友里也没有招夫养子的情况。

二、家户生育

(一)信奉多子多福

章家章九芝同辈共有四五个兄弟姐妹①。章九芝的子女中长大成人的有三男一女,夭折一个,本是长子,夭折于9岁。长房章正文生育两个孩子,一男一女。二房章正明则育有三男四女,其中一个儿子四岁时因为战争年代缺医少药死于肺炎。三房章正化则生育了三男两女。章家没有丢弃孩子、买卖孩子、溺婴的情况,也没有未婚生子的情况。在当地,必须结婚后才能生子,就算是定了亲也不行。非婚生子会被歧视,会被视为不检点,所以很少有这种情况。章家在村里属于孩子比较多的人家。

当地信奉多子多福,大户、中户、小户生育的孩子都比较多,但小户可能夭折的孩子更多一些,因为条件相对差一点。章家也信奉多子多福,只要怀上了孩子,就都要生下来,没有打掉孩子的事发生。

———————————

① 受访者章含华是章九芝的孙辈,对章九芝的兄弟姐妹的具体情况不太清楚,只知道大致数量。

（二）生育是为了传宗接代

在章家人看来,生育最重要的目的就是传宗接代,生儿育女对于一个家庭意味着延续香火,没有子嗣则意味着这户人家"绝后代"。在 1949 年之前,在子女生育上,村民大多倾向于男孩,更愿意生育男孩,因为传统思想中,女孩要离开家嫁到别人家成为别人家的人,只有儿子可以继承自己家的香火,并将之继续往下代传承。

章家人认为未婚生育是一件很不好很丢人的事,子女到了婚配年龄之后,父母都会教育他们,不可以随意发生性生活,不能婚前产子。未婚生子在本地人眼中也是一件道德败坏的事,村民会在背后偷偷议论未婚生子的人,未婚生子的男女、他们的家庭以及生下的孩子名声都会很坏。

章家的子女结婚年龄一般都在十六七岁,结婚后就开始准备生育,属于早婚早育。这个婚育年龄在当地都比较普遍,超出这个年龄太多,不管男女都会比较难找对象。对于生育观念,章家人都倾向于多生,希望自家可以人丁兴旺,最好是儿女双全。但对于生育几个孩子比较好就没有太具体的概念,一般都是能生就生,怀了就生。有了几个孩子之后,就会对生育保持着随缘的态度,不会强求生育到几个男孩几个女孩,也不会用孩子的多少来挣面子。在村里,一般儿子多的人家大家都会比较羡慕,因为劳动力多。但儿子的多少与家境的关系不太大,有些有钱的大户儿子很多,也有些小门小户的穷人儿子也很多。不管是哪一个层次的家庭对于多子多福多生多育都是差不多的看法,都抱有一种"人多力量大"的想法。

（三）在自家生产

在章家,生不生孩子,生几个孩子一般都是看机缘,不会刻意干涉,自然而然怀了孩子就生下来,能生几个生几个,不嫌多。但只要有儿子继承香火,家中大人也就不会要求生育多少孩子,如果结婚年头久了都没有儿子,那么夫妻和家人都会比较着急,会去看病治疗想办法生孩子,生不出来就要考虑过继或者抱养。

章家的女性怀孕期间也要干活,一直到预产期为止。在章家,因为家庭条件比较好,孕妇干的活会轻一点,但一点活不干也不行,章家认为这样不利于生育。在条件不好的小户人家怀孕的女性要和平时一样干活,甚至也要干一些体力活,不会因为怀孕而有优待。中小户人家的女性孕期也不会有专人照顾,只会在伙食上有所优待,会在家庭可承受范围内尽量满足孕妇的口味。

章家的孕妇一般都是在自己家分娩,如果不是身体有问题,就不会特意到医院去。早年,章家会请接生婆来帮助接生,一般都是在预产期之前就与接生婆联系好,讲好价格和大致时间,孕妇要生的时候就派人来请接生婆到家里接生。但是由于马爱珠的母亲是西医的妇产科医生,马爱珠嫁到章家之后,章马两家成为亲家,所以章家的第三代基本都是请马爱珠的母亲来帮忙接生的,而那之前章家的孩子则都是由接生婆接生。

当地的产妇有坐月子的传统,一般时长都是一个月。这一个月,产妇都要在家里休养,由家里长辈主要是婆婆照顾。章家会在产妇的饮食上给予一定照顾,比如给产妇做一些补血补身体或者下奶的食物。章家一般都是自己哺乳孩子,不会专门请奶娘,普通的中小户人家都是这么做的。

对于章家来说,生育的费用主要是给产妇提供一些补营养的食物。由于接生是请亲戚(马爱珠的母亲)来,就不需要支付接生的钱。但章马两家没结亲之前,章家请接生婆也需要支付一定的报酬。只要没分家,生育产生的费用都由大家庭承担。

从生育过程中看,不同类型的家庭还是会存在一些差异,比如小户人家的女性,由于经济条件差或劳动力不足,孕妇直到预产期之前都要承担与非孕期一样的劳动,而中户的孕妇承担的劳动就要少些,而大户的孕妇可能几乎不参与劳动。又比如,中小户人家一般都是自家人照顾产妇和新生儿,而大户可能就会请丫鬟、保姆、奶娘照顾产妇和新生儿。

(四)满月酒不分男女

生育孩子之后一般会办满月酒,章家一般不分男女,都办满月酒。亲戚、邻居和其他关系好的人听说这户人家生了孩子之后,就会带一些礼物来祝贺,称为"月礼",一般都是鸡蛋、面、香菇等实物,也有一些会送长命线①之类寓意好的东西,但基本都是实物,很少送钱,也很少送很隆重很正式的东西。作为主人家,章家也要请这些客人喝酒吃饭,这就成了满月酒逐渐就变成了约定俗成的满月时办酒宴请来祝贺的客人们。一般来参加满月酒的客人都会带礼物,很少空手来。满月酒并没有什么特殊的寓意,只是为了庆祝孩子出生。满月酒的费用由大家庭承担,收到的东西如果是鸡蛋、面、香菇之类的物品就归家庭所有,如果是给小孩子的长命线之类的东西,那就给小孩子。

不同类型的家庭在满月酒上也会有差异,具体表现在满月酒的场面上,中小户人家办满月酒就比较简单,穷人家不会太认真办,但大户人家一般都会办得比较大,甚至会成为一种社交方式。

(五)当家人给孩子起名

章家孩子的名字一般都由当家人起,提前起好或者孩子出生以后再取都可以,看当家人的意思,当家人如果重视、期待这个孩子,可能很早就会起好名字,如果孩子出生前后当家人很忙,那可能就等当家人闲下来再起名字。章家的孩子起名字一般都是按辈分来,辈分在族谱里有一首诗,按顺序排下来,共有 30 个字,也就是 30 代。章家这三代人取的是其中一句话里的三个字分别作为每一代的名字,这句话是"道进高明,尊传祖法",章九芝为"道"字辈,三个儿子为"进"字辈,孙子们为"高"字辈。比如章九芝为章含华取的名字为"高翯",两个同胞兄弟的名字则为"高×"和"高翀"。除了这个按辈分起的名字之外,孩子还有小名和学名,小名一般都是家人叫的,这个名字不一定要当家人来起,谁来起都行,父母、祖母都可以,只要大家都觉得好,就可以叫,也可以不起小名直接叫大名,章家的孩子一般都有小名。而学名一般都是入学的时候起,但应用的比按族谱起的正名更广,比如章九芝的"九芝"、章正明的"正明"、章含华的"含华"都是后起的学名,但实际上称呼都是用的学名,学名一般也是当家人取,一户人家同辈孩子的学名也会共用同一个字,比如章九芝三个儿子的学名"正文""正明""正化"就共用了"正"字。但并不是所有人家都会给孩子起学名,只有要入学读书的孩子才会有学名,不起学名的人家就会一直用按辈分起的名字。由于章家读书教育不受性别限制,男女都能读书,但男孩有辈分名,女孩却没有,因此为了平等起见,不论男女都用学名。

孩子起名字一般都会起寓意比较好的字。也有些人家会拿孩子出生的时辰去算命,算出孩子缺的五行,缺什么就在姓名里补,比如这个孩子算出来五行缺火,那么就在名字里加入

---

① 长命线:丝线制成的饰物,人们认为这种饰物可以保佑小孩子健康成长,代表着长辈对晚辈的祝福,作用与长命锁类似。

火字或者用带"火"偏旁的字。也有些会把孩子出生的时辰带到名字里去。还有一些人家觉得小孩子身体不好，为了让小孩子茁壮成长，就会让小孩子拜和尚道士为师，然后请师父起名，以保佑小孩子健康成长。但章家一般不会这样做，章家是书香门第，家庭成员文化水平比较高，一般都是当家人来起名字，而且名字大多能够兼顾美好的寓意和其他具体需求。

在起名字上不同类型的家庭也存在差异，比如章家这种有文化的中户一般会自己给孩子起名字，而没有文化的中小户要么按族谱自己起些简单好记的名字，要么花些钱请算命先生帮忙起一个，而一些打算送孩子去读书的，可能就在入学拜师的时候请教书先生帮忙起学名。而一些大户人家可能就会请一些有名望的人帮孩子起名字，比如请大儒或者县官或者其他有功名的人，这样不论对这户人家还是对那个孩子而言都是很有面子的事。

三、家户分家与继承

（一）分家

1.家庭太大是主因

章家大概在1946年前后分了家，分家原因主要是儿子们都成家有了下一代，第三代的子孙也日渐长大成家，家庭成员越来越多，家庭越来越大，而相对的，当家人章九芝的年纪也越来越大，对他来说，家庭事务越来越多，也越来越难管理。同时，家中人口渐多，时间一长可能会有摩擦和矛盾，影响家庭成员的关系，不如分家了各自过日子，章九芝夫妻也可以过清净些的日子。

章家分家是由当家人章九芝提出来的。当地分家一般都是家里儿女长大成家后，父母感觉家里人多了容易闹矛盾，就会提出来要分家。也有些家庭，儿子向家长提出来分家，如果儿子有了自力更生的条件之后，觉得继续在大家庭里一起过不方便，就可以向父母提出来分家，但能不能分还是要由当家人决定。如果当家人同意，那么就可以分出去，如果不同意也就不能分家，但一般如果儿子提出来，父亲也都会同意分家，毕竟儿子生出了分家的心，强压着不分反而要闹矛盾。

分家一般会把家中已经成婚的儿子一次都分出去，将家产平均地分给儿子们，而没成婚成年的儿子一般不会立即分出去，会继续跟着父母生活，但分家的时候也会把他们的份算出来，只是在他成婚独立之前，他们的份由父母代管，父母也要负责给他们找婚姻对象举办婚礼。没出嫁的女儿也同没成家的儿子一样跟着父母过，分家时也会给她们保留一份嫁妆由父母代管。如果成年的儿子不愿意分出去，那么他就要讲出不愿分出去的理由，有道理的话，父母也会同意他多在家里留几年。章家不属于这种情况，章家未分家时家庭成员关系和睦，儿子们都没有生出分家的心，因此主要还是章九芝打算分家才分的，而且章家分家时，第二代的几个儿子都已经成家立业，女儿都已经出嫁，没有未成年的儿女与父母同住的情况。

分家在当地是一件很常见的事，大家都是觉得家里人多了就可以分家，很少会一直保持着大家庭的形态。分家也属于家庭事务，外部成员不能干涉，不管是宗族还是保甲长或是其他亲戚，只有当家人可以做出分家的决定。

分家的原因与家庭类型也有一定的关系，比如小户一般倾向于早点分家，因为家庭大了经济压力就会比较大，分家之后家庭人口少下去压力也会小一点，甚至有些小户人家每个儿子一结婚成家就会把他分出去单过，结婚一个分出去一个，只留下没结婚的小孩子。而章家这样的中户选择的余地就大一点,可以由当家人来选择合适的时机分家。至于大户人家分家的时机可能就会比较晚,因为经济上比较能负担,更多的可能会考虑家庭和谐等因素。而一些有家产的大户人家可能牵涉的因素更多,一般不会轻易分家削弱自身势力。

2.诸子均分,女儿不参与

章家分家的时候,只有家庭内部成员有分得家产的资格,家庭外部成员没有资格分到家产。分家的单位是户,而不是个人,也就是说几个儿子就是几户,儿子家中的人数多少不会影响分家的结果,比如章家有三个儿子,那就要把家产平均分为四份,三个儿子各自成为独立一户,再加上父母一户,不会因为三个儿子各自小家庭的人数多少而影响每一份的数量。

理论上,分家应该是平均分的,而且也不应区分嫡庶,所有的儿子都应该是平等的,这包括小妾生的儿子、过继的儿子、抱养的儿子,所有在族谱上有名字的儿子都被视为有分得家产的权利,而未被写在族谱上的儿子则不能分得,比如未被承认的私生子、没有写入族谱的干儿子、女方改嫁带来的儿子等。但这种平等是理论上的,具体的情况就要看家庭情况,比如嫡子和庶子是不是平等,很大程度上就要看当家人是否有偏爱和正妻的威严与修养如何,如果正妻一直打压控制小妾和妾生子,在分家时也拒绝平等地分给妾生子家产,而当家人又听正妻的话,那分家的时候妾生子就要吃亏。章家基本上是不分嫡庶的平均分,章九芝的长子和三子是妾所生,而次子是正妻所生,而分家的时候,三个儿子都是平均分,次子不因嫡出而多分,长子和三子也不因庶出而少分,但实际操作上由于诸子需求不同分到的东西并不完全相同,有些多分到了土地,有些则多分到房屋或金钱,这是可以灵活操作的,只要儿子们没有意见就可以,并不是很死板的平均,只要保证公平就可以。

另有一种情况是年长的儿子在未分家时出的力多,为了补偿他们,当家人会在分家时单独拿出一部分家产或田地奖励给他们,称为长子田或长孙田。这通常也象征着长子长孙的责任,有些人认为拿了这些田地就有了更重的责任,他们可能也会不愿意拿。是否分长子田全由当家人做主,并不是所有家庭都会分长子田,比如章家没有区分出长子田或长孙田。

已出嫁的女儿不会再分到娘家的财产,因为她已经不是娘家人,她已经属于另一户家户。但未出嫁的女儿在分家时会分得一份嫁妆,可以是钱也可以是田地,这些在她出嫁时会用于置办她的嫁妆或者成为陪嫁,而未出嫁之前,她就与父母同住,嫁妆也由父母保管。章家分家时女儿都已经出嫁。

如果分家时,一个儿子已经去世,但他又有儿子,那么他的份就会归寡妇和他的儿子所有,因为分家是以户为单位,寡妇和他儿子属于他这一户,但由于他本人已经去世,那么寡妇和他儿子就代表他这一户分到家产,分家之后寡妇是小家户的当家人,等他儿子长大,他儿子就是当家人。如果没有儿子,那给不给寡妇分家产,给寡妇分多少家产就看当家人的意思,因为寡妇一个人势弱,不分给她或少分给她她都没法说什么。对这户人家来说,寡妇没有儿子就可能会改嫁,这样的话相当于把自家的家产给了别人家,以这样的理由不分给寡妇,也没人会说什么。

分家所分的财产主要是家中的田地、房产、存款以及一些贵重物品,有些人家会连家中的家具、牲畜也分掉。章家的金钱大部分是属于章九芝的,因为大部分实际上都是他的个人收入(包括店铺收入和股份分红),而"觉园"也是他从自己个人收入中出钱修建的,因此分家时金钱、店铺、股份和"觉园"并没有分,还是属于章九芝,实际上分给儿子们的就是土地和房屋,家中的14亩土地和四透里的房屋全部分给了三个儿子。三个儿子虽然分了四透里的房屋,但实际上仍然住在一起,只是对具体房间的产权做了区分。而家中的家具、工具和藏书则根据各家的需求分,比如三子章正化是农民,可能分到更多农业相关的东西,而次子章正明文化程度最高,用自己的私房钱买了很多书籍,家中藏书有一半都由他购买,因此这些书籍归他所有,由于他爱藏书,因此另一半书籍也有很大一部分归了他。章家分家时比较和谐,大家都是有商有量,不会锱铢必较,分得很清楚,只是大体上保持了总体上的平均,在三个儿子之间保持了公平,而不是每类东西都平均分成三份。这一分家原则在不同类型的家庭都通用。

3.当家人决定,娘舅见证

分家要求所有家庭成员在场,有不在家的家庭成员也要叫他回来,尤其是作为未来户主的儿子们必须在场。此外,需要请当家人妻子的舅舅来做公证,舅舅去世了就请妻子的兄弟,叫作"娘舅"或"老娘舅"。在当地,娘舅的地位特别高。章家分家由当家人章九芝先按照平均分的原则初步分割好,做好分家方案,然后公布给几个儿子,所有儿子都要同意这个分家方案,如果有不同意见,就要重新讨论方案,但最后做主的还是当家人,如果当家人坚持原先的方案,那么儿子们也没有办法,但这种情况通常都会导致争吵,所以当家人一般都会适当考虑儿子们的意见。章家的儿子们都很信服章九芝,章九芝的分家方案是整体上保证了公平,并且充分征求了儿子们的意见,全家人一起商量好之后才确定的方案,所以章家分家时,诸子都没有意见,更没有引发争吵。

最后确定的分家方案要由娘舅来做公证,然后按方案来写分家契,如果自己有文化会写字,那自己就可以写,如果没有文化,那就要请一个中人来帮忙写。章家多是自己来写契,然后请娘舅见证。分家契上要有小家庭新当家人(如果老父母单独成户的话,就还包括作为原当家人的老父亲)的签字和手印,分成了几户,就要有几个新当家人的签字和手印,对于章家来说,分家契上有章九芝、章正文、章正明、章正化四人的名字。然后见证人和写契人也要签字按手印。写好之后要带着分家契,到官府去印契,这个印契跟田契一样要给交官府手续费。娘舅只需要见证这个过程,做一个公证,没有其他责任。分家契是新的小家庭每家有一张,由各自小家庭分别保管,一般都会归新当家人保管。

分家的全过程都是家庭内部事务,只有娘舅或者中人来做见证和写契,其他外人都不能来干涉,所有的决定都由当家人来做,其他家庭成员可以提出意见要求再协商,但不能代替当家人做决定。虽然涉及了成立新户,但也不用专门叫保甲长来,保甲长对自己管理范围内的事知道得很清楚,消息也很灵通,很快就会知道这户人家分家了,分出来几户、新的户主是谁,也会在相关文件上做记录,以后收税或者征兵就会按新户为单位计算。宗族不会管分家的事,因为分家不需要修改族谱。分了家在族谱上也依然在同一谱系上,父子亲缘关系没有改变。官府则只管在分家契上盖印,只要分家契写的合乎规范,手续费交齐,官府就给盖印,也就是承认分家的合法性,这份分家契也就具有法律效益。但户籍不会立即变更,1949年以前的户籍管理都比较混乱,没有严密的系统,一般都是隔一段时间查一次户口,这个时候再给新立的家户正式登记户口,平时分家不会特意更改户口。

分家的这一过程不管是大、中、小户都差不多,会请娘舅来做公证,由当家人做主。只不过有些小户没有文化,不能写契,就需要再请一个中人,而大户、中户一般都有一定的文化水平,不需要请中人。

(二)继承

1.继承资格:诸子平等

只有家庭成员有继承的资格,外部成员一般不会有继承权,除非老人立有遗嘱,声明将财产留给家庭外部成员,但这种情况很少。一般来讲,只有儿子有继承权,此处的儿子指的是家户承认、在家谱族谱上有名字的儿子,包括分家和未分家的儿子、成年和未成年的儿子、过继和抱养的儿子、嫡子和庶子、被写入家谱的改嫁带来的儿子等。通过过继、抱养等程序写入家谱的儿子通常也被视为亲子,与其他亲生儿子有着同等的继承权,而改嫁带来的孩子,如果被写入家谱族谱,则被认为是承认了其子嗣身份,也就有了继承权,但如果没有被写入家谱族谱,那就不能算为子嗣,也没有继承权。有继承权的儿子不包括抱养给别人的儿子、过继给别人的儿子、入赘别家的儿子、被逐出家门的儿子和不被家庭承认的私生子,因为这些儿子虽然血缘上是父亲的亲生子,但道义上却已不是这个家庭的子嗣和成员。抱养、过继、入赘的儿子已经转到了另一个家户,而被逐出家门并在家谱上除名,则代表当家人已经不再承认这个人是家庭成员,也就失去了继承权。私生子则根本没有被承认是家庭的一员,自然也就不会有继承权。在章家第二代中,拥有继承权的就是章正文、章正明、章正化三人,他们虽然有嫡有庶,但都是章家认可、族谱上有名字的儿子,所以他们三人都有继承权,并且三个人之间的继承权是平等的,继承父母财产的时候可以将家产平均分割成三份。

女儿一般没有继承权,不论是否出嫁,但如果父母没有儿子,决定留下一个女儿给女儿招赘女婿,那么家产就可以传给这个女儿。或者儿子们都已经不在世,那么家产也可以由女儿继承。

理论上所有有继承权的儿子的权利都是平等的,不论长幼,不论嫡庶,不论亲生还是过继抱养,都应该是平等继承。但实际上还是会存在一些区别,因为虽然都是儿子但受父亲重视和喜爱的程度不同,儿子本身及其母亲的势力也是不同的。

章九芝在分家后,用自己的财产购买了十多亩土地用于维持生活,并将其大部分财产用于捐赠寺庙、捐助公共事务和做慈善,实际上在他去世后并没有什么遗产留给子孙[①]。

2.优先遗嘱,默认顺序次之

家庭外部成员一般没有继承权,除非这个人无儿无女,那就要按照继承次序来继承。继承权的优先次序为儿子、女儿、侄子、其他近亲、宗族。也就是有儿子就由儿子继承,没有儿子就由女儿继承,儿女都没有就由侄子继承,如果也没有侄子,家产就由近亲来分,如果连亲戚都没有,那财产就会被宗族收走。在无儿无女的情况下,家庭外部成员就有了继承资格。一般只要有儿子,都不会让其他人继承家产。章九芝夫妻的财产都由儿子继承,没有让其他人继承的情况。

继承是自然而然的事,没有其他附加条款,毕竟人死了也管不了身后事。如果儿子不孝顺,那么老人还活着的时候可以不把家产给他,但老人死后就管不了了,还是会由儿子继承,因为按照继承权选择,儿子是他财产的第一继承人,儿子在他死后继承他的财产是无可

---

① 章九芝在1955年前后去世,那时当地已经进行土地改革,章九芝夫妻因拥有十多亩土地被定为"地主",土地全部被没收,"觉园"亦被没收大部分,因此土地和房屋也不能由子孙继承。

厚非的。

　　除了默认继承权次序外,还存在立遗嘱的情况,老人在清醒的时候立下的有字据的遗嘱被视为有最高的效力,这种遗嘱有文字说明,有老人本人的签字画押,具有无可辩驳的效力,就算遗嘱内容与默认继承次序冲突,那么也要优先遗嘱。如果老人在清醒时已经对身后事做了安排,而儿女们都同意,那么即使不立正式的遗嘱,儿女也会在其死后按其安排进行遗产继承,这样的继承方式也同遗嘱一样有较高的优先级。比如母亲马爱珠在其父母去世后继承了父母在下里村的房子,这就属于老人清醒时做出的决定,儿子们由于都在外地,自愿放弃了对房产的继承,也都同意由姐妹继承房产,因此虽然女儿不是第一继承人,马爱珠也还是合法继承了父母的房产。

　　如果老人去世后,继承时发生了纠纷,比如在确定继承人时家庭成员有不同意见,那么就要请娘舅来调解,由娘舅来做决定,这个时候,娘舅做的决定就是无可反驳的结果,但娘舅做决定也要根据实际情况综合继承次序来做决定,不能乱来,不能胡乱指定一个人继承。其他外部成员不能干涉继承,包括宗族和保甲长,都不能干涉。但是如果产生了很大的纠纷,娘舅也无法调解,那可能就要去官府打官司,请政府来帮忙调解。

3.继承内容:财产为主

　　当地的继承主要是继承的家产,主要是田地、房屋、金钱等。一些大户人家可能还有店铺和产业可以继承。而对于特殊身份的继承,主要是宗族中的身份,比如族长,如果老族长去世,而他的长子又有名望有功名,那么就由他的长子继承族长的位置,如果长子的品行才能不能服众,那么就不能继承族长的位置,族中要召集族人重新选举族长。这种继承属于长子继承制,其他儿子没有身份继承权,就算除长子外的其他儿子有德行能服众,那他也要通过族中的选举重新当选,而不能直接继承父亲的身份。而官府中的职位和保甲长等官方身份是无法继承的,一旦前任去世,官府会重新找人代替,而不是由前任的儿子继承。

　　章家第二代能够继承的东西主要是章九芝夫妻拥有的土地、房屋等,而章九芝在章氏宗族中族老的位置则不会由他们继承,宗族族老的位置会由族中辈分高、德行能够服众的人顶上。

　　继承的资格、原则和过程在当地大中小户中都是一样的,只不过细节上略有不同,比如在继承的内容上,大户人家比小户人家类型就多,比如小户人家只有田地、房屋、牲畜和家具等可以继承,而大户人家可能还能继承店铺、工厂、股份、庄园、产业和仆人的卖身契等东西。而有文化的大中户可能会自己立遗嘱防止死后纠纷,而没有文化的小户可能就很少会立遗嘱。另一方面,多子女的人家较之少子女的人家在继承时可能会更容易产生纠纷。

四、家户过继与抱养

(一)过继

1.延续香火的需要

　　过继是没有儿子的人家会选择的一种延续香火、继承家业的方式,只有没有儿子,而且自认为再也生不出儿子的人家才会选择过继,如果有自己的儿子的人家基本不会选择过继。一般选择过继过来的孩子都是堂亲,也就是同胞兄弟的儿子,是与自己同姓的有血缘关系的孩子。而出继的人家一般都是儿子比较多才会过继一个给兄弟,如果自家也只有一个儿子,那也没法过继给兄弟。但出继与过继都是兄弟之间协商的事,没有必须过继的道理,也不会说其中一个兄弟没有儿子,其他兄弟就一定要把儿子过继给他。章家男丁较多,不需要过继,也没有过继过兄弟家的孩子。

2.过继次序:侄子优先

过继也有优先次序,第一个考虑的就是侄子,也就是自己亲兄弟的儿子,如果亲兄弟也没有儿子或者只有一个儿子,那么就会考虑过继外甥,也就是姐妹的儿子。如果侄子外甥都没有那一般就不会过继,因为同族的近亲一般也不会愿意把自己的孩子过继给别人,除非要过继孩子的人家财产很多,那可能会有人争着把孩子过继给他,不论原本的关系亲疏远近。

3.长子不过继,过继不可逆

在选择出继的孩子的时候也有原则,长子不能过继,剩下的孩子里入继家庭看中哪个就选哪个,一般来说会选择年纪小点的孩子。具体选择哪个孩子,需要出继和过继的家庭双方当家人协商,不需要征求出继者本人的意见,也不需要其他人同意。只要双方当家人达成一致,就可以过继。达成一致后,两家人要把结果告知族长,请族长修改族谱,将出继者的名字从出继家庭中划去,写到入继家庭中去。族谱修改完成后,过继才算正式成立,出继者也正式与原家庭分割,成为入继家庭的一员。如果不修改族谱,那么过继是无效的,出继者依然是原家庭的一员,不会被算成入继家庭的一员。改族谱就说明宗族承认了这一过继行为,使得过继具有效力,在道德伦理上给过继双方提供了支撑。

除了这种正常的过继方式外,还有一种特殊的过继,那就是隔代过继,也就是不过继兄弟的儿子,而是等兄弟有了孙子之后,从孙子里过继一个来承续香火。过继侄孙的手续与过继侄子一样,需要双方当家人同意,然后到族长处改族谱,不需要出继者本人同意,出继者的父母也没有太多的话语权,顶多只能提意见,却不能代替当家人做决定。过继手续完成后,出继者就成了入继者的孙子,以后能够继承入继者的财产和血脉。

过继是兄弟之间互相帮助的事,不需要给出继家庭钱粮,也不需要写契约,不需要介绍人。其他家庭成员不能代替当家人做决定,家庭外部成员也不能干涉。村庄和政府也不会干涉过继,也不会对过继的孩子区别对待,过继的孩子享有合法的继承权,这是被政府和法律保护的,未来这个孩子会继承入继家庭的一切,成为这个家庭新的当家人,这一点也是被承认的。

一般来说,过继不可逆转,过继手续完成之后,这个孩子就永远是别人家的孩子,不会再回到原生家庭。因此,需要过继的人家不会太早选择过继,而会等到确定不会再生出儿子,才会决定过继,比如夫妻俩年纪很大了或身体受到损伤无法生育等。如果孩子过继过去之后,入继家庭又生出了儿子,过继的孩子仍然要被视为亲子,与后出生的孩子成为亲兄弟,在继承等权利上与亲生子有同等权利。理论上,父母对待两个孩子也要一视同仁,但是实际上却不一定,毕竟人都有私心,很多父母也会更加偏爱自己的亲生孩子。不论父母如何对待过继的孩子,他都没有可能返回自己的原生家庭。原生家庭也不能干涉入继家庭的事务,不能再以出继孩子的父母自居,出继的孩子也不能再称呼原生家庭的夫妻为父母,只能称呼入继家庭对应的夫妻为父母。未来,出继的孩子也不能参与原生家庭的家庭事务,不能继承原生家庭的财产,不参与原生家庭的分家。

章家是子女较多、子嗣丰富的人家,没有发生过过继的事,但过继的原则都是清楚的,毕竟这是家家户户都要知道、以备不时之需的事情。

(二)抱养

1.养子会更亲近养父母

章家孩子多,男丁充足,没有抱养过孩子。

当地的抱养分很多种情况,比较多见的是这户人家没有儿子,又不想过继,就偷偷去抱养一个孩子当亲生孩子养,还有的是捡到被遗弃的孩子,心生怜悯就留下来养。主动找人抱养的一般都是没有孩子的家庭,有儿子的人家很少会主动抱养孩子,而且大多是因为各种原因认为不会再有儿子的人家,比如年纪很大了或者身体不好、身体受创没有生育能力。相比于过继,抱养的孩子普遍年纪小,很多都是婴儿时期就被抱养,而过继的孩子大多是懂事之后确保身体健康能够长大才过继的,因此有些人会觉得从小养大的孩子会与养父母更亲近。

而孩子的来源要么是孩子出生就被扔掉,被需要抱养孩子的人家捡到,要么是穷人家孩子多养不起,就送给别人养。还有一种则是需要抱养的人家在孩子生母还在怀孕的时候就与其讲好,等孩子一出生就抱走,同时假装自己已经怀孕,等到十个月之后,把孩子偷偷抱回来,对外就说是自己的亲生子,这么做的人家主要是担心别人都知道孩子是抱的,等孩子长大了会有人跟他讲他不是亲生的,怕孩子心有芥蒂,会跟养父母不亲。

抱养的孩子一般都是男孩子,因为主动抱养孩子的人家都是没有孩子,需要男孩子承续香火的。也有些会再抱个女孩子,女孩子不涉及继承的事情,长大后都是嫁出去,不会留在家里,条件好的人家可能会比较喜欢有儿有女,不介意多养一个孩子,可能就会抱一个女孩子养。但如果是条件一般又很有目的性地想传宗接代,那么就肯定会抱男孩子。抱的孩子一般都是越小越好,最好是不记事的婴儿,这样更容易跟养父母亲近,不会想着生父生母。

2.抱养家庭:贫穷多子

被抱养孩子的家庭一般都比较贫穷,而且是儿子很多的人家,如果是独子的话也不会把孩子送出去,毕竟不管多穷的人家也要有儿子传宗接代,没有儿子的话这个家庭在村里名声也会受影响。抱养孩子的家庭与被抱养孩子的家庭一般没有任何亲戚朋友关系,甚至可能是关系越远越好,因为抱养不同于过继,抱养的孩子大多是不记事的婴儿,选择抱养而不是过继就是为了能够让孩子和自己亲近,培养父子感情,如果原生家庭离得太近的话,也怕孩子跟自己不亲,或者孩子长大后原生家庭反悔来认孩子。具体抱哪个家庭的孩子也没有优先顺序,多是看缘分,毕竟愿意把自己孩子送出去的人家也不会很多,不是随处可见的,因此双方家庭能够联系上也是要看缘分。

3.钱粮补偿,不写契约

抱养的程序比较简单,只要双方家庭当家人商量妥当就可以。抱养要给原生家庭一定的钱粮作为补偿,具体给多少由双方当家人协商。只要双方达成一致,抱养就算完成。如果抱的是男孩子,抱养的家庭带孩子回去之后就要去族长那里给孩子上谱,把孩子的名字写到自家的下一代里去,通过这种方式将孩子的名分落实到自己家里,这样这个孩子的身份才会被承认。以后原生家庭也不能再来找孩子,因为抱养时达成一致,就代表了孩子脱离原生家庭,成为新家庭的一员,就算原生家庭来找孩子,那他也依然是新家庭的成员,而不可能脱离新家庭回到原生家庭。而抱养孩子的家庭也不能反悔,不能把孩子抱走养一段时间后把孩子送回来,不管怎样也要把孩子养大。抱养来的就是自家孩子,和亲生儿女一样待遇。

抱养不需要契约,不可能留下这种让孩子知道的证据,但当双方达成一致时实际上隐形中已经达成了一种契约。也不会有中人和见证人,这种事实际上是很私密的事,知道的人越少越好。

对于抱养的孩子,宗族、村庄、政府都是认可的,只要上了族谱家谱,那这个孩子就被视为这户人家的孩子,只要这户人家自己不对抱养的孩子区别对待,那么别人也不会对这个孩子差别对待,如果自己都对他区别对待,那么别人可能也会欺负他。

(三)买卖孩子是非法的

1949年以前买卖孩子是非法的,是被官府严厉打击的。不管是买还是卖都是不行的。但实际上花钱从别人家抱养孩子也是一种变相的买卖孩子,由于抱养花钱叫作给补偿费,而且是与对方家庭商量妥当,所以算是擦边球,官府不提倡也不鼓励,睁一只眼闭一只眼当不知道,花钱抱养孩子的家庭也不会到处宣扬。此外,私下里拐卖孩子的人也有,这种人虽然被政府和社会打击唾弃,但一直都有,屡禁不绝,所以当地的村民带孩子去人员密集的地方时都会很小心,训斥不听话的小孩子时也会用人贩子恐吓他们。章家没有抱养过孩子,也没有接触过买卖孩子的情况。

五、家户赡养

(一)赡养主体是成家的儿子

理论上所有家庭成员都要承担赡养老人的责任,但实际上主要都是依靠成家的儿子们分担,因为成家的儿子们更有能力。未成年的儿子和未出嫁的女儿也要承担一定的赡养责任,但由于没有足够的经济能力,因此他们的赡养更多地体现在精神关心和体力劳动上。而嫁出去的女儿则可以关心父母,多照顾父母,但严格意义上的赡养义务则不需要她承担,除非她没有兄弟或兄弟已经去世。

如果老人只有一个儿子,那么老人就该由儿子及其后代赡养。如果老人有多个孩子,那么就应该由儿子们平均分担赡养职责。如果老人没有儿子只有女儿,那么女儿要承担赡养职责。如果无儿无女,那么老人就要自己想办法生活,没有生活能力了也没人会管。有些比较大的宗族会拿出一部分公共财产来扶助族中的孤寡老人,这部分公共财产如果是田地的话,就叫作堂众田,田地租出去收的租金就是宗族的公共财产。章氏宗族不是很大很有财产的宗族,所以没有这种扶助。另外也有些有钱的大户人家会出钱做善事,请人照顾孤寡老人。

章家每一代都是儿女较多,不愁老人没人赡养,一般在章家,赡养老人的义务都是由成家的儿子们承担。而女儿们则在精神上关心父母,而不必在经济上承担赡养义务。

(二)赡养形式:自己养老

章家分家后,章九芝自己有房屋,有财产,有土地,夫妻俩身体也比较健康,完全能够自给自足,所以都是两人自己单独住,不与儿子同住。他们不要子女负担他们的养老,不向子女要钱,也不愿意让子女给他们送东西,子女也就顺从他们的意思,只时常关怀看望。因此章九芝夫妻实际上是自行养老,不需要子女赡养。

当地大部分家庭是让老人轮流在儿子家住,与儿子同吃同住,比如今年住长子家跟长子家一起吃饭,明年住次子家,或者老人单独住,儿子们定期送养老钱粮。采用何种赡养方式一般由儿子们商量决定,因为这个时候已经是儿子们当家,父母不再有权威,不论是否接受,老人都只能同意儿子们的方案。赡养老人也是家庭内部事务，一般不会请示他人，不需要他人允许，但实际上村里人都看在眼里，如果不赡养老人，那么村里就会产生一些舆论，对儿子施压。邻居、宗族都会来劝说儿子要尽孝道，不愿承担赡养职责的儿子会被人指指点点。但出现赡养纠纷的话宗族和村庄不会管，也没法处置不孝的儿子，只能依靠舆论压力让他醒悟。实在不行，老人也可以去官府告儿子，但这是很少出现的，不孝是很重的罪。但章家情况不同，章九芝夫妻有财产有能力，身体又健康，加之子女孝顺听话，他们选择自己养老是认为自己有能力养老，而不是儿子们不愿意赡养。

章家的儿子们都很孝顺，对老人十分上心，会经常去关心父母的身体健康和生活条件，儿子们与父母住处隔得不远，儿子们和孙子们会经常往来，并不因分开住就断了往来。如果二老有什么要帮忙的事，三个儿子都会来帮忙。由于章九芝夫妻身体比较好，更愿意自己住，喜欢清静，所以儿子们很少用杂事打扰父母。但孙子们依然经常去祖父母居住的"觉园"玩。由于"觉园"离路桥小学近，在那里读书的孙子会就近到二老那里吃午餐，但如果长期在二老处寄膳的话，孩子的父母就要给二老提供一定的生活费。除了这种情况外，章九芝三子实际上不需要给二老提供养老钱粮。

（三）治病与送终：诸子平摊

章九芝夫妻身体健康，很少生病，自己也懂点养生之法，很少需要请医生，更少遇到需要子女照顾的情况。如果老人生了病，那么治病的费用要由儿子们平摊。如果老人需要照顾，那么就由儿子们协商着来，比如今天这个儿子家照顾，明天那个儿子家照顾，如果有必要或者儿子们照顾不过来，那么有时候也会叫出嫁的女儿回来一起照顾。条件好的人家可能会花钱请看护，这个钱也由儿子们平摊。章家几个儿子都要到老人面前尽孝道，嘘寒问暖或者伺候老人。而请医生大夫治病买药的钱也会由三个儿子平均分摊，如果老人需要看护，那么章家的三个儿子就轮流来看护照顾，具体的方案由三个儿子商量，排好时间，保证父母可以得到很好的照顾。具体看护的人选不一定是儿子本人，也可以是孙子，如果是母亲生病，那么可能就由儿媳或孙女来照看，派谁来照看由儿子们在各自的小家庭中自行决定，但每个儿子的小家庭都要出人。但实际上章九芝夫妻身体健康，很少有这种情况发生。

如果老人去世，丧葬的费用也要由儿子们平摊，每个儿子都要承担一部分，每个儿子都有责任办好葬礼。章九芝去世时[1]，就是由三个儿子共同协商办好了葬礼，三个儿子都要负责安排丧葬事务，一般来说会由最年长的兄弟牵头，带领弟弟们办丧事，弟弟们一定程度上要听从哥哥的安排，但也可以提出自己的看法，具体的决策则由三兄弟协商达成，在葬礼上，三个儿子都要出席，按照礼节履行丧葬程序。在礼节上，长子的责任更重大一些，比如在章九芝的葬礼中长子章正文要起带头作用，带领弟弟们迎来送往，安排来吊唁的宾客。而在出殡时，章正文作为长子要走在棺材旁，为去世的老人扶棺。老人丧葬的花费由三兄弟共同承担，丧葬的规格也由三兄弟商议着决定。而出嫁的女儿则只需要出席葬礼，而不需要承担丧葬费用，也不负责主持葬礼。

不同类型的家庭养老方式都是类似的，但细节上也有不同，比如大户人家的老人有钱，老了自己单过也很滋润，照样做老太爷，不用看儿子眼色过日子。章九芝实际上就属于这种，

---

[1] 章九芝去世时已经是 1955 年前后，社会提倡丧事从简，因此没有大操大办。

他自己有资产有收入,分家后单过也很自在,不需要靠儿子生活,甚至觉得儿子们不来打扰他反而更清静。而有些比较穷的人家,老父亲可能就要靠儿子们的养老钱粮为生,也就只能看儿子的眼色过日子。

六、家户内部交往

(一)父对子有养育之责

父亲对儿子有养育的责任,父亲要负责抚养孩子长大成人,要教会儿子谋生技能,要负责给儿子娶媳妇操办婚事,甚至还要给儿子留下一些家业。章九芝把三个儿子养育成人,供养他们读书,给他们娶媳妇,并且帮助他们找到了能够养家糊口的工作,这些都是章九芝对儿子的责任。

在养育儿子长大的过程中,父亲可以打骂孩子,因为大家都信奉"棍棒底下出孝子",都觉得打骂只要不过分就是有利于儿子成长的。章家很少直接打骂孩子,主要还是以说理为主,如果儿子不听,父亲可以斥责儿子,甚至责打儿子。但一般责打都是对年幼的儿子,小孩子不听话,父亲可以拍打他两下,或者使用工具打他作为惩罚,但儿子长大后,父亲就很少会打儿子,因为儿子长大了也会要面子,父亲年纪也大了,实际上也没法打儿子。章九芝的三个儿子都比较听话,章九芝很少打骂他们。一般认为做人口碑好、诚实、会教小孩好的东西、能把小孩管教好的父亲就是好父亲,章九芝就属于好父亲。

父亲可以决定是否要把儿子过继出去或者抱养给别人,也可以决定把儿子逐出家门,这些都是当家人的权力。章九芝没有做过这些事,但他也是有这个权力的。在家庭中,父亲通常都是当家人,都有着绝对的权威。只要父亲不是不三不四、在家中毫无权威的人,那么父亲的话,儿子都要听从。章九芝就是这种有着绝对权威的父亲,他的三个儿子对父亲也是敬重有加。就算父亲做错了事,儿子小的时候也不敢讲,但到儿子长大了以后就可以跟父亲平等对话,也可以对父亲提意见。父子之间实际上是有上下等级的,父亲多是高高在上,儿子只需要听父亲的话。儿子小时候总是会惧怕父亲,但当儿子长大一点的时候父子之间的关系也会亲近起来,比如会一起喝喝酒聊聊天开开玩笑。儿子心里有事也会跟父亲说,请父亲帮忙参考。章家的父子关系属于比较亲近的,章九芝作为父亲很有威严,但也很关心儿子,会时常过问儿子的情况,幼时是过问学习,在工作完之后还会给儿子读书,背些文章给儿子们听,教儿子们背书;长大了就过问工作,询问儿子们的工作情况,指点他们做人做事的道理。儿子们则既敬重父亲又亲近父亲,方方面面都学着父亲的做派。儿子们长大了成家生子之后,又学着章九芝的样子对待自己的儿子。

而儿子对父亲则要尊敬,一般认为孝顺懂事能干听话的儿子就是好儿子。章九芝的儿子们都属于好儿子,章九芝养育三个儿子长大成人,尽到了父亲应尽的义务,他的三个儿子也发自内心地尊敬父亲,幼时听从父亲的教导,不惹父亲生气;长大后帮助父亲管理家庭事务,听从父亲的安排;父亲老去后,三个儿子时常看望父亲关心父亲,帮父亲做事,尽到了赡养责任。

在父子关系上,不同类型的人家也会存在差异,比如有文化的家庭,总体来说要开明一些,父子关系就会比较融洽,章家就是这样的人家。

但即使是章家这样比较开明的人家,父子之间也会发生一些冲突,比如父子在一些事情的处理办法上发生分歧,或者父子理念冲突等,不过冲突的次数并不多。这种冲突一般都是在家庭内解决,不会闹到外面去。发生冲突时,其他家庭成员也会跟着劝,一般会站在有道理的一方,或者分成两派拉架,一派劝儿子一派劝父亲,一般母亲会劝父亲,其他兄弟就会劝儿子,从不同的角度劝说他们。如果这个时候当家人还是祖父的话,那么祖父会介入,命令他们不要争吵,并给他们的冲突进行判定。如果冲突得很厉害,闹得左邻右舍都知道,那么邻居也会来一起劝。但宗族和村庄不会干涉这种家庭事务。如果儿子实在不孝,严重忤逆父亲,那么父亲可以到官府告儿子,称为"送不孝"。但官府的规矩是,一旦儿子被"送不孝",那么县官不问缘由就要先打儿子一顿,然后看父母的反应,如果父母不心疼,那就把儿子抓去坐牢,如果父母觉得心疼,那自然就会撤诉把儿子带回去。"送不孝"是很重的罪,一般的家庭不会选择把儿子送官。章家的父子冲突不常见,就算发生了也不会闹得很大,一般儿子会主动服软,不会太过顶撞父亲,因为父亲的威严已经深入儿子心中,即使儿子已经长大可以独当一面也还是不敢忤逆父亲。

(二)婆婆引导媳妇

在章家,媳妇要听从婆婆的话,要孝顺婆婆。而婆婆则要安排媳妇劳动,负责在媳妇坐月子的时候照顾媳妇,如果平时媳妇来问婆婆怎么做某种家务,婆婆也有义务教会她,如果家中有传媳不传女的绝技或手艺,婆婆也要负责教会媳妇,让家中的手艺传承下去,章家没有这种手艺,但如果三个儿媳向婆婆请教问题,婆婆就要负责教会她。比如章含华的妻子嫁到章家时不会织布,嫁过来后婆婆马爱珠就教会了她这项技能。

婆婆对于媳妇也不能随意役使,不能随便打骂,不和善的婆婆可能会挤兑媳妇,说些不好听的话,但一般不会像父亲对儿子一样对待媳妇。但章家的婆媳关系素来比较友好,婆婆不会苛待媳妇,甚至很少对媳妇要求什么,章家的媳妇多是同章家差不多的家庭出身的女性,家教比较好,性格比较温和,很少有针锋相对的情况。

婆婆的话对于媳妇来说,大部分都要服从,如果婆婆比较凶不太和善,媳妇只能全盘听从,照章办事,不能提出自己的看法,提意见就会被婆婆骂。但如果婆婆比较和善,媳妇也能给她提问题和意见,婆婆也会给她解释或者考虑她的意见。但媳妇不能批评婆婆,就算婆婆是恶婆婆,媳妇也只能私下里埋怨一下,不会当面批评婆婆,也不会对外讲。媳妇怕不怕婆婆主要看的就是婆婆好不好亲近,如果婆婆端着身份,每天板着脸,颐指气使,那么媳妇自然就怕婆婆,也不会把心事跟婆婆讲;如果婆婆对媳妇好,跟媳妇亲近,那么媳妇也会亲近婆婆,也会把心事跟婆婆讲,让婆婆帮忙拿主意。

章家的女性大多是比较随和的脾气,对媳妇也比较和善,很少打骂挤兑,也不要求媳妇立规矩。平时的时候,婆婆要对媳妇言传身教,教导媳妇为人妻、为人母、为人媳的方式方法,在干活的时候让媳妇跟在身边看和学,有些劳动媳妇看着看着就会了,有些不懂的如果提出来,婆婆也会耐心地给她讲,慢慢教她。如果媳妇对婆婆的话存在困惑或者觉得不对,也可以给婆婆说,婆婆就会给她讲道理,如果确实是媳妇说的对,那婆婆也会考虑接受意见。章家的婆媳关系大多数时候都很融洽,因为章家是书香门第,很讲究家庭和谐,家中的女性也是比较温和的脾气,属于端庄大方的女性,很少有针尖对麦芒的情况。婆媳之间每天一起做家务,会经常聊聊家常,甚至开些玩笑,有些就会像亲母女一样。比如章含华的妻子就觉得婆婆脾气十分好,就像小孩子一样,自己跟婆婆一起的时候大多数时候都很自在很亲近,很少发生矛盾。

普遍认为,不刁难媳妇,对媳妇好,像对女儿一样对媳妇的婆婆就是好婆婆,听话懂事勤劳,知道孝顺婆婆的媳妇就是好媳妇。婆媳关系是相互的,婆婆对媳妇好,媳妇也会懂得感恩,婆婆给家里营造和谐的氛围,媳妇也会学着巩固这种气氛。

婆媳之间也会发生冲突,婆媳本不是一家人,在生活习惯上总是会存在一些差异,每天在一起共同劳动共话家常,有的时候总会有一些摩擦。章家的婆媳冲突比较少,偶尔会有一些小摩擦。婆媳冲突一般都是家庭内部解决,不会闹到外面去,也不会让四邻知道,毕竟"家丑不可外扬",只要不是很重大的事情,即使是娘家也不会说,对于媳妇来说回娘家哭诉是一件很没面子的事。婆媳冲突发生后,当家人会介入纠纷,其他家庭成员也会劝说,一般来说都是看谁有道理,不会偏心,但实际上小辈跟长辈争本身就不那么占理。章家很少发生婆媳冲突,媳妇总是会让着婆婆,而婆婆作为长辈也很少与媳妇计较。

(三)夫妻间强势者说了算

在章家,丈夫与妻子是共同生活,互相扶持,共度一生的关系。丈夫要负责挣钱养家,让妻子过上好的生活,要关怀妻子,如果妻子生病了,丈夫也要负责照顾妻子。而妻子也要照顾丈夫,为丈夫解决家里的大小事务,让他没有后顾之忧,要支持丈夫的事业,为丈夫操持家务,还要替丈夫生儿育女。夫妻之间的话语权全看双方能力,谁势强谁就说了算,无条件服从丈夫的女性也有,怕老婆全听老婆吩咐的男性也有,一般来说前者更多,因为社会环境主要还是男性社会,一般会默认男主外女主内的分工。章家就是这样的家庭,章九芝作为丈夫是家里说了算的那个,妻子则是从旁协助章九芝,帮助章九芝更好地管家。章九芝和妻子之间相敬如宾,夫妻关系很好,章九芝敬重妻子,妻子则时刻维护着章九芝当家人的威严,二人互相照顾互相关怀,虽然分工不同,却是章家的两根支柱,二人共同维护着这个大家庭。

丈夫役使妻子,甚至打骂妻子的情况在当地很常见,但打老婆也不能乱打,不分对错不问缘由随意乱打的话,丈夫也会有舆论压力,街坊四邻都会对他指指点点。而反过来妻子打丈夫的情况也有,有些人家丈夫没用,妻子气他不成器,打骂教训的也会有,比如田洋王村有一户人家,丈夫是个软骨头①的赌徒,妻子气他出去赌博,追着他打,把他打得躲到床底下去,一时被周围的人们引为笑谈。一般来说,夫妻之间大部分事都是商量着来,丈夫虽然说了算,但也会与妻子商量,听一听妻子的看法,如果觉得妻子说的对,丈夫大多情况下也会听。章九芝不会打骂妻子,他与妻子大多时候都有商有量,章九芝虽然是当家人,但在一些事情上也会适当征求妻子的意见,二人十分和睦,在他们的影响下,三个儿子对自己的妻子也是十分关爱,不会打骂役使她们。

一般认为,有担当、有能力、爱护妻子、对妻子好、不打骂妻子的丈夫就是好丈夫,而守本分,能持家,温柔贤淑,能够把丈夫照顾好的妻子就是好妻子。恩爱和谐,不吵嘴不打架,两人能一起把家经营好的夫妻就是好夫妻。

章家人的夫妻关系大多比较好,因为双方基本是门当户对,都有一定的文化水平,有一定的共同语言,而且都是比较温和的性格,不会太偏激。夫妻之间私下里也会开开玩笑,聊聊天,关上门来,两人也会商量事情,诉说自己的心事,很少会有严格的等级区别,妻子也不会

---

① 软骨头:指没骨气、没出息的人。

害怕丈夫。因为毕竟是能够睡在一张床上，相伴一生的人，对彼此都是敬重的。

但即便是再和谐的夫妻关系，也是会有矛盾冲突的时候，一般不过是吵嘴闹别扭，有些人家也可能会上升到打架。这种冲突是小家庭的内部冲突，如果只是在房间里夫妻吵架，那么没人会来管，毕竟这算是很隐私的事情，大多数情况下都是夫妻自己解决，等气消了哄一哄说说好话，可能就揭过了，就像俗语说的"床头打架床尾和"，甚至有的夫妻就喜欢吵吵闹闹地过日子。因此，只要不是闹得太大，都不会有人管。但如果闹大吵得整个大家庭都鸡犬不宁，那么当家人和其他家庭成员就要介入，当家人要喝止，其他家庭成员则要劝架。但这种夫妻吵架不会闹到家庭外部去，不管是妻子娘家还是四邻还是宗族村庄，都不会闹得让他们知道，毕竟"家丑不可外扬"。章家很少有夫妻吵架的情况，更不会闹大传扬出去。

（四）兄友弟恭

在章家，兄弟之间的关系是要互相帮助、兄友弟恭。所谓"孝悌"，孝就是孝顺父母，悌就是友爱兄弟姐妹，章家认为这是做人的根本。因此，章家在孩子小时候就教育他们，兄长要对弟弟友爱，要帮助父母照顾弟弟，甚至要替父母教育弟弟做人做事的道理。而弟弟要对兄长恭敬友爱，要听从兄长的教导，要协助兄长为父母分忧，不能欺负兄长，要礼让兄长。如果父母去世时弟弟还没长大，那么兄长要负责把弟弟养大，照顾弟弟，教会弟弟谋生之道，等他长大了还要负责给弟弟娶媳妇，给他置办家业，要承担同父亲一样的职责。比如章九芝的妻子就是在父母死后，顶门立户，照顾弟弟妹妹，一直到把妹妹嫁出去，让弟弟成家，全都安顿好，才谈婚论嫁，结婚的时候已近三十岁。虽然章九芝的妻子是女性，是长姐，但实际上承担的是长兄的职责。但兄长不能随意奴役弟弟，或打骂弟弟，弟弟不懂事可以教育，但不能没有理由地随意责打辱骂。如果父母去世后，兄长将年幼的弟弟赶出家门，那么宗族会出面干涉，兄长这样的行为是不可以的，也是违背了"孝悌"，会受到舆论指责。

但具体的兄弟关系也要看人家，有些人家兄长很有权威，那么弟弟就要服从兄长的话，而有些人家弟弟骄纵，对兄长颐指气使，兄长也没有办法，还有些人家兄弟反目成仇也是有的。这跟家庭条件也有一些关系，经济条件好，兄弟之间关系也好，因为好东西每人都有一份，不用抢破头；而经济条件差一点的，兄弟关系可能就差些，因为有利益纠纷，总量少，每个人都想多拿一份，容易产生纠纷。而像章家这样的比较殷实的人家一般会比较有条理，对兄弟的安排会比较公平，而兄弟都有文化，不会撕破脸皮。一般来说兄弟之间要互相帮助，兄长在弟弟还没有成年的时候照顾他、帮助他，而弟弟长大成人之后也要反过来帮助兄长，即使兄弟分家各自顶门立户，有事的时候也要互相帮助。

在章家，兄弟关系是比较融洽的，章家是书香门第，很讲究孝悌，在孩子小时候就教育他们要友爱兄弟，孩子们也在耳濡目染之下学会兄友弟恭，即使是存在嫡庶区别，也对他们一视同仁，不会给小孩子不好的影响。章家兄弟之间一直保持着很好的关系，章家三兄弟虽然不是同一个母亲，但兄弟之间年纪小的时候就一起玩耍一起读书，并没有什么分别，家人也不会因为他们不是同母所出就有所区分，兄弟关系很好，长大了也可以一起喝酒，一起聊天，互相开玩笑，弟弟不会惧怕兄长，不会仗着年纪小胡作非为，兄长也不会仗着年纪大欺压弟弟。即使是后来各自成家，也经常走动，互相帮忙。

章家兄弟间也会有矛盾冲突，但一般都是小的口角摩擦，不会闹得撕破脸皮。兄弟纠纷也是家庭内部解决，不会外传，章九芝也好，妻子也好，兄弟各自的妻子也好，都会劝阻他们。

章九芝夫妻大多会站在有道理的一方,或者各打五十大板,并且要对兄弟进行批评教育。这种冲突外部是不会介入的。有些人家是兄弟长大后涉及经济纠纷的争吵,而当家人已经去世或比较年迈管不住兄弟,那么兄弟之间的矛盾可能就会闹大,甚至需要四邻、宗族、娘舅来说理,闹成这样的话,兄弟情谊也就不复存在。章家没有出现过这种情况,章家兄弟只是偶尔打闹发生争执,但很快就会和好,也不会记仇,不会闹大。

(五)妯娌关系没有具体责任

章家的妯娌之间没有什么相对的责任和义务,章家对她们的要求就是好好相处,维持家庭的和谐。但妯娌之间的和谐其实主要看的还是长辈们是否公平,如果对待兄弟妯娌都是公平的,那么这个家自然就和谐,如果有所偏爱和不公,那么自然就不和谐。章家对几个儿子都是一样的标准,对待儿媳也是一样的标准,长子夫妻有的,次子和幼子夫妻都有,不会厚此薄彼。

在章家,嫂子更多的是带头人的作用,是弟媳们的榜样和表率,嫂子做不好,弟媳们也就容易有样学样。因此,能够起到表率作用、孝敬公婆、照顾兄弟和妯娌的嫂子就是好嫂子,相对的,敬重嫂子、向嫂子学习好的方面、帮助嫂子维持家庭氛围的弟媳就是好弟媳;另一方面,媳妇的态度实际上也代表着她们丈夫的态度,如果兄弟之间本就不和睦,那么妯娌之间也就很难好好相处,如果兄弟和睦,那么妯娌也会和睦。章家三兄弟之间关系很好,连带着他们的妻子都会彼此谦让,不会争一些蝇头小利。妯娌之间没有利益冲突,章家的妯娌关系也就会很好。

章家的妯娌关系也比较融洽,妯娌之间平时一起做活、一起聊天,也会开开玩笑,交流一下心得。弟媳一般对嫂子都很敬重,不会随意冒犯嫂子。有些关系特别好的,还会当成闺中密友一样说说心里话。

但冲突口角也会有,家庭妇女之间很容易因为一点小事发生争执,这种一般会由婆婆出面喝止,一般都不是什么大事,当家人也不会介入,丈夫们也可能会训斥自己的妻子,避免矛盾闹大。但如果涉及经济利益的争吵,那性质就不一样了,因为妇女之间的争吵,其实背后都是各自的丈夫,很可能挑起争吵就是丈夫们的意思,这种争吵当家人就要出面调解,因为这意味着家庭内部的矛盾冲突已经很严重,不能再视而不见。章家妯娌之间没有出现过这样的争吵,偶尔会因一些小事引起矛盾或争执,但很快就和好如初,甚至都不需要婆婆或当家人介入调解。

七、家户外部交往

(一)对外权利义务

1.邻居碗对碗

在章家人看来,邻里关系是很重要很需要维护的关系,甚至有些时候比亲戚关系更重要,俗话说:"远亲不如近邻,近邻不如隔壁邻"。所谓"隔壁邻"就是住在隔壁的最近的邻居,而邻居则是泛指住在周边的认识的人。越近的邻居关系越亲近。章家需要帮忙的时候,邻居都会主动来帮忙;章家人需要借东西的时候,也都会去找邻居,邻居也基本都会借;如果家里有喜事,喜糖红鸡蛋什么的要给邻居分一分;如果家里有什么好吃的东西,也要端去给邻居分一下。当地有句俗话叫作"亲戚篮对篮,邻居碗对碗",意思是走亲戚不是经常会走,走一次就要拿篮子多提点东西去,而跟邻居交往就是,隔三差五有什么好东西就要送一碗过去。邻里关系都是相互的,今天你帮我明天我也会帮你,如果你不愿意跟邻居亲近,邻居也就不会自讨没趣。章家很注重维护邻里关系,不仅在需要帮助的时候去求助邻居,也会在邻居需要帮助的时候主动伸出援手,平时的时候与邻居也是有来有往,有什么好事都不会忘了与邻居分享,也因此,章家的邻里关系十分好,附近的人们对章家都有着很高的评价,章家需要帮忙的时候,周边的邻居们都会提供帮助。

事实上,在不管什么条件的家庭,都是同章家这样待人接物,即是大户人家也要与四邻和村里人交好,这样他们的名声也会更好,有什么事也能找得到人帮忙。

2.亲戚互相帮助

章家的亲戚关系都需要长期维持,只要是离得近的亲戚,章家都是要保持走动,过年过节家有喜事的时候都要去亲戚家走动,这样亲戚关系才不会疏远,有需要的时候也能互相帮助。章家人认为,人都是一样的,对关系近的人比关系远的要好,保持好的关系,能够应对不时之需,能给自己多一条路。因此,如果亲戚上门拜访,章家都会十分欢迎,会热情招待。如果亲戚需要帮忙,章家也会主动去帮。章家住的地方离集市近,远一些的亲戚来赶集,就会顺路带些东西到章家拜访,章家也会留他们吃午饭和休息。如果家中办大小喜事,也会请亲戚来参加,亲戚们会按当地规矩送人情,虽然不是什么贵重的东西,但是就是送一个情意,同样的,章家去参加亲戚家的大小喜事,也要随一份礼,这样往来之间才能维持住亲戚情分。

章家维持着亲戚关系,也是希望自家有需求的时候,亲戚也能够帮忙,人多力量大,每个亲戚都能出一份力,很多事情很容易就能解决。一般章家有要帮忙的事情时,就会去请亲戚,亲戚也都会积极地来帮忙。特别是大事,比如红白喜事、建房子,住在附近的亲戚都是要来,这是义务,因为如果这次我家有事你不愿意来,那亲戚情分就要削弱一分,次数多了情分就没了,那下次你家有事也就不会有亲戚会来帮忙。

3.朋友关系:爱好交流

章家人交朋友多是与爱好相同的人交往,平时往来也主要是爱好上的交流,比如章九芝擅书,他的朋友也多爱好书法,章九芝与朋友时常聚会交流书法技巧,品评书法作品,而章正明擅长绘画,他的朋友则多是画家,他们的交往则主要是建立在对绘画的喜爱上,他们的家境、职业、人品大多类似,会隔三差五地约在一起交流绘画上的想法。章家人的朋友关系主要是以爱好交流来维持,通过时不时地聚会交流来进行。

在章家,朋友的地位与亲戚类似,既是通过爱好上的共鸣满足精神文化上的需求,也是在生活中多一个能够在需要的时候得到帮助的机会,如果自家有困难需要帮助,也可以向朋友求助,如果朋友关系维持得好,双方比较亲密,朋友就会提供帮助,也许困境就因此化解,而反之如果四处树敌没有朋友,那么有时候可能就会陷入死地。

章家除了通过爱好交流维持朋友关系,也会请朋友来参加家里的大小喜事,由于自家的喜事大多是亲戚来参加,因此邀请朋友也是双方关系亲密的体现,朋友一般都会积极地来参加,也会随上一份礼表示情谊,礼物一般不会太重,一般会送鸡蛋之类的东西,只是聊表心意,主人家回头也要回礼,送干桂圆、干荔枝、红枣之类的东西,也表示感谢的心意。如果遇到麻烦要请朋友帮忙,关系亲近的朋友就会主动帮忙。对于一些要好的朋友,有困难的时候找他们借钱,他们都会乐意借,而且可能不会要利息。跟朋友的关系更多还是在爱好上,毕竟都是因为有相同爱好才会成为朋友，所以平时的时候跟朋友还是谈论爱好更多。

跟外村人就很少有关系，就算有也是朋友关系。只有村庄管理者之间会有往来。章家跟非朋友的村外人没有什么往来。

（二）对外日常交往

章家跟邻居关系一直都很融洽，平时往来也多，这种往来不分身份，当家人可以往来，妇女可以往来，孩子也可以往来，是比较随意的往来。邻里之间都是平等的，就算家庭条件有所不同，也不会出现一方欺压另一方的情况，大户和小户做邻居，关系也不会差。章家的邻居里就有各种经济条件的家庭，章家与他们的关系都很融洽，不会因为对方经济条件不好，家庭规模小，就不与他们来往，也不会因为对方经济条件好，是大户人家，就对人家另眼相待。章家早年有个邻居是个老师傅，家里比较穷没有房子住，章家就好心地借了厨房边一间小屋给他住①，安定下来之后老师傅去学了木工，擅长做八仙桌，经常会帮着章家做些木工活。有一回，老师傅实在是穷得快要饿死了，就从章家偷了一些年糕吃。章九芝的妻子王怀馨看到了也没有说破反而多给他送了一些年糕。老师傅一辈子与章家人的关系都十分要好。

章家与亲戚的关系也都很好，相处的时候也都是很平等的。不过章家的亲戚都比较分散，不集中。但章家住的地方离集市近，亲戚们来赶集的时候都会顺便来章家坐一坐，打个招呼，送点东西，章家人也会留他们吃个午饭。

章家的朋友也跟亲戚差不多，集市的时候会顺路来坐坐，有事的时候也会上门来请求帮助，都是比较平等的方式。平时的时候章家人与朋友的交往主要是以爱好上的交往为主，有时候请朋友到家里来，也有时候会应邀去朋友家，或者约到茶馆饭店，主要都是交流爱好上的东西。

在当地，土地主人和佃农是一种经济上的关系，人格上双方是平等的。不会因为其中一方租种了另一方的土地而低人一等。章家与他们的佃农，平时来往比较少，只有涉及交租签订契约之类的事情时，才会来往。章家不会因为把土地租给了佃农就对他们颐指气使，也不会要求他们承担租金之外的义务，也不会干涉佃农的生活和生产。他们对待佃农也同对待邻居和村民一样，是平等的态度，不会欺压他们。在章家看来，租佃与买卖一样，是单纯的经济事务，不应该有附加条款。有一些跟章家关系比较好的佃农，也会作为熟人一样往来，青黄不接的时候佃农会向章家借钱借粮，章家都会借给他们，并且只收比较低的利息。除此之外，主佃之间没有其他人身依附关系。

（三）对外冲突调解

处理对外冲突的单位是家户，家户处理对外冲突的代表是当家人。只有当家人可以代表家户，如果当家人不在，那就等当家人回来再处理。如果章家与外人发生了矛盾、冲突，那么章九芝就是章家处理对外冲突的代表，只有章九芝能够代表家户，在处理对外冲突时，只有章九芝说的话能够作数，其他人都不能代替章九芝。即使章九芝不在，虽是他的妻子代为管家，但他的妻子也不能代替章九芝处理对外冲突，因为她不是当家人，不具有话语权。一般来说，不管是邻里之间还是亲戚之间，朋友之间，或者是其他关系之间发生冲突，都要由当家人

---

① 这种借住是临时性的，由于不要求老师傅支付报酬，因此不能算房客。老师傅自成一户，不与章家共同生活，因此也不属于章家的家庭成员。

出面处置。有的时候,一开始可能只是个人的冲突,后来由于家户的介入,就会演变成两户人家之间的冲突,这种情况也很常见。发生冲突之后,如果家户调解不了,那么可能就需要外力来介入。这种外力,包括其他邻居,其他亲朋,以及宗族、村庄、政府或者村庄里面有权威的人来调解。章家讲究与人为善,很少会发生严重的对外矛盾。

在章家人眼中,家户的利益要高于个人利益,只要没有分家,那就是家庭的利益优先。不过也看具体情况,要看个人的损失大不大,是不是公平,如果个人损失太大,超出个人能够承受的范围,又不是很公平,那可能就会有意见,就会闹矛盾。章家一般会顾及家庭成员的利益,不会完全地要求家庭成员付出,只要不损害家庭利益,章家会尽量照顾家庭成员的利益。比如家庭成员挣了钱交给章九芝,章九芝会适当留给本人一部分,既保护了家户的利益,又照顾了家庭成员的感受和积极性。在这样的家庭环境下,章家人会自觉维护家庭利益,如果对外发生矛盾冲突时,章家人会抱成团一致对外,这个时候家庭利益就要高于个人利益了。

第四章　家户文化制度

章家所有家庭成员都有一定的文化水平,要求所有孩子都要上学读书,早年的时候接受私塾教育,新式学堂兴起之后就接受学校教育。而家庭内部也会通过以身作则、潜移默化的方式引导孩子如何做人如何做事,小孩子也会通过观察和模仿来学习劳动技能。章家对于自家人有着自己的概念,认为共同生活同吃同住有血缘关系的就是自家人,认为一家人就要相互扶持,朝着共同的目标努力,认为家庭利益要高于个人利益。章家认为行善积德是好事,能够造福子孙,因此经常会做善事。章家的宗教信仰十分自由,家庭对家人的宗教信仰没有什么限制,佛教和基督教的信仰在章家并存。章家很看重祭祀祖先,族中有祠堂、祖坟和家谱,每年会举行一次全族的祭祀,而家庭的每个节日都要先祭祀祖先。章家也有娱乐活动,妇女可以串门聊天,男性可以去路廊聊天,有庙会的时候全家会一起去逛庙会,家庭也不会干涉家庭成员交朋友。

一、家户教育

(一)书香门第,文化水平高

章家是书香门第,家庭成员都受到了良好的教育,家人基本都读过书。章九芝接受的是传统教育,书法造诣尤其高,在当地小有名气。章家的孩子都是四五岁开始读书,直到成年工作为止,章正明甚至读了大学。章九芝的妻子王怀馨虽然没有上过学,但是也有一定的文化水平,能识字会读书,尤其喜欢唐诗,常在家中念唐诗。二房儿媳马爱珠在宁波上过新式学校,受过西式教育。大房和三房的两位媳妇也有或高或低的文化水平。第三代不分男女全都就读了公立小学。比如,章含华5岁开始上学读书,一开始在地方办的小学读书,这种地方学校相对公立小学显得不太正规,场地借用的是本保庙的厢房,年龄上没有要求,开设的课程也比较单一,主要是语文,连算术课都没有开设。后来家中觉得不太正规,就将其转到公立的路桥小学读书。

在章家所有的孩子都要入学读书,这成了章家的家庭传统,在章家人看来不读书是不行的,小孩子就应该去读书,不读书要去做什么呢。读书既不是为了长大后做出成就也不是为了光宗耀祖,在他们眼中读书不是一种功利的行为,而是一件理所应当必须要做的事。孩子到了四五岁时,不论男女,读书的事就会提上当家人的议程。只要孩子还有进学之心,家里就会支持他们继续读下去,若孩子没有太高的学历追求,至少也会要求他读到中学毕业,达到一定的文化水平才行。家中的女孩子也被要求接受教育,早年只有私塾的时候,女孩子去不了私塾,就在自己家接受父母的文化教育,后来有了新式学校之后,女孩子也要去学校读书接受教育。

(二)私塾:早期较多

章九芝幼时就是在私塾接受的文化教育，长子章正文和次子章正明也是先在私塾启蒙，年长一些之后，新式中学兴起，才改读的中学。早些年还没有公立学校的时候，章家人就会把子孙送到私塾去读书。但早年的私塾不收女孩子，因此早年章家的女孩子大多是在家中自学。

是否送子孙去私塾读书也由当家人决定，学费由家庭承担。当时的学费大多是谷、米之类的实物，没有固定的数额，数量多少全看家长的诚意，客气些宽裕些的人家就会多给私塾先生送些学费。章家人送给私塾先生的束脩都比较丰厚，保持在中上水平，因为章家很看重文化教育，希望先生可以对家中孩子的学业更上心一些。当家人与私塾先生谈妥后，孩子就可以去私塾上学。那会儿的私塾多开设在私塾先生家中，入学时孩子要先拜孔夫子，再拜先生，拜完才算入学。入学之后小孩子便每天自己去老师家上课，风雨无阻。过年的时候家长会带学生去私塾先生家拜年，当地没有拜年的风俗，专门拜访先生代表了对先生的敬重。章九芝幼时就是由父亲送到私塾先生那里，拜私塾先生为师学习文化知识，学的内容主要是传统国文，启蒙是三字经、千字文，大一点就是四书五经等，主要是识字和写字，但没有算术。

在当地，很少有人家会把先生请到自己家去给孩子上课，大多数人还是会选择把孩子送到先生家去学习。后来洋学堂也多了起来，上学的选择也变多了，后期新式的公立小学也办了起来，慢慢地大家都喜欢送孩子去新式学堂读书，而私塾慢慢没落，逐渐消失了。章家的第三代基本都是在公立小学读的书，然后一步步升到中学。

(三)优先选择公立学校

公立学校办起来之后，大多数人都选择让孩子到公立学校就读，当时路桥最主要的公立学校就是路桥小学，这是一所县里办的小学。章家的第三代大多是在路桥小学就读。当时的路桥小学入学要先报名，报上名后要参加统一考试，这种考试是为了摸清学生的水平，由于当时的教育体系比较乱，学生入学前可能接受过不同程度的教育，比如家庭教育、私塾教育、地方学校教育、西式学堂教育等，学生的层次并不完全一样，统一考试可以根据学生的基础水平给他们区分年级，然后安插到不同的班级。章含华在从本保庙小学堂转到路桥小学时就参与了考试，本来可以读二年级，但由于年龄和基础知识限制，被降到一年级重新学习。当时的公立学校风气比较开放，男女学生都接收，教师群体中也有一部分女老师，大大改变了早年私塾不收女学生，女性只能在家中学习的状况。公立学校也要交学费，但学费并不太贵，大多数人家都能接受，可以选择交现金也可以选择交等价的谷米。章含华的妻子小时候也在路桥小学读过书，而她的家庭只是普通的以手工业为生的小户人家。

能不能去上学、什么时候上学，这些也由当家人决定。在章家，只要到了年龄，所有的小孩子都要去上学，不分长幼不分男女，学费也由家庭提供。是否去上学不需要小孩子或者孩子的家长同意，只要当家人做了决定，那小孩子就要去。而孩子们大多也愿意去读书，小孩子都很听话，只要大人开口，小孩子就会去做，没有太多的想法，乖乖听话会得到表扬，而反抗大人的意思可能会招来一顿打。

(四)潜移默化进行家庭教育

章家的小孩子幼年的教育主要依靠家庭，父母、长辈、当家人都会适当地教孩子一些知识,这种知识包括文化知识、生活常识、规矩道理和性别知识。除了性别知识,其他的知识教育都不分男女,这种教育也不会是特意地如同学校一样坐下来上课,而是融入日常生活中。大人发现小孩子做得不好或者不对的时候就会教小孩子怎么做,小孩子则在这种潜移默化中学会这些知识。而涉及性别的特殊教育则由父母分开教育,父亲教导儿子,母亲教导女儿。章家是个规矩很严的家庭,大人从孩子还小的时候就会教小孩子各种规矩,吃饭的时候教吃饭的规矩,睡觉的时候教睡觉的规矩,不管是父母还是其他长辈,只要看见小孩子有做得不对的地方就会教育他们应该怎么做。而其他生活常识或生活技能的知识则是谁会谁教,比如做家务,母亲更擅长一些,就由母亲来教。至于文化教育主要要看父母有没有文化水平,父母没有文化水平也谈不上对小孩子进行文化教育。由于章家是书香门第,家中大人都有较高的文化水平,所以也会时不时地对小孩子进行文化教育。比如父亲有时候回家早有空闲就会给孩子讲文言文,教小孩子读文言文,然后让孩子们背诵。此外,章家有较多的藏书,这些书允许孩子们翻看,只要想看就可以去藏书室取,但是看完要放回原位,不允许到处放,这也是另一种意义上的文化教育。

在当地,孩子一般长到 18 岁就可以被认为是长大成人,可以为自己的行为负责,但是在他分家出去独立生活之前,他依然要听从父母长辈的话,接受长辈的教育。如章家三个儿子分家时都已经成家生子,但分家之前他们依然要听从父母的话,按父母的安排做事。

(五)家庭环境影响孩子人格形成

章家人认为,母亲对于一个孩子人格的形成有着十分重要的影响,小孩子的性格大部分是从母亲处继承或学习而来,因为孩子小时候跟母亲待在一起的时间最长。因此母亲的性格和思维方式对孩子的影响很大。而当孩子长大后,跟谁接触多,受谁影响就大,因此章家提倡人应该跟品行好的人交往。而家庭的相处模式和平时的生活氛围对小孩子的成长也有很大的影响,生活环境很大程度上决定了一个人的性格。如果家庭环境比较和谐,小孩子的性格也会比较淳朴善良,如果家庭环境就是刻薄的,小孩子也就会变得刻薄自私。好的家庭,时时刻刻都应教导孩子做人的道理,教会孩子如何与人相处,当孩子犯错误的时候,家长应该及时纠正教育。章家尽力营造了一个和谐的家庭环境,并时时教育孩子如何为人处世。

章家人的风俗习惯也是从家中习得,孩子小的时候就耳闻目染,从小到大看着家里如何生活、如何做事、如何过节,孩童多爱模仿,常模仿父母做事的样子,久而久之就知道了一些事情的做法。而大人也会给孩子讲怎么做,看到小孩子做得不好的也会纠正他们,小孩子会听会看,也跟着学,待到长大自然会学会如何做。因此,风俗习惯多是一家几代人都类似,因为每一代都是跟着上一代学习,一些事的做法也就会与上一代一样,然后又传授给下一代,章家就是如此。

在章家家庭教育传承的理念中,勤劳是一个很重要的词。章家从小教育孩子,不管做什么事,勤劳都是成功的关键,就算是读书也要勤劳地学习,花时间花精力去用功,天下没有白拿的东西,所有的东西都是靠勤劳换来的,勤劳才能致富。章家的另一个关键词则是"家和万事兴",家庭是社会的基本单位,每个人都在家庭中存在,个人遇到困难的时候家庭提供了最大的帮助,个人离不开家庭,因此家庭和谐是十分重要的。在章家,这些理念不是仅仅挂在嘴上说说,而要在实际生活中去做,所谓"身教大于言教",大人们将理念融合在日常生活中,小孩子也就能从日常生活中体会到这些道理,并运用于自己的生活,因此章家的大人们也要将这些理念牢记在心，并贯彻到日常生活中，通过自身的言行来引导孩子。

（六）劳动技能必学

劳动技能是章家每个孩子必须学习的技能，男孩子更侧重于生产技能，而女孩子更侧重于家务技能。在章家，这种学习并不是很正式的教学，并不是规定好了时间地点坐下来一个教一个学，而是大人在平时劳动的时候会带着孩子做。小孩子看着大人在做事，出于模仿的玩耍心理，也会跟着学，大人看到了也会教他们一些技巧，纠正他们不对的做法，熟能生巧，慢慢地小孩子就学会了如何做。这种学习并不强制，更像一种亲子之间的互动，小孩子都很听话，也都知道学习劳动学习的必要性，并且这种学习互动可以与父母亲近，因此章家的孩子们都很乐意参与这种学习。在章家，劳动技能的教育者也不限制于只能父亲或只能母亲，如果孩子想学，那就是谁会谁教，想学生产技能那就父亲来教，想学做家务那就母亲来教，或者祖父母、叔伯婶娘，只要会的都可以教。

章家男孩子的农耕教育没有固定开始的时间，只要孩子感兴趣随时都可以开始学。一开始都是模仿学习，家长给予简单的指导，一般都是从简单的摸草、拔秧、收割开始。熟悉了之后，孩子就能跟着家长下田做这些简单的劳动。而更专业的农耕技能学习则需要等到孩子长大，有足够的力气才能开始学习，这一般都是在孩子十六七岁的时候，待孩子的体格长成，力气变大之后，家长会手把手教孩子怎么犁田、怎么耕作，逐渐地孩子就可以独当一面。这种学习都是循序渐进的，不是一蹴而就的。

女孩子学习家务技能也是如此，从孩子感兴趣开始就可以跟在母亲或其他长辈身后学习，大人们会循序渐进地教导一些知识和技能，一开始都是简单的劳动，慢慢地熟练了之后会增加难度，等到长大了有力气了就要学习更多。对于女孩子来说家务也是必备的技能。但如果家里没有条件，也可以在嫁人后再学习，比如娘家可能没有教怎么织布，出嫁后在婆家也可以学，这是没关系的。

劳动技能是一个人立身之本，在章家，如果小孩子不好好学习劳动技能会被家长教训，甚至会被打一顿。但这种都只能对小孩子限制，如果已经长大了，家长没法控制他，那不愿意好好学那也拿他没办法。

（七）不送孩子学手艺

章家没有什么独门的手艺传下来，当时有独门手艺的手艺人很少。如果是独门的手艺，那就只能在自家人之间传承，不能传给外人，而且只能传给儿子，就算是女儿也不行，因为女儿会嫁出去，相当于把手艺传去了别人家。如果家中有传承的手艺，那么只要有条件，家里的男孩子都要跟着学，如果学到后来发现不是这块料，学不好，那么长大之后可以改行，但学肯定都要学。但如果不是独门的手艺，只是普通的手艺人，那就可以在外面收学徒，而不只局限于自家人。在手艺人的家中，学不学手艺的孩子地位是一样的，农活儿也是要帮忙做，体力活也是要帮忙干，不因为其有学手艺的天赋就得到不一样的待遇。手艺人传承手艺给后代主要也是为了生活，为小孩子长大后有一条谋生之路。

也有很多非手艺人的人家愿意把自己的孩子送去拜手艺人为师学手艺。这种人家一般都是自己没有手艺的普通人家，不管有田没田都愿意送去学手艺，当地普遍认为有一门手艺比种田要好些。而学什么手艺、拜谁为师都由当家人决定，当家人与师傅谈好，就带小孩子过去拜师，拜师要给一些拜师费，这些花费都由家庭承担。把小孩子送去学手艺也是为了小孩子自己长大后能够谋生。

章含华的妻子就出身手艺人家庭,父亲是木匠,兄弟中有的继承父亲的手艺当木匠,也有的送去其他手艺人那里学其他手艺。

二、家户意识

(一)自家人有狭义广义之分

对于章家人而言,狭义上的自家人是指同吃同住共同生活有着血缘关系的人,主要有三种:一是共同生活有直系血缘关系的亲人,二是前者的婚嫁对象,三是通过过继或抱养而被承认为自家人。狭义上的自家人包括未分家的儿子、未出嫁的女儿、未成年的儿童、嫁进来的媳妇、入赘进来的女婿、过继的子嗣、抱养的孩子、小妾与小妾生的孩子等。分家出去的儿子和嫁出去的女儿虽然具有直系血缘,但实际上是不再与原生家庭同吃同住共同生活,因此不再是狭义上的自家人,而是广义上的自家人。而嫁进来的媳妇、入赘进来的女婿、过继的子嗣、抱养的孩子、娶进来的小妾,虽然没有血缘,但通过婚嫁、过继、抱养关系被合理合法地接纳为一家人并与这户家庭同吃同住共同生活,就算是小妾也是有着正规的婚姻关系。而没有写进家谱的私生子及其母亲则不算自家人,因为他的子嗣地位没有被家户承认,他的母亲也没有与家中的人存在正规的婚姻关系。如果以上提及的自家人中有常年外出打工不在家中居住的,那他也能被算作狭义上的自家人,因为他虽然不在自己家中居住,但并没有属于另一个家户,他回到家中依然要居住在原生家庭,甚至在外挣到的钱也要交到原生家庭,因此虽然没有长期同吃同住,但他也是狭义上的自家人。分家前的叔叔伯伯婶婶都算是自家人,因为同吃同住有血缘关系,而分家后则不再是狭义上的自家人,因为他们自成一家不再与原来的家庭同吃同住。而被当家人以各种理由赶出家的人,如果他的名字从家谱上被剔除,那么他也就不再具有狭义自家人的资格。如果自家人做了不好的事情、有损家庭利益的事情,那么他也不会被取消自家人资格,他还是自家人,逃不开,除非当家人发话将之赶出家门,踢出族谱,否则不论他道德如何败坏,他也还是自家人。

广义上的自家人指的是所有有亲戚关系的人,包括血缘上的亲戚和姻亲。因此,分家后的叔叔伯伯婶婶、出嫁的姑姑和姑父、舅舅和舅妈、姨姨和姨夫、已经分家的兄弟、已经出嫁的姐妹以及他们的子女,虽然有着血缘关系,但由于他们都属于另一个家户,而不属于自己所在的家户。就算是依然住在同一个院子里,但他们也不再是同一个家户,所以他们都只能算广义上的自家人,属于亲戚,但不能算是狭义上的自家人。即使是居住得很远平时联系很少,但只要有着这一重血缘姻亲关系,那么就是亲戚,就是广义上的自家人。而没有血缘姻亲关系的人,即使关系再好,平时再靠得住、再能互相帮忙,也不能算自家人,只能算是熟人或者朋友。长工、管家、房客、保姆、丫鬟等人即使关系再好也不能算是自家人。

自家人一词有着特定的语境意义,当涉及家庭财产家庭事务的时候,自家人一般是指狭义的自家人,而当与无血缘的其他人对比提及的时候则又指的是广义上的自家人。因此,外人一词也有着两重语境,当涉及家庭财产和家庭事务时,狭义的自家人以外都是外人,而当对待其他事务时,除了广义上的自家人也都是外人,总体来说,外人就是与家庭成员没有血缘或姻亲关系的人。外人不能介入自家的家事,自己家也不会介入外人的家事。如果关系较好的外人家发生较大的矛盾,吸引了大家的关注,那么自家会去帮忙劝解一下,但也只限于劝解,不能帮他们做决定,也不能闯到别人家里管别人家里的事。反之同理。亲戚家的事也是类似,大矛盾会去帮忙调解,小矛盾就不会管,如果对方家里来请自己主持公道,那肯定是会去的。不经邀请就介入别人家的家事是一种很冒犯的行为,很可能引发矛盾冲突。

与自家人交往跟与外人交往总是有些不同,和自家人交往要自在随和一点,但也不是无话不说,毕竟每个人都是有自己的隐私,但总归是比对外人说的要多些。

(二)家户目标一致

没有分家时,家中的几个兄弟在生产生活上都应互相帮助,妯娌之间也要互相帮助。如果任何一个家庭成员被外人欺负,那么一家人都会一起帮助这个被欺负的人讨回公道。章家在没分家时,三个兄弟就在生产生活上互相帮助,拧成一股绳,共同帮章九芝撑起这个家。

分家之后,兄弟之间、妯娌之间还会不会互相帮助,主要看兄弟之间的关系,如果兄弟关系不好,那自然不会互相帮忙。如果关系好,那么肯定都要帮,章家就是兄弟几个关系很好,就算是分家后也相互帮助、相互扶持,谁家有困难兄弟们都会来帮一把。

如果分家时有一个小家庭条件特别不好,比如有人重病,或者没有劳动力,或者丧夫丧妻丧子等,分家时有没有格外照顾就要看家里条件和当家人的意思,如果家里条件较好,兄弟比较和睦,当家人又想多给他分一点东西,那就可能会格外照顾。具体的照顾方式要看兄弟和当家人的协商,也许是多分一点财产,也许是兄弟们定期接济,也可能靠某一个兄弟照顾,这就全看兄弟之间的关系,关系好就能多照顾些,关系不好就很难得到照顾。如果兄弟关系不好,当家人又硬要多给那户人家分些东西,那么就可能会发生矛盾和争吵。章家三兄弟条件差不多,分家时章九芝分给三个儿子的家产也比较平均,没有引发争吵,分家后三兄弟也互相照顾,并没有疏远。

章家的全部成员都有着共同的生活目标,希望家庭和睦,希望能发家致富,希望家里所有成员平安健康,这种理念在章家从来不在口头上讲,但每个人实际上的目标都是这样的,这是每个人心中的理念和动力。而对于"光耀门楣"的概念,章家不太提这个概念,也不会给小孩子灌输这个概念,但实际上也有一点这样的思想。

(三)家户高于个人

在章家人看来,家户比个人重要,没有家就没有个人,当家庭利益和个人利益发生冲突时,个人会为了家庭利益放弃个人利益,考虑事情的时候会顾及家庭利益。但这种家户至上的意识并不是强制的,而是潜移默化地成为大家都会遵守的规则,但如果优先考虑自己个人的利益也不会有人说什么,当家人也不会特意批评教育他。

作为当家人,章九芝考虑事情则必须站在整个家庭的角度,优先考虑整个家庭的利益,一切以家庭为重,不能把个人的事情放在家庭前面,这是当家人必须承担的责任和义务,他必须对整个家庭负责。

如果在贫穷的家庭,孩子很喜欢读书,家里又没有条件供他读书,希望他回家帮忙,那么他也无法继续学业,也有穷人家的孩子会选择自愿放弃读书的机会选择挣钱维持家庭生活,即使觉得遗憾也没有办法。章家家境一直比较富裕,没有出现过这种情况。

如果家庭成员在外地工作,但当家人希望他回来,那么很大可能他会回来;如果家里有老人需要赡养,那么他一定会为了家庭放弃工作回来。

在自己的婚姻问题上,个人也需听从当家人的安排,就算自己有喜欢的对象,也要告知家里,经过当家人的同意才能迎娶对方进门,如果当家人不同意,那么就会发生争吵,要么说服家长同意,要么就放弃喜欢的人。章家比较开明,如果自由恋爱喜欢上的对象比较合适,就很少会反对。

(四)善恶有报的积德意识

当地的人们普遍有积德行善造福子孙的想法,相信善有善报恶有恶报,认为自己做的好事会回报到儿女及后辈身上。章家也是其中一员,章家会在过年时给穷人的门缝里塞些钱,会做些枣米糕施舍给乞丐,也会积极参与村里或宗族里组织的修路、造桥、修庙的公共事务,章家人认为这些都是积德行善的好事,是会造福子孙的。信仰宗教的家人会到宗教场所祈求家人平安健康,信仰佛道的家庭成员会去寺庙祈福,而信仰基督教的则会去教堂祷告,虽然信仰不同,但祈福祷告的内容都是类似,多是希望保佑家人平安健康万事如意。但章家人平时不会到祠堂去祭拜,祠堂只有族里有大事的时候才会开,平时不作为宗教场所。章九芝在儿子们分家之后,就把自己的财产用于捐助寺庙、给族中和村中公共事务捐献资金以及做各种慈善事业。

也有些人会说家里有人升官发财或学有所成都是因为祖上积德,抱有这种想法的人还是比较多的。在章家看来,自己的努力比祖宗积德更重要,只有自己有心去做才会有成就,什么都不做只等着祖宗庇佑也是不可取的。

当地一般认为自私自利、损公肥己、做坏事、做小人的人是没有德行、品行不好的。章家认为,这种人的出现是有原因的,要么因为全家都是这样的人,受家庭环境影响大,要么就是受到了社会上不好的影响,家里没法纠正,因此认为人成长的环境很重要。对于这种人,人们多是看不起他们,但也不能得罪,大多保持敬而远之的态度。

三、家户习俗

(一)节庆习俗

1.春节:漫长而隆重

当地的春节一般在冬至之后就可以开始准备,主要就是准备过年的年货。章家不去外面买年货,基本都是自己家制作,比如说做年糕、做麻糍①、磨淀粉、做米花糖、炒花生等。到了十二月二十四的时候要开始大扫除,俗语叫作“廿四掸篷尘,廿五送长工”,所谓“掸篷尘”就是指大扫除。

春联则是在大年三十晚上才贴。家家户户都要贴春联,不贴不行,这是春节必做的一件事情。章家的春联多是章九芝自己题写,然后在大年三十晚上贴到门框上。春节以家庭为单位过,一家子都要回来过年,就算在外面工作的亲人也要回来过年,一般不会在外人家过年,就算是客居在外的人也会回到自己家去过年。章家所有人都要聚到一起过春节,章九芝夫妻、三个儿子及其妻子,还有孙子孙女们都要一起过,他们是章家的成员,但出嫁的女儿不会回章家过年,因为他们已经属于另一家户。

章家过年的时候要祭祖,这个祭祖也以一家一户为单位。章家会提前准备好饭菜和祭品。祭祖日一早章九芝的妻子王怀馨就带着儿媳们做饭,章九芝和儿子们则在自家门口摆好

---

① 麻糍:当地一种类似糍粑的食物。

供桌和祭品,在桌上摆上做好的饭菜。祭祀的饭菜也有讲究,要有猪头、鸡和鱼,其他菜色也要符合当地的规矩,不是想放什么就放什么的,此外,供桌上所有东西都要摆成直线不能歪。准备妥当之后,当家人点上香烛拜祭天地神明和祖先,并且要给先人烧纸钱,在当地称之为"谢年"。祭祖要由当家人来主持,在章家就是由章九芝来主持,主要的工作则由他和三个儿子共同进行,除了做饭由妇女们做,其他工作大多由男丁来做。章九芝祭拜时,其他家庭成员也要跟在后面祭拜,按照长幼顺序站好,一同向祖先祈福。

由于当地都是用的方桌,也就是八仙桌,没有圆桌,所以不管是祭祖还是吃年夜饭,用的都是方桌。章家用方桌,吃年夜饭的时候也是,在方桌上吃饭也有规矩,上首为尊,家中辈分最高的长辈要坐上首,章家辈分最高的就是章九芝,因此由章九芝夫妻坐上首,儿子儿媳分坐左右,下首则让小孩子坐。如果凳子不够的话,就会让小孩站着吃,凳子让给大人让大人坐下吃。章家吃年夜饭的时候有一个规矩,就是不能讲不吉利的话。大年初一起来的时候,有一个传统习俗称为大年初一不叫早起,也不喊孩子的名字,因为"早"通"蚤",人们相信如果大年初一喊了的话,这一年就会招来不好的东西。

当地没有拜年的习俗,愿意去亲戚家串门的可以按自己的意愿去,不去也没关系,没有特别要求必须去。但不论如何大年初二这一天绝对不能上门,因为按照当地习俗,初二是亡人回魂的日子,人们认为初二登门不祥,是大忌,称为"初二不进门"。大年初三则是出嫁女儿回娘家的日子。章家出嫁的女儿也会在这一天带着礼物回娘家,但出嫁女不会在娘家过夜,最迟吃过了晚饭就会回去。如果家中有孩子在私塾读书的话,过年的时候会特意去私塾先生那里拜年,这是为了表现对先生的敬重,章九芝小时候父亲就带他去私塾先生那里拜过年,但章家第三代都读的公立小学,也就不再需要去老师那里拜年。对其他人则没有拜年的习俗,全看个人意愿。

过年的时候,有时候保甲里会有人组织舞龙舞狮的活动,就是组织一些年轻的有力气的小伙子练习舞龙舞狮,然后在定好的日子,敲锣打鼓,舞龙舞狮,走街串巷,附近的村民都会来看,十分热闹,章家也会全家出动去看舞龙舞狮,但章家人很少参与舞龙舞狮。

2.红白喜事习俗

当地娶媳妇的时候最重要的习俗就是哭嫁。章九芝嫁女时,章九芝的妻子就哭得不能自已,女儿出嫁时母亲哭是一种习俗,不会显得不吉利,不哭反而不好。迎亲需要请轿夫抬着花轿去接新娘,新娘的母亲哭着送女儿上花轿,花轿就载着新娘去往新郎家,花轿后面跟着的就是嫁妆箱,越有钱的人家嫁妆箱越多,要好多人来抬。章家嫁女的嫁妆在当地也是中上水平。新媳妇婚后第二天,新媳妇要向公公婆婆请安,婚后第三天新媳妇回娘家。

葬礼也有葬礼的习俗,最主要的一个习俗就是哭灵,同哭嫁一样,直系亲属都要哭。此外,葬礼上还要进行一种名为"拔钉"的仪式,"钉"通"丁",亡者家中有几个男丁,就在棺材上钉几枚钉子,落棺之前男丁们轮流去拔掉一枚钉子,拔完之后要给抬棺人红包。此外,葬礼时要请算命先生算出一个生肖属相,这个属相的人在落棺时要避开,不能出现在现场。当地立坟一般不会立碑,只会立坟砰,也就是一根细石柱以作为标记,不会大张旗鼓地立坟碑。章九芝的父亲去世的时候就是按照这样的习俗举行了葬礼。如果逝者还是没结婚的年轻人,那他的棺材只能用一根杠来抬,称为"独龙杠"。而年纪太小夭折的就不会专门立坟,一般都会丢去乱葬岗。

(二)家户习俗以家庭为单位

过年过节都是以家庭为单位,如果是孤身一人没有家,那就自己一个人过,很少会到别人家过年。在外工作的人也要在过年的时候赶回家。没有分家的时候就以大家庭为单元,分家前,章九芝夫妻、三个儿子的妻儿都算作一个大家庭,过年过节就以整个大家庭为单元。而分家后就以小家庭为单元,章家分家后分成了四个小家庭,那之后过年过节,四个小家庭就各过各的,不会再在一起过。章九芝夫妻、长子章正文一家、次子章正明一家、三子章正化一家分别成了过年过节的单元。也有些人家虽然已经分家但仍然住在一个院落里,而且关系比较好,会选择跟原先大家户一样几个小家庭一起过节。嫁出去的女儿不可以回娘家过年,因为她已经属于一个新的家户,是婆家家户的成员,要与婆家一同过年,回娘家过年会被误会成被婆家赶出来,不是什么好事,就算来了娘家人也可能不会愿意接受。

(三)节庆仪式:以祭祀为主题

除了春节之外,一年到头的其他节日也有各自的仪式和习俗。

元宵节也是一个比较重要的节日,全家人都要聚在一起吃团圆饭。这一天章家要做山粉糊①,章家习惯吃甜口的山粉糊。元宵节前,章家就会准备好做山粉糊的材料,然后元宵节当天一家人忙乎一天,男性负责祭祀,女性则负责做山粉糊,然后晚上全家坐在一起吃山粉糊。

元宵节之后就是清明节,清明节章家要去上坟,上坟扫墓都是自家人给自家的先人上坟扫墓,章家要给章九芝的父母、祖父母、曾祖父母等先人上坟扫墓,要带上酒菜、祭品、香烛到先人坟前祭拜。三代前的老祖公坟由于年代较早,在世的后人都已经是分成了好几个家户,血缘隔得越来越远,所以给老祖公坟上坟的事宜要由后人的几个家户共同商议。有些家庭会决定一起去给老祖公坟上坟,有些可能不愿意一起,那就各扫各的,还有的可能会轮流主持,今年大房主持,其他各房参与,明年二房主持,后年三房主持,循环往复。这些方式都可以,只要能够协商好就行。章家都是各扫各的,不介意重复上坟,但章含华的妻子的娘家曹家就习惯轮流主持的形式。

端午也是一个很重要的节日,端午差不多正好是一年的中间节点,也叫作"小过年",地位仅次于春节。端午前后章家要制新衣,添置夏季的衣服。而端午当天章家人要吃粽子和麦饼②,家庭成员也要团聚。章家会提前好几天开始准备过端午,买齐各种材料,准备包粽子和做麦饼。端午当天,章家的男性要祭祀祖先,而女性则负责煮粽子,并准备好包麦饼的材料,到了吃饭的时候,全家人都要坐在一起吃粽子或者自己包麦饼吃。对章家来说,端午是过得很隆重的一个节日。

七月半也叫鬼节、中元节,主要就是祭祀先人,请亡人回魂。家中有人去世后的第一个七月半是比较重要的,因为当地人认为去世者的灵魂会回来看看,然后再去投胎。七月半这一天,章家最主要的工作就是祭祀,这一天不像其他节日有各种庆祝的活动或形式,这一天就是为了祭祀而成为节日。因此章家要用一整天来准备祭祀,祭祀完之后家人要一起吃饭,祭祀过后的饭菜就是当天家人的食物,一般认为祭祀过的食物有着先人的庇佑,吃了能够保佑

---

① 山粉糊:当地的一种特色小吃,类似米糊糊,根据地域不同可分为甜味和咸味两种。

② 麦饼:也叫"食饼筒",是当地一种特色小吃,将各种菜炒熟后包到很薄的面饼里卷起来吃,类似春卷,菜和面饼会分开放好,吃的时候大家可以自己动手包,是端午节的专有食物。

家人平平安安。

中秋节就是团圆赏月吃月饼,章家一般不自己做月饼,都是到集市上去买,中秋节前章家人就会买好月饼,中秋节当天就用月饼和其他菜品祭祀,到了夜里,一家人就要坐在一起共同赏月,分食月饼。

另外还有一个重要的节日就是冬至,冬至与七月半相似,主题就是祭祀。由于冬至过完则意味着可以开始准备过年,在外的章家人在冬至前就要开始准备赶回来。冬至前章家要准备冬至祭祀的祭品,在冬至当天准备好,然后摆好供桌,点上香烛,并且给先人烧纸钱。

基本章家一年到头所有节日都要祭祀,祭祀的规模大小可能不同,祭品也可能不同,比如七月半、冬至、谢年的祭祀就更加隆重。其他节日的祭祀相对简单一点,比如端午、中秋等节日可能祭品里就有粽子、麦饼、月饼等节日专属的食物,而七月半、冬至、谢年的祭品则以特定的饭菜为主。祭祀是很重要、很严肃的事,必须由当家人亲自主持。这些节庆的基本单元也是家户,分家前整个章家都在一起过节,由当家人章九芝带头,而分家后则分成四个小家庭各自过节,不再聚在一起过节,由各个小家庭的当家人带头。

四、家户信仰

(一)宗教信仰自由

章家人大部分都有宗教信仰,主要是佛教[①]和基督教,都是个人的信仰。章家不要求全家人的宗教信仰都保持一致,当家人也不会管家人信什么教,不仅当家人不管,宗族、村庄、官府也不会管,宗教信仰是完全自由的,可信可不信,可以信这个教也可以信那个教。当家人章九芝信仰佛教,但不会因此反对家人信仰其他教,不会带动全家人信教,不会要求家庭成员都要信仰佛教,也不会对信仰其他教的家人有偏见。不过,一般来说孩子的宗教信仰大多是跟着父母来,因为父母对孩子的影响最大,比如二儿媳马爱珠信仰基督教,她的孩子们就都跟着她信仰基督教。

章家人认为信仰宗教是有好处的,不管是佛教还是基督教都是劝人们向善,有助于弥补法律规范的不足,也有助于社会稳定家庭和谐。同时宗教信仰与传统习俗并不矛盾,是可以并存的,不存在冲突。

章家大部分人都信仰佛教,比如章九芝夫妻、长子章正文一家、三子章正化一家和次子章正明。而章正明的妻子马爱珠信仰基督教,礼拜日都会去教堂做礼拜,她的基督教信仰来源于她的父母。受马爱珠影响,她的孩子们也都信仰基督教。章家人认为一个人有了信仰以后会对周围的亲人进行宣传这是很正常的现象,因为他们发自心底地觉得有宗教信仰是很好的,希望身边的人都体会到这种好。但这种宣传应该是出于善意,其他人愿不愿意信教还是要看本人意愿,不能强行推广或强行拉亲人入教,要尊重个人意愿。因此,章家人虽然有不同的宗教信仰,但相处得还是很融洽,章家人都懂得克制,不会做出强拉人入教的事。对于宗教信仰中有一些不同的避讳和注意事项,其他不信这个宗教的家人都会注意不冒犯其他家

---

① 当地佛教道教不分,信仰佛教的人也会去道观拜神,而信仰道教的人也会去佛教的寺庙拜神,不会刻意区分佛道,也不会互相排斥。受访者称家人信仰佛教,但实际上他们既去道教的本保庙拜神,也去佛教的佛寺拜神。本文中涉及宗教信仰的地方都沿用受访者的说法依然称为佛教,但已经不是完全意义上的佛教,特此说明。

人,双方互相尊重,不歧视、敌视对方的宗教,也不贬低对方的宗教抬高自己的宗教。次子章正明一生都没有信仰基督教,但他与信仰基督教的妻子相处得很融洽,孩子们愿意信仰基督教,父亲也不会阻拦。章家都不是很狂热的信徒,不是很偏执。

（二）家神信仰:灶师菩萨

章家在家里会供奉灶师菩萨,也就是常说的灶王爷。章家会把灶师菩萨的画像摆在灶头,画像前放一个香插,平日要时常给他上香,但不需要摆什么供品。章家全家人都可以拜灶师菩萨,但真正拜的主要还是女性,因为女性忙碌在灶前的时候更多一些。春节前则要认真地拜一下,请灶师菩萨在天上对神仙们多给自己家说些好话。有些道士会趁这个时候来捉灶神,扮作钟馗的样子,拿把木剑到处斩鬼,在各家各户门口路过,吸引大小家庭让他去捉灶神,由此来挣些小钱,章家不会理这些道士,因为知道他们都是骗钱的。

章家拜灶师菩萨没有什么特别的缘由,只是因为大家都这样做,上辈人也是这么做的,后辈人就跟着一直这么做,总体来说也是图个吉利,希望自家能够过得更好。父母不会专门教孩子学着拜神,但孩子在边上看,就会跟着学,家长看孩子在学也就会指点两句,教一教怎么拜神,孩子自然而然就能学会。章家没有其他的家神信仰。至于其他的神就自己拜自己的,个人想拜的话就可以去拜,家庭不会干涉。

（三）重视祖先信仰

章家的祖先是谁、从哪里来、怎么来的等事都由族谱记载,大人也会给孩子讲,当故事一样讲给孩子们听,但不会要求孩子一定要记住祖先。实际上,章氏家族是大家族,从古至今也出了不少厉害的人物,对于孩子们来说,常听这些故事也会对家族和祖先产生敬仰之情,慢慢地就会以家族祖先为荣,这是潜移默化的事,不会很直白地反复讲。章家逢年过节都要祭拜祖先,给祖先上香,这种形式也把对祖宗的尊重和敬仰传递给了下一代。

章家会把过世老人的牌位摆在上间①,上间的前面是会客间,背后隔出一个小间摆放牌位。牌位摆放的位置也有讲究,辈分越高,牌位的位置越靠中间,老祖公的牌位就要摆在中间。老人刚去世的时候,家人会把牌位摆放在家中供一段时间,几年后再移入祠堂。

章氏家族有一间祠堂,何时修建的已不可考,但可以肯定的是,祠堂由章氏宗族集体凑钱修建,全族人有钱的出钱有力的出力,都为祠堂的建设出了一份力。后来祠堂的维修也是同样,由族中凑钱,有钱的家庭就多出些钱,比较穷的家庭就力所能及地出一些力。章氏家族所有的男丁去世之后牌位都有资格放入祠堂,摆放规则也是一样,越是辈分高,放的位置就越靠中间。章氏祠堂的地位很高,个人不能对祠堂不尊重,也不能破坏祠堂和祠堂的东西,如果破坏了就会被族里惩罚,但一般人都不会做这样的事,毕竟家中去世的先人牌位都在祠堂里,对祠堂不敬就是对自己的先人不敬。章氏祠堂允许女性进入,但一般人没事也不会进祠堂。每年七月半的时候,家族要组织一次大型祭祀,全族男丁都要去,按辈分排列好,由族长族老带头进去上香,后面的子孙们就跟着拜。祭祀大典结束后,宗族会组织大家聚餐,这个聚餐不论男女老幼都可以来吃,章姓的女儿和媳妇也可以来吃,大家热闹一下。聚餐的钱由宗族出,不够时族里凑一下,一般原则都是有钱的多出一些。做饭的人也是章氏家族自己人,一般是族里的女性一起来负责。在章家,就是章九芝带着三个儿子和所有孙子都去参加祭祀大

---

① 上间:即正房。

典,而章九芝的妻子和儿媳就去帮忙准备聚餐,吃饭的时候章家所有人都能去吃,还能分到一些年糕或方糕。

章家也有祖坟,但祖坟不在村里,是另外找的风水好的地方,在比较远的山里。祖坟的坟墓都是石头建的,很大很气派。祖坟也有分区,族里按照辈分提前划好了区域,老人去世后,就会按照辈分葬到不同的区域。章氏祖坟要定期维护和修缮,修缮的钱同修祠堂一样,从族中出,不足的部分族人凑,有钱的多出。另外,祖坟还有长期的看坟人,负责查看祖坟,保护祖坟不受破坏,也负责对祖坟进行日常的维护保养。看坟人一般是聘请的村里或者族里的孤寡老人或很穷的老头来做,没有报酬,但是祖坟地四周有一片属于宗族所有的田地,被称为祖坟田,这些田会交给看坟人种,产出就供他生活,作为看坟的报酬。

章氏家族有族谱,也是章家的家谱,族谱是很重要的东西,是宗族成员资格认定的证明,只有上了族谱的人才是宗族的一员。由于宗族的族谱与家族的家谱有一定范围的重复,所以章氏宗族的家庭大多不会单独修家谱,直接把族谱作为自家的家谱,所以族谱也是族中各个家庭成员界定的证明,只有上了族谱的孩子才会被认定为父亲的亲生子,有法定的继承权。因此族谱对于全族人都是很重要的东西,不会有人去破坏,胆敢破坏族谱的人就是全族的罪人,没人敢做这种事。一般来说,族谱可以放在祠堂,也可以放在族中有名望的族老家中,章九芝就曾经保管过一段时间章氏的族谱。一般的族人不能随便翻看族谱,如果有事需要查看族谱的话,需要向族长提出申请,族长同意之后才能去查看。章氏的族谱每十二年一修,十二年正好是十二地支的一个轮回,也被称为一纪。修谱由族中有文化有威望的族老主持,除了重新修订之外,还会安排专人进行续谱,各家都报上这一纪的新增人口,然后由族老进行核对,然后写到族谱的对应位置。能够写进族谱的人只有族内的男丁,女性是不能上谱的。

孝道是很重要的观念,章家人也很重视。小到顶撞长辈、不听长辈的话,大到不赡养父母,打骂父母,虐待父母,这些都是不孝,但如果只是小事情的话,一般父亲就会打骂一下教育一下,如果儿子长大了,父亲老了,管不了儿子了,那么宗族和亲戚就会介入教育儿子,周围的邻居村民也会对儿子产生舆论压力。但如果是儿子做了不能原谅的坏事,那么父母就可能要到官府告儿子,也就是"送不孝"。对祖先的孝和对在世老人的孝是不一样的,对祖先的孝是形式上的,主要是过年过节祭祀扫墓,但对在世老人的孝是在行动上的,要在日常生活中照顾老人、关心老人、对老人好,不是放在嘴上说说而已。章家从小就教育家中的孩子要孝顺长辈,加之家人都受过教育,特别讲究孝和礼,因此后辈对长辈都很孝顺,也都很听话,没有不孝顺的情况。

章家人认为,祭拜祖先的目的就是祈求过世的祖先保佑活着的人平安、健康、顺利,因此章家对祭祀很重视。在祭祀活动中,当家人章九芝是主要负责人,占支配地位,章家祭拜祖先的时候必须由章九芝主持,由章九芝亲自带领家人祭拜。家庭中的祖先祭祀,全家人都可以祭拜,不分男女,全家人都要在章九芝的带领下按辈分站好拜祭祖先。章家的女性也可以祭拜祖先,可以去祖坟祭拜,女儿和嫁进来的媳妇都可以。大人祭祀的时候会带着小孩子,让小孩子在边上看,大人祭拜完之后,会让小孩子也来拜,会教小孩子做什么手势、说什么话、怎么拜,小孩子一般都会乖乖听话,很少会不听话或不愿意拜,因为不听话大人就会打他们。

(四)庙宇信仰:本保"猿狲庙"

1949 年以前,当地每个保都有一个庙,统称为本保庙,一般都是道教的庙,石曲这一片的本保庙叫作猿狲庙，也叫日龙宫，而南栅①那一片的本保庙就叫南栅庙。由于都在本保范围内，所以离得都很近，章家一般都会就近拜本保庙，不会去很远的地方拜。这些本保庙主要功能是保一方平安，人们去庙里拜一般也是给自己和家人求平安。章家人也会去猿狲庙拜神，或者参加庙会，不过主要是信仰佛教的家人会去，因为佛道不分家，在村民眼中佛教和道教都是一样的，信仰佛教的人去拜道教的庙不会有冲突，道教的信徒也不会因此和佛教信徒起冲突。但信仰基督教的人就不会去庙里，基督教是排外的，信了基督教就不能信其他教，也不能去其他宗教的场所。

本保庙的管理者叫庙祝，庙祝不一定是道士，大多是单老孤独或无家可归的人，他们的生活主要依靠来拜神的人给的香烛钱和乐助钱。此外，庙后一般会有一片属于本保庙的田地，由庙祝管理经营，土地的产出和庙里的财产庙祝都可以用，足以保证庙祝的生活。庙祝跟和尚一样，要会念经，有时候要给求签的人解签，还要打理庙里的大小事务，甚至有些庙祝还会跳大神，就是类似请神上身，也叫上坛，实际上都是骗人的。

在当地，庙一般指的都是道教的宗教场所，包括宫、观、堂等，而佛教的宗教场所一般称为寺。佛教的寺不像道教的庙一样每个保都有一个，一般都是随机分布，有远有近，有些寺因为很灵验或者名气很大，佛教信徒就会慕名去拜。拜佛寺没有固定的时间，一般都是有所求的时候去拜，或者佛寺组织佛诞的时候去参加，佛诞就是佛教的庙会，是佛寺牵头组织的佛教活动，和尚尼姑会在这一天办法会，信徒会来参加法会，并带贡品来拜佛，如果是很虔诚的信徒的话，每次佛诞都会来参加，重大节日也会来拜佛。章家信仰佛教的家人也会在过年过节的时候去佛寺拜佛参加佛诞会，但相对比较少，大部分时候还是去本保庙多。除了本保庙和佛寺之外，当地还有土地庙，但土地庙不是大型的庙宇，只是路边一个小小的棚子，里面有土地神的像，土地庙也是保平安的，平时自己想拜就可以去拜。

在章家，拜神是个人的事，不需要当家人同意，无论老人、男人、女人、媳妇、未出嫁的闺女都可以去，但小孩子一般不会自己去，都是由家人带着去。章家的家庭成员想去拜神的时候就可以去，跟家里人打声招呼就可以，可以一个人去，也可以跟家人结伴去，章家人一般结伴去比得较多，因为章家人都不是很虔诚很偏执的佛教徒，只是时不时会去拜一拜的类型，拜神也有同别人一起去玩耍凑热闹的成分。一般章家人去寺庙里拜神都会带着香烛去，主要就是上香，不会经常带贡品去，如果和家人以外的人（比如邻居亲戚熟人）一起去，那么就自带香烛，自己用自己的，不会跟别人共用，但如果是和家人去，那一家人准备一份就可以。去寺庙一般都是走着去，不会另外产生费用。因此，去寺庙拜神不需要花太多钱。

五、家户娱乐

（一）与爱好相同的人交朋友

章家的所有家庭成员都可以有自己的朋友，但当地对朋友的定义一般是指村外人，村内的人一般都会被定义为熟人，而不算是朋友。因此，一般只有成年男性会有朋友，因为只有成年男性有工作会跟外面的人打交道，有些关系好的就会发展成朋友，而妇女儿童的交际范围都在村内，村内关系再好的人也只能算熟人，而不叫朋友。但这并不意味着妇女儿童不能有

---

① 南栅：地名，距石曲村不远的一个地方。

朋友,如果有条件,他们也可以交朋友,只不过一般来说很少有这样的条件。朋友一般都是同性之间相交,男性与男性交朋友,女性与女性交朋友,很少有男性和女性交朋友。

一般来说,朋友都是出社会之后,在职业工作上交的比较多,交朋友没有什么标准,一般来说职业类似、爱好类似、文化程度也相似、比较合得来的人才会成为朋友。当然交朋友也要看人品好坏,一般来说,物以类聚人以群分,交的朋友的人品也会跟本人比较相近。而且大多情况下,朋友的家庭条件同自己也差不多,因为大多数爱好都与本人的经济条件和素质修养有关。比如章九芝自己爱好书法,他交的朋友也都是擅长书画的文人,比如艺术家柯璜就是章九芝的朋友,而章正明爱好绘画,他交的朋友就有很多画家,比如创作了《三毛流浪记》的张乐平先生就是其中之一。

交朋友也没什么正式的仪式,没有不成文的规定和准则,只要两个人说得来,互相认定对方是朋友就可以。在章家,交朋友不需要家人同意,当家人不会干涉家庭成员交朋友。父亲不会管儿子交朋友,丈夫不会管妻子交朋友,大人不会管小孩交朋友,只要交的朋友不会对家庭产生不好的影响就可以。朋友之间没有特定的称呼,一般都是称名字或者字号,也有一些朋友会互叫绰号。朋友称呼对方的父母也没有特别的叫法,就是按辈分叫公、叔、伯之类。朋友之间会互相串门,有时候路过或者闲着没事就会来走走,找朋友聊聊天。如果章家家庭成员的朋友要在家里留宿,那么就要跟当家人章九芝打招呼,经其同意才可以让朋友留宿。如果家里有红白喜事,朋友都要来参加,除非人在外地回不来。红事的话章家会派人来给朋友送请帖,收到帖子的就要去,而白事一般不发请帖,朋友得知消息了自己就会来参加葬礼吊唁亡者,只有关系十分要好、有人情往来的才会派人去报丧。如果朋友中有身居要职或者比较富裕的人,章家有困难的时候也会去找朋友帮忙,只要是能帮的忙,朋友大多也是会愿意帮助的。如果朋友遇到了经济困难,章家人也会尽力帮忙。如果做生意要找合伙人的话,也会去找朋友。

(二)穷人打骨牌,富人打麻将

章家很少打牌。当地打牌有好多种类型,但打牌也分人,一般都是差不多条件的人一起玩,穷人和穷人一起玩,富人和富人一起玩,玩的东西也不一样。大部分打牌都是赌钱的,当地提到打牌都认为是赌博。最常见的打牌是打骨牌,骨牌是一种赌博性很强的游戏,道具是32张牌九,一般都是底层劳动者玩得比较多。还有一种叫敲三和,这也是底层劳动者常玩的赌博游戏,只需要三枚硬币就能玩,比较简单。另一种叫押花会,是一种像六合彩一样的赌博形式,现场押现场开奖。而上层社会有钱有地位的人家一般不会去参与这种底层的赌博,上层社会的人一般都是打麻将,尤其是地位比较高的人打麻将不仅是消遣,还会将打麻将变成巴结贿赂的手段。家庭妇女打麻将的也很多,但妇女参加赌博的就很少。小孩也有小孩的打牌活动,常见的是滚铜圆,铜圆就是硬币,小孩拿硬币来进行玩耍,赢了的可以拿走输的人的硬币,所以实际上还是一种赌博。

赌博没有特定的时间,只要有空闲,随时随地都可以,像敲三和一样,在河边的空地上比较多见,几个人闲着没事就可以聚在一起玩。而大型一点的赌博都会有赌博场[①],专门开的大型赌场在当地比较少,当地一般都是在喜欢赌的人家里开,家里有地方就可以让大家到自己

---

① 赌博场:也就是赌博场所,当地叫"赌博场"。

家来赌,如果是这种赌博场,主人家要从赌资里抽头。知道这边人家在赌,附近的小贩都会过来卖东西,特别是卖食物的会聚到附近,赌徒赌饿了就会出来买东西吃,如果在主人家吃就要支付主人一定的报酬。

赌博在当地是一种很不好的行为,会被舆论指责。一般人家只有过年的时候,春节到正月半元宵节之前这段时间可以在家里玩,这段时间打牌不会被禁止,家庭成员不分男女老幼都可以参与,一家人热闹一下。除了这段时间,平时打牌的话会被人看不起,被村里人指指点点。章家人很少打牌,尤其是信仰基督教的家人,基督教的教义中有不能赌博这一条。不过不赌钱的打牌是可以玩的,过年的时候章家也会一家人坐在一起打打麻将,但赌的钱数额都不大,主要是为了热闹一下,而不是为了赌博。章家没有特别沉迷打牌的人。

如果当家人爱打牌,输钱太多就会引起家庭矛盾,如果是赌博上瘾,那这个家庭就会衰败,赌博是无底洞,全部家财垫进去也不够。如果其他家庭成员有能力就能控制当家人,管住他,比如妻子能力强就可以管丈夫,儿子长大了能力强就可以管父亲,但如果家里人都没什么能力管不住当家人,那就只能眼睁睁看着家败下去。家庭成员去打牌一般都是拿自己的私房钱去赌,他没法动用家庭的钱。如果输钱太多,当家人就会管,会骂他,甚至采取一些措施给他戒赌。田洋王村就有一户人家当家人沉迷赌博,妻子恨铁不成钢,听说他去赌博了就气得追着他打。

一般上瘾了的赌徒输光了又弄不到钱,就会去借,大家都知道他赌就不会借钱给他,只有高利贷会借钱给他。在赌场账上欠钱就是借高利贷的一种,利息特别高。如果到期还不上,放高利贷的人就要乱来,到他家里拿东西抵债。高利贷这个事主要看的就是武力,看债主拳头硬不硬,如果债主很横、很能打,放高利贷的人搞不过他,那放高利贷的也没办法,只能让他赖掉。如果债主搞不过放高利贷的,那就是砸锅卖铁也要还钱,当地话叫作"赌博账,拳头硬"。

章家不允许家人赌博,虽然没有成文的家规家训规定,但大人都会教育小孩子不能赌博,偷偷去赌就要挨打。章家也没有人敢去赌博,都知道这不能碰。

(三)妇女串门,男性去路廊

章家不管男女都经常闲聊,妇女多是串门找邻居闲聊,而男性就很少串门,他们闲聊会到路廊去,路廊就像茶馆一样,是一个公共场所,想闲聊的男性都可以去,但女性就很少去路廊。

串门一般是妇女比较多,章家的妇女一般都是去邻居家串门,白天吃了饭家里家务做完了,没事做就可以去。串门聊天主要也就聊些家长里短,这种串门很随便,不用太多讲究,但一般都会找个由头,而且都会带着家务事去,不会空手去,比如说去剪个鞋样,就带着针线活去串门,边聊边做事,空着手专门去聊天的很少。说是串门但也并不是真就去人家家里坐,可能就是在檐阶头①坐下来聊天。对来串门的邻居大部分人都是欢迎的,会给他们倒茶倒水招呼他们坐,但不会留饭,到了饭点自己就要回家做饭,一般不会在别人家吃饭。串门都是平时没事的时候,过年过节的时候是不会去串门的,因为过年过节的时候大家都很忙,不仅自己有很多事要做,邻居也没时间接待,大家都不会挑这种忙的时候去串门。章家人出去串门一般不会锁门,就算家里没人也没关系,因为都在附近,不会太远,如果去远点的地方那就把门

---

① 檐阶头:即屋檐下。

关上,也用不着锁。

章家的男性聊天一般不会串门,一般都是去路廊。路廊就是沿街的房子修出延长的屋檐盖住街道形成的避雨的空间,这种路廊都是阴凉通风的,道路两侧会有板凳,供路人休息躲雨。一些做善事的人也会在这里提供免费的茶水,普通人也会在没事的时候到这里乘凉玩耍,小商贩则会在这里休息,顺便做在此休息乘凉的人的生意。路廊就像茶馆一样,是一个很热闹的公共场所。章家的男性在闲着没事的时候就会溜达到路廊来,三五成群的聊天,聊天的内容很多,大多是东拉西扯,讲年成好坏,讲村里镇上发生的新鲜事,讲笑话,讲段子,也会讲家长里短,但不会讲国家大事,国家大事离老百姓太远,老百姓一般不会关注,也不敢乱讲。男人们会在这里通过闲聊打发时间,交流消息,这些信息被称为"路廊消息"。

路廊是当地保甲出钱组织修建的,并不是所有街道都有,要看地段,会挑一些人来人往比较热闹的路段修,作为一种公共设施。一些路廊会允许一些无家可归的人住,然后让他们给路人烧茶水来当义务劳动。

(四)逛庙会:全家同去

1949 年以前石曲村也有庙会。本保庙庙会在老祖寿日①的时候组织,钱由地方上出,属于官方组织的活动。而其他的庙和寺也可以组织庙会,这些寺庙的庙会就由寺庙自己出钱,不足的就找跟庙里关系好的大户帮忙,或者发动信徒有钱出钱有力出力,有能力办庙会的寺庙都是规模大、实力强的大庙。庙会的时候庙里会在附近空地上搭戏台,请戏班去唱戏庆祝,附近的人们都可以去参加,人一旦聚集,小商贩也会闻声而来在附近摆摊,相当于形成了一个小集市,特别热闹。庙会是当地全体共同庆祝的节日,庙会上的活动也很多,最基本的是唱戏,除了唱戏之外,还有舞龙舞狮、打八仙②、盘杠③、鳌山④、高跷⑤、台阁⑥、白布漫⑦等,这些活动都是免费的,人们可以免费观看。而表演者主要分两种,一种是请专门的戏班或杂耍班子来表演,第二种是在当地征集愿意参与的人进行一段时间的训练再表演,请这一类表演者也要支付一点报酬。庙会的正式活动只有一天,但前后会持续一两天,像台阁就只会表演一天,但其他就会持续两天,整体至少会持续三天,而且白天晚上都有活动。

章家人也会去逛庙会,一家人不论男女老幼一起去。周围的邻居也基本都是全家一起去,有时候也会同路结个伴。章家去庙会一般都是看戏,或者看杂耍等表演,不想看了就去庙会集市上逛一下买点东西。在章家,不管男女老幼都喜欢庙会,因为不同年龄的人都能在庙会上找到喜欢的项目,大家都可以趁机休息放松一下。

平时村里就没有其他特别的活动,最大的活动就是庙会。一些大户人家在办红白喜事的时候也会请人到家里唱戏,称为"唱堂会",这种形式的唱戏只有来参加红白喜事的跟主人家有关系的人才能进来看,并非所有人都可以去看。村里也没有其他社会组织。

---

① 老祖寿日:指道教信仰的神仙的诞辰日,类似于佛诞。
② 打八仙:在八仙桌上进行武打的表演形式。
③ 盘杠:一种在竹杠上翻飞的杂耍表演。
④ 鳌山:鳌山是一座小假山,山脚下有小船,船上有小人做一些戏曲片段的场景,小船围着假山转,类似走马灯。
⑤ 高跷:让小孩子踩高跷进行表演。
⑥ 台阁:抬着台子让小孩子坐在台子上表演戏曲的一种形式。
⑦ 白布漫:在路廊的顶上挂上一大块白布,在白布上贴上各种形式的剪纸,人们走过路廊的时候一抬头就能观看。

第五章　家户治理制度

在章家的家户治理中,当家人是治理的核心。当家人的资格是自然生成的,上一任当家人老了之后,下一任当家人就自然接上。当家人在家庭中有着最高的权威,是家庭内外一切事务的管理者, 对外的时候当家人就代表着整个家庭。其他家庭成员必须听从当家人的安排。如果当家人因为一些原因不能当家的时候,可以由其他家庭成员成为代理当家人。家庭会保护家庭成员,会帮助家庭成员处理对外的矛盾纠纷,家庭也是家庭成员的依靠,遇到天灾和匪患的时候家庭会团结起来同舟共济。章家没有成文家规, 但章家有很多不成文的规矩,这些规矩都融入了章家人的生活中。章家没有太多奖励和惩罚,全靠家庭成员一条心并向着同一个方向努力。在面对宗族和村庄的公共事务时,章家一般会由当家人根据具体内容来确定是出人还是出力。当村庄组织纳税、征兵等国家事务时,章家会按时完成村庄安排的各项事务,但不会太过于积极主动地参与其中。

一、家长当家

(一)当家人自然交替

章家的当家人在分家前是章九芝,分家后是章九芝、章正文、章正明和章正化,一直都是男性当家。当家人资格是自动生成的,对能力、学识、年龄没有要求,上一代当家人老迈之后,新的当家人自然而然地就会接上。当家人也叫家长,是一家之主,在章家,当家人就是家中的具体管事人, 家庭内外大大小小的事务都由当家人掌管。家庭内部对当家人没有特定的称呼,是什么辈分就怎么叫,比如章正文称呼当家人章九芝就叫父亲,章含华称呼当家人章九芝就叫爷爷。

女性在特定情况下也能成为当家人,这个特殊情况包括入赘和守寡,或者没有其他男性成员可以担任当家人。除了这两种情况之外,当家人都是由男性担任。章家没有这种情况,但章九芝的妻子王怀馨在出嫁之前由于父母去世得早,弟弟们都还没长大,担任过一段时间的当家人。但当家人由于不在家等原因,女性则可以成为代理当家人。

章家全家都很信任当家人章九芝,对当家人十分尊重,章九芝是个很有能力的人,将家庭内外打理得很好,家庭成员对他也很满意,都听从他的安排。

一个人成为当家人之后,虽然不会有写着他名字的门牌之类的标志,但周围的邻居熟人朋友都会知道这件事,从此往后对待他的态度就会转变为对待一个家庭的当家人的态度。

(二)当家人是最高管理者
1.家长是家庭一切事务的管理者

在章家,当家人的权力是天生的,是自然而然产生的,但这种权力同时也被所有家庭成员所承认。当家人章九芝管理的范围涉及家庭的方方面面,所有家庭成员都在他的管理范围之内,而非自家人就不在他的管理范围内。遇到大事的时候,章九芝也会同家庭成员商量,但一般都是与妻子商量,因为夫妻一体,妻子对丈夫考虑的事也有一定的了解,加之妻子平时协助丈夫管家,对家庭情况比较了解,有能力提供意见。而其他家庭成员一般都是听从安排,因为相对章九芝夫妻来说,其他家庭成员都还是"小孩",没有接触过家庭事务,不知道该如何管理家庭事务,他们的想法也不成熟,在当家人看来,没有什么必要与他们商量。在当家人决定了大事之后,他会召集全家人开会,给大家讲明决策,告知安排。

2.家长是财产管理者

章家的收入主要包括土地租佃的租金、成年家庭成员的工作收入和其他投资收入。这些收入由全家人共有,当家人章九芝拥有支配权,可以对家庭财产全权处理。

章家的家庭成员可以有私房钱,但如果是当家人章九芝派家庭成员出去挣钱,那这个家庭成员挣回来的钱都是属于家庭的,他挣到钱回来要把所有的收入上交给章九芝,不能私藏。但如果是他自己去挣的钱,那就要看当家人的意思,如果当家人很有权威,要他把钱上交,那么他就要交,如果当家人比较和善,不介意家庭成员挣点私房钱,就不会管他。章家一般是如果是挣得比较多,章九芝就收走大部分,返还一部分给挣钱的人作为奖励,这些钱就是个人的私房钱,章家不会要求家庭成员把全部私房钱上交。如果个人挣的只是一点小钱,章九芝就会让他自己拿着。但章家是没有零花钱这一说的,当家人不会给家人发零花钱,如果家庭成员有私人的花销,就需要自己想办法解决金钱问题。

章家的贵重物品,诸如地契、房契、存款、珠宝等,一般都是由当家人章九芝保管,章九芝的妻子也会帮忙保管,因为夫妻一体,关系十分亲近,章九芝在家里做什么事也很难完全瞒着妻子。夫妻俩会在家里找一个稳妥的、隐秘的地方把贵重物品藏起来,比如在房间里做一个暗格之类的,不会让别人知道,连儿子们都不一定知道。这种放贵重物品的地方只有到了必要时候,才会让有关的家人知道,比如儿子长大了帮父亲掌家,父亲可能就会让儿子知道家里的贵重物品藏在哪里。而衣物等其他不重要的物品就由所有者自己保管,或者统一放到对应的储藏室中,比如衣服就放到自己房间的衣柜里,其他用不着的杂物就放到储藏室。

章家儿子娶媳妇的聘礼由家庭来出,给多少则由当家人章九芝决定。但儿媳妇嫁进来带来的嫁妆依然是由儿媳本人支配,不会被并入家庭财产,章九芝也不能随意支配,章家三个儿媳嫁进来的时候都带了一部分嫁妆,章家都没有干涉他们的嫁妆,全部由她们自己支配。分家时,这部分嫁妆由儿媳本人带走,在儿媳死后嫁妆就由儿媳的儿女们按照继承原则继承。

土地或房屋买卖和租佃的事都是当家人章九芝自己决定,不需要与家人商量,签订的契约落款人必须是章九芝,因为只有当家人能够代表这个家庭,在对家庭财产的处理契约上非当家人的签字没有法律效益。但如果是私人性质的契约,只代表个人名义,那么非当家人的签字也是有效的,但这种契约只能对签字人个人产生效力,而对家庭没有效力,也就是说如果章正文与别人签订契约,那这份契约只对章正文一个人产生效力,而与章家无关。

章家的粮食统一存放在谷仓中,供全家人一起吃,没有专人看管粮食,大家都知道粮食在谷仓,但一般不会自己去谷仓偷拿,偷拿被抓到会被打。而章九芝夫妻也会留意每天谷米的消耗量,定期查看,如果发现数量不对就要在家里查,偷拿也很容易被抓到。章家每天吃什么由做饭的人根据现有食材决定,做什么就吃什么,做饭的人可以到谷仓里取要用的米,但每顿要用多少米,章九芝夫妻都有数,所以做饭的人也不会乱拿。

3.家长有制衣分配权

章家制新衣由当家人章九芝安排,一般是一年两次,过年做一次冬衣,端午做一次夏衣。到了该做衣服的时候,章九芝就会派人去请制衣师傅来给家人量体裁衣,所有家庭成员不管男女老幼每人都有一套,不会偏袒哪一个。请制衣师傅的钱由整个家庭承担,不需要个人出钱。但这种统一制衣之外,个人要再做新衣服,就要自己出钱了。

4.家长是劳动安排者

章家家庭成员的生产劳动有着明确分工,而具体分工安排则是由当家人章九芝决定的,家庭成员们都要听从章九芝的安排,章九芝怎么说家庭成员就怎么做,不会有不听从的人,因为章九芝作为当家人对家庭情况和家人的劳动能力知道得一清二楚,他有能力做出对整个家庭和家庭成员都比较好的决定,这种权威性深入每一个家庭成员心中,他们潜意识中就觉得按章九芝说的做肯定没错,章九芝肯定不会坑害他们,所以他们都会按当家人说的去做。

章家的男性在农闲的时候有各自的工作。章九芝是做生意的,有自己开的店,会到店铺去做事,而章正文是钢笔厂的工人,农闲的时候就会去工厂工作。章正明是船上的无线电通讯员,章正化的职业就是农民,他负责管理家里的田地,其他的第三代都还是小孩子,都要去读书。而农忙的时候所有男性成员都要回来帮助自家土地生产,这时候的分工就会按各自能力来分,比如章正文三兄弟年轻力壮,就要负责体力活,章九芝年纪大了就辅助三兄弟,或者做一些不太耗费体力的活,而孩子们就根据年龄高低、体力强弱做力所能及的活。章家的妇女不管农忙和农闲都在家里操持家务,比如打扫卫生、洗衣做饭、纺织养殖等等,而农忙的时候由于男性都在田里劳作,女性还要负责给他们送饭,如果田里的活实在忙不过来,女性也要去帮忙做些力所能及的事,比如晒谷拔草之类的,但真正的农业劳动是不需要妇女参与的,女性也没有那个体力参与。

章家的老人也要参与劳动,只要身体还好、能够做事,那就要参加劳动,直到做不动活为止。而小孩子不论男孩女孩,只要会走会跑,能自己活动,就可以跟大人一起去参加劳动,虽然做不了体力活,但也可以跟在后面捡捡谷穗或拔一拔杂草。而成为家庭劳动力则需要长到十五六岁,有力气了才行。那之前,大人也不会让孩子过多的参与劳动,这样不利于小孩子生长发育,但也不会完全不让小孩子参与,会让小孩子跟在后面学习,潜移默化地教他们生产知识。

5.当家人安排婚丧嫁娶

在章家,不管是娶媳妇还是嫁女儿,都是由当家人章九芝安排的,其他家庭成员要服从章九芝的安排。如果是孙子辈的婚姻,只要当家人章九芝同意,婚事就确定了,父母反对是没有用的,反之章九芝不同意,孙子的父母同意,那也没法结婚。章家还是比较开明的人家,章九芝会尽量考虑本人及其父母的意见,不会太强硬,结婚之后章九芝夫妻也不会太管子孙和媳妇们的事,不管是吵架还是争执,只要不闹到面前来,就不会管,就算是闹到要离婚也会尽量劝说,更不会要求子孙跟媳妇离婚。

章家的祭祀活动由当家人章九芝主持,祭祀的代表是章九芝,祭祀的东西也要由章九芝亲自带领家人准备、安排家人做事。而祭祀时,章九芝要带领全家人参与祭祀,章九芝站最前面,其他家人按辈分依次往后排。

丧葬事宜也是由章九芝来安排,如果是分家后的老人去世,那么几个儿子的家庭要一起商量丧葬事宜,这个时候也是由各个小家庭的当家人来协商决定。比如章九芝去世时,章家就已经分家,章九芝的后事就由三个儿子的小家庭共同办,三个儿子在一起商量好怎么办,丧葬的花费也由三个儿子的小家庭平摊。如果老人生前立下遗嘱,那么就要按老人的遗嘱办,遗嘱是有效力的,但除此之外,死去的老人就不再有其他权力。

6.当家人对外代表整个家庭

在对外关系中,章九芝作为当家人可以代表整个章家,可以以家庭的名义向外人借债;村庄的开会投票事宜中,章九芝会代表整个家庭去参加,在会上做出的决定也会代表整个家庭;在交税纳粮事务中,章九芝是家户代表,是主要责任人;在宗族事务中,章九芝也会代表家庭去参加,并代替家庭做出决定。

章家家庭成员如果要出去打工,要先知会当家人章九芝,经过章九芝同意才能去,而在外面挣的钱要在回来的时候交给章九芝。因为邮政事业不发达,现金邮寄不太方便,所以很少有人寄钱回家。如果自己有用钱的地方想留一些钱,那就要跟家里打招呼,经过章九芝同意才能留。有些人自己留一点,瞒着少报一些也有,但一般不会这么做,因为当家人对工资是心里有数的,瞒的太多就很容易被发现。章家没有这种情况,因为章九芝会看情况给儿子们留一点私房钱。如果儿子在外面打工想叫妻子也过去,也要征得当家人同意才能去,当家人不同意就不能去,但偷偷跑了那也没办法,当家人也不能对他们做什么,章家没有发生过这样的事。

7.当家人权力不受约束

章家当家人的资格与其自身能力无关,一旦他成了当家人,家庭成员就要服从当家人的安排,不可能因为当家人能力不足就换一个当家人,除非下一代的预备当家人长成了,有能力把旧的当家人顶下去。不管当家人做了什么不该做的事,就算他公私不分、借债不还、吸食鸦片、沉迷赌博、败光家产也不能把他换掉,如果当家人力量大,家庭成员控制不住他,那么就拿他没办法,他依然有担任当家人的权力,就算他把家败完了家人也只能自认倒霉,没法对他做什么。如果其他成员力量大,能控制住当家人,那么就能架空当家人,甚至把他从当家人的位置上挤下去直接让下一代当家人成为新当家人。如果当家人做了一些违背理法的事,比如抛弃孩子等,家庭成员没有资格批评家长,但宗族族长、同族的长辈、其他亲戚朋友都可以批评他劝说他,邻居也可以来劝说他。但不管当家人做的决定是对是错,家庭成员必须要听从他。

8.家长权力代理

如果当家人过世,而后代全是女儿,那么会由招了上门女婿的女儿继承当家人资格,如果不招赘,那么这户人家就绝户了,女儿都出嫁后也不再需要有当家人。代理当家人只出现于原当家人因为各种原因不能行使当家人职责,下一代当家人又没有长成,这个时候就会由当家人的妻子或未出嫁的长女成为代理当家人,但代理当家人只会负责家庭内部的事务,而不能同当家人一样代表家庭处理对外事务,不能代表家庭参加村庄的会议和投票,也不能参与宗族的会议,后文会有详细介绍。

(三)家长更替是自然过渡

在章家,作为当家人,必须要保证全家人的生存,一家人没有粮食吃,当家人要负责想办法,没有衣服穿,当家人也要负责解决。如果要向别人家借粮借钱,要由当家人出面代表家里去借。除了管家庭成员吃穿住行之外,当家人要负责维持家庭收支平衡,要想办法给家庭增收。经济以外,当家人还要保证家庭内部和谐相处,尽量减少内部矛盾,家人发生矛盾的时候当家人要负责调和。如果自家小孩犯错影响到别人家,当家人要出面道歉。

在章家看来,能够把自己家庭管理得井井有条,能带领家庭致富,让家人过上好日子的当家人就是好的当家人。一个家庭只能有一个当家人,当老的当家人逐渐老去能力下降,下一代的新当家人自然而然就会接替他成为新当家人。

更换当家人之后,需要通知保甲长,保甲长会更改村庄名册,以后的村庄事务也会去找新当家人。家中的地契房契等重要物品也将会转交给新当家人保管,但房契地契不需要重新写契,依然是写的原当家人的名字。退下来的老当家人没有特殊的称呼,跟原来一样按辈分称呼,老当家人只是家庭的普通一员,要听从新当家人的安排。

二、家长不当家

(一)兄弟代理当家

章家没有过家长不当家而由家长的兄弟当家的情况。这种情况一般见于父母已经去世,兄弟未分家,长兄身体不好没有能力当家,长兄的儿子还没有长大的家庭,这个时候弟弟会成为实际上的代理当家,但由于真正的当家人还在世,所以名义上的当家人依然还是长兄。如果有多个弟弟,那就会由最有能力的弟弟代理。代理当家人在家中也有权威,可以安排家人做事,有财产管理权和支配权,但有大事还是要同当家人商量,向当家人请示,重大的决定也要经过当家人同意。家中如果要进行买卖、租佃、典当土地和房屋时,作为代理当家人的弟弟没有资格代表家庭签字生效,必须由长兄出面签字,但谈判可以由弟弟代为进行。家中晚辈结婚的时候,婚贴上写的是长兄的名字,但具体事务则是由弟弟来主持。

(二)妻子代理当家

章家没有遇到过家长不当家而由家长的妻子当家的情况。但当地也有这样的情况,这种家庭一般是当家人身体不好没有能力当家,而儿子都还没有长成,那就由他的妻子代他行使一部分当家人职能。代理当家人可以管理家庭内部的大小事务,其他家庭成员要听从代理当家人的安排,但大部分事还是要同当家人商量,听从当家人的意见。但妻子不能代表家庭参与村庄、宗族和国家的公共事务,这些事必须由当家人出面。如果要借钱借粮,妻子也不能以自己的名义去借,而要以当家人的名义去借,借款单上要写当家人的名字,由当家人签字才有效。土地房屋的买卖、租佃、典当也要由当家人签字才能生效,妻子的签字则是无效的。

但章家遇到过另一种形式的妻子代理当家,就是在当家人不在家的时候,会由他的妻子成为代理当家人,在他不在家的时候代替他处理家庭的日常事务。

1944年修建"觉园"之后,章九芝就跟小妾住到了"觉园",而正妻王怀馨则与儿孙们继续住在四透里,实际上此时章九芝已经不管家中的琐事了,因此家中的日常事务都由妻子王怀馨处理。妻子王怀馨能够很大程度上支配章家的金钱,可以安排家人去集市买东西,可以安排家人做事,家庭成员也要像听从章九芝一样听从王怀馨的安排,因为王怀馨平时就会协助章九芝管理家务,对一些基本的家庭事务的处理方法都心里有数。这个时候儿子儿媳们也都大了,日常生活中都能各司其职,很多事情不需要王怀馨开口家人就都知道该做什么,因此王怀馨有能力代理当家。但章家遇到大事的时候还是要去请章九芝做主,比如买卖房屋土地、租佃土地、购买大宗物品、签订契约或其他需要大量用钱的事,因为名义上章九芝依然是章家的当家人,即使他不再与家人同吃同住,但当家人的名义并没有改变,因此在一些只有当家人才能做决定的场合,必须要请他回来做决定。村中族中的会议也必须由章九芝出席。

章家分家后,二房章正明家由于章正明的工作需要他经常外出,因此家中的事务实际上都由他的妻子马爱珠管理。在他外出时,马爱珠就是他们家的代理当家人,马爱珠可以全权处理家庭事务、把握家里的收支、掌握家中的财产、安排家人办事,章正明基本是完全放权给妻子,只要不是涉及土地房屋买卖的大事,马爱珠都可以自己做主。二房的其他家人也要完全听从马爱珠的安排,按马爱珠的安排做事。但马爱珠不能代表章正明给契约签字,也不能出席村中族中的会议,如果会议期间,章正明不在家,那么章家二房就只能缺席这场会议,而不能由马爱珠代替。而家中的大事,比如土地房屋买卖、儿女婚嫁,就需要通知章正明,由章正明回来处理。

(三)长子代理当家

章家没有遇到家长不当家而由家长的长子当家的情况。这种情况一般都是当家人身体不好没有能力当家,长子又长大了比较有能力的家庭,一般来说长子年龄大更成熟一点。长子管家的时候,家庭成员都要听从他的安排,家庭内外的事务他都有权管,家庭财产长子也有管理权,但大事上还是要与当家人商量,听从当家人的指示,当家人要培养、指导长子。如果长子要代表家庭借贷或者买卖土地房屋,那么必须由当家人在契约上签字才会生效,长子的签字则没有效力。如果当家人已经老去,而儿子们都不愿意当家,那么就听当家人安排,当家人安排谁继承当家人,谁就要当,一般这个时候长子就要承担责任。

(四)其他人代理当家

章家没有遇到家长不当家而由其他家庭成员当家的情况。没有儿子的家庭,会给女儿招赘,然后让这个女儿当家,而不让出嫁的女儿当家。嫁出去的姑娘离婚了可以回娘家,但是这种女性的社会地位很低,娘家大多都不欢迎她,一般也不会轮到她当家。理论上来说,能够当家和代理当家的只能是自家家庭成员,其他非亲属特殊成员,比如管家、帮佣、厨师、丫鬟、保姆、长工、马夫等,或其他家庭外亲属都不能代替当家人当家。而家庭内代替当家也有顺序,一般是优先妻子,其次是兄弟,再次是长子,往下是其余诸子和女儿,儿媳一般很少代替当家。

三、家户决策

章家内部的大小事情都是由当家人章九芝说了算,小到穿衣吃饭大到买卖租赁土地房屋,都要由章九芝把关,只有章九芝同意了的事才能做,凡是章九芝不同意的事,其他家庭成员都不能做。家庭外部的大小事情也是由章九芝说了算,在外,章九芝就是章家的代表,章九芝说的话就代表了章家,家庭间正式的往来也要由各自的当家人代表家庭进行,比如家庭间的借贷就必须由双方当家人协商,非当家人没有话语权,不能代表家庭进行借贷。

在章家,除了当家人之外,当家人的妻子也有一定的权威,可以协助当家人管理家庭事务。当地讲究夫妻一体,夫妻的关系是十分亲密的,帮助丈夫是妻子的义务,而丈夫也很难瞒着妻子在家里做一些事。因此，往往妻子最能懂丈夫的心思，而丈夫也不会完全不让妻子参与家庭事务的管理，久而久之就会演变成夫妻共同管家，丈夫管家中的大事，而在一些细节小事上，比如买什么菜、吃什么，妻子也可以安排家人做事。如果当家人要出远门，那么一般家庭事务就由妻子代管，但大事要等当家人回来，经过当家人决策才能做。

章家其他家庭成员是不能做决策的，包括儿子们、儿媳们和孙子们，都只能听从当家人或代理当家人的安排。只要是当家人章九芝做出的决定，家庭成员都要服从，不存在不服从的情况，这是由当家人的权威保证的，章九芝能力很强，把章家管理得井井有条，章家人对他都很信服，也相信他做的决定都是对的，因此，章家人都会无条件服从章九芝的安排。当家人做决定的时候有时候会与妻子商量，因为妻子清楚家里的情况，能够给当家人提供有建设性的意见。但章九芝很少与其他家庭成员商议，因为相对于章九芝夫妻，儿子也好儿媳也好都还是"小孩"，都没有接触过管家，没有管家的经验，也不清楚整个家庭的情况，在章九芝夫妻看来，找他们商量也没什么用。因此章九芝一般会独自决定，或适当考虑妻子的意见。

如果章家的家庭成员觉得章九芝的决策不对，那么可以同章九芝协商。如果章九芝觉得有道理，就接受建议，更改决策，如果章九芝不愿意接受，那么家庭成员就必须按章九芝说的做。但章家人很少直接反对章九芝的决策，因为章家人都知道要维护好当家人的权威，不会做这种损害当家人权威的事，而且章家人对当家人都带有一些敬畏，也不太敢反对，就算有什么意见也只会私下里询问一下章九芝夫妻，不会明面上提出反对意见。

四、家户保护

（一）家庭出面调解矛盾

如果章家的家庭成员与别人家发生一些矛盾，那么就要双方当家人代表各自家庭出面调停。如果是章家的小孩子发生了矛盾，那么小矛盾就由孩子父母出面调解，如果矛盾比较大，甚至牵涉到两户家庭，那么就要双方家庭当家人出面调停。如果家人与他人发生矛盾，家庭成员基本上会站在家人这边，但如果是家庭成员做了错事，家庭会对他做出惩罚，而不会让别人惩罚他。家庭会帮他想办法，当家人会代表家庭出面，赔偿也好道歉也好，想办法解决矛盾安抚对方。家庭成员犯错的时候，当家人会惩罚他，家庭中的其他长辈也会斥责他，但对外大多时候都会帮他隐瞒，然后在家庭内部对他进行批评教育，如果是无法隐瞒的大错，就要看具体情况，不同的家庭有不同的想法，有的人家就会直接让他去投案自首，而有的人家会偷偷让他逃跑，甚至资助他逃跑，章家没有遇到过这么严重的事。如果是孩子犯罪，当家人会去找管事的人求情，也会找关系想办法让事情私了，至于能不能私了就要看具体情况。如果家庭成员受了欺负，如果是家庭有能力抗衡的话就会去帮他讨回公道，而如果对方是大势力，家庭无法与其抗争，那么也就只能忍气吞声。章家很少与其他家庭产生冲突，章家在当地的声誉十分好，由于有文化，当地人对章家都比较敬重，也不会轻易与章家发生冲突。章家对"家丑不可外扬"的观点十分赞同，家里不好的事情都不想外传，觉得影响家庭的面子和声望。

（二）家庭会永远接纳自家人

如果章家家庭成员在外面受了委屈、被人欺负或发生其他比较严重的大事，就会告知当家人，寻求家庭的帮助。如果发生的不是大事，那就看跟家里人的关系，会跟关系比较好的家庭成员诉说。家里人听了述说之后，会给予一定的安慰，如果是严重的事，家里人要想办法帮他解决。但如果出嫁的女儿在婆家受委屈，大多是不会回娘家诉说，也不会请求娘家帮忙，因为她已经是另一个家庭的一员，向娘家倾诉的话就会让别人知道自己过得不好，会没面子。而儿子如果在外面混得不好，没有取得太大的成就，还是会选择回家来，因为对于儿子来说他还是家庭的一分子，不管怎么样他也可以回到家里去，家就是心灵的港湾。虽然家长大多对儿子有较高的期待，章九芝也希望儿子成才，会花大力气培养儿子，这一点上不管什么样的人家都是这样的。但如果儿子没有做出什么成就，章家也还是会接纳儿子。

（三）天灾时同舟共济

当地没有太过严重的天灾。虽然台风经常出现，但由于当地的房子都不高，大多都是一两层的高度，不会被台风刮倒，所以受台风影响不大。水灾虽然也会出现，但不会持续太久，一两天就会消退下去，所以影响也不太大。影响比较大的灾害是旱灾，虽然旱灾的程度比较轻，不会影响生活，但水位会明显下降，很多田地的灌溉用水不足，需要花费人力物力到别处取水灌溉，对生产产生了一定影响。一般快到旱季的时候，章家都会留一些口粮，如果没有存粮的话，就可以去问熟人借，有存粮的人一般也都会借，因为旱灾不会持续很久，也不会严重到饿死人，大家紧张一点也都能过下去。这种时候全家都要同舟共济共渡难关。

旱灾时，当地会组织求雨，一般会由当地有名望的人牵头，同大权爷庙的人商量准备求雨事宜。大权爷庙供奉的是玉皇大帝的外甥，是管旱灾的神，决定求雨之后，人们会选定一个好日子，把大权爷的神像搬出来晒，然后大家都穿白衣服，抬着神像走街串巷，每走一段路就拜一下神，沿路的百姓都跟着拜，路过县衙的时候，县官也会出来拜。拜完之后，大家会去山里取水，把山间溪水中的泥鳅和鱼连水一起带回来放到水道里，这就算完成求雨了。章家不会去参与求雨，但求雨的队伍走过家门口的时候，章家人也会出来拜一下神，祈求快点下雨。灾害发生时，地方上的富户也会拿出一些粮食救济周围困难的人，或者捐钱帮助无家可归的人建房。

灾荒的时候，全家都要一起缩衣节食，章家会少吃细粮，多搭配一点粗粮等其他食物，比如番薯藤、米糠之类的。但基本还能让家人都吃饱，如果粮食不够的话，还可以去向有存粮的人家借，这个活一般由当家人章九芝来做，因为只有由当家人出面借粮才有信用和效力，非当家人不能代表家庭借粮。章家没有因为自然灾害逃过荒，只因为战乱逃过荒，这一点会在防备战乱一节中详细介绍。

（四）防备盗匪

当地匪患十分严重。一方面是小偷多，白天晚上都会出现偷盗的事情，甚至会有人偷人们晒在外面的衣服，小偷被抓住了一般都是直接殴打，打完就放了他，不会报官。山区农村对待小偷会更加苛刻一点，经常抓到小偷就毒打，甚至有一种比较残酷的惩罚方式，称为吃圆，就是把汤圆煮到滚烫，一出锅就丢进冷水里，然后捞出来让小偷吞下去，这个时候的汤圆外面是凉的，里面却是滚烫的，有些小偷甚至因此被活活烫死。

更严重的是土匪，当地很多没钱的流氓无赖会去山里落草为寇，平时这些人都是普通人，完全看不出他是土匪，但到了夜里，他们就四五个人组成一波土匪，去没人认得他们的陌生地方抢东西。他们会提前打听好抢劫对象，对象一般都是做生意的有浮财的人家，夜晚的时候，他们冲进抢劫对象家中，控制住家中的人，然后翻箱倒柜找值钱的东西，抢到东西马上就跑,用时很短,附近的人基本来不及反应,因此也很难抓到劫匪。除了打劫之外,土匪也会绑票,绑架的对象一般都是有钱的大户人家,绑了大户人家的人然后通知对方交赎金,不交就撕票。这种土匪也是很难抓到。当地有一个叫贾继平的人,出身大户人家,早年参加革命,成为中国共产党党员,参加了游击队,但家里不同意,为了从家里拿钱,贾继平就假装自己被土匪绑票,让家里送钱,家人送了钱过来,他就拿这笔钱去资助游击队。这些事一般不会报官,因为报官也没用,官府也抓不到这些土匪,他们往山里一钻,就没人能找到他们。但如果出了杀人放火的人命官司,那就要报官,让官府来管,当地的保甲长也要来管。章家很少被小偷光顾,没有被土匪抢劫过,也没有家人被绑票过。

(五)因战乱逃过荒

当地没有发生过重大战役或经历严重的战乱。当地也只有大户人家会有几把土枪,有枪的人很少。村里没有大型防卫设施,也没有地道。不过村里有打更人,打更人由村里找愿意晚上工作的人来当,大多是出自条件不好的人家。打更就是在晚上固定时间在街上巡逻,边走边敲梆子,提醒大家防火烛防小偷。

但章家因为战乱而逃过荒。1945年的时候,听闻日本军队撤军会途径路桥地区,章家就往海边的石塘地区附近逃,但并不是全家出逃,而是一部分人参与的,决定是当家人做的,单位是各个小家庭,太多人一起不太方便行动,因此就分开了。比如二房当时一起去的人是马爱珠、马爱珠的母亲和子女们,章正明没有一起去,只让妇女老弱去躲风头。逃荒队伍的领头人是马爱珠,没有带太多东西,主要带了钱和伞等必备物品,没有带粮食,因为带了足够的钱,粮食全靠向乡下人买。这次逃荒持续的时间不长,仅两三日,因为日本军队实际上并没有经过路桥地区,只是谣传而已,谣言散了之后就回家了。

(六)治安较好,危险少

章家的经济条件在村里属于中上水平。当地的乞丐很少,基本都是外地人,但遇到上门乞讨的乞丐,章家人都会给予一定的施舍,主要是饭或者米,很少会给钱,一般都会给一点,不会完全不给,因为在章家人看来,施舍乞丐是做善事,是积德行善的。认识的一些穷人有时候也会来章家借钱借粮食,借的数额不大的话就不需要写借条,大部分时候章家都会借给他们,也不担心他们不还,因为愿意借的都是有信誉的熟人,章家相信他们会还,有些关系好的可能就直接送给他,也不要求他还。如果到期实在还不上,章家也不会太计较,还不上就算了。章家对村里认识的孤寡老人都比较和善,经常会主动给他们送粮食。这也是做善事的一种方式,章家人相信善有善报。

当地有保安团,说是保护地方安全,但实际上没有什么作用,甚至会仗势欺人。保安团是地方上雇佣的非政府组织,由当地的有钱人出钱赞助,是警局下属的一部分。保安团的成员都是有身手有力气的人。章家没有人参加保安团,也没有跟保安团打过交道。

五、家规家法

(一)没有成文家规

章家没有成文的家规家训,都是引用"朱子家训"作为自家的家训。章家教育家人用的都是比较通常的道德观念,都是比较大而化之的东西,不会与国法相违背,也不会明确规定哪些事是不能做的,也不会有明确的奖惩措施。章家也不会特意让孩子去学习家规家训,而是在日常生活中通过言传身教让孩子明确什么该做、什么不该做、什么是好的、什么是坏的。而对于新嫁进来的媳妇，婆婆也不会刻意去教她家训是什么，也是在日常生活中通过家庭氛围和家庭成员的言传身教慢慢地让她体会到家训，时间久了媳妇也自然而然会按照那一套家训来要求自己。但章家的家规家训并不是很严格的规定，没有违反了就要惩罚的要求，而且由于家训是在整体上指导一个人的做人道德，所以很少会有违背的情况。

章家的家规家法没有制定和修订的具体时候，甚至不是一种成文的、严明的规定，而是在日常生活中逐渐形成的。这与当地的传统习惯习俗和章家本身的家庭环境息息相关，比如当地大部分家庭都有很严格的长幼之分，章家也遵循了这样的原则，而由于章家是书香门第，因此会比一般人家更讲规矩，在衣食住行方面有很多细节比普通人家更讲究。

当家人章九芝平时在日常生活中也都是按照家规家法办事，作为当家人，他要以身作则，给家人做榜样。其他家庭成员也要按照家规家法办事，如果有违反的情况，章九芝要及时提醒。章家家规家法的延续既靠小孩子耳闻目染从小被家庭环境潜移默化，也靠家人在日常生活中经常提醒，更靠当家人言行一致，以身作则。

（二）默认家规：繁多但有序

1.吃饭：饭桌规矩讲究

章家平时都是章九芝妻子和几个儿媳妇轮流做饭，吃什么就由做饭的人决定，如果家人有什么特别想吃的东西，可以告诉章九芝，章九芝发话的话，今天做饭的人就可以加这个菜。但一般大家都不会讲，因为章家吃饭都比较简单，不会有太多花样，大家也主要是以吃饱为主，不会有太多要求。蔬菜都是章家的院子里自己种的蔬菜，其他的东西就要到集市上买，当地是五日一市，去一次就要买够五日的食材，主要是鱼、肉和干货①。有时候有走街串巷的货郎路过门口，如果看见有需要的东西也可以买一些。买菜的人一般是当家人或者当家人的妻子，买什么菜就由他们决定，钱则从家庭财产中出。

章家有八仙桌，吃饭的时候大家都能上桌吃，如果人多坐不下，就分两桌坐，如果还是不够，那就让小孩子站着吃，大人坐着吃。章家不允许端碗出去吃，必须在桌上吃，俗语称"端饭碗，走马吃"，认为这是一种很不礼貌的行为。吃饭的时候也有吃饭的规矩，比如自己碗里的饭菜一定要吃完，不可以剩，吃饭的时候不能吃得桌上到处都是，吃饭的时候不能讲话，不能只盯着一盆菜吃，不可以敲碗等。章家是书香门第，十分讲究规矩，虽然没有成文的规定，但这些默认的规定是要遵守的，大人会教小孩子这些规矩，小孩子做得不对的时候，大人就会指出来，要求他改正，如果小孩子不听话，大人就会教训孩子，甚至打骂孩子。

在章家，吃饭吃多少的量，由个人自己决定，饭都在锅里，每个人自己去盛，吃多少盛多少。出于礼貌和尊敬，儿女和媳妇会帮公公婆婆等长辈和老人盛好饭，小孩子就自己盛，除非是太小没有自理能力的孩子由父母帮忙盛饭，大一点的孩子都是自己盛。大家吃的都是一样的饭菜，不会有特殊对待。饭桌上，要由当家人章九芝第一个动筷子，其他家人才能开始吃，章九芝动筷子之前其他家人不能先吃。农忙的时候章家的妇女需要给在地里劳动的家人送饭，一天送两次，早上九十点钟的时候送一次点心，正午的时候送一顿午饭，家人在地里吃饭，好节约时间，送饭的人一般也是家中的女性轮流。吃完饭刷碗洗锅也是全家的饭碗一起

---

① 干货：脱水晒干的食材，此处主要指咸鱼、虾皮等。

洗,跟做饭一样也是家中女性轮流负责。

章家农忙请短工的时候会包他们的午饭。如果人比较少,只有一两个短工,那就和家里人同桌吃饭,如果人比较多,那就给短工们单开一桌吃,吃的饭菜跟家里人吃的都是一样的,不会有区分。章家人口比较多,平时做饭和办酒席的时候都忙得过来,因此没有请过厨师,都是自家做饭。

2.座位规矩:长幼有序

章家的座位是有规矩的,大体上来说就是长幼有序,按辈分区分轻重。八仙桌的上首是长辈的位置,下首是晚辈的位置,并排坐时,左为尊,右为次,因此八仙桌上首左手边的位置一般都是地位最高的,大多是当家人来坐。如果家中有辈分更高的长辈的话,则由长辈坐,由于章九芝既是当家人又是家中辈分最高的人,所以这个位置一般都属于章九芝,而上首右边的位置就是章九芝的妻子的位置。其他的位置也按照这样的顺序从上到下从左到右依次按辈分排,小孩子的位置就在下首,如果座位不够,那就让小孩子站着吃。

家里来客人的时候,要请客人坐上座,在会客室就请客人坐太师椅,如果客人比较年轻或者辈分比较低,一般也会请他上坐,但客人都会推辞,推让几下,顺势就让主人家的长辈坐上座,或者双方都不上座,都坐下座。这样既顾全了礼节又保全了双方的面子,懂礼貌礼节的客人都会这样做,不会大大咧咧地就坐上座而让长辈坐下座。

宴请客人的时候也是有座次的,一般对着门的位置是主位,由主人家的当家人坐。主位左右是主要的客位,然后按照从上到下、从左到右的顺序依次按照身份辈分年龄的高低落座。重要顺序首先是身份,如果是有功名的人、当官的人、社会名望很高的人、宗族中的族长族老等特殊身份的人,那么他的重要性会比较高。其次是辈分,辈分高的地位高,辈分低的地位低,与年龄无关,如果一个人年龄小但辈分高,另一人年龄大辈分低,那前者的地位就比后者高。如果有身份的人同时辈分低,那么就算大家让他坐上座,他也要推辞,让长辈上座,如果大家都觉得他应该上座,他才会上座,这样才算全了礼节。最后是年龄,如果同一个辈分的人比较多,那么就按年龄来排,年纪大的地位高,年纪小的地位低。如果客人中有其他姻亲的话,也按照辈分排,不管是奶奶的娘家、母亲的娘家还是姐妹的婆家、儿女亲家,都按辈分来排,让辈分高的长辈上座,小辈就坐下座。如果是自家新房落成时的宴请,那么要请帮忙建房的木匠、石匠、泥瓦匠等上座以感谢他们的帮忙,这也是一种礼节,不会因为同桌的人身份高就觉得这些匠人身份太低不能上座。

3.请示规矩:当家人说了算

章家的生产活动都由当家人章九芝说了算,章九芝会根据情况对生产活动进行适当的安排,其他家庭成员则不需要关心决策,只需要等待章九芝的命令,听从他的安排。如果家庭成员有其他看法和意见的时候,就要向章九芝请示,经过章九芝同意才可以去做,否则就不能随便做。日常生活中,每餐吃什么不需要请示章九芝,由做饭的人决定就可以,但如果要另外购买东西,需要用钱或者动用其他家庭财产的时候就要请示章九芝,经过章九芝同意才能去做,比如购买生活必需品或其他日用物资要向章九芝请示,家中孩子要上学也要向章九芝请示。

而家庭成员外出,比如上街赶集、到庙宇烧香等,是不需要请示的,但是要告知家人去向,免得家里找不到人着急,而且要做完家里的事才能去,不可以耽误家里的工作。结交朋友不需要向章九芝请示，走亲戚不需要请示，宴请来客或留宿来客则需要向章九芝请示，经过章九芝同意才行。个人名义的借粮借款不需要向章九芝请示，家庭也不会替他承担责任，而家庭名义的借粮借款包括钱会、请会、做会都只有当家人才有资格进行，而当家人的决定不需要向任何人请示。

请示的形式主要是口头汇报，告知当家人事情的起因、经过、结果和理由，当家人考虑利弊之后给出回复即可。章家很少召开家庭会议，也不会有需要全家人一起商量的事，即使是一些影响家庭走向的大事，也仅仅由当家人在家庭会议上公布决定，安排任务，不需要家庭成员讨论，家庭成员只需要服从命令。如果已经更换当家人，那么一切事务都要向新当家人请示，而不再向老当家人请示，一切决定由新当家人决定。

4.请客规矩：场合多，需陪客

如果家中有长工，那么逢年过节、红白喜事都要请长工喝酒吃席。当发生土地交易时，要请中人吃酒。家中建房在上梁封顶的时候要请工人们吃酒。这些请客活动的组织者都是当家人，由当家人亲自宴请。

章家需要请客的时候包括结婚、孩子满月、老人做寿、丧葬等，这些宴请的对象主要就是家中的亲戚、熟人和朋友，而只有婚礼是需要写正式的请帖，其他宴请则不需要请帖，口头通知即可。孩子上学不用宴请老师，但孩子学手艺则需要宴请师傅。发生争执矛盾请人调解后也要宴请，当事人和调解人一桌吃酒。这些宴请都要由当家人代表家庭出面。

章家的宴请活动很少会请当地的大户财主、乡贤绅士和保甲长，因为这些人大多有自己的圈子，跟普通人没有交集，也就不会专门请他们吃酒。而宗族的族长族老等人只有在家庭有比较隆重的事时才会去请他们，而且必须是当家人亲自上门去请以示尊敬。

同一次宴席中，每一桌的饭菜都是一样的，即使是主桌的饭菜也是一样的，不会因为对象不同而区分饭菜。宴席一般有专有菜，称为"八大碗"，也就是八样菜。宴请活动一般由主人家买菜掌勺，忙不过来或者不方便自己弄的时候就可以请专门的厨师，当地称"厨官"。如果是厨官掌勺的话，那么后厨的一切事务都由他主管，打下手的人听从他的安排，买什么菜也由他说了算。章家一般都是自己家买菜做饭，不会请厨官。大型宴请的场地一般都是自己家的空地，如果自家的地方不够可以借用邻居家的空地，需要跟邻居家的当家人商量，邻居一般都会同意。而厨具、炊具、碗筷和桌椅板凳都可以租，有专门租这些东西的地方，租的钱由家庭承担。席间饮酒会有祝酒词，也有划拳和行酒令，以尽兴为主。

宴请时是要陪客的，一般都是主人家作陪，能够陪客的人包括当家人和长子。如果是比较重要的客人，那么就要对应客人的身份请有名望的人来作陪，比如客人是有功名的人，那么就要请当地其他有功名的人来作陪。陪客要给客人倒酒端茶，让客人吃喝尽兴。如果客人中有男有女，那么一般是男女分开，各开一桌，由男主人陪男客，女主人陪女客，不过大多数情况下，女人和小孩是不上桌的。只要客人高兴，陪客就算尽到职责，一切都随客人高兴。

开席前，主人要发言致辞，然后大家共同举杯饮酒，然后就算开席，大家都可以开始动筷子，在喝开场酒之前不能动筷子。主桌吃好了就可以退席，其他人可以跟着退席也可以继续吃喝，但主桌没退席之前，其他桌的人则不能退席。

在当地，只要这场宴席以这个人为主，这个人就是贵客，贵客是一种相对概念，没有专门对应的对象。

5.住房规矩:最好的位置给长辈

章家的住宅坐南朝北。一般住宅都会坐东朝西,四透里就是坐东朝西的格局,由于章家住宅是四透里的一部分,所以是坐南朝北。当地对房屋走向没有特殊的讲究,有一面向阳即可,但不论是什么走向都不能过正,正东正西正南正北都是不好的,尤其是正南,只有寺庙才会修成正南朝向,普通房屋都会避开正南方向。房屋分配也是有规矩的,正屋由家中辈分最高的长辈居住,其他房屋则遵循男女分开居住,已婚和未婚分开居住的原则进行分配,小孩子就与父母同住。章家的房间绰绰有余,不需要另外再租房子。

章家有一处院子,院子有篱笆没有门楼,院子里种菜种树养殖都有各自的区域,整体比较规则整齐,一些有讲究的人家会讲究"前樟后朴,四周竹梗",也就是前门种樟树,后门种朴树,房屋四周种竹梗,竹梗就是小竹子,这是风水上的讲究,这样种植风水比较好。章家没有这种讲究,院子的布局只讲究整齐干净。

在章家,睡觉没有太多规矩,休息和起床都没有先后顺序,到了时间就各自去睡、各自起来,一般来说都是晚上九十点钟睡觉,早上五六点钟起来,全家都是这样,相对而言,起床时间在夏天要早些,冬天要晚些,农忙的时候要早些,农闲的时候要晚些。

房屋建设和布局需要请风水先生来看风水,大多数信风水的人都会请,也有少数不信风水的人就不请。请风水先生是要给钱的,给多少钱由当家人与风水先生协商,钱则从家庭财产中出。

如果章家有家庭成员结婚需要新房,就由当家人安排哪个房间分配给他当新房,由于章家分家前房间比较多,所以每一对夫妻都能有一个自己的房间,不存在与其他家庭成员同住的情况。章家分家前没有家人在外居住,也没有外人住在家里。一般来说家人不会随便串门,尤其是夫妻俩的房间,别人是不会乱串的,因为涉及他人的隐私,大家都比较注意,免得互相之间尴尬,如果要串门的话也会挑合适的时间去,进门之前也要敲门提醒,不会随便打扰别人。章家家庭议事一般都在中堂,因为地方比较大,全家人都能坐下。

6.洗衣规则:男女衣服分开洗

章家的衣服都是请的专门的裁缝师傅来做的,不论男女老幼都由同一个师傅来做,不做区分。而洗衣服的时候一般都是遵循长辈的衣服小辈洗、小辈的衣服自己洗的原则,比如章九芝的衣服由他的妻子来洗,或者章九芝夫妻俩的衣服都由儿媳来洗,而年轻一代的衣服则以小家庭为单位,由小家庭的媳妇来洗,比如章正文一家的衣服都由章正文的妻子来洗,章正明一家的衣服都由章正明的妻子来洗,不会互相混在一起。章九芝住到"觉园"之后,洗衣做饭就由他的妾负责,不再由妻子负责,因为妻子王怀馨并没有与他住在一起,妾就承担了妻子要做的事务。此外,男女的衣服要分开来洗,甚至不能浸泡在同一个盆里。未成年儿子的衣服由母亲洗,成了家的儿子的衣服由妻子洗,未出嫁的女儿的衣服自己洗,小孩的衣服由母亲洗,老人的衣服由小辈轮流洗,长工的衣服自己洗。这基本是固定不变的。洗衣服一般都在河边,每家都有自己的洗衣盆,专门用于洗衣服,负责洗衣服的女性在家里把要洗的衣服准备好,并给衣服擦好洋皂,没有洋皂就用稻秆灰淋水冲出碱水用来洗衣服,然后拿到河边去洗,洗的时候要用棒槌来敲,棒槌也是自己带过去的。这些东西集市上都能买到,用完了就上集市去买,很方便,也不贵。洗完衣服就带回来晾在院子里的竹竿上或者篱笆上,谁洗的谁就负责晾,谁晾的就谁负责收。晾衣服也有规则,要求衣裤分开晾,不能混在一起晾。如果洗破了衣服,那么谁洗破的就由谁把衣服补好。

(三)家庭禁忌

章家在生产上没有什么忌讳。在生活上,主要是节庆和仪式上的忌讳比较多,比如大年初一不叫早,大年初二不串门,又比如丧葬仪式中,会请算命先生算出一个忌讳的生肖,下葬的时候,属这个生肖的人要避开,不能在场。这些忌讳都是上一代传下来的,上一代的家人怎么做下一代就跟着做,也不知道为什么要这么做,只知道大家都这么做,也就跟着这么做。

(四)族规管控性弱

章家属于章氏家族,章氏家族也是有族规的,但章氏族规并不是很详细的条条框框,而是一些大体上的道理,主要就是讲一个宗族的人要团结,要互相帮助,如果有什么事要跟宗族讲,宗族好了就是大家好。也因此,族规与家规国法很少会有冲突。宗族内所有家庭的成员都要遵循族规,族规并不会专门教育学习,但族人们自然而然都有这种观念。由于章氏宗族不是权威很重能力很强的宗族,宗族对族人的管控不是很强,普通族人的大部分事情都与宗族无关,宗族也不会干涉族中家庭的内部事务。

六、奖励惩罚

章家没有奖励制度。在章家人看来,家是一个整体,全家人都要拧成一股绳,力往一处使,这个家才能更好,而只有整个家好,他们个人才能好。因此,家庭成员为家庭付出是应该的,听从当家人的安排也是应该的,是家庭成员必须做的,不会因为积极主动而得到奖励,也不需要激励家庭成员,因为每个人都必须为家庭出力,每个人都深知,只有家庭好了自己的日子才能好。但精神上的奖励还是有的,比如说几句鼓励的话,特别是对小孩子,口头上的表扬和鼓励会比较多。

家庭的惩罚只针对家庭内部成员,而不能对家庭外的人进行惩罚,没有惩罚的资格。惩罚的形式包括打骂、责骂、呵斥、警告等。章家的大人都可以惩罚犯错的小孩子,因为大人们都是长辈,都有权利和责任指导小孩子,纠正小孩子的错误,但如果是打骂的话一般都是父母为主,而其他大人主要是口头上的批评和指正。当家人也有资格惩罚儿子和孙子,如果孙子的父母不在身边,当家人就要负起教育孙子的责任,对孙子打骂惩罚都是很正当的行为。不过,当家人一般不会惩罚长大后的儿子,因为儿子大了就不好惩罚他,儿子也要面子,闹大了全家都没面子。同理,婆婆也不会惩罚媳妇,如果婆婆对媳妇不满只会在言语上严厉一些,或者在行为上排挤媳妇,而不会实际地去打骂惩罚媳妇。章家很少惩罚家人,对家中的成年人不惩罚是因为章家人都明理,知道自己该做什么,很少有不好好做事的情况。而对小孩子则主要以说理为主,把道理讲给孩子听,让小孩子知道什么是该干的、什么是不该干的,如果小孩子不听,大人才会打骂他,但也只是拍打两下意思一下,不会很严格地惩罚。

七、家族公共事务

章氏宗族的宗族权威比较弱,实力也不强,宗族内的大型公共活动只有每年一度的祭祀和聚餐,祭祀由男性成员参加,而聚餐则是全家人都可以参加。章家全家人每年都会参与宗族的祭祀和聚餐。

祭祀活动是宗族的大事,宗族内所有男丁都要参加,未成年的男孩子也要参加,而任何女性都没有资格参加。章家就是章九芝带着三个儿子和所有孙子去参加。祭祀要开祠堂,全族的男丁都要按他们在族中的辈分在祠堂排队祭祀祖先,这个时候章家的男性也会站到各自的位置上参与祭拜。章家的媳妇和女儿则不能参加祭祀,因为祭祀是男人的事,女人没有祭祀的资格。

而聚餐则是族中所有家庭不论男女老幼都可以参加。男丁们在祠堂祭祀的时候,族中的女性们就负责准备聚餐的饭菜,这是全族共聚的事,所以各家的女性都会参与进来。章九芝的妻子就会带着儿媳们和年龄大些的孙女来帮忙。祭祀和聚餐产生的费用由宗族出,不够的部分就在族中募捐,一般来说都是有钱出钱有力出力,族中的大户出大部分的资金。章家家境殷实,在族中也属于中上水平,因此每次募捐章家都会捐一些钱出来。

章氏宗族其他事务的筹款也是如此,比如修缮祠堂等,族中会派执事挨家挨户通知,记录和收集各家的捐款,族内各个家庭有钱出钱有力出力,出多少钱、多少力都由各家当家人决定,一般来说多多少少都会贡献一点力量。修祠堂的时候大多是筹钱到外面请专门的工人,族中没钱的人家也可以出力来帮忙,如果族里有对应工种的工人也会请他们来修,会给他们一些工钱,但会比一般工人便宜些。章家大多时候都会捐钱,捐多少由章九芝根据家里闲钱多少来决定,不需要跟其他家庭成员商量。相对而言,章家在这种募捐的时候总是比较大方,因为这些公共事务都是积德行善的好事,章家信奉积德行善的理念。

早年还有科举的时候,如果族里的孩子读书上进了秀才举人的功名,但又家里比较穷,宗族就会出钱资助他,族里的大户也会资助他,因为如果他出息了当官,对家族也是一份助力,家族可以进一步壮大。如果族里有人考上了进士,学成归来祭祖,族里也要出钱摆酒,让族中各家的当家人都来吃酒,庆祝一下。科举制度取消之后这种事就很少了。

如果族里有贫苦人家,日子过不下去,居无定所,族里也会出钱资助他,或者给他安排一个住宿的地方。住处一般是在族内找空置的房子,不管是茅草屋还是简易房都可以,别人家空置的屋坯也可以,只是提供一个简单的安置点。一些有钱人会出钱办济节堂,济节堂里有很多间小屋,实在没钱没地方住的人可以去济节堂借住。

八、村庄公共事务

(一)村庄会议:只能由当家人参与

村里组织村务会议的时候,各家各户都是当家人去开会,其他人不能代替。如果是女性当家,那就由这位女性去参加,不会因为性别而失去参会资格。当家人不能代替,不在场就算缺席。当家人可以代表自己家庭提出关于村庄事务的建议,是否采纳会根据建议的合理性来决定。石曲村很少组织村务会议,如果村里有组织,就会派人通知章家当家人章九芝,由章九芝代表章家去开会,章九芝在会上说的话、做的决定都代表整个章家,如果这个时候章九芝正好有事不在家,那么章家就只能缺席这次会议,章九芝的妻子和儿子都不能代表章九芝去参加会议。

村里开征税相关的会议时,要通知各家各户当家人参加,参加的家庭都是需要交税的人家,没有土地就不用去,租别人的土地也不用去。章家有土地,所以开这种会议的时候保甲长会通知章九芝去参加,而章家的佃农是租种章家的土地,自己没有土地,所以他们不用参加这种会议。村里没有开过其他小集体会议。章家的几代当家人对村庄事务都不太上心,不管是分家前的章九芝还是分家后的章正文三兄弟,都不太愿意关注这些事,因为村庄事务有保甲长管,是官方的东西,很少跟老百姓有关系,老百姓对此大多讳莫如深,很少有人会讨论这些事,更不会在会议上提出观点。但一旦村庄会议得出了结果,那么各家各户都要接受照办,不能再反对。

(二)公共事务:捐钱或出力

村里修桥修路也要找各家当家人,号召大家有钱出钱有力出力,要么出钱要么出力,出了钱可以不出力,出力的话每户至少要出一个。保甲长会挨家挨户通知,出哪个劳力由当家人自己决定,可以自己去也可以派家里其他青壮年去。家里没有劳动力的也可以出钱,不会强求出人。章家遇到修桥修路的事都会积极出钱,一方面修桥修路等公共事务都是造福乡里的好事,有能力的家庭都会积极参与,对他们的名声也有好处;另一方面章家本就信奉积德行善的理念,这种事都会尽力而为,认为是做善事。但章家一般都是出钱,很少出劳力,因为章家虽然男丁不少,但也不算很多,更何况章家的男丁都有各自的工作,没有太多空闲时间,不方便参与体力劳动。

修庙则是由庙里组织,由庙祝出面,向广大信徒求助,向信徒募捐,而不会要求整个村庄的每户人家出钱出力。章家常去的庙主要是本保的猿狮庙,猿狮庙号召信徒募捐修庙的时候,章家也会去捐一份香火钱,章家大部分家人都有这方面的信仰,也认为帮助修庙是积德的好事,有能力就应该支持一下。

而水利设施的修建就要看规模大小,规模小的就同修桥修路一样由村里向每家每户募捐,如果规模大那一般都是乡镇上牵头募捐,当地比较多见的是修水闸。如果村里有募捐的话,章家也会出一份钱,修水闸一般都是有水利上的需求才会修,这与村里人们的生产生活都有关系,所以都会参与。

石曲村没有组织过集体娱乐活动,没有征收过村费。当地环境气候优越,很少发生灾害,不需要集体抵御灾害,不需要安排看青。水资源充足不太需要打井,少数的几口井都是私人自己打的,也不需要有人担任看水员等水利管理员职责。村庄没有寨墙等防卫设施,也没有专人维护村庄治安。实际上,石曲村很少有公共事务,村民也很少参加公共事务,究其原因:一是石曲村靠近乡镇,而且位于一个经济水平极高、交通往来发达的地理位置,在历史发展过程中已经自然而然修建了比较好的道路、桥梁、水利等,并不需要经常修缮,只需要日常维护,而这种日常维护,当地又多习惯雇佣孤寡老人或无处可归的贫苦人进行,比如当地会安排这些人在路廊烧水打扫,既给路人提供茶水,又时时维护路廊;二是当地经济发达,商业兴盛,管理者也好当地人也好都更具经济头脑,也更习惯采用募捐和雇佣的形式维护公共设施,开展公共事务。当有需要组织的公共事务时,保甲长就会公开向当地的大户募捐,而对大户来说,捐钱既方便又简单,只是拿出一些银钱就能积德行善,打造良好的名声,何乐而不为?而对小户人家来说,手里有钱,那就捐出一些,算是做些善事,若是没钱,也不必勉强。出些人手帮忙就行,这样的方式对他们也很好。而保甲长从小户人家得了劳力,从大户人家得了钱,若是劳力不够便拿这些钱去雇佣工匠或劳力,安排他们去具体做事,工匠或劳力是拿钱办事,自然会把事情干好,不需要他们操心更多,对他们来说也是简单了很多。因此,实际上,对石曲村的村民来说,参与村庄公共事务的主要方式就是有钱出钱,有力出力,他们不会去管路要怎么造、桥要怎么造,也不会管做这件公共事务需要先做什么、再做什么,这些由地方管理者看着决定就行,他们在这过程中出过力尽到义务,并看到了好的结果即可。

九、国家事务

(一)纳税以家户为单位

当地纳税以家户为单位进行,主要税种包括土地税(田税)和人头税。土地税按照土地面积交纳,人头税则是依个人劳力和年龄来决定应纳数额。因为是用粮食交税,交税时间通常在秋收以后,一年只用纳一次粮。除此以外,如果是做生意的人家,每月还需缴纳商业税,商业税则用钱来交。章家要交的税包括自家土地的田税、全家人的人头税和店铺的商业税。

农业税收税并不限于某一日,而是指定时间段内都可以交。大家都清楚交税的大概时候,所以这个时间段基本都在家,不会到处乱跑。到了每年收税的时候,保甲长会挨个通知每一户的当家人。每家每户情况不一,有些是长辈当家,有些是长子当家,还有一些女性当家的,但不分男女长幼,交税的事情必须通知到当家人,谁是当家人就通知谁,由当家人代表家庭前往交税。或者,当家人也可以安排家里可信的青壮劳力去交税,不过怎么交税的决定还是要当家人来做主,当家人可以委派家里人去交,这样是可以的。在章家,分家前当家人是章九芝,保甲长会通知章九芝纳税的数额和交税的时间地点,章九芝了解情况后会马上准备好税款,要交粮的就准备好粮食,要交钱的就准备好现金。在指定的时间,章九芝会同儿子们带着要缴的粮食和现金去指定地点交税,因为粮食比较重,所以会由儿子们同去,帮助章九芝拿粮食,具体派哪个儿子去就由章九芝决定。分家后,章家分为了四个小家庭,四个小家庭就会分开交税,保甲长会分别通知四个小家庭的当家人,也就是章九芝、章正文、章正明、章正化四人,税款的金额就按他们四个小家庭的具体情况来算,章九芝有田地和店铺,就要交田税、商业税和人头税,而三个儿子没有分到店铺,就只按自家的土地和人口上缴田税和人头税,具体的纳税安排也由四个当家人各自安排。而商业税则由章九芝在每个月规定的时间交到规定的地点。

如果家里有特殊情况要推迟交税,需要保甲长作保。这种情况很少发生,保甲长也不愿意作保。要是被当成不纳税,村里不问缘由就会直接抓人,所以当地大部分人都会按时纳税。交不起税的人家哪怕借钱借粮也会先把税交上再说。如果有人不交,保甲长收不齐税款,那么上面就要叫保甲长自己出钱垫,不然保甲长就要担责任。所以保甲长会想尽办法让大家都交上,横一点的保甲长就逼着人家交,脾气软一点的老好人当保甲长可能就会自己垫钱。章家每年都会按时纳税,没有迟交或不交的经历。

保甲长没有工资,还容易招事,很多人不愿意当。在当地,保甲长由官府指派,大部分时候,保长和甲长会选比较好拿捏比较软的人担任,如果村里有人交不上税,就叫保甲长垫钱,这样可以快点把税款收齐。不过也有想鱼肉百姓的会凭着关系,想办法来当保甲长。

不交税的话官府就会来抓人,抓的话是把当家人抓走,因为当家人是一个家户的代表。如果当家人逃跑了,那就把剩下的家人都抓走抵罪。就算全家一起逃也无处可逃,没有地方能够接纳逃税的人。因此,税是一定要交的,不管是典当还是找人借,反正一定要先把税交了再说。章家没有不交税或者迟交税的情况,有时候还会借钱给别人让他们交税。

(二)征兵:村庄组织买丁

征兵是每个村都有一定数量的任务,人数要求不多,一般都是三四个人。当地所说的抓壮丁指的就是当兵。

村里会由保甲长出面,挨家挨户向有符合征兵条件的男性的家庭征收壮丁费,不管是不是独子家庭,不愿意去当兵的就交壮丁费,愿意去当兵的就出人,不用交壮丁费。章家三代都有男丁,几乎每次征兵都有符合征兵条件的男丁,所以每次到了征兵的时候保甲长就会来通知章九芝,章九芝一般都会选择交壮丁费,一来章家只有三个儿子,不愿意让儿子去当兵,二来章家也不缺钱,能够出得起壮丁费,因此章家没有人被征去当兵。收上来的壮丁费会给出丁的人家作为补偿,因此出丁的一般都是穷人家。确定出丁的人家后,保甲长会通知那户人家的当家人,由当家人决定让哪个男丁去当兵,一般来说不会选择长子,当家人会在其他儿子里选择一个身体好、力气大、没有结婚的儿子让他去当兵。大部分人家都不愿意送自家儿子去当兵,因为都觉得当兵就是当炮灰,不是什么好事。俗话说"好铁不打钉,好男不当兵",只要能出钱就不会让儿子去当兵,也不会有人主动要去当兵。章家是耕读世家,每个儿子都是从小读书,基本不会有儿子会主动去当兵,因为当兵并不是很好的事,当兵的人社会地位也比较低,章家人也不会放弃读书的机会去当兵。

如果村里的人家都不愿意出丁,都交了壮丁费,那么保甲长会想办法到别的地方找人代替村里人出丁,收到的壮丁费就作为给他们的报酬。一般找的都是贫穷、没有职业、身体健壮的光棍。也有很穷的人家为了挣壮丁费,主动让儿子去替别人当兵,也就是卖兵,或者叫卖丁,这种人家选择卖的丁一般也都是没有结婚的年轻人,得到的钱就由家庭支配。

逃兵被抓到会被枪毙,如果逃了没抓到,军队就会找到家里来,当家人要承担责任。但战争年代,军队管理混乱,有些人在战场上装死然后逃回来,军队也不一定都能知道。还有些人逃回来之后再把自己卖出去替另一个人去当兵,靠这种方法挣钱为生。在当地,躲兵很少见,军队不管来当兵的是谁,只要人数够了就行,但如果人不齐,那就要来找麻烦,村庄和家户都要承担责任、都不会有好下场,躲了的人回来也要被清算,还不如不躲。

石曲村很少遇到征购军粮的情况。征购军粮也是每个村都有一定额的数量,收的价格很低,一般都会找好欺负的穷人家征。章家没有出过丁也没有遇到过征购军粮。

(三)摊派劳役:有钱出钱有力出力

石曲村的摊派劳役比较少,一般是有钱出钱、有力出力,不会要求每户都出钱或每户都出力,劳役也没有兵役那么可怕,有劳动力的人家也会考虑出劳力。要派遣劳役的时候保甲长也会挨家挨户通知每户的当家人,由当家人决定自家是出钱还是出人,出人的话派哪个人去,派了谁谁就要去,不能不听。摊派劳役必须通过各家庭的当家人,保甲长不会直接找青壮年本人。章家一般会根据摊派劳役的内容来决定是出钱还是出力,保甲长会提前将内容和要求通知给当家人章九芝,章九芝根据情况会做出决定,如果是比较轻松比较简单的工作,章九芝会派其中一个儿子去参加;如果是麻烦一些的事务,章九芝就会选择出钱来代替劳役,但由于劳役大多是体力活,章家的三个儿子又有各自的工作,时间有限,所以实际上章家遇到征派劳役的时候大多会出钱来抵。

(四)保甲长上级任命

当地没有村长、村副,基层的管理者就是保甲长,保长相当于村长,甲长就是村里细分的小组组长,保长上面就是乡长或者镇长。这些职位都由上级任命,会下发委任状。保甲长大多会选择脾气软好拿捏的人担任,这样对上级来说,征兵征税之类的事比较好办,收不齐的话就叫保甲长自己出钱垫上。在一些有油水的地方,当地的有钱人就会想办法找关系抢着当保甲长,因为有利可图。1949 年以前,当地没有进行过选举。章家也没有人当过保甲长或其他官吏。

调查小记

其实一开始做家户调查的时候,我觉得这是个很困难的事,颇是忧愁了很久。我家所在的浙江省台州市的习惯是分家制,也就是当诸子娶妻成家之后,父亲会主持分家,将儿子们都分出去过,只留下未成年的孩子与父母生活。因此,当我托父亲帮我寻找符合调研要求的大家户时,我父亲表示这种人家太难找了,他所知的地区都是分家制,能够保持三代同堂不分家的人家基本都是当时的大户人家,而这样的人家因为历史原因,仍然健在又耳聪目明的老人少之又少。因此调研初期,我只感到艰难万分。然而庆幸的是,在我抱着试试看的心情找到章含华先生的时候,竟意外地发现,章含华先生的家庭不仅符合我们的调研要求,更是一个很有特点、与众不同的家户,而我的调研也因此柳暗花明了。

章含华先生是我母亲的姑父,我称呼他为"丈公",我幼时与他的孙子一同长大,与他们的关系也十分亲密,因此当我上门访谈时,二老对我十分欢迎。章含华先生身体康健,对幼时的记忆依然十分清晰,加之有一定的文化素养,讲述的故事不仅详细具体,而且很有条理,很少有前后不一、逻辑混乱的情况。在我调查的几日里,章含华先生陪我从早坐到晚,逐一回答我的提问,耐心解释细节,在讲到现在少见的房屋、工具等时将这些东西画成图片帮助我理解,还帮我将我听不懂的方言写成文字,甚至提出带我去四透里老宅一观。在此感谢章含华先生对我的耐心帮助,愿他身体健康,万事顺遂。

章家的故事就像一幅在我面前徐徐展开的画卷,一点一点向我展示着这个我生长的地方在半个世纪前的样子。那个时代是风起云涌的大时代,而这偏安一隅的小城却仍然按照自己的步调走着。那个时代说不上美好,有着诸如纳妾典妻之类的阴暗面,却也有着繁华的集市和热闹的庙会,有着传统时期父母做主、当家人说了算的古板,也开始融入了新式学堂和西医诊所等新的事物,新与旧、传统与革新在这一刻交汇并给这个社会刻下了深深的时代印记。章家正是那个时期千千万万个基层家户中的一个,而正是这一个个小小的家户组成了这个庞大的国家,这些家户就像细胞一样成为这个国家的支柱,他们是小人物,他们无比渺小,但他们却又不可或缺。

在撰写这篇调研报告时,我不时在想,我笔下的这些人、这些事都是真真实实存在过的,这是真真正正的接地气的小人物的历史。时间总是在不停地走,早年的那些事慢慢地就变成了历史。史书上往往只能记下那些成王败寇、兴衰起落的大事,相对而言,在这岁月长河中真实存在过的、作为中国社会基本单位的家户真是太过渺小了,若我们不将这些记录下来,后世又还有谁能知道呢?这么一想便又觉得我们确实是在做一件大事。感谢中国农村研究院的徐勇老师和邓大才老师给了我们这个机会,也感谢中农院的诸位老师和师兄师姐给与我的指导和帮助。可惜我能力有限,洋洋洒洒十几万字也不过还原当日章家场景的十之一二,唯愿我们微不足道的行动能够让更多的人看到这些故事，看到历史洪流下的小人物们为了更好地生活而做出的努力。

华中师范大学中国农村研究院　余蔚凌

2017 年 12 月

第五篇

农商结合：寒微小户的立足之道
——川东北张氏家户报告

报告撰写：闫　利[*]

受访对象：张义云

---

[*] 闫利(1995—)，女，四川渠县人，华中师范大学人文社会科学高等研究院2017级硕士研究生。

导　语

　　四川省渠县①长青村位于天星镇②的东南部,处于四川盆地川东平行岭谷区。1949年以前,长青村有三百多户家庭,人口有两千人左右。村里有两个大户人家,拥有的土地面积总和占全村总田地的40%。张家祖籍是湖北省麻城县孝感乡,在移民入川的大背景下,张氏祖先到渠县板桥立石沟为官,其后代到过繁华的张家坝,因人地矛盾被迫搬迁,几经波折最后定居于天星镇长青村。

　　家里的长辈是张仁田和熊仕秀,二者为童养媳婚姻,大儿子张义堂被国民党拉壮丁带走之后便杳无音信。由于家庭条件难以维持生活,家中决定将三儿子张义世过继出去。张家于1949年分家,分家之前是一个三代同堂、家有八口人的小家庭,全家同灶共食,同住一个屋檐下。张家没有自己的任何土地,一直都是"搬家户"和"写田户"③的身份,全靠租种老板田地为生,其中七成粮食需作为租金上交。张家从未雇工,家里劳动力基本自给自足,农忙时邻里之间互相扶持。从人口和土地情况来看,张家算村里的小户人家,其政治地位和经济地位低下。

　　在缴纳地租和税收的压力下,为了维持全家生活,张家在农业生产之外,还通过挑东西、种叶子烟、卖煤炭等形式赚取副业收入,农商结合,使张家得以延续和发展。张仁田作为家长,是"主心骨"和"顶梁柱",具有主导性。在文化活动方面,家庭的教育、娱乐等支出都由家长统一安排。家户的分配和消费,都以家庭为基本单位,整体统筹。在交换和借贷过程中,张家全由张仁田做主。无论是对内还是对外的事务,他都具有绝对的权威,而内当家起辅助作用。这样有序的管理方式一直持续到张家分家之后。

　　本次家户访谈对象是张义云,张家定居长青村后的第四代。出生于1933年,现已84岁,他介绍自己是"生在旧社会,长在红旗下"。通过对张家故事的追访与提取,我们可以了解到家户作为基本经济、社会、文化与治理单元的具体表现。

---

　　① 渠县:又名宕渠,隶属于四川省达州市,位于达州市西南部。周赧王元年(公元前314年)设置宕渠县。明洪武九年(1376年)撤渠州,改流江县置渠县。1949年12月12日,渠县解放。

　　② 天星镇:1950年为城东乡,1958年改公社,1981年更名渠东公社,1987年建天星镇。

　　③ 搬家户:是指没有房屋,总是租住别人房屋的农户;写田户:是指靠租种为生、自己没田地的农户。

第一章　家户的由来与特性

　　根据相关资料记载及张氏后人口述,可知长青村的张氏入川始祖张贤,原籍湖北省孝感乡,在移民入川的大背景下,跨省迁移到渠县为官。几经搬迁后定居在长青村,张家算村里的老户,落户至今已有七代人。迁居之前的家谱已无从寻找,族人们合伙修建了张氏祠堂。张家家底比较薄弱,是村里典型的佃户。家中基本上都为白丁,只张义云一人上过学,且无人信仰宗教。1949年之前,张家算村中的小户人家,体现在以下方面:第一,从人口数量来看,张家虽是三代同堂,但仅有八位家庭成员,其中劳动力男女参半。第二,从房屋状况来看,张家居住的简陋草房,宅基地面积不大,单家独户所处位置较偏僻。第三,张家在村里的政治和经济影响力很有限,在村里没有什么地位。张家没有自己的土地,容易被田地多的大户欺压。张家的当家人是张仁田,家长决策具有专断性,家里的大小事务均由他统筹安排。

一、家户迁徙与定居

(一)家户祖居情况

1.移民入川的大背景

　　四川历史上最大的三次由东向西的大移民,分别在北宋初年、元末明初和明末清初。联系历史上"江西填湖广,湖广填四川"这一现象,江西省处于长江下游,经常遭遇洪水灾害,很多人就从江西移民到湖南、湖北、福建等地。在此居住了几代人以后,他们又继续往四川、重庆、贵州等西部地区迁移。其中前往四川的大部分是由清朝政府强迫迁移,比如说通过捆押的方式,将一个个村子围住强行入川,只有少部分是自由性的迁移。张姓进入四川,最早见于公元前316年,秦惠文王派张若为蜀郡首任郡守,组织万户秦民入川。自此以后,四川张姓迅速发展,明朝时甚至还向湖广地区迁移。明末清初,张姓又从湖广回迁四川,铸就了如今成为四川第三大姓的辉煌。

　　号称天府之国的四川,地理环境特殊,物产丰富,是适于人口繁衍的天生福地,但是由于两次毁灭性的战争,即南宋六十年抗击蒙军战争和明末清初的屠川战役,使得四川的战乱、天灾、瘟疫不断,人口急剧减少,大片土地荒芜,所以湖广填川成了历史的必然。全县各乡镇在湖广填四川中从外地迁来的张姓支系有七十四支,迁出地涉及湖南、湖北、福建、江西、广东等,少部分是在西南地区,甚至有省内流动迁徙而入渠县。

2.由宦入蜀,自省来渠

　　四川盆地这一地势为入川创造了良好的条件,所以在湖北麻城从元代至清前期的移民中,进入四川定居的人最多。据先辈们考证,清道光二十八年(1848年)板桥立石沟的张氏旧族谱中撰写的《张氏渠邑立石沟谱叙》资料记载,这一支张氏族人入川始祖张贤,原籍系湖广麻城县孝感乡高阶堰（今湖北省红安县城关镇一带）人氏，被赐为进士，宋绍兴年间（1131—1162年），随着移民的大部队，由宦入蜀，之后定居渠县。

（二）家谱难寻，靠老人口传

据板桥立石沟张氏宗祠碑文记载，于清道光十七年（1837年）由张氏各支系共同筹资修建的张氏宗祠，在堂内碑文刻留着河东系先祖名（元拔公、元音公、元超公、元模公、元吉公，等等）。由于经历了一次跨省大迁移，所以祖上繁衍的代数以及每代具体的人数都难以求证，也没有人记得。迁居之前的家谱无从寻找，或许当时根本就没有系统编修的家谱族谱。迁居到四川之后，1848年曾有专人撰修过张氏家谱，但张家没有人翻过全面的家谱，他们只是听家里的老人说上面记载了祖先的来源地是麻城县。因没有其他佐证的文字资料记载，所以只有草创世系谱。

（三）离开板桥后迁至渠东

经查入川始祖育有八子，相继分布在板桥立石沟、河东张家坝、万寿梯子嘴、三汇牛奶尖、青丝老鸭嘴、渠县小井街、城北大石桥、屏西小板桥。据张家描述，最开始的时候祖上是从麻城县迁至渠县的板桥立石沟，后来由于人口扩张，庄稼地不够耕种，人地矛盾难以解决，河东系始迁祖庭选公于清朝雍正年间（1723—1735年）从渠县板桥立石沟迁居至草房沟长岭坎，即河东村原五组堰塘东边。此坝的渠河①东岸人丁兴旺，沿河地势平坦、土地肥沃，便于农耕栽种，是安居乐业的良地，由于张姓居首因此得名张家坝。从始祖迁居河东张家坝到现在十五世有余，人口约有六千余人。

（四）几经搬迁，定居长青村

张仁田的爷爷本住在河东，后因土地纠纷打官司，结果因无权无势而输，便沦为无地农民，被迫迁移至其他地方。张家祖上曾到过李渡乡的黑三浦，住在别人家的坟角边，还到过钟家沟、屏西乡②。在19世纪90年代，张家祖上离开屏西乡之后，就搬往了天星镇，因当地有多余的土地可以租种，自此全家就定居在天星镇。甲长既有权又有钱，方圆几里之内都是他家里的土地。由于张家租种过甲长家的田地，所以在天星镇扎根时需要经过甲长的同意。张家和大户关系比较一般，由于张家条件不好，大户看不起这些穷人。如果交齐租金，彼此相处就还算融洽，但若交不齐，就必须得搬走，老板会另外招新的佃户。定居天星镇之后，张家自己修了草房子，坐落于一座山的山脚下，房子背后是山，前面是平地。家里租种的田地基本上都在半山腰上，每次种田种地都要爬山。村里居民是东边湾湾③一户，西边湾湾一户，彼此之间隔得比较远。

（五）落户至今已繁衍七代

天星镇有一座张家祠堂，修在文峰山上，曾被毁坏，后又重新整修过。张家有一本又大又厚的族谱，里面对于张家的各辈分④有详细的记载，平时由专人保管，但张家很少有人翻看过，因为大家都不识字。张家的辈分也是听老年人口口相传。自从在天星镇落户以来，已经繁衍有七代人。

---

　　① 渠河：长江支流嘉陵江左岸最大支流，古称"潜水"，《汉志》亦记：巴郡宕渠县"潜水西南入江"。因纵贯宕渠境内，此后称为渠江或渠河。渠江流域是川东北粮仓，农业生产发达。

　　② 屏西乡：四川省达州市渠县辖乡。

　　③ 湾湾：指的是地势比较平缓，适合居住的地点。

　　④ 张家辈分有"国、曾、仁、义、礼、志、克、少、列、先"，目前张家论辈分已排到克字辈，所以从迁入天星镇的一辈算起，至今已有七代人。

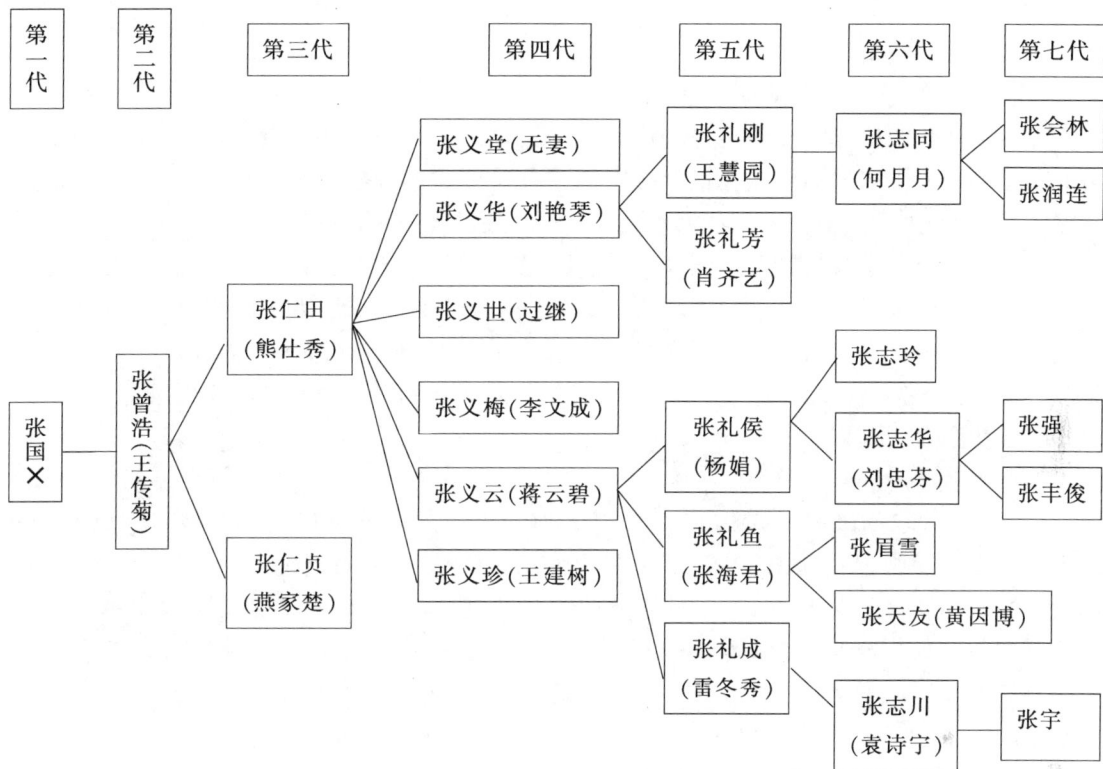

图 5-1　张家定居天星镇后的世代谱系图

第一代: 张国×

第二代: 张曾浩（王传菊）

第三代: 张仁田（熊仕秀）、张仁贞（燕家楚）

第四代: 张义堂（无妻）、张义华（刘艳琴）、张义世（过继）、张义梅（李文成）、张义云（蒋云碧）、张义珍（王建树）

第五代: 张礼刚（王慧园）、张礼芳（肖齐艺）、张礼侯（杨娟）、张礼鱼（张海君）、张礼成（雷冬秀）

第六代: 张志同（何月月）、张志玲、张志华（刘忠芬）、张眉雪、张天友（黄因博）、张志川（袁诗宁）

第七代: 张会林、张润连、张强、张丰俊、张宇

（六）家户重大变故

民国档案卷 309 号卷宗里面记载了成都、达州、中江等当时四川第十二区专署,各县各乡领导纷纷向专署领导呈报特大旱灾受灾情况。1932 年秋后到 1933 年春夏,巴蜀大旱,草木枯萎,农田裂开缝隙已达数寸,棉花和玉米全部枯死,不仅错过栽秧期,又因高温无法种植红苕、蔬菜等,连村民饮水都困难。在吃完了动植物之后,有村民开始以树皮、白泥充饥。张家人就曾出去逃荒,去受灾不严重的地方讨粮食。1949 年以前,"棒老二"①四处横行,霸道至极,以半路抢劫、打家劫舍为生。每次到快要丰收之际,夜晚张家都会留人看守庄稼地里的粮食。

张仁田的爷爷因土地纠纷,打输了官司后沦落为无地农民,四处搬家。张仁田年幼时被出继到了张曾树家里,于成年后分家。张曾树将全部的家产都给了自己亲生儿子,张仁田什么都没有分到。张家这几辈人都比较可怜,既没有房子,也没有一丁点属于自己的土地。张仁田的大儿子张义堂被拉壮丁牺牲在战场上,幼时家中也被强盗洗劫过。土地是农村人的命根子,如果家里没有土地,很难养活全家人,所以张家的生活一直很困难,穷了好几代人。

---

① "棒老二":土话,指的是强盗的意思。

二、家户基本情况

(一)家户成员情况

1.兄妹众多,半数已离家

张家第一代的情况已无法查寻。张家第二代人张曾浩,娶妻王传菊,生育了一儿一女,但两个孩子都在三十多岁的时候去世。张家第三代是两姐弟,其中大姐张仁贞,以童养媳的身份嫁给了燕家楚,十三岁被送到燕家。二弟张仁田被过继到张曾树家里,娶妻熊仕秀,前前后后一共生了六个孩子,包括四个儿子两个女儿。张家第四代有六兄妹,均为张仁田的子女,其中老大张义堂还未成年就被拉壮丁拉走,老二张义华娶妻刘艳琴,老三张义世长到三岁的时候就过继给了一户大老板。老四张义梅出嫁到李文成家,老五张义云娶妻蒋云碧,老六张义珍嫁给王建树。张家第五代有五兄妹,是张义华和张义云的后代,而1949年之前只有张义华的儿子张礼刚这一人出世。

2.男女劳力各参半

1949年,张家的张仁田有四十多岁,其妻熊仕秀也是四十来岁,还能够劳动。张义华和妻子刘艳琴算是主要劳动力,张义云也是男性劳动力,张义云的姐姐张义梅算半个劳动力,张义云的妹妹张义珍只有十四岁,只能帮忙打打杂。张家第五代人张礼刚当时才一岁,不具备劳动能力。如此算来,1949年,张家刚好三代同堂,分家之前家里有张仁田与熊仕秀、张义华与刘艳琴这两对夫妻,加起来有6个劳动力,其中男性劳力与女性劳力各占一半。详见表5-1。

表5-1 1949年张家的家户情况表

家庭基本情况	数据
家庭人口数	8
劳动力数	6
男性劳动力	3
家庭代际数	3
老人数量	0
儿童数量	2
其他非亲属成员数	0

(二)家底单薄,世代均务农

1949年,张家有八口人,其中包括张仁田与熊仕秀是两个当家的大人,大约四十来岁,身体状况良好。张义华与刘艳琴都是二十多岁,是家里的中间辈人的兄嫂,身体健康。张义梅、张义云、张义珍是张义华的弟弟和妹妹,最大的十八岁,最小的十四岁,全家仅有张义云一人读过书,断断续续共上了一年学。张义华的儿子张礼刚当时才一岁。张家在家里供了土地神、灶神、门神,逢年过节都会祭拜这些家神,屋子客厅的墙壁中间还挂了家香,男性家庭成员每天早晚都要拜祖先。张家算是小户人家,没有请过丫鬟和长工。张家成员的基本情况如表5-2所示。

表 5-2　1949 年张家家庭成员情况表

成员序号	姓名	家庭身份	性别	年龄	职业	婚姻状况	宗教信仰	健康状况
1	张仁田	家长	男	40多岁	农民、短工	已婚(童养媳婚姻)	无	良
2	熊仕秀	妻子	女	40多岁	农民	已婚(童养媳婚姻)	无	良
3	张义华	儿子	男	20多岁	农民	已婚	无	优
4	刘艳琴	儿媳	女	20多岁	农民	已婚	无	优
5	张义梅	女儿	女	18岁	农民	未婚	无	差
6	张义云	儿子	男	16岁	农民	未婚	无	优
7	张义珍	女儿	女	14岁	农民	未婚	无	优
8	张礼刚	孙子	男	1岁	无	未婚	无	优

注:年龄以 1949 年分家为核算时期

(三)空间结构:自建简陋草房

1.位置偏僻,为单家独户

1949 年以前,张仁田在馒头山的山脚下修了几间草房子,方位是坐南朝北。山上有一个富人家修的寨子,当时为了躲避土匪,把寨子修得很高以方便大户藏身,张家的草房子就修在寨子下方。草房子容易被大风吹倒,所以张仁田将草房修得很低,草房前面是平地而背后是山,这也利于遮风。自己的庄稼一部分在山腰上,种地都需要爬坡。房子周围的茅草路①也修得不好,旁边的杂草都生长得很高,张仁田还在房子附近修了一个露天的水井。村里农户少,所以房子也很稀少,馒头山的附近只有张家这一户人,与其他人家都相隔较远,需要经过一条大马路。家户邻里之间的结构图如图 5-2。

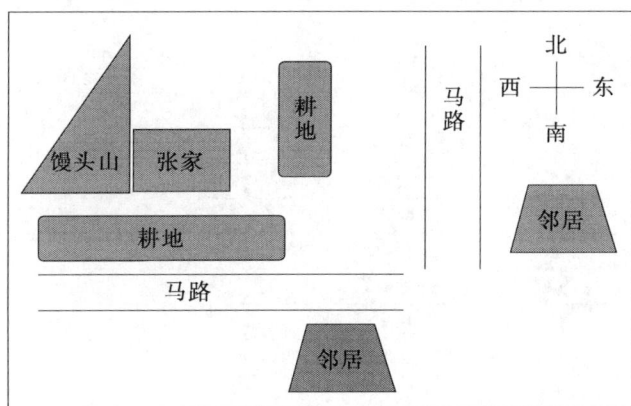

图 5-2　张家邻里之间的结构图

2.低矮茅草屋,进门一身灰

草房子的墙壁是通过竹子墙板隔开,又高又宽,由于石头太笨重搬运起来比较麻烦,所以张家修房子时少用石头。墙是用泥巴所筑,需用树桩做地基,筑好之后再盖上草,包括枯草

---

① 茅草路:土话,是指长满了野草的小路。

和白草这两种。"哪有三年不漏地茅草房",草房子时间一久就容易漏雨,所以每隔三年需要翻修,墙壁也要保护好,避免雨水漏进来把泥巴墙弄垮。草房大概有五间,有两间大卧室,一间堂屋,一间灶屋,房屋背后一间作为猪圈,每个房间都有门和窗子。房子旁边有一间厕所,农村人称之为"茅厕"。灶屋①就修在房子的角落里。"低矮茅草屋,进门一身灰",草房子修得很矮,枯草也很容易积灰,不容易打扫,房子里的扬尘都堆得很厚,过年之前张家会进行大扫除,不夸张地说,打扫完后就完全看不清人的脸。草房子外面也有一个院子,面积不大,可以晒点粮食。如果院坝不够用,就用牛屎和石灰刷在附近的土地上将地弄平,干了之后也可用来晒谷子,晒完之后将它挖掉,又可以作为土地继续种庄稼。

(四)经济状况:农商互助

张家是长青村里典型的"搬家户"和"写田户",既没有属于自己的土地,也没有祖上留下来的房子,只得租种别人的田地,所以 1949 年之前张家到处租庄稼。张家买不起耕牛,一般都是向有牛的中户人家借用,关系好的人不会收钱。家里的大型农具只有一个铁耙,其他都是小型的诸如锄头、镰刀。由于没有肥料,只能靠捡狗粪来增肥,所以收成很差,交了租金之后勉强能够糊口,经常出现不够全家吃的情况。除了家里的油盐需要卖了鸡蛋之后拿钱去买,其他食物都是自己种。张家从来没有买过衣服,张仁田用线纺出一块块白布,然后把布拿去染色并晾干,熊仕秀再将其缝成一套一套的衣服。一般都是张仁田安排农业生产上的活儿,他是主要劳动力,也出去当过短工,也给别人家挑东西,报酬就是可以拿点粮食回家。张仁田偶尔会编织竹背篓和洑水斗②拿到市场上卖,家里还卖过煤炭,收入比较可观,使得家里条件慢慢变好。农业收成不够吃时,张家主要靠副业贴补家用。

表 5-3　1949 年以前张家计状况表

土地占有与经营情况	土地自有面积	0	租入土地面积	6 亩
	土地耕作面积	6 亩	租出土地面积	0
生产资料情况	大型农具	铁耙一个		
	牲畜情况	耕牛 0 头		
雇工情况	雇工类型	长工	短工	其他
	雇工人数	0	0	无

收入	农作物收入					其他收入	
	农作物名称	耕作面积	产量/亩	单价	收入金额(折算)	收入来源	收入金额
	水稻	4 亩	300 斤	0.01 元	12 元	卖鸡蛋	不详
	红薯	1 亩	1000 斤	0.005 元	5 元	当短工	不详
	小麦	1 亩	120 斤			卖煤炭	不详
	叶子烟	不详	200 斤	0.1 元	20 元	收入共计	
	玉米	不详	120 斤			不详	
支出	食物消费	衣服	燃料	肥料	租金		
	不详	不详	0	0	实物地租,三七分成		
	赋税	雇工支出	医疗	其他	支出共计		
	不详	0	不详	人情消费等	不详		

注:本表的数据为折算数据,而非现金数据,因此需对未变现的收支项目按照市场价格状况加以估算。

---

① 灶屋:方言,指的是厨房。
② 洑水斗:一种小型农具,专门用来洑水。以前田里收水是靠洑水斗一层一层往上洑,田里收好水之后,才方便栽秧。

(五)家户政治地位低

1949 年以前,张家租种的是甲长家里的田地,甲长和张家是主佃关系,平时来往不多。每年过年时,张家需要带猪蹄等礼物去给他们家拜年。作为佃户,张家没有土地就没有什么地位,所以不曾参与到政治生活中去。张家没有成员担任过保长或者甲长,张家祖上都很穷,也没有经济基础。张家除了张义云读过书,其他人从未上过学,没有文化不识字也就不具有某些能力,难以胜任职务。

(六)天星老户,小户人家

张家在 1949 年以前,已经在天星镇繁衍了四代人,算是村里的老户。但由于张家一直没有田地,靠租种老板的土地为生,所以只能算是小户。因为人口不多,所以不需要管家。1949 年以前,张家这个小家庭只有三代人,当家人是张仁田,从确定他是当家人之后就没有换过,张仁田是最主要的管事人,也即所谓的外当家;熊仕秀则担任内当家的角色,协助外当家处理家中的事情,主要是在家里做饭、洗衣裳,带小孩子的间隙会做一点农活。

当地有大户、中户、小户的说法,村里是根据家里土地的多少来判断是大户还是小户,有很多田地的会被称为"老爷"。家里有四十亩以上的,基本上都是大户,还有个别大老板家里有几百亩田地,全部都租给别人。如果找大户借钱或者借粮食,即"对脚板利"①,借一升谷子会被要求还两升,所以当时的说法是"有钱的会变得更加有钱"。但是大户一般家里人口不会特别多,张义云的三姑家里是大户,他们家是后来纳了妾才有后代。中等的是村里的富农,还有老上中农,一般都有四十挑②谷子,算下来大概是有二十亩左右的田地。小户一般是这些贫下中农,只有几亩土地。

像张家这种没有一丁点土地的农户,在村里也没有什么地位和影响力,容易被土地多的大户欺压。张家租种大户田地期间,偶尔遇到天旱,收成不好交不齐租金,这时大户会将之前的押金没收,不仅不准其继续租种田地,也不允许张家人住在其房子里,不论房屋是大户家还是佃户自己修建,大户家都直接派人将房子里的东西扔到外面,招新的佃客来,而张家人却无半点反抗余地。

---

① 对脚板利:土话,音译,指的是双倍利润的意思。
② 挑:计量单位,1949 年以前都是按挑计算,一挑为一百斤。

第二章　家户经济制度

　　张家的土地、房屋以及生产生活资料,归全家人共有,基本能满足家里的需要。家户有其自主性,不受外部干涉。在农业生产方面,家中有劳动能力的成员齐出力,男女分工各不相同,农忙时和邻居进行换工。收成属于全家所有,在生产上具有自给性;在家户分配方面,以家户为主体,当家人张仁田主导分配过程,根据成员需要和家庭收入进行统筹分配。分配规则是食物分配第一位,部分成员有别;在家户消费方面,张家的消费类型多样,但又有侧重。外当家掌握消费的决定权,除了主要起协调作用的内当家可适当干涉之外,其他家庭成员均无发言权。在借贷和交换过程中,主要由张仁田出面和外人打交道,因为他更具有说服力和可信度。家户作为经济的基本单元, 生产经营以及分配消费等活动均以家庭为统一单位进行,家长是第一责任人。

一、家户产权

(一)家户土地产权

1.因过继身份,无缘家产

　　1949 年以前,张家在搬到天星镇的第一代人曾因纠纷而丧失土地,故沦落为"搬家户",四处租种田地。第二代张曾浩依然是"写田户",他去世后不久,第三代的张仁田被过继到了张曾树家里。虽然张曾树家里条件非常好,有八十挑谷子,但张仁田不属于张曾树的亲生骨肉,从小到大只是被张曾树当作一个可以使唤的劳动力。所以在张仁田十八岁那年分家时,并没有分到任何土地和房屋,其家产全部由张曾树的亲儿子张仁光继承。分家后,张仁田只能搬家离开,自己想办法租田地。

2.多数土地靠租种

　　有一段时间,张仁田靠出劳力给大户人家做活儿,换过一亩半属于自己的田地,但是遇到天旱产不出粮食,交不齐给租主的租金,后来将一亩半田地作为押金又被租主收走。由于拥有时间太短暂,张家相当于没有过自己的田地。张家搬到天星之后种的多数田地是租种而来,租的所有土地归当地大户人家所有。张家没有买过土地,一方面是因为土地卖得很贵,土地是农村人的命根子,全家都靠土地养活,土地有产出之后家里才有粮食糊口,所以它价值很大;另一方面是张家确实买不起,由于没有什么经济基础,仅仅依靠租种田地只够糊口,没有多余的钱财可供买土地。大户人家会把比较好的田地自己留着,租给张家的 6 亩土地土质都比较差,全是黄泥巴还夹杂着干石板,硬得用锄头都挖着费力,在这种土地里栽出来的红苕特别好吃。张家离河边比较远,一般是在附近挖一个洞,山上会渗透下来水,就称为"露天井"。要收水栽秧之前,靠人力一层一层来沃水。在山腰上的田地不如平地上的好,山腰上的田地耕种起来很不方便,爬坡也很费劲,挑肥料上去也费劲。

3.家户共同所有

张家没有私产地,也不存在和别人家共有的情况。家里的土地都是由当家人张仁田支配和管理,平时都是他来安排生产。张家没有养老地,但是清明会上有养老地,养老地是从每户人家里分出去的,清明会上分配了专门的人来种地。张家家族集体去挂坟烧香的时候聚在一起吃饭,办会是用村里的养老地种出来的粮食。

家里的土地,张仁田和熊仕秀有份,儿子们张义华和张义云有份,娶进家门的儿媳妇刘艳琴也有份,分家的时候都会分给他们。假如家里只有独子,土地就全都分给他一个人;如果有两个及以上的儿子,由家里的这些儿子平分;入赘的上门女婿也是有份的。但是家里的土地并不是每个人都有资格继承的,嫁出去的女儿就没有份,张家认为嫁给别人就是其他人家的姑娘,应该去分婆家人的田地。还没有出嫁的小女孩张义珍和张义梅,即使当时还生活在一起,但迟早会嫁出去,所以也没份。

张家认为没有必要把土地分配给每个人,因为在没有分家之前全家是一起过日子,总的说来土地还是应该归全家所有,家长在土地的归属上最有发言权。土地属于全家比较好,可以集中劳力来搞好生产。

4.界限清晰,互不侵犯

(1)土地边界:石头与地沟

张家的土地和邻居的土地挨着,确定边界时需要土地的两方主人商量,土地与土地之间有界限,界限就意味着,"你不能挖到我这边来,我也不能挖到你那边去"。张家的水田是用田埂来划分,土地界限是用石头做的,把石头堆得很高作为界限,在这之间还会挖一条土沟。

如果挖过多挖到别人家的土地上去,两家很有可能吵架甚至打架。这种争界限的事情经常发生,打官司是不可避免的,一般发生在田地多的人家。当地最常见的情况是"请喝茶",如果两方在界限的事情上有争议,可以去村里的茶馆讲道理,茶馆里会有很多旁听者,那些明事理、读过书的文化人可以作为中间人进行判断,听双方说了前因后果之后会帮着正确的一方讲话,赢了的一方不拿钱,理亏的人就得付茶钱,不仅需要请赢的一方,还包括当时整个茶馆其他喝茶的人,这就为"请喝茶"。

(2)社会边界:外人勿进

张家的田地只能由张家的家庭成员耕作使用,外人不能随意耕作。内部家庭成员在耕种的时候也必须要经过当家人的同意,一般不能擅做主张,得听从当家人的统一支配。如果已经分家,就不能再继续使用。假设外人不经过和主人的商量就使用土地,当家人会大闹一场,弄得全村人都知道,这时候就没有道理可讲。土地的继承权是归家里的成员,外人不能享有的,一般是家里的儿子们来继承田地。如果家里有上门女婿,上门女婿可以上家谱,算作了自家人,便可以继承田地。但是过继的孩子就没有资格,张仁田就没有权利继承张曾树的土地,所以分家时什么都没有得到。张家的土地,就只有张义华和张义云这两个儿子有权继承,张家的女儿不能继承。

(3)心理边界:态度明确

张家人都明白自己家所拥有的土地是归张家全家人所共有的,对于这些土地有比较清晰的心理认同。不仅知道哪些土地是自己的,而且知道哪些土地是别人家的,一般不会越过界限,更不会随便占领其他人的土地。张家人同样不允许别人侵犯张家的一分一毫土地,这是不能容忍的事情,如果侵犯了必须得讲道理、说清楚。

（4）治理边界：统一安排

张家的土地经营权归外当家张仁田,地里种什么都由张仁田来安排。所种的粮食作物以及经济作物的种类全是张仁田一个人说了算,张家种了叶子烟、高粱、苞谷①、绿豆、饭豆等。张仁田统筹管理这些作物,他知道全家人需要吃什么、所需数量以及大概收成多少,张家全靠他安排生活,所以这些全都由张仁田做决定。等到庄稼成熟了,张仁田就会安排大家去收割,收割之后七成作为租金交给老板,其他剩余的归家里所有。对于土地的经营权,如果分家,只有老当家(一般是父母)才能干涉,兄弟则不能干涉,比如说决定把土地卖出去的事情,得征求老当家的同意。外人无权干涉、宗族、村庄也没法干涉,"自己的土地自己做主",别人不会管也没法管。

5.家长可自由支配

（1）家长的地位

1949 年以前张家基本上是靠租种田地为生,张仁田给老板家当过短工,也会出去挑东西赚钱。张家曾拥有过一亩半田地,当时家里小孩比较多,为了能够养活全家人,同年还租种了老板家的田地,规矩是签契约的时候需要交押金,张仁田就将那一亩半土地作为押金。有一年遇上大旱,收成极差,张家交不出足够的粮食作为租金,只得交出仅有的一亩半田地,而将其归到老板名下。买土地的时候都是张仁田出面,他有绝对的权力来做决定。张家没有卖过土地,也没有置换、典当土地,因为之后张家一直都是佃户,只存在租佃的情况。租种田地也是由张仁田负责,他需要去寻找合适的老板,还负责和老板商量好租种田地的数量以及租金安排。村里有买卖土地的情况,其他卖过土地的农户,在卖土地时也是当家人说了算。家长张仁田不在的话,其他人不能随便做主。在不同的情况下,其支配者是不同的。

在张家,当家人是张仁田,所以家里的全部事情都由他来做主,大到买卖田地,小到安排生活,他说话完全算数,一个人就可以做决定,不用同谁商量。如果其遇到不清楚怎么处理的事情时,可以咨询其他人的意见。张家不存在女性当家的情况,村里其他人家里有,但这种是极少数的情况,女性地位一直不太高。除非是家里女强男弱,丈夫没有能力处理事情,在家中没有一点自己的地位,算是"蒎耳朵"②,这时候女当家就能撑起一片天,家中买卖土地的相关事宜都是她说了算。村里有一户人家,男主人有点傻,家里的一切事务就全靠其老婆余大褂来负责。如果老当家去世或者是生病,无力插手家中买卖土地的事情,女性就不得不挑起重担,涉及土地的问题可以和儿子商量。村里出现儿子当家的情况,一般是因为家中老人生病无力管理,或者是分家。遇到前者时,儿子在租佃土地时不用和老当家商议,可以自己做决定;但若是后者的情况,需要请示老父亲,经得同意了才能变更土地的所有权。兄弟作为当家人处理土地问题时都需要和家里其他兄弟商量,因为土地是全家人所有,

---

① 苞谷:音译,指的是玉米。
② 蒎耳朵:音译,四川特有的土话,指的是怕老婆的意思。

不能自己闷头处理。代理当家人也不能在土地问题上随意决定，必须要征得当家人同意，代理当家人一般称为"外管"，大多是有文化、有能力的人，能管理家中一半的事务，主要是协助外当家。

（2）土地买卖，外当家决定

张家没有卖过土地，自家都不够种，所以不可能拿出去卖。村里其他人家存在卖土地的情况，一般是比较富裕的农户，自家种不完多余的田地，即使卖了也不会影响家里的经济条件，这种买卖完全由外当家说了算。还有的当家人是败家子类型，过分懒惰而不愿劳动，种不了庄稼，所以干脆就将田地变卖。这种当家人也是自己做主，为了防止家人阻拦，根本不会同家里人商量。1949年以前，买卖土地需要请见证人来作证。一般卖田会包括田地附近的树，村里有一个乌龙事件，卖土地方写契约的时候说明："柿树都不卖"，是说田地周围的其他树可以卖，但是不包括家周围的柿树。后来卖地的人却反悔，说当初写的"是树都不卖"，即家周围的所有树都不包括在内，欺负买家不识字，将之前的意思完全进行曲解。

（3）土地租佃，内外当家共同商议

张家租种田地，是张仁田和熊仕秀共同决定的事情。张仁田作为外当家，出去寻找合适的大老板，还要和他们讨论租金的问题；而内当家熊仕秀负责管钱，也掌管了一部分经济大权，租田地就需要两人共同商量，家中的张义华、张义云虽然作为儿子，但是没有任何发言权。确定租种的时候不用请保长或者甲长，但是要请一些见证人来作证，然后还得请他们在家里吃饭。要和老板写张契约，契约上面要写清楚今年租了多少挑谷子，租金需要交多少粮食，还得签字盖章。老板把田地租出来的时候也有个先后顺序，他会优先考虑家里男劳力多的农户，然后把好一些的土地租给这些劳力强的家庭，差一点的土地租给家里劳力弱的农户。

（4）置换与典当，外当家做主

置换和典当土地都需要外当家来做决定。典当土地也有一定顺序，会优先典当给予自家关系稍微好一点的以及住得离自家更近的邻居。这种事可以和内当家商量，但是不和子女、兄弟商量。典当土地一般是想借钱，而不是真正地当土地，把土地暂时当在其他人家里，用田地的人会拿一部分钱给土地主人，如果到了后期土地主人还不出来债，另一方会再添一点钱给土地主人，相当于把土地买回来自己使用。

6.其他成员无力干涉

（1）家长之外，无支配权

张家在土地买卖、租佃、置换、典当等情况下，只有张仁田才有绝对支配的权力，除了家长张仁田以外，其他家庭成员都不能在土地问题上做主。这里的家长指的是外当家，一般是家里最年长的那辈人里的男性，要么是父亲要么是爷爷。在遇到有疑惑的时候，其他成员还是可以提出自己的意见和想法，但是意见也不一定会被采纳。内当家熊仕秀是除外当家张仁田之外最有话语权的，她可以和外当家商量家事，但是也不能擅做主张。

张仁田外出挣钱期间，买卖、租佃、置换以及典当土地这类事情不能由其他人做主，因为土地问题至关重要，不能轻易决定，必须等张仁田回来之后再做打算。张义华分家之后成了小家庭的家长，在张仁田还健在的情况下，买卖土地仍需要请示张仁田，等到张仁田点头认可之后，张义华才能做主。假若父辈不在世上，需要完全由自己考虑做决定，代理当家人不会插手土地的相关事宜。

（2）家庭成员不能安排

土地买卖都由家长决定，其他家庭成员无权干涉。张仁田之前在买土地的时候负全责，就不曾与任何人商量，也没有听取过家中其他人的意见。其他人即使不赞同也没办法，因为所有人都得听从外当家的安排。1949年以前，土地很值钱，决定卖田地的人是经过了深思熟虑，要么是家里土地很多，要么是家里劳力不够用，当家人都会有自己的打算，这些土地不会被轻易买卖。

（3）土地租佃，内当家可同商议

张仁田在租佃土地的时候，都会与熊仕秀共同商量。交不齐地租的时候，张家会被老板撵走，这时就必须得搬到另一处去，房子也不能再继续住，不论房屋是张家所修还是老板所有，老板可以单方面解除与佃户的契约。在另一处重新租地时，需要考虑住的问题，所以张仁田每次租田地之前，都会同熊仕秀讨论租在何处最为方便，总的说来还是外当家决定，但是内当家提的意见能发挥一定作用。

7.拒绝侵占，寸土必争

（1）邻居移动界石

张家土地出现过被外人侵占的情况。以张家在山腰上种的地为例，隔壁的土地是邻居家的，两块地之间有一条沟，两家人商量过后决定以沟为界，在沟的上面还用了很多块石头隔开，堆得比较高，这些石头被当作界限。然而邻居比较贪心，有时候会悄悄把石头往张家这边的土地移动以此来增加自己田地的面积。其他地方侵占田地的情况也很常见，如果界限不是非常明显的土地，邻居就总是不诚信，会在挖地的时候往张家这边多挖几锄头来破坏界限。

（2）小户人家，更易被欺

侵占张家土地的往往是住在张家附近的邻居，都是小户人家。这和家庭人口多少没有关系，和家庭的经济条件以及土质好坏有关。土质比较好的土地会更受欢迎，因为收成会更好，所以好的土地就相当于家里的宝贝。不过一般小户人家都没有太多好土地，大户人家看上好土地之后会想办法买入。大户人家有钱有势，一般的家庭都不敢随意去侵占，因为他们在村里是很有地位的，都不会招惹他们。反而是小户人家的土地更容易被侵占，小户没有权力，并且主动侵占方也多是穷人家，"越穷的农民越喜欢占小便宜"。性格表现软弱的、不会为自己争取的、家里没人出面说话的，就容易忍气吞声，也是经常被侵占的对象，当地有一种说法是"有钱的人大三倍，没钱的人小三倍"。

（3）发生侵占，讲理喝茶

张家的土地经常被侵占，张家不能忍受这种情况。侵占的面积不多的时候会跟对方讲道理，劝说其将界限移回去，同时还得说清楚对方越界的凭证，说得在理就容易争回属于自己的一点土地。出面的都主要是当家人张仁田，偶尔遇到特别蛮横不讲理的邻居还会打架。村里有一户人就因为田地问题把别人打死，这种要抵命，打人者是跑不掉的。如果打架也没有解决问题，就去茶馆喝茶，这并不是真正意义上的喝茶，是去茶馆找里面喝茶的人来理论，帮忙讲清楚，最后理亏的一方就得付整个茶馆的茶钱。侵占了大片面积的情况下，就不止"请喝茶"这么简单，两方会打官司告到上面去。当然也可以让保甲长来帮忙，前提是要去找他投诉,但是保甲长也不是完全保证公道,他们一般都是见钱眼开,哪方人给他塞了包袱①,他就帮哪家人说话。拿不出钱的也没办法,就算去找他,他也只是拖着不解决。

8.外界认可保护土地产权

（1）其他村民的认可与尊重

一个村的村民们,彼此之间都知根知底,各家有哪些田地都还是比较清楚的。张家租种的是谁家的田地,周围的人也都知道。即使所有权归大老板,但是租种期间土地的使用权是归张家的,外人一般都不会随意占领。张家土地的耕作、收成都归张家管,其他村民是默认了这种权利的。如果要买卖、置换或者是租用这些土地,必须要与张仁田商量,如果张仁田没有亲口答应,不能强行使用。

（2）家族的认可与保护

张家的家族也知道这些人家里有多少田地、分别在哪里,这些都有记录。大家族不会随便侵占成员的土地,这是不讲道理的行为。如果家族的其他成员想要租用或者置换张家的土地,可以向家族咨询具体情况,但是要与当家人张仁田联系商量,须经过其同意才能进行租用或者置换,不能擅做主张。假如有其他人不讲理,想要强行使用张家土地,张家当家人可以去找族长帮忙,族长能起到协调保护的作用。

（3）村庄和政府对土地的保护

张家所在村庄的保甲长没有权力侵占村民的土地,他们对于本村的村民所拥有的、租种的土地情况都比较了解,也不会随意干涉张家对土地的使用,如何耕作以及收成情况都是张家自己的事情。保甲长不可以不经当家人同意就私自出租、置换张家土地,如果张家土地被外人随意侵占,可以找保甲长来帮忙来讲公道话。

张家所在的官府（县乡政府）也不能随便占领张家的土地,政府也都知道张家有哪些土地。如果政府需要租用或者是置换张家的土地,必须给当家人张仁田同意,才能进行这些与土地有关的交易。1949年以前都没有发过"红头契约",也没有公证。如果土地被外人侵占得很严重时,可以打官司告到政府那里去。

（二）家户房屋产权

1.草房虽小,功能俱全

1949年以前,张家的宅基地面积不算大,由于当时条件限制,宅基地面积没有进行精确的评估。房子修在馒头山的山脚下,张家的房子在村子里算是很差的,因为买不起瓦,所以是用草盖的房顶。大户人家的好房子是用大树做地基,顶上还会盖瓦。一般的草房子都修得很矮,避免被风吹垮,顶上的草只是简单地用篾条固定了一下,如果是大风天气,房子上面的草很容易被吹跑。张家没有用过石头,都是用泥巴筑墙,墙宽只有一尺多。

草房子里面有三间卧室,一间陶屋②,一间厨房。陶屋的面积最大,算作是张家的主房间,可以用来招待客人,张家的陶屋能坐下四桌人。本来有两间卧室,分别在房子的两侧,后来家里的孩子增加导致住不下,张仁田就把其中一间稍微大一些的卧室用木板隔开,分成了两间窄一点的,家里就变成三个卧室。张仁田把砍的树条绑在一起,再用铁丝夹在一起就将其作

---

① 塞包袱:指的是"行贿"。
② 陶屋:方言,指的是"客厅"。

为床。如果来了客人,让客人睡床上,自己则搭个木板睡在地上。卧室里有窗子,窗子的位置大概在墙壁的中间,挖了一个洞,用木头固定住。修窗子是为了透亮光、通空气,没有使用过电灯电筒,大户人家一般做的是万字格窗子,好看又透亮光。修房子之前需要请人来看一下日子,算一算哪一天适合动土,张仁田在动土当天放了"火炮"①,既热闹又吉利。

2."客起千层楼,走由主人收"

1949年以前,张家一直住的是草房子。张曾浩修的几间草房子作为押金留在老板家里。如果交不齐租金,就必须搬走,即使是自己修的房子,也不能继续住。有句话说的是"客②起千层楼,走由主人收",意思是说无论佃客修多高多好的房子,如果没有交齐租金就不能继续租住,同时也不能继续住自己修的房子。离开的时候只能搬自己的家具,房子没法动。张义云住的房子一共只住了两代人,是张仁田分家搬出来之后自己重新修的。修房子需要有一定技术的人,张家当时请了一些匠人来盖房子,由于房屋的墙壁比较宽,必须要匠人才能修稳。

3.自家修建,全家同居住

张家认为房屋属于全家人,不属于单独的某一个人,因为是全家人"同住一个屋檐下"。家里房屋没有和别人家共用的情况。张仁田的二儿子张义华结婚之后,专门腾出了一间卧室让他和妻子刘艳琴住,所以这间小卧室的使用权归张义华,各个房间的所有权还是归家户所有。当家人张仁田有权安排房间的用途,都是他说了算。

在没有人离开家里的前提下,房屋是每个人都有份。但是如果有人离开家,这个家庭成员就没有份,比如说嫁出去的女儿,长大之后会离开家嫁到别人家里去,张家的房屋她就没有份。张仁田的女儿张义珍在出嫁之前是睡在小卧室里,她算是有份,但是嫁出去之后,之前所住的卧室就不属于她。嫁进来的媳妇有份,刘艳琴嫁给张义华之后都有单独的房间。已经分家的兄弟是没有资格再来分其他兄弟的房子,因为儿子分家时,家长都会给每个儿子分配好房屋等财产,已经分出去的儿子不能重复占领其他兄弟的。

张家认为不应该将房屋的所有权分配到每个个人,因为家里所有成员有使用权,但是并不是每个人都有所有权。家长在房屋产权上比其他成员更有权力。房子属于全家所有(相对于个人)比较好,家庭成员就会意识到这是大家共同住的房子,需要共同守护,住在一起的成员也会更加友善和睦。

4.山脚独户,无边界之争

(1)院墙为界

张家的草房子修在馒头山的山脚下,馒头山附近只有张家一户人,距离其他邻居较远,都有大马路隔开,所以彼此的房屋之间没有边界之争。村里其他人家有住在一起的,大家修的房子是挨着的,户与户之间的边界比较清晰,既有以房屋滴水为界,也有以院墙为界的,无论以何为界,邻居都不可以越过边界。一般来说,大家住在一个院子里,彼此都有亲戚关系。以院墙为界的家庭是从之前的大家庭分家出来,用墙将两三个小家庭隔开,各过各的日子,互不干扰。

---

① 火炮:土话,指的是"鞭炮"的意思。
② 客:是指"佃客"。

（2）社会边界

张家房屋归张家的家庭成员使用，没有经过当家人同意，外人不能够使用。房屋的继承权由家里的儿子享有，有几个儿子就平分为几份。嫁出去的女儿诸如张家的张义珍和张义梅没有继承权，回娘家的时候可以住在客房里，但是无所有权。留在家的女子连同招上门的女婿都有继承权。张家两个儿子的张义华和张义云有继承权，被过继出去的没有继承权。

（3）心理边界

张家人都知道哪些是属于自家的房子，哪些是属于别人家的房子，其家庭成员对于家里所拥有的房屋有清晰的心理认同。从小会受到当家人的教育，"没有经过家长同意，不要随便去别人家玩"。自家的房屋不允许外人来占领，这是绝对不能容忍的情况，如果被强行侵犯，需要找到他们的当家人，找他讲道理、"请喝茶"。

（4）治理边界

张家的房屋由当家人来管理。买卖、修建、拆除、重建都是当家人说了算，外人无权干涉。即使是草房子，隔两年也需要翻修，张仁田负责管理，看哪里会漏雨就往哪里补草。他只需要和内当家熊仕秀商量，不需要和外人商量，不必经过保甲长的同意，这是家庭内部的事务，宗族族长、村庄也不会干涉。

5.家长掌握，地位至上

张家的家长张仁田是房屋的实际支配者，张家也没有典当和出租房屋的情况。张家在1940年修建过新的草房子，由张仁田决定，一切修建活动也由他亲自安排。修房子所用的钱是张仁田出去挑东西挣来的。张家的草房子每隔两三年就会翻修，"没有三年不漏的草房"，需要翻修之前，张仁田只需和妻子商量，不用经过外人同意。对于专属于小家庭所有的房间，家长有改造的权力。儿子结婚之后家里会增加人口，当家人得对房间进行适当调整，分一间独立的卧室给儿子儿媳。分家之后，儿子搬出去，家庭人员会减少，这时候张仁田又会把之前的卧室改成客房，或者是用来放置农业物品，将其充分利用。

张家有祖屋，但是不在长青村，祖屋是不能随便卖的，卖祖屋是对祖先的不尊敬。张家没有买卖过房屋，村里其他人家买卖房屋的时候，需要告知保甲长，因为房屋门上都会挂家里人的信息，保甲长负责添加或者修改。老板家房屋多，但是一般用来出租，方便招佃客来租庄稼。

6.其他成员可提意见

张家在房屋的修建活动中，除了张仁田之外的家庭成员不能发挥支配作用。其他成员假如有自己的想法，可以提意见，但是不一定会被采纳，因为其他成员做不了主。关于房子的事情都是大事，所以在张仁田外出期间，其他人不能轻易做主，必须等当家人在场才能决定。村里其他的女性当家时，买卖、出租和典当房屋都需和家里的兄弟或者大儿子商量一下，征求他人的意见。张义华当家之后，一般情况下不必征求兄弟张义云的意见，但在处理不好的情况下，可以询问张义云。

7.房屋产权不容侵犯

张家房屋没有出现过被外人侵占的情况，1949年以前张家全是住的草房子，条件不好，别人也看不上。村里其他人家里出现过被侵占的情况，一般是有人出去借了高利贷，经过"利滚利"之后，时间一长就还不出来，另一方直接强占借方的房屋，以此抵押。假如侵占的主力军是土匪团伙,身上还带着枪,家里人都无力反抗,为了保命只能忍气吞声。假如侵占者势力不大,有反抗的余地时,全家人可以群起而攻之,奋力抗争。这种情况下,可找保甲长帮忙,他们会提供帮助。房屋被侵占,家长张仁田应当承担责任,需要处理这些事情,为家人重新寻找一个栖身之处。

8.外界认可保护房屋产权

其他村民都有自己的落脚点,不会随意侵占张家的房屋。他们承认当家人对张家房屋所有的权利,除了张家人之外,其他人都不能干涉张家对房屋的置换、租用活动。如果想要租用或者置换张家的房屋,则必须同张家当家人商量,未经同意的情况下,不能强行租用或者置换。

张家所在的家族认可张家的房屋产权,不会随意侵占张家的房屋。家族内其他成员如果需要买卖、租用或者是置换张家的房屋,必须首先同张家当家人张仁田商量,如果不同意,不可以强行买卖、租用或者是置换张家房屋。遭到外人侵占时,张家可寻求家族族长的帮助。

(三)生产资料产权

1.大型生产农具欠缺

张家的大型农具非常欠缺,除了铁耙以外其他基本上都没有。生产工具只有最基本的锄头、镰刀,由于小型的农具使用频率较高,价格不是很贵,制作过程也不复杂,所以每家每户都会准备好。而大型农具价钱高,制作过程烦琐,所需材料难备,不是每户人都有。1951年土改以前,张家一直都没有牛,需要用牛时就去找中农借,中农家里一般都有牛。张家没有生产所需的犁、耙、风车、拌桶①,转谷子壳的风车也没有,因为小户人家没有经济基础,置办不起。村里很少有人家用马,也没有马车、牛车这些交通工具。

2.小型购买自制,大型借用

张家的锄头和镰刀是自己花钱买的,赶场的时候可以去市场上买,买这些小农具所花费的钱,都是张家当家人张仁田出去"下力"②所挣来的。锄头用一段时间后会生锈,还得去找铁匠"加钢"③,锄头不加钢连铲草都铲不动,把钢打平之后就和新的一样好用。㳇水斗是张仁田制作的,先把竹子砍下来划成竹子条,再来慢慢编。一个㳇水斗花不了太长时间,一天就能完成一个。购买的和自制的都完全属于自己家。规模大一些的农具都靠借用,向周围关系比较好的农户借,如果是租的则需要拿钱,假如是借的就不用给钱,偶尔可以用劳力去换,帮人家做农活。

3.全家共同使用

张家认为家里的农具属于家庭所有,家里每个人都有使用权,不是属于某个个人,也不单独属于家长,而是全家共同使用。张家没有和别人共有的生产资料,自己没有的全都靠借。村里其他人家里存在共有的情况,一般是三四户人共同喂一头牛,相当于是每户人一条腿,按照家庭来说明共有关系。

张家认为生产资料虽然属于全家,但是不是每个家庭成员都有继承权,张家只有两个儿子张义华和张义云享有生产资料的继承权。嫁出去的女儿是没有份的,未出嫁的女儿张义梅和张义珍只有使用权,没有继承权,但嫁进来的媳妇刘艳琴和蒋云碧都有份。

---

① 拌桶:是农村的传统农具,收割稻谷的专用工具。
② 下力:指的是做苦活、重力活来获得收入。
③ 加钢:土话,指的是给农具重新加铁固定。

张家认为生产资料属于家户所有,不应将所有权分配到每个个人。生产资料属于全家所有比较好,这样会让家庭成员更有归属感,使用时更加爱护工具。也方便和其他家庭互借,需要借或者是还的时候,就直接以家庭为单位就好。

4.家长实际支配生产资料

(1)家长做主

张家在生产资料的购买、维修、借用等活动中,实际支配者一直是张家的当家人张仁田。家长张仁田外出期间,家里的其他成员不能做决定,不能擅做主张进行购买、维修或者借用生产资料,需等到张仁田回家再做定夺。村里其他人家由女性当家时,有关事宜是由女当家来处理,不方便出面时可以安排家里的其他男性去。张义华当家之后,生产资料的事情便完全由他做主,不必同其他兄弟姐妹商量。

(2)购买生产资料

张仁田曾经买过锄头和镰刀,在农村赶场的日子去集市上买。张家在生产资料的购买活动,都由家长安排。家里只有张仁田才能买农具,因为其他成员不会挑选,而且买的时候还需要双方协商价钱。买之前可以和妻子熊仕秀商量一下,一般都没有异议,张仁田说了算。

(3)维修生产资料

张家在生产资料的维修活动中,由张仁田统一安排。家里的工具平时也是张仁田在保管,他非常清楚哪些需要维修。一般是由张仁田拿到铁匠家里去,如果张仁田没有时间去,就会安排家里年龄稍微大一些的儿子张义华拿过去,事先会给他交代清楚需要如何维修。例如锄头生锈之后就得加钢,镰刀断了得再打一把,这些都是技术活,必须要铁匠才会弄。关于维修一事,张仁田做主即可,无须和家人商量,更没有必要告知家族的族长。维修生产资料的相关费用都由家里承担,代理当家人也可以决定是否维修。

(4)借用生产资料

张家在生产资料的借用活动中,由当家人张仁田出面处理。需要和农具齐全的邻居提前商量,如果邻居同意借用,就可以协商借用的时间。如果邻居不同意,就找另外的人借用。如果当家人不在,可以由内当家去借。如果当家人是男性,直接由他说了算,兄弟或者是儿子当家的情况亦是如此。如果当家人是女性,也应由她先出面商量,再安排家中长子或者兄弟一同搬农具。

只有在农忙的时候才会借用大型农具,借用时得和农具主人家使用的时间错开,主人家优先使用,借的人家后使用。为了能在约定期限之前还,借来之后还得赶紧使用,张仁田甚至会在晚上点着油灯到田里犁田。归还之前需要将犁斗、耙之类的洗干净,避免主人家嫌弃。借牛也是一样,张仁田需要提前去和主人家商量好借牛的时间,去牵牛的时候背一背篓草到主人家,还牛的时候也要背一大背篓草去,这是农村借牛的规矩。归还生产资料的时候既可以由当家人张仁田去还,也可以派家里的儿子张义华或者张义云去还。

(5)共用生产资料

在1949年以前,张家没有出现共用生产资料的情况。自己都有小型的农具,大型的农具基本靠借。村里其他人家有共用的情况,比如说几户人合伙买一头牛,平时喂养就轮流喂,一户人家喂一个月。使用的时候由这几户人家轮着用,农忙时也得安排一下先后顺序,田里先把水收齐的农户最先用牛。也有几户人合伙共用拌桶,打谷子的时候就由一户一户轮流用,平时这些农具就保管在投钱最多的人家里,如果工具不小心坏掉,也是由这几户人平摊维修费用。共用生产资料由当家人出面协商,不用和保甲长、宗族商量。

5.家庭成员听从家长安排

(1)其他家庭成员对生产资料所有权的支配作用

张家在生产资料的购买、维修、借用等活动中,当家人张仁田能做主,除了张仁田之外,其他家庭成员对生产资料所有权均没有支配作用。内当家熊仕秀和家里成年的儿子可以提意见,一般是遇到当家人不知怎么处理,需要帮助的时候才提出来。未成年的子女不能提意见,因为他们的想法还不够成熟,在大人眼中还不具备处理事务的能力,即使不赞同当家人的做法也没有资格多说话,其他家庭成员不可以擅做主张。

(2)其他家庭成员在生产资料购买中的地位

张家在购买生产资料的活动中,均由当家人张仁田做出安排,其他家庭成员处于服从地位。如果需要购买非常急用的生产资料时,熊仕秀也可以临时做主,小型的农具由她一个人买回即可,大型一点的农具则需安排张义华和张义云一起搬运。

(3)其他家庭成员在生产资料维修中的作用

张家在生产资料的维修活动中,主要是由张家当家人张仁田出面,若是农忙时间走不开,也可安排家里的长子张义华去。因为张家没有大型农具,不存在扛不动的情况,加之小型农具维修起来比较快速方便,所以张义华一个人完全可以处理好。需要维修什么、到哪里去维修是由张仁田说了算,张义华都得听张仁田的安排。无论当家人是男性还是女性,在维修生产资料时,都可支配其他家庭成员去。

(4)其他家庭成员在生产资料借用中的作用

由于张家经济条件比较差,家里十分欠缺大型农具,所以生产资料的借用活动相对频繁。借用时主要由当家人张仁田出面和农具主人沟通,但是也要分具体情况。如果是农闲时,农具的使用一般不会太紧张,比较容易借到,可以安排家里其他稍微懂事的成员去借。如果农忙时,大型农具可能会借不过来,则需要当家人出面和农具的主人协商。

6.有借有还,再借不难

张家的生产资料没有出现过被人侵占的情况,需要借生产资料之前,都必须经过主人方同意,不能随意侵占。借了东西也得还,假如用坏,还需将农具修好之后,再归还回去。不存在借了不换的情况。家里生产资料被侵占的时候,全家人不能容忍。一般是比较要赖的农户,才会借了生产资料不归还。如果遇到这种情况,当家人可以出面索要,提醒其记得归还,但是假如一直都不归还,大度一点的主人不会过分要求,只当是个教训,下次不会再借给这种无赖。

7.外界尊重生产资料产权

(1)其他村民对生产资料产权的认可与尊重

其他村民都承认张家对生产资料的所有权,他们不会随意侵占张家的生产资料。如果想要买卖、借用生产资料,需要和当家人张仁田商量,经过同意后才能使用。张家人不同意的话,不能强行买卖或者租用。一般关系比较好的邻居或者亲戚来借生产资料,张家人都会借出去,他们认为情谊很重要。

(2)家族(宗族)对家户生产资料的认可与保护

张家所在家族也承认张家对生产资料的所有权,即使是家族也不可以随便侵占家族成员的生产资料。家族内其他成员想要买卖、租用、置换张家生产资料时,必须和张家当家人张仁田商量讨论,假如未经同意,不能强行租用或是买卖。张家的生产资料没有被侵占过,万一出现被外人侵占的情况,可以向家族投诉,家族族长会帮忙处理。

(3)村庄和政府对家户生产资料的认可与保护

张家所在长青村的保甲长承认张家对生产资料的所有权,保甲长不可以随意侵占张家的生产资料,也不允许不经同意就强行买卖、置换、租用张家的生产资料。如果有外人侵占了张家的生产资料,可以请求保甲长的帮助。县乡政府也承认张家对生产资料的所有权,需要买卖或是租用张家的生产资料,必须得经过当家人张仁田同意。

(四)生活资料产权

1.基本生活资料都具备

(1)多变的晒场

1949年以前,张家没有修建专门的晒场,草房子门前的院子被当作了小晒场,平时可以晒作物。秋季丰收稻谷之后,晒谷子需要更大的场地,就得利用门前菜园地。用锄头将其碾平,由于没有水泥,就只能把混合好的牛屎、石灰和炭灰,用小扫把抹上去,地面就变得光滑,将其吹干之后即可用来晒谷子。等到晒完谷子,把它挖掉又可以重新种菜。

(2)天然井

张家有一个水井,与家隔得不远,最开始只是挖了一个洞,后来从洞口流出了山上的水,就形成了"天然井",所以挖井没有花费钱。张家住在山脚下,从山上渗透下来的泉水比较多,水资源不会短缺。不方便之处在于每次要用水桶去挑,耗费体力,穷人家没有石缸。

(3)八瓣石磨

张家有一个石磨,请石匠手工打的,形状为八瓣形,有八个槽。早年就有石磨,具体置办的年份已回忆不起。石磨面积不大,两个人都能抬动,可以用来磨米、磨小麦、磨玉米面,一年可能会修一次。

(4)桌子板凳

农村有句话说"穷三担",再穷的人家里都有三担,一担为一挑,意思是说即使是穷人也会置办好这些最基本的东西。桌子板凳都是齐全的,大的方桌子有两个,大的长条凳子有八根,小方凳子有三个。

(5)柴米油盐

张家的菜油比较稀少,因为需要油菜籽作为打菜油的原料,而油菜收成不好,所以张家都是吃猪油。把猪油切成一小团,买回来撒上盐,腌在罐子里以保鲜,每次炒菜就放一团在锅里,既有油味又比较有营养。如果没有什么钱,就买边油、角油①回来,好一点的是网子油。做饭需要烧柴草,此外,小麦梗、苞谷梗、稻草都可作燃料。张家盐基本够用,但是偶尔也会缺乏,每次煮菜只放一点。酱醋这些调料比较罕见,张家在1949年以前还未接触过。

2.自给自足,部分购买

张家基本上都有生活资料,其中晒场是自己用牛屎和石灰在菜园地上制出来的。桌子板凳是找人制作,当家人张仁田去山上砍树,找木匠到家里来做,只需付木匠工钱,两三天就完

---

① 边油、角油:也是猪油的一种,小肠上面的,质量和口感不是很好。

工。凳子有时候坏掉,自己用篾条捆好还能继续用。自家都有米和柴草,油、盐是通过市场上购买而得。分家之后,张仁田就搬到了天星,没有继承父辈的生活资料,也没有别人赠予的生活资料。

3.生活资料,家户所有

全家人都生活在一起,张家的生活资料,包括桌子板凳、柴米油盐、晒场石磨等等都属于全家人,家里每个人都可以享用,不属于某个个人。分家之前,只有儿媳妇嫁进张家时带过来的嫁妆属于她的小家庭,除此之外,没有其他专属于小家庭的的生活资料。张家用的水井"天然井",由于取水较便利,和附近的几户邻居所共有,需要用水时自己去挑即可,没有具体分户数,因为属于公共资源。

家里的生活资料,凡是家里人均有使用权,但不是每个人都有份。例如桌子板凳这些物品,张家的儿子张义华和张义云有份,他们才有继承权。嫁出去的女儿没有份,嫁进来的儿媳妇有份,入赘的女婿也有份,已经分家的兄弟是没有份的。对于专属于小家庭的生活资料,经过同意之后其他家庭成员可以使用,但其他人无所有权。

张家认为生活资料应该属于全家人所有,并不属于某个人,所以不应该将生活资料的所有权分配到每个家庭成员。当家人相对于家里的其他成员对生活资料更具有权力支配。1949年以前,张家都没有分家,全家人在一起生活、吃饭,所以生活资料属于全家人更好,方便分配,也利于内当家安排饮食。

4. 所有权归家长

（1）当家人实际支配

张家在生活资料的购买、维修、借用等活动中,家长张仁田为实际支配者,基本上都是由他来安排。张仁田不在家的时候,生产资料的购买、维修活动难以进行。村里其他的女性当家时,生产资料的所有权全归家长支配。如果是代理当家人当家,对于生产资料的这些安排,他有权做主。对于专属于个人的生活资料,诸如家里儿媳妇刘艳琴的嫁妆,箱子、柜子、衣服等等,都由她自己支配,张仁田和熊仕秀都无权干涉。

（2）购买生活资料,家长安排

张家在生活资料的购买活动中,一般由当家人张仁田统一安排。家里缺哪些生活资料,当家人最清楚。需要购买时也由张仁田出马,他最了解各种东西的行情,提前会与熊仕秀商量,因为家中的钱财主要由熊仕秀保存。有时候是张仁田和妻子熊仕秀一同去赶集,挑选最合适的物品。购买生活资料是比较常见的家庭小事,不用告知周围的邻居、保甲长,不会存在外界不允许的情况。张仁田不在家的时候,购买生活资料时,熊仕秀可自己一个人买小东西,若是桌子之类的大物件,则需安排家中张义华或者张义云一同前往。

（3）维修生活资料,家长处理

张家在生活资料的维修活动中,主要是当家人张仁田处理,不用和谁商量,自己决定即可。桌子板凳也有用坏的时候,但一般问题不大,张仁田用自己编的竹条再捆上去就算修好。假如是石磨坏掉,如果是小问题,张仁田就可以调整,如果是大问题,则需请石匠到家里来,可以当家人去请,也可安排家中的儿子去请。

（4）借用生活资料,家长做主

1949年以前,张家经常会有吃不饱的情况,向外借用生活资料是常有的事情。有时候家里来了客人,张家还得去借米、油、盐,需要用小杯子量好,归还的数量也是同样。外当家张仁田可以去借,内当家熊仕秀也可以去借,两个大人若都没空,也能安排家里的儿子去。如果当家人过生日,家中办席,客人比较多,还要借桌子、板凳、碗筷、杯子,当家人出面与主人家交涉好,要清点数量。再安排家里的儿子一起去搬,还的时候需要将桌子板凳洗干净,如果杯子等摔坏,需要买新的去归还。借过洋火①也,按根数借。"有借有还,再借不难",按时按量归还,可以给别人留下好印象,下一次去借才更方便。

5. 其他成员只能协助

张家在生活资料的购买、维修、借用等活动中,除了当家人张仁田外,其他家庭成员都没有支配权,不能擅自做主。张仁田不在的时候,熊仕秀自己拿主意,遇到不知道如何购买或维修的情况,可以请教亲朋好友,并且同其他家庭成员商量。

张家在购买生产资料的活动中,当家人张仁田决定一切。家里只有内当家熊仕秀可以提意见,二人往往会商量一番再决定购买生产资料的事情,这说明内当家也可以发挥一定的作用。

要维修生活资料时,也是当家人张仁田出面去处理,发现东西坏了直接修即可。家里只有他一个人会维修桌凳、石磨,不用同其他人商量。张仁田外出期间,熊仕秀可以自己拿主意,也可以等到张仁田回家之后再进行生产资料的维修活动。

张家存在借用生活资料的情况,借用桌子板凳这类大东西时,需要当家人张仁田出面和邻居商量,如果是借用油盐这类必需品,内当家熊仕秀出面也可以。有不熟的人来张家借用生活资料时,必须要当家人同意。如果来借东西的都是邻居朋友,彼此之间互相帮助很正常,熊仕秀也能做主。凡是由熊仕秀做主借出去的东西,等到张仁田回来之后需要马上告知。

6.家户生活资料无侵占情况

张家的生活资料没有过被人侵占的情况。如果需要借用或者是置换生活资料,都需要和当家人商量,同意之后才能拿走,不可能强行借走、使用。邻里之间彼此关系都还不错,大家遇事都会互相帮助,不会如此蛮不讲理。

村里其他人家里出现过被侵占的情况,基本上是小偷去侵占,锅、碗、杯子这些都有人偷,桌子太大不好扛,一般没人动。人口比较少的家户更易被盗窃,小偷是晚上去悄悄拿走。如果张家的生活资料被侵占,全家都不能容忍。假如被偷走的是贵重物品,可以找保甲长帮忙,其他村民也会打抱不平,帮忙留意着。一旦出现这种情况,主人家只能认栽,已经被偷走的也找不回来,只能不了了之。

7.外界认可保护生活资料

(1)其他村民对生活资料产权的认可与尊重

其他村民承认张家对生活资料的所有权,他们不会随意侵占别人家的生活资料。如果需要借用或者是买卖张家的生活资料,应当提前与张家当家人张仁田商量,同意后即可使用,未经同意则不能强行借用。

(2)家族对家户生活资料的认可与保护

张家所在家族不能随意侵占张家的生活资料,家族内其他成员不会在当家人未同意的情况下买卖、借用张家的生活资料,必须提前与当家人张仁田商量。如果被外人侵占,张家可

---

① 洋火:指的是"火柴",以前没有打火机,都是用洋火。

以向家族寻求保护，家族也会出面解决。

（3）村庄对家户生活资料的认可与保护

张家所在的长青村的保甲长承认张家对生活资料的所有权，不会随意侵占。如果村里想要借用、置换、买卖张家的生活资料，也需要和当家人张仁田商量，同意了才可以使用，未经同意不能强行买卖、借用或置换张家的生活资料。

（4）政府对家户生活资料的认可与保护

县乡政府也承认张家对生活资料的所有权，如果需要买卖或是租用张家的生活资料，必须与张家的当家人张仁田商量。张家没有出现过县乡政府随意侵占自家的生活资料的情况。如果被外人侵占，县乡政府也管不了，因为距离较远，也不发生直接接触。

二、家户经营

（一）生产资料

1.劳动力农闲够用，农忙换工

（1）参与生产的劳动力构成

1949年以前，张家有6名劳动力，包括张仁田、熊仕秀、张义华、刘艳琴、张义梅、张义云，其中熊仕秀、刘艳琴与张义梅是女性劳动力，张仁田、张义云和张义华是男性劳动力。由于张义珍还小，只能在家里帮忙打打杂，张义华的小儿子张礼刚1949年也才满一岁，所以张义珍和张礼刚都算不了劳动力。

张家经济条件很差，是"苦藤结的苦瓜"，世世代代都穷，一直都是"写田户"，靠租种老板的庄稼为生。租金又非常高，假如某年种得不好，收成不多，家中所剩的粮食很少，难以维持最基本的生活，所以需要全家人齐心协力把庄稼种好，收成越好，日子才会越好过。在张家，凡是能够劳动的家庭成员都必须参与家庭生产。如果不参与劳动，当家人张仁田会对其进行指责批评，要求其参与劳动。家庭成员生病期间，可以修养，不用劳动。女性劳动力怀孕六个月之后，直到生产后一个月内，都不用参与劳动。未成年的儿童做不了重活，但是张仁田会安排其出去捡狗粪、捡树叶，在种烟的土地里看虫，做一些轻巧活。外人不会无缘无故参加张家的生产劳动，一般是需要帮忙的时候才会请外人来，比如说关系非常好的邻居和亲戚，大家会互相帮忙。

（2）农闲与农忙

1949年以前，张家的劳动力在农闲的时候完全够用。张家当家人张仁田除了种庄稼之外，平时还会去外面下力，帮富人家挑东西，挑到很远的地方去，有时候只需几天，有时候十天半个月才回家。酬劳一般是粮食，父亲在外面的时候就吃"冒头儿饭"[①]，这算吃得比较好的时候，如果没有食物，会在外面把箩圈[②]还有扁担变卖了买吃的东西。熊仕秀也出去帮老板家扯草，扯满一背篓到老板家去，可以换点吃的东西，像子高粱（富人家用来烤酒，拿回家也可以吃）和酸萝卜之类的。

请工：张家的劳力较多，没有请工的情况。村里其他大户人家经常请工，大多是长工，农

[①] 冒头儿饭：指的是一碗饭的形状是圆圆的，像要冒出来了一样，上面会用一个小碗盖住。
[②] 箩圈：指的是挑担子用的绳子。

村称为"丘儿"。大户人家里田地多而劳力少,忙不过来,就会请工。由当家人决定请工的事情,包括请几个工、请多长时间、请哪些人来做工,等等,都由当家人安排,不需要告知或请示四邻、家族、保甲长。一般会优先请村内的人来做农活,长期的会给工钱,一个月一结或者一年一结,这些工人可以每天在大户家里吃饭。如果当家人不在家,其他家庭成员没有权力做主,不能擅自决定是否请工,须等当家人回来后再定夺。

换工:张家存在和其他人家换工的情况。比如说栽秧和打谷子,需要好几个劳力,自家人手不够,就得换工。由家长张仁田安排,可以和熊仕秀商量。换工都不拿钱,换工的当天在主人家吃饭,要招呼两顿,一顿是过午①,一顿中午饭。全劳力②和全劳力换,半劳力③和半劳力换,张家一般是和周围关系好的邻居换工,"今天你帮我家,明天我帮你家"。需要换工之前要和邻居商量好换工的日子。由当家人出面协商,如果先找的人家没空,就得重新找另外的邻居换工。无论当家人是男性、女性、兄弟或者儿子,完全由当家人做主即可。

帮工:张家有请帮工的情况,一般是家里有红白喜事,需要办酒席,就得请人来帮忙。由当家人张仁田亲自出面去请人,会讲好需要帮忙的具体时期、事务等,不用和谁商量,也不需要告知或请示家族、保甲长。请的都是附近的村民,大家关系都还不错,"乡里乡亲的,有人情在",所以请人帮工时都不给钱,而是包吃饭。比如说请人帮忙搬桌子凳子、吃饭时摆一下筷子和碗。张家人也经常去别人家帮工,张仁田和熊仕秀都去过,大家互相帮助。无论是女性当家还是男性当家,都需要当家人亲自去请人帮工,更有说服力。

雇工:张家的田地不算多,自家人能够种出来,不需要雇工,加之张家也没有雇工的条件。村里其他家里有雇工的情况,长青村的大老板就经常雇工,栽秧和打谷子的时候都会雇人,报酬是钱也可是粮食。给钱的话是一日一结,干活当天的午饭在老板家里吃。给粮食的话是一天印一升,要么豌豆要么麦子,一升小麦和豌豆有六斤,一升大麦有五斤。雇工都由当家人做主,不需要和外人商量。

2."写田户",田地全靠租种

1949年以前,张仁田曾买过一亩半土地,租种田地时将其作为了押金,后来收成不好交不齐租金,还没种满一年,那一亩半就抵给老板家。自此以后,张家所有的土地全靠租种,自有土地面积为零。张家租种的土地面积大约有六亩,田、地各一半,均有三亩。当家人张仁田亲自去找的村里的大老板,要求租种他们家的土地。老板同意过后,双方要签订佃约。一般由佃客请人写,当天需要请一个文化人,一般是教书先生来帮忙写佃约,因为张仁田不识字。佃约上要写明"张仁田于哪天租了王老板的庄稼,有田地六亩,押金交多少,租金怎么算",签完字之后把押金交给老板,就可以种老板家的田地。租金分两种:一种是"分层交租",可以与佃主协商租金,比较灵活,四六分或者三七分;另一种是"捱租",是定量的租金,如果租金没有交齐,老板直接在押金里扣。佃客偏向于分成交租,无论收成好坏,交完租金后,至少自己家里可以剩一点。如果是捱租,遇到收成不好,交完租金后自己一点都吃不到。

大老板④家里有多余的土地,只要协商好租金,佃户就可以租种。一般在村内租种,在大

---

① 过午:早饭之后,午饭之前的一顿,一般是吃醪糟和蛋。农忙的时候劳动强度大,吃点东西垫肚子。
② 全劳力:指的是"体力强、能干重活儿的人",掌握了全部劳动技能。
③ 半劳力:相对于"全劳力",掌握了一部分劳动技能,体力一般的人。
④ 大老板:指家中田地多且把土地租给别人耕种的大户人家。

老板剥削严重或实在种不下去的前提下,可以到村外去租,这就需要搬家。张家租种的是村内的田地,因为人比较熟。每年打完谷子,大老板会坐着轿子,带一队人来收租金,他还会带大秤、斗来量粮食。张家还得煮好饭好菜给他们吃,把他们招呼好,方便以后求情让大老板减租。有信用的、每年都能交齐租金的佃客,第二年可以继续租种。没有交齐的就不能继续租种,必须得搬走,押金也不会退还。

张家每年都要给大老板拜年,当天会在老板家里吃一顿午饭。去的时候还要带上礼物,诸如猪肘子、肥鸡母、腊肉,但不拿钱。冬腊月间也要提一次礼物去老板家,给他打声招呼,表明自家第二年还想继续租。为了和老板把关系搞好,避免他"取"①张家,所以一年要送两次礼物。都是当家人张仁田一个人去,不会带小孩子。中途如果不想再租种,对老板说清楚,直接搬走就行,不需要人做证。如果是老板不要佃客租种,也会提前告知当家人,说明其另外找了佃客来租,同时把佃约还给当家人,并退相应的押金。

3.耕牛需"讨用",其他牲口自给

张家喂养了猪、鸡、鸭等牲畜,一年喂两头猪,一头拿来卖钱,另一头自家吃,都由熊仕秀和张义梅一起负责喂养。牲畜容易传染禽流感、瘟疫,猪生病了也没法治,不好喂,所以都喂得少。张家没有买过耕牛,牛的价格很高,张家买不起。需要用耕牛时,会去找关系好点的邻居借,也叫"讨牛"。

借一个村的,都是团里团转②的,借牛和还牛都要方便些。借牛的时候,需要背一背篓草倒在牛圈里,把牛喂饱了才能牵牛走,"牛要吃饱了才能拖动犁斗"。还牛的时候,也需要背一背篓到主人家去,这是借牛的规矩。割那一背篓草要装满,不然下次就不好借,农忙时间要喂牛吃胡豆壳。一般是当家人出面去和牛的主人说:"老哥,哪天借一下你家的牛,我犁点田嘛",主人就定好借牛的时间,因为得先满足牛的主人家,他家使用完了才会外借。搞不赢③的时候,晚上都要借牛犁田,称之为"使夜牛"。有时借一天,如果没耕完就借两天,让牛在张家歇一晚,用根绳子套在木桩上。由于偷牛贼太过猖狂,所以得专门派人守着,担心被别人牵走。牛的主人家里有三十几挑谷子,约为十多亩,忙不过来时,张家也会去帮他家做活路。

别人家里伙养喂牛的,买牛花钱是平摊。挑选牛需要"看口",有白口、羊口等,还看牛的眼睛。平时都是轮流着喂,十天一轮或者一个月一轮,这又叫"转转牛",需要用的时候去牵就行。谁家田里的水先收齐,就可以先使用,都好商量。牛也可以借给其他人,但是必须要经过大家同意,一般是借给村内的关系较好的邻居。生了小牛之后,也由合伙的几户人自己商量着喂养。长到一两岁,可以算半大牛儿,主人家还得去教它犁田,教两三个早晨就学会,有句话说的是"牛教三道④都会踩沟"。

4.农具部分自置,部分借用

张家的小型农具基本上是齐全的,每家每户都得配备,例如锄头、镰刀、泆水斗。锄头和镰刀由当家人张仁田去市场上购买,泆水斗是张家自制,由张仁田用竹条编制而成。能够自制的农具就不会购买,可以节约钱。购买哪些农具,可以和熊仕秀商量,但基本上都由张仁田

---

① 取:指不要其继续租田,将其租种的资格取消掉。
② 团里团转:指的是"附近、周围"的意思。
③ 搞不赢:指的是"忙不过来"的意思。
④ 三道:这里指的是"三次"的意思。

说了算,他完全能够做主。如果小型农具破损,凡是张仁田会修的都由自家修,不会修的则要拿到铁匠家里去修补。

张家很是欠缺大型农具诸如犁斗、耙,不能完全满足自家的生产需要。借别人家的农具不方便,每次用都得借。但是拌桶、风车这些农具置办起来很麻烦,一般小户人家都没办法购买或者自制。需要使用的时候,当家人张仁田会去找邻居借。这些大型农具不是每户都有,大家都互相借用。张家比较愿意找关系好的农户借,会更好借到。关系一般的人家不一定能借来,毕竟使用农具会有一定的磨损。外村的距离太远,大型农具扛着很不方便,所以都是借本村的。

去借农具时不需要准备礼物,也不拿钱。都是关系好的,有人情在,别人家里有需要帮忙的事情,张家也会免费去帮忙。如果他家也要使用,就让农具的主人家里先用,他家用完后再借来。大型农具必须由张家当家人张仁田去借,其他家庭成员不能出面,只能帮忙搬运。当家人需要说明借用时间和归还日期,农具主人家同意了方可借走。如果规定时间内没有用完,可以跟主人家商量,要求延迟一天再还。借来时要检查一下是不是完好,避免误会是借来用坏的。特别是拌桶,假如发现缝隙,必须及时修补好,以免打谷子时漏谷粒。归还前,要将犁斗上面的泥巴洗干净。万一借来用坏,需要赔钱,或者请人来重新制。

(二)生产过程

1.农业耕作:全家齐出力

上半年的春天,张家可以种苞谷、油菜、叶子烟、饭豆、绿豆,这是一季。下半年的秋天,栽秧、点胡豆、豌豆、大麦、小麦,这又是一季。张仁田主要是做重活,犁地、犁田、挑粪、打谷子等。熊仕秀是小脚,不能下田,女儿也不下田,女性劳动力都在家里煮饭、洗衣服、喂猪、晒谷子。家里大一点的儿子也会下田做重活,小一点的儿子就在田边打杂。家里种植什么,都是当家人张仁田安排,其他家庭成员都得服从家长的安排,也可以提意见,生产活动安排不必告知请示四邻、保甲长、家族,这都是家庭内的事。

栽秧在四月间,家里的男娃儿都要去学着栽秧。栽秧之前,先保证田里收满水,泡上三五天,使田里的土壤泡软。然后"抓边",要把田边的土挖烂,家里小一点的儿子来挖;大人负责杵,把田边堆得又高又厚,田里的水才不会漏。可以四五根一起栽下去,禾苗栽得很密。需要提前和别人换种子,用自己家的东西和别人家的谷子换。"早谷"谷种产量不高,但是味道好,八十天就会出谷子。栽秧二十天过后,要用脚板去"镐秧"[①],还有专门镐秧歌。有句话说"田里过脚板,地里过铁板",用脚镐秧以后,秧苗长得更好,长出来的谷子壳薄,米粒更大。

八月份是农忙的时候,需要打谷子。张义华负责用镰刀割稻谷把子,张义云负责递稻草把子。张仁田和邻居家的全劳力就在拌桶旁,一般需要两组,每组人同时用各自的双手拿起一把稻穗,拎过头顶,再用力拍打,经过几番拍打,谷粒便落入了拌桶里面。谷粒积累到一定数量后,将其倒入装稻谷的罗篼里。收完谷子后,熊仕秀负责晒谷子,张家的张义云、张义华负责将稻草拖到干处去晒。这些草晒干后部分要送给张家借耕牛的主人家,方便下次去讨牛,这是借牛的规矩。

张家于农历的九月间点麦子,首先把之前栽秧抓起来的田边挖开,面积会宽些。首先需

---

① 镐秧:是指把秧苗弄得稍微牢固一点。

要打坑,然后往坑里丢种子,再淋粪,撒上灰压实。九月还可以挖苕。收麦子,也先割下来,用绳子捆成一把把的,拿回家,在自家院子里坐着用木头板打麦子。面粉是张义云负责用磨子推。犁地需要全劳力张仁田去,张义云和张义华在其后面用锄头嵌、打坑。农闲时,未成年的小孩子天天都需要出去捡狗粪、捡树叶,捡回去丢在粪坑里,以后作为肥料,当时种庄稼都是用"自然肥"。

2.家户牲畜:女劳力饲养

农村有句话就说"发财人家莫丢书,穷人家里莫丢猪"。再穷的农户家里都会喂猪,基本上每家每户都有。张家只喂了两只猪,养了十几只鸡,平时把鸡蛋拿去卖钱,再用钱买油盐。鸭子养得很少,因为鸭子特别"朝食"①,喂饱了还继续吃,会费很多粮食。一般是女人来喂养家里的牲畜,张家是由熊仕秀和张义梅一起喂。

喂猪也要先砍猪草,如果红苕长好之后是喂红苕藤,平时挖苦蒿,或者是抓一些树叶,拿回来洗干净并煮熟,再混一点糠喂猪。鸡鸭也和猪同样地喂,要么用苕叶,要么用苞谷米。家里喂养的两只猪,一般是一只拿去卖,一只留着吃,有专门卖猪肉的人来收。一般是当家人张仁田出面去卖,两方商量好哪天卖,直接找人抬过去。村里没有动物医生,猪遇到瘟疫就会病死,死猪肉卖不掉,只能自己家吃。家里每年喂养的牲口数量、种类都是由张仁田和熊仕秀商量,两人共同决定。村里有骡子,专门用来运石头等重物。张家也喂过羊,为了吃羊肉,偶尔牵出去吃草,羊喜欢吃各种草,但是羊容易跑出去破坏庄稼,加之以往偷羊的人较多,所以喂着很麻烦。

3.手工业和副业:亲力亲为

1949年以前,张家的成员也从事过手工业、副业。熊仕秀会纺棉花,一般只有女娃儿才会学纺棉花,把棉花买来纺成线。张仁田会织布,一个人都可以甩梭子,不用其他人帮忙。十丈为一个白布,白布织好了拿去染色,最后再制成衣服。张仁田还会编扫帚、背篓、箩筛筐、洑水斗、簸箕等,张仁田是去别人家学会编这些的。他没有教自己的儿子学这些手艺,所以张义华和张义云都不会编东西。张仁田担心小孩子浪费竹条,一根竹子可以分为几条都是计划好的。农闲时张仁田经常出去挑东西挣钱,有时候是拿粮食回家,张家还卖过两年煤炭,主要是张仁田负责,儿子张义华与张义云也帮忙挑过煤炭。

4.家户无祖传手艺

张家也会一些手艺,诸如腌咸菜、做豆腐干、蒸呷酒等,这些都是自己家里吃,或是送礼,没有卖过钱。张仁田会的手艺较多,但是都没有教过家里的儿子。儿子想要学其他手艺,得经过家长张仁田的同意。无论当家人是男性还是女性,家里子女学手艺都需要先经过当家人的批准。

5.外出挣钱,儿子可随同

张仁田经常外出帮别人家挑东西,由于没有车子,想要寄东西到别处,全靠人力来挑。一般是挑到较远的地方,短则几天、长则十天半个月才能回家。等到张义华长到十七八岁之后,张仁田也带他出去挑过东西。家里干副业是内部的事,与保甲长和张家家族都无关,无须告知,家长决定就好。1947年左右,张家还做过煤炭生意,把煤炭厂里的煤炭挑到河对面去卖。

---

① 朝食:指的是"吃得多"的意思。

张仁田负责在厂里发货,清点煤炭数量。张义华和张义云也得随同着,张义华挑得更重,张义云由于年纪小就挑得轻。一路上跟着挑煤炭的工人,避免他们因怕重而丢煤,运到河对面的市场上后,由张义华和张义云两兄弟守着卖。这都由张仁田事先安排好,两兄弟只能听从安排。

(三)生产结果

1.农业收成,勉强自给自足

张家一年可以收获两季粮食。小麦大概种了一亩,种来自己吃,每年收成约一百二十斤。大麦只种几分地,专门用来喂猪的,收成四十斤。红苕种了两亩,可以挖两千多斤。苞谷种了一亩多,收成一百斤,水稻种了两亩,收成六七百斤谷子。除此之外,还种了白菜、冬瓜、南瓜、萝卜、胡豆、豌豆、绿豆、土豆等。张家认为影响农作物收成好坏的首要因素是天气,雨水多少会严重影响作物的生长,农村有句老话"靠天吃饭"就是这个意思;其次影响作物收成的是肥料。所以张义云从小每天都得捡狗粪和树叶积肥,没有化肥,都是靠自然肥,收成不高。

不同年份的收成变化不会太大,除非遇到干旱,谷子、苞谷会长不出来。如果遇上了灾荒年,全家人都吃得差。张家认为收成属于全家所有,因为全家人都在一起生活,在一个桌子上吃饭。全家人都很关心收成,小孩子都要派去看虫,守着玉米避免被啃。为了防小偷,晚上当家人张仁田还会在玉米地边搭椅子睡觉。粮食基本勉强够吃,可以满足自家,如果不能满足家庭的需要,内当家人会节约着安排生活,揭不开锅的时候甚至会去买粮食或者借粮食。如果遇到大丰收,超过家庭需要,剩余的粮食会拿到集市上去卖,卖了的钱就用来买油盐。取得的收益属于全家共同所有,由内当家人熊仕秀保管,由外当家张仁田统一支配。

2.家畜饲养,收益一般

张家一年最多喂过两头猪,一般是一头卖钱,一头自家吃。卖猪的钱会存一部分,第二年买小猪仔,剩余的用来置办年货,补贴家用。还会喂十几只鸡,几只鸭。平时主要是卖鸡蛋和鸭蛋,这些收入可以用来买点生活用品。家里的肥母鸡会留两只,送给老板家。其余的也会等到年末拉到市场上卖。过年会杀一只鸡吃。喂养的数量每年不会完全一样,快要解放的时候,喂的鸡鸭数量就减少了。有时候瘟疫严重,如果鸡鸭死了就不会再重新喂养,这样便不能满足家庭的需要。这些家畜的收益很少,勉强能够满足家庭的需要。收益也是由当家人张仁田支配,熊仕秀保管。

3.手工业收入微薄,副业收入可观

张家当家人张仁田会打洸水斗、编背篓、编扫帚、织布,熊仕秀会纺棉花,张仁田会编洸水斗,一天可以编一到两个,拿到市场上卖几角钱一个。除此之外,张家没有拿其他东西去卖过,基本上都是自家使用。织布做的衣服,也是自家人穿。所以1949年以前,张家的手工业收入微乎其微。

1947年张家卖过煤炭,是通过熟人介绍,和山上的一个煤炭厂合作。张仁田负责在山上清点煤炭数量,相当于是进货,然后安排工人将煤炭挑下山,再运到河对面的集市上去卖,家里的儿子张义华和张义云也会一起挑去卖。煤炭的收入形式是钱,1947年和1948年这两年的收入比较可观,因为煤炭比较短缺,很好卖。最多的时候,一年可以卖几百块钱。张家认为,家里的副业收入是属于全家人所有。收入由家长统一保管,统一支配,其他家庭成员不能掌管。

三、家户分配

(一)分配主体

1.宗族公田,村庄税款

张家在分配的时候,以家户为分配的主体。宗族不会分配,张家的清明会有公田,是整个家族共有的土地,面积不大,平时有专门的人在负责种。每年清明节张家整个家族都要去挂坟,之后会聚在一起吃饭,这顿饭所消费的粮食是公田里的。如果不够吃,要提前去购买,花费的钱也由张家家族成员平摊。长青村没有村产,不会分配粮食,唯一的分配活动是每家每户都要交的税款,还有交给国家的粮食,称为"完粮"。

2.家内展开分配

张家的家庭成员在分配的过程中,以家户作为基本分配单位,在家庭内部进行分配活动。以衣物分配为例,每年过年时,张家家里的每一个成员都能分到一套新衣服、一双新鞋。以食物分配为例,张家是同灶共食,吃饭以家庭为单位。虽然是一家人,但分家的兄弟及单独吃住的父母不能参加本家户的分配,必须要生活在一起的成员才可以。除了张家的家庭成员,没有其他人住在家里,张家请不起管家、保姆、长工和丫鬟。

3.家户分配,家长主导

张家在进行分配的过程中,完全由张家的家长张仁田做主。每天吃什么、用什么、买什么,都由张仁田来统一安排,他会和内当家商量。比如说农忙时,会安排熊仕秀稍微多煮一点饭菜。做衣服的时候,也会安排她给家里每个人都做一套。

4.家长之外,另找明白人

如果家长张仁田不在,内当家熊仕秀也能做决定。如果当家人为女性,她离家之后,由家里的长子或者兄弟来处理相关事宜。如果当家人是男性,家长离家后一般由他的妻子做主,如果长子已成年,也可由长子做主。如果当家人是儿子,他不在时,可由儿媳或者兄弟做主。

5.其他家庭成员在分配中的地位

张家的当家人张仁田在分配中具有绝对的权力,其他家庭成员处于服从地位。如果条件允许,其他家庭成员也可以提意见。例如家里儿子想额外吃一个鸡蛋,可以向内当家熊仕秀提出,能满足的情况下会答应。再者是儿媳想要买其他物件,必须征求张仁田的意见,同意后方可购买,不可擅做主张,因为家里的钱属于全家所有。

(二)分配对象:自家成员

1.家户成员享受分配

张家在分配时,张家的家户成员都是分配对象。只有"生活在同一个屋檐下,在同一口锅里吃饭"的家庭成员才能享受到分配。每次过年,张义华、张义云、张义梅、张义珍都能分到压岁钱。在平时,家里的亲戚、邻居、朋友都享受不了家庭分配,当他们家里有红白喜事的时候,对于情谊深的人家,张家会送钱和礼物,诸如面、油、鸡蛋等。情谊浅的人家,张家就只送钱。除此之外,有乞丐来家里要饭的时候,也能享受到张家当天的食物,并能拿到一小袋米。总的说来,一般情况下,张家的分配都是针对家户成员,特殊情况是少数。张家的成员都可以享受分配权,无论是老年人、中年人、年轻人还是未成年的儿童,都能享受分配。嫁出去的女儿不能享受,未出嫁的才可以。

2.分配物来源：家户收入

1949年以前，张家的分配物来源于家里的农业收入和副业收入。家里每年种的粮食、蔬菜，可供全家人吃，一年收获两季，有小麦、大麦、玉米、水稻、白菜、红苕等，都是张家生活来源的一部分。家里每年卖蛋、卖猪的收入归家户所有，张仁田出去挑东西可以得到钱或者粮食，张家后来通过卖煤炭赚取了一些收入。这些收入是张家人购买生活资料和生产资料的经济来源。

（三）分配类型：农业商业兼顾

1.农业收入：七分交租三分自留

1949年以前，张家的田地全靠租种村里老板家的田地。张家的农业收入主要是田地里的粮食收成，每年有两季，挡大春和小春，包括水稻、大麦、小麦、玉米、红苕、胡豆、豌豆、绿豆、萝卜、白菜、土豆、叶子烟等。张家租种了六亩，其中三亩田、三亩地。地租是分成租，三七开，老板家可以得七成，自己家只能留三成。在当地张家所交租金算比较高，租金是交粮食。如果遇到天干，地租也不能少交，老板会说这是写上佃约的，不会减免，就算交不齐谷子，也要交杂粮。胡豆、豌豆也一样地分成，用大斗来量。一年只交一次，大春丰收之后收，每年秋季打谷子时，大老板会派人守在田地旁边，避免佃客偷藏粮食，一般都不会藏，为了自己的名声好，下次去其他地方租种田地才会更顺利。打完谷子后，放在地坝之后就开始分。如果收成好，交完租金后剩余的粮食就多；如果收成差，也得先满足交租金。万一实在交不出来粮食，老板会把押金扣掉，把这户人"取了"，不要他们继续租种，并把房子里的东西扔出去，然后重新招佃客。

虽然张家没有自己的田地，耕种的六亩全是租的，但是张家的农业收成中也需要拿部分来"完粮"[①]。因为大老板和保甲长关系好，有钱有优势，暗中要求自家租出去的由写田户来完粮。一年大概要交一百多斤的谷子，自己拿到粮仓里去交，这算比较轻的。需要交的税很重，纳税时是保甲长上门收。每隔两三个月就要交一次，龙灯税[②]、修路税、修庙税……原来是用银圆，税款大概是几块钱。每家每户需要纳税的款额不一样，经济条件好的农户就交得多，经济差的交得少。实在拿不出来的当家人要被拉去关起来，逼家里其他人凑钱去换人。灾荒年，完粮的时候可以少交点粮食，但是税款不会减免。张家缴纳税款、完粮时，都是当家人张仁田出面处理。他没空时，可以安排家里的长子去交。

2.手工业收入：需"打行"

张家的当家人张仁田会编洑水斗，需要自己砍竹子，划成竹条来编。一天能编两个左右，拿到市场上去卖。有专门的人来收摆摊费、地皮税，大概有四五分钱，在当地称之为"打行（hàng）"[③]。一般是税务局的人来收，将其作为过年请人表演节目的公费。村里的残疾人可以不交，其他人不能少交，交的数额是有规定，如果不交，会被赶离市场而不能摆摊。这些手工业收入拿回家交给妻子，最终还是由张仁田支配，家长安排即可，不需要告知或请示四邻、家族、保甲长。张家会按照家里子女的年龄顺序来分配零花钱，大儿子多些，小儿子少些，女儿则更少。

---

① 完粮：指的是"交粮食"的意思。
② 龙灯税：过年的时候去村上看龙灯，不交门票钱。
③ 打行：是指交地皮税，在市场上摆摊，需要给负责人交一定费用。

3.副业收入:部分作为补贴

张家每年会卖一头猪,由收猪人专门来收。张家还卖过煤炭,是张仁田去当地山上的煤炭厂找的生意。煤炭厂长是董老板,可以赊账。张家每年要去给董老板拜年,为了把关系搞好还送礼物。做煤炭生意相当于是批发煤炭,自己请人挑到山下去卖,可以赚一半。中间的利润一部分拿来补贴家用,一部分作为本钱又去批发煤炭。张家在市场上卖时,也要收地皮税,称为"打行",税务局的人直接铲几块煤炭走。张义华和张义云帮忙一起卖煤炭,回来之后兜里的钱都得交出来,不能留零花钱。张义华偶尔会偷偷留点私房钱,拿去买花生吃,回家后会被张仁田批评。这些副业收入都统一交由内当家熊仕秀保管,外当家张仁田支配。

(四)内外当家,分配有分工

1.家户分配,家长安排

张家在私房钱地、衣物、食物、零花钱、缴纳赋税、租金的分配活动中,家长张仁田是实际支配者。如果外当家不在,内当家熊仕秀也可帮忙做决定。无论是男性还是女性当家,都由当家人说了算,不知如何分配时可与家人商量。

2.不允许存在私房钱地

张家没有私房地,张家的土地都是归全家所有,不能有个人的私房地。一般情况下,张家成员不会有私房钱。只有每次过年的时候,张仁田会给张义华、张义云、张义梅和张义珍发压岁钱,虽然不多,却也算是他们的零花钱。过年期间的这些私房钱,可以自行使用。除了过年,平时不能有私房钱,张义华之前悄悄存过,他卖煤炭的收入没有全部上交,放在磨子下面藏着。被发现了会受到严肃批评,并给予警告,不允许下次再出现类似的情况。

3.衣物由内当家管理

张家的衣物分配,由内当家熊仕秀管理,需提前和当家人张仁田商量,不必告知或请示四邻、家族、保甲长。每年过年时,家里的每个成员都能有一套新衣服、一双新鞋子。以前张家人没有穿过袜子。张家人先去市场上买棉花,由熊仕秀将棉花纺成线,然后张仁田将其织成布,再拿去染色,晒干后,熊仕秀再缝制。分配的时候,没有顺序,每个人都有。若在平时,谁的衣物坏了,都由熊仕秀一个人修补或是重做。家庭成员的衣服破了也不会被责骂,因为活多,衣服质量也不好。熊仕秀也去讨过衣服,去老板家背草、帮忙,然后要两三套老板子女不要的衣服回来穿。

4.分配食物,外当家可干涉

张家在食物分配中,主要是由内当家熊仕秀安排,一般是由她决定每天吃什么,自己去菜园地里摘菜。外当家偶尔会进行干涉,农忙时会要求内当家煮干饭,稍微煮多点,因为农活重,吃干饭禁饿。农闲时不用做重活,会要求煮稀饭。

(五)其他成员无发言权

1.其他家庭成员在分配中的作用

张家在私房钱地、衣物、食物、零花钱、缴税纳税、租金的分配活动中,基本上都由家长做主。张家没有私房地,所以不存在对其分配的情况。除了当家人张仁田之外,家里的内当家熊仕秀可以发挥关键作用。其他子女很少提意见,也不能擅自决定。

2.衣物分配,服从内当家管理

每年春节前,张家的内当家熊仕秀会给家里每个成员都做一套新衣服。做衣服前,熊仕秀也需和张仁田商量,因为涉及买棉花、织布一系列的问题。衣服的样式都很简单,染色一般是用黄浆或者是丝瓜水来涂上去,染成灰黄色。除了内外当家之外的家庭成员不会提意见,关于衣服的样式、颜色,完全听从熊仕秀的安排,她做什么衣服就穿什么。

3.食物分配,听从内当家安排

在食物分配中,也主要是由内当家熊仕秀安排。有时饭没煮够,人都没有吃饱。内当家会说:"中午没吃够也算了,晚上早点烧火①,早点开饭。"平时都是熊仕秀负责摘菜,偶尔外当家张仁田也能提意见,除此之外,其他家庭成员只能服从安排,煮什么吃什么。

4. 缴纳赋税,不可擅自决定

张家在缴纳赋税时,都是由外当家张仁田出面解决,完粮一般是交一百来斤谷子,自己挑到粮仓去。交税款是甲长来收,一般是几毛钱,但是小户人家一般都没什么钱,也交不出来。前期和老板商量地租,后期交租时,也由张仁田前去。如果当家人不在,需等到当家人回来再处理,因为涉及经济问题。其他人不可以擅自决定,没有发言权。

(六)分配统筹

1.根据全家需要,收支平衡

张家在分配时,会考虑到以全家人的需要为前提,当家人会尽量照顾到家里每个成员的需要。例如衣物的分配,是全家人都有份。内当家熊仕秀一般不会偏心,对家里的每个子女都一样。外当家张仁田会偏心喜爱儿子张义华和张义云,女儿张义梅、张义珍不受欢迎,这只是张仁田的心理想法,不会表现出来。但是在吃饭、穿衣上,儿女还是基本平等。

2.分配次序:食物分配第一位

张家在分配时,会优先满足地租赋税,再满足自家消费。地租方面,有佃约为证,即使收成不好,老板还是会收地租,不能不交或者少交。如果实在交不了,老板会扣掉押金。赋税方面,每家每户都必须交,没钱也必须借钱交,否则当家人会被拉去关起来,还会收额外的灯油钱。交完地租和赋税之后,才会考虑自家消费。张家在分配自家产品的时候,首先会满足食物的分配,其次才是衣物。

3.分配规则:部分成员有别

张家在分配时,没有什么一定的规则,基本上都是平均分配,全家人都需要照顾到。家里的长辈有一定特权,诸如吃饭时,会先给家里的长辈盛饭,之后再给其他人盛,这是尊敬的表现,是必须遵守的规矩,"长辈为大"。吃饭时长辈动筷子之后,晚辈才能动筷子。家里的孕妇有一定特权,分配食物时比常人稍微丰富一些,会单独给孕妇弄有营养的食物。家里的病人也会受到特别照顾。对于这些分配,其他家庭成员不会有反对意见,都能理解。平时当家人在吃和穿上,和其他家庭成员是一样。除了日常分配外,张家也有额外的分配,诸如家里买的烟酒,家庭成员不会对其产生怀疑。如果年景不好时,家里饭菜不够吃,会优先保证外当家张仁田吃饱,因为他要做农活,比较耗费体力,不吃够就挖不动地。

(七)分配结果

1.家庭分配的比重

由于张家的田地全是租种而来,所以每年都要交租。收成中有七成都需交给老板家作为

---

① 烧火:在农村指的是"煮饭"的意思。

租金,剩余的三成留着自己家消费。除了农业上的收入,家里还有手工业和副业上的收入。张家大部分分配都是食物有关,全家人每天都要吃三顿饭,食物分配所占比例很高。少部分用于衣物的分配,因为衣服一年仅一套。关于零花钱的分配,屈指可数,所占比例极少。家里的分配基本上能够自给自足,偶尔不够吃不够穿,张家会去借钱买。

2.无人反对分配结果

1949 年以前,张家还未分家,所以对于已有的分配结果,张家的其他家庭成员不会提出不同意见。儿子和儿媳即使不满,也不敢提出来。家长在分配的时候是有一定计划,不会随意分配。

3.根据收成,家长调整

张家每年的分配结果不会都一样,还是有差别。分配由家长来安排,家长会根据每年家里的粮食收成、副业收入来决定分配的数量和质量。因为收成和收入每年都会有一定变化,所以分配结果也会跟着调整。

四、家户消费

(一)家户消费及自足程度

1.家户消费基本自足

张家在 1949 年以前,无法核算清楚一年的花销具体是多少。一般说来家里的花销不会太大,因为吃的粮食基本上都是自己种所种,衣服消费全靠自己缝制,人情消费也不多。张家的消费水平,在村子里算比较差,但是勉强能够维持生活。偶尔会遇到收成不好、粮食实在不够吃的情况,这时全家一方面需要节约着吃,另一方面也会外借粮食。支出的比例大概会占到总收入的九成或是十成,收入基本上都会被消费掉。

2.粮食自产多而外购少

1949 年以前,张家每年的粮食收入,需要拿七成作为租金交到老板家去,其余还需交一百斤谷子"完粮",剩下的均用于自家消费。大部分的粮食都来自土地,少部分粮食需要外购。总体上来说,生产的粮食勉强够吃,偶尔会不够。张家平时都吃得很节约,农忙时才会煮干饭,平时都是吃稀饭,里面米很少。不能维持的时候,需要当家人张仁田去关系好的邻居家里借粮食,大家都是一个村的,借和还都方便。一般是借一升,大家都是按升计算,不是按照斤数计算。假如邻居家里也没有多余的粮食可借,张仁田会去借钱,自己用钱去市场上买。一般不会找老板家借钱,因为他家比较黑心,是高利贷,按"对脚板利",借一元需要还两元,借一斗粮食需要还两斗。如果是在老板家里借,需要请人来写借条,算作为凭证。

3.食物消费:油盐需外购

1949 年以前,张家每年食物的消费无法具体计算。蔬菜这一类的食物,全靠自家土地里生产,不必购买。蛋也是自家喂养的鸡鸭所产,大部分拿去卖,张家人吃得很少,只有家里成员在过生日当天可以吃鸡蛋,家里每个人都要吃一个煮蛋,不会吃煎蛋,避免浪费油。需要外购的是油、盐、肉。张家所用油全是猪油,每次只放一点,菜里只能看见一点油,用得很节约。盐也是需要买的,吃得不多,每次炒菜、煮汤只放一点。张家偶尔会买肉吃,肥肉要便宜些,四五角钱一斤,一个月只能吃一两次肉。油和盐都是吃完了再去买,一次不会买太多。假如哪天家里突然来客人了,外面买不到,就去邻居家里借一杯盐或是一杯油,张家人之所以都用杯子去借,是为了归还时有个量的参照。

4.衣物消费:家长亲自缝制

张家的衣服都由内当家熊仕秀缝制,过年时家庭成员每人一套。棉花是由外当家张仁田去市场上购买,弹匠会先搓成一捆一捆的。张家有织布机和纺棉花的机器,拿回来就由熊仕秀纺棉花,将棉花纺成线。张仁田会织布,就由他把线织成一块一块的白布。接下来需要将白布染色,有剩余的收入时,会拿到染坊里去染,没有剩余收入时,自家就用黄浆和丝瓜水混在一起抹在衣服上,晒干后衣服颜色是灰黄的。最后由熊仕秀缝制成套,这些布料也用得很节约。上衣普遍都比较短,刚好遮到肚子,衣服一般没有衣领,熊仕秀认为衣领浪费布料,即使穿烂还得继续穿,穿补丁衣服很常见。1949年以前张家人都没有穿过袜子,鞋子也很少有,基本上靠"打赤脚板",冬天脚上要长很多冻疮,严重时路都走不动。以前也有借衣服的情况,大人才会去借,向村中家里条件稍微好点的借一套像样的衣服,穿着去吃酒或者是看媳妇。不能把借来的衣服弄上污渍,最多借一天,洗干净了才还。

5.住房消费:自修草房

1949年以前,张家住的草房子是张仁田自己花钱所修。陶屋(客厅)、灶屋(厨房)、茅斯(厕所)都是齐全的,卧室有三间,勉强能够满足全家人的居住需要。本来只有两间,后来兄弟姐妹多,就把其中一间大点的卧室隔开,用竹子条夹上席子,混点枯草和泥巴固定住,为隔板,就多增加了一间小卧室。一间张仁田和熊仕秀夫妇用,一间张义云和张义华用,另一间小的就归张义梅和张义珍用。如果家里来客人,就只有"搭铺",自己家里挤不到,当家人可以去邻居家搭铺睡,不用搬床去,直接去睡就行。没有人到张家来搭铺,因为草房子太"撇"①,加之张家小孩子多,别人也知道睡不下。

6.医疗消费:请不起"先生"

1949年以前,张家的成员生病较少,就算生病也看不起医生。偶尔会得点"寒病",是受凉引起,遇到发烧的情况,用两三床厚棉被盖严实,等到出汗之后自己就会好。又可以称医生为"先生",隔很远的地方才会有个医生,早上去叫医生来家里看病,一上午都不一定能请回来。看病非常贵,有些病要吃西药,还得借钱去买。有时候没钱弄药,只有鼓捣②病死。张家有个女儿是"出天花"后去世。还有一种情况,叫"出私药",是指私人借钱帮别人买药,但不用别人还,一般是家里条件不错的,有能力并且愿意帮忙的好心人才会"出私药"。

7.人情消费:凑钱"坐席"

1949年以前,张家每年人情消费的具体金额因年代久远而无法核算。一般说来,人情消费不会太多,占总体消费的比重较少。亲戚、朋友、邻居家的红白喜事,都需要去"坐席"③送情④,诸如嫁女儿、接媳妇、过生日、满月、丧葬等。关系非常亲近的,不仅要送钱,还得送礼物。若是遇到嫁女儿的人家,要"添香",指的是准备两套小孩子衣裳和袜子来送礼,也可送对角帕。遇到丧葬,就送一捆纸、蜡烛、香、火炮,送了礼物之后就可以少送点钱。都会有专门的人收情,用记账簿将其记录下来,方便以后回礼。

---

① 撇:方言,音译,指"差、不好"。
② 鼓捣:方言,指的是"被逼"。
③ 坐席:指的是"吃酒"。
④ 送情:指的是"送礼"。

张家平时卖了粮食的钱,就存放在家里,累积着留来送情用。一般是送"五角",原来用的是小钱,用绳子拴在一起的。有人情在,再穷都要送情,"讨口子①都有两个知心朋友",拿不出钱的也要借钱还礼。只有大户人家才会有请帖,一般人家不会发请帖,要去请别人,因为"请者为贵",当家人必须去别人家里亲自通知。

8.红白喜事,勉强办酒

张家的红白喜事消费是一般水平,都需要办酒。关于婚嫁,最正式的一次是张义华迎娶刘艳琴,由于时间是在 1949 年以前,关于婚嫁的旧规矩很多,接媳妇要置办"抬盒"②,被褥、衣服、箱子、柜子等,办酒也是一笔大花销,张家的亲戚都会被请过来吃酒。

关于丧事,1949 年以前,张家只有张义云的姐姐因病去世,出天花而无钱医治,由于去世时还未成年,所以办得不正式。假如是成年人去世,一般白事花销最大,需要买棺材,要招呼"抬脚"③抬棺木,还要给唱孝歌的人打发钱。有些穷人家里,遇到有人去世,都抬不出去,没钱安葬,只有到处去化缘讨钱。关于生子方面,1949 年,张义华和刘艳琴的儿子出生后,张家办了满月酒,花销不是很多,满月酒不需要太多帮工,只是请厨子办席。张家基本上都能维持红白喜事,勉强可以办酒。家里实在没有钱,也会借钱办酒这部分消费很有必要,如果不办会被其他人取笑。

9.维持不了教育消费

张家只有张义云一个人上过学,其他人均没有读过书,张义云的二哥张义华对此一直不满,但也无奈。"皇帝爱长子、百姓爱幺儿"这句话,在张家教育方面比较明显,只让家里最小的儿子读书。张义云连续两年都正月间去,三月间就辍学,加起来一共上了六个月的学。一方面是因为家里有农活,需要劳动力。另一方面是因为家里太穷,经济条件不允许读太久。学费是一学期一斗④米,算下来一斗有二十五斤。需要买笔和墨水,不用买砚台,张家是用烂碗的底部当作砚台,随便磨一下就可以拿来用。过节还要请老师来家里吃饭。

10.拜神消费:不可或缺

张家每年的拜神消费是不可避免的,这是全村人都要支出的部分。1949 年以前,拜神消费主要包括土地庙会、清明会、拜菩萨、拜祖先等。每年的土地庙会,张家全家人都能去参加,但是得交一定的粮食,中午会在庙里吃一顿斋饭。清明节当天,张家家族办清明会,只有家里的男性家长才能去,挂完坟就聚在一起吃顿饭,这之前每家每户都要交粮食。

(二)家户消费,本家户承担

张家在消费时,主要是由本家户承担。不会由村庄或者是宗族负担,这些开销一般是用于家庭内使用,外人无权干涉。

粮食消费是家里一项最多的消费,一部分交租之后,剩余的全家人省吃俭用,勉强捱过一年,即使粮食不够吃也由张家人自己想办法,无论借或是买,外人都管不着,也不会负担张家粮食消费所产生的费用。其次是食物消费,油盐肉都是当家人张仁田去集市上买,自家出钱,不会由家族或村庄支付。再次是衣物的消费,每年过年,家里成员都可以得到一套新衣

---

① 讨口子:指的是"叫花子、乞丐"。

② 抬盒:结婚时男方给女方的聘礼,是用大盒子装,需要两个人抬,因此称为"抬盒"。

③ 抬脚:一种职业,是指专门抬棺木的人。

④ 一斗:一斗为五升,一升有五斤。

服,也是由家长安排,统一消费。关于住房消费,张家在 1949 年以前,一直是住的草房子,由家长张仁田找人帮忙修,不需要村庄或者是家族承担任何费用。

关于教育消费,张家不能供所有子女都读上书,只有张义云这一个儿子去上过学。学费是一斗米,由张家家长负责凑齐。学费完全由户家承担,正是由于张家条件不好,所以张义云两次辍学,不存在家族或者村庄帮扶的情况。关于人情消费,张家每次都是由当家人张仁田去"坐席",他就代表张家去送礼或钱,不需告知四邻或是保甲长。若是自家遇上红白喜事,需要办酒,得请各方亲戚来"坐席",其中所花费的钱均由家户自行承担。

(三)家长在家户消费中的地位

1.家户粮食消费,家长安排

张家在粮食消费活动中,由家长安排,可以和内当家熊仕秀商量,不需要告知四邻、保甲长和宗族。南方主要种稻谷,混合一点小麦。交租之后剩下的粮食才是自家的,全部由当家人计划如何消费余粮。如果收成好,勉强够吃一年,如果收成差,不够吃时得去邻居家借粮食,这些也是张仁田出面处理。家长不在家的话,会提前安排好家中长子或是内当家来做主。家中请了代理当家人的,则完全交由代理当家安排。

2.家户食物消费,内当家计划

张家在食物消费中,主要是由内当家熊仕秀计划,平时煮饭烧菜全是她负责。蔬菜这一类全靠自给,种什么吃什么,每天煮饭之前,熊仕秀会去自家地里摘菜回家。蛋靠自家喂养的鸡和鸭提供,少部分自家吃,很大一部分都会拿去卖。卖的钱又用来买油和盐,家里的油盐全靠买,肉也需要外购。外购可以由她本人出去购买,也可安排家里的张义华或是张义云去购买,至于买什么、买多少都由熊仕秀提前交代好。煮多少肉、炒菜放多少油和盐,也是她来计划。

3.家户衣物消费,家长做主

张家在衣物消费的活动中,由外当家张仁田和内当家熊仕秀共同安排。毕竟新衣服一年只有一套,家长会满足家里每个成员的需求。最开始的棉花需要外购,买来的时候是条状,熊仕秀会将棉花用机器纺成线。再由张仁田用织布机将线织成一块一块的白布,白布需要经过染色并晒干后,才能进行最后的缝制环节。买棉花的钱是由张家支付,外购时不需要告知四邻、保甲长或家族。

4.家户住房消费,家长决定

1949 年以前,张家的草房子由当家人张仁田决定修建,不用征得外人的同意。木头和枯草都不用花钱,只是请木匠、石匠等工人需要花费一笔费用,这些钱均是张仁田出去挑东西所挣来的,自己决定如何使用。"草房三年不修要漏雨",每隔三年就需要翻修,泥巴、竹条和枯草不用购买,自家补修就行,不需要和四邻、保甲长或是家族商量。

5.家户人情消费,家长出面

遇到别人家嫁女儿、接媳妇、满月酒或是丧葬,张仁田都会送礼物或是送钱。人情重的需要既送礼物又送钱,人情薄的只用带礼物即可。张家每次需要出去吃酒,都是张仁田一个人去,规矩是只有男当家才能吃酒,不需要告知或请示四邻、家族、保甲长。置办礼物花费的钱,都是张家自家所有,消费由全家承担。

6.家户红白喜事办酒，家长处理

张家在张义华和刘艳琴结婚、生子时，都办过酒，需要请家里的亲戚朋友来吃饭。请厨子，请帮工，买菜、肉、酒等都是花销，所用的钱均由张家承担。一般是由张仁田出马，外购和请客人都是他去交涉，家里的杂事则由熊仕秀经管。家里的钱是两个家长共同支配，所以完全由家长安排。

7.家户教育消费，外当家有权

张家的教育消费活动，由张仁田做主，他决定家里哪个儿子去读书，需要和内当家商量，不用告知四邻、保甲长或者家族。张义云上了六个月的学，一学期的学费是一斗米，约为二十五斤米。张仁田认为幺儿子更聪明，所以安排张义云去读书，所需的米也是张仁田准备，并送到老师家里去。

8.家户医疗消费，家长安排

张家的医疗消费活动，也完全由张仁田决定。如果有家庭成员生病，当家人张仁田会根据病情的轻重程度，决定是否请医生。如果只是感冒之类的小病，用土办法解决就好。但若是遇到家人生重病，需要请赤脚医生来看，能医治好的张仁田会想办法凑钱，医治不了时就只能等死。家里的医疗消费占很小的部分，医疗条件有限，家里经济条件也有限。

（四）家庭成员在家户消费中的地位

张家在粮食消费方面，只有当家人张仁田能起决定作用，除此之外，其他家庭成员都处于服从地位，不能擅做主张。平时家里有多少粮食，张仁田都关注着。假如粮食不够吃，需要出去购买，购买多少也由他说了算，毕竟张仁田掌握着经济大权，对于家里的生活有一定的计划。不存在谁先消费、谁后消费的说法，大家都是一样的吃。

张家在食物消费中，可由外当家张仁田和内当家熊仕秀共同商量，但主要是内当家做主。实际消费中，不存在谁先消费、谁后消费的说法，大家都是一样的吃。无论是男性当家，还是女性当家，兄弟当家还是儿子当家，食物消费都是由家中实际煮饭者安排，当家人可提意见，其余人则服从安排，"煮什么、吃什么"。

张家的衣物消费是由内当家熊仕秀决定，但是外当家也要一起安排，因为需要张仁田外出买棉花。纺线织布也由两位家长完成，其他家庭成员帮不上什么忙。家长是根据家里的经济条件决定，每个家庭成员一年只能有一套新衣服。假如有人感到不满，也可以提意见，不过一般不会被采纳，所以不能擅做主张。当家人会顾及所有人，没有谁先谁后的问题。如果在平时，有成员的衣服不小心划破，熊仕秀可以为其修补，不到过年是不会做新的衣服，张家所有人的衣服都是"补疤衣服"①，东一块西一块补丁。

1949年以前，张家的住房消费比较少，不是每年都有，只有修草房子那一年才产生了一些费用，是由外当家张仁田出钱来修房子，张仁田既要决定修房屋的经费，又要出劳力。熊仕秀可提意见，除了这两个家长，其他家庭成员都不能起决定作用。修好之后，张家所有家庭成员住在一起，不存在消费的先后顺序。

张家的人情消费，都由当家人张仁田安排，其他家庭成员做不了主。比如说每年会去给老板家拜年，要送呷酒、肥母鸡、猪肘子，送这些礼物都由张仁田准备。别人家有喜事或者过

---

① 补疤衣服：是指缝了补丁的衣服。

生日要请客,张家是张仁田一个人去"坐席",也要送礼物或是钱,送什么、送多少都由张仁田决定,其他家庭成员不会插手。如果钱不够,借钱都会去。在实际消费中,不存在消费的先后顺序,只要是别人家请,当家人都会去的,因为熟人之间的情谊很重要,需要还人情。

张家的红白喜事消费由外当家张仁田和内当家熊仕秀一起安排。张义华和刘艳琴结婚时,张仁田家即男方的亲戚,都由他自己去请,熊仕秀娘家的亲戚,则是熊仕秀亲自去请。遇到需要办酒的情况,当家人都会待在家处理,不会外出。如果当家人是女性,可由她去请客人,也可安排家中男性家庭成员出面。办酒时家里都有一块"情簿"[①],上面记录了哪家哪户送的情,下次别人家请客就还一样数量的礼。

张家只有张义云一个人读过书,这是由当家人张仁田决定,其他人都没法改变。张义华对此非常不满,他一直坚信"皇帝爱长子,百姓爱幺儿"这句话。经常向张仁田和熊仕秀提出自己的意见,希望也能读书,但是都没用。家里需要劳力,加之支付不起两个人的学费,所以张义华只能服从安排。

张家的医疗消费,全部由当家人张仁田安排,其他家庭成员听从当家人安排即可。一般遇到有人生重病,张仁田会请赤脚医生来看病。但是张家有一种传统的"重男轻女"想法,女儿的命要贱些,男娃儿的命更宝贵。所以如果是年景不好时,会优先让男性看病,其次是女性。

五、家户借贷

(一)借贷单位

1.本户借贷情况

1949 年以前,张家经常会找别人借钱,也借过粮食。家里很穷,耕种的田地数量又不多,如果遇到收成不好的时候,交完租之后剩余的粮食就很少,到年末时经常会不够吃,就只有找别人借,如果借不到粮食,就会选择借钱去买粮食。如果家里有红白喜事,即使是灾荒年份,也要去借钱。相对说来,借钱的时候比借粮食多,因为自家种了粮食,大部分时间都还能维持。只有粮食不够吃时才会去借,而家里其他事情比较多,借钱可以自己去购买需要的东西。

2.借贷单位:家户

张家在借钱的时候,是以一个家庭为单位,因为借来的钱是用于家里的各种事务,借的时候家长张仁田会说"张家屋里……""王家屋里……"类似的话。借钱的时候都是当家人出面去借,更有说服力,可信度较高,其他家庭成员不具有代表性。还钱也是当家人去还,因为家长张仁田掌握着家中经济大权。1949 年以前,张家不会以个人的名义借,也不存在与好几家人一起借贷的情况,也没有以村庄为单位借过钱。

3.家庭统一借贷

张家都是以家庭为单位统一借贷,由外当家安排。正月到二月之间,家庭生活会都比较困难,正是栽秧的前两个月,余粮往往不够吃,而新一季的粮食还没有种出来,这期间就得借钱或者借粮食。不需要告知或请示四邻、家族或是保甲长,自家做主即可。如果家里有人生病,有时候也得借钱治病。如果是小家庭去借,关系非常亲近才借,关系一般的人家不愿意

---

① 情簿:专门记录人情账的本子,举办红白喜事时用来记录亲戚所送的礼物。

借。张义华和刘艳琴结婚之后,想要借钱的话,就会选择找亲戚借,别人不会借,担心小家庭的人借了不还,因为在没有分家时,还是张仁田当家,他说话才能算数。

4.个人无法借贷

1949年以前,张家没有出现过个人单独借贷的情况。原来都是大家庭生活在一起,在一个桌子上吃饭,借贷都得以家庭为单位,因为出去借钱或粮食是为了全家人,而不是为了某一个人。以家户的名义借,同理也以家户的名义还。如果是个人去借,别人不一定会借。

(二)借贷主体

1.家长实际支配

1949年以前,张家在借贷中,当家人张仁田为实际支配者。如果张仁田不在家,需要借小东西时,诸如一杯油、盐,熊仕秀也能做主,作为内当家,说话也有一定分量,但是假如是借大东西,或者借钱数量较多的情况,这必须要张仁田出面才能借到手,当家人有一定信用度。

2.无委托借贷

张家没有家长委托家庭成员借贷的情况,如果未经家长委托,家庭成员不能去借贷。张家在借贷中,除了家长之外的其他家庭成员只能服从安排,不能擅自决定,也没有借贷的资格。

(三)借贷责任:家长为第一责任人

如果是大家庭借贷,由当家人张仁田担负主要责任,一般都是"谁借的由谁去还"。家里的其他成员出面还不一定能借到,所以张仁田是第一责任人。还贷时虽是他出面,但也是以家户的名义,由于借来的物品或钱财由全家共同使用,自然也由全家共同还贷。家庭之外的其他人没有责任还贷,家族也没有责任还贷。

如果当家人不在,可由内当家熊仕秀出面借贷,家里其他成员一起帮忙还贷,全家都有责任。对于借贷的责任没有分组,不会让某个具体的人来还。一个家庭内的成员,大家互相帮助,彼此扶持。

(四)借贷过程

1.借条为证,家长署名

1949年以前,张家在借贷过程中,需要抵押的情况极少。一般说来,张家作为村里的小户人家,都是小数额的借贷,而小数额借贷是不需什么物品来抵押。借钱的时候需要写借条,找人来写,识字的人少,就请先生写,要写清楚谁借了谁家的钱,标明借的数额,以及借的日期和准备归还的日期。最后还需要签字,按手印也有效,需要写两张,署名的是两方当家人。

2."养儿莫担保"

如果向不熟的人家借贷,需要找证人才行得通。这种证人会帮忙介绍,也称之为"保人",他的作用在于担保、作证。需要找关系好的熟人来担保,担保的目的是让借贷过程更加顺利,担保可以取得借出方的信任。因为如果到了归还期限,这户借钱的却还不出来,主方就找担保人要。农村有句话,"养儿莫担保,养女莫当小",前半句俗语的意思是指,儿子不要去给别人担保,风险太高。完成手续之后,借进方会请借出方喝酒,介绍人也一起去吃酒。一般是借半年,或者一年,期限由双方商量。

3.用钱组织——"摇会"

村里有钱会,又称为"摇会",专门有个"会所老爷"在管,每家每户都要交钱,张家也不例外。哪家哪户有孩子考学考上,或者是有人家里嫁女儿、接媳妇,钱不够用时,都能到钱会组织去凑点钱。钱会是让大家在用钱的时候可以互相调节。不是所有人都可以参加，是自己自愿，关系比较好、互相都信任的人才会组织到一起。家里是当家人张仁田出面去参加。

(五)还贷情况

1.借粮还粮，欠债还钱

还贷的时候，张家当家人是将钱送到对方家里去。一方交钱，一方交借条，就算还清。张仁田一般是在庄稼收了过后去还，先要把粮食拿到集市上卖，卖了才能有钱还。借钱就还钱，借粮食就还粮食。也不会存在借玉米还小麦的情况。假如是借的大户人家的钱，却非要用粮食还，借出方会把粮食折价算，比市场上的价格低一些。比如说小麦在市场上能卖到三角钱一斤，在大户收回时就变成了两角钱一斤，这就不划算。

2.到期不还，付双倍利息

保人会在将近归还日期时提醒借进方还。超过了约定归还的期限，需要如实加算利息。更有甚者，假如不能按时还出来，后果便是最开始只借了一元，需要还两元。如果是"以工还贷"，劳动的工资非常低，借方更加吃亏，不存在用劳力还贷的情况。所以很多人在还不起时，宁愿选择又去找另外的人借，用借来的钱还。还钱的时候，借条需要拿给原来借钱的人，避免以后再问借方要钱。极少数不还的人都没良心，基本上不存在不还的情况，乡里乡亲互相熟悉，不还也不好意思。

3.父债子偿，夫债妻偿

父亲借了债，如果儿子已经成年，可由儿子帮忙一起还。丈夫借了债，妻子也能帮忙一起还。如果当家人有一定的劳力能够赚钱，有足够的收入，这时儿子或者妻子都不用帮忙。假如父亲不在世，首先应是妻子帮忙还，在妻子偿还不了的情况下，再由家里的儿子和儿媳们帮忙偿还，其次是家中的女儿和女婿。

六、家户交换

1949年以前，张家在进行经济交换时，是以整个家庭为单位。所有的交换活动以张家的外当家张仁田为代表，内当家偶尔也可进行交换活动，其余小家庭可作为补充。一般是以集市贸易为主。

(一)交换单位

1.家户交换为单位

张家没有进行过家户之间的交换，如果缺什么东西，要么买要么借，不存在换的情况。因为两种东西的价格不相同，交换起来不方便。张家所进行的经济交换，都是在赶场的日子进行，地点在集市上。主要是由当家人张仁田进行统一安排。需要与内当家熊仕秀商量，不用告知或请示四邻、家族或保甲长。如果张仁田不在家，可以由妻子熊仕秀做主，外出时还是由大儿子出面比较方便，女性出门比较少，一般情况不会抛头露面。

2.家户无小家和个人交换行为

在没有分家之前，张家的小家庭不可以单独开展经济交换活动。因为当家人是张仁田，交换活动都由他在安排，一切由他说了算，张义华和刘艳琴的小家庭也受他的管理。家庭内的个人也不能单独开展经济交换活动，家长也不会同意。

(二)交换主体

1.当家人交换

张家在交换活动中,当家人张仁田是实际支配者。如果当家人不在,与家务和食物方面有关的,可由内当家熊仕秀说了算,除此之外的事情,家里长子张义华可以安排。但如果非常重要,就必须等到张仁田回家后再处理。

2.当家人委托交换

张家在开展经济交换活动中,可以由家长委托家庭成员进行交换。家里需要卖鸡蛋,或者买点油盐的时候,张仁田如果有其他事要忙,会安排儿子张义华和张义云去,这些小事情能放心交给两兄弟去做。不需要记账,拿到市场的东西大概能卖多少钱,张仁田对此心中都有数,卖的钱拿回来需要交给家长。

3.其他家庭成员交换

在家户中,除了家长之外的家庭成员都是处于从属地位,没有资格擅自进行交换。只有当家人张仁田将任务分配下来后,其他成员才能进行交换。当家人不在时,小事由熊仕秀做主,大事由长子张义华和熊仕秀共同商量。

(三)交换客体

1.当家人与集市打交道

张家购置物品的时候,基本上都是在集市上进行,因为每逢三六九赶场当天,市场上进行买卖的人都多。张家是当家人张仁田作为代表和集市打交道,什么时候去集市以及去哪个集市,由张仁田决定,他有空时可亲自去,没空时安排熊仕秀或是张义华去赶场。草沟子(地名)是个集市,离张家不远,走路几分钟就到。张家人赶场当天,一般会先做一早上的农活,八九点再去市场上,差不多到中午才回来。卖东西时的价格由当家人说了算,他也是根据市场上的价来。

2.买卖粮食,家长为主,儿子为辅

长青村有专门的粮食市场,有条街上都是卖粮食的人,在房子门前摆一排,那里可以遮雨,避免把粮食淋湿,大家用口袋和背篓装好摆出来。区别于卖猪牛的市场,卖牲畜的全都在一个宽敞的"坝坝"①里。

摆摊卖粮食,需要"打行"②,交一点粮食给专门管理的人,算作是地皮费。买卖什么粮食及买卖多少粮食都由张仁田说了算。张仁田没空时,会安排张义华和张义云去市场上卖,背着背篓或者提着麻布口袋去。如果二人未经授权,那么既不能随意去粮食市场上,也不能擅自和粮食市场打交道。张仁田会提前把价格说好,例如卖鸡蛋,两分钱一个,张义华和张义云就必须卖家长规定好的价钱,否则回家了会被批评和挨打。他们在没经大人同意之前不敢便宜卖。也不敢偷藏私房钱,必须如数上交。

3.流动商贩,极少打交道

当地有流动商贩,在当地称之为"挑子"③,但是张家极少与流动商贩打交道。村里的"挑

---

① 坝坝:四川方言,意为平地、平原、空地。又叫坝子。
② 打行:是指在集市上摆地摊的人都需要向管理者交钱。
③ 挑子:是指挑着东西卖、四处跑的商人。

子"会挑着商品到处跑,一般卖些盐、茶叶、白布等。由于张家离市场很近,赶场也十分方便,所以极少与"挑子"打交道。偶尔家里来客人,急需买一些盐,就会向"挑子"购买。也需要讨价还价,主要由张仁田出面讲价,因为家里其他人不太懂行情。张仁田也可以安排家里其他成员去买。

4."人市"买卖劳力,家长讲价

1949年以前,农忙时节,有专门的人在市场上卖劳力,这样的地方叫"人市"。一般都是有劳力的青年或中年男性,需要带上家里的打谷架子,摆在市场上,其他人一看架子便知道是卖劳力。栽秧和打谷子的时候,都会有人需要劳动力。看到打谷架子后,就去和当事人咨询他家里劳力的数量,还要商量一天的价钱。双方协商好之后,就去买方家里吃"做田早饭",意思是先做一早上农活,再吃早饭。张家庄稼不多,自家人够种,所以没有去过"人市",这是听村里其他人家说的。一般是只有当家人才能出面去"人市"找劳动力,因为涉及讲价的问题。

(四)交换过程

1.货比三家,实惠至上

张家在进行交换活动时,存在货比三家的情况。若是在市场上购买东西,则需看当天去赶场的人是谁,一般说来,谁去买东西就由谁比较价格。不一定非要张仁田去比较,如果安排的熊仕秀或者张义华,就由这些家庭成员处理,选择购买最实惠的。

2.熟人交换,值得信赖

张家在赶场当天,经常会遇到熟人,因为在一起赶场的有很多都是本小队的。买东西时,会优先考虑和熟人打交道,有人情在,互相之间有一定的信任才会进行交换。除了当家人张仁田,熊仕秀也可以和熟人打交道,不用得到当家人的授权。假如遇到熟人讲价,也会适当降低价格。

3."摸手"出面,负责讲价

当地有专门帮忙砍价的人,当地的叫法为"摸手"①。因为"摸手"会把买方和卖方都拉到一旁,悄悄打手势,或者是通过抠手板心来比画价格,整个过程都是在背后完成。算是砍价人的一种赚钱的方式,以卖牛为例,他给卖家比画说他负责卖出八十元,但是给买方定价为一百元,买方与卖方不会直接接触。最后牛主人只得到了八十元,剩余的二十元钱是"摸手"讲价赚取来的。

4.过斗过秤

张家在交易过程中,遇到卖粮食时,会提前在家里用斗、秤,量好了之后再背到市场上去卖。由当家人张仁田负责过斗过秤,经过安排后,家里的张义华和张义云也可以帮忙。不会缺斤少两,都比较诚信。

5.赊账还账

在买卖时可以赊账,但必须要关系好的人才能赊。张家一般情况下都不会赊账,会带着钱去买东西。在市场上,割肉的时候可以赊账,因为没有办法保鲜,猪肉不方便冷藏,卖肉老板希望赶紧卖出去,会主动拿给熟人,不用马上给钱,直接让其先赊账。收账也没有什么讲究,下次赶场再给钱就好。只有当家人才能赊账,未经家长同意不能单独赊账,其他家庭成员没有说服力,家长的信任度更高。

---

① 摸手:当地一种职业,负责与买方和卖方讲价,从而赚取中间差价。

第三章 家户社会制度

在家户婚配方面,张家有婚姻规矩,一是不允许同姓结婚,二是结婚顺序必须按照年龄大小,兄长优先。关于婚配标准,张家的婚姻讲究门当户对。婚配过程由家长张仁田安排。关于生育情况,生儿育女是每个家庭必不可少的,生育目的是养儿防老,张家有重男轻女、早婚早育、多子多福的观念。关于家户的分家与继承,经济负担引发了父子矛盾,因此张家于1949年分家。成员共同商议,和平分家,之后各个小家庭作为独立的单元。关于继承,继承内容多为家产,家长指定继承者,只有家庭内部成员才享有继承资格,主要是儿子继承。在过继方面,由于无力抚养,张家于1938年出继了家里的三儿子张义世。过继时不分亲疏,也没有固定顺序,过继的形式由家长决定,出继者没有任何选择的权利;在家里内部交往上,父子、婆媳、夫妻与兄弟之间的关系较和谐,问题偶有发生,矛盾也不可避免,总体说来家庭成员之间彼此照顾、互相陪伴。张家与邻居、亲戚、朋友之间相处融洽,有事时互帮互助,礼尚往来,假如发生冲突,以家户为单位,由家长出面处理,外人也可协助解决。

一、家户婚配

(一)家户婚姻情况

1.家户婚姻详情

1949年以前,张家有八口人,其中有两对夫妻,即四个人已婚。张家的第三代已婚,张仁田娶妻熊仕秀,并生下三个儿子和两个女儿。张家的第四代张义华娶妻刘艳琴,生下一个儿子;张义云未成年,所以未婚;张义梅和张义珍未婚;张家第五代张礼刚未成年,尚未结婚。当地的光棍被称为"光杆",张家没有"光杆",成年男子都已娶妻。张家没有人守寡,也无人离婚。

熊仕秀娘家在渠县屏西乡,离天星镇有四五十里路。张仁田从小就被过继到亲戚张曾树家里,张曾树就为张仁田说了一门童养媳婚姻。由于熊仕秀家境贫寒,她十三岁时被父母亲送到了张仁田家里,等到成年了才完婚。张家不允许同姓结婚,认为一个姓就称为是自家人,"哪有人嫁到自己屋里去的"。如果是一个村的,可以结婚。通婚没有限制的范围,不局限于村庄。家庭人口规模对婚姻没有什么影响,除非是条件稍差一点的家庭,儿子容易娶不到老婆。子女多的家庭,结婚时必须按照年龄的先后顺序来,假如家里老大没有结婚,老二不能先结婚。如果没有按照年龄顺序,老大以后就结不了婚。

2."篾门对篾门,木门对木门"

张家的婚姻要讲求门当户对,用土话说就是"篾门①对篾门,木门对木门",得与和自家经

---

① 篾门:音译,指的是"用竹子条条编制而成的门"。

济条件比较相当的人成婚。大户人家一般是和大户通婚,小户和小户通婚。男女双方家里田地要能匹配上,女方都会问男方家里有多少挑谷子。张仁田和熊仕秀的家庭条件差不多,张义华与刘艳琴的条件也比较相当。姑娘家的婚姻,如果是"从糠①箩篼跳到米箩篼",就算遇到好人家,是一段好姻缘。

(二)婚前准备

1.全由当家人权衡

张家的适龄儿子娶媳妇都由家长提出来。张义华成年之后,外当家张仁田和内当家熊仕秀就为其安排婚姻大事。张义华和刘艳琴的婚姻,是由张义华的大姑(张仁田的大姐张仁贞)说的媒,刘艳琴是张仁贞家嫂嫂的女儿,需要沾亲带故才能说媒。说媒成功之后,还要给媒人家里拿肉。

张义华的婚事,他自己表示同意,因为他觉得自己是时候该结婚了。张仁田要帮张义华和刘艳琴"合八字",如果两个人的八字比较合,才能相处很久。张仁田和熊仕秀还会去看日子,看看哪一天是良道吉日。张家会告知保甲长,请他结婚当天来家中喝喜酒,保甲长也要送情,只不过送得比较少。如果家里三代同堂,是父亲说了算,而不是爷爷说了算,因为爷爷和孙子之间毕竟隔了一代,原则是上一辈人管下一辈人。

2.婚配标准:男女方各不同

1949年以前,张家娶媳妇的要求由当家人来提,希望女方家里尽量能和张家经济条件相匹配。关于长相,只要看得过就行,主要是人能干,会煮饭洗衣、做鞋绣花,家务活样样精通是最好的,身体的健康没毛病,年龄不能比男方大。通常是未来婆婆负责去看女孩子,男性当家人即公公不出面。一般女方对于男方的要求,首先是看家里的田地有多少、房子情况,其次是看人的勤劳程度,会不会做农活,还有性格德行,能干的男孩子比较受欢迎。

3.婚姻目的:传宗接代与防老

1949年以前,结婚主要是为了能够传宗接代,生育后一代,可以为长辈养老。不是为了追求个人的爱情和幸福才选择结婚,结婚都不是自己能够做主。男女方结婚是为了延续香火,也是为了整个家庭,家里添了人口,就相当于增加了劳动力。"积谷养鸡、养儿防老",也是为以后的养老问题做好打算。至于大户人家之间的通婚,可以扩大本家族的势力,本来大户人家就有钱有势,双方联姻,也算匹配。

4.禁止个人自由恋爱

张家绝对不允许自由恋爱。针对女娃儿的规矩很多,其中就有不准出门,只能在家里待着,即便出门也不能走太远,不会见到同龄的异性,所以没有机会自由恋爱。无论大户还是小户,都禁止自由恋爱,全部只能靠媒人介绍。即使已经定了亲的,在未结婚之前,男孩子和女孩子也不能会面,只有结婚当天拜堂时才能看清楚人。所以很多人结婚后怄气就有这些原因,不晓得对方是不是癞子、"坨子"②。个人根本没有选择的权利,当地普遍认为媒人介绍的姻缘比较稳当,所以更容易成功。

---

① 糠:稻谷外壳磨成的,专门用来喂猪。
② 坨子:指人的背骨很弯,背上有一坨鼓起来,形象不好。

5.结婚要"过礼"

1949 年以前张家儿子娶媳妇都要下聘礼,当地的说法叫"过礼"。一般是女方自己提出来,不会当面与男方交涉,而是通过媒人作为中介,女方告知媒人后,媒人再通知男方准备聘礼。过礼当天会用"抬盒"①抬到女方家里去。张家的张义华结婚时,过的礼有半边猪、一只羊、十把面、五斤面粉、两只鸡、两只鸭、两条大鱼干,还有一套"露水衣",是结婚当天新娘子敬酒时要穿的衣服。比较穷的人家聘礼很少,结婚前一天,家长就挑到女方家去,避免结婚当天出钱请人抬。大户人家是"四鸡二鹅""全猪全羊"、大床、大桌子、大箱子、大柜子,东西多样。

不同儿子结婚的聘礼都不一样,因为女方的自身条件不一样,她们提的要求也不相同。例如张家张义华,娶的妻子是刘艳琴,她娘家的条件比较好,加之结婚是在 1949 年以前,所以形式多,过礼也多些。张义云娶蒋云碧的时候,就没有过很多礼,蒋云碧娘家里条件很一般,所提的要求很简单,准备起来都不麻烦。张义云对张义华也没有什么意见,都能理解。送到女方家里的礼物,新娘子只带走衣服、箱子之类的物件,桌子板凳这些大物件都留给娘家的人用。

结婚之前也需要定亲,请人来看日子,看哪一天适合定亲。选好之后,双方要请客人来家里吃酒,告知亲戚朋友一声,家里的子女已定亲,另一方面也可以避免再有媒人来说媒。定亲过后,两方也不能互相走动。结婚过后第二天还要"回门",男方陪女方到娘家去,不用带礼物。当地基本上没有悔婚的情况。"男三千,女八百",假如男方提出悔婚,想要退掉女方,男方需要给女方三千元钱,如果是女方想要悔婚,则需要给男方八百元钱。

(三)婚配过程

1.结婚方案由家长制定

在婚配中,张义华的结婚方案由当家人张仁田制定。张义华的媒人是张仁田的大姐,也由张仁田安排,他拜托张仁贞帮张义华留意合适的女子。说好之后,张仁田的妻子熊仕秀,亲自去女方家里看过刘艳琴,了解情况之后才决定的婚事。当地还有个关于结婚的规矩是,结婚前公公不能看儿媳,只有婆婆能见。定亲过后,会给媒人一笔"谢媒"②钱。此外,还要请厨子、帮工,这些都由张仁田出面处理。

小户人家结婚请客,都不用写婚贴,直接由当家人挨家挨户亲自去请。大户人家一般都会写请帖,署名是当家人的名字。除此之外,大户还会在村里比较显眼的位置张贴一张大布,写明自己家里要办喜事,邀请村里的人都去吃酒。具体的婚配过程也都是当家人说了算。如果是三代同堂或者四代同堂的大家庭,儿子的婚事由父亲决定,而不是爷爷决定,各管一代人。

2.其他家庭成员服从

在婚礼过程中,张家除了家长之外的家庭成员,都不能做主,只能听从家长张仁田的安排。请客办酒,需要去别人家里借桌椅板凳,其他家庭成员都要帮忙去搬。三世同堂或者四世同堂的大家庭,婚礼的各种事情主要由大家长来安排,其他人可以帮忙,家中长辈也可提意见,但是不能擅做决定。

---

① 抬盒:男方送到女方家的聘礼。
② 谢媒:是指婚事定下之后,用于感谢媒婆的费用。

(四)婚配原则

1.结婚次序:从大到小,兄长优先

在张家,结婚必须按照年龄顺序来,这是规矩。有好几个兄弟的家庭,必须让老大最先结婚,他结婚之后,其他兄弟才能考虑结婚,从大到小。如果先让年龄小的结婚,别人会误以为老大有很多缺陷,才一直娶不到老婆,之后媒人都不会再给老大说媒。不按顺序来就破坏了规矩,怎样都说不清。大户人家也有这一规矩,必须按照年龄来。

2.结婚花费,各有不同

婚礼所花费的主要是钱,其次是粮食。具体花费无法核算。张家娶媳妇的时候,过礼不仅花钱也花粮。好比粉、面、鸡、鸭、鱼、鹅、衣服等。家里有的诸如粉、鸡、鸭,就不用买,如果家里没有的礼物就需要购买。张家两个儿子的结婚费用不相同,张义华的过礼要丰富很多,因为娶的妻子刘艳琴家里条件比较好,提的要求高一些。而张义云的妻子蒋云碧家里条件稍差一些,要求不是很高。

一般说来,大户人家在结婚上的花费比小户和中户都要多得多,大户讲究风光、体面。例如大户会请很多人,敲锣打鼓一整天,表现出热闹,结婚前的过礼;小户只有两个或者四个"抬盒",几个人就能抬走;中户有六个或者八个"抬盒",而大户是十个以上,十二个或者十六个"抬盒",走在路上都是一大队人。还有办席的数量,大户会请全村的农户都去吃酒,上百桌席,桌子都摆很远,还要分几轮坐,小户只会请自家亲戚朋友来吃酒。花费的钱都由大家长支配,实际上应是由全家承担,因为用的是家里的钱。

(五)其他婚配形式

1."结小媳妇"

(1)结小媳妇的原因和条件

张家并没有纳妾的情况,但在当地其他家庭有纳妾的情况,在当地的叫法是"结小媳妇",也有说法为"结二门"。有以下情况才会结小媳妇,一种是男子之前的妻子不能生孩子,或者是一直没有生儿子,这种大多是男方希望能有一个儿子,才会结小媳妇,另一种情况是因为家里的大老婆生重病快要去世或者已经去世,需要结小媳妇来冲喜。结小媳妇,对男方来说,没有什么恶劣影响,但是对小媳妇的名声不好。所以纳妾只能纳家庭条件比较差的,家庭条件好的女子绝对不会同意嫁给一个有大老婆的男子。嫁过去之后容易受到大老婆的排挤,另外村里其他人也会有不好的议论。大户更倾向于结小媳妇,大户家经济条件好,愿意嫁去的人也多,一般要结年轻的小媳妇,而中户相对要少一些,小户则基本上没有。张家过继到老板家的三儿子张义世,就曾结过小媳妇,原因是大老婆一直没有生育,结二门为自己家传宗接代。

(2)家长做主

如果想要结小媳妇,一般都是男人自己提出来。假如他是当家人,由他决定就好,需提前同内当家商议,内当家无权干涉,一般都会同意。假如他不是当家人,首先需要和大家长商量,因为涉及用钱的问题,但不需要请示保甲长、家族,这是自家的私事。

(3)嫁约与结约

结小媳妇时需要写一份嫁约和一份结约,相当于办个手续,嫁约由女方保管,结约由男方保管。请先生来写,写明某人和某人在哪一天结婚。在契约安排上,大户和中户没有什么不同,多子女的与少子女的家庭也没有什么不同。三代同堂的和四代同堂的大家庭,由于家长不同,所以在家长署名处有区别,因为大家庭的家长是年老者,例如爷爷辈的,具有一定权威。

（4）婚姻花费

结的小媳妇如果是未出嫁的女子,则需要过礼,男方要给女方娘家拿粮食、衣裳、箱子柜子等。如果是娶结过婚的妇女,就不用过礼,只给她家里的亲戚打发钱。结小媳妇也要办酒,但办的酒席不多,只请内亲来吃饭。结二门时,小媳妇坐轿子到了男方家里后,大老婆会逼着男家发愿①,小媳妇不能和男家拜堂,而是和家里的大老婆拜堂,之后还需和大老婆一起睡三个晚上,才能同男家一起。

2.“送干棒棒”

1949 年以前,童养媳现象非常普遍,在当地的叫法是“送干棒棒”,也可说为“送干女儿”。熊仕秀,是张仁田的童养媳,因为熊仕秀家里太穷,子女又多,实在是养不起她,所以她才十几岁就被送到张仁田家里。熊仕秀也是通过媒人介绍的,张仁田家长找媒人帮忙,媒人就四处询问谁家要送女儿出去。找到之后,媒人帮忙介绍,让双方自己来协商。

童养媳没有年龄规定,只要是未成年就被送到男方家里去,都为送干棒棒。最小的只有八九岁,最大的有十五六岁。未成年之前,只是由男方家里提供吃的和住的,不算一家人,还得做各种家务活。在男方家里长到十八岁成年之后才能圆房,圆房后才算真正结婚。

送干棒棒不用写契约,直接由女方的家长将其送到男方家里去就行。结婚当天需要办酒席,招呼亲戚来吃饭,男方女方的公公叔爷都要请,这些花费都由男方家里承担。这不用过礼,本来就相当于让男方家里帮忙养女儿,女方娘家也不好意思要粮食和礼物。在当地送干棒棒是很常见的事情,所以不需要告知保甲长、家族,自己处理就好。

3.改嫁的“过婚嫂”

张家并未出现妇女改嫁的情况,长青村其他家庭存在。当地改嫁的妇女被称为“过婚嫂”②,是嫁到另一个男人家里去。女方愿意改嫁的原因,一般是家里的丈夫去世,家里小孩子太多,自己维持不了基本生活。改嫁前,女方一直住在婆家,因为还需照顾丈夫的父母亲。愿意娶过婚嫂的男方,家里条件一般都比较差,一直娶不到老婆,就拜托媒人介绍。“过婚嫂是边说边讨”③,也不像“闺婚”④规矩大,要随意一些。张义云的舅妈就改嫁过,第一次是嫁到张家,第二次改嫁到付家,嫁过去姓名就改,相当于入户。

出嫁前需要“出灵办符”,给之前去世的丈夫烧纸,因为不再供在家里。过婚嫂出嫁当天,前婆家(是指已去世丈夫婆家的人)会守着,不让她抓神台子上的香灰。出门前必须换新鞋子,有句话说:“过婚嫂穿过的鞋子要是扔出去,崖都要垮。”把沾有晦气的鞋子扔掉,新娘嫁过去后才会更顺利。婆家会把她堵住,要给了钱才能让她走。自己走过去就行,不会用轿子抬。过婚嫂自己可选择要不要带儿子去男方家,被带去的儿子叫作“随娘儿”⑤,是指前丈夫的

---

① 发愿:发毒誓的意思。

② 过婚嫂:指不是第一次结婚的妇女。

③ 讨:在这里是指娶老婆的意思。

④ 闺婚:黄花闺女的婚姻,是指娶未出嫁的女子的婚姻。

⑤ 随娘儿:是改嫁带过去的儿子。

孩子随着娘一起到新家去。儿子去了也会被歧视，"抱养的儿子得一半，随娘儿光眼看"[①]，和娘一起到新家的儿子，分家时都分不到一点庄稼。

改嫁过去也要写婚书，由叔爷婶娘这些亲戚来写，一式两份，男方和女方各保留一份。过婚嫂时不用过礼，不需要准备"抬盒"，只需给她家里的亲戚打发钱。不办典礼不拜堂，但是要办酒席招呼客人，不会大量请客，两三桌即可。这些花费都由男方家里承担。关于是否改嫁，前婆家的家长可以为其做主。为了能维持生活，为了能把儿子养大，一般女方本人都会决定改嫁。改嫁需要和娘家、婆家的亲戚商量一下，不用告知四邻、家族、保甲长。"天上要下雨，地上娘要改嫁，儿有啥法"，一旦决定要改嫁，家里的儿子也阻拦不了。

4."招郎"

1949 年以前上门女婿主动住进女方家里，在当地叫作"招郎"[②]。张家并未出现招郎的情况，一般是只有女儿、没有儿子的家庭才会"招郎"，例如家里只有两个女儿，如果其中一个女儿嫁出去之后，另一个女儿就需要"招郎"。之所以"招郎"，是因为家长希望以后家里有人替他们养老，如果全都嫁出去，就没人管家长。上门女婿进入女方家之后，需要改姓，改为女方家的姓。很多男子不愿意成为上门女婿，一方面是自己的名字被改，另一方面是上门女婿会被人笑话，说成是"葩耳朵"，是怕老婆的意思。入赘之后，女方家族还可能欺负他。招郎对于男方的要求，尽量能门当户对，经济条件差一点也不碍事，因为女方家里条件比较好，所以不存在维持生存的问题。对于男方的兄弟、父母情况没有太多要求。尽量是本村的最好，不是本村的话也能将就，只要男方身体健康，能干重活就行。

是否招郎主要由家长决定，也要提前和女儿商量，女儿同意才能"招郎"，自家的兄弟也管不了。招郎不需要跟家族族长商量，不需要请示保甲长。家长和女儿说好了之后，就会找媒人帮忙。招郎不用写契约，男方自愿去的女方家，没有什么争议。结婚的时候要办典礼，还需要办酒席，请家里的亲戚来吃酒，顺便让家族内的人都知道某家招郎，要给男方重新取一个名字，改名换姓。办酒席花费的钱和粮食均由女方家庭承担。

一般说来，只有大户才会选择"招郎"，大户家里经济条件够资格，才会有人愿意入赘进去。男方都比较倾向于入赘到大户人家去，也有人入赘到中户和小户。除非是家里兄弟太多，经济条件又差，田地和房子都不多，这种人娶老婆就显得非常困难，无奈之下会选择入赘。去当上门女婿，相当于是送一个儿子到女方家里去，这些主要是由家长安排，但是也需要征得儿子的同意。

(六)婚配终止

1.休妻

1949 年以前当地也存在休妻的情况，但是比较少见，张家没有人休妻。原来结婚都没有结婚证，丈夫说不要就可以不要妻子。休妻有些是妻子方面的原因，诸如她不能干、不会做什么家务活，或者是不能生育，因此丈夫嫌弃她。有些是因为丈夫方面的原因，诸如男方花心，看上其他女子。有的家庭休妻是婆婆的原因，婆婆如果看不惯媳妇，就会有意激化和媳妇之间的矛盾，说女方没出息、好吃懒做，逼着儿子休妻。但是假如女方已经生育孩子，休妻的可能性会大大降低。

---

① 光眼看：是指只能看着，没有分家产的资格。
② 招郎：是指招上门女婿。

其他人家里若是休妻,由男方当家人做主,不用经过保甲长或是家族的同意。休妻需要写休书,男方请人写,娘家人不用到场。休妻之后不会分粮食,但有补偿费,"男三千,女八百",如果是男方主动休掉女方,男方必须要给女方三千元钱。三千元在1949年以前相当于一笔巨款,所以只有大户人家才会出现休妻的情况,小户和中户人家都拿不出这笔钱,即使看不惯女方,也要容忍。子女多的家庭不容易出现休妻的情况,因为孩子无论跟着哪一方都很可怜。如果跟着男方,容易被继母虐待,如果跟着女方,就称之为"随娘儿",也会被男方家中人嫌弃。

2.守寡

1949年以前守寡的人被称为"寡母子"①,张家没有寡母子。其他家庭存在,有些是丈夫生重病,无法医治而身亡。有些是拉壮丁被拉出去就没有回来过,杳无音信。张家没有守寡的情况,张家所在的长青村守寡的人也比较少。子女比较多的小户人家,丈夫去世过后,家里的基本生活难以维持,单靠一个女人养不了家。守寡的妇女,如果子女比较少,自己就勉强能够养活。但即使养活不了的,女人也很少会选择回娘家,因为女儿是"泼出去的水",回娘家后不一定受待见。这种情况下,一般会将子女送到别人家里去。女儿就送给别人当"干棒棒",儿子就送去当上门女婿。不需要告知保甲长、家族,家长可以自行决定。如果是大户人家,就不存在送子女给人家养的情况,大户家里守寡的妇女能够分到应属于丈夫的一部分财产,不会难以生存,如果是生育了儿子的妇女还会受到特别照顾。

二、家户生育

(一)生育基本情况

1.生育概况

张家后人只知道,张家第二代有一个男丁,名叫张曾浩,至于是否有其他兄弟姐妹,张家后人不清楚。张曾浩娶妻王传菊后,生下张家第三代,有两姐弟,按照年龄大小分别为张仁贞、张仁田。张仁贞外嫁,张仁田娶妻熊仕秀。张家第四代,有八兄妹,按照大小顺序分别为张义堂、张义华、张义世、张义海、张义梅、张义云、张义珍、张义文。全是张仁田的子女,其中大儿张义堂当兵牺牲,三儿张义世过继出去,四儿张义海和幺女儿张义文均生病去世,最后只养活了两儿两女。张家没有丢弃、溺婴、买卖子女的情况。在人口上,张家算是村里的小户,在儿子没有娶媳妇之前,一直都只有五六个人生活在一起。一般说来,大户往往家里人口都比较多,因为经济条件比较好,即使生病也有钱来医治,也不会将子女过继出去,自家完全能够养活。

2.其他生育情况

张家没有未婚就生育孩子的情况,1949年以前,结婚生子的规矩都很大,家长绝对不会允许子女未婚就生孩子。从小就被送到男方家里的童养媳,虽然一直待在男方家中,但是未成年之前相当于家里的佣人,必须成人之后才圆房,结婚之后才能生育孩子。

(二)生育目的与态度

1.养儿防老,延续香火

张家认为生育最重要的目的是传宗接代,为家里延续香火。生儿育女是家庭必不可少的,每个家庭都需要经历生儿育女的过程,一代接一代,家庭才能壮大、延续下去。"积谷养

---

① 寡母子:是指丈夫已去世,未再次结婚的妇女。

鸡,养儿防老",这句俗语是说生育儿子,还有个重要目的是解决家长的养老问题。"我养了你小,你就要养我老"。

没有孩子的家庭,两个家长会将家里的田地、财产全部交到清明会上,也是由家族保管。以后去世,就由清明会来安葬他们。但是这种情况非常少,一个孩子都没有的家庭,会通过结小媳妇、抱养等办法让家里有孩子。如果是家里只有女儿,没有儿子,一般也会想办法抱养儿子回家,家里也会像对待自己的亲儿子一样对待抱养回家的孩子,"带人①就要带好,带人就要靠人"。生育的儿子养大之后,就成了家里的劳力,可以帮忙一起做农活、搞生产。

2.重男轻女的传统思想

1949 年以前,大家普遍都有重男轻女的思想。如果家里生女儿,就说"背时"②,生儿是好事,因为"生儿是往屋里抬,生女是往外面抬",儿子始终是自己家的,养大了可以为自己养老。女儿长大之后要嫁出去,是别人家的人,辛苦养活那么多年,结果最后给其他人的父母养老。生儿子还能为家里种田种地,是家里的主要劳动力,而女孩子不怎么出门,也做不了重活,地位很低,"成不了器"。

3.非婚生育极其丢脸

张家认为,没有结婚就生育是一件非常丢脸的事情。张家不存在这种未婚就生孩子的情况。外人对于这件事情也是一样的看法,关于生育的规矩特别多,如果没有先经过结婚的程序,别人会说这种人没有教养,家长教得不好。所以提前生育孩子,也会让当事人非常难堪,破坏了传统规矩,毕竟大家思想都较保守。"丑事传千里",当地人在背后议论也是常事。

4.早生儿子早享福

张家的儿子都是成人后才能结婚,男子往往都是二十岁左右。张家女性最早也是十八岁才结婚,虽说之前有过童养媳婚姻,但是由于存在没有办法维生的情况。张家一直都按照规矩来,必须要成年后才能办结婚仪式,之后才能生育孩子。村里其他人家结婚也普遍早,最年轻的十四岁就结婚生孩子,结婚早的农户家里孩子一般生得也多。之所以结婚早,是因为俗语都说"早栽秧早打谷,早生儿子早享福",希望早点把儿子养大,自己就会轻松一些。

5.多生多育,多子多福

张家倾向于多生,张仁田和熊仕秀前前后后就生了八个孩子,最后存活下来的只有四个。张家认为家里儿子越多越好,因为"多子多福"。生育孩子的数量都没有规定,有几个女儿都无所谓,当家人在意的是儿子的数量。假如家里有儿子,家长出去说话做事都能抬起头,如果全是女儿要遭人笑话。家里儿子多的普通农户,往往在儿子小时候,生活会很困难,因为人口多维持起来费力,"儿多娘儿老子苦"。但是一旦等儿子长大就会变的,家长也要轻松些。有些人家里生两三个,有些生七八个,也有生十几个儿子的。村子里,儿子多的人家不一定全是大户,小户也有生很多儿子的。总之,家里一定要有儿子。

6.小户生育更多

在张家所在的村庄里,无论是大户、中户还是小户,都有重儿轻女的思想,认为生儿子比女儿好。此外,各户也都有早婚早育的倾向,因为早生儿子可以早点享福。但是在生育数量方

---

① 带人:是指抱养儿子的意思。
② 背时:方言,指"倒霉"的意思。

面,不同的家庭略有不同,小户家庭比大户家庭更倾向于多生,子女少的家庭比子女多的家庭更倾向于多生。

(三)生育过程

1.生育数量由家长决定

张家决定是否要孩子,是由两个家长共同决定。一般怀上了就会生下来,两夫妻的想法都一样,就是希望儿子越多越好。熊仕秀生的孩子虽然多,但是存活下来的只有一半,所以张仁田认为生得多些,留下来的孩子也就多些。

2.孕期照顾不可少

张家妇女即使是怀孕了也需要干活,前几个月和平时干一样的活儿,割草、打谷子、晒谷子、挖苕、洗衣服等,五个月过后,就开始做稍微轻巧的活儿,例如镐草、打麻、煮饭、喂猪等,打麻可以坐着弄,不需要太费力。平时没有专门的人来照顾孕妇,自己注意就行。吃的东西会比平时有营养些,但是也没有多好,毕竟家里没有多余的钱财,经济条件不太好,只够勉强生存。

3.不请产婆,自家接生

1949年以前,村里都没有接生婆,张家也从来没有请过产婆。妇女快要生育之前,会把剪子、开水之类的准备好。一般是由家里的婆婆帮忙接生,假如婆婆不在的话,要么请姐妹,要么就自己想办法。生了之后,直接用剪刀把脐带剪断。孩子生下来第三天要"洗三儿"①,全身都要挨着洗,如果不洗好,容易生疮毒。洗干净之后用菜油抹在身上,避免蚊虫叮咬。

4.家户承担生育费用

张家在生育孩子上所需要的费用,都由整个大家庭承担,不会由某个个人单独承担。一般花费在小孩子的衣物和妇女所需额外吃的营养食物上,诸如醪糟、鸡肉、蛋等等,小孩子的衣服需要提前置办好,一般是自己买布来缝制。

5.坐月子,休息四十天

一般情况下,有婆婆照顾的媳妇,就由婆婆负责煮饭洗衣,四十天不做活,偶尔可以在屋里煮饭。没有婆婆照顾的妇女,生完孩子三天过后,自己就要开始煮饭。坐月子期间不能出门,避免吹风受风寒,在饮食方面也会有照顾,坐月子期间妇女比平时吃得好些,能喝上炖鸡汤,还要吃醪糟煮蛋,这是最补身体的东西。

6.不同家庭,生产过程有差异

一般说来,大户人家的孕妇在怀孕期间,基本上不用干活,"十指不沾阳春水",都是以休息为主,平时还会请专门的人来照顾孕妇,这些待遇是小户和中户人家所不可能出现的。张家所在的村庄,1949年以前,确实没有专门接生的产婆,主要是靠自己,大户人家虽然不请产婆,但是会请有经验的妇女帮忙接生,会给报酬。坐月子方面,产妇会坐满四十天甚至更长,期间有人照顾,饮食方面吃得比小户中户都要丰盛。

(四)生育仪式

1."打三朝",满月酒

妇女生第一个孩子之后,都需要"打三朝"②,不分男孩女孩,只要是头胎,家里都会办酒

---

① 洗三儿:一种老规矩,孩子出生第三天,需要清洗全身。
② 打三朝:孩子出生后,为表示庆祝,邀请亲戚朋友到家吃酒的一种仪式。

席。妇女娘家里的亲戚都要过来吃酒,带的礼物包括醪糟、鸡蛋、面、肉等。亲戚都要送情,送二十个蛋或者十把面,也可以给新出生的小孩子缝一套衣服、披衣、包头(裹在头上的),"穿要穿娘家的"。娘家即女方的亲戚会提前商量好,一起去女方家。所有的礼物都会在打三朝当天送过去,还要专门请人挑,醪糟缸都很大,还要用红纸封好。满月酒是专门放在小孩子满月当天,家里大办酒席。不请保甲长,即使请,他也不会来,保甲长一般都是男性,不太方便。俗话说"男的不吃月母子①酒",男的不能在打三朝当天去吃酒,这是老规矩。需要提前几天请客,才会有人来"坐席",一般是当家人亲自去请,必须当面说好。小户人家只有两三桌客人,大户为了气氛热闹会请很多人,他们有能力办很多酒席。客人走的时候不用回礼。

2.举行仪式,办席庆祝

张家认为,举办生育仪式的目的是为了庆祝新生儿的出世,家庭从此新增了一名成员。另一方面,因为妇女生完孩子之后,就会陆续收到亲戚朋友的贺礼或是现钱,需要通过办满月酒这种形式来回馈、请客吃酒。

3.家户承担仪式费用

举办生育仪式所需要的费用均由家户承担,不会由个人承担。家里的经济大权掌握在当家人张仁田手中,任何支出都需要经过当家人的同意。举办仪式算是家里的大事,也由他来统一安排,因此是由大家庭负担费用。

4.大户仪式隆重,排场更大

在生育仪式上,不同类型家庭存在明显差别。大户人家,满月酒当天也会请自家的朋友亲戚来吃酒,但是大户请的范围更广,村子里的人基本上都要去送礼"坐席"。办酒的桌数更多,开席之前要放鞭炮,还会请主持人说几句话,搞得很正式。三世同堂、四世同堂的比一般的小家庭更热闹,因为到场的亲戚会更多。

(五)孩子起名

1.当家人起名

一般给小孩子起名,都是由当家人来起。1949年以前,张义华和刘艳琴结婚之后,一直是家长张仁田当家,张义华第一个儿子的名字是张仁田所起。生了之后才起名字,如果是生的女孩,就起女娃儿名字,如果是生的男孩,就起男娃儿名字。起名字不用和谁商量,叫着顺口就行。都要按照辈分起大名,外面的人都是叫学名。

2.大小名,各一个

张家的名字都是按照辈分取,例如仁、义、礼、志等,张仁田的姐姐叫张仁贞;下一代有张义堂、张义华、张义世、张义海、张义云、张义梅、张义珍;家里子女都有个小名,方便家里父母称呼。张义华的小名是"四林",只是为了方便叫,没有特殊意义。张义云是家里的第五个儿子,家长都叫他"五儿",张义珍的小名就叫"张丫头"。大名都是家长自己来起,不会请人起名字。有一本家谱,上面记录了每一代的辈分,假如家长不知道辈分的话,可以去翻看家谱。

3.大户起名有程序

张家认为起名字不需要文化,这些小户给孩子起名都比较随意,只要好听、叫着顺口就行。大户给孩子起名相对要复杂一些,有一定程序。生下来之后,要请教书先生来,根据家谱

---

① 月母子:是指坐月子期间的妇女。

的辈分,起相应的名字,还需要将其中的寓意讲给家长听,经得同意之后才确定。子女多的家庭起名字比子女少的家庭更加随意,不讲究什么特殊意义。

三、家户分家与继承

(一)分家

1."树大要发芽,儿大要分家"

(1)家长提出,外部成员无权干涉

张家在1949年分家。分家是由家长张仁田所提,家长认为结婚之后就应该分开居住,家里人口增多之后,相比较于之前的小家庭,各种事务都更难协调。而张义华和刘艳琴也很想分家。决定分家的事情不需要告知或请示四邻、家族、保甲长,不用和外人商量。家庭外部成员可以影响家庭分家,比如说家里的叔爷婶娘,会提建议。如果建议合情合理,会有一定影响。除此之外,保甲长和家族都不能影响家庭分家。

(2)经济负担,引发父子矛盾

张家分家的主要原因是经济方面的,而这些正好激化了张仁田与张义华之间的矛盾,所以分家就成了必然。张义华与刘艳琴结婚生子之后,家里就多了人口,从食物消费到衣物消费再到人情消费,支出都大于以往的小家庭。而张家经济条件本就不好,所以家里负担变得越来越重。没分家时钱财由家长保管,支出也由家长分配。大家庭人口多,各方面花费都大,比如说人情消费,家里儿媳妇的娘家亲戚有红白喜事,都需要去送情,如果不分家,儿媳妇只能找家长拿钱出来。

还有一件事也使得两父子关系不好,解放前两年,张仁田送张义云去上学。这让张义华很是不满,他也想读书,但是张仁田不愿意让他去,说他没有弟弟张义云聪明,只适合干农活。于是张义华一直认为"皇帝爱长子,百姓爱幺儿"这句话说得很对,认为张仁田偏心于张义云,对此事耿耿于怀。所以兄弟二人之后的关系一直很紧张。

张义华结婚之后,就和刘艳琴合伙偷懒,他俩不愿意做家里的农活儿,经常到娘家去玩。农忙时宁愿去帮刘艳琴娘家打谷子,也不愿意帮张仁田打谷子。加之刘艳琴挑嘴①,总抱怨婆婆熊仕秀煮饭不丰富也不好吃,婆媳关系也不太好。内当家和外当家都看不惯这两个年轻人,所以决定干脆分家,各过各的日子。

(3)儿大要分家

1949年以前,不是每户都会分家,也有很多大家庭一直在一起生活。也有一句俗话说"树大要发芽,儿大要分家"。一般分家是因为家里儿子长大成人并结婚后,容易出现婆媳矛盾、家庭经济纠纷。张家是在张义华结婚两年过后才分家,刚好是1949年。分家后,自己挣钱自己用,儿媳妇娘家亲戚需要送情时也由后辈自己去送,小家庭单独生活在一边,可以避免很多矛盾。

(4)不同类型家庭的差异

关于分家的原因,不同家庭存在差异。子女多的家庭比子女少的家庭更容易分家。在子女多的家庭中,关系更复杂,更容易滋生矛盾,大多是因为婆媳矛盾、妯娌关系不和而分家,

---

① 挑嘴:挑食的意思。

子女少的家庭,容易因为经济方面的原因而分家。家长觉得管着费力就会主动提出要分家。

2.分家资格,部分成员享有

(1)家庭内部成员才能分家产

儿子分家的时候,家里长辈都会给儿子分家产。一般情况下,仅仅局限于家庭内部成员,家庭外部成员没有资格分家产。因为家里的财产属于家庭所有,只有其家庭成员才能有支配权。但是有一种特殊情况,如果家里一个孩子都没有,家长会选择把家产送到清明会上,由清明会上的人来负责给此人养老,余下的钱还可用于家族事务。

(2)分家资格,部分人享有

张家的家庭成员中,只有张义华、刘艳琴和张义云享有分家的资格。张义华和张义云均为张仁田的儿子,儿子能分家产。刘艳琴嫁给了张义华,算是家里的儿媳妇,也有资格分家产。至于张义梅和张义珍,由于是女儿,一个已经嫁走,一个虽未出嫁却迟早会嫁出去,所以都不能分家产。上门女婿可有资格,因为他入赘后就改名换姓,以后是要帮岳父岳母养老的,自然能分到一笔家产。过继的儿子和小媳妇生的儿子,都能同样地分家产,但是改嫁带去的儿子不能分家产,"抱养的娃儿得一半,随娘儿光眼看"。分家产都是采用"阄号"①的方法,哪块地都是提前分好,抽到什么就是什么,家长也不会故意偏向于某个人,每个有分家资格的小家庭都是均分。

(3)不同家庭在分家资格上的差异

在分家的资格上,子女多的家庭与子女少的家庭情况都一样,三世同堂、四世同堂与一般的家庭也差不多,只有家庭的部分成员才有分家资格。儿子都能分到,但是嫁出去的女儿不能分,"女儿连瓦都分不到一匹"。

3.大户需见证,同吃分家饭

大户在分家的时候需要请见证人到场,大家一起吃一顿分家饭。都由家长亲自去请,一般请家里的内亲,不用带礼物,只需要吃顿饭就行。这些来吃饭的亲戚都是分家的证人,大家就知道这户人分家,不必担任何责任。除了父亲之外的其他家庭成员不可以安排见证人,必须要家长出面请的才作数。家庭外部成员也不能安排证人,如果安排也没用。小户不同于大户的地方是,分家的时候自家决定,说分就分,不用同外人商量,不会请证人吃分家饭,由于小户的经济条件有限。

4.商议和平分家

张家在分家的事情上,主要是由家长张仁田做主,外当家需和内当家共同商定。其他家庭成员需要服从家长的安排。如果家长都已去世,可由家里的长子带动其余儿子,"长兄为父,长嫂为母",一起来商量分家的事,如果儿子都未成年,则可以请叔爷婶娘帮忙。

一般情况下,其他家庭成员不能在分家的事情上做主。但是如果有不满意的地方,可以适当提意见,诸如分家的时间、分家所分得家产的数量,家长不会同意不合理的意见,不会让其做主。

张家分家都是不吵不闹、安安静静地分家,没有成员闹不满。村里也有很多在分家时吵架打架的家庭,外部成员可以参与其分家,主要是家里的内亲,在分家遇到矛盾时,可以让内

---

① 阄号:抓阄、抽签的意思。

477

亲来帮忙缓和矛盾,亲戚会说公道话。无论是子女少的家庭还是子女多的家庭,在分家问题上,始终是由家长说了算。

5.小户无契约,大户有分家单

张家分家的时候没有写分家的契约。张家属于小户人家,一般村里的小户人家都不会写分家单,就这样口头上说了算数。张家分家时采用的是"阄号"方法,当家人会把田地、房子、桌子、板凳等东西全部拿出来分,提前写好纸条,每份都是基本均等,"抓到啥子就是啥子"。

大户人家就需要写分家单,因为大户的田地、房子都比较多,需要好好分。一般会请"先生"来写,以前的老师就称为先生。分家单上写清楚分别给儿子分了些什么东西,当家人怎么说,先生就怎么写。以此作为凭证,避免当家人去世后,兄弟之间有争议。分家单只需要写一份,由家长保管。在大家都同意分家单上的内容之后,父亲和儿子们都要署名。家庭外部成员不能影响分家契约的签订。

6."门牌"变动,小家庭独立

（1）家族对家户分家的认可

张家分家刚好是在1949年,张家家族认可其分家情况,因为分家时很平和,没有吵闹,也没有闹到族长耳朵里,都是很合理的。进行宗族祭祀时,是以分家后的小家庭为单位,因为各自为家,家长也不同。每年清明会挂坟、聚餐时,是每个小家庭的家长作为代表去参加。

（2）村庄对家户分家的认可

在当地,每家每户的门上都有专属"门牌",是块木头板,用麻绳拴在门上吊着。上面写着几保、几甲,还有家庭成员的名字。家长的名字在第一排,其他家庭成员在二三排。分家后,需要重新做一个门牌号。张义华与张仁田分家之后,村里就给他家重新做个门牌号,他就相当于迁户口,还需要单独登记。完粮、交税款也是按照分家之后的家庭为单位计算。

(二)继承

1.女儿是"泼出去的水"

（1）家庭内部成员继承

只有家庭内部成员才有继承家产的资格,家庭外部成员不能继承家产。有一种特殊情况,一个后代都没有的家庭,家长会选择将其家产送到清明会的名下,这样他的养老问题也能得到解决,就不需要内部成员来继承。

（2）部分家庭成员享有继承资格

张家拥有继承资格的只有家里的儿子,女儿不可以分,因为"嫁出去的女儿,泼出去的水",女儿迟早是要嫁走。嫁到别人家里去过后女儿连姓都改,"女儿是外姓"。张家的家产就全部由张义云和张义华两兄弟来继承。抱养给别人的儿子没有资格,张家的张义世是张仁田第三个儿子,抱养给其他人家里,就变成别人家的人,没资格继承张家的家产。

即使儿子未成年,也有继承资格。如果儿子是败家子,会被家长赶出去,这种人就没有资格分家产。如果家里只有女儿没有儿子,女儿则可以有继承资格,但是必须征得家族的同意,如果女儿不孝顺,不仅家族不同意,家长也不会分给女儿。过继来的儿子有资格,因为是自家养大,随自家姓,就相当于亲生的,能分到家产。小媳妇所生的儿子有继承权,即使是结二门,但毕竟是男方亲生。改嫁带过来的儿子没有资格,因为改嫁的过婚嫂都很下贱,跟着她的"随娘儿"也被人瞧不起。上门女婿有继承资格,因为入赘过后改名换姓,相当于多招一个儿子到家里。

不同的继承人,继承权不平等。如果是儿子众多的家庭中,长幼兄弟之间,继承权是平等的,分家产时都是一样的分,张家的张义华和张义云所分到的家产是基本均等的。但是大老婆生的儿子与小媳妇所生的儿子继承权不一样,大老婆的儿子占大部分,小媳妇的儿子占小部分。亲生的与抱养来带大儿子,继承权是一样的。私生子没有继承权,他的身份不被家人所认同,就没有继承资格。

(3)家外的继承资格

如果家里有子女,家庭外部成员是没有继承资格的,直接由儿子继承。如果家里没有子女,家庭外部成员才能有继承资格,可由家长指定其他继承人。家里有儿子,除非儿子常年在外不回家,这种情况下家长可以指定外部成员。

2."正经儿子"继承

一般情况下,家中的家产均是由"正经儿子"继承,即由有血缘关系的亲生儿子继承。但有时候不一定全部由儿子继承,存在特别情况。有些家庭的儿子就不能继承,比如败家子之类的、赌博成性、用钱大手大脚的、一点都不懂得节约的儿子,就不一定能继承。假如是因为做错事情而被驱逐出家门,这种儿子也是没有继承资格的。除当家人之外的其他家庭成员不能决定继承条件。假如当家人去世,可由内当家或者是儿子们自己商量。有儿子的情况下,家庭成员不能指定其他继承人。家庭外部成员不能影响继承条件,保甲长、族长都不能介入,继承财产是家里的私事。

3.继承内容多为家产

张家所在的村庄,继承的内容主要是家产,包括家里的田地、房子、农具、桌子、板凳、缸缸、碗筷,等等,凡是家里有的生产资料和生活资料,全部都可以拿来分。族长等身份是不能继承的,需要有能力的人才当族长,毕竟要管一大家族的人。保甲长的官职也不能继承,保甲长需要通过选举,有文化有威信的人才能担任,不是谁都能胜任。

4.家长指定继承者

在确定继承权时仍由家长做主。家长需要确定家里哪些成员有继承权,哪些东西可以拿来让成员分。其他家庭成员需要遵从,如果存在不满或者疑问,可以同家长商量,也可以提意见,假如合理,家长会考虑。小户人家交代继承者的相关事宜时不需要立下字据,家长口头说即可。大家户的家长存在写遗嘱的情况,因为庄稼和房子都很多。为避免争议的出现,需要请家族族长来作证,写的遗书也作为凭证,有绝对的说服力。在继承权的问题上,纠纷是不可避免的。家长给家里的儿子分家产时,儿子和儿媳往往会觉得家长不公平,给自家分的不够多。为多得一些家产,吵架甚至打架都是常有的情况。家长就会请保甲长来调解矛盾。宗族族长也能参与,是通过劝服的形式,判断谁不讲道理。

5.家户继承的差异性

在继承的资格上,大户、中户和小户都是一样的,儿子有继承资格而女儿没有,多子女与少子女的家庭也是一样。假如没有儿子,可在家族同意的前提下由女儿继承,也可招上门女婿,或者是抱养儿子,以此来继承家产。在继承的条件和做主上,均由家长决定由谁来继承、继承多少。

四、家户过继与抱养

(一)过继

1."积谷养鸡,养儿防老"

(1)过继的情况

家里夫妇结婚后,多年都没有生育儿子的时候,可以选择过继。生男孩子的一般不会选择再过继,如果只是生女儿,家长想要有个儿子时也会选择过继。之所以过继,是希望能够有人传宗接代,"积谷养鸡,养儿防老"。重男轻女思想极其严重,以往女性地位低,而男性地位更高。认为只有儿子才能光宗耀祖,有些人会觉得没生儿子抬不起头,所以会想办法过继儿子。

(2)出继的理由

1938年,张家出继家里的三儿子张义世。出继的原因是当时张家子女太多,无力抚养众多孩子,家庭最基本的生活都难以维持,所以张义世就被送去张家一个亲戚家里。张家当时选择把张义世送到那户人家去,是因为他们家里经济条件很好,张义世去不会挨饿,能吃饱穿暖,以后也能分到庄稼;并不是只有兄弟之间才能过继,只要是沾亲带故就可以,一般会优先过继到本家,同为一个姓的,这样家里儿子就不用改姓。假如兄弟没有儿子,其他兄弟不一定非要过继自己的孩子,除非自家儿子太多并且养不活,这种情况下过继给兄弟是理所应当。如果是堂兄弟关系也不是非要过继,这需要看过继方与出继方两者的意愿。互相商量好才能过继。大家选择过继,是为延续香火,让家里能够后继有人。因为女儿是要嫁出去的,没生儿子的话,以后就没人照看长辈,所以过继儿子还可以养老。

2.过继不分亲疏,需考虑年龄

如果需要过继,过继时没有固定的顺序。亲兄弟的儿子不一定会考虑优先过继,除非兄弟和兄弟媳妇都去世,而孩子尚小,无人照料时,才可以过继到自家。如果亲兄弟只有一个儿子或者没有儿子,完全不用太多考虑,而是直接找其他熟人过继儿子,还可以拜托亲戚帮忙寻找合适的过继对象。

如果家中有好几个儿子的情况下,出继时会有一定的顺序考虑。家里的老大不会过继出去,因为老大和家长相处的时间最长,关系最熟悉,而且老大已经懂事的话,会有自己的想法,不愿意被送到别人家去。过继方也不会接受,担心和老大不好培养感情。至于年纪很小的儿子,不会存在这些问题,"生的父母小,养的父母大"。张家在1938年已有四个儿子,老大张义堂接近成年,老二年龄也较大,其余两兄弟中,老四张义云从小就更懂事听话,比老三要聪明些,所以张仁田决定出继老三。出继时家长也会有一定的私心。

3.中人介绍,完全过继

(1)当家人决定是否出继

过继时,由当家人决定是否出继,当家人是指出继者所在家庭的父母。出继者本人没有决定的权力。外当家会提前和内当家商量,两个家长形成一致的看法就会过继。可以请示一下家族族长,但是不需要跟村庄管理者打报告,他们都不会干涉过继的事情,这是家庭内部的决定。当地有很多过继儿子的情况发生,都不会受到处罚。

(2)家长决定过继形式

张家只了解过继的一种形式,也即完全过继。没有听说过其他的过继形式,因为过继到家里是为养成自己的孩子,不可能只是过继一半。完全过继到家中,也是由出继者的父母和过继方家长共同决定,不需要和其他家庭成员商量。

（3）出继可得一块白布

张家把张义世出继时,入继家庭会给张家一块白布,这块布就纳入张家的家庭收入,用于为成员缝制衣服。并没有给钱和粮食,入继方的家庭虽是老板、大户人家,但是很抠门,能给一块白布就不错,"相当于是送个娃儿给人家"。

（4）出继无契约

张家出继张义世的时候没有写契约,当时是靠亲戚介绍,才知道某户人家需要一个男孩。由当家人张仁田直接抱过去,双方只是进行口头上的交涉。有些人家里会写契约,当地叫法为"红约",过继方和出继方各一份,将此作为凭证,以后会给过继的儿子分田地。

（5）中间人介绍

过继时,一般都有中间人介绍,过继的过程才会更加容易更加顺利。张家当时是通过熟人介绍,才把张义世出继到别人家里。有的家庭不用中间人,证人不是必需的,可以自己去寻找合适的出继对象。

（6）出继者没有选择的自由

出继时会考虑一下出继者的感受,但是这些事情是由家长做主,一旦决定出继之后,即使不愿意也得出继。家长不在家的情况下,一般由妻子来决定,妻子也不在家的时候,可以由长子做主。

4.家长支配,出继者无选择

在考虑是否入继时,由当家人说了算。一般是家里妻子未生育或者只有女儿没有儿子的家庭,才会入继儿子。无须告知家族族长,也不需要告知或请示四邻、保甲长。入继的形式,由双方的当家人商量,都是完全入继,张家所在村庄没有入继一半的情况。入继方需要给出继方做一套衣服,如果不做衣服就需要拿白布。小户人家不会写契约,两个家长直接说好即可。大户人家会写契约,以后可以根据契约来分财产,写两份,出继方与入继方各留一份。至于中间人,可有可没,中间人只是起一个中介作用。入继时不会考虑入继者的意愿,由当家人决定就行。

5.无回继

（1）回继由当家人安排

村里在过继时,很少出现回继的情况。除非是家长发现入继的孩子身体有很严重的缺陷,诸如痴呆,就会将孩子回继。由入继方的当家人来安排,需征得出继方的同意,一般情况下,如果是孩子身体上的原因,出继方会同意并一起安排。也有可能是孩子自己不习惯新环境,或是受到新家成员的欺负,就会哭诉,要求重新回到原来的家。新家的家长同意之后才能允许其回家,如果新家长不愿意让其回去,出继方的家长也不想接回去,回继就不会成功。

（2）家长以外的成员无权干涉

家庭里面,除家长可以安排回继之外,其他家庭成员都没有权力安排。因为家长是所有事情的支配者,如果想接孩子回去,必须等双方家长交涉完毕后。当家人需出面接回孩子,除非家长没空,才可以安排其他家庭成员去接。外部成员相对于内部成员更加没有权力干涉,所以不能安排回继,即使安排也没有用。

6.外界认可保护家户过继

（1）家族对家户过继的认可与保护

张家家族对于张家的过继是持认可态度的,不会进行过多干涉,过继与否是家族成员的自由。张家的张义世被出继到另一户人家之后,入继方和出继方的家庭成员信息都有变化,家谱上也会有所体现。在本家族内,过继的儿子不会被差别对待,也不会被人瞧不起,因为过继的儿子也是合理的。

（2）村庄对家户过继的认可与保护

保甲长对村里的过继现象也是认可的。没有专门的保甲册,家户信息都刻在门牌上。每户人家里都有门牌,上面记录家里每个成员的名字。过继之后,入继方门牌上就多一个成员的名字,出继方就少一个名字,这些程序都由保甲长派专人来负责。过继的儿子不会认为矮人一等,和其他人都是平等的。

（3）政府对家户过继的认可与保护

张家的过继受到政府的认可与保护,在税收上可以体现,分摊税款的时候,过继的儿子也会算入其中。因为过继不算违法,过继者的养父母就像亲生父母一样,过继的儿子被辛苦养大后,就相当于自家的儿子。

（二）抱养

1.抱儿传宗接代,抱女为童养媳

张家所在的村庄长青村,抱养与过继是不同的,过继只能是儿子,且是亲戚间的。而抱养不限男女,即使是女孩儿也可以抱养,非亲非故也能抱养。出现抱养情况的有以下三种可能:一种是家里一个孩子都没有的,选择抱养的概率很大;二种是家里有儿子,专门抱养女儿回家当童养媳;三是家里只有女儿,选择抱养儿子来传宗接代,养儿防老。

2.抱养相当于送娃儿

抱养时,由家长决定是否要抱养,不会过多考虑孩子的想法。一般决定抱养给别人的家庭,是因为家里子女多,且经济条件差,已经无力养活,自然不会因为孩子的意愿而耽误全家人的生活。抱养不需要同保甲长、家族族长商量,抱养孩子也是很常见的情况。抱养的具体形式由孩子所在家庭的家长决定,往往抱养就相当于"送",别人不会给钱或粮食,孩子的亲生父母也不会问着要。小户人家抱养孩子不用写契约,大户会请人来写。抱养也不一定非要中间人介绍,自己去联系也可以。抱养儿子有规定,不能抱养长子,但如果是女儿,就没有长幼顺序。抱养时不会考虑孩子的意愿,如果孩子不愿意,只要是家长决定的事,其他家庭成员没有办法改变。一般家庭成员不能擅做主张抱养孩子,必须经过家长同意之后才能抱养。

3.抱养后的处置

抱养一段时间以后,如果抱养孩子的家庭不满意,一般是不能反悔的。接受之后就当自己的孩子养,除非刚好孩子的亲生父母也愿意要,否则不可以单方面送回。送出去之后是别人家的人,家长的经济负担也能轻点,不会轻易反悔。孩子一般不愿意再回原来的家,因为是亲生父母不要他,容易心存不满。

（三）买卖孩子

1949 年以前,张家未出现买卖孩子的情况,但村里存在买卖孩子的情况。这是违法的行为,当时的规矩很大,不能让家族知道。家里确实一点吃的都没有,家长才会选择买卖孩子。

卖的都是儿子,因为家中儿子更受重视,男娃比较好卖。卖方会到处询问,如果刚好问到谁家需要一个孩子,就卖给他。也可找中间人介绍。需要讲清楚,买方给多少钱、多少布。一个儿子大概能卖四五元钱。买孩子的是稍微富一点的,家里没有儿子,有一定经济能力。

买卖孩子只能悄悄进行,不能让保甲长知道。万一发现,不仅要罚钱,当家人还要被关进牢房。为了避嫌,买卖孩子不会在本村,会到很远的地方去买卖,不是熟人。所以也不存在反悔的情况,即使反悔也找不到人影子。买卖孩子不用写契约,一手交钱,一手交人。还有专门的人"卖血丝丝",这是指把刚生下来的婴儿卖出去。假如是长大的孩子,已经懂事就不会愿意到别人家里去。

(四)"丢娃儿"

张家未出现丢孩子的情况,村里其他家庭丢孩子的现象比较多。家里实在是没办法维持生活,才会把自己的孩子丢出去,"又穷生得又多",家里子女太多,以至于养不活。家长一般会把小孩子放在一个草窝里,把草窝放在路上显眼的地方。再放张纸条在孩子身上,纸条上要写清楚生辰八字,方便让捡去的人知道孩子是什么时候生的。

五、家户赡养

(一)赡养单位

1.家户赡养

张家认为赡养老人是家户内部事务,与外人无关。儿子有义务赡养老人,这是一直以来的传统与规矩。但是如果子女不孝顺,外人有权进行干涉。家族的族长是专门协调整个大家族内部成员的关系,若是知道哪家的子女对老人不好,家族族长会出面对那户人家进行教育。家中其他长辈也可以干涉,目的都是希望儿子能孝顺老人。

2.儿子承担赡养责任

张家的家户成员中,都只是成年的儿子负责赡养老人,儿童(未成家的儿子)和嫁出去的女儿都不需要负责赡养。张仁田、熊仕秀老了之后,就由张义华夫妇和张义云夫妇轮流赡养,他们四个人共同承担赡养责任。张义梅和张义珍是嫁出去的女儿,生活在丈夫家里,赡养的是公公婆婆,没有赡养娘家。如果家里有上门女婿,将由女儿和女婿一同养老。如果该承担赡养责任的家庭成员没有承担,家族的族长会想办法教育他们。如果对待老年人非常不好,这种比较严重,会在家族会议上,让其给所有的人"磕转转头"①,甚至包括在场的狗,都要去给它磕头,专门让他"臊皮"②。

(二)赡养主体

1.独子家庭一人赡养

如果家里只有一个儿子,就由独子负责赡养老人。"只要孝顺,一个娃儿也能埋两个老年人。"如果家中的这个儿子对老年人很孝敬,完全会承担赡养的责任,也不可以推脱。

2.多子家庭,"吃邻居饭"

如果家里有多个儿子,就由这些儿子的小家庭轮流赡养老人。张义华和张义云这两个儿

---

① 磕转转头:指挨着给在场的每一个人磕头。
② 臊皮:丢脸,感到羞辱的意思。

子分家之后,家长张仁田和熊仕秀就单独住在一边。两个老人还能劳动的时候,不需要专门的照顾,自给自足,后来熊仕秀生病去世,只剩下张仁田,儿子们才开始轮流养。张义华和张义云两兄弟协商轮流养的方式,每两个月一轮。当地的说法是"吃邻居饭",因为此前老人和儿子们住得都很近,所以有邻居这一说法。也有人会开玩笑说是"喂转转牛",就跟合伙养牛一样。

3.无子家庭由女儿或家族承担

如果家里只是没有儿子但有女儿,可由女儿承担赡养责任,老人可搬去与儿女一起住。如果家里只有一个女儿,她也不想嫁走的话,可以通过招郎留在家里,以后就由女儿和上门女婿一起照顾老人。如果家里一个孩子都没有,可以拜托家里的亲戚为自己送终,但是这种情况比较少。张家所在的村庄,大部分无子老人都宁愿选择将自己的家产捐给家族,由族长安排人给他养老送终,更体面一些。保甲长不会管理养老这些事务。

(三)赡养形式

张家采用的是轮流赡养的方式,这是由张义华和张义云一起商量的。不存在一家赡养一个的情况,因为分家初期,张仁田和熊仕秀身体还行,能够劳动,基本自给自足,不需要特别的照顾。熊仕秀生病后,所花费的医药钱由两个儿子平摊,"牛死不断草,人死不断药"。熊仕秀去世,只留下张仁田一个人生活,两兄弟才开始轮流赡养。张仁田也同意这样的方式。家里的女儿张义珍和张义梅偶尔会提点蛋、糖等看望张仁田,每逢张仁田过生日,女儿女婿也都会去给他庆生。

张家的养老方式由两个兄弟决定,张义华和张义云分别是小家庭的当家人。但是这之前必须要跟家里的内当家商量,张义华的妻子刘艳琴勉强同意,张义云的妻子蒋云碧则是比较愿意的态度,所以后来就一直轮流赡养。赡养情况不需要请示四邻、保甲长,但是可以告知家族族长,以便族长了解家族成员的养老情况。在赡养中,除家长之外的家庭成员不会提出不同的意见,大家都服从当家人的安排。当家人不会擅自决定,会和兄弟和老人都商量好。

在家户赡养形式上,不同类型的家庭存在一定差异,多子女的家庭大多采取给养老钱和养老粮的方式,少子女的家庭更倾向于轮流赡养的方式。大户人家养老,会留下一部分养老地,因为大户家里的田地多,中户人家一般是以养老钱和养老粮为主,小户人家是"吃邻居饭"。村里有一户方式特别的小户人家,虽说也是两个儿子轮流赡养,但是他们规定,每次去接老人时都必须要让老人称重,满了一定斤数,才把老人接走,如果老人的体重没达到规定,说明老人在大儿子家里吃得不好,幺儿子就不会接走。

(四)养老钱粮

分家时,张家把家里的田地分为三个部分,一部分交由二儿子张义华耕种,一部分交由五儿子张义云耕种,剩下的少部分由张仁田自己种。因为分家后,张义华和张义云都搬出去住,只剩张仁田与熊仕秀单独住一起,余下那部分田地可以作为养老田。没有固定的养老钱、养老粮。两个儿子不一定必须给一样多,张义华和张义云凭自己的能力给。逢年过节都会给张仁田送吃的,家里粮食丰收,还会请他到家里吃饭。

在承担养老钱粮的过程中,除家长之外,其他成员可以提意见。结婚才会分家,分家之后都是儿子当家,需要和家里的妻子商量。给老人拿什么、拿多少都需商量好,张义华和张义云的关系一般,两兄弟的经济条件不一样,所以即使给的钱粮数量不一样,张仁田也不会介意,刘艳琴和蒋云碧也没有其他争议。其他不同类型的家庭在养老钱粮上存在区别,一般在小户人家,子女多的家庭分配养老钱粮时,必须每个儿子都均分,如果存在不等的情况,容易引发兄弟不和、妯娌不和。

(五)治病与送终

1.家庭成员照顾生病老人

家庭成员是治病照顾的实际承担者。老人生病,看病买药的花费是由家庭承担。假如已经分家,在老人家还有劳动能力的时候,两个老人是住在一起的,生小病所花费的医药钱由两个老人自己承担,大病的医药费则由儿子们平摊。老人丧失劳动力的时候,无论大病小病都需要儿子们支付医药费。老人生病后,如果老伴还在的,则由老伴照顾,老伴不在的,由儿子们轮流照顾。出嫁的女儿一般情况下不用照顾老人,除非老人无儿子只有女儿。

张家的老人张仁田,才分家后和熊仕秀住在一起,生病时由熊仕秀照顾。熊仕秀生病期间由张仁田照顾。熊仕秀去世之后,张仁田就由张义华和张义云两个儿子轮流照顾,医药费由两兄弟分摊,但是不用完全平均,多些少些都无所谓。在对待老人生病的事情上,两个小家庭的家长是实际支配者,如何照顾、照顾多久,都由张义华与张义云两人协商。其他家庭成员也可以提意见,但是不能擅自决定,比如说刘艳琴和蒋云碧就不能做主。

2.儿子负责老人丧葬事宜

如果没有分家,老人去世之后,丧葬的费用由大家庭承担。各个儿子需要商量相关事宜,共同帮忙处理后续问题。如果已经分家,老人去世后,丧葬的花费由儿子所在小家庭分摊,并且也要在场负责帮忙。张义云的母亲熊仕秀,大概于一九五几年去世,丧葬的事情主要是由张义华和张义云两兄弟负责。家里经济条件略好的兄弟在丧葬费用方面会分担得更多些。长子的职责与其余儿子相比要稍重点,诸如定制棺木、请客、待客等,大儿子出面会更好。未出嫁的闺女和儿媳,在死者下葬之前,每天早晚都必须要哭丧。出嫁的女儿也需要回到娘家,"上山"①当天,儿子儿媳、女儿女婿都要披麻戴孝,他们戴的是六尺孝布。女儿也需要帮忙煮饭,因为在上山之前,家里会办好几天的"流水席"②,请乡里乡亲吃饭,这是当地的习俗。女儿上三坟③过后,就会回婆家。

(六)外界对家户赡养的认可保护

张家所在的家族对家户赡养是认可的,并且有专门的族规,明确规定家里的儿子必须赡养老人,必须要为父母亲养老送终。如果有儿子不愿意承担赡养责任,家族的族长会出面进行调解,他管着这一族人的和谐问题。儿子不照顾老人,不养老的时候,家族族长会进行一定的说服教育。说服没起作用的话,会亲自"打勾子"④,还会让其给家族的每个人磕头,作为惩戒,这也是家族对成员的一种约束。张家所在村的保甲长对家户赡养问题不会过多干涉,因为关于养老这一部分专门归家族管,与保甲人员无关。但是在养老问题上出现严重的纠纷,甚至有违法现象时,保甲长可以出面解决。不养老的儿子在村子里会被议论,给其他人留下不好的印象。

---

① 上山:是指安葬死者,因农村多将逝者葬在山上。
② 流水席:区别于正席,凡是来送情、来看望的以及附近的人都会请到家里吃饭,每天都要办的。
③ 上三坟:老年人去世后,第三天要上坟。
④ 打勾子:是打屁股的意思。

六、家户内部交往

(一)父子关系

1.父亲的权利与打了义务

父亲对儿子承担的任务,主要是两项大事,将其养大成人,再为其结一个儿媳妇。"生下来就要把他养大,等之后成年结婚,才脱得了爪爪[①]。"之所以要帮儿子婆媳妇,是因为要过礼,儿子没有私房钱,给女方家的所有东西都由父亲置办。如果没有抚养儿子长大,要么是父亲常年不在家,要么是抱养儿子给别人,这种父子关系都不好。父亲需要教会儿子谋生之道,张仁田就教张义华和张义云如何种庄稼、如何挣钱。父亲也会给儿子留家业,在分家的时候就能体现出来,张仁田给两个儿子都分了田地和房子。

父亲可以安排儿子做任何他力所能及的事情,假如儿子做得不好,父亲有权利打骂儿子。张家的当家人张仁田,就经常打骂张义华和张义云两兄弟,比如说因为嘴巴说脏话、不听父母亲的话、回家太晚等原因。情节严重的时候,张仁田会让儿子跪在门外,然后用麻绳抽打,还会用脚踢。但是不会将儿子赶出去,毕竟是自己家的人,父亲也舍不得,以后老了还要靠儿子养老。

儿子必须听父亲的话,即使父亲说的是错的,儿子也得听着,需要尊敬长辈。如果不服从,会被父亲批评。父亲做错了事,儿子不能批评父亲,就算要提意见,也必须轻言细语地说。努力挣钱养家糊口、通情达理、关心子女的父亲就算是好父亲,孝顺、听父母话、爱护兄弟姐妹的儿子是好儿子。在权利义务关系上,不同类型和人口规模家庭的父子关系差别不大。

2.父子关系,相处融洽

平时张家的父子关系还算融洽,张仁田和张义华、张义云都能和谐相处。父亲与儿子之间经常"摆龙门阵[②]",可以商量事情。但是父子不能开玩笑,那会被人视为不尊敬,只有平辈人之间才能开玩笑。父子可以一起去茶馆里喝茶、去酒馆喝酒,儿子有钱的话就由儿子掏钱。

在张家,儿子很怕父亲,父亲在儿子心中有一定权威。张义云很怕张仁田,挑煤炭去卖的时候,如果回家回得很晚,要被张仁田打,打的当天晚上还不准吃晚饭。儿子心里有事也会跟父亲说,一般会主动说自己在外面闯的祸事,虽然会被批评,但因为这些事需要父亲出面解决,赔礼道歉之类的。想吃什么、玩什么就不会跟父亲说,而是跟母亲说。相比较而言,父亲不是很好相处,因为张仁田管教儿子非常严厉,张家信奉"黄金棍下出好人"的说法,张义华和张义云经常会被批评甚至挨打。

3.小冲突偶有发生

张家父子之间发生冲突的次数很少,偶尔会有小矛盾。分家之前,张义云、张义华都和父亲张仁田住在一起。张仁田主要是和二儿子张义华发生冲突,和张义云没有大问题大矛盾。受经济条件的限制,家里只允许一个孩子读书,张仁田觉得张义云更聪明,就让张义云去上了半年学。张义华对此一直心怀不满,认为"皇帝爱长子,百姓爱幺儿",父亲偏心于五弟。所以张义华怄气,在农忙的时候,也不愿意帮忙打谷子,为此张仁田还去安慰解释了一番。

---

① 脱得了爪爪:是指"脱手、不管"的意思。
② 摆龙门阵:是指"聊天"的意思。

分家之后,张仁田主要是和五儿子张义云发生冲突。由于张仁田没让张义华读书,所以心怀愧疚,之后一直都偏向于张义华。比如说,张仁田总是挑张义云家里的自然肥,而不用二儿子家的。张义云就抱怨了一下,张仁田觉得没尊敬他,就用锄头把张义云家的粪坑挖烂,还拿砖头打张义云的背。还有因为小事情,张仁田就用竹子耙耙把张义云打到田坎坎去躲着。

发生冲突后,一般是由母亲熊仕秀出面调解父子间的冲突,哪方不对就说哪方。是在家内解决,儿媳妇也能帮忙一起解决,比如说张义华的妻子刘艳琴和张义云的妻子蒋云碧。并不是全部只站在父亲一方,大家还是要讲道理。一般都是儿子更吃亏,因为碍于父亲是长辈,都得谦让尊敬他。如果是小打小闹,外人不会干涉。但是如果打闹太严重,特别是儿子打父亲,家族族长会介入冲突,教训儿子要尊敬长辈,爱护老人。

(二)婆媳关系

1.婆婆对媳妇的权利与义务

婆婆对儿媳妇的责任,一方面要教儿媳妇做事情,诸如家务活,还需教儿媳妇一些家中基本的规矩。另一方面,儿媳妇生完孩子之后,婆婆要负责照顾儿媳妇坐月子期间的生活,煮饭、洗小娃儿和大人的衣服、带孙子。假如婆婆没有照顾儿媳妇坐月子,说明婆婆不负责任,儿媳妇会因此对婆婆有成见,不利于日后的长久相处。

婆婆可以安排儿媳妇做活路,因为嫁到婆家,婆婆就相当于是另一个妈,必须要听话。如果儿媳妇说脏话、偷懒、不爱干净,婆婆都会教训媳妇,也可以骂儿媳妇,儿媳妇不能吭声,要是敢顶嘴,还可能被打。一般婆婆说得都对,因为经历得多,看事情要明白些,出发点也都是为后人好。假如说错,儿媳妇也得无条件服从,婆婆具有绝对的权威。如果婆婆做错事情,儿媳妇不能批评,可以轻言细语指出来。会做家务活、懂道理、不随意打骂儿媳妇、爱护儿媳妇的婆婆是好婆婆,懂得体谅婆婆、听婆婆的话、勤快、不顶嘴的儿媳妇是好媳妇。

2.婆媳关系一般化

张家的婆婆和儿媳妇之间的关系算一般的。熊仕秀和蒋云碧经常一起摆龙门阵,也会一起做家务活,煮饭、洗衣服都会一起。她们两个都很会绣花,偶尔会一起交流绣花的经验。儿媳妇不能同婆婆开玩笑,否则会视为不尊敬长辈。蒋云碧比较怕熊仕秀,担心自己做错事被批评,平时都是小心翼翼处事。心里有事偶尔也会跟熊仕秀说,遇到不知道怎么处理的事情,需要请教熊仕秀。在蒋云碧看来,熊仕秀比较好相处。但是如果犯错,还是会被惩罚。在权利义务关系上,总的说来,子女多的家庭和子女少的家庭相比,子女多的家庭的婆媳关系更加复杂。三世同堂与四世同堂的家庭与小户人家相比,婆媳之间容易有更多矛盾。

3.婆媳冲突时常有

张家的熊仕秀和刘艳琴、蒋云碧两个儿媳妇都有过小冲突,大多是因为鸡毛蒜皮的小事。分家之前,婆媳间的冲突是时常发生,刘艳琴与熊仕秀互相都看不惯。分家之后,婆媳各住一边,交集减少,冲突自然也就少发生。还住在同一个草房子里的时候,如果儿媳妇偷懒,厨房不打扫干净,或是嘴巴不干净,说脏话,出去闹事,出现这些情况时,熊仕秀都会惩罚她们,要么罚跪,要么打手板。婆媳之间也有吵架的时候,张义云不会管她们,既不能责怪妻子,也更加不能说熊仕秀的不是,否则会被说成是"掌妻虐母",指的是通过帮助妻子来欺负老母亲,这种会被指责为没有良心的人。熊仕秀和刘艳琴两个人互相鼓气,过几天就好,没有打过架。普通的冲突都在家内解决,张仁田是个明白人,说话有权威,可以帮忙协调婆媳关系,一般都会帮熊仕秀说话，避免儿媳妇日后欺负老年人。外人不会随便介入家里的冲突，"清官难断家务事"，除非是发生大纠纷，诸如儿媳打婆婆，这种就可以去请族长出面。在冲突关系上，不同类型家庭的婆媳关系略有差异，多子女的家庭比少子女的家庭更容易发生婆媳间冲突，"人口一多，是非也就多，一人说一句都可以吵翻天"。

（三）夫妻关系

1.丈夫对妻子的权利与义务

丈夫对妻子的义务，包括努力挣钱、养家糊口、体贴爱护等。假如妻子生病，丈夫有义务请医生来给妻子看病、抓药。在张家，如果妻子蒋云碧生病，张义云不仅会照顾她，还会给她熬药端汤，夫妻之间应该互相照顾。丈夫可以安排妻子干事，如果妻子犯错，或者是偷懒，不做家务活，丈夫也能打骂。两口子打架是经常发生的，最严重的打完架要躺在床上休息好几天。

"当着群众的面教儿子，背着群众的面教妻子"，丈夫要在私下教训妻子，指出她不正确的地方，当着外人教育会让妻子很丢脸。"扁担挑水平家人"，丈夫和妻子都是平辈的人，如果当着外人教训她，让她腆皮的话，过后两个人也容易打架，加深矛盾。丈夫说的话，一般情况下妻子需要听从，但发现有说得不对的地方，妻子也能指出来，可以提出自己的想法。即使丈夫做错事，也不能批评他。一心为家、有能力挣钱、关心妻子、通情达理、能说会道的丈夫是好丈夫，善于做家务活儿、会带娃儿、体贴家人的妻子是好妻子。

2.夫妻相处较融洽

在张家，平时张义云和蒋云碧相处还算比较融洽。夫妻之间经常会聊天，也能开玩笑。妻子会怕丈夫，因为男性地位很高，女性地位较低，家里基本上都是男当家做主。蒋云碧比较听从张义云，有心事也会同张义云讲，因为两夫妻之间可以讲悄悄话，妻子对丈夫不能有秘密，丈夫可以帮着解决疑问，一起出主意。在蒋云碧看来，张义云还是很好相处的，他读过书，还比较明事理。在日常交往上，大户人家的夫妻之间更容易闹矛盾，一般大户人家的是少爷和小姐，娇生惯养，更容易发脾气闹矛盾。子女多的家庭和子女少的家庭，相比之下则没有太大差异。

3.两口子吵架很常见

张家认为两口子吵架是很常见的，张义云和蒋云碧就时常发生或大或小的冲突。他们夫妻俩之前吵过架，有一次是因为妻子蒋云碧和母亲熊仕秀闹矛盾，张义云教训她，毕竟是后辈，应该尊敬老年人。夫妻之间吵架的原因有很多，诸如妻子偷懒、妻子和婆家的人闹矛盾、不照顾小孩子、不听丈夫的安排等。发生冲突过后，一般都是在家内解决，先由两口子自行处理，吵架过后冷静两三天，两人慢慢和好。一直不能和好时，可请家长来协调矛盾，通过讲道理来指出是谁的问题，说清楚就没事。张义云和蒋云碧吵架甚至打架过后，如果蒋云碧觉得受委屈，就会跑回娘家去哭诉，指责丈夫欺负她。若是妻子自身的问题，娘家人会催促其回婆家，若是丈夫的问题，就会等到张义云去接。

（四）兄弟关系

1.兄长为父，照顾不可少

兄长要帮忙一起照顾弟弟，出门的时候也需要带着弟弟，大孩子陪小孩子，也算是帮父母分担。假如父母亲不在，弟弟又未成年，哥哥嫂嫂需要承担抚养弟弟的责任，"兄长为父，嫂嫂为母",哥哥还要负责给弟弟娶媳妇,结婚所需要的花费由哥哥所在的家庭负担。在一起生活的期间,哥哥会教弟弟如何种庄稼、如何外出挣钱,让弟弟学会基本的生活技能。如果哥哥没有教弟弟的话,村里的人会说闲话,说长道短,家族的人也会出面教训兄长,兄弟之间更容易生出矛盾。分家过后,哥哥会将父亲之前留下的田地分一部分给弟弟,房子也会分。

弟弟调皮搞破坏时,兄长可以出面教训弟弟,适当的打骂是可以的,但是不能太严重,不能打伤打残,否则父母会生气。如果父母不在世,弟弟未成年之前,兄长不能将弟弟赶出家门,因为兄长有义务抚养弟弟长大。也不能把弟弟卖掉,卖人是犯法的,如果被发现会被关进牢房。兄长可以给弟弟安排任务,弟弟需要听从安排。但存在不合理的情况时,弟弟可以指出来,并适当反抗。张家的张义华和张义云挑煤炭去卖的途中,张义华会安排张义云挑更重的担子,张义云挑不动时,会主动说出来并拒绝前进。如果兄长做错事,弟弟不能批评,因为没有资格,但是可以揭发。张义华有时会将卖煤炭的钱偷藏一部分,用来买炒花生,并未全部上交。这在张家是不允许的,张义云发现后就会告知父亲张仁田,由他来教训张义华。爱护弟弟、不欺负人、凡事都为弟弟着想的兄长是好兄长,听话、体贴哥哥的弟弟是好弟弟。

2.兄弟之间互相陪伴

平时张义华和张义云两兄弟之间关系还算好,由于是平辈人,所以可以互相开玩笑。两兄弟经常会走很远去捡野粪,路上就一起聊天,挑煤炭去卖的路上还会捡西瓜分着吃。过河时,张义华会帮张义云挑一下,避免河水把煤炭冲跑。张义云怕张义华,因为张义华要大好几岁,经常欺负弟弟,张义云也打不过。张义华虽是好相处,但是说话的语气不好、态度很生硬。在张义云看来,两兄弟互相陪伴,互相帮助,总体说来关系较好。

3.兄弟冲突不可避免

兄弟之间发生冲突也是常有的事情,张家的张义华和张义云就总会小打小闹。大冲突不多,都是些小事。打架的情况比较少,因为张义华大好几岁,张义云吵不过,打架也打不过。有时候,张义云没有听二哥的话,张义华就喜欢欺负张义云。张义华偶尔会藏私房钱,被张义云发现之后,张义云将其交给母亲。张义华一气之下就用拳头敲张义云的头,敲重的时候脑袋会鼓包。一般发生冲突后,张义云会去找母亲告状,熊仕秀要来调解,问清楚前因后果,会让占强①和理亏的那方认错。一般说来,熊仕秀都会比较照顾幺儿子张义云,因为张义华年长些,不该欺负弟弟。外人诸如保甲长、家族族长都不会轻易介入兄弟间的冲突,家庭内部能解决的就在家内解决。在冲突关系上,大户人家比小户人家之间的兄弟矛盾要稍少一些,大户家里有经济条件,不会因为吃、穿、零用钱这些问题而争。

(五)妯娌关系
1.嫂子对弟媳的权利与义务

嫂子对弟媳没有什么必需的权利与义务,两个都是平辈人。如果是通情达理的嫂嫂,不会为难弟媳,处处会为弟媳考虑。按理说,妯娌之间应该相当于姐妹,姐姐对妹妹有照顾的义务。在张家,嫂嫂刘艳琴对弟媳蒋云碧不能随意役使,嫂子也不敢打弟媳,万一打骂,弟媳的娘家人要来说公道话。如果嫂嫂刘艳琴说的是正确的,弟媳蒋云碧还是会听话,但万一不正确,弟媳也能反对。嫂嫂做错事,弟媳可以指出来,但是不能随便批评。照顾弟媳、帮助弟媳、

---

① 占强:欺负人的意思。

不打骂弟媳的嫂嫂是好嫂嫂,大度、体贴、不与嫂嫂斤斤计较的弟媳是好弟媳。

2.表面融洽,各怀不满

张家的妯娌关系表面上还比较和谐,刘艳琴与蒋云碧之间相处融洽,但是两人心里都有不满的地方。农村有句老话,"妯娌往妯娌熊[1],弟兄往弟兄穷",意思是说两妯娌在私下对彼此都很凶,没有善言善语。弟媳有点怕嫂子,毕竟嫂子要年长些,在家里说话更有权威。弟媳心里有事不会找嫂嫂诉说,蒋云碧也不会去找刘艳琴聊天,有事直接给张义云说。蒋云碧认为嫂嫂刘艳琴不是很好相处,说话没有好语气,张义华和刘艳琴一样,都被称为"二夹黄"[2]。

3.妯娌之间冲突多

在没有分家之前,由于生活在同一个屋檐下,妯娌之间冲突是比较多的。大部分冲突都是由生活上的琐事引起的,以煮饭为例,有两个儿媳妇在的时候,婆婆是不用煮饭的,由她俩"分饭",是指家里的饭由嫂嫂和弟媳轮流煮。煮多或者煮少、炒菜好吃或者难吃,两妯娌就会互相嘲讽。若是嫂嫂有事回娘家的那几天没有煮饭,弟媳也会抱怨嫂嫂偷懒,矛盾无处不在。再比如说送情,娘家办红白喜事时,儿媳妇需要向大家长也即公公要钱去送礼,假如其中一方送的比另一方送出去的多,两妯娌也会不满。在张家,妯娌若是吵架,身为丈夫的张义云和张义华都不会插手,让她们自己冷静两天就行。妯娌间吵得不可开交时,家长张仁田和熊仕秀会去管一下。

(六)兄妹关系

兄长对妹妹需要承担照顾、关心爱护的责任。不能随意给妹妹安排任务,也不能打骂妹妹,家里只有母亲和父亲可以教训妹妹。在张家,兄妹关系很好。张义华和张义云出去耍都会带张义珍,妹妹走不动时还要背她。平时称呼"哥哥""幺妹妹"[3]。张义珍结婚当天,哥哥张义云去送亲,送她到婆家。张义华与张义云都不会欺负妹妹,兄妹之间经常聊天。

七、家户外部交往

(一)对外权利义务关系

1.邻里之间,互帮互助

张家认为邻居之间要互相帮忙,包括外面的忙和屋里的忙。外面是指庄稼上的,农忙时,会换活路(即换工),"你帮我家里打谷子,我帮你家里打谷子"。家里若是办红白喜事,也会请邻居帮忙,这就为屋里的忙,"婚姻喜事,邻帮相凑"。抬"抬盒"、搬桌子板凳、摆碗摆筷子、端菜等,一起跑路,会打发点钱。

2.地邻的权利义务关系

地邻之间遇到事情也会互相帮忙,农忙时也会换工,互借农具也是常有的情况。地邻家里若有红白喜事,需要帮忙的时候也会去帮忙,都是相互的。嫁女儿时,家里小孩子和女性成员都能去帮忙唱"花园"[4],越热闹越好,其余的酒席,都只是当家人出面。

---

① 熊:是指"很凶"的意思。
② 二夹黄:指的是"态度不好"的意思。
③ 幺妹妹:是指妹妹在家中年龄最小。
④ 花园:是当地的一种歌,婚礼当天晚上,娘家会请人去唱。

3.亲戚的权利义务关系

亲戚之间,相比之下内亲的接触会更多,内亲比外亲帮的忙也更多。除农忙期间帮忙做农活,还包括互借农具、粮食等,一般借钱也是向亲戚借。办喜事的时候,可以去帮忙送亲、抬轿子,办丧事时,可以帮忙招呼客人、办流水席等。

4.主佃的权利义务关系

张家租种大老板家的田地,主佃之间接触不多。大老板的责任是提供一定量的田地,协商好租金的问题,并督促佃客种田种地,每到丰收之际派人来收粮食。作为佃客,需要负责努力种庄稼,争取每年打完谷子之后,能交齐足够的租金。平时老板家办酒席,佃客为讨好大老板,也会去帮忙,没有报酬。

(二)对外日常交往关系

1.乡里乡亲是朋友

邻居之间的交往比较多,因为都是"乡里乡亲的,低头不见抬头见"。农闲时,大多村民都喜欢串门聊天,关系好的可以在邻居家里坐一会儿打发时间。"讨口子都有三个知心朋友",是说任何人家里都会有朋友,如果朋友家里有事,能帮就会帮。邻里之间关系不一定平等,比如说小户与大户之间是不平等的,大户有钱又有势,小户是惧怕大户的,不敢招惹他们。对于张家来说,只要关系好的邻居都算是自家的朋友,与熟人交往就相当于与朋友交往,不加以严格区分。

2.地邻交往较和谐

地邻之间接触较多,平时种庄稼遇到后就会摆龙门阵,大多地邻的关系还是比较融洽的。地邻基本上是比较平等的,家长与家长来往,两家的小孩子与小孩子也可一起玩耍。但是偶尔也会有小冲突,比如说挖田挖地时越过土地边界,但处理好之后又相安无事。

3.亲戚之间,礼尚往来

亲戚之间地位是平等的,大家都有或近或远的血缘关系,不会存在一方惧怕另一方的情况。亲戚之间交往也较多,如果遇到办红白喜事的时候,亲戚基本上都会去吃酒,需要送情还礼,这是规矩。每逢过年时,张家全家人都会走亲戚,挨家挨户给亲戚拜年,还需要带礼物。亲戚也会来张家拜年,互相走动。清明节当天,去挂坟的基本上都是张家的亲戚,大家聚在清明会一同吃饭。无论是大户还是小户人家,都和亲戚有一定的交往。四世同堂和三世同堂的家庭比普通小家庭的亲戚可能会多些,互相的交往也就要多些。

4.老板尊而佃客卑

张家租种老板的庄稼,就为佃客,和老板家的关系较一般。平时来往不多,每年收谷子当天,家长会出面去请老板来家里吃饭,好酒好肉招待,为能让老板减点租金。打完谷子之后,老板家的人量完粮食,就直接抬走。此外,正月要去给老板拜年,只能由当家人张仁田一个人去。需要带礼物,诸如肥母鸡、猪肘子、腊肉、呷酒、豆腐干等。张家认为主佃之间不是平等的,老板家是大户人家,有钱有势,高高在上,"连衣服角角都能弄死人",而佃客是小户人家,最容易被欺压。

5.与外村人交往甚少

张家与外村人的交往不多,只有当家人张仁田经常到村外去挑东西赚钱。张仁田外出挑东西时的那段时间,在村外认识了一些朋友,见面的时候会互相打个招呼,偶尔还会请他去家里吃顿饭。

(三)对外冲突及调适

1.处理冲突时以家户为单位

处理对外冲突是以家户为单位,村里发生冲突的时候,都会说成"哪家和哪家发生矛盾"。一般是由家里的当家人作为代表出面处理家户冲突。其他家庭成员未经允许不能随意处理,但若是比较小的冲突,家长也可安排其他家庭成员,诸如长子去处理。

2.家长应付冲突很万能

（1）邻里冲突

张家和邻里之间冲突比较少,偶尔会有发生。比如说,农具借了不还,换农活的时候,帮邻居打谷子但是他却不来给自家帮忙。当家人会去请,但是如果还请不来,之后两家人就有冲突。或者是两家的小孩子打架,大娃儿打小娃儿,打得严重,需要"请喝茶"。另一件事情,某年天干没有什么收成,只打两箩筐谷子。熊仕秀想到家里两个孩子刚刚断奶,更多的人口需要吃粮食,就将这些谷子藏在灰里面。老板家派丫头来收租的时候,邻居就去给丫头说悄悄话,出卖了张家人,张家自己偷偷存起来的一点谷子被收了。为此张家和邻居大吵一架。

（2）地邻冲突

张家与地邻之间发生过冲突,与土地的边界有关,"经常都是因为争田边地角"。两块土地,原本是以很多石头作为界限,然而地邻为扩宽自家土地面积,有时会将界石往张家的土地移动。如果土地界限不明显,地邻会在挖地的时候往张家这边多挖几锄头,破坏界限。出现这种情况时,张家当家人张仁田都会出面同对方讲道理,劝说其将界限移回去,同时还需说清楚对方越界的凭证,寸土必争。

（3）主佃冲突

张家曾经租种的某一户老板的田地,条件是必须帮忙抬一年的水,还写上佃约。每天要用多少水,就需要抬多少水,并离老板家又比较远。张仁田一个人挑,张义华和张义云两个人抬,两兄弟因路太滑还摔过几次跤。如果哪天没有抬水去,老板就说加租金。后来张仁田一气之下,决定搬走,不再租他家的庄稼,"老子不种你屋头的庄稼,挑那么远的水,莫把我娃儿摔死"。两家人从此断绝来往。

3.外力介入,协助解决冲突

邻里之间的冲突和地邻之间的冲突,在家长无法解决的时候,外力可以介入。比如说,通过"请喝茶"的方式,两方当事人到茶馆里去,请茶馆里的人来评判,谁输道理,就需要掏全茶馆人的茶钱。这种解决问题的方式在张家的长青村比较常见。除此之外,假如问题很严重,可以通过打官司的方式,但是小户和大户打官司,一般都是小户输,因为大户人家会给负责人行贿。亲戚朋友有时也能帮忙"改交"[①],处理完就算。

---

① 改交:是指协商的意思。

第四章　家户文化制度

关于家户教育,由于经济条件限制,张家只有张义云一人上过学。在家庭教育方面,一般是"父亲教儿子,母亲教女儿",家庭成员需要从小掌握劳动技能和做人的道理。张家具有较强的家户意识,全家人是一个整体,互相扶持。"发家致富"是家庭的共同目标,任何事面前都以家庭利益至上;关于家户习俗,不同节日有专门的规矩,张家会遵照当地的传统习俗,过年过节都以家户为单位。传统的婚礼和葬礼也有各自的习俗,每种仪式都代表着特殊的含义。张家供奉了灶神、门神、土地神,会在特定的日子进行祭拜,目的是保全家平安、万事顺利;关于祖先信仰,对于张家来说,祖先是家族的历史和来源,家庭需要祖先的保佑,张家会祭拜祖先;在家户娱乐方面,张家的娱乐活动丰富,每个成员都有自己的朋友。全家人都可以串门,但需要注意时间、范围和规矩;雷神会和土地会都是一年一次,还可在庙里吃斋饭。成员参与任何活动都需征得家长同意,家长具有绝对的权威。

一、家户教育

(一)全家只一人上学

1949 年以前,张家读书的人很少,张义云的爷爷奶奶都没有上过学,张家以前都是"穷根子",交不出学费。张义云上一代,张仁田和张仁贞都未曾上过学。但张仁田能识几个字,先生上课时,张仁田在外面墙壁上钻了小洞,隔墙偷偷学到了几个字。张义云这一代,只有他一个人上过学,张义华虽是二哥,却没有读成。张义珍和张义梅是女儿,也没有读书,小户人家的女儿没有资格读书,大户人家才会让女儿读书。

张义云虽然上过学,但是前前后后加起来只读了六个月。张义云大概是十二岁的样子才被张仁田送到私塾去读书,正月间去,三月间回来,连续两年都是只读了三个月就辍学。一是因为三月间家里农活出来,诸如弄胡豆壳、捡豆子、看烟虫、捡狗屎,这些都需要劳力。二是因为学费要交一斗米,当时还需要花钱去买。当家人张仁田决定谁能读书,家里有四个孩子,二哥张义华没有读书,家里只能供一个人,交不出学费,张仁田认为张义云更聪明,所以就只让张义云上学。其他家庭成员没有发言权,即使有意见也不起作用。假如当家人是爷爷,当家人的儿子们都养育有小孩子,当家人安排小孩子读书时,会与儿子们商量。如果是儿子当家,父亲还健在并不当家,也需要同父亲商量,听听老一辈的意见。张家送孩子去读书,是希望张义云能够识些字,增长文化。

(二)招学的私塾教育

张义云第一年是在私塾里上学,是当家人张仁田送他去读的。私塾位于王家湾,离家不远,女儿不能去私塾上学。私塾是在家里办的,有个当家人为让孩子读书,将稍宽的房间空出来作为教室,自己"招学",有二十个学生就可以组织成"一堂学"①,招完之后,就请先生来教书,老师都被称呼为先生。招学的都是经济条件好、房子比较宽的人家,张家没有条件来招学办私塾。

张义云在私塾读书时,学费为一斗米,是由家庭承担。其他人的学费不一定都是一斗米,主要是靠当家人和先生双方来谈,可议价,既可交钱也可交粮食。报名当天交学费,会发书和本子,笔和砚台需要自己准备。第一次去上学,家长张仁田会送他,后面每次都是张义云自己去。需要用小篮子提上书、砚台、笔、写字本。也有把老师请到家里教书的,但只有家里很富有的大户人家才会这样。专门把先生请到家里来教自己的孩子,学费很高,但是这样会教得更好。张义云当时在私塾里,都是学的孔夫子的书,《大学》《中庸》《论语》各学了有八篇。

先生会布置作业,每天要求背书,如果背不出来,就用竹条子打手板、敲脑壳。张义云就被先生打过,打得满教室跑。栽秧、打谷子的时候,家长要请先生到家里来吃酒,称为吃"栽秧饭""打谷饭",办得很丰盛,是为了让先生对孩子多费点心。过年时,当家人张仁田还会把张义云带上一起去给先生拜年,送猪肘子、腊肉等礼物。一学期是五个月,每次去上半天课,张义云只读了三个月就没读。辍学后,周先生还到张家来过,希望张仁田把孩子重新送回去读书,他认为张义云很聪明,不应该辍学,当天熊仕秀还煮一碗腊肉面给先生吃。

(三)公办的学校教育

张义云第二年就在村子里的小学上课,学校离家有两里路,由当家人张仁田送张义云去报名。学校是公办的,国家请的老师,政府要给老师发工资,所以学校的学费贵些,大概有一块钱,学费由家庭承担。张家只有张义云一个儿子去过学校,没有按照长幼顺序来,女孩也不能去学校。如果家长让孩子去学校上学,但孩子不想去,可以选择不去,毕竟学费也贵。如果是爷爷当家,小孩子是否接受教育需要由爷爷决定,因为经济大权由当家人掌握。读书是为了自己的前途,社会上比较缺文化人。

(四)不可或缺的家庭教育

家里小孩子的教育都来自于家庭,一般说来,"父亲教儿子,母亲教女儿"。父亲张仁田会教儿子张义云和张义华做农活,包括如何栽秧、如何打谷子,挖田挖地、栽苕、点豆子等,凡是农活都会教。也要教做人方面的道理,诸如尊敬长辈、说话要文明,家长会说明理由。家里还有很多规矩,才打完谷子吃新米的时候,晚辈需要对已经去世的家人说:"爷爷、婆婆……尝新哦",喊完了才能动筷子。家里的母亲熊仕秀主要是教女儿张义梅和张义珍,会教育她们要听话、孝顺,还会教她们做家务活、煮饭洗衣、绣花、织布等。父亲会教她们守规矩,不能外出和别人玩耍,因为别人看见会说闲话,还会说没教养。对男孩的教育更多偏向于农业上的和如何对外交往,对女孩的教育更侧向与家务活和家里的规矩。长到十七八岁,就算作成年,成年之后就能请媒人来说媒。听话、孝顺的孩子就被认为是懂事的孩子。

(五)家教与人格,潜移默化

父母以及其他家人的思维方式和性格对孩子的成长过程有重要的影响。家庭中的生活氛围更融洽的,教出来的孩子性格更平和。家长会教孩子做人做事的道理,做错事情,家长也会教训孩子。假如是到外面惹祸,家长会带孩子去赔礼道歉,回家之后要惩罚教育孩子。在张

---

① 一堂学:是指一个班的意思。

义云印象中,从小家里的规矩都多,也是从长辈嘴里听来的。以七月半为例,也即每年农历的七月十四,都要煮好饭好菜,拿一部分倒在家外面,是指送给去世的长辈吃,下午还需要烧纸。家里都信奉勤劳致富,全家人都是靠自己的劳动能力吃饭。在遇见困难的时候,家长提供的帮助最多,其次是亲戚朋友。张家人都认为自己离不开家庭,离开家就不能生存。

(六)劳动技能,从小学起

张家会教小孩子学习劳动技能。男孩子从小就需要学割草、挖田挖地、栽秧、打谷子等劳动技能。男孩子必须要学,小户人家都是以务农为主,学会才有能力种庄稼。生活才能自给自足,保证即使分家后也能维持小家庭。父亲会手把手教,就算父亲不教,多看几遍也能学会,这些都不难。万一不好好学,会被家长批评甚至打骂。张家的张义云和张义华都是当家人张仁田亲自教,张仁田是自己学的,去帮别人家农耕时而看会,久而久之就熟练。五六岁,就开始出去捡狗粪、捡树叶,九岁十岁开始割猪草、背猪草,十一二岁就拿锄头挖田挖地、镐草,十三四岁就能下田栽秧、镐秧、打谷子,栽秧时还会唱栽秧歌。

一般家庭都是由父亲教男孩子,母亲教女孩子。女孩子的家务劳动就在家里学,基本上女孩子都不能出门。张义梅和张义珍是由熊仕秀教。大概六七岁就需要开始做些简单的,诸如洗菜、洗碗,九岁以后就能割猪草、煮饭、洗衣服。如果家里有弟弟妹妹,作为姐姐,"就相当于半个妈",需要照顾年龄小的,都是大孩子带小孩子。女孩子也必须学会这些基本的家务活,否则以后嫁不出去,婆家很看重儿媳妇是否贤惠。出嫁前还需要学绣花、织布等,如果不会做这些,会被婆家人笑话。

(七)学手艺,家长安排

张家没有祖传手艺。但是家长张仁田会很多手艺,诸如编背篓、打洑水斗、织竹条锅盖、裁衣裳等,全部是自己砍竹子,划成竹条子,然后再编织。家长教儿子张义华这些手艺,但是不会让他们具体操作,因为担心他把竹条浪费。这些手艺活不会教女儿,都是男人做的活儿。学手艺有一定顺序,兄长年龄大些,接收能力和学习能力强些,所以会让兄长先学,再让弟弟学,均由家长安排。张仁田虽然会做手艺,平时也要做农活,只有遇到下雨天才会在家里编织。

二、家户意识

(一)自家人意识

张家认为自家人是家里最亲的人,生活在同一个屋檐下,吃饭在同一张桌子上,这样的家人才能算是自家人。没有跟自家生活在一起的都算外人,外人没那么亲,自家人有很浓的亲情。在张义云的观点里,1949年以前还未分家,只有父亲张仁田、母亲熊仕秀、二哥张义华、二嫂刘艳琴、三姐张义梅、幺妹妹张义珍算是自家人。叔叔伯伯都不算自家人,因为没有生活在一起。出嫁的姑姑和姑父不算自家人,他们自己组成新的家庭。舅舅舅妈、嫁出去的姨娘和姨夫都不是自家人。分家之后,二哥二嫂单独住在一边,就不算自家人。招上门的女婿是自家人,结的小媳妇也是自家人,妾生的孩子也能算自家人。但是如果家庭成员不听家长安排,被父亲赶出去,这样的人不能算自家人。邻居也算外人,凡是外姓的都是外人,亲戚只是沾亲带故,也不能算是自家人。外人无权干涉家事,自家也不会干涉外人的家事,除非矛盾很严重,到必须别人帮忙才能解决的地步。如果邻居家打架,周围的人可以去劝架,张家每次都是由当家人张仁田去劝架。自家人的交往更加亲切、随意,和家里的人聊天可以无话不说,与外人交往会更慎重。对自家人长辈对晚辈的称呼经常都是小名，例如，父母亲会称呼张义云为"五儿"，称呼张义华为"四林"，称呼张义珍为"丫头"，晚辈对长辈称呼也很亲热，对于外人则更正式，按照辈分来叫。

（二）家户一体意识

1.全家相互扶持

还没有分家的时候，张家几个兄弟做农活会互相帮忙。比如说张义华和张义云一起去挑粪，张义云年纪要小些，挑不动的时候，二哥张义华会搭把手，帮张义云挑一会。如果家里有成员被欺负，家里人会帮忙说公道话。但是只能大人去，小娃儿不能吭声。要是全家人联合起来都去，别人会说"一窝蜂"，吵"团团架"没教养。假如家里有儿子生重病，没有劳力，家长就不会将其分出去，而是留在身边照看。一般说来，分家时家里的兄弟都会一样地分。但是张家对老二张义华稍微有一点特殊照顾，张仁田和熊仕秀的解释是说，张义堂当兵离家后，二儿子张义华就成家里的老大，平时他干的事情要多些，比之后儿子都要苦些，对后面的兄弟姐妹也有照顾。所以分家的时候可以占"坐产"①，给他多分一间。分家后，家里条件好些的需要扶持条件差点的小家庭。张义云对二哥张义华都会有一定帮助，偶尔会买点肉送给张义华，家里有农活也帮着种。

2.一人有福，带动一屋

家里每个人都希望能够好好发展，"发家致富"是家庭的目标。如果发展不好，养活不了全家，容易沦落到讨口的地步。"一人有福，带动一屋，一人没福，拖累一屋"，家里有人富起来，全家人都能跟着享福。如果一个家庭发达，家里人也能都跟着沾光。家里每个人都希望能富起来。做官这件事对与张家说来是能光宗耀祖的，同村的人会尊敬做官者，因为他能让家里条件变好，脱离以前的穷根。张仁田教张义云要为人民服务，有一定经济条件的家长希望小孩子能够好好读书，成功"考学"②，就算光宗耀祖。张家的共同目标是希望全家生活幸福，和谐相处。张家正屋的中央墙壁上就祭拜祖先，张义云就烧常年香，每天早晚都会烧香，祈福的时候会保佑全家的成员平安健康。

（三）家户至上，家庭利益为大

张家认为家庭比个人更重要，没有家就没有个人，如果离开家，个人就没有意义，也发展不起来。每个人都有家，没有家的是叫花子。这种人就没出息，会被笑话。遇到事情的时候，会先考虑到家庭而不是个人，一切均以家庭利益为上。张家的当家人张仁田，就会负责把家里的任何事情安排好，这样更有利于全家发展。张义华会帮忙挑煤炭去市场上卖，卖完后只交部分钱，剩余的拿去买零食吃，被张仁田发现后，打过也骂过，没有考虑到是全家的生活费。

张义云很喜欢读书，在学校的成绩也不错，但是家庭条件不允许读满一学期。连续两年都是正月去，三月辍学。家里农活多起来，缺劳力，就需要张义云回家帮忙，另外家里确实没粮，交不齐这么多学费，所以张仁田就让他不要读，张义云也还是愿意辍学。张义云当时还掉泪，他不是心甘情愿辍学，确实条件不允许，但是觉得很有遗憾，他认为要是多读书以后发展

① 坐产：是指家里父母亲住的房子。
② 考学：考学成功，相当于是考上大学。

496

会更好。张义云曾经在工厂里打过工,后来家里写信需要他回家,他就放弃在工厂里挣钱的机会,回到村里照顾家人。张义云的婚姻大事是由父母亲安排的,需要听从他们的安排。

(四)行善积德,造福后代

张家的老人一直都有行善积德的意识,认为是为子孙积德,造福于后代。1949 年以前,经常有叫花子来讨口,张家的老人张仁田和熊仕秀,看着叫花子来,就会赶紧回家拿粮食,如果张家人刚好在吃饭,就会给叫花子端饭端菜。村里有人家没钱办丧事,到处化缘,张家都会捐钱。家族里的公共事务,需要帮忙时也会去。张家老人有点爱管闲事,其他人家认为他是个"说客",对他印象还好。村里有人因为田边地脚吵架打架,有些人家里"请喝茶""坐茶桌子",这类事就会请张仁田去讲道理,张仁田会把别人说得心服口服。张仁田之前去过张家祠堂,需要拜祖拜神,祭祀的时候要祈祷。家里有人升官发财,学有所成,全家人都会感到欣慰,认为是祖上保佑的结果。张家人相信"善有善报,恶有恶报",做过的善事都会有回报的,为后代积德,善良的人病都少,假如做亏心事要会被咒,家里就不顺利。无德、做坏事的人,会被批评被骂,家长会亲自教育其多做善事。

三、家户习俗

(一)节庆习俗概况

1.热闹春节规矩多

(1)年前准备

春节是从腊月三十那天开始算,因为当天晚上要团年。张家会进行大扫除,所谓"扫帚不到,灰尘不掉",从腊月二十四五这两天开始扫扬尘,即打扫屋内头顶上的灰尘,一年扫一次,一般是由熊仕秀和女儿张义珍一起打扫卫生。两个大人会提前置办好年货,需要购买的由张仁田出马,其他则由熊仕秀自置,一般有粉、面、蛋、鸡肉、香肠、豆腐干、肉丸子、猪肝等等。除了吃的东西,过年时也要准备穿的衣服,内当家熊仕秀会提前给每个家庭成员都缝制一套新衣服,做一双新鞋子,等到大年三十当天才能穿新的。还要提前准备鞭炮,大年三十的晚上,张仁田会放鞭炮以"送年",初一的早上放鞭炮迎接新的一年到来。张家都是以家庭为单位过年,不会请外人到家里过年。大年三十的晚上,家里的小孩子会打房间里耗子窝,"打一窝,落一窝"。大年三十当天上午贴对联,春节期间贴的对联又叫"春联"。家里贴的对联,因为横批是从右向左书写,所以上联在门右边,下联在门的左边。用大红色的纸作为背景,贴在门两侧很喜庆。

(2)祭祖

祭祖是祭祖先。大年三十中午吃饭前,要点香、点蜡烛,烧完香了才能吃饭。张家的正屋中央墙上摆一个神台子,上面立一个木牌,牌两侧写着"天地君亲,文武圣人",中间写着"招木神祖"。只有家里的男性成员才能烧香祭祖,需提前将脸洗干净,袖子、裤脚都需要放下,以表示尊重。还在神台子上摆些水果、鸡蛋、肉、酒等来祭祖。敬完神之后,全家再坐到方桌子上一起吃饭,吃饭前嘴巴要念叨:"祖人先人,给你们拜年。"上席为正对大门的一方,家长张仁田坐上席,熊仕秀坐下席,其他子女坐在两侧。大年初一张家要去山上烧香,给去世的祖先长辈们烧纸、点香,用竹背篓背着纸上山,只有家长张仁田和儿子张义华、张义云才能上坟,女孩子是要嫁出去的,是别人家的人,所以不能烧香,顶多在山角落里作揖。

（3）走亲戚

过年期间的十多天都要走亲戚,小孩子去可以捞"卦卦钱"①。张家每年只有张仁田和张义华、张义云三个人去,女性家庭成员不能到处走亲戚,除非大年初二当天,可以回娘家。一开始会到最亲的亲戚家里去,例如姑姑家和舅舅家,然后再去一般亲的亲戚家。其他亲戚并不是每年都去,也没有固定的日子,哪些亲戚到自家来,之后张家人必须去他们家串门。这叫"回礼",去的时候要带礼物,提个肉或是送把面,一把有一斤。

（4）关于吃的讲究

大年三十的晚上,张家全家人会聚在一起吃一顿团圆饭,又叫"年夜饭",桌上必有鱼,寓意"年年有余"。如果分家,小家庭可以将老年人请到自己家里一起团圆。这天晚上,外人不能一起过年,一起过年的都是家里最亲的人,如果没有聚齐,来年不会顺利,所以即使是在外打工的家庭成员,到这一天,都必须赶回家,吃年夜饭才算真正的团圆。大年初一当天早上,要吃汤圆,还得吃双数,意味着圆圆满满。大年初二早上,全家都吃面。只有三十、初一、初二这三天最讲究,过完之后,其余时间吃什么东西可以由内当家熊仕秀自行安排。

（5）拜年

大年初一是在自己家过,初二才开始拜年。其余时间去谁家没有固定安排,去之前张仁田会和主人家先约好。需要给老板(所租种田地的主人)拜年,必须由家长张仁田去,不能带小孩,因为小孩过年是去捞卦卦钱的,老板瞧不起穷人家的孩子。礼物必须准备,每年张仁田都带一只肥母鸡、猪肘子、腊肉、呷酒、豆腐干等,这些都是老板喜欢吃的东西。送去讨好"大老板",希望他来年继续租种田地给张家,并能适当减点租金。不用给保甲长拜年,因为平时没有什么来往,其他关系不好的也不用拜年。正月初一到十五这段时间,张家人出门时如果碰到村里长辈,需要马上作揖以示尊敬,长辈会打发钱,如果长辈没带钱,他会还礼作揖。

（6）元宵

农历里正月为元月,古人称夜晚为宵,正月十五日又是一年中第一个月圆之夜,所以称正月十五为元宵节,是这一天送年。这天早上张家人都会吃汤圆,村上专门有个"龙会",元宵节当天会把舞过的龙、龙灯全部都烧掉。村里还会放烟花、鞭炮,这就为把年送走。

2.清明节,家族上坟

每年清明节当天,张家整个家族都要去祭祖,俗称"上坟",是祭祀祖先的一种活动。祭祖之前,为动员一番,族长会来主持清明会。凡是张家家族的祖先,都要为其烧纸、点香,沿着天星镇附近有祖坟的山走,所有的坟上完大概会花一整天的时间。只有男性成员参加,女性成员不能去上坟,这是老规矩。凡是去挂坟的人,中午的时候会在一起聚餐,称为"乡村坝坝席",在一个大空地上摆很多张桌子。每年办清明会,需要提前向每家每户收集一定数量的粮食,作为办席的补贴,张仁田每年都会交。

除清明会之外,张家所在的村庄还有一个吃"清明粑粑"的习俗。"清明粑粑"从古代就一直流传下来,是用清明菜做成,清明菜又名鼠曲草,疯长于清明节前后,需在开花之前,将清

---

① 卦卦钱:别人家给小孩子拿的压岁钱。

明菜摘回家。熊仕秀会将清明菜切烂,和着面粉、玉米面,撒上盐或是糖烙成粑粑。

3.端阳节,炸麻花,挂艾草

端午节在当地称为"端阳节",每年过端阳,熊仕秀都会炸油粑粑,即麻花。每次炸一大盆,可以吃好几天。午饭后,东门河边有划龙船节目,会有很多人去看热闹。船头和船尾分别有用纸扎的龙头和龙尾,目标是为抢夺终点的东西,先划过去抢到的队伍为胜。当家人张仁田只带儿子张义华和张义云去看,女儿不能出门。门前挂艾草是当地的一大习俗,每年端午节时熊仕秀都会给家门挂上艾草,目的是为辟邪祛病。艾草长在山上,一般是张义云和张义珍去采。将艾草晒干之后,熊仕秀会拿艾草来煮水给小孩子洗澡,可以预防生病,一直有句民谣说:"端午门挂菖蒲草,熬锅艾蒿洗水澡。"

4.中秋节,团圆节

中秋节又称为"团圆节""拜月节",在农历八月十五当天。农历八月十五是田地里谷子成熟的时刻,张仁田会带着张义华和张义云拜土地神,中秋节可能是秋报的遗俗。中秋节是一年中月亮最圆、月光最亮的日子,所以有个传统习俗是赏月,即祭拜月神。这天晚上张仁田会号召全家人坐在院子里,赏着月亮的同时,吃着自家炸的食物。关于饮食,张家是以吃炸糍粑为主。熊仕秀和张仁田都会制作糍粑,糍粑的形状是圆的,所以中秋节吃它象征着合家团圆。

5.传统婚礼习俗

(1)媒人介绍

1949年以前,男女结婚全是靠媒人介绍,双方在成亲当天之前都不能见面。张义华结婚时,是由当家人张仁田主动请媒人替自己儿子说媒,而媒人是村里的熟人,因为沾亲带故更容易说媒成功。说媒时通常对男方只说女方的优点,对女方只说男方的优点而不提及缺点。媒人通常夸男方诚实,女子勤快持家、能干。但并不是每次说媒都能够成功,有时候男方家长会在第一个媒人失败以后再请其他的媒人,但是通常不会同时请两个或更多的媒人替儿子说媒。刘艳琴的家长到张义华家里看一下情况,主要是为了解张义华家里的田地数量、房子是草房还是瓦房等。说媒成功之后,张仁田需要"谢媒",也是给媒人拿粮食或者钱表示感谢。

(2)合八字

合八字是当地传统婚俗。媒人提亲获得女方家同意后,双方互换庚帖,进行推算,查看两人是否合适。一个人的出生年、月、日、时配以天干地支,两字一组,四组共八个字。据五行之说,相生相克即木生火,火生土,土生金,金生水,水生木,水克火,火克金,金克木,木克土,土克水。如果两人八字很合,意味着能过得长久、顺利。张义华和刘艳琴结婚之前,张仁田请人为他俩合过八字,发现能合上就定下来。

(3)定亲,看期会

定亲当天需要请客到家里吃饭,张义华和刘艳琴定亲的时候,请了双方的亲戚。宣布两人定亲,预示着这事差不多就定下来,同时避免再有人来说媒。张义华定亲的时候,家长张仁田专门请人写了两张定亲书,男女方各一张,作为定亲的凭证。定亲后,双方家长出面请人"看期会"①,也是说选一个黄道吉日作为婚期。选好日子之后,女方刘艳琴家提出聘礼的要

---

① 看期会:是指选婚期。

求,男方张义华则会根据要求着手准备婚礼的相关物品。

（4）嚎嫁与过礼

当地有个不成文的习俗,在结婚的前几天,姑娘家会嚎嫁。一般是哭八早晨,或者十二早晨,越大声越好,规定"嚎双不嚎单"。嚎嫁的那几天早晨,就不用出门做农活,只需在家里煮饭。当地有的大户人家,会请人帮忙嚎嫁。结婚前一天,男方会"过礼",会用"抬盒"抬到女方家里去。张家的张义华结婚时,过的礼有:半边猪、一只羊、十把面、五斤面粉、两只鸡、两只鸭、两条大鱼干,还有一套"露水衣",是结婚当天新娘子过酒时要穿的衣服。之所以是在结婚前一天,因为新娘子会在"抬盒"中挑选几样能带走的,作为自己的嫁妆,结婚当天带到婆家去,其余留在娘家。在结婚的前一天晚上,刘艳琴家里会办酒席,称为吃"嫁女儿饭"。吃完饭之后,会请一些女孩子、妇女、小男孩来帮忙"唱花园"①,围成一圈,边唱的时候,必须有亲戚丢钱在桌子上,寓意娘家会吉祥。

（5）迎亲

1949 年以前,女方是坐轿子到婆家去,刘艳琴是坐轿子到张家的,当时娘家安排了几个人送亲,跟着一起到张义华家里。走之前需"定轿"②,一般是姑娘家的兄弟帮忙定一下轿,没有兄弟的找父亲也可以, 这样的用意是姑娘家以后不会头昏。张仁田请了专门的人去抬轿子,一路上都会吹唢呐、敲锣打鼓。轿子到了之后,有人扶新娘子下轿。接新娘子到张家的这段途中,任何帮了忙的人,都能得到新郎官张义华发的小物品或是小钱,图个喜庆。快到家时,有人放鞭炮迎接,场面很热闹。新娘进屋之前,要先跨火盆。然后张义华需要将新娘子头上盖的帕子揭下来,放在"怀怀"③里,寓意着以后会对新娘刘艳琴贴心。

（6）拜

张义华结婚时请专门的人来主持,主持人就会请名单上的人给拜钱。先请家里的内亲,诸如父母、兄弟,再请叔爷、伯父,然后请姑姑姑父、舅舅舅妈,请完内亲再请外亲。刘艳琴的父母亲没有到场。根据名单,叫到谁的名字,谁就进屋,主持人会说"拜钱拿来"。屋中间地上铺一张草席,张义华和刘艳琴都要跪下作揖,作一下揖要同时磕一下头。向平辈人只作一下揖,向长辈就作四下揖。作完揖磕完头,张家的亲戚就会拿钱出来,这是为了图吉利。拜完堂后,所有的亲戚就能开始吃酒席。

（7）入洞房

张义华和刘艳琴拜完堂之后,两个新人就会到卧室里去吃东西,会有人专门端两碗醪糟蛋,称为"红蛋"。但是新娘子不会吃自己碗里的,要直接倒给新郎官。因为是娘家教的,当天如果在婆家吃任何东西,是吃的"受气饭"④,以后都会受婆家人欺负,等到回门才吃东西。吃完红蛋,新郎官就出来招呼家里的客人,新娘子要一直坐到晚上吃饭的时间才能离开房间。

（8）回门

结婚的第二天,张义华陪同妻子刘艳琴回娘家,看望岳父岳母,并需要带一些小礼物。会有刘艳琴的兄弟姐妹、姑姑等亲戚在场,为"吃回门酒"。婚礼后第二天,新媳妇不会煮饭,婚

---

① 唱花园:即唱"花园歌",姑娘出嫁前一夜要"唱花园",娘家的姐妹们会去送行,互相赛歌。
② 定轿:新娘子的兄弟从轿子前面钻到轿子后面,就为定轿。
③ 怀怀:土话,是指胸口的意思。
④ 受气饭:是指受人打压的意思。

礼后第三天,新媳妇才会下厨房,为"吃新媳妇饭"。新媳妇也要给婆家人发毛巾,公公婆婆两人的毛巾最大,其他平辈的毛巾就很小。

6.农村丧葬习俗

在 1949 年以前,张家有小孩子因病去世,对于过世小孩的处理是较简单的,随意用个箩篼装好埋在山上就行;对年龄稍微大点的孩子用两个木板装一下,但都不会大办葬礼。只有成年人去世后才会按照流程来办,所以关于当地的丧葬习俗,张家也是从别人家了解的。人去世后,需要马上燃放鞭炮,放三颗为"落气炮",附近的人一听便知有人去世,还需二十四小时内烧草纸、和逝者的生前用品。还需要通知家里的至亲和入殓人员,准备好棺木及需要的用品。报丧之后,就会去请道士来家中做法事,称为"做道场",主要负责做法事以超度亡魂,还需另请阴阳先生,主要是看坟地风水,选坟址和指挥棺木的安放。在报丧和请道士的同时,还要给死者净身更衣, 老年人的寿衣一般都是早已备好的, 寿衣的数量根据死者的性别而定,男性死者穿九件,女性七件。在农村,的寿衣一般来说由死者的女儿操办。丧礼期间,死者的家人、亲友要按亲等披麻戴孝。亡者的女儿、孙辈等需要去守灵,守灵前几天还需要请亲戚和邻里乡亲来闹夜。

(二)家户习俗单位

1.过年过节以家庭为单位

张家在过年过节的时候都是以家庭为单位,有家的人都是全家人一起过。如果自己没有家,要是有亲戚邀请的话,可以去亲戚家一起过,只是平时过节的时候。过春节是不行的,因为都是和自家人过,不会与外人一起,所以过年就只有自己一个人。分家之前,每年过节都是一个大家庭一起过,如果分家了,是自己的小家庭一起过,即使住在同一个院落里,过年可能会分给对方一些好吃的,但不会一起过,毕竟各是一个家。

2.在家过年,初二回娘家

张家在过年过节的时候都是在自己家过,嫁出去的女儿不能在娘家过年过节,都是待在婆家。当地有个说法,如果已婚妇女非要回娘家过年,就必须连续三年都在娘家过年,不能只过一次,回去时还要穿娘家人缝制的衣服才行,否则对娘家不利。因此极少有妇女回娘家过年的情况,就算媳妇想回去,娘家人和婆家人也都不会同意。只有初二当天,妇女可以和丈夫一起回娘家拜年,带点肉和面去。亲戚不能在自己家里过年,自家人也不会跑到别人家里去,这都是规矩。

3.吃团圆饭时不可缺席

过年过节时,全家人会聚在一起吃顿好菜好饭。假如家里有人外出,平时过节无所谓,可回可不回,但是大年三十当天晚上吃"年饭",半夜十二点之前都要尽量赶回家。规矩是不能缺人,缺了人对家庭不利,如果缺人则有不详预示来年家里会去世一个人,所以那天每个成员都必须要在家。分家后,小家庭不会一起吃饭,张义华和张义云两兄弟分家之后,偶尔过年过节张义华的妻子刘艳琴会邀请张义云家,但是他们都不会去,只有老年人张仁田和熊仕秀会去。过年期间,张家和亲戚家轮流吃饭,又叫"吃转转会",今天去他家,明天就在自己家。有些亲戚家里不愿意这样,因为担心一户人家吃得好,一户人家里吃得差,这样自家容易吃亏。

(三)节庆仪式,家长支配

春节的时候,张家会拜祖先,由当家人张仁田主持,张仁田会安排好其他家庭成员应该干的事。他会安排内当家熊仕秀准备祭品,诸如肉、水果、酒等,放在神台子上面。张仁田自己烧完香之后,会安排张义华和张义云两兄弟也来作揖、磕头、烧香。家里的女儿张义梅和张义珍没有资格烧香。正月初一到十五期间村里一直会有人表演节目,如耍龙灯狮子和高难度杂技等。耍狮子的队伍如果到家里来,会将一张红色的纸条贴在神台子上,嘴里念些吉利话,家长要给他打发钱。

清明节当天,家族要举办清明会,由家族族长主持,召开祭祖大会,之后组织张家家族的参会人员上坟。张家的家庭成员中,只有男性成员张仁田和张义云、张义华才能参加,其他人只能待在家。七月半,郑家要接祖先,并且打把伞,背着包到竹林里到处走,要办三天,还要推豆腐。张家就比较简单,只是在农历七月十四当天,家里的饭菜稍办丰富一点,中午吃饭之前,当家人张仁田会号召大家一起说:"祖人先人,过七月半了",说完了才能开吃。下午张仁田会去烧纸,家里的儿子负责将饭菜倒在离家很远的山沟里,不能回头看,倒完了就自己跑回家。

四、家户信仰

(一)宗教信仰概况

1949 年以前,张家的家庭成员都没有宗教信仰。当时村里信仰基督教的比较多,有洋人专门在镇上宣传了基督教,还办了一个会堂,村里有些人去镇上听讲堂,回到村之后就开始信教。信仰了基督教的村民都是独自信教,如果是男性,则不需要经过谁的同意,如果是女性,需要家庭内部同意,不同意的情况下则会选择悄悄信教。自己信仰一个教派,家族不会管,只要不干违背家规的事情即可。邻居也不会管,只要不侵犯邻居家的利益,政府同样也不会管。1949 年以前家里没人信仰佛教。后来,大概是在 20 世纪八九十年代,张义云信仰了天主教。他没有带动全家一起信仰,因为这是个人的自由。

(二)家长的宗教信仰

一般说来,家里有什么宗教信仰,都需要家长先信,家长具有带动作用,会带动家人一起信教。其他家庭成员也可以选择不信教,没有强制要求,但是不能阻止家长。张家只有张义云一个人信仰天主教,其他成员都无信教情况,家长也不会要求家里成员必须信教。张义云每天都会祷告,一日三餐之前和睡觉之前,都需要祷告。他之所以信教,是希望能得到保佑,平安健康。

(三)家庭成员的宗教信仰

如果家长不信教,其他家庭成员可以信教,前提是必须经过家长的同意,若是不同意,就不能信教。因为凡是信教的都必须要去听其他教主的教诲,还要帮忙传播教义,四处向别人宣传,这必然会耽误做农活的时间。所以如果家长不认可,家庭成员就不能再继续信教。

(四)家神信仰及祭祀

1.供奉家神

灶神菩萨:供在厨房里侧墙壁上,挂一副灶神菩萨的像。专门管厨房里的事,监管内当家是否浪费粮食。相传灶神菩萨只有一只眼睛,另一只眼睛被雷公抠了。灶神菩萨每年大年三十的半夜子时,都要上天找雷神菩萨汇报,一年只去一次。有一家的妇女浪费粮食,每次都会把吃不完的饭倒掉,灶神菩萨就将这一情况告诉了雷神。雷神经调查发现是真的,就打雷抓她。灶神回去之后不忍心，就告诉煮饭的那位妇女，以后都将白色丝瓜的籽倒在平时倒饭的钵钵里。雷神后来去看钵，全是丝瓜籽，不是饭。第二天直接就将灶神菩萨的眼睛抠烂作为惩罚，"瞎了眼睛，明明是丝瓜籽籽，认成饭"，从此灶神菩萨都只有一个眼睛。

门神：农历新年贴在门上的一种画。大年三十当天，贴完对联之后就贴门神像。将神像贴在门上，农村的说法是为了驱邪镇鬼，把邪祟挡在外面，不让他们进屋，以免带来不好的运气。门户是房屋与外界相通的地方，人们学会建造房屋之后，希望各类神明保佑康宁，所以对门神特别重视，就产生了对门的崇拜。当地的门神图像多为秦叔宝和尉迟恭，两位曾经是唐朝将士，在唐太宗李世民在位期间，有一天晚上李世民在半夜里听到有鬼往屋里扔砖瓦，还有怪异的声音，吓得李世民彻夜难眠，把二位大将凶猛的姿态和面容绘画成画像挂在宫门口，这样做了以后鬼怪再也没有出现过。后来就有了门神最初的形态，其中一位手执钢鞭者是尉迟敬德，另一位手执铁锏者是秦琼。

土地神：当地称为"土地公"，是专门管土地的神仙，张家将其放置在陶屋中央，位于神台子下方，靠近地面。还有个坛神保护土地公，坛神是用石头做的。祭拜的东西和神物不能随便放，如果抱出去扔掉，被谁遇见就会发癫。拜土地神一般是在冬腊月间，由家长安排。

财神：每年的正月初一，有专门的人来"送财神"，将财神画像放在神台子上，张家人会打发其两个肉丸子饼。祭拜财神寓意家里来年财源广进。

2.祭拜主体,男性成员

张家所供奉的这些家神，诸如灶神、门神、土地神、财神，都只是过年过节的时候才会祭拜。只有家里的男性成员才能祭拜。祭拜前需要摆上贡品，一般是肉类，由内当家准备，外当家端过去。张家的张仁田、张义华、张义云三人能烧香祭拜，熊仕秀及其女儿均不能烧香。

3.祭拜目的,万事如意

拜门神，是为了不让妖魔鬼怪进屋，保佑家里顺顺利利。拜灶神，是为了让家里的粮食利用得更充分，不被浪费，"抛洒①五谷遭雷抓"。灶神只负责管厨房的事。拜土地神，是为了顺土，能让一方的庄稼生长好。家里的鸡一般是半夜子时才叫，如果它没按时间叫，就意味着地脉龙神不安，也需要谢土，祭拜土地神之后，一切又会恢复正常。

4.祭拜仪式由家长安排

张家供奉的家神中，门神的祭拜仪式最简单，直接作一下揖，站在门前说几句话就行。祭拜灶神时，还需要"打刀头"②，是一盆子肉，两侧摆上两杯酒，对着厨房里灶神菩萨的像，先烧香，再烧纸，然后磕头作揖。拜土地神最烦琐，特别是庄稼长得不好时，需要请阴阳到家中念经，当家人来磕头，屋子的四方都需要拜，按照北方、西方、南方、东方的顺序。祭拜家神时，需要按照年龄顺序，家里的男性成员从大到小依次祭拜。

(五)祖先信仰及祭祀
1.祭拜"家香",敬重祖先

张家的家庭成员都知道家里祖先是谁，从哪里来，主要是由听祖辈代代相传而来，张义云知道最开始祖先是从湖北迁到四川来的，之后又经过几次迁移，才定居到了天星镇长青

---

① 抛洒:浪费。
② 打刀头:指祭拜时摆上一盆肉。

村。祖先很受后辈的尊敬,对于张家来说,祖先是家族的历史和来源,过去一切都是祖先创造的,家庭的现在和以后还需要祖先的保佑。张家会祭拜祖先,有两种形式。一种是"拜家香",1949年以前,张家所在的村庄,每家每户都有一个神台子,专门用来祭祀祖先的,位置在陶屋的正中。上面立了一个木牌子,两侧写"天地君亲,文武圣人,招木神祖"。张家人每天早晚都会给祖先烧纸烧香,当地称为烧常年香。拜家香时会祈祷家里人平安健康,不生疮害病。张家有堂屋,但是没有摆放过世老人的牌位。另一种是"上山挂坟",由当家人带领家里的儿子,用背篓背着草纸、蜡烛、香、鞭炮等上山。一年只有一次,农历正月初一当天,去给埋在山上的祖先烧纸,这也是当地的习俗。

2.张家祠堂,清明办会

张家有祠堂,天星镇只有一个祠堂,就是张家的规模还比较大,祠堂以庭院式为主要形式,基本组合单位是"院",即由一正两厢一下房组成的"四合院"房,立面和平面布局多变,对称要求十分严格。家族有事的时候需要办会,能容纳下村里的张姓当家人。比如说每年的清明节,定期举行祭拜,族长会组织大家一起去挂坟。要办清明会,全村的张姓当家人都会到祠堂外面吃"坝坝席"。祠堂里面修了神台子,也供了祖先。当初修的时候,张姓的每户人都要分摊费用,张仁田也拿了钱出来。家里没儿子的老人,会将自己的田地捐出来,田地很值钱,所以能卖出好价钱,抵消一部分花费之后,其余的花费分摊到每户家里,实际交的并不多。

3.祖坟家谱,不容破坏

张家有祖坟,位于村里的梅佳山上,当时修建是由族长来筹资,同家族的有关系的农户们共同出钱。张家有家谱,由专门的人保管,是清明会的会所老爷,一般是起名字时不知道辈分,就会去翻家谱。家谱是很重要的,如果有人没有按照辈分起名字,会被视作乱了规矩。如果有家族成员破坏了家谱,会受到家族族长的惩罚,需要跪下给其他人磕头。女儿不能上家谱,因为嫁出去之后是别人家的人,没有这一资格。家庭教育孩子,从小就会教他们尊敬老人、孝顺老人。如果家里有人不孝顺父母,家族可以出面教训,不孝顺的男孩子就被打屁股,女孩子就被打手板心。

4.家庭成员在祭拜中的地位

家长在祭拜中占支配地位,一切都由家长说了算。每次上坟烧香,都必须要当家人张仁田亲自出面。每次供奉家神时,祭祀所需要的贡品,需要当家人拿主意,经过他同意之后,方可着手准备。家里的女性不可以祭拜家里的祖先,女儿也不能祭拜。上坟的时候只有张仁田、张义华、张义云三个人去,熊仕秀和张义梅、张义珍都不能去烧香。清明会挂坟当天,只有张家当家人张仁田一个人去参加,不会带家里的儿子。

(六)庙宇信仰及祭祀

1.村庄的庙宇情况

1949年以前,张家所在的村庄有一座土地庙,里面供奉了土地神、雷神、各种不同的菩萨,每年村里都会举办庙会。张家距离土地庙有点远,大概要走三十分钟。庙很大,点灯油时,都需要一百多斤油。庙里分上殿下殿,各种菩萨都有。农历六月,有一个"雷神会",那天村里的人会专门去拜雷神。由于夏天的天气炎热,参加庙会的人都是左手拿扇子和礼物,右手作揖。当天专门吃斋饭,去的时候要带一小袋米,庙里有人办招待,中午会吃豆腐、面食、米饭这些素食,不能吃荤。除此之外,还有一个"土地会",在农历二月初二当天拜会。

2.参加祭拜的主体

办雷神会的时候，全村的人都能去参加，特别是怕打雷的就更需要去拜。不分男女，也不分老幼。老人、儿媳妇、成家和未成家的儿子、未出嫁的闺女、小孩子都可以参加雷神会。一般都是和家人一起去，如果家人没空，可以约着邻居和朋友一起去参加。家人会参加需要告知当家人，并得经过家长的同意，因为雷神会当天要带米，这是家庭共有的。办"土地会"的时候，庙里的僧人都要念经，当天是忌日，不准动土，其余人就坐在一边听。参加土地会不需要带礼物，也不办招待，只有家里的男性家庭成员才能去。不需要带贡品，参加完土地会，回家里炸粑粑，端到菜园地里去，土地神保佑作物生长。

五、家户娱乐

(一)结交朋友，请者为贵

张家每个家庭成员都有自己的朋友，无论是大人还是小孩。男性可以交的朋友很多，只要是合得来，平时有接触的都能成为朋友。张仁田的朋友最多，因为他总是在外面打交道，出去挑东西、挑煤炭认识一些人，每次赶场买卖东西或者是在茶馆喝茶，也能交上很多朋友。张义华和张义云小的时候朋友少，主要是周围邻居家的男孩子，大家一起捡狗屎、捡树叶。女性的朋友稍微少些，一般是邻居家的女性，平时可以在一起绣花。家里的内当家熊仕秀朋友很少，因为出门的机会少，偶尔会和附近家的女当家聊聊天，但是交往也不多。张家女孩张义梅和张义珍同样也没有朋友，女孩子在出嫁以前不准出去玩耍，更谈不上交朋友。家里的妇女，一般情况下不可以随便和外面的男性交往，除非是干正事，例如买卖粮食、借东西，还需要提前和外当家商量好。张家更愿意结交心善热情的人为朋友，聊得来最重要，平时还可以互相帮助。

家庭成员交朋友需要当家人同意，当家人对大家的朋友都有一定掌握。特别是对儿子的朋友有一定要求，"跟着好人学好样"，这也是张仁田对张义华和张义云的教诲。妻子交朋友时，只需要对当家人知会一声就行。当家人交朋友不需要同其他家庭成员商量，无须经过其他人同意。张家认为，穷人才会和穷人打交道，大户人家瞧不起这些穷人家。儿子的朋友如果想要在家里留宿，要和家长张仁田和熊仕秀商量。家长会根据情况来判断是否能留宿，因为家里人多床少，必须要到邻居家借宿，邻居家同意了才能留朋友住下来，朋友们也不会久住。张家在当地交朋友时没有仪式，也没有特定的称呼，男人之间可以称兄道弟。

如果遇到朋友家有红白喜事，张家人也会去参加，送礼送钱，还会帮忙干事情。张家认为朋友关系处好，就相当于亲戚，自己家办酒席，也会请朋友来，"请者为贵"，不请不会来。张家所交朋友多是农民，因为张家也是务农为主，也是住在农村。张家的朋友没有为官者，张家和保甲长们关系都一般，平时也没什么来往。张家交朋友的不成文规定，不能和心术不正的人交朋友。

(二)小赌为娱乐，大赌纠纷多

打扑克牌也是娱乐方式之一，在当地打牌不是一件太好的事情。如果只是打着玩，不斗钱的话还好，如果是斗钱，就称为"搞赌博"。老人可以打牌，有些人带起老花镜都在打牌，老人和老人会在一桌一起打，点牌拉牌都要慢些。年轻人则和年轻人一起打牌。当家人也可以打牌,一般是赶场的时候,在茶馆里和其他人一起打牌过瘾;或者是有人家里办酒席时,亲戚可以聚在一起打牌。未成家的儿子如果出去打牌,被家长发现,会被批评。平时当家人不会给儿子发零用钱,避免出去搞赌博。女孩子不能打牌,别人会说闲话。

打牌跟家庭条件有一定关系,如果是在茶馆里打牌,还要交茶钱给茶馆。太穷的人如果拿不出钱,茶馆不会让他打牌,其他人也不愿意跟他一起打。张家张仁田是和自己家里条件差不多的一起打牌,赌注很小,输赢都不大。张仁田基本上都是赶场当天干完正事后,去打一会小牌,当天茶馆里的人最多。大家一般是上午打牌,打完就回家吃午饭,茶馆里不会招待吃饭,如果牌瘾很大,可以就在茶馆附近的小饭店吃东西,吃完继续打。但农忙的时候赶着做农活,不会去赶场,也就谈不上打牌,农闲的时候才有心情赶场。

一般人打牌的赌注都不大,娱乐性更强,张家的张仁田认为"打牌就像是在交朋友"。只有专门搞赌博的人赌注才会很大,沉迷赌博、不务正业,以赌钱为主,没有条件的不会参与进去。输钱太多的,很容易引起家庭矛盾,因为家里的妻子不会同意钱就这样被输完,两人会吵架甚至打架。如果输光,可能会向别人借钱,这里根据家里条件决定是否能借到,家里底子好的大户人家,可以赊账,但是小户人家就不行,因为别人会担心还不出来。张家所在村庄有一户人,当家人沉迷于打牌。家里的老父亲去世,妻子拿了一部分钱安排丈夫去买料①,结果丈夫将钱作为赌注拿去打牌,后来输完,回到家还被妻子骂了一顿,丈夫伤心之下上吊自杀。张家所在村的张义陆,打牌打输了就把家里的米偷出去卖,又把钱拿去赌博,被家长发现之后暴打一顿。因为赌钱而发生的纠纷常有发生,张义云的丈母娘的前夫,因为赌博输了拿不出来钱,被赌场的人按在水里淹死,后来他丈母娘就改嫁。

(三)串门聊天,由闺女看家

1949年以前,张家经常有串门的情况。农闲时,会串门闲聊,农忙时,多是因为借农具、请人帮忙换活路。男人出去串门不受任何限制,但是女人出去串门有限制,不能走太远,一般只是在周围的邻居家串门,晚上也不能一个人出去串门。男孩子去串门,需要经过家长同意,多是和其他家里的男孩子聊天、玩游戏。女孩子不能去串门,只能待在家里,"闺女是指未出嫁的女儿需要待在闺中"。男人串门会聊家里的庄稼收成情况,女人串门聊家常的比较多。一般都是白天去串门,有时候别人家还会招呼吃饭。别人家也到张家串门的情况,都是些邻居好友,或者是亲戚。如果是男人,多是找外当家张仁田,来者是女人,多是找内当家熊仕秀,若是小孩子,是找张义华或张义云。张家对于来串门的人都很欢迎,"来者都是客",不仅会倒茶倒水,还会留客在家吃饭。

过年过节时,到别人家去都要带礼物。女性成员到别人家里去不能披头散发,要把头发挽起来或者扎马尾,否则会被视为不礼貌,这也是女性不会收拾整理自己的表现。如果遇到家里办丧事,到别人家去时,需要把孝衣脱在外面才能进屋,别人会觉得晦气。出去串门时,也不能全家人都出去,家里必须要留人看屋。贼娃子②多,草房子的墙壁会被挖烂,家里需要留个人防小偷。一般是内当家熊仕秀和女儿留在家里。聊天不会聊国家大事,因为当时消息不灵通,根本都无法了解国家发生的事情,大家都是聊些关于生产生活上的琐事。

---

① 料:是指"棺材"的意思。
② 贼娃子:指小偷。

(四)雷神土地会,念经看戏

1949年以前,张家所在村有庙会。一般是六月的"雷神会"和二月初二的"土地会"。张家人会去逛庙会,如果家长张仁田没空,张义云和张义华可以约邻居一起去参加庙会,庙会都是在本村举行,一般是一年一次需要走三十分钟的路程。庙里有专门的人"讲圣语",一个说书先生对照着一本书,讲神话故事、各种邪魔妖怪,很多人都喜欢听。逛庙会之前,每家每户都需要投钱,作为办会的资金。雷神会的时候,全家人都能去,不分男女,还会在庙里吃一顿斋饭。土地会的时候,只有男性家庭成员才能参加。七月份,村里有人来讲"木兰戏""皮影戏",一般是开两三天,看戏不分男女,全村的人都可以去看,张家的张仁田和张义云最爱看戏,每年都会去。进场之前要交门票钱,一两分一场。听戏的时候也会招呼生活,吃的是粗茶淡饭,周围熟悉的人一起围着坐一桌。庙会外面,很多人会卖小玩意、小零食。

(五)逢年过节,娱乐活动丰富

张家的村庄,过年过节时都会举办一些娱乐活动。过春节时,从正月初一到正月十五,连续半个月,都会有人表演舞龙、耍狮子、三汇彩亭等。张家一般是张仁田带上张义华和张义云去看,内当家熊仕秀不会去,她留在家里看家。过年期间的晚上,会放烟花。表演要持续到晚上八九点钟,所以出去看节目之前必须经过当家人同意,不能偷偷去,否则会被家长批评,或者被惩罚晚上不能进屋。过端午节时,长青村会和外村的人比赛划龙船,男性家庭成员会去河边看节目。张家所在村庄没有关于武术、音乐、乐器之类的组织。

第五章 家户治理制度

在当家方面,一家之主是整个家庭必不可少的,家长又被称为"当家人""管事的"。1949年之前,张家一直都是张仁田当家,没有请过代理当家人。外当家张仁田管理的范围比较广,涉及张家方方面面的事务。内当家熊仕秀管理家庭内部的事情,起协助作用。家长最基本的责任是养活家人,必须管理好整个家庭。张家更替家长的情况,发生在儿子分家的时候,张义华与张义云就各自成为小家庭的家长;在家户保护方面,家永远是成员的情感归宿。如果家庭成员与外人发生矛盾,由家长张仁田出面解决。发生天灾时,全家人都会想办法,节衣缩食、共渡难关;在家规家法方面,所谓"国有国法,家有家规",张家有很多默认的规矩,涉及吃饭、座位、洗衣、进出房间等方面,家规针对的是家庭内部成员,对外人没有约束力。张家的大事小事都需请示家长;关于公共事务,张家会派男性成员代表家庭参与。村里修庙修桥时,张家也会积极筹资、筹劳力。纳税是每户人家的义务,需按时按量纳税。

一、家长当家

(一)家长的选择

1.父亲当家,一家之主

张家在分家以前,一直由张义云的父亲张仁田当家。张仁田的父亲张曾浩去世早,他被出继到了张曾树家里,张曾树为其结了一个童养媳,然后只养到成年,就赶出了家门。张仁田于是搬走,和熊仕秀单独住在一起,从此就一直是张仁田当家,是自动成为家长。

选当家人也需要看能力和年龄,能力是最重要的因素,包括处理家庭内部事务、安排农业生产、对外交往等方面的能力。除了能力之外,还要看年龄和辈分,家里的父亲一般都是家长。如果三世同堂或是四世同堂的家庭,家长会是家中辈分最高的男性。张家除了张仁田,其他人都无法胜任当家人的角色。分家之后,张义华和刘艳琴的小家庭,就由张义华当家,张义云和蒋云碧的小家庭,就由张义云当家。

1949年以前,每家每户门上都挂有木头做的门牌,上面登记了家里成员的名字、性别、出生年份,家长的名字在第一排,其他成员在第二排。乡里乡亲彼此都了解,就算没有及时改过来,大家根据平时处事的情况,就能知道哪户人家的当家人是谁。张家对于家长很信任,也尊重在张仁田的安排。

2.男主外,女主内

一个家庭只有一个家长,家长是家中最有权威、说话最有信服力的人,当地的说法有"当家的""管事的"。张家的家长是张仁田,和家里具体管事的是一个人。一般说来,家里的父亲是外当家,母亲是内当家,"男主外,女主内"。外当家管理的范围非常大,包括农业上的生产、家里的支出、对外交往等方面。而内当家只负责家内的事务,包括洗衣服、置办食物、烧菜煮饭、喂猪喂鸡、织布等。外当家管得更多,在家中更有话语权,任何事情都需要和他商量。张仁田外出挑东西期间的那段时间,家里的生产生活均由内当家熊仕秀安排。在家庭内部,子女按照辈分称呼家长张仁田为爹,外部成员会直接称呼他的名字,而对于家庭"张家如何如何"。

3.女性少当家

1949 年以前,很少有女性当家,当地普遍认为男性胆子大,做事更稳当,女性地位很低。要么是家里的丈夫去世,儿子又尚小,寡妇就自动成为家中的家长。要么是丈夫没有能力,太过软弱或者生了病,无力处理对外的事情,这种情况妻子也可以当家。家内家外的事情全部管完。张家所在当地村庄有一户是女性当家的,全家就靠她给别人算命、驱邪,赚钱。

(二)家长的权利

1.家长权利天赋,全家认可

张家认为家长的权利是天赋的,不是祖先所赋予,也不是一家的家庭成员给予的。家长张仁田的权利被整个家庭成员所承认,外人也会认可家长对家庭的权力。家长管理的范围比较广,涉及整个家庭方方面面的事务,包括农业生产、购买油盐、吃酒"坐席"、挑力挣钱等。但是关于家务活这一部分,他不需要管,煮饭洗衣、喂猪喂鸡均由内当家熊仕秀安排。家长管理的成员也包括了整个家庭成员,家长能管到最远的一个人是家里年龄最小的成员。张仁田遇到大事会和家人商量,主要是和内当家熊仕秀讨论。家里给儿子张义华娶媳妇时,是由张仁田找媒人帮忙介绍,最后由他和妻子熊仕秀共同决定。修房子也需要同妻子商量,因为会花费一笔钱,而且需要家庭成员帮忙监工。张家也开过家庭会议,一般是家里有人犯错,家长决定教训一下,或者是公布重要决定,全部家庭成员都需要参与。

2.财产:外当家支配,内当家保管

张家的收入主要包括农业收入和副业收入。卖粮食、卖猪、挑东西、卖泔水斗等方面。这些财产都是以当家人张仁田的名义归全家所有,张仁田对全家的财产有实际支配的权利,家里收入平时都由内当家熊仕秀保管。1947 年,张家卖过煤炭,也算是副业收入,张仁田在山上批发一定数量的煤炭,由家里的儿子张义华和张义云负责一起挑到河对面的集市上去卖。两兄弟卖完之后,所收入的钱都必须交给家长张仁田,不属于个人,张仁田清点之后再交给熊仕秀。张义华偶尔会偷藏一部分,不完全交出来,张义云会向父亲告状,张仁田知道后会教训张义华,不打但是会骂。

张家的贵重物品,诸如佃约、分家单、现金等贵重物品交由内当家熊仕秀保管,她一般都放在箱子或者柜子里,用小锁锁好。钥匙也是由熊仕秀管好。由于家里穷,家庭成员的衣物都很少,平时由熊仕秀和张义梅负责清洗、折叠,放在柜子里。张仁田需要换洗衣服时,由熊仕秀帮忙找衣服。家长不会给家庭成员零花钱,担心子女乱用钱,拿去赌博赌输了,只有过年时才会发点压岁钱,给家里几个子女发的一样多。聘礼、彩礼均由家里的张仁田和熊仕秀一起商量。过礼之前,先需要媒人去询问女方想要的礼物,问完再告知男方家长。儿媳妇进家门之后所带来的嫁妆归儿媳妇自己所有。衣服、箱子、罩子等,都由儿媳妇自己支配。分家时不能分嫁妆,因为属于儿媳妇,使用权和所有权都归她,家长不能占有。

张家的粮食属于全家人所有,一部分交租之后,剩余的全家人一起吃。主要是由内当家

熊仕秀安排,一般是由她决定每天吃什么,自己去菜园地里摘菜。外当家偶尔会进行干涉,农忙时会要求内当家煮干饭,稍微煮多点,因为农活重,吃干饭经饿,农闲时不用做重活,外当家就会要求煮稀饭。家里只有外当家张仁田可以提意见,其他家庭成员不能提意见。当三餐不能维持的时候,需要当家人张仁田去关系好的邻居家里借粮食。家庭成员不能私自卖粮食,被发现后会遭到家长的批评。土地租佃过程中,写佃约时的落款人写当家人的名字。

3.家长决定制衣分配

张家的衣物分配,由内当家熊仕秀管理,需提前和当家人张仁田商量。张家的衣服都是内当家熊仕秀缝制,过年时家庭成员每人一套。棉花是由外当家张仁田去市场上购买,家里有织布机和纺棉花的机器,拿回来就由熊仕秀纺棉花,将棉花纺成线。即使有剩余的棉花,这些棉花也不会归小家庭所有,仍然由家长支配。张仁田会织布,就由他把线织成白布。自家就用黄浆和丝瓜水混在一起抹在衣服上,晒干后衣服颜色是灰黄。最后由熊仕秀缝制成套,布料也用得很节约。1949年以前张家人都没有穿过袜子,鞋子也很少有,衣服都没有衣领,家长说衣领浪费布料。除了内外当家之外的家庭成员不会提意见,关于衣服的样式、颜色,完全听从熊仕秀的安排,做什么衣服就穿什么衣服。

4.劳动生产,分工明确

1949年以前,张家凡是能够劳动的家庭成员都必须参与家庭生产。家里种植什么,都由当家人张仁田安排,其他家庭成员都得服从家长的安排。劳动力在农闲的时候完全够用。当家人张仁田除了种庄稼,平时还会去外面下力,帮富人家挑东西,熊仕秀也出去帮老板家扯草,扯满一背篓到老板家去,可以换点吃的。张仁田主要是做重活,犁地、犁田、挑粪、打谷子等等。熊仕秀是小脚,不能下田,女儿也不下田,女性劳动力都在家里煮饭、洗衣服、喂猪、晒谷子。家里大一点的儿子可以下田做重活,小一点的儿子就在田边打杂。老年人要么在家照看小孩子,要么经管菜园地。七月份要掰苞谷,只要有点力气的都要去掰。小女孩和小男孩五六岁就开始参加劳动,做一些轻巧活,成年后就可以成为家里的主要劳动力,能犁田犁地。张家未成年的儿童做不了重活,张仁田会安排其出去捡狗粪,捡树叶,在种烟的土地里看虫。

5.婚丧嫁娶,"一代管一代"

张家在娶媳妇、嫁女儿这方面,都要听从父母张仁田和内当家熊仕秀的安排。三世同堂的家庭,如果是爷爷当家,当家人同意而孩子父母不同意,就不能结婚,因为子女的婚姻主要是父母把关,"一代管一代",爷爷辈的只能提意见。结婚需要写婚书,证书上需要写父亲的名字,而不是爷爷的名字。如果家庭成员要离婚,必须经过当家人的同意,如果当家人不同意,就不能离婚。离婚的规矩是"男三千,女八百",男方提离婚,需要给女方三千元,女方提离婚,则需要给男方八百元钱。男方会派家长出面与女方家进行交涉。家里闹婆媳矛盾是常有的事情,但是离婚的情况很少。

家族的祭祀活动,由当家人作为代表出面。每年的清明节,张家家族会举办清明会,张家只有张仁田一个人作为代表去参加。家庭每年大年初一的祭祖,张仁田会带领儿子张义华和张义云一同去烧香,女性家庭成员不能参加。

6.对外交往,代表出面

1949年以前,张家在对外关系中,家长张仁田可以代表整个家庭。张家需要借钱的时候,必须由张仁田出面,向邻居或者亲朋好友借钱,才更有说服力,其他家庭成员借不到。村里开会的时候，只有当家人张仁田一个人去，他能代表全家。儿子想要出去打工，需要征得家长同意，如果家长不赞同就不能外出。外出者打工挣到的钱，需要全部交给当家人，不能留私房钱，由家长统筹安排。

7.家长权力约束，父债子还

一般都是由家里的父亲当家，如果家长的能力不强，也不会换当家人。如果父亲能力不行，家里母亲管得就会更宽。等到儿子稍微长大一些，即使没有分家，没有什么能力的家长也能让儿子当家，处理家里家外的各种事务。张家的当家人不会擅自跟外界借私债长期不还，都是用于家庭。如果借了债是用于私事而不是公共事务，家庭成员会进行规劝，但是只能提意见，无法左右家长的做法。一般说来，"父债子还"很正常，假如父亲之前借了债，后来无力偿还，即使分家了的儿子也应该帮父亲还债。如果家长吸食鸦片成性或者沉迷赌博，将家产败光，这种败家子就不能继续当家长，内当家也不会再将钱交给他。家族族长会进行一定的规劝，但是也不能过多干涉。张家的家长没有做过违背理法的事情，诸如抛弃孩子、不合理变卖家中土地等，需要买卖土地或是出继孩子，都会同内当家熊仕秀商量，不会擅自决定。张仁田一向很顾家，不会只图自身利益，而是时时都为全家考虑。

8."姐夫"可代理当家

1949年以前村里有户老板是"姐夫"当家，与自家沾亲带故的人会更加可靠，大姐夫也很能干，村里都比较认同这种代理当家。如果一个家庭家长过世，后辈全是女儿，可以请本家的人来当代理家长，一般是请有能力的人专门当外当家。这种只存在大户人家里，小户人家没有经济条件请。叔伯辈的不会成为代理当家，别人会担心他偏心。代理当家人可以处理家里的具体事务，也可以参加村里的开会、投票。一般不会请女性来代理当家，女性地位低。家里的父亲假如年纪很大，无力管理家里的事务，可以安排家里的儿子去做具体的当家任务，但是父亲还是名义上的家长。

（三）家长的责任

作为一个家长，家里的事情都需要管理，买卖土地、修建房子、买猪卖猪、吃饭穿衣、对外的人际交往、家内的农业生产等事宜都需要当家人的管理与安排。张家每一季田地里种的作物，当家人张仁田会提前计划好，尽量保证家里有吃的。如果一家人没有粮食，家里需要负责，这是他的义务。要么借粮食，要么借钱，都由张仁田出面。借粮食最为方便，借什么还什么，等到下一季粮食出来了就可以还。实在借不到粮食的时候才会选择借钱，自己用借来的钱去市场上买粮食。家里的经济大权掌握在张仁田手上，内当家熊仕秀只负责保管。收入与支出应如何平衡，这也是家长的职责。张义华和张义云和别人家的男孩子打了架，张仁田代表本家庭出面解决问题。如果是闯了祸，诸如把邻居家的作物糟蹋，张仁田会带着儿子一起去邻居家里认错。

考虑问题为全家利益着想的是好家长。家长在外能够独当一面，在家说话有权威。首先，需要努力养活家人，这是最基本的责任，至少保证家里妻子儿女都能吃饱穿暖。其次需要有爱心、有担当、爱护家人。另外家长还必须有能力，能管理好整个家庭。家长如果年纪大，或者是突然生了重病，屋里管理家内家外的事务时，就会由其他家庭成员当家。沉迷于赌博、美色、吸食鸦片的人是不能继续当家长的，否则会祸害全家。家里不能有多个家长，内当家管理的范围极小，遇事有争议时，最终内当家需要听从于外当家。张家的张仁田是外当家，内当家是熊仕秀,真正意义上,内当家的权力很小,只有外当家不在家的时候,才能暂时管理家中较小的事务。

(四)家长的更替

1.更替的情况及人员

张家更替家长的时候都是因为儿子分家,在分家之前,当家人一直都是张仁田。假如当家人出远门经商长期不在家,出门之前会将家里的事情托付给内当家。张仁田在农闲时节,经常出远门去给富人家挑东西赚钱,短则几天,长则一个月才回家。其间,家里的一切事均由妻子熊仕秀处理。当家人如果生病了或者因身体其他原因无法照料家庭,在儿子未成年之前,由妻子当家,但是儿子成年之后,则应由儿子管理家里的大大小小的事情。当家人如果过世,儿子就会分家,在各自的小家庭里,由年长的男性成为新的当家人。当家人过世之后,新的当家人不会在老当家人的葬礼上做些特殊的事。平时对外交往最多的一般是当家人,村里的人会据此来判断谁是新当家人,不需要特别告知。

2.更替的顺序

在一个大家庭里,如果要更替当家人,会首先从同辈当中选择接替人,叔伯辈分的当家会更有说服力。如果父辈好几个兄弟都没有分家,老大去世之后,老二会来接替而非老大的儿子,按照辈分的顺序,除非老大的儿子年龄比老二大,且能力较强,才能让其他家人信服。如果家庭过去的当家人有妻有妾,当家人过世,若妻妾都有儿子,一般是由大老婆的儿子当家。但是如果大老婆没有儿子,就只能由小媳妇的儿子当家。假如一个家庭关系很复杂,当家人过世找不到接替人,当家人可以先立一个遗嘱,这种一般是大户人家,遗产多且家里人口多的,容易发生争议纠纷,就需以遗嘱为凭证。新当家人基本上都是男性,女性当家的情况很少。假如家里只有女儿没有儿子,会选择一个女儿留在家招上门女婿,另外的女儿就嫁出去,至于留哪个女儿必须是由当家人决定。招女婿回家之后,上门女婿得等一段时间才能当家。

3.更替的表现

张家是分家之后就更替的当家人,张义华与张义云就各自成为小家庭的家长。家里的钥匙自然是由新当家人保管,各种契约也需要收好。假如是在没有分家的家庭里更换家长,这些贵重物品也是交由新当家人保管。一般新当家人是家里的长子,与父亲同姓,所以邻居的称呼不会改变,仍是以"张家""李家"之类的作为称呼。村上没有保甲簿及村庄花名册,但是每家每户都有木制的门牌,上面记录家里成员的名字,家长在第一排,是用油漆写上去的。更换当家人之后,需告知保甲人员,他们会派人来将门牌上的信息刮掉然后重新写。家里有了新当家人之后,大家会称呼之前的家长为老当家,老当家不需要告知四邻,新当家出去对外交涉时,自己会说"这个家由我当"。土地很重要,关系到全家人的生活问题,儿子买卖土地必须要和父亲商量。

二、家长不当家

1949 年以前,张家基本上都是由张仁田当家,但是张仁田外出的那段时间,由内当家熊仕秀负责管理家里的事情,长子张义华也能帮忙处理。张仁田不在家的时候,家里吃穿之类的小事都由熊仕秀一个人说了算,她会计划买粮食、买油盐等,不需和谁商量。但是涉及土地出租的问题,她不能擅自决定,如果娘家的姐妹借钱,她能做主,除此之外的其他亲戚都不能借出去,需要张仁田回家后再说。如果是她向别人借钱,需要以当家人的名义才能借到,借条上写张仁田的名字。妻子熊仕秀处理更多的是内部事务,张义华作为长子,承担的责任更大,管理外部事务。别人家办红白喜事,是他作为家中的代表去吃酒"坐席",代表张家去送礼。在当地其他的家庭,如果是在父亲外出的时间,长子有权利参与村里或者国家的公共事务。张家在未分家以前,财产均由张仁田控制,熊仕秀负责保管,家长会担心儿子出于私心,只为自己的小家庭着想,因而没有财产管理权。张义华也需要管理农业生产上的活儿,犁田犁地需要他才能完成,相应地,他有劳动分配权,可以安排其他兄弟姐妹参与劳动。长子不能以自己个人的名义向外人借钱;家里的子女中他最大,能力稍强,其他弟弟妹妹应当服从其管理。

三、家户决策

(一)决策的主体:家长

张家的当家人是张仁田,家里的事情不论大小,都由他说了算。家庭外部的事情,诸如吃酒送礼、借钱借粮,给别人送礼物时,送什么、送多少也都由张仁田说了算,他会根据情谊的轻重程度来决定,借钱借粮时由张仁田出面更容易借到。家庭内部的事情,张仁田也会插手,诸如农忙时吃干饭、农闲时吃稀饭,他负责安排,具体操作还是由熊仕秀及女儿完成。如果家长出远门,当家人走之前会委托自己的妻子或是长子,张仁田每次外出前就会交代熊仕秀和张义华。也会特意跟家里人说一声,保证家里其他成员都能服从委托人的安排。

如果是大事,诸如买卖土地、修建房屋,就由张仁田决定,他会和熊仕秀商量,无论意见能不能统一,张仁田在处理大事上具有绝对的权威。如果是小事,张仁田也能决定,但是假如其他家庭成员有不同意见,可以提出来,说得合理的话也能起一定作用。家长做出来的安排,并不是所有家庭成员都必须无条件服从,如果存在很大的问题,其他成员不会服从,可以反驳。一般在分家的时候,家庭内部最容易闹矛盾,儿子之间会互相比较,不能容忍父亲偏心,其中一个儿子发现父亲给其他儿子分的家产更多时,会吵架甚至打架,这种情况下,家长会重新协调安排。家里嫁女儿时,需要家里人一起商量,不需要以开会的形式,直接提意见就行。内当家和家里的长子都能参与讨论,商量关于男方条件、嫁礼等方面的问题。

(二)决策的事务

家里的家务活,不需要家长做主,何时洗衣、何时煮饭,这些家长都不会管。喂鸡喂猪这类活,家长也不会管,这是内当家熊仕秀和儿媳妇刘艳琴的任务。除了这些,其他的事情张仁田基本上都会插手,作为一家之主,他掌握着经济大权,会负责全家人的生活。有劳动分配权,会根据农业生产的状况,给家里其他成员安排任务。

四、家户保护

(一)社会庇护

如果张家的成员在生产上与别人家发生矛盾,由家长张仁田出面解决。诸如挖田挖地时,家里儿子不小心挖过界限,侵犯别人的土地,甚至是糟蹋了别人的作物,这些情况算是比较严重的,家长张仁田必须亲自出面解释并道歉。关于土地和作物的事情,其他家庭成员都不能起到调解作用。生活上与别人家发生矛盾,熊仕秀也能帮忙出面解决。如果是爷爷当家,小孩子与别人家发生矛盾,也是由当家人去协调。家庭成员每次遇到危险或困难,都会找家人,家人会出面帮忙。张义云在外玩耍时,偶尔和邻居家的男孩子发生冲突,他会回家找二哥张义华帮忙,张义华出面训斥欺负人的男孩,之后张义云就不会被他欺负。熊仕秀性格较温柔,在外卖粮食时也容易被欺负,蛮横的人直接抢走,这时候就需要找家人来撑腰。家长张仁田可以代表家里出面,如果事情不严重,妻子熊仕秀可以出面,长子张义华也能出面。总的说来,张家是父母保护孩子的情况多一些,男性保护女性的情况多一些。

如果张家的家庭成员与别人发生矛盾,其他家庭成员都会站在自己家人的一方,也会为家人想办法解决矛盾。但是如果过错全在家人一方,家长也会教训批评自家人,让他知道是自己做错。然后当家人会带着犯错的家人,出面赔礼道歉,其他人不可以代表家人赔礼。家长会说清楚以后加强对小孩子的管教,并表明歉意,同时让家里的小孩道歉。如果是家人受欺负,家庭成员会为其讨回公道,家长能解决的就会出面,但是没办法解决的就不会管,诸如被老板、保甲长欺负,只能忍气吞声,碰到这种有钱有势的,即使有道理也争不赢。小孩子犯错,母亲会帮忙隐瞒。张义云在外面闯祸之后,回到家只敢给熊仕秀说,熊仕秀会悄悄处理而不告诉张仁田,避免儿子被张仁田打骂,但是熊仕秀会私下教育张义云。张家认为"丑事不可外扬",家里的不好的东西不想外传,让外人知道会说闲话,破坏张家的名声。

(二)情感支持

如果家庭成员在外面受委屈,会回家诉说。如果不严重,直接给母亲或者兄弟姐妹说,大家会安慰他。但是如果被打伤,这就不能随便解决,家长会去帮家庭成员讲道理,还需要打人的一方拿钱出来当医药费。家是家庭成员的情感归宿,有人帮忙,有人心疼。出嫁的女儿在婆家受到委屈或者是不公正待遇,若是需要帮忙可以回娘家,但是娘家人不会去接女儿,不然婆家会嫌娘家人多管闲事。娘家不能主动提出退婚,只有丈夫去世才能改嫁。如果女儿没做错事却被婆家人暴打,娘家人可以去帮忙打架,也会找家族的族长出面。如果家庭成员在外面待的时间长,也会想家,所以每年过年时,无论在外打工的地点多远,都会回到家里团圆。张家的家长对儿子有很高的期望,张仁田当初凑钱让张义云去读书,就希望将他培养出来,社会缺文化人。"望子成龙",家长都希望儿子能有出息,即使孩子没有取得很大的成就,也要回家,家里的人始终是欢迎他的。同时,"儿不嫌母丑,狗不嫌家贫",家里的孩子也是永远不会嫌弃自己家的。

(三)防备天灾

1.遭受天灾,颗粒无收

1949年以前,张家所在的村庄经常会有天灾发生,诸如旱灾、洪灾、冰雹等。天干的时候,庄稼都干死,胡豆、豌豆是前一年的八九月间点的,第二年三四月间去收胡豆的时候都还没长出来,芽都不发,不下雨就没有湿气。谷子也长不出来,甚至会颗粒无收,长出来的全都是毛草花。洪灾时,田地里的一般是"山谷水",水温很低,从山上流到河里,一路上的庄稼都会淹没,田里的谷子长不出来,土地里的作物根须被泡烂,也都没有收成。冰雹在当地称为"雪弹子",下冰雹的时候,谷粒都会被打掉,苞谷梗、南瓜、蔬菜叶都会被打烂。不是村里每个地方都会下冰雹,也许这一片土地下冰雹,但是五十米外的另一片土地可能就没有下。靠近河边住的人家,涨水时房子都容易被冲跑。张义云家的草房子离河边较远,但靠近山坡,下暴雨时容易山体滑坡,最严重的一次,张家的房子被山上的落石打垮了一部分。

2.借钱借粮、减租减粮

张家一般家里会留点存粮,但是遇到灾荒年,没有收成也就没有粮食。等张家实在没有吃的,家长张仁田会去找大老爷借,大老爷家的大粮仓里屯了很多粮食,专门借给别人。但借一升要还两升,双倍利润,借一块钱还两块。村里遭受天灾都是普遍的,其他人家里也没有收成,所以只能找老板借,要么借钱要么借粮食。有一年天干,村里基本上都没啥收成,为了争取减免点租金,这些佃客将大老爷用轿子抬到田地里去看。还在半路上时,大老爷看着路边的黄果树还长得很好,以为大家骗他。结果这些佃客一气之下,把大老爷的轿子甩开,吓得大老爷藏到茅厕里。张家也会跟老板求情,"大老板"也能理解,不是偷懒不种,也不是佃客劳力不够种不出来,而是无法控制的天灾,所以会适当减租金。交给政府的粮食,也能申请少交点,申请之后,村里的保甲长会派人去田地里查看灾情,家里受灾确实严重的,专门有人会登记好,完粮时就可以少交粮食。除此之外,国家、家族都没有什么救济。

3.求雨:抬铁菩萨

1949 年以前,遇到天干旱灾年,村里人会想办法求雨。村里有个庙,里面供了很多菩萨,求雨时就会派人去抬"铁菩萨",往刘溪①抬,刘溪有个老龙洞。相传里面有老龙,还有九个洞,上面挂着金匾,挂得很高,任何人都不能取,由老龙镇守,他与天上的神仙有来往。村民专门抬着菩萨去拜老龙,四个人一起抬铁菩萨,有一年,张家的当家人张仁田就去抬过,结果抬到半途就下雨,大家都说是老龙显灵。大家心里也会默念:"天老爷,求求你下点雨嘛,不要干,干起多恼火②。"

4.节衣缩食,同舟共济

没有收成的时候,张家吃得都很节约。吃谷子会去皮,因为谷子壳弄下来之后也能吃,将谷子壳磨成糠,磨细一点炸粑或者煮面汤吃,糠粑吃了都没办法上厕所。张家人在发生灾荒时,全家人都会想办法共渡难关,家庭成员依然会听从家长张仁田的安排,不会趁乱只照顾自己。灾荒年经常吃不饱,很少能吃上米饭。张家人还吃过麻果,是长在青麻③上的小果子,剥开之后炒来吃,也去山上找过野菜、粉角、泥巴。张家人都吃过泥巴,挖来先需要晒干,再混合糠、面粉一起弄来吃。有吃的东西,家长会优先让家里的儿子吃,再让女儿吃,重男轻女。

5.逃荒求生存

1949 年以前,张家人有逃荒的情况,有一年村里闹旱灾,整个村子里的谷子都没有长出来,其他的作物也被干死。张家已经揭不开锅,村里其他人家也借不出粮食,当家人张仁田只得决定出去逃荒,逃荒不需要告知保甲长。去到别人家时,需要解释自己家是因为灾荒才没收成。张仁田出去逃荒期间,随身背一个背篓,还带一个大口袋,在别的村挨家挨户要一圈,然后再回家。他要到了苞谷、胡豆、豌豆等粮食,没给粮食的农户会给一点钱。逃荒那段时间就在别人家里吃饭,张仁田不需要带房屋、土地契约,因为过段时间会回去,毕竟土地和房子仍然在本村,这些是本钱,回去可继续种庄稼。

---

① 刘溪:地名,下辖于渠县,和天星镇距离较近。
② 恼火:是指困难、不好过的意思。
③ 青麻:用来打麻的一种植物。

(四)防备盗匪

1."棒老二"横行

1949年以前,张家所在村有土匪,当地的叫法是"棒老二",有种"赌儿"也称为土匪,因为搞赌博的人输了钱就会去抢东西。土匪基本上都和保甲长关系搞得好,所以随身都有枪,别人不敢招惹。"棒老二"一般是晚上进行抢劫,他们是一群人,天不怕地不怕。进屋之后,先把家里所有人用绳子捆起来,丢在房子角落里,用两个木头块把嘴巴塞住,然后就开始满房间搜东西。张家所在的村里,有邻居偷别人家的东西,先用锅底的黑灰抹完全脸。进屋之后就问家长是否认识他,如果家长说认识,邻居直接用刀杀人灭口,如果说不认识,偷完东西就算完事。会抢钱、吃的、穿的,还有铜器。"棒老二"有电筒,叫"矮脑壳电筒",光线比较弱。他们抢劫之前,这些人会先派人去打探清楚情况,一是了解家里的财产,二是计划抢劫和逃跑的路线。家里条件好的且人口少的更容易被抢劫。村里有一户很有钱的人家,平时只有一个老婆婆在家住,当天晚上刚好她侄儿子也在家里陪她,"棒老二"还在撬门的时候,就被老婆婆的侄儿子用鸟枪打了一下,吓得他们全部跑了。一般家里被抢劫了之后,等棒老二一走,家长会跑到房子外面大吼大叫:"'棒老二'来了啊,遭抢了啊,抓'棒老二'了",即使外面有巡逻的人,时间上也根本来不及。即使家中发生盗窃,在未经同意的情况下,成员的嫁妆不会轻易拿出来变卖。

2.小偷强盗,日夜需防

1949年以前,张家所在村庄也有强盗和小偷,常常发生家里东西被窃的情况。小偷也是晚上去偷东西,最多两三个人一起,一人进屋,一人在外把风。他们都是悄悄摸摸地进行,一般要先挖墙壁、挖地洞,然后仰着溜进家里。进入房子后,小偷会马上把大门的闩打开,为方便逃跑。如果只是小偷小盗,没有出人命,这些小偷即使被抓到,被关进牢房之后,等几天就又放出来。但如果是他们整死人,就需要小偷抵命,直接枪毙,这也是政策约束。张家被强盗偷过东西,当天晚上,张家家长张仁田不在,去亲戚家抬丧,家里只有熊仕秀和几个子女,当时都睡熟。小偷是本村近处的人,才会知道家庭成员和家里的粮食情况,这种人被称为"眼睛客",他负责组织,偷盗时会找另外的人进行。刚好那两天家里才收完小麦,家里的麦子都被拖走,还有菜籽,大门也被弄烂。后来熊仕秀发现家里有声音,吼了一声,小偷就跑了。"辛苦了大半年,一晚上就没得了",张家只有省吃俭用,才勉强熬过去。

3."绑票拉肥"

张家没有发生过被绑票的事情,但是当地村庄有一个大户人家遭遇了绑票,张义云还看见了事情的经过,绑架在当地的叫法是"拉肥"。当时土匪绑架了一个老板的大老婆,姓赵,人称赵婆子。王老板刚好不想要大老婆,因为家里还有个小媳妇,土匪让他拿钱去领,他说自己没钱,就不理睬,当时村里人还骂他没有良心。

(五)防备战乱

1949年以前,张家所在村庄经历过战乱,战乱期间还有专门的人成立"保儿团"。打仗的时候在村子的一座山上,子弹都掉到张家的田地边。张家没有枪,张仁田的表兄弟张仁光家里被搜出一把枪,还被关进牢房。日本军队也进过村,他们没有随便冒犯,当时的退兵还到张家附近煮过饭,到哪里都抬着箩筐,只待了一晚上就跑了。那段时间,外壳是白色的房子,全都用泥巴涂了一层颜色,避免被认出是房子。村里有人出去躲仗,把棉絮也背上,等仗打完又回村。战乱期间,张家修了地道,又称为"防空洞",专门躲避空中丢炮弹的飞机。每次听见飞机的声音,全家人就赶快钻到地道里,飞机走后就出来。桌子上也铺了几床棉絮,防子弹。地道是张家人自己修的,离家有几分钟的路程,防空洞需要有坡坡才能打出来,上面号召全村人都修,所以每家每户都有地道。敌军来的时候,有专门的人提醒,"警报,不准进出",否则出门容易被敌人的机枪打死。村民外出不能穿白衣服,大家都会以为穿白衣服的是汉奸,会被炮弹打。

(六)其他保护

村里有其他人家来借粮食的时候,张仁田都会同意借出去,一般的农户借了粮食都能还,实在还不出来的也就不计较,下一次就不会再借给他。乞丐来讨口也是常有的事,乞丐会到处要饭,站在那里吼,"发财人家,打发点咯,这是给后人积德哟"。讨口子没有固定的家,四处漂泊,漂到哪里就在哪里要饭要粮。张仁田不会允许乞丐进入房屋内,否则会带来坏运气。张仁田不准乞丐正对着自家门口吃饭,要朝着另一边吃饭。张家人都比较心善,每次会给乞丐拿粮食,或者是豆腐干、丸子粑,如果是中午时候来,会给他倒一碗稀饭。有的乞丐比较野蛮,假如不给他吃的东西,他会在外面骂人,骂完再去下一家。

五、家规家法

(一)成文家规及主要内容

张家的家规写在一张纸上,是张仁田制定的,平时都是内当家熊仕秀保管。没有张贴出来,担心家里的孩子把它弄坏,张家的兄弟姐妹都知道家规内容,张仁田会专门讲解给子女听。如果违反了家规,会被家长张仁田惩罚。这些家规的目的是约束家庭成员的行为,让他们守规矩、有家教、不干坏事。家规只管家内成员,约束的范围是整个家庭,对外人没有任何约束力。

(二)默认家规及主要内容

1.家规的形成:约定俗成

张家认为每家每户都有自己的家规,"国有国法,家有家规,煤炭厂里有个火堆堆"。张家有许多默认的规矩,这些家规一直都有,后代也是听长辈口口相传。家长一开始会讲解这些家规给家人听,家里的成员都必须自觉遵守。成员不懂规矩,家长会提醒其遵守规矩,如果违反了家里的规矩,会被家长惩罚。轻则批评教训一顿,重则打骂、罚跪思过。

2.做饭吃饭有规矩

(1)女性成员,包揽做饭

在张义华和张义云结婚之前,家里都是熊仕秀煮饭炒菜,家里的女儿张义珍和张义梅会帮忙择菜、洗菜、切菜、烧火等。做饭的人不固定,也不是轮流,而是一起帮忙。张义华和张义云结婚之后,就由两个媳妇刘艳琴和蒋云碧轮流煮饭,婆婆熊仕秀就不用管,她负责来安排,是三天一轮。吃什么饭菜,一般是熊仕秀安排,但是家长张仁田经常会干涉,他要根据当天所做的农活轻重来决定。如果农闲时,就让熊仕秀煮稀饭,如果农忙时,就煮干饭,还要烧肉汤,有时候吃四顿,决定挖田挖地的时候,也需要吃饱,才有力气挖,所以总的说来,张仁田在吃饭问题上具有决定权。其他家庭成员想吃点其他的东西,也能提出来,但是只限于小要求,诸如吃点烤红薯、炸粑、鸡蛋。家里有人过生日当天，全家人都能吃上水煮蛋，据说如果煮出来的蛋黄很圆，代表全家人顺利安康。平时吃的菜，可以直接去菜园地里摘，但需要招待客人的时候，会买点好菜，由张仁田或者张义华去买，买菜的钱由家长统一出，需要记账。

（2）吃饭的规矩

张家人吃饭的时候都是在桌子上，南方人家里都没有炕。吃饭的桌子比较高，方方正正的，凳子是长条的木凳。在家里吃饭，没有客人出现的情况下，全家人都可以上桌子，小孩子也能上桌子。但是如果家里有客人，女孩子和妇女都不能上桌子。定亲之后的女性以及刚刚结婚的新媳妇吃饭都不上桌子。座位也有讲究，家长张仁田坐上席，母亲熊仕秀坐下席，因为需要和上席相对，所以也是比较重要的，小孩子只能坐两侧。家里没有茶几，吃饭全部在方桌子上。家里有火炉子，又叫"火盆"，烧二炭或者烧柴，只有下雪天的时候才会烤火，全家人都围在一起烤。

每个人要将自己碗里的饭吃完，不能剩下饭菜，没吃完的话会被大人批评。每个人吃的饭菜是一样的，只是饭量不一样。孕妇或者是坐月子的有特权，吃得好点，一般会单独给她煮醪糟蛋或者炖汤。由家里煮饭的给每个人盛第一碗，放在桌子上，先给长辈盛饭，当家人不用自己盛饭，妻子或者女儿帮忙盛，其余的饭都装在一个大钵里，需要吃第二碗就再添。如果钵里的没有吃完，剩下的拿去喂狗或者喂猪，如果那顿不够吃也不管，内当家熊仕秀会说下一顿早点开饭。菜用碗装好放在桌子中间，成员自己夹。动筷也有规矩，需看见长辈动筷子后，其他人才能动筷子。家里来客时，主人家要给客人夹菜、夹肉，小孩子也不能自己夹，大人会嫌小孩子的筷子粘有饭，是对客人的不礼貌，所以大人会给小孩子夹。

大家庭都是坐在一起吃饭，不存在单独在房间里吃的情况。家里的张仁田可以端着碗到处走，边走边吃，"抱门方"是指端着碗去看别人家吃的什么，只限于男性家长，女娃儿不能乱走，必须在桌子上从头吃到尾。农忙时，家里的熊仕秀或者张义珍可以去送饭。犁田的时候，家长张仁田都没有时间吃饭，因为借的别人家的牛，大家都急着用牛，要赶紧把家里的田犁完。有一次，熊仕秀煮的胡豆给张仁田吃，结果被骂了一顿，因为张仁田太忙，胡豆又硬，没有时间一颗一颗嚼，后来又重新煮的面疙瘩。农忙时和农闲时吃的不一样，农忙吃的会干些，诸如面疙瘩，吃了更抗饿。偶尔会煮红苕干饭、萝卜干饭。农闲时吃的就随便些，经常都是吃稀饭。洗碗的任务由熊仕秀或者张义珍完成，锅和碗可以一起洗。吃饭的时候大人可以说话，小孩子不能乱接话，否则会被批评没规矩。张家没有雇过工，只是会和周围关系好的农户换工。换工当天，如果是到张家做农活，其他帮忙的人都可以留在张家吃午饭，在家里吃，张家会用好酒好菜招待。

3.座位规矩，上席为贵

张家家里的方桌子，也有一定的座位规矩。一桌能坐八个人，分上席、下席和侧席，正对家中大门的一方座位是上席，上席只有长辈才能坐。在张家，是当家人张仁田坐上席，熊仕秀坐下席，下席是和上席相对的，也不能让晚辈坐，家里的小孩子只都坐在侧席。当地有个搞笑的谚语，"上席乌龟，下席客，两边坐的大老爷"，这是说的反话，并不是实际的。张家没有八仙桌，也没有太师椅，所以不了解关于这一块的规矩。家里来客人时，若是长辈，家人会邀请其坐上席，小孩子就可以随便坐。上门女婿也是坐上席，和老丈人坐在一方，因为女婿的名字能上神台子，有一定地位。

客人如果全是本家亲戚，大家会按照辈分而不是年龄排座位。不用分是娘家还是婆家的亲戚，一般说来，娘家人会和娘家人一起坐，婆家人和婆家人一起坐，大家都根据辈分来判断谁坐上席、谁坐下席和侧席。保甲长就不用看辈分，毕竟是个官，有权有势，大家都要尊敬他，直接坐上席。客人主要是街坊邻居时，不会根据关系的远近来排座位。普通人就按辈分来坐，老板财主和村长等干部作为客人时，都是坐上席，需要按照身份排序。当自家举行大型宴请活动，诸如办喜事的时候，当家人会专门安排，贵客不能在外面坐，否则会说看不起他，保甲长和送亲客坐一桌，坐在堂屋里，表明是最受重视的。落座之前，客人都会互相谦让一下，"不一定要坐上席，哪里坐都是一样"，这是礼节。当举行特殊宴请活动时，例如新修了房子，木匠、石匠、泥瓦匠这些工人会坐一桌，因为修房子是好事，给他们端双席，肉丸子和酥肉上两份。如果匠人与村庄管理者、乡贤等人同桌，仍然是村庄管理者等人坐上席。

4.大事小事请示家长

张家的所有生产活动，都是由当家人张仁田说了算，其他人即使有不同想法，也需要提出意见征得家长同意，一般情况下不能自作主张。土地的经营管理是家里的大事，张仁田会提前做好关于农业生产和种植的计划。耕地、犁地、播种、除草看护、收割、打场各项农业生产环节中的分工，他会提前和熊仕秀商量，最终由张仁田做主。耕地犁地以及收割这些重活，由张仁田着手，播种、除草看护这些轻一点的会安排家里儿子张义华和张义云进行。需要借用大型生产农具，诸如拌桶、犁斗的时候，则由家长张仁田出面去借，张义华可以去帮忙搬农具。家里喂猪喂鸡的活动，张仁田安排内当家熊仕秀和张义梅、张义珍共同负责。如果老人年纪较大，不直接参与生产经营活动，家庭成员需要请示家长，家长自然会安排轻巧活儿给老人。

家里一日三餐主要是由熊仕秀安排，但是张仁田经常会插手并去决定作用。张仁田负责农业生产的事，他会根据当天农活的轻重来提醒熊仕秀煮什么。每年过年前夕，家长张仁田和内当家会着手，给家里的每个成员都做一套衣服。购买生活必需品等日用物资需要请示张仁田，他掌控着经济大权，买东西所需要的钱得经过张仁田同意了才能拿去用。张义云去上学，是由张仁田决定；另一个儿子张义华想去读书但是没有读成，因为张仁田没有允许。

家庭成员外出活动时，也要和家长请示一下。如果是儿子或者儿媳上街赶集、参加庙会，和熊仕秀说就行。但如果是熊仕秀想要去参加庙会，就必须告知张仁田并取得他的同意，因为熊仕秀是安排家里生活的主要人物，她走了之后就需要考虑怎么解决午餐问题。家里的儿子结交朋友，需要告知父亲，张仁田会把关，如果是关系特别好的朋友，张仁田会邀请到家中来做客。请示的时候多是简单的口头形式，但是家里成员犯大错的时候，会召开家庭会议，大家围坐在一起，听家长教训犯错者，顺便请示家长如何处理问题。老人不同意请示时，家庭成员必须遵照老人的想法执行，不能违抗或者私自变通，否则会被惩罚。分家之后，遇到土地买卖、房子修建时需要请示一下老当家，征求意见以便能妥善处理。

5.尽主人之谊，一酒待百客

家里租种大老板的田地时，需要请老板到家中来吃饭。由当家人张仁田出面代表家庭，提前一天邀请。栽秧的时候，张家请老板来吃栽秧饭，要准备"盆子菜"，是农村的一种卤菜，自家熏制，打谷子的时候，请老板来吃打谷饭，豆腐干、香肠、瘦肉等都要摆出来。农忙的时候，张家会和关系好的人家换工，需要请帮忙的人吃饭，一天四顿，除了早中晚三餐，还有一顿叫"过午",介于早饭和午饭之间,吃点醪糟等打打杂。张家新建房子完工的当天,需要请木匠、石匠、泥瓦匠等匠人一起吃顿饭,好酒好菜招待。借用生产农具或者牲畜后,不需要请客,按时归还就好。

在生活中,张家有定亲、结婚、孩子满月、老人祝寿、丧事等重大事情都需要宴请,请的是家里各方的亲戚、村里关系较好的村民等,客人都差不多。定亲请客的目的是为了避免再有人说媒。张家请客从来没有用过请帖,直接说一声就可以,全靠人来传达消息,一般情况只有大户人家才会用请帖。

张义云上学时要请老师,张仁田会把老师请到家中来吃饭,为了能把孩子教得更好。张家和别人家发生矛盾冲突,且说不清的时候,两方会去茶馆讲道理,输的一方需要"请喝茶",不仅请当事人,还需请茶馆里的其他一起帮忙讲道理的人。家里的喜事,嫁女儿和接媳妇,都会请村内大老板、保甲长等村庄管理者来吃喜酒,他们在村里有钱有权也有势,需要和他们处好关系,必须由当家人张仁田出面邀请,显得更有诚意。但是家里办满月酒就不能请这些人,因为他们大多为男性,有个说法是"男的不吃月母子酒"。红白喜事都可以宴请街坊邻居和朋友,"一酒待百客。在一般的宴席中,饭菜的数量和质量都是一样的。但是除了建房子完工当天的请客,木匠、石匠、瓦匠等人坐的一桌是端双席,肉丸子等菜上两份,这是规矩。

宴请时办任何席都是九大碗,一共有九碗菜。吃栽秧饭和打谷饭,以及请帮忙换工的人吃饭时,都是家里的内当家掌厨。除了这些,其他的大型酒席请的亲戚较多,都需要请厨子来办席。场地不够时,还会借用邻居家的场院,厨具不够时,也会找邻居朋友借用,借厨具不给钱,会清点好数量。吃饭期间也会喝酒,一般是男的才喝酒,接媳妇的时候,新郎官、他的父亲叔爷都会出来敬酒,到了每个桌子都先作一下揖,说两句话,客人们都站起来表示祝贺。宴请活动中,有专门陪客的,一般陪客的都是家长的亲戚。与张家人情重的、村里地位高的、体面的坐在一桌,当家人会安排一个能说会道的亲戚也坐同一桌,那人还需要会喝酒,因为中间有劝酒环节。送亲客坐的一桌人会有女娃儿客,就会专门安排一个女性陪客。如果是贵客,来了之后家长马上对其点头打招呼,然后迎接到堂屋里,不能坐在外面,坐外面的都是普通客人。九个菜上齐,坐上席的人才说"我们来请菜",说完就可以动筷子。桌子上的九碗菜,需要吃完一碗之后,才能开始吃第二碗。不喝酒的人离开饭桌会早些。

6.房间独立,进出讲规矩

张家的草房子是坐南朝北的,与太阳的东升西落有关,专门请了地理先生来看位置,还需要确定动土的时间,修好之后要看大门第一天打开的时间,一般是八点钟,不能随便开门,避免侵犯其他人。张家有卧室、灶屋、堂屋、猪圈、茅厕等,加起来有六间左右。卧室原本只有两间,后来子女增多,就将其中一间大的用木板隔开,多增加一个房间。猪圈是专门喂养猪的地方,猪的味道很大,所以在房子的背面独立一间。茅厕是上厕所的地方,也是堆积猪粪作为肥料的地方,所以位于房子的侧面,并靠近猪圈。平时张仁田和熊仕秀用一间卧室,没结婚的儿子们用一间卧室,另外家里的女儿们用一间卧室。自家人够睡,没有租过房子。如果客人来,一般草房子是睡不下的,家长会去邻居家睡,把家里的床留给客人。房间里都有用木头方方制成的简陋的窗子,用来透光。张家房屋外有一个小院子,夏天的时候会将凉椅搬到院子里,专门用来歇凉。院子里有桃树、杏树、李子树,夏天可以吃这些水果,其他的松树、柏树、竹子等都在山上。

睡觉的时候也有规矩,晚上小孩子先休息,大人后休息。早上起床的时候,是小孩子先起床,大人会叫他们起来开门。平时天微微亮,就需要马上把大门打开,否则外人会骂"那户人家怎么不开门,全家都死绝哦",无论是下雨天还是下雪天,都需要一早就开门。小孩子早上大概六点左右就起床,冬天的六点钟天还没亮,开完门又可以回去睡一小会,夏天稍早一些,开完门就出去捡狗屎。冬天晚上八点就休息,夏天要等到九点,在院子里歇凉快才进屋休息。孩子很小的时候和父母一起睡,长大之后就分铺。小孩子做错事,家长会把小孩子撵到门外去作为惩罚,大人还在一边吓唬"'贼娃子'来,鬼来了哦,在哇哇地叫",吓得小孩子使劲哭,以后就不敢再犯。家庭成员结婚,所需要的新房由当家人安排。进任何卧室之前,都需要敲一下门。只有自家人可以进,外人不能随便进出房间。每次开家庭会议都在堂屋,因为吃饭在堂屋里,每次开会都在晚饭后,大家围着坐一圈。

7.制衣洗衣的规矩

张家的衣服是由张仁田和熊仕秀一起置办,熊仕秀负责将棉花纺成线,张仁田用织布机把线织成布,然后熊仕秀再裁剪缝制成套。无论是已婚男子、未婚男子、未出嫁的女儿或是老人的衣服,都主要是由熊仕秀做,张仁田会帮忙织布。家里女儿还没有长大时,所有人的衣服都由熊仕秀洗,女儿张义珍长大之后,就由她清洗,熊仕秀来安排。洗衣服也有规矩,先洗男性长辈的衣服,女娃儿的衣服放在最后洗。必须从衣领开始,从上往下洗。一般是在家附近的堰塘里洗衣服,洗衣工具有搓衣板和棒槌,也有人用脚踩。没有肥皂,是用皂角洗,摘来先用锅蒸,蒸好之后晒干了才能用。一个木盆装衣服,一个木盆装裤子。如果在家洗衣服,会将水倒在粪坑里,可以当肥料,不能倒在外面。洗干净之后晾在竹竿上,院子里有专门晾的地方,裤子只能晾在角落里看不到的地方。

(三)家规家法的制定者和执行者

张家的家规家法是从上一辈人手中传下来,延续的时间无法了解清楚。家里人都会一直遵守,因为守规矩的人在外人眼中才算有家教。当家人会根据实际情况进行一定的修订,不需要和谁商量,家长决定就好。家长也是家规家法的执行者,在日常生活中,家人有违反家规的情况,都会受到家长张仁田的教训或者惩罚。家长需要以身作则,在家才会更有权威性。其他家庭成员互相之间也会监督,发现谁违反家规,可以告知家长进行处罚。张义华经常偷藏私房钱,卖粮食和卖煤炭的钱不会完全上交,张义云知道后,给张仁田打小报告,结果张义华被教训了一顿。

(四)家庭禁忌

1.农事谚语

张家传下来的农业方面的规矩较多,诸如"收水栽秧,放水打谷",田里收齐了水就可以栽秧,打谷子之前需要将田里的水放掉,栽秧时家里的人还会唱栽秧歌。歌词是,"立夏小满正栽秧,小满不满,芒种不管","人误地一时,地误人一年","苗多欺草,草多欺苗","年怕中秋月怕半,庄稼就怕误时间","重阳不打伞,胡豆豌豆光杆杆","过了霜降,胡豆麦子在坡上。一麻二烟三甘蔗,八豌九胡十大麦","夏至三庚进伏,头伏秧窝二伏谷,三伏谷子收进屋"。

2.生活中的规矩多

关于婚姻上的规矩,结婚当天,新娘子必须穿露水衣,新郎官戴一顶红帽子,如果没有帽子就需带一朵大红花在前面。回到新房之后,两个新人要吃一碗醪糟蛋,称为"红蛋"。但是新娘子不会吃自己碗里的蛋,认为这是吃的"受气饭"。关于生育的讲究,生完孩子之后婆家会到娘家通报,如果是生的男孩,就拉只公鸡去,生的女孩,就拉只母鸡去,娘家人不需要过问,一看鸡就知道。家里老人去世,孝子的头发要留一百天才能剪,寓意为"戴孝"。要么是在头上包孝帕,孝帕需要包三年,天天都带上,进别人家门之前要揭开,否则对别人不利。

不能让别人踩自己的影子,否则要走背运。换牙的时候,下牙要扔在房顶上,上牙要埋在土里,不然牙齿长不齐。不能从别人晾的裤子下面钻过去,不然会被别人骑在脖子上。女孩子吃饭时筷子不能拿高,不然会嫁得很远。"养儿莫担保,养女莫当小",男娃儿不要给人家当保人,女儿不要给人家做小妾。

关于拜年,"上午越拜越亮,下午越拜越黑",拜年时只能上午去别人家,下午去人家会认为寓意不好。女性家庭成员也不能烧香上坟。每年的大扫除,即打扫扬尘要在立春之前,不然老人会说打乱了"农脉",农脉不安,家里就不顺利。正月初一当天不能看见扫把、剪刀、针和秤,大年三十的晚上就需要藏好,扫了地预示家里跳蚤多,剪刀和针都代表危险,见了秤就预示那年家里蛇多。大年初一当天水,家里的不能倒在外面,因为它是"财",自己留在桶里。

(五)族规族法

1.家族规范,共同遵守

族规族法是要求家族成员共同遵守的行为规范、规章制度的总称。世界大同必先治国,国之兴不可忽视族之望,族之望不可否定族规族训。张家的家族有特定的一些族规族法,每次开宗族会议前都会宣读,诸如"敦孝悌以重人伦,重法纪以慎言行,倡谦逊以惩横暴,强国家以育人才"。张家的家长张仁田也会和家庭成员普及族规的内容,让家里人都了解规矩并且遵守规矩。族长认为凡是张家的后代子孙,必须了解这些规范和训语,是传统的伦理道德,扩大到整个家族,共同遵守。

2.伦理道德,不可违犯

族里的伦理道德规范大致有以下内容:第一是要孝敬父母,子女本是父母所生,父母养育才成人,人生在世要孝顺。子必孝亲,弟必孝兄,幼必顺长。第二是要端正品德,务必堂堂正正做人,不以强凌弱,不以重敌寡,不以富欺贫。第二是敬亲爱亲,亲爱者不敢恶于人,敬亲者不敢慢于人。第三是夫妻和睦,只有夫妻和而后家庭兴,家道正直从夫妻开始,对上祭祀祖先,对下赡养父母,还要养育子女。第四是和睦邻里,邻里乡亲,如同骨肉,出入相友,守望相助。第五是谨慎交友,结识良朋,重道义,不与坏人交友,不与好人结怨。第六是戒淫奢侈,奢则不逊,百恶淫为首,切不可为。第七是提倡勤俭节约,古往今来勤为本,勤是开源,节是节流。

如果家族有人违背了族规,族长可以出面干涉。村里有不孝子,不仅不赡养,还打骂父母亲,族长在一次宗族会议上,让其"磕转转头",给在场每个人都要磕头,就连狗都需要给它磕,之后族长会进行教育,若是男性不听话,就打屁股,女性不听话就打手板。家里能解决的就在家内解决,家里解决不了的就会告知族长,让家族出面。

六、奖励惩罚

(一)对家庭成员的奖励

如果家庭成员在生产生活上表现较好，张家的家长张仁田可以代表家庭对个人给予相应奖励。张仁田会进行一下表扬，被表扬的人做起农活来更有劲，心情也愉悦。家长只会表扬自己家庭里的成员，外人不需要张家家长去激励。别人家的孩子取得成就跟张家的关系不大，但是家长容易将其作为比较的对象，讲给自家孩子听，起到鼓动作用。

在张家，大多时候是口头表扬，例如"今天你好能干哦，好样的"。张义华和张义云两兄弟干活特别认真的时候，张仁田会安排熊仕秀给他俩煮个蛋作为奖励，但不会发零花钱。家里的成员孝顺长辈，也会得到称赞，张义云每次吃零食之前，都会先给父亲和母亲吃，其他邻居看到之后就会说"张义云家里的娃儿好有孝心哦，教得好诶"。这种称赞对于孩子来说是一种认可与鼓励，对于老人来说也是一种夸奖，别人会认为他教之有道。

(二)对家庭成员的惩罚

家里的当家人都有惩罚其他家庭成员的权力，除了当家人之外，内当家也可以惩罚。丈夫可以惩罚妻子，前提是有犯错的情况，张仁田每次打熊仕秀的时候，家里的子女都会把父亲张仁田扯住，不让他打熊仕秀。如果家里的女儿张义珍不懂规矩，张仁田也会惩罚她，"不把你教会，等你嫁出去，娘儿老子都要被骂"。家庭内部惩罚小孩子的时候，亲戚、邻居、熟人等外部家庭人员不能介入，因为这是家事，外人无权干涉。张仁田惩罚张义云的时候，小打小骂无大碍，但如果打得太严重，内当家熊仕秀看不下去时会求情，帮张义云说好话。

如果儿子不听当家人的生产安排或者偷懒耍滑，会被家长批评，不严重的事情都是口头批评为主。但是如果偷东西、打人或者把别人的庄稼糟蹋，干了不道德的事情，会被当家人打一顿，让其以后不敢再犯。如果将人家打伤，家长还会赔医药费。假如是三代同堂，爷爷当家，这种情况由孩子的父亲进行惩罚，一代人管一代人，道歉则需要当家人亲自出面，显得更有诚意。婆婆也可以惩罚媳妇，诸如偷懒不勤快，打扫也弄得不干净，可以批评教育，但不能打得太过分，否则媳妇的娘家人会出面讨说法。

七、家族公共事务

(一)参与主体:男性成员

张家家族每年都会举办清明会，于清明节当天，整个家族的祭祖上坟活动。由族长号召组织，带领当天到场人员一起上山给祖坟烧香，还需要放鞭炮、点蜡烛、烧草纸，中午参加的人员会在祠堂聚餐。张家只有男性成员才能去，张仁田作为张家的代表是必须到场的，他也会带上儿子张义华和张义云，熊仕秀和张义珍都不能去。如果家里只有女性，没有男性，作为家长的女性成员也能参加。

(二)事务种类丰富

张家的家族组织过大型祭祀活动，清明节当天全家族的都要去上坟。家族的人天还没亮就要出去，挂完坟回家时天都黑了，临巴、城北、城南这些地方都有祖坟。之所以埋得很远，是因为到处都有搬家户，祖先搬家的地点比较多，涉及范围广泛，在哪里去世就直接埋在那里，可以向别人讨地，不花钱，也不用回到家乡。给张姓的祖先烧纸，需要挂坟的数量有点多,纸火需要好几个人用背篓背。家里的男性都会去参加祭祖,未成年的但知道如何烧香的成员也能去。清明会上的会所老爷,专门请人办了很多桌酒席,让这些人聚在一起吃饭。吃完饭后,会所老爷要算账,计算办酒席花费了多少钱,平摊到家族的成员的户上,每家每户都要投钱。

家族修建张家祠堂时,每家每户要捐钱,需要把祠堂修得风光。家里需要出人力,张家是派的当家人张仁田一个人去修建,大概要做三四天的工,包括搬石头、平地基、夹壁子等。相关事宜由会所老爷安排,他会通知某户人家去帮忙。

八、村庄公共事务

(一)家长带头,成员参与

1.村务会议,家庭出代表

1949 年以前,村里召开村务会议的次数很少。一般是需要通知重要的事情才开会,召开的时候会提前通知,张家是由当家人张仁田去开会。如果张仁田没空,就会选家里另外一个成员去,毕竟需要了解情况。二儿子张义华可以代表张家去开会,开完之后回家给家长解释开会的内容。内当家熊仕秀也可以去开会。如果是女性当家,开会的时候就由当家的女性去,不会遭到村里的人非议。如果当家人外出,由代理当家人代表该家庭参加会议,开完会再告知当家人。会上当家人可以提出自己的建议,有专门的人记录,有实际意义的建议才会被采纳。村里没有开过征税的会议,每次需要收税时,直接由保甲长通知,一般会发张纸条并写明税款和收税日期。

2.修庙修桥,家户派劳力

张家所在的村里修桥修庙时,也要开会通知,会议的主要内容是每家每户的派款数额。有时候只需要交些钱,有时候必须每家每户出劳力。以家庭为单位提供劳力,一家出一个,当地这种派劳力的说法是"化劳化工",劳力相当于是通过化缘得来。一般情况下是当家人出去修桥修路,如果家里儿子长大,也能安排儿子去帮当家人修。张义华帮张仁田修过路,只修了两天,后来做不动就换成张仁田自己去修。安排人参加村庄事务的时候,会根据成员的壮实程度来派,修庙修桥都是重活,必须要成年的全劳力才能做得动。如果儿子比较多,也可以采取轮流的办法。但不会安排女性成员出去,因为半劳力做不了重活。

3.打井淘井由村庄发动

张家所在村里进行过集体打井淘井的活动,这是村里组织的,要求村里必须都打好水井。每家每户都分派劳力,挖井、搬石头等,一家只派一个,没有家长愿意多派劳动力。当家人不去时,应安排家里其他有劳力的成员,需服从安排。张家的水井是在这之前就弄好的,是一个"露天井",一开始只挖了一个洞,山上的水流进去形成一个天然井,然后在旁边堆一些石头块块就算完工。邻居两三户人家也可以在露天井挑水吃,因为是公用的井。

4.组织活动,集体娱乐

逢年过节村子里会举办表演活动,大队里要组织村民去看,只需通知部分人,大家一户传一户,过一会儿全村就知道。活动内容有耍龙灯狮子、踩高跷等,当地称为"耍把戏",不同的节日有不同的节目。村里有专门的人负责表演者的饮食,招呼他们吃饭和住宿。保甲长会提前收好表演所需的各种费用,以税款的形式,分派给每家每户。张家只有当家人张仁田和儿子张义华、张义云才能去看节目,内当家熊仕秀和女儿张义珍不能看,只能在家里守房屋。

5.专人征收村庄公费

张家所在村庄的公费,在当地被称为"公共积累",每年收集的都有记录。每家每户都要交,上交后积累起来,遇到村里有灾难诸如天干、洪灾的时候,才能用那笔款,一般情况不能动。征收时,需要找家长,家长如果不在家,找内当家也可以,只有家里的长辈才能拿出这笔钱。村里的干部会上门通知交的数额和日期,由家长自己交过去。根据每家的情况派款,不是全部一样,家里条件差的交的少些,实在没钱的必须借钱交,不允许不交。

(二)筹资不可免,家长支配

村里组织修桥、修路、修庙时,需要筹资,每家每户平摊。收款的时候,首先需要找家长,家长负责支配家里的财政。家长不在时再找内当家,一般家户成员不能擅自决定交钱出去,需等当家人同意并发话之后才能交。修井淘井时没有产生任何费用,不存在筹资的情况。村庄组织治理灾害,产生的公共费用也来源于村民所交的税款。家里交给村庄的筹资花费,当家人不需要给家庭成员解释,他处理即可,但如果安排的是其他家庭成员帮忙交款,则需解释清楚,以强调税款的重要性。如果交不齐,可以向上面求情,有时候会适当减少,但是不能免除,即使借钱也要交。

(三)每户筹劳,儿可替父干

村里组织修桥修庙的时候,也需要每家每户派劳力。一般情况下,直接由家长参加劳动,但如果家长没有时间,或者是年龄大了,家长就得安排其他家庭成员去代替,必须是年轻点的全劳动。每家只需派一个,大家都愿意去修建,因为既是为村里也是为自己干好事,修了桥才能到河对面,修了路才能更好地出行。当地村庄也会组织人修过水闸,只是没有成功,被称作烂坝滩。看青的时候,是自家看自家的田地,一般是小娃儿去守,大人白天要做重活,不能打瞌睡,一有人来偷,小孩子就吭声,守的时候会在田边的空地上搭个棚。

九、国家事务

(一)纳税

1.完粮交税花样多

张家所在村庄纳税都是以家户为单位,保甲长会将税款条子分到每家的家长手中。纳税分为两种,一种是交粮食,当地称为"完粮"。完粮时是以土地面积为标准,依照担数计算,一亩地只交几十斤,种的庄稼越多,完粮就越多。一年完一次粮,在秋季打完谷子之后。另一种是交钱,村里总会以各种名义收税,一年要交好几次税,每次办活动之前也会收。

2.纳税主体,通知需到位

每年收税的时候,保甲长会首先通知每家的家长,如果家长张仁田不在家,就告知家里的其他成员,要么是内当家熊仕秀,要么是二儿子张义华,并嘱咐其转达。派税款下来时,会给每家每户发一张通知单,上面写清楚了交税的缘由、数额及日期。家长回家后,只需看这张纸条就能明白。交税的时候,一般是家长亲自去交,并带上之前发的那张通知单,内当家保存很好,用对角帕包着。由于每家每户的数额不一定相同,需以此为凭证。家长没空时,张仁田会安排二儿子张义华去,但是不会安排邻居带过去,只有家人最放心。如果是女性当家,一般家里的男性都没有什么能力,保甲会直接通知女当家,才起作用。

3.按时按量纳税

收到纳税通知后,张家都会根据通知单上写的日期和数额,按时按量纳税,不存在不纳税或者延迟纳税的情况。张家人不敢不纳税,即使没有钱,也得去借钱交。如果推迟时间纳税,多是因为没有凑齐,村里会找上门来催税款。如果交不齐税款,村里会抓人,专门将当家人关起来,因为他是家里的核心,家里都要靠他安排。有人拿着铁链条将当家人捆进牢房里,出于无奈,其他成员会想办法借钱换取当家人的自由,并且还要补交牢房里的灯油钱,分文不可少。

(二)征兵

1.派兵入伍

征兵的时候是根据家里男性成员的多少来进行,张家在生了张义云之后就有四个男性成员,所以被确定会征兵。村里负责人会提前告知当家人张仁田,也会说清楚交兵的期限。张家派张义堂出去当兵,因为他年纪较大,这是由家长张仁田决定的。内当家熊仕秀不愿意让他出去当兵,心疼儿子。出去当兵那一年,张义堂还没有成年,也没有结婚,出去当兵后,家里的亲人也没有受到特别的照顾,只是前两年会发一把面,领一斤盐,当作安置费。去领安置物资的时候要带门牌,排队站一天才领得到。

张义堂去当兵时吃住条件都不好,米饭里还会掺杂谷子。隔了几年他悄悄溜走,借了老百姓的衣服穿,一路上讨饭才逃回了家。村里有买兵的情况,是家里有钱的人家拿"买兵钱"给保甲长,保甲长就去找别人替代。家里儿子多的,确实没有钱用的人家会卖兵,但是这种情况很少。村庄不会向独子家庭征兵,只有一个儿子的家庭,父母也不会同意,需要儿子留在家里养老。

2.强制拉壮丁,反抗无效

张家张仁田的大儿子偷溜回家之后,隔了两年国民党又来拉壮丁,"三丁抽一,五丁抽二",三兄弟就拉一个,五兄弟就拉两个。第一次拉壮丁的时候,那些兵把张家草房子团团围住,全家人都在反抗,张仁田打了一个最前面的兵,还把其中一个兵的衣服撕烂,后来带着张义堂就逃跑。甲长派人把熊仕秀关到草沟前面的牢房里,张仁田拿钱才把熊仕秀换出来。

村子里有的人家不想去当兵,自己弄瞎一只眼睛,还有人用麻绳把手指勒伤,使其无法抠枪的开关,还有人剪断脚趾,这样跑不快,这都是为了躲兵,才把自己弄残。张家内当家熊仕秀为了不让儿子被拉走,曾打算用针刺张义华的眼睛,张义华捂住眼睛不同意。拉兵的人会一直守着,后来张义华去大竹县躲了一段时间才没被拉走。第二次拉壮丁的时候,张义堂认为始终是躲不掉,如果自己躲掉,二弟张义华就要被拉走,所以还是跟队伍去了战场。被拉走之后,写过一封信回家,信里提到他待在特务连,被国民党派去当特务,不打算回家,因为家里有两个弟弟可以帮忙照顾父母亲,之后就杳无音信。

(三)投票选举走过场

张家所在村庄的干部全部都是委托任命,由乡政府任命保长,保长再任命甲长。上级任命时,会根据其能力决定,能说会道、有权威、有文化的人会被优先考虑。之后村上也要开会,询问大家是否认同他们担任,同意的举手表决,但只是走过场①,大家基本上都会举手。开会的主要目的是告知村民们保甲长分别由谁担任,利于以后处理事务。如果是女性当家,这位女当家可以去开会投票。开会是以家户为单位,每家派一个人作为代表去即可,张家都是当家人张仁田去投票。开会是在村子一个学校里,桌子板凳都齐全。

---

① 过场:是指"形式"的意思。

附　录

一、花园歌

花园歌又称为哭嫁歌,姑娘出嫁前一夜要"坐花园"或"唱花园"。姑娘要出嫁,姐妹们会去送行,互相赛歌。

(一)起头歌

手拿铜钱三十三,起歌容易唱歌难。
姐妹歌多如流水,我在一边干瞪眼。
昨夜来得忙又忙,歌本丢在娘绣房。
有心转去拿歌本,深更半夜路又长。
大姐有歌借一本,二姐有歌借一双。
明天午时就还你,莫叫妹子出洋相。
男子读书有书本,女子做鞋有鞋样。
你唱我和齐心唱,包你歌声比水长。

(二)正歌

奉劝小姐莫哭嫁,听我说个老实话。
一岁是娘怀中娃,二岁跟娘地下爬,
三岁穿耳环子挂,四岁缠脚疼又麻,
五岁六岁学扫地,七岁八岁学纺纱,
九岁十岁蓄头发,十一二岁学烧茶,
十三四岁做鞋袜,十五六岁缝衣褂,
十七八岁学绣花,十九二十到婆家。
到了婆家莫闲耍,洗碗洗筷锅灶刷,
谷米饭菜莫抛撒,这才叫作女儿家。

(三)扫堂歌

一根丝帕五尺长,借你丝帕送歌堂。
扫堂歌来拿绣针,我们唱得不齐整。
一送歌堂菜又冷,二送歌堂酒又凉。
三送歌堂无歌唱,各自收拾进绣房。

二、渠县方言

讨嫌:指讨人厌的意思。	乘起:主动承担责任、风险。
老油条:办事拖拉、迟缓的人。	滑头:避开锋芒,投机取巧。
扎破锣:在背后说话做事伤害别人。	消夜:吃晚饭。
闷起:有为难之事藏在心里,不露声色。	稳起:不来气,不理睬。
扯把子:撒谎。	挨起:遭受打击。
打响片:打招呼。	搁到:把事情放下不办。
独门冲:指手艺仅此一家或一人独有。	笼起:上了圈套。
紧到:时间拖得太长。	吃粉汤:喜欢称赞、吹捧。
开烂条:替人出坏主意。	扯白:闲谈,吹牛。
假打:表里不一,口是心非。	圆场:第三方出面协调。
吃抹和:白吃白喝。	搁平:解决好矛盾、纠纷。
搅起:把事情弄出乱子。	雄起:鼓足勇气,不示弱。
巴实:做事实在、稳妥。	扎起:支持和维护别人。
汤水:麻烦。	拉皮条:泛指媒人的行为。
角孽:发生纠纷,打架斗殴。	那歪:那个。(这歪,这个)
甩牌子:推卸责任给别人。	打平伙:平均分摊,共同掏钱。
出言语:说话伤人。	闯到:无意间碰到。

三、气候谚语

(一)关于风

月色胭脂红,无雨必有风。

夜里起风夜里往,五更起风刮倒树。

早风雨,晚风晴,中午吹风晒死人。

风是雨的脚,风止雨就落。未雨先有风,有雨也不凶。

(二)关于云

瓦块云,热死人。

日落云里走,雨落半夜后。

晚上西方明,明天定会晴。

太阳落坡云来抢,不到半夜听雨响。

今夜鸡鸭早归笼,明天太阳红彤彤。

云往北,雨莫得;云往东,一场空;云往南,雨绵绵;云往西,披蓑衣。

(三)关于雾

十雾九天晴。

晴天雾平地,雨天雾高山。

早晨满天雾,放心洗衣裤。

早晨地罩雾,尽管晒稻谷。

早雾晴,晚雾雨。春雾雨,夏雾热,秋雾风,冬雾雪。

(四)关于雨

早撑太阳晚撑雨。

有雨四角亮,无雨顶上光。

田边黑云扎脚,倾盆大雨落。

早雨宴晴,有风必停,宴雨天淋。

燕子高飞晴天兆,燕子低飞雨来到。

蜜蜂出巢天放晴,鸡不入笼雨来临。

东虹太阳西虹雨,南虹北虹倾盆雨。

早上放霞,等水烧茶;晚上放霞,干死客蚂(青蛙)。

东风西闪,红雨点点。雷公光唱歌,有雨也不多。

调查小记

家户之路,虽苦却甜。

不知不觉调研又步入了尾声,这个暑假因为家户调研而显得充实,丰富的调研也让我收获了更多的体验。

拿着沉甸甸的家户提纲回到家中, 心情是复杂的, 明显感觉到此次暑假调研任务的艰巨。需要找到一位八十岁以上的老人,在 1949 年之前家里三代同堂,有八口人以上,至少有两个兄弟并且已婚。由于身边符合条件的老人实在有限,为了保证调研质量,得扩大寻找渠道。但之前寻找老人的过程中也经历了很多困难,总是满怀信心地去了,满受挫折地回来,虽然感受到调研的不易,却依然在心里告诉自己,这都不算什么。

后来功夫不负有心人,在家人的四处询问下,找到的老人家很符合条件,叫张义云,今年八十四岁了。他的家人也同意我的访谈,所以整个过程还算和谐。步入家户制度访谈的正轨以后,我每次都会按照约定的时间到达,不忍心让老人家久等。每次去找他的时候,作为基本的礼节我都会给他带礼物,有时买牛奶,有时买水果或者糖果。张义云爷爷总是会拿饮料给我喝,访谈的时候,他很耐心地回答我提出的每一个问题,凡是他知道的,都会向我娓娓道来。刚开始时或许只是带着任务,我紧张生疏地和他相处。连着去了两次之后,我会发现爷爷是十分和蔼的老人家,就像我自己的外公外婆一样,让我感到贴心、亲切、温暖。

通过访谈了解到,1949 年以前张家家里是靠租种别人的田地为生,访谈过程欢笑更多,爷爷记忆很好,能说出以前的许多俗语,这些俗语特别押韵,其含义在现在看来非常有趣。爷爷心态特别好,每次讲到比较有趣的地方,我们都会一起哈哈地笑。在张家,小户人家的特点表现得十分明显,让我印象最深刻的是男女地位的差异,普遍都有"重男轻女"的观念。1949年以前男性能够去外面出席任何场合,而女性出行却有极大的限制,不能挂坟、不能看热闹、不能吃酒席等。张义云爷爷评价说家户提纲的问题涉及面很广,对于我们年轻人了解历史是很有帮助的。通过对爷爷访谈,让我对 1949 年以前小家庭这个单位所进行的经济、文化等活动都有了更加深刻的认识。

生活如果给你品尝苦涩的浓茶,那么它肯定也会让你尝到甘甜的泉水。毫无疑问的是,每一次出去调研我都会取得显著的进步。我们的工作不是做给其他人看的,也不需要别人的评价。感谢中国农村研究院给我参加调研的机会,身为中农院的一员,能看到这个研究项目一次又一次地取得突破性进展就足够了。在调研过程中会有很多感悟,没有什么是一帆风顺的,困难是一定有的,但咬咬牙是能克服的;艰辛一定有,每一次调研对于我来说都算是一种挑战,比如说寻找老人的艰难,比如说不成功的访谈带来的沉重感。但付出了就一定会有收获。通过实地调研,我们能更加了解当地的风土人情,以及在当地的背景下所呈现的各种观念。通过家户制调研,能回顾解放以前的历史,深挖家户故事,讲述出来各有风味,比看书更加直观、更加有深度。

第六篇

固本培元：同灶不同院的家户根基
——晋南南苏村邓氏家户调查

报告撰写：于国萍 [*]
受访对象：邓继山

———————————

* 于国萍（1993—　），女，山西永济人，华中师范大学人文社会科学高等研究院 2016 级研究生。

导　语

　　南苏村为山西省永济市栲栳镇下辖的一个村庄，建村历史悠久，曾经出土过石镰、石斧，并存有数座古代的大墓穴。后因黄河发水淹掉南苏村，部分村民迁至坡上居住，南苏村也因此分为南苏上村和南苏下村。邓姓为南苏村第一大姓氏，主要聚居在南苏下村，占南苏下村人口的三分之二，子孙后代由第一代的"老五门"已发展至第九代，支系众多，后代人口逾百人。

　　1947年以前，邓家土地有十三余亩，黄河滩地十余亩，土地分为三块，均为祖辈传承所得，有着"三块坡上坡下，十亩滩里滩外"的特征，每年的滩地面积也会随着黄河水位的高低而不断变化，邓家土地均为家庭所有成员共有，当家人具有支配权。邓家房屋有"一座半"院，为非典型的四合院状，在院子里每个家庭成员都有自己的房间，对自己的房屋具有独立的使用权，成员之间相互尊重，邻里之间的房屋以"公墙"为界，相互尊重，互不侵犯。邓家的生产生活资料为家庭所有，通过购买与自制两种方式获得，在当家人的支配下全家人共同使用，在资料缺乏的情况下，由当家人或者家长指派的特定成员出面购买置办。邓家子嗣婚配均为父母包办，当家人很早便会为自己的孩子物色对象，在后代子嗣的婚姻中，当家人有着绝对的主导权，当事人则需服从当家人的决定。

　　邓家分家时，当家人的选取采用"长子当家"的原则，家里的女人不能成为当家人，三服以内当家人分别为邓立元、邓田恩以及邓继堂，三人均为邓家的长子，分家的时候家里的男性子嗣均有权利继承家产，房屋、土地等家产按照子嗣数量均分，外嫁的女儿则无权继承。邓家为工匠家庭，当家人为村里的木匠，邓立元为银匠，四子邓继山为村庄里少有的厨师，当家人邓田恩外出接活时，家里的大小事宜由妻子姬云仙与长子邓继堂打理。邓家成员在长期的生活中也形成了一套不成文的家规家法，具有"老少有序、男女有别、里外不同"的特点，如果违反了不成文的家规，则会受到当家人的指责与批评。此外，在"种地纳粮、天经地义"的思想影响下，邓家当家人每年都要按时缴纳公粮，即便是粮食歉收的情况下，当家人依旧要通过借用的渠道筹集粮食，按时缴纳粮款，不能拖欠公粮。

第一章　家户的由来与特性

邓家位于永济市南苏村的东边三队,为当地的大姓,历史久远,后代子嗣旺盛,邓姓祖先原为河南南阳人,后因逃难逃荒一路北上至山西运城地区,并在永济市南苏村落地生根,住在当地废弃的寺庙中,以讨饭拾荒为主。但是邓氏祖先如何在南苏村落户的,邓家后人并不知晓。邓家在南苏村落户之后,繁衍出众多支系,其中邓田恩一支有 11 口人,邓田恩为当家人,管理家中大小事宜,邓田恩外出时,由妻子姬云仙与长子共同管理。邓家共有土地 13 亩,土地分为三块,全家以此为生,除了 13 亩土地,邓家还有大片的黄河滩地,当家人每年会根据实际情况选择性地在滩地上进行耕种。除了种地以外,邓家手艺人较多,包括邓田恩在内的手艺人也会不定期的外出接活,挣一些零碎小钱补贴家用。

一、家户迁徙与定居

邓姓发源于河南南阳,在河南省南阳这块古老的土地上,据《邓氏族谱》记载,从先祖曼公开始,邓氏繁荣滋长在南阳,并以此为中心,逐渐向全国播迁。邓氏是一个非常古老的姓氏,在历代姓氏书中,都记载邓氏是"系承曼氏、望出南阳",这刚好与最初的邓国位置是相吻合的,古邓国经过了几千年的历史沧桑。

邓家祖先在南苏村落户时,育有五子,后来五子分别成家并育有自己的子孙后代,不断地繁衍与分家,子孙后人已至第九代,最初的五子成立的家庭,邓姓后代称之为"老五门"。邓田恩一支为邓家的"老三门"的子嗣后辈。在 1935 年左右[①],邓立元组织"老三门"第一次分家,将两个儿子邓田恩与邓田螺分开,成立了两个小家,邓立元随邓田恩生活,邓田恩一支共有 11 口人。

二、家户基本情况

在 1947 年之前[②],邓家当家人为邓田恩,全家共有 11 口人,邓田恩为村庄少有的木匠之一,每当外出接活时,长子邓继堂为代理家长;邓家房屋共有 12 间,院子底为"一座半院",长子一家四口居住在"半院"之中,但"分院不分家";邓家土地分为农耕田和滩地两类,农耕田为 13 亩,滩地随着黄河水势的高低不断变化;邓家以农业耕种为主,除此之外,邓家亦是"工匠之家",邓立元为银匠、邓田恩为木匠,为邓家增加了一定数量的副业收入。

---

① 1935 份邓田恩与邓田螺分家,邓田恩为新一代当家人,本报告主要考察邓田恩 1935—1947 年当家的情况。
② 山西省在 1947 年解放,本报告以 1947 年为时间节点。

1.十口之家四世同堂

邓家在南苏村繁衍后代子嗣已有九代,邓家祖先共生有五子,后来五子均成家立业并繁衍出自家的后代支系,在当地称为邓家的"老五门",邓田恩为邓家老五门的"第三门"子嗣,是邓家第五代后人。

在1947年以前,邓家共11口人,四代同堂,家里人口情况为:父辈邓立元,家中长者,为邓家老当家人,是村中的老银匠。平辈兄弟二人:邓田恩与邓田螺①,其中邓田恩为邓家新一代当家人,出生于1886年②,是村庄中的木匠,当家期间经常外出接活;妻子姬云仙,栲栳③人,出生于1891年④,娘家姬家为栲栳的大户人家。儿辈共有六人,包括邓继堂、邓继川、邓继芳、邓继山、肖叶、万惠文,其中,长子邓继堂1921年出生,是邓家劳动主力;二子邓继川,于1924年出生,比幼子邓继山大10岁,与二儿媳万慧文两人均为军人,二儿媳万惠文为姬云仙的娘家侄女,后经人介绍与二子邓继川结婚;三子邓继芳,于1932年出生,比幼子邓继山大3岁,高小毕业,是邓家少有的文化人,毕业之后任村庄教员;四子邓继山,1935年生,上了三年学,在当家人的要求下辍学回家务农。此外,邓家家庭成员还包括大孙子邓佰运、大孙女邓娟娟。邓田恩还育有一女,为家里的长女,在1935年第一次分家前便已出嫁,嫁到同乡的长城村,在邓家三子四子年龄较小无人照看的时候,经常去姐姐家玩在此不计入内⑤。

山西省运城地区在1947年解放,是全国的老解放区。以1947年为时间界限,邓家劳动力有当家人邓田恩、姬云仙、邓继堂、肖叶、邓继川、万惠文六人,男性劳动力3人,女性劳动力3人,从事田间劳作的主要劳力为当家人邓田恩和长子邓继堂,次子邓继川偶尔可以帮一些忙,邓继芳和邓继山年龄比较小,还在上学,偶尔可以帮助家里做一些简单的农活,给家里减轻负担。1947年之前全家共同生活,邓田恩为当家人,对外负责家里的交往事宜,对内管理家里的大小事务,而家务活由妻子姬云仙以及长媳妇肖叶、二儿媳万慧文操持,负责一家人的饮食起居。邓家的女人不去地里干活,只从事家务活,大儿媳肖叶去地里干过一次活,还闹出了笑话,"她去割麦子,结果把镰刀拿反了,镰刀她都不会用"。邓立元年迈,身体状况一般,家里的大小事情都不能干,家里的大事情邓田恩有时候也会给邓立元"打个招呼",但邓立元没有决定权,一般情况下也不插手家里的大小事情。以1947年当地解放为时间节点,邓家家庭基本情况如下:

表6-1 1947年邓家家户情况表

家庭基本情况	数据
家庭人口数	11
劳动力数	6
男性劳动力	3
家庭代际数	4

---

① 邓田螺在1935年与邓田恩分家,在此不做过多赘述。

② 邓田恩于1962年去世。

③ 栲栳,即现在的栲栳镇。

④ 姬云仙于1980年去世。

⑤ 此外邓家三子邓继芳于1950年左右结婚,三儿媳姬灵枝嫁入邓家,邓家四子邓继山1955年结婚,四儿媳于秀云嫁入邓家,在此不计入内。

家庭基本情况	数据
家内夫妻数	3
老人数量	1
儿童数量	2
其他非亲属成员数	0

2.父亲当家下的长子代理

在 1935 年分家之后,邓田恩是邓家当家人,也是邓家的户主,是村里少有的木匠,常年在外做木匠活,家里的大小事情都是由姬云仙操持,但家里大事情的决定权以及家庭的对外交往事宜仍然由邓田恩决定。后来长子邓继堂成人结婚,邓田恩年纪过大很多事情力不从心,且姬云仙为家里的女人很多事情不宜抛头露面,家里的大小事情便由长子邓继堂掌管,长子邓继堂也逐渐成为实际意义上的当家人。如下表,以 1947 年为时间节点,邓家成员状况如下所示:

表 6–2　1947 年邓家家户成员基本信息表

成员序号	姓名	家庭身份	性别	年龄	婚姻状况	职业	健康状况	参与社会组织情况
1	邓立元	父亲	男	约83岁	丧偶	银匠	一般	无组织
2	邓田恩	当家人	男	61岁	已婚	木匠	良好	无组织
3	姬云仙	媳妇	女	56岁	已婚	务农	良好	无组织
4	邓继堂	长子	男	26岁	已婚	务农	良好	无组织
5	肖叶	大儿媳	女	26岁	已婚	务农	良好	无组织
6	邓继川	次子	男	23岁	已婚	当兵	良好	无组织
7	万惠文	二儿媳	女	25岁	已婚	当兵	良好	无组织
8	邓继芳	三子	男	15岁	未婚	教员	良好	无组织
9	邓继山	四子	男	12岁	未婚	村厨	良好	无组织
10	邓佰运	长孙	男	约9岁	未婚	务农	良好	无组织
11	邓娟娟	长孙女	女	约6岁	未婚	务农	良好	无组织

3.分院不分家的居住格局

邓家土地可以自给自足但是房子很少,刚开始家里的院子有"一座半"。一座完整的院子再加上一座只盖了一排厢房的院子,因此家里房子为"一座半"。在全院共 13 间房,4 间东厢房、4 间上房、3 间南厢房、2 间门房,在门房中间隔出一间厨房,上房的右上角为厕所,背后又是邻家。全院左边为邻家,右边为巷道,大门朝路,路的对面有一条又窄又长的小巷道,顺着此巷道便可到本家的半院,半院原来是本家的大麦场,后来长子邓继堂结婚、邓佰运出生,全家居住房屋不够,便在大麦场旁边隔出了一座院基,盖上了两间厢房,分家的时候这座"半院"也分给长子邓继堂了。家里的长辈一般居住在家里的上房,父亲邓立元当初就是居住在上房,邓立元去世之后邓田恩便与老伴姬云仙搬进了上房。后来三子邓继芳结婚,几年之后便外出工作,全院中的一间厢房也就空下来了。在全家居住用房紧张的情况下,邓田恩居住在厨房中的隔间里,在厨房里隔了一间小屋,邓立元去世之后邓田恩便搬回上房。

让长子邓继堂一家搬出去住实属无奈之举,邓继川结婚时家里的厢房不够用,迫不得已在大麦场的一侧盖了两间厢房,长子邓继堂一家几口便搬了过去,"全院"中的厢房空出来当作了邓继川的婚房,长子邓继堂一家虽然居住在"半院"中,但并不是分家,吃饭是长媳妇肖叶与姬云仙一起做,全家人一起吃,田间劳作也是全家人一起劳动,只是在晚上睡觉的时候,长子邓继堂、长媳妇肖叶才会回到"半院"中睡觉。让长子邓继堂搬出去居住时,当家人会提前和邓继堂商议,在邓继川结婚前夕当家人对邓继堂说"要不你俩过去住",邓继堂也没有什么意见。邓家对房子没有讲究,怎么盖都没有说法,大多数都认为是坐北朝南的格局比较吉利,但也不是绝对的。村庄的房子错落布置,大小不一,随地而居,村庄的巷道很窄,"每家每户想怎么盖就怎么盖,由各家各户的当家人拿捏做主,没有人管也没有规定"。院子里盖多少间房子也没有人规定,农民会根据自家的情况修建,虽然各家各院的房屋有四面墙,但只有经济条件好的家庭会修建四面房,经济条件一般或者不好的家庭只能承担一面房、两面房的修建。

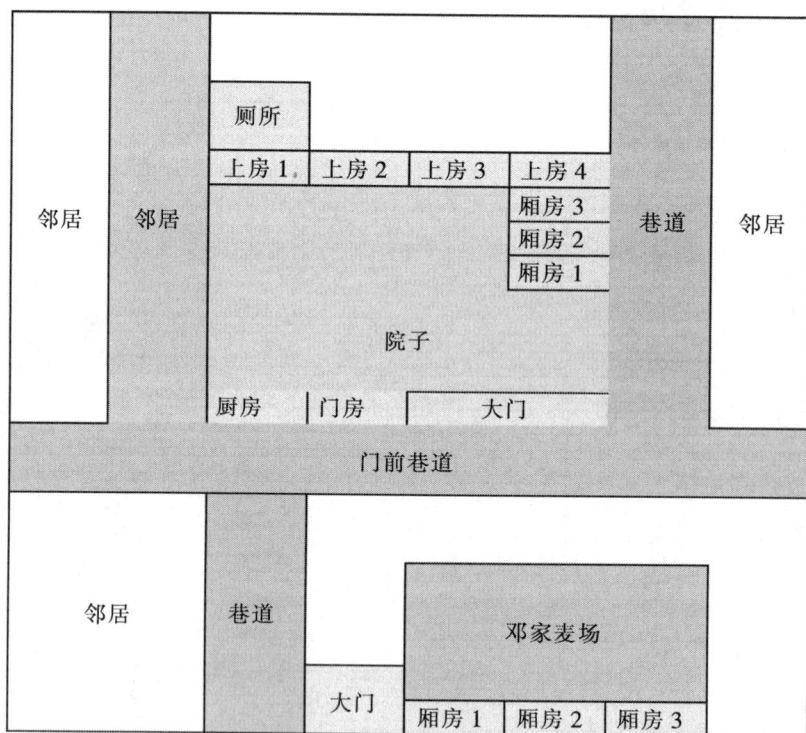

图6-1　邓家的房屋布局草图

4.不计其数的滩地面积

邓家除了继承而来的13亩土地以外,还有大面积的黄河滩地,一头牲口,后来姬云仙的娘家又赠送了一头驴,无大型马车,没有雇佣长工或者是短工。邓家的土地不多但家里的人口也不多,每年所产的粮食够全家人食用,其主要原因就是"滩地面积大",滩地面积不计入家家户户的土地总面积,滩地面积的划分以及核算是按照家庭人口核算的,家庭人口多,滩地面积大,家庭人口少滩地面积就少,而每家每户的滩地面积都"没有数量"甚至可以按照"里程"数计算,划分滩地面积时只划分一条界线,界线以西均属于本家所有。邓家黄河滩地的面积每年都会"变动",或大或小可多可少,而决定滩地面积大小的是"黄河水位",黄河水位高的时候,滩地面积大多被河水淹没,这时候滩地面积就很小,若如恰逢黄河水位过高,黄河滩地则可能全数被淹没,邓家此时的滩地面积为零;而如果恰逢黄河退潮或者河水水位过低时,此时黄河滩地面积为最大,邓家便可以把庄稼一直种到河底,在自家"滩地界限"以内的土地都是自家的,因此面积很大,大到"无法估计"。黄河滩地的核算单位为"真",三"真"等于两里,所以黄河滩地有好几里地。

邓家的土地一直都没有变,变化的只有黄河滩地的面积,家里的13亩地一直维持到第二次①分家。邓家的13亩土地一共分为三块地,分为坡上5亩,坡下8亩,再加上黄河滩地。坡下地为水浇地,靠水井灌溉,每次浇地主要靠邓田恩与邓继堂完成;坡下地为旱地,靠天收;黄河滩地濒临黄河,如果黄河不发水粮食产量巨丰,如果恰逢黄河发水,则颗粒无收。当地的说法是,"种滩地如同喂老牛,种一天是一天",意思就是老牛年龄过大,随时都可能死去,种滩地也如同喂老牛,黄河可能随时发水,庄稼随时可能颗粒无收。

表6-3　1949年前李家家计状况统计表

土地占有与经营情况	土地自有面积	13	租入土地面积(榜青)	0亩
	土地耕作面积	30余亩(含滩地)	租出土地面积	0亩
生产资料情况	大型农具	0辆大车		
	牲畜情况	1头牛,1头驴		
雇工情况	雇工类型	长工		短工
	雇工人数	0人		0人

收入	农作物收入				其他收入
	农作物	耕作面积	产量/亩	单价/斤	收入来源
	小麦	30亩	210斤	4分	邓立元的银匠铺
	玉米	30亩	210斤	4分	邓田恩外出做木活
	黄豆	5亩	50斤	5分	邓继山外出做菜
支出	食物消费(粮食)			雇工支出	
	300斤/人/年			0	

5.亦农亦商的匠工之家

邓家以农业耕种为主要职业,世世代代均为农民,除了邓继川外出当兵外,家庭所有人员都从事田间劳作,邓家的主要经济来源就是种地,除此之外,家里的副业收入较多:如父亲邓立元的银匠楼、邓田恩的木匠活、邓家四子邓继山年少时外出做菜以及后来家里经营的"粉坊"等,都增加了家里的收入。

一是邓立元是银匠。邓立元虽年事已高,但算是当地的银匠高手,制作出来的银饰造型精美,远近闻名,当地的有钱人家需要加工的银饰都会找上门,邓立元在榜榜开了一间银匠楼成为家里的经济来源之一。邓田恩及兄弟邓田螺虽然没有向邓立元学习银匠手艺,但长期耳濡目染对银匠制作也略有了解。找邓立元打磨银匠首饰的多为当地的大户人家,大户家庭经济富裕,有足够的经济能力购买银饰,而普通农家只有在子嗣结婚或者办其他喜事的时候

---

① 第一次分家为1935年,该报告主要考察1935年分家之后的情况。

才会去银匠楼购买银饰。

二是邓田恩是木匠,亦称"木工",,邓田恩可以制作各种家具和木制品,包括制作家具零件、门窗框架或其他木制品,在当地的声誉高,影响也很大,十里八乡都会找他去做木匠活。活多的时候经常三五天不回家,一家活做完紧接着做下一家的活,直到农忙的时候,邓田恩会推掉一切木匠活回家种地。邓田恩在外做木活的时候,东家也会支付一定的筹劳,工资可以是粮食也可以是钱,都不高但要管饭,做一天的活就支付一天的工资。有时候也会和东家"包件",包件干活的时候不用按天计算酬劳,而是等完成一件木活之后统一核算支付,邓田恩在外接活,距离近的可以当会返回家中,距离远的则会留宿东家,等把所有的活做完之后再返回。

三是四子邓继山在退学以后,除了帮助邓田恩在家种地,还向村里一位于姓厨子学习做菜。十里八乡红白喜事做菜都会请于师傅出马,邓继山在十几岁的时候就跟着于师傅东奔西走,给村里"过事"①的家户做菜,后来师傅年纪大不再对外接活,邓继山就开始独立地对外接活。不管谁家的红白喜事,一定会请邓继山在现场给主家做菜,刚开始做菜并没有筹劳,主家也不会向请的做菜师傅支付任何酬金,在家里的"事"过完之后会带上礼物谢做菜师傅,或者一瓶酒或者一条肉甚至一些馒头菜。邓继山有时候为了感谢师傅,经常会把主家送的礼物再转送给师傅,以表达传艺之恩;后来在有钱有权的大户人家不再送礼,开始有偿聘请做菜师傅,邓继山因为做菜味道好,在村里小有名气,上门请外出做菜的人更是络绎不绝。

四是家里经营的"粉条坊"。做粉条的手艺是姬云仙的娘家传过来的,姬云仙的娘家为当地的"大户",家大业大,经济较为宽裕,在当地经营一间名声远扬的"粉条坊",是姬家雄厚财力的来源之一,相比之下邓家经济略为拮据,因此,姬家便把做粉条的手艺无偿传给邓田恩,帮助邓田恩改善家庭经济状况。邓田恩学会手艺之后便在家里开了一间"粉条坊",帮助村民做粉条,刚开始只是乡里乡亲之间的普通帮忙,后来村民做粉条时会支付一定的粮食,人多了之后邓田恩便会收取小额的加工费。

五是邓继芳是名教员。在1940年之前,邓继芳和邓继山都在学校读书,后来家里劳动力不够,农忙时当家人以及邓继堂、邓继川忙不过来,便让邓继山退学回家干活,而退学的理由是"干活比邓继芳灵活"。1945年,邓继芳高小毕业后在陕西汉中当教员,每次来回要经过很多的山路,山路崎岖,交通事故频发,安全隐患大,邓继芳念家心切,不想再外出教学。汉中的学校压着组织信不让邓继芳离开,邓继芳也因此放弃了组织关系,返回当地,在附近村庄的一所学校当起教员。邓继芳返回当地村庄当教员后,也会经常回家,帮助母亲姬云仙一并处理家务或者帮助邓田恩在地里劳动。

6.年有余粮的中等之户

邓家在村中既算不上大户,也不是小户,属于中等户。南苏村大户、中户与小户之间在土地、牲口、房屋等方面有着明显的区别:大户的第一个特征就是家大,家庭人口众多,代际数多。"家大地多,经济条件比较好",只有当地的财富家才能算是当地的大户,财富家人多,普通的小家小户养活不了太多人,有钱有权的大户人家经济条件好,土地多、牲口多、车马多,在不分家的前提下足以支撑一大家子的生活,所以大户人家必定人口众多。在邓家后人的印

---

① 过事:当地方言,指家里的红白喜事或其他需要宴请宾客的大事。

象里,姬云仙的娘家则是当地影响力最大的一家大户,声名远扬,在整个乡镇的范围内都算是大的,姬家雇用了数十位长工。但是姬家一家人善心慈,经常接济当地穷苦百姓,在当地口碑极佳,是少有的有影响力的大家户。大户最重要第二个标志便是雇佣长工或者短工,同时对本村其他村民放粮贷,因此村庄里"大户人家越来越富,穷人越穷"。中户的特点主要是,地不多人口也不多,但自给自足,每年不用向外界借粮食,自己家地里收的粮食足够维持一家人的生活。村庄中的小户就是没地没房、没有任何经济来源的,大多数小户家庭都较为贫穷,好一点儿的小户每年靠给别人打工勉强维持生活,过得差一点儿的小户日常的生活难以维持,有的不得不外出讨饭。

在一般情况下,大户、中户与小户之间没有严格的身份区分,但村庄中三者之间在土地、人口、牲口以及其他资源占有上都有很大的差距。首先,在家庭人口方面,邓家在 1947 年之前有 11 口人,这样的家庭人口在村中也属于中等水平,村里未分家、家庭人口在 20 口以上以上的就算是大户,而家庭人口在五六口这样的数量便属于小户;其次,在家庭土地数量方面,邓家有 13 亩土地,这样的数量在全村中也居于中等偏下的水平;最后,大户家庭的土地大多会在百亩以上,而土地数量不多但完全可以自给自足的家庭则属于中等户,没有土地、靠给别人打工的则属于小户,没有土地的大多为从外省逃荒要饭过来的。

在当地,老户与新户的区别标准最重要的是家庭人口数量,老户时间久远必定支系众多,家族人口数量较多,而新户刚刚落户不久,支系小,家庭人口数量少。邓家属于村庄中的老户,繁衍了九代,后代数量加起来超过百人,而村里诸如任姓、丁姓、周姓、陈姓等大多为独户,这便是新户。当地有大小户之分,新户老户之分,但是不区分等级,不会把村民划分为一等户、二等户或者是三等户。

从家户影响力方面来看,邓家在当地的影响力还算是比较大的,邓田恩是一个匠人,家家户户做木活修家具的事都会找邓田恩,邓田恩在外干活也会结交很多朋友,影响力算是大的;而父亲邓立元当了很多年的银匠,从事银饰加工与制作,村里会手艺的人很少,邓田恩与邓立元便算其中之二,影响力颇大。

第二章　家户经济制度

在邓家,家户经营、家户分配、家户消费以及家户借贷,均以当家人邓田恩为核心,当家人拥有对家户土地、房屋以及其他家庭共有财产的经营、分配或者消费的权力,村庄或者其他个人均不能干涉家户的决定。

一、家户产权

邓家对自家所拥有的土地、房屋、生产资料以及生活资料具有所有权。房屋土地的来源以祖辈传承为主,在此基础上当家人可以以家户为单位进行买卖或者租赁,其他家庭成员不能干涉;邓家生产资料与生活资料以自给自足为主,在任何一种资料缺乏的情况下家户之间都可以相互借用,而在生产资料或者生活资料的买卖、传承或者借用中,当家人扮演着核心的角色,在未征得当家人的同意下,其他家庭成员没有权力对家庭财产进行任何形式的处置。

(一)家户土地产权

家户土地产权是指家户对自家所拥有土地的一些权力,包括买卖、租赁及置换。邓家当家人作为土地的支配者,拥有一切对自家土地的支配权力。

1.三块坡上坡下,十亩滩里滩外

邓家土地分为三块:坡上地、坡下地和黄河滩地。坡上地地势较高,无法灌溉,大多为旱地,是当地人常说的"靠天吃饭",每年的粮食产量均取决于当年的降雨量,雨下多了粮食产量就高,雨水不多粮食产量就低;坡下地地势较低,靠近水井,大多为水浇地,坡下地的质量明显高于坡上地,因而产量也高于坡上地。对当地村民而言,大多家户除了自家的土地以外,还包括滩地,"如果坡上坡下地少,则黄河滩地就会多,如果破上坡下地多,则黄河滩地就会少",邓家坡上坡下两块地总共有13亩,数量不算是多的,但拥有大片的黄河滩地,黄河滩地的数量无法估计。一直到分家之后,这三块土地的数量以及性质都没有改变过,除了土地买卖之外,土地所有权都归邓家所有,当家人有权利对自家的土地进行买卖或者赠送。

在邓家后人的印象里,邓家十三亩土地就是自己家的"根本",是全家的命根所在,土地的所有权归全家所有,每个家庭成员都有属于自己的"份额",当家人邓田恩拥有支配权,只要当家人没有把地分下来,即便是这些土地为全家所有,家长同样有绝对的决定权。家里的所有的农活由家长支配,全家共同劳作,土地里所有的收成也归全家所有,在一家一户里,家庭成员之间不分你我。在邓家内部,所有家庭成员对家庭土地的称呼都是"咱屋的地",而对外而言,邓家成员的称呼为"我屋的地",成员对自家的土地与外界的土地都有着清晰的把握。

邓家不存在私房地的说法,所有的土地都归全家共有且由当家人支配,只有在分家之后当家人把土地分给儿孙晚辈,儿子晚辈手里的土地才归自己所有。在邓家,当家人邓田恩可以决定着这 13 亩地的买卖、租赁甚至是赠送,其他家庭成员不能插手,当家人想卖就可以卖,说想买也可以买,这些都不需要通过家庭成员的讨论,就由当家人一人决定。而在邓家第一次分家时,邓家土地一分为二,邓田恩与邓田螺一人一半,两个小家都分到了属于自己的份额,此外,分家时邓家还涉及房屋的划分,房屋也是根据子嗣的数量均分,无论成年与否,每个男性后辈子嗣都能分到自己的房屋。

2.家户土地之买卖、传承与开荒

邓家土地主要为祖辈传承而来,"一代一代,儿子继承父亲的",老当家人邓立元将家庭土地分为两份,邓田恩约为十亩,邓田螺约为十亩,邓立元占有三亩养老田,后来邓立元随邓田恩一家生活,邓田恩便传承了邓立元三亩左右的养老田。除了传统的土地祖辈传承以外,土地来源的主要途径还包括土地买卖以及沟坡开荒。

一是土地买卖。土地买卖即以土地作为商品进行买卖的活动,村庄中存在着大量的土地买卖的情况,土地买卖最重要的是地约转移,从卖家手里转移到买家手里,地约上有政府的大印章,是权威的象征。进行土地买卖时,买卖双方需要寻找一个"写约人","写约人"可以是闾长、"柴粮"[①],也可以是其他普通村民,写约时需要注明"买主、卖主、写约人、买卖时间以及土地数量"等,之后,买家和卖家需要和写约人一起去地里丈量土地,长多少宽多少,都会按照地标地界丈量得清清楚楚,重新丈量之后,买家会在原有的地标之上,栽上砖头利于自己辨别。栽砖头时会栽在白灰线的正中间,把砖头放好之后,两边垫土,将砖头固定垫死。土地买卖完成之后,卖家需要把自己的地约转交给买家,象征着交易完成。

邓家坡上和坡下地总共 13 亩,土地数量在全村属于中下游水平,家里的 13 亩地也拥有相应的地约,地约为祖传的,因何而来邓继山并不清楚。各家各户的土地都是有地契的,在地契上面,"南邻、北邻、东家、西家"都写得很清楚,也就是所谓的"四至"。而家家户户土地的界标,为"地畔子",地畔子做之前会先做地标,地标就是在两家土地的交界处打上一个洞,注入白灰,因此也称之为"灰线",根据"灰线"做地畔子。土地四邻之间打地畔子时需要"两边挖土两边垫",力求地畔子保持在最中间的位置,防止走偏而导致邻里间出现不必要的矛盾。

二是祖辈传承,邓田恩在组织分家时,提前便会把土地划分好,分家时已经决定好哪块土地分给长子邓继堂,哪块土地分给二儿子邓继川,这些都由当家人决定。在大多数情况下,各家各户的土地都是祖辈继承而来,祖辈将土地留给儿子,儿子再留给孙子,只要是家里的儿子,不管排行老几,在分家的时候都可以分得土地。如若不分家,土地则为全家人共有,家里的儿子都有继承权,家里外嫁的女儿则不在此范围内。一般情况下,家里所有的土地女儿是没有份的,女儿占有家庭土地的情况只有一种,便是女儿找了一个上门女婿留在家里,这时候女儿理所应当地拥有当家人的土地。南苏村有这种情况,有一个农户有一儿一女,儿子成家后当家人把他分出去之后,又给女儿找到了一个上门女婿,这时候女儿女婿也具有土地的继承权。那个农户的上门女婿是山东人,他会做砖,这个当家人看上了这个男人的手艺,便破例把他招为女儿的上门女婿,否则按常理说,在拥有儿子的前提下在给女儿找一个上门女

① 柴粮:1947 年以前,晋南地区阎锡山政府下施行村闾制,设闾长、村副、柴粮等职务。

婿是不合理的情况,儿子有权继承自己所有的家当而女儿没有。

三是土地开荒。村里也有开荒的做法,南苏村东边濒临一个大土沟,也有一些村民在沟里开出一小片一小片的菜地,简单地种一些粮食,在沟里开荒就是"谁开的荒,谁种的地就属于谁",不会有人去管,沟里的那些坑坑洼洼的土地荒着也是荒着,有人种总是好的。邓家并未在沟里开过荒,那些在沟里开荒的人攒了一些钱之后,便会在平地上买一些土地。在当地,开荒者主要有两种人:一是无房无地、举家逃荒而来的外来人,但是在沟里开荒的人数不多,大多数是刚迁移过、没地没房的人,才会在沟里开荒简单地维持生活,即使开荒也是几分地,又都是旱地,无法浇水,每年也收不了多少粮食。另一种是家里有地,但年龄大无法从事重体力劳动的老年人,在沟里开上几分土地,种一些简单的蔬菜补贴家用。

除了在村里的沟坡上开荒以外,村民还会选择在各家各户房前屋后的空地上甚至是无人认领的荒地上进行耕种,此类耕种与占有并没有严格意义上的归属形式,"撒上一把种子,来年自己收获就行",村民也不会因为荒地的耕种而产生矛盾,"你种这一片,他种这一片",村庄里不会有人管,时间久了,片区荒地也逐渐有了归属。"谁种谁收",如果自己种的被别人盗取,自家人同样会找上门与对方理论。

村庄中也有"养老田"的说法,但"养老田"存在的时间并不长,普通家户里也谈不上养老田,邓家的养老田便是祠堂周围的祠堂田。邓家刚开始便是家里的几个晚辈"谁种着祠堂田就由谁负责养老人",因此对邓家而言,祠堂田就相当于养老田,到后来子孙后代过多,支系繁多庞大,邓家便把祠堂田租给外人耕种,但不会收取租金,耕种祠堂田的人需要帮忙打扫祠堂,而且在每年清明时节邓家后人去上坟时,耕种祠堂田的人需要买一些烧饼分给来祭祀的邓家后人,算是对主家让自己种养老田的感谢。

邓立元在年老时随着长子邓田恩一起生活,当家人邓田恩也相应地继承了邓立元的养老田,在邓立元的晚年养老中,邓田恩担负着主要的养老责任,邓田螺因为没有继承邓立元的养老田,在邓立元的赡养中则是起着辅助性作用,邓立元的养老送终事宜也是邓田恩说了算,邓田螺可以适当地提出意见,但最终决定权仍然在邓田恩手上。

邓家有众多儿子,家里的长辈一般情况下跟幼子共同生活,分家时当家人会把成婚的儿子先后分家出去,再分几间房和几亩地,剩下的便归当家人和幼子所有。分家之前,家里有多少口人、有多少亩地当家人是清楚的,分家之后,赡养老人的幼子便会多得多分一些土地,而多分到的土地便是老人的"口粮田"①,也相当于"养老田",家里老人的养老田要多于其他人的土地。当家里的老人完全失去劳动能力时,老人的养老田便归幼儿所有,老人吃住在幼子家里,但养老依然由众多儿子共同赡养。

如果只有一个儿子情况便会简单很多,不存在分家的说法,老人所有的家当都归这个孩子所有。还有一种情况,家里的房子不够,实在没有办法,当家人只能把成婚的孩子分家出去,这里的"分家"并不会分到任何的房子,相当于把孩子撵了出去,让其自力更生。这时候被分家出去的孩子,只能自行寻找落脚点,这时候长子也会想方设法地请自己的几个好朋友帮忙,为自己打上几堵土坯墙勉强过日,虽然分家存在分不到房子的情况,但是一定会分到土

---

① 在农村,只要有农村户口,村里就会分一定面积的土地,一般是一部分为固定的土地作为基本口粮地平均分给村里人,若有剩余用地,村民可自由承包土地,交纳承包费。

地。家里无论有多少亩土地，每个儿子都具有继承权，比如说家里有二亩半的土地，有五个儿子，那么一个儿子半亩，多多少少都必须分到土地，不存在分不到土地的情况。而邓家当年把土地平均分出去之后，给家里的老人留了两亩的口粮田，由老人自己耕种，在老人们完全干不了农活的时候，把两亩地也平均分给了四个儿子，每个儿子五分地，不偏不倚。

3.边界分明的家户土地

邓家土地与邻家土地的边界最明显的标志就是地畔子，地畔子一边一家，各家在自家的范围内耕种，土地所有权全归私人所有，邓家的所有家庭成员对自家的土地边界都有着清晰的把握。当家人有权力在自家土地上做任何想做的事情，可以买卖甚至可以在土地上建筑房屋，家里的其他成员没有权利干涉当家人的决定。在邓家，土地里种什么农作物、种多少、谁去种、怎么收、如何卖、卖多少，这些都由当家人邓田恩自己决定，他人不能干涉。土地归各家各户所有，家户就有决定权，家户可以任意转卖或者租赁某一块土地给某村民，其他村民不得干涉。在土地买卖中，中间人扮演着重要角色，而邓家四子邓继山曾经担任过土地买卖的中间写约人，土地买卖时需要写约，例如村民张三将自己的土地转卖给李四，大概内容为："村民张三，村南有一亩三分地，长50米，宽20米。土地的四至分别为，南至沟、北至路、东邻家为王某，西邻家为张某。现以200元将此地转卖给李四，钱款当面付清，地约权归李氏所有。以此为证。"落款为"卖主张三，买主李四，中间人王麻子"，三者共同签字。

父亲邓立元当初将当家人的职位转给邓田恩后，便撒手不管当家人的事情，所有的事情邓立元并没有权力再进行干涉，有时候只能是以经验的形式告诉当家人邓田恩，当家人采不采纳都由其自行决定。就算当家人犯错误，其他家庭成员也依旧没有干涉的权利，"晚辈没有权利管，长辈已经管不上"。无论何种情况、无论某种身份的人，都不得干涉当家人的决定，如果家里的长辈还健在而且对子嗣后辈有约束能力的话，也会对当家人的不恰当行为进行批评。邓家所有土地买卖的事宜，均由当家人一人决定，家里的晚辈和长辈都不得干涉，当家人完成土地买卖若与家里的长辈商量，是尊重长辈的做法，但不一定会听从长辈，长辈既然将当家人的职位传给晚辈，必然已经管理不了家里的大小事宜，而家里的晚辈仍然需要靠新的当家人带领，更无权干涉当家人的决定，因此每家每户中"当家人一人独大"，家庭其他成员必须服从。

邓家会在自家所有的土地上修建地畔子作为与邻家的边界，防止土地侵占，但村庄并不会存在着恶意侵占的现象，大多数是在田间劳作时无意"拱了地畔子"。地畔子在邓家所有成员心中，是一条严格而不能逾越的界限，家家户户都要在自己的范围内耕种，不得越界，一旦越界则视为侵犯，这时候被侵犯的一方可以选择和解也可以选择上告。和解的方法便是双方协定，重新测量土地，修建地畔子，如果不能和解，被侵占方则可以提出上诉，向乡政府举报，由政府出面调解。为了保持地畔子在一条水平的直线上，地邻双方当家人则会组织家庭成员准确"拉线"，地畔子上的灰穴会由两点组成，根据两点拉成一条水平的灰线。修建地畔子时讲究"三杆归一"，即在修建地畔子的过程中，会插上三个木杆，如果三根木杆能为一条直线，则地畔子算是修建的完整，如果三根木杆不能看作一条直线，则需要重新修建。在修建"地畔子"的过程中，为了保持公平起见，测量地畔子的人需要用手扶住木杆，而不能用身体挡住木杆儿，以防侧歪。如果地畔子稍微有一点儿倾斜，村民们也不会过做过多的追究。在土地侵占面前，无论是大户小户都会严肃对待，如果是大户侵占了小户的土地，小户也不会畏惧，上门理论,要求其重新丈量土地,不会做出任何退让。大多数情况下,地畔子侧偏,被侵占者找上门时,双方都会重新测量、做出一定的纠正,不会有恶意侵占的现象。如果真的存在恶意侵占的现象,也不会通过"拱地畔子"一寸一寸地来侵占,而是会想方设法将对方的土地全部占有,这样才算是恶意侵占。

在1937年左右,日本人入侵,在当地的日本人凭借着手上有枪支,恶意侵占百姓的家当,老百姓有苦难言,当地政府也不采取任何防范措施。除了恶意侵占他人土地,处于动荡中的社会便是"强吃弱、大吃小"的社会。村中也有一个村霸仗着手上有枪支,欺负普通老百姓,后来这个村霸想强行占有李家寡妇的土地,遭到拒绝之后村霸便心生恶意,在没有人的时候把李家的婶娘引到村外,开枪打死,而恰逢这个婶娘的后台十分强大。婶娘的姐夫在蒲州做军官,手下有兵,得知妹妹惨死之后,便率兵将此恶霸了结。如果家里没有可以依靠的后台,恰逢恶霸侵占土地的时候也无能为力,只能是好言相劝,请求对方给自己留下一点儿土地生存。

4.家长支配下的土地买卖

邓家土地均为祖辈传承而来,代代相传,经济富裕的子嗣后代也会购置土地,邓田恩当家之际并无买卖土地的情况。村庄中土地买卖均由各家各户的当家人决定,但村庄中依然有两种土地买卖的特殊情况:一是"以大欺小、以强吃弱"的现象,比如说小户张三的二亩地与大户李四的三亩地紧邻,这时候大户便会想方设法将小户张三的二亩地收为己有。在李四的逼迫下,小户张三便不得以将自己的二亩地卖给大户李四,虽然这种土地买卖也是出于小户张三自己的决定,但在某种程度上,这种买卖是被迫形成的,也就是村里所谓的"以大吃小、以强吃弱"。尽管在任何情况下,村庄以及其他外人均不能干涉家户当家人的决定,但有时候当家人在面对压力时不得不卖。小户张三的二亩地被大户李四侵占以后,张三家便没有任何土地可以耕种,如果经济拮据,便不得不卖儿卖女,甚至举家外出讨饭,但无论是卖儿卖女还是外出讨饭,这些也均由当家人张三决定。二是"强骗弱、大骗小",这种情况大多数发生在经济拮据的小户借了大户人家的粮食之后。比如某家小户因为经济拮据、家中粮食不够,便不得不向大户借一些粮食,大户借此机会放"粮贷",也就是当地所说的"借一斗还二斗,借粗粮还细粮",小户家庭因为还不起每年"鱼驴打滚"般的利息,便不得不提出用家里的东西交换,这时大户便会提出让小户将土地卖给自己,而这种"卖"并没有多余的酬金,而仅仅是抵用了当初借粮食后的利息。这种买卖在某种程度上可以称之为骗,也就是村庄中的"以强骗弱,以大骗小"。

土地买卖时,买主和卖主的对接均由中间人搭线。比如说张三村南二亩地要卖而李四想买,这时候和双方都认识的中间人便会介绍搭线,村庄中各家户都相互认识而且熟悉,"要不就是你认识我,我认识他",不存在买家找不到卖家,或者卖家找不到买家的情况,大家都会互相帮忙打听。如果碰到买家的人数多于卖家的人数时需要考虑的因素有两个,其一在时间上讲究"先来后到",谁先联络的便卖给谁,而后联络的便买不到这块地,最后的买卖成交的重要标志在于地约转给谁,一旦买卖成交双方便会写约,便有了凭证,不能随意更改;其二是价格因素。如果买家一出的价格为一百元,买家二愿意出一百五十元,在没有与买家一立约为证的前提下,卖家可以把土地卖给买家二,"交钱立证,立证为据",一旦交易合约完成之后,任何人不得更改。总而言之,"地约在谁手里,土地就是谁的"。在土地买卖完成之后,买主需要做东,设酒席请卖主、中间人以及土地的四面邻家吃一顿,当地称为"舍果实"①。买主请客,需要请四面邻家的原因,也是在暗示人家,自己以后即将成为新的邻居,希望互相多多关照,如果这片土地只有三面邻家,则只需要请三面邻家吃饭。

　　除了土地买卖,也有土地租赁。土地租赁是土地使用者在使用土地期间向土地所有者支付租金,期满后,土地使用者归还土地的一种方式。土地租赁起初被称为租地,村庄中普遍的说法则为包地。租地便是承租方每年给包租方支付一定的粮食作为报酬,承租方可以在这块土地上耕作,收获这块土地上的粮食。租地的期限可以是两年也可以是三年,这些日期由双方协定,但租地的时期不会太长。租地和买地的性质完全不一样,租地只是使用权的转让,但买地则是所有权的转让。租赁土地也是由家里的当家人决定,租多少地、租多长时间完全由当家人拿捏,家庭成员不会做过多的干涉,也不存在家庭成员偷偷地将家庭的土地租出去的情况。即便是家庭成员在没有经过当家人的允许下将土地租出去,也不会得到承认,承租方也不会轻易与不是当家人的家庭成员商量租地事宜。承包土地的酬金可以是金钱也可以是粮食,租赁交易达成以后,土地上的庄稼便为承租方劳动所得。

　　关于土地置换,村庄中也有这种情况,置换双方为了耕种便捷、更好地管理土地,双方便会协议置换。邓家坡上地距离远,耕种不方便,李家地位于坡下且距离邓家较近,鉴于此当家人曾提出与邓家土地相近的李家进行置换,并且愿意支付一定数量的粮食进行交换补偿,但李家当家人要求支付高于行情的粮食数量方才进行置换,邓家当家人拒绝,两家因置换补偿没有达成共识,置换事宜也就不了了之。村庄中此类事情很是常见,土地置换要双方都同意,一旦有一方不同意土地置换就不能达成。村庄中土地置换时存在着两种情况,一是置换双方的土地质量相当、面积相当,双方协议置换,都不用再支取任何费用。比如张三家里有五亩坡下地,李四家里有五亩坡下地,两家的土地数量相同且土地条件差异不大,为了耕种方便,双方便会同意进行土地置换,这种情况下的置换不需要附带其他补偿,只要两家当家人愿意即可,此类情况的土地置换成功概率也比较大。二是置换一方的土地质量优于另一方,或者置换一方的土地数量多于另一方,这时候质量差或者数量少的一方,在完成支付置换后,仍需支付一定的费用,弥补差额。补差额最常见的情况便是坡上的旱地和坡下的水浇地之间的交换,这时旱地所有者需要支付一定的差额给水浇地的所有者,此种情况下的土地置换需要双方当家人进行谈判协商,如果有一方不同意,置换便不能完成。在土地置换的双方家庭看来,土地置换需要做到两点,一是合情,二是合理。合情就要做到交换双方的土地质量与数量要对等,如果不对等,就要做出补偿,合理就是双方愿意交换,且通过正当的程序进行土地置换,完成置换后,需要交换地约。

　　邓家当家人有事情外出的,其他家庭成员中"谁可以做出决定"也存在以下几种情况:第一种情况是由自己的媳妇姬云仙或者是有能力管理家庭的孩子"操心",这些人可对一些小事做主,无须通知家长,但是大事情必须等到当家人返回之后方可做出决定。比如在邓田恩外出时,家里大小事情大多数为姬云仙自行安排,姬云仙是有文化的人,可以把家里的大小处事情处理得妥妥当当。但是姬云仙仍然没有最高的决定权,一些需要做出决定的事情,姬云仙仍然要等邓田恩返家,邓田恩返家后,姬云仙向邓田恩汇报,由邓田恩做出决定。如果代

① 舍果实:当地方言,设摊请客,多指为了庆祝获得某一样东西之后的喜悦,而请客当事人吃饭。

理当家人在大事上没有与当家人商议,当家人则会责骂代理当家人。如果当家人外出后,当家人的妻子和大儿子都有能力管理家里大小事情,这时候妻子便会和大儿子商量,小事情便可以自己拿主意。第二种情况是,当家人长期外出,一年半载都不回来一次的,这时候如果家里的儿子已长大成人,儿子便为代理当家人,大部分事情都可以由儿子决定,只有少数特别重大的事情需要向邓田恩请示。第三种情况是,当家人长期外出,家里的儿子年龄比较小,没有决策能力,这时候女人便是当家人,家里的大小事情便由妻子说了算。同样的,如果家里遇到了特大事情时,妻子也需要向当家人请示汇报。在邓家,邓田恩是家长,但邓田恩也是一个匠人,经常接活外出,但外出时间不会太久,三五天便会返家,在此期间,家里的大小事情由姬云仙决定,长子邓继堂成年之后,姬云仙也会和长子邓继堂商量。

5.土地侵占时的分寸必争

邓家没有发生过土地被别人侵占的情况,即便如此,当家人邓田恩也会时刻观察自家的地畔子是否偏移;在日常的田间劳作时,当家人也会提醒自家人不要踩毁了地畔子,如果发现地畔子偏移或者有所毁坏,要立即修理或者调整。邓田恩带着自家孩子在田间劳作时,会时常警告几个孩子不能在地畔子周围玩耍,如果因为孩子调皮将地畔子踩毁,当家人则会严厉批评。在村庄中,即使当家人是女性,在捍卫自己土地权益方面也丝毫不会退让,一分一寸都不会让,如果地畔子侧偏,女性当家人一样会找上门理论,告知对方侵占了自己几寸土地,要求重新丈量土地,重新修整地畔子。

不管是男性当家人还是女性当家人,发现自家土地被侵占之后,首先会做的是寻找地标,私底下测量一下土地,在找到证据之后,才找对方上门理论,如果心里没底则不会妄自行动。而在上门理论时,被侵占者也不会直接告知对方侵占了多少土地,而是会换种说法,"我的土地少了多少,咱们重新测量一下",这时候双方即使心里不舒服也会同意重新测量。邓家与土地四邻之间从未因为地畔子闹过矛盾,其重要原因也在于当家人心宽,在邓家后人的印象里,有一次地邻将玉米苗种在地畔子上,虽然没有越过地畔子,但地畔子种满庄稼之后无法辨认,即便如此当家人也没有找其理论,"多种一行也收不了多少粮食",等地邻将庄稼收割之后,邓家将地畔子整理调整。

(二)家户房屋产权

邓家房屋为"一座半院",其中一座完整的院落是当家人邓田恩继承而来的,后来邓田恩为儿子娶媳妇时家里房屋紧张,不得已在自家的麦场上为结婚的儿子修建了几间房屋。无论是继承还是修建,邓家对自己所有的房屋具有所有权,房屋为邓家所有家庭成员共有,当家人可以进行支配;相邻两个家户以公墙为房屋边界,公墙由相邻两家共同修建,家户之间相互尊重,互不侵犯。

1.半院式的家户院落

邓家的一座半院子,严格意义上都属于半院,第一座院子为非典型的四合院,只有三面房、一面墙,家户房屋跟家户土地一样,宅基地的所有权神圣而不可侵犯,各家各户可以在自家的宅基地上随意修建房屋,只要家户经济条件允许,其他村民不能以任何形式进行干涉,当家人以及家里的所有成员对自家房屋拥有所有权,切不可侵占他人宅基地。邓家一座半院院子均为长方形状,而左右邻家都是又窄又长的长方形院,院子形状没有特别规定,各家各户根据所拥有的土地自行修建,"修建成什么样子就是什么样子",房基地的面积不一,大小不等,有的院子是长方形有的则是正方形,有的院子长十丈宽两丈,有的院子长两丈宽十丈,各种样式、各种形状、没有统一规划也没有统一的标准要求,每家每户都不一样,村庄巷道也因为各家院子的形状不一而宽窄不同。

2.房屋的传承与购买

邓家院子底均为继承而来,虽然当家人为了给儿子娶媳妇在自家的麦场上修建了几间新屋,但自家宅基地的来源均从祖上传下来的,都是各家各户的老祖宗留下来的财产。除了祖传以外,各家各户还可以购买,每座宅基地上面的房屋数量不同,购买的价格也不等,买卖宅基地需要看双方的协议。如果大户比较有钱,也是可以购买宅基地的,同买卖土地一样,需要一个中间人写约,双方达成协议后将房院证转移,买卖即完成。有条件的家户基本上都修建的是四合院,每座院内一面门房、两侧厢房、一排上房。村庄里小户人家的院子都不是严格意义上的四合院,很多家庭人口不多再加上经济条件所限,房屋修建时只修建了三面院子,有的大家户随着人口的增多而不断分家,存在的基本上都是小家小户,院子的修建由四合院转变为三面院,即每座院子里,有一面门房、一侧厢房和一排上房。在 1947 年之前,土地和宅基地都为私人所有,每家每户占有的土地面积不一,宅基地面积自然不一样,很难做到统一。

3.邻家邻院共筑公墙

邓家与相邻的邻家宅基地之间也有"公墙",公墙的修建由当家人出面与邻家商谈,如果邻家愿意共同修建一堵公墙,修建费用则由两家均摊,如果邻家不愿意共用一堵公墙,则会各家修建各家的,两堵墙成"背靠背"式。邓家修建"公墙"有两种情况:第一种情况是公墙由两家共同修建,各占一半,这种墙称之为公墙,修建公墙的费用由两家共同承担。如果修建公墙厚三尺,则两家各一尺五。邓家与右边邻家的公墙修改即为两家各占一半,无论是占地面积还是修建费用,都由邓田恩出面与邻家当家人商谈。第二种情况是自己家修建自己家的墙,两堵墙背靠背,这种墙称为私墙,也称之为"后背墙",修建私墙时,各家各户需要在房基地的范围内,切不可侵占邻家宅基地。

邓家修建房子时,"如何修建、修建成什么样子",由当家人决定,其他家庭成员不能插手的权利。如果家里的男性当家人去世,家里大小事宜由女人接管,修建房屋这种事情同样由该家的女性当家人做主。女性可以是当家人,但不能是户主,户主必须为家里的男性,如果家里的男性户主去世,新户主变为自己的儿子,妻子则不能成为家里的户主。各家各户可以根据自家院子的形状修建,自己家的院子有十丈长,那就修建十丈长,也可以修建五丈长,但不能自己家有十丈长而盖了十一丈。所以不存在 "两座完全一模一样的院子","千家院千种形",而这些建筑土地均为私人所有,其他人不得侵犯。邓家宅基地为自家所有,不属于家庭中某一成员所有。

4.家长决定房屋修建

在 1937 年之前,村庄里盖新房的家户很少,普通家里有房子的且时代久远的也只会进行修建而不会拆除重建,如果家里没有房子的则居住在村里的破庙中,有个落脚地就算是运气比较好的。村民不修建房子也是由社会环境决定的,在邓家后人的印象里,当时社会环境动荡不安,日本人随时可能侵犯,村民晚上睡觉都不敢脱衣服,一听见狗叫声便撒腿逃跑,纷纷躲入沟里,在保命都难的环境下,很少有人有心思去修建自家的房屋。日本人侵入运城地区时,每到一个村落便胡作非为、烧杀抢夺,各家各户的房屋说烧就烧,普通村民百姓没有任何办法,如果侥幸村庄没有被烧,村民返回之后,只能是对旧有的房屋进行修建,可以住人就好了。

邓家房屋由祖先修建,代代相传,后代子孙只是修修补补,一直在 1945 年左右社会相对稳定时,邓家才在当家人的主持下对房屋进行较大规模翻修。各家各户房屋的修建也是由当家人决定的,当家人组织家里可以干活的男人对家里的房屋进行修葺。如果当家人年纪大,有能力的儿子便会自觉承担修葺房屋的重任,在当家人的指挥下完成对自家房屋的修葺。修葺房屋很简单,很多情况下只是"和点泥",将原来脱落后的土墙用泥磨平,在给房顶上些砖瓦,便算是修葺了。邓家修葺房屋时,由邓田恩指挥,邓继堂和邓继芳等人辅助,家里能帮上忙的几个儿媳妇也会搭把手。

5.家户房屋之全家共有

邓家的房屋为全家所有,无论这个家庭有多少成员,每个成员都有份,都有权利拥有一间自己的房屋,并不存在"房屋归当家人所有"的说法,而是归全家人所有,在分家的时候,家中的每个儿子都有权利分到几间房子。在邓家,家里的女儿是没有权利继承房屋的,女儿外嫁后便是"别人家的人",如果家里只有女儿没有儿子的,需要给女儿找上一个上门女婿,这是另外一种情况。父亲邓立元只有邓田恩和邓田螺两个儿子,儿子娶媳妇时家里的三间厢房足够用;在邓田恩当家时,家里有四个儿子三间厢房,家里住房紧张,只能在自家麦场上修建三间厢房让大儿子一家搬出去居住,但无论是家里的院子底还是自己麦场上修建的三间厢房,所有的房屋都为全家共有,家里的几个儿子只有在分家的时候才会分到自己的房间,而在分家之前,所有的房间都归全家所有。

(三)生产资料产权

邓家的生产资料包括自家的车马牲口以及其他生产资料,通过购买或者赠送所得,也可以通过家户之间的借用获得。邓家在生产资料的日常支配中,均需要通过当家人的同意,当家人同意之后则可以外借,当家人不同意的其他家庭成员没有权利随意支配。

1.生产资料之农具牲口

土地是邓家的根本,家户中所有的生产资料都是正常耕种劳作的必要条件,在邓家,除了大型的大车以外,所有的生产工具都比较齐全。在牲口数量方面,邓家拥有两头牲口,牲口主要指牛、驴、骡、马。邓家有一头牛,为继承而来,后来姬云仙的娘家赠送了一头驴,因此邓家有一牛一驴两头牲口,在农用工具方面,邓家的小农具包括犁、耧、耙、磨。大型工具包括马车,但邓家没有马车。无论大小工具,邓家大部分的工具都是通过购买或者自制得来的,村中其他家户的生产工具基本上都靠购买,除非家里有木匠或者是铁匠,而邓家当家人邓田恩为木匠,很多工具便能自制而不需要购买,在自制农用工具的同时,邓田恩还可以根据农业生产中的实际需要进行"改编",大大节省了人力和时间成本。在村中,大部分家户并不富裕,有的家户经济很是拮据,即便如此,家户最基本的农用工具还是需要购买、不能吝啬,否则无法进行正常的农业耕种。

2.生产资料之购买、赠送与借用

邓家生产资料的来源主要有三种途径:一是购买,包括自家的各种农具以及车马牲口,这也是各家各户生产资料的主要来源,购买生产资料时由当家人决定并出面,各家各户也会根据自己家的实际情况购买,经济条件好的会购买马车等大型农具,经济条件不好的只购买小型工具。隔一段时间当家人就会上一趟集市,在集市上,当家人会为家里购置缺少的农具,在家庭经济条件不允许的情况下,当家人也会借一些钱购买,或者是家里有存粮的,当家人会将存粮拉到集市上卖掉,然后购买家里缺少的农具。二是赠送,在邓家,姬云仙的娘家就是自己家最大的外援,无论是在生产资料还是生活资料上,姬家经常会赠送些东西,包括牲口、农具、粮食,只要在邓家经济困难的时候,姬家都会送上钱粮支持。三是借用,这是邓家与邻里、朋友、亲戚之间的交往中最常出现的一种情况,借用可以是小型农具也可以是车马牲口等大型农具,借用时不用支付任何形式的酬金,"邻里之间的相互帮忙是人之常情",支付酬金反而会影响邻里之间的关系。邓家农忙时如果缺农具就会向周边的邻居借用,在借用不下的情况下当家人会指派邓继山前往姬家借用,邓继山年轻灵活,即便是步行也会很快返回,向姬家借用工具时,邓家没有"空手而归"过,只要是开口向对方借,则一定会借到,如若碰到姬家正在使用的情况,姬家当家人也会想方设法将工具腾挪出来,绝对不会让邓继山落个空。

3.生产资料之家长支配

在邓家,生产资料归自家所有,家户所有主要有两个特征:第一个特征是无论是家里的牲口还是大小工具,都为家庭成员共同拥有,每个家庭成员都有使用权,当家人具有支配权。邓家所有生产资料的购买均由邓田恩决定,包括添置、修理、使用等都由当家人一人决定,但就所有权而言,所有的生产资料为全家共有。第二个基本特征是对外而言,所有的农具牲口都是各家各户的私有财产,任何人不得侵犯,如果自家的农具牲口不够用的则可以借用。借用的前提是征得对方当家人的同意,对方同意后方可使用。而把家里的牲口农具借出去,征得当家人同意即可,当家人无须和家庭成员商量,一人做决定就可以,借用生产资料时,不需要支付任何的酬金,借用都是无偿使用的,用完之后按时归还即可。如果恰逢当家人外出不在家的情况,如果家里的农具闲置,家里的女人或者其他成年晚辈也可以做主,如果家里没有可以做主的,则会回应对方"家里没人在",不会擅自把自家的农具牲口借给他人。

(四)生活资料产权

邓田恩是木匠,邓家包括桌椅板凳在内的生活资料大多无须购买,通过自制便可以完成,当家人制作的各种木制家具归全家人所有,但当家人有权利进行分配,决定家里的家具或者其他生活用品由哪个儿子继承。

1.生活资料的自给自足

除了生产资料,邓家各种各样的生活资料,包括日常生活中的柴米油盐,还有日常生活中使用的桌椅板凳基本上都通过购买的方式得到。邓田恩为村中少有的木匠,家里大部分的桌椅板凳都是当家人亲手制作,无须购买。姬家作为邓家的亲家,家大业大但家里没有擅长木匠活的人,邓田恩就会经常制作各种桌椅板凳,派长子给姬家送去。各家各户无论经济条件如何,最基本的日常生活所需还是可以承担的,在生活资料暂时缺乏的情况下,邻里之间也可以通过借用的方式得到,只要是借用就不需要支付任何酬金,只是邻里之间相互帮忙而已。无论是生产资料还是生活资料的借用,家庭中任意成员都可以去,可以是当家人去也可以是由当家人支配其他家庭成员去,家里的女性也可以去,借用完按时归还即可。邓田恩外出接活不在家时,姬云仙也会经常从邻家借用东西,借用完也会准时归还,很少有借不到的情况,邻居来家里借东西时,姬云仙也会做主将家里的东西借给邻居使用。

邓家有自己的大麦场,每家每户的大麦场的面积都不相等,邓家麦场的面积约七八分。

吃水井不是家家户户都有,而是一个巷道有一口水井。吃水井修建较早,每条巷道前面都有一口吃水井,家家户户吃水都是在吃水井里吊水。除了吃水井以外,还有浇地用井,浇地井可以是几家共同拥有一口,也可以是一家一口,像当地有钱有权的大户人家便拥有独立的浇地井。吃水井也不可能是一家一户拥有一口,村民往往愿意几家共同使用一口水井,除了经济因素外,家户也会考虑到水质的问题,如果是单家独立拥有吃水井的,那便会出问题,原因在于如果一家一户拥有一口吃水井,吃水量较少,水井里的水源更新慢,水的质量便会下降,水井中也会积攒一些生活垃圾,有害身体健康。而一条巷到拥有一口吃水井的,水量使用大,水源更新快,可以确保每天都拥有新水源,这时候水的质量便会提高。

2.生活资料之购买与自制

邓家生活资料的来源主要有两个途径:一是购买,二是自制。所有的生活资料都有专门的售卖市场,尤其是柴米油盐这些常用的生活用品,邓家购买生活资料往往会由当家人出面。关于生活资料的置办频率,每家每户都不一样,家庭人口多,使用量大,购买频率则高,如果家庭人口少,使用量少,购买频率也低。邓家全家十几口人共同生活,生活资料的消耗速度也较快,购买也较为频繁。邓家的桌椅板凳为家庭自制,家中无须购买。除了做一些桌椅板凳以外,当家人还会做一些柜子、木盘、方盘①,家里的木制用品也是应有尽有。

3.家长的支配主导

邓田恩是一家之主,对家里所有的东西具有支配地位和绝对的主导权,邓田恩做了决定之后任何人都不得干涉。邓田恩制作的家庭木制用品,则为该家户共同拥有,家庭成员都有使用权。在长子邓继堂结婚时,邓田恩专门给长子邓继堂做了一套柜子,分家的时候,在长子邓继堂房间里的那一套柜子便由长子带走,归长子邓继堂所有,而在分家之前,这套柜子仍然是全家所有,而长子邓继堂房间里的所有物件均是由当家人安排。在邓田恩当家时,经常外出接活做木匠,外出途中会购买一些生活用品补贴家用,但一般情况下会交由长子邓继堂前去购买,购买的数量与种类邓继堂会与母亲姬云仙商议。如果邓田恩外出时间较长,临走之前也会把一部分钱财留给妻子姬云仙保管,由姬云仙和长子邓继堂共同支配,但给多少钱财仍然由当家人说了算,对一些金额比较大的开支,姬云仙在邓田恩回来之后也会向其汇报,如果钱财分配使用不得当,邓田恩也会斥责姬云仙。除了邓田恩或者长子邓继堂以外,邓田恩有事也会委托外出的邓立元购买,每次邓立元外出时,邓田恩或者姬云仙会告诉邓立元家里缺少什么生活用品,邓立元为别人家做银饰之后,会在回来的路上经过栲栳时购买,顺道带回来,因为邓田恩与邓立元外出时间不确定,家里的女人便会提前好多天告诉当家人,当家人在有外出机会的时候便会为家庭购买。

二、家户经营

邓家拥有自己的房屋与土地,全家人在当家人的带领下共同耕作、共同经营。在日常的生产生活中,邓家男女分工明确,长幼有序,农业耕种的时机由当家人拿捏,生产成果由全家人共享。

---

① 木盘、方盘:当地方言,指较大的盘子,可以同时装下若干器具,传统时期,各家各户请客时会用木盘或方盘将饭菜一并端上,相当于现在的托盘。

(一)生产资料

生产资料是邓家世世辈辈从事农业生产所必需的包括土地、人力、牲口、农具等,当家人在家庭经济宽裕的时候也会尽力为家里置办农具或者牲口。

1.男人活与女人活

在1947年之前,邓家去田间劳作的主要就是邓田恩和长子邓继堂二人,父亲邓立元年纪大,但偶尔也会帮助家里做一些简单的农活,邓继芳和邓继山在年龄大的时候也会被邓田恩带到地里,从事一些简单的田间劳作,次子邓继川一直在外当兵,常年不在家。在邓家,无论成年与否,只要拥有劳动能力就会被当家人带到地里干农活,即便是上学的男孩子在放学或者放假的时候一样要到地里干活,因而对所有家庭成员而言,"上学是一件比较轻松的事",老人们也经常会认为上学的孩子不受累、不受苦。男人们外出劳作时,邓家的女人只需做家里的女人活,比如洗衣、做饭,这些主要由家里的长辈姬云仙和长媳肖叶完成。家里的女人从来不去田间劳作,不止邓家的女人不外出干活,村庄中各家各户也很少有女人外出干地里的活,正如当地俗语所讲"男主外女主内",家里的女人只需要将家务活做好即可。

姬家无偿传授给了邓田恩制作粉条的手艺,邓田恩便在村里开了一间粉条坊,专门制作粉条。邓田恩和长子邓继堂不去田间劳作时,便在粉条坊工作。在粉条坊工作时不分男女,家里的女人都要干,而邓家男孩子十几岁的时候也会到粉条坊帮忙,粉条坊也是邓家的经济来源之一。此外,邓田恩当家时家里的男人和女人分工十分明确,形成了"男人干地里活,女人干家里活"的传统。

邓家也换过工,在邓家后人看来,换工在有两层含义,一是邻里之间相互帮忙,"你帮我干,我帮你干,你帮我锄地,我帮你犁地",各家劳力相互调配。邓家农活不重,但四邻家农活多的时候,邓田恩便会让长子邓继堂去给邻家帮忙,帮忙的时候邻家不会支付任何形式的酬劳,但都会记在心里,等到邓家农忙的时候便会自觉前来帮忙,也算是还了人情。左邻右舍换工的时候主家人会很客气地说"在家里一起吃",但一般情况下都是自己在自己家吃,很少有给别人家帮忙后留下吃饭的。同样,因为换工只是邻里间互相帮忙,前去换工的人无论干多干少、干好干坏,主家人都不会指责,但帮忙的人都会自觉做好。二是匠人之间的互换,比如木匠和土匠之间的互换,木匠帮土匠工家里干一些木匠活,土匠帮木匠家里干一些土建活。

帮工的含义则与换工完全不一样,帮工大多是出于人情往来而相互帮忙,而没有交换的意思。帮工最常出现的情况便是盖房子,盖房子需要众多劳力,这时候街坊邻居便会来无偿帮忙,帮忙的时候也会携带上自家的工具。"帮忙拉土,帮忙垫土,这些都是无偿劳作",在一天劳作结束时,主家也会做上一桌菜,请帮忙的人来吃。帮工可以是当家人自己出马,也可以指派任意家庭成员。无论是帮工还是换工,都是由当家人决定的,当家人具有绝对的支配权力。

2.家户土地的自给程度

邓家有13亩地,每年13亩地的产量仅仅够维持一家人的生活,没有多少余粮。但如果恰逢天旱,粮食减产严重,这时候便不能维持,这时候邓家便会找自己的外援,请姬家来支援自己。除了自己家13亩土地之外,当家人没有租过其他土地,在邓家后人看来,"就算是租地,邓家劳力也不够用"。

邓家主要种植的粮食包括小麦、豆类,种玉米的很少。最普遍的做法是,"一场小麦一场豆子,一场秋一场豆",每年收完小麦之后就种豆子,收完豆子之后种小麦,一年两茬。在邓

553

家,每年第一茬会种上13亩小麦,如果黄河水位低也会在黄河滩地种上小麦,坡下地是水浇地,可以用井水灌溉,粮食产量较高,每亩的亩产量大概维持在八十斤到一百斤;坡上地是旱地,不能浇水,全是"靠天吃饭",每亩产量在五十斤到八十斤,下雨时坡上地的产量高,天气旱的时候庄稼可能"旱死",颗粒无收。邓家第二茬的庄稼是豆子,是在收了小麦之后种上豆子,豆子的产量依然跟土质有关:坡上地产量高,坡下地产量低。不管是种小麦还是种豆子,都没有肥料,种上之后能浇水的浇水,不能浇水的土地"一种就完事了",不再管它。到收获的季节就收获,收多少是多少,很多情况下都是"靠天吃饭",如果当年的雨水频繁、水量充足,那当年的粮食产量便会高于其他年份,如果当年的降水小,土地干旱,粮食产量也就少了很多。人们种地可以用的肥料便是农家肥和牲口粪,使用农家粪之后粮食产量有所提高,人们便把"家粪"视为珍宝,邓田恩每年春季便会带着家里的男性劳动力"出粪",把家里的牲口粪拉到自家的地里,给土地上粪。

3.家户牲口之使用与赠送

在邓田恩当家之前,家里只有一头牛,牲口主要是帮助家里犁地、耕地,节省家庭人力,因而邓家所有成员对牲口都格外稀罕。在农忙的时候,由于坡上地和坡下地都要耕种,邓家牲口往往是"顾得了上面,顾不了下面",连续多天使用后还要让牲口休息一天,在这样的情况下,家里的男劳力负担重,很多农活儿单靠人力也比较吃力。在邓田恩当家时,姬云仙的娘家便送了一头驴给邓家,两头牲口轮流使用,邓家基本上可以达到自给自足的状态。再加上邓家土地不多,即便恰逢耕种之际,两头牲口也是可以忙得过来的,而车马牲口在不够用的前提下,可以在邻里之间相互借用。无论是生产资料还是生活资料,邻里之间相互借用实属正常现象,牲口借用的时候大部分都是向对方当家人借,如果对方当家人不在,家里有人能说上话的就能借到,如果当家人不在家,又跟家里的女人说不上话时就很难借到。

邓家没有向外赠送过牲口,在自家牲口不够用的情况下,姬家向邓家赠送过一头驴。姬云仙是家里的长女,备受姬家宠爱,即便是外嫁之后,姬家也会想方设法救济邓家。在邓家后人的印象里,姬家老爷把邓家长子邓继堂叫到栲栳,说是找他有事情,结果回来的时候邓继堂就牵了一头驴,事先邓家人并不知情,姬家的家庭成员也没有反对。

4.家户农具之自制与借用

邓田恩为木匠,家里的农用工具大多数是自制的,在邓家后人的印象里,"邓田恩总是能做出各式各样的农具",除了给自家制作一些常用的农具外,邓田恩也会经常帮助邻家制作农具,基本上不收费用,算是邻里之间的相互帮忙。但有时候邻居心里过意不去,也会让家里的女人送来点小礼物。对于特意邀请邓田恩前去做农具或者其他木匠活儿的主家就另当别论了,主家在邀请之前也会打听好价格,邓田恩完工之后,主家需要如数支付。除了自制以外,邓家农具来源的第二条途径便是购买,对于邓田恩没有能力完成的农具,邓家也会通过购买的方式得到,"农具用不坏,一家有一件就够了,不用每年都买"。在家户经济条件受限的情况下,邻里之间也会通过借用农具的方式来满足日常的耕种需要。如果邻家的农具闲置,一般情况下都可以借到,"今天你借我的,明天我借你的",因而借用在村庄中较为普遍,邻里之间也不会拒绝。如果邻居故意找借口不愿意借的话,次数多了也会影响到邻居之间的关系,"这次找你没借到,三番五次都借不到人家就不会再找你了"。

(二)生产过程

邓家以农业耕种为主，当家人对农业生产过程的把握便十分重要。当地的农业耕种为"一场秋一场豆"，种秋种豆的时节当家人都必须熟知。除了日常的农业生产，邓家乃是多才多艺之家，当家人也需要安排好耕种时间。

1.生产过程之农业耕作

在耕种方面，邓家以家户为单位，全家人在当家人的带领下在各自的田间劳作，家户之间在耕种上互不影响、互不侵犯。邓家耕种的农作物一年种两茬儿，一场麦子一场豆，在农忙时，邓家的劳力几乎都要回家忙农活，外出接活的匠人也要暂停手上的活，回家干农活。在农闲时，田间并没有多少农活要干，这时邓家的匠人外出接活，增加家庭的收入。

每到农忙之际，邓田恩便推掉所有的木匠活回家干农活，到农忙的高峰过后，邓田恩便外出接活，剩下一些简单的农忙收尾活由自己的长子邓继堂完成。村里的木匠很少，懂手艺的也很少。因此每年找邓田恩的人很多，活也很忙。邓田恩每次接到活之后，便会去主家帮其干活，在这期间都会吃住在主家。但是邓田恩再忙，每到耕种或者丰收庄稼时，邓田恩依旧会回家成为农业劳作的主力军，待庄稼耕种或者是收割完毕之后，邓田恩便会外出接活，这时候长子邓继堂便是家里耕种的主力军。在农忙时，寻找邓田恩的人只能进行预约，邓田恩会告诉他大概什么时候有时间可以去给他干活，什么时候没有时间。在非农忙之际，像锄地、浇水这些，都叫作田间杂活，杂活便由自己的长子邓继堂来完成，该锄地锄地，该浇地浇地，这些不用向当家人请示，长子邓继堂自己可以拿捏。

邓田恩会根据往年的耕种经验来判断每年的耕种时节。麦子多为冬麦，是隔年的农作物，今年种明年收，而在秋天将麦子收掉之后可以种一场豆子，然后再继续种麦。如果把握不准，家人也会与邓立元商量，邓立元在农业耕种上也会给邓田恩一些建议，如果邓田恩外出接活无暇顾及的时候，邓立元作为家里的长辈，也会提醒长子邓继堂，邓继堂也会听从长辈的意见。"十一是种小麦的黄金时节"，大多情况下邓家会在阳历的九十月份完成小麦的耕种，在次年的6月份进行收割。从阴历日期来看，邓家每年秋收的时间在每年阴历四月二十日至阴历的五月十五日之间，在这段时期内，邓家会完成小麦的收割，然后紧接着种谷子或者豆子，所以当地者也有着"清明前后，点瓜种豆"的说法。村民普遍的做法都是这样，先种麦后种豆，一年两料，收完小麦之后，会犁地、浇地，紧接着继续进行耕种，种棉花的比较少，农民比较在乎的是粮食产量，而棉花毕竟是经济作物，不能当作粮食，所以种棉花的人很少，只有大户人家，每年对棉花的需求量也比较大的时候，大户人家会用三五亩地来种棉花。

邓家种小麦的时候，需要经历过以下过程，第一个过程是土地的休整，在此环节中，如果刚刚下过雨，则无须浇地，如果没有下雨，则需要先浇地，然后对地进行休整。休整土地的时候同样需要邓家的全部劳动力，邓家当家人每天会带着家里的劳力去地里干活，家庭成员必须听从当家人的安排。第二个环节便是耕种，在完成对土地的休整之后，邓家便会进行耕种，大多数旱地农民耕种之后，就不再管了。在水浇地的范围内，耕种之后邓家还会浇地，浇地对邓家而言是一件大事，浇地的时候全家人都是起早贪黑的，早出晚归，午饭都不会回家吃，一般都是家里的女人做好饭之后吩咐孩子将饭送到地里，一直到次年的6月份进行收割。

不管在农业耕种中的哪个环节，田间劳作都需要各家各户的男性劳力来完成，邓家主要的劳力为邓田恩和长子邓继堂，邓立元以及邓继芳偶尔会帮着做一些简单的农活但帮不了太多,邓立元年龄大且体弱,邓继芳又较为年轻,所以只能辅助邓田恩和长子邓继堂来完成。而邓家的老人、女人以及孩子是无须下田工作的,老人年纪大失去了主要的劳动能力,主要的任务便是吃吃喝喝,坐在门口闲聊。女人主要从事家务劳动,在家里面洗洗刷刷、缝缝补补,而家里的孩子年龄又小,最多的就是打打闹闹。

2.饲养家畜补充家用

邓立元年纪大了没有事情干的时候也会在家里养上几只鸡,让家里人偶尔吃个鸡蛋,但不会贩卖这些家禽来赚钱,邓立元常常会把鸡蛋积攒下来,一是给家里的孩子解解馋,二是如果周围的街坊邻居家里有红白喜事的时候,邓立元也会给对方家里送上几个鸡蛋,送出鸡蛋数量一般是"偶数",可以是六个也可以是八个,但尽量不送"奇数",有着"好事成双成对"的寓意。家户内养猪养羊在村庄中是一种常见的现象,但每家每户养得数量都不会多,常见的情况便是一两头猪、一两头羊。

在邓家,吃肉和吃鸡蛋并不是常见的伙食,家里的女人都很稀罕这些,每天都是外出劳作的男人在地里拔一些野菜带回来吃。家里的猪和羊大了之后,当家人便会把它们卖掉,卖猪卖羊有专门的地方,但有很多情况下是小贩来村里收,隔三差五便会有小贩在村里收猪或者是收羊,家里有猪或者羊的可以借此机会卖掉。但价格都不会太高,一头猪或羊能卖到几十块元钱便是最好的状况了,家里猪、羊的饲养贩卖都是由当家人决定的,其他人无权干涉。邓立元除了在家养了几只鸡,还养了一头猪。养猪的时候邓立元会与邓田恩商量,邓田恩同意之后才可以饲养,一般情况下,邓立元作为邓家的长辈,所提的要求邓田恩都会同意。假如家里打算卖猪或者羊,若当家人不在,其他家庭成员是无权完成交易的。在家庭经济条件比较好的大家户中,饲养牲畜食用的饲料便是"麦片儿",就是小麦或者是谷子脱掉之后的麦麸,磨碎后当作饲料来喂养牲口。而在经济拮据的小家户里,饲养牲口的饲料便经常用一些树叶、杂草之类的,而被大家户视为饲料的"麦片儿",则会被用来掺到面粉里,做成窝窝头平常当饭吃。而在 1937 年之前,饲养牲口是少见的行为,社会动荡不安,日本人侵犯,村民保命逃命要紧,没有多余的心思去饲养一些牲口。在 1945 年社会稳定之后,饲养牲口达到了高潮,家家户户只要有能力都会饲养一些牲口或者是家禽。

3.工匠手艺

邓家连续几代人都是有手艺的人,可谓"一辈一手艺"。邓立元是一名银匠,栲栳镇会有"九月会",邓立元还在会上开过一间银坊,专门加工各种银饰赚取手工费,在邓家后人的印象里,邓立元的银匠手艺是从别人那里学的,但具体从何学来,后人并不知晓。邓田恩是一名木匠,木匠的手艺也是从他人那学来的,无论是邓家老父亲的银匠手艺,还是邓田恩的木匠手艺,都不是家庭祖传,而是从外面学来的。邓立元除了是一名银匠以外还是名厨师,邓立元的银匠手艺虽然没有被传承下来,但却收了几名厨师徒弟。村里也有一些手艺为家族祖传,当地有个村民跟邓田恩同为木匠,但这位村民的木匠手艺是祖传下来的。邓继山也是一名厨师,他本想从邓立元那里直接学习,但邓立元年龄过大,无法传授,于是委托自己的弟子来教自己的孙子邓继山。学了几年之后,邓继山便是村里少有的厨师之一,村中无论大家户还是小家户,每逢红白喜事一定要请邓继山为其做菜。村庄中村民并没有拜师学艺的传统,即使拜师学艺,出发点也只是谋条生路而并不靠这赚钱养家。而在普通家庭中,只要能维持生活甚至可以勉强度日的,都不会学习各种手艺,家家户户也没有意识将自己的手艺传承给后代。

(三)生产结果

邓家的收入主要有两个途径:一是种地所得。种地是主业,全家人都靠地里的粮食生活,当其他副业活与种地相冲突时,邓家人要首先放弃自己手里的副业活,优先完成农活。二是外出"接活"所得。包括邓立元、邓田恩以及邓继山都经常外出接活,家庭成员外出接活所得的酬劳,都算是邓家家庭收入的一部分。但四子邓继山是个例外,邓继山外出学厨艺时,没有拜师的仪式,学手艺的过程中也不会向师傅缴纳任何的费用,只是认个师傅,师傅每年也会带着徒弟在各处锻炼,但在外出劳作时,东家支付给弟子的工资也会被师傅留下,师傅与徒弟之间仅有手艺的传承,没有经济上的来往。村庄中普遍存在这样一种现象,倘若一名木匠师傅给别人做活,一天的工资为五元钱,而这名徒弟一天的工资为两元钱,东家会把这七元钱一并支付给木匠师傅,师傅拿到这七元钱时,并不会将土地的两元钱支付给弟子,而是据为己有。因而在邓继山学手艺的前几年,虽然经常跟着师傅外出接活,但是没有任何的经济收入,直到邓继山可以独立接活时才能为邓家带来副业收入。在邓继山学艺有成之后,若有机会与师傅一起外出接活,则可以与师傅平起平坐,每个人都可以获得相同的劳动报酬,拿到报酬之后一人一半。

在邓家,除了邓继山外出做菜所得收入外,手工业和副业的收入还包括父亲邓立元的银铺收入、当家人邓田恩的木匠活收入,这些收入都归家庭所有。在邓田恩尚未接家之前,邓继山年龄尚小,邓田恩外出接活时的收入需要全部上交给父亲邓立元,由邓立元进行支配;邓田恩当家时,邓继山学成之后的外出接活的收入同样要交给邓田恩支配。邓立元年迈之后偶尔也会帮别人家加工一两件首饰,所得酬劳则为自己保留作为零花钱,邓田恩也不会要。此外,邓立元年迈之后在家里养了几只鸡,最初的目的也不是为了卖钱获取收入,只是把鸡蛋攒下来给家里的病人、孕妇补充营养,偶尔改善改善家里的伙食,但随着鸡的数量的增加或老去,当家人也会在邓立元的同意下进行售卖,售卖的数量大多为两只或者三只,金额也不多,由当家人支配。

三、家户分配

邓家家庭成员在当家人的带领下共同劳作,共同享有劳动成果,鉴于每年小家内部要为每个家庭成员制作衣物,当家人也会定时向小家分配棉花。分配的对象仅限于本家户之内,被分出去的儿子或者嫁出去的女儿则不计算在内。

(一)分配主体

邓家在为每个小家庭分配棉花时,可以由当家人做主,也可以由妻子姬云仙代表当家人完成。但一般情况下,邓家不会刻意对家里的棉花进行分配,往往是哪个房间需要哪个房间就去取,由姬云仙为各个小家庭把关。比如,长媳妇肖叶要为自己的小孩做衣服,需要棉花,则需先向婆婆姬云仙请示,告知婆婆自己要给谁做衣服,要用多少棉花,向婆婆请示之后婆婆会说"去房间拿";如果婆婆觉得媳妇要求的数量太大或者因某种原因不能同意儿媳妇时,就会说"他还有衣服,不用做",这时候媳妇便不能擅自做主。当家人在家的时候,姬云仙会告知当家人。如果当家人不在家,在棉花的使用和分配上,姬云仙便可以全权做主,如果姬云仙不在家,媳妇肖叶也可以向当家人直接申请,对于儿媳妇的任何请示当家人一般都会答应。

1.共同耕作共同使用

家户是家庭成员的主要生活单位,邓家不存在严格意义上的分配,使用时各个房间要向当家人请示,当家人同意之后即可。"共同劳作,共同收获,共同使用"便是邓家的主要特征。对于每年的劳动成果或者其他形式的家庭收入,当家人在保证全家成员日常所需的前提下,还要将一部分钱财投入到农业生产中,每年都会添置一些生产物资。

邓家棉花的使用与分配存在两种情况:第一种情况是由当家人做主将家里的棉花卖掉买一些工具或者牲口,而买的东西也为家庭共有。棉花分配是一个特例,各家各户卖得的钱为全家共有或者补贴家用,但不会对这部分钱财进行分配。第二种情况是家里人口众多,每年每个房间都需要一定的棉花来做衣服。"有的房间使用多,有的房间少,就会产生矛盾",当家人无法调和时便会对家里的棉花进行分配,根据每个房间的人数进行分配以减少家庭矛盾。邓家家庭人口数量少,这时当家人便会把剩下的棉花放在一个房间里,谁需要随便去拿,即便是不进行分配,当家人心里也有数"哪个房间几口人,需要使用多少棉花"。但在人口众多的大家户里,当家人为了考虑到每个家人的情况,会对棉花进行分配,但这种情况在村里并不常见,大多数都是家庭成员共同使用,家庭内部不进行分配。

2.家内分配户为单位

邓家的人口结构一直由老年人、中年人和儿孙晚辈三类构成。中年人则是邓家劳作与分配的主力军,而老人以及幼龄孩童都需要照料且没有独立生活的能力。因此在很多情况下,家里所有的收成由处于中年阶段的当家人支配,不存在分配。即便后来长子邓继堂、邓继芳分别完婚成家,长媳妇肖叶依然由母亲姬云仙安排。比如当年收下的棉花,当家人会把棉花放在特定的房间里,姬云仙做统筹安排,每个人做几套衣服均由姬云仙拿捏,姬云仙计划好后便会支配长媳妇肖叶去完成,而不是将棉花直接分配给长媳妇肖叶,任由其自行制作。后来长子邓继堂、长媳妇肖叶搬到大麦场的半院中居住,这时邓家仍然是"分院不分家",长子邓继堂、长媳妇肖叶仍然要听当家人的支配,二人所得的其他收入仍然要交给当家人,由当家人进行支配。

与邓家不同,在姬云仙的娘家存在着严格意义上的"分工和分配",姬家人口众多,姬家三老爷为当家人,大老爷和二老爷什么事情都不会去管,三老爷要统筹全局。这时候三老爷便会把一些活分给年长的孩子,比如姬四舅主要的任务就是带领雇工去地里干活,三舅主要的任务就是负责饲养牲口;而每年收下棉花之后,三老爷对全家进行统筹规划,便由三老爷对棉花进行大体的分配。按照房间以及根据房间里的人数给每个房间分上三到五斤棉花,房间人口数越多,棉花分的数量就多,房间人口数少,棉花的数量就少,而在家庭人口不超过30口的小家小户,均由当家人及其妻子支配,不存在分配。

3.小家小户各取所需

在1947年之前,邓家即便家庭人口众多,制作衣服也由姬云仙安排,姬云仙指挥由长媳妇肖叶、二儿媳妇以及三儿媳为自己房间制作衣服。而在日常生活中,邓家的生活模式都是"谁用谁去拿",所有的成果都为全家共同拥有,以家户为单位,每家每户收下的粮食为这家户家庭成员共同拥有,谁都可以去使用,家庭内部不会进行分配,"只要不分家,只要需要就可以去用"。在邓家,总体而言做衣服的数量很少,一年能做上两套,家里的女人也不会因为分配棉花或者棉花不够用而闹矛盾,每年棉花都会有多余的,之后当家人便会把多余的棉花拿到集市上去卖,换点钱财补贴家用。

虽然在制衣原料上家庭成员不分你我,共同使用,但是每家的女人负责各个房间穿戴,即原料共同拥有,但是劳动成果为自己小家所有。邓家在每年的棉花收回之后,当家人及姬云仙在心里也会对当年的情况进行判断,如果当年棉花产量高于往年,姬云仙也会适当地允许家里的媳妇多拿点棉花,为每个家庭成员都添置一些新的衣物;如果当年的粮食产量低的,当家人也会适当地收紧一些,姬云仙会对家里的几个儿媳妇说"今年没有收下棉花",原本想做衣服的媳妇便打消了这个念头。

(二)分配对象

家户分配的情况并不多,像邓家这样的家庭大多是全家人一起劳作、一起生活,无论是谁当家,粮食大家一起吃,棉花大家一起使用,当家人不会进行分配,只是"协调"家庭成员之间的用量,但是所有的使用成员必须是自己家的人,不包括外人及已经分家出去的"自家人",仅限于长期生活在一起的成员。在1935年之前,邓家的分配对象就是全家11口人,人人都有权利享用;而在1935年之后,大儿子邓田恩与次子邓田螺分家,邓田螺一家分出去,分家的时候邓田螺也带走了大侄子和大侄女,这时候任何形式的家庭财产分配都不包括邓田螺一家人,只有邓田恩一家。

邓家家庭里任何形式的分配都是本家户的收入,别人无权干涉或者侵占。但也有例外,姬云仙的娘家,是当地少有的富户,即便是姬云仙外嫁到邓家,姬云仙在娘家依旧备受重视。姬家在每年的分配中,除了给姬家自家成员进行分配以外,也会考虑给邓家分些棉花,这些都由姬家当家人决定,数量不会太多,其他家庭成员也不会有什么意见,这时候姬云仙即便是作为外嫁的女儿也依旧能享有姬家分配的棉花。

(三)家长统筹支配

邓家家里管钱的只有当家人,所有的钱财就由当家人一人支配。除了棉花的"统筹支配",当家人也需要对家里的零花钱进行"分配"。邓家成员在平日的生活中是没有零花钱的,只有在过年的时候当家人才会给每个房间分上一些钱财,但数额都不大,往往都是"意思一下"。在分配零花钱的时候,当家人会将钱直接给每个房间的儿子而不是儿媳妇,不会将所有儿子聚在一起进行分配,而是在临近春节前在院子里"碰见一个给一个"。在给每个房间分钱的时候,当家人也会激励对方"今年的钱不多,明年有钱多分一些",以减少家庭成员对分配的不满。对于经济上比较富足的家庭,当家人每年除了给各个房间分一些零花钱之外,在逢年过节的时候也会给儿孙晚辈发一些压岁钱。无论是压岁钱还是平日里的零花钱,分配次数都很少,平日里的所有家庭开销都由当家人来承担,其他家庭成员也没有直接用钱的地方。

在邓家,包括日常所有的生活起居,穿衣吃喝,都由当家人安排购买,购买的费用也由当家人直接支付,其他成员没有用零花钱的地方。大多数家庭都会给儿孙晚辈发零花钱的,经济条件比较好的大户人家会给前来拜访的孩子们发,但数量都不会太多。家长要负责一家老小的生活,需要支付牲口、修建房屋以及家庭日常的生活开销,当家人不可能随意把这些钱财分给儿孙晚辈,任由其乱花。

邓家钱财由邓田恩一人掌管,在邓田恩外出给别人家做木匠活的时候,尤其是接到大件活时,往往需要在主家居住一段时间之后才能返回,这时邓田恩在临走之前会把家里的钱财交由姬云仙掌管,金额不等,有时候给一部分日常的零用钱,有时候会将家里的所有钱财交给姬云仙打理，姬云仙则会根据家里的实际情况进行支配，回来之后也会如实向当家人汇报。

四、家户消费

邓家土地可以自给自足，再加上每年家里靠手艺取得的收入，足以维持一家人的日常生活，但在家户教育、家户医疗等方面家户内部尚无法满足，因而家户也要承担一些诸如人情消费、教育消费、医疗消费的花销。

(一)家户自给程度

在邓家的人情消费、医疗消费、教育消费以及生活消费中，生活消费是最重要的，占比也最高。村庄中各家各户的日常穿戴和柴米油盐是每家每户最重要的开销，而所有的开销均由各家各户自行负担，即便是举家外出讨饭，村庄也不会有任何的关照措施。而唯一可以帮到自己的便是自家的亲戚，如果某个亲戚过得好，便可以"招呼"①自己一下，所以有的村民即便是家里很穷，却经常得到有权有钱亲戚的照顾，家里人也会因为自己有一个有钱亲戚而感到自豪。如果自家亲戚都很穷，那便只能听天由命了。

邓家也存在粮食买卖的情况，家里的粮食不够吃，只要有钱，当家人就可以去买粮食；如果没有钱粮，当家人便会想方设法去借粮食，在很多情况下，邓家粮食短缺的时候姬家都会送来粮食支援。邓家次子邓继川外出当兵没有工资，刚开始也仅是为了谋条生路，后来即使有了工资，也不用交到家里。但邓继芳不同，邓继芳婚后没几年便外出当教员，他每年的工资便会交给当家人，用来补贴家庭生活。在邓家后人的印象里，自己家里"没有要过饭，没有借过贷"。这便意味着自己家庭的收入足够自给自足，只有在偶尔的情况下或者恰逢天灾才会造成家庭粮食缺口，姬云仙便会从娘家拿一些粮食支援家里。邓家每年的粮食产量并不高，一般情况下，旱地的粮食产量每亩为八十斤到一百斤，而水浇地的粮食产量则较高，每亩可产一百斤到一百二十斤，每个地方的杆秤也有所差异，有的地方每斤相当于十六两，有的地方每斤是相当于十两。邓家每年地里收割的粮食为全家所有，如果当年的粮食产量高，当家人有权力对家庭多余的粮食进行售卖，所得钱财仍然由当家人支配。

在村庄中看病是不掏钱的，村里没有医院也没有正规的医生，只有知道一些偏方的村医。家庭成员生病时可以找村医帮忙诊治，但是不需要钱。村民病好之后，便会给村医送些礼物，可以是几个鸡蛋或者是几个礼馍，如果给村医支付金钱则会被认为是"见外"，村民在求助村医的时候都会选择送礼。严格意义上来说，村医不是接受过正规教育的医生，即便是村民掏钱，村医也不会收钱。

在人情支配上，如果家里有成员要结婚，大多数情况下是得不到任何支援的，条件好的喜事办得好，家里条件不好就办差一点，家里没钱也是自己想办法。而无论是红事还是白事，所有的事情均是由家长主持，家长包办、包管，家庭成员只能服从。

在邓家，除了最基本的生活消费以外，教育消费占比次之，村庄中教育消费的具体花销也会根据家户经济条件不同而有所不同。家户经济条件好的，学生所读的年级越高、教育消费会越高；而家户经济条件一般的，大多数孩子在上完小学之后便会辍学，教育消费便不会

---

① 招呼：当地方言，有着照顾、照看的意思。

花太多,但与其家里其他消费相比,教育消费的花销算是大的。邓继芳、邓继山和邓佰运都在村里的学校念书识字,后来因为农活繁重,家里劳力不足,当家人便让邓继山辍学在家务农。

(二)家户消费类型

邓家生活开销包括家里日常生活所需的柴米油盐和其他生活用品。当粮食不够时,当家人负责去买一些粮食,但是日常的生活开销很小,开销大一点的便是过年,逢年过节时,当家人去集市上买二斤豆腐便算是最大的开销。在生活开销中,即便是日常生活中最不起眼的买菜也是由当家人出面的。如果门口有卖菜的小贩,家里的女人便会告诉当家人,"给咱们家买点菜",当家人负责购买,有时候当家人不在家或者忙农活顾不上的,邓田恩也会委托妻子姬云仙进行买卖,但一般情况下,邓立元会在自家院子种上儿棵葱或者菜,邓田恩也会在自家地畔子上种一些菜,家里将将就就也能过些日子。家里的女人也会把当季多余的菜腌起来埋在土里,冬天便吃这些腌制菜。在邓家家庭成员中,开销最大的便是家里上学的孩子的花销,家里的中年人或者老年人很少花钱,在每年的会上,姬云仙都会为家里几个孩子买一些日常穿戴,而在一年中,开销最大的便是各种节日。

具体而言,邓家日常生活的开销数额并不大,粮食棉花基本上都可以达到自给自足,而家里的开销一般有以下方面:

1.农具开销

邓家生产开销多指购买牲口、生产农具的花费。生产花销是家庭的主要开销,邓家家庭成员均以田间劳作为主,没有农具便无法进行正常的工作,所以家庭经济条件比较好的当家人便会购置农具方便耕种。在邓家粮食丰收之年,当家人也会把一些粮食拉到集市上去卖掉,然后用卖掉的钱购买一些最基本的生产工具。"一年买一件,时间久了什么都有了"。除了购买,邓田恩也会自制一些农具,免了家里的一大笔开销。邓家以前的一头牛是邓立元当家时购买的,对邓家而言那是一笔很大的开销,为邓家一年的积攒而来,后来姬云仙的娘家赠送了一头驴。无论是生活开销或者是生产开销,邓家没有遇到过"断顿"的情况,每逢粮食短缺便有"外援资助",而自己家13亩地的收成也基本上能够维持家庭日常开销,邓家也从来没有出现过外出讨饭的情况。

2.医疗开销

在医疗开销方面,邓家看病的开销并不大,在整个家庭花销中的占比也不大,主要有两方面的原因:

一是受村庄卫生条件的限制,存在着一种现象"小病不用看,大病看不了"。如果家庭成员生了小病,当家人或家里的长辈便会使用偏方简单治疗一下,比如感冒就会喝一些"醋开水",将醋与开水冲泡。倘若家庭成员生的是大病,便会出现"看不了"的状况,这也由社会医疗条件所决定的,即便是有钱也没有大夫可以看。

二是对邓家而言,邓田恩当家时家里只有邓立元一位老人,身体条件比较好,其他家庭成员都是比较年轻的,身体素质比较好,家里的几个孩子最多就是感冒发烧,没有得过较大疾病。在邓家家庭成员生病时,当家人也会积极为生病的家庭成员请村医。村医也称为"赤脚医生",请"赤脚医生"来家里为病者看病,如果生病的是孩子,当家人也会把孩子抱到"赤脚医生"的家里医治。在邓家后人的印象中,如果人们在田间劳作,很容易在田间发现被抛弃的孩童尸体,那便是有病没有钱治或者"有病没医治"而早夭的孩子。因病去世的孩子被扔或者被抛弃之后，家里人也会定时去查看，人们的旧观念是"如果被抛弃的孩子被狗或者是其他鸟吃了，便是得到了解脱"，家里人心里的负罪感便减轻了，所以家里成员去查看时，如果孩子被狗吃，家人心里也会得到一些安慰。村医医疗水平有限，医生资源更是少之又少，即使有权有钱的大户人家也一样，经常面临着"有钱没地儿看，有钱没医治"的现象。

在邓家，生病的家庭成员在家庭在日常生活中也会受到一些特殊的照顾，姬云仙或者是长媳妇肖叶做饭的时候，会为病人加一个鸡蛋或者是多盛一些饭菜。家里的男性劳动力生病之后便不用下地干活，可以在家中休息疗养；家里的女性生病则不需要干家务活，同样可以休息疗养。村民最怕的便是瘟疫，瘟疫是一种传染性疾病，每当瘟疫发生时，村民没有任何防治措施，只有坐以待毙，医疗条件也不发达，没有任何防治医药。瘟疫比较严重的情况下，一场瘟疫便可毁掉一个村。

3.教育开销

邓家只有家里的男孩儿上学，女孩不上学。在邓田恩掌管家事前，家里只有邓田恩和邓田螺两个儿子，没有女儿，家里的男孩子如果到了入学年龄，家长便会积极地送其入学。如果家庭经济拮据的便会要求其辍学在家帮助家里干一些农业活，邓田恩和邓田螺都只读了一两年的书便辍学在家干农活。邓田恩当家时，家里有四儿一女，女儿在十三岁左右就许配给了人家，家里的几个男孩子到了入学的年龄邓田恩也会送其入学。后来受家庭经济条件的影响，邓继堂、邓继川以及邓继山相继辍学，只有三子邓继芳继续上学，因而在整个邓家，高年级的学生普遍偏少。

邓家的男孩是否可以接受教育，也是由当家人决定的，当家人说这个孩子可以去上学，那便可以，如果当家人说家里没有钱供养的，那这个孩子只能辍学在家。邓家教育开销并不大，次子邓继川在外当兵，长子邓继堂年龄大，上学的只有邓继芳和邓继山；后来同样是因为经济原因，当家人认为家里的劳力不够用，同时觉得四子邓继山没有学习头脑，认为他不是学习的料但种地很是灵活，便要求其放弃上学的机会回家帮助家里干农活，邓继山便不得不听从当家人的命令，退学回家帮助家里人做一些农活。在村庄里，各家各户的教育开销并不大，家家户户都是有条件的让家里的孩子去上学，没有条件的便让孩子退学回家，大部分男孩子从小就跟着家人在地里干活，"一辈子一天学门都没进去"，有的上了一年学便被当家人叫回家干地里活。

4.人情开销

无论是谁当家，邓家都有人情开销，只是多少的区别而已。邓立元与邓田恩为村里的匠人，经常在外面接活跟别人打交道，交友广泛，每年的人情开销便也大。一般情况下，各家各户的人情开销都是因人而异，有的家庭交友广泛而且也有能力负担，人情开销就大，如果家庭交友范围小而且受家庭经济条件的制约大，人情开销就小。村庄中有一户人家叫于红元，与邓田恩交情甚好，于红元是当地十里八乡有名的红白喜事总管，不管谁家有红白喜事都会请他。除了红白喜事以外，谁家有口角或者要分家，都会请他来做主管、主持大局。因此于红元老人去世的时候，前来祭祀的人特别多，邓田恩也亲自参加了好友的葬礼并且给于家送了一个"帐"。村里的人情消费是不随钱，随礼不随钱，如果关系好的会给主家送一个"帐"，"帐"便是被面儿，这算是礼重的一份，朋友们随完礼之后，负责账房收礼的人也会给"帐"上挂一个纸条，纸条上写着"谁谁赠送"，然后把帐挂在院子里，把纸条贴在上面。如果人情交际一般,礼物便会轻很多,这时候便会给喜家买一幅画,画的价格大概就在两毛钱左右,在很多情况下,有些人来便不带礼物,去账房请会写毛笔字的人写上几个大字,这便算是送给主家的礼物。娶媳妇彩礼也很轻,"一提斗"粮食便可以娶回一个媳妇,邓家长子邓继堂结婚最早,长子邓继堂结婚的彩礼便是"一提斗"黑豆,"一提斗"相当于 50 斤,50 斤粮食便可娶到一个媳妇。家里"过事"也不会过于铺张,都很简单。

无论在何种情况下,人情对邓家来说是至关重要的,当家人邓田恩有木匠手艺,与十里八乡的交情都很深,结交了很多朋友。邓家给长子娶媳妇的时候,当家人跟长子商量是先娶媳妇还是先修缮房屋,后来双方商量完毕说先修善房屋。当家人便把所有的积蓄投入到房屋修建中,结果儿媳妇变卦要当年结婚,邓家一度陷入拮据,家庭积蓄都投入了房屋修缮中,根本没有多余的积蓄为儿子娶媳妇,他的很多朋友听说这件事情就自己拿着钱往他家送,没有钱的也会出力,就是在朋友的东拼西凑下,邓家当年既修缮了房屋也为儿子娶了媳妇。

5.粮食开销

邓家有过粮食买卖的情况,但是这种现象比较少。各家各户的粮食都为自己种地所得,大部分农民可以自给自足,在粮食不够的情况下,可以向亲朋好友借,实在借不到粮食的便会借一些钱去买粮食。对邓家而言,如果当年风调雨顺,没有旱灾也没有水灾,该年土地的粮食产量除了可以维系一家人的正常生活之外,还有存粮,这时邓田恩便会考虑把这些存粮拿到集市上去卖,然后换一些钱财再积攒下来。一些地少人多的小家户,如果粮食不足但是有积攒的钱财时,便会用钱去买粮。

在村庄中,无论是借粮食还是借钱,都是一件相当困难的事情,借粮食的时候必然面对高额的"鱼打滚"利息,那便是"借一斗还二斗,借二斗还四斗,借四斗还八斗",很多农民都是"借下还不起",便不得不以工抵债、以地抵债甚至是以人抵债,要么是为借主家免费打工,以此来偿还所欠下的债;要么是将自家的土地免费赠送给主家,以此抵消自家欠下的债务。村里有个人叫红军,红军爹在自家困难的时候借了一些粮食,连续几年都还不上,借主催的急,红军爹只能将红军娘送给债主,以此来抵消欠下的粮食。除了粮食买卖,邓家在日常生活中买菜是必然的,但是买的频率很低,当家人每年都会在自家土地的边缘种上一圈的蔬菜,每年蔬菜成熟,便可以勉强够维持一段生活,这一段时间都很少买菜,吃饭的时候一直是这一样菜。

6.其他开销

邓家在日常穿戴上的消费很少,家里的几个媳妇往往都是自己做衣服,很少有人去买衣服。集市上卖衣服的人很少,每年邓家都会种些棉花,家里的女人可以根据需求向当家人申请,然后把棉花纺成线,把线纺成布,然后用布给自己的小家成员做衣服。如果有儿媳要去集市上买新衣服的话也会被家婆姬云仙阻拦下来"别乱花钱",邓家的女人当年如果能为家人各做一套衣服,那便算得上是"很满足了"。村庄中居住在破庙中的流浪人好多年也没有一套新衣服,而他们穿的衣服大多都是捡来的或者村庄中的大户人家赠送的。而买房子的情况更是少之又少,"穷人家买不起,大户人家不缺房"。家里的房屋破旧或者是坍塌之后,也是当家人找一些木材,活点泥,找匠人自行修建,很少有人说去买房子。

(三)家长决定家户消费

不管是何种消费,邓家大大小小的开支均由当家人来拿捏,当家人拥有决定权,其他家庭成员无权反对。邓家当家人经常外出,外出之后家里的小事情交给妻子姬云仙和长子邓继堂打理,但家里的大事情务必要给当家人请示,姬云仙与邓继堂不能随意做出决定,后来邓继堂成家立业,有了一定判断能力之后,家里的大小事情姬云仙以及邓继堂二人便可以自行处理。

在邓家所有的日常开销中,是否购买某样东西,购买的数量以及给谁买,这些都是需要邓田恩来决定,妻子姬云仙或者长子邓继堂可以向当家人提出建议,如果建议合理,当家人也会采纳。如果家里的孩子生病了,是由当家人出面带孩子去村医那看病。如果红白喜事需要请帮工,在请帮工方面情况较为特殊:如果是自家人要主动请别人帮忙,那必定是当家人得亲自出面,其他家庭成员不能代替,如果是自家人被别人请,这时候不一定是要由家长出面,但必须告知家长,家长可以亲自出面也可以由其他家庭成员代替。姬云仙从小在娘家受过良好的教育,长子邓继堂也长大成人,邓田恩在做各种决定的时候也会和姬云仙以及长子邓继堂商议。

五、家户借贷

邓家经济在村庄中属于中下等水平,在灾害之年粮食歉收,邓家面临粮食"断顿"的情况下,姬云仙的娘家便会主动把粮食借给邓家,以助邓家渡过困难时期,姬家借给邓家的粮食一般都不催还,也不需要利息,还粮的时候可以由当家人还,也可以由其他家庭成员去还。在南苏村中,日常的家户借贷都需要当家人出面,需要开具相关的凭据并支付一定数量的利息,正如当地俗语所言"借粗粮还细粮,借一石还两石"。倘若当家人没有能力偿还所欠债务,家里的子嗣则有义务继续偿还。

(一)借贷单位

邓家有了姬家这个强大后援之后,没有向外界借过钱,也很少把钱借给外人。在村庄中,借贷钱财的事情时常发生,根据借贷双方的家庭关系,家户借贷也存在两种情况:假如村民甲向村民乙借了二十块钱,第一种情况是无须手续、不需要写任何的借条,而不写借条的前提是村民甲乙双方关系较好,交情较深,相互之间比较熟识;第二种情况是需要写借条的情况,村民甲乙双方之间的交情只是普通的交际而并未深交,这时候便需要写借条,"打借条借钱,还钱拿回自己的借条",这是必要的程序。在这种情况下不写借条是借不到钱的,而还钱时不拿回借条即相当于未归还欠款。借钱时必须从家户的当家人手中借,其他家庭成员没有权力向外借,若其他家庭成员没有经过当家人的同意,而将家里的钱借给外人,这时候便得不到承认,这种情况当家人也不允许发生。

归还钱最重要的是拿回欠条,如果对方的当家人在,这便较为顺利,将钱款归还给当家人,自己便可以直接拿回欠条。如果对方的当家人不在,而家里的妻子在,如果家里的妻子知道借款一事,而且知道借款的欠条在哪里,这时候依旧可以归还,如果家里的妻子并不知借款一事,则需要等到当家人回来之后,方可进行欠款的归还。

(二)借贷主体

邓家经济或者粮食紧张的时候,姬家会主动帮助邓家,在与姬家的借贷关系中,往往由姬云仙出面借还。但在村庄中其他家户借贷中,借贷主体必须为有能力偿还的当家人,其他家庭成员则不能代替。

1.借款借粮有凭有据

村庄中存在借贷的情况,但在邓家几乎不存在。对于日常交往密切、关系较好的借贷双方无须打借条,如果借钱者会主动提出打欠条,那么借贷双方便有借条作为凭证,如果借钱方不提借条的事情,东家碍于交情也不好意思提出时,借条的事情便不了了之,双方也不会太过计较。借钱的时候也会考虑自家的偿还能力,如果没有能力偿还借款,当家人便会降低借款的数额,借的金额一般不会太大,十块、二十块是最常见的借款金额,数额不大归还也容易,不存在借钱不还的情况。打欠条时,欠条上面的名字为借主的,下面的落款人为借钱人名字,在家户借款方面,最后的责任人也必将是家户的当家人,当家人需要为家庭的欠款全权负责,其他家庭成员没有权力去借款,当家人也不会允许普通的家庭成员去外面借款,如果家庭其他成员没有经过当家人同意而擅自在外借款,还款的时候当家人也不会负任何责任。借款留一些抵押的情况很少,主要原因是借款的金额都不大,无须抵押,如果金额较大且借主不相信借款人的归还能力时,便会提出以某种东西作为抵押,抵押物与借款的金额相当,在借款人没有能力归还时,抵押物变为借主所有。

"借一斗还二斗,借粗粮还细粮。"借款利息还叫作鱼打滚利息,利息每年都会翻倍,很多穷人因还不起附加的高利贷而给财富家"停工"①,"停工"就是给财富家打工,就算是打工一两年也是还不清的高额的粮贷,一停就是好几年,才能把当初借的一斗粮食连本带利地还清。

借款与借粮的情况一样,在借款一方无法归还时,也会给借方当长工,给主家干一年的农活来归还自己所欠的款。当长工的日期也由借款的金额来决定,如果借款的金额足够借方在主家工作一年时才能归还,这长工的时间便是一年,如果长工干半年就可以还清自己的借款,那么长工的工作时间只需要工作半年即可,无论如何,一直需要把欠款还清为止。如果家里的主要劳动力,为了归还欠款而给别人当了长工,家里没有了任何收入来源时,女人便会带着孩子去外出讨饭,讨多少是多少,若碰到好心人也会留讨饭的人在家里吃一顿饭,这便是运气最好的了。

2.家户借贷之男人出面

邓家当家人没有外出借过钱,每逢家里经济困难,姬云仙便会回娘家,从娘家返回时姬家便会以补贴女儿为理由给姬云仙带上一些钱财,也不会打欠条,而这个过程并不需要邓田恩出面。村庄中借钱时务必由当家人亲自出马,委托借贷的情况并不常见,家户借贷存在着两种情况:第一种情况是当家人为男性,这时候男性当家人可以亲自和对方谈,借多少、什么时候还,如果谈判成功,当家人便会直接把钱拿回来。借贷过程中的任何借贷条件当家人都可以自行决定,不用回来向家庭成员汇报。

第二种情况是家里的男人为名义上的当家人,但实际上掌权的是家里的女人,这时候便由家里的女人出面和对方谈,谈妥之后,仍要委托家里名义上的男性当家人出面借钱。村庄里有一位叫邓银银的女人,家境贫寒却性格强势,邓银银的丈夫沉默寡言而且不善于谈判交际,每次外出借钱的时候便会由邓银银出面,与对方商定借钱的数额以及归还日期,对方同意借贷之后,邓银银便会返回家中告知丈夫"去谁家借,借多少钱",请丈夫出面完成借贷,将

---

① 停工:当地方言,干活的意思,主要指的是"停留在主家干活"。

钱拿回来即可。还钱的时候并没有这么严格的要求,还钱的时候可以是家里面任何一个懂事的家庭成员去归还,如果有借据的归还后需要把自己的借据拿回来,如果没有借据的,需要和对方说清楚"已经把钱还了",再行离开。

(三)借贷责任

家户借贷往往以家户为单位进行,在偿还借贷责任上往往也是以家户为单位进行偿还,"当家人借当家人还",在当家人无能力偿还的时候便由其他家庭成员代为偿还,正如当地所说的"父债子还",倘若家中父亲没有偿还能力,则由其儿子代为偿还。

1.父债子还

邓家不存在父债子还的这种情况,但在村庄中是存在这种做法的,如果是家里的长辈借下的钱没有能力归还时,其儿子有责任去归还这个欠款,尤其是当上一任当家人借下钱之后,还没有归还完毕便去世了,这时候新的当家人必须接着偿还欠款。四子邓继山便遇到过这样的事情,邓继山是村里唯一的厨师,有的主家高价聘请他,完毕之后没有支付酬金便去世,邓继山便去找雇主家里的女人讨要,而家里的女人给的回复都是一样的,"我不知道这件事情",又碍于没有任何借条,这件事情便不了了之。后来这种事情多了之后,村民对这情况就越来越"心知肚明",借钱时无论是熟人还是普通交情的人,主家都会要求打个欠条,以防万一。村中还存在贷款的情况,贷款与借款不一样,无论何种情况下的贷款都会有借据,即便是家里的借款人去世,对方也会拿着这个凭证去找家人讨要,这便是后来出现的"父债子还"的现象。

2.债务的分割与均摊

妻子姬云仙向姬家借的钱,姬家当家人多半不要求归还,但邓家在经济宽裕的时候还是会嘱托妻子将姬家资助的钱财归还。邓田恩当家时,邓家借入的粮食以及钱财都按时归还,包括妻子姬云仙从娘家带来的,当家人都会归还,因而在与长子邓继堂交接的时候并不存在家庭债务的交接。在村庄里,在分家的同时附带着债务分割的情况,往往就是老当家人为了给儿孙成家立业借了些许钱,但没有能力归还,此时晚辈均已成家而且有劳动能力,这种情况下老当家人便会把这些债务均摊给各个儿子,每个儿子都会负责偿还一些债务。

六、家户间交换物品

邓家在自给自足的同时也会时常和当地集市打交道,赶集的一般为自家的当家人,当家人无空闲的时候也会指派家庭其他成员进行各种物品的交换。而在与村中的流动商贩打交道的时候,可以是当家人作为代表,也可以由家里的女人直接与其进行交换。

(一)交换客体

在家户交换中,交换客体可以是粮食,可以是农业耕种所需要的生产资料,也可以是日常生活中的柴米油盐等生活资料。在日常的家户交换中,当家人为家户交换的主要代表,其他家庭成员在进行交换也需要征得当家人的同意。

1.集市买卖家长出面

在邓家,家里的生产生活用品缺乏的时候,邓田恩则会外出购买,一般都只能是当家人亲自外出。邓家买东西都要去栲栳集市或者文学集市。集市上存在着以物易物的现象,但也只是在特定的情况下才能达成交易:在集市上吃饭、买衣服或者其他日常生活用品,只能用金钱购买,不存在用粮食换饭或者用粮食换取衣服的现象,而物物交换的情况大多用于粮食类的交换或者是同类性质物品之间的交换,比如用豆类作物换取一些小麦,或者是用谷子换豆类。物物交换情况虽然存在,但不是普遍行为,在赶集之前当家人都会准备一些钱,若家里有多余的粮食而没有钱的,当家人会提前将粮食售卖换取一些钱,再拿着钱去集市上买自己所需要的东西。物物交换也存在着一定的困难,有的时候拿着大豆去换小麦,但对方未必需要小麦,供求不对应。

邓家在所有的上集赶会中,大多数都是现金交易,物物交换的情况存在最多的便是小贩入村进行售卖,小商贩为了尽快卖出自己的商品,村民便有了选择权,可以现金交易也可以用粮食进行交换,小商贩也会同意用粮食抵换,交换时将粮食按照市场价格折算成相应的金钱数额,然后以对等金钱数额的商品进行交换,务必保证公平交换。每到逢集或者"起会"时,邓家其他家庭成员能否上集都要征得当家人的同意,当家人如果说今天家里有事情不能去,任何家庭成员都不能离开;如果当家人说今天可以去上会或者赶集,各个家庭成员才能离开。在每年的赶会时期,邓田恩或者姬云仙都会允许自家的几个儿媳妇去会上看看,买一些自己用的东西。

2.家长出面买粮卖粮

邓家虽然很少买卖粮食,但偶尔进行的粮食买卖都会在"粮食屯"完成。无论是当地的栲栳集市还是文学集市,都有专门买卖粮食的地方,当地称为"粮食屯",凡是要买粮食或者卖粮食的都需要聚集在这里,无论是卖小麦还是各种各样的豆类,而需要买粮食的人们便会专门到这个地方去挑选自己需要的。买卖粮食主要是钱粮交易,即金钱与粮食之间的交易,在粮食屯贩卖粮食的商贩都会携带自家的秤,粮食屯不提供统一的大称。在集市上摆摊贩卖的小商贩,必须根据自己商品的性质在特定的地区进行售卖,不得随意摆放,必须在各自的片区内。而在家户中和粮食行打交道的多为当家人,当家人是一家之主,在家庭的对外交往中,也只有当家人有权代表一家人出面,其他家庭成员都不能代替当家人的地位,除非是当家人委托某个家庭成员出面。

3.家门口的流动商贩

邓家买东西除了上集市以外,各个村巷中也有担担子的小商贩,走街串巷地售卖小商品,售卖的商品大概就是一些小零食,比如麻花和糖块儿,还有一些颜料以及针线,这便是常见的小商贩所售卖的商品。但与集市上售卖的商品不同,担担子的小商贩所售卖的商品大多是针对在村的妇女和儿童的,由于担担子的小商贩是将商品担到各家各户的门口售卖,对村民而言,方便快捷,所以很多妇女便会选择在小商贩那里买一些日常用品。小商贩在一段时间内是格外吃香,生意比较好。但这也不是持久的情况,有时小商贩来得过于频繁,也卖不出去什么东西。但从价格方面而言,走村串巷的小商贩所售卖的商品价格略高于集市,但仍然有很多妇女会在小商贩手里买。在售卖的过程中,妇女也会有小商贩进行讨价还价,在讨价还价的过程中,小商贩大多数情况下都会做出退让,村民历来都有讨价还价的习惯,村里的妇女也很热衷于讨价还价。

邓家与流动商贩打交道时,不一定非得是当家人才可以,其他家庭成员也能出面,究其原因:一是跟流动商贩售卖的物品性质有关,流动商贩售卖的商品大多为颜料、针线等小件物品,大多为女性所需要的物品。二是虽然村民热衷于与小商小贩讨价还价,但小商小贩所售卖的商品价格并不高,都是几毛钱的东西,家里的女人使用自己的零花钱或者私房钱则可以购买得到,无须通过当家人。如果当家人在家而且恰巧身上带有零钱的,当家人则会支付,如果当家人不在,家里的女人则会自行支付。

邓田恩外出时,姬云仙也会代表邓家在小商贩手里购买一些日常的生活用品,包括针线或者颜料,家里的几个儿媳妇需要买的时候也会告诉家婆姬云仙,由姬云仙出面购买,除了针线以外,姬云仙还会为家里的几个小孩子购买一些"吃嘴"①的,花销都不会太大。

4.家长做主上集赶会

集市在每个地方的称呼不一样,刚开始并不称"集市",而是称之为"会",其实严格意义上而言,"集市是集市,会是会",但是当地村民百姓统一称之为会。集市是在固定的日期比如每逢一三五或者三六九,在固定的地点开"集市",相比较会而言,集市的频率较为频繁,而会的频率较为少,一年大概举办一次或者两次会,当地最著名的便是"九月会","九月会"的日期一般在每年的九月二十。上会点设在栲栳,每年到九月二十,家里的男女老少都可以出门去上会,一年不出门几次的女人,在"九月会"时也可以外出上会,去听戏或者在会上买一些家里需要的东西。

邓家赶集上会根据当家人是否同行,分为两种情况:第一种是当家人没有同其他家庭成员前往或者当家人不在家的时候,当家人会将赶会的钱财交由妻子姬云仙打理,由姬云仙带着家里的几个媳妇一起,赶会途中所有的花销由姬云仙把关,如果其他家庭成员的请示合情合理,相关花销则由姬云仙承担,但姬云仙对媳妇们相对严格,一些"吃嘴"的东西家婆不允许购买的时候,几个媳妇只能用自己的零花钱购买;如果家婆姬云仙不能同行的,她会在赶会的前一天晚上把几个媳妇叫在一起,嘱咐好媳妇在会上所要购买的东西,由媳妇为家庭带买,临走之前,姬云仙会为几个媳妇带上钱,金额都不太大,几个媳妇到了会上大多是为了看看热闹,也不会乱花钱。第二种是当家人邓田恩同行,这时当家人不会为家庭成员分配零花钱,在会上所有的开销均由邓田恩承担。邓家的后辈子嗣生性乖巧,在会上不会乱花乱买,邓田恩常常为了奖励家人,在午饭的时候给大家一人买一份"豆腐脑",一份一毛三分钱,这也是家里的年轻人最期待的事情。

在上会时,邓家当家人也会拖妻带口甚至全家出动去上会,有时候会选择全家步行前往,有时候会借用一个马车,牲口拉着马车,全家人坐在马车上一起出发。在会上所有的开销以及花费都由当家人承担,而且家里的任一家庭成员,包括家里的女人在购买某一物品时也务必和当家人商量,当家人同意之后方可购买,交款时由当家人缴纳。如果是家庭人口众多的大家户,当家人没有能力携带众多家庭成员,这事当家人也会给家庭成员发上几块钱,让家庭成员去上会买东西。姬云仙的娘家便在栲栳,"上会"极为方便,在邓家所有的后辈子嗣中,四子邓继山对"九月会"的印象极为深刻,重要的原因是在一次会上,当家人准备将四子邓继山送给别人,被赶来的姬家姥爷拦下来。

每年在"会"开始之前,由举办的村落负责"起会",起会需要协调各方,包括联系唱戏团。"会"的规模要比集市大很多,在开会的前几天,"起会方"会请戏团唱三天三夜的戏,在当地颇有名望,很是热闹。而且起会方在每次会中便会收取摊费,负责管理各个摊位,确保会

---

① 吃嘴:指零食小吃,当地方言。

的正常举行。起会方虽然会收取摊位但未必会"只赚不赔",有的时候起会方收取了摊位费之后反而会赔,收取的越多,声望越大,国家征收的也越多。此外,每逢起会,招待是每位小摊必须承担的,每逢会时,各位小摊贩的亲戚朋友都会来,这时小摊贩虽然在会上摆摊儿,但必须以东道主的身份承担起照顾亲戚的责任,包括亲戚的吃住,直到会结束后亲戚离开。姬云仙的娘家在栲栳镇,便是起会方所在的村落,时间长了,每逢"九月会",邓家的长辈也会借此机会去看望姬云仙的娘家,在联络双方感情的同时,姬家姥爷也承担起招待前去探望的亲家。

(二)交换过程

邓家物品交换或者购买物品都有着特定的地方,一般都是在集市、庙会或者牲口交易市场完成,在购买中当家人往往会"货比三家",多方选择与比较之后才进行购买;在牲口交易的过程中,交易双方一般采取"握手交易"的方式,直到双方达成价格协议。

1.货比三家

邓家当家人去集市上买东西时,有"货比三家"的现象,会多问几家然后在自己心里进行比较,选择便宜的买,无论是赶集还是赶会,都会"货比三家",做到心里有数,村民们自己回到村里也会进行讨论,谁家的比较便宜,质量比较好,村民心里也是有谱的。但是集市举办时间较长,通常下大部分商品的价格是固定的,只是菜价或者其他时令物品会有些价格的波动,其他的不会。无论啥时候去赶集,当家人都都会挑便宜的去买,最大限度地省钱以减轻家庭经济压力。

南苏村周边历史最悠久的集市便是栲栳,栲栳的集市时间设在"三六九"。"三六九"的意思便是逢三逢六逢九的日期便会举办集市,栲栳除了举办集市以外,还会在每年的九月份筹办九月会,九月会历史久远、声名远扬,每逢九月会时,方圆五十里之内的村民都会赶来,当地村民也把九月份称之为"古会"。除了栲栳集市以外,南苏村的东边还有一个文学集市,虽然每逢集时很是热闹,但名声远不及栲栳。

而在邓家,不管是赶集还是赶会,当家人都会携带家庭成员一起去栲栳。栲栳距离南苏村有十九里路,赶集上会一般是步行(邓家没有马车),如果去栲栳的,步行快的也需要两个钟头,步行慢的则需要三个钟头甚至四个钟头。栲栳集市经常会在晚上开戏,邓田恩、长子邓继堂和邓继山,每天晚上从地里回来之后,为了去栲栳看戏,顾不上吃饭,从家里拿上一块干馒头便出发,然后连夜赶回来。

集市与会有很大的区别:一是规模不同,集市的规模很小,所售卖的种类也很有限,大多为日常用品或者是生活中所需要的柴米油盐、蔬菜瓜果,卖衣服的很少。在集市上也不会划分任何片区,各种性质的商品都会混在一起售卖。会的规模比较盛大,会上所售卖的物品种类较为丰富,根据性质不同,也会划分为各种片区,比如蔬菜区、衣服区、粮食区。二是频率不同。集市的频率高,当地赶集的日期定在"三六九",只要是逢三逢六逢九的日期,都会举行集市,相当于每三天一集市,频率较高。而"会"的频率较低,一年只举办一次会,在特殊时期最多也只是两次会。三是时长不同,集市的时长很短,大多是从早上九点开始,到下午两点左右便会结束,而会的时长很长,一般是连续三天。比如当地有名的九月会,会在九月二十四、二十五、二十六三天连续举行,如果其间恰逢阴雨天,则会延长或者是推迟。四是目的不同,在邓家后人的印象里,邓家当家人赶集市只是为了购买自家所需要的东西,只是买卖物品的一个简单交易;而"上会"便有一些娱乐性质,或是吃饭或是看戏,或者是拜访亲戚,都与集市有很大的不同。在邓家后人的印象里,上会看大戏,是人们期盼已久的,很多人都是为了看戏,连夜赶到会上,看完戏之后才离开。五是心理不同,赶集是当家人为了维持一家老小的正常生活而不得不去,很多情况下都是被动的;而"上会"是全体家庭成员向往已久,主动自发性的活动。很多家庭的女人日常是没有机会去赶集的,赶会便是家里的女人唯一可以外出的机会。

2.熟人交换与人情赊账

邓家常年有人外出接活,交往广泛,无论是邓立元当家还是邓田恩当家,在赶集中也难免会遇到熟人,一般情况下,熟人售卖价格会低于市场价格,大多数是卖"人情价",很多时候邓立元或者邓田恩总能买到低于市场价格的东西。邓田恩当家时去好几次去集市上买菜,都碰到了熟人,对方把东西装好之后坚决不收钱,邓田恩过意不去往往会在走的时候给对方摊位上放上一两块钱。但不是所有的熟人都会卖"人情价",也免不了有一些老实的村民被熟人坑,原来卖给普通人是一块钱的价格,结果卖给熟人是一块一,这中间利用的是熟人不会讲价的心理,等买家反应过来的时候也只能认栽,自认倒霉,所以很多人也不愿意与熟人进行交易。

在集市上,很少会出现赊账的情况,邓立元或者邓永兴从来没有集市上赊过账,无论是邓家当家人前往还是由其他家庭成员代劳,在出发前都会准备好钱财。在集市上摆摊的小商贩往往来自于十里八乡各个地方,而前来赶集的村民大多是周边农村的,村民碰到熟人的机会很少,大多数人都是不熟悉或者不认识的,两个陌生人之间便没有赊账可言,有钱则可以达成买卖交易,没钱也不会去赊账。但如果遇到熟人就另当别论了,熟人必定是双方彼此熟悉的,双方知根知底的情况下,如果买方没有携带足够的金钱时,卖方也会同意赊账,允许买方过几天补上。在熟人交易中也会出现两种情况,第一种情况是买方将物品带回去,承诺回家之后给卖方补钱,另外一种情况是与卖方商量着,让卖方将其物品带回家,买方回家拿上钱之后去卖家家里买,这样也避免了赊账时的尴尬。

3."头骨"经纪,握手交易

邓家有牲口两头,一头牛和一头驴,牛为邓立元当家时通过购买的方式所得,驴则为邓田恩当家时姬家赠送而来。村庄中买卖牲口时需要和"头骨"经纪打交道,而整个过程都由当家人来完成,其他家庭成员无权参与,当家人也不会允许其他家庭成员参与。集市上有专门贩卖牲口的地方,需要出售牲口的小商贩把自家牲口带到这个地方,然后通过经纪进行售卖,经纪也称作"头骨"经纪,其性质便相当于中间人。无论是买牲口还是卖牲口,所有的牲口价格不公开,各家各户根据自己牲口的大小可以定为不同的价格。卖牲口的需要找到一个经纪,告诉经纪自家的牲口需要卖到什么价位,而前来买牲口的首先需要寻找经纪,与经纪洽谈,告诉对方自己需要一个什么价位的牲口。

进行牲口买卖时,买方需要在牲口市场自行转悠"物色",看好之后便寻找经纪,告诉经纪自己看上了哪一头牲口,这时经纪便会前去与卖家商谈,但经纪和卖家商量价格的时候,并不是通过直接的语言交流,而是通过"握手","握手"是牲口交易中独特的一种交流方式。"握手"时,卖家需要找一块桌布,或者是卖家撩起自己的衣服,与经纪在衣服下面进行握手,握手中,第一次出现的数字为"整数",即整百,中间卖家会告诉经纪这个是"整数",第二次出现的数字为"零数"，即几十，卖家会告诉经纪"这个是零"。中间讨价还价的时候，也是通过握手的方式，当卖家与经纪达成一致时，这时经纪便会返回和买家以同样的方式在桌布底下进行握手。如果经纪和买家达成协议，这单牲口交易便算是完成了，有一方接受不了对方给的价位，则交易失败，但是在整个交易过程中，买方与卖方是不直接对话的。双方交易完成时，经纪便会大喊一声"上费"，这时买方与卖方需要同时到市场管理所给市场上费。这里的上费与最初的牲口交易是两回事儿，有严格的区分：上费是买家给市场管理所的费用，或者是买家与卖家同时给市场管理所上费，而最初的牲口交易是买家与卖家之间达成的协议，与市场管理所并没有关系。

在整场交易中，经纪的利益来源有两个渠道：

一是后面的费用，上费中经纪可以直接上费的费用中扣除一部分作为自己的酬劳，也可以要求市场管理所支付给自己一笔酬劳。而给市场管理所上费的金额与买卖双方交易完成的金额有关。买卖双方交易完成的数额越高，给市场管理所上交的费用便越高，交易完成的金额越小，上费的数额越小，但是上费并没有统一的标准。有时经纪便会从中间捣鬼，经纪出于自己的考虑，原本可以给市场管理所交五元钱的费用，经纪便会要求上交十元，而多交的五元便归经纪个人所有。而在整场交易中，如果上费的金额小，这时由买家个人承担，如果金额大，则由买家与卖家共同承担，但这时候买家仍然需要承担大部分，卖家则只需要承担小额的消费费用。

二是三方心知肚明的"交易"。这种情况存在于买卖双方交易完成之后自行与市场管理所打交道，并不通过经纪向市场管理所缴纳费用，这时候买卖双方在前往管理所的途中，经纪便会跟着，到达市场管理所之后，买卖双方会同工作人员进行交谈，假如双方交易额为250元，这时经纪便会一口咬定双方交易额为200元，买方与卖方也会随着应和说交易额为200元，这时候给市场管理上交的费用则以交易额为200元的标准进行缴纳，而实际达成的交易额为250元，这时多出来的50元，便由买卖双方支付给经纪。还存在这样一种情况，卖家为了使自家的牲口卖到一个好的价位，便贿赂经纪，提前给经纪一些"好处"。因为在整场交易中，经纪是主要角色，经纪说这头牲口是好的，它就是好的，说这个牲口是不好的，它就是不好的，所以有很多卖家贿赂经纪的情况。

四子邓继山便有这样的亲身经历，在1940年左右，邓继山与本村的一个村民邓满新前往牲口市场售卖自家的牲口，他们刚去的时候便给经纪塞了20元"好处"，结果原本打算卖300元的牲口最后以500元的交易额卖出，在售卖过程中收了好处的经纪便会有所私心，给买家讲了很多这种牲口的优点，而对缺点闭口不提。实际上那口牲口"认人"，很多人驾驭不了，交易完成之后，买家牵回去同样驾驭不了，这时候买家一怒之下将邓继山与村民邓满新一并告到了区政府，在区政府的调解中，邓满新的父亲前来驯服牲口，牲口很听话，令当场所有人心服口服，也向区政府的工作人员证明了牲口是没有问题的，最后区政府要求买家撤诉。

第三章　家户社会制度

家户社会制度包含家户婚配制度、家户生育制度、家户分家与继承制度、家户过继与抱养、家户赡养制度等，在所有家户社会制度中，当家人处于全家的核心领导地位。邓家在家户婚配中，子嗣婚姻均由父母包办，正如当地俗语所言："布袋买猫，父母包办"；在家户生育中，当家人不会过多干涉后辈的生育情况，但如果家里经济条件有限，无力抚养的时候，当家人也有权力将孩子送予他人；在邓家成员的日常交往中，当家人不会过多干涉，但如果家庭成员与外界产生各种矛盾时，当家人也会插手调和。

一、家户婚配制度

在邓家，婚姻的缔结都是出于当家人之命，由父母包办，无论是以哪一种方式结婚，子女都需要安心顺从，不能以任何形式进行反抗，从配偶的择取、彩礼的准备、婚期的订约到婚礼的举办，婚配中所有事宜都必须取得父母的同意，当家人发挥着决定性作用。

(一)家户婚姻情况

邓田恩当家时，邓家有四位男性子嗣，包括邓继堂、邓继川、邓继芳以及邓继山，四位子嗣的婚姻均由当家人邓田恩一手操办，当家人会按照年龄长幼顺序，依次为四子物色对象。在为每个孩子选取配偶、设席换贴、准备彩礼的过程中，当家人邓田恩都扮演着核心角色，全家人在当家人的领导下分别完成自己的任务。"父亲有义务给每个孩子过事"，邓立元作为父亲，有义务为长子邓田恩以及次子邓田螺完婚；邓田恩作为父亲，也有义务为自己的孩子娶媳妇。邓田恩当家期间，邓家四子中除了年幼的四子邓继山，其他三子均完婚，结婚的所有开销花费均由邓家承担，儿媳妇均由当家人做主挑选，挑选儿媳并无特定的标准，只要在当家人眼里"利索能干、实心过日子"即可。

(二)婚配之父母包办

在邓家，包办子女的婚事是作为父母或者当家人的特权，"父母之命""媒妁之言"是婚姻成立的要件。邓家男女双方结亲全部都是当家人决定，当事人双方都不会向对方提出任何要求，而在整场婚姻中，提要求的只能是当家人。比如在结婚的时候，作为男方的邓家给的彩礼是一斗米，而女方提的要求是一斗半，这时候媒人便会在两边说和，女娃没有任何提出要求的权利。而邓家三子邓继芳的婚姻更为"唐突"，就在邓继芳结婚的前一天，当家人邓田恩给了三子邓继芳一些钱，让其和一个女孩去领结婚证，三子才知道自己是即将结婚的人，三子邓继芳和那个女孩第一次见面的礼物便是买了一个手帕，女孩回赠送了一支钢笔，就这样和对方把结婚证给领了，而在领结婚证之前，三子邓继芳对自己要结婚的事情毫不知情，更别说在结婚之前和女孩见上一面了。

1.家长主持子女婚姻

邓家子嗣的婚姻都是父母包办,并不存在自由恋爱的说法,在父母包办的婚姻中,男女双方在婚前是不能见面的,而所有的结婚事宜均由双方的家人进行对接交谈,子女没有任何插手的权力和机会,所以当地也会把父母包办的婚姻称为"布袋买猫",意思是将猫装进布袋里面买,看不见猫长什么样子。父母包办的婚姻就是这样,男女双方不能见面,双方不了解对方的脾性、喜好、长相,彼此是陌生人,而在整场婚姻里,只要双方的当家人愿意这场婚姻便可以结;倘若当家人不愿意,这场婚便结不了,整场婚姻跟子女的意愿没有关系。邓家父母包办婚姻的程序很简单,只要是双方当家人决定之后,便会请媒人定日期,然后给子女"过事儿①",结完婚之后,再进行一次"发媒",整场婚姻便结束了。"发媒"就是相当于在婚姻完事儿之后,双方当家人给媒人送礼物、请其吃饭以示感谢。而"发媒"中,大多会给媒人送"礼吊","礼吊"就是一条猪脊肉,几件"活",还包括一双鞋,在"发媒"的传统中都有送鞋的习惯。

2.婚配标准之家长选择

邓家儿女的包办婚姻中是没有标准可言的,男女双方婚前见不了面,双方也可以说是完全不了解,所以唯一的标准就是当家人愿意,只要当家人肯定和许可,这场婚姻便可以促成。村里有一个比较典型的案例便是在父母包办婚姻时,男女双方分居两地,男方在河东、女方在河西,河东即现在的山西运城地区,而河西即为陕西的西安地区,就那个时候来说两地相距较远且尚未解放,很奇特的情况是这时候男女双方虽然成婚,但仍然不能见面,非要等到两地都和平之后,双方才能见面,这时双方按理说已经"成婚"好多年了,但是连面都没有见过,更别说见面时相互认识了。

在为子女择偶时,邓家当家人的判断标准大多是凭自己的"感觉",第一眼看上去,如果对方给自己的感觉差不多或者是觉得对方长得比较俊俏,那便会着手提亲事宜。村里有一个村民叫邓满全,不仅家境贫寒,而且全身都长着麻子,他娶媳妇的时候怕因为自己的麻子脸遭到对方拒绝,所以在娶亲的那一天,当家人就找了一个长相俊俏的男的顶替把媳妇娶了回来,但晚上入洞房的时候再换回来,等女方发现的时候双方已经结过婚,俗话说"生米已经煮成熟饭",女方"只有认命的份儿了"。还有一种情况,就是男方略有残疾,但是家境比较好,女方长相完美但是家境贫寒,这时女方的当家人也会考虑让自己的女儿嫁给对方,在获得彩礼的同时也希望女儿过上好日子,所以男女双方的家境情况和自身的条件也是当家人会考虑的因素,至于如何权重,便是当家人自己的事情了。

3.聘礼与嫁妆

邓家当家人在给子嗣成家的时候都需要向女方家庭支付一定数量的彩礼,彩礼既可以是粮食也可以是现金,这个取决于女方提出的要求,女方的家人如果愿意要钱,邓家便会把粮食换成钱,如果对方愿意要粮食,邓家则会直接给粮食或把钱折换成粮食送给女方。女方家长在嫁女的时候也会讲究礼尚往来,给出嫁的女儿准备一些陪嫁的嫁妆,女方的嫁妆主要就是棉花被子。嫁妆的标准不统一,每家每户都有各自的做法,"当初想怎么陪嫁就怎么陪嫁",没有所谓的"行情",也没有具体的统一标准。男方的彩礼和女方的嫁妆不对等,"彩礼是彩礼,嫁妆是嫁妆",这两者没有必要的联系,而主要的区别是彩礼为男方支付给女方,女方

---

① 过事儿:指当家人给男性子嗣娶妻生子。

可以提出一些要求,由媒人在中间协调说和。嫁妆是女方陪给男方,男方没有任何权力提要求,女方可以根据自己的家庭情况自行准备,家庭经济条件好一点儿的,嫁妆就稍微多一些且精致些,多陪几床被子和几双鞋;家庭经济一般的嫁妆是两床被子也是可以的,没有硬性要求,也没有所谓的攀比之风,但重要的一点是无论女方嫁过来所带的嫁妆是多少,男方都不能向女方提出要求,这是必须遵守的一点,也是大家认同和一致许可并加以维护的一点原则。但好在女方家庭也会量力而行,如果女孩在家受宠,当家人也会尽量为自己的女儿准备丰厚的嫁妆,以免其到婆家受委屈,如果女方当家人给女儿陪的嫁妆过少,也会给婆家人留下"话柄",女方的当家人也会考虑到自己家族的声誉,也会把彩礼准备得丰厚些。

(三)婚配过程

邓家婚配过程主要是指设席、换帖等环节,在这些环节中,男女双方当家人需要坐在一起共同商讨儿女婚事以及婚礼日期,但男女双方都不会提出有关彩礼的相关事宜。如果男女双方当家人觉得合适而且愿意结亲的,男方当家人则会聘请"媒人",整个婚配过程中均由当家人出面接洽而当事人并不参与其中。如果当家人与其监护人并非同一人,则当家人也需要与其父母商讨,最终的决定还是由当家人所决定,当事人的父母也并不直接参与。

1.家户婚配之定亲换帖

邓家男方成婚的程序,首先是"换帖"①,即当家人邓田恩与女方当家人坐在一起商量双方子女婚姻事宜,"换贴"的日期由双方当家人商定,一般是男方当家人主动邀约,显示出家族诚意。其次便是"请媒人","请媒人"便是由男方的当家人请媒人吃饭,其目的主要是想让媒人从中间帮忙说和并犒劳媒人。吃饭的酒席是男方根据自家的实际家境情况而定,如果家里经济条件相对好点的,"请媒人"的酒席就丰盛一些;如果家庭经济一般的,请媒人的酒席就略显单薄,但是在一般情况下男方家庭为了让媒人为自己讲好话,"请媒人"的酒席都不会太差,从而让媒人感到男方家人的诚意和对自己的尊重。再次便是"发媒","发媒"也是男方当家人做东,请媒人吃饭。"发媒"的日期可以是在男女双方结婚前的任意一天,一般约定俗成的是在结婚前十天左右,也可以是在结婚当天"发媒",这也是由男方当家人自行决定,没有统一的标准与日期,"发媒"最显著的标志便是男方当家人请媒人吃完饭之后,派人将"礼吊"送到媒人家里面,也有"谢媒"的寓意,也是对媒人对自家婚事奔走的一种答谢,以表感激之情。

邓田恩当家时,邓家几个儿女成婚的时候都有"换帖"仪式,"换帖"的实质相当于现在的定亲,但换帖形式相对来说就比较简单了,不会惊动太多人,只是邀请双方的家人以及重要的亲戚坐在一起吃个饭,便算是定亲了,相当于一个标志着男女双方约定在一起的见证仪式。结婚也存在两种情况,第一种情况便是孩子的父母不是当家人。"家里的当家人是当家人,父母是父母",这时候所有的事依旧由当家人来决定,但这种情况下,当家人也会和其父母商量,但最后的决定权依然在当家人手上。第二种情况便是孩子的父母就是其当家人,这种事情更好办了,从同到尾、从上到下全部由当家人即父母决定。如果当家人正是其父母,这时父亲和母亲便会商量着来,父亲决定大小事情,母亲操守家里成婚的零碎小事。

2.家户婚配之请示商讨

在邓家后代子嗣的婚姻中,当家人是整场婚姻的决策者和关键人物,除此之外,当事人

---

① 换帖:当地方言,相当于现在的定亲、送礼。

的父母以及家里的老人均扮演着重要的角色。邓田恩为几个儿子娶媳妇的时候，自己既是当家人也是当事人的父母，几个孩子的婚姻操办会与妻子姬云仙共同商讨。如果当家人与当事人的父母不是同一人，这时候当家人做决策的时候也需要听取父母的意见，当事人父母同意之后当家人便会全权操办。除了当家人、当事人的父母之外，家里的老人在红白喜事中的地位很高，算是家中重要的人物，无论家里的哪一个孩子结婚，当家人都要和家里的老人请示一下，如果老人去世了，当家人还需要去坟头给家里的老人"汇报"以表示对老人和祖辈们的尊敬。在儿孙子嗣与新娘拜堂的时候，需要叩拜家里的长辈，而在结婚喜事中这种长幼辈分也十分重要，在整个结婚过程中，从最开始结婚对象的选择到后面简单的"换贴"，然后找媒人商量彩礼事宜以及设席请客，当家人有权以任何形式操办，其他请家庭成员无权干涉。

（四）婚配原则

邓家儿孙众多，儿孙晚辈结婚也按照一定的原则来进行，并不是毫无章法地乱来，在所有的影响因素中，年龄便是最重要的因素，即按照年龄来排队，邓家当家人奉行"长子优先"的原则，先给邓家长子"过事儿"，其次便是次子、三子、幼子，四个儿子在同等条件下，年长者优先；在父母包办婚姻中，当家人为整个家庭的核心，因而也需要承担众儿子结婚的所有开销花费。

1.结婚次序之长子优先

在邓家家庭内部结婚也是有顺序的，当家人为儿子结婚找对象，主要有以下几个考虑因素，第一个因素便是年龄，普遍的规律是老大优先结婚。第二种情况便是考虑到特殊情况，倘若长子有点智力或者是相貌等先天缺陷，当家人在给长子娶媳妇时屡屡失败，没有收获的情况下，这时候次子又到了结婚的年龄，大家人也会放弃为长子求亲转而先给次儿子结婚。邓家的长子邓继堂结婚优先于次子邓继川，次子邓继川结婚优先于四子邓继山。三子邓继芳结婚按理说应该在四子邓继山之前，但四子邓继山结婚优先于三子邓继芳，其主要原因是三子邓继芳在学校，当家人给其物色好对象之后却没有结婚的条件，虽然三子邓继芳的年龄比邓继山大两岁，但四子邓继山很早便辍学在家，心智也较为成熟且到了成婚年龄，所以当家人在婚礼举办上优先给四子邓继山办了婚礼。这也体现了一个以年龄优先的成婚安排但同时会考虑到一些相对特殊的情况，在这种情况下，对成婚顺序做出调整，体现了原则性和灵活性的统一，同时这也是相对约定俗称的规矩。

2.结婚花费之家长承担

邓家结婚中所有的花销均由当家人来承担，但总体的结婚花销是相对比较低的，其重要的因素便是彩礼成本低，女方嫁女的时候不会要求高额的彩礼，大部分的情况下彩礼都是一斗粮食，如果彩礼高的，第一个"罢工"的便是媒人，媒人便会拒绝从中间说和，这和当下的结婚天价彩礼完全不同。虽然结婚花销甚小，但在整个家庭花销中占比仍然很大，因为子嗣成婚对于家庭来说是一个比较大的事情。在一般情况下，男方在设席待客的时候一般都是八个盘子，至于几荤几素没有要求，如果经济条件比较拮据的情况下也可以是五个盘子，当家人可以根据自己的家庭实际情况自由选择、自己做决定，结婚排场既要符合社会整体的情况，也要符合各家各户的实际情况。如果家户经济条件比较好，结婚排场就比较大，如果家户经济较为拮据，结婚排场就比较小，可以说都是依据家庭经济状况自行安排的，邻里之间也非常能够理解和相互体谅。邓家父亲邓立元是银匠，当家人邓田恩是木匠，再加上自家强大的亲朋好友作为外援,经济条件相对来说比较宽裕,因此在儿女成婚时当家人都是上了八个盘子。同时,各个子嗣在成婚的时候的排场大体上都是差不多的,在子嗣间保持公平,不会特别偏袒那个孩子,以免留下让人议论的话柄。

(五)其他婚配形式

除了常规的嫁娶形式之外,当地风俗还存在着纳妾、童养媳、改嫁以及入赘等其他婚配形式,纳妾一般只存在于有权有钱的大户人家,有足够的经济条件娶妾并能够养得起;童养媳一般是因为女方家庭经济拮据或者其他家庭变故原因而不得不将自家的女儿寄养在别人家,由别人抚养,等到女儿成年之后为再给对方家做媳妇;改嫁则是指女人被丈夫休掉之后或者丈夫去世之后离开原有的婆家,再嫁给第二个丈夫的女人;而入赘则是指一男子上门做"上门女婿",为女方家庭"顶门头"。在以上几种非常规的婚配形式中,当家人仍然扮演着核心角色,对婚姻的重要作用不言而喻。

1.家户婚配之纳妾

邓家在当地属于中等之户,家庭成员均为一夫一妻的常规婚配形式,并不存在其他特殊的婚配形式。但纳妾是确实存在的现象,尤其对有权有钱的大家户而言,纳妾是常见的,并且是一件很容易实现的事情。而对于普通的小家小户并不存在纳妾的现象。纳妾是指在拥有一个老婆的情况下,再娶一个或多个老婆做小老婆的情况。纳妾也存在很多种情况,第一种情况便是穷苦人家把女儿送给财富人家做抵押。穷苦人家因为贫穷拮据而不得不向财富人家借粮食,在"鱼打滚"利息的逼迫下,穷苦人家没有办法偿还,这时候或者是给财富家做长工,或者是把自家的女儿给财富家做小妾,这样一来可以抵消自己长期还不上的粮食,双方抹平,有时候也是无奈之举,实在是因为家境贫寒的缘故。婚姻中不存在着男大女小的硬性规定,反而在很多情况下,女孩儿要比男孩大很多岁,甚至女孩十五岁的时候,男孩只有一岁,财富家把这个女儿娶回家之后,只是为了照看自己的孩子,当自己孩子长大之后便可以娶这个女孩子,所以当地有着"财富家娶娘,穷人家嫁女"的说法,也是约定俗称和当地人可以接受的事情,并不存在被笑话或伦理道德的问题。穷人家把自家的女儿养在财富家的做法在当地也称作"囤着","囤着"便是童养媳的意思,童养媳的年龄可以与这个儿子同岁,也可以比这个儿子大,一般情况下童养媳的年龄都比较大。因为囤着的媳妇儿年龄会比这个儿子大很多岁,所以在儿子长大之后可以再娶,再娶一个年龄比较小的媳妇儿,所以在当地也把后娶进门的小媳妇称为"小老婆",也就是纳妾,跟童养媳的年龄相比,小老婆的年龄要比家里的儿子小很多岁。第二种情况便是有权有钱的大户人家,因为不缺吃不缺穿,所以就想讨个小老婆伺候自己,这也是一种纳妾的情况。而对于贫苦人家来说,自己家里的人家都养不活,更别说养童养媳或者后来纳妾了。

2."囤着"的童养媳

当地把童养媳称为"囤着",邓家当家人很早便会为自家的孩子物色媳妇,几个孩子结婚都很早,但邓家没有出现过"童养媳"的状况。第一种情况是贫穷人家欠财富家的高利贷还不起,被迫将自己家的女儿作为童养媳来抵消债务,所以便会考虑把多余的女儿交给财富家抚养,给财富家做童养媳。相比第一种情况,第二种情况是穷苦人家的一种主动性行为,是被生计所迫的无奈之举。无论是纳妾还是童养媳,小户人家因为无法还债而被迫将女儿给对方用来抵债的是没有彩礼的,相当于彩礼与债务相抵销。但如果是因为无力抚养女儿而把女儿给对方人家做童养媳的,这时候对方家庭如果经济条件好的会给一部分彩礼,如果经济条件不好也会不给。如果无力抚养而把女儿送给别人,别人承担了抚养女儿的义务便可和彩礼相抵消。村庄里还存在一种情况,就是贫穷人家把女儿送给对方做童养媳之后,对方给上一部分粮食彻底买断,要求女孩与亲生父母不能来往,这时贫穷人家被生计所迫也不得不答应,这就是一种比较极端的情况。

无论是纳妾还是童养媳,无论是抵债还是送养,这些都由当家人决定,只有当家人有权力做这样的决定。而且这种情况只存在于父母是当家人的情况,而如果是长子邓继堂为当家人的,长子是没有权力将家里的妹妹送给对方当童养媳,这种做法在当地会被瞧不起,是一种不合理不合情的做法,无法向家里的长辈交代;而如果父母是当家人的,当家人将女儿送给其他人当童养媳会被认为合理合法,所以纳妾或童养媳还是存在一定的伦理道德约束。一般情况下还是有钱人的游戏,对于普通农户来说,不仅没有承担能力也没有纳妾或者养童养媳的心思。

3.半路改嫁的媳妇

在邓立元与邓田恩当家期间,家里的所有男人都是身强力壮的,邓家也没有出现过半路改嫁的媳妇。女人受封建迷信思想的束缚,有着"嫁鸡随鸡,嫁狗随狗"的思想,无论嫁给的夫家如何都要认命,邓家几个媳妇以及女儿较为保守,没有半路改嫁的情况,夫妻关系比较和谐,家庭也比较安定祥和。但是村里存在改嫁的情况,改嫁也存在着几种情况:一是夫妻双方有了隔阂,女方不想在这边过而夫家也不想要女方了,女方便可以离开原来的夫家改嫁。当地有一个村民叫三宝,三宝的媳妇无法生育,时间久了夫妻双方便经常吵架,于是妻子离开,相当于离婚,妻子离开之后选择了改嫁,改嫁的第二个夫家是一个丧妻的男人,改嫁不久便有了孩子。无论第几次改嫁,改嫁的时候都是要从自己的娘家出嫁,而不是从前一个夫家直接出嫁。而改嫁的大部分情况是男人不要女人了,男人给了女人休书之后,女人才能改嫁,很少有女人主动提出要求离婚改嫁。如果女人被男人休了之后,如果年龄过大的只能回娘家,在娘家才能开始寻找第二个夫家。第二种情况便是家里的男人去世,守寡之后的女人如果年轻而且没有孩子,便会选择改嫁,但守寡之后的女人如果年龄大且有了孩子,大部分女人会选择留守原来的夫家而不是改嫁。改嫁的时候孩子是至关重要的一个因素,很多女人在守寡之后因为舍不得孩子,无论年龄大小都会拒绝改嫁。在这种情况下,原来的公婆也会允许给媳妇找上一个上门女婿,顶替儿子的位置,这也是一种比较好的方式,既能帮助夫家担起各种家务,也可帮助丧夫的女人照顾孩子,避免女人的尴尬处境并帮助承担一些家庭责任。

4.招来的女婿

邓家女儿均为外嫁,几个子嗣也相继娶妻生子,因而不存在招上门女婿的说法。上门女婿是指家里只有女儿没有儿子,然后给女儿找上一个女婿入赘女方家,顶替儿子的位置。但上门女婿的情况比较少,因为在那个时候没有计划生育也没有节育措施,所以大多数有生育能力的村民都能生出儿子,有很多人生了好多年之后也只为了生一个儿子,一定程度上也体现了农村地区重男轻女的思想。但如果生的全是女儿的父母也会和别人交换,用自己家的女儿换儿子,如果交换不成功,时间久了也会认命,在女儿年龄大的时候给女儿找一个上门女婿,这是一种比较人性化的方式,因为"自己家的门总要有人当"。

除了当家人为自己未出嫁的女儿寻找女婿之外,另外一种"招上门女婿"的情况便是为家里守寡的媳妇招婿。这种情况存在于家里的男人去世之后,留下的媳妇拒绝改嫁,如果媳妇年龄小的当家人也会考虑为家里守寡的媳妇寻找一个女婿,"招回家"顶替原来儿子的地位。在邓家,姬云仙的娘家母亲便是找了上门女婿,姬家母亲先前从北苏村嫁到太吕村,之后第一任丈夫去世,她便守了寡,守寡之后因为舍不得孩子放弃了改嫁,前任公婆便给他找了一个上门女婿。姬云仙的爹是一无所有的人,没有结过婚而且无儿无女,便和云仙娘结了婚,成了云仙娘的第二任丈夫,也是上门女婿。愿意入赘到女方家做上门女婿的大多家庭经济条件比较差,如果家庭经济条件好的会给自己家的儿子娶媳妇,而不是让儿子倒插门。让儿子倒插门一般都是父母没有能力给儿子娶媳妇,也是不得已的行为,会被当地村民看作一种很不光彩的行为,所以如果迫不得已将自己的儿子"嫁"出去做上门女婿的,家里的母亲在结婚的那天会"哭熄火"[①]:"自己没有本事,给儿子交代不了"但是又不得已总要为自己儿子成婚。

(六)婚配终止

在常规的婚配形势下,没有离婚的说法,婚配终止的方式一是休妻,另外一种则是守寡。如果一对夫妻无法继续生活,丈夫则会选择休掉妻子,妻子则可以选择改嫁;而如果丈夫因故离世,妻子守寡之后也意味着一段婚姻的终止。

1.净身出户的休妻

在邓家,无论是邓立元当家、邓田恩当家还是邓继堂当家,家庭中从未出现过休妻的情况,家里的男人与妻子均保持着良好的关系,同时也是因为邓家家风良好的缘故。在村庄中,休妻的状况也存在,休妻即男方不要女方,丈夫将妻子休掉,被休掉的妻子"净身出户",休妻的权力都在丈夫手上,妻子没有主动提出离开的权力,这也是男人女人地位不平等的表现之一,同时也是一种根深蒂固观念的存在。休妻之后女方只得离开夫家回到娘家,但是休妻也存在着以下两种情况:第一种情况是夫家的公婆健在,休妻便不是丈夫一个人的事情而是一大家子的事情,只要当家人还在,这时候丈夫便没有权力休掉妻子,妻子是当家人给儿子张罗的,儿子没有这个权力在没有经过当家人的同意时休掉妻子,所以在那个时候,只要父母健在就很少有男方将女方休掉。第二种情况是,家里的长辈不在或者是长辈已经没有能力管教晚辈,当家人已经没有实权了,这时候家里的儿子有权将妻子休掉,家里的长辈想管也管不到。

2.守寡女人的去留

守寡是什么时候都存在的,而守寡的现象较多,守寡的原因跟社会治安、医疗水平等因素都有关,很多村里的妇女在年纪轻轻的时候家里的男人便去世,家里的女人变成了寡妇。邓家子嗣三代中嫁入邓家的几个媳妇中没有出现过守寡的情况。守寡后的女人有改嫁的权力,而且改嫁相对自由,如果去世的是家里唯一的男人,也没有孩子,守寡后的妻子改嫁也没有什么后顾之忧,可以根据自己的意愿选择改嫁。村里有一个叫作素云的女人,丈夫去世的早,也没有留下孩子,素云本可以潇洒改嫁,但可怜自己年迈的公婆无人照顾便拒绝改嫁留了下来。如果去世的男人已经有了孩子且孩子是女孩儿的,这时候妻子改嫁可以把女孩带上,但如果孩子是男孩儿,改嫁的妇女便要做出选择:第一种情况就是把男孩留下,"这个男孩儿是夫家的后人,再怎么说也得给家里留个根"。如果家里是男孩儿,夫家也不允许儿媳妇

---

① 哭熄火:当地方言,也称为哭可怜,形容悲痛。

把孙子带走,即使家里没有公婆,只要这一户里面有叔叔伯伯,这些人都有权把男孩留下。第二种情况便是妻子舍不得把孩子留下,这时候就会找一个上门女婿,顶替原来丈夫的位置,一定程度上还是遵守了乡规民约,符合传统社会的伦理道德,既不会做出什么出格的事情,也会考虑到男方家庭和女方家庭的共同感受。

二、家户生育

受传统思想观念"养儿防老,多子多福"观念的影响,邓家后代除了邓立元为独子以外,子嗣众多,邓家男孩子可以接受教育,有继承家产的权利,邓家女孩没有上学的机会而且不能继承家产。邓家的女人在怀孕坐月子期间不用干任何家务活,家里的其他媳妇会帮忙分担家务;每个孩子出生之后,当家人也会为孩子举办满月酒,并采取"撞名"的方式为每个孩子起名字。家庭内部和谐有序,关系良好,不太会受到物质利益的诱惑出现分歧,出现争端和争议或者闹翻的情况非常少,大家庭和和睦睦,共同为这个家庭着想。

(一)生育基本情况

邓家除了邓立元为邓家独子以外,其他子嗣后辈均有兄弟姐妹,后代繁衍旺盛,众多兄弟均有儿子为其"顶门户头"。在家户孩子数量方面,邓家世世辈辈孩子数量的情况大致如下:在太姥爷一辈只育有邓立元一个儿子和一个女儿,儿子是家里的独子,妹妹很早便出嫁了,嫁到方池村。而邓立元育有邓田恩和邓田螺两子但是没有姊妹。邓田恩一家又育有四子一女,女儿很早便出嫁了。而弟弟邓田螺一家育有五子一女,家里有五个儿子和一个女儿。而邓家四子邓继山生了四个儿子一女儿,但二儿子不幸早逝,是因病去世,村庄中没有什么医院也没有什么医生,只有村医,中药西药也没有,村医只能使用一些简单的偏方来缓解病人的疼痛,大部分病状是无法诊治的,辗转多地医治无果,在21岁时去世,因此也就剩下三个儿子和一个女儿。

(二)生育目的与态度

邓家长辈受"养儿防老"观念影响,认为只有家里的儿子才有权力继承家业,同时担负着为家里老人养老送终的责任;邓家男孩女孩在十五六岁的时候便会成婚,成婚时间较早,那个时候未婚生育者在村中也会备受争议,会被大家看不起,也会被认为"丢了祖宗的颜面"。

1.生育观念之多子多福

邓家孩子较多,"多子多福"这一特征在南苏村尤为显著,究其原因:一是传统思想观念的影响,包括多子多福以及重男轻女的思想,家里的老人都希望自家后代有男孩能继承家业,给家里的父母养老送终,便不惜一切代价"生儿子",女人如果生不出儿子也会被婆家看不起,被丈夫辱骂。邓田螺家中有一位儿媳妇叫邓银银,邓银银嫁入邓家之后前三个孩子都是女儿,没有为家里生下儿子,因而夫家对她就很有意见,在邓银银生下二胎女儿时,丈夫都不曾看孩子一眼,婆婆对邓银银也是爱答不理的,直到第四胎生下儿子之后,夫家的人才转变了对她的态度,重男轻女的观念极其严重。二是当没有节育措施,"只要怀上,就不得不生",不能打胎只能生,无论家庭经济条件如何,都无法改变这一点,所以村庄里的女人会连续几年生若干个孩子,少则三四个,多则八九个,生下的孩子如果有能力抚养就将就的拉扯着,如果家庭经济困难的就会把孩子送给别人、卖给别人或者狠心抛弃。村庄中有的村民接连生了七八个女儿生不出儿子的情况下,就会和别人交换,用自家的女儿换别人家的儿子,或者直接从儿子多的家庭里抱养一个，但凡是家里没有儿子的，当家人都会觉得自己脸上"没光"，因而也会想尽一切办法要一个儿子来继承家业，结果就是越生越多，家里养不起就会越来越穷。

2.家户生育之重男轻女

邓家重男轻女的思想由来已久，包括家婆姬云仙在内的长辈虽然认为生儿生女都一样，但家里的长辈还是会看重儿子而不看重女儿，家里虽然生儿生女都会做满月，但可以根据家里长辈的表情和语气来判断是想生儿还是生女。如果家里生的是儿子，家里的长辈就会很开心，整天喜笑颜开，如果家里生的是女儿，家里的长辈并不是那么开心，有的重男轻女思想严重的公公婆婆甚至会"摆个脸"。家户重男轻女的思想有两个特别明显的表现：一是清明时节家里的女孩不能给祖先上坟，只能男孩儿去，村庄中很少有女孩儿去给祖先上坟，如果家里没有儿子则由老当家人出面，但必须去一个男人而不能让家里的女人去。无论是邓立元当家，还是邓田恩或者邓继堂当家，每到清明时节，当家人都会安排家里的几个直系子嗣去给祖先上坟，女儿则不会外出上坟。此外，邓家给家里过世的长辈立碑，立碑的时候上面只写男孩的名字，而不写女孩的名字，不管家里有几个女孩，都不能把名字刻在墓碑上。受多子多福思想观念的影响，再加上没有任何的节育措施，生上五六个儿子都属于正常的现象，再加上结婚成本低，基本上都可以把这几个儿子给"交代"了。如果家庭经济拮据，便会勉强的给儿子娶个媳妇儿然后"立刻"分家，经济拮据的家庭只有一个办法"结婚一个撵走一个"。

3.损颜损面的非婚生育

在邓家，如若妻子怀孕，即便是喜事但对丈夫而言是一件"害羞"的事情，很多男人在外面对妻子怀孕一事闭口不提，但家里的长辈会特别开心。对于非婚生育的孩子，对娘家而言是一件"丢人"的事情，有损颜面，觉得自己女儿不争气，对于婆家而言，婆家人在刚开始就会瞧不起怀孕的女孩，但时间长了孩子终归要认祖归宗。但村民对非婚生育的孩子也会持有一种瞧不起的态度，在背后议论纷纷，当家人以及姬云仙对孩子们要求严格，家里不存在非婚生育的情况。村庄中有一个叫王绣花的女人未婚先孕，怀孕之后孩子爹也不愿意娶过门，王家因为丢面子对这个女孩也不管不问，几次与男方协商无果，绣花迫于压力只能离家出走，直到孩子出生后好几年，王家才慢慢接受。

对于未婚先孕，女方家庭极力反对的原因除了维护自家的面子，不给祖先"丢光"，还有一个重要原因是不让女儿到婆家受委屈，深受保守思想的影响。村庄中很多女孩因为怀孕地位就很被动，这个也会成为男方讨价还价的理由和借口，比如原本的彩礼是两石粮食，因为女方怀孕男方只支付一石，女方家庭也不得不同意。

4.早生贵子早得福

邓家几个孩子结婚普遍早，一般在十五六岁当家人就会给孩子定亲事，当家人很早就会给孩子"过事"，而在二十岁依旧没有结婚的会被村民指点议论。当家人邓田恩开始着手长子邓继堂婚事时长子邓继堂只有十几岁，结婚后很快就生下了大侄子与大侄女。一是当地受"早生贵子早得福"思想的影响，认为家庭人丁兴旺是家族繁荣昌盛的重要因素，很多上了年纪的老人认为儿孙没有后代会给家里"抹黑"，在很早的时候就会催着晚辈成婚。二是"传统习惯"的沿袭，农村中早婚、早育现象时有发生，在当地村民看来是一件普遍现象，形成了一种"大家都是这样"的氛围,如果结婚晚的反而会被认为是"另类"。无论是对小家户还是大家户而言,人们都很重视孩子,但对小家户而言,经济条件有限无法抚养过多的孩子,便不得不选择抛弃或者是送给他人抚养。

5.一门有子,十门不缺

当地流传着一种说法"一门有子,十门不缺",意思是在自家兄弟之间,其中一方有了一个儿子,其他的众兄弟即便是没有儿子,也不用找上门女婿,如果是众多兄弟没有分家,倘若一兄弟中,有两个以上的儿子,这个兄弟便会把自己的儿子赠送给哥哥或弟弟。在当地也称为"过继",因为过继的孩子跟哥哥弟弟都有血缘亲情,所以也会被当作亲生儿子来看待。如果众兄弟已经分家而没有生出儿子的,第一时间也是考虑自家人之间的"过继",如果家里的兄弟不愿意过继给自己孩子,这时候当家人也会考虑找一个上门女婿,顶替儿子的位置。家户亲兄弟之间都很愿意把儿子过继给自己的哥哥和兄弟,一方面可以减轻自己的压力,另一方面孩子过继给自家人,自己的亲生父母每天都可以看见,心里得到安慰。家庭内部拒绝过继的现象也很少,在很多情况下,倘若家里有两个兄弟,长子生了三个儿子,而小弟没有生孩子,这时长子会主动提出来将自己的幼子过继给小弟,但前提也是双方都愿意,如果长子愿意给,小弟不愿意要而更倾向于给自己的女儿找一个上门女婿,过继同样无法完成。

家里所有的过继事宜或者找上门女婿,都是家长做主,但这时当家人是需要和孩子的父母商量的,倘若父母不愿意,当家人没有强制的权利,倘若孩子父母双方都愿意,当家人便会在中间协调。同样的,如果当家人正好是儿子的父母,那么当家人有权力决定儿子是否可以出去做上门女婿,但是如果当家人是长兄的,也就是家里长子当家,那么长子是没有权力将弟弟"嫁出去"做上门女婿,如果长兄让家弟出去做了上门女婿,也会被当地看作不合理、不合情,受到众人的嘲笑和议论。

(三)生育过程

"十月怀胎,一朝分娩",邓家女人在经过长久的孕育过程之后,在生育的时候,家里人会为孕妇"请产婆,拾孩子",在生产期间产妇的所有花费均由当家人承担,在生产之后,家里的女人也需要坐月子,坐月子的女人是不用干任何家务活的,家里的婆婆也会好心伺候生产之后的媳妇,此期间如若双方没有处理好关系之后也会引发婆媳矛盾。

1."拾孩子"的产婆

邓家的孕妇生子时,都会由产婆来接生。产婆在的村里称为"老娘婆",是专门接生孩子的,每个村里至少有两三个老娘婆,孕妇快生产时,家里人赶紧去请老娘婆,老娘婆接生孩子称为"拾孩子","拾孩子"没有任何的酬劳,只有主家送的一些礼物,如果生产顺利、母子平安,当家人会给老娘婆送上喜礼;如果生产不顺利,母子都去世的情况也不在少数,这时老娘婆也不会得到任何的礼物。老娘婆"拾孩子"的时候最怕碰到难产的情况,一旦碰到难产所有的人只能干着急,没有任何的措施,而大多数孕妇一旦碰到难产的情况都会和孩子一并去世,很少有侥幸存活的。邓家的女人怀孕时是不用干活的,女人普遍不用去田间劳作,而家里的女人都在家做家务,这时候可以帮孕妇分担一些,孕妇如果手脚还灵活,便可以帮助家里的女人做一些简单的家务活,孕妇如果行动困难则可以不干活。产妇生完产之后也是需要坐月子的,坐月子的时候一般都是家里的婆婆伺候,帮助媳妇做一些饭、洗衣服。如果家庭经济条件比较好的还有一个讲究,坐月子的孕妇是一百天不用干活,而普通家庭的产妇出了满月之后,就可以随意活动,这时候也需要帮家里干活。

2.家户承担生育费用

邓家孕妇所有的花销由各家各户承担,没有医院,孕妇怀孕期间不进行任何检查,大多数都是当家人请村医为家里的孕妇把脉,把脉的时候不需要支付费用,但会给医生带一些鸡蛋或者其他礼物;邓家孕妇生产的时候大多是在家里进行,当家人会请村里的产婆助产,在生产上也不会有太大的花销。就整个孕妇怀孕过程来看,主要花销一方面是给产妇在孕期的补品,为了给婴儿提供足够的营养,姬云仙在日常生活中会给产妇买一些鸡蛋等补品;另一方面是家里为了迎接新生儿而准备的一些衣物或者其他婴儿用品,这些用品一部分由媳妇的娘家准备,一部分则需要当家人赶集购买。媳妇生育时的大小事情基本上都有家里的婆婆操持,但所有的花销费用仍需当家人点头,一般情况下当家人也不会犹豫。

3.产后"坐月子"

村庄里没有正规的医疗卫生机构,村里每一位产妇生孩子都如同"在鬼门关走了一回",产妇生下孩子之后身体较弱,因而需要通过"坐月子"的方式恢复。邓家每位孕妇在生下孩子之后都会坐月子,坐月子期间媳妇不用干家务活也不用洗漱,一日三餐都由家人做好,家里的妯娌也会分担媳妇的家务活,坐月子期间大多为家里的婆婆和丈夫伺候,照顾产妇的饮食起居。出了月子产妇就要自己亲自动手,如果满月后的媳妇还靠别人伺候,就会引起婆媳矛盾或者其他家庭矛盾。村庄中很多婆媳矛盾都是由于媳妇坐月子得来的,媳妇在月子中身体虚弱,需要家婆或者丈夫的照顾,如果家婆没有耐心或者经常摆个冷脸,媳妇心中也会积压一些怨气,在日后的婆媳矛盾中便会以此为借口,"我月子的时候婆婆都没有管",以此方式来抱怨家婆,因而在很多时候,家婆都会很好地照顾家里的产妇,以免留下话柄。

(四)生育仪式

邓家每位产妇生产之后,当家人便会为孩子筹备满月酒,满月酒需要宴请自家的亲朋好友共同庆祝,其中最主要的客人便是媳妇的娘家,如果家庭经济拮据的可能只宴请双方比较重要的客人,而在所有宴请活动中的开销花费均由当家人来承担。

1.生育仪式之满月酒

邓家给孩子办满月酒的时候,成本很小,而有钱有权的大家户,便会请自己的亲朋好友一同祝贺,除了亲家亲戚还包括当家人的朋友,经济拮据的家户只是请自己的家人和亲家一起坐在一起吃个饭。孩子多,对普通家户而言是无法承担多次满月酒开销的,如果是家庭经济条件有限,普通家户一般只给长子和长女办满月酒,而次子次女都不用办满月酒。如果新添了孩子,经济较为拮据的小家小户就在自己家庭内简单吃一顿饭,算是给孩子过了一个简单的满月酒,经济条件好的大家大户为了表达喜悦会请自家人一起给孩子过满月。此外,大户小户的满月酒除了在宴请人数、宴请规模上有区别,还在次数上有着较大的区别:小户人家受家庭经济条件的影响,最多只举办两次满月酒:男孩一次,女孩一次,不管家里有几个男孩或者有几个女孩,只给长子或者长女举办一次满月酒,幼子或者幼女则不需要;而大户家庭经济富裕,当家人会给每一个孩子都举办满月酒,有几个孩子就举办几次,邀请自己的亲朋好友参加孩子的满月酒。

在满月酒的当天,前来帮忙的朋友还可以"闹亲戚","闹亲戚"的时候当家人朋友可以向孩子的姑爹娘舅讨要红包,数额可以是一元两元,也可以是三元五元,"家里有新生儿,这些人第一次当孩子的姑爹娘舅"，讨要红包也有着共同分享喜悦的意思，红包到手之后由所有前来帮忙的街坊邻居均分，如果主家的亲戚不多，那么最后的红包数量也不会太大，这时候就会由一个人出面去附近的销售点将凑来的红包换成东西，可以是针线，也可以是盐或者糖块，然后分给所有前来的朋友。

2.生育仪式的目的

邓家在自家强大外援的支持下为每个孩子举办了满月酒，举办满月酒的目的有两个：一是宣布喜事，表达自家增添子嗣的喜悦之情，在这天，当家人会置办满月酒席、放鞭炮，与亲朋好友一同庆祝；二是借满月酒"探客"，而探客的主要对象便是媳妇的娘家人，在满月酒的当天，媳妇的娘家人会全部到场作为邓家的"上客"，同时会为孩子准备"石骆"①。"石骆"里需要装上为新生婴儿准备的各种婴儿用品，包括衣物、碗筷、玩具以及棉衣棉裤，在赠送"石骆"的同时，娘家亲戚还需要封上一个大红包给当家人，邓家每次举办满月酒的时候，姬家都会封上一笔可观的大红包，大大减少邓家人设席请客的压力负担。

在村民看来，满月酒"探客"主要就是请前来的亲戚，朋友很少，举办满月酒的目的也是为了告知自家亲戚和对方娘家亲戚，所有亲戚前来探望时需要给新生儿准备礼物，娘家亲戚要准备好"石骆"，其他亲戚则需要给孩子塞上大大小小的红包，金额也是一两元不等。给孩子塞红包的时候，几个亲戚也会商量一下，统一一下金额，要是一元都给一元，以免因为金额的大小使得主家与亲戚朋友之间心生芥蒂。在满月酒的当天，家里的媳妇会抱着新生的孩子坐在炕头，不会在院子里来回走动，也不会出门迎客送客，来拜访亲戚的也会轮流去媳妇的房间给新生儿塞上红包。

3.生育仪式的费用

邓家举办生育仪式的费用均由家户承担，家里的当家人会承担一切花费，当家人也不用和家里的晚辈商量，只用和家里的长辈"打好招呼"。举办满月酒时最重要的客人便是"亲家"，包括亲家父母以及姑爹娘舅，自家兄弟姐妹便是"自家人"，大多数的嫂子媳妇都会在厨房里帮忙，家里的兄长、长辈则是陪客，陪着到来的亲家亲戚。满月酒的标准也不一样，"一家一户一个样"，各个家户根据自己的实际情况举办。邓家的经济条件处于中等水平，家里一个女孩四个男孩，没有能力负担五次满月酒。但姬家比较有钱，是家里的"外援"，每次满月酒，姬家来的时候就会送来很多粮食支援，如果当家人不好意思收，姬家便会以"上礼"的名义补贴邓家，或者是粮食、衣物、金钱，姬家总会以各种形式补贴邓家，所以在邓家，无论男孩女孩、无论排行大小，每个孩子都举办了满月酒，为每个孩子举办满月酒的这种情况在村庄中也不常见，大多数都是"选择性"地为每个孩子举办满月酒，以减轻家里的经济负担。

（五）孩子起名

邓家孩子众多，邓田恩虽为木匠常年在外跑，但文化程度着实不高，每个孩子出生起名字的时候邓家便会沿用村里的惯行"撞名"，由家里人抱出去，出门碰见的第一人则需要为孩子起

---

① 石骆：指男方家庭为孩子举办满月酒的时候，女方娘家带来的礼箱，礼箱为木制而成，根据家庭条件不同礼箱也会有不同的层数，一般都在两层到六层，里面有女方娘家给孩子准备的各种衣物以及日常用品，如果家庭经济条件好，女方还会为男方家长准备一些包括鞋在内的礼物。

名字。起名字可以随意取,但是忌讳和家里长辈姓名同字或者同音,否则将视为对婴儿不利。

1.起名撞名

在邓家繁衍的五代中起名字均有讲究:太老父亲的名字后人不曾得知,太老父亲的11位子嗣,均为家中的"男子辈",起名字时该辈人名字均以"男"字落尾,比如说邓化男;邓氏家族的第三辈,即邓继山的父亲辈,此辈为邓氏家族的林字辈,姓名中均含有林字,比如邓立元的父亲为邓林全;邓氏家族的第四辈即为邓继山的父亲辈,也是邓家在南苏村的第四代,此辈为邓氏家族的田字辈,所有第四代的名字均含有"田"字,比如邓田盛,到四子邓继山这一辈,为邓家的第五辈,此辈人起名字便没有那么多讲究了。

给家里的孩子起名的时候,大多是由当家人决定的,如果当家人或家里的其他长辈是文化人,则由自家人给孩子起名字,如果家里没有识字的,这时候就需要"撞名","撞名"也是村庄中一种普遍的做法,"撞名"的随机性较大,碰上谁就让谁来给孩子起名字,也寓意着孩子好养活、好拉扯。邓家当家人读书少,邓家孩子的名字均是"撞名"而来。"撞名"一般选在孩子即将满月的前两天,由家里的女性长辈抱出院子,委托在巷道里碰到的第一个成年人为自家的孩子起名字,如果碰到的第一个是孩子的便不作数,直到碰到第一个成年人,征得对方同意之后,自家新生的婴儿还需要认对方为干爹或者干妈。"撞名"为孩子起名字的随意性较大,即便是对方为自家孩子起的名字不尽人意,当家人也要遵从,为了避免这种情况,当地很多家庭在为孩子"撞名"的时候还会随机"挑人",制造机会与当地的文化人相遇,比如村里的张三比较有文化,家里的人想请张三给孩子起个名字的时候,在孩子出满月的那一天便会在站在门口张望,一旦碰到张三出了门口,便迅速抱着孩子前去请张三起个名字,这就是所说的"撞名"。有时抱着孩子等不到想要找的那个人,家里的长辈暂时不把孩子抱出来,索性先派一个人站在门口"站岗",碰到自己等待的那个人之后就会冲着家里大声喊"快点快点,人来了",家里的其他人再迅速的把孩子抱出来,请其为自家孩子起名。

2.名字意义

邓家起名字的时候有一个忌讳,那便是孩子的名字不能和家里长辈的名字"挂在一起",比如家里长辈或者是亲戚的名字里面有一个"佳"字,那么孩子的名字里面必定不能出现"佳"字,谐音字也不行。如果村里没有文化的,便只能是看看运气,出门碰到的第一个人便请其为孩子起名,碰到谁请谁起名,"碰到张三儿就请张三起名,碰到李四就请李四起名",所以孩子的名字稀奇古怪,有叫"尿罐""屎蛋"的,所以当家人给孩子"撞名"的时候,都希望碰到一个有文化的人,给孩子起一个好听的名字。"撞名"的时候也有讲究,需要给满月的孩子怀里放着一撮棉花芯,把棉花芯儿搓成一条一条的绑在一起,放在孩子的包裹里,出门"撞名"时,在对方给孩子起好名的时候,把孩子怀里的棉花芯送给对方,然后从对方的衣服上面摘下一个衣扣,留着纪念。

三、家户分家与继承

当地俗话说:"树大分权,子大分家。"在家庭成员众多统领困难的时候,当家人便会组织分家,将原来的大家庭分成若干小家,促使若干个新的家庭成立、诞生。分家主要是分财产,财产中主要分房屋和田地。分家仪式一般由亲人长辈来主持,分家需要"中人",即公证人,这一般由分家方面家族中有威望的长辈充当,同时请来舅爷叔父等当监督人,以防止父母偏心或兄弟仗势强占。

（一）分家

在邓家，随着家户的繁衍发展，后代子嗣晚辈众多则会面对"众口难调"的局面，能力较强的后辈不服从管理时，当家人则会选择分家，分家的时候需要请主持人来，主持人大多数是自家的姑爹娘舅，在主持人的主持下进行分家，分家之后双方签订分家单，分家单作为分家凭证双方各保留一份。

1.分家缘由

对邓家而言，分家与否最重要的原因是家庭成员的性格原因。倘若在一个大家户里，家庭成员众多且能力相当，大家相处和睦而不闹矛盾，大多数是因为家庭成员的性格"有强有弱"，当家人管着家庭成员，成员乐于服从而且没有反抗心理。而如果家庭成员不服从或者认为自己的能力强于当家人，这时候便会以各种形式想着法的和当家人"对着干"，当家人无法统筹整个家庭时，当家人便会张罗分家。倘若以赶会为例，如果家庭成员不服从当家人，认为赶会之前找当家人报备或者索取些钱财是一种丢人的行为，"自己有能力，而且能干，还要找别人花钱"，这种心理便会产生不服帖，不服从管理，便会想方设法同当家人闹矛盾，最终从这个家里脱离出去。

除了家庭成员的性格问题外，导致最终分家的另外一个缘由则是因为家庭矛盾，父子矛盾、婆媳矛盾、妯娌矛盾以及兄弟之间的矛盾，都可能成为分家的导火索。村庄中有一户人家叫作李俊忠，李俊忠与其长兄分家的缘由则是因为妯娌矛盾，长嫂认为自己和丈夫都年轻能干，是家里的劳动主力军，兄弟李俊忠及弟媳带着两个小孩子，两个小孩子没有劳动能力，都要靠自己来养活，如果分家的话就可以大大减轻自己和丈夫的压力，长嫂就会各种找借口要分家，家婆各种劝和，没有达到想要的效果，最后两个小家直接分家。

邓家四兄弟年龄相差悬殊，长子邓继堂整整比幼子邓继山大14岁，邓田恩当初交家时，便把家交到了长子邓继堂手上，长子邓继堂变成了新一任的当家人，邓田恩退下之后便成了家里的长辈。长子邓继堂管理家庭的大小事情时，刚开始也需要和邓田恩商量、听取邓田恩的意见，当邓田恩年龄大没有能力管理家庭事务，也没有能力给长子邓继堂管理家庭事务提供相关的意见或者建议时，长子邓继堂便不会事事向邓田恩请示，转而会和邓继芳商量。长子邓继堂当上新当家人之后，邓田恩还是可以向长子邓继堂提出一些建议或者是意见，但其他家庭成员没有权力向当家人提意见，最后的决定权依旧在当家人手上。而在姬云仙的娘家，姬家姥爷是当家人，大姥爷和三姥爷不会管理，也不会插手家庭的任何事物，也不会向当家人提出任何建议。姬家家庭人口超过30口，但全家上下都服从当家人的决定，一家人事事和睦。倘若当家人交家的时候，如果儿孙晚辈数量过多且年龄相仿，当家人会把家交到最有能力的儿子手中，而不一定会严格按照长幼顺序。

2.分家见证人——姑爹娘舅

邓家分家的时候，除了当家人和家里的长辈以外，还需要请其他的主持人，分家主持人一般都是自己家里的舅爷或者表叔，舅爷和表叔主持分家的时候晚辈不能提出任何异议，一般情况下舅爷和表叔都力求公平公正，让双方都过得去而不闹出家庭矛盾。而舅爷表叔主持分家的前提就是对家庭财产状况了解得很清楚。但是舅爷或者表叔在主持的前提必然会参考当家人的意见，在邓家后人看来，主持人主持分家的时候大部分情况下都会参考当家人的意见。在分家的过程中，如果舅爷和表叔觉得当家人的意见不合理，主持人也会和当家人再次商定。但分家的主持人绝不可能是当家人本身，因为当家人老了之后还需要儿子来养老送终，所以为了减少在分家时闹矛盾，一般都会请舅爷或者是表叔来。村里也有很多情况是在分家时儿子和父亲闹掰，儿子对分家十分不满时，在分家后便会对父亲明确表示"活着不养死不葬"，意思就是父亲活着的时候，自己不会去赡养他，死了后也不会负责埋葬，要与父亲决裂。请分家见证人也需要根据家里的实际情况，有舅爷就请舅爷，有表叔就请表叔，如果舅爷和表叔都在，那就双方都请，舅爷和表叔来了之后，在分家现场的当家人是不发言的。

在当地人看来，分家见证人选择姑爹娘舅也是有道理的：一是姑爹娘舅是家里最重要的亲戚，对家里的情况比较了解，在财产的划分上可以做出客观正确的划分，"外人对家里的情况不了解的话也容易做出错误的判断"，减少因为财产划分不均而引起的家庭矛盾。二是因为姑爹娘舅的地位特殊，一般而言，家里无论老少，都要看在亲戚的情面上听从见证人的意见与建议，"要是姑爹娘舅的话都不听还能听谁的"，如果家里没有姑爹娘舅的话，就会考虑家里是否有表叔等人，请其作为自家分家的见证人。

3.家户分家之契约

邓家分家的时候也有分家单，也称为清单，写清单的主笔人也必然是主持分家的舅爷或者表叔，清单一式两份，主持人留一份，分家当事人保存一份，清单是需要现场签字盖手印的，无论何种情况下的更改都是无效的。清单一旦签字确认之后，任何的更改要求都是无效的。在邓家后人看来，一方面孩子长大之后就必然面临着分家的情况，否则人多家大，一家子生活在一起矛盾多、开销大，当家人无力管理。另一方面，如果家里的孩子长大成人而且有能力养活自己和自己的小家，为了改善现有的家庭生活状况，当家人也会同意主持分家。家里分家的时候，如果是平辈兄弟分家，晚辈需要听从老当家人的意见，而在这种情况下，家里的长辈，诸如祖父或者是太祖父是不会插手分家事宜的，平辈兄弟分家时只会参考自己父亲的意见，跨代或者是隔辈的人很少给出意见。

（二）继承

继承指的是家庭儿孙子嗣在分家的时候所能占有的家产，继承的财产一般包括家里的土地、房屋以及日常生活中的大件用品，而继承者只能是邓家直系的男性子孙后代，如果儿子众多，无论年龄大小，家产由几个儿子均分。

1.家户继承之子承父业

在邓家，无论是何种情况下的分家，继承者一般有以下六种情况：一是家里的儿子，财产只能由家里的儿子来继承，家里的女儿一般没有权力继承。二是上门女婿，虽然上门女婿并不是当家人的直系后人，但上门入赘女方家之后，顶替的是儿子的位置，也要负责为家里的老一辈养老送终，相当于女方家的儿子，所以也是有权力继承财产的。

三是根据儿孙的孝顺程度来继承家产，倘若家庭有三个儿子，只有大儿子负责赡养父亲，二儿子和三儿子并不孝顺也不负责赡养，这时候父亲去世之后，大儿子就有权力继承家产，其他两个儿子没有权利继承，倘若是三儿子孝顺，而大儿子和二儿子不孝顺，那么只有三儿子有权利继承家产，大儿子和二儿子并没有权利，如果三个儿子都孝顺，且都在赡养老人中尽了自己的一份责任，那么所有的家产当由三个儿子平分。

四是家里媳妇改嫁过来带的儿子同样具有继承权,只要是进了家门,属于自家的后代子嗣就都有权利继承家产,改嫁带来的继子虽然与当家人并无直接的血缘关系,但"进了这家门就是一家人",继子在继承家产的同时也同样要为家里的老人养老送终。五是家里有儿有女,但是儿子不孝顺,这时候当家人也有权利把自己的家产给女儿和女婿,虽然女婿没有入赘到自己家,但在这种情况下,只要孝顺赡养父母,女婿和女儿同样具有继承权。

六是为家里老人送终的晚辈。在村庄里,继承家产的一个最重要的条件就是"谁负责来养老","财产是要给为自己养老送终的人",家里的长辈有权利把自己的家产交给为自己送终的人,即便不是自己的儿子,如果女儿负责给自己送终,那么女儿就有权利继承,如果儿子负责给自己送终,那么自己同样也有权利继承。

2.家户继承的内容

邓家的儿孙晚辈都会给父母养老送终,这时无论是父母留下了多少遗产,家里的儿孙晚辈都有权利均分。而这种情况下均分的大多数为老人的钱财,而不包括家庭的土地和房屋。主要原因是倘若家里有三个儿子,大儿子二儿子先后成家立业,老当家人主持分家,在分家的时候,大儿子二儿子已经得到了自己相应的土地和房屋,而老当家人去世之后,留下的土地和房屋便归幼子所有,大儿子和二儿子已经没有继承权利。在三位儿子共同给父亲养老送终之后,老人留下的钱财三个儿子可以均分。

倘若老当家人还在世,这时家里的儿孙晚辈所能继承的家当包括:房屋、土地、生产资料以及生活中包括锅碗瓢盆在内的生活资料都可以列入继承清单,房屋与土地的继承会严格按照数量均分,无论家里有几间房几亩田都要均分到每个儿子身上,无论儿子年龄大小、是否成婚成家都有权利继承;对于家里无法按照数量进行划分的生活资料,则会按照"件"数进行划分,"这一件给了你,另外一件就给他",当家人在"件"数上尽量给各个儿子分配均匀,晚辈之间也不会有太大的意见。

四、家户过继与抱养

家户之间除了常规的生儿育女之外,村庄内还存在着过继、抱养以及孩子买卖等非常规的生育惯行。在三种非常规的生育形式中,过继一般发生在家户内部兄弟之间,而抱养以及孩子买卖则是存在于家户之间的孩子转移。村庄中对待孩子的情况无非就是三种,第一种是遗弃,自己生下之后无力抚养,将孩子丢掉。第二种是抱养,如果有合适的人家愿意抚养这个孩子的,便会给把孩子送给对方去抚养。第三种是卖儿卖女,家庭经济实在是拮据,过不下去的时候,便会把孩子卖到大户人家换取些钱财,缓解经济压力。

(一)过继过嗣之顶门头

过继在当地也称为过房或者过嗣,指自己没有儿子的情况下收养兄弟之子为后嗣,是村庄中最常见的一种收养行为。过继家庭大多数是为了延续男性继承人,让自己的小门小家有男性后人"顶门头",因而在自己的家庭没有子嗣而需要后嗣时,就从宗族或其他亲属中收养一位男性继承人作为小家的继承人。

邓家也存在着过继、抱养等情况,但当地存在着一种说法"一门有子,十门不缺",只要同一姓氏的家族内有一个兄弟生有男孩,整个家族便算是有了后代子嗣。比如在邓家,长子邓继堂生有五个孩子,三子邓继芳没有子嗣,在严格意义上邓家便算是已有后人,但邓继芳心心念念渴望有个子嗣后代，邓继堂便把自己的小儿子过继给了邓继芳，此外，邓继芳还在张营镇上抱养了一个女儿。

1.过继的原因和目的

在当地，过继的现象一般存在于自家兄弟之间，主要有两种情况：第一种情况是，家庭里有一个兄弟没有儿子，另外一个兄弟有好几个儿子，这时候兄弟之间便会协调将一个儿子过继给没有儿子的兄弟，过继后的儿子依旧有权利继承当家人留下的财产。过继的时候也是当家人和孩子的父母共同商定，在兄弟俩同意的前提下，当家人和父母可以主持大局。过继人过继的时候主要还是要看当事人兄弟俩的意见，如果兄弟俩中间有一方不同意，过继是不能进行的。过继的时候没有契约也不需要支付任何的酬金，"过继的孩子已经继承了没有孩子兄弟的所有光景，应该是感恩的，更别说是收钱了"。过继的孩子年龄有大有小，如果父母年轻也不会轻易接受过继的孩子，自己能生当然是好的，如果年龄大了仍然没有孩子，这时候就只有考虑过继的情况了。第二种情况是，两个孩子年龄相差悬殊，大儿子已经成家立业，但小儿子年龄还小，父母没有能力给儿子"交代"，没有能力给他娶媳妇，这时候便会考虑让兄弟或者是哥哥来代替自己为幼子娶媳妇，把幼子过继到对方家里。幼子过继到自己兄弟家后，也有权利继承对方家的家庭财产。

2.过继与回继

回继的情况是很少的，没有特殊情况很少会有回继这种现象，回继发生的情况大多是过继给别人的儿子并不会孝顺对方，没有尽到赡养老人的责任甚至出现虐待老人的情况，这时候会考虑让这个孩子回去。此外，回继还可能发生在之前没有生育的父母之后又生下了孩子，这时候孩子的亲生父母便会考虑让自己的孩子回继，但很多父母即使是生下了自己的亲生儿子，也依旧会让过继来的孩子留在家里。村里有一户叫"三儿"的人家，三儿生了四个儿子，但自己的兄弟没有生下孩子，于是三儿就将自己的小儿子过继给了自己兄弟，没过多久，兄弟自己便生下了一个儿子，三儿媳妇担心自己的孩子在兄弟那里受委屈，便商量着让孩子回继回来。无论是过继还是回继，都是家户内部的事情，外人以及村里其他人是没有权利干涉的。

（二）抱养

在自家没有儿女且家庭内部没有合适的过继人选时，当家人便会考虑抱养儿女，抱养儿女时需要中间人牵线搭桥，介绍双方家庭认识，在整个抱养过程中，双方家庭的当家人以及父母都有至关重要的地位，任何一个人不同意都无法完成抱养。

1.抱儿养女的原因

邓家三子邓继芳结婚晚，夫妇又迟迟未能生育在母亲姬云仙的要求下邓继芳准备抱养本村的一个男孩，但还没有完成抱养的时候三媳妇便怀孕，抱养事宜也就不了了之。而邓家四子为家里的幼子，刚出生时当家人觉得家庭经济压力大便决定将四子邓继山送给他人，后经人介绍准备将四子送给栲栳村的一户人间，结果姬家姥爷知道之后，半路将准备送给他人的四子拦截下来，四子又被抱回了邓家。村庄的抱养情况比较普遍，在没有任何节育措施与生育限制下，很多家庭都有很多孩子，迫于经济压力，这些家庭也会想方设法地将多余的孩子送给他人抚养，一方面是为了减轻经济压力，另一方面也希望将孩子送给经济条件好的家庭，过上好日子。

抱养家庭抱养孩子的原因以及目的都较为简单,一般是继承家业,为家里的老人养老送终,如果家庭无子嗣但有能力抚养孩子,由于身体原因或者其他原因迟迟不能生育的家庭便会托人四处打听抱养孩子。抱养的孩子一般都是家里的幼子,年龄一般都很小,很少有家庭将年龄大的孩子送给他人。抱养的前提是家里没有儿子或者女儿,抱养孩子的时候抱养者和送养者之间没有直接的经济往来,也不会给生养者支付一定的酬金,只是会给生父生母送一些礼物,比如几件"活"。抱养的时候没有一定的仪式,抱养的那一天,孩子的生父生母会给孩子穿上一身新衣服送孩子离开,生父生母即使再舍不得也不得不认命。

2.抱养途径

村庄抱养孩子的途径有两条:

第一,从"养济院"抱养,在1945年以前,栲栳镇周边有一个叫"养济院",性质相当于收养院,周边农户家里生养的孩子过多因经济条件抚养不起的,便会把家里的孩子送到"养济院"。而因某种原因家里无法生养的或者是想抱养一个孩子的都可以在"养济院"领养。在送养孩子的时候,送养者和"养济院"之间不用支付任何的酬金,送养者不用给"养济院"支付抚养金,"养济院"也不需要给送养人支付其他形式的钱财,但是领养者领养的时候,需要给"养济院"支付一定的酬劳,养济院收养孩童的数量是有限的,倘若超过了收养数额,"养济院"便会拒绝收养,这时候有的贫穷人家便会将孩子丢掉。

第二,便是私人抱养,领养人直接从孩子的生父生母手里领养。而直接从生父生母手里领养的一般都需要中间人,中间人帮忙介绍、联络、说和,但如果双方比较熟识的,不需要中间人也可以。私人抱养是比较常见的一种抱养方式,私人抱养双方家庭知根知底,等孩子长大之后家里人也好给孩子交代。但私人抱养也存在着风险,那就是孩子的健康问题,村里有一户人家,家里没有什么长辈只有夫妻俩,但俩人都有精神病,在这种情况下夫妻两人不断生孩子却又无力抚养,生下的每个孩子精神都有一定的问题,村里的"好心人"便会从中间介绍把孩子送给其他没有孩子的家庭,对方家庭知道夫妻俩的健康问题时便会拒绝领养,但是偏远地区的家庭如果对送养家庭不了解便会同意抱养,抱养之后即便是发现孩子精神不正常的时候也没有反悔的余地。

3.家长决定儿女的送养

当地流传着一句俗语,"生娘不如养娘亲",意思就是很多抱养的孩子都和养娘亲而对生娘并没有感情,这是因为养娘对这个孩子有养育之恩。送养家庭一般都是经济拮据无力抚养众多孩子,而不得不将幼子送给他人,这时候家里的长辈也不会插手,这都是不得已的行为,只要生父生母同意就可以。将孩子送养出去,一方面可以缓解自己家的经济压力,另一方面可以让孩子过上更好的生活。家里送养孩子只会将自己最小的孩子送养出去,而不会将自己家的大孩子送出去,所以抱养的孩子年龄都很小,几个月或者是一两岁。邓家曾因为经济拮据,当家人差一点就将四子邓继山送养他人,被姬家的祖父拦截下来,因此邓继山也有个外号叫"挡子",送养的时候只要家里有一个人不同意,孩子便不会被送走,不经过家里长辈同意,偷偷将孩子送养他人的情况也存在,但是很少,送养的时候也是一家子人坐在一起共同商量,但偷偷将孩子送养他人的时候,家里的长辈得知后大多数会将孩子要回来,但如果经济拮据的也不得不认命,不了了之。

4.抱养后的处置

抱养是抱来别人家的孩子当自己的孩子抚养,只有未生育孩子的家庭才会去抱养,一旦抱养到孩子,抱养的家庭也会很珍惜抱养来的孩子,悉心照顾。领养的手续比较简单,只要双方愿意,"生娘愿意给,养娘愿意领",双方一旦达成一致,领养算是成功了,领养之后的孩子可以和生娘来往,如果抱养家庭介意的,便会拒绝和生娘来往,断绝一切联系。村里有一户叫李俊忠的人家,夫妻两口没有亲生孩子,于是就抱养了一儿一女,女儿的母亲和善开明,在女儿抱养之后双方家庭一直维系着良好的关系,每年逢年过节,俊忠都会抱着女儿去给对方家庭拜年;而儿子较为调皮,且抱养儿子的时候年龄较大,三天两头往回"跑",对方父母也较为蛮横,在儿子5岁的时候便与对方家庭断了来往。

(三)买卖孩子

在非常规的家户生育形式中,过继与抱养都是家户双方之间无利益联结的抱养状态,无论是过继还是抱养,双方家庭都不会有太多的金钱往来,"一方愿意给,一方愿意养"即可达成抱养,买卖孩子与前两者最大的不同在于买卖双方涉及利益关系,孩子在买卖过程中有着"商品"的属性,买方需要给卖方支付一定的金钱作为报酬。

1.买卖孩子的原因和目的

邓家子嗣均为亲生,在历代子嗣的繁衍中不存在孩子买卖的情况。村庄中也存在着孩子买卖,买卖孩子的家庭大多数都是有权有钱的大户人家,从一些经济拮据的小户人家买孩子,并支付给对方一定的酬金作为酬劳。在很多情况下,大户人家从对方家里买的儿女支付酬金后,要求对方一并断了联系,不再来往,对方经济拮据过不下日子,只得同意。大户人家买卖孩子的目的一般有两种:一是为了找个男性继承人来继承自己的家业,或者买一个女孩在自己年老的时候照顾自己,这种情况下的孩子买卖都是为了给自家增添后代,孩子买来之后也可以得到很好的生活待遇。第二种买卖孩子的目的便是大户人家为了给自家去世的老人找到陪葬的"童男童女",这种情况的孩子买卖通常在外地进行,甚至是跨省买卖,大户人家买卖孩子的时候通常会要求与对方家庭断绝一切联系,把孩子带走之后再无往来,孩子买回去之后被注入水银变成了陪葬品,为墓主人看护坟墓。

2.买卖孩子之中间人牵线

在孩子买卖时,双方当家人会通过中间人商讨买卖价格,价格一般由卖方家庭提出,买方根据自己的经济状况判断是否可以承担,如果可以承担,买卖交易即可完成,如果不能接受,则会通过中间人与对方谈判。买卖孩子的时候男孩与女孩的价格均不相同,男孩子的价钱一般要高于女孩子的价钱,假如买一个女孩子的价格为三石粮食,买男孩子的价格往往为四石粮食或者五石粮食,但孩子买卖的价格也没有特定的行情,均由买卖双方家庭的当家人商讨。

买卖孩子的过程先由中间人介绍,为买卖双方家庭牵线搭桥,一方家庭有卖的意愿,一方家庭有买的意愿。当双方家庭意见达成一致之后,卖方家庭可以提出去"看孩子",看孩子的过程也是相孩子的过程,如果卖方家庭可以相中孩子的,卖方当家人则会通过中间人与买方家庭商讨价格,如果卖方家庭相不中孩子,则买卖终止。当相中孩子之后,双方家庭需要通过中间人商讨价格,这时候价格首先由买方家庭提出,是男孩子的会多要一点,女孩子的则会少要一点,卖方家庭接受,则可以通过中间人将粮食或者金钱支付给买方家庭,如果不能接受的则会重新进行寻找。

3.家长支配孩子的买卖

在邓家,"家里的孩子养不活,当家人有权卖掉"。四子邓继山正有此经历,邓继山为家里的幼子、年龄最小,家庭经济比较拮据,当家人养不活这个孩子便打算把这个幼子送给王坟的一个人,而老伴姬云仙的娘家比较有钱,姬家当家人在半路上将其拦下,说不能卖掉这个孩子也不能送人,并且表明收养的态度,"你养不了,给我我养,你不要了给我,就是不能卖",于是邓家四子就被挡下来了,邓继山的外号便叫"挡子",寓意就是从半路被挡下来的。

买卖孩子由当家人决定,而且大多数由家里的"男人"决定,但当家人做决定的时候也要参考家里长辈的意见。家里的女人生下孩子之后往往会舍不得将孩子送出去,即使家里经济条件拮据也舍不得把孩子卖给他人,这时候家里的男人就会做主联系买主,有的家庭为了不让女子阻挡,在孩子生下来之后直接把孩子抱走给买主不让家里的女人看见。当家人在女人怀孕期间便会托人寻找买主,找到买主之后会与对方商讨价格,等到孩子生下来之后便会直接抱给买主。

4.买卖孩子后的处置

当地最有名的卖儿卖女的就是大户人家买的童男童女,童男童女是为大户人家的去世长辈陪葬的,大户人家对买来的孩子为童男童女。大户人家从村民手中购买儿女时不会告诉对方自己从哪儿来,以及其他的家庭信息,孩子带走后,便与卖家彻底断了联系和往来。大户人家家里的长辈去世之后,也会把逝者的墓地修建成四合院状的墓室,逝者下葬之后,将购买来的儿女一同下葬。买卖儿女的年龄都比较适中,大多数在八岁到十岁,孩子的生父生母卖孩子的时候也是相当的舍不得,但迫于生计而不得不做出这样的决定。当孩子的生父生母知道孩子被买去做了陪葬时,追悔莫及但也为时已晚,唯一可以安慰自己的便是,"自己的孩子去了大户人家过了好日子"。所以很多自己的孩子,被对方买走之后,虽然断了联系但是家里人也会在底下私自打听孩子的下落,孩子过得好,自己心里便得以安慰了。而购买童男童女的家庭是很难被打听到的,一般都是来自于其他地方,孩子的亲生父母是没有办法打听到的。

另外一种卖儿卖女的情况便是,有钱有权的家户年龄大了生不出孩子,并愿意出钱去购买孩子,在这种情况下,大部分孩子都可以得到良好的对待,平安长大,经济拮据的家庭也都希望把自家的孩子送到这样的大家户中养着。此外,除了卖儿卖女以外,有的家庭为了得到小孩还会选择去偷小孩,偷小孩的家庭一般都不会选择在自家的周围偷盗,而是去一些偏远地区趁人不注意将小孩偷回来,偷回来也是偷偷地养着,不敢声张。

五、家户赡养

尊重老人孝敬老人是中华民族的传统,无论何时这个传统都是没有变过的。邓家长幼次序分明,老人在家里具有至高无上的地位,当家人做决定的时候往往会与家里的长辈商讨,以示尊敬。家里的老人在丧失劳动能力之后,如果家里没有分家,则由以当家人为核心的后辈共同照料,当家人在其中担负着主要责任,如果几个儿子已经分家,老人则由几个儿子共同抚养。

（一）家户赡养之晚辈赡养长辈

邓家在赡养老人时由当家人负主要责任,家里的几个媳妇都要听从当家人的指挥,悉心照顾老人。在村庄里,赡养老人均以家户为赡养单位,都是由家里的晚辈赡养自家的长辈,"谁家的老人谁负责",村里没有任何养老院,村庄也不会有任何照顾措施,老人只能由各家户自行负责。但就整个社会风气而言,每个家庭中老人的地位是相当高的,晚辈都比较尊重老人,虐待老人的情况存在但是很少。大部分家庭都会赡养老人,儿媳都会孝顺婆婆。而赡养老人的责任大部分是由家庭中的儿子承担,女儿虽然也要赡养老人但是不需要承担主要责任,"女儿就是泼出去的水",主要是得孝敬她们自己的婆婆。

"人活六十古来稀",六十岁以后便是家里的老人了,需要儿孙晚辈的爱戴与孝顺,尽管尊老爱幼的风气比较浓厚,但是虐待老人的情况也是避免不了的。村里有一位叫邓银银的老人,年逾八十岁,与其大儿子共同生活,老人跟大儿子关系不好,儿子也特别不孝顺,在老人的房间里,床上连褥子都没有,老人每晚睡觉前只能在床上垫上几张纸箱子。平日里大儿子不允许老人外出和街坊邻居聊天,外出干活时便把老人锁在屋子里,家里没水的时候,老人只能用水盆接点雨水。即便是吃饭大儿子也是将剩下的玉米面馒头给她一块,并不让老人在饭桌上跟家人一起吃饭。这种情况在村里大家都有所耳闻,但没有人出面干涉或者调节。

一般情况下,都是家里的晚辈子孙赡养家里的长辈老人,但如若家庭遭遇意外的话,家里的老人长辈也需要伺候照顾家里的晚辈。村庄里有一户农户叫李花花,与老伴年龄都已近八旬,无奈儿子外出之后杳无音信,儿媳不久之后便改嫁,留下了一个未成年的孙子,李花花与老伴便不得不承担起照顾孙子的责任。

（二）赡养形式之轮流赡养

在分家的过程中,遵循的是"长辈分晚辈"的原则,而不会出现"晚辈分长辈"的现象,当家人在众儿子成家之后依次把儿子分家出去。分家之后家里的老人基本上和家里的幼子生活在一起。在邓家也是同样的情况,邓家弟兄四个,邓继山是年龄最小的幼子,长子邓继堂、次子邓继川、三子邓继芳先后分家之后,父亲邓田恩与母亲姬云仙便和四子邓继山生活在一起,但是在老人的赡养方面,邓家老人由四个儿子共同赡养,即便是老人和四子生活在一起,其他三个儿子每年都会支付一定数量的粮食,倘若老人生病,生病的花销也是由众儿子平摊;倘若老人去世之后,由四个儿子共同埋葬处理后事,所有花销由几个儿子平摊。

（三）家户赡养的三种做法

赡养老人主要有三种做法,第一种做法便是共同赡养,家里老人的所有花销由众多儿子共同平摊。第二种做法是轮流赡养,倘若家里有三个儿子,父母每年便会在三个儿子家中分别待上四个月,这四个月中家里老人的开销,由相应的家庭负责。但是看病,或者是老人意外去世的时候,则是由三个儿子共同承担费用。第三种做法是分开赡养,一对一式,这种情况大多存在在家里有两个儿子,一个儿子负责一位老人的赡养责任,比如说大儿子赡养母亲,小儿子要赡养父亲,所有的花销由对应的儿子负责,不再平摊。

邓家老人的赡养方法便为第三种一对一式赡养,父亲邓立元育有两子邓田恩与邓田螺,在1935年的时候邓田恩与弟弟邓田螺分家,两个孩子分别赡养一位老人,邓田恩赡养父亲邓立元,邓田螺赡养母亲,两个小家是相对独立的,邓田螺负责母亲晚年的照料、日常生活以及母亲去世之后的后事料理,而邓田恩只负责父亲的晚年照料与衣食起居。母亲去世之后,父亲邓立元便随邓田恩生活,邓田恩需要负责老人的所有花费开销,而邓田螺只是起到辅助作用,在父亲的照料中并不承担主要的赡养责任。

(四)治病送终家长出面

邓家老人的治病与送终主要由当家人出面操守,其他家庭成员辅助当家人完成,邓田恩当家时,邓家奶奶邓氏与父亲邓立元均随邓田恩生活,邓家父亲与奶奶的治病与送终均由当家人负责,包括父亲与奶奶丧失劳动能力时的伺候照料以及去世后的后事花费,均由邓田恩负责。在邓家奶奶去世的时候,当家人邓田恩与邓田螺并未分家,邓田恩是当家人,这时候邓家所有的事情均由邓田恩决定,弟弟邓田螺从旁协助,邓田螺可以提出意见但不能做主;在父亲邓立元去世的时候,邓田恩与邓田螺均已分家,两人均是各自家庭的当家人,此时邓立元的后事由邓田恩与邓田螺二人共同操办,邓田恩为主要赡养人,邓田螺可以为长兄提出建议或者意见,但邓田恩可以采纳也可以不采纳。

六、家户内部交往

在 1947 年之前,邓家四世同堂,在家庭内部交往中,父子、夫妻、婆媳、兄弟以及妯娌之间都可能发生各种各样微妙的关系或者产生各种矛盾。正如俗语所言"清官难断家务事",说的也是家庭内部矛盾的错综复杂,"婆说婆有理",外人很难插手干涉。邓家当家人为一家之主,带领全家共同生活,在各种家庭矛盾中占据着至关重要的地位。

(一)父亲指挥儿子

在邓家,当家人是"一家之主",这也就决定了儿子要顺从父亲。总体而言,邓家父子关系较为和谐,当家人对几个孩子要求严格,儿子必须对父亲言听计从,和父亲把关系闹僵的情况很少。而父子矛盾最容易爆发的点无非是分家时家产分配不均匀,这时候如果引起儿子的强烈不满时,便会和父亲闹矛盾,有的也会因此而断绝父子关系,儿子拒绝承担赡养责任。而在大部分情况,全家人都为生计所愁,大部分情况都是全家一起劳动一起耕作,父亲指挥,儿子顺从,很少闹出矛盾。

在邓家,父亲邓田恩的地位很高,尽管有时候父亲会听取母亲姬云仙的建议,但父亲的地位无可替代。邓家几个孩子从一出生,当家人便有权力决定孩子的去留,或丢弃或买卖或送人,家里没有人可以干涉。家里的孩子到了入学年龄,当家人依旧可以决定是否可以入学念书,可以决定大儿子去还是二儿子去,不管是继续念书还是辍学务农,儿子都要听父亲的,没有反抗的权利,究其原因:一是没有反抗的观念,儿子听父亲的是历来的传统,如有叛逆顶撞,则视为不孝顺、不听话。二是没有反抗的资本,父亲如果是当家人,则掌握着家里的经济命脉,每个人的衣食住行都由当家人决定,如果儿子不听话,父亲则可能放弃对儿子的抚养,此时儿子没有独立的经济能力与生存基础,便不得不听从父亲。三是家产的继承,如果儿子们听话,老人们留下的家产每个孩子都有权利继承,分家时当家人也力求公平公正,如果儿子叛逆不听话,父亲有权将所有的家产留给其他儿子,也有权决定每个儿子家产的多少或者不给哪个儿子分任何财产。

(二)家婆教导媳妇

姬云仙为几个媳妇的婆婆,姬云仙是大户人家的女儿,虽然没有上过学读过书,但从小在娘家接受过良好的家庭教育,开明识礼,邓家先后为四个儿子娶妻成婚,姬云仙与四个儿媳妇的关系一直较为和谐,几个儿媳妇对婆婆也很服从,在日常生活中,基本上都是婆婆管着媳妇,婆婆有权教育媳妇。但对"好婆婆、好媳妇"的标准没有统一的规定,如果出现矛盾,也是"婆说婆有理,公说公有理",大家都会根据自己的标准来判断某些事情、定义某一人物,所以也存在着一种说法,"认亲不说理",意思就是在某些事情面前,大家都会无意识地偏袒和自己有血缘关系的一方,而不会站在正义一方。

在大多数情况下,年轻的媳妇都会孝敬年长的婆婆,每天早上定时起床倒尿盆、打洗脸水,婆婆丧失劳动能力的时候,伺候照顾也是媳妇的责任。如果婆媳矛盾严重的时候,婆婆甚至可以动手打媳妇。在邓家,长媳妇肖叶和二儿媳妇过门较早,与婆婆姬云仙生活的时间最长但都很孝顺婆婆,婆婆是明事理的人,不会胡搅蛮缠,如果出现分歧,也会跟家里的媳妇们讲道理,媳妇们对她也是言听计从,心服口服,没有闹出过特别大的婆媳矛盾。随着三儿媳四儿媳的过门,家里的媳妇多了矛盾自然也就多了。婆婆姬云仙经常会给家里的小孩子分零食,常常分不均匀,时间久了,原本并不计较的二儿媳认为家婆偏向大儿媳,开始嘀嘀咕咕,伺候婆婆也不尽心尽力了。

如果家婆年龄过大,在家里说话的分量自然也就降低,如果儿媳妇孝顺的话还会听从家婆的教育,如果媳妇个性较强的话,也不会听从家婆的意见,认为"家里的老人有吃有喝就行了",没有必要与老人商量。

(三)嫁夫从夫,妻子顺从

对夫妻关系而言,存在着三种情况:第一种情况也是最普遍的做法就是"妻子听丈夫的",在的农村中这是最常见的情况,家里男人的地位远远高于女人,丈夫说东就是东,丈夫说西就是西,妻子一般只是听令行事,不能提出太大的反抗意见,如果提出反抗意见或者没有按照丈夫的指示行事,则可能招来丈夫的打骂,丈夫对妻子拳打脚踢实属正常现象,但是丈夫殴打妻子不当着外人的面动手、只在独处时动手,很多丈夫动手打妻子时不管不顾,甚至会在巷道里动手,即便是在巷道里,丈夫动手打妻子,会有人出言劝阻但谁也没有能力干涉。

村庄中存在着一种现象,就是家里的女人比男人还厉害,女人教育男人、管着男人,为家庭里的实际掌权人;但在对外交往方面,仍由家里的男人出面,这种做法在被称为"有权无势",家里的男人是当家人,是孩子们的父亲,在家里面有着至高无上的地位,但是没有实权,家里的里里外外、大大小小的事情均由家里的女人处理,男人没有实际的操控权,也没有决定权,相反,家里的女人成为实际意义上的当家人,此种情况下家里的男人便是'有权无势'。即使家里的女人再厉害,但是仍然要负责男人的衣食起居。第三种情况便是"男主外女主内",家里的男人负责一切对外交往事宜,家里的女人负责一家老小的生活,夫妻二人相互搭配,共同生活。

在邓家,邓田恩虽为当家人,但平日里沉默寡言,姬云仙在娘家受过良好的家庭教育,见多识广,在很多情况下,邓田恩都会听从姬云仙的意见和建议,但姬云仙也不会因此强势无理,在对外交往事宜中,仍是邓田恩出面,作为妻子的姬云仙则为丈夫为提供建议。但在男尊女卑的社会中,男人的地位远远高于女人的地位,因而在夫妻关系中,往往都是男人当家做主,女人没有丝毫反抗的权利。邓家大女儿在 1933 年左右嫁入长城村,丈夫是当家人,婆家重男轻女,全家人都希望大女儿为其生养一个男孩子,在大女儿接连生育三个女儿之后,婆家便想着将最小的女儿送给他人抚养,大女儿生下第三个女儿时眼睁睁地看着丈夫将女儿抱走送人,而大女儿除了偷偷掉眼泪啥也做不了。

妻子在必须服从丈夫安排的情况下,家里的男人也要担负起相应的养家责任,"一个家过得好不好就看家里的男人有没有本事",如果家里的男人勤勤恳恳,不偷懒耍滑,基本上可以承担起一家老小的吃穿,如果家里的男人又懒又奸,全家人也只能跟着遭罪,"吃了上顿没下顿",这种情况下家里的男人也会被村民看不起,认为"没有本事",一家人都过不好。

(四)长兄为父

在邓家,邓继山的长子邓继堂年纪比幼子邓继山年长10岁,长子邓继堂长媳妇肖叶成婚较早,邓继芳和邓继山年幼,如若恰逢父亲母亲不在家时,长媳妇肖叶便会负责邓继芳和邓继山的衣食起居,如果两个兄弟犯了错误,也会受到邓继堂的责骂。正如当地流传的俗语:"长兄为父,老嫂比母",家里的老大就要承担家庭的责任,就应当帮父母操持这个家。"为父"隐含了当兄长的不仅是要照顾弟妹,还要肩负教育、培育的责任。诸弟对长兄之尊敬仅次于父,兄令弟从,故有"长兄为父"之说。在当地,如果兄弟之间年龄差较大,长兄则担负着教育兄弟的责任。在一般情况下,家弟都会尊重兄长,听从兄长的指示。但如果当家人年纪大,而且将长子分家出去独自生活,那么长兄对家弟的责任便会减少,如果没有分家,这时候家里的长子也担负着为其他兄弟娶媳妇的责任。

(五)老嫂比母

在邓家,家里的几个媳妇都会围绕婆婆转,婆婆有权管教家里的媳妇,妯娌之间产生矛盾之后婆婆也会插手调和,但妯娌矛盾依旧不可避免。在邓家后人的印象里,家里的几个媳妇性格大方,不斤斤计较,妯娌之间相处较为融洽,而妯娌矛盾发生时,家里的男人和长辈们的劝解十分重要,女人因为鸡毛蒜皮的事情闹矛盾时,家里人要帮助化解,而不是任由其发展。

在日常生活中,邓家妯娌矛盾爆发的导火线有以下三点:一是家务活的分配。"干多干少"或者干与不干永远是妯娌矛盾争论不休的题,一般情况下,妯娌们都会在婆婆的带领下一起劳作,但如果因为个别媳妇性格不好,好吃懒做、爱占小便宜等原因,妯娌之间也会心生芥蒂,时间长了也会爆发矛盾。二是婆婆的"偏心"问题,家里的媳妇绝不止一两个,大部分家庭不分家时会有五六个媳妇,这时候妯娌之间也会形成"对比",有的媳妇勤快能干,有的媳妇好吃懒做,这时候婆婆会偏心勤快能干的媳妇,而对好吃懒做的媳妇较为严格,当婆婆的"偏心"问题被无限放大化之后便会上升为妯娌矛盾甚至家庭矛盾。三是源于孩子们的"打闹"问题。大部分家庭不分家,全家人在一起同财共灶,孩子们一起玩耍取乐,如果长子邓继堂长媳妇肖叶的儿子与次子邓继川二儿媳妇的孩子发生冲突,惹哭了一方,双方家长各自拉开劝哄则相安无事,如长媳妇肖叶冲出去教育了二儿媳妇的孩子,这时候二儿媳妇便会有意见,认为对方不该责骂自己的孩子,时间久了也会引起妯娌之间的矛盾冲突。

七、家户外部交往

虽然各家户的生活均是以家户为单位,但在村庄的整体中,各家户之间也保持着密切来往,或者农具牲口之间的相互借用,或者日常生活中的互帮互助,无一不把家户的"个体"带入熟人社会的整体中。而在家户外部交往中,均是以家里的男人为核心,正如俗语所言"男和街,女和邻",并且家里女人的交往意志随着男人的外部交往关系而转移。

(一)对外关系之男街女邻

在邓家,邓田恩有一门手艺,交际广泛,经常帮街坊邻居干一些简单的小木匠活,不收任何费用也不收礼,被街坊邻居称为比较"为人",当地流传着一句俗语"男和街,女和邻",意思就是男人的交际可能遍布整条巷道,而女人之间的交往大都置身于邻里之间,所以邻里关系对家里的女人来说至关重要。村里的生产生活均是以一家一户为单位,虽很多家庭是不分家的,人多关系复杂,处理得好的便会抱成团儿,这时也会忽视一些邻里关系,但总体而言,南苏村邻里关系浓,邻里关系也仅仅基于各家各户之间的交情,而不是利益,邻里之间借牲口、借农具,相互扶持相互帮助,这是常见的邻里关系的表现。

邓家在日常的生产生活中,邻里之间的矛盾是不可避免的。如果邻里两方家庭出现了矛盾,一般是当家人出面解决,"解决好了,这件事情就了了,解决不好,两家人就不说话了",双方不说话也是一时的,很多邻居过几年又会复合,而且关系越发的好,好多种情况是"两家越吵关系越好"。邓家当家人在教育自家的孩子时,也会经常告诉孩子,"和别人好好的处,不要和人吵架"。邓家在一次房屋修建中,由于邓田恩经常外出接活,邓立元也经常在银饰楼里加工银饰不回家,出于安全考虑妻子姬云仙向当家人建议加高与邻居之间的公墙,修建费用由邓家出,但邻居以不美观的理由拒绝,邓田恩几次与对方当家人商量均遭到拒绝,双方家庭不欢而散,好久都不说话。

(二)对外日常交往关系

1.与闾长的关系

当时,每个村没有村长、副村长或者组长,村里设置的是"闾长、村副、柴粮",闾长相当于一个村长的职位,村副相当于副村长。一个村子有一个闾长,两个村副,村副便是东西两半村,一半一个。而"柴粮"相当于生产队队长,每个村落根据自己的实际情况设置,可以是三个也可以是五个,没有严格统一的标准。平时百姓跟村干部的关系并不是很紧密,村干部不会插手各家各户的家务事,各家各户的大小事宜都是当家人负责处理,当家人一般也不会给村干部说或者征求村干部的意见,村民与村干部打交道的事情寥寥无几,各家各户可以独立完成的事情村干部也不会插手。村庄中与干部走的近的便是干部自己的朋友,普通农户一般不会和村干部打交道。

2.与邻居的关系

家户之间大多数都保持着你来我往的良好交往关系,如果邻居双方有一方越过对方接受底线时,双方也会爆发矛盾,邻里之间爆发矛盾的焦点主要源于三点:一是孩子之间的矛盾,孩子之间的小打小闹,因没有处理好而上升为家庭之间的矛盾,而将两家矛盾僵化,两家关系决裂。二是邻里之间的偷盗行为,邻居悄悄到地里偷了自己几个红薯,或是拔了自己几棵小麦,让其他村民看见了,并且最后传到主家的耳朵里,主家这时候便会和邻居之间闹矛盾。三是房屋边界,盖房子的时候多一寸少一寸都不行,两家之间需要泾渭分明,但若有一家多占了一寸,占用了对方一寸土地,这时候两家也会闹矛盾。如果邻里之间发生了矛盾,有时候长辈"户脑"①会积极调解,及时化解,有的时候便会互不搭理,但邻里双方住的近而且抬头不见低头见,只要有一方示弱或者"示好",两家便会冰释前嫌。

3.与雇主的关系

在邓家,邓立元与邓田恩经常外出接活,或是银匠活或是木匠活,但二人做活多年,没有与主家发生过任何矛盾,在接活之前,主家也会和邓家商量好价格,双方谈拢之后,邓家才会外出为其做活,双方如果谈不拢,邓家也会拒绝接活。如果接的活是大件活,邓田恩也会选择在主家居住几天,把活干完之后返家。居住在主家的这几天,家里的女主人也会管饭,邓田恩也会尽量地把活做好,在邓家后人的印象里,在邓田恩做完活之后,很多雇主在家里有活的时候还会再次找上邓家,一来二往的两家就会变成熟人。

邓家接连几代都为手艺人,无论是谁当家,都与街坊邻居保持着良好的关系。邓立元或者邓田恩当家时,经常外出接活,姬云仙善良大方,在与邻居的交往中不斤斤计较,邓田恩在家时,左右邻居经常会找邓田恩做一些简单的木匠活,邓田恩也是能帮就帮,从不推诿也不会向左邻右舍收取任何费用,有时左邻右舍家有事情,邓田恩得知之后便会主动前往,也不会计较自己付出的多与少,左邻右舍经常出于感激会给邓家送一些小礼物,或者给邓家的几个小孩子买一些小零食,姬云仙也会在适当的时候返还回去。

---

① 卢脑:指婚氏首脑,由家族中有能力的长辈担任。

第四章　家户文化制度

家户文化制度包括家户教育、家户意识、家户习俗、家户信仰以及家户娱乐五部分内容。在1947年以前,邓家的后辈子嗣中只有男孩子可以接受学校教育,女孩子则不能去学堂;每个家庭成员对自家人与外人有着严格的区分界线,自家人是有着血缘关系、长期生活在一起的家人,而外人是没有任何血缘关系的人;在所有的节庆习俗中,庆祝活动都是以家户为单位进行的,而在所有的节庆活动中,家庭成员都要服从当家人的安排;在日常交往中,家里的男人女人都可以拥有自己的朋友,当家人对家里的成年男性的交往不做过多干涉,但邓家对小孩子的教育较为严格,不允许家里的孩子毫无规矩地乱逛。

一、家户教育

邓家的教育包括私塾教育和学校教育,但所有的教育只针对家里的男孩子,女孩子是没有权利接受教育的,邓家孩子接受的私塾教育多半来自姬家私塾学堂,自家无力承担创办私塾教育的花费;家里的男孩子到了一定的年龄之后,当家人会做主将孩子送到学校接受教育,但在农忙时节,家里劳动力不够的情况下,当家人也会要求其中一个孩子退学回家帮助家里做农活。

(一)家户教育概况

在教育方面,邓家的所有女孩子是不上学的,只有男孩子上学,入学年龄都较大,直到七八岁甚至更大的时候当家人才会安排孩子去上学,男孩子上学的年限也不长,大部分都是小学毕业就退学回家。在邓家,家里唯一的女儿一年学都没上过,在十三岁的时候就被当家人许配给人家做媳妇,长子邓继堂和四子邓继山虽然上过学,但都只上过几年的学,而三子邓继芳上到高小[①]毕业,算是家里文化水平最高的一个,所以出来当了教员。当家人邓田恩是文盲没有读过书,从小就帮家长邓立元干农活,后来向别人学习木匠活。受社会风气的影响,妻子姬云仙也从未上过学,但是娘家家世好,是乡里最有名的一家大户,家大业大,土地上百亩,人口三十口,有长工、短工,经济富裕,虽然姬家的女孩子同样不入学读书,但是姬家为家里的男孩子请了私人教员,当家人思想比较开明,支持家里的女孩旁听,所以姬家女孩子也受到了良好的家庭教育。姬云仙认字、识字而且还会写字,即便是没有进过学堂,但在家里受到了良好的熏陶。除此之外,姬家当家人是个文化人,当家人在闲暇空余也会亲自教孩子,不管家里的男孩儿、女孩儿,当家人都会手把手地教,所以姬家的所有孩子在很小的时候便受到了良好的家庭教育。除了读书识字,姬云仙还会讲戏,人们都喜欢看戏但未必会懂戏,妻子

---

① 高小:相当于现在的高中。

姬云仙一看便懂还会讲,因而嫁入邓家之后,姬云仙在邓家也算是少有的文化人,因而家庭地位也高,当家人邓田恩也会经常听取姬云仙的意见。

(二)私塾教育

在1945年以前,村里没有举办学校但是有私塾学堂。私塾学堂一般是指大户人家经济条件好而且后代子嗣众多,为了让自家的孩子接受良好的教育便会创办私塾学堂,并聘请一名教员为自家孩子传书授道,私塾学堂的教育对象大多为自家的直系后辈,学堂的命名也是以自家的姓氏来命名,如刘家创办的私塾学堂,该学堂的命名就为"刘氏学堂",村里其他人如果与刘家的交情好,在征得当家人的同意之后也可以把自己的孩子送到私塾学堂旁听学习。村里有一户人家叫邓崇文,他家大业大,算是南苏村为数不多的富裕家庭,崇文家就创办了自己家的私塾学堂,崇文爹为人心慈善良,创办了私塾学堂之后,村里只要有意愿来学习的都可以过来旁听学习,崇文家也不会收取任何费用。

除此之外,姬云仙的娘家同样创办过私塾学堂,同样是以姬姓来命名,称为"姬家学堂"。姬家学堂由姬家当家人创办,创办的目的也是为了解决自家孩子的教育问题,最初的想法只是想让就家里的孩子念书识字。私塾教员由当家人出面聘请,姬家每年支付一定的粮食作为报酬,教员每年吃住都在学堂里,一年回去一次,不教书的时候偶尔也会帮助姬家干一些简单的活,姬家的男孩每天都要跟着教员学习认字,女孩子可以选择性的去旁听学习,但家长对女孩子的要求并不严格,"愿意去就去,当家人不阻拦"。鉴于此,邓家的几个孩子也在姬家学堂学习过一段时间,学习过程中不会收取任何的费用,吃饭也在姬家。私塾是否可以接受外姓后辈在自家学堂里学习都是当家人说了算,其他家庭成员不能有任何意见,姬云仙在姬家就备受当家人宠爱,姬云仙的几个孩子在姬家的待遇也一直都很好。

(三)学校教育

村庄里也设有村庄学堂,所举办的学堂设有一年级、二年级、三年级、四年级,四个年级上完之后便是"完小","完小"的学年是三年学时,"完小"之后是"高小","高小"即相当于高中水平。上小学的时候不用上交学费,但是需要"管饭"。"管饭"的学生家庭需要承担学校教员伙食的责任,凡是在本村小学入学的学生,不论年级高低,其家人需要轮流承担学校教员的伙食问题。"管饭"的流程为:每到十二点"饭点儿",学校会派出两名学生到相对应的学生家庭中,为学校教员取饭。学生家庭会提前准备一个"裹伙"①,上面放着菜、馒头、粥,由负责的两名学校学生端到学校供学校教员食用。管饭的时长根据每个家庭的学生数量决定,如果家庭中有一名学生,则只需要管一天的饭,如果家庭中有两名学生,需要管两天的饭,以此类推,如果家庭中没有学生在学校入学,则不需要负责学校教员的伙食问题。

邓家家庭经济一般,没有条件支撑所有孩子一起上学,再加上家里农活繁忙,当家人最终选择让四子邓继山辍学回家,三子邓继芳继续上学。在村庄中,如果家里的平辈兄弟比较多,且年龄相仿,家庭的经济条件较好的,当家人会决定让所有的孩子都上学。如果家里经济条件一般,无法供养所有孩子上学,这时候当家人会根据孩子的资质有所选择的供养,如果弟弟学习比哥哥学习好,资质较好,这时候当家人便会决定让弟弟继续上学,让哥哥回家在田间劳作,如果哥哥学习潜能好,就会让哥哥在学校学习,弟弟回家种地,总之,在条件有限

---

① 裹伙:当地方言,相当于装东西的托盘或者篮子。

的情况下，当家人会在平辈兄弟中区分出"好与坏"，做出选择。在1945年以前，各家各户的孩子多多少少都上过学，孩子上学最大的区别就在于"完小"，上"完小"时学校不再免费，而是需要交学费，这时候大多家庭供养不起，所以大多数在小学毕业之后便回家种地。

邓家人决定让邓继山辍学务农，其他家庭成员也不能有反对意见，只能服从。对邓继山本人而言，一样没有任何反抗权利，"说不让上学就不让去了"，辍学之后的邓继山则被当家人带到地里干农活，成为邓家新的劳力。

（四）教育的家户单位

在邓家家庭教育方面，包括当家人在内的大多数家庭长辈不识字，无法给孩子提供学习教育，因而邓家家庭教育多指作风上的教育、行为上的教育、而不包括学习教育。邓家妻子姬云仙算是家里的文化人，在空闲之余也会教孩子学习，学习的内容包括数字一到十，还包括一些简单的汉字，比如"男女、多少、大小"。家庭教育的主体多为孩子的父母，而不一定是该家户的当家人，一般情况下，当家人没有多余的时间负责孩子的学习教育，所以孩子的学习教育多由该孩子的父母负责。学生在学校里所接受的教育也十分简单，课业内容大概为一天学习一个字，一直到四年级。孩子"十分好养活，只要能吃饱饭，孩子不犯大错误，就算是乖孩子"，受家庭教育水平的影响，很多家庭并不重视学习教育，但家庭教育其实对晚辈的成长影响甚大，如果家里面有识字的家长，或者是有良好的家庭教育，家里的孩子便会得到良好的教育，正如在当地流传着一句俗语："老子英雄儿好汉，老子王八儿混蛋"，说的就是家庭长辈对晚辈的影响极大，家庭教育对孩子的影响也是很大的。

（五）家教与人格形成

邓家当家人虽然不识字，但妻子姬云仙开明聪慧，几个孩子在母亲的教育下也是积极乐观，家长的性格对孩子人格的形成具有重要的影响。以姬云仙为例，在邓家后人的印象里，村庄的闾长或者是村副给村里各家各户派差，大部分村民不识字也不懂道理，只要听着干就行，但是姬云仙会和闾长算清楚，"自己家什么时候支了差，每隔几天支差一次，下一次该什么时候"都算得清清楚楚，曾经把村里的闾长算的心服口服。姬云仙在娘家属于长女，备受宠爱，即使后来与邓田恩结婚，家庭经济拮据的时候，姬家也会惦记着大女儿，所以无论是天灾还是粮食减产，邓家从来不缺粮食，也正是因为有姬家的强大的支援，所以姬云仙在邓家地位较高，无论是邓田恩当家还是后来长子邓继堂当家，都会听取姬云仙的意见。姬云仙也会为家里的大小事情提出建议，邓田恩和长子邓继堂也都会听从，但姬云仙不是那种强势不讲理的人，在与外界的交往中，姬云仙往往只是提建议，让长子邓继堂和邓田恩出面。

（六）家教与劳动技能

邓家的男孩在十二岁左右有了劳动能力，便会被当家人带到地里学习田间劳作以及基本的耕种技能，刚开始孩子接触的只是一些简单的农业耕种技术，干一些轻活，随着年龄的增长农活也会逐渐加重，直到成年之后成为家里劳力的主力军。家里的女孩儿上学的很少，基本上女孩都不让上学，女孩在十岁左右便跟着家里的女人学习一些家务活，纺线织布做衣服，邓家女孩的教育基本上由姬云仙负责。各家各户也有家教，家教严格意义上只发生在有权有钱的大家户里，大家户对孩子的教育十分严格，孩子如果犯了错误便会得到严惩。在普通的家户里面，如果孩子不听话或者是犯了错误便会挨打，"百分之百的孩子都挨过打"，一般动手打孩子的都是当家人，家里的女人很少动手打孩子。

(七)手艺传承

四子邓继山上过三年小学,在该上四年级的时候,家里的劳力不够便被叫回来了,辍学的原因也很简单,邓继山虽然年龄小,但是地里活都会干且灵活,所以当家人就把他叫回来种地,邓继芳留在学校学习。邓继山辍学回家之后,一方面帮助家里干活,成为家里年轻的劳动主力,另一方面跟着村里的师傅学习厨艺,也算是掌握了一门手艺,全村各家各户的红白喜事,他都会被邀请去做菜,可以说是"齐牌门"①,家家户户都与他有交情。

关于手艺的传承,邓家世世辈辈的当家人都是手艺人,邓立元是一名银匠、邓田恩是一名木匠,四子邓继山是一名厨师,但是家里的几个儿子并未继承长辈的手艺。邓家手艺没有被传承的原因主要有以下三点:一是传承时机不符合,邓田恩干木匠的时候,家里的几个孩子的年龄都比较小没有学习能力。在邓家几个孩子长大成人之后,邓田恩便不干一些木匠活了,错过了良好的手艺传承时间。在邓立元当家时,经常在外村做活,邓田恩与邓田螺没有机会向家长学习,邓立元也没有时间将手艺教给孩子。二是没有继承的意识。几个孩子都有自己的工作,"该种地的种地,该当兵的当兵",没有向邓田恩学习手艺的意愿,无论是邓立元当家还是邓田恩当家,也没有意识将自己的手艺传承给自己的后辈,所以邓家世辈都有手艺人,但每个人的手艺都不同,而且技艺都是从外界学习而来。三是长子邓继堂年龄较大,有机会跟随邓田恩学过一些木匠活,但并未"出师",技术不够熟练,不能独自外出接活,只是跟着当家人外出打下手。学习手艺大多是向当地有手艺的老人学习,不交纳任何学习费用,徒弟学习期间会跟着自己的师傅到处工作,这时干的活不会得到任何报酬。比如一个师傅做木匠的工资是一天一百元,如果一个师傅带着一个徒弟做木匠的,一天的工资是一天一百五十,但是额外支付给徒弟五十元钱,师傅并不会转付给徒弟。

二、家户意识

家户意识是指所有的家庭成员在长期的生活中所形成的一家人意识,包括自家人意识和家户一体的意识,邓家对"自家人"的判断标准,一是是否具有血缘关系,二是是否长期生活在一起,对于具有血缘关系的自家人,邓家成员则会相互扶持、相互维护。

(一)自家人意识

在邓家,家庭成员互相判断对方是否是自家人的标准便是血缘、姓氏与生活状况。一是血缘,有着直系血亲的家庭成员便是自家人,比如邓家有着血缘关系的父子、兄弟以及姊妹,邓田恩与邓田螺两兄弟,邓继山与其他四兄弟都有着直接的血亲关系,便都是一家人。比如一个父亲生了三个儿子,三个儿子先后分家,这时分家后的三个儿子与自己的父亲以及祖父三代人之间属于自家人。但是自家人与一家人有严格的区别,自家人是指分家之后兄弟之间的亲属关系,一家人是分家前生活在一起的。自家的女儿在出嫁之后,也属于自家人,兄弟之间称呼外嫁的姐妹便是"自家的姐姐",或者是"自家的妹妹",也算是自家人,但姐夫并不能称之为自家人,在邓家后人看来,家里的女儿虽然外嫁,但她依然跟娘家是同一姓氏、有着割不断的血缘关系,便是自家的女儿。

二是姓氏,在拥有血缘关系的前提下,姓氏便是直接的判断要素,若以姓氏作为判断,上

---

① 齐牌门:当地方言,有着挨家挨户的意思。

门女婿不属于自家人,上门女婿虽然上门给别人家当儿子,但并不拥有本家的姓氏与血缘,所以仍属于外人,不算是自家人。如果上门女婿上门之后改名换姓,在某种程度上便承认为自家人,再比如一个女人嫁给一个男人之后,丈夫不幸去世,守寡后的女人再找了一个上门女婿,这个上门女婿在严格意义上绝对不是自家人,虽然守寡后的媳妇充当了原来的女儿,但是上门女婿仍然不是自家人。

第三个判断标准便是生活状态,除了血缘与姓氏以外,是否长期共同生活在一起也是邓家人判断是否是一家人的标准,"不是家人就不会跟生活在一起",而那些长期同财共灶的便是自家人。即便是邓立元或者邓田恩长期在外接活,但只要恰逢农忙之际,所有人都会放下手里的活回家收秋,这也是自家人。邓继芳是邓家上学是最长的人,高小毕业之后便在外地当起了教员,但只要是逢年过节,邓继芳都会赶回家与家人一起过节。

(二)家户一体意识

邓家在南苏村,家族庞大、后代支系众多,但所有的后代支系均有同一个祖先,当初邓家的太老父亲生下了五个兄弟,也就是邓继山的五位太父亲,五位太父亲先后分家,俗称"老五门"。后来老五门中的五位太老父亲一共生了11位子嗣。邓家在南苏村也顺利繁衍到第九代,只要为同一姓氏的家户,比如邓氏家族的老五门,其中有一门有困难,其他四门必会伸出援助之手、相互扶持。但由于邓家后代过多、支系庞大,援助仅可能发生在三代以内,三代以外的自家人,由于距离较远,已谈不上相互援助与扶持。到四子邓继山这一代,邓家在南苏村繁衍了五代,后代子嗣已超过五十家,均为老五门的支系,因而家户之间的相互扶持仅仅是在三代之内的直系子嗣。

邓田恩当家时,自家的直系亲属仅为自己的父辈、兄弟邓田螺以及自己的直系子嗣,无论是这三代人之间有任何一个成员有困难或者发生意外状况,邓田恩都有责任帮其排忧解难,即便是邓田恩与兄弟邓田螺分家之后,邓田螺小家若有苦难,作为长兄的邓田恩也有责任帮助其小家渡过难关。在邓家后人的印象里,即便是与邓田螺分了家,但无论是邓田螺家修补房屋还是农忙收秋,只要邓田恩有空就一定会到场帮忙,邓田恩为其子娶媳妇"过事儿"①的时候,邓田螺及其妻子也会忙前忙后帮忙,不会推诿。

(三)家户积德意识

村庄中老人都有"积德"的意识,正如俗语所言"好人有好报"。姬云仙的娘家家大业大,较为富裕,是当地有名的"大户人家",但特别重视积德,历年对村民都很友善,如果穷苦百姓没有粮食,日子拮据,找上门借粮食,姬家姥爷便会让这些上门借粮食的村民,用布袋自己装粮食,需要多少装多少,归还时不用归还任何利息,更不存在"借一斗还两斗,借粗粮还细粮"的做法,周边村民对姥爷家的评价是"有钱有德"的大家,批判姬家的村民极少,在邓家后人看来,姬家在当地声誉极高,全是因为娘家人重视积德。

积德意识在以下情况中尤为显现:一是在各家各户长辈老人的眼里,家里的长辈经历的事情多,可以看更多的人情世故,因而更加坚信"好人有好报"。邓立元年老时,经常帮助村民免费做一些零散的手工活,从来不收取任何费用,即便是跟自家有过"过节"的人找上门来,邓立元依旧会放下往日的成见,能帮则帮,同样不会收取任何的费用,如果是对方强行付钱,

---

① 过事儿:当地方言,指家户内部的婚丧嫁娶、盖房、满月等,统称为"过事儿"。

邓立元也会坚决推掉；二是当地的大户人家，比如姬云仙的娘家，姬家的财力以及影响力在栲栳①方圆都有"盛名"，而在姬家成员的眼里，姬家所有的财富都是前几辈当家人"福气堆积"的，是先人们②做好事得来的福气，因而后人们在日常生活中格外注意"积德"，在自家财力充足的情况下，只有多做好事多行善才能保持自家的富裕安康。

三、家户习俗

在邓家，所有的节庆习俗均是以家户为单位进行的，家里的红白喜事由当家人操持、举办，但邓田恩沉默寡言，妻子姬云仙便会为当家人提供中肯的建议；每到逢年过节，家里的晚辈准备节庆事宜的时候都需要听从家里长辈的意见，长辈了解得多，对节庆规矩以及忌讳了解的也多。正如当地俗语"不听老人言，吃亏在眼前"，说的就是老人了解得多，可以帮助家庭规避很多不好的事情。

（一）节庆习俗概况

在不同的节日内，邓家有着不同的庆祝习俗，在家户"白事"中，当家人位于统领地位，家里长辈的意见也格外重要；在家户"红事"中，当家人也要遵循当事人父母的意见；而在其他节庆日，则需要在当家人的统领下，所有家庭成员的共同配合。

1.家户习俗之逢年过节

对邓家而言，一年中最重要的节日便是春节，春节即每年的农历正月初一，邓家的几个媳妇会提前几个月为春节做准备，婆婆姬云仙会要求家里的几个媳妇把所有房间的每一个角落都打扫干净，到过年的那一天，家里每个房间的用品都要洗刷完毕，不能积攒脏衣服，在姬云仙看来，春节代表着新的开始与新的希望，是邓家传统节日中最为隆重和盛大的节日，全家上下都把春节看作是喜庆团聚的好日子。大年三十为迎接春节的前一天晚上，家里的长辈会与全家的家庭成员吃团圆饭、放鞭炮，迎接新年，大年三十在当地称为"月近"，有着"临近春节"之意。年前需要大扫除，大扫除的日期没有固定的时间，各家各户可以根据自家的实际情况来进行大清扫，可以在腊月二十清扫，也可以在腊月二十五进行清扫，大扫除在当地称为"扫房"。

邓家过年需要贴对联，对联可以是自己写也可以是购买，邓家的春联一般都是请村里叫邓崇文的老人写的，请村里其他老人写对联时不需要支付费用，都是邻里之间的互帮互助，但请对方帮助写对联的时候需要自家准备好纸，邓田恩每次都会提前在集市上买好红纸，一两毛钱就可以买一张，每次写好对联之后邓田恩也不会把剩余的红纸带走，而是留给对方作为小的报酬。邓家贴对联的时候只能是家里的男人贴对联，家里的女人则不能贴，一般情况下，邓家的对联都是邓田恩以及长子邓继堂完成，家里的女人则只是负责扫房扫院，过年时贴的对联都是红色的，但丧事除外，比如家里的老人当年去世，则本年年底之前家里不能贴任何颜色的对联，在老人去世后的第二年年底之际，家人便会贴上蓝色的对联，在老人去世的第三年年底，家人会贴上红色的对联。

邓家过年还有一些讲究：一是过年的这一天，家里不能有外人，包括出嫁的女儿也不能

---

① 栲栳：地名，现为栲栳镇。
② 先人：当地方言，指祖先长辈。

在娘家停留,所有的"外人"在大年三十这一天必须离开,否则会被认为给主家带来不好的运气。除了外嫁的女儿,家里还不能有其他"外人"。二是在腊月初八时,外嫁的女儿不能在娘家吃饭,不能在娘家喝腊八粥,当地的俗语称为"吃了娘家的腊八米,世世辈辈还不起",意思就是外嫁的女儿如果吃了娘家的粮食,则会对自己的家庭经济不利。三是祭祖,除了在清明时节,每逢过年之际家户也会例行祭祖仪式,给家里的祖先烧纸放炮,但这不是绝对的情况,过年祭祖是当地的习俗,但这种习俗不是普遍行为。邓立元当家时,每年的春节便由邓立元去给祖坟烧纸;邓田恩当家时,每年春节便有邓田恩和邓田螺兄弟二人为祖坟烧纸;长子邓继堂当家时,则由长子带领邓家四兄弟为祖坟烧纸,但无论是邓家谁当家,家里的女人是不能去祖坟上为祖先烧纸的。四是过年走亲戚,邓家给亲戚拜年是有顺序的,在大年初一这一天,拜年的对象只能是自家人以及自家的长辈,平辈之间也是相互走动的,在当地有着"初一不出门"的说法,所以拜访的亲戚都是自家人,大年初二拜访的则是娘家的姑爹娘舅,初三初四初五则拜访家里的其他亲戚。邓家拜访亲戚时,一般也是由当家人出面,家里的女人要提前为当家人准备好礼物,当家人走亲戚的时候也会携带自家的小孩子,小孩子则不受限制,男孩女孩都可以,如果家里的孩子年龄大了,也只会携带男孩子走亲戚;但在拜访娘家亲戚时,家里的几个媳妇则可以出面,而且丈夫需要陪同前往,姬云仙每年去给姬家拜年的时候,则由邓田恩陪同;长媳妇肖叶给娘家亲戚拜年的时候则由长子邓继堂陪同。

2.家户习俗之红白喜事

(1)婚嫁红事,家长当家做主

邓家男性子嗣众多,当家人免不了为自己的儿孙子嗣娶妻生子,邓立元当家时,要负责为邓田恩与邓田螺两个儿子娶媳妇,在邓田恩当家时,要负责为邓继堂、邓继川、邓继芳以及邓继山四个孩子娶妻生子,无论是邓立元当家还是邓田恩当家,在家里的红事中都扮演着重要的核心角色。

邓家在为后辈子嗣娶妻生子的时候主要包括以下三点做法:一是"探客",由当家人主持,请自家的亲朋好友共同来庆祝,邓家娶媳妇的习俗中最重要的是"探客"[①],也就是设席请客,邓田恩为每个儿子娶媳妇的时候都要请客,条件好的时候席厚一点,条件不好的时候席薄一点,但无论经济条件好坏都要请客,"请不起多的就请少的,请不起好的就请差的"。二是请戏台子,请戏台子的情况并不多见。只要在经济条件好的家户"过事"时才会请戏台子。在邓家,邓田恩在给长子邓继川娶媳妇的时候就请了戏台子,邓继川是家里的长子,而且又是邓家的第一场喜事,在妻子姬云仙的支持下邓田恩为长子请了戏台,请戏班子热热闹闹地唱上一出,戏班子唱戏的时候,所有成员会坐在一个方桌上面为大家演出,下面老老少少坐满了人,家里极其热闹。三是请结婚伴郎,长子邓继川结婚的时候也都会有伴郎,伴郎的人选只能是家里的姐夫,如果没有姐夫,则由家里的表姐夫或者堂姐夫出面代替。请伴郎时,则需要给伴郎送上礼物,一般都是一双鞋子或者其他的"几件活"[②]。迎亲时,男方到女方家庭之后需要给女方祖先作揖磕头,还要给女方的父母以及家里的长辈磕头,刚开始是作揖或者是磕头,有的当家人思想开明的话也会让女方行礼,不进行跪拜,"让娃娃行个礼算了",减轻了男

---

① 探客:当地方言,指设席请客,探望客人,多指各家各户在红白喜事中的请客。
② "活":这里指的是衣服、袜子、床单、被罩等手工活。在当地简称为"活"。

女双方叩拜的繁重,也显示了当家人对男方或者女方的疼爱。

邓家嫁女儿的时候则与娶媳妇不同,娶媳妇时身为男方家庭,全家上下都为家里迎来新成员感到开心,嫁女儿则是意味着家里的一位成员的离去,因而在邓家,嫁女儿的时候也有哭嫁的习惯做法,结婚当天外嫁的女儿因舍不得家里的父母,便会哭嫁,哭嫁的原因主要是离不开爹娘,离不开家,哭嫁也被当地视为尊重家里长辈的一种做法,如果外嫁的女儿当天没有哭嫁,便会被村里同龄人嘲讽:"这个女儿这么爱嫁给别人,都不管他父母"。所以女儿在外嫁的这一天,都有哭嫁的讲究。哭嫁的时候,有真哭的也有假哭,假哭的原因是因为怕同村人嘲笑而装出哭嫁的样子。刚结婚第二天新媳妇是不用做饭的。第二天新媳妇需要早起给公公婆婆敬茶问候,但一般情况下,刚结婚的新媳妇,是会被娘家的人"叫",叫新郎与新娘过来吃饭,叫的日子比较要比较有讲究,"叫单不叫双",比如可以在"一三五"叫新媳妇过来吃饭,但不可以在"二四六"叫新媳妇过来吃饭。

(2)送终丧事,成员各尽其职

邓家如果有丧事,当家人也会根据逝者的年龄身份而有所区别:

一是去世的为家里的长辈。在埋葬去世的长辈的时候,家里的晚辈必须是重孝。重孝一般表现为儿子披麻戴孝,女儿身着白色衣物。但儿子与女儿还是有所区别,去世长辈下葬时,晚辈儿子就拉上哭棍。如果家里有好几个儿子,这些儿子均需要拉上哭棍,大儿子拉的哭棍比较粗,其他儿子的哭棍比较细一些。在当地,拉哭棍的说法是如果儿孙晚辈不孝顺,家里的舅舅以及舅爷有权利拿着哭棍,打这些不孝顺的儿孙晚辈。去世长辈下葬时,还有"顶火盆",顶火盆必须由家里的大孝子完成,但也分情况,一般就是"谁顶门头谁就得顶火盆",如果幼子继承了家业,承担着赡养老人的责任,那么老人去世之后就由幼子"顶火盆";如果是其他儿子负责赡养老人,那么同样可以有权利"顶火盆"。去世长辈的墓地也是很有讲究的,需要请特定的阴阳先生去看地,看墓地的说法在当地称为"粘草"。举办丧事也会设置酒席,但"席面比较薄",一是由家户的经济条件决定的,一般的小家小户举办不了大规模的丧席。二是参加的人也比较少,主要是自己家的亲朋好友。

二是如果家里去世的不是长辈,而是十五六岁的小孩子,也是需要埋葬的,邓立元与邓田恩当家时,家里没有未成年的孩子去世。在村庄中,未成年的孩童去世是常见之事,小孩子去世的埋法与长辈去世的埋法不同,十五六岁的少年去世没有任何的仪式,也不设席请客,而且不能葬入祖坟,"十五六岁的孩子没有成家,随便找个地方埋了就行",或者地头或者沟里,"就是不能葬入祖坟"。十五六岁去世的少年棺材也极为简陋,由几块木片定制而成,没有其他任何的仪式,有的家庭经济拮据,把去世的孩子用凉席卷起来就埋了。虽然没有仪式,但是其父母会在当天"管饭",管饭的对象即为前来帮忙埋葬的乡亲好友,埋葬的时候都是当家人的亲友前去埋葬,家里的女人为帮忙的人做饭。

三是如果去世的是家里十岁以内的孩子,会给去世的孩子穿上衣服,用家里的席子卷起来,在地里随便埋掉,不会惊动巷道。

四是如果家里的婴儿去世,不足月或者是不满一岁的孩子。父母也会给孩子穿好衣服,但这些孩子不会被埋葬,而是扔进沟里,让沟里的豺狼虎豹吃掉,这些夭折的孩子是由家里请的街坊邻居扔掉,一般不是自家人,过来帮忙的都是主家的好朋友或者是街坊邻居,一般情况下都会去两个人。但凡是孩子,只要不成家或者是没有成人,都不会举办任何仪式。如果是家里成年或者是成家之后的儿子去世,也会有相应的棺材,稍微有一些讲究,但跟家里的长辈去世截然不同。村里有一个村民叫敢子,从娘胎生下来的时候就患疾病,医生也说他活不过几岁,但最终人家活到了二十岁,二十岁去世之后,他的家人还为他准备了一场比较盛大的葬礼,主要原因是他的那几个兄弟姐妹比较有钱,有能力撑起那样的场面。

（二）节庆仪式

在邓家的所有节庆习俗中,全家男女老少成员都会积极地参与其中,但家长仍然具有决定权,节庆日需要准备的东西以及节庆花销都由当家人决定,当家人也会根据自家的实际情况进行支配,当年粮食丰收,家里有存粮的情况下家里则可以过得"富足"一些,如果恰逢天灾,粮食减产严重,节庆日则是"凑合"过,家里的任何成员都不能提出异议。

1.春节团聚同庆

在邓家,每逢过年之际所有成员都要回家,邓立元当家时,逢年过节邓田恩与邓田螺兄弟二人必须放下手上的工作回家过年,在过年期间,不对外接活;邓田恩当家时,除了次子邓继川在外当兵没有赶回家的条件外,其他家庭成员都会回家过年,三子邓继芳也会想方设法回家过年,妻子姬云仙在过年前几个月就会督促在外的儿女回家,"过年就是全家人都在一起",到后来1935年,邓田恩与邓田螺分家,兄弟邓田螺分家出去,邓家变成了两个小家,过年时便是"自己过自己的"。在分家以前大家都是一家人,过年的时候自然在一起,如果分家之后大家变为"自家人",过年时便是在小家内度过。

南苏村过年的活动是丰富多彩的,邓家的男女老少都会参加,一是每逢过年之际,村里也有"热闹",在1940年左右,过年的"热闹"达到了极致,南苏村村庄分为东西两头,村庄两头各出一个热闹队,两队之间会比拼、会相互斗热闹,场面极其壮观。"闹热闹"的时候,东边的热闹队会到西边转一圈,西边的热闹队便会追随着东边的热闹队到东边转一圈,相互之间比拼,本村的热闹也曾名闻一时,方圆几十里的村民都会来到该村看热闹,看热闹的人都会带上馒头,一看就是一天。过年的活动除了闹热闹,还有"放火",放火一般是有钱的几个大户出资,找一片村庄空旷的地方,村民都聚在一起观看。二是唱戏,每到春节,村里就会请戏台子,村民称之为"唱大戏",请戏班子的钱为家户自筹,"有钱的多出点,没钱的少出点",多多少少各家各户都会出几块钱,"唱大戏"的时间一般都是三天。四是敲鼓,敲鼓的习俗兴起比较晚,大约是在1942年。当地村落的敲鼓传统曾极大地吸引了日本人,日本人很开心,还给村民赏赐过酒。

村庄中过年时肯定也有一些无家可归的人,这些无家可归的人大多数是在村里的各种寺庙中度过,白天出去要饭,晚上就回到了这个寺庙,"无论如何这个年都过"。很多外出讨饭的人,会在年前多讨一些饭,或者是把多讨的饭攒下来,积攒的方式大多为将多讨到的馒头晒干然后装袋,在过年的当天不出去讨饭,在寺庙中度过。这些讨饭人,大多为四川或者是从河南流浪过来的,当地村民可怜他们让他们住在寺庙中,不会去撵他们走,"好的坏的都要过一个年"。

2.节庆仪式之正月十五

邓家每逢元宵节,姬云仙以及家里的几个儿媳妇会做一些汤圆,汤圆的制作也仅仅是面和糖,在正月十五当天全家人会一起吃元宵,有着"团团圆圆"的寓意。关于元宵节,在当地有一个传说,传说当地凶禽猛兽很多,四处伤害人和牲畜,人们就组织起来去打它们,有一只神鸟因为迷路而降落人间,却意外地被不知情的猎人给射死了。天帝知道后下令让天兵于正月十五到人间放火,把人间的人畜财产通通烧死。过了好久,才有个老人家想出个法子,他说:"在正月十四、十五、十六这三天,每户人家都在家里张灯结彩、点响爆竹、燃放烟火。这样一来,天帝就会以为人们都被烧死了"。因而村庄中所有的村民在十四、十五、十六日这三天在家中悬挂灯笼、放烟火,连续三个夜晚都是如此,以求保住自己的生命及财产。邓家后人印象比较深刻的一个节日为正月十五,正月十五在当地有着"闹十五"的说法,当天村里依旧会举办热闹,唱三天三夜大戏。唱戏是在每年的正月十三、十四、十五三天晚上,戏会连续唱上三天三夜。正月十五是一年中第一个月圆之夜,人们对此加以庆祝,也是庆贺新春的延续。按邓家的传统,在元宵当晚,家人们会出门赏月、同庆佳节,其乐融融。

3.节庆仪式之清明节

清明节是邓家重要的传统节日之一。当地的清明节一般是在公历的四月五日,但其节气很长,在这一天,邓家的子嗣后代需要到邓家祖坟扫墓、烧纸以及叩拜,前往祖坟的一般是家里的男性子嗣,家里的媳妇以及女儿是不能去烧纸的,除了烧纸,晚辈子嗣还需要在祖坟前进行叩拜,并将家里的实际情况告知逝去的先人,请求先人保佑。清明节的起源,据传始于古代帝王将相"墓祭"之礼,后来民间亦相仿效,于此日祭祖扫墓,历代沿袭而成为中华民族一种固定的风俗。时间约在每年的阳历4月5日前后。清明节后雨水增多,大地呈现春和景明之象。无论是大自然中的植被,还是与自然共处的人体,都在此时换去冬天的污浊,迎来春天的气息,实现由阴到阳的转化。在清明节当日,家里的几个媳妇也会用做一些煎饼,煎饼的制作原料为面粉,对邓家而言也是比较"稀罕"的伙食,家里的男人去坟山烧纸叩拜,回来之前家里的几个女人需要做好煎饼,有的家庭也会在上坟之前做好,带到坟上祭拜。

4.节庆仪式之八月十五

中秋为当地的"团圆节",在这一天,无论是邓立元还是邓田恩,都需要放下手上的活,赶回家与家庭成员吃"团圆饭",姬云仙还会指导家里的媳妇做月饼,制作成枣泥馅或者红糖馅。同时,月饼也是中秋时节朋友间用来联络感情的重要礼物,在中秋节的这一天,外嫁的女儿还需要回娘家看望父母,回家探望时也会带上之前准备好的月饼,邓家的几个媳妇回娘家时姬云仙会提前准备好礼物,告知媳妇要带什么东西,有时候姬云仙也会为亲家准备上花馍,以示尊贵。姬云仙在这一天也会返回姬家娘家,但回来的时候姬家也会赠送很多东西,"去的时候带,回来的时候还带着"。中秋节赏月和吃月饼是当地过中秋节的必备习俗,俗话说:"八月十五月正圆,中秋月饼香又甜"。人们逐渐把赏月与月饼结合在一起,寓意家人团圆,寄托思念。

5.节庆仪式之腊月二十三

在当地有一个特殊的日期为腊月二十三,腊月二十三在当地有"灶王爷上天"之意,中国民间传说灶神每年腊月二十三晚需要上天汇报,除夕日返回人间。在这一天,当家人需要作为家户的代表祭拜灶王爷,祭拜时无论家里是否进行了大清扫,家里的几个媳妇都需要把灶房打扫得干干净净,然后才能进行祭拜,在灶王爷上天之日,打扫时需要把去年留下的旧的灶王爷神像撕掉,贴上新请回来的灶王爷像。灶王爷神像是当家人在集市上购买的,但当地的说法不是买而是"请",称之"请灶王爷"。在腊月二十三之时,家家户户都要请新的灶王爷。在当地,过年还出过一个荒唐事,"有一年的黄历把过年日期印错了",导致大家把年"过错了",有一些人们认为腊月是小月有二十九天,有些人认为腊月有三十天,所以到大年初一的时候,一部分人开始过年,一部分人没有过年,据说当年的黄历上的日期也印错了。腊月的"大近"为大月子,"小近"为小月子,"大近"与"小近"之间相差一天。过年的时候家家户户都会在祖先桌上摆上祭祀用品,祖先桌大多为方桌,家家户户都是四四方方有四条木腿组成的大木桌,祖先桌还有长方形的,但没有圆形的。家庭经济条件比较好的家户,祭祀用品会稍微好一点,家庭经济条件一般的农户,祭祀用品极为一般,但多多少少都要"意思一下"。每逢过年,村里的大家大户,家大业大比较有钱,就会吃白馒头,小家小户没有多余的粮食,平时粗面馒头都吃不上的,便会用粗粮做些馒头,但不论家庭经济条件好坏,在过年的这一天,当家人就会想方设法让全家吃上最好的一顿饭。

四、家户信仰

家户信仰是指维系邓家所有家庭成员生存生活的信念支撑,邓家人不信教,但在逢年过节,当家人也会买回诸如门神、天地神、灶王爷各种神画像贴在家里的特定位置,以保佑邓家风调雨顺,全家人幸福安康。

(一)家神信仰

南苏村村民信教的并不多,信基督教天主教的也很少,但大多数村民都信神信鬼,多多少少都会有一些迷信思想。"全村信神的人就有百分之百。"最明显的体现就是每逢过年,家家户户都会贴上门神、灶王爷、天地神等神像,每逢大年初一,家里的老人还会祭拜神仙,给家里的神仙烧上三炷香,跪下叩拜。

1.信奉神明之烧香叩拜

对邓家而言,不同的神像代表着不同的神灵,有着不同的寓意,众多神像可以共同守护着本家:一是门神的信奉,门神有着"看守门户"之意,摆放的位置是家里的大门口,贴在大门上,保佑全家人出入平安,邓家的大门为木制大门,由邓田恩自制而来,可以直接将门神贴在正中间,而村庄中有的家户大门是用木块串起来的,每块之间有很大的缝隙,无法贴放门神,这时候当家人就会把门神贴在刚进院子里的第一堵墙上,推开大门就能看见的地方。二是灶王爷,各家各户的灶神都会贴在厨房灶头正上方,有着"守护灶头"的寓意,保佑全家每天都能吃上饭,有着"全家之主"的意思,除了厨房的墙壁上,如果厨房有大件的厨具,摆放位置比较好的情况下也可以贴在厨房厨具上。三是天神的祭拜,祭拜天神是当地最为古老的一种传统,祭拜天神时邓立元会在院子中间摆上一张桌子,桌子上面放上祭祀用品,正中央放着天神的牌位,牌位为石碑状,天神牌位上写着"供奉天神在家之灵位",祭拜的时候当家人会带上全家人在桌子前进行三叩拜,祈祷老天保佑风调雨顺。四是"囤神",在家家户户都有一个粮食囤,在丰收之年用于盛放粮食,逢年过节祭拜囤神,有着保佑全家"五谷丰登"的意思。五是土地爷,祭拜土地爷时,需要在刚进大门的正面墙上挖出一个"浅口窑洞",浅口窑洞形状类似一座小庙,在这座小庙上摆放着土地爷的灵位,零碑上写着"供奉土地爷在家之灵位"。每逢拜神之际,全家不论年纪大小,不管男女,均需叩拜,但叩拜时,主要的为该家户的当家人与孩子的父母,如果孩子年龄过小,可以跟着父母做做样子,也可以不进行叩拜。

2.信奉神明的目的

邓家过年的时候当家人会买一些神仙的画像贴在家里,贴神仙的画像也有一个传说:传说中,李世民经常失眠夜不能寐,于是他的一个臣子便给他提议,由李世民的两位大将为他守夜,果不其然,这两位大将守夜之后,李世民再也没有失眠过。可两位大将业务繁忙,晚上还要帮李世民守夜,实在是吃不消,朝中的一位宰相提议,按照两位大将原来的模样,刻成一幅神像,放在李世民门口,一样可以守夜。于是李世民照做之后,果然取得了同样的效果,这个传说便流传下来。人们便认为神仙的画像依旧可以保佑全家,所以每逢过年之际,当家人都会在集市上买一些神仙的画像,贴在门口,保佑全家平安。

(二)祖先信仰及祭祀

村庄中信仰宗教的人很少,大多数村民都会对自家祖先保持一种信仰,各家各户都设有祖先桌,在逢年过节或者家族活动时会对自家祖先进行祭拜,以祈求祖先保佑家庭晚辈平安健康。

1.祖坟祖地,同辈同排

邓家也有自己的祖坟,祖坟的大小由家庭人口的数量决定,家族庞大的祖坟面积一定大,家族小人口少的祖坟面积就小。邓家的祖坟在村南边,祖坟的形状为正方形,祖坟的正中间为邓继山的太父亲邓化男之墓,旁边为其妻子,祖坟的排列顺序也很有讲究,祖坟的排列按着辈分排列,同辈为一列。邓化男与其妻子占据坟的中间,为一排,邓林全为邓化男的长子,与其妻子排第二排;邓立元与妻子为第三排,以此类推,每排之间错落排列。同辈之间的埋葬顺序,仍然是以左为上,如果是下一辈人,则需另起一排,埋葬时,夫妻两口必须并排排列、不得分开。

2.神灵保佑后辈,家丁兴旺

除了祭拜神灵,家族必须祭拜的还有自家的祖先,家家户户必有一张祖先桌,祭拜祖先有两层含义:一是祈求祖先保佑家庭和睦,家丁兴旺;二是祭拜祖先是当地的传统习俗,有着尊重家中长辈的含义。在邓家老人看来,无论晚辈在做什么,自家的祖先都在天上看着,"晚辈祭拜先人时,先人是能感受到的"。在邓家后人的印象里,在一次太父亲邓化男的祭日里,母亲姬云仙忘记为其摆"献食",在第二天早上姬云仙为家长准备早饭时,在灶头的锅两边,一边掉了一块玉米面馒头,在长辈看来,这是祖先在提醒姬云仙摆"献食"的事情。

3.由中间向两边,以左为上

邓家过世的长辈,不论男女都有其对应的排位,都会受到晚辈的祭拜。祖先牌位均需摆放在祖先桌上,但摆放牌位有一定的讲究,原则是:由中间向两边,以左为上。如若一对长辈去世,他们牌位的摆放一定是"男在左、女在右",女性牌位不能放在男性牌位的左边。在邓家众兄弟的牌位摆放中,摆放顺序为,"中间为其父亲,众多儿子一边一个",如若左边为其大儿子,右边则为其二儿子,左边摆放其三儿子,右边则摆放四儿子,以此类推,二儿子不能放在大儿子左边,四儿子不能放在三儿子的左边。此外,夫妻牌位均需放在一起,成双放置;妻子也必须在丈夫的右边。

关于祠堂,村里的大家大户都会修建自己姓氏家族的祠堂,邓家也有自己的祠堂,祠堂周围为该家族的"祠堂田"。祠堂以及"祠堂田"为该家族共有,祠堂的修建者均为该家户的后辈,修建资金则由几个儿子共筹。祭拜祖先均为该家族的后辈男性,后辈女性无须祭拜祖先,比如家中的媳妇及女儿,是不用去祖先坟前叩拜的。家户中的祠堂会请专人看守,看守祠堂的人每年可以得到的报酬就是"种植祠堂田",种植祠堂田不用收地租,与看守祠堂的工资相抵扣。看守祠堂的人,除了可以种植祠堂田以外,每逢家族祭拜之际,需要购买一些烧饼给前去祭拜家族成员的后辈分。家里祖先桌的位置并没有固定的位置,"只要不是住房,都可以放置祖先牌位",放祖先牌位的可以是上房、门房,也可以是厢房,这些没有绝对的位置,邓家的祖先牌位则位于上房,上房房间大,便于放置也利于家里人的日常打扫。

(三)庙宇信仰及祭祀

村庄里也有寺庙, 寺庙数量不多, 大多数为当地有钱有权的大户为保佑全家平安而修建,后来有能力的家族修建了自己家族的祠堂,寺庙便慢慢被人遗忘,一些外来无地无房的人暂住在寺庙里,负责打扫寺庙的卫生,村庄寺庙的修建由村民自愿参与,愿意出钱的出钱,愿意出力的出力,不愿意参与修建的也可以不参与,没有统一的规定。庙会起源于寺庙周围,所以叫"庙",赶庙会的人中,大多数都有拜神求福、去祸免灾的目的,不同寺庙供奉不同神像,有不同寓意。比如佛寺萨保佑自己和家人幸福安康、大吉大利。庙会具有祈福五谷丰登、风调雨顺、百姓安康的美好寓意。每逢庙会,小商小贩们看到烧香拜佛者多,就在庙外摆起了各式小摊赚钱,渐渐地又成为定期的活动,成为吃喝玩乐的民俗文化活动。

庙宇与祠堂不一样,村里有好几座庙,比如说"全神庙,老爷庙"以及其他各种庙,邓家后人印象比较深刻的庙为村里的全神庙,"全神庙"中摆放着汇集而来的各种神像,各个神像的姿态都不一样。庙也相当于村庄的公共场所,谁都可以进出,对进出人员没有限制。进出庙的人不一定都会烧香,但对很多老人来说,"庙就是一种信仰的存在",如果家里有大小事情或者有其他困难,家里的老人就会去庙里烧香拜佛,祈求神像保佑,让全家平安度过。

村里每年在庙的周围都会举办庙会, 庙会的时长一般为2到3天, 有时候也是一天一夜。庙会的规模有大有小,一般说,凡是庙院宽大、庙外宽敞,并处于四通八达、人口较为稠密之地,则庙会的辐射面广,规模也大。庙会的主体活动大致有两项:一是善男信女们进香朝拜、许愿求福;二是借此机会进行文艺和商贸活动。四面八方赶来的信徒加上逛庙会看热闹的人们,便构成了庙会人山人海的热闹场面。一般都有数以万计的人参加,在方圆几百里内远近闻名。

庙会,与当地的"九月会"不同,庙会是信神的人举办的一场神会,比如龙王庙会的日期为八月十五号,这时候村民便会在八月十五号当天去龙王庙给龙王爷磕头、烧香上香。庙会除了给龙王神像上香叩拜,还有一部分人是去看戏的,"每逢庙会必有大戏",每场庙会的举办方为村庄。一般情况下,庙会的时期为一天一夜,在这一天一夜大家可以在这里看戏、吃饭。庙会当天前去烧香拜佛的人,也会带上"献食","献食"为祭祀用品,去烧香拜佛的人会把"献食"摆在龙王爷的龙王桌之前,跪下磕头,最后所有叩拜人留下的"献食"均会被村庄收走,归村庄所有。除了龙王庙会,还有一个"扫把会",这个会上是专门卖扫把笤帚之类,有些人就是专门买卖这些东西,有些人也是去吃饭逛庙会。

五、家户娱乐

邓家的家庭成员都有自己结交朋友的权利,除了家里的小孩子当家人会进行管教以外,一般情况下当家人不会对家里的其他成员交往进行束缚;邓家的家户娱乐方式包括结交朋友、串门聊天、逛庙会等。

(一)结交朋友

邓家无论是当家人邓田恩还是其他家庭成员,都有自己的朋友,但朋友相聚的方式不是吃喝玩乐,而是坐在一起聊天,这种相聚的模式也根据各家各户的经济条件来定,经济条件并不富裕的不会摆酒摊,相处的方式也仅仅是聊天;如果家里经济条件好的,偶尔也会摆酒摊,"几个人坐在一起乐呵乐呵"。无论是邓立元当家还是邓田恩当家,交朋友大多是"个人的事情",家庭成员可以根据自己的喜好交朋友,家长或者是父母并不会过多干涉,在家长的眼里,"孩子交了一些玩伴很正常"。交朋友都是"干交",只能说是几个人之间谈得来、比较对劲,但没有任何经济上的往来。"谁也帮不了谁,也没有可以帮助别人的经济条件"。

(二)打牌取乐

打牌是家户娱乐方式之一。在邓家的家庭成员里,姬云仙就喜欢打牌,但仅是作为一种娱乐方式并不会去赌,姬云仙打牌的时间没有特别的规定,只要是有空闲时间,几个人能聚在一起便可以玩起来。但一般情况下,打牌的时间多为傍晚,这时候去田间劳作的男人们也回来了,孩子也放学了,吃过晚饭之后没事干,大家可以在一起玩一玩。打牌中的人如果到了饭点儿便会解散,自行回家吃饭。姬云仙跟朋友玩的纸牌不是正方形的,牌只有"长长的一小条",相当于现在纸牌的一半。

家户内打牌的人一般不是孩童而是家里的当家人或者是其他老人,都是家里的成年人,打牌也有"赌的",如果是赌牌的大多是和外人打,很少说有自家人和自家人打牌的。打牌对一部分人而言是以娱乐为主,打发时间,另一部分人则会以赌博为主,为了追求赌赢后的快感。但"赌资"都很小,一般都是几毛钱的。村庄中存在着一种怪象:虽然当家人都会外出打牌,但"越是家长,越不敢赌",因为家长背负着一家老小的生活,不可能对家庭撒手不管,放任自己;而不是当家人的其他家庭成员,因为身上的担子较轻,往往敢放开去赌。

(三)串门聊天

邓家男人主要从事田间劳作,如果恰逢阴雨天,男人们便会选择在家里休息,休息的方式有两种:一是帮助家里的女人做一些家务活,比如说摘棉花,家里的男人闲的时候就会和全家人围在一起摘棉花。二是男人若不去田间劳作,就会选择在家里睡觉或者是串门聊天,串门便是一种最常见的休闲方式,家里人闲的就会和街坊邻居坐在一起,东边长西边短,聊天说地,但串门聊天也是有讲究的,如果是戴孝的孝子是不能去别人家串门的,街坊邻居可以来自己家,但是自己却不能去其他人家,直到过世的长辈下葬,守孝期已过,白衣服已脱掉,这时候便可以照常的串门聊天。

(四)逛庙赶会

邓家女人一般没有机会外出买东西,只有在每年的庙会上,当家人才会允许家里的女人一起外出,因而庙会也成为家里的女人唯一可以外出的机会。庙会为每年最为热闹的时候,庙会之际看戏的人熙熙攘攘,路边还有多种多样的摊贩。除了庙会,还有一种"古会"。"古会"的举办主要是为了物资交流,当地人也称之为"九月会"。如果在"古会"中间下了几天雨,物资交流中人们"该买的买不到,想卖的卖不了",这时候"古会"的时长便会延长,从 9 月 20 日延长到 9 月 23 日或者是 9 月 24 日。不管是"庙会"还是"古会"的举办,都由"市管会"来管理,"市管会"也称为"市管所",主要的职责:一是划定区域,为村民物资交流提供主要场所,卖布匹的有卖布匹的市场,瓷器有瓷器的市场,所有场地的划分由"市管会"来管理。各个商贩摆摊的流程为："市管会"把市场的区域划分好之后,需要摆摊的商贩需要在"市管会"里买号,来得早的便可以买到一号或者是二号,占到较好的位置,来晚的只能排在后面,必须严格按照号码进行摆摊买卖,不得随意摆放,需要严格遵守市管所的规则。二是"市管会"还有一些治安的作用,如果在会上发生偷窃行为,市管所便会插手,使小偷受到惩罚。市管所在承担责任的同时,也会获得相应的收入,市管所的收入主要来源于各个摊贩缴纳的摊费,每个摊费根据贩卖物资的性质不同而不同。大型的庙会往往都不只进行一天,而是提前一天或两天就开始形成氛围。戏班子早早就来搭台,连演几天大戏;生意人准备连发几天好财;地方的官府自然也要派人维持治安、收地皮税。如此一来,使得庙会"正日子"之前有序幕,之后有余波,中间有高潮,无论是官的民的、买的卖的、虔诚的悠闲的,都能自得其乐,满意而归。

(五)其他娱乐活动

除了打牌、串门聊天等娱乐方式,邓家的几个儿子还会聚在一起"掷骰子",掷骰子这种娱乐方式比较普遍,骰子上有六个点,如果朝上的点为四五六,则为大,如果朝上的点为一二三,则为小,掷骰子的人群大多以中青年为主,年龄太小的不会玩儿,年龄大的对筛子没有兴趣。

除了上述家户活动外,还有一个节日叫"灯节",灯节大多为正月十四、十五、十六三天,在"灯节"之际,孩子的姥姥以及娘家舅舅会给孩子买一些灯笼,灯笼里面放着一根浸了油的棉花绳,点燃后孩子们提着灯笼满巷子跑。在灯节的这三天内也有一些讲究,在正月十四十五,孩童们如果提的灯笼,一定要小心,不能与其他人碰撞,否则将会点燃棉油绳,是一种不吉利的做法。而在正月十六的晚上,也就是灯节的最后一天晚上,三天灯节已经结束,在当天晚上回到家之后,人们就会故意将里面的棉油绳摇倒,点燃灯笼,预示着灯节结束。当地流传着关于打灯笼的传说:传说中有一个凡人,不小心打死了一个神人的宠物,导致天神发怒,便想灭掉整个村庄,这是村庄如果点燃星星点点的灯光,天神便不会下凡,因此打灯笼也有着去火保吉祥的说法。

第五章 家户治理制度

治理是家户日常生活中重要组成部分,具体包括家庭内部治理和村庄治理两大部分。在邓家,家庭内部治理整体上是家长当家,长子以"接家"形式担任当家人,处理家庭的对外对内事务。在此过程中,由成文家规和默认家规以及家庭禁忌构成的家规家法扮演着重要角色。村庄治理又具体化为村庄公共事务和国家事务两大部分,参与程度及成效是家户政治身份的有力彰显。

一、家长当家

当家人为家户的核心,各家户当家人的当选会按照年龄顺序、能力强弱等依次当选,当选为当家人之后就需要担负起一家老少的生活,大到家庭外部关系交往与农业耕种,小到家户内部关系的维持与财粮的分配。在邓家,当家人一般交家的时候会交给长子,邓田恩为邓立元的长子,邓继川为邓田恩的长子,长子当家在邓家已经形成了一种无形的规则。

(一)家长选择

邓家当家人的当选不是靠选举,而是由"接家"的户主来担任,邓田恩接了邓立元的家,是新家的户主,也是新家的当家人;长子邓继川接了邓田恩的家,邓继川成了新家的户主也是新家的当家人,邓家当家人都直接是户主当选,不存在没有选举的说法,"谁是户主谁就是当家人"。家里的大小事情都由户主直接负责,大小权力都是户主所有。如果一个家户里面平辈兄弟过多而且年龄相仿,这时候需要考虑的是能力因素而不是长幼顺序,能力强的当选家长,能力不强的则不能当家长。

除了"掌事人"直接当选当家人,还有一种情况是户主与当家人不是同一个人,这时候选举当家人,也要考虑以下因素:一是长幼顺序,代际传递。老的当家人年龄大了,能力不足,晚辈已经长大,有足够接管家事的能力,这时候老的当家人就会将当家人的职位让给晚辈。二是平辈之间,能力优先。如果平辈兄弟过多,年龄相仿,户主也有意选举新的当家人,这时候就要考虑能力因素,户主交家一定是把家交到一个有能力的人手里,这时候长幼顺序便没那么重要了。三是一山不容二虎,如果家里平辈兄弟过多,而且能力都强互不相让,这时户主便会组织分家,把年龄大的、能力强而且结过婚的孩子分家出去,然后把家交给另外一个能力强的孩子,减少家庭矛盾。四是所有的家庭成员都会服从当家人,当选的当家人一定是有能力管理整个家庭的人,不存在不服从的情况。

以姬云仙的娘家为例:姬家家里弟兄三个,最后是姬家三姥爷当选的当家人,太姥爷交家的时候,不是不让大姥爷和二姥爷当当家人,而是大姥爷与二姥爷没有能力,姬家要选举当家人,大姥爷与二姥爷的反应便是"我不行,让老三来"。三姥爷当了当家人之后,把家里打理得井井有条,大小事情都处理得很好,大姥爷与二姥爷就是名副其实的闲人,家事不管,一天就是闲坐聊天儿过得不亦乐乎,"家里不管大小事情,都很乐于服从"。村里也有不服从家长管理的,如果不服从的,当家人就会考虑分家。

(二)家长权力

邓家家里的大小事情都由当家人处理,当家人在财产管理、制衣分配、劳动分配、婚丧嫁娶方面拥有绝对的权力,是"一家之主"。主要体现在以下方面:

1.财产管理权

在财产管理方面,当家人掌握着全家共有的财产,邓立元当家时就由邓立元掌管,邓田恩当家时就由邓田恩掌管,对于家里所有的财产,"用在哪、用多少"都由当家人支配,邓田恩接活连续多天在外的时候,也会把家里一部分或者全部的钱财交由妻子姬云仙掌管,姬云仙此时同样拥有对家庭财产支配的权利,其他家庭成员则无权干涉。即便是当家人邓田恩或者姬云仙对家里的财产拥有绝对的支配权,但也有一种特殊情况:家里的新媳妇带过来的彩礼例外,当家人没有支配权,媳妇带过来的彩礼是属于媳妇"房间的东西",所有权归媳妇个人所有,当家人无权干涉,当家人的权利仅限于男方出的彩礼,"出多少,出什么"是由当家人决定,但对媳妇带过来的嫁妆并没有管理权。

2.劳动分配权

当家人作为邓家的核心,有权利对家里的每个劳力进行支配,对家里的男劳力而言,当家人有权利在前一天的晚上对第二天的农活任务进行分配,或者一起劳作或者分头进行,每个家庭成员都要服从当家人的安排。家里的女人活基本上由妻子姬云仙操持,但如果妻子姬云仙做不好的话当家人也会插手,或者严厉责骂或者批评,当家人发火时,姬云仙同样不能反抗。但是在家庭生活管理方面,比如说每顿饭吃什么家长不会去管,这些都由家里的女人操持,家长负责购买粮食和做饭所需要的柴米油盐,每顿做什么吃什么,不用向家长请示,都由做饭的女人决定。如果当家人在家,做饭的女人也会随口说一句,"咱今天中午吃什么"有点儿类似请示的意思,但是如果当家人不在家里的,吃什么便由家里的女人决定。

3.制衣分配权

邓家男女老少的衣物基本上是制作而来,当家庭有充足的棉花时,家长不会去管,当棉花不足时,当家人也有购买的权利。换句话说,制作衣服时用的棉花不足时,由家里的女人告知当家人,由当家人出面购买,如果家里种棉花而且棉花产量足,当家长会负责把当年收取的棉花放在某一房间里,女人如果想做衣服,便自行拿取,在自己家里做衣服拿的棉花不用向当家人请示。家里孩子的衣服由家里的女人制作,家里老人的衣服则由自己的儿媳完成。但在很多情况下,家里的公婆年龄大很少添置新衣服。在邓家,邓立元当家时,家里的几个孩子年龄都较小,四个孩子的衣服便是由母亲姬云仙来完成;邓田恩当家时,邓家四个儿子相继成婚成家,衣服便由各个房间的女人来完成;邓继川当家时,老当家人邓田恩以及姬云仙成为家里的老人,劳动能力减弱,两位老人的衣服则由长媳妇肖叶完成。

(三)家长责任

在邓家,无论是邓立元当家还是邓田恩当家,亦或是长子邓继川当家,当家人在拥有一系列权利的同时也要履行相应的义务,肩负着一家老小的生活所需。邓家当家人的责任包括以下方面:一是在家庭粮食歉收的情况下完成家庭借款,所有的家庭成员若想向外界借钱就必须通过家长,如果不通过家长,家庭成员所借的钱则得不到认可,归还时家长也不会负责归还。

二是教育孩子的责任。孩子犯错误也是由当家人教育批评,如果孩子在外面犯一些小错误,比如说与其他小孩普通的打闹,家长不会做过多的干涉,如果事情闹大或者是出现了人命事件,家长就不得不管。

三是当家人要有承担责任的意识,肩负起养家糊口的责任。如果当家人不成器,沉迷于吃喝嫖赌,"把光景赌烂了"、不务正业,让全家跟着遭罪,这时候如果家里还有其他平辈兄弟,家里的长辈便会重新任命当家人;如果家里没有其他平辈兄弟,家里的长辈年龄过大又没有能力管理,这时全家人只能选择跟着遭罪,没有其他办法。本村有一个叫申贵的老人,他接家的时候,家庭光景很富裕,家里的院子有两边的厢房,在当地可谓是相当富裕,但是这个人不思进取,每天在集市上好吃好喝,游手好闲,在他的父母去世之后,家里能卖的都被给卖掉了,最后只剩下了一间房子,而这间房子还没有房顶,过得甚是可怜。

(四)家长更替

家户是人们生产生活的主要单位,当家人的更替及选择也十分重要,邓家当家人的更替遵循都是"能力相仿,长子优先"的原则:邓立元将当家人的职位传给长子邓田恩,邓田恩年老的时候将当家人的职位传给长子邓继堂,代代相传。

1.长子当家与妻子辅助

邓家当家人分别为邓立元、邓田恩、邓继堂,当家人的更替以及选择对家户而言是本家的大事情。邓立元当家时,要忙于银匠活,自己外出接活的时候由自己的长子邓田恩接管家务事,如果碰到了大事长子无法决策的时候,邓田恩会等当家人回来或者去邓立元接活的地方告知家长,听从当家人的吩咐处理;在邓田恩当家时,妻子姬云仙聪慧开明,是少有的文化的女人,如果邓田恩外出做木匠活,妻子姬云仙便为代理当家人,但是碰到生产生活上的大事情的时候姬云仙也会等当家人返回之后再做决定;等长子邓继堂成家立业之后,邓田恩外出接活时便会嘱咐长子当家,长子当家时也会听从母亲姬云仙的建议;邓继堂当家时,如果是出远门,当家人也不会委托其他人去管理家庭事务。当家人离开之后,普通的事情则由自己的媳妇儿操持,如果碰到一些需要家长做决定的大事情,媳妇便会对外宣称,"我家那口子不在,等他回来再说",所有的事情在当家人回来之后,媳妇都会向当家人请示。

2.长子优先的更替顺序

邓家当家人的更替往往遵循的是"长子当家"原则,邓立元交家给长子邓田恩,邓田恩又交家给长子邓继堂,在当家人更替的时候也不会产生过多的家庭矛盾与争议。如果家里有四个年龄相仿而且能力相当的四个兄弟。邓家当家人"交家"的时候,有以下考虑因素:第一个是年龄因素,年龄越大,懂事越早能力便相当强,这时候当家人会优先考虑年龄大的长子。一般情况下,老了当家人年龄过大,而长子已成年且能力强,这时候当家人便会将家交到长子手上,长子即为新一届的当家人。长子继承了当家人之后,需要担负起养育三个兄弟的责任,还有赡养家里老人的责任,家庭成员也必须服从。在三个兄弟成年之后,新的当家人还需要承担起为三个兄弟成家的责任。第二个便为能力因素,若四兄弟年龄相仿,这时优先考虑的便为能力因素,谁的能力强,谁便可以"接家"。

村庄里因为交家产生矛盾的往往是"妾与媳妇之间的"矛盾引起的,如果当家人娶了一个媳妇之后又纳了一个妾,妻子和小妾经常为了维护自己的孩子或者为了让自己的孩子"接家"而闹一些矛盾。这时候当家人选举新的接班人的情况有两种:一是几个孩子年龄相仿则能力强者优先。在当家人眼里,孩子都是自己亲生的,不管大小谁有能力谁上,也不会考虑哪个孩子是自己妻子生的,哪个孩子是小妾生的,最重要的考量因素还是能力因素。二是几个孩子的年龄相差悬殊,年龄长者优先,这时候便会考虑年龄因素,年龄大的则会被优先考虑,无论何种情况,母亲的地位在小家小户中不会影响到孩子的地位。这时候即使小妾有什么意见,自己的孩子年幼,便也不好说什么了。而在一般的家户中,"农村里都是小家小户,不会经常出兄弟相争的局面"。

二、家长不当家

当家人是家户的核心,但在当家人外出或者因为某种原因不能行使当家人权力时,则会由其妻子或者长子代其行使当家人的权力。在邓家,邓田恩为木匠经常要外出接活,当家人外出后家长的权力便由妻子姬云仙与其长子邓继堂代理。

1.妻子当家

在大多数情况下,只要是当家人就一定有实权,在邓家,邓田恩的媳妇姬云仙从小家庭富裕,接受过良好的教育,头脑灵活,能力强于自己,邓田恩很多时候也会听从妻子姬云仙的建议,但是当家人仍然是邓田恩而不是姬云仙。在邓家后人的印象里,母亲姬云仙特别会算账,村庄闾长通知自己家支差的时候,姬云仙便找到了闾长,清楚地和闾长算了一笔账"自己家有几亩地、有几个车马牲口、什么时候支的差、该什么时候支差",闾长曾一度被母亲说得心服口服。当家人除了要管自己的家庭事情,还要负责对外交往,女人能力强的可以管家里的事情,但无法负责对外交往的相关事宜,当地俗话说"女人不能当家,五牛不能加元",说的就是这个道理,家里的女人不能出人头地,也存在当家人没有实权的情况便是"太听媳妇的",自己的媳妇能力比较强,丈夫的能力比较弱。即使是这种情况也仍然是男性当家,在老人眼里,让女人出人头地是不符合常理的。

2.长子当家

在邓家,受当家人手艺性质的影响,无论是邓立元当家还是邓田恩当家,都要经常外出接活,邓田恩当家时,有时外出接活时需要在东家住上十天半个月,家里所有的活除了交给妻子姬云仙操持,还需要长子邓继堂的协助。"姬云仙毕竟是女人",后来在邓继堂成年懂事之后,邓家当家人虽然仍为邓田恩,但实际上的掌事人已经是邓继堂,姬云仙在家偶尔会帮助长子,但如果家里有大事情,长子仍然需要向邓田恩请示,如果邓继堂处理事情不好的时候,邓田恩也有权利责骂,要求邓继堂改正,长子也会顺从邓田恩。

三、家户保护

家户是各家各户的生活单位,也是所有家庭成员获得社会庇护、情感支持以及防备天灾、盗匪的单位,村庄公共防御功能落后,各家各户只能在当家人的带领下进行自卫,但在盗匪出没时也只能是"大户自保,小户认命"。

(一)社会庇护

对邓家所有家庭成员而言,家庭既是自己生存生活的单位,也是成员受到伤害寻求帮助的单位,只主要体现在以下方面:一是小孩子的庇护,邓家的几个小孩在外受了欺负或者伤害的时候会回家寻求家长的帮助,邓田恩以及姬云仙是明事理之人,小孩子在外闹矛盾的时候会认真分析事情的来龙去脉,如果是自家孩子的错误,当家人也会认真教导自己的孩子,如果不是自家孩子的错误,当家人也会为孩子讨回公道。村庄中不是所有的家长都是明事理之人,很多家长,尤其是家里的女人"认亲不说理",不管是谁的错,只要自家的孩子受了委屈,就会找上门去破口大骂,"不管三七二十一上门就骂",很多情况下就是两家不欢而散。因为孩子将两家关系闹僵的情况存在,但不多见,很多都是"娃娃闹矛盾,大人没事就好",两家还是可以处好关系。二是对家里成年成员的庇护。除了小孩子,家里的成年人在外交往的过程中,如果与外界发生矛盾或者外界损害到家人的利益时,当家人也会上门理论,为其讨回公道。但在很多情况下,比起小孩子之间的打闹,成年人之间的矛盾更容易演化成两家人的矛盾。

(二)情感支持

情感支持是家户的重要职责所在,在邓家,家里的小孩在外受了委屈都会回家找当家人"告状",如果对方是陌生人,当家人会出面为其理论,而如果对方是邻居或者其他熟知的村民,当家人也会站在客观的角度评论双方是非。如果是家里其他家庭成员在外受了委屈的,尤其是家里成年的成员在外与人闹矛盾的,如果双方家庭是相互熟知而且交好的家庭的,为不影响双方家庭的关系,双方当家人会出面进行调解劝说;如果不是熟知的家庭的,双方家庭极有可能陷入"不说话"的冷战状态。村庄里也有家丑不可外扬的说法,家丑即是家庭的丑事,于情于理不应该向外宣扬,关乎家庭面子的问题,村里也有很多男女作风的问题,男女作风不正的夫妻会在家里吵架甚至是打架,但不会让外人知道。

(三)防备天灾

南苏村位于黄河滩边,灾荒时常发生,尤其是水灾频发,人们面对灾荒无能为力,各家各户只能受饥受害,全家勒紧裤腰带,共同抵抗。遇到灾荒严重的时候,也出现过举家外出逃荒的情况,特别是在灾荒中土地被淹、房屋被淹,家庭不复存在、全家人没有着落的时候,便会举家外出讨饭。无论灾荒有多严重,都是以家户为单位进行抵抗,都没有接受过来自村庄或者政府的援助,村庄也没有任何相关的援助措施。每逢灾年,村民便会认为,"受灾的就全部都受灾了,又不是自己一家",都有一种灾前认命的心理。

(四)防备盗匪

家户是防备盗匪的主要单位,有权有钱的大户遇到盗匪劫持时可以"以钱换人",在日常的生活中也可以为防备盗匪做出更多应对措施,而对小家小户而言,遇到盗匪也只能是任其宰割,邓家后代子嗣众多,在1947年之前并未遇到盗匪劫持的情况。

1.盗匪出没

村庄也有土匪,在村里抢钱、抢粮,土匪抢劫使用的手段就是威胁,威胁村民如果不交出钱财或者粮食就会伤其性命,为了活命,村民不得不服从或者答应土匪的各种要求,但是土匪也有倒霉的时候,一旦碰到村里有钱有权的大家户,土匪在抢完钱或者粮食之后,也会受到大家户的反击,所以在有钱有权的大家户拿东西的往往不是土匪,而是小偷。土匪不敢光明正大地去大家户抢钱,与大家户对抗,只有小偷偷偷摸摸的背地里去,偷一些东西。如果小偷或者是土匪被村民抓到之后,村民也会报官,或者是抓进监牢或者是枪毙,小偷或者是土匪也会受到相应的惩罚,但很多情况下,普通的小家小户里的村民选择忍受,自认倒霉。

2.无盗无匪

邓姓在当地虽是大姓,随着"老五门"后代支系的增多,邓家便分为若干小家庭,所以邓继山家庭并不是当地的"大户",家里也并没有被盗匪抢盗过。盗匪抢盗的家庭无非两种家庭:一种家庭是当地的大户人家,家大业大,家里"值钱"的东西多,当盗匪威胁到家人生命的时候,大家户能拿出足额的金额来赎回其家人,保其性命。但对小家户来说,家里没有多余的财产,也没有足够的能力去支付盗匪威胁的资金。另外一种是家里粮食多的,即便是家里没有钱财,但有的小偷为了活命往往会选择偷盗粮食,一般发生在粮食收秋前后,粮食被偷的情况在村庄中较为常见,因而邓家当家人在粮食收获之后便会选择"浅睡",一听见外面有动静便会迅速起床。对于小家小户而言,如果家里的粮食不幸被偷,也只能忍饥挨饿,认命认栽。

(五)防备战乱

在战乱时期,农民无心种庄稼,粮食减产严重,邓家男劳力在地里也是很快的完成劳作,家里的女人在这个时期也会把多余的粮食做成馒头,然后晾干装在袋子里,在战乱发生的时候便于携带,当家人每天晚上都会提醒大家睡的轻一点,晚上睡觉也会起来听听外面的动静。邓家的经济水平在村里属于中下等水平,每年的粮食也仅仅够维持全家人的生活,没有富余的粮食,但是也从来没有受过地主或者财富家的剥削——"借一斗还两斗,借粗粮还细粮",而邓家没有借过粮食,因而没有受过剥削。虽然自己家没有找别人借过粮食,但偶尔也会欠一点儿粮食,紧巴巴的过一下,也没有出现过别人找自家借粮食的情况。邓家四子邓继山在1937年左右,自己的年龄小恰逢日本人侵略时没有跑走,但自己碰到的日本人算是仁慈不杀小孩,自己和自己的小伙伴便撒腿就跑,躲入了自己在村南的三亩地中,也算是死里逃生了。

四、家规家法

家规指家庭人口众多的情况下,为了更好地约束家庭成员的行为,由当家人制定出的一套规范,可以是白字黑字的成文家规,也可能是在生活中约定成俗的规矩。家法是指一个家族世代传承、遗传下来教育规范后代子孙的准则,在邓家成员看来,一个国家有一个国家的法律,一个家庭有一个家庭的规矩,这个规矩就相当于国家的法律.即便是在家里做任何事也都要懂得讲规矩。

(一)成文家规及主要内容

邓家在长久以来为了更好地生活或者运转,形成了各种各样的成文的或是不成文的家规家法,成文的家规是为了约束家庭成员的行为而存在,一般存在于家庭成员人口众多的大户人家,而在小家小户内一般以不成文的形式存在。

1.家规来源

邓家家规家法的来源途径主要有两条:一是来源于社会制度,很多家规的内容就来源于社会制度;二是人们在长期生活中形成的规矩规范。而家规一般有两种形式,一种是成文的家规家法,往往以书面的形式存在;一种是在潜移默化中形成的,以口头的形式代代相传。而在南苏村,家规家法大多以非正式的口述式的教导存在,邓家存在家规家法,但不是以成文的形式存在。

2.主要内容

在邓家,人们在长此以往生活中形成了以下规矩:一是女性不去田间劳作,不能在外面多出头,只在家里打扫卫生、做饭洗衣服带孩子,也称为"女人活",家里并没有成文的家规家法。"整个社会就是这样",在村民眼里,家里的女人太强爱出头,就意味着家里的男人不行,这时会让大家看不起家里的男人,认为家里的男人无能没有本事才会让女人出面。二是过年时,"嫁出去的女儿不能在娘家过夜",否则会被认为给娘家人带来不好的运气,如果嫁出去的女儿离婚,过年的这一天也要在外面回避一下,尤其是家里有嫂子的家庭,即使父母舍不得女儿在外面受委屈,家里的嫂子也会介意,嫁出去的小姑子回家过年会给家里带来霉运,也会引起很多姑嫂矛盾。三是大年初一家家户户都不走亲戚,只是自家人之间相互拜年,不给外人拜年;大年初二就要走舅舅家、娘家,或者是其他的姑爹娘舅家,姬云仙在大年初二的时候需要回栲栳娘家给姥姥和姥爷拜年,长媳妇肖叶二儿媳妇也要回娘家给自己的娘家人拜年。在村里,如果母亲要回娘家拜年,嫁出去的女儿也要回娘家拜年,这时候姬云仙便会延迟回娘家的时间,先让女儿回娘家拜访,这既可以说是家规,也可以说是社会制度。在邓家后人的印象里,村庄里很少有家户拟过成文的家规家法,都是长期生活以来形成的默认的生活习性。

在很多大家大户里,有家规家法的也很少,都是大家默认的一种规矩,比如家里的男性在讨论事情时,女性不能插嘴,这就是长久以来形成的一种规矩。邓家家里没有成文的家规家法,但是当家人曾明确给家里的女人们说过"家里的女人不能上桌吃饭",这就是家里的规矩,家里所有的女人都要遵守。所以每次邓家家里来了客人,都是户主或者是当家人去陪客人吃饭,家里的女人不能上饭桌。邓家吃饭是允许剩饭的,没有家规家法中提到吃饭不能剩饭,只是老人对孩子们的一种教导,希望孩子多吃点饭、爱惜粮食。

(二)默认家规及主要内容

默认家规是一家人在长久的生活中形成的潜移默化的家户惯行,以一种约定俗成的惯行存在,包括日常生活中的座位规矩、请示请客规矩、洗衣制衣规矩以及房屋进出的规矩等。默认家规虽然不以成文的形式存在,但每位家庭成员都会知晓而且要遵守这一惯行。

1.约定俗成的家规

邓家在当地算是小家小户,但对待家里的老人、小孩以及孕妇时,形成了一套约定俗成的家规:首先,邓家只要家里有孕妇,孕妇的生活条件总比一般的家庭成员生活水平要好一些,一方面是考虑到孕妇的身体相对较弱,孕期是需要得到家庭照顾的一段时期。另一方面是孩子需要足够的营养,孩子的生活水平是由其母亲的生活水平决定,所以家里也会想方设法让怀孕的孕妇吃好一点。

其次,家里老人的生活水平由两个因素决定:一是晚辈的孝顺程度,如果家里的晚辈比较孝顺,就会让家里的老人吃好一点。在一般家庭中,家里老人的地位都比较高,晚辈都以孝敬老人为荣,对老人不孝顺的人会被别人看不起,也要面对街坊邻居的各种议论,不孝顺的例子很少,但也存在,不给老人看病、老人失去生活自理能力之后的不管不问。二是由家里的经济条件决定的,优越的经济条件是保证家庭成员生活优越的根本,如果家庭经济条件不好的,老人的生活水平自然也不高。在经济条件一般的家庭,年轻人吃什么老人就吃什么,所有人的生活水平都相同。邓家虽然不是当地的大户人家,但孝顺老人是世代的传承,邓立元孝顺太姥爷、邓田恩孝顺邓立元、邓继川孝顺邓田恩等,家里面从来没有出现过虐待老人或者是对老人不管不问的情况,吃饭时家里的媳妇们也会先给家里的长辈盛饭,有客人时家里的长辈均可坐在上位,邓田恩以及妻子姬云仙年老时的衣物由几个儿媳妇轮流换洗,儿媳妇们每天都要早起给婆婆倒尿盆、端洗脸水。

最后,在对待孩子方面,邓家在日常生活中对孩子们的教育十分严格,尤其是在尊重长辈方面,孩子们不能再长辈面前大吼大叫、指手画脚,给老人端茶送水时必须双手递上,家里的老人在批评教育时要积极认错,不能顶嘴。

2.座位规矩

邓家关于吃饭的规定,上位与下位的规定不能一概而论,尤其是请客吃饭的时候,上位与下位之间有严格的区分。在请客吃饭的时候,家里的姑爹娘舅一定坐在上位,其他亲戚则坐在下位,姑爹娘舅被视为家里的贵客,在请客的场合要先给姑爹娘舅安置座位,待贵客入座之后方可安排下位的客人,下位的人主要是作陪,大多数是自家人,比如主家的兄嫂或者弟弟与弟媳,这些人全是作陪贵客,吃饭时,"上位不动筷子下位不能吃饭"。除了座位以外,摆菜也有一定的讲究,会把一些比较珍贵的肉菜摆在上位面前,方便家里的贵客食用,端饭的时候也是先给上位的客人端饭,上位的客人都端完之后,才能轮到给下位的客人端饭。在没有客人的情况下,也是家里的长辈或者是当家人坐在上位,其他的儿孙晚辈坐在下位,家里的长辈开始吃菜时晚辈才能吃,同样的,上菜时要把贵重的菜品放在靠近长辈的一侧。

如果家里来客人吃饭也分情况,一是如果来的亲戚是自家的姑爹娘舅,则会被主人视为贵客,那么会把这些人安排在上位,家里的主人则坐在下位,姑爹娘舅自认为辈分低、年龄小的也会主动把上位让给家里的长辈,以示尊重。二是如果来的客人,是自己出嫁的女儿以及女婿,那么就算是客人的身份也坐在下位,家里的年龄大的长辈坐在上位。三是如果客人为街坊邻居,此时座位时没有讲究,如果都是街坊邻居的,很多人出于礼貌,会让年龄长的长者坐在上位,其他人则坐在下位,若一桌皆为同龄人,则没那么多讲究,可以随意坐。家户里有红白喜事的时候,都会有一位"管家"①,管家需要对所有的座位规矩了解吃透,把每一位客人安排得很好。结婚时的姑父和舅舅,一定坐在上位,把上面的人安排完之后,才会安排下面的人,除了家里的姑爹娘舅,家里的"媒人"也是坐在上位,由家长或是比较重要的人作陪,当地的说法称之为"陪媒"。四是如果家里来的客人里面有村长或者其他村干部,安排的时候自然会把村干部安排在上位,在没有安排到上位的情况下,普通人也会把上位的位置让给村长,但是这种情况也不是绝对的,如果村长比较年轻,而同席的有其他年龄较长的长辈,这时候村长就会把上位的位置让给长者,以示尊重。

3.请示告知

请示制度在各家各户都存在的,邓家也不例外。邓家的请示制度一般存在两种情况:一是家庭成员需要向家长请示,家长需要向长辈请示,比如说是家里的媳妇要去娘家住几天,

---

① 管家:此处指"帮忙的人",多为村里经验丰富的老人。

需要向自己的丈夫请示,丈夫同意之后媳妇才能去,丈夫不同意的则不能离开,如果家里有婆婆等长辈,媳妇外出去娘家还要向婆婆请示,在征得婆婆同意的情况下方可前行。在邓家,邓田恩作为当家人,长媳妇肖叶每次前往娘家会向婆婆姬云仙请示,姬云仙同意后邓田恩也就没什么意见了,姬云仙还会为长媳妇肖叶的娘家准备一些礼物,蒸的白馒头或是炸的油饼都可。二是家庭决策时,其他家庭成员需要向当家人决策,邓田恩当家时,经常因为木匠活不能回家,家里的大小事情交给妻子姬云仙和长子邓继川来打理,一般家里的大小事情经过妻子或者长子同意即可,但邓田恩仍然为家庭的当家人,在家里遇到大事情的时候,妻子姬云仙或者长子邓继川需要向当家人请示,当家人同意之后才可实行。

4.设席请客

邓家请客的情况分为以下三种:一是土地买卖,土地买卖必须请客,请客对象为土地的买卖中的买家、卖家、中间人以及土地的四邻,请客由买主做东,邓家"保底"的土地面积虽然不大,但邓家的黄河滩地面积较大,在邓立元、邓田恩、邓继川三代当家人手里邓家并未进行过土地买卖,但邓家四子邓继山涉世以后,经常担任土地买卖的中间人,帮土地的买主以及土地的卖主牵线搭桥,在双方完成交易之后,帮助双方写契约。二是"请媒人",如果媒人撮合成了一对姻缘,这时主家需要请媒人吃饭。主家请媒人吃饭的时间是灵活的,可以等到两位新人成婚之后,也可以在两位新人未成婚,但是双方关系维持良好有成婚的意愿,这时主家便会请媒人吃饭,除了"请媒人",当地还要"发媒人","发媒人"即是双方成婚之后,主家给媒人送上一些礼物,意为"送媒人离开",礼物可以是几斤肉、几盒烟或者是一瓶酒。还可以是当地的"四件",四件就包括袜子、鞋、裤子和上衣。三是盖房子需要请客,如果家里盖了新房子,"瓦房子"和"立木"之后都需要请匠人,主家在支付匠人的工钱之后,需要请匠人吃一顿好吃的,摆上几瓶酒,放上几盒烟。以上三种请客的情况,都是由当家人决定的,其他的家庭成员没有决定权,当家人决定请客的时候,家庭成员才能帮忙筹备请客事宜,如果当家人不同意,则无法筹备请客事宜。

5.居室进出

邓家对家庭成员起床睡觉没有固定的规定,但起床最早的一般是家里的几个媳妇,媳妇起床需要打扫家里的卫生,还要服侍公婆,帮婆婆倒尿盆、打洗脸水,这不是规定而是风俗,每一个嫁入夫家的媳妇都要承担这样的责任。在邓家,进出房门也形成了一种潜移默化的规矩:一是坐月子中的孕妇,家里的媳妇生下孩子之后,婆婆可以进出媳妇的房门,但是公公不能进入媳妇的房间。二是刚结婚的新媳妇,公公不能进入新媳妇的房间,如果结婚几十年之后,成为家里的老媳妇,公公才可能进入媳妇的房间。如果孩子结完婚之后,家里没有婆婆只有公公,这种情况下媳妇娘家便会来照料月子中的媳妇,公公依旧不能进媳妇的房间。

6.制衣洗衣

在邓家,家里的男人不用洗衣服,衣服都是家里的女人洗,洗衣服的地点在"池坡",池坡位于村南,夏天各家各户的女人都会把家里的衣服带到这里洗,冬天衣物替换很少,简单地就挑水洗,厚重的衣服就是一个冬季洗一次,邓家洗衣服的时候基本上存在以下几种情况:一是公婆的衣物,如果新媳妇刚嫁过门,婆婆还年轻能干(孩子结婚早,婆婆年龄大概在三十六七岁),这时候婆婆就会自己动手洗衣服,媳妇洗自己和男人的,婆婆洗自己的和公公的。如果婆婆年纪大了,行动不便或者无法自己洗衣服,这时候家里的媳妇就要承担起洗公公婆婆衣物的责任,如果家里的婆婆较为'厉害',对家里的媳妇较为严格,要求媳妇过门没多久之后就要承担起洗公婆衣物的责任,这时候媳妇也不能有过多的怨言,否则会被婆婆训斥或者视为不孝顺。二是家里的男人小孩的衣服,这些大多为家里的女人洗,每个房间的女人负责每个房间男人和小孩的衣物洗漱。三是孕妇的衣物,家里的女人在怀孕期间以及生产之后的月子期间,行动不便或者不能碰凉水,这时候产妇的衣物则有自己的男人代洗,如果家里的男人外出干活,婆婆也会帮着洗媳妇的衣物。如若恰逢家里男人外出,婆婆有能力帮助媳妇洗衣服却不帮助,这种情况下便会激发婆媳矛盾,媳妇会认为婆婆没有照顾过自己而心存芥蒂。四是家里老弱病残的衣物,如果家里有行动不便或者丧失劳动能力的人,其衣物大约由家里的年轻媳妇洗漱,在邓家,一般都是长媳妇肖叶洗衣服,在二儿媳妇过门之后,便会和长媳妇肖叶一起分担家务。

7.下请帖之小人物请大人物

村庄中的红白喜事也有请帖,写请帖的一般都是有权有势的大家户,下请帖有两种情况:一是有权有势的大家户之间的交往,比如当地有声望的大门大户,或者是阎长。写请帖没有固定的人,只要会写,便可以帮主家写请帖。请帖写好之后便要"下请帖",下请帖的时候有专门的"送帖人",客人收到请帖之后,就会按照请帖上的日期,带上礼物,参加宴席。除了大家户之间的交往需要请帖以外,还有一种情况就是,"小人物请大人物",这时候也需要下请帖,由"小人物"出面,为"大人物"写请帖。

普通的小家小户之间的交往,是不需要请帖的,小家户之间的交往请客,请的对象也只是自己关系比较好的几个人,这时候只要向对方"打个招呼",告诉对方自己家里"有事儿",到那一天自己关系好的几个人便会自觉前来,自觉前来的几个亲戚朋友也会自觉分工,帮主家分担。红白喜事最重要的人物为"总管",不管是谁家的红白喜事,都需要有一个总管,而"请总管"是在"请帮忙"的时候就要请上总管,"总管"在当地被视为红白喜事中最重要的角色。在村里有一个叫于红元的老人,几乎每家的红白喜事都要请他,他是在当地有名的总管,处事能力强,人际交往能力极强,邓家包括邓继堂、邓继川在内的几个孩子结婚时,当家人请的总管就是他。在当地举办红白喜事时,还要设置一个账房,账房也是请一个管账的人,管账的人也大多为主家的好朋友。

无论是哪种情况请客,邓家请客吃饭的酒席都是一样的,无论是坐在上位的人,还是坐在下位的人,吃的酒席都是一样的,差别在于主家举办酒席的前一天晚上,主家会把自己认为比较重要的管家、客人,或者是其他亲朋好友单独吃一顿。酒席也有陪客,"被"陪客的人大多为红白喜事的主管,而前往陪客的人,大多为主家的亲朋好友,前去陪客的人往往不止一个,主家会请上好几个亲朋好友,活跃气氛。邓家的每一场红白喜事也有贵客,贵客就是主家的主要亲戚,比如说是主家的姑爹娘舅,虽然这些人也是主家的亲戚,但是只要身份比较重要就被主家视为贵客。贵客除了自家主要的亲戚以外,有时候也会把重要的干部视为贵客,比如阎长或者是其他县里面来的人,都会被主家视为贵客。

(三)家庭禁忌

家庭禁忌是指家庭成员必须遵守而不能违背的规则,包括生产上的禁忌以及生活里的禁忌,禁忌多为农民在长久以往的生活中形成的,触犯禁忌的可能会对整个家户不利,因而当家人决不允许家庭成员违背,否则会受到严厉的指责。

1.生产禁忌

在农业生产上,农业耕种时当家人既要掌握一定的技术,也需要把握好时机,正如当地的俗语所言"有钱难买五月旱,六月连阴吃饱饭"。五月的庄稼是在小麦回秋之后耕种,此时为了让小庄稼苗稳定生长,这时候需要减缓麦苗的生长速度,如果天气旱的则更有利于庄稼的稳定生长;六月为庄稼正需要水的时候,如果这个月份雨水充足的,庄稼会生长的更加旺盛,也就是说五月旱的可以让小麦稳定生长,六月下雨的可以让小麦生长的更加旺盛。当家人只有拿捏好耕种时节与耕种技巧,才能更好地统领全家。

2.生活禁忌

邓家在生活中也形成了各种各样的规矩,邓家生活中的禁忌包括以下情况:一是家里有老人去世,穿着白衣服的孝子不能随意进出他人家,在三天以内不能随意走动或者是去别人家里串门聊天,如果有事情要去找邻居的,也应该站在其家门口将对方唤出来,而不能直接进入其家中,否则会给对方家庭"带去不好的东西",三天以后家里的逝者下葬之后方可走动。家里的老人去世之后,所有的孝子都要"拉哭棍",长子要披麻衣,穿孝服,俗称"披麻戴孝",戴孝的后代晚辈不能身着颜色鲜亮的衣物,而要身穿孝服穿上白鞋子,如果家里没有白鞋子的也要给鞋子糊上白纸。二是刚结婚的新媳妇不用做饭,新媳妇不了解夫家的情况,很多东西不会做,因此前几天便可以不用做家务。新媳妇第二天是要回门的,在当地回门是要被娘家人"叫的",娘家人叫刚嫁出去的女儿回门,女儿才可以和女婿一起回来。三是小孩子吃饭不能剩饭,在邓家老人眼里,饭底是每个人的"福底",剩饭就意味着把"福底"剩下了,倒饭就意味着把"福底"倒了,这样便无法积攒福气。四是在称呼上,小孩子不能叫大人名字,会被老人认为不尊重长辈,而直呼家长名字的孩子也会被认为是没有家教。

(四)族规族法

族规族法相当于某一同行制度下的法规,正所谓"国有国法,族有族规",家族也有公共活动,比如在清明时节邓家"老五门"齐聚邓家祠堂,举办家族活动。邓家祠堂就是由邓家后代筹资成立、专门举办家族活动的场所,每年都在固定的时期里,或者是清明节或者是其他家族纪念日,邓家的后代晚辈会一同祭祖,从开始的筹备活动到祭祖仪式的举行,全家族的人都会共同参与。举办祭祖活动的时候,祠堂正中间会挂着祖先几辈人的画像与家族族谱,由家族中比较有声望的人主持,所有子孙后代都要聚集在祠堂前面,然后按照辈分排一队,长辈在前晚辈在后,站好队列之后主持人便会组织家族人员上香祭祖。上香时每人都要进行跪拜,磕三个头,然后方可给祖先上香,上香的顺序也是由长及幼,先是家里的长辈,然后是家里的晚辈,按照辈分以此类推。每逢家族祭祖,家里的晚辈也会筹资请戏,在祠堂前面唱上一出大戏,费用由儿孙晚辈承担,或轮流或均分。给祖辈上完香,所有的祭祖活动过后,仪式举办者会给每家每户分一些"果实",或是馒头或是烧饼。后来祭祀活动逐渐淡化,邓家也会把祠堂让给逃荒者居住,逃荒者居住在祠堂里不需要支付任何形式的租金,但要负责打扫祠堂的卫生,看护祠堂不被他人损坏。能修建起祠堂的家户必定是当地的大姓,比如邓氏祠堂、赵氏祠堂、于氏祠堂,祠堂周边的农田为该家族的"祠堂田",耕种祠堂田的人需要在清明时节支付购买烧饼或者馒头的费用,如果家族后代子孙众多,也会把祠堂田给看护祠堂的逃荒者耕种,耕种祠堂田的逃荒者虽然不用支付租金,但也需要支付购买烧饼或者馒头的费用。

五、村庄公共事务

在 1947 年之前,村庄公共事务管理并不完善,村民以家户为单位进行生产生活,与村庄公共事务联系较少, 在遇到村庄修路修桥或者修庙的情况下, 村庄间长就会给各家各户派差;如若恰逢灾害发生,村庄也极少采取防御或者其他救助措施,人们均以家户为单位进行自救。

(一)参与主体

家户参与村庄公共事务是其在村庄政治中展现自身实力的重要组成部分, 家户不仅要治理本家事务,而且要参与村庄公共事务。1947 年之前村庄公共事物极少,参与主体也没有形成固定的参与者,一般都是村庄的间长及其周边邻家,很少有村民愿意主动参与村庄公共事务。

1.村务会议

在 1947 年以前,村庄没有开过村务会议。任何形式的会议都没有,村民对村务会议并没有太深刻的印象,究其原因一是没有相关的人组织,没有负责人,没有人组织开村庄会议,"农民有那功夫都去地里干活了"。二是村里的公共事务比较少,农民都是自己过自己的,没有开会的必要。在 1945 年以后,村庄才会把农民集合在某一个地点开会,或者是宣传某种政策。在 1947 年以前的交税纳款就是交粮食,把粮食交在村里或者是有人来收,但是在没有粮站,粮站是 1947 年之后才有的。交粮食的时候也有人来通知,但通对象不一定是当家人,告诉其家人也可以;当家人不在的,家里人也会把交粮的消息转告给他的当家人。

2.修桥、修路、修庙

村里修路修桥,间长就会给每家每户派"支差"来筹集劳力。"支差"相当于"筹劳",邓家后人对"支差"印象特别深刻,村庄公共事务的修建,全部由本村的间长、村副带头派活,根据支差核定标准给每家分一个名额, 由每家派出一个劳动力, 然后去参加村中公共事务的修建。比如在 1937 年日本侵略时期,"支差"就是每家出一个劳动力去修建战壕,战壕围绕整个县城修建,只留一个城门供县城里的百姓出入,其他的地方都有两尺深的战壕,均由当地村民修建完成。修建战壕就需要大量的劳动力,每家每户都要"支差","支差"的时候带上自家的工具,有马车的拉上马车,没有马车的带上铁锹等,每家都要抽人,除非是家里没有男人,只剩下一些老弱病残的家庭,其他的都要按照规定带上工具参加修建。

3.打井淘井

村庄濒临黄河,受社会经济条件制约,人们没有能力修水渠引入黄河水,正如百姓所言:"靠近黄河,却用不了黄河水。"邓家坡上地地势高,如果想灌溉,必须打深井。此外还需要一系列的配套措施,普通家户根本无法负担,因此一直为旱地,直到村庄有能力修建深井,坡上地才能开始浇水,土地质量才有所改善。挖井时需要请专门的挖井队伍或者专门的打井人,村落里的"常娃儿爹"就是专门的打井人,村庄里需要打浅井的都会去找他,请专门的打井人打井是需要支付一定酬金的,挖井纯粹靠人力,在选定地点后,在选定的地点上面固定住三角木盘,随着挖井的深度变深木盘往下移,挖井人需要在井的四周砌上砖,防止垄土,挖井人轮流把井里面的土一撮一撮地吊到地面上,在挖到一定深度之后土就变成了稀泥,这时候用桶把稀泥捞出来再继续挖,便可找到清水。村庄井深大概是两丈深或者是三丈深。井打多深,均由各家当家人共同决定,挖井人听令行事,拿到属于自己的酬劳。挖井人的酬金由井的周围使用户共同均摊,均摊的金额由各家的土地面积决定,土地面积越多,需要均摊的费用则越多,土地面积少,均摊的费用便少。比如家里有六亩地,那就需要均摊六亩地的费用,如果家里有两亩地,只需要均摊两亩地的费用,并没有统一的标准。

邓家的土地不多,经济条件一般,没有独立的水井,而是与巷道里的七八户农户共同使用一口井,一般农户是几家共用一口。井的位置就位于自己的巷口,井的修建以及维护均由各家当家人共同决定,修建井的时候由一家当家人发起,采取自愿原则,愿意一起使用一口井的就一起筹资,不愿意共用的可以不参与筹资,不强迫不逼迫,但在一般情况下,巷道里除了有权有钱的大户人家有能力修建私人用井,普通的农户是没有经济条件独立修建一口水井的,因而农户是愿意参加的,所以往往只要有一个发起人,农户们都是很愿意一起参与。像有钱有权的大户人家便会独自拥有一口井,大户人家对这口井拥有独立的所有权,全家人都可以使用,当淡季或者冬天的时候,大户人家不经常使用,也会同意周边农户从井里挑水,但需要给主人"打个招呼",在征得主人的同意之后方可使用,如果主人不同意的,则不可随意使用。

邓家经济条件有限,没有能力独自承担打井淘井的费用,因此打井淘井往往是和周边农户共同承担。村庄大大小小共有8口井,在水井的使用过程中,一是水井的周边农户共同开挖、使用一口井,费用由水井的周边农户共同负担;二是独立使用一口水井,一般独立使用一口水井的大多为当地的财富家或者有权有钱的大户人家,开挖的费用由其自行负担。无论是共同使用还是独自使用都面临着一个问题,就是淘井。村庄里淘井的场景也是经常看见,淘井的情况就是村里的水井时间久远,井里面的淤泥过厚,水量不足,这时在井边的周围农户就会清理水井,要么是掏钱雇佣"淘井人",雇佣费用由周边的农户平摊,要么是周围的农户每家出一个劳动力,合力去清理水井下的脏物,比如说一口水井周围住了十户农户,这时候农户都需要从这个井里面吃水,那么清理这口水井的费用就由这十户平摊,这十户每个人都有责任。村庄里都有好几口井,每一口井周围都住着很多农户,这些农户就要负责自己吃水的那口井,不存在一个村庄只有一口井的情况。如果一个村庄只有一口井的,那么淘井的费用就由整村负责,如果这口井的所有权为某一户农户私人所有,那么就由该农户自行负责这口井的清理。每一口井由周围的农户管理这口井,不管是十户八户还是二十户。

4.村费征收

村庄集体收费的情况很少,在1947年之后这种情况逐渐增加,在1947年之前这种情况很少,之前的村庄公共事务的投资不需要现金直接注入,而是由村民合力出力,基本上不用掏钱,也就不存在集体收费的情况。例如,村庄需要修建一个共同使用的娱乐秋千,这时候就是家里有什么东西就拿什么东西,家里有粗绳的就拿粗绳,家里有木桩的就拿木桩,家里什么都没有的就负责修建,基本上所有的公共事务都是由众人修建,但不存在平摊费用的情况,到后来这座秋千拆除的时候,原本是哪家的东西哪家就会带回去,物归原主。

5.治理灾害

当地的灾害频发,邓家经历过的灾害有水灾、旱灾还有虫灾,在后人的印象里,虫灾最严重,最严重的一次是蝗虫满天飞,蝗虫一过,所有的庄稼都会被吃完,一粒不剩,当家人没有办法,只能用自己家竹子编的竹席,把竹席铺在庄稼上面,家里人拉着竹席子跑,这时候来不及飞走的蝗虫就会被竹席子搓死,即使当家人想尽各种办法,那一年仍然减产严重。全家人一起拖着席子搓,这也是应对虫灾的唯一办法,否则将会面对颗粒无收的结果,虫灾发生时都是农民自己负责,村庄没有任何办法也不负任何责任,没有人去管这件事情,区政府不会采取任何防范措施,自己地里的虫子自己负责消灭。

除了虫灾,还容易发生的是水灾,尤其是大暴雨,黄河涨水,濒临黄河的滩地就会被黄河水淹,被水淹后的土地也是颗粒无收,这种损失也是由本家本户承担,村庄不负任何责任,"没有人管,谁也管不了"。邓家在面临水灾时,水势大的时候当家人会带着全家人去坡上躲躲,一旦水势变小,当家人就会带着邓继堂、邓继川去黄河滩地里抢救滩地粮食,能捞多少捞多少,一般黄河发水大多在夏季粮食快要成熟的季节,抢救回来的粮食经过晾晒处理还是可以保留一部分,但每次涨水水势过猛,地里的庄稼经过黄河水的浸泡多半是腐烂,后来村民为了减少损失,便会在黄河滩地种植棉花或者大豆而不种小麦。

此外,当地还容易发生旱灾,天气干旱不下雨,水浇地数量有限,大片的坡下地因为没有水分大片大片的旱死,旱到土地裂口,村民在旱年吃水都紧张,更别说是用水浇地了。每逢旱年,地下水位下降,吃水井的供水量不足,水井周围户大多数是一桶水吃上好几天,而当地的大户人家有能力承担挖井费用,自家独自使用一口井,情况会稍微好点,在旱灾面前,村庄不会采取任何措施,都是"自家顾自家,谁也顾不了谁"。面对灾害,最普遍的状态就是由各家各户自行负责,村庄不会出人去应对,也不会采取任何的防护措施,即使是日本人进村侵犯,村庄的干部也是"跑得比谁都快",没有任何集体应对的方法。

6.村庄治安与家户自卫

日本人进村侵犯比较频繁时,邓家成员晚上睡觉都不脱衣服,把自家的馒头装在一个布袋里放在脑袋旁边,一听到街巷里的狗乱叫,当家人就会通过门缝往外看,如果发现日本人来了,大家就快速往沟里跑,能躲的赶紧躲。大家逃到沟里之后,不管是躲在窑洞里、地沟里还是草后面,能躲的就自己躲,逃命要紧。晚上的沟里经常有蛇之类的出没,但没有办法,好几次都是农民躲好之后,日本人就骑着马呼啸而过,如果跑得慢,一旦被日本人发现,这一家人就算是完了。在邓家后人的印象里,有一次逃难中有好几个人都躲在沟里的窑洞里,被日本人发现了,日本人就把躲在窑洞里的七八个人都拽了出来,这些人里面包括邓家当家人邓田恩,日本人在带着这些人离开的途中,邓田恩伺机逃脱,他躲在一个坟的墓碑后面,有一个日本人骑着马返回来找他,他就悄悄地看着那个日本人的马尾巴,绕着墓碑四周转,最后那个日本人没有找到邓田恩就离开了,而被带走的那些人,全部都被灌入了辣椒面儿,最后惨死。日本人进村之后,欺凌当地百姓但基本上不杀小孩,刚开始也不抢钱,就是抢东西,家里的猪、牛、鸡蛋都抢。"对日本人就没有道理可言,跟他们说不清道理。"村里有一个叫于有权的老人,他是负责送鸡蛋的人,日本人在当地搜刮下的鸡蛋都会交给他,让他送到日本军队上,在送鸡蛋的路途中,于有权老人会四处观望,"如果没有日本人,他会偷偷地找一个墙角,把鸡蛋藏在墙角下",就用这种方法藏了好几次鸡蛋,等日本人走了之后他又把鸡蛋都挖出来分给百姓。

在村民性命受到威胁,每天都提心吊胆逃命时,村庄是没有任何防御措施,"谁都顾着自己逃命,没有人可以保护自己"。在邓家家庭成员生命受到威胁的时候,当家人会让妻子姬云仙回娘家躲避,妻子娘家位于栲栳镇,镇上有官兵相对安全;会让老父亲邓立元回到银匠楼躲避风头,让邓继芳和三儿媳翻山越岭去陕西汉中当教员,暂时不能回家,家里就留下邓田恩和四子邓继山,邓继山十几岁灵敏机灵,日本人进村之前可以迅速离开。

(二)筹资起资

筹资在当地也称为"起资",邓家在村庄中没有参与过"起资"行为,在 1937 年之前筹资的情况很少,几乎不存在。一是村庄没有筹资的可能性,百姓也没有什么钱,各家各户最主要的任务是保证每个家庭成员吃饱饭,因而"起资"行为主要存在于家族之中,由族长发起,向家族成员筹资举办家族活动。二是村庄没有筹资的必要性,整个村庄没有公共事务的建设,也就没有可以用上钱的地方。南苏村所有的公共设施都由各家各户自己完成,尤其是当地的大家大户,家庭经济宽裕,就会投建一些设施,刚开始主要提供给自家成员使用,但其他村民使用时也不会受到阻拦,逐渐变成了大家都可以使用的公共设施。在 1945 年之后,"起资"的情况逐渐增加,大多由当地政府组织,"起资"的性质就相当于缴纳公粮,不是自愿行为而是强制行为。缴纳集资款前会收到通知,"一旦人家通知要求交就必须要交",如果家里实在是没有钱,就算是借钱也要交上。除了区政府强制要求的"集资款"外,当地村民也会自发的"筹资",但自发筹资只存在于特定情况下,比如修井,小家小户独自一家无法承担修井费用,便会联合左邻右舍"起资"修建,一是可以大大降低修建成本,减轻各家各户的经济负担;二是可以在各家各户的能力范围内,确保每家都可以吃上水。在 1937 年至 1945 年之间,恰逢日本人侵犯,社会动荡不安,日本人进村的时候,当地村民整天提心吊胆都想着保命,村里也不会筹资。

(三)筹劳支差,大户优先

在 1945 年之前没有镇政府,均是以区为单位的,分为一区、二区、三区,南苏村隶属于张营乡第五区方池乡管理局。村庄里没有村长,也没有保长或者是甲长这些干部,有些地方称之为"保长、甲长",但是在当地村庄村干部有"村副、柴粮、闾长"。闾长的职责相当于后来的村长,村副相当于副村长,"柴粮"相当于村会计。村副和"柴粮"的主要职责是接上应下,接到管理局通知之后往下"派差","派差"就相当于出劳力,对村民而言便是"支差",比如说村庄要修路,则由村副派差,由每家每户出一名劳力。在村庄里设"邻",以"邻"为单位,设有"邻长","邻长"就相当于后来的生产队队长,负责本邻区的大小事务。村庄分为东西两邻,一半村落占一个邻,有两个"邻长"。

村里如果有公共事务的修建,比如说是打井修路,就需要"筹劳",号召每家每户出劳力参与修建,此种情形下的筹劳是没有任何酬金可言,"大家一起干,没有工资没人管饭,只干活,吃饭的时候各回各家"。筹劳的前身是"支差",村里会挨家挨户的"派差",无论是愿意还是不愿意,"派差派到家里了,就必须出一个人"。"派差"的时候存在着一种现象:大户优先,土地多者优先。一是大户优先,大户之家家庭人口众多,调出劳力的可能性比较大,村民百姓去"支差",一般都是大户先"支差",大户"支差"完之后才能轮到小户。二是土地多者优先,土地多的家户占有资源多,所担负的责任要大,在当地的大户家庭中,每次"支差"的时间长,人数多。除了特定的"支差",另外一种筹劳的形式便是村民自发的、无正规意义上的"筹劳",比如巷道是土路,时间久了便会坑坑洼洼,泥泞难行,这时候只要有一家牵头填土修路,周围的家户边也会自发地加入其中,一家出一个人或者两个人、大家一起修建,这种形势下的筹劳虽然没有特定的约束力与强制力,纯属村民自愿,但周围户都会主动参与,即便是跟自己没关系,但在周围闲着的村民也会从自家拿出铁锹,"别人家都出人,自己家也得这么做"。牵头人没有特定的人选,一般是周围比较积极的农户带领着大家,人数由少到多、面积由小及大,从刚开始自己修建自己门口的坑洼到修建整条巷道,从自己单家独户到周围户一同参与。

六、国家事务

邓家每年在自家土地上耕种,收秋之后,需要向国家缴纳一定数量的公粮。村民受"交粮纳税、天经地义"思想的影响,各家各户在固定时期都要向国家上缴一定数量的税款作为粮款,纳税是每家每户必须承担的义务职责所在,各家各户均要在固定的时间内完成粮款缴纳,即便是粮食歉收之年,家户之间也需要通过借用来完成。

(一)种地纳粮,天经地义

村庄中交粮纳税的核算标准是每家每户的土地面积。"每亩土地大概需要交几十斤粮食",如果家庭的土地多,粮食交的就多,如果家庭土地少,粮食交的就少。每年交粮纳税的时间都是固定的,都是麦子成熟的时候,因为麦子成熟季节,家家户户都是丰收时节,这时候要求各家各户缴纳公粮,每家每户都能"拿得出手"。麦子成熟的时候,每家每户都有粮食,这时候闾长就会通知去交公粮,交公粮的时候,闾长会通知各家各户的当家人,不管当家人是男性还是女性,通知时,如果家里有当家人,会直接告知当家人需要缴纳粮款,如果当家人不在家的,通知者也会直接告知其家人,等到当家人回来之后再转告当家人。交公粮也是有一定期限的,一般情况下交公粮的期限为 3 到 5 天,在这段时间内,所有的村民都需要缴纳粮款。

邓家没有出现"逃公粮"的情况,俗话说"逃得了和尚逃不了庙",交公粮是每家每户的责任,如果家里没有多余的粮食,就算是借也得把公粮交上,村庄中"有逃兵的,但没有逃粮的"。有一些家户没有办法交上粮食的,也会推迟交,推迟交的不会受到惩罚,也没有罚款。受访村落没有因为交不起公粮而逃跑的,在村民百姓眼里,生活再不好,自己所有的家人、家当都在这个地方,就算再难也不会离开。邓家的当家人每年都会在规定时间内如数上交公粮,一般情况下,邓家缴纳完公粮之后还会有余粮,足以支撑一家人生活到来年,如果正逢天旱或者水灾等自然灾害,全家人自然也得勒紧腰带,实在过不下去的便会到姬家借一些粮食来年再还。

(二)大家出钱与小家出兵

村庄里也有征兵的情况,在 1937 年的时候,征兵就叫作抓兵,征兵这个说法是后来才有的,到村里抓兵的多为一些日本人,抓兵的时候没有特定的对象,也不会有任何征兆,下来抓兵的时候看见谁就抓谁,不会考虑农民的家庭情况,不会因为家庭只有这一个男性劳动力而释放,被抓走的人不存在用钱赎回的可能性,如果家里有人被别人抓走了,就很难再逃出来,很多村民被抓之后音信全无,是生是死家里人都不知道。如果被抓走的人恰好是当地的大户或者是财富家,那大家户便会"认栽",唯一的办法就是大户财富家雇佣一个人去当兵,把自己家人"换"回来,雇佣的人一般是当地拾荒讨饭,没有任何经济来源的外地人,而小家小户的经济能力有限,家里人被抓走之后,"叫天天不应,叫地地不灵",只能是认命。

在村民百姓看来,抓兵的唯一标准就是"只要不是残废就好",上至四十岁的中年男性,下至十几岁的男娃,只要是身体健全无残缺,都可能是被抓的对象。也存在被抓走之后趁人不注意半途逃回来的情况,但即便是成功脱逃,也不敢立即返回家中,往往要在外面躲上几年才敢回家,尤其是在社会动荡时期。在邓家,邓田恩也被抓走过,但趁对方不注意的时候成功脱逃,逃出来之后也是兜兜转转许久才回到家里,回到家里也不敢在家多待。除了邓田恩同村的还有一个人在被抓的路上逃了出来,他逃出之后害怕再次被抓就一直没有回家,一直住在亲戚家,东躲西藏,一直到家1945年左右才敢回家。

1945年后社会日渐稳定,抓兵的时候就逐渐人性化,抓兵就变成了征兵,抓兵会逐渐考虑到农民的家庭实际情况,如果家里有两个男性劳动力或者是两个以上的就需要出一个兵,如果家里只有一个男性劳动力,其他家庭成员都是老弱病残的,这种家庭可以不出兵。家里的这几个男性劳动力谁去,则是由当家人决定,如果家里只有一个男性劳动力的,会优先考虑其他家庭。

邓家四子曾经也去参加征兵,体检已经通过,但是对方不接纳自己,因为邓继川就是兵,一个家里只要有一个,其他男性劳动力就可以不再去当兵。征兵的条件也比较严格,体检必须通过,否则不予接纳。邓家次子邓继川,是在12岁的时候加入中国共产党组织,刚开始次子邓继川离开的时候,家里的人并不知道是进入了共产党组织,只知道次子邓继川"跟人跑了",1937年之后再也没有了音信,后来1945年日本人投降撤退,次子邓继川才写信告知家人自己在东北"坐柜台",帮助别人做生意,直到后来1947年运城解放,次子邓继川才写信回来告诉家人自己在离开之后上了军校当了军官,一直在为共产党做事。

邓家次子邓继川离开的时候,家里人不知道他去了哪里,只知道他去了解放区,紧接着他就念了军校。跟随次子邓继川一起离开的还有其他几个年轻人,次子邓继川在信中表示,当初刚离开就碰上日本人围剿太行山,他们被困在山上躲在草丛里,日本人找不到他们就在山上扔石头,企图砸死躲在草丛里的人,他被石头击中却不敢发声。后来国民党时期家人为了保护次子邓继川,一直对外宣称自己的次子邓继川是被日本人抓走了,是生是死家里人都不知道。再后来次子邓继川当上了空军司令部参谋长,娶了一个浙江的媳妇,邓继山全家也变为军属。

(三)摊派劳役之派差与支差

村庄如果要修建公路或者桥梁时,这时候村里的闾长则会派"差",根据各家各户的实际情况抽集劳力,诸如此类的摊派劳役在当地称为"支差"。各家各户"支差"的时长有两个核定的标准。一是按照家庭土地的数量核算,家庭人均土地越多,"支差"的时长越长。根据人均土地的多少,把村民划分为"大粮民"与"小粮民"两类,人均土地多的叫作"大粮民",人均土地较少的就叫作"小粮民",大粮民的支差时长就多于小粮民的支差时长,如果"大粮民"的家庭人口多,可以同时派出两个劳力,由两个劳力共同分摊,每个劳力的支差时长就会缩短。"如果家里有两亩地的,就支两次差,如果家里有十亩土地的,就支十次差"。第二个核定的标准就是家庭牲口车马的数量。车马越多的家庭,"支差"时越方便,"支差"的时长也就越长。

出去支差的不一定是当家人,可能是家里其他的劳力甚至是十几岁的孩子。家长一般不能出去支差,他要管理一家的大小生活,如果当家人离开,整个家庭的运作就会陷入混乱;如果实在没有办法,像家里实在没有劳动力的情况,当家人只能自己去,家里的这"一摊子"只能是暂时先搁下。一旦闾长分配任务,家户就必须出人去,不能抗拒,是当地约定俗成的"习惯","轮到谁家就谁家派人去","大家都是这样,所以你家也得这样"。如果是当地的财富家或者是有钱大户,支差的时候就会雇佣其他人,给当地的穷人支付一定的酬金,如果当了一天的劳力,那么就支付一天的酬金,如果当了五天的劳力,那么便支付五天的酬金,让其替自己家去支差,被雇佣的人不一定是自家亲戚,还有可能是村里其他的穷人,只要想挣这些酬金的都可以去。

"支差"雇佣的人一般都不是财富家的亲戚,"支差"是一种冒险行为,于情于理不应该雇佣自己家的亲戚。姬云仙娘家是名副其实的"大家户",每次去"支差"的姬家当家姥爷都会雇佣别人去,有时候是自己家雇佣的长工去,在去之前当家人也会商量着给长工加工资,如果家里的长工实在走不开,当家人就会雇佣其他人,一般雇佣的都是家里无儿无女、生活没有着落的人,让其替自己家去"支差",当家人也会支付一笔"酬金"算是对其的一种照顾。去支差的人,需要从自己家带上一床被子,拿一个布袋装上几个馒头,然后当3到5个日子的劳力,"支差"是要冒一定的风险,如果恰逢日本侵犯或者修建过程出现意外,那么可能性命难保。去"支差"的人如果家里有车马牲口的,还需要带上自己家的车马牲口。

此外,比如是村庄修路,倘若修完一条路总共需要50个劳力,十辆大车,这时候闾长和"柴粮"就会根据各家各户的实际情况按照顺序凑足50个劳力,十辆大车。如果是大粮民而且家里还有车马牲口,那么就需要出两个劳力还要带上自己家里的车马牲口;如果是小粮民,那么就可以出一个劳力,没有车马牲口的就不需要携带了。各家各户的当家人,接到了出劳力的通知之后,就会派出自己家的劳力。一般的情况都是家庭土地越多,派出的劳力就越多,如果家里的土地特别少,派出的劳力就少,"支差"之后"柴粮"会根据支差的实际情况做好备份。出去"支差"的女人很少,女人地里活都不去干,更别说出去当劳力了,他们最多就是在家里干些家务活,伺候好这一家老小。在邓家,每次出去"支差"的基本上是当家人邓田恩,后来长子邓继堂结婚之后便由长子邓继堂出面替邓田恩,邓田恩去"支差"的长子邓继堂就要留在家里处理大小事情,如果是长子邓继堂出去"支差"的邓田恩就在留在家里处理家中的大小事宜。

(四)轮流担任闾长

闾长当选没有任何选举仪式也没有推荐,只有任命,没有人愿意去当闾长,"闾长是要挨骂的,没有人愿意去当",所以当地的做法就是闾长轮流当。轮流时,都是各家各户的当家人出任,任职期为一年,而在任期内最重要的事情就是催粮,除了常规的纳粮以外,如果哪个军队需要粮食,会给每个区政府分任务量,再由每个区分到各个村落,由村落征集之后送到固定的地点。如果当家人是女的,则会推举家里的其他男性成员出任,如果家里没有可以承担责任的男人则跳过,由下一家出人当选。在邓家,邓立元是一名银匠,邓田恩是木匠,轮到邓家当闾长时,邓田恩便会在兼顾木匠活的同时帮助催粮,但村里的其他事情很少,当家人基本上还是忙得过来的。

附　录

1.报告中出现的亲属称谓,普通话与永济话的对比

词语	永济话	词语	永济话
爷爷	祖父	父亲的大哥	大爸爸
父亲的兄弟	爹爹	父亲的大嫂	大妈
父亲的弟媳	婶娘	当家人	掌柜的
父亲的妹妹	姑娘	舅舅	娘舅
姑父	姑爹	妻子	老伴

2.出现的一些地方性俗语和谚语

写约人	过事儿	盘灶	头骨
男人活	招来的人	大粮民	倒差地
闾长	柴粮	小粮民	屯着(童养媳)
女人活	拱地畔	支差	池坡

生产经商类	
七分场八分院	种滩地如同喂老牛,种一天是一天
一砖到底	有钱难买五月旱,六月连阴吃饱饭
清明前后,点瓜种豆	借一斗还两斗,借粗粮还细粮

生活类	
一门有子,十门不缺	上位不动筷,下位不吃饭
种地纳粮,天经地义	腊月二十三,灶王爷上天
认亲不说理	女人不能当家,五牛不能加元
长兄为父,老嫂比母	生娘不如养娘亲
吃了娘家的腊八米,世世辈辈还不起	活着不养死不葬
布袋买猫,父母包办	红事叫,白事到

调查小记

2017年是笔者进入中农院、进入田野课堂的第二年，在这不长不短的时间里，我的调研足迹已留在了山西、陕西、广东、湖南等地，时间越久，便愈发体会到我院"顶天立地、理论务农"的真正含义。在2017年寒假，我第一次参与了学院家户试调查，共撰写12万字的家户报告。2017年7月我便参与了第二次家户调查，在此次家户调研中，我访问了南苏村邓继山老先生，邓老85岁，访谈历时12天，录音40余小时，通过深入访谈，我了解了邓家1949年以前的经济、社会、文化和治理情况。在此，我感谢受访者邓继山老先生的全力配合。

南苏村为山西省永济市栲栳镇下辖的一个村庄，全村共有6个村组，1组、2组、3组位于原南苏村旧址处，4组、5组及6组因三门峡水库移民，搬迁至坡上。具体建村时间不详，村名来由不详。据村中老人讲，南苏村曾经出土过石镰石斧并存有古代的大墓穴数座。由此推断，南苏村的建村历史悠久。1960年，黄河发水淹掉南苏村，部分村民迁至坡上居住，南苏村也因此分为南苏上村和南苏下村，而邓姓主要聚居在南村下村。邓姓为南苏村第一大姓氏，占据南苏下村人口的三分之二，子孙后代由最初的"老五门"已发展至第九代，支系众多，后代人口逾百人。

邓继山老人一生经历丰富，前前后后共当了近30年的干部。1952年，他参加了国家土地普查工作，参与村部土地测量；1953年村庄开展扫盲运动之后，邓继山老先生在村庄的学校当了两年的教员，当教员的两年也是邓老先生印象最深刻的两年；1956年村里组织生产队，老人为第一任生产队队长，"从生产队干到大队，大队干到联队"，中间没有停歇；1957年调到方池管理区，在方池管理区管了两年，随后到韩村当团委书记；1966年回到南苏村当会计。邓老为人随和健谈，个性较强，与两个儿子合不来，现与老伴独自居住。二老平常靠村里发的养老金过日子，有一个女儿偶尔会来转转也会给个零花钱，老伴今年80岁，8年前不幸遭遇车祸，常年卧床，生活不能自理，日常靠邓老先生伺候。我是2017年寒假之际拜访邓老做了合作化口述史调研，在2017年6月再次拜访时，其老伴已经去世，现在老人一人独自居住。

一流的报告必然需要一流的团队，家户制度调查以家户制度为主题、以家户组织为对象、以全国范围大规模家户访谈为基础，试图构建国内规模最大、内容最全、数据最多的家户调查网络与系统，力图为世界贡献能够与部落制、村社制和庄园制相并论的中国农村本体制度，此项调查的开展离不开中国农村研究院这个大舞台，在此感谢中国农村研究院为我提供的调研机会与调研经费支持；感谢团队的核心、中国农村研究院的徐勇教授与邓大才教授，调查中的每一阶段都离不开两位教授的指引；也感谢黄振华老师带领的审核团队在报告撰写、思路矫正以及后期的统稿修改方面进行的耐心指导和细心帮助。

后　记

　　经过数轮的写作、审核、修改、反馈与编排，《中国农村调查（总第 35 卷·家户类第 4 卷·中等家户第 2 卷）》终于得以面世。2016 年年末，在徐勇教授和邓大才教授的主持下，作为华中师范大学中国农村研究院的"世纪工程"之一，"家户制度调查"顺利启动。"家户制度调查"以家户制度为核心，以家户关系为重点，对 1949 年以前的传统典型家户进行全面深入的调查，其内容涵盖家户的由来与特性、家户经济制度、家户社会制度、家户文化制度、家户治理制度等诸多方面。调查者通过对传统时期典型家户的当事人进行系统访谈，搜集了大量详实、第一手的文献资料、访谈资料、录音资料和图片资料，并在此基础上完成家户制度调查报告。本卷从调查员所撰写的家户调查报告中择优选取六篇编辑而成，力求以平实客观的文风、原汁原味的笔触还原传统时期典型家户运行的规则和机理。

　　2017 年 1 月，"家户制度调查"开始试调查，同年 7 月，"家户制度调查"项目全面启动。两批共二百余位调查员分赴全国各地，实地采访仍然健在的传统典型家户的亲历者；大量搜集有关典型家户的各类家谱、族谱、账本、日记等文字文本材料；走进乡镇、县市政府档案部门搜集查找典型家户相关的土地、房屋登记资料；整理和撰写家户调查报告……本卷得以收录到质量上乘的调查报告，离不开调查员们前期的细致调查，中期的认真整理，后期的反复打磨。在此，感谢各位调查员们积极踊跃的态度、踏实勤恳的精神以及崇高的学术理想。

　　本卷的问世首先要感谢接受调查员访谈的老人们，他们是牛小么、张礼仁、王世英、章含华、张义云、邓继山，这些老人有的是调查员的家人、亲戚，有的是素昧平生，但却愿意讲述他们的亲身经历，毫无保留地分享他们的故事。正是基于他们的细致讲述，我们的调查员才能完成一份份极具价值的家户报告，才能将每个家户独有的特色和特性展现出来。

　　同时还要感谢为家户制度调查员提供帮助和便利的三门峡市、简阳市、随县、台州市、渠县、永济市六个市县朋友们。感谢简阳市许志友、曹省芳两位老人在调查员许英访谈过程中给予的关心和支持，尤其是许志友老人，在访谈过程中提供了很多丰富生动的案例；感谢随县张秀芳老人对调查员潜环在调研时给予的支持和关心；感谢石守清在调研过程的关心与陪同；感谢台州市的余方总先生在调查员余蔚凌甄选调研对象时给予的帮助和支持；感谢渠县天星镇长青村张宁阳老人对调查员闫利在调研过程中所提供的支持和帮助；感谢永济市南苏村于绪录、于香兰对调查员于国萍在选点中的支持与帮助，感谢李俊忠老人、刘灵便老人对调研内容的补充与支持。这些提供支持和帮助者多为调查员的长辈、亲友，在他们的协同下调查员们找到理想的受访老人、长期深入的走访调查，最终得以撰写出高质量的调查报告。

　　本卷得以顺利付梓出版，最需要感谢的是徐勇教授和邓大才教授的倾力贡献。他们前瞻性、创造性地提出了"家户制度调查"这一重大调查领域,并持续推动着家户调查工作的进展。为了打造这一"学术三峡工程",徐勇教授和邓大才教授不辞辛苦、孜孜以求,为本卷内容的构思、写作、编排、出版倾注了极大的心血。从调查前的理论指导到调查提纲的设计修改,从调查培训到调研指导,从报告撰写再到报告定稿出版,两位老师全力支持、全程参与、全心投入。正是两位老师的心血倾注,才能使得本卷得以保质保量迅速完成。

本卷是《中国农村调查(总第35卷·家户类第4卷·中等家户第2卷)》,分别收录了六位硕士生的家户调查报告:一是范静惠的《逐流求生:虔信耕户的穷蹙与倾颓》计12.03万字;二是许英的《节衣缩食:劳弱积贫户的艰难度日经》计15.98万字;三是潜环的《贫户求生:农副相依的家户存续》计12.18万字;四是余蔚凌的《工农商兼业:秩序井然的耕读之家》计12.01万字;五是闫利的《农商结合:寒微小户的立足之道》计12.68万字;六是于国萍的《固本培元:同灶不同院的家户根基》计12.99万字。感谢华中师范大学中国农村研究院黄振华老师对家户报告出版的协同和指导,同时感谢黄老师及张航、朱露、何婷对家户报告审核工作的巨大贡献,正是他们卓有成效的工作,保证了调查报告的前期质量和水准。此外,还要感谢天津人民出版社王琤老师等对著作出版的大力支持与全力配合。本卷的统稿、编辑与校对工作由黄振华、张航、潜环负责,内容核实与修改工作由各位报告的撰写者负责,在此表示感谢。

由于编者的水平有限,错漏之处难以避免,敬请专家、学者及读者批评指正,我们将在今后的编辑中不断改进和完善。

编者谨记